国医大师传承录

·第三辑·

国家中医药管理局　组织编写

余艳红　于文明　主　编

秦怀金　　　副主编

全国百佳图书出版单位

中国中医药出版社

·北　京·

图书在版编目（CIP）数据

国医大师传承录.第三辑/国家中医药管理局组织
编写；余艳红，于文明主编.-- 北京：中国中医药出
版社，2024.3
ISBN 978-7-5132-8615-2

Ⅰ.①国… Ⅱ.①国…②余…③于… Ⅲ.①中医师
—列传—中国—现代②中医临床—经验—中国—现代
Ⅳ.① K826.2 ② R249.7

中国国家版本馆 CIP 数据核字 (2023) 第 246436 号

中国中医药出版社出版

北京经济技术开发区科创十三街 31 号院二区 8 号楼
邮政编码　100176
传真　010-64405721
山东临沂新华印刷物流集团有限责任公司印刷
各地新华书店经销

开本 787×1092　1/16　印张 60　彩插 1　字数 1158 千字
2024 年 3 月第 1 版　2024 年 3 月第 1 次印刷
书号　ISBN 978－7－5132－8615－2

定价　298.00 元
网址　www.cptcm.com

服 务 热 线　010-64405510
购 书 热 线　010-89535836
维 权 打 假　010-64405753

微信服务号　zgzyycbs
微商城网址　https://kdt.im/LIdUGr
官 方 微 博　http://e.weibo.com/cptcm
天猫旗舰店网址　https://zgzyycbs.tmall.com

如有印装质量问题请与本社出版部联系（010-64405510）

专家指导委员会

丛书编写委员会

主　　编　余艳红　于文明

副 主 编　秦怀金

执行主编　卢国慧　陆建伟　宋春生

编　　委（按姓氏笔画排序）

丁　樱	王　烈	王　琦	王　鹏	王世民
王永钧	王自立	王庆国	王晞星	王新陆
韦贵康	巴·吉格木德		石学敏	占　堆
卢　芳	包金山	皮持衡	邢　超	吕景山
朱南孙	伍炳彩	刘志明	刘尚义	刘祖贻
刘敏如	刘嘉湘	许润三	孙申田	孙光荣
严世芸	李文瑞	李佃贵	李辅仁	杨　震
杨春波	肖承悰	吴咸中	何成瑶	余瀛鳌
邹燕琴	沈宝藩	张　磊	张大宁	张伯礼
张学文	张静生	陈可冀	陈令轩	陈民藩
陈彤云	陈绍宏	林　毅	林天东	旺　堆
金世元	周仲瑛	周岱翰	南　征	段亚亭
施　杞	涂晋文	姚希贤	夏桂成	柴嵩岩
晁恩祥	徐经世	翁维良	唐祖宣	黄瑾明
梅国强	葛琳仪	韩明向	雷忠义	廖品正
熊继柏	颜正华	潘敏求	禤国维	薛伯寿

编写办公室

主　任　宋春生

副主任　李秀明　王秋华

成　员（按姓氏笔画排序）

<table>
<tr><td>于　潇</td><td>马　勤</td><td>马晓峰</td><td>王　爽</td><td>王　琳</td></tr>
<tr><td>王　琨</td><td>王利广</td><td>王秋华</td><td>毛心勇</td><td>孔令青</td></tr>
<tr><td>龙大锋</td><td>田少霞</td><td>包艳燕</td><td>吕　梁</td><td>朱　江</td></tr>
<tr><td>华中健</td><td>伊丽萦</td><td>邬宁茜</td><td>刘观涛</td><td>刘聪敏</td></tr>
<tr><td>农　艳</td><td>孙鲁淼</td><td>李　昆</td><td>李艳玲</td><td>李梦缘</td></tr>
<tr><td>肖晓琳</td><td>肖培新</td><td>沈承玲</td><td>宋　佳</td><td>张　晨</td></tr>
<tr><td>张　燕</td><td>张双强</td><td>张伏震</td><td>张建美</td><td>尚　洁</td></tr>
<tr><td>罗海鹰</td><td>单宝枝</td><td>房润丞</td><td>赵　桐</td><td>耿雪岩</td></tr>
<tr><td>钱　月</td><td>徐　珊</td><td>高　欣</td><td>郭　瑨</td><td>彭立娉</td></tr>
<tr><td>程佳丽</td><td>鄢　洁</td><td></td><td></td><td></td></tr>
</table>

秘　书　王　爽

前　言

　　习近平总书记强调，中医药学包含着中华民族几千年的健康养生理念及其实践经验，是中华文明的瑰宝，凝聚着中国人民和中华民族的博大智慧。

　　中医药学是中华民族的原创医学，在几千年的发展进程中，兼容并蓄、创新开放，形成了独特的生命观、健康观、疾病观、防治观，实现了自然科学和人文科学的融合与统一。一部中医药学的发展史就是一部名医大家大师传承精华、守正创新的奋斗史。岐黄问答千古流芳奠中医之根基，医圣张仲景著《伤寒》而创辨证论治之法则，药王孙思邈集《千金方》显大医之精诚，李时珍二十七载写就皇皇巨著《本草纲目》，叶天士创卫气营血辨证论温病……每一座中医药发展的高峰，无不是各个时期的中医药人才在传承创新中铸就的。可以说，历代先贤大家的学术经验、医德医风是中医药学留给我们的宝贵财富的重要组成部分。

　　党中央、国务院历来高度重视中医药工作，新中国成立以来，特别是党的十八大以来，以习近平同志为核心的党中央把促进中医药传承、创新、发展作为新时代中国特色社会主义事业的重要内容和实现中华民族伟大复兴的大事之一，做出一系列战略部署，推动中医药事业取得历史性成就，发生全局性变化，引领中医药振兴发展迎来天时、地利、人和的大好时机。正是有习近平总书记关于中医药工作的重要论述的科学指引，有以习近平同志为核心的党中央的坚强领导，古老的中医药才在新时代焕发出更加旺盛的生机与活力。这些都凝聚着广大中医药工作者特别是老专家、老教授的心血与汗水。

　　自 2009 年以来，人力资源和社会保障部、卫生部和国家中医药管理局开展了"国医大师"评选表彰工作，至今已表彰了四届国医大师共 120 人。他们长期在中医药临床、科研、教学第一线辛勤工作，心系岐黄、服务人民，不少老先生、老专家耄耋之年仍坚守岗位、孜孜以求、启迪后学，树立了大医精诚、仁心仁术的楷模。

学习宣传国医大师的成长之路、先进事迹、学术思想和医德医风，就是要在全系统大力弘扬大医精诚，激励全系统广大中医药工作者要像国医大师那样坚守岐黄，像国医大师那样践行初心，共同谱写新时代中医药传承、创新、发展的新篇章。

2022年1月，国家中医药管理局启动了《国医大师传承录》编写工作。2022年3月17日，《国医大师传承录》专家论证会在北京召开，就编写方案、结构框架、组织方式等问题进行深入研讨。参会的专家代表等充分肯定了本丛书编撰的重要性、必要性和迫切性。会后，国家中医药管理局综合司向全国120位国医大师工作室发出组稿函。2022年11月至2023年2月，中国中医药出版社组织中医专家、出版专家对来稿进行了审读。2023年3月17日，召开了《国医大师传承录》编审专家会，与会专家进一步就书稿提出修改意见。该丛书的编写工作始终在国家中医药管理局的组织下推进，党组成员、副局长秦怀金多次组织进行研究，提出指导意见和工作要求。历时一年，该丛书终于即将付梓。

本丛书共分四辑，按照国医大师评选届次分册，每个分册按照姓氏笔画排序。分别从成长经历、成才经验、学术精华、临证遣方用药、大医情怀、师徒传承等方面，多维度、多视角展现120位国医大师为医为人之路，客观、真实、全面反映其学术成就、临证特色、文化学养、师徒授受等内容。翻开这套丛书，国医大师传承精华、守正创新的行动跃然纸上，医者仁心、悬壶济世的情怀令人感动，我们从中能感受到博采众长、兼容并蓄的胸怀，触摸到中医药人才成长的规律，汲取到矢志岐黄、接续奋斗的动力。

在本丛书编写过程中，各地中医药主管部门、120位国医大师及其工作室给予了大力支持与帮助，特别是在很多大师已经仙逝，现存文字内容有所缺失的情况下，抢救性地挖掘整理出部分未曾面世的珍贵资料。在此，向所有编写者致以衷心感谢和崇高敬意。医路漫漫，其修远兮。希望本丛书的出版，能够为后学有所启迪和指引。

丛书编委会

2023年6月

总目录

梅国强／**751**

葛琳仪／**783**

雷忠义／**813**

廖品正／**849**

熊继柏／**873**

薛伯寿／**903**

目 录

王世民

　　王世民（1935—　　），河北省元氏县人。山西中医药大学教授、硕士研究生导师、主任医师、执业中药师，首批山西省名老中医，中国中医科学院学部委员。曾任山西省中医研究所副所长及附属医院副院长，山西中医学院副院长兼方剂研究所所长、院学术委员会主任委员，《中医药研究》杂志副主编，《山西中医学院学报》主编、名誉主编等。享受国务院政府特殊津贴。2017年被授予第三届"国医大师"称号。

　　王世民治学精勤，转益多师，勤收博采，融会中西，毕生从事方剂学的理论研究和临证实践，提出"方剂辨证"的学术观点，总结出"方对证，药对症"的诊疗范式；重视实验研究，是中医实验方剂学的首倡者和开拓者；倡导"医应识药"，发展完善中药学理论，将中药的作用归纳为固有作用、次生作用和配伍作用三个方面。先后编著《中医方药手册》《局方别裁》《局方选讲》《侍师襄诊传心回忆录》《拙医察散记》《印会河抓主症经验方解读》《通下剂钩玄》等著作，参编了《中药研究文献摘要》《方剂研究文献摘要》。发表学术论文150余篇。

一、学医之路

王世民出生于河北省元氏县泒屯村（今苏阳乡纸屯村），元氏历史悠久，源远流长，人杰地灵，英才辈出，文化底蕴深厚。当地的历史文化、名人事迹自幼对王世民深有影响，尤其是《颜氏家训》"积财千万，不如薄技在身"之语及韩愈"金璧虽重宝，费用难贮畜。学问藏之身，身在即有余"之诗，这种学问比财富可贵的理念，对其日后走上治学之路，颇多启迪。

而王世民走上学医之路，既有其曾祖父业医的影响，又有个人的切肤之痛。其曾祖父王长宝为当地名医，王世民生年晚，未见过曾祖父之面，祖上医术也未得到传承，但自幼乡民们口耳相传的曾祖父治病救人的故事，以及曾祖父留下的满箱子大字中间夹有两行小字的医籍，使其对曾祖父敬仰之情油然而生。尤其是故居临街大门上挂着的乡民赠给曾祖父的那块"佩德神医"的金字匾额，熠熠生辉，更给他留下了难以磨灭的印象。而其干妈关太太亦熟稔医药，多次给其治病。王世民至今记得关太太曾告知六味地黄丸可促进小儿生长发育。这些在潜移默化中培养了王世民热爱中医事业的深厚情愫，使其确立了立志学医的人生目标。1953年春，王世民母亲因外伤感染患破伤风，父亲当时在太原铁路系统工作未及返里照顾，母亲因庸医误治而早逝。这场突变令王世民悲痛万分，锥心刻骨，悔痛难言。祸不单行，心力交瘁的他又患了面神经麻痹，群医杂治，针灸从头顶的百会到脚趾的至阴穴，全身扎了个遍，服药从治外风的牵正散到治内风的补阳还五汤都用过，历时两年却毫无进展。经此变故，更坚定了王世民从医济民、救人疾苦的决心。

1956年王世民高中毕业时，正是新中国成立后的第一个五年计划实施时期，社会稳定，生产发展，经济恢复，百废待兴，国家拟集中力量建立社会主义工业化的初步基础，加快工业化进程，需要大量的钢铁、石油、化工、地质、煤炭、建工等专业技术人才，激励着青年学子都争先恐后报考工科院校。而此时也正值党中央、国务院制定的卫生工作方针和大力继承、发扬中医药政策的贯彻实施时期，国家采取多种措施扶持并发展中医药事业。1956年，卫生部先后废除限制、排斥和改造中医的不合理法规，周恩来总理亲自批准在北京、上海、广州、成都四市分别成立中医学院并开始招生，开创了现代高等中医教育的新纪元。个人的特殊经历和时代的机遇，王世民报考大学时，毫不犹豫地选择了中医学院，这在全校两个高中毕业班一百来人中，是唯一的一人，格外显眼，让人不解。天遂人愿，他幸运地被北京中医学院录取，成为该校的第一批大学生。历经六年寒窗苦读，于1962年顺利毕业。

实习期间先后师从陆石如、孔嗣伯、刘渡舟、谢海洲、印会河等名家，受其悉心指点，学问日有长进，经验日渐丰富。

毕业后王世民被分配至山西省中医研究所（今山西省中医药研究院），第二年，被指定为山西四大名医之一的白清佐之徒弟，侍师襄诊，抄方、记录医案。并继承和整理白清佐老先生的临床经验，深得其真传。其间始终与刘渡舟、谢海洲、印会河等老师保持密切联系，请教问难，探讨学术，分析病情，发表文章。尝协助中医儿科学家孙华士先生整理校定了《小儿药证直诀释义》《幼科金针》，协助印会河先生整理《中医内科新论》，还整理了《谢海洲临床经验辑要》《谢海洲医学文集》，在这些从师的过程中，学习和掌握了诸位老师独特的诊疗方法和用药经验，学益进，道益精。1974年春，在北京宣武医院讲课之余，经谢海洲先生推荐，复拜著名中药文献学家刘寿山先生为师，刘老以编纂《中药研究文献摘要》脍炙医林，方其时，第一编已出版，正全力以赴编辑第二编，王世民遂协助刘寿山先生完成了第二、三编的部分内容，此举为步入中医文献学的津梁。在此过程中，也提高了日文翻译的水平，为此后从事学术研究奠定了坚实的基础。

二、成才之道

（一）读书临证，两不偏废

读书与临证是中医成才的必由之路。南宋医家史崧在《灵枢经·叙》中尝言："夫为医者，在读医书耳。读而不能为医者有矣，未有不读而能为医者也。不读医书，又非世业，杀人尤毒于铤刃。"清代名医叶天士临终时也告诫子孙曰："医可为而不可为，必天资颖悟，读万卷书，而后可以济世。不然鲜有不杀人者，是以药饵为刀刃也。我死，子孙慎勿轻言医！"《医宗金鉴·凡例》说得更明白："医者，书不熟则理不明，理不明则识不清，临证游移，漫无定见，药证不合，难以奏效。"可见读医书是为医首要的和必备的条件。

王世民一生爱好读书，六年的寒窗生涯，除了上课认真听讲，业余时间基本上泡在图书馆。刻苦研读、广泛涉猎，为日后的中医临证、教学、科研打下了坚实的基础。毕业后，工作、跟师之余，他一如既往，大部分时间仍在图书馆。当时图书馆的负责人是新中国成立前曾任《山西日报》总编辑的文献学家赵德三，很喜欢这个每天来图书馆的年轻人，评价王世民是个爱读书、会读书的人。赵德三还鼓励王世民读医学类以外的书籍，并把自己家藏的《万卷精华楼藏书记》等珍贵书籍，慷慨借给王世民阅读，暇余互相交流读书心得。那些年，王世民阅读了大量的医学典籍，对中医经典有了一个系统的学习，做了很多读书卡片，这对他以后的事业发展起了良好的奠基作用。时至今日，耄耋之年，虽然王世民耳聩目昏，精力不济，仍然孜孜不倦，持之以恒，手不释卷，嗜读如初。活到老，学到老，慎始善终，守一不变。真乃"青衿之岁，高尚兹典；白首之年，未尝释卷"。他反对那种"万般皆下品，唯有看病高"的观点，认为术业有专攻，学有所长，有真知灼见，便是大家，便是有学问的大家。

当然读书的目的全在于应用，王世民赞赏近代医家冉雪峰的话："医学一道，既不能离开书本，也不能专靠书本，既要凭些经验阅历，也要懂得经籍要义。""脱离实践的空头理论家为'伪医'，没有理论基础的为'医匠'，只有能'坐而言、起而行'、有理论、有实践的才能称得上医学家。"尝谓："读书，可以把知识变成智慧。智慧，是指人认识客观事物并运用知识解决实际问题的能力。"王世民反对以"熟读王叔和，不如临证多"为由，把读书与临证对立起来的观点和现象，他指出："理论能指导实践，能指导临床治病，从某种意义上说，'中医的生命线在临床'之论虽然不错，但似不全面，因此清代名医大家吴鞠通说：'俗云：熟读王叔和，不如临证多……似业医者，可不必深究古法，唯求临证多耳，此医道之所以日趋而下也。''予谓学医必先读书而复临证'。"他又说："诚然，要想成为良医只能是多临证，但是不能把它与读书对立起来，只强调跟师临证，有意无意地放松或无视读书学习的观点，特别是对工作在基层、无法跟'名师'的学生未必可取。理论是临床实践的导师，没有理论，只能是个'医匠'。对此，大学问家、《中国医学大成》的编撰者曹炳章说：'世有创读书不如临证之说，此不学无术，欺人之语也。'近贤裘沛然先生也说：'学问之事，原恃艰苦以求，而非猎取可得。'"王世民非常赞赏同窗好友国医大师李士懋的高论："中医的伟大，首先在于理论的优势，没有伟大的理论，何来伟大的实践。"

王世民读书独具慧眼，不蹈前人窠臼；临证灵活变通，不拘泥教条。清代医家俞震《古今医案按》中言："读书与治病，时合时离；古法与今方，有因有革。善读书斯善治病，非读死书之谓也；用古法须用今方，非执板方之谓也。专读仲景书，不读后贤书，譬之井田封建、周礼周官，不可以治汉唐之天下也。仅读后贤书，不读仲景书，譬之五言七律、昆体宫词，不可以代三百之雅、颂也。"王世民信奉斯言，躬身践行，多读书，多阅历，二美合，学验俱富，终成大家。

（二）转益多师，择善而从

"古之学者必有师。师者，所以传道、受业、解惑也。"王世民根据古人"学无常师""参师请教"之说，借鉴清代医家叶天士曾师从17位名师的经验，非常注重跟师学习，广泛学习前人经验，不局限于一家，逐渐开阔眼界，增长见识，对学业大有裨益。从师不问门户，求学不论长幼，转益多师，择善而从，唯求真才实学，这也是他成才的关键。在校期间，得益于学校荟萃了一大批名家，他珍惜这个机会，不时请益，得到了方鸣谦、陈慎吾、宋向元、任应秋、刘渡舟、孙华士、祝谌予、谢海洲等良师的耳提面命。临床见习时，曾受秦伯未、胡希恕等名家的指点。毕业实习时，侍诊于京城四大名医之一孔伯华哲嗣孔嗣伯和民国名医陆仲安之侄陆石如之侧，继承了孔门"识病首重肝胃，善用寒凉"的学术思想和陆门"热病用温药"的遣方用药经验。毕业后第二年，王世民又拜于山西四大名医之一白清佐先生门下。白清佐出身于中医世家，治病有胆有识，临证注重脾肾，倡导"脾湿肾寒，善用姜附桂"，名噪三晋。其间，王世民跟随诸位老师，每天上午老师给患者诊断，他做助手、抄写医方，下午抄录医案，晚上老师为他详细讲解当天的典型病例与治疗关键。1974年春，在北京宣武医院讲课之余，复拜中药文献学家刘寿山先生为师，学习掌握了文献学知识和检索的技巧。工作中，又与刘渡舟、印会河等老师在讲学带教等过程中朝夕相处，共同诊治患者，分析病情，探讨病机，发表文章，请教问难，获益良多。他尝协助孙华士先生整理校定了《幼科金针》《小儿药证直诀释义》，协助印会河先生整理《中医内科新论》，还整理了《谢海洲医学文集》《谢海洲临床经验集录》，在这些过程中，学习和掌握了诸位老师独特的诊疗和用药经验。

医要识派，派非门户之见，各立门墙，互相攻讦。而是医学之理论识见、临证风格、诊疗技艺、方药特色的异彩纷呈，代表着对医学的不同认识、理解、处理、表达，也是一种明显的风格、特点。学派林立，诸说并存，师承不同，传习各异。王世民认为中医流派很多，如能成为一派，自有其所长，长就是吾辈应当学习的地方，善学者择善而从也。故其从师不囿门户，治学融会古今，兼收并蓄，转益多师，博采众长，学识全面，厚积薄发，形成了自己治学、医疗、教学、科研的独特学术风格，成长为"仰古尚新、海纳百川"的一代学人。如孔门以寒凉派著称，主张"脾湿肝热"，善用辛寒之生石膏，享誉京华；白师论病尤重脾肾，倡导"脾湿肾寒"，善用温燥之附子、肉桂、干姜，名噪三晋。学术观点相反如是，然各具特色。王世民主张论病不在学派门户，施治当深究病证因机，在肾治肾，在肝调肝，当热则热，当寒则寒，故能结合病证，折衷一是，师其所长，择善而从，灵活变通。绝不拘于门户，厚此薄彼，或盲目照搬。他认为，所谓"偏"，在某种意义上正是其长，恰如中药的药性有寒、热、温、凉、平之别一样，中医正是利用这种药物的偏性以矫治机体的阴阳偏颇，使之恢复平衡而达到治愈疾病的目的。侍师襄诊，学其"偏"可也，然不必尽执其"偏"。所谓"寒热温凉是药性，贵在合机善择用"。杜甫《戏为六绝句》诗曰："未及前贤更勿疑，递相祖述复先谁？别裁伪体亲风雅，转益多师是汝师！"王世民先生可谓是杜诗躬身践行者。

当年恩师的教诲，对王世民的启迪至今仍历历在目。晚年他将追随诸位老师交往侍诊经历、学习心得体会，撰写成文，收录于《侍师襄诊传心回忆录》《拙医寮散记》等书中，为后人留下了宝贵的求学门径和治学经验。

（三）仰古尚新，与时俱进

王世民在学术上反对因循守旧，不知变通，认为医学不分中西，宜兼收并蓄，唯实是求。科学贵在标新立异，必须与时俱进。坚信"仰古尚新""他山之石，可以攻玉"。但创新必须恪守传统，创新的"风筝"飞得再高，传统的"线"也不能扯断；只有传统的"线"不断，中医学的气韵方能长远，根基才能稳定。他在坚守传统、严谨治学的同时，博采众家之长，坚持理论和临床相结合、中医和中药相结合、继承和创新相结合，不断探索，有所发展，有所创新。

王世民在对方药深入系统研究的基础上，总结出"方对证，药对症"的临证思路，认为方剂的功效是方中各药物经过配伍组合而成的"合力"，定向地作用于某一病证而发挥的作用，并不是某一味药的作用，亦非是各药物作用的简单堆砌，药有个性之特长，方有合群之妙用。药物是组成方剂的单位，方剂是药物运用的更高形式。他创造性地把中药的作用归纳为固有、次生和配伍三个方面，为中医药的继承创新做出了重大贡献。所谓固有作用指中药本身特有的或主要的性味和作用，即其本身固有的内在物质主要化学成分所决定的作用；次生作用是由中药固有作用衍化、机体应答派生出来的间接作用，以及药物经过炮制、制剂或在机体代谢过程中衍化而来的作用；配伍作用是指药物互相配合后诸药所产生的整合作用，通过配伍，可使药物发生协同、增效或减少某些副作用，甚至还能改变单味药的性能而发生转向，产生新的功效。这不仅使方剂呈现它的多效性，从而使方剂的适用范围更加广泛，能够广泛适应各种复杂多变的病情，更可能减少了其副作用。

在长期的临证、教学、科研中，王世民感到只有探明方药的物质基础，才能最终揭示方剂产生疗效的真谛。很多古方名方组方严谨，疗效肯定，但有关其疗效的说明和机制的阐述大部分停留在过去直接观察所得到的宏观认识上，要想从现代科学的角度探明微观机制，要想使古老的中医方剂配伍理论发扬光大，被世界所接受，必须进行实验研究。因此他抱定"仰古尚新，与时俱进"的思维方法，坚信"邯郸学步不可为，他山之石可攻玉"，应当"古为今用，洋为中用"，主张对方剂学进一步进行学科分化，首先倡导实验方剂学，开拓了"中医实验方剂学"的研究。1986年，创建了第一个方剂学研究室和实验室，创造性地开辟了新的研究方向，提出以实验手段研究方剂学，用动物代替人类"蹚雷区"，避免病家不该遭受的苦痛及危险，试图寻求中西医结合更完美、更深层次的结合。并在当年率先招收中医实验方剂学研究生，嗣后还组织了两次中医实验方剂学的全国性会议。1995年，他与姜廷良教授共同发起创刊《中国实验方剂学杂志》，以报道和交流方剂及其主要组成药物的研究成果与最新进展，在国内形成了较大影响。该杂志现已发行近30年，并且从2010年第7期始，改为半月刊，每期224页，学术的影响日益扩大。

（四）良医之成，识药为要

王世民一生倡导"医应识药"的观点，认为"凡为良医者必精于药，唯精于药者方成大医"，并躬行实践。早在学校期间，"本草学"启蒙老师谢海洲"有医无药医无用，有药无医药不灵"的观点即对其影响至深。谢师除了课堂讲授，还带领大家实地采药认药。1958年暑假，学校组织去北京西郊的天泰山和八达岭长城内外采药，由谢海洲老师带队，短短十多天，认识了上百种中草药。通过实地考察，每认识一种中药，采集到一个中药标本，都使王世民有很强的感性认识。更重要的是触发了王世民日后中药教学和临证的思路和方法。他深深体会到，中医治病离不开中药，古代医者通过采药了解药物的形态、生长环境及加工炮制等，故能谙熟药物的性能，治病方能对症下药，效如桴鼓。所以中医学生必须学好中药，从认药、采药到加工炮制，都应有所了解。因此，他主张作为一名好中医必须谙熟中药。他从带教开始，直到20世纪80年代，经常带领学生到恒山、五台山、中条山等地采药认药，以了解药物的古今变迁和性味归经，熟稔炮制方法。同时，他还因陋就简地创建了中草药陈列室，收集了各类中草药标本800余种，以供教学所用。

1962年，王世民从北京中医学院毕业后，分配至山西省中医研究所。工作之初，任教于省西学中班，为了让学生、实习生和进修生熟知方药、详悉功用，在学习和临证时随手检索、选方遣药，1968年，他于教学临证之余，结合自身学习和临证体会，筛选疗效确切的古今良方，以方带药，对于方中的药物品种、功效都细加推究，编撰成《中医方药手册》。初为内部发行，由于不能满足读者的需要，遂经修订后由山西人民出版社出版。该书取材广泛，方药兼备，选取精要，切于实用，初版问世后，深得读者赞誉，一时洛阳纸贵。2009年改名为《实用中医方药手册》，至今已经5次修订再版，调整增删，补充完善，流传甚广，影响弥远。

1986年始，王世民倡立的实验方剂学科开始招收硕士研究生。他采用以往中药药理学的实验方法，嫁接到方剂药理学研究中，并付诸实施。国家开展执业中药师考试后，已功成名就的他竟然放下身段，与众多后辈学生一同参加全国执业中药师统考，一次便顺利过关，取得了执业中药师资格证书。经过多年不懈的努力，王世民成为中医界众口交誉的医药兼通的学者。而他这种好学不倦、老而弥笃的精神更是感动和激励了众多青年中医药学人员。

王世民治疗疾病屡起沉疴，疗效显著，固然是其临证经验丰富，辨证精细，但与其熟谙药性、准确用药，亦密切相关。

三、学术之精

王世民长期从事方剂学的教学、科研和临床实践，融古汇今，发展了中药学理论，仰古尚新，开拓了方剂学，临证中倡导方剂辨证，提出方对证、药对症的诊疗模式。

（一）方药共研，探讨药物的作用

中医临证治病，主要是使用方剂，方剂由中药组成，故说药为方之本。本者，根也，基本、基础的意思。中药之所以能治疗疾病，就是因为药物的性味有偏颇。按照中医理论，疾病的发生就是机体阴阳失去了平衡，根据辨证、立法，选用适宜的药味以调整机体的阴阳，即以药性之偏来调理机体的阴阳之偏，这种调整作用，就是中药的功能，即中药的作用。王世民在传统中药性味、归经、升降浮沉的基础上，中西医药结合创造性地将中药的作用归纳为固有作用、次生作用、配伍作用。

1. 固有作用

一般来说，每味中药都有它特有的或主要的性味和作用，如黄连善清心火、黄芩善清肺热、黄芪善补气等，这就是它的固有作用。这种作用可能是由它的内在物质决定的，换句话说，这种物质就是中药性味功能的内在根据。所以说，中药的性味归根结底是由其化学成分而决定的，成分不同，性味则各异，孰多孰少，何者为主，何者为次，又决定和影响了某一性味的偏盛偏衰，且五味所入不同，"酸入肝、辛入肺、苦入心、甘入脾、咸入肾"，又表现了对机体作用部位的选择性。这些交互差异、作用之别，使中药的作用益加纷杂，但对某一类药来说毕竟还是有其共性的。盖因某些内在物质－生物活性成分或主要化学成分相同，就有了它相似的性味和作用。如附子、细辛、吴茱萸、川椒、高良姜、丁香等热性药，经测定均含有去甲基乌药碱。按现代研究，此类成分作为 β 受体兴奋剂，具有强心、扩张血管、松弛平滑肌、增强脂肪代谢、升高血压等一系列的生物活性，这些作用与热性药的药性是基本一致的，提示这些热性药的药性可能主要来自它们共同的化学物质。因此，这类药物都有相似的救治机体寒证的功效。对于某些寒凉药也有其共同的物质基础，如黄连、黄柏均含有小檗碱，都有清热作用；大黄、何首乌、虎杖、决明子、番泻叶，均含有蒽醌苷类，都有泻下作用；古代的兰，现代已知道它分属于不同的植物，如青黛，古称蓝靛，它是由马兰、菘兰等多种兰制取的，因其能制靛蓝以染布呈蓝色，故名曰兰。李时珍说："兰凡五种（菘兰、蓼兰、马兰、木兰和吴兰）……诸兰形虽不同，而性味不远，故能解毒除热。"意思是说，它们的植物形态虽不同，但其性味功能差不多，提示这些性味相同的药物是由其共同的物质基础所决定的。现代研究证实，这类物质就是吲哚苷类及其水解缩合产物。但是，长期以来，由于中药的研究主要是通过临证观察以总结其功效，再加上这种观察多是源自用数味药组成的复方，因而对单味药本身的固有作用往往认识不清，甚至还常常把在炮制和制剂过程中衍化出来的次生作用，以及在复方中由于配伍而呈现的配伍作用，也统统认为是中药的固有作用。这实际上很值得研究探讨的。还有采用现代制药工艺提取或制得的一些中药单体化学物质或组分，常常是某味药的主要作用所在，在某种程度上说也就是该药的固有作用，而不应该把它们统统归属于西药。实际上研究、了解固有作用与其提取物或化学单体关系，其实用价值还在于由这些先导化合物进而开发新药，这方面最成功的范例就是青蒿素。众所周知，青蒿素是屠呦呦从青蒿中开发提取的，并获得了2015年的诺贝尔生理学或医学奖。最近又有报道，青蒿素的衍化物青蒿琥酯和双氢青蒿素靶向脂质体可以预防肠癌；昆药集团主持的青蒿素类药物治疗红斑性狼疮的研究也即将收官。由是以观，益见其研究探讨固有作用的重要意义和使用价值了。

王世民认为，研究了解固有作用与对单体化学物质进行开发利用，不仅能使中药的品类更加丰富，而且使中药的临床疗效更加稳定和易于重复，对于提高疗效、发展速效制剂也不无裨益。还可以把单体化学物质作为一味中药与其他的中药共同组方，研制开发中西医结合的新成药供临床使用。同时他还倡导"西药中药化"，可将西药按照中医药理论验之于临床，找到了它"四气五味"的特性，即可按照"君、臣、佐、使"的原则辨证使用。因此，西药的选用也可根据"辨证"来用药，扩大临床应用范围，并减少副作用。他认为把中药中提取的一些单体化学物质，统统斥之为"西药"，拒之于中医大门之外，弃而不用，并非明智之举。

2. 次生作用

次生作用是由中药的固有作用衍化、派生出来的，也可能包括一部分间接作用。大体有以下四种情况。

（1）固有作用的延伸或间接作用：如金银花能清热，按照中医理论，毒由热化，故亦能解毒。再如黄连性味苦寒，能泻心火，"诸痛痒疮，皆属于心"，故黄连善治疔毒，这里的解毒、善治疔毒等，应是其次生作用。又如生石膏辛、甘，大寒，除清热泻火外，还能止渴，这个止渴，并不是它的直接（固有）作用，而是由于火热得清，使津液消耗减少，间接地止了渴，故有"火降则渴止"之说。还有三七的化瘀止血、生地的凉血止血等，可能都是这种次生作用的表述形式。

（2）机体的应答次生作用：如黄芪的消肿、止汗作用，实际可能是由于黄芪的固有补气功能，使机体发生应答，即肺的气化功能恢复或增强，使由于气虚而失常的通调水道、下输膀胱之令行，小便通利，水肿随之消退。所以，其消肿作用与车前子的利水消肿应有区别，因此表述方法是补气行水消肿。黄芪的止汗，也应当这样理解，是补气固表止汗。这样来表述和理解中药的作用可能还有助于临床上辨证选药，似乎还说明中医药学的术语不都是模糊的概念，而是颇为严密的。问题是只有对中医药的基本理论有深刻的认识和理解，才能悟出这个道理来。对于这种作用，实验药理学的观察是较为直观和易于理解的。如穿心莲对巴豆油等多种致炎性物质引起的炎性渗出有显著的抑制作用，但切除动物的双侧肾上腺，此作用即消失，这说明这种抗炎是通过肾上腺起作用的，也说明这种作用有赖于机体的应答。再如，灵芝多糖的抗癌作用也是通过刺激肠道黏膜淋巴细胞（研究表明，肠内的淋巴细胞比任何器官都多，且肠的表面积最大），进而激活免疫系统而产生抗癌作用的。又如，某些补肾中药虽然在临床上疗效明显，但对切除性腺的动物则不呈现这类功能。这说的都是一个道理，即机体功能的完整性是药物发生作用的先决条件。正因于此，机体的功能状态乃至周围环境都可能构成影响药效的因素，所谓中药的"适应原"样作用和双相调节作用即是其证。如黄芪、人参等补气药，气虚体弱之人服用，能补虚扶弱，使之精神、体力增强，而正常人服用，则容易"上火"，甚至出现鼻子出血等；中等剂量的鹿茸可以强心，使心脏收缩有力，循环改善，机体各种功能和耐受力得到提高，而大剂量使用反能抑制心肌收缩，使心跳减慢；附子对衰竭的心脏有强心作用，对正常心脏来说，稍大的剂量即可引起房室传导阻滞。由此可见，人参、鹿茸的补气、强壮作用，源自于机体自身，药物只是起一个唤醒或增强或减弱的激发作用。从这个意义上说，不深谙中医药理论，去提取它们的有效成分，恐怕是难能如人愿的。

（3）炮制或制剂过程中衍化而来的次生作用：某些中药本来不具备的作用，由于在炮制或制剂过程中某些成分发生了分解、化合或络合反应，导致部分成分改变，从而产生了一些新的作用，这些作用也属于次生作用。只是这种作用我们中医药人员在过去可能不太明了或未发现。如人参，一般来说没有抗癌作用，在炮制加热时产生的次级苷 RH_2 而有明显的抗癌作用；再如炉甘石，其主要成分是 $ZnCO_3$，经煅烧后分解成 ZnO，它能吸收创面的分泌物，并有轻度的抑菌或杀菌作用，故曰炉甘石有解毒、收湿止痒、敛疮明目作用；又如陈皮，主要作用是理气化痰，其主要有效成分是橙皮苷，在有铜离子的环境中可生成橙皮苷铜，实验证明，橙皮苷铜有明显的兴奋胃肠平滑肌的作用。

（4）通过机体的代谢、降解产生的次生作用：某些中药的治疗作用是药物进入机体后被吸收，或在代谢过程生成了二次产物，或是以肠道细菌为中介，调节菌群，使某些细菌移位或定植而产生的。如番泻叶的泻下作用，是由于其主要有效成分番泻苷 A、B，经胃、小肠吸收后，在肝中分解，此分解产物经血行而兴奋骨盆神经节，使大肠收缩引起腹泻；又如苦杏仁的镇咳平喘作用，是因其所含的苦杏仁苷在下消化道被分解后产生的微量氢氰酸，抑制呼吸中枢而产生了镇咳作用；再如柴胡是清热药，现代药理研究证明它有抗炎作用，据分析，柴胡皂苷 C 本身并无促进皮甾酮分泌的作用，而其代谢中间体皂苷元则有很强的活性，故能呈现出抗炎之功。

3. 配伍作用

配伍作用是指按照中医药理论，把两味或数味药同用于一个处方中所形成的"合力"，这是中医在药物使用上对世界的一大贡献。按照中药"七情合和"的理论，通过配伍可以使药的作用发生很大的变化。清代徐大椿在《医学源流论·方药离合论》中指出："方之与药，似合而实离也……圣人之制方，以调剂之……故方之既成，能使药各全其性，亦能使药各失其性。操纵之法，有大权焉，此方之妙也。"这种通过多味药的配伍、调剂产生的"合力"，是组成方剂之药物的综合效应，甚至还有"矢量"的蕴味－方向性，使药物能直达病所，即"定向"作用于某一病证或病位。我们往往把这个"合力"误解为某味药的作用，实际可能就是配伍作用。如金银花"疏散风热"的解表作用即是如此，表现这一作用的代表方，可能也是唯一的方剂就是银翘散。银翘散属辛凉平剂，按吴鞠通的组方本意是遵《内经》"风淫于内，治以辛凉，佐以苦甘"，方中用金银花、连翘，其意是针对温邪上犯而施以清热解毒，并不在解表。众所周知，金银花性味甘寒，按照中医药理论并无宣散解表之能，只是该方中由于配伍了辛温表散的荆芥、豆豉，辛凉疏散的薄荷，才使全方成为辛凉解表之剂。故《中药学》教材亦将其归为清热解毒药，而不是列入解表药中。说金银花能"轻宣解表"是把它的配伍作用混同为固有作用所致。再如升麻、柴胡，其升提中气的作用，不论是补中益气汤，还是举元煎、升陷汤，都是在与参、芪等补气药配伍时才表现出来的。现代的药理学实验也证明，补中益气汤配伍升麻、柴胡时，对动物肠蠕动有促进作用，从方中减去升、柴，促进肠蠕动的作用明显减弱，且不持久；只用升、柴对肠蠕动则无明显影响。而且由于"配伍"作用，可使方中某味药中药"改性""变异"，使方剂发挥了多效性，则其应用范围更加广泛，能够适应各种复杂多变的病情。例如，临床上的"寒结便秘""寒疝腹痛"都属于"寒实证"，常用方剂是温脾汤、大黄附子汤，都是用大黄配伍附子、细辛、干姜之类，目的是利用辛热以制苦寒的"配伍作用"，从而既发挥大黄的通导作用，而又避免了它的苦寒伤阳之弊。这种以热制寒的方法，就是"去性取用"之配伍作用的具体体现。

王世民认为，方剂的这种配伍作用，蕴含着丰富的传统文化哲理，至于有哪些内在变化的表现，目前尚不能完全明了。但有一点似可明白，在方剂的药效药理研究中，不能只用线性思维去认识问题。中医方剂的作用是数味药按照中医药理论有机地"分工合作"所形成的一个整体合力，而这个合力是通过所有药味"各展其长"而又"鼎力合作"来实现的，而不能把它看成是"单干户"的简单联合。也就是说方剂作用的产生，包括了方中各味药的已知有效成分或活性成分，也包括了未明确和未完全明了的其他成分，乃至所谓的无效成分和杂质。从这个意义上说，提取有效成分，只用其"精华"的制剂，疗效未必就一定好。用它去做实验研究，可能失去了原方的配伍意义。实际工作中，不乏原方或粗制剂有效，而"杂质"去得越干净，效果反而不佳，甚或无效。所以在研究方剂时不能只用线性思维认识问题，因为非线性科学认为"小的原因同样可能导致大的结果"。

王世民指出，中医方剂学的现代研究中类似的配伍作用还有很多，很值得去研究，不认真做好这项工作，就可能丢失许多有用的信息。同时，这些配伍作用的研究似还提示在做方剂的方解时，仅把组成方剂的各单味药的功能简单地用相须、相使或相杀、相畏的关系加以说明，可能是不够全面的，而应当考虑这些次生作用、配伍作用的意义，或许才能揭示出方剂的真谛。在中药作用的研究中，应当是首先着重探讨它的固有作用，注意次生作用，并以配伍作用作为方剂学研究的重点。

（二）仰古尚新，开拓实验方剂学

所谓中医实验方剂学，就是在中医药理论的指导下，采用现代科学技术，以化学和药理学方法为主要手段来研究方剂的组成、配伍作用、药效学、药动学和制剂工艺及临床应用的一门科学，其目的在于揭示古今方剂治病的奥旨。

20 世纪 80 年代初，王世民经过在临床、教学、科研方面二十几年的磨炼，日益觉得，中医方剂学是中医学理、法、方、药的重要组成部分，它不仅起着连接中医基础理论与临床实践的桥梁作用，而且是中医治疗疾病的主要手段。几千年来的临床应用经验证明，在辨证立法正确的情况下，临床疗效如何，关键在于方剂运用的正确与否。从中不难看出，中医方剂是在人体用药经验的基础上建立起来的，也就是说，中医方剂学知识的积累，是通过在无数的患者身上摸索出来的。不管是神农尝百草的传说，还是君亲服药，臣子先尝的记载，都是古人在人体进行药物疗效和药理作用探讨的例证。因此，从这个意义上说，从整体来看，中医方剂学应该属于临床方剂学。尽管这些方剂经得起临床反复验证，也上升到了理性认识，形成了方剂学的一套理论，如君、臣、佐、使的配伍原则等，但由于历史条件的限制，正如近贤柯雪帆教授所说的那样，"咸以经验体会为基础，由推理思辨而上升为理论"（见《温病卫气营血证候动物实验研究·柯序》），因此，很难揭示方剂的药效、药理和产生此作用的物质基础之奥秘，也难与现代科学同步，与时俱进。然而，现实中的中医学却犹如放入冰箱中的食物一样，不管外面是严寒还是酷暑，自是"恬不为怪""以不变应万变"，常不为外界的浪潮激动。可是科学史的轨迹证明，科学发展的规律，一般是在综合的基础上，通过与边缘学科的交流、"杂交"而分化－新的学科降生，新学科就是沧海桑田，标新立异，就是对原学科的深入细化，它孕育着潜在的发展活力。因此，方剂学要想深入发展，就要进行学科分化。

同时，借助实验研究而探知疗效的所以然，以推进中医药理论的发展和创新。如果把医学（中医学）仅仅限定在临证治疗上，看不到学科分化的进步意义，在现代社会至少是不全面的，是不利于中医药提高与发展的。纵观近现代整个医学的发展实况，可知西医与中西医结合医学都是采用了实验研究作为重要的方法和手段，虽然这种研究属于还原论的范畴，但它们确实都得到了很大的发展，甚至可以说是日新月异。医学是为人类健康服务的，不管怎样研究，最终总是要落脚在临床实用上。而实验是为了暴露隐藏在事物内部的情况或验证某些假设和推知某些未知的真理，而在医学的实验研究中，离不开动物的帮助，因为实验动物虽然与人差别很大，但它可以替人类"蹚雷"，避免病家可能遭受的苦痛，乃至丧命的危险。从这个意义上来说，动物实验和实验研究及理论研究，应当是与临证治疗同等重要的，是相互促进、相须相伍的。

因此，王世民抱着"仰古尚新""他山之石能攻玉"和"与时俱进"的信念，认为"既要切实继承和发扬中医药的内涵、学术本质和特色优势，同时要积极利用现代科学技术，丰富和发展中医的理论和实践"，率先在国内开拓了中医实验方剂学的研究工作，在临床方剂学的基础上，将现代化学和实验药理学的方法引入方剂学的研究中。如他带领并指导研究生对多首方剂及其中多种药物进行了化学成分和药理实验研究，为临床应用提供了客观依据；主持对山西名药"龟龄集""定坤丹"进行了综合药理及部分工艺研究，获得了山西省科技成果奖二等奖；还主持国家中医药管理局有关微量元素标准参考物质的研发项目，填补了国内中药微量元素标准参考物质的空白。

（三）方剂辨证，寻求方证对应关系

辨证论治是中医学的特点和优势，历代创立了多种方法，王世民从方剂学的角度出发，提出方对证、药对症，倡导方剂辨证，认为中医治病，随着一药对一症治疗经验的积累，逐渐升华为数味药对应几个相互有联系的证，即组方对证，遣药对症，方药协调，丰富了辨证论治的内容。

所谓方剂辨证，简单地说，就是"有是证，用是方"的意思。所谓证，就是医

者按照中医理论对机体外在表征的分析概括，其实质是机体在致病因子作用下应答反应的一个特定状态。由于机体对致病因子本身及外界环境因素与机体本身的功能状态等的影响和制约，故其反应状态不一，随之表现出来的证也各有不同。中医辨证就是着眼于此，它抓住了机体应答反应的外在表现 – 证，而不一定去追求内在变化的细节。所谓"有诸内，必形诸外""以外揣内"就是这种认识最好的说明和概括。王世民认为，中医临床虽然形成了多种辨证体系，但最终还是要归结到"有是证，用是方"，因此方证之间愈是丝丝入扣，疗效愈佳。由于方剂辨证是根据证而遣方选药、配伍组合，方剂与证之间有着牢不可破的对应关系，因此方剂辨证不仅实用，而且对中医的发展和对外交流也有重要意义。

方剂辨证着眼于方与证的对应关系，接近于西医学的线性思维方法，临证时易于掌握，比较实用。而且从实验医学的角度来说，较易进行动物实验模型的设计和观察，也较容易找到方与证相对应的现代生理、病理学的结合点，发现某些微观变化和客观指征，找到一些中西医之间的共同语言与切入点。

方剂辨证有助于方剂与病证专一化。王世民认为，随着中医药学术研究的深入和理论研究与临床实践的紧密结合，方剂与病证的专一化趋势日益凸显。这虽有"对号入座"之嫌，但在客观上已逐渐形成共识，有助于专方专药以及通治方的开发和应用。因此方剂辨证不仅可行，也是有前途的。试举例说明如下。

茵陈蒿汤原是治疗阳明湿热蕴结发黄的主方，现已基本成为治疗各种黄疸症的定型方剂，被广泛应用于急性黄疸型传染性肝炎、重症肝炎及胆囊炎、胆石症、蚕豆黄和新生儿溶血等有湿热黄疸表现者。其衍化方茵陈四逆汤、茵陈术附汤，也可用于阴黄证。总而言之，都着眼于一个"黄"字。

四逆汤原是治疗亡阳厥逆证的主方，现为中医用以救治各种休克的急救良药。实验研究表明，强心和升压是本方抗休克的药理基础，因此基本上各种休克均可选用。

小青龙汤是治疗外寒内饮、咳嗽气喘的名方。药理学研究表明，本方能使支气管平滑肌松弛，并能抗过敏，是临床用于治疗以咳喘为主症的支气管哮喘、慢性支气管炎、过敏性支气管哮喘和过敏性鼻炎等病的一线方剂。

补中益气汤功能益气升阳，是治疗脾胃气虚、中气下陷的主方。实验研究表明，本方对改善机体蛋白质代谢，防止贫血的发展，增强免疫功能和体力，均有良好的效果；另外，对子宫及其周围组织有选择性兴奋作用，并可增强肠道平滑肌张力。因此，大凡骨骼肌、括约肌及支撑组织的紧张度下降而引起的功能低下或无力、内脏下垂或脱出等弛缓性疾病，诸如子宫脱垂、脱肛、胃下垂、重症肌无力、产后或术后膀胱肌麻痹引起的尿潴留以及年高气虚之人因肠道蠕动迟缓无力所发生的便秘等皆可使用。

以上几个比较成熟定型的方剂，实际上已成为医药学家熟悉的专指性治疗方剂，但使用这些方剂的重要指征是与方剂主治相对应的证，而不是某一个病。

四、专病之治

王世民临证恪守病机，灵活辨证，删繁就简，提纲挈领。不论疾病错综复杂，千变万化，俱能抽丝理梦，抓住要点。治疗上切中要害，收效颇捷。用药平淡，疗效神奇。尤其是对胃肠疾病的消化性溃疡、男科疾病等方面，颇具心得，经验丰富。

（一）溃疡病

王世民治疗溃疡病，深受秦伯未先生的启发，认为胃及十二指肠溃疡属于中医"胃脘痛"的范围，其疼痛多为久痛，烧心吐酸，得食痛减，喜温喜按，冬季或受凉、食用生冷硬物之后发作或疼痛加剧，久病必虚，溃疡病本质上是一个脾胃虚寒性疾病，而在发病过程中，又往往兼有气滞、食积、痰饮、血瘀等因素，故其病以脾胃虚寒为本，气滞、食积、痰饮、血瘀为标。治法以温养中焦为主，兼及理气解郁、消食导滞、化痰蠲饮、活血化瘀等法，用方以黄芪建中汤加减为主。黄芪建中汤乃由桂枝汤倍芍药加饴糖、黄芪而成。桂枝汤温运脾胃、建复中气，本身就是一个温中健脾的方剂，再加芍药、饴糖，即小建中汤，功专温中补虚、缓急止痛。方中芍药、甘草相配，名芍药甘草汤，药理研究证明，该方对病理状态的胃肠异常兴奋有明显抑制作用，并能镇静、镇痛、抑制胃液分泌，再与生肌长肉的黄芪相配，自然能促进溃疡的愈合而显效。在此基础上，血虚加当归；出血加阿胶、云南白药；气短疲乏加党参；阳虚怕冷加熟附片；感寒受凉加紫苏梗、乌药；脾虚湿盛加苍术、茯苓；痰湿内盛加半夏、陈皮；气滞痛剧或胁痛，加青皮、郁金；血瘀刺痛加丹参、三七；烧心吐酸，加乌贝散；饮食积滞加神曲、麦芽。

此外，方中饴糖在药房、药店多无备用，有医家提议用蜂蜜代替。王世民体会，生蜂蜜性凉，临证试用，非但无效，反增烧心吞酸，胃痛加重或发作，应以性温的炼蜜为妥。王世民还认为，溃疡病多属虚寒，但临证表现不一定都是大便溏泄，相反，便秘者亦不少见，此系脾胃运化失职、津液不布而致。根据"六腑以通为用""以通为补"的原则，王世民提出"胃肠疾病，莫忘通导"的观点。但在用通腑法时，王世民又考虑到患者久病体虚，一般不用大黄等峻猛之品，以免更伤其正，而重用全瓜蒌，或加当归，以滋润通肠，甘寒而不败胃，寓通腑于补虚之中，中病即止，以防伤正。且大便一通，对食欲的增加和胃痛的缓解都有帮助。如此则补中有通，升中有降，脾阳升发，胃气下行，清升浊降，虚实更替，诚为健脾和胃之良法。

【典型医案】林某，女，33岁，干部。

患者七八年来常感胃部不适，吞酸烧心，胃痛时稍用饼干、馒头等食物可缓解。近一个月来胃痛又作，痛如针刺、刀割，不能吃生冷硬物，伴有嗳气吞酸、食欲不振等。经西医诊为"十二指肠溃疡"及"胃窦炎"，服维生素U等药效果不理想。诊脉弦、重取无力，舌苔白，大便日一次，隐血实验阳性，复经钡餐造影，证实为十二指肠球部溃疡。证属中虚胃寒、脾不统血。治宜温补中焦，兼以止血治标。方用黄芪建中汤加味：黄芪15g，桂枝8g，炒白芍12g，炙甘草6g，丹参10g，神曲10g，炮姜6g，大枣5枚，饴糖30g（冲）。水煎服。另用乌贝散6g，每日3次，饭前冲服。

连服3剂，未见显著改变，但有大便先干后溏。将原方去丹参、饴糖（因无货），加全瓜蒌15g，炒山药15g，当归10g。又服3剂，大便基本通调，隐血阴性，疼痛亦减。遂以上方出入调理，诸证向愈，上班工作。

（二）前列腺增生

良性慢性前列腺增生症（前列腺肥大、前列腺瘤样增生），是好发于成年男性群体的泌尿生殖系统疾病，发病具有反复性、难治性、缠绵性等特点，属于中医"癃闭"之范畴，表现为不同程度的尿频、尿急、进行性排尿困难，或伴有尿等待、尿线变细、排尿费力、夜尿频数等症。王世民认为本病基本病机为本虚标实，肾虚为本，肝郁、气滞、血瘀为标，尤以气滞血瘀最为关键。故治疗多从肝肾两脏入手，以调补肾之阴阳为本，同时疏肝理气、活血化瘀治其标。处方常用自拟经验方三橘汤。组成为：橘核20g，山楂核20g，荔枝核20g，杜仲15g，熟地黄10g，益智仁10g，川楝子10g，延胡索10g，鬼箭羽20g，小茴香10g，蛇床子10g，柴胡10g，木香10g，甘草8g。方中橘核、山楂核、荔枝核为君药，三药共起行气散结、散寒止痛之效；杜仲、熟地黄、益智仁为臣药，调补肾之元阴元阳；川楝子、延胡索、小茴香、木香、鬼箭羽为佐药，疏肝行气，散结止痛，其中鬼箭羽解毒消肿，破血通经，且其药力向下，可兼做引经药使全方的药力下达病位；蛇床子温肾壮阳，燥湿祛风；柴胡为肝经引经药，甘草调和诸药，共为使药。

随症加减：若见排尿困难、尿线细而分叉、小便余沥或尿道涩痛、舌质紫黯、脉弦涩等血瘀证重者，加水红花子15g，土鳖虫10g，鸡血藤15g，穿山龙10g，丹参10g等活血通络止痛之品以及土鳖虫、地龙、全蝎、蜈蚣等性善走窜的虫类药以活血破瘀。疾病后期患有勃起功能障碍者，偏肾阳虚加鹿角胶15g（烊化），鱼鳔胶

15g（烊化），肉苁蓉 15g；偏肾阴虚者，加女贞子 15g，墨旱莲 10g，菟丝子 10g；睡眠不佳者，加煅龙骨、煅牡蛎各 15g，酸枣仁 15g。另外，注意引经药的使用，对于肾阴亏虚、阴虚火旺之骨蒸潮热、遗精、盗汗者，常用盐知母、盐黄柏引药入肾，直达病所；如有项背僵痛及阳明经不适症状者，常用葛根、白芷等引经药。还有补益肾阳时，禁止过用温热之品，以防肾阴耗伤，虚热内生，多选用温而不燥或燥性较小之品，如巴戟天、肉苁蓉、菟丝子、鹿角胶等。

本方亦可辨证加减用于慢性前列腺炎，表现为尿频不畅、尿道灼热、尿不尽、尿末滴白等排尿异常，会阴、阴茎头、睾丸、小腹等盆腔区疼痛不适及坠胀感，可伴有焦虑、失眠、健忘、抑郁以及阳痿、早泄等症状。而慢性前列腺炎多兼湿热为患，治当兼顾湿热。酌加秦皮 12g，盐黄柏 15g，知母 15g，车前子 10g，生薏苡仁 15g，以清热燥湿；排尿灼热疼痛较重者，加海金沙 15g，萹蓄 10g，滑石 12g（包煎），生甘草 10g，以利尿通淋。

【典型医案】成某，男，70 岁。2016 年 6 月 29 日初诊。

主诉：尿频、尿急 8 年余，加重 1 个月。8 年前无明显诱因出现尿频、尿急，初时未予重视及治疗，休息后缓解，劳累后加重，平素自行休息后缓解，未曾服药治疗。1 年前曾因外感后上述症状加重，于当地社区医院行抗生素治疗（具体药物不详），症状有所缓解；此后适逢外感、劳累后易复发，尿频、尿急且伴随尿等待、尿线变细、夜尿频数等诸多不适症状。否认原发性高血压、冠心病、糖尿病等慢性病史，否认肝炎、结核等传染病史，否认过敏史。2016 年 6 月 13 日，山西省太原市中心医院行泌尿系彩色超声示：左肾轻度积水，右肾肾盂分离，膀胱小房小梁增生，膀胱三角区右前方囊性结节；前列腺增生伴结节，前列腺大小 5.8cm×5.3cm×4.5cm，结节大小 2.9cm×1.9cm。刻下症见：尿频、尿急伴尿线变细，排尿时尿道烧灼样感觉，尿量少，尿色淡黄，夜尿频繁，每夜 4～5 次，因受频繁起夜影响，夜寐欠佳，入睡困难，纳食可，大便稀，不成形，每日 1 次，无畏寒、怕冷等症状，不喜生冷食物。舌黯红，舌尖红，舌前部少苔，舌根部苔薄黄稍腻，脉沉弦有力。西医诊断：良性前列腺增生（BPH）。中医诊断：精癃（肝肾阴虚，气滞血瘀证）。治则：滋阴固精，理气化瘀。予三核汤加减。处方：橘核 20g，山楂核 20g，荔枝核 20g，益智仁 12g，沙苑子 10g，覆盆子 12g，生牡蛎 20g，五味子 10g，鬼箭羽 20g，盐黄柏 10g，水红花子 12g，土鳖虫 10g，王不留行 10g，连翘 20g，竹叶 3g。日 1 剂，水煎 2 次，取汁 300mL，分早、晚 2 次口服。共 7 剂。并嘱患者调畅情志，清淡饮食，戒烟酒，忌久坐。同时辅助中医养生调摄之气功、八段锦、太极拳等，调整身体呼吸吐纳，恢复全身气机之正常升降出入。

7 月 6 日二诊：患者自诉尿频、尿急症状较前稍缓解，排尿时烧灼感明显减轻，夜尿 2～3 次，纳食可，睡眠状况较前有所改善，舌质黯红，苔薄黄，脉弦涩。初诊方加皂角刺 10g。共 7 剂。并嘱咐患者坚持健康生活方式，勤加锻炼，舒畅情志。

7 月 14 日三诊：患者自诉排尿时烧灼感消失，尿急症状较前明显缓解，尿频，尿色清，坚持八段锦锻炼，睡眠质量显著提升，但久站易腰困，伴双足跟疼痛，大便偏稀，舌质黯红，苔白，舌根部少苔，脉弦涩。二诊方去生牡蛎、盐黄柏、连翘、竹叶，加鹿角胶（烊化）10g，仙茅 10g，淫羊藿 10g，牛膝 10g，炒山药 20g，炒白术 15g。共 14 剂。

8 月 3 日四诊：患者自诉尿频、尿急等症状显著改善，夜尿减少至 1～2 次，寐可，纳食可，大便可，舌质淡红，苔薄黄稍腻，脉弦。三诊方去仙茅、淫羊藿，加熟地黄 10g。共 14 剂。本例患者病程长，难求速效，日后此病症如若再犯，可先守方，继服四诊方 7 剂，不愈可来我科随诊。6 个月后电话随访，患者服完 14 剂中药巩固治疗后未再复发。

五、方药之长

王世民先生认为，方剂之繁，药物之众，譬若江河，簿帙浩博，难于穷极。而其中难免良莠不齐，只有在正确辨证的基础上对证选方遣药，获得满意的疗效，做到"方对证、药对症"，必须熟知方药、详悉功用，临证方能驾轻就熟，信手拈来，径获良效。

（一）核心方剂

王世民始终坚信中医药学的发展进步和现代化是历史的必然，势不可当，决不能抱残守缺，故步自封。他在全国率先开展实验方剂学研究，首倡将实验药理学方法和分析化学方法引入方剂学研究中。他带领团队先后对四逆汤、甘麦大枣汤、小续命汤、五子衍宗丸、六味地黄丸、逍遥丸、防风通圣丸、玉屏风散、来复汤、大黄硝石汤、龟龄集、益元回春丹、毳塞通、济元胶囊、活力隆胶囊、回生灵、腐敏霜等多个古方和新方进行了实验探讨，为临床应用提供了实验室的依据。

1. 来复汤

来复汤是清末民初医家张锡纯《医学衷中参西录》中的一首方剂，由山茱萸、生龙骨、生牡蛎、生杭芍、野台参、炙甘草 6 味药组成，功能益气酸收、重镇安神，主治厥脱症，类似于西医学之休克、虚脱。基于此种认识，王世民团队先后对来复汤抗心律失常、抗失血性休克、救脱、调整心律、保护心功能及药物配伍等做了较全面的研究，证明该方是一个有效的抗心律失常、强心、升高血压而抗休克的方剂，在临床上可能最适用于休克并伴有心律失常的患者。还通过正交实验证明，方中的主要药物、君药是山茱萸。观察表明，方剂配伍中，君药是方中起主要作用的。而且实验还表明，用药剂量的改变是影响方剂功效的主要因素。

2. 四逆汤

四逆汤是《伤寒论》回阳救逆的代表方，由制附子、干姜、炙甘草三味药组成。王世民在中医理论指导下，采用中药化学、药理学、光谱、色谱学、分子生物学、系统生物学等现代科学技术和方法，从无机元素、有机化学成分、药理、毒理等多角度揭示了四逆汤的配伍作用，并发现其对甲状腺功能减退症、甲减性功能低下、甲减肾损伤、药物肾损伤等具有显著的治疗作用。还由此拓展出酸碱对药在方剂中的配伍化学研究、组分配伍方剂类方研究等5项国家自然基金面上研究项目，取得了一系列卓有意义的成果，并获得3项省部级科技成果奖二等奖的奖励。

3. 小续命汤

小续命汤出自唐代孙思邈《备急千金要方》，是中医临床治疗中风的名方。一般因其多用风药而用治外风，后世中风多从内风立论，强调中风多是血瘀或痰瘀为患，用方多选用活血祛瘀或消痰通络之剂治之，该方似乎渐无用武之地。王世民带领团队用家兔、大鼠、鹌鹑、小鼠等多种动物，以体内外实验、电镜观察等多种手段研究了小续命汤对血流变、血小板、血脂的影响，结果表明，该方及减去活血化瘀药赤芍、川芎方有完全相同的作用，即仍能改善血液流变性，抑制红细胞及血小板集聚，使血液黏稠度降低、血流加快、改善了血液循环；并在电镜下观察到该方能使血小板对二磷酸腺苷（ADP）反应性降低，改善由 ADP 造成的血小板形态异常。在鹌鹑和大鼠、小鼠的降血脂实验中还可看到，小续命汤原方能明显地降血脂，并且有明显的调脂和抗动脉粥样硬化（AS）的作用。这些实验结果为小续命汤治疗中风提供了现代药理学实验依据，而且表明以祛风药为主组成的祛风剂和以活血化瘀药为主的组方有着惊人的异曲同工之妙，证实临床上用小续命汤治疗缺血性中风的可行性。同时在原方相同的条件下，进一步观察了其减味方（即原方去川芎、赤芍）的药理效应，结果表明小续命汤减味方的活血祛瘀作用未见减弱，甚至表现出强于原方的趋势，这表明该方的活血化瘀作用不是主要由赤芍、川芎决定的，可见祛风方药同样可以达到活血化瘀的目的。

其他如对补肾剂六味地黄汤、五子衍宗丸、龟鹿二仙胶的药理学探讨，研究探索了肾藏精、主骨、生髓、通于脑、主生殖发育等生理功能，以及补肾剂抗骨质疏松、抗老年痴呆、促进胚胎发育、改善学习记忆等功能，分别为临床防治骨质疏松症、胎儿宫内发育迟缓（即营养不良综合征）、老年痴呆等疾病以及探索益寿延年的基本方法提供了现代药理学依据。

王世民在临证中，长于应用经方，又擅于化裁古方。如其常用经验方麻黄三子汤，即麻黄附子细辛汤合三子养亲汤，功能温阳化痰止咳，主治阳虚痰喘咳嗽，对慢性支气管炎、支气管哮喘，咳喘多痰、痰白而稀，秋冬病发或加重者常有效，尤宜于老年久病，缠绵不愈者。以麻黄附子细辛汤用于病态窦房结综合征，辨证属心肾阳虚者，尤适用于心动过缓型，脉来沉弱，精神疲惫，恶寒者。并在临证时常加人参，取参附汤的蕴义，对增加脉率更为理想。以黄芪建中汤加乌贝散（乌贼骨、浙贝母）、云南白药治疗消化系统的溃疡病，不仅止痛、促进溃疡愈合，大便隐血也很快转阴。因云南白药价格较高，且连续服用也有些不适，可改用白芷亦有良效，也能生肌长肉、消肿定痛。以少腹逐瘀汤合痛泻要方化裁治疗过敏性结肠炎，其症多在小腹偏左位置，每受寒凉，则疼痛发作，喜温按，触之有硬索状肠管，或伴有腹泻，泻后则宽舒，辨证多属寒凝气滞，且有"瘀块"。方中重用炒白芍再加炙甘草，取芍药甘草汤缓急止痛之意，疗效比较理想，每服 3～5 剂即可收功。以傅青主秘方银花白酒饮，重用银花 240g，施用于乳痈初起，体质壮实者，内消功效甚速。

此外，王世民自拟的治疗前列腺疾病的"三核汤"和治疗失眠症的"百延宁神方"两个经验方，经传承人裴妙荣领衔的团队已开发，已成中药新制剂，并获得国家专利，即将投放市场，以惠泽更多的患者。

（二）经典用药

在方剂实验研究的基础上，王世民还带领团队对黄芪、香棒虫草、杜仲、合欢花、决明子、淫羊藿、蛇床子、老鹳草等药物进行了系统的药理实验研究。

如对山西道地药材党参，从历史考辨、出典、化学成分、微量元素及药理研究等方面进行了较系统的研究。尤其是商品中的山西党参分为潞党参和台党参，前者为家种，后者为野生，一般认为，两种党参从植物学上说是同一植物，并无二致，只是台党参质优而价高。王世民等通过两种植物学特征的调查，花粉的扫描电镜观察，根导管解剖构造的电镜观察，种子表面纹饰电镜扫描及正反杂交实验交配不结实等，均说明潞党参和台党参在某些生物学特征方面存在着差异，这是迄今未见报道的。

王世民早年在侍师襄诊过程中，学到了诸位老师不少独特的用药经验，并在日后实践中多有发挥应用，别有感悟，疗效颇佳。试举一二如下。

无名异，俗名土子、干子、秃子，又名黑石子、铁砂，为氧化物类矿物软锰矿的矿石，主要成分为二氧化锰及铝、硅、铁等 20 余种元素。性味甘平，无毒。功能活血止血、消肿定痛、燥湿生肌。主治跌打损伤、瘀血肿痛、痈疽肿毒、创伤出血等症，以外用为主。跟师期间，白清佐先生说该药善收湿气，每用土子 30～60g，煎汤代水使用。常以傅青主完带汤加土子、海螵蛸、桑螵蛸等化裁，用于治疗子宫颈癌的带下绵绵，或黄或白，犹如败卵，腥臭不可近，腹痛下坠等，辄能获效。据称匠人用以煎炼桐油，涂漆器物，其干甚速，可证其燥湿之力大矣。《本草纲目》也有"收湿气"之功的记载，并附有治"消渴引饮：无名异一两，黄连二两，为末。蒸饼丸绿豆大。每服百丸，以茄根、蚕茧煎汤送下。(《圣济录》)"经验，用之于糖尿病，亦效。

冰片，别名龙脑香，为龙脑香科常绿乔木龙脑香的树干经蒸馏冷却而得的结晶。味辛、苦，性微寒，一般中药书中都列入芳香开窍类，功能开窍醒神，清热止痛。常用于治疗痰热闭窍的神昏、痉厥诸证，外用治疗眼、耳、口、舌及疮疡肿毒和烧烫伤等。王世民回忆任应秋先生治疗头痛，尝在适应证方药以外，另加冰片冲服。遂效其法于临床治疗神经衰弱、血管神经性头痛时，用川芎茶调散方加 0.2g 冰片冲服，疗效满意。《本草纲目》称其"通诸窍，散郁火"。药理研究证明，冰片经胃肠道黏膜吸收迅速，5 分钟即可透过血脑屏障，且能停蓄一定的时间。王世民认为这也许是其开窍醒神、镇痛以治疗神志昏迷、冠心病心绞痛等症的现代药理学根据之一。

王世民在读书临证中，研究方药时，体会到有些药物在方剂中的作用按传统说法似是而非，并不准确，遂加考证，别出新解。举例如下。

芍药，一般皆认为其益阴敛营，桂芍合用能调和营卫而发汗。王世民认为芍药有益脾之功，桂枝汤能调和营卫、解肌发表，究其本，是假其补中健脾之功。温中健脾的小建中汤，其实就是桂枝汤中芍药用量加倍再加饴糖而成，这岂不就是芍药"益脾"的明确注解。另外芍药缓急即解痉之意，真武汤中芍药虽为佐药，除利小便行水之功外，其柔肝缓急之功亦不能小觑。因为真武汤的主治症有"头眩，身瞤动，振振欲擗地者"。其机制是水寒木热、风木摇动者也，单解释为用以"抑制附子刚燥之性"，恐非全面。黄元御《伤寒悬解》言"芍药清木之风"，大有深意。

车前子一般作为利水通淋之药，但其尚具有补益肝肾、强阴益精的功用，五子衍宗丸、驻景丸中之车前子即是这一功效的体现，不能俱以利水通淋视之。

陈皮为理气健脾、燥湿化痰的良药，补中益气汤中之陈皮，一般解释是利气和胃，以防大队补脾益气之品引起"气滞"云云。王世民认为，此说不谬，但似还有别说。《本草纲目》曰："橘皮，苦能泄能燥，辛能散，温能和。其治百病，总是取其理气燥湿之功。同补药则补，同泻药则泻，同升药则升，同降药则降。脾乃元气之母，肺乃摄气之籥，故橘皮为二经气分之药，但随所配而补泻升降也。"日本中药学家柴田承二等编著的《生物活性天然物质》一书中也说，将人参与陈皮配服，其抗疲劳作用比单用人参要好。故补中益气汤总的作用是益气而升，陈皮在该方中有助参芪升柴补益升提之功，此配伍作用也。

当归为补血活血之品，但苏子降气汤用当归，理论根据是《神农本草经》称其"主咳逆上气"。王世民却认为其功是由润肠通便而来，腑气一通，咳喘即可减轻或平复，肺与大肠相表里也。故当归"主咳逆上气"，可能是其次生作用，而非固有作用也。

六、读书之法

（一）博览群籍

"书籍是人类进步的阶梯"。王世民主张读书要博，书不厌其多；读书要杂，书不厌其广。除了本专业的书和相关专业的书要读，还要读文史哲等社会科学的书，从科学研究的意义上说，读书是广泛搜集资料、积累知识的过程，为了满足读书的需要，他先后购买了上千册的书籍，放满了6个两米高的书柜，随时查阅，十分方便。而报纸杂志是时代信息的脉搏，其特点是信息量多，快而及时，观点新颖且有预见性，是获取新知识的重要来源。尽管其中有些内容不够成熟，甚或"谬误"，但常能给人以启迪，甚或是潜在的科研新动向。因此他每年订阅的报纸杂志有十几种。他读书看报，广收博览的目的是获取信息，消化知识，去粗取精，为我所用，尤其特别注意本学科与临近学科之间及学科间交叉的"边缘学科"的研究动向，捕捉新知识和新成果的突破口，抓住学科交叉的优势，寻找切入点，是他获得成功的"窍门"。

《礼记·学记》云："独学而无友，则孤陋而寡闻。"王世民的文化素养固然是长期坚持读书的积淀，亦是师友互相交往、切磋砥砺的结果。1961年毕业实习时，王世民跟随孔嗣伯先生，实习结束时，孔嗣伯赠送其一部《四部备要》，还将孔伯华未刊行的《藏象发挥》中"命门辨"一节亲笔抄录下来，装订成册，题写赠言，留做纪念。

《万卷精华楼藏书记》为清末山西藏书家耿文光所著，著录书籍260种，分经史子集4部、46类、146卷，计200余万字，为继《四库全书总目提要》之后又一部大型综合性提要式书目。目录学是联接文献系统与读者桥梁之间的理论基础和技术手段，观此可熟悉书籍内容，方便从经典著作中各取所需，即"辨章学术，考镜源流""积累求书，因书就学"。王世民通过阅读此书，为后来阅读医书积累了很好的书目索引，既了解学术发展的源流，又方便查找学术研究的书籍。而且耿氏兼通医学，并有亲身的医疗实践经验，故其书对医籍特别重视，言"岐黄之书或视为无要，或茫然不解，诸家书目尤不经意。余深通斯理，故所著特详。""吾于医家书甚取其适于用，此可为知者道也。"其书卷78至卷81为医家类，自《重广补注黄帝内经素问》迄《济众新编》，共录医家115家、收医书130种。远较《四库全书》录医家76家、收医书96种为多。耿氏对医药有自己独特的见解，其对医籍的评价考证能入木三分，切中要害，颇有新意，注解经文，论病识病，亦多精义，这些对王世民学习中医古籍、研究中医文献颇多启迪，使之开阔了视野，增长了知识。

20世纪60年代，在山西省西医离职学习中医研究班时，一日王世民闲阅《吕晚村文集》，班主任贾得道见之甚为高兴，赠送其一本《类书简说》，以示勉励。

岳美中先生尝说："读书多些有益于专，知识博些源头更活。""专一地研讨医学，可以掘出运河；整个文化素养的提高，则有助于酿成江海。"知识犹如连通器，是彼此渗透，相互补充的。中医药学根植于传统文化，是民族文化之林最璀璨的一枝，它的形成和发展，尤其受整个社会文化特别是哲学思想发展状态的影响和制约，具备丰富的传统文化知识，对各个时代社会文化特别是哲学思想的发展状况有所了解，才能更深刻了解各个时代医学特点和医学思想。王世民在长期的读书中，钻研经典，兼通文史，持之以恒，日积月累，久而久之，具备了深厚的传统文化底蕴，医学理论和思维理念自然得到升华，亦有助于诊疗技能的提高。

（二）精研《局方》

王世民酷嗜经典，博览群书，泛阅百家。《内》《难》《伤寒》《金匮》而下，唐宋明清诸家，多所涉猎。后因专门从事方剂学教学科研工作，其用力最勤、钻研最多、体会最深、应用最广、收获最大的当属《太平惠民和剂局方》（简称《局方》），为其随时翻检阅读的案头书。读书为宋代官府颁行的我国第一部成药方典，荟萃宋以前历代方剂之精华，后经南宋多次增补修订刊行，先后添加了"绍兴续添方""吴直阁增诸家名方""续添诸局经验秘方""宝庆新增方""淳祐新添方"等内容，最终形成《太平惠民和剂局方》，传播极广。书中所载诸方，如二陈汤、平胃散、四君子汤、四物汤、十全大补汤、参苓白术散、紫雪丹、至宝丹、苏合香丸、牛黄清心丸、藿香正气散、香苏散、香薷散、逍遥散、参苏饮、人参败毒散、失笑散、八正散、川芎茶调散、附子理中丸、戊己丸、三拗汤、半硫丸、无比山药丸、人参养荣汤、真人养脏汤、苏子降气汤、香连丸、肥儿丸、来复丹、青娥丸等，皆为选药精良、配伍得宜、切于实用而卓有疗效的著名方剂。该书在宋元时颇具影响，出现了"自宋至今，官府守之以为法，医门传之以为业，病者恃之以立命，世人习之以成俗"的盛况，并为后世医家遵循所习用，许多方剂至今仍广泛用于临床。而且远传海外日本、朝鲜诸国，累加刊刻流布。但自元代朱丹溪《局方发挥》提出"《局方》制药以俟病""集前人已效之方，应今人无限之病"的批判，《局方》一书的传播才受到影响，甚至直到今天，朱丹溪的说法仍然左右着许多读者对《局方》的看法。"至震亨《局方发挥》出，而医学始一变也。"事实上，朱丹溪反对的是简单的对号入座，刻舟求剑、按图索骥而不知变通的方式，滥用套用《局方》之药，而提倡师法仲景辨证治疗的方法。其实，朱氏也承认《局方》之功效显著，不然不会在《丹溪医案》中使用最多的是来自《局方》的二陈汤和四物汤两方。其治疗杂病的要领为气、血、痰，其所常用的代表方皆为《局方》名方，正如王伦《明医杂著·医论》所评述："丹溪先生治病不出乎气、血、痰，故用药之要有三：气用四君子汤，血用四物汤，痰用二陈汤。"丹溪弟子戴思恭亦深谙师法，用药皆祖《局方》，可谓得其精髓。其次，《局方》被誉为我国第一部成药制剂规范，规范统一了成药生产的流程和标准，而且成方熟药，价格低廉，携带方便，易于服用，疗效显著，临床实用性强。而对危重急证，更有简、快、验之优点。就连朱丹溪《局方发挥》中也承认："《和剂局方》之为书也，可以据证检方，即方用药，不必求医，不必修制，寻赎见成丸散，疾病便可安痊。"岳美中先生一生倡导使用经方，但其晚年赋诗云："内经岁露嫌迷路，宋代局方待洗尘。新学自宜勤汲取，遗猷讵可任湮沦。"（《七八初辰有作，用叶副主席〈八十书怀〉原韵》）。岳先生认为："宋代局方，虽然收录很杂，由官药局统一方药剂量，在一定程度上限制了医药的发展。但是，对于提倡专方专药起了重要作用。"

有鉴于此，王世民认为应该珍视宋代立方完备、寓意深奥、配伍精奇而疗效肯定的精妙良方，"该书的许多方剂都是来源于临床实践，只要使用得当，其效果是不容否认的"，"具有现代药房中'协定处方'的性质"。有统计报道，《中国药典》（1985年版）共载成方制剂207首，其中引载《局方》方剂22首，占总数的10.63%，至今在临床上多所应用。而引《伤寒论》方仅占2.42%，引《金匮要略》方占1.45%，足见《局方》影响之大。故不可因言废方，任其束之高阁，湮没不传。"尽管人民卫生出版社出版的排印本，已根据某些善本作了校勘，但未能解决分类不统一、方剂重复等方面的问题。"因此王世民与弟子韩仲成合作，根据人卫版的《太平惠民和剂局方》，按照现代方剂学的分类方法重新整理编排，分类列章，归并调整，增列细目，明确标出方剂的药物组成、用法、功能、主治等，并增添方名笔画索引、汉语拼音方名索引，名之曰《局方别裁》，推动和方便了临床的使用和研究。编辑之初，任应秋先生欣然为之题词曰"合药成方，领方以剂"，叶橘泉先生题写了书名，谢海洲先生撰写了序。该书1992年7月由天津科技翻译出版公司出版，

2014年1月由中国中医药出版社再版发行。2019年9月，王世民又将多年来课徒讲授、临证应用《局方》的体会经验，著成《局方选讲》一书，由山西科学技术出版社出版。

南宋吴直阁《增广校正和剂局方》残本从日本影印回归后，作为《局方》存世版本中的唯一宋版，王世民对此颇为重视，将吴直阁本列为山西中医药大学"王世民国医大师工作室"的课题研究项目之一，在其直接指导下，课题组周益新主任医师、裴妙荣教授、杨继红教授等成员共同协作，将该影印本补佚增订，雠校同异，是正舛讹，校注刊行，以期不坠遗绪，广为流传，充分发挥其在临床、教学和科研中的作用。此项工作现已初步完成，即将刊行。

王世民通过对《局方》多年的研习应用，再参阅其他医籍，相互印证，勤加实践，融会贯通，卓有心得，别有感悟。

七、大医之情

（一）尊师重道，诱掖后学

王世民一生恪守敬业尊师、敬友爱人的做人原则，在学术上坚持学不论中西，术不言古今，唯善是尊，唯真是用的学习态度。他不仅对诸位师长谦恭敬重，虚心求教；与同道好友互敬互爱，砥砺切磋；而且对后学晚辈亦诱掖勖勉，关爱有加。他认为：中医药学是一个综合学科，其治学之道，家传师承固然不错，然而没有这个福分的人，摆正自己的位置，勤学好问，谦恭以诚，从师不论门户，求学不管长幼，方能见其才、得其道。王世民一生践行孔子"三人行，必有我师焉。择其善者而从之，其不善而改之"之说，通过学医以修"道"，通过临证以悟"道"，所得之道为"医道"。"道"是哲理，是规律、内涵、内在精神，是人的人生观、世界观的最高境界之体现。"谦恭敬业，修身淑世"，是他一生奉行的人生观和价值观。

（二）安贫乐道，唯学是要

王世民一生淡泊名利，不求显达。20世纪80年代末，尊重知识、尊重人才之风盛行，各行各业都推行干部队伍知识化、专业化、年轻化，上级主管部门拟请王世民担任山西省中医研究所所长，在上级领导与他谈话时，他依然觉得学术研究更重要，后思考再三，答应担任副所长一职。"事能知足心常乐，人到无求品自高。"他从医60余载，成绩卓著，硕果累累，被评为第三届国医大师，在中医界的最高荣誉面前，他依然十分谦逊，为人低调，从不褒己贬人，訾毁同行。他谦称自己是"拙医"，言："拙，迂拙之谓也。余生性愚鲁，自许学习还算努力，谦恭敬业。然而，从医六十年，静心自问，深感学贫术拙，故自号'拙医'以遮丑。"其自谦若此，渊博如是，诚所谓大智若愚、大巧若拙者也！

（三）心存救济，疴瘝在抱

医乃仁术，心存救济。所谓人，安仁者也，即仁爱之意。王世民毕生遵从"大医精诚"之旨，认为精讲的是医术，诚讲的是医德，二者相辅相成，缺一不可。他将明代医家李中梓"检医典而精求，对疾苦而悲悯"奉为座右铭，认为"为医为民，疴瘝在抱"是我们做医生的天职。故其在临证时，不分亲疏贵贱，一视同仁，竭诚尽智，全力救治。1965年，他在大同县时，所包的生产队有一位女青年十七八岁，与年过花甲的父亲相依为命，生活艰难。女孩子患肺结核，发热盗汗，咳嗽咯血，身体消瘦，骨瘦如柴，少气无力，面白无华，颧红如妆，舌质红，脉细数。病已两年，不能下地干活。治宜首先改善营养，扶助正气，才能提高抵抗力，战胜痨病。可患者家庭困难，一贫如洗，无钱医治。当时正值秋天，地里的蚂蚱正多。王世民想起叶橘泉先生编著的本草书中曾介绍蚂蚱（蝗虫）蛋白质含量很高，又富含钙等无机元素，正是痨病的补益佳品。遂设身处地为患者着想，教她和其父亲到田间地头捕捉蚂蚱，去头翅，用铁锅微火焙干，研末服用，每日三次，每次两勺。同时，还嘱其采摘刺儿菜（即小蓟），水煮后稍加盐拌着吃，每次一把，每日两次，以凉血止血。一个月后，诸症见好。三个月后，咳血止，面色转华，月事亦行。第二年春天，竟能下地干活。印会河老师闻之，大为赞赏，亲题"瘝体在抱"字幅相赠，以资勖勉。

八、养生之智

王世民八十有八，年已耄耋，但精神饱满，步履矫健，思路清晰，吐字有力，引经据典常脱口而出，至今仍然坚持门诊、指导科研，参加全国范围内的各类学术活动，受到患者和业内外人士的仰慕和尊重。其长寿之道，亦有轨迹可寻。

（一）以德润身，修养性情

《中庸》曰："大德必得其位，必得其禄，必得其名，必得其寿。"《礼记》云："富润屋，德润身，心广体胖。"此皆认为良好的品德对身体健康有益，故前人极为重视德性修养，强调"内省"的修养功夫。养德就是修养自身道德文化，以塑造完整人格。历代养生家亦多推崇"养生莫如养性,养性莫如养德",如东晋葛洪《抱朴子》中言:"欲求仙者,要当以忠孝和顺仁信为本,若德行不修,而但务方术,皆不得长生也。"唐代孙思邈《备急千金要方·卷二十七·养性》亦曰:"德行不克,纵服玉液金丹,未能延年。""道德日全,不祈善而有福,不求寿而自延,此养生之大旨也。"道德品质修养始终与健康长寿密不可分,具有美好道德的人在解决问题、待人处事方面更为积极向上,更容易获得心理的安宁和自我满足感,能够维持开朗豁达、随遇而安的精神状态,自然健康长寿。故世界卫生组织对健康的论述中就包括了道德健康。

王世民一生光明磊落、性格豁达、乐观处世,能问心无愧地待人处世,具有深厚的道德修养和人格魅力,仁心仁德、养心立德正是其保持健康长寿的关键。

清代郑观应《中外卫生要旨》中云:"常观天下之人,凡气之温和者寿,质之慈良者寿,量之宽宏者寿,言之缄默者寿。盖四者,仁之端也,故曰仁者寿。"可见长寿者具有气温和、质慈良、量宽宏、言缄默四个方面的特征。王世民性格柔和,温文尔雅,心地善良,慈悲为怀,气度宽宏,胸襟开阔,相貌端庄,沉稳持重,交谈不狂言妄语,诸般皆具,自然康宁长寿。

(二)不慕荣利,甘于淡泊

《素问·上古天真论》曰:"恬惔虚无,真气从之,精神内守,病安从来。是以志闲而少欲,心安而不惧,形劳而不倦,气从以顺,各从其欲,皆得所愿。"一言以概之,"少欲"为养心之本,"淡泊"乃长寿之道。修身养性应当具备淡泊宁静的心境、宽大的胸襟、谦虚的态度。如果"孜孜汲汲,唯名利是务",那是根本不可能健康长寿的。

王世民一生专注医学,醉心学术,安贫乐道,不慕荣利。他多次婉拒官职的升迁,"内无眷慕之累,外无伸宦之形",不为名誉、地位等身外之物所累,清静无为,保持心灵纯粹而不杂。他常说:"常存童心,常有雅量。"童心,就是真心。保持童心,就是返璞归真,回归自然,而不是矫揉造作,不能虚情假意。"内心宁静纯真、心态平和,人体就会五脏淳厚,气血匀和,阴平阳秘,自然会健康长寿。"

(三)读书有味,浑然忘老

荀子说:"君子之学也,以美其身。"西汉经学家刘向云:"书犹药也,善读之可以医愚。"南宋诗人陆游有云:"读书有味身忘老,病须书卷作良医。"其实多读书、善读书,不但可以医愚、医病,还可以养生。可见古人早已认识到读书这一养生法门。

王世民的养生延年之道与读书密切相关。生命在于运动，与体力活动相比，脑力运动，为大脑做适当的"思维体操"更是不可缺少的。书读得越多，越精细透彻，脑力便越来越明快，心情也越来越舒畅。阅读好书对于长寿的功效，主要在于语言文字的力量，凝神阅读，使心灵进入纯净的世界，进入超凡脱俗的纯净空间，获得净化心灵、修身养性的效果。读书本质上锻炼的是全身，不仅是视觉的参与，更是通过精神－神经－血管－内分泌通路来协调通畅全身，延迟衰老进程；从中医的角度讲，即是能达到平衡阴阳，调节五脏六腑功能，调和气血，使人益寿延年之功效。

王世民一直感受到读书是一种享受，并不以为苦。他觉得阅读并非单纯的个人兴趣，更是一味精神良药，可以带给人无法言喻的快乐享受，故读书可以养生。

"得书常悦其人长寿，拥笔善娱此士延年。"这是清代戏剧家李渔勤于读写的养生妙方。读书养生还在于持之以恒，活到老，读到老。王世民从初识之无开始，即酷爱读书，一生手不释卷，未尝废弃读书，"口不绝吟于六艺之文，手不停披于百家之编"，少而好学，老而弥笃。其弟子周益新尝赋诗赞曰："万里云霄志如初，探幽索隐日爬梳。笔耕不辍重传业，白发青灯写细书。"王世民一生通过读书，怡养心神，涵养性情，荡涤灵魂，调剂身心，修身养性，长此以往，自然对于保持健康长寿颇有裨益。

《中医健康养生》杂志 2018 年第 1 期以"风轻云淡、读书最好"为题报道了王世民的养生经验，可谓是对其超逸淡泊的人格和好学不倦之学风最好的概括。

（四）食饮有节，起居有常

《素问·上古天真论》曰："其知道者，法于阴阳，和于术数，食饮有节，起居有常，不妄作劳，故能形与神俱，而尽终其天年，度百岁乃去。"王世民在生活起居方面，谨遵《内经》之旨，"顺四时而适寒温，和喜怒而安居处，节阴阳而调刚柔"，作息规律，坚持散步，寒温得节，饥饱适宜，饮食清淡，不近烟酒，无不良偏嗜，过着清净质朴、纯任自然的生活。看似平淡，却对养生健身、抗衰老、延年益寿具有极为重要的意义。

王世民亦颇注重食疗养生，精通烹调，在各级食疗药膳委员会兼任要职，他很赞同"以厨房代替药房，以食品代替药品"，常说："一日三餐，认真对待，不可多不可少，自己动手最健康。"对些微末疾、慢性疾患，他常以药膳缓图之。"食疗不愈，然后命药。"

王世民还颇注重未病先防，既病防变，强调防重于治，养生可以增强正气，预防减少疾患的发生，防止疾病传变转笃。

九、传道之术

王世民认为任何事业的发展都在于后继有人，薪火不熄。他以中医事业代有传人为己任，为培养中医人才呕心沥血，废寝忘食，辛劳备至。对于学生，他不仅传授知识、指导技能，更注重教导做人的道理。他常说："学医，必先正心。"敦品励学，先德后学。

（一）人才培养历程

王世民始终重视学术传承和人才培养，他循循善诱，诲人不倦，倾囊相授，悉心指教，为三晋乃至全国培养了众多优秀中医药人才，为中医药学的传承和发展做出了贡献。

1986年，在他的努力下，山西省中医药研究所率先取得国务院授权的中医实验方剂学硕士学位点，开始招收研究生，开启了实验方剂学研究生教育先河。他先后培养硕士研究生17人，其中多数已成为中医界或方剂学领域的知名专家和高级管理人才。拜在其门下、师承嫡传弟子有数十人，再传弟子已逾数百人。从1963年至1990年间，他培养西医学习中医研究班学生700余人，中医学徒班学生300余人，这些学生多数成为单位骨干。2007年，他向山西省委领导建议加强中医药人才继续教育和传承、拜名师的工作，随后，省卫生厅开办了山西省优秀中医临床人才培训班。2009年和2012年，他连续两届被聘为山西省优秀中医临床人才培训班教学委员会主任委员，现已举办3期，结业学员达300余人，参加学习者反响良好，积极踊跃，多数人员成为市县区的名医，有的甚至获得了省级名中医称号。2017年、2022年王世民不顾年迈，又分别承担了第六批、第七批全国老中医药专家学术经验继承工作指导老师任务，先后指导了4名学术继承人。

王世民还注重学术交流和传播，近年来以自己学术成果设定不同主题，连续召开学术思想交流会，参会者来自全国各地，进一步促进了实验方剂学的发展和进步。他还通过电视讲座等方式把自己的学术思想和临证经验毫不保留地分享给大众，让更多的人受益。

（二）人才培养成果

"青出于蓝而胜于蓝"，学术传递，薪火不熄，后继有人。王世民所指导的各类学生大多已成为中医事业的骨干和有生力量。现将部分学生、弟子的成才情况撷要列举如下。

首届硕士研究生周然，先后担任山西省中医药研究院副院长、山西省卫生厅副厅长、山西中医学院院长、山西省科协主席等职务，成为中医事业发展的领军人物。第二届研究生刘光珍致力于中医药防治肾病的临床、科研、教学工作，现任山西省中医药研究院、山西省中医院院长，主任医师，教授，博士研究生导师，中华中医药学会肾病分会副主任委员，第六、第七批全国老中医药专家学术经验继承工作指导老师，2022年7月22日被授予"第二届全国名中医"称号。

王世民倡导的实验方剂学，后来在其研究生裴妙荣、闫润红教授传承推动下，利用现代科学技术，从多学科、多视野、多层次不断向前推进，逐步形成了包括药理学研究、化学研究、药动学研究等方面的系统完善而内容丰富的学说，使实验方剂学真正完全地自成体系，作为独立学科不断进行专门研究探索。裴妙荣为国家二级教授，博士研究生导师，享受国务院政府特殊津贴，曾任山西中医药大学中药学院院长。他应用现代科学技术和方法，对中药及其复方进行多层面的研究，从化学角度发现传统方剂中药物之间多向作用的机制，建立了影响方剂药效和毒性的数学模式；对中医方剂学的学科分化与创新建立了崭新的构思，在实验方剂学学科分化方面做了极有意义的探索研究与实践，把王世民老师开辟的实验方剂学研究推衍到更深层面。

王世民"医应识药"、重视中药的认知也深深影响了其研究生任晋斌，他参与了多种方药的实验研究，后担任山西省药物研究所副所长、山西省药品检验所所长、山西省食品药品监督管理局副局长等职务，为山西的药学事业做出了较多的贡献。

王世民之嫡传弟子韩仲成从1977年3月开始，承学于其门下，追随有年，受恩师耳提面命，深得其心传，后又受到全国著名中医药学家王绵之、颜正华、任应秋、刘渡舟、谢海洲、焦树德等大师的悉心教诲指导，并成为印会河教授的"遥从弟子"，深得印门真传。韩仲成扎根基层，躬身实践，勤于著述，善于总结，最终成长为一方名医。

"徐灵胎目尽五千卷，叶天士学经十七师"，两位先贤的治学和从医经历，也是王世民毕生的追求和写照。他熟读经典，勤于临证，转益多师，博采众长，仰古创新，与时俱进，道传薪火，诱掖后学，最终成为国医大师。

王世民学术传承谱

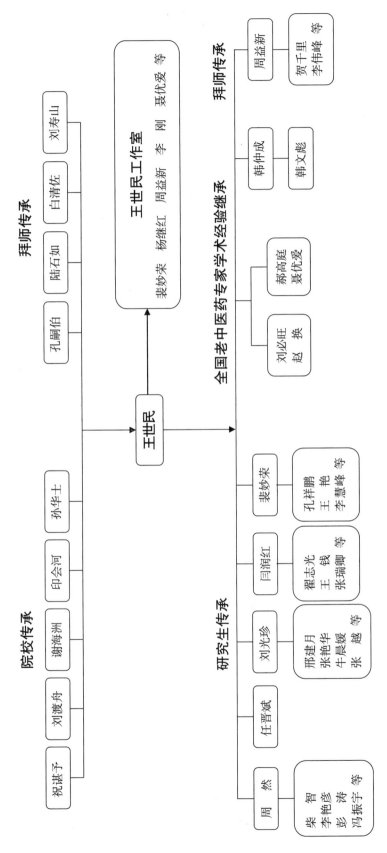

院校传承

祝谌予　刘渡舟　谢海洲　印会河　孙华士

拜师传承

孔嗣伯　陆石如　白清佐　刘寿山

王世民

研究生传承

周　然
- 柴智
- 李艳彦
- 彭　涛
- 冯振宇　等

任晋斌

刘光珍
- 邢建月
- 张艳华
- 牛晨媛
- 张　越　等

闫润红
- 翟志光
- 王　钱
- 张瑞卿　等

裴妙荣
- 孔祥鹏
- 王　艳
- 李慧峰　等

全国老中医药专家学术经验继承

刘必旺　郝高庭
赵　换　聂优爱

韩仲成　韩文彪

拜师传承

周益新

贺千里　李传峰　等

王世民工作室
裴妙荣　杨继红　周益新　李　刚　聂优爱　等

民世王

（周益新整理）
（李昆编辑）

附言：我的学生、徒弟确已不少，但都天各一方，故难能一一收录，谨此补白，拜致歉意。

031

王　烈

　　王烈（1930—　），辽宁盖州人，中共党员。吉林省中医药终身教授，博士生导师。兼任世界中医药联合会儿科分会、中华中医药学会儿科分会、中国民族医药学会儿科分会、中国中医药信息委员会儿科分会、中国中医药研究促进会综合儿科分会顾问、名誉会长，全国中医药学会高等教育学会儿科教育研究会名誉理事长。全国老中医药专家学术经验继承工作指导老师。被授予全国中医药杰出贡献奖，享受国务院政府特殊津贴。2017 年被授予第三届"国医大师"称号。

　　王烈擅长防治儿童哮喘病，创立"四个理论、五方、十四法、五种新药、六个制剂"，在病因、治则治法、治疗预防等方面形成了创新性理论体系和系列治疗方案，被国内同行公认并被纳入教材，作为适宜技术在全国推广。对白屈菜开展了系统研究，该药被纳入中药饮片名录并被载入国家药典。首创"哮咳"病名，被列入中医药治疗咳嗽变异性哮喘诊疗指南。主编婴童系列学术专著 18 部，获得专利 3 项，新药证书 7 个，研制院内制剂 100 余种。其学术经验获评吉林省重大科研成果奖励 1 项，吉林省科学技术奖二等奖、中华中医药学会科学技术奖二等奖等其他奖项 8 项。

一、学医之路

　　王烈和中医结缘，得从其母亲生病说起。14 岁那年，其母无法排尿，十分痛苦。镇里的一位老中医开了竹叶和车前子两味药，治好了母亲的病，让他感慨中医药之神奇。1947 年，17 岁的他参加了东北民主联军，经部队推荐，来到辽宁省医科学校学习。在工作时，看到很多孩子罹患"腮腺炎"，这让他感到束手无策。一位老中医告诉他用土豆摩擦水缸旁边的泥外敷患处，效果迅速而明显，从此他对中医更感兴趣。1953 年，他被派到哈尔滨医科大学攻读儿科。毕业后，在从事西医儿科的过程中，自学中医中药，并在老中医的指导下治疗常见病，疗效极佳。1958 年，他参加了西医离职学习中医班。学习期间，由于勤奋刻苦，又得到了长春市名老中医朱志龙尽心传授，进一步夯实了他的中医基础。由于学习期间成绩优异，获得了卫生部嘉奖。

　　1961 年他调转至长春中医学院（现长春中医药大学）附属医院从事中医临床、教学、科研工作，同年担任综合教研室秘书。1963 年开始担当首任儿科主任、教研室主任，直至退休，共有 33 年之久。在担任科室负责人时，坚持发挥中医特色与优势，励精图治，从建科之初的单个门诊，到成立住院病房，直至 2016 年成立长春中医药大学附属医院儿童诊疗中心，儿科逐渐发展壮大。现虽然 93 岁高龄，但舍不得离不开临床和教学，坚持每周出 3 次门诊，带教高徒和研究生，每年将自己的心得体会在学术会议上与儿科同道分享。

二、成才之道

（一）严谨治学，一信二学三研究

　　王烈从一个中医的"门外汉"到今天对中医有所领悟，是因为从学习伊始，就制定了"一信、二学、三研究"的自勉原则，并以此作为终生遵循之道。他认为，一信，信为首要，中医从古应用至今，疗效肯定无疑，由相信始能潜心学习。二学，应既学古亦通今。中医学历史悠久，名医辈出，著作汗牛充栋，只有勤奋博学才能有所收获，如徐春圃所言，"盖医出于儒，非读书明理，终是庸俗昏昧，不能疏通变化"。那种"晨读方书，暮则悬壶"的医生因缺乏临床实践，现学现卖，则孤陋寡闻，势必为害病家。三研究，医学是一种不断发展进步的科学，中医学同样如此，尽管有几千年的文化积淀，仍应适应社会的新发展，进行深入的研究与探索，才能更好地继承与发展中医。

在学习中医过程中，王烈不仅继承前贤，而且认真研究并借鉴今人经验。他参与组建全国中医儿科学会、中西医结合儿科学会，亲自参加了各次例会，保留有建会以来所有会议资料和有关文献，每次开会回来都认真研读会议资料，掌握有关中医及中西医结合儿科最新资料，因此能取各家所长，在临床实践中加以验证并推广应用，更有助于提高临床疗效，并与弟子整理我国三大儿科学会即中华中医药学会儿科专业委员会、中国中医药高等教育学会儿科分会、中国中西医结合学会儿科分会建会以来的 34 册论文集，6013 篇文献，精选千首编撰而成《婴童金方》。自 1999 年始，共主编反映个人学术思想与临床经验的著作 7 本，数易书稿，"咬文嚼字"，几度斟酌，一字一句反复审校，将学术经验毫无保留地传授给学生、介绍给同道，也算是对后学的最好交代。

（二）中西汇通，西为中用效非常

王烈认为，作为现代中医儿科医生，应掌握西医学知识，走中西医结合道路，中医辨证与西医辨病同用，才能取西医之长，补中医之短。"读古人之书，达古人之意，不洞究今时之病，则难为今时之医。"经典古方是否适于现今之病；今日治病之方较古方疗效的提高；中药应用与西药之相互作用等，林林总总，皆应研究。可见现今为医，较之古时更难，故应"潜心觅古，凝志探今，备考先贤之论，博采有验之方"。在学习、实践中应谨慎行事方能保万无一失。

尽管后来从事中医，但对西医只是未敢有失，加之长春中医学院附属医院设立的儿科病房中，时有重患，故他对西医用药抢救亦运用自如。至 1950 年《中华儿科杂志》创刊起，他就开始订阅、学习，平时经常购买专业书籍，每次出差回来都"满载而归"，家中藏书万余册，中医西医、古代现代各类书籍皆备，在临床查房、门诊工作中，能熟练应用西医儿科最前沿的知识，指导临床实践。

他于临床诊疗时注重继承前贤，进而借鉴今人，古为今用，西为中用，治病先求诊，再用辨，后以理法方药统驭全局，证病同辨，不悖于古而合于今。在中医辨证论治的前提下，结合现代西医学知识，运用方药进行诊病治疗。

王烈认为西医在急危重症抢救等方面是有优势的，强调在临床实践中，一定要将两者有机结合起来以提高疗效、救治病儿为共同目的。针对目前滥用抗生素、贵重药品的时弊，指出作为中医应认真提高诊治水平，才能有助于遏制"药害"。

（三）行医重德，慈幼广济医精诚

作为一名医生，自立志从医始，王烈就以治病救人为己任，在工作中严格要求自己，想尽办法为患者解除病痛。由于患者众多，曾经患者太多而把医院的夹壁墙挤倒了。针对这种情形，他提前上班，增加夜诊，节假日放弃休息为患儿诊病。2004年8月，因身体欠佳，王烈被迫限制接诊患者数以利休息，但不少患者远从外省、外县而来，舟车劳顿加之患儿病痛，央求诊病每每都获加号，身拖病体为患儿诊病。因为疗效显著，尤其是治愈诸多疑难杂症，很多患者用现金或礼物加以感谢，都被他谢绝，对于实在推脱不掉的，一定把实物换成现金还给患者，他认为"为医者，首讲德，无德之医必为名利所困，潜方用药别有所图，往往贻害病儿，为害不浅"。

王烈毕生致力于肺系疾病的研究，对病因病机、病理均有新论。"热因毒而起，无毒不起热"；小儿咳嗽多为"肺热作祟"。他将肺炎喘嗽病程归为咳、喘、痰三个阶段。指出初期疗咳防喘，中期治喘防变，后期祛痰防延。提出了"哮喘苗期""哮喘三期分治""哮咳论"等创新理论，并在多年的治哮实践中，王烈潜心研究哮喘证治，总结出该病治疗应本着治病求本、扶正祛邪、调理气血关系、调整脏腑功能的治则，将哮喘治法分为总治法与分治法，有效地缓解了病情，改善了预后，在防止小儿哮喘转为成人哮喘中发挥了极大作用。

（四）辨证辨病，独辟蹊径巧用药

王烈经常说："治病之道，关键用药。"在临床实践中，他非常强调用药，常云"医者用药如将之用兵，主次分明，药味简洁，各明其职，方能中病"。他曾说"药味数千，何能尽用，识其性而用者，十中不过一二"，因此宗儿科之圣钱乙，精方小剂治病，倡药味简洁，勿过繁杂。归纳出哮药六品、治脾八味。此外，在总结老中医经验的基础上，制定出68种协定处方，名曰"小品方"，药味多在4种左右，简便、有效、易服。主张一药多用，使药尽其效，还可减轻病家负担。

王烈古方发挥，选血府逐瘀汤加延胡索治疗小儿血管痉挛性头痛、外伤性头痛有血瘀表现者，效果明显。创立多首效验之方，如治疗外感发热的解毒退热汤，止咳化痰治疗急性气管支气管炎壳梗汤，化痰的理痰汤，咳嗽变异型哮喘的实咳方与虚咳方，止咳平喘治疗肺炎的肺炎方，治哮平喘的苏地止哮汤，调节免疫、防止哮喘反复的防哮汤，治疗厌食的开胃进食汤等，在临床应用中均获良效。

三、学术之精

王烈毕生致力于小儿肺系疾病的研究，尤其对小儿哮喘病的防治具有自己独到的见解，学习钱乙"尊古、创新"，提出"因时、因质""三防、四早"四个独特的创新性理论体系。

（一）"哮喘苗期"理论

王烈于 1992 年首创"哮喘苗期"理论。指出符合"哮喘苗期"诊断者多为 1 岁以内小儿，主要症见易感、体肥、肉松、面白、湿疹、易泻、发稀、骨软等，临床并无咳喘之证。曾对具有上述表现的患者进行长期预后观察，有 75% 患者在日后发为哮喘；而针对 500 例确诊为支气管哮喘的小儿，追溯其病史，有 70% 患者年幼时有"哮喘苗期"表现，说明具有"哮喘苗期"表现的小儿较常儿更易发生哮喘病。分析"哮喘苗期"相应表现，可归纳为肺脾肾三虚证。肺气虚卫外不固，易患反复呼吸道感染；脾气虚乳食运化失常，气血生化乏源，故而经常腹泻，且体胖、面色晄白；肾气虚发无所养、主骨不利则发稀、骨软。王烈认为，此类患者为"体质异常"，肺脾肾虚则酿生伏痰，中医归为"痰蕴"状态，而伏痰留饮历来被认为是哮作之夙根，每因调护失宜、外感六淫、情志失调或接触发物而发哮喘。此类患者应及早应用中药干预治疗，临床以防哮汤口服四周为 1 个疗程，间隔 3 个月再服 1 个疗程，共计 8 周，旨在调补肺、脾、肾之气，诸脏无虚，则痰无所生，故哮作机会随之减少。此外，尚应提醒家长有外感时应及时就诊，防止诱发哮喘。综合分析国内外研究资料，迄今对本病的预防仍多为二三级水平，仅局限于已有咳、喘、哮症状，即疾病发生后的对症处理，基本上不改变自然病程。因此存在诸多问题，相当一部分患者存在漏诊、误诊，有 50% 患者在发病 3 年后才得到正确诊断，影响肺功能的恢复，耽误治疗时机，使得疗程延长，治疗难度增加。中医治疗多强调发作期和缓解期治疗，此时有典型临床见症，属"病已成而后治之"，为中医"治已病"理论的体现。由于 80% 以上哮喘始于 3 岁前，因此早期干预显得非常必要，"哮喘苗期"理论的创新之处在于，针对可能发生哮喘的征兆，早期发现、早期诊断、早期治疗、早期预防，旨在改善三脏虚损体质防止哮喘发作，可有效降低哮喘患儿的发病率，防患于未然。并且可以避免"过度医疗"问题，体现了中医"未病先防""治未病"的预防原则，经长期随访可减少小儿哮喘病发病率。

（二）哮喘"三期分治"理论

对于哮喘的治疗，元·朱丹溪指出，"未发以扶正为主，既发以攻邪为主"。后世医家皆遵循此法，因此传统上中医将哮喘分为发作期、缓解期两期，近几年中医教材提出按照三个时期治疗，即发作期、缓解期和迁延期。就临床而言，三期患者皆有症状。发作期咳、喘、哮兼备；迁延期则表现为虚实夹杂；缓解期或肺虚易感多汗，或脾虚乏力食少，或肾虚气短面白光。临床用药皆有症可依，可止咳、平喘、定哮，虚实夹杂可补虚祛痰，缓解之后又可补肺、健脾、益肾。王烈通过多年实践认为，哮喘之所以难治，在于病因复杂，容易反复，且与家长缺乏对本病的认识，调护不当，不能坚持治疗有关。自1988年开始增辟稳定期，即将哮喘缓解期后无任何临床症状与体征之时定为稳定期加以治疗。此为哮喘之"三期分治"理论。此时之治，实际上是将古法"冬病夏治"移至缓解期后，接续治疗以防反复。其治在于益气，即益肺脾肾之气。中医理论认为，哮喘之凤根为痰，哮喘之所以难治即在于此。而痰的产生责之于肺脾肾之气虚。肺虚津凝为痰，脾虚湿聚为痰，肾虚阳虚水泛为痰或阴虚炼液为痰，导致伏痰内蕴之病理产物。之后每在感受外邪、肺失宣降、接触发物、刺激气道，情志不遂、肝失疏泄，过度劳累，气机失常等诱因作用下，痰随气升，气因痰阻，痰气交阻，阻塞气道，导致哮喘发病。稳定期之治在于祛除伏痰，痰无所生则其哮难作，有效防止了该病的反复发作。时至今日近万例临床病例观察及长期随访结果表明，稳定期治疗可扶助正气、抵御外邪，有效增强患者体质，降低呼吸道感染次数，降低哮喘病复发次数。该理论的创新之处在于将哮喘缓解期后无任何临床症状与体征之时定为"稳定期"加以巩固治疗。体现了中医"既病防变"以及"既病防复"的预防原则，更是对"治病求本""治标与治本""扶正与祛邪""调整阴阳""调整脏腑功能"等中医治则的综合运用。

（三）哮咳理论

1982年初，王烈发现临床上有许多长期咳嗽（超过半个月）的病例，具有病程长、病情顽固（应用抗生素及止咳药疗效欠佳）、有过敏因素、有家族过敏史的特点。应用传统的止咳化痰等方法治疗，疗效欠佳。1983年始，王烈教授以方测证，针对临床上长期咳嗽患者应用止咳药物治疗无效，提出了以哮论治的观点，首创"哮咳"病名。所谓"哮"，是言其病性与治法；"咳"则述其病状。他认为，此类小儿长期咳嗽不愈与肺热有关，久咳痰郁肺窍瘀阻，肺气上逆，终成哮喘。王烈在国内中医界较早提出了以哮论治久咳的治疗方法，至今仍在临床广泛应用。

王烈认为，小儿时期极少有患慢性支气管炎者，凡病期超过两周者均应考虑咳嗽变异性哮喘（哮咳），诊断依"问病程、查用药、询病史、检体征、辨症状、找诱因"等诸多方面而定，不必拘泥于教材，病程达 1 个月方能诊断为咳嗽变异性哮喘。以哮论治该病，应三期分治，分别为咳期、痰期和稳定期。咳期多见咳嗽少痰或无痰，夜间或晨起加重，可因着凉、过食甜咸之品、闻及异味而加重等特点。经 1 周治疗咳嗽多可减轻进入痰期，主证以痰为主，其后经治可进入无症状期，即稳定期。王烈结合本病临证只咳不哮的特点，经过多年临床总结与药物筛选，制定了哮咳防治系列方剂。咳期辨证多为肺热，病机变化有风盛、气逆、痰阻、血瘀，应用长白山道地药材，拟方"哮咳饮"清肺、疏风、理气、活血；经治一周多咳轻见痰，名为痰期，病机变化为痰邪壅盛，重在化痰，佐以理气、活血，拟方"缓哮方"；而无任何临床表现的稳定期，应用"防哮汤"加味治疗，旨在益气防哮。经过 1800 例临床资料观察和长期随访，稳定期的治疗可以巩固疗效，减少复发次数，并减少了部分患者罹患典型支气管哮喘的发病率。这是中医"既病防变""治未病"理论的临床应用。在今后的研究工作中，应加强对该病的认识，防止误诊、漏诊，注重进行该病的中医证治规范化研究，发挥中医药治疗优势，提高临床疗效，并进行中医药防治该病的科学评价，并将研究成果纳入教材，提高中医儿科整体防治水平。

（四）鼻哮理论

王烈认为当代临床上的儿科疾病，哮喘之病者众，但其难获久效之碍，首推鼻病，遂于 1980 年首次提出"鼻性哮喘"理论。因此治疗哮喘不除鼻病干扰，哮喘也不易治愈，而两病兼治时，不至于顾此失彼而影响疗效，方可一举两得。治疗上应以散寒清热，利鼻止哮，化痰平喘为大法。临证可根据王烈治疗哮喘的三期分治疗法，将本病分为发作期、缓解期和稳定期。鼻鼽与哮喘同时发作时称为鼻性哮喘发作期，治疗应根据两病症状的轻重而选择处方用药。哮喘发作期，鼻鼽症状不显时，以止哮平喘除痰为主，可用苏地止哮汤加减，基本药物组成：全蝎、苏子、前胡、地龙、杏仁、黄芩、射干、白鲜皮、川芎、白屈菜。鼻鼽症状明显，哮喘已缓解时，治以培土生金，利鼻通窍为主，选用利鼻方治疗，药物组成：黄芩、黄芪、细辛、防风、乌梅、甘草、白芷、川芎、苍耳子、辛夷、白术。鼻鼽及哮喘症状均明显时，治以散寒清热，利鼻止哮，化痰平喘，用鼻哮汤治疗，药物组成：细辛、全蝎、苏子、地龙、麻黄、黄芩、射干、苍耳子、辛夷、白鲜皮、徐长卿、白屈菜。缓解期根据证型综合调理，稳定期以扶正之剂治其本。

四、专病之治

王烈临床善于治疗小儿肺系疾病，尤以哮喘为专。对小儿抽动障碍、多动症等神经精神类疾病以"妄为证"论治。兹介绍如下。

（一）系统论治儿童哮喘病

王烈毕生致力于中医药防治儿科疾病的理论与实践研究，尤以小儿哮喘防治为专长。他对引起哮喘的发病原因、诊疗方案和预防方法等诸多方面均有其独到见解，制定了全程防控策略与方法，在疾病的不同时期采用未病先防、既病防变以及瘥后防复的综合治疗措施，并且根据大量临床实践，在传承古人的基础上多有创新，研究并不断完善形成了独特的诊疗方案，在临床广为应用。形成"四个理论、五方、十四法、五种新药、六个制剂"，在病因、治则、预防等方面构建了整体防治儿童哮喘病学术理论体系。

1. 病因

哮喘系一种致病原因非常复杂的疾病，受遗传、感染、环境等多方面因素影响。中医将本病发生主要责之于外感和内伤两个方面，内因乃肺脾肾虚，酿生痰饮。外因由感受六淫之邪，或劳倦、接触发物或情志失调所致。王烈曾做过1000例的病因学调查，其中寒温失调占85%，饮食偏嗜占8%，烟尘异味占2%，情志劳倦占5%。在诱发哮喘的众多因素中，鲜有人联系到患者本身的因素，然而王烈经常提及并重视的"人味毒"之病因，是指人类自己排出的有毒害作用的物质而言，包括人身上散发的烟味、矢气、口气、汗液等，属中医秽气范畴。王烈认为，常人对自己排出的秽物、异味，不会有太大的不良反应，但对于过敏性体质的人，尤其是哮喘患儿，有的闻到秽气之味就会诱发哮喘，故强调应多方避免病因，方能减少发病。

2. 病机

王烈认为，哮喘病反复发作是与先天不足、后天失养，肺脾肾虚以及风、气、痰、瘀有关。外因为风，病机关键为气逆、痰阻和血瘀。因此治疗也遵此立法选方，注重祛风、调气、化痰、活血化瘀，兼调肺脾肾三脏。

3. 治疗

临床哮喘常分为发作期和缓解期进行辨证论治，明代医家万全在《万氏秘传片玉心书·哮喘门》中记载："轻则用五虎汤一帖，重则葶苈丸治之。此皆一时急解之法，若要断根，常服五圣丹，外用灸法。"王烈受此论述启发，将哮喘分三期即发作期、缓解期和稳定期（与《中医儿科学》中的发作期、迁延期和缓解期的分期有所不同）辨治，此即哮喘"三期分治"理论。

（1）发作期：祛风活血以止哮

王烈认为，哮喘作急属风邪为害。肺易为外邪所袭，当风邪袭肺，留而不去则风邪内伏，一旦有外风侵袭，外风引动内伏之风，内外合邪，从而导致哮喘急性发作或加重。临床上，患儿常表现为遇风冷后很快出现咳嗽喘促、胸闷、咽痒、咯吐清稀泡沫痰等症。他认为哮喘发作哮吼为著，不仅有风急，其络亦阻，因此，治以祛风通络，解痉止哮，在其自拟平哮汤中，以地龙、全蝎为君，地龙性善走窜，长于通经络，祛风邪，其性苦寒降泄，又能清肺平喘；全蝎亦善于搜风通络，二药配伍能增强治哮作用，共奏祛风通络止哮之功。苏子、麻黄、前胡为臣，紫苏子善于降肺气、化痰涎以止咳平喘，并能润燥滑肠促进大肠传导，以助肺气降泄；麻黄、前胡均主入肺经，辛散苦泄，可外散皮毛之风邪，使肺气宣畅，又能内降上逆之气，以复肺之肃降。白屈菜止咳平喘，白鲜皮清热化痰，侧柏叶化痰止咳，共为佐使。

王烈认为，哮喘之重者、顽者、难者、久者亦因为瘀所困。治疗方面宜活血理气，宣肺止咳。值得注意的是，小儿哮喘气血失和之征象，尤其肺的气血失和所形成的病变，不同于血流脉外而成瘀等瘀血征象，而是脏腑功能的失调。他将应用活血化瘀法的辨证指征归纳为发作时有哮吼之症，面色青，尤其是口唇色暗，鼻孔气热，舌尖暗赤，脉数而沉。临证擅用杏仁、桃仁及刘寄奴、川芎药对以活血理气。杏仁与桃仁合一者入气分，一者入血分，二药合用可活血理气，宣肺止咳，因气壅血瘀而致咳嗽气喘者尤宜；刘寄奴苦泄温通，性善行散，功在活血散瘀，川芎辛香行窜，为"血中气药"，既能活血祛瘀又能行气通滞，二者相伍，行气活血之力较强。

临证若发作哮吼甚者，加紫苏子、射干解痉平喘；痰盛者，加瓜蒌、清半夏、胆南星祛痰平喘；久哮多瘀者重用桃仁；热重者，加栀子、鱼腥草清热解毒；便秘者，加枳实、莱菔子、番泻叶通腑降逆；咽喉红肿者，加山豆根、木蝴蝶解毒利咽；鼻塞、鼻痒者，加通草、细辛通鼻窍。

（2）缓解期：补肺健脾以化痰

哮喘发作经及时有效治疗后病情多进入缓解期，即哮喘发作休止或明显减缓，此期咳喘减而未平，病情呈正虚邪恋状态，病性属虚实夹杂。"实"体现在哮喘发作虽有减轻而未能平息，患儿静时不喘，但在外界刺激或活动后则喘鸣发作；"虚"则体现在肺脾气虚的不同证候上。

因哮喘长期反复发作，势必耗伤肺气，导致肺气虚损，气不化津而痰浊内生，并因肺虚卫外不固，易感受外邪而诱发。脾虚运化失职，水谷不化精微上输于肺，反积湿生痰上贮于肺，进而影响肺气升降而出现咳嗽喘促。此期正虚与邪实相夹杂，病性常因实致虚，由虚转实，患儿症状较前虽有好转，但病情复杂，治疗棘手。王烈临证细察病情，视正虚与邪实之多寡，以攻补兼施为原则，以药物之加减变化调整扶正与祛邪之权重。小儿体禀纯阳，病则热多寒少，若有痰积于肺，肺必热，故在治疗上，王烈尊崇钱乙而擅用清法，用药多为寒凉。在自拟泻肺方中以锦灯笼、枇杷叶、瓜蒌、白屈菜、黄芩等苦寒之品为主方以清肺降气，反映了"小儿纯阳，无须益火"的学术思想，在此基础上，加百部、川贝母润肺下气止咳，清半夏燥湿化痰，全方共奏泻肺降气、止咳平喘之功。

患儿经治疗病情趋于平稳，哮鸣、咳嗽、喘促等症状虽得到缓解，但痰候多未消除，临床多表现为痰多，故治疗应重在补脾强肾，清化顽痰。此处的痰指的是"有形之痰"。张锡纯认为"痰之标在胃，痰之本原在于肾"，王烈遵张锡纯之论，提出了"痰生动脾，其源在肾""痰者水也，其主为肾"等理论。治疗上，他认为治痰疗脾其实是除标，临床用之取效一时，终不得愈。在其自拟化痰方中，除加入宣肺祛痰之桔梗，润肺化痰之川贝母，清热涤痰之瓜蒌，燥湿化痰之清半夏、橘红，健脾利水之茯苓外，尚有治肾之品芡实。芡实，味甘、涩，性平，归脾、肾二经，因甘涩收敛，长于益肾固精，又能健脾除湿。王烈每治痰证之时必于方中加入芡实，脾肾兼收，标本同治，诚如《景岳全书》所言："治痰者必当温脾强肾，以治痰之本，使根本渐充，则痰将不治而自去。"

若证偏肺虚而咳嗽加百部、麦冬；脾虚而痰壅加白术、白芥子；肾虚而气喘加白果、补骨脂；若伴有乳食减少加佛手、石斛；形体虚弱而多汗加黄芪、太子参；大便干加枳实、莱菔子；大便稀加诃子、山药。

（3）稳定期：益气除痰以固本

清代陈复正于《幼幼集成》哮喘证治篇中曰："反复发作类，于未发时，可预防之。宜服补肾地黄丸。"此系治未病之举，乃未作先防之法。王烈受此法启迪，将哮喘防治的重点放在稳定期。他认为，哮喘乃顽疾，不仅病程迁延，而且常有反复，此期实邪虽祛而虚邪尚存，且病久肾虚，摄纳失常，气不归元，故患儿多呈气虚改变，然气虚易罹外感，成为哮喘发病或发作的病理基础。在治疗上强调补肾虚、益元气，以自拟固防汤治之。方中黄芪、灵芝为君，黄芪收涩而固肾，补益肺气兼能顾肺宣降之机，以其补气养血之功，俾正气旺盛；灵芝味甘善补，归肺、肾经，能补益肺肾之气，止咳平喘。佛手为臣，善治痰气，因其苦温燥湿而化痰，辛香又能行气，《本草纲目》及《本草从新》均载其能治"痰气咳嗽"。佐以白术、大枣健脾补气，百合、玉竹养阴润肺，山药肺、脾、肾同补。全方重在补肾气，除伏痰，兼顾肺脾。本方主要通过补益患儿元气，增强体质，使机体不易受邪气侵犯，以达到防止疾病发作或复发的目的，是哮喘稳定期"未发以扶其正"治疗原则的具体体现。

哮喘的发作是外因作用于内因的结果。历代医家普遍认为"伏痰"是哮喘的内在夙根，如《金匮要略》记载："膈上病痰，满喘咳吐……必有伏饮。"《景岳全书·明集》云："喘有夙根。"《证治汇补·哮病》亦载："因内有壅塞之气，外有非时之感，膈有胶固之痰，三者相合，闭拒气道，搏击有声，发为哮病。"王烈认为，其痰之质有形上贮于肺，又随咳而出，祛之有物，此为外痰，然此期无形之痰气不同于缓解期之外痰。外痰显而易见，治之多可获愈，但此为标去，病安为假，无形之内痰深伏体内走窜为弊，寻机为病，则病可起伏。针对两种不同性质之痰，他提出肃清伏痰，祛除夙根。"外痰是病，内痰是根""外痰易除，内痰难祛""外痰为标，内痰是本""外痰走阳，内痰行阴""痰质居肺，痰气走窜"等观点；同时强调，哮喘反复发作、病情顽固者，皆因患儿体内深伏无形之痰气，若要防止哮喘反复发作，哮喘之"夙根"必除。

4. 预防

王烈认为哮喘患儿的预防应始自胎儿，患有哮喘病的患儿多有家族哮喘遗传病史，对于有哮喘症状端倪的患儿应早期干预，此外还应注意避免接触过敏性食物与药物，减少呼吸道感染的次数，调理体质，祛除体内积热，以防反复迁延。此外，王烈对本病的预防还体现在瘥后防复方面。对于经治缓解的患儿，力戒"病者不诊，医者不治"，此时症状虽去，但病根未除，应固肾抑气，祛除伏痰，并且先后著书《婴童哮喘》《婴童释问》，指导家长关注衣食住行等调护，爱患之心可见一斑。

（二）三期分治儿童妄为证

"妄为证"是王烈在 20 世纪 80 年代提出的中医病名，与西医学中的儿童抽动障碍、多动症证候相近，小动作多专注力下降，学习不适应等。根据症象表现，遂以"妄为证"治之。妄者动无常，为者乃行为。王烈根据多年临床观察发现，随着现代电子产品的普及以及生活节奏的加快，使儿童受到来自家庭及社会的刺激与压力不断增大，加之小儿心肝有余、神气怯弱，患病易从火化，故更易造成精神、情志疾病。他认为该类疾病应以妄为证分期治疗，本病其核心为"妄"，妄者，乱也，狂乱毫无约束。"为"指做、行，指动作与行为。

1. 临床表现

妄为证临床表现可见皱额、摇头、耸肩、肢体摆动等异常动作，部分可见善太息、瞬目症、局部抽搐、咽喉不利、屏气发作综合征等，也可伴有呕吐、多饮、汗出、咳喘等多种特殊表现，且常因感冒、情绪紧张，或被人关注时诱发。该类患儿多伴有注意力缺陷，常影响患儿学习、生活及社交，王烈认为此病乃运动、思维、情志、精神之病。古代医家将其症状归属于中医"瘛疭""健忘""虚烦"等范畴，如明代傅仁宇将眼睛不自主眨动称为"目劄"，清咽可归属于《诸病源候论》中的咽不利等。主要包括西医的注意力缺陷多动障碍、抽动障碍、失眠、夜啼等疾病，且西医学认为注意力缺陷多动障碍也是抽动障碍患者最常见的共病，研究表明，其发病多与基底结的结构变异有关，其最常见的表现为运动和发声时的抽搐，且这两种疾病在临床中常出现重叠。

2. 病因病机

（1）先天肾脑不足

王烈认为本病的病机关键为先天肾脑不足，发病与五脏功能失调有关。病位在心肝肾三脏，心藏神、肝主筋、肾主骨生髓，而脑为髓之海，心、肝之气有余，肾不足，三脏功能失调，继而出现轻微脑功能障碍综合征。《素问·宣明五气》云："五脏所藏：心藏神，肺藏魄，肝藏魂，脾藏意，肾藏志。"心为君主之官，心藏神，心神得养则神清志明，思维敏捷，心火有余则易心缓，健忘；忧思则心系急，心系急则气道约，约则不利，故见善太息。肺主气，司呼吸，肺失宣降，风证乃生，外风引至内风，风痰阻络，则风动肢摇，且易伴有咽干、咽痛等肺系症状。脾藏意，在志为思，若脾之气阴不足，失于濡养，则注意力涣散，行事虎头蛇尾，甚则半途而弃。脾失健运，则痰湿易生，郁久化火，痰火互结，上忤心神，则神绪不宁，喜言好动。肝藏魂，主人体气之升发疏泄，常有余，肝阳偏旺则急躁易怒，冲动任性，动作粗鲁，兴奋不安。小儿肾常虚，肾阴不足，水不涵木，则阳胜于上，相火妄动，夹痰上闭咽喉，则兼喉中怪声。

（2）后天所伤

朱丹溪《格致余论·相火论》言："凡动皆属火。其所以恒于动，皆相火之为也。""具于人者，寄于肝肾二部，肝属木而肾属水也。肝肾之阴悉具相火，相火易起，五脏厥阳之火相煽，则妄动矣。"肾为先天之本，脾胃为后天之本，若患儿家长失于调护，使患儿长期接触现代电子设备，或学习压力大，或感受外邪外风引动内风，均可导致小儿心、肝、脾、肾等脏腑功能失调，脏气羸弱，肾之精气亏虚，元阴不足，阴阳失调，发为本病。

3. 治疗

王烈强调妄为证的病机关键在于髓脑不足、心肝火旺、阴阳失调，临证强调切勿妄用重药猛药攻伐之品，应以滋养肾脑之品为主，并提出三期论治此病。急性期病作之时，平抑心肝之气，以缓多动；缓解期，标本兼治，疏风止动，养心安神；稳定期则滋补肝肾，以促阴阳平衡。

（1）急性期：心肝同调以止动

王烈认为，妄为证急性期以突发口眼及面部抽动为最常见临床表现，且发病症状较为明显。《小儿药证直诀·肝有风甚》言"目连扎不搐，得心热则搐"，突出了"肝风"致病说。《明医杂著》云："肝气通，心气和，肝气滞则心气乏，此心病必先求于肝，清其源也。"心属火为阳脏，以动为患，心火易亢，肝为罢极之本，主一身肌肉韧带，故易出现不自主抽搐、性情执拗、冲动任性、秽语失聪、烦躁不安等症状，部分患儿还可出现恍惚错谬、五心烦热、自汗盗汗等症，故发作期以调和心肝为主。《素问·病能论》言："有怒狂者……以生铁落为饮。夫生铁落者，下气急也。"王烈效仿此法，临证治疗亦强调清心平肝，取方中铁落为引经药加白芍、远志、珍珠母、紫贝、龟甲、鳖甲等，诸药合用，调和心肝，有安内攘外之功。自拟妄为散，方中生铁落归心、肝经，其在方中作为引经药引导其他诸药物到达入心、肝经。白芍与远志配伍共为君药，白芍苦、酸，微寒，归肝、脾经，可养血调营，敛阴平肝；远志辛、苦，微温，归心、肾经，具有宁心安神、祛痰开窍之功，现代药理学研究显示，远志中皂苷类成分对认知功能障碍有一定的抑制作用，提示其对认知功能障碍有潜在的治疗作用。珍珠母、紫贝共为臣药，专理心经，善补心气，止恍惚惊悸；珍珠母归心、肝经，有平肝潜阳、滋肝阴、清肝火之效；紫贝归心、肝经，有镇惊清心、平肝安神之功。龟甲滋阴潜阳，养心安神，补肾；鳖甲清热养肝息风，二者共为佐使，顾护其本。王烈临床讲究化裁变通，若任性冲动者倍龟甲以潜阳安神；记忆力差者加龙骨、牡蛎、浮小麦、柏子仁以益智安神；心动悸者加钩藤、龙骨、磁石止惊定悸。

（2）缓解期：滋养心肾以安神

妄为证发作期经有效治疗后病情多进入缓解期，此期症状减而未平，病情呈正虚邪恋状态，病性属本虚标实。此时辨证为心肝亏虚、肾脑不足、虚风内动，临证属虚实夹杂。"实"体现在妄为证发作虽有减轻而未能平息，患儿平日基本无抽动多动，但在外界刺激或受到责骂后症状复作；"虚"则体现在心肝肾亏虚的不同证候上。加之素体肾脑亏虚，肾水不能涵木，则筋脉失于濡养，此时病情虽较前有所好转，但多虚实夹杂，治疗更需谨慎。本期病理变化主要与"痰""火"相关，脾失健运，水液留滞生痰，上蒙神窍，故应细察病因，拟方安脑饮，君药珍珠母、白芍、茯神可宁心安神，敛阴平肝；石菖蒲、合欢皮豁痰开窍，安五脏，和神志，治疗其标，兼有臣药淫羊藿、灵芝、酸枣仁、白果叶、胡荽以补益肾脑，治疗其本，僵蚕作为佐使药可息风止痉。

（3）稳定期：滋补肝肾以固元

稳定期症状消失，属"假愈"，此时受外界刺激后常可引起病情反复。此期为治疗的重点，即王烈所谓的真正治疗阶段，此时应调补心肝、补益肾脑，从治本法则。其病机关键为先天禀赋不足，素体虚弱，治疗上强调水火既济、兼顾先天、心肾同调、益脑填髓，以自拟滋肾散治之。方中枸杞子为君药以填精补髓，《药性论》言："能补益精诸不足，易颜色，变白，明目，安神，令人长寿。"臣药为龟甲、鳖甲、龙骨、牡蛎，共奏补肾益脑、滋阴潜阳之功，佐以龙眼肉补心气，安志定神，益脾阴，滋营充液。本方补益心脑，养血调神，巩固疗效。现代药理学研究显示，枸杞子能够调节神经系统功能，对机体的学习记忆有一定保护效果，可对抗由理化因素引起的记忆损害症状，对脑萎缩伴智力障碍均有一定疗效，从而达到治疗妄为证的目的。龙骨、牡蛎含有碳酸钙、微量元素和氨基酸，其具有镇静安神、抗抑郁等作用。

4. 调护

随着学习压力的增加，以及电子产品和网络通信对人们生活的影响，儿童妄为证发病率有日益增高趋势。中医药防治本病有一定疗效，除口服中药外，多种外治疗法也取得良好疗效，如耳穴压豆疗法、推拿疗法、艾灸疗法和穴位按摩疗法等。除外，家长尤其应该注意家庭环境对孩子的影响，应关注孩子的情志健康，给予关怀和教育引导，培养孩子积极健康的情绪，养成良好的行为习惯。注意加强与孩子的交流，避免过于强调或是强行纠正其抽动动作，适当转移注意力；在教育上，要以商量、建议等适宜的交流方式；饮食上，宜清淡、避免进食肥甘厚腻之品，以免助痰生湿。在妄为证的调护中提出"善、和、松"，善即善待儿童，和即家庭和睦，松即让儿童放松，减轻压力。针对家长的护理，提出对策九条："正确面对，淡化行为；宣泄精力，及时表扬；良好习惯，戒除诱因；恰当应和，心理支持；减负少压，环境不杂；举家尽善，病则易瘥；能此居七，药疗仅三；病者前程，有望似锦；自愈有年，但志必先。"提倡适当参加体育锻炼，增强患儿体质，使妄为证能够更快地治愈并减少复发。

五、方药之长

宋代《太平惠民和剂局方·论用药法》云："夫济时之道，莫大于医；去疾之功，无先于药。"王烈亦云："治病之道，关键用药"。在临床实践中，非常强调用药，常云："医者用药如将之用兵，主次分明，药味简洁，各明其职，方能中病。"在实践中不仅按照中医辨证用药，还要与西医之辨病相结合，洞悉中药的现代药理研究以提高疗效。

（一）常用方剂

1. 清感方

【组成】柴胡、青蒿、黄芩、重楼、紫草、土茯苓、金莲花、野菊花、地龙、蝉蜕。

【功能】清热利咽，解毒安神。

【主治】外感发热，咽红肿痛。

【加减】如有高热在表者加石膏；在里者加寒水石；表里均热者加石膏、寒水石。

【方解】本方为治小儿四时感冒而立。小儿感冒长年不断，尤以冬、春明显增多。往日治感冒分寒热两类，以桑菊饮和银翘解毒丸两方施治。鉴于小儿形体不足，易为风寒邪毒所犯，而且化热迅速。王烈言："无毒不起热，热因毒而起。"因此，治疗小儿感冒发热用表治里均无济于事，必以疫毒为先。清感方重在清热解毒，方中治热有柴胡清外热；青蒿除里热；重楼、紫草、黄芩、金莲花、野菊花重在解毒；射干疗咽；地龙、蝉蜕安神。石膏和寒水石用否与热度相关，二者药量比例以石膏二，寒水石一为宜。本方的用量应注意四条，参照年龄、体质、症状、药物相伍决定处方剂量。小儿感冒咽红肿，热而不安为常见。所以处方必从大局出发，综合兼顾。临证久用，疗效稳定。

2. 哮咳饮

【组成】挂金灯、川贝母、地龙、黄芩、射干、桃仁、杏仁、冬瓜子、芦根、莱菔子、白屈菜、苏子、前胡。

【功能】治哮止咳，化痰平喘。

【主治】新久顽咳，哮咳证。

【加减】有热加柴胡；大便干加番泻叶。

【方解】方中苏子性温治痰，前胡性寒降气，地龙清肺定喘通络，白屈菜苦寒理肺镇咳，四药相合，重用解痉祛痰之品，使哮咳发作时气逆、络瘀、痰阻得以缓解；芦根、冬瓜子清肺排痰，川贝母润肺化痰，三药相参，使痰出咳平而不伤正；方中二仁为止咳化痰通便之常用药对，杏仁偏于降气，桃仁偏于活血，二药同用，使气血调，腹气通则咳喘自平；黄芩苦寒，清泻肺中实火；莱菔子消积化痰，去除内热之源；射干、锦灯笼清热解毒，利咽消痰。诸药相伍，寒温并用，气血同治，润燥兼顾，肺脾皆调，治久咳、顽咳、哮咳效果显著。

3. 缓哮方

【组成】苏子、前胡、白前、桃仁、杏仁、款冬花、半夏、沙参、茯苓、莱菔子、白屈菜、胆南星。

【功能】止咳化痰，润肺理气。

【主治】哮喘缓解，少咳有痰。

【加减】食少加佛手；不化加神曲。

【方解】哮喘分三期论治。本方为二期缓解阶段的过渡用药方剂，一般用两周。方剂由苏子降气汤、二陈汤等化裁而成。哮喘病和痰的关系最大，如《幼科全书》载"哮喘其证有二，不离痰火"，及《丹溪心法·喘论》论曰"哮喘专主于痰"。总之，哮喘由始而终，由发作到稳定，核心便是一个痰作怪。所以哮喘发作、缓解、稳定病状虽有不同，但痰贯穿始终。可见哮喘的防治中治外痰、抑内痰乃为其要。本方中苏子、前胡、白前降气化痰，白屈菜性凉，味苦，镇咳力强，合用以加强宣肺止咳之功。《本草纲目》提道："莱菔子之功，长于利气。生能升，熟能降，升则吐风痰，散风寒，发疮疹；降则定痰喘咳嗽，调下痢后重，止内痛，皆是利气之效。"方中莱菔子可降气化痰消积，而款冬花润肺下气，止咳化痰，清半夏、胆南星燥湿化痰，上药均有除痰之效。沙参益胃生津，《神农本草本经》谓其能"血积惊气，除寒热，补中，益肺气"，配伍茯苓利湿健脾，用以健脾宣肺，化痰止咳。另有桃仁活血祛瘀，杏仁止咳平喘，调气调血，肺气方得以宣降。诸药合用，共奏理止咳化痰、润肺理气之功。

4. 清肺饮

【组成】紫苏子、黄芩、葶苈子、前胡、杏仁、生石膏、川贝母、白屈菜。

【功能】清肺泄热，止咳化痰。

【主治】肺热咳嗽。

【加减】发热加柴胡、紫草；大便干加莱菔子、枳实；啰音多加葶苈子、鱼腥草。

【方解】紫苏子辛温，止咳平喘，通便；黄芩苦寒，清肺热，泻火解毒；葶苈子苦辛大寒，泻肺平喘，去痰；前胡苦辛，微寒，清肺降气祛痰；杏仁苦，微温，止咳平喘，润肠通便；生石膏辛甘，大寒，清热泻火退热；川贝母苦甘，微寒，清热化痰止咳；白屈菜苦辛微温，具有镇咳祛痰、平喘的作用。全方共奏清肺、止咳化痰之功。

5. 平哮汤

【组成】紫苏子、地龙、白鲜皮、前胡、侧柏叶、全蝎、麻黄、白屈菜。

【功能】止哮平喘，祛风化痰。

【主治】哮喘发作期。

【加减】哮重加马兜铃；痰壅加葶苈子；咳重加川贝母；身热加柴胡；大便干加

番泻叶。

【方解】平哮方治疗哮喘发作收效快，深受病家欢迎。方中全蝎和地龙均为虫类药，其中地龙从宋代的开国皇帝用地龙治好哮喘病起，很快被载入典籍。全蝎习惯用于治风，未见治哮。曾经用牵正散治哮喘加面瘫，收到二病皆效的成果，后来成为治哮主剂。全蝎、地龙均为治风之剂。哮作之急，风也。从疗效结果分析风剂能通络，所以全蝎和地龙对哮喘发作有缓解功效。方中川芎用于治疗哮喘也少有记载，川芎乃治血、治气、治风又调众脉之药。哮喘发作的病理乃气血风等并作，川芎哮喘发作期应用可改善哮喘发作症状。白鲜皮在哮喘治疗用药中也属罕用。白鲜皮以祛风、解毒之长选入平哮方。哮喘发作每与风毒有关，白鲜皮在方中以除哮喘之风毒为己任。其余诸剂止咳，化痰，佐使主次药物发挥止哮平喘、祛风化痰作用。

6. 固哮汤

【组成】黄芪、白术、灵芝、佛手、百合、玉竹、大枣。

【功能】固气防哮，滋肾抑痰。

【主治】哮喘稳定期。

【加减】食少加山楂；不化加神曲；多汗加太子参；乏力加绞股蓝；精神不振加枸杞子；脑力不足加黄精。

【方解】固哮方用于哮喘的稳定期，哮喘症状基本消退。往时此阶段是患者不医，医者不治。医患均认为哮喘病有根，治疗不除根，遇邪再犯。此病有根并非今人首提，早在明代万全所著《片玉心书》哮喘门中就记载："哮喘病轻则用五虎汤一帖，重则葶苈丸治之。此皆一时急解之法，若要断根，常服五圣丹，外用灸法。"五圣丹治根之理，在于除痰，二陈汤加胆星和杏仁重任在肩。今之固哮方治义同此，但除内痰是关键，非佛手莫属。黄芪、白术由玉屏风散化裁而来；百合固金保肺；玉竹治虚疗乏；灵芝益智强神，补虚御邪；大枣一味力保肺气。可见明代治哮喘求断根，今之固哮大展宏图。

7. 化痰汤

【组成】橘红、清半夏、桔梗、川贝母、瓜蒌、沙参、茯苓、芡实。

【功效】化痰止咳。

【主治】哮喘后期痰多。

【加减】阴虚加天冬、麦冬；气虚加黄芪、党参；偏寒加麻黄、细辛；偏热加黄芩、射干；喘甚加白果、葶苈子；咳重偏寒加紫菀、款冬花，偏热加白屈菜、桑白皮、枇杷叶；痰壅日久加白芥子、浮海石；食少纳呆加佛手、山楂；便秘加枳实、莱菔子。

【方解】本方源自张锡纯理痰汤，原方组成有半夏、芡实、黑芝麻、柏子仁、白芍、茯苓。王烈在此方基础上加减，用之治疗哮喘后期痰证者，方中橘红、清半夏、茯苓为二陈汤燥湿化痰；桔梗宣肺化痰、瓜蒌祛痰下气；川贝母、沙参润肺止咳；方中之妙在芡实一味，"肾为水之下源，脾为生痰之源，肺为贮痰之器，肾虚水失温运，脾阳不足，则痰邪易生而难除"，芡实功可固肾健脾，寓治痰之本源含义。

（二）经典用药

1. 白屈菜

白屈菜是王烈用来止咳的主药，为罂粟科白屈菜属植物白屈菜的带花全草，别称土黄连、牛金花、八步紧、断肠草、山西瓜等。最早记载于明代《救荒本草》。民间用来治疗腹痛、疮毒等。王烈于 1969 年将其用于临床，在用其治疗一个既腹泻又咳嗽的患儿时，腹泻未好，咳嗽先愈，从而开始研究其止咳作用，在后来的百日咳流行年代，白屈菜发挥了非常好的止咳之功，挽救了许多孩子的生命，又在此基础上，进一步应用于支气管炎、哮喘、腹痛、腹泻等疾病的治疗，亦获良效。其性味苦辛微温，有毒，归肺、脾经。功效：镇咳祛痰，平喘，止痛，利尿解毒。现代药理研究表明，能抑制各种平滑肌痉挛和镇静、镇痛、催眠、减慢心率、祛痰、平喘、降低血压、抗菌、抗癌、抗炎，止咳作用强。临床可以适用于症见咳嗽的患儿，应注意有留痰、便干之弊，故宜与化痰药、通腑药合用。临证与百部为伍，治百日咳；与清半夏为伍，治寒性咳嗽；与瓜蒌为伍，治热性咳嗽；与地龙为伍，治哮喘；与白芍为伍，治腹痛；与白术为伍，治腹泻。例方：白屈菜、挂金灯、黄芩、地龙、枇杷叶、清半夏、侧柏叶，治咳嗽变异性哮喘。

2. 麻黄

麻黄为治疗哮喘的首选药物。辛温，微苦，归肺、膀胱经。功效：发汗，平喘，利水，消肿。现代药理研究其有抗过敏、抗病原体、抗炎、平喘、止咳、祛痰等作用。临床与杏仁为伍，治哮喘发作；与细辛为伍，治寒哮；与黄芩为伍，治热哮；与全蝎为伍，治哮吼；与地龙为伍，治哮鸣；与前胡为伍，治寒热并哮；与射干为伍，治实哮；与白果为伍，治虚哮；与苏子为伍，治哮作气逆；与川芎为伍，治哮作血瘀；与葶苈子为伍，治哮作痰壅；与重楼为伍，治哮兼毒盛；与僵蚕为伍，治哮作偏风；与白屈菜为伍，治哮作咳甚；与蝉蜕为伍，治哮作不宁；与枳实为伍，治哮作便干；与益智仁为伍，治遗尿。例方：麻黄、全蝎、地龙、白屈菜、白鲜皮、侧柏叶、苏子、前胡，治哮喘发作。

3. 紫苏子

紫苏子辛温，归肺、大肠经。功效：降气化痰，止咳平喘，润肠通便。现代药理研究有降血脂、抗氧化、降噫气等作用。临床与前胡为伍，治热喘；与白前为伍，治寒喘；与马兜铃为伍，治实喘；与款冬花为伍，治虚喘；与莱菔子为伍，治食积哮喘；与五味子为伍，治久喘；与葶苈子为伍，治心源性气喘；与旋覆花为伍，治叹息样喘；与地龙为伍，治实喘；与白果为伍，治虚哮；与麻黄为伍，治寒哮；与射干为伍，治热哮；与椒目为伍，治久哮；与全蝎为伍，治诸哮。例方：苏子、连翘、桑白皮、金银花、柴胡、瓜蒌、葶苈子，治大叶性肺炎。

4. 地龙

地龙咸寒，归肝、脾、膀胱经。功效：清热，平肝，止喘，通络。现代药理研究：调节免疫，抗组织胺，止喘，抗惊厥，镇静，解热。临床常与白芍为伍，治小儿多动；与僵蚕为伍，治小儿抽动；与蜣螂为伍，治惊痫；与苏子为伍，治哮吼；与柴胡为伍，治热惊；与全蝎为伍，治哮喘发作；与石膏为伍，治热惊。例方：地龙、全蝎、苏子、前胡、射干、川芎、白屈菜，治哮喘发作。

5. 黄芪

黄芪甘，微温，归肺、脾经。功效：补气升阳，益气固表，托毒生肌，利水消肿。现代药理研究：有增强机体免疫、抗病毒、抗衰老、抗应激、中枢抑制、促进细胞代谢、抗炎抑菌作用。王烈用其治疗有气虚之象之患儿，发作期促进病愈，稳定期防治反复，苗期防止发病。临床与防风为伍，治表虚自汗；与牡蛎为伍，治盗汗；与桑叶为伍，治诸汗；与山药为伍，治消渴；与党参为伍，治胃弛缓与生地黄为伍，治过敏性紫癜；与徐长卿为伍，治过敏性皮疹；与麦冬为伍，治心力不足；与鸡血藤为伍，治贫血；与白术为伍，治浮肿；与益母草为伍，治急性胃炎；与土茯苓为伍，治肾病；与磁石为伍，治耳聋。与升麻为伍，治脱肛。例方：黄芪、细辛、白术、苍耳子、辛夷、鹅不食草、蔓荆子、通草，治鼻不利。

6. 黄芩

黄芩苦寒，归肺、胃、胆、大肠经。功效：清热燥湿，泻火解毒，止血安胎。现代药理研究其有抗炎、抗变态反应、抗微生物、解热镇静、抗氧化作用，用治哮喘兼有热象者。临床与石膏为伍，清肺热。与柴胡为伍，治表里双热；与白茅根为伍，治尿路感染；与紫荆皮为伍，治膀胱炎；与百部为伍，治百日咳；与连翘为伍，治肺炎；与射干为伍，治支原体感染；与秦皮为伍，治痢疾；与紫草为伍，治病毒性感冒；与重楼为伍，治扁桃炎；与板蓝根为伍，治痄腮；与木通为伍，治水痘；与蝉蜕为伍，治发热不宁；与牡丹皮为伍，治血热发斑；与徐长卿为伍，治过敏性皮炎；与白芍为伍，治热泻；与白鲜皮为伍，治湿疹；与山楂为伍，治肾炎血压高；与茵陈蒿为伍，治黄疸；与青蒿为伍，治疟疾。例方：黄芩、柴胡、重楼、地龙、射干、金莲花、白屈菜、枇杷叶，治感冒咳嗽。

7. 白茅根

甘寒，归肺胃、膀胱经。具有凉血止血、清热利尿作用。临床多用来治疗血热妄行的尿血、咯血、吐血等症。于 2004 年始，王烈应用其治疗小儿厌食证（胃热型），与不用该药比较，疗效有所提高，但治病机制未明。《药性歌赋四百味》言："茅根味甘，通关逐瘀，止血衄血，客热可去。"所以推测可能与其清热之功有关。临床上与白屈菜为伍，治食积咳嗽；与芦根为伍，治热呃；与生地黄为伍，治血热低热。例方：白茅根、连翘、紫荆皮、车前子、益母草、旱莲草、紫珠草。治急性肾炎。

六、读书之法

王烈博览群书，采各医家之长，为己所用，其中最尊钱乙，谓其用药精当，论治灵活。并著《宗千古名师钱仲阳——论钱仲阳"尊古、创新"的学术思想及影响》一文，文中称赞其门人大梁阎季忠整理的《小儿药证直诀》一书是千百年来后世研究钱乙学术思想和医疗经验的重要蓝本，也是儿科医学继往开来的重要文献。

（一）通读古今，博采众长

王烈博古通今，学贯中西，因有西学中的经历，所以王烈一方面有扎实的西医理论基础，另一方面跟名师，研典籍，在中医药的应用上造诣颇深。他自述大学任教期间必在上课前 2～3 个小时到校，延后 2～3 个小时离校，除授课时间外，其余时间均在图书馆研读古籍，连餐饭都是在图书馆外的台阶上草草解决。

王烈所读典籍繁杂，概括古今，不但精通《内经》《难经》《伤寒论》，而且还对《小儿药证直诀》《脉经》《诸病源候论》《备急千金要方》《外台秘要》《鲁府禁方》等有关小儿方面的论述研究颇深。对其中每个字均细致推敲，就曾发生过 30 年前于一古籍中发现一字有惑，遍寻不得解，后于 30 年后得一古文大家提示，立即寻得此书，重新研读，最终因一字而通晓全篇要义。在教导学生时，他常常诫导："学习不可混入半分虚假，不懂之事不可虚情妄言，必究其根本，反观其用，以得其真。"

王烈不但喜读书，亦将书中理论融会贯通，结合自身实践，自成一派，以钱乙理论为纲，考括坟籍，博采其辞，乃择可观，开不讳之门，著书立说时引经据典，单《婴童药录》一书参引书目达 289 篇。王烈研习古籍以年代为纪，先观明清，后阅唐宋，再至于汉，在传道授业时亦时时提点弟子，常言"唐宋以前，虽方精练效显，但斗转星移，时过境迁，无论是从人的体质还是病原体的构成，均出现了极大的改变，故需先从明清古方学起"，他的弟子入门典籍以《医学衷中参西录》为主，同时要精通药典，要求识药六千，熟知六百，会用六十。王烈常用止咳要药白屈菜，《本草纲目》载药 1892 种，《本草纲目拾遗》补药九百余种，均未见其踪，他在实践活动中认识了白屈菜，继而研读《救荒本草》，就在此时与白屈菜结下了不解之缘，通过各项临床及药理研究，最终将默默黄花推向了中医的圣堂，载入了《中华人民共和国药典》。

（二）情钟《鲁府》，开创新篇

2010 年秋，王烈为治一肝硬化腹水患儿，查找古今文献时结识了龚廷贤主编之《鲁府禁方》，通览之余，始对龚氏家学情有独钟，特在《婴童医案》中附录一文，题为"拜师会引领《鲁府禁方》的趣事"，其中言及"书中焦点为卷二寿集的鼓胀一证。资料翔实，经验可贵。鼓胀证治愈之例，如此完整，史无前例。经验指出，辨证细密，治法从新，方药恰当，始起沉疴。龚廷贤在群医百攻之余，大补脾肾，找回复生之源，为治愈本证开创了新纪元。依古人之法治今人之病，其效如神……此，千方易得，一效难求。百药易得，一法难知。组方遣药，其驭在法。"

王烈崇尚龚廷贤，认为其医术多有新见，特别关注其《万病回春》和《寿世保元》两本著作，他在《婴童医案》中言此两书"均系综合临床系列，相距几十年，但内容大不相同。综观其方，虽以古方为重，但其加减幅度力大"。同时提出学习龚廷贤治病之方须"辨证之法，理论贯通，尤此对其应用尚要在有字处会意，更要在无字处领神。龚廷贤之术，魂之在法，此令人崇尚之精华所在"。

在《拜师会引领〈鲁府禁方〉的趣事》中王烈结合临床实际，精选《鲁府禁方》中治疗小儿病收效不凡者，收录其中，复方为四，单方为三十，在 2016 年拜师会上，王烈手持《鲁府禁方》向与会的儿科医生、博士、研究生等参会人员言道："不要拜我为师，大家要拜龚廷贤为师，理由有三。其一，龚廷贤治好了史上难治之证，鼓胀证；其二，他获得史上唯一一个'医林状元'的称号；其三，他编写的《鲁府禁方》中有箴言……此德术高尚无比，医中典范，千古名垂，永远是医门弟子之师。"

王烈常用《鲁府禁方·劝世百箴》中的一句话勉励学生"倘能味而行之，则恶者善，而善者愈善；愚者贤，而贤者愈贤矣，未必无小补"。谨勉于行。

王烈在继承前人的基础上，发挥自己的医疗才能，创立寒地王氏一脉，使中医药在小儿疾病方面的治疗取得了极大的突破。

（三）效法古人，尊古创新

宗古人之法，创时代新方，是古今儿科医家在发展儿科事业上的必经之路。王烈宗古之法，发挥古方疗今病的积极作用，并在医疗实践中，研制了 60 余种方剂，大多按钱乙少而精的组方原则进行设计的，每个方剂多由 3～7 味药组成，临床效果较好。如由泻青圆化裁而成的退热散（大黄、栀子、豆豉、甘草）对身热烦躁、里热便秘的患儿疗效显著；后来又对钱乙治热疗惊之剂，如凉惊圆、大青膏、牛黄圆、抱龙圆、三黄圆等化裁而成小儿清热散（黄芩、栀子、郁金、连翘、黄连、全蝎、朱砂、牛黄等）及进而演变成小儿清热灵（牛黄、麝香、黄芩、柴胡、寒水石、菊花、重楼等）其功能有清热、解毒、止咳、利咽、镇惊等作用。经现代药理学研究还证明，该剂毒性极低、服用安全、解热、消炎、镇静、止咳作用显著。对感冒发热的患儿具有良好的治疗效果，临床由 6 所医院，观察并验证了 500 份病例，有效率达 89.8%，疗程不过两日。其疗效显然较往昔又有所提高。继小儿清热灵之后，又研制了小儿消咳片、小儿进食片、小儿白贝止咳灵、小儿肺热平、小儿治哮灵、小儿止泻灵、小儿热必清、小儿哮咳喘、小儿消咳灵、小儿抗毒灵、小儿抗炎灵、婴儿壮等 20 余种新制剂，其中小儿止泻灵就是在钱氏白术散之中的主药白术、人参、茯苓的基础上，加神曲、罂粟壳等药而研制成的。临床经三家医院观察 450 例，各型腹泻均获其效，有效率达 95.33%。药理实验亦证实本剂之止泻作用显著。诸如此类之新制剂，无一不在钱乙的"尊古、创新"学术思想影响下进行继承和发扬，而且经历多年的医疗、教学、研究实践，并取得了一定的科研成果。

七、大医之情

（一）悬壶济世护婴童

清代叶天士《临证指南医案·华序》云："良医处世，不矜名，不计利，此其立德也；挽回造化，立起沉疴，此其立功也；阐发蕴奥，聿著方书，此其立言也。"王烈躬身践行，从医 60 余年，无一日不恪尽职守，立誓"用一辈子守护孩子的健康"。始自 1958 年成为首批"西学中"班学员，其时他已有西医儿科十年基础，晋升西医主治医师职称，前途坦然，但王烈仍毫不犹豫地跨越中西医学思维差异的鸿沟，怀揣着"护佑婴童"的赤诚之心，迈入杏林，探索中医精深奥义以造福婴童。在学习期间，他自创一信二学三研究的学习方法：一信，相信中医，信为首要，由相信始能潜心学习。二学，应既学古亦通今。诵读中医古籍，掌握现代知识。三研究，学习古人理论、验方，结合时人之病，灵活变通以适应今时之病，坚信如此才是中医真正意义上的与时共进，也只有如此，才能使得中医这门古老的医学在西医学飞速发达的时代能得以继续生存、发展下去。在行医生涯中王烈一直秉承着"靠杏林真本事吃饭，让本草真疗效说话"的理念，救治患儿 60 余万人。他常说"每个患儿都是我的孩子，每个学生也是我自己的孩子，我要努力教出好学生使之成才，尽全力救治孩子使之健康成长"。这是国医大师王烈的初心，也是他一生奋斗的目标。

（二）立德立言保婴童

为了将最好的精神状态留给患者，王烈每天凌晨，天光初蒙，就已经在诊室开诊行医；为了能让患儿减少恐惧，获得孩子的信任，王烈 30 年如一日，时至 93 岁高龄仍坚持立诊，保证每周三次门诊，风雨无阻，对于他来说，对孩子的感情也是医术的一部分。曾经，因身体状况欠佳，王烈不得不限制诊病人数，但是面对不少从外省、外县远道而来的患儿，他怜其病痛加之舟车劳顿，央求诊病每每都获加号，拖着病体一一详细问诊，每逢有人劝他减少门诊预约时，常感慨道："多看一个患者，就能多为一个患者解除痛苦。"这是他最想干的事情。因为疗效显著，尤其是治愈诸多疑难杂症，很多患者用现金或礼物加以感谢，都被王烈谢绝，对于实在推脱不掉的，一定把实物换成现金还给患者，他常常教导身边的工作人员和学生："为医者，首讲德，无德之医必为名利所困，遣方用药别有所图，往往贻害病儿，为害不浅。"

（三）躬耕杏林慈幼心

"白屈菜"最早收录于明《救荒本草》一书，民间传其可"充饥，治痛，止泻"。关于"白屈菜"，医书典籍几无记载，可谓是"淡淡黄花无人识"。从 20 世纪 60 年代起王烈与白屈菜结下了不解之缘，他亲自上山采摘，研理务博，明识其生长习性、药用有效部位、应用剂量，其间为了明确白屈菜的药物用量，王烈竟效神农氏亲身试药，明"白屈菜"之用，创垂世金方。这一重大发现于 1978 年获得吉林省重大科技成果奖，"白屈菜"这味止咳良药分别载入 1977 版和 2020 版《中国药典》。

王烈躬耕杏林一甲子，专心慈幼，经历了"西学中、西变中，成中医砥柱"的大医之路。提出关于小儿哮喘的"三期分治""哮喘苗期"和"哮咳"理论，丰富了现代中医儿科理论，被纳入教材。相关诊疗经验被纳入国家中医药管理局重点专科的诊疗规范，作为适宜技术在全国推广应用；首创"哮咳"病名被《中医儿科临床诊疗指南》引用；白屈菜治疗百日咳的临床研究文献被载入国家药典。有关学术经验被收录于百余部学术著作中。与此同时，王烈极为重视推动中医的社会参与度建设，王烈是中国中西医结合儿科学会和中医儿科学会重要的建议人、发起人、创始人和领导人。1977 年建议全国各地恢复学会组织活动，1978 年向卫生部建议成立中国中医儿科学会。提出《振兴中医儿科十倡议》，主张通过学术交流和合作提高全国中医儿科防治疾病水平。作为长春市第七、八、九届人大代表，在社会活动中积极献言献策，针对中医药现代化、努力发展中医教育事业、重视中医继承工作、建立中医学校、增建中医院等提出倡议，引起各级政府和社会关注。

（四）奉公尽节无私念

在生活上王烈一生简朴，他穿不讲究，吃不挑剔，很多衣服历经几十年，仍反复缝补，节省一切开销，用于捐资助学、扶贫济困，将对党的忠诚根植于心、造福于民。他先后捐款 300 万元，设立了"王烈杏林奖学金"，支持教师成长和资助困难学生。1997 年，王烈通过希望工程连续 9 年先后资助瑞金 4 名红军后代，帮助他们长大成人并完成学业。2015 年通过《长春晚报》的报道了解到高考后的一名学生父母相继过世，正在请求社会救助，王烈一次性捐款 6 万元给学生，解决了上大学所需费用。在汶川地震等各种抗灾救困活动中，王烈总是第一个带头捐款。新冠肺炎肆虐时期，他多次向党组织请缨，申请前往疫区参与救治工作。因年事已高，不能奔赴前线，他仍顶风冒雪亲自将 1 万元特殊党费送到党组织手中，并给学校奔赴武汉医护人员捐款 23.5 万元。

医者仁心，为人之幼。已近期颐，坚持临证。他总是说，"没有党的培养，就没有我的今天，我要继续发挥余热，培养更多的中医人才，为更多的患儿解除病痛"。他用实际行动生动诠释了共产党员的光荣称号。

（五）潜心古今谓上医

中国文化博大精深，源远流长，中医学源自于此，在形成过程中，不断地吸收古代哲学、数学、历算、地理、天文中的精髓，造就了具有中国文化特色的一门学科，它有着独特的理论体系和思维方法，根植于自然科学知识，并与人文社会科学知识相交融，故有"医道相通、医儒相通、医易相通"之谓，有了深厚的文化底蕴，才能把握中医的思维特征，真正领悟中医的真谛。"博学于文，始能精专于医"，《内经》云"夫道者，上知天文，下知地理，中知人事"，名医章次公先生也曾言："为医者，仲景之书固不可不读，而于历代名家医著，晚近中外科技书籍，以及其他笔记小说之类，凡有关医道者，胥应浏览，识见广邃，而后临床辨证论治，自可左右逢源，得心应手。"王烈自幼天资聪颖，对所学内容过目不忘，在校任教期间就已遍读图书馆馆藏清代以前的儿科古医籍及有关儿科方面的原著，曾因其中一字反复求证 30 年。在平日诊间，要求学生书写病志规范有理，格式要按照中文版面要求，上留页眉，左侧留白，主诉用词精练得当，现病史不得赘述，用最简练的语言概括患儿的诊疗史及现症，王烈常寥寥几字就可囊括学生的 20 余字内容，其对中国文化的执着，对医理的求真，自不待言。王烈常说"书海无涯、术无尽头"，因其潜心觅古，凝志探今，备考先贤之论，博采有验之方，因而术无不效，方无不显，是谓"上工"。

八、养生之智

（一）饮食节制，起居有时

王烈饮食并无偏好，可能是由于母亲的缘故，所以他也不喜食鸡肉和羊肉等，相对更喜欢吃海鲜和猪肉，做米饭时经常加入各种饭豆，如红豆、绿豆等，早起喝完米粥和面食，由于出诊时间较早，所以出完诊再喝一杯牛奶补充能量。每顿饭都是七八分饱，定时睡起，每天晚上七点半睡觉，早上五点左右起床，中午还要小憩半小时。生活非常有规律，即使过年过节也不受影响，这对白天的工作非常有益，应该也是养生的秘诀吧。

（二）兴趣广泛，勤于专研

王烈兴趣广泛，喜爱养花、集邮，乐于烹饪。他曾经研读花经，培植了多种鲜花如菊花、君子兰、三角梅，甚至改变了花期，使得生于南方、喜好暖湿的三角梅可以在东北的隆冬季节绽放，连卖花的师傅都称是奇迹。王烈于 1954 年曾经跟随长春饭店的厨师学习烹饪，如今在出诊之余，还坚持买菜做饭，每到周末，还能为家人做一顿丰盛的晚宴，拔丝地瓜、红烧排骨、醋熘黄花鱼，包子、饺子、韭菜盒子等各种面食更是美味可口，有时还叫来学生一同品尝。

可以说，王烈之所以年过九旬依然健康矍铄，源于他积极的生活态度、良好的生活态度、不懈的努力和广泛的爱好，这些都值得我们借鉴。

九、传道之术

（一）传道授业重方法

1962 年开始，王烈开始担任中医儿科临床课教师。为了保证教学质量，他坚持向老中医教师学习，认真作听课笔记，精心研究别人的教学经验。每次授课之前，教案经常是数易其稿，有的篇章甚至写十几遍，每堂课至少试讲两三遍，而且常常对着人体模型讲课，有时请别人听课，请他们帮助提出改进意见。王烈不仅深入学生中了解学生，而且倡导医贵有恒、勤学不辍，深受学生欢迎。在任教的最初年代，学习有方，工作得法，教学质量不断提高。

在教学过程中王烈特别重视教学实践，重视对学生实际工作能力的培养。1963年，他带领学生到吉林市实习，和学生一起建立病房收治患者，以熟练的医疗技术治疗患儿，尤其抢救急重患儿收到成效，因而受到社会好评。在此期间，他和学生采用中西医结合的方法抢救麻疹合并症患者，收到显著效果。之后师生总结经验写成《中西医结合治疗麻疹合并重症肺炎 68 例报告》及《麻疹合并喉炎 32 例分析》，在吉林省第二届年会上报告，受到一致好评。通过实践，同学们更好地掌握了书本上的知识，培养了分析解决实际问题的能力，因而提高了教学效果。

在为医、为师的实践中，王烈认为严谨为首要之重，"医不严，遗害病家而轻生命，师不严，误人子弟而难解惑"。他首先严格要求自己，同时也严格要求学生。为了提高教学与医疗水平，在实践中对病例他逐一进行分析总结。一个病例一个病例地观察、积累；一个疾病一个疾病地分析综合；一个系统一个系统地归纳、概括。特别注重从古代文献中涉猎理论知识和老中医的实践经验相结合，应用于个人的教学、医疗实际，进行总结、提高。他倡导"知识和经验医学落实到笔头上"，教学初始几年期间，撰写了《中医儿科学补充教材》《中医儿科证治实践》《儿科临证手册》《中医儿科学纲要》《中药易知》《古代儿科文献辑要》《变蒸学说与生长发育》《论钱乙学术成就》等论文、专论等 40 余篇。以严谨的学风潜移默化地影响了数以千计的学生。因此学生评价王烈为"学习前人不倦，启迪后者不厌"，是学习的良师益友。1966 年，"文化大革命"严重干扰了教学秩序。尽管这样，他仍坚信教师的责任不容颠倒，忠诚党的教育事业信念不容丢弃，常乐观地说"心底无私，志向不移"。坚持为学生讲课、辅导。有一次只有一个学生他也坚持授课。

为了提高教学水平，王烈首先建议举办全国儿科师资班，倡导振兴儿科学术，要从教学水平入手。在教学中强调老师的主导作用和学生主动学习精神相结合，运用四段教学法，将讲授、阅读、讨论、总结结合为一体，有利于教与学的双边活动，从而使启发式教学有了新发展。

韩愈云："师者，所以传道、授业、解惑也。"王烈至今已为师 50 余年，深知教书育人对中医传承的重要，因此至今仍坚持培养学生与高徒，希望在有生之年将自己的经验毫无保留地传授给他们，为更多的患儿解除病痛，亦使中医儿科后继有人。

（二）人才培养结硕果

王烈 1954 年毕业于哈尔滨医科大学小儿科专业，1958 年参加首届西医离职学习中医班，1961 年毕业后因成绩优秀获得卫生部嘉奖，1962 年调转至长春中医学院附属医院工作至今。1963 年始担任首届儿科主任、教研室主任，历时 33 年。临床中坚持突出中医特色与优势，励精图治，发展壮大中医儿科。科室从单个门诊到成立病房，至 2016 年 5 月成立长春中医药大学附属医院儿童诊疗中心，整体水平在全国中医院中位居前列。被评为卫生计生委国家临床重点中医专科、国家中医药管理局重点学科和专科。作为学术带头人，至今仍坚持工作在临床和教学的第一线，为医院创造了巨大的社会与经济效益。在科室建设的同时，注重培养中医儿科人才，建设儿科团队，弟子和再传弟子成为当地和全国各地区的领军人物。由于在培养人才方面的突出贡献，多次被评为全国老中医药专家学术经验继承工作指导老师、省市优秀教师，被吉林省卫生厅授予医学教育贡献奖。

在数十年的工作中，王烈积累了丰富的临床经验，数百首验方临床实用有效。王烈发表及指导学生撰写学术论文 223 篇；编著反映其临床经验的婴童系列丛书 18部，学术理论、配伍剂量、用药技巧和体会等翔实有效，将个人学术经验无私传授给同道和学生。每有新书发布，必捐赠给大学图书馆百册供学生借阅研读，并邮寄给全国各地通道作为临证参考。其处方被全国同道应用效验，救治了诸多患儿生命。

王烈学术传承谱

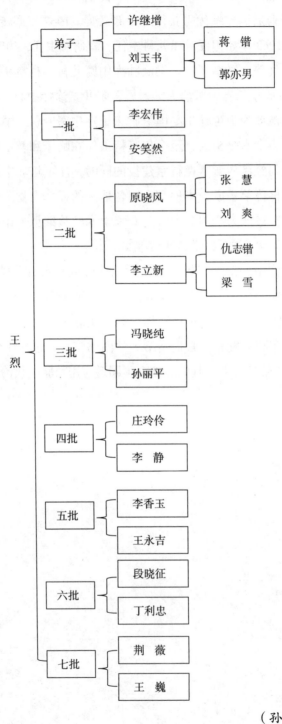

（孙丽平、丁利忠整理）

（伊丽萦编辑）

韦贵康

　　韦贵康（1938—　），广西宾阳人，中共党员。广西中医药大学终身教授，主任医师，博士研究生导师、博士后指导老师。曾先后任广西中医学院第二附属医院院长、广西中医学院院长、骨伤科研究所所长。广西政协常委，医药卫生委员会主任，广西科协副主席，中华中医骨伤科学会副会长，世界中医药学会联合会骨伤分会副会长，世界中医骨伤科联合会资深主席，世界手法医学联合会主席等。为全国名老中医，全国老中医药专家学术经验继承工作指导老师。2017年被授予第三届"国医大师"称号。

　　韦贵康以中医经典理论为基石，兼及各家，提出骨伤疾病一体、二翼、三元学术观点，韦氏正骨手法六大理论、九大治法、三十六大手法；并率先提出手法治疗颈椎性血压异常、"脊柱生理曲度内在联系及其变化与颈肩腰背痛关系""痛安汤临床应用"等。主编《中国手法诊治大全》《实用中医骨伤科学》等著作。发表医学论文100余篇，获国家专利3项，省部级科技成果奖6项。

一、学医之路

韦贵康祖居广西宾阳县高田乡新阳村，其父亲是乡村村医，自学中医古籍治病于乡里，韦贵康自幼深受父亲的影响和熏陶，具有深厚的中医功底。在对父亲的工作耳濡目染之下，韦贵康自幼便对中医产生了浓厚的兴趣，为日后阅读中医古籍，辨章学术、考镜源流打下了良好基础。

1960年9月，韦贵康从广西中医专科学校被保送到河南平乐正骨学院学习。河南平乐正骨学院创办于1958年，是全国第一所兼有四年制本科班和三年制专科班的中医骨伤科大学，也是集教学、医疗、科研于一体的高等教育机构，面向全国招生。第一任院长是该校主要创建者、驰名中外的骨伤科专家、平乐正骨第五代传人高云峰（1906—1976），她的儿子郭维淮是平乐正骨第六代传人，也是正骨科的主要任课老师。在高云峰院长及各位老师不辞辛劳的栽培下，韦贵康努力学习，探索医海奥秘，为今后行医打下了扎实的骨伤科学方面的基础，基本上掌握了临床诊治骨伤科疾病的相关医术本领。

1964年，从学校到临床，韦贵康的医疗工作逐步走上正轨。但是仅从学校学到的书本知识远远不够用，因此韦贵康又向民间医生学习传统中医，并先后到天津、北京、上海等地大医院进修培训达两年之久。1965年的冬天，韦贵康到天津人民医院（现为天津骨伤科医院）进修学习。在半年多的进修时间里，非常幸运地得到了被称为"中国中西医结合创伤之父"的著名骨伤科专家尚天裕教授和周映清、姚树源等著名教授的热心指导，使韦贵康在骨伤专业理论和医疗诊治技术方面有了进一步提高。当时，天津人民医院创立了中西医结合小夹板治疗骨折的新疗法。尚天裕教授根据对立统一的辩证关系，提出了"动静结合、筋骨并重、内外兼治、医患配合"的治疗四大原则，韦贵康学习后，带回了小夹板固定治疗骨折的特色方法。

1975年10月，卫生部举办"第二届全国中西医结合治疗骨关节损伤学习班"，韦贵康又一次得到上级组织的关心和推荐，参加了这次为期3个半月的培训学习。培训的主讲老师除中国软组织损伤临床研究的开拓者、"新医正骨疗法创始人"冯天有教授外，还有著名的中西医结合骨科专家尚天裕教授。

在冯天有、尚天裕等老师的指导和帮助下，经过刻苦学习和实践，韦贵康基本掌握了这项新疗法的理论知识和操作方法，并发现通过手法能治愈一些颈椎病伴随的血压异常，他把这一边缘科学的现象命名为"颈椎性血压异常"，为创新攻关研究世界医疗领域的新课题打下了基础，为征服"脊柱相关疾病"揭开了序幕。

1980年3月，韦贵康第三次进修。这次是到上海市新华医院成人骨科学习，时间为一年。带教老师是著名骨科专家胡清潭、姜为民、苏国礼等，韦贵康主要向他们学习了"镍钛记忆钉固定技术""全髋关节置换术""脊柱侧弯畸形哈氏棒固定术"等先进的技术和方法。在掌握了这些新医术后，韦贵康又专门到显微外科、小儿骨科进行紧张学习，并专程到上海瑞金医院、上海市第六人民医院、上海市第九人民医院等医疗单位参观学习，从而全面提高了自己显微外科、小儿骨科的临床诊治医术水平。

1981年3月，韦贵康圆满完成了在上海新华医院的进修深造任务，带着"镍钛记忆钉固定技术""全髋关节置换术""脊柱侧弯畸形哈氏棒固定术"等新技术回到广西中医学院，从事教学、临床、科研工作至今。

二、成才之道

韦贵康教授认为，要成为一代名医，务必做到以下几点。

（一）德才兼备，仁心济世

欲成良医，须德才兼备，医者以医德为先。因而，要成才必须竖立高尚的品德，先天下之忧而忧，后天下之乐而乐，将个人成才成长与国家中医药事业的发展紧密结合在一起，绝不能追名逐利，唯利是图。几十年来，韦贵康教授无论是在乡村跟随父亲造福乡里，还是在高校担任领导工作，都始终以党的利益以及中国医药事业发展为己任。韦贵康教授从医五十余载，无论患者贫穷还是富贵，皆秉承有治无类，将自己的一生奉献给挚爱的临床医疗事业、广大患者。他立志为弘扬我国中医药文化，用医术救治天下苍生疾苦，数十年坚持临床一线工作，为解除民众疾苦尽心竭力，造福一方。

（二）传承经典，勤学苦读

古今著名医家，皆需要传承经典，在经典的基础上开拓创新，不仅要继承前人经验，并且要以前人为师，才能在中医药的路上不断前进，正可谓勤学刻苦，不断钻研，才能成一方大医。不枉先贤穷极一生之所学，继往开来创万世之学。韦贵康教授自学医开始，便孜孜不倦，努力学习中医基础理论，在临床诊疗上付出了诸多辛劳与汗水，至今虽已八十多高龄，仍坚持学习《诸病源候论》《肘后救卒方》《刘涓子鬼遗方》《仙授理伤续断秘方》《医宗金鉴·正骨心法要旨》等骨伤科专著或相关知识，在此基础上不断创新出专门治疗骨科及相关疾病的理法。在多年的努力下，韦贵康教授在不断的学习中努力开拓创新自己的学术理论体系，并在多学科学术上融会贯通。

在韦贵康教授行医五十余年中，坚持中医传统疗法与现代科学技术相结合，师古而不泥古，提出"脊柱整体观""病理六不通论"等学术观点，擅长运用手法治疗脊柱相关疾病，创立了独具特色的韦氏脊柱整治三十六法。该疗法特点鲜明，疗效显著，几十年来共治疗脊柱慢性病损及脊柱相关疾病患者 30 余万人次。

（三）立根破岩，坚韧不拔

韦贵康教授认为，只有具备坚韧不拔的毅力，才能在漫长的一生中坚守自己学医的初心。不忘初心，方得始终；初心易得，始终难求。人生成长的每一阶段都会有困难，在临床和科研的每一个领域，都必须有常人所没有的坚持与付出，一旦确立自己学医的初心，就必须坚持自己的始终，坚持医学生誓言，将自己的一生奉献其中，无论有多少荆棘都应为实现目标付出艰苦卓绝的努力，要有为自己所挚爱的事业奋斗一生的决心与行动力。

（四）胸怀天下，传承四海

韦贵康教授近 30 年先后创立广西国际手法医学协会、世界手法医学联合会、世界手法医学联盟，在美国、德国、新加坡、马来西亚等十几个国家和地区以及中国香港、台湾召开国际性手法医学学术会议 27 次，交流论文 1000 余篇，培养国内外手法医师近万人。

在韦贵康教授引领下创立的世界手法医学联盟（简称"世手盟"），2018 年 3 月在香港召开成立大会，会员所在国与地区达 60 多个。广西国际手法医学协会成立 30 年来，按照我国有关规定主动工作，并充分发挥会员作用，除做好本身工作，还积极承办上述两个国际学术组织的学术业务工作，在中国及世界各地组织承办了国际性学术会议 28 次，参会人员来自 60 多个国家和地区，共计 10000 多人，交流论文 1000 多篇，在国内外具有较大的学术影响力。由于办会成绩显著，被评为国家 5A 级协会，为促进手法医学与传统疗法在国内与国际的交流及发展，加速中医药的国际化进程，为更多患者受益做出了积极贡献。

（五）传承创新，与时俱进

韦贵康教授坚持中医传统疗法与现代科学技术相结合、仿古而不泥古、创新而不离法则的学术观点，创立"一、二、三、六、九"核心学术理论体系，陆续提出"脊柱整体观""脊督一体论""姿势失衡论""病理六不通论"等学术观点，擅长运用手法治疗骨伤科疾病与脊柱相关疾病，创立了独具特色的韦氏脊柱整治三十六法。现全国共建立韦贵康国医大师传承工作站 7 个，并在一带一路沿线 30 多个国家和地区传播韦贵康教授学术思想、脊柱整治手法及"养生先养骨"的养生理念，逐渐在东南亚国家形成"广西特色手法流派"，影响深远，社会经济价值显著。真正做到了传承创新、造福人民。

三、学术之精

韦贵康教授悬壶济世 50 余载，通过临床不断实践与总结，形成了韦氏"一、二、三、六、九"学术创新体系，即一体（突出中医特色优势与现代科技相结合的骨伤科与脊柱相关疾病诊疗体系）、二翼（特色治疗手法与中药内外治法）、三元观（病因、病理、治疗三元分法）、六大理论（脊柱与四肢整体观、督脊一体论、动态力学手法应用论、姿态失衡致病论、病理六不通论、治疗六通论等学术观点）、九大治法（手法九大类、中药内治九大法、选治九大法）。几十年来运用韦氏九大类手法联合中药内外治法治疗骨伤科常见病、多发病、疑难病患者 30 余万人次，疗效显著，蜚声海外。

（一）一体、两翼、三元观

1. 一体

韦贵康教授在长期的临床实践工作中，根据骨伤疾病的病因、病机和疾病发展规律，总结治疗经验，将中医特色优势与现代科学技术紧密结合，融为一体，从疾病的表象到本质进行深入探究，逐渐形成了诊治骨伤疾病的独特理论体系和学术思想。

2. 两翼

韦贵康教授学术思想中的"两翼"即手法外治及中药内治两种特色疗法，如鸟之双翼，并驾齐驱，相得益彰。韦贵康教授的特色手法主要包括脊柱整治手法、经筋手法、阴阳五行手法、奇穴与奇术和保健养生手法 5 大类。其中，代表性手法为脊柱整治手法，包括作为基础的 18 个母法和作为扩展的 18 个子法，基于此，结合中医学理论选择中药内治是治疗骨伤疾病的重要方法之一。

人体的正常生命活动依赖于气血、脏腑、筋骨、经络等维持。若机体遭受损伤，其正常活动必然受到影响，引起功能紊乱，出现一系列病理改变和临床病症。机体的损伤可致内在气血、营卫、脏腑功能失调。因此，治疗脊柱与四肢病损，必须从机体的整体观念出发，以八纲、经络、脏腑、卫气营血、三焦辨证为治疗原则，根据损伤的虚实、新旧、轻重、缓急及病损的具体情况，选用不同的内治方法，才能取得良好的效果。

3. 三元观

韦贵康教授致力于中医骨伤科学的理论与临床研究50余载，精勤笃朴，学验俱丰。近年来，韦贵康教授立足自身临证经验，基于对骨伤疾病、筋伤疾病发生发展规律的基本把握，充分发挥中医整体观理论优势，通过汲取《道德经》"道生一，一生二，二生三，三生万物"的哲学思想，运用中医象思维开展对骨伤疾病、筋伤疾病的系列研究，把骨伤病、筋伤病的病因、病理概括为以"三"为基础的分类规则，并在此基础上阐释了其内在的逻辑关联，创立了"三元观"，从而实现了对骨伤病、筋伤病的宏观把握，在其学术思想体系中占有重要位置。

（二）六大理论

六大理论是韦氏正骨手法的指导思想，是正骨的指导原则，同时也是韦氏正骨的灵魂所在，其包括：①脊柱与四肢整体观；②督脊一体论；③动态力学手法应用论；④姿态失衡致病论；⑤病理"六不通论"；⑥治疗"六通论"。

1. 脊柱与四肢整体观

韦贵康认为脊柱是身体的支柱，位于背部正中，上端接颅骨，下端达尾骨尖。有负重、减震、保护和运动等功能。体现人体脊柱整体观的理论基础源于中医，其阴阳五行学说、经络学说、脏腑理论与现代全息学说、生物信息学说、人体生理病理学一脉相承。如中医认为，肺主气、司呼吸、主皮毛、主肃降、与大肠相表里，心与小肠相表里，肝与胆相表里，充分体现了人体的整体观念，把人体作为一个有机的整体来考虑。即人体与周围环境之间通过新陈代谢来保持动态平衡，人体的脏与脏之间、脏与腑之间、腑与腑之间通过经络气血的联系相互依存、相互制约，保持人体的动态平衡和静态平衡，从而达到人体的阴阳平衡。临床也证明，医者通过调整患者背部的脊柱、督脉、足太阳膀胱经，治疗小儿消化不良、习惯性便秘、腹泻、慢性胆囊炎、妇女痛经、月经不调等，均可收到显著疗效。

2. 督脊一体论

《外科大成》述："足太阳膀胱经主气，行于背，乃诸阳之属，六经之首，督脉经之所主，十二经之统脉。"在十二脏腑中，膀胱经阳气最旺盛，联络众多经脉，能转输、接纳诸经经气，调蓄经气盈亏。足太阳膀胱经上额交颠，在循行中与督脉经气相通，在百会、风府等穴与督脉相交，受"督脉经之所主"。两者阳气交汇互通，在生理上均可温通阳气、调养元神，影响脊柱功能。督脉总督阳气，"巨阳"借背俞穴与五脏六腑经气相通，传输布散阳气达全身，与督脉相辅相成，以维持人体的正常功能。扶阳理论认为，督脉和膀胱经阳气互通，督脉总督阳气，膀胱经分布的五脏六腑的背俞穴，与五脏六腑经气相通；督脉总督的阳气通过与其有经络联系的足太阳膀胱经输布，得以通达五脏六腑，以维持人体的正常功能，膀胱经的经气输布正常，脊柱神经脊髓功能正常，对脊柱疾病与脊柱相关疾病的治疗有很大影响。足太阳经筋"夹脊上项"，贯通脊柱，这也是足太阳膀胱经与督脉–脊柱有经气转运相连的特征。

韦贵康教授认为中医学督脉、足太阳经与脊柱相关疾病的发生有一定的相关性。督脉对调节脏腑功能有极其重要的作用。督脉循行于脊中，足太阳经第一旁线行走于脊旁1.5寸（同身寸），类似交感神经在脊柱旁的位置；第二旁线走行于脊旁3寸，几乎与脊神经后支的皮神经通路相一致。根据脊柱与督脉、足太阳膀胱经在生理、病理上的联系，韦贵康教授提出了"督柱"学说。该学说认为构成脊柱的各个组成部分之间和脊柱与内脏功能之间在结构上是联系的，在功能上是协调的，在病理上是相互影响的。颈项后侧由督脉及足太阳经所主，颈项侧部主要由手三阳和足少阳经所主。颈项部无衣物及毛发保护，阳经暴露在外，易受风寒侵袭，导致筋脉失和，脉络受损，气血运行不畅。所以在颈椎病的治疗中，韦贵康教授在注重骨正筋柔的同时，非常强调督脉及足太阳经的通畅与调达，以及阳气的振奋与宣达。这种在治疗脊柱相关疾病的同时，将脊柱与督脉看做一个不可分割的整体，通过利用督脉、足太阳经等与脊柱生理病理上的联系，经相关经脉来达到治疗疾病的目的，即"督脊一体论"。

3. 动态力学手法应用论

韦氏正骨中最具特色的便是手法，而韦氏正骨手法最具特色的则是它融合了各种动态力学因素，如杠杆原理、支点、旋转方向摩擦力等。通过应用动态力学，在保证正骨效果的同时，也能让施术者更省时省力。

杠杆原理的几个重要组成如下所述。

（1）**支点**：杠杆围绕转动的轴心点。

（2）**力点**：动力在杠杆上的作用点。

（3）**阻力点**：阻力在杠杆上的作用点。

（4）**大小**：力的量值。

（5）**方向**：力的作用方向。

（6）**动力臂**：从支点到动力作用线的垂直距离。

（7）**阻力臂**：从支点到阻力作用线的垂直距离。

（8）**动力矩**：是主动力和主动力力臂的乘积。

（9）**阻力矩**：阻力和阻力力臂的乘积。

中医推拿调整手法的杠杆原理分析：脊柱可简化为若干个3点平面所组成，3个点发生异常位移具有整体性，在调整的瞬间应该把重心移到1个点上作为支点（如同芭蕾舞演员旋转时一个脚尖点地，而不是两个脚尖点地）。为了转移脊柱重心并减少阻力，利于调整，加载手法时需要有拔伸牵引的力，同时具有与脊柱病态反方向的力。以棘突左偏为例，手法加载力 F 水平分力的主动力 F2 为了纠正棘突左偏，身体其他部位作为支撑点加载的力 F' 的水平分力 F4 是为了拮抗主动力 F2，力 F 和 F' 平行脊柱的分力 F1 和 F3 是使脊柱纵向分离，减少调整时的摩擦力，以利于调整。

如颈椎调整手法（颈椎旋转定位扳法）的杠杆原理：受术者坐位，颈项部放松，术者站于其侧后方。以一手拇指顶按住病变颈椎棘突旁，另一手托住对侧下颏部，令其低头，屈颈至拇指下感到棘突活动、关节间隙张开时，即保持这一前屈幅度，再使其向患侧屈至最大限度。然后将头部慢慢旋转，当旋转到有阻力时略停顿一下，随即用"巧力寸劲"做一个有控制的增大幅度的快速扳动，常可听到"喀"的弹响声，同时拇指下亦有棘突弹跳感。

以 C5 棘突左偏为例。患者坐位，调整瞬间，右手主动力 F 分解为平行脊柱向下的力 F1 及向垂直脊柱之右的力 F2，左手支持阻力 F' 可以分解为垂直脊柱向左的力 F4 及平行脊柱向上的力 F3。施术者尽力把重心移至一侧关节突关节面作为支点。动力点在 C5 偏歪棘突，阻力点在下颌部，支点在左侧 C4 和 C5 关节突关节面，动力臂 d1 为力 F2 到支点垂直距离，阻力臂 d2 为力 F4 到支点的垂直距离，动力矩（M2）= F2×d1，阻力矩（M4）= F4×d2。

中医推拿手法的基本要求是"持久、有力、均匀、柔和"，以期达到"深透有应"的作用而又不对机体造成损伤。鉴于上述要求，韦贵康教授对推拿手法的内涵进行了力学方面的研究，发现按摩手法的刺激程度正比于按摩频率的大小，对于某一种按摩手法来说，按摩的频率越快，对按摩部位所产生的刺激程度越大；按摩频率越慢，对按摩部位所产生的刺激程度越小。有研究表明，按摩手法对施力部位的深透性主要与该手法的动作方式有关，对于同一种按摩手法来说，按摩的频率越高，按摩力越不容易向按摩部位组织内部传播。韦贵康教授认为在推拿手法的力度上应遵循先轻后重的顺序，针对不同的治疗部位，需采取先外周后患处、先外侧后内侧、最后进行整体按摩的原则，在操作频率上应采取先慢后快的原则，在总体上应刚中有柔，柔中有刚，刚柔相济。

4. 姿态失衡致病论

韦贵康教授认为，人体因姿态失衡而导致脊柱、四肢、骨盆等出现相关疾病占相当大的比例，特别是在现代生活中，由于生活节奏的加快以及网络办公的兴起，这一比例呈逐年增加的趋势。因此，在矫正的时候，要追究病因，若存在姿态失衡的原因，首先要调整不正姿态，再通过手法进行治疗。同时，矫正之后还要嘱咐患者在日常生活中要注意调整，此即"姿态失衡致病论"。

（1）脊柱健康是人体良好姿态的基础与必要条件：脊柱是人体的中心基轴，又有框架结构的特点，能支撑身躯头颅，承上接下，保护内脏，加上脊柱有四个生理曲度，是人体功能活动的基础。脊柱内含脊髓、神经、血管等重要组织，一旦脊柱结构与平衡失调，或内容物受刺激，就会引起诸多本身病症或脊柱相关疾病，特别是神经系统与内脏的病变。

（2）骨盆、髋关节、膝关节、足弓是良好姿态的必要条件：骨盆是脊柱坚强的底座，骨盆是否居正位及其结构形态是否正常，直接影响到脊柱的稳定性与应有的功能。同时，骨盆的结构形态也直接影响两侧髋、膝、踝关节的稳定与功能。此外，骨盆是养护下一代的宝地，如果骨盆结构与形态异常，会直接影响生殖系统与泌尿系统的功能而出现病症。

髋、膝、踝关节与足弓是保持人体静态、动态平衡的关键。下肢的大关节要负担全身之重，关节的灵活性直接影响四肢的功能，如这些功能和结构形态异常，就会出现相应的病症。

（3）不良生活、工作姿态致病的原因与表现

①直接原因：体位不正与失衡。

人体在静止或活动时，本身不良的姿态多为直接原因。

如行走时低头收胸，两肩不动，身躯倾斜，下肢内八或外八。坐的时候盘腿、坐位过矮。蹲的过久。弯腰过度过久。伏案过低过久。单侧或单向活动过度。强迫某一体位生活与工作。活动时姿态失衡，甩头闪腰。外伤后遗症，等等。

②间接原因：如酗酒、吸烟，过食海鲜。气候、环境的影响。炎症波及，等等。

（4）脊柱不良姿态引发的症状与疾病

①综合损害：生活、工作姿势不良，损害多个组织器官。如电脑综合征，损害脑神经、视力、上肢及手腕部、颈背部。司机综合征，损害腰骶、骨盆、颈肩背、上肢及胃肠系统。沙发综合征，损害腰椎、骶椎、髋部、背部。软床综合征，损害腰骶部、颈背部。高跟鞋综合征，损害腰骶部、骨盆、踝关节等。

②隐形病症：由于姿态不良引起人体的损害，症状不重或不在直接损害部位出现的症状，也常称为亚健康状态。

③几种好发姿态病损症状：如颈部，头颈前倾，颈肩低硬。胸部，少年轻度驼背，肩胛骨外翻，胸椎轻度侧弯畸形。腰骶、骨盆，腰椎轻度旋转移位，骨盆轻度倾斜，臀部肌肉失衡，长短腿。髋膝部，关节软骨损害，轻度"O"形腿，髌骨轻度上移、下移或旋转移位。足部，足底筋膜炎、足弓变形，等等。

④严重不良姿势所致的疾病：胸椎、腰椎、骶椎、四肢关节疾病，如颈椎病、胸椎侧弯畸形、腰椎间盘突出症、腰椎管狭窄症、膝关节疾病、骨质增生症等。脊柱相关疾病，如颈源性头晕、头痛，血压异常、心律失常、失眠、胸闷、胃脘痛、糖尿病、抑郁症、疲劳症、性功能障碍症、痛经、内脏功能紊乱等。

（5）不良姿态病损的防治

①预防为主，防治结合，及时诊治。

②改变生活、工作、学习中的不良姿态，保持人体静态与动态平衡，这些都是保持健康姿态的关键。

③调节饮食，防止进食对骨骼、神经、血管及内分泌系统有损害和对体重、体形有影响的食品。

④重视行走、站立、蹲坐、躺卧的良好姿势，注意搬、拿、扛重物的正确姿势。

⑤多做顺应生理变化的活动、有氧运动（运动时不觉难受），锻炼塑身，注意体形保健。避免做过分、过多、过久的单向、单边低头及弯腰、旋转等活动。

⑥适当选择健身与保健项目。

⑦对于不良姿态病损的治疗方法，可采用正骨推拿、牵引、功能锻炼、药物疗法、针灸理疗、手术等，根据病情选择。

5. 病理"六不通论"

韦贵康教授认为，"不通"是诸多骨伤疾病的发病基础，"不通"常见有6种不同程度的临床表现，分别为骨关节不正、肌肉痉挛或粘连不柔、经络走行不顺、气血瘀滞不动、脏腑失和不调、皮肤失养不荣，即"不正不通、不顺不通、不松不通、不动不通、不调不通、不荣不通"的病理"六不通论"。

（1）不正不通：各种原因引起脊椎失稳，导致脊椎两侧肌力失衡，微小关节移位，运动不协调，发生椎体滑脱、椎骨解剖位移。位移后的椎骨刺激其周围神经、血管、软组织等，引起这些神经、血管等支配的器官功能紊乱，出现一系列与脊柱相关的疾病。

（2）不顺不通：脊柱失稳，引起肌肉痉挛，筋骨脱槽，骨关节错缝，关节移位，肌纤维膜紊乱，韧带出现钙化或骨刺等，压迫或牵扯交感神经，引起自主神经紊乱，发生脊柱相关疾病。

（3）不松不通：脊柱周围肌肉、韧带等软组织损伤，伤侧椎旁肌肉痉挛，进而使关节突关节、钩椎关节或椎体边缘韧带及肌腱附着点等充血、水肿、纤维性变，致使肌肉、韧带、关节囊等粘连，形成瘢痕，伤侧椎旁软组织挛缩，进一步加重脊柱力学平衡失调，引起疾病发生。

（4）不动不通：脊柱周围软组织损伤，累及所属肌肉及其相关联的肌群，引起反射性和保护性收缩，出现肌痉挛。肌痉挛又可破坏身体的协调和力学平衡，造成脊柱不正，引发脊柱相关疾病。

（5）不调不通：脊柱失稳，周围软组织痉挛，刺激相应的脑神经、脊神经、血管、软组织等，引起自主神经功能性紊乱，出现脏腑功能不调、血液供应不足等一系列临床表现。

（6）不荣不通：脊柱失稳，小关节紊乱、错位，周围软组织痉挛，脊柱周围血管受损、痉挛，脊髓、神经根和周围组织供血不足，缺血缺氧，引起皮肤枯燥、不够荣泽等症状。

6. 治疗"六通论"

在治疗脊柱相关疾病上，韦贵康强调以"通"为用，"正则通、顺则通、松则通、动则通、调则通、荣则通"。通过调节骨缝、活动关节、扶正移位、理通经脉、荣和脏腑、柔顺筋肉，从而达到以"通"止痛的目的。

（1）正则通：脊柱关节错缝、小关节微小移位、脊柱侧弯及反张等，治疗应纠正移位，恢复脊柱中枢的骨性平衡。使用韦氏脊柱整治手法复位，纠正错位的椎骨，能解除其对周围神经、血管、软组织的刺激，使骨正筋柔，经脉通畅。

（2）顺则通：脊柱关节错缝，必然造成脊柱及其周围肌纤维紊乱、肌肉组织挛缩、筋翻、筋缩等，治疗应理顺肌纤维组织，恢复肌腱的正常力学结构。使用韦氏循经点按、舒顺理筋等手法，可理顺肌纤维，疏通气血。

（3）松则通：筋缩、肌痉挛或椎旁软组织粘连，影响脊柱活动度和局部微循环，加重疼痛及对交感神经的刺激。治疗应充分松解肌纤维粘连及挛缩筋膜，疏通气血运行通道，使肌肉及神经组织得到充分的濡养。

（4）动则通：肌痉挛或椎旁软组织粘连，脊柱活动功能受限，小关节活动不利，治疗应首先纠正错位关节，恢复关节活动度。被动运动关节，有助于解除粘连，增长肌力，改善血液及淋巴循环，从而促进关节周围组织血肿、水肿的吸收消散。

（5）调则通：不正、不顺、不松、不动均会造成脏腑功能不调，进而形成恶性循环，使气血生化不足，治疗应注重调理脏腑。如脾胃为气血生化之源，调理脾胃，气血生化充足，则气血通畅，全身组织得以濡养。

（6）荣则通：气血循环不畅，脏腑功能不调，则气血生化不足，肝脏、经脉失去濡养，进而椎旁组织、神经、血管、内脏器官不荣，失去正常的生理功能。治疗应以调理脏腑，结合对症手法，补益气血、健脾益肾为首要。

由此理论所开展的治疗以及手法等便是通过取得"通"的效果来达到治疗目的。围绕此观点，临床上多以顺生理、反病理的"理筋、调骨、对症"三联手法为主要治疗方法，适当配合中医药治疗，从而达到治疗目的。

（三）九大治法

1. 手法九大类

（1）正骨手法：韦贵康教授广泛吸收了国内外的优秀手法，并结合现代解剖学、生理病理学和生物力学理念，结合中医正骨手法，经过长期的临床实践，形成了韦氏正骨的独特法门。韦氏正骨手法突出了中医特色和优势，并与现代科学技术相结合，参考了西医学解剖理论以及生物力学成果，使传统的正骨手法得以不断传承和发展。

（2）脊柱整治手法：韦贵康教授作为国医大师，他的特色手法和中药内治法有着其鲜明的个人特色和理论内涵。以脊柱旋转复位手法为代表，以"三联治法"为特色，具有"稳、准、轻、巧、透"（即透达深部组织，深入病灶之意）的特点，主要适用于治疗脊柱、四肢软组织损伤及脊柱相关疾病。

（3）经筋手法：韦贵康教授在临床治疗中根据人体经络系统的工作原理，探索创新了一套针对四肢的经筋手法。根据中医理论，人体的经络系统包括经脉系统和经筋系统两大体系。经脉系统是我们在教科书临床手法中主要讲的课程，而经筋系统一直没有很完善的临床手法研究。

（4）小儿手法：韦贵康教授在工作实践中发现，对于小儿"骨错缝，筋脱槽"的治疗手法一直是临床薄弱环节。小儿患者比较常见的主要是寰枢关节半脱位、桡骨小头半脱位、髋关节滑膜嵌顿、髋关节半脱位等。用一般按摩推拿方法通常解决不了问题，需要与成人不完全一样的小儿整复手法、调理手法。韦贵康老师针对这些年龄较小的患者，潜心研究治疗方法，积累治疗经验，慢慢形成了修复小儿常见病损的韦氏手法。大量的临床研究证实，小儿推拿能够提升小儿机体的各项功能，缓解或解除小儿病痛，还能促进婴幼儿的生长发育，促使婴幼儿安然入睡，并能增强小儿机体的抗病能力。

（5）治未病手法：治未病手法主要为三焦养生排毒手法，它包括八个套路、六种类型，目的在于调理人体，疏通经络，达到养生保健的效果。韦贵康教授自创一套"五分钟五步轻松养生功"，包括双手捶胸、举手下蹲、掐腰踮脚，以及颈部的"米字功""犀牛望月"等。每天练习一遍，能够强身健体，延年益寿。

（6）阴阳手法：韦贵康教授在工作实践中发现，对于一些疑难杂症患者使用常规手法难以治愈，于是尝试在阴阳五行理论的指导下，创立了新的治疗手法。用阴阳手法调理阴阳失衡导致的肢体与脏腑不调；在临床中发现刺激一些奇穴反应点，可以解决常规手法治疗不了的病症。

（7）五行手法：韦贵康教授基于五行学说的理论，认为疼痛病变部位乃是五行结构被破坏，因此需要梳理局部小五行，方可调节人体大五行，使通则不痛。手法根据操作部位深浅、力度和力的作用方向，可分为揉、拿、推、按、摩、拨、抖、点等。将其以五行划分，则有揉、摩、擦法作用表浅在皮毛，力度柔和，方向多为环形，故属金；推、抖法作用在经脉，力度表浅，多作直行，故属火；拿捏法作用在骨在肉，力度在中，向上提拉，故属土；弹拨法作在筋，力度略深，左右拨动，故属木；点拨法作用在骨在筋，力度最深，方向垂直，故属水。

（8）韦氏奇穴与奇术：韦氏奇穴是韦贵康教授通过几十年的临床经验总结出来的相关疾病在体表的反应点（线、区），主要在十二经筋、十二经脉、督任脉经线上或附近，是一组疗效显著确切、定位准确、可操作性强的穴位。共40穴、4线、4区。除穴位点外，在脊柱构成"线"，又称"线上联穴"，而手背外穴（区）侧是头、颈、肩及上背部疾病反应点集中区域，足背外穴（区）侧是下背部、腰骶部疾病反应点集中区域，均称为"区"。韦贵康教授以"以通为用"的治法，将奇穴与推拿手法相结合，开发出一套针对"韦氏奇穴"的治疗方法，即"韦氏奇术"。

（9）子午流注手法：经过多年的临床实践，韦贵康教授发现手法的操作时间也很重要，治疗手法上午效果好，保健手法晚上效果好。患者在最佳的时间、保持最佳的心态，医生以最佳的心态施以手法，才能获得最佳的效果。在不同时间，不同手法对患者效果不同，医生心态也不同，针对此加以利用，常可达到事半功倍的效果。

2. 内治九大法

中药的辨证施治对相当一部分软组织损伤及其他骨伤科疾病有良好的疗效。韦贵康在中医整体观念及辨证论治理论指导下，整合伤症三联概念与方法，始终遵循内服中药原则——"攻、和、补"，如伤症内用药"三期三法"：损伤早期宜攻（祛瘀、祛邪、解毒等），中期宜和（和解、调理、攻补兼施等），而后期宜补（补气血、补脾胃、补肝肾等）。

根据损伤的发展过程、疾病的病理及临床特点，韦老将中药内治法主要分为以下9大类型。

（1）祛瘀：本法在治疗软组织损伤中的应用十分重要。主要可用于急性损伤的早期或久病兼有气滞血瘀的瘀滞证型。气滞血瘀的症状常见局部肿胀、便秘、尿黄、厌食等，舌质暗红或有瘀斑，苔薄白或薄黄，脉弦或弦细或细涩。

症状：①疼痛：血的郁结凝滞，形成"不通则痛"的证候。血瘀疼痛的特点是痛有定处，痛处拒按，痛的部位大都是病灶处。疼痛的性质有钝痛、游走痛、放射痛，痛一般在午后及晚上，伴有冷热、麻胀感觉。②肿胀、瘀斑、包块：跌打损伤的扭、挫、闪等软组织损伤，使恶血内积，出现肿胀、瘀血斑，过几天后还出现硬结包块；若陈旧性软组织损伤遗留下来硬结包块，则可致永久性不消退。③发热、口渴：瘀血发热。跌打损伤后，瘀血在腠理肌肉之间，阻滞气血，使营卫失和，临床上也称为吸收热。若患者身体壮实，为实热；失血所致阴津亏耗则出现虚热，还有口渴。唐容川著《血证论》称血渴，并曰"但欲漱水不欲咽"，所以瘀血可引起口渴，但不能多饮。④神志改变：瘀血可以引起神志的改变，《金匮要略》《伤寒论》有"下焦蓄血发狂""热入血室如狂"；唐容川《血证论》讲"心有瘀血，并令健忘"，"血虚则神不安，有瘀血亦怔忡"等。若大块软组织挫伤，往往可导致全身不适的临床表现。

诊断要点：①问诊：有明显外伤史，即有不同程度碰撞、扭挫伤，小便自利，大便黑色，这是有瘀血的特点。②望诊：局部或皮肤暗滞或灰暗，或古铜色，皮肤有大小不一点状、片状瘀斑、细疹，损伤局部肿胀，舌质边、尖、底常有紫黑色的斑点。③闻诊：痛证可闻呼叫声，气血两伤，阳气欲脱，则气息低微，或呓语狂乱，严重者昏迷不醒。④切诊：脉象沉、迟、涩或细沉。伤处按之肿胀或硬实，触及结状或条索状硬块。

治法：活血祛瘀，消肿止痛。

代表方：逐瘀活血汤、复元活血汤、痛安汤加味等。

常用药物：①活血化瘀类：桃仁、红花、当归尾、赤芍、丹参、川芎、苏木、泽兰、牛膝、穿山甲（代）、乳香、没药、郁金、延胡索、五灵脂、生蒲黄、三七、花蕊石、瓦楞子、益母草、茜根、大黄、鸡血藤、牡丹皮、刘寄奴、王不留行。②破血化瘀类：三棱、莪术、水蛭、土鳖虫、姜黄、血竭等。

辨证施治：①颈部软组织损伤，瘀血作痛：桃仁10g，红花6g，当归尾10g，赤芍10g，羌活10g，钩藤10g，葛根10g，陈皮3g，甘草4g。水煎服，日一剂，早晚分服。②上肢血滞不通疼痛：当归10g，桂枝5g，川续断10g，何首乌12g，桑枝12g，威灵仙10g，姜黄10g，甘草6g。水煎服，日一剂，早晚分服。③下肢损伤，瘀血作痛，腿酸痛：桃仁10g，红花6g，赤芍10g，当归尾10g，牛膝9g，五灵脂10g，独活10g，杜仲9g，木香3g，三七3g。水煎服，日一剂，早晚分服。④背部损伤，瘀血作痛：桃仁10g，红花4g，当归尾10g，赤芍10g，木香4g（后下），桂枝10g，羌活10g，甘草4g。水煎服，日一剂，早晚分服。⑤胸部挫伤作痛：桃仁10g，红花6g，当归尾10g，赤芍10g，木香3g（后下），枳壳6g，五灵脂8g，桂枝10g，瓜蒌根10g，甘草6g，三七3g。水煎服，日一剂，早晚分服。⑥腹部软组织损伤，腹肌及胁肋部损伤，积瘀作痛：当归10g，赤芍10g，桃仁10g，红花4g，大腹皮6g，木香3g（后下），枳壳6g，郁金10g，炮山甲（代）10g，大黄6g，甘草4g。水煎服，日一剂，早晚分服。⑦腰部瘀血作痛，弯腰转侧痛剧：桃仁10g，红花6g，当归尾 10g，赤芍 10g，杜仲 12g，狗脊 10g，川续断 10g，肉桂 3g，独活 10g，姜黄 10g，甘草 4g。水煎服，日一剂，早晚分服。⑧外用跌打膏外敷：生大黄、桃仁、红花、泽兰、紫草、山栀子、白芷、血竭、乳香、没药、无名异、重楼（七叶一枝花）、两面针、土鳖虫、自然铜、当归尾，同研细末，调凡士林成膏外敷。⑨外擦跌打酒：生大黄、桃仁、泽兰、红花、当归尾、乳香、没药、秦艽、川续断、骨碎补、土鳖虫、自然铜、苏木、无名异、重楼（七叶一枝花）、血竭、琥珀、三七、马钱子，以米三花酒，浸泡 3 ～ 6 个月，可内服或外用（内服应慎用，妊娠禁用）。

（2）祛邪：用于损伤后风寒乘虚入络的寒湿型。症见局部酸、麻、痛，遇寒痛增，得温痛缓，肢体沉重无力，筋络拘挛，或口淡，便溏，尿清长，舌质淡，苔薄腻，脉滑或缓或沉细。内服选用祛邪通络、祛风解表剂。外敷温经通络膏，或狗皮膏加丁香散，或用八仙逍遥散加味煎水外洗。

症状：①疼痛：风邪行痹的疼痛特点是呈游走性，可致关节、肌肉疼痛酸楚、重着，关节屈伸不利并可涉及多个关节。②遇寒则加重，得温可痛减。关节肿胀散漫，肌肤麻木不仁。病情轻重常与劳累以及季节、气候的寒冷、潮湿等天气变化有关。③部分可见恶风、发热等表证。

诊断要点：①问诊：有无久居潮湿之地、贪凉露宿、暴雨浇淋等，这是导致风寒湿痹的环境诱因。②望诊：肢体关节活动屈伸不利、肿胀散漫、肌肤麻木不仁。初期可有恶风发热等表现。舌苔薄白或白腻。③切诊：脉象浮或浮缓、弦紧。

治法：祛邪通络，祛风解表除湿。

代表方：麻黄汤、桂枝汤、防风汤、乌头汤加味等。

常用药物：①祛风寒湿、温经类：麻黄、桂枝、防风、荆芥、葛根、苍术、薏苡仁、川乌、附子、细辛、干姜、独活、威灵仙、乌梢蛇、木瓜、伸筋草、青风藤、路路通、蚕沙、松节、丁公藤等。②祛风湿、强筋骨类：五加皮、桑寄生、狗脊、千年健、鹿衔草、雪莲花、石楠叶等。③养血活络、健脾渗湿类：当归、川芎、茯苓、生姜、大枣、甘草等。

辨证施治：①腰背酸痛明显者：杜仲 12g，桑寄生 12g，淫羊藿 12g，巴戟天 12g，续断 10g。水煎服，日一剂，早晚分服。②关节发凉，疼痛剧烈，遇冷更甚：制附子 20g，细辛 3g，桂枝 12g，干姜 12g，全当归 12g。水煎服，日一剂，早晚分服。③关节肿胀甚者：草薢 12g，五加皮 12g；肌肤麻木不仁：海桐皮 12g，豨莶草 12g；小便不利，浮肿：茯苓 12g，泽泻 12g，车前子 12g。水煎服，日一剂，早晚分服。

（3）解毒：用于感受风湿热之邪或寒湿型久而化热的湿热型。症见局部困重而痛，肿胀，遇温痛剧，得凉痛缓，腹胀满，口苦干不欲饮水，舌质红，苔黄腻，脉滑数。内服选用二妙散和五神汤。用消肿止痛、清热化瘀之五黄散外敷。

症状：①疼痛：游走性关节疼痛，局部可有灼热红肿，痛不可触，得冷则舒。②可有皮下结节或者红斑。③常伴有发热、汗出、恶风、口渴、烦躁等不适。

诊断要点：①问诊：有无久居炎热潮湿之地，外感风湿热邪，痹阻气血经脉，滞留于关节筋骨，这是导致风湿热邪的诱因。②望诊：肢体关节局部可有灼热红肿，可有皮下结节或者红斑。伴有发热、汗出、恶风、口渴、烦躁等不适。舌苔黄或黄腻。③切诊：脉象滑数或浮数。

治法：解毒清热利湿。

代表方：仙方活命饮、五味消毒饮加味等。

常用药物：①解毒清热疏风类：荆芥、薄荷、牛蒡子、桔梗、生石膏、知母、黄柏、连翘、玄参、板蓝根、僵蚕等。②清热利湿类：防己、杏仁、薏苡仁、滑石、赤小豆、蚕沙等。

辨证施治：①皮肤有红斑者：牡丹皮 12g，赤芍 12g，生地黄 12g，紫草 12g。水煎服，日一剂，早晚分服。②发热、恶风、咽痛者：荆芥 12g，牛蒡子 12g，薄荷 10g（后下），桔梗 12g；口渴口干心烦者：玄参 12g，麦冬 12g，生地黄 12g。水煎服，日一剂，早晚分服。③热毒炽盛，化火伤津，深入骨节，见关节红肿，触之灼热，疼痛剧烈如刀割，筋脉拘急，入夜尤甚，壮热烦渴，舌红少津，脉弦数者，可用五味消毒饮合犀黄丸加味。

（4）和解：用于伤寒入少阳疾患，位于半表半里，既不适宜发汗，又不适宜吐下，唯有和解一法最适当。症见往来寒热、胸胁苦满、不欲饮食等，舌苔薄白，脉弦；或见脘腹胸胁胀痛、神疲食少、月经不调、手足不温等，舌淡，脉弦或虚弱；或见肠胃不和之寒热错杂、心下痞满、恶心呕吐、肠鸣不利等，舌苔腻、微黄，脉滑数。往往既祛邪又扶正，既透表又清里，既疏肝又治脾，无明显寒热补泻之偏，性质平和，作用和缓。

症状：①寒热往来，胸胁苦满，不欲饮食，心烦喜呕，目眩，口苦咽干，部分疟疾、黄疸及内伤杂病者，苔薄白，脉弦。②手足不温、腹痛或泄利下重，胸胁胀闷，乳房胀痛，脉弦。③寒热错杂，心下痞满，恶心呕吐，苔黄腻，脉滑。

诊断要点：①问诊：有无外感寒、热、湿邪等，有无饮食伤胃、情志不畅等。②望诊：寒热往来，神疲食少等不适。舌苔薄白或黄腻。③切诊：或寒热错杂，手足不温，脉象弦、滑数。

治法：和解少阳，调和肝脾。

代表方：小柴胡汤、柴胡疏肝散、半夏泻心汤加味等。

常用药物：①疏肝理气宽胸类：柴胡、枳壳、香附、郁金、木香、川楝子、半夏、苏梗、合欢皮、青皮、瓜蒌等。②缓急止痛，培补肝脾类：芍药、甘草、川芎、党参、茯苓、白术、黄芪、当归、神曲等。

辨证施治：①胁痛甚者：可加青皮、延胡索、芍药、甘草、丹参、牡丹皮理气柔肝，活血止痛。水煎服，日一剂，早晚分服。②若肝气横逆犯脾者：造成肠鸣、腹泻等不适者：加茯苓、白术、甘草；兼见胃失和降，恶心呕吐者：半夏、陈皮、生姜、旋覆花等。水煎服，日一剂，早晚分服。③如有寒湿中阻，致腹胀不适者：苍术、厚朴、陈皮、砂仁等；如有神倦便溏者：党参、附子片、干姜等。

（5）调理：用于调理机体，加强免疫抵抗能力，促进水谷精微转化为宗气、营气、卫气，同时舒畅体内的气血，正所谓"正气存内，则邪不可干"，疾病将愈矣。在临床诊疗中，当疾病发展至中期阶段时，韦贵康常结合患者临床表现，采用加味逍遥散等验方对症治疗。可很好地调理脾胃气血，达到肝脾并治、气血兼顾的效果，同时也可治理抑郁、情志不舒。

症状：①以脘腹、胸胁部胀痛不适为主要表现，神疲食少，月经不调，乳房胀痛，腹痛泄泻，手足不温等，苔薄，脉弦。②腹部包块，时聚时散，攻窜胀痛，苔薄，脉弦。③寒热错杂，心下痞满，恶心呕吐，苔黄腻，脉滑。

诊断要点：①问诊：有无外感寒、热、湿邪等，有无饮食伤胃，情志不畅等。②望诊：脘腹、胸胁部胀痛不适，神疲食少，月经不调，乳房胀痛等不适。苔薄。③切诊：手足不温，脉象弦。

治法：调气解郁，理气和胃。

代表方：小柴胡汤、柴胡疏肝散、半夏泻心汤加味等。

常用药物：①行气解郁类：柴胡、当归、香附、郁金、木香、川楝子、半夏、苏梗、合欢皮、薄荷等。②行气散结类：香附、青皮、枳壳、郁金、乌药等。

辨证施治：①胀痛甚者：可加延胡索、川楝子、甘草、丹参、牡丹皮理气柔肝，活血止痛。水煎服，日一剂，早晚分服。②若有寒湿中阻，致腹胀不适者：桂心、苍术、厚朴、陈皮、砂仁等。

（6）攻补兼施：主要用于表证已解，里实已成，正气不足之时。应权衡表证与里实证之轻重缓急，若不攻则里实不去，只下则正气更伤；不补则正虚无救，纯补则里实愈坚。故唯有攻补兼施，邪正兼顾，方可两全。若兼瘀血、虫积、痰浊，则宜配合活血祛瘀、驱虫、化痰等法。对于年老体虚、孕产妇或正值经期、病后伤津或亡血者，应慎用或禁用。正气不足时配伍补益扶正之品，以攻邪不忘扶正。韦贵康临床验方常用加味承气汤，方中加入党参、黄芪，在攻伐邪气，使邪气下泻的同时，党参、黄芪能够补中益气，患者能够承受攻伐邪气的药力，而避免患者中气下陷、久泻脱肛、便血崩漏的情况，同时补益正气，抗争邪气。从而达到攻补兼施的效果，在临床中攻补兼施十分适合气虚、脾胃不和的患者，临床疗效显著。

症状：①常见大便秘结，腹部胀满疼痛，或潮热，发斑吐衄，牙龈、咽喉肿痛，苔黄厚，脉象实。②脘腹痞满，腹痛拒按，按之则硬，甚者潮热谵语，手足濈然汗出，舌苔黄燥起刺，或焦黑燥裂，脉沉实。③或下利清水，色纯清，气臭秽，脐腹疼痛，按之坚硬有块，神疲少气，神昏肢厥，口舌干燥，脉象虚弱。

诊断要点：①问诊：有无饮食伤胃，过食肥甘厚味；有无忧思过度，久坐少动；有无外感寒邪，或素体虚弱等。②望诊：脘腹痞满，大便秘结，腹痛拒按等，苔黄燥。③切诊：潮热，手足濈然汗出，脉象实滑或虚弱。

治法：攻下通便，攻补兼施。

代表方：加味承气汤、黄龙汤、黄芪汤加味等。

常用药物：①攻下、润下类：大黄、芒硝、芦荟、火麻仁、郁李仁、枳实、厚朴等。②益气养血类：黄芪、人参、西洋参、党参、白术、山药、扁豆、甘草、大枣、沙棘、绞股蓝、当归、熟地黄、何首乌等。

辨证施治：①腹部胀痛甚者：可加厚朴、柴胡、莱菔子以助理气；若便秘腹痛，舌红苔黄者，则可加黄芩、栀子、龙胆草清肝泻火；若跌仆损伤，术后卧床，便秘不通，气滞血瘀者，则可加红花、桃仁、赤芍等活血化瘀。水煎服，日一剂，早晚分服。②若排便困难，神疲气虚，腹部坠胀者，可加黄芩、人参、西洋参补中益气；若面白，眩晕甚，可加玄参、何首乌、枸杞子养血润肠；若手足心热、午后潮热、口干面红、心烦盗汗者，可加知母、胡黄连等清虚热，麦冬、玉竹、沙参、石斛、生地黄滋阴润肠生津。

（7）补气血：用于气血两虚，症见面色无华，头晕目眩，心悸怔忡，食少体倦，气短懒言，舌淡，苔薄，脉虚细无力。常用补气药人参、党参、白术、炙甘草等与补血药熟地黄、当归、白芍、阿胶等并用组方。由于气血两虚证的气虚和血虚程度并非相等，故组方时当据气血不足的偏重程度决定补气与补血的主次，并适当配伍理气及活血之品，使得补而不滞。

症状：①多见形神衰败，面色无华，头晕目眩，心悸怔忡，食少体倦，气短懒言，畏寒肢冷，舌淡，苔薄，脉虚细无力。②有较长的病史，久虚不复，症状可呈进行性加重。

诊断要点：①问诊：有无气短乏力、心悸眩晕等。②望诊：面色无华，食少体倦，气短懒言，畏寒肢冷。舌淡，苔薄。③切诊：脉象虚细无力。

治法：调补气血，健脾养心。

代表方：补中益气汤、归脾汤、十全大补汤、当归补血汤加味等。

常用药物：益气养血，健脾养心类：人参、黄芪、茯苓、五味子、当归、川芎、柏子仁、酸枣仁、远志、肉桂、半夏等。

辨证施治：①血虚甚者：制何首乌12g，枸杞子10g，鸡血藤12g；胸胁痛者：丝瓜络12g，郁金12g，香附12g；目失所养，视物模糊者：枸杞子12g，决明子12g。水煎服，日一剂，早晚分服。②自汗多者：黄芪20g，五味子10g，牡蛎12g，麻黄根10g；饮食少思：砂仁12g，茯苓12g，白术12g，扁豆12g，甘草10g。水煎服，日一剂，早晚分服。③如尿频较甚及小便失禁者：菟丝子12g，五味子10g，益智仁12g；大便溏薄者：熟地黄12g，当归12g，肉豆蔻12g，补骨脂12g。水煎服，日一剂，早晚分服。

（8）补脾胃：用于久病体虚，脾胃亏损型。症见四肢无力，不思饮食，少气懒言，口淡，舌淡苔白，脉弱。

症状：①常有食欲不振、恶心呕吐、嘈杂泛酸、嗳气吞腐等上消化道症状。②上腹部近心窝处胃脘不适感，其疼痛可有胀痛、刺痛、隐痛、剧痛等不同的性质。③多有反复发作病史，有明显诱因，如暴饮暴食、劳累、天气变化等。

诊断要点：①问诊：有无外感寒、热、湿诸邪，内客于胃，致胃脘气机阻滞，不通则痛，其中以寒邪多见，如《素问·举痛论》说"寒气客于肠胃之间，膜原之下，血不能散，小络急引，故痛"。②望诊：食欲不振，恶心呕吐，少气懒言，四肢无力；上腹部不适。舌淡，苔白。③闻诊：嘈杂泛酸、嗳气吞腐。④切诊：脉象虚弱。

治法：调补脾胃，健脾益气。

代表方：香砂六君子汤、参苓白术散加味等。

常用药物：①健脾益气燥湿类：黄芪、半夏、神曲、茯苓、草豆蔻、陈皮、佛手、甘草等。②温脾理气和中类：桂枝、生姜、芍药、大枣、川楝子、吴茱萸、高良姜、香附、乌药、木香、炙甘草等。③消食导滞类：山楂、陈皮、枳壳、鸡内金、莱菔子等。

辨证施治：①如有恶寒、头痛等表证者：苏叶12g，藿香12g，生姜3片；胸脘痞闷，胃纳呆滞者：枳实12g，神曲12g，鸡内金12g，制半夏12g。水煎服，日一剂，早晚分服。②泛吐清水多者：干姜10g，制半夏12g，陈皮12g，茯苓12g，黄连12g，炒吴茱萸12g，海螵蛸（乌贼骨）12g，煅瓦楞子10g；胃脘胀甚者：枳实12g，砂仁12g，槟榔12g。水煎服，日一剂，早晚分服。③如有形寒肢冷，腰膝酸软，可用附子理中汤加味；无泛吐清水，无手足不温者，改用香砂六君子汤加味。

（9）补肝肾：用于久病肝肾亏损患者。如肝肾阴虚，症见腰膝酸痛，头晕，耳鸣，五心潮热，大便干，盗汗，舌红苔少，脉沉，内服用六味地黄丸。如肝肾阳虚，症见腰膝痿软，畏寒肢冷，自汗，尿清长，舌胖嫩，苔白润，脉沉迟，内服选用金匮肾气丸。外用可选用温通或培补筋骨之药物，如艾叶、桂枝、细辛、千斤拔、豆豉姜、川椒、肉桂、黄柏、威灵仙、骨碎补等，煎水外洗。

症状：①病程较长，缠绵难愈，多因劳累过度、体位不当或天气变化而加重。常有居住潮湿阴冷、跌仆闪挫或劳损病史。②常有腰背部疼痛不适，隐隐作痛，酸软无力，缠绵不愈。

诊断要点：①问诊：有无外感、内伤或跌仆闪挫病史。②望诊：腰背隐隐作痛，阴虚则面色潮红，手足心热，舌红少苔；阳虚则面色㿠白，少腹拘急，喜温喜按，舌淡，苔薄。③切诊：阴虚则脉象弦细数，阳虚则脉象沉细无力。

治法：补益肝肾，填精益髓。

代表方：金匮肾气丸、六味地黄汤加味等。

常用药物：①滋补肾阴，温肾壮腰类：熟地黄、枸杞、山萸肉、山药、龟甲胶、菟丝子、鹿角胶、牛膝等。②温经散寒，补肾壮腰类：干姜、桂枝、牛膝、甘草、杜仲、续断等。

辨证施治：①腰痛乏力，食少便溏、脏器下垂者：黄芪20g，党参12g，升麻12g，柴胡12g，白术12g。水煎服，日一剂，早晚分服。②肾阴不足，常有相火偏亢者，可酌情选用知柏地黄丸或大补阴丸加减；虚劳腰痛，日久不愈，阴虚内热者，可选用杜仲丸。③无明显阴阳偏盛者，可服用青娥丸；补肾治腰痛，房劳过度而致肾虚腰痛者，可用血肉有情之品调理，如河车大造丸、补髓丹等。

四、专病之治

韦贵康临床善于治疗脊柱及四肢退行性疾病、脊柱相关疾病、骨折脱位等骨创伤性疾病，疗效确切，医名远播，兹介绍如下。

（一）颈源性血压异常

以韦贵康教授为首的科研团队在临床实践中发现，颈椎病患者常伴血压异常，且颈椎病症状改善后血压也可恢复正常，于1978年在全国首先报道了颈源性血压异常及其诊疗方法。血压异常可分为高血压（收缩压/舒张压＞140/90mmHg）、低血压（收缩压/舒张压＜90/60mmHg）两种，颈源性血压异常属症状血压异常，多发于中青年人。根据其临床表现和病理机制，血压异常可归属于中医"心悸""眩晕""头痛""颈痹""肝风"等范畴。

1. 病因

颈源性血压异常是由体质、情志、饮食起居等多种因素导致肝肾亏虚、脾阳不振，痰湿壅盛，故而发病。《黄帝内经》有云："诸风掉眩皆属于肝。"肝为刚脏，体阴而用阳，喜条达，藏血主筋，易受情志所伤，忿怒抑郁，易动肝阳而伤肝阴，表现为阴常不足、阳常有余。肾水生肝木，肝木克脾土，而脾为后天之本、气血生化之源，故饮食不节，伤及脾胃，亦可导致肝肾不足，筋骨失养；起居不当、劳逸不适，伤及经络气血、督脉筋骨，进而导致血压异常；且人体通过经络外连肢节、内接脏腑，内外病相互传达，导致脏腑功能失调、阴阳失衡，气机郁滞、气血不通、经脉阻塞、肝脾肾功能异常，故而发病。

结合西医学，认为在颈椎退变基础上感受风寒湿邪或遭受创伤劳损，致颈椎组织松弛、痉挛，发生炎性病变、动态失衡或组织移位等，直接或间接刺激颈部交感神经和椎动脉等血管神经组织，引发血管运动中枢和相应脏器功能紊乱，进而继发血压异常。由于颈交感神经兴奋性增高表现居多，故临床上高血压较低血压多见。血压变化的同时，也会直接或间接影响到大脑皮质功能，进而影响效应器官或组织功能，如并发眼、耳、甲状腺、支气管、心脏、肾脏等疾病。

韦贵康认为，颈源性血压异常以正虚为本，内风、痰湿、瘀血为标，失衡、浊留为病理关键，气机郁滞、经脉瘀堵（"不通"）为基本病机。

2. 六不通病机

从整体观出发，"不通"为脊柱病损的病理基础，常见的6种不同程度临床表现为骨关节不正、肌肉痉挛或粘连不柔、经络走行不顺、气血瘀滞不动、脏腑失和不调、皮肤失养不荣。

（1）不正不通：颈椎退变常可出现椎体序列改变和不同程度移位，可扪及的小关节紊乱和移位为寰枢关节半脱位、棘突偏歪。影像学检查示，双线征、生理曲度异常。

（2）不松不通：颈椎退变可导致周围软组织痉挛，甚至出现充血、水肿及炎性病变，日久可致软组织粘连。临床上可触及粘连不柔，关节活动受限，以颈椎侧屈或屈伸受限为主，活动后可出现血压波动或交感神经不适症状加重。

（3）不顺不通：椎体序列改变可致周围软组织紧张痉挛甚至紊乱，常可寻及经络走行不顺的筋结点。表现为颈椎3～6节段棘突旁或关节突区域、枕骨上项线、肩胛内上角、肩胛骨内缘、胸锁乳突肌区有明显筋结点。

（4）不动不通：颈椎退行性病变或周围软组织损伤，导致肌肉或韧带紧张痉挛，气血瘀滞不动，脊柱活动障碍，从而出现不同程度的颈椎前后左右屈伸障碍。

（5）不调不通：可见脏腑失和不调、皮肤失养不荣的典型舌、脉、面征象。

瘀结型：多为早期，颈痛不舒，血压波动，眼矇，眼胀，胸闷上午重、下午轻，舌红有瘀点，苔薄白，脉弦或涩。

肝热型：颈胀痛，血压持续偏高，头痛头晕，烦热目赤，口苦口干，尿黄，舌质红，苔黄而干，脉弦数。

阴虚阳亢型：颈痛、灼热感，血压偏高，头晕眼花，头重脚轻，烦躁易怒，口干，尿黄少，舌红，苔薄黄，脉细弦。

气阴两虚型：颈易累，血压偏低，少气懒言，心悸，口干，肢冷，舌质淡，苔少或无苔，脉细弱。

（6）不荣不通：颈椎退行性病变致周围软组织和血管痉挛、脊髓和神经受压或供血不足，进而导致神经、血管功能紊乱，周围组织缺血低氧，中医称为"不荣"。

3.六通手法治疗

韦贵康认为在颈源性血压异常的临床治疗中，应注重内养外调，全面调整机体阴阳平衡，遵循顺生理、反病理的治则，总结出通脊调骨、扶正逐瘀的"六通论"，即"正则通、松则通、顺则通、动则通、调则通、荣则通"。调节骨缝、活动关节、扶正移位、理通经脉、荣和脏腑、柔顺筋肉，从而达到治疗目的。

（1）治则——六通论

正则通：采用韦氏通脊调骨手法，恢复脊柱正常序列，使骨及周围软组织恢复正常位置，以解除对神经、血管的刺激和压迫。

松则通：松解组织粘连和痉挛，使经脉畅通、气血条畅。

顺则通：理顺周围软组织，使其恢复正常结构和功能，采用理筋手法理顺肌纤维。

动则通：缓解紧张痉挛状态，使其松动，增加其活动度。嘱患者平时加强功能锻炼，以活动筋骨、疏通气血。

调则通：调理脏腑，调和阴阳，条畅气血，调顺经络。

荣则通：调理脾胃，补益肝肾，调补气血，使气血生化有源、气血充足、筋脉得养，以助其恢复正常功能。

（2）具体治疗手法：临床治疗上，既要关注颈椎的局部症状，也要顾及脊督一体的胸、腰椎关节的调理。手法操作中，补泻有别，以挛缩、紧张、痛甚、筋结点密布区域为阳病区，以相对松弛、无力、痛轻、筋结少区域为阴病区，以阳病治阳、阴病治阴的法则，对阳病区施以泻法、阴病区施以补法。因证施法，迎经络走行为补，随经络走行为泻；频率时间较快、力道手法较重为泻，频率较慢、力道手法柔、时间久为补。脊柱整治手法包括"理筋、调骨、对症"三部曲，以使"骨正、筋顺、症除"，激活薄弱肌、拉伸挛缩肌、松动关节、柔顺经筋，从而达到"正、顺、荣"的治疗效果。

A.理筋手法：以症、结分阴阳区，施以阴阳补泻手法，理顺颈肩背周围组织，理顺经脉，松解筋结。

a.取俯卧位，揉—推—按—拿—拉。①揉：掌揉法沿足太阳膀胱经、督脉走向，自上而下从肩颈部至足部，反复进行5遍；掌根自上而下揉背部督脉3遍。②推：禅推法推大椎、膏肓、肝俞、膈俞、脾俞、胃俞、心俞穴各30下；再用禅推法自上而下推足太阳膀胱经3遍，重点在肝俞、肾俞、命门穴；最后用指擦法横擦肾俞、命门穴各1分钟，以局部透热为度。③按：风池、风府、心俞、肝俞、腰阳关、肾俞、委中、承山穴各按30下。④拿：双手同时提拿背部肌肉及下肢腓肠肌各10次。⑤拉：牵抖上肢，拉伸双肩背，后伸双下肢，牵拉腰腹肌。

b.取仰卧位，揉—推—按—拿—拉。①揉：掌揉法顺时针揉腹，重点在中脘、神阙、关元穴各30次。②推：禅推法推两侧足三阳经各1分钟，再用小鱼际擦两足底涌泉各2分钟。③按：天突、膻中、内关、曲池、合谷、足三里、太阳、印堂、血海、阳陵泉、三阴交各点按30下。④拿：双手同时提拿双股四头肌各10次。⑤拉：直腿抬高和屈髋屈膝对压法拉伸腰臀部肌肉。

c.取坐位，揉—推—按—拿—拉。①揉：百会、太阳、头维、攒竹、四神聪、听会穴各1分钟。②推：禅推法从印堂推至太阳穴，从太阳穴沿头侧面推揉至风池穴，向上推至头维穴，重复进行5遍。③按：风池穴、肩井穴各30下。④拿：捏拿斜方肌、菱形肌1分钟。⑤拉：立其背部，双手托住其颈部及下颌，双肘抵住其双肩，用力向上提拔牵引，并左右慢慢旋转，每次持续1分钟，重复进行3遍，以颈部舒适、头晕、头痛减轻为度。

B.调骨手法；常用韦氏定点单人旋转复位法、角度复位法、坐位侧旋提推法等。

a.单人旋转复位法：多用于上颈段。以第1颈椎横突偏右为例。患者取矮端坐位，颈前屈35°，左偏35°，右侧旋转45°；医者站于患者身后，左手拇指触及偏移横突固定之，余四指置于患者右侧头颈部或枕部，右手扶持患者左侧下颌部，在右手向上方旋转的瞬间，左手拇指将横突轻推向患者左侧，常听到"咔"的一声。左手拇指下有轻度移动感，触之平复或改善，手法告毕。

b.角度复位法：多用于中颈段。以第4颈椎棘突偏右为例。患者取矮端坐位，头部前屈40°，左偏40°，右侧旋转45°；医者站在患者身后，左手拇指触及偏移棘突右侧固定之，右手拇指与其余四指相对置于患者下颌部，此时右手拇指与其余四指同时用力向上方旋转，左手拇指稍用力向左下推按，常听到"咔"的一声。拇指下有轻度移动感，触之平复或改善，手法告毕。

C.坐位侧旋提推法：多用于下颈段。以第6颈椎棘突偏右为例。患者取矮端坐位，颈部稍前屈；医者站于患者身后，右手拇指触及第6颈椎棘突右侧并固定之，左手扶持患者下颌，使头转向左侧45°，此时左手向上轻提牵，同时右手拇指迅速用力向左轻推，常听到"咔"的一声。拇指下有轻度移动感，触之平复或改善，手法告毕。

D. 对症手法对颈肩背部"韦氏奇穴"颈前、颈侧等反应点施反射法、传导法，可消除筋结。疏通经脉，使筋骨能养，气血顺畅。

a. 颈前穴

定位：胸锁乳突肌下 1/3 处前 2cm。

作用：调理气血，疏经通络。

主治：颈累胀痛，心慌心跳，心律失常，血压异常。

方法：采用传导法。患者端坐体位，以右侧为例，医者右手扶持患者头部，使患者头偏右侧 30°，左手拇指腹按于穴位上，轻轻斜向下按压，使胸口"得气"、舒适为度，注意不宜用暴力。

b. 颈侧穴

定位：下颌角后下 3cm，颈侧面中点。

作用：疏经通络，清头宽中。

主治：头晕目赤，胸闷，耳鸣眼花，血压异常。

方法：用拇指或食指指腹于穴位上揉按，从轻到重，方向或斜向上，或斜向下，以患者舒适为度。注意操作时，力度应适中。如两侧穴同时按压，时间不宜超过 15 秒，以免引起脑缺血性眩晕。

4. 中药内服、外敷

有诸内必形诸外，而外之伤必传达至内，情绪异常与机体不适感有密不可分的关系，改善机体症状利于情绪稳定，情绪失稳也会催生机体不适。以"六不通论"为指导，通过中药组方内服、外敷，调节体内气血运行，扶正祛瘀，疏通经络，可使肢体脏腑得以濡养，气血津液生化循环顺畅，平复机体不适，重建机体平衡，故运用韦氏手法调理同时，必以药物配合，以达双管齐下之功效。

（1）内服：重在扶正逐瘀，以通为用，亦须临证变化。本病从肝火者多实，从肝阳、肝风者多虚，用药宜柔、宜养、宜和、宜降，才能调和脏腑。故内服中药多用活血补益解郁、健脾利湿、镇静之药，如丹参、田七、龙骨、郁金、藏红花、花旗参；重调肝脾肾，如川牛膝引血下行，益母草活血利水，两者相伍使肝阳下潜而不浮越于上；杜仲、桑寄生补益肝肾，首乌藤（夜交藤）、茯苓宁心安神，为佐药；用药多以薄荷、木香、香附、素馨花、合欢花为主。注意辨证与辨病相结合，善于运用现代研究新成果，如血压高者加用天麻、低者加用升麻。

瘀结型：行气散瘀法，用四逆散（柴胡 9g，白芍 12g，枳实 12g，甘草 5g），加郁金 12g，丹参 18g，红花 6g，田七 6g 等。

肝热型：清热平肝，用龙胆泻肝汤（龙胆草 6g，栀子 9g，黄芩 9g，木通 6g，泽泻 9g，车前子 9g，柴胡 9g，甘草 5g，当归 9g，生地黄 12g）加减。

阴虚阳亢型：育阴潜阳，用生脉散（人参 6g，麦冬 12g，五味子 6g），加龙骨 30g，牡蛎 30g，何首乌 15g，钩藤 12g，菊花 12g。

气血两虚型：低血压多属此类，益气养阴，用双黄升麻汤（黄芪 20g，黄精 12g，升麻 6g），加葛根 12g，党参 12g，太子参 12g，熟地黄 12g，川芎 12g。

（2）外敷

消炎镇痛（白药膏）：生石膏 800g，白及 20g，白矾 10g，冰片 5g，或麝香 5g。白矾士林与茶油各半，调成药膏外用，另用 40～50 度白酒或 75% 酒精 500mL，药粉 150g（用纱布包），外敷用。

祛风除湿（黄药膏）：马钱子 300g，蒲黄 200g，两面针 200g，乳香 100g，细辛 100g，桂枝 100g，樟脑 10g，或加蟾酥 5g，用法同上。

疗伤续断（黑药膏）：骨碎补 100g，合欢皮 100g，川续断 100g，大驳骨 100g，两面针 100g，何首乌 100g，当归 100g，千斤拔 100g，没药 100g，乳香 100g，或加藏红花 5g，用法同上。

（二）股骨头缺血性坏死

股骨头缺血性坏死（ANFH）属中医学"骨蚀""骨萎""骨痹"范畴，是骨伤科常见病、难治病，严重影响患者生活质量。ANFH 呈渐进病理过程，从早期股骨头内出现点状局限性的坏死灶，到中、晚期髋关节活动受限，骨头塌陷，畸形甚至致残，其间可历时一年或数年，在病变的早、中期及时治疗有可能减缓或停止病程的发展，晚期则现有的治疗手段都无法逆转病程的发展。

韦贵康教授临证治疗 ANFH 以中医基础理论为指导，"以通为用"为治疗根本，内外兼顾，提出"顺生理、反病理"的治则，根据姿态失衡论提出骨盆调衡手法，再配合中药内服、外敷治疗 ANFH。

1. 病因病机

ANFH 的致病因素和病理病机是多方面的。韦贵康老师认为，肝肾亏虚、先天禀赋不足是根本。肾为先天之本，主骨生髓，髓满则骨实。肝主筋藏血，与肾同源，两脏荣辱与共，肝血不足，失于疏泄，则筋骨不利，发为"骨蚀""骨萎""骨痹"。另外，脾为后天之本，若脾土失健，则生化无源，筋骨不养。脾主肌肉，脾气虚则四肢不用，主要见于中、晚期 ANFH 患者，常表现为乏力和功能障碍。韦贵康老师以肝、肾、脾为核心，提倡早期 ANFH 以湿热论治，正如《素问·生气通天论》云："因于湿，首如裹，湿热不攘，大筋软短，小筋弛长。"久则气滞血瘀，或外力所伤，筋骨断损，脉络瘀阻，发为骨蚀。也有长期饮酒、嗜食肥甘厚腻化为痰，痰瘀互结，气血不通，骨失荣养而发病，所以中期 ANFH 从痰瘀论治。《类证治裁·痹证》云："痹久不愈，必有湿痰败血瘀滞经络。"《临证指南医案》指出："痹者，闭而不通之所谓，正气为邪所阻，脏腑经络不能畅达，痰湿浊血，流注凝涩而得之。"皆提示痰瘀痹阻经络，发而为痹。同时还强调在临床上辨证论治不可忽视气滞血瘀这个致病因素。正如《素问·调经论》指出："人之所有者，血与气耳。"气血调和，外养皮肉筋骨，内则灌溉脏腑，是人体生命活动的基础。

脊柱是人体的"支柱"，脊柱的生理弯曲维持着人体的重心。当脊柱受到冲击、负重，其作用力均能通过脊柱传达到骨盆，影响到髋关节的生理活动，久而久之可能导致 ANFH，韦贵康老师称此为脊源性 ANFH。另外，他认为姿态失衡也是导致 ANFH 的原因之一。临证注重对患者姿态的评估分析，日常生活工作中患者需要保持正确的姿态，才能获得健康、协调的身体；而不正确的姿态则会引起脊柱相关疾病，甚至导致 ANFH。

2.治则治法

（1）内外兼治，标本兼顾：ANFH 的病因可分为内因和外因，而且外因与内因相互作用。《正体类要》云"肢体损于外，则气血伤于内，营卫有所不贯，脏腑由之不和"，而致筋骨不接，瘀血不去，新骨不生，发为本病，四肢骨折、脱位均能导致髋部损伤，如有失治误治，则可能进一步加重髋部血流不畅、筋脉阻滞，也可伤及五脏气机。激素性股骨头坏死除了有局部坏死症状外，原发疾病导致的其他症状分布亦广泛。这就要求在治疗时必求于本，兼顾内外，方能奏效。韦贵康教授认为治疗缺血性股骨头坏死应以温补肾阳、活血化瘀、疏通经脉为原则，"以通为用"乃治疗根本，创立了治疗股骨头坏死的经验方骨坚散，功效为补肾通督、强筋健骨、活血祛瘀。

骨坚散中鹿茸味甘咸，药性温和，归肝经和肾经，补养督脉，温助肾阳，益精生髓，强壮筋骨，是补督脉的要药。肉苁蓉的功用为补益肾精，治疗虚损，温暖下元，强壮腰膝，可治疗年老肾虚腰痛、头昏发白、耳鸣、记忆力减退及阳痿、遗精、白浊、顽痹等疑难杂症。鹿茸能促进骨骼的生成，改善脂肪的代谢，有利于新生血管的形成。而肉苁蓉能够双向调节骨的生成与代谢，防止骨量的丢失，两者合用均可促进骨质生长与修复，是骨坚散中的主药。西洋参是扶正补气的佳品，当正气充足时则邪气退去，正气充足则百病不侵；三七能够止血散瘀、消肿和定痛，研究表明三七的主要成分含三七总皂苷，它能通过促进体内的血液循环，使血液流动性加快，加快坏死区域骨组织的修复，并使骨组织生长；千斤拔味甘、涩，性平，祛风利湿、强筋壮骨、活血解毒，现代药理研究表明，千斤拔在镇痛、抗炎、抗血栓、调节免疫和抗疲劳等方面具有较好的疗效。上三药共为臣药。细辛味辛，药性温和，归心、肺和肾经，祛风散寒、行水开窍、解毒利尿、镇痛；豆豉姜味辛，性温，无毒，可以祛风湿、理气止痛，此二味药为佐药。陈皮等药为使药。全方补肾通督、强筋健骨、活血祛瘀、理气止痛、祛风解毒。韦贵康老师临证中在骨坚散基础上随证加减，衍生出一个治疗股骨头坏死的证治套系。如在股骨头缺血性坏死早期，也就是中医分型中的气滞血瘀型，治法为行气活血化瘀，用骨坚散加桃仁50g，西红花10g，当归80g，炮山甲（代）20g；而肝肾亏虚型常见于中期，治法上注重补养肝肾，兼活血和养血，方用骨坚散加鸡血藤、杜仲、夜交藤、牛膝各100g；晚期以气血两虚型多见，常治以补气养血，方用骨坚散加人参、巴戟天、黄芪、阿胶、伸筋草、当归、白术各100g；外感风寒湿邪所致的风寒湿痹型，治宜散寒祛风止痛，方用骨坚散加防风50g，独活30g。

外治法方面，韦贵康老师常选用中药贴敷和中药湿敷。中药贴敷即应用中草药煎汤或制成膏剂施于皮肤、腧穴及病变局部，药物成分通过皮肤吸收，是治疗股骨头坏死常用的方法。中药湿敷是将煮沸后的药汤浸洗患处的一种治疗方法，借助热力将药物的作用发挥得更好，对于气滞血瘀型和寒湿型ANFH治疗效果较好。常用中药湿敷药物有透骨草、威灵仙、海桐皮、海风藤、豆豉姜、油桂、伸筋草、忍冬藤、当归、走马胎，煎汤趁热熏蒸，水温后可外洗，具有舒筋活络、活血止痛的功效。

另外，韦贵康老师常选用"三路烫疗散"煎汤湿敷患部，治疗闭合性软组织损伤导致的ANFH，特别是对于慢性软组织损伤引起的ANFH有良好疗效。"三路烫疗散"是韦贵康老师及其传承人根据多年临床经验研制而成的中药外用制剂，药物组成为三棱30g，莪术30g，夹竹桃30g，路路通30g，桂枝30g，防风25g，艾叶25g，川乌20g，草乌20g，生姜20g。每日1剂，每天用2次，早晚熏洗，每次熏洗20分钟。

（2）调椎正脊，调衡骨盆：调整脊椎、调衡骨盆是韦贵康教授手法治疗ANFH的一大特色。《灵枢·经脉》云："人始生，先成精，精成而脑髓生，骨为干，脉为营，筋为刚，肉为墙。"明确指出了筋、肉、骨三者的关系。ANFH的发病与筋、肉、骨三者密不可分。《医宗金鉴·正骨心法要旨》手法总论中说："夫手法者，谓以两手安置所伤之筋骨，使仍复于旧也。""一旦临证，机触于外，巧生于内，手随心转，法从手出。"均说明中医正骨手法治疗筋骨损伤有良好的效果。脊柱失稳、畸形、小关节紊乱、肌肉挛缩病变均可导致脊柱整体的失衡，从而影响骨盆的稳定，致使骨盆局部气血循环不畅，经络不通，进而导致髋部病变。

在临床中，韦贵康教授一般先对脊柱病变对症调整，再行骨盆调衡。骨盆调衡法主要针对骨盆的旋转移位和骨盆单侧向上移位。

旋转移位调衡法：患者取仰卧位，屈髋屈膝，医者用固定带固定患者双下肢（固定双膝），嘱助手双手按压患者两侧髂前上棘，固定骨盆，医者用力向骨盆旋转相反方向牵拉骨盆，可听到轻微"咯噔"复位声。

骨盆单侧向上移位调衡法：患者取俯卧位，第一助手站于患者头部，固定患者的头部和肩部并牵拉，第二助手站于患者的患侧并用双手固定患者骨盆，第三助手把握患侧的踝关节并牵拉，医者站立于患侧，双手叠加按压髂后上棘，反复操作 5次即可。

韦贵康老师经常通过观察两侧闭孔大小是否一致来评定骨盆调衡是否成功，其中要注意排除因个体差异引起的骨盆不对称现象。骨盆调衡法除了可以整复骨盆移位外，还具有激活薄弱肌、拉伸挛缩肌、松动关节等作用。

（3）循经理筋，对症点穴：《素问·痿论》云："宗筋主束骨而利机关。"指出经筋与骨和关节有着密切的联系。经筋维系的平衡一旦失调，则容易导致肌肉痉挛、转筋痹痛等，直接影响到经脉循行和气血的运行。韦贵康教授通过长期临证发现，髋关节病变可能会在脊背部和腰骶部皮肤表面出现"厚、隆、痛"反应点。这些反应点主要分布在经络上或者经络附近，有着固定的位置和特殊的治疗作用，这些反应点被称为韦氏奇穴。在临床应用时要检查清楚反应点的隆起程度、周围软组织的坚硬度以及有无结节。采用"以通为用"的治法，对症选穴，施以推散、反射、点按等手法对这些点进行推拿，可使经络畅通、筋结松解，进而达到治疗疾病的目的。

对于骶髂关节和髋关节病变常选用以下几个奇穴：①髂前穴（于髂前上棘前 1cm处），具有活血祛瘀、散结通络的作用；②臀中穴（髂后上棘与骶尾关节连线中点外 2cm处），具有舒筋活络、解痉、止痛的作用；③沟间穴（腹股沟中点处，股动脉搏动最明显的地方），具有活血化瘀、行气通络的作用，主治骨蚀、筋痿。髂前穴的治疗手法宜采用指按法，用拇指、食指端对按局部，以下肢有麻木感为度；臀中穴需要较大刺激量，宜用肘尖点按；沟间穴因位于股动脉上，操作方法比较特殊，要将拇指按压股动脉，阻断流动 20秒后，突然放开，以患者局部有灼热感为度，不可粗暴用力。

（4）姿态调衡，功能锻炼：髋关节是人体的主要负重关节，股骨头承载着较大的应力，不良的生活方式和工作体态是导致 ANFH 的重要原因，这与现代人的工作生活方式密切相关。

正常人体姿态调衡的方法：嘱患者双腿并拢站立，双目直视前方，两足自然外旋 8°～18°，双侧膝关节内侧之间的空隙距离 0～3cm，每次保持此站立姿势 10分钟，早晚各 1次。ANFH 患者治疗期间以卧床休息为主，根据患者情况，在医生指导下进行适当功能锻炼：①患者平卧，下肢伸直，嘱患者用力背伸踝关节，每次持续5～15秒，10次为1组，每天做5组；②患者平卧，下肢伸直，做足内八字或外八字的功能锻炼，如有患者下肢内压过高，疼痛较重，做皮肤间断牵引；③髋膝屈伸运动：患者仰卧位，下肢模拟蹬自行车运动，每次15分钟，每天2次。在进行患侧肢体锻炼时，还应注重健侧肢体和全身的主动运动，促进全身新陈代谢，帮助患肢功能恢复。

五、手法、方药之长

（一）韦氏骨伤正骨手法

韦贵康教授运用深厚的理论功底和丰富临证经验将中医正骨手法与西医学的理论技术相结合，形成了独特的正骨手法体系。为了诊疗病患复位骨折脱位，韦贵康教授遵循"早、一、好"的正骨手法原则，恢复患者机体功能，达到帮助患者舒经活络、活血祛瘀、解除痉挛的目的。

根据骨折的部位、类型、移位方式，灵活选择手摸心会、拔伸牵引、旋转屈伸、端提挤按、夹挤分骨、折顶回旋、摇摆触碰、推拿按摩等手法，可纠正骨折端的各种移位。骨伤正骨手法操作包括拔伸、旋转、屈伸、提按、端挤、触碰、分骨、折顶、回旋、蹬顶、杠杆。拔伸是骨伤正骨手法中最重要的步骤，用于克服肌肉拮抗力，矫正患肢的重叠以恢复肢体的长度。按照"欲合先离，离而复合"的原则，先拔伸，后由远近骨折端作对抗牵引。手法整复时应注意做到稳妥有力、轻巧准确，充分利用杠杆原理复位，使骨折复位而不增加损伤，力争一次手法整复成功。骨折复位时还必须掌握"子求母"原则，即以骨折远端去对接骨折近端。因骨折后，近骨折端与躯干相连，位置较恒定，不易变动，而远骨折端则易出现各方向移位，故骨折整复时应用骨折远端对合骨折近端，才易于复位。但个别部位骨折也有例外，如尺骨鹰嘴骨折、髌骨骨折，整复时是以骨折近端去对合骨折远端。

1. 手摸心会

本法为行手法前的必要步骤。骨折整复前，术者必须用手触摸骨折部位，触摸时先轻后重，由浅及深，由远到近，两头相对，确实了解骨折端在肢体内移位的具体方位，再与X线片所显示的骨折端移位情况结合起来，在术者头脑中构成一个骨折移位的立体形象。正如《医宗金鉴·正骨心法要旨·手法总论》所说，"知其体相，识其部位，一旦临证，机触于外，巧生于内，手随心转，法从手出……法之所施，患者不知其苦"，以达到良好的治疗效果。

2. 拔伸牵引

拔伸是正骨手法的重要步骤，用于克服肌肉拮抗力，矫正患肢的重叠移位，恢复肢体的长度。按照"欲合先离，离而复合"的原则，开始拔伸时，肢体先保持在原来的位置，沿肢体的纵轴作对抗牵引。然后，再按照整复步骤改变肢体的方向，持续牵引。牵引力的大小以患者肌肉强度为依据，要轻重适宜，持续稳妥。小儿、老年人及女性患者，牵引力不能太大。反之，青壮年男性患者肌肉发达，牵引力应加大。对肌群丰厚的患肢，如股骨干骨折，应结合骨牵引，但肱骨干骨折部位虽肌肉发达，在麻醉下骨折的重叠移位容易矫正，如果用力过大，常易使断端分离，造成不愈合。

3. 旋转屈伸

本法主要用于矫正骨折断端的旋转及成角畸形。某些靠近关节部位的骨折，有时牵引力量越大，成角畸形越严重，这主要是由于短小的骨折段受单一方向肌肉牵拉过紧所致。单轴关节（只能屈伸的关节），只有将远骨折端连同与之形成一个整体的关节远端肢体共同旋向骨折近端所指的方向，畸形才能矫正，重叠移位也才能较省力地克服。因此，肢体有旋转畸形时，可由术者手握其远端，在拔伸下围绕肢体纵轴向左或向右旋转，以恢复肢体的正常生理轴线。屈伸时，术者一手固定关节的近端，另一手握住远端沿关节的冠轴摆动肢体，以整复骨折脱位。如伸直型的肱骨髁上骨折，须在牵引下屈曲，屈曲型则须伸直。伸直型股骨髁上骨折可在胫骨结节处穿针，在膝关节屈曲位牵引；反之，屈曲型股骨髁上骨折，则需要在股骨髁上穿针，使膝关节处于半屈曲位牵引，骨折才能复位。多轴性关节（如肩、髋）附近的骨折，一般有三个平面的移位（水平面、矢状面、冠状面），复位时需改变几个方向才能将骨折复位。如肱骨外科颈内收型骨折在复位时，牵引方向先在内收、内旋位，而后在外展位，再前屈上举过头，最后内旋扣紧骨折面，把上举的肢体慢慢放下来，如此才能矫正骨折断端嵌插、重叠、向外向前成角及旋转移位。总之，骨折端常见的四种移位（重叠、旋转、成角、侧方移位）经常是同时存在的，在对抗牵引下，一般首先矫正旋转及成角移位，而后远、近骨折端才能轴线相对，才能较省力地矫正重叠移位。

4. 提按端挤

本法主要用于骨折断端间的侧方移位。重叠、旋转及成角畸形矫正后，侧方移位就成了骨折的主要畸形。侧方移位可分为前后侧移位和内外侧移位。前侧移位用提按手法。操作时，医者两手拇指按突出的骨折一端向后，两手四指提下陷的骨折另一端向前。内外侧移位用端挤手法。操作时，医者一手固定骨折近端，另一手握住骨折远端（用四指向医者方向用力谓之端，用拇指反向用力谓之挤），将向外突出的骨折端向内挤压。经过提按端挤手法，骨折的侧方移位通常即可得到矫正。但在操作时，手指用力要适当，方向要正确，部位要对准，着力点要稳固。术者手与患者皮肤要紧密接触，通过皮下组织直接用力于骨折端，切忌在皮肤上来回摩擦，以免损伤皮肤。

5. 摇摆触碰

摇摆手法用于横断型、锯齿型骨折。经过上述整骨手法，一般骨折基本可以复位，但横断型、锯齿型骨折其断端间可能仍有间隙。为了使骨折端紧密接触，增加稳定性，术者可用两手固定骨折部，由助手在维持牵引下轻轻地左右或前后方向摆动骨折的远段，待骨折断端的骨擦音逐渐变小或消失，则骨折断端已紧密吻合。触碰法用于须使骨折部紧密嵌插者，横断型骨折发生于干骺端时，骨折整复在夹板固定后，可用一手固定骨折部的夹板，另一手轻轻叩击骨折的远端，使骨折断端紧密嵌插，复位更加稳定。

6. 夹挤分骨

本法主要用于矫正两骨并列部位的骨折，如尺桡骨双骨折、胫腓骨、掌骨与跖骨骨折等。骨折段因受骨间膜或骨间肌的牵拉而呈相互靠拢的侧方移位。整复骨折时，可用两手拇指及食、中、无名三指由骨折部的掌背侧对向夹挤两骨间隙，使骨间膜紧张，使靠拢的骨折端分开，远近骨折段相对稳定，并列双骨折就像单骨折一样一起复位。

7. 折顶回旋

横断型或锯齿型骨折，如患者肌肉发达，单靠牵引力量不能完全矫正重叠移位时，可用折顶法。操作时术者两手拇指抵于突出的骨折一端，其他四指重叠环抱于下陷的骨折另一端，在牵引下两拇指用力向下挤压突出的骨折端，加大成角，依靠拇指的感觉，估计骨折的远近端骨皮质已经相顶时，而后骤然反折。同时环抱于骨折另一端的四指将下陷的骨折端猛力向上提起，而拇指仍然用力将突出的骨折端继续下压，如此较容易矫正重叠移位畸形。用力大小，根据原来重叠移位多少而定。用力的方向可正可斜。单纯前后移位者，正位折顶；同时有侧方移位者，斜向折顶。通过这一手法不但可以解决重叠移位，也可以矫正侧方移位。此法多用于前臂骨折。

回旋手法多用于矫正背向移位的斜形骨折、螺旋形骨折，或有软组织嵌入的骨折。有组织嵌入的横断骨折，须加重牵引，使两骨折端分离，解脱嵌入骨折断端的软组织，而后放松牵引，术者分别握远、近骨折端，按原来骨折移位方向逆向回旋，使断端相对，从断端的骨擦音来判断嵌入的软组织是否完全解脱。

背向移位的斜形骨折，虽用大力牵引也难使断端分离，因此必须根据受伤的力学原理，判断背向移位的途径，以骨折移位的相反方向，施行回旋手法。操作时必须谨慎，两骨折端须相互靠拢，以免损伤软组织，若感到回旋时有阻力，应改变方向，使背向移位的骨折达到完全复位。

8. 按摩推拿

本法适用于骨折复位后，调理骨折周围的软组织，使扭转曲折的肌肉、肌腱，随着骨折复位而舒展通达，尤其对关节附近的骨折更为重要。操作时手法要轻柔，按照肌肉、肌腱的走行方向由上而下顺骨捋筋，达到散瘀舒筋的目的。

（二）韦氏脱位整复手法

如整复骨折一样，脱位的治疗要求医者施行手法前要全面掌握病情，进行详细的体格检查，结合 X 线片检查所见，明确诊断，分清是全脱位还是半脱位，以及确定脱出方向；注意有无并发症，如骨折、神经血管损伤等。在手法整复之前，要做好充分准备，选好助手并做好分工，准备复位与固定的用具，使用必要的麻醉止痛措施；同时，做好患者的思想工作，减少患者的紧张和顾虑。在整复过程中，根据病情选择有效的复位方法，避免使用暴力，医者精力要集中，手法要熟练灵活，动作要轻巧，掌握用力大小和方向且密切注意患者的反应及局部变化。

1. 顺生理牵拉

顺生理牵拉，是指治疗时手法作用的位置、牵拉的走向要顺应人体正常的解剖结构，在安全的范围内进行关节脱位的牵拉复位手法操作。操作时术者两手握住脱位远端，助手握住伤肢近端。拔伸时，应保持伤肢原来的位置，顺所伤关节纵轴方向对抗牵引。拔伸力量应根据性别、年龄、肢体肌力大小而定，在拔伸牵引的同时，应调整肢体力线，以纠正畸形，提高复位的成功率，拔伸时用力要持续稳妥，切忌使用暴力。

2. 反病理复位

关节脱位是指构成关节的骨端关节面脱离正常的生理位置，且引起关节正常生理功能障碍。脱位的治疗主要通过手法治疗，使脱位后的病理状态恢复到关节正常的生理位置及功能。反病理复位是指关节脱位治疗时，治疗的方式与疾病的病因病机相反，即手法作用的位置、复位方向与其病理相反。

3. 杠杆支点复位

本法利用杠杆原理，选取某一物作为杠杆的支点，利用杠杆原理牵拉脱位关节，达到复位的目的。本方法力量较大，适用于难以整复的肩关节脱位或陈旧性脱位。

4. 关节屈伸复位

此法利用关节本身的屈伸功能实施复位。在关节发生脱位时，关节囊、肌腱、韧带等软组织可能被卡压或嵌顿，单纯纵向牵引无法牵拉开关节，需要按关节的生理屈伸方向，行关节屈伸手法并配合回旋或牵拉手法，则软组织、脱位关节可顺其脱位方向原路复位。

5. 持续牵拉复位

此方法应用作用力与反作用力的原理，对抗软组织的紧张与回缩，使脱位得以复位，预防和矫正畸形。此复位法操作者因持续牵引过程中体力消耗大，牵引力逐渐下降且不恒定，或牵引力不能对抗患者肌力，复位失败率高，所以可借助于机械持续牵引。

（三）韦氏脊柱整治手法

韦贵康的脊柱整治三联手法，是在大量临床实践经验的基础上，吸取国内外先进手法经验整理而成，有其独特的特点。

1. 以中医基础理论为指导，强调整体观念、辨证论治、同病异治、异病同治。

2. 以中医骨伤科正骨手法作为整脊手法的基础，同现代生物医学结合起来。

3. 结合现代解剖生理学、病理学与生物力学原理，并吸收国内外先进手法，如日本的指压、美国的整脊、泰国的关节深部按摩和法国的表面按摩等。

4. 以客观指标作为手法定量的标准，如前屈多少度、侧屈多少度等。注意角度、长度和方向，强调三维手法。

5. 操作轻、巧、稳、透，强调气意相合，气贯于手法之中，力动于筋骨之间，行于经络气血之内，由表达里，直击病所而不伤其他。应用这套规范化手法，患者无痛苦，疗效显著，提高了脊柱退行性疾病整治手法的疗效和安全性。

（1）手法要轻巧，以巧代力：主张用巧劲、寸劲，不可用拙力和暴力。医生要尽可能选择合适的体位，并借助自身的重力、腰力、腿力和手力，达到省力的目的，从而做到耐力持久，认意顺气。

（2）部位要准确、法到病解：摸诊准、取穴准、取点准，还必须做到用力方向准。施法中要不断观察和询问患者的反应和感受，及时调整用力的方向，方可"准"而"得气"，以提高疗效。

（3）气力要稳妥、大小适度：施法时要眼到、心到、手到，不能三心二意或与旁人说话，切不可粗暴、生扳硬拉，力量应循序渐进、由小到大、由轻渐重，感觉由浅入深、由表透里，使患者并不感到皮肉疼痛之苦，即所谓"法之所施，使患者不知其苦，方为手法也"。

（4）刚柔要相济，以柔克刚：力有刚柔迫直之分，刚是强力、柔是缓力、迫是压力、直是拉力。如拔伸常用刚力，旋转常用柔力，推挤常用迫力，对抗牵引用直力。施手法时强调操作用力要缓稳，严禁浮躁粗暴，即使强刺激手法之刚，也要寓于缓稳操作之柔中，做到刚柔相济、以柔克刚，渗透性好。

（四）韦氏经筋整治手法

手法是一种物理刺激，可引起生物化学方面的变化。手法摩擦的机械能转化为热能，可以使毛细血管扩张，增强局部皮肤和肌肉的营养供应；同时，轻柔手法可使紧张痉挛的肌肉放松，使肌肉间的力学平衡得以恢复。局部组织的生理反应，通过神经反射与体液循环的调节，一方面得到加强，另一方面又引起整体的继发性反应，从而产生一系列生理过程的改变，以达到以下治疗效果。

1. 平衡阴阳，调理脏腑

在《素问·生气通天论》中讲"故阳强不能密，阴气乃绝；阴平阳秘，精神乃治；阴阳离决，精气乃绝"。该段文字讲所以阳气过于亢盛而不能固密，阴气将要衰竭。阴气平和，阳气固密，精神就能正常。如果阴阳双方离决，人的精气也就竭绝了。人体阴阳平衡失调，就会引起脏腑功能失调，如颈椎错位引起高血压，可表现为肝阳上亢的病态，通过按摩将错位之颈椎纠正，血压自然会下降，起到平肝潜阳的作用，随即恢复肝脏正常的功能。

2. 活血祛瘀，消肿止痛

气血瘀阻，经络受滞，则为肿为痛。"动"是手法治疗的特点，适当的手法可调节肌肉收缩和舒张，使组织间压力得到调节，以促进损伤组织周围的血液循环，增加组织灌流量，起到活血化瘀、祛瘀生新、通顺经络的作用。从而达到气行则血行、血行则消肿、通则不痛的作用。《医宗金鉴·正骨心法要旨》指出："按其经络，以通郁闭之气，摩其壅聚，以散瘀结之肿，其患可愈。"

3. 缓急解痉，滑利关节

手法是解除肌肉紧张、痉挛非常有效的方法。首先它能直接放松肌肉，疏通经络通道，调整机体内部平衡。通过手法产生的外力，在患者特定部位或穴位上做功，功转换成热量能深透体内，使局部组织温度升高，加强局部循环，使肌肉放松。其次，各种手法给予机体一定疼痛刺激或者加重原有疼痛，从而提高了局部组织的痛阈，痛阈的提高有利于肌肉放松，消除疼痛，恢复关节功能。此所谓"松则通，通则不痛"。

4. 宣通散结，剥离粘连

外伤或风寒湿邪郁阻，必使局部气血凝滞，肌纤维组织粘连。被动运动是手法治疗的一个重要组成部分，对关节粘连僵硬者做适当的被动活动，则有利于宣通闭阻的气血，松解粘连，滑利关节，对局部软组织变性者，可改善局部营养供应，促进新陈代谢，增加肌肉的伸展性，从而使变性的组织逐渐得到改善或恢复。有利于患部功能的恢复和疼痛的消除。

5. 理顺经络，正骨复位

正确的理筋手法通过合理的"离"与"和"外力作用，能整复骨关节错缝，使"筋出槽"归位，软组织撕裂复原，肌腱滑脱理正，脱出之髓核还纳，并可解除这些病理变化带来的肌痉挛和疼痛，恢复组织的正常结构和功能。

（五）常用方剂

1. 痛安汤

痛安汤为国医大师韦贵康教授的经验方，脊柱与四肢损伤引起的疼痛皆可加减应用。

组成：丹参18g，两面针12g，白芍12g，煅龙骨15g，三七9g，降香9g，炙甘草5g。

功效：活血祛瘀，行气止痛。

主治：脊柱与四肢病损伤所致气滞血瘀引起的疼痛，如骨折、腰椎间盘突出症、急性腰扭伤、骨折后遗症、颈椎病等引起的疼痛。

用法：水煎服，每日1剂。

加减：治疗全头痛加川芎12g，前头痛加蔓荆子10g，偏头痛加白芷9g，后头痛加藁本9g。颈背肩甚加葛根20g，羌活10g，桂枝10g；瘀肿甚加红花6g，白花蛇舌草12g；眩晕甚加钩藤12g，天麻12g；四肢痿软无力加鹿角胶12g（另烊化）；胸痛加柴胡12g，陈皮5g；腹痛加延胡索9g，大腹皮15g。腰腿痛加独活10g，牛膝15g，桑寄生20g，细辛5g，威灵仙12g，千斤拔20g，牛大力20g。老年性骨质疏松伴肝肾阴虚，可用痛安汤合六味地黄汤加何首乌15g，龟甲20g（另包，先煎）；伴肾阳虚，可用痛安汤合金匮肾气丸，或合右归饮等补肾壮阳之品。

方论：方中丹参味苦、微辛，性微寒，归心、肝经，专入血分，具有活血祛瘀、除烦安神、消肿止痛的功效。三七味甘、微苦，性温，归肺、心、肝、大肠经，入血分，可散可收，具有祛瘀止血、消肿定痛之功效，既能止血，又能活血散瘀，为主血良药，古称"南人军中金疮要药"。降香味辛，性温，归肝、脾经，化瘀止血、理气止痛。上三味药均具化瘀止血、消肿定痛之功，共为君药。两面针味辛苦，性微温，功能祛风通络、胜湿止痛、消肿解毒、解痉祛瘀，《本草纲目》称其主治"风寒湿痹，历节疼"，"除四肢厥气，膝痛"。研究表明，两面针用于各种痛症有立竿见影之效果。两面针对心血管系统、神经系统及平滑肌等都有显著的作用，其主要成分为氯化两面针碱，能抗炎止痛，并有抗癌作用。白芍味酸，性微寒，归肝、脾经，具有平肝止痛、养血调经、敛阴止汗、和营卫、养经脉之功能，《神农本草经》将芍药列为中品，载其能"主邪气腹痛，除血痹，破坚积、寒热疝瘕，止痛，利小便，益气"。上二药共为臣药。龙骨味甘涩，性平，归心、肝、肾经，属于矿物药，主要成分为无机化合物，普遍认为其有镇静安神、收敛固精之功，也善于利痰。陈修园《神农本草经读》载："龙骨能引逆上之火、泛滥之水而归其宅。若与牡蛎同用，为治痰之神品，今人只知其涩以止脱，何其浅也。"《医学衷中参西录》曰："龙骨既能入气海以固元气，更能入肝经以防其疏泄元气。"对于颈椎病等虚而兼实者，需要既开痰又活血，方对其证。实验研究表明，龙骨能提高机体免疫力，增强单核巨噬细胞对血清碳粒的吞噬能力，促进坐骨神经损伤的恢复，故为佐药。炙甘草补中缓急止痛，调和诸药，为使药。全方活血祛瘀、行气止痛，治疗上述疼痛效果显著。

2. 骨坚散

组成：西洋参100g，鹿茸80g，田三七80g，细辛20g，陈皮50g，豆豉姜100g，千斤拔100g，肉苁蓉100g，何首乌50g，丹参50g，土茯苓50g，鸡内金30g。

功效：补肾通督，强筋健骨，活血祛瘀。

主治：股骨头坏死等各种骨坏死，严重骨质疏松，肾亏腰痛，身体偏虚兼有瘀者。

用法：上药打粉，每次服10g，每日2次。

加减：

（1）早期（气滞血瘀型）：行气活血化瘀，方用骨坚散加桃仁50g，西红花10g，当归80g，炮山甲（代）20g。

（2）中期（肝肾亏虚型）：补益肝肾、养血活血，方用骨坚散加鸡血藤100g，杜仲100g，何首乌100g，牛膝100g。

（3）晚期（气血两虚型）：补气养血，方用骨坚散加人参100g，巴戟天100g，黄芪100g，阿胶100g，伸筋草100g，当归100g，白术100g。

方论：方中鹿茸味甘咸，性温，归肝、肾经，补督脉，助肾阳，生精髓，强筋骨，为补督之要药。肉苁蓉味甘咸，性温，归肾、大肠经，补肾益精，润肠通便，益肾填精，治虚损，暖下元，利腰膝，可治疗年老肾虚腰痛、头昏发白、耳鸣、记忆力减退及阳痿、遗精、白浊、顽痹等疑难杂症。《神农本草经》载："主五劳七伤，补中，除茎中寒热痛，养五脏，强阴，益精气，多子，妇人癥瘕。"《日华子本草》云："治男子绝阳不兴，女绝阴不产，润五脏，长肌肉，暖腰膝，男子泄精、尿血遗沥，女子带下阴痛。"肉苁蓉温而不热，暖而不燥，补而不峻，滑而不泄，为平补之药，作用与何首乌相似。配伍熟地黄、补骨脂、怀山药，治疗肾阳虚衰之腰膝足冷、酸软乏力、头晕耳鸣、阳痿遗精等症。配伍狗脊、补骨脂、鹿角霜、鹿衔草、穿山龙，治疗肾虚型强直性脊柱炎。配威灵仙、骨碎补、土鳖虫、露蜂房，治疗腰椎退行性病变、膝关节骨性关节炎。配伍淫羊藿（仙灵脾）、炙黄芪、炒白术、当归、党参、丹参，治疗肌营养不良、肌萎缩症。

中医认为肝主宗筋、肾主骨，鹿茸、肉苁蓉可促进骨质生长与修复，为主药。西洋参为扶正补气佳品，正气盛则邪气退，正气足则百病不侵；田三七味甘、微苦，性温，归肺、心、肝、大肠经，散瘀止血、消肿定痛，研究表明田三七含有人参总皂苷，活血而不伤正，止血而不留瘀：千斤拔味甘、涩，性平，祛风利湿、强筋壮骨、活血解毒。这三味药为臣药。细辛味辛，性温，归心、肺、肾经，祛风散寒、行水开窍、解毒利尿、镇痛；豆豉姜味辛，性温，无毒，祛风除湿、理气止痛。此二味药为佐药。陈皮等药为使药。全方补肾通督、强筋健骨、活血祛瘀、理气止痛、祛风解毒，临床治疗股骨头坏死疗效卓著。

3. 脊髓康

组成：鹿角胶 12g（另烊化），炮山甲（代）12g，土鳖虫 6g，红花 6g，川芎 12g，黄芪 20g，补骨脂 12g，鸡内金 9g，丹参 15g，麝香 0.05g（冲服）。

功效：补肾活血，通经逐瘀。

主治：脊髓型颈椎病，脊髓慢性损伤，脑神经慢性损伤。

用法：水煎内服，每日 1 剂。

加减：痛甚，可加葛根 20g，羌活 12g，姜黄 9g；肢体麻甚，加蜈蚣 1 条，鸡血藤 30g，以增强活血祛瘀通络之功效。

方论：鹿角胶味甘咸，性温，温补肝肾，益精生血。补骨脂味苦辛，性温，入脾、肾经，温肾助阳、止泻。上二味药补益肝肾、生精补髓，为君药。黄芪味甘，性微温，补气固表，利水退肿，托毒排脓，生肌；川芎、红花、丹参、土鳖虫活血祛瘀，通经行气止痛；炮山甲（代）、麝香辛香走窜；鸡内金味甘，性平，入脾、膀胱经，健胃消食，化积排石，固摄缩泉。研究认为鸡内金含有胃泌素、角蛋白、氨基酸等，善化瘀积，加于滋补药中，可化经络之瘀滞。

六、读书之法

（一）经典著作

中医经典著作，如《伤寒论》《金匮要略》《黄帝内经》《本草纲目》《针灸甲乙经》《脉经》等，是医家入门必读之书。

学医之路开始，进门容易，入门却难，想要有所成就，唯有读书一法。尤其是《伤寒论》和《金匮要略》，这两本书确实意蕴深奥。张仲景《伤寒论》给出了"病、脉、证"的命题，也给出了"经方"的结论。一般的、正常的、再普通不过的做法就是应用所学的中医基础理论、定理去寻找、追问这个过程，找出其中的"因为""所以"。《伤寒论》的伟大之处不仅在于其留下了几百个经方，更在于建立了辨证论治的理论体系，开创了理、法、方、药系统论治的先河。自此以后，中医不再是师徒相传的经验之谈，而是成为一门拥有理论的学科，使中医的看病方法有理可寻、有法可依。

而《金匮要略》阐述了多种疾病的诊治规律，理法方药兼备，是中医临床治疗学的奠基之作，历来是中医必读的经典著作之一。书中各类病证都在释义分析的基础上，提出病因病机、主要症状、辨证要点、治疗方法、对症方剂、药物配伍、使用方法及调摄养护等。前后系统连贯，要旨一目了然，密切配合临床，更贴近医疗实践。

《黄帝内经》中提倡的"治未病"思想，提醒人们不要等到已经生病了再求医，而要在还没生病的时候就做好预防。"治未病"思想分为未病先防和既病防变，未病先防重点在于养生，既病防变重点在于要能够预测疾病的发展，防止疾病进一步深化。养生包括法于自然之道、调理精神情志、保持阴平阳秘，一个好的医者，当努力做到"治未病"。

（二）骨伤科方面的专著

如《诸病源候论》《肘后救卒方》《刘涓子鬼遗方》《仙授理伤续断秘方》《医宗金鉴·正骨心法要旨》等，这些专著各有特长。

《诸病源候论》指出清创疗法四个要点：早、彻底、分层缝合、正确包扎。详细描述破伤风，指出其是创伤后的并发症。论述了"筋伤"的证候、治疗方法、预后，以及创口不愈合的病因病理，强调去碎骨和清除异物的重要性。

《刘涓子鬼遗方》是我国现存最早的外伤科专著。它较详尽地论述了金疮和痈疽的诊治。并收载了34首治疗伤科疾患的方剂，关于创口感染、骨关节化脓性疾病的外消、内托、排脓、生肌、灭瘢等治法。

《仙授理伤续断秘方》中首论整骨手法的14个步骤和方剂，次论伤损的治法及方剂。书中记述了关节脱臼、跌打损伤、止血以及手术复位、牵引、扩创、填塞、缝合手术操作等内容。本书成书较早，在骨伤科著作中有较大影响，于临床研究有重要参考价值。

《医宗金鉴·正骨心法要旨》系统总结清以前骨伤科经验，对人体各部的骨度、损伤的治法记录周详。特别是旧正骨八法：摸、接、端、提、推、拿、按、摩，堪称骨伤科玉律。

以上所说骨伤科经典著作，需要不断反复研读和推敲。

（三）前人的医案

《名医类案》共 12 卷，其中卷 1 为中风、伤寒、瘟疫等医案，卷 2 至卷 6 为内伤杂病医案，卷 7 为五官、皮肤病医案，卷 8 为肛肠、血证医案，卷 9 和卷 10 为外科疮疡医案，卷 11 为妇科医案，卷 12 为小儿科医案。其书的特点是收集范围广、内容丰富、编辑精当，它既是明代以前著名医家临床经验的总结，又是中医基础理论和临床实践密切结合的成果。此外《柳选四家医案》也是享誉医林，所选医案以内伤杂病为主，兼顾外感、外疡、妇人及小儿。书中理法方药齐备，辨治思路井然，是一部不可多得的医案佳作。当然，医案种类众多。如《叶天士医案精华》《杂病治例》《奇症例》等也都是不可多得的医案精品，熟读定会所有收获。

（四）文学著作

文学里有文字和思想，有品格和修为，品读文学经典，一个医生才能有更严谨的科学态度和更热忱的情感。医生的谈吐、举止、情怀、思想都可以通过医学和文学的联通表达出来。前贤有言："书中自有黄金屋，书中自有颜如玉。"医生应该多读书，而且要勤于读书。除了专业以外，也要读文学的书。

文学著作首选古典四大名著，即《三国演义》《红楼梦》《西游记》《水浒传》，这些著作深深地影响着中国人的思想观念、价值取向，有着很高的艺术水平，所蕴含的思想为人所称道。还有鲁迅的著作《呐喊》及巴金的《家》《春》《秋》三部曲等也是非常值得涉猎品读的。

有不少医学人士后来成为著名的作家，比如鲁迅、郭沫若、契诃夫、渡边淳一、毕淑敏等，医生的出身对他们看问题的方法、对于人的理解，有着很大的帮助。医生更能够体察人性，具备作家天然的品格，解剖别人也解剖自己，具有悲天悯人的情怀。

一个民族与文学的亲密程度，可能决定了这个民族整体的素质。医生应该成为文学的读者，也应该成为文学的作者。医生应该多读书，文学的情怀，音乐的梦幻，诗歌的意境，字画的神韵，都会给医生枯燥的生活带来些许愉悦。医生应该有哲学的修养、文学的修养、人性的修养、道德的修养、生活的修养，这些都可以丰富医生的自身经历，弥补人生的不足。

七、大医之情

（一）不忘初心，方得始终

《礼记》曰："孝子之养也，乐其心，不违其志。"孟子说："唯孝顺父母，可以解忧。"孝敬父母是一种美德，这种美德其实也是养生的一部分。孝顺父母的关键在于心灵的沟通与交融。韦贵康说，关爱父母，不仅仅只是在物质上满足父母，还应在精神和情感上关心父母。韦贵康与母亲的感情深厚。韦贵康58岁时，因患重病而住院，其间，韦贵康84岁高龄的母亲不顾儿媳的劝说和阻拦，每天坚持起早贪黑，精心煮好韦贵康喜欢的饭菜，让家人带到医院病房。对此，韦贵康很是感动。在他眼中，母亲是一位劳苦功高的老人。不管平时工作有多忙，时间有多紧，韦贵康都要挤出一点时间陪在母亲的身旁，与她促膝长谈。在母亲身边，母亲的大爱又给予自己坚强的意志和奋斗的力量，这种意志和力量不仅帮助韦贵康战胜了病魔，还书写了人生道路上一个又一个成绩。这或许是最朴实无华的道理了，看起来和现在流行的养生妙招毫不沾边，但却是最值得推崇的一种养生之道。

（二）悬壶济世，医者仁心

韦贵康是一名具有60多年党龄的老党员了，他永远忘不了1971年2月6日下午，他在北京参加"全国中西医结合工作会议"时，和同行一起受到日理万机的周恩来总理接见，"中医有中医的长处，也有短处，西医有长处，也有短处。那么中西医结合起来才好嘛……应当认真探索中西医结合的新发展……"当年周总理那一句句语重心长的话，让他铭记一生，并在探索中西医结合治疗骨伤疾病方面奉献一生。大师有言：医乃仁术，必先仁心。韦贵康常常以身作则，教导学生们要品行端正："一名好的医师，要有百分之百的同情心去对待患者，要有精益求精的医术去治疗患者，才无愧于白衣天使的称号。"不论患者职务高低、贫富，他都一视同仁，尽职尽责地为患者解除病痛。曾有个学生由于意外，严重骨伤，韦贵康了解到他家庭困难就未收诊金。韦贵康不是为了钱而治病，是真正的医者仁心，他说："学医就是为了要帮人，要赚钱去做生意就不要行医。"

（三）养命养骨，文武兼修

王阳明《传习录》云："故遂终身不行，亦遂终身不知。"无论教学、临床还是自我保健，韦贵康都在数十年如一日潜心钻研、知行合一，创立韦氏五叶功、启阳功等，在姿势矫正和功法锻炼方面有着独到的经验。

（四）读万卷书，行万里路

韦贵康不仅精研《灵枢》《医宗金鉴》等历代文献和医家经验，还随着西医学诊断、创伤抢救、切开复位内固定、矫形手术、骨移植等技术及理念的出现，以解剖学为依据，用西医学阐述脊柱相关疾病的病因病理，治疗上则以中医对疾病的认识为基础，提出"三元观"，根据人体是一个有机的整体，情志不畅或劳倦所伤会影响脏腑功能，外力作用于人体导致筋骨损伤，累及气血，引起临床各种症象，提出"调骨理筋，以通为用"的治疗原则，最终形成韦氏特色骨伤科诊疗体系。为让中医药走向更广阔的天地，韦贵康创办了世界医学手法联盟和广西国际医学手法协会，帮助学生们更好地钻研中医事业，如今数万名会员分布于五十多个国家，韦贵康教授在世界各地主持召开国际学术会议二十余次，在国内各省市召开学术会议、培训班三十余次，先后治疗了四十多万人次的骨伤患者，为中医骨伤和中医文化的推广做出卓越的贡献，成为享誉世界的中医骨科大师。可以说，韦贵康是中医药"一带一路"的先驱者，是将中医药带向世界的引领者。

八、养生之智

虽然韦贵康教授已八十多岁高龄，但仍然不断奋斗在临床一线，为患者解决骨科疾病所带来的痛苦。在劳累的工作中，韦贵康教授仍然能保持健康长寿，其秘诀有三。

其一，保护脊柱，选择正确姿势。在中国文化中，"中轴线"有统率全局的作用。房子若想牢固也要找准中轴线，重力才能平衡分布。人体的中轴线也很重要，这条线就是人体的脊柱。养生要从人体的中轴线脊柱开始，才能"地基"牢靠，收到事半功倍的效果。中医认为，脊柱是督脉和足太阳膀胱经的通路，外邪或损伤可刺激脊柱并通过经络的传递作用影响脏腑与四肢，如果骨骼发生问题，尤其是脊柱发生错位，出现了生理弯曲改变，该弯的地方不弯，该直的地方却弯了，就容易使身体陷入亚健康或慢性病状态。如今，心脑血管疾病、肺病、胃病、糖尿病、抑郁症、头痛、失眠、记忆力减退、耳鸣、慢性疲劳综合征、男性阳痿、女性月经紊乱等问题，很多都与"问题"脊柱相关。

其二，养生大道唯孝与德为先。养生先养心，养生先养德，《礼记》曰："孝子之养也，乐其心，不违其志。"孝敬父母是一种美德，这种美德是养生的一部分。孝顺父母的关键在于心灵的沟通与交融，这种意志和力量是最值得推崇的养生之道。

其三，每日锻炼，五分钟五步轻松养生功。古人曰："流水不腐，户枢不蠹。"人体要经常锻炼，动一动才能健康，不受疾病的侵扰。韦贵康总结了一首保健歌："经常抓抓头，脑筋不发愁。经常搓搓手，力气身上走。经常敲敲腿，利胆又利胃。经常揉揉肚，消化有帮助。经常按按脚，健康不显老。"韦贵康教授自创"五分钟五步轻松养生功"，包括双手捶胸、举手下蹲、掐腰踮脚以及颈部的"米字功""犀牛望月"等动作。被授予"国医大师"称号之后，韦贵康的一些社会活动增多，但无论多忙，他都坚持每天抽出时间来练习"五分钟五步轻松养生功"。

九、传道之术

作为全国"五一"劳动奖章获得者、全国优秀教育工作者，在长达50余年的从医教学生涯中，韦贵康教授的脚步一刻都没有放缓。韦贵康教授作为广西中医药大学终身教授，博士研究生导师，博士后指导老师，曾先后担任广西中医学院（现广西中医药大学）院长、广西中医学院第二附属医院（现广西中医药大学附属瑞康医院）院长、骨伤科研究所所长，在广西中医药大学创办了骨伤学院，并培养硕士研究生105名、博士研究生8名、博士后2名，培养本专科学子多达1万余人；同时作为第三届"国医大师"荣誉称号获得者，八桂名师，桂派中医大师，全国中医骨伤名师，全国老中医药专家学术经验继承工作指导老师，中华中医药学会骨伤科分会副会长，世界手法医学联合会主席，世界手法医学联盟主席，世界中医骨科联合会资深主席，全国高等院校骨伤科研究会资深会长，世界中医药学会联合会骨伤科专业委员会副主委，韦贵康教授先后培养学术继承人6名，并在广西、广东、河南、山东等国内地区，以及美国、德国、新加坡、马来西亚等国际地区收徒近百名。

在日常教学过程中，韦贵康教授因材施教，针对不同的弟子采用不同的教学方法，不断帮助其打好牢固的中医经典理论基础，培养其找到适合自身的临床辨证论治思维，以及指导其掌握系统的"韦氏正骨脊柱整治手法流派"诊疗方法，通过一系列的教学，系统传授韦贵康教授学术思想及诊疗理念，使其能更好地传承与发展中医学术，为广大患者带来更多福祉。

经过多年来的悉心指导，韦贵康教授所培养的弟子及学术继承人均已成为中医事业发展及社会的中坚力量，其中获得广西"五四青年"荣誉称号2人，第五批全国老中医药专家学术经验继承工作指导老师1人，广西名中医7名。

此外，韦贵康教授十分重视中医事业的传承与创新，并在深入研究其从发生发展到消亡规律的基础上，带领团队在广西、广东、河南、山东、内蒙古等省（自治区）创立了 10 余个国医大师学术传承工作室（馆、站）。2018 年，以韦贵康教授为首的学术团队中标深圳市政府医疗卫生"三名工程"（骨伤筋伤项目），建立"三名工程"以韦贵康为首的专家团队传承工作室；2019 年，获上级批准，建立广西中医药大学附属瑞康医院韦贵康国医大师馆，成为该院新建制独立科室。

韦贵康国医大师学术传承工作室（馆、站）自获批建设以来开展了大量工作，均取得了显著成果。对本学派的形成及发展脉络进行系统整理，整理韦贵康教授的相关著作 36 部，出版相关挂图 6 幅，对韦贵康教授多年来的临床经验及学术思想进行系统整理，形成"一二三六九"的学术创新体系。同时总结韦贵康教授根据自身行医经验所研发的自创经验方剂、膏药及药食等（如痛安汤、骨坚散、三路烫疗包、跌打膏及五脏养生茶等），以及"韦氏正骨脊柱整治手法流派"诊疗方法，打造学术品牌。建立完善了包括拜师仪式、师承管理、学习交流等在内的多项制度，对工作室的运行模式进行系统规范。现阶段，韦贵康国医大师传承工作室已经建设成为集特色服务、学术传承及人才培养为一体的产、学、研并进的优秀平台，同时通过文化展示，起到了显著的宣传示范效应。经过近年来的建设，"八桂韦氏骨伤学派"成为国内外知名学术流派之一，其门下弟子及再传弟子达 300 余人，在国内外均占有重要的学术地位。

韦贵康的弟子遍及世界各地，在东南亚形成"韦氏正骨脊柱整治手法流派"，如今弟子数量还在不断增长。多年来主讲的课程有中医骨伤科发展简史与医籍选、中医骨伤基础学、中医骨伤学、中医筋伤学、中医内伤学、中医骨病学、脊柱相关疾病诊疗学、骨伤科最新进展讲座等数十门。

为新加坡培养了 50 多位骨伤科硕士，在新加坡乃至东南亚产生了很大的影响。他的学生还有来自马来西亚、越南、澳大利亚、德国、瑞典、美国、英国、法国、俄罗斯、日本等国的。这些学生因为中医与韦贵康教授结下了深厚的友谊和师生情谊，并心怀师恩，将韦贵康传承发扬中医的精神以及医者仁心的胸怀薪火相传。

时过境迁，不少弟子在国内外已经崭露头角，初露锋芒。如陈小刚教授，现任广西中医药研究院党委书记兼院长；韩杰主任，现任广西中医药大学附属瑞康医院院办副主任；徐志为副主任，现任广西中医药大学附属瑞康医院国医大师馆主任；周军教授，现任首都体育学院运动科学与健康学院院长；香港特别行政区袁启顺、黄杰、陈德生、张炜生、陈炳枢、何国伟、林润清等，新加坡何保宗、何丰明、苏辰吉、余有明、谢幸财、陈国全、田仁森、李逢顺、蔡祥碧与进修生林春发等，马来西亚丘德兴、澳大利亚卢荣初、瑞典周平、越南裴长江、美国叶军和英国黄荣等，都成为有影响的医学家。

韦贵康学术传承谱

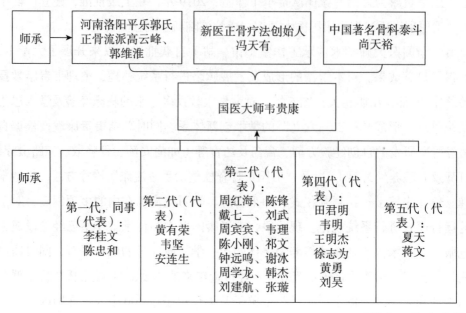

（韩杰、徐志为整理）

（李昆编辑）

卢 芳

　　卢芳（1939—　），黑龙江省肇东人，中共党员。主任医师，中国中医科学院首届学部委员。历任黑龙江中医学院附属第一医院疑难杂病科主任、哈尔滨市中医医院院长、黑龙江中医药管理局副局长。曾任中华中医药学会糖尿病分会副主任委员，中华中医药学会男科分会副主任委员，中华中医药学会科学技术奖评审专家库专家，黑龙江省中医药学会会长。黑龙江省首批名中医，第一至第七批全国老中医药专家学术经验继承工作指导老师。获全国首届中医药传承优秀教师奖。享受国务院政府特殊津贴。2017年被授予第三届"国医大师"称号。

　　卢芳从医60余年，善于治疗疑难病。在国内较早提出辨证与辨病结合的治疗理念；主张中药处方药味少而精，药量大而惊；在国内首倡"脾胰同治法"治疗糖尿病及并发症；研制中风鼻溶栓治疗脑血管病。研究开发前列闭尔通栓、颅痛宁颗粒、参鹿茶、莒麻熄风片获国药准字。代表著作有《中医诊治内分泌代谢病》《内科辨病与辨证》《三叉神经痛与中医疗法》《卢芳临床思维》《国医大师卢芳学术经验集》《卢芳秘方临床治验实录》《卢芳临证双辨》《大国医·四季五脏小经方》等。在国内首先创办无西药中医院——哈尔滨济仁中医医院、卢医堂中医门诊。中药"颅痛宁"获黑龙江省人民政府优秀科技成果奖。卢芳荣获黑龙江省卫生系统归国人员科技进步奖、黑龙江省科学技术进步奖等奖项20余项。

一、学医之路

　　1939 年卢芳生于一个普通农村家庭，祖父是一位典型的"民间中医"，在他刚有记忆的时候，祖父就教他背《药性赋》《汤头歌》《药性歌括四百味》《医宗金鉴》等古医籍，祖父是一个乡下郎中，会看些头疼脑热的病，没有教学经验，也不给他讲，就是让他背。在祖父"恩威并施"的教育之下，他懵懂地接受了中医药启蒙教育。虽然不能掌握书本中的精髓，但中医药的种子还是在他的心中悄悄地扎下了根。1953 年初中毕业后，经祖父引荐，卢芳拜于肇东中医"三杰"之一的张俊杰门下，日间跟诊，夜间研习《内经》《难经》《伤寒论》《本草纲目》等医籍。他古文功底强，领会得快，对医典古籍有了更深刻的领悟。1956 年卢芳考入黑龙江中医学院，在求学期间，如饥似渴，为了多看书，他只能"偷时间"学习。他想到一个办法，睡前不上厕所，待半夜被尿意憋醒之后借着洗手间的灯光，起床把白天学习的知识背一遍，记熟之后再去睡觉；打排球时也不忘在手心抄上方歌，借助打球的短暂空隙看上几眼。1961 年他以优异的成绩毕业，经过严格选拔，得以留校任教。当时黑龙江中医学院汇集了全省中医界的精英，如高仲山、孟广奇等老前辈，他们具有渊博的知识和精湛的医疗技术，高仲山在黑龙江中医界享有崇高威望，为黑龙江四大名医之首。每当聆听高老讲话教学，卢芳总是心怀敬仰，正襟危坐，认真记录，生怕漏掉一句话、一个字。卢芳更有幸被分配到内科教研室，给孟广奇做助教，孟广奇是"须仰视才见"的一代宗师。事实证明，从师孟广奇是他一生的幸运，他在这位名师的教导下进步很快，师生之间也建立了深厚的友情。在与老师深入探讨问题的过程中，他的基本知识、基础理论得到了大大地提升，为后来的教学和临床打下了坚实的基础。卢芳十分认同"熟读王叔和，不如临证多"这一观点，他认为作为中医，没有实践、没有创新是不能长久的。医教相长，老师和医生这两个身份并不冲突，只要你肯下功夫，就能收获更多。为了能给学生讲好课，为了能更好地给患者治疗，卢芳很早便尝试用中西医结合的方式去分析疾病，这种理念在当时是比较领先的，而当时的他仅正值弱冠之年。作为一名中医专业的毕业生，西医学并不是强项，但卢芳下足了功夫，在从事内科病房临床及带教工作中通过自学弥补西医知识的不足，因为日复一日地对自己高标准、严要求，他在不知不觉中练就了一身扎实的西医基本功，这为他日后编写《内科辨病与辨证》一书打下了基础。

　　卢芳是黑龙江省"四小名医"之一，说起来还有缘由。1974 年黑龙江中医学院举办了一个"西医学中医高级研究班"，学员全是知名度很高的西医医生。一些老教师长篇大论背经典的教学模式，这些西医学员听不懂，于是，学院选拔"少壮派"教师给他们授课，由于卢芳授课思维缜密，条理清晰，讲课方式循序渐进，由浅入深，内容丰富，上至古代经典医籍，下至当代最新医学研究成果，理论与实践相结合，深受西医学员的欢迎。于是"四小名医"的称号就这样在"西医学中医高级研究班"里传开了，从此在黑龙江医学界"四小名医"之说不胫而走。"四小名医"虽然是一举成名，但他们有了长时间的理论与实践准备，厚积而薄发，在后来的医疗实践中，他们无愧于这个称号，有名有实，成果丰硕。

二、成才之道

卢芳知识广博，博采而不盲从，兼收而有创新，不囿于一家之说，他认为要成为一名好的中医，必须熟悉古代医学源流，要广泛阅读钻研历代名家之著，且要避免偏执，也就是吸取各家之长，进而融会贯通。他十分推崇唐代名医孙思邈的治学思想，对孙氏的"大医精诚"倒背如流，用孙氏的观点启迪学生，"学者必须博极医源，精勤不倦，不得道听途说，而言医道已了"。他认为，读书要深入研究，力求甚解，潜心体会，掌握其中精义，决不能只一知半解便自满自足。

卢芳认为，中医学历经数千年不断发展而成，要振兴中医，首先要继承，但并非守旧，重在创新，一是要认真整理研究中医文献资料，对于古籍经典熟读深思，领会其理论真谛。二是要把理论研究和临床、科研实际紧密结合，并在实践中不断创新。他反对理论脱离实际，只强调理论，反对或轻视实践的纯理论继承，更不主张治学只是引经据典，毫无新义的守旧思想。而是勤于古训，重在新义，敢于突破，解决新问题，从而不断丰富中医学说内容，提高诊治疾病的能力。卢芳常说"学无捷径可循，贵在于勤"，平素治学诊病他也是做到四勤，即勤读、勤问、勤思、勤记。

（一）勤读

卢芳强调要养成勤读、善读的良好习惯。他概括读书的基本方法要"四到"，即口到、眼到、心到、手到。所谓"口到"是指朗诵，"眼到"是指阅看，"心到"是指领会和思考，"手到"是指认真做好读书笔记。他认为对主要经典著作要读熟嚼透，一字一句地读懂，无论是字音、字义、词义都要弄明白，不可走马观花，不求甚解，不了了之。读书宁涩勿滑，看来涩滞难进，实则日积月累，似慢实快。"书读百遍，其义自见"，读一遍会有一遍的收获。要把经典的主要条文读熟、背熟。如对《金匮要略》《伤寒论》他能做到不假思索，张口就来，到临证用时，就能触机即发，左右逢源，熟中生巧，灵活变通。否则，临证就不能得心应手。熟读以后还要善于思考，养成一定的鉴别能力，既不要轻易疑古，也不要一味迷信古人，这就是所谓心到。所谓手到，就是每读一书，应将要点、难点、疑点简明标记，获得解答时随时笔录，运用临床后有所心得，又随时小结，分门别类加以记录整理。

（二）勤问

卢芳认为，治学方法固然很多，而善学者必善问，这是一条很重要的学习方法。学问学问，学必要问，问才进学，故学问二字，缺一不可。对学问要诚，触疑即询，遇惑则问，切忌不懂装懂，浅尝辄止。卢芳曾谈起应用苍术治愈一高龄男性泄泻案例，并谓《伤寒论》之苍术也是治疗泄泻之要剂，苍术主治发汗祛湿、身体骨节酸痛之症，何以治疗泄泻？问之方知，患者当年腹泻，日4～5次，病延数月，西医曾反复应用多种抗生素，中药治疗泄泻常法也用之较久，皆不效，且日益加重，群感棘手。卢芳洞察全貌，明辨病情，指出此患者已耄耋之年，年老体衰，中气不足，久病更损及脾阳，故法当温阳补脾为主，以理中汤白术易苍术，重用50g，投4剂，而病获痊愈。诚良方独运也。由此可见，发问质疑，解明学术秘蕴，受益良深，颇有启迪。

（三）勤思

卢芳认为读书要思考，临证要思考，因为中医学是以宏观整体为对象，以形象思维和演绎推理方法为指导而建立起来的完整理论体系。所以要掌握好中医学的精髓，非有一番贯穿错综、磅礴会通、端本寻支、溯流讨源的深入钻研，反复推敲的思维过程不可，如古代医籍文理深奥、模糊抽象、辨证思路灵活多变。这些较深奥微妙的东西，有时难以用语言表达，这时就要靠用心体验才能做到心领神会。只有处处心领神会，才能在门诊、查房、会诊的过程中，充分得其精髓，由"形似"而达到"神似"。故在学习过程中勤思、精思是很重要的环节之一。

（四）勤记

在临床实践中，卢芳反复强调读书临证都要做摘记整理，这是一个积累的过程，只言片语，零金碎玉，一证一得，由少到多，由简到繁，由易到难，一点一滴，日积月累便可摸出规律。他认为记录整理的方法主要有以下几种：其一，临床资料的摘记。包括一般资料、性别、年龄、职业、病程、疗程、中西医诊断等。临床表现，包括主要症状、体征、舌脉象、中医病证分期或证候分类。各种实验室检查结果及治疗前后的对照分别记录。以上这些是最基本、最细微的记录。其二，医案的整理记录。要根据具体情况采用不同的方法，如诊次较多、病情和方药变动较大的医案，要前后反复对照，抓住关键点，有重点地进行记录整理。对理法方药详尽的医案，应当细心揣摩，找出规矩准绳，对内容简略的医案，可采用"以方测证，审证求因"的方法来记录整理，复杂的医案，要用心揣摩，或翻阅先贤的论述，弄懂其中谛奥，重点记录整理。其三，分类记录整理。把平时记录整理的有关资料，如医案、论述、笔记收集在一起分类记录整理，由博返约。如此案用何法，彼案用何法；此法用何方，彼案又用何方，都应分类归纳。通过对比分析，了解异中之同、同中之异或规律、特色等。

三、学术之精

（一）辨病辨证，衷中参西

西医学和中医学都有病和证的概念。辨病就是用西医学的科学方法，对疾病明确诊断，即确诊；辨证就是用中医学理论将疾病辨明是何证型，即分型。这种病与证结合的方法，在临床上能充分发挥中西医两种不同的诊断和治疗方法的长处，有利于提高临床的诊治水平，有利于学术交流和科学研究，有利于将中医学在长期的医疗实践中创造出来的正确理论和丰富经验同西医学有机地结合起来。例如，三叉神经痛分为原发性和继发性两类，用中医辨证施治的方法，根据原发性三叉神经痛的疼痛部位仅限于三叉神经分布区，疼痛往往具有发作性和精神因素诱发的特点，认为该病是由于风邪侵犯三阳经（三叉神经分布部位），郁结化火，内外合邪，风火夹痰阻于三阳经所致。因此，运用祛风活络的方法取得了较为理想的疗效，这就充分发挥了中医辨证之长。但是，对症状基本相同的原发性三叉神经痛，如桥小脑角区的肿瘤，用同样治疗方法却全然无效。这说明西医学对临床症状大致相同的疾病，由于对病理改变研究得比较深入，认识比较明确，从而得出截然不同的疾病诊断。所以说辨病对诊断指标和判定预后有明确的认识，这又发挥了西医之长。

辨病与辨证两种方法各有所长，只有有机结合，才能充分发挥中西医各自的长处。从这一点出发，就需要对西医学所诊断疾病的发病过程和主要临床表现用中医理论去认识和阐述，从中归纳出反映疾病本质的若干证型。证型的诊断方法能做到具体问题具体分析，在疾病发生发展的不同阶段抓住主要矛盾，采用针对性较强的治疗措施。所以说证型是对疾病某一阶段的高度概括。在内科范围所用的辨证方法有八纲辨证、六经辨证、卫气营血与三焦辨证、气血辨证、痰饮辨证、经络辨证、脏腑辨证等。因此，卢芳自创编撰的辨证歌诀"望闻问切抓主证，脏腑学说把位定，找出某脏为主导，再用八纲去定性，卫气营血与三焦，经络循行与六经，结合气血与痰饮，高度概括成证型"很有临床指导意义。也就是说，通过四诊合参，分析患者的主要症状和体征有哪些，再分析这些症状与哪些脏腑有关，然后在有关脏腑中，分析起主导作用的是哪一脏（或两脏），并根据这一脏（或两脏）的生理和病理特点用八纲、卫气营血与三焦、经络循行和六经、气血、痰饮等理论对该脏（或两脏）病变的性质进行高度概括，这就是证型。在辨病与辨证相结合方法指导下的处方用药，原则上是应该既符合中医学传统的辨证施治理论体系，又要考虑到现代科学对中药的研究成果，也就是用中西医结合理论指导处方。例如，同为心脾两虚证，表现在神经官能症和再生障碍性贫血两个截然不同的疾病中，治疗时，在补益心脾的基础上，宜选用针对性较强的辨病药物。例如神经官能症选用酸枣仁、茯神、五味子等补益心脾而有镇静作用的药物；再生障碍性贫血则选用人参、黄芪、黄精等补益心脾而有增加血细胞及血小板的药物。这样的处方就必须在某一治疗原则指导下，在某些代表方剂中筛选有双重治疗意义的药物。这类药物的筛选应当遵循辨证论治理论，所选的药物宜根据中药四气五味的特性和证型丝丝入扣。处方中药味要精，药物剂量要有把握地增大，这种增大剂量一定要有科学根据，一是病情需要，二是药物的性能和现代药理分析证明有利于治病而不有害于机体。

1. 以病带证

以病带证就是用西医学知识和方法明确疾病的诊断，然后根据疾病不同阶段的临床表现，用中医学理论明确疾病的证型，即西医诊断、中医分型。西医诊断疾病除根据病史、症状、体征外，往往借助于医疗器械和仪器等手段。诊断指标明确，有准确的客观定量、定性依据。西医诊断可以帮助我们正确了解疾病的病理改变和判定预后，并为总结提高打下基础。中医分型是根据四诊所获得的材料，把错综复杂的临床现象用整体观和两点论的分析方法概括成反映疾病本质的证型。证型可以反映出疾病某阶段的主要矛盾和疾病的内部联系，为中医治疗提供了方向。目前，中西医两种不同诊断方法的结合已被许多具有中西医两套诊断技术的医生所广泛应用。实践证明，以病带证的方法对于发展中医学、促进中医现代化、加快中西医结合步伐是大有裨益的。对各种疾病都用中医学理论或中西医结合的观点阐述和认识其病因病理，从发病机制中引导出基本上符合临床实际的证型。比如为了直观说明以病带证的某些内在联系和证型产生的理论依据，每个病都绘制了病因病理示意图。对于病证结合在某些方面的不一致部分，暂时保持中医体系的原貌。中西医结合治疗并不简单等同于中西药的合用，而应通过对某种疾病的治疗过程，使中西医在理论上结合起来，同时在病证结合的诊断理论指导下，尽量选择对病和证都有治疗作用的中药。这就是在同一个处方中既针对病，又能符合证。这里应该强调的是在中西医理论还没有融合为一体的时候，中药治疗的原则应该首先与证相一致，然后再在中医治疗原则的指导下，选择针对病的药物。

2. 无证从病

无证是指通过望、闻、问、切还不能诊断出来，或未能形成证，而病则较为明显，可以从这些病在大多数情况下曾经出现的"证"而推论，如肝炎活动期时转移酶升高，常有目红、胁痛、口苦、尿赤等肝胆火旺的症状，用清热解毒药如大青叶、败酱草、龙胆草等为主的方药有一定的作用，但是对肝炎转移酶升高而无肝胆火旺或其他证型可辨的患者，也可考虑试用，这是无证从病的一种用法。再如急性肾盂肾炎，卢芳辨证分为3个阶段：①急性发作期，用清热解毒利湿药，如大黄15g，厚朴15g，金银花20g，连翘20g等。②中医对感染中毒症状高热、寒战等认为是外邪侵犯足太阳膀胱经的，若有泌尿系统刺激的症状，卢芳认为此属湿热闭阻，膀胱气化不利，用清热利湿药，如大黄15g，泽泻25g，猪苓25g，厚朴15g等。③恢复期或慢性期，卢芳认为病变由膀胱及肾，应以补肾扶正为主，治疗急性肾盂肾炎一定要坚持原有的清热除湿原则，直至尿细菌培养转为阴性后才改为补肾扶正，补肾药常选用五子衍宗丸加味，酌加清热解毒药。

3. 无病从证

无病是指目前一时未能诊断出来的病，如一些不明原因的腹泻，大便镜检与培养阴性，肠镜检查也未发现异常，而从中医辨证上却明显是脾肾虚弱或脾肾阳虚，卢芳在分别采用参苓白术散或附子理中汤之类的方中重用苍术50g，常能振奋消化系统的功能以止泻。一些原因不明的低热，各种检查都未有结论，只能定为发热待查，按中医辨证可根据季节、地区、个人体质表现区分为暑湿、气虚、阴虚等，分别采用清暑化湿、甘温除热、滋阴清热等法常可获得较好疗效。

4. 舍证从病或舍病从证

临床上也有少数这样的情况，即病与证从表面上看是矛盾的，或者在处理病与证的方法上看是矛盾的。但总有现象与本质的区别，需要做认真深入的研究，辨别真伪并看最终的疗效，就能明确何者是现象，何者是本质。那就要舍证从病，或舍病从证。

（1）舍证从病：慢性肾炎与肾病综合征在中医传统上都是按脏腑辨证，归属于肝、脾、肾三脏的表现为多，但按此论治在消除蛋白尿的效果方面收效甚微，通过对其病理的了解是肾小球血管内皮细胞的增殖以致管腔狭窄，并有纤维蛋白栓子的阻塞等变化，卢芳临床以大剂量的活血软坚药为主，兼以清热凉血，如王不留行15g，泽兰20g，夏枯草15g，白芷15g，牡丹皮20g，赤芍20g等以调整微循环，使增生性病变软化或吸收，开放废用的肾单位，使消除蛋白尿的效果大大提高，也可以应用于糖尿病肾病，在消除蛋白尿上有显著疗效。

（2）舍病从证：上消化道出血是内科常见的急症，中医辨证认为呕血是胃火旺而上逆，黑便是瘀血内留，瘀血不去则胃中之火仍可上逆，于是卢芳治疗此病往往是用生大黄止血不留瘀，采用止血逐瘀法，舍病从证。

总之，辨证与辨病相结合为当前进行中西医结合临床与理论研究指出了一条途径。正因为中西医是在不同历史条件下发展起来的两种医学理论体系，各自从不同的侧面来认识疾病的发生发展并采取相应的治疗措施。因此，必须汲取中西医理论各自的长处，有机地结合，才能指导进一步的临床实践。

（二）遣方药味少而精，药味用量大而惊

卢芳处方用药，能够不拘一格，他认为医生不仅要辨证准确，同时还必须掌握高效的治疗方法。在汲取各家长处以后，独辟出一条自己的新路子，其处方特点是"药味少而精，药量大而惊"。卢芳处方时主张药味不宜过多，他认为中药有气味之不同，又有升降浮沉和归经之别，同时还有相畏、相杀、相反的特性。若用药味多，则互相牵制，降低药效。例如，对甘草一药，古人有"甘草解百毒"之说，甘草既然解百毒，亦会降低各药物之效用。因此，卢芳对甘草的应用特别有分寸，而不是一味用甘草调和诸药。只要药能对症，虽用药味少而同样有效，故在应用经方、古方时，往往师其意而不拘其方，或用其方而制大其剂。卢芳在用药剂量上很大，他认为药物达不到一定剂量，就不能发挥应有的效用，打破了传统用药剂量的模式，对古人"细辛不过钱""木香不过三"等说法，卢芳在实践中总结出只要辨证准确可以增加二药的剂量，他曾将细辛、木香用量至更多。例如，卢芳在治疗慢性非特异性溃疡性结肠炎时，认为该病是寒热错杂，虚实并见，就治疗这样一个错综复杂的疾病，基本处方也只有 5 味药：苍术 20g，炮姜 15g，黄连 10g，车前子（单包）30g，木香 15g。再如川芎治疗头痛是人所共知的，他认为川芎剂量小则达不到效果，对偏头痛、三叉神经痛、枕大神经痛等头面部神经痛川芎最少用 30g，多则 50g。他曾治一例头痛 50 余年的患者，经他用上述方法治疗 3 周，头痛尽瘥，观察停药数年未复发。卢芳常说"选方用药，犹如用兵，不得已而为之"。疾病的发生，从总体来说，是机体阴阳失去平衡的反映。临床用药就在于调和阴阳，补偏救弊，以达到平衡的目的。临床要视具体的病情而用。一药乱投，则病气不服；配伍适当，才能药见其效。卢芳以他几十年的临床经验，认为汗、吐、下、和、温、清、消、补八法的应用，必须具有汗而勿伤，下而勿损，温而勿燥，寒而勿凝，消而勿伐，补而勿滞，和而勿泛，吐而勿缓的辨证观点。他说，补中益气汤中用陈皮，就是行气和胃、补而勿滞的范例。

（三）首倡"脾胰同治法"治疗糖尿病及并发症

卢芳刚参加工作时经常遇见糖尿病的患者，于是他就查找文献并且思考，前人少有关于胰腺功能的记载，或将胰腺的功能归入脾的功能中，但《难经》云："脾重二斤三两，扁广三寸，长五寸，有散膏半斤。"《中西汇通医经精义》云："脾居中脘，围曲向胃。"又说"西医脾形，另有甜肉。"卢芳认为"甜肉"很可能是胰腺。《医林改错》则直接将胰视为脾，而《中西医结合探脏腑》也建议中医之脾称为脾胰。从西医学分析，糖尿病的病理生理为胰岛素分泌障碍引起的营养物质代谢紊乱。中医学认为水谷精微的布散是由脾所主，脾气健运，代谢功能正常，胰腺功能无碍。反之，脾失健运，则诸环节障碍，容易导致糖尿病。基于以上观点，卢芳在国内首先倡导脾胰同治法，为糖尿病的治疗探索出新的路径。

糖尿病按典型"三多一少"症状而言，属中医学的"消渴""消中""消瘅"等病范畴。现代医家多认为此病以阴虚燥热为本，痰瘀为标，虚实夹杂，共同致病。卢芳结合多年临证经验，发现当代大多数糖尿病患者并非阴虚燥热之证，提出糖尿病发病与脾密切相关，首创"脾胰同治法"，其理如下。

1. 从解剖学分析

《素问·太阴阳明论》云："脾与胃以膜相连耳，而能为之行其津液何也？"古人似将脾和胰腺两者合称，并将胰归之于脾的功能。张锡纯于《医学衷中参西录》中有言"其证起于中焦，是诚有理，因中焦膵病，而累及于脾也。盖膵为脾之副脏，在中医书中，名为散膏，即扁鹊《难经》所谓脾有散膏半斤也（膵尾衔接于脾门，其全体之动脉又自脾脉分支而来，故与脾有密切之关系）"。"膵"与《难经》之"散膏"即为胰脏，张氏认为脾气不升为糖尿病的核心病机。后世医家赵棣华在《中西医结合探脏腑》中建议将中医之脾称为脾胰。卢芳经过大量临床实践证明，胰腺功能与脾主运化的功能相关，脾运化正常，则胰腺分泌功能正常；脾失健运，则胰岛素分泌功能紊乱，从而发为糖尿病。由此，他首创"脾胰同治法"，为临床治疗糖尿病开拓了新的路径。

2. 从临床表现分析

糖尿病的典型表现为"三多一少"，卢芳教授在临床工作中发现许多糖尿病患者起病趋于隐匿，早期临床症状并不明显，最开始以乏力为主要表现，且此类患者大多体型肥胖，嗜食肥甘厚味，常表现为脘腹胀闷，四肢困重，大便溏薄，舌体胖大，边有齿痕，脉弦滑等，这些症状与脾脏密切相关，多属脾气虚弱之证，故不能从肺、胃、肾三脏论治，亦不可归为上、中、下三消。卢芳提出本病为脾气虚弱，导致水谷精微输布失常而致。脾为孤脏，为后天之本，脾土治中央以灌四旁，主运化水谷、升清降浊，居中焦为气机升降与水液代谢的枢纽。脾对于津液输布于全身起着重要作用，脾气健运，水谷精微运化正常，转输有利，则胰腺功能亦无碍。反之，若脾失健运，则津液代谢障碍，胰岛的功能亦发生阻滞。这些生理功能和生理特性，与糖尿病的治疗密切相关，故卢芳提出从脾胰入手进行辨证论治。

3. 从形体肥胖分析

中医认为胖人多虚，肥人多痰。《灵枢·卫气失常》将肥胖分为多肥、多膏、多肉三种类型。胖人多虚指气虚，即脾气不足，脾气虚弱，运化不利，虽形盛而气虚。脾气运化失司，津液不行，水饮内停，痰湿凝聚，故肥人多痰湿。临床糖尿病患者多为肥胖体质，多虚多痰，故卢芳提出"脾胰同治"之法，强调以益气健脾为治疗原则。

（四）运用"药捣病所"理论研制新药

前列腺炎是男科和泌尿外科的常见疾病，发病率很高，多见于成年人。临床表现为尿频、尿急、尿痛、排尿时尿道不适或排尿不尽，并伴有骨盆区域疼痛不适及下腹部憋胀感等。根据其临床表现，应属于中医学"膏淋""白浊"等病范畴。正如《内经》中指出的"邪聚下焦，故小腹冤热而痛，溲出白浊"。《诸病源候论》记载"热淋者三焦有热，气搏于肾，流入于胞而成淋也"。卢芳认为此病的病位主要在肾和膀胱，病初以实证多见，日久迁延难愈损伤下焦肾气，成为虚实夹杂之证。本病多因恣食辛热肥甘之品，导致脾胃湿热，湿热内蕴，下注膀胱，或下阴不洁，秽浊之邪侵入膀胱，湿热蕴结膀胱；或肝失条达，气血失和，经脉不利，膀胱气化失司，而导致水液运行失常。通过总结，卢芳提出湿热、血瘀是前列腺炎的基本病机，所以在治疗上强调清热利湿、化瘀通络的治法。卢芳根据中医学"药捣病所"的理论，创新给药途径，采用自行研制的栓剂——前列闭尔通栓直肠给药置于前列腺附近，使病灶直接吸收药力，以此治疗慢性前列腺炎。栓剂药物经过反复筛选，由琥珀、蜈蚣、鳖甲、马鞭草、白花蛇舌草、三七、王不留行等组成。马鞭草味苦，性凉，有活血散瘀、解毒利水的功效。王不留行味苦，性平，可活血通经，利尿通淋，消痈下乳。白花蛇舌草味甘淡，性寒，甘能和能缓，淡能渗能利，可清热解毒，利湿消痈。琥珀味甘，性平，可定惊安神，活血散瘀，利尿通淋。正如《名医别录》言："安五脏，定魂魄……消瘀血，通五淋。"蜈蚣味辛，性温，有毒，可息风止痉，解毒散结，通络止痛。三七味甘、微苦，性温，可化瘀止血，活血定痛。鳖甲味咸，性寒，可滋阴潜阳，软坚散结。全方既具有清热利湿解毒之功，又具有化瘀散结通络之用。清热可以去除膀胱之热；祛湿可以调节水湿，利膀胱而通小便；化瘀可以通瘀血阻塞之水道，而达到通利小便的目的，起到治疗前列腺炎的作用。现代药理研究表明马鞭草具有广谱抑菌杀菌作用，可以阻断炎症介质传递，从而减少组织炎症；王不留行、琥珀可以松弛膀胱括约肌及尿道平滑肌，减少尿道阻力；蜈蚣可以消除前列腺组织纤维化。

（五）研制"中风鼻溶栓"治疗缺血性脑血管病

"中风鼻溶栓"是卢芳历经数十年总结的经验方剂，为纯中药制剂，通过现代工艺技术提取精制而成，使用栓剂鼻腔给药治疗缺血性脑血管病，能活血通络，醒脑开窍，中风鼻溶栓为国内首个治疗缺血性脑血管病的栓剂。《素问·阴阳应象大论》曰："肺主气，在窍为鼻。"《奇效良方》指出："鼻者肺之窍也，主清气出入之道路，若气血和平阴阳升降，则呼吸通和，营卫行焉。"《疮疡经验全书》云："鼻孔为肺之窍，其气上通于脑，下行于肺，纳鼻而通六经。"由此可见，药物经口鼻直达入肺，通经贯络，引药入经，透彻周身，纳鼻药可通传十二经。

头为人身之颠，一般内服药物难以企及，使用鼻溶栓疗法可使药物直达病所，《灵枢·邪气脏腑病形》云："十二经脉，三百六十五络，其血气皆上于面而走空窍。"鼻为十二经脉、任督二脉交会之处，鼻腔给药通过经脉循行可达脑髓。当猝然发病，患者牙关紧闭，甚则口噤不开，药不能下咽者，鼻溶栓可凭借鼻腔给药的优势用于急救或吞咽困难患者的治疗。《外台秘要》曰："特生矾石，皂荚，雄黄，藜芦……主疗卒鬼击……以管吹入鼻中，得嚏则气通，便活。"《三因极一病证方论》载有内鼻散，方中单用石菖蒲一味，"纳两鼻孔中，吹之令入""治尸厥，脉动而无气，气闭不通，静而若死"。西医学也证明，鼻腔给药可透过血脑屏障进入脑和脑脊液。

鼻栓制剂中常使用芳香开窍类中药，具有辛散温通、芳香走窜之性，有开窍醒神、健脾化湿、疏肝行气等功效。《金匮要略·痉湿暍病脉证治》云："头痛鼻塞而烦，其脉大，自能饮食，腹中和无病，病在头中寒湿，故鼻塞，内药鼻中则愈。"《药品化义》提出："香能通气，能主散，能醒脾阴，能透心气，能和合五脏。"古代也常用香薰疗法作用于人体，将芳香药物通过口鼻、皮肤给药，达到疏通脏腑经络气血、调和脏腑阴阳的目的。清代吴师机对芳香疗法进行了系统总结和分类，在《理瀹骈文》中详细阐述了塞鼻、涂鼻、吸嗅、吹鼻、熏鼻等多种鼻腔给药的治疗方法。

西医学为鼻黏膜、动静脉、脑及脑脊液的关系提供了确切的给药依据：鼻腔内具有纤毛上皮黏膜，其面积约 $150cm^2$，黏膜下有丰富的毛细血管网及淋巴网络，十分有利于药物的吸收。鼻腔上部有筛板结构，其周围充满脑脊液；同时鼻腔上部的静脉与海绵窦、上矢状窦相联系。上述两种解剖关系都说明鼻腔给药可直接进入脑脊液。

由于鼻腔给药能直接吸收进入脑脊液，避开了血脑屏障的阻隔，直接作用于靶向组织，明显减少了用药量，可保证药物有效剂量。通过鼻吸收试验证明，给药后，药物在大脑、脑干等部位迅速出现。鼻腔给药作用迅速完全，避免口服药物经过肝胃的首过效应。经中国中医药文献情报检索中心查新确认，中风鼻溶栓在给药剂型、处方、提取工艺等方面属创新品种。

四、专病之治

（一）三叉神经痛

在诸多顽症中，三叉神经痛往往缠绵难愈，令患者痛苦万分。卢芳经过20余年苦心研究，终于成功研制出疗效显著的"颅痛宁颗粒"。三叉神经由感觉和运动两种神经纤维组成，感觉神经负责面部、口腔和头顶前部的感觉；运动神经支配咀嚼的运动，它的一部分神经对眼、鼻、颌、舌等有直接的作用。三叉神经发生病变，会引起剧烈的疼痛。三叉神经痛分原发性和继发性两种，其中原发性三叉神经痛病因复杂，治疗难度较大。

三叉神经痛发作前没有预兆，往往出现突如其来的剧烈疼痛，面部抽搐，肌肉震颤，有人感到撕裂般的疼痛，有人感到电灼般的疼痛，有人感到刀割般的疼痛。发作持续时间因人而异，从几分钟到几十分钟不等；每天发作的次数也不一样，有人一天发作十几次，有人一天发作数百次。患病初期疼痛程度较轻，发作次数少，时间短，随着病程的延长，病情加重。这种病在面部有敏感点，如鼻翼、嘴角、门齿等处，患者说话、吃饭、剃须、打哈欠，甚至冷风拂面和移动身体，都能引起疼痛发作，因此有时不敢说话，不敢喝水。疼痛发作的诱因很多，多数是因为精神过度紧张焦虑而发作，还有因为遗传因素、寒冷刺激、季节变化而发作的。但是，有时疼痛也没有明显发作原因。

根据三叉神经痛的临床表现，卢芳经多年临床实践将其分以下3种证型。

1. 风火型

此型临床多见，其临床特点为三叉神经痛加火热证的症状。凡感受六淫之邪而为火证者，可由火热外邪所致，也可由其他外邪郁化而生，如寒邪化火、湿邪化热等。这种由外感引起的火，多属实火。由内伤引起的火，多为精神因素，七情郁结，气郁化火，火性炎上，循经上行于头面。因火引起的三叉神经痛有以下特点：疼痛畏惧风热刺激，疼痛呈现火烧或电击样，多有明显扳机点。可伴有面红目赤，五心烦热，口燥唇裂，心烦易怒，大便秘结，小便黄等。此型舌诊特别重要，舌为心之苗，火热之邪与心火同气相求，所以最容易反映在舌上，若兼湿邪，足太阴脾经之脉连舌本，则出现舌边尖色红、舌质干少津、舌苔黄腻等热证之舌象，脉象多见弦滑或略数。

治法：以疏风泄热为主，佐以活络止痛。

处方：川芎 30g，生石膏 10g，菊花 15g，水牛角 10g，胆南星 10g。

方解：方中以大剂量川芎为主药，取其辛温走窜，上行头目，下行血海，以期达到去除头面风邪的目的；辅以石膏，取其辛寒之性，辛能解肌热，寒能泻胃火，功擅内外。二药相合，共奏祛风清热之效。佐水牛角、胆南星清泄里热，菊花疏风清热，共助川芎、石膏祛风清热。若一支疼痛，属足太阳膀胱经循行部位，故加蔓荆子为使；若二支疼痛，属于手太阳小肠经和手少阳三焦经循行部位，故加薄荷为使；若三支联合疼痛，属足少阳胆经和足阳明胃经循行部位，故加柴胡为使。上述诸使药，既能引药归经，使药达病所，又有清热祛风的作用，一举两得，临床不可不用。服用该方多在 4 剂至 12 剂获效，若服至 12 剂无效者，可把川芎改为 50g，再服 4 剂，仍毫无疗效，可考虑按血瘀型治疗。

2. 风寒型

风寒型临床比较少见，其临床特点为三叉神经痛加寒证的症状。寒邪致病，不外内生寒邪与外感寒邪两大类，凡外感寒邪，侵犯三阳经脉都可以引起经脉拘急，气血流通不畅，不通则痛。临床所见风寒型的三叉神经痛以外感寒邪为多见。单纯内生寒邪引起的三叉神经痛极少见，多为素体阳虚，容易导致外感风寒入侵经络而发病。风寒型的发病特点是多在秋冬季节发病，疼痛多由风冷刺激诱发，疼痛发作时畏惧寒冷，疼痛性质多为掣痛。可伴有面色㿠白，手足不温，大便稀溏，小便清长，舌质淡嫩，舌苔薄白，脉象沉迟等。

治法：以温经散寒为主，佐以活络止痛。

处方：荜茇 20g，细辛 5g，川芎 30g，炙川乌 10g，苍耳子 15g。

方解：方中以川芎为主，取其辛温走窜，祛风散寒，辅以川乌、细辛等温阳散寒之品，助川芎搜风逐寒，佐荜茇、苍耳子芳香而清浮邪，五药相合，内外风寒皆可剔除。若一支疼痛，属足太阳膀胱循行部位，故加防风为使；若二支疼痛，属手太阳小肠经和手少阳三焦经循行部位，故加高良姜为使；若三支疼痛，属手阳明大肠经循行部位，故加藁本为使；若三支联合疼痛，属足少阳胆经和足阳明胃经循行部位，故加白芷为使。上述诸使药的意义与风火型使药相同，亦即达到引药归经和祛风散寒的目的。此方疗程多在连续服药两周左右显效。

3. 血瘀型

血瘀型的临床特点是三叉神经痛加血瘀的症状。如疼痛部位固定，疼痛的性质呈刀割样或针刺样，疼痛的时间往往是日轻夜重。患者的舌诊比较重要，表现为舌质紫暗，有瘀斑或瘀点，也可有目眶暗黑或肌肤甲错等血瘀征象。患者最主要的表现是疼痛发作时喜欢自己揉搓面部，因为长期反复揉搓，导致疼痛部位皮肤粗糙或流血结痂。该型多数由于风寒型或风火型多年不愈，痛久入络所致。因此，血瘀型另一个特点为病史较长。

治法：活血通经，化瘀止痛。

处方：川芎30g，地龙15g，僵蚕10g，蜈蚣2条，炙水蛭5g，全蝎5g。

方解：方中以川芎辛温走窜，祛风通络为主药，辅以地龙、僵蚕、蜈蚣、炙水蛭等虫类搜剔之品，借以达到活血通络以止痛的目的。若一支疼痛偏热者加蔓荆子，偏寒者加荜茇；二支疼痛偏热者加薄荷，偏寒者加高良姜；三支疼痛偏热者加黄连，偏寒者加藁本；三支联合疼痛偏热者加柴胡，偏寒者加白芷。诸引经药的目的与风火型、风寒型相同。卢芳认为血瘀型比风火型、风寒型难治，若服至6剂症状无明显好转者，可将川芎用量改为50g，并嘱患者坚持服药4周方能显效。

治疗时还应注意以下3点。

（1）活血当分寒热。血瘀一证，无论病程久暂，没有不偏寒或偏火的，与风寒或风火型比较，只不过是主要矛盾不在于寒或火，而在于以血瘀为主证而已。因此，在治疗用药上，应当区分兼有寒证还是热证。若兼热证，多由于血瘀化热所致，治宜凉血活血，药用大黄、牡丹皮、炙水蛭、丹参等；若血瘀兼有寒证者，治宜温经活血，常用吴茱萸、乳香、没药、红花之品。

（2）活血勿忘治气。中医学认为气与血是对立而又统一的关系，气与血相辅相成。例如，气行则血行，气滞则血凝，气虚则血溢，气陷则血脱等。三叉神经痛所见的血瘀型也不例外，亦应活血先治气。一是应用行气活血药，如川芎、姜黄之属，适用于气滞而无气虚的患者；二是用补气活血药，如黄芪、人参之属，适用于气虚而无气滞的患者。

（3）活血宜辨虚实。活血药有补血活血和破血活血之分。补血活血药，如当归、丹参、白芍等，活血而不伤正，适用于血瘀兼有血虚症状者；破血活血药，如穿山甲、炙水蛭、皂角刺等，有活血破血之功，适用于血瘀而无血虚症状者。

（二）桥本甲状腺炎

桥本甲状腺炎又称慢性淋巴细胞性甲状腺炎，是一种器官特异性自身免疫性甲状腺疾病。这个病的确切发病机制目前还未完全明确，涉及遗传、免疫缺陷及环境等多方面因素，它的病理生理核心在于自身免疫功能的紊乱，从而引发甲状腺组织的过度免疫反应。

卢芳经过长期的研究，认为本病的发病机制不外乎气郁化热、痰血互结、日久失治而致虚劳这三点。首先是气郁化热，甲状腺在颈部甲状软骨下方，为肝经所属，为足厥阴肝经循行部位，"上贯膈，布胁肋，循喉咙之后，上入颃颡"。肝主疏泄，中藏相火，若情志过极，忧思郁怒，首害气机，肝气郁结，疏泄失常，气机郁滞，气郁不解，久郁易从热化，所谓"气有余便是火"，气郁化火，则成火郁。其次为痰血互结，气机郁滞，津凝成痰，痰气交阻，日久则血循不畅，血脉瘀滞，而致痰血互结，气、痰、瘀壅结颈前，故瘿肿较硬或有结节，经久不消，中医学认为"百病皆由痰作祟"。痰随气而无处不到，至于颈前则为瘿。如果日久失治，则可导致虚劳，以脾肾阳虚为主，阳气的生成源于肾，肾为先天之本，人身五脏诸阳皆赖肾之元阳以生发，故肾阳衰微，一身诸脏之阳皆虚，阳气生成不足，气血运行不畅，最终导致气滞、痰凝、血瘀等一系列病理变化。此时患者表现在局部就是甲状腺肿大，而全身则可以出现怕冷、精神萎靡不振、记忆力减退、腰膝酸软、面目浮肿等症状。

卢芳根据以上病机确立了"清热解毒，化痰活血，软坚散结，晚期补虚"的总原则，自拟抑免汤为基础方剂，药物组成：生地黄、连翘、牡丹皮、赤芍、黄芩、土大黄、虎杖、土黄芪等。

方中生地黄、连翘为君药。生地黄味甘，甘者补益，故可滋阴；性寒，寒可清热，尤善清血分、营分之热，质润多汁，其滋补之力更胜。连翘性微寒，味苦，入心经，"诸痛痒疮，皆属于心"，既清心火，解疮毒，又兼有消痈散结之功，善治痈肿疮毒，为"疮家之圣药"。连翘又可散诸经气血之凝聚，并能使营分热邪外达至气分，透出气分而解，即叶天士《温热论》所言"入营犹可透热转气"。二者合用，既清气血之热，又祛邪扶正，可谓标本兼治。

牡丹皮、赤芍清热凉血，活血散瘀，共为臣药。牡丹皮味苦、辛，性微寒，清营分、血分实热，凉血散瘀消痈；赤芍味苦，性微寒，善走血分，活血散瘀，可除血分之郁热而凉血散瘀。二者相须为用，凉血之力倍增，泻血中伏火，热去则血凉，瘀血去而新血生。两药与生地黄合用，清热凉血之力增强，既滋热邪耗伤之阴，又去热邪灼伤经络之瘀。土大黄、虎杖亦为臣药。土大黄味苦，性寒，清热解毒，祛瘀通便。《本草纲目拾遗》言土大黄"破瘀，生新，治跌打，消痈肿，止血，治疥癣"。虎杖味苦，性寒，清热解毒，活血祛瘀，又是清热利湿之良药，兼利小便。《本草拾遗》言虎杖"主风在骨节间及瘀血"。二者配伍，利湿清热，使湿热毒邪从二便而去，与连翘相配，清热解毒之功益著。

黄芩味苦，性寒，乃清热燥湿之要药，能入血分，气血两清。《本草正》言黄芩"枯者清上焦之火，消痰利气……尤祛肌表之热，故治斑疹、鼠瘘、疮疡、赤眼"。黄芩尤善清上中焦之湿热和肌肤之热，且泻火解毒力强。土黄芪祛风利湿，活血解毒。共为佐使。

生地黄配伍牡丹皮，凉血兼散瘀，清热复阴宁络；生地黄配伍赤芍，凉血止血，养阴散瘀通脉。三味合用，邪热清而瘀无所成，瘀血去而热无所附，止血不留瘀，共奏凉血止血、养阴散瘀通脉之功。再有生地黄配伍黄芩，甘苦并用，燥润相济，凉血可消郁热，"留瘀之处，必有伏阳"。生地黄配伍连翘，连翘可透热转气，尤擅清热解毒，消痈散结；三者清有余之热，补不足之阴，一出一入，调和营卫。土大黄、虎杖解毒活血利湿，二药一散一收，血水同治，且能泻下祛邪；土黄芪祛风利湿，活血解毒。全方诸药配伍，祛邪不伤正，活血不留瘀，清热不凉遏，共奏清热利湿、活血化瘀之效。

在临床中还要辨病与辨证相结合，具体治疗如下。

1. 甲状腺结节

症状：颈前肿块呈圆形，表面光滑，随吞咽上下移动，甲状腺彩超可见甲状腺弥漫性肿大，质坚韧，表面不平或有结节；抗甲状腺球蛋白抗体（TGAb）和抗甲状腺微粒体抗体（TMAb）增高，血清 T_3、T_4、FT_3、FT_4、TSH 一般正常。

辨证：痰血互结。

治法：活血软坚散结。

方药：白芥子 15g，鳖甲 10g，鹿角霜 10g，浙贝母 15g，三七粉 5g，珍珠母 10g。

分析：白芥子味辛、性温，温化寒痰，一方面制约诸药苦寒凉遏之弊，又能利气以散结；鳖甲活血通络以散痈结；浙贝母味苦、性寒，有清热化痰、消痈散结之功，为治瘿瘤、瘰疬之要药；鹿角霜味甘、咸，性温，归肝、肾经，善治痈疽痰核；三七粉善止血散瘀，消肿止痛；珍珠母清热滋阴，解毒生肌，以防诸药耗正之弊。

2. 甲状腺功能亢进

症状：心悸，消瘦，烦躁，失眠多梦，眼球突出等，TGAb 和 TMAb 可增高，血清 T_3、T_4、FT_3、FT_4 可增高，TSH 下降。

辨证：气郁化热。

治则：疏肝理气。

方药：柴胡 20g，香附 15g，青皮 20g，枳壳 15g，川楝子 15g。

分析：方中柴胡味苦，归肝、胆经，本品辛行苦泄，性善条达肝气，有疏肝解郁之功；香附主入肝经气分，芳香辛行，善散肝气之郁结，味苦疏泄以平肝气之横逆，故为疏肝解郁、行气止痛之要药；青皮辛散温通，苦泄下行而奏疏肝理气、散结止痛之功，另外，本品苦泄力大，辛散温通力强，能破气散结；枳壳长于行气开胸，宽胸除胀；川楝子苦寒降泄，能清肝火、泄郁热、行气止痛。

3. 甲状腺功能减退

症状：怕冷，精神萎靡不振，记忆力减退，易疲乏，腰膝酸软，皮肤苍白、发凉、干燥粗厚，大便秘结，面目浮肿，TGAb 和 TMAb 可增高，血清 T_3、T_4、FT_3、FT_4 可下降，TSH 增高。

辨证：脾肾阳虚。

治则：温阳补肾。

方药：麻黄 15g，附子 10g，细辛 5g，干姜 10g，仙茅 15g，淫羊藿 15g。

分析：麻黄辛、微苦，性温，素体阳虚者，本品可与附子等同用，于扶阳中助解表，于解表中不伤阳气；附子温补脾肾，补火助阳，本品辛甘温煦，有峻补元阳、益火消阴之效，凡肾、脾、心诸脏阳气衰弱者均可应用；细辛味辛，性温，辛温走窜，达表入里；干姜辛热，入心、脾、肾经，有温阳守中、回阳通脉的功效；仙茅辛热，归肾、肝经，善补命门而兴阳道；淫羊藿益气温阳，用于肾阳虚。

（三）冠心病

卢芳遵循仲景"阳微阴弦"理论与具体临床实践，认为冠心病患者多为阳气不足，气虚血行不畅，凝滞于脉中；阳气亏虚易感寒邪，寒凝加重血瘀，水聚成痰。寒、痰、瘀加重阳气虚衰，本虚标实，虚实夹杂，气血运行失常，脏腑功能失调，致心脉痹阻。患者临床常见胸闷、胸痛、心悸、气短等症状。从"阳微阴弦"理论分析，在胸痹的治疗中要重视阴阳两个方面，对阳微要有温补，对阴弦要有通，心的生理特点就是要通，病理变化是不通。因此，对胸痹来讲，温是补气补阳，通是通过祛邪来帮助心功能正常发挥，是以通为补。本病主证为气虚血瘀，治疗当遵从补虚祛实，标本同治。

卢芳自拟益心舒通胶囊治疗本病，治法为益气通脉。药物组成：人参、三七、水蛭、血竭、琥珀，上药研成细粉，冲服或装入胶囊口服。

方解：方中重用人参为君药，大补元气，安神定志，补胸中不足之阳气，气旺则血行，现代药理研究显示人参皂苷有提高心肌收缩力的作用。三七、水蛭为臣药，三七活血化瘀止痛，水蛭破血逐瘀，二药合用瘀血去而脉络通，通则不痛。君臣药配伍正合"阳微阴弦"病机之意。血竭、琥珀为佐药，血竭活血，散心腹之瘀滞；琥珀重镇安神，化瘀止血。全方共奏益气养心、破血活血、散瘀定痛、行血之功。心肌梗死者，加地龙以增强活血通脉之力；有心衰者重用人参，加附子、细辛、淫羊藿鼓舞阳气，附子可回阳救逆、补火助阳，细辛可散寒止痛，淫羊藿可温肾壮阳。

（四）神志病

神志病是一种由于情志因素而引起的心神疾病，是临床常见、多发的功能性疾病，属于中医学"不寐""惊悸""脏躁""郁证""百合病"等范畴。相当于西医的自主神经功能紊乱、癔症、抑郁症、焦虑症、强迫症等。

1. 临床表现

（1）睡眠障碍：《灵枢·口问》言"阳气尽，阴气盛，则目瞑，阴气尽而阳气盛，则寤矣"。心阴亏损，心阳偏旺，阴不敛阳，心神不宁而不寐；肾阴亏虚，肾水不能上济于心，心阳偏亢，心肾失交，神志不宁而不寐。

（2）自汗盗汗：阳加于阴谓之汗，自汗盗汗皆有阴虚阳虚之别，非独阳虚自汗、阴虚盗汗。阳虚盗汗因于阳虚卫气弱，人寐卫气入于里，卫表更虚，腠理开而营阴泄；阴虚自汗，阴虚火旺，动则益甚，迫津外泄，而自汗出。阴不敛阳，虚阳外越。

（3）干燥：肾阴虚，失于濡润，可有口干而渴，渴不多饮。阴损及阳，阴虚日久致肾阳亦亏，肾阳虚则阳气不化，水精不布，津液输布障碍，不能滋润口腔而口渴。虚火熏灼咽喉，咽喉干燥，咽痒作咳。虚火上炎灼津，可有鼻干眼干。阴虚阴血亏损，脉道不利，脉络无以充盈，肌肤失于濡润而肌肤干燥。

（4）五心烦热：阴虚生内热，内热炽盛耗伤阴液，手足心、心胸在里属阴，故觉烦热。若阴损及阳，阳气不能达于四末，则有四肢不温。

（5）头晕健忘：肾阴不足，心肾不交，脑为髓之海，髓海不足则头昏健忘。又肝肾同源，精血互生，肝体阴而用阳，肝阴不足，阴不制阳亦可导致头晕健忘。

（6）腹胀纳呆：肝旺克脾或思虑过度，伤及心脾，脾失健运，运化失常，升降之道受阻，脾虚生湿，湿阻中焦亦见脘闷纳呆。

（7）情绪感觉多变：易怒易惊，易恐易思，恶闻香臭，恶闻声响，恶触肌肤。《金匮要略·百合狐惑阴阳毒病脉证治》曰："意欲食，复不能食，常默然，欲卧不能卧，欲行不能行，饮食或有美时，或有不用闻食臭时，如寒无寒，如热无热……其脉微数。"《素问·调经论》说："血有余则怒，不足则恐。"肝胆相表里，胆气虚在恐，肝气虚在怒。神舍于心，心病则五脏六腑皆摇。心不藏神，神无所归，虑无定所，则心虚胆怯，心悸不安，易受惊恐，坐卧不安，思虑过度。

（8）倦怠消瘦：《灵枢·本神》云"心怵惕思虑则伤神"。《杂病源流犀烛》云："思者，脾与心病也。"心为脾之母，母病及子，故脾气虚，中气失其所运，不能充养肢体，故肌肉不荣，无力，倦怠嗜卧，形体消瘦。

2. 治则治法

本病治宜滋阴潜阳。卢芳自拟方药四生饮，组方为生地黄20g，生白芍20g，生龙骨 20g，生牡蛎 20g。方中生地黄味甘、性寒，入心、肝、肾经，滋阴清热，补肾养心，性虽寒而不伤胃气，质虽润而不滋腻；生白芍养血敛阴，柔肝止痛，二药滋肝肾之阴，配伍为四物汤之半，使滋阴养血之力更强。生龙骨、生牡蛎平肝潜阳，二药配合有益阴敛阳、镇静安神之效；而牡蛎配白芍能敛阴潜阳止汗。总之，四药相配，有滋阴潜阳、重镇安神之功效。

若以阴虚为主证，见五心烦热，舌红少苔，脉细数，可加玄参以滋阴降火；若以失眠为主症，且系纯阴虚，舌干红无苔，脉细数，而无肝郁气滞及湿痰之象，可加酸枣仁、五味子、柏子仁；若失眠兼脾虚，舌体胖有齿痕，苔白腻，加合欢花、夜交藤；若以心火上炎为主证，心烦不寐，舌尖赤，可加黄连；若盗汗、自汗、脾气虚，加浮小麦；若阴虚症状明显，舌红无苔，脉细数，则重用山萸肉；若纳呆、腹胀、嗳气，可加佛手、香橼、茯苓、焦三仙、枳壳等；若肝阳上亢症状明显，头昏胀痛，血压有时偏高，可加石决明、珍珠母以平肝潜阳；若血压偏低可加枳实；若有脾虚浮肿可加茯苓、白术、山药以健脾利湿；若以心悸为主，加栀子、牡丹皮，以清心火；若哭笑无常可加小麦、大枣；若出现功能性失明可加养肝阴药如枸杞子、当归等；若出现功能性失语，则加郁金、石菖蒲豁痰开窍；若以肝郁气滞为主，可加川楝子、郁金等。

四生饮也适用于癔症、百合病、妇女脏躁、围绝经期综合征、阴虚发热、热病后期辨证属阴亏肝旺型的病证，尤其是神经衰弱、自主神经功能紊乱、强迫症、焦虑症、多动症、舞蹈症等神志疾病，随证加减应用，均有显著疗效。

五、方药之长

（一）常用方剂

卢芳教授经多年潜心研究，多个经验方剂被开发成新药并获国药准字。

1. 参鹿茶

【组方】人参、丹参、鹿茸、枸杞子、淫羊藿、韭菜子、蛇床子、绿茶适量。

【功能主治】温肾助阳。用于肾阳虚证，症见腰膝酸软，畏寒肢冷等。

【方解】枸杞子始载于《神农本草经》，曰："治五脏疾病，久服延年益寿。"《本草纲目》言枸杞子"补肾、润肺、生精、益气"。枸杞子味甘，性平，入肝、肾经，主治虚劳精亏，腰膝酸痛，眩晕耳鸣，内热消渴，血虚萎黄，目昏不明等症。淫羊藿味甘、辛，性温，归肝、肾经。功能补肾阳，强筋骨，祛风湿。用于肾阳虚衰，阳痿遗精，筋骨痿软，风湿痹痛。枸杞子、淫羊藿在方中合为君药，起补肾助阳的作用。人参是临床应用最多的补虚药，有"百草之王"的美誉。人参味甘、微苦，性微温，具有大补元气、复脉固脱、补脾益肺、生津养血、安神益智的功效。韭菜子味咸、辛，性温，入肝、肾经，具有补肝肾、暖腰膝、壮阳固精的功效，用于治疗阳痿梦遗、小便频数、遗尿、腰膝酸软冷痛。二者合为臣药，人参大补元气，韭菜子补肾助阳，辅助君药缓解肾阳虚衰、腰膝酸软的症状。丹参味苦，微寒，归心、肝经，具有活血祛瘀、通经止痛、清心除烦、凉血消痈的功效。蛇床子味苦、辛，性微温，有小毒，归肾经，有燥湿祛风、温肾壮阳的功效。丹参、蛇床子为方中佐药，起活血通经、温肾壮阳的作用。鹿茸味甘、咸，性温，归肾、肝经。功能壮肾阳，益精血，强筋骨，调冲任，托疮毒，可治肾阳不足，为使药。方中诸药合用，功在补元气，助肾阳。用于肾阳虚证，缓解腰膝酸软、畏寒肢冷等症状。

2. 菖麻熄风片

【组方】白芍、天麻、石菖蒲、珍珠母、远志。

【功能主治】平肝息风，安神化痰。用于轻中度小儿多发性抽动症属中医肝风内动夹痰者。症见头、颈、五官或肢体不自主抽动，喉中发出异常声音，烦躁易怒，多梦易惊，舌红苔白腻，脉弦滑等。

【方解】本方以白芍为君，天麻、石菖蒲为臣，珍珠母、远志为佐。白芍味苦、酸，性微寒，归肝、脾经，具有养血柔肝、平抑肝阳之功效。本品为平肝之要药，正如《玉楸药解》所云："芍药，酸寒入肝，专清风燥而敛疏泄，故善治厥阴木郁风动之病。"《本草经疏》云："芍药味酸寒，专入脾经血分，能泻肝家火邪，故其所主收而补，制肝补脾，陡健脾经。"故白芍还有制肝健脾的作用。本病的病机重点为肝风，故本方重用白芍为君，用其平抑肝阳之功，以奏息风止动之效。

天麻味甘、性平，专入肝经，具有息风止痉、平肝潜阳的作用，为临床治疗肝风内动常用之品。《本草纲目》言天麻"乃肝经气分之药"，"诸风掉眩，皆属于肝，故天麻入厥阴之经而治诸病……天麻乃定风草，故为治风之神药"。《药品化义》曰："天麻气性和缓……用此以缓肝气……是以肝病则筋急，用此甘和缓其坚劲。乃补肝养胆，为定风神药。"《本草正义》云："盖天麻之质，厚重坚实而明净光润，富于脂肪，故能平静镇定，养液以息内风，故有定风草之名。"本方以之为臣，辅助君药白芍以加强平息肝风的作用。

石菖蒲味辛、性温，归心、胃经，具有豁痰开窍、散风化湿之功。《神农本草经》记载本品能"开心孔，补五脏，通九窍，明耳目，出声音………聪耳明目，不忘，不迷惑"。《本草从新》言石菖蒲"辛苦而温，芳香而散，开心孔，利九窍，明耳目，发声音，去湿除风，逐痰消积，开胃宽中"。《重庆堂随笔》赞谓："石菖蒲舒心气，畅心神，怡心情，益心志，妙药也。"可"祛痰秽之浊而卫宫城""宣心思之结而通神明"。本方用其豁痰除风之力，以通利风痰痹阻之心窍，心神得主，不自主之抽动和发声则得以控制。故本方以之为臣，去肝风所夹之痰邪，以助君药息风止动之功。珍珠母味咸、性寒，入肝经，以其平肝潜阳之功，佐助君药白芍、臣药天麻息风止动之用；远志味辛、苦，性微温，入心经，以其祛痰开窍之功能，佐助臣药石菖蒲通利闭阻之心窍，故此二者在方中皆为佐药。

综上所述，本方共由五味中药配伍组成，一君、二臣、二佐，以平肝息风为主，兼以豁痰开窍。肝阳平抑肝风息，则抽动得止；痰阻得开，心窍通利，则心神得主，"主明则下安"，不自主地抽动和发声得以很好地控制。

3. 前列闭尔通栓

【组方】马鞭草、王不留行、白花蛇舌草、三七、土鳖虫、琥珀、蜈蚣、栀子、黄连、黄柏。

【功能主治】清热利湿，祛瘀通闭。用于良性前列腺增生属湿热瘀阻证者，症见夜尿频多，尿道灼热，排尿困难，小腹胀满，尿后余沥不尽等。

【方解】王不留行味苦、性平，具有活血通经之效，主入血分，善通行血脉，其性行而不住，走而不守，《外台秘要》言其能"治诸淋及小便常不利"，《本草纲目》也记载其"利小便"。因此王不留行可通利闭阻尿路之瘀毒，使水道得通，小便则利。马鞭草味苦、性凉，具有清热解毒、活血散瘀、利水消肿的功效，《本草经疏》言其"本是凉血破血之药"，《分类草药性》又指出其能"去小便血淋肿痛"，《天宝本草》载其"利小便"，尤其长于清解下焦湿热之毒，正如《生草药性备要》所云"活血通经，能去脓毒"。因此，马鞭草与王不留行共为君药，二者相须相使，共奏活血化瘀、清热解毒、利湿通闭之功。

本方以三七、白花蛇舌草为臣。三七味甘、微苦，性温，具有止血散瘀、消肿定痛之功，《玉楸药解》言其能"和营止血，通脉行瘀，行瘀血而敛新血"。在本方中除能增强君药活血化瘀之力外，还化瘀止血而不留瘀，尚可消肿定痛，使水道更加畅通。白花蛇舌草味苦、甘，性寒，能清热、利湿、解毒，《泉州本草》言其能"清热散瘀，消痈解毒"，《广西中草药》言其能"清热解毒，活血利尿"。故在方中可助君药活血散瘀，清利下焦湿热毒邪，以通利下焦水道。

穿山甲、土鳖虫、琥珀、栀子、黄柏、黄连皆为本方之佐药。土鳖虫味咸、性寒，功能活血逐瘀，《药性论》言其能"破留血积聚"。琥珀味甘、性平，《名医别录》言其能"散瘀血，通五淋"，本方取其活血散瘀、利水通闭的作用。以上二药，在方中共同佐助君臣药以活血散瘀，通利闭阻之下焦水道。栀子、黄柏、黄连皆性味苦寒，连柏同用，清热燥湿解毒之力倍增，且黄柏尤善清下焦之湿热；栀子入三焦经，清热利湿，凉血解毒，可通利三焦水道下行。《药性论》言其能"利五淋""通小便",因此栀、柏、连三药在方中共同佐助君臣药清热除湿解毒之功。

蜈蚣味辛、性温,专入肝经,本方取其解毒散结通络之功,在方中与穿山甲、土鳖虫为伍,通络散结,各彰其效。《医学衷中参西录》言:"蜈蚣,走窜之力最速,内而脏腑,外而经络,凡气血凝聚之处皆能开之。"故又可使经髓脉络畅通,引诸药直达病所。因此,蜈蚣在方中又为引经报使之药。

以上诸药相伍,君臣佐使有序,活血之中寓通络散结之能,通利之内纳清热解毒之功,使瘀血得化,湿热得清,浊毒得解,小便得通,共奏活血化瘀、清热解毒、利湿通闭之效。

4. 颅痛宁颗粒

【组方】川芎、荜茇(比例2:1)。

【功能主治】温通散寒,活血止痛。用于寒凝血瘀所致的三叉神经痛,症见侧头部、面颧部、唇舌及齿槽发作性疼痛。

【方解】川芎为君药,味辛、性温,走窜力强,归肝、胆、心包经。具有行气开郁、祛风燥湿、活血止痛之功,虽入血分,但又能行气,有"血中气药"之称。川芎更是治疗头痛之要药,上可至颠顶,下能达涌泉,外可御皮毛,旁温达四肢,所以适用于外邪闭阻经脉引起的头痛。荜茇温中散寒,下气止痛为臣,在方中起散寒止痛、温中行气之效,助川芎加强疏风止痛之功。血之壅者,必赖辛为之散,二药配伍,辛香走散。川芎偏活血止痛,荜茇偏温中行气,二者一气一血,并力上行,相须为用,以此配伍,共奏温通散寒、活血止痛之功。二药能扩张脑血管,增加脑血流量,降低脑血管外周阻力,而且对中枢神经系统有抑制作用,使疼痛得以缓解。

(二)活用药物

1. 用麻黄治喘证

喘证相当于西医学的慢性阻塞性肺疾病、支气管哮喘等疾病。卢芳对该病首先提出听诊辨虚实,听诊时患者有干啰音为实喘,无干啰音为虚喘。对于实喘型临床确立宣降肺气、化痰平喘的治法,并重用炙麻黄。

【典型医案】某患者,男性,40岁。

平素健康,近2年每因寒冷刺激即气喘,伴有胸闷,无咳嗽,自用气雾喷剂缓解。初诊前1周,因劳累复感风寒,喘咳气急,胸部胀闷,伴有恶寒、发热,无胸痛咳血及黄痰,在某医院诊为支气管哮喘,用氨茶碱口服无效,恶寒加重,无汗出,遂来就诊。症见急性病容,呼吸急促,语言对答,步入诊室,目窠无浮肿,目睛无黄染,舌苔薄白,脉弦数。体温37℃,脉搏90次/分,呼吸28次/分,血压130/90mmHg,口唇无发绀,颈静脉无怒张,听诊心音遮盖,律整,心率90次/分,两肺满布哮鸣音，无明显湿啰音，腹部平坦柔软，肝脾未触及，双下肢无浮肿。血常规：红细胞 $5.0×10^{12}/L$，白细胞 $11.1×10^9/L$，淋巴细胞 0.4。尿常规正常。心电图：窦性心律，电轴正常，心率 90 次 / 分。肺 CT：双肺纹理增强。

西医诊断：支气管哮喘。

中医诊断：哮喘，风寒袭肺型。

治法：宣肺散寒，化痰平喘。

处方：炙麻黄 25g，桂枝 15g，杏仁 15g，甘草 15g，细辛 5g。7 剂，水煎取汁 450mL，每隔 8 小时服 150mL。

二诊：喘息已平，伴轻咳，咳吐少许白色泡沫痰，舌苔薄白，脉弦数。证为束表风寒已解，寒邪犯肺，凝液成痰，致肺气不宣。上方去细辛、桂枝，加百部 25g，枇杷叶 25g，3 剂。

三诊：症状明显减轻，苔薄白，脉弦。继服二诊方 5 剂。四诊诸症消失，共服汤药 15 剂，临床治愈，嘱其防止风寒刺激及感冒，追访 1 年无复发。

按：哮喘为呼吸困难，甚至张口抬肩，鼻翼扇动，不能平卧的一种病证。有声为哮，无声为喘，临床难于鉴别，常互相兼杂，故合称哮喘。《景岳全书·喘促》说："实喘有邪，邪气实也；虚喘无邪，元气虚也。"《类证治裁·喘证》认为"喘由外感者治肺，由内伤者治肾"。故实喘为邪气壅肺，气失宣降，治以祛邪利气；虚喘为精气不足，肺肾失职，出纳失常，治以培补摄纳，此不可不辨。此例为风寒上受，内合于肺，邪气壅实，肺气不宣，故喘咳气逆、胸闷。风寒束表，皮毛闭塞，营卫不和，恶寒发热，苔薄白，脉浮紧为风寒在表之外候。方用麻黄、桂枝、细辛宣肺散寒解表，麻黄味辛、性温，辛能发散，温可祛寒，体轻升浮，入肺与膀胱二经，肺合皮毛。足太阳膀胱经主一身之表，故能发汗解表散寒而治外感风寒，升宣肺气，对外邪犯肺，肺气壅遏的喘咳，疗效显著，故为干咳之要药。现代药理学研究显示，麻黄所含的麻黄碱和伪麻黄碱均有缓解支气管平滑肌痉挛的作用，进而能有效改善气流受限，故有良好的平喘作用；并能收缩血管，使血压上升，高血压患者慎用或忌用。喘重不息者，麻黄可用至 50g，临床无其他不良反应，效果斐然。

2. 用大黄治疗咳血

卢芳善用大黄治疗血证。

【典型医案】某患者，男性，35 岁。

初诊时诉近 5 年来反复咳嗽，吐白泡沫痰，每逢劳累及秋冬季节症状加重，时有黄痰。在某医院经 X 线检查确诊为慢性支气管炎，继发感染。经消炎止咳治疗，症状反复，终未治愈。1 周前因劳累咳吐鲜血，无发热恶寒，无脓痰，在某医院复诊，诊为支气管扩张，用止血药及青霉素静脉注射，症状加重，咳吐鲜血，每日咳血量约

10mL，同时伴有口渴、便秘。慕名来诊。体温 36.0℃，脉搏 90 次 / 分，呼吸 22 次 / 分，血压 120/90mmHg。发育正常，呼吸略急促，口唇无发绀，舌质红，苔黄褐，脉弦滑数。时咳鲜血，量约 2mL，心音纯，心律齐，心率 90 次 / 分，左肺听诊有少许湿啰音，肝脾未触及，下肢无浮肿。生理反射存在，病理反射未引出。血常规：红细胞 4.5×10^{12}/L，白细胞 9.0×10^9/L，淋巴细胞 0.3。尿常规正常。心电图：窦性心律，电轴正常，心率 90 次 / 分。肺 CT 示左肺支气管扩张。

西医诊断：支气管扩张。

中医诊断：咳血，肠火犯肺型。

治法：泻火止咳降气。

处方：黄芩 20g，川楝子 10g，生大黄 20g（后下），炙百部 20g，鱼腥草 20g。水煎常规服。

二诊：服 3 剂药后已无咳血，5 剂服完，无不良反应，无腹泻，口渴减轻。一般状况良好，苔薄黄，舌质红，脉弦数，证属热邪已去，但伏火内存，故舌质红，苔薄黄，脉弦数。继服前方 5 剂。

三诊：症状消失，舌质淡红，苔薄白，服药期间无不良反应，临床治愈。随访 1 年，病情无复发，已正常工作。

按：此患者为壮年男性，平素患有咳嗽，但此次发病 1 周，症状为咳鲜血，无发热恶寒，无黄痰脓痰。口渴便秘，舌质红，苔黄褐，脉弦滑数。证属大肠郁热化火上逆。肺与大肠相表里，上下相应，大肠手阳明之脉络，肺气肃降，则大肠腑气通畅，出入有常，大肠郁热化火致肺气上逆，火气熏蒸，肺气下降，热迫血行，血不循经，血气外溢则咳吐鲜血。一般治疗咳血选十灰散等炭类药止血，每不见效，而卢芳辨证准确，结合脉证认为是大肠郁热化火上逆致肺失肃降，热迫血行，而药选大量生大黄泻大肠郁热，热去火除，大肠腑气得通，肺气得降，火不熏蒸，气血归经，咳血自消，并未用止血药，而病亦痊愈。重用生大黄 20g，亦可用至 30g，泻大肠火，大黄苦寒，入大肠、胃、心、肝经，攻积导滞，泻火凉血，逐瘀通经，可用于火热亢盛、迫血上溢的出血及热毒疮痈等证。大黄又称"将军"，苦寒沉降，力猛善行，能直达下焦，荡涤肠胃积滞，清泄血分实热，唯性峻烈，能伤正气，如非实证，不可轻用。水煎剂可用至 30g，除有轻度腹泻外无其他不良反应。该品生用泻下力强，熟用泻下力缓，炮制可清上焦之热，亦可增加活血行瘀之力，炒炭则可化瘀止血，可随病情使用。本例为泻大肠实火，故选生者。据现代药理研究，该品含结合状态的大黄酸类物质，能刺激大肠壁，引起肠管收缩，分泌增加，使大肠内容物易于排出，故有泻下作用，且又含鞣质，具有收敛作用，大量应用先有泻下作用而后有收敛作用。若煎久泻下成分被破坏，收敛成分煎出，反而容易导致便秘。另证实大黄有增加血小板数量，促进血液凝固的作用。心肺以血脉相通，肺与大肠相表里。该方用大黄之意为泻心火。

3.重用川芎治疗偏头痛

偏头痛是一种慢性、多种因素引起的自主神经功能紊乱综合征，多呈一侧疼痛，反复发作，头痛特点多为搏动性。目前西医对于本病的发病机理尚不十分明确，多认为与各种因素引起的血管舒缩功能变化等有关。在《黄帝内经》中，有"脑风""首风"之称，中医学认为本病的病因虽复杂多端，但归结起来可分外感和内伤两大类。头为清阳之府，处人体最高部位，主一身之阳的督脉，故有"头为诸阳之会""颠顶之上，唯风可到""伤于风者，上先受之"等说法。七情所伤，情志不和，肝失条达而致肝郁气滞。一方面，由于气郁化火，上扰清空而头痛；另一方面，由于肝阴不足，阴虚阳亢生风，上扰清空而致头痛，此两者皆为偏头痛之本。

【典型医案】某患者，女性，35岁。

平素健康，初诊前2年因劳累紧张初起头晕目眩，未经治疗。近1年来每逢紧张劳累即发作，继而左侧头痛如裂，痛甚连及下齿。初起数周发作1次，逐渐加重，现一周数次，持续数分钟至数十分钟方止，止如常人，无恶心呕吐、半身不遂，经某医院诊为偏头痛，按医嘱服麦角胺治疗，初服有效，继而无效，增加剂量亦不能止痛，近1个月发作频繁，痛苦不迭，求中医治疗。体温36.0℃，脉搏80次/分，呼吸18次/分，血压130/90mmHg。发育正常，营养佳，神志清，表情苦闷，活动自如，五官端正，苔薄白，脉弦，口唇无发绀，颈静脉无怒张，心音纯，律齐，心率80次/分，各瓣膜区无杂音，两肺无干湿啰音。生理反射存在，病理反射未引出。头部CT未见异常。

西医诊断：偏头痛。

中医诊断：头痛。

治法：平肝息风。

处方：川芎30g，白芷20g，白芍20g，菊花15g，天麻15g，生龙骨、生牡蛎各20g。水煎常规服，7剂。

二诊：服药无不良反应，偏头痛发作次数减少，发作前无头晕目眩，但头痛仍如前，舌质紫暗，脉涩，证属药已中病，肝风已息，但久痛入络，气滞血瘀，治以理气活血化瘀。处方：川芎30g，白芷20g，全蝎5g，蜈蚣2条，桃仁15g，红花15g，水煎常规服，7剂。

三诊：服药无不良反应，头痛发作次数明显减少，但痛势不减，舌质轻度紫暗，脉涩。药已中病，效不更方，再投二诊方，方中川芎用至50g，同上服。

四诊：症状锐减，头痛发作次数减少，呈钝痛，舌质轻度紫暗。脉弦。效不更方，再投三诊方7剂，嘱服完。

五诊：一般状况好，表情安静，转忧为喜溢于面，舌质淡红，脉缓。共服28剂，病获痊愈，服药过程中无不良反应。嘱劳逸结合，慎喜怒，追访2年，病情无复发。

按：患者初起为肝风上扰清空，气血运行不畅，闭塞不通，不通则痛。方中天麻甘平质润，专入肝经，平肝息风，配伍川芎治肝虚头痛眩晕。菊花甘苦微寒，疏风养肝。白芍苦酸微寒，入肝脾血分，酸亦收敛。苦凉泄热而有养血敛阳、柔肝止痛、平肝抑阳之功，专治肝阴不足、肝阳亢盛之头痛眩晕，配伍生龙骨、生牡蛎加强平肝益阴潜阳之力。川芎活血行气，祛风止痛，为治头痛之要药，其性辛温走窜，走而不守，上行于颠，下达血海，外彻皮毛，旁通四肢，为血中气药，以通为用，配白芷、菊花其效尤佳。白芷辛温，专治头风痛、偏头痛、眉棱骨痛。二诊后患者肝风已息，久痛入络，气滞血瘀，故去息风祛风之品，加桃仁、红花活血通经，祛瘀止痛，用全蝎、蜈蚣之类搜逐血络，宣通阳气，亦借其息风止痉、通络止痛之效。尤全蝎配川芎、白芷专治偏头痛，其理也由此也。又按传统治疗偏头痛无论辨证施治或单方验方，缓痛止痛效果一般均较好，但远期效果不佳，易于复发，况久病顽疾不见效者有之，卢芳根据多年临床经验，集古今百家之长而悟出重用川芎（视病情可重用至50g）之法，无不奏速效，绝少复发，且未发现不良反应。

六、读书之法

卢芳从儿时单纯背诵《药性赋》《汤头歌》《药性歌括四百味》《医宗金鉴》等，到大学熟读理解并背诵《黄帝内经》《金匮要略》《伤寒论》《本草纲目》等，对于如何学习中医经典，他逐渐摸索出一种重要的学习方法，那就是背诵。《本草纲目》是一本卷帙浩繁的巨著，书中所列药物1892种，卢芳可以流利地背诵临床常用的中药。正是由于熟读、精读，以至全文背诵这些经典，使他奠定了深厚的中医理论功底，这是他在理论与临床上能够发展创新的重要基础。

卢芳在《黄帝内经》"治未病"理论的基础上，提出动态辨证论治的治疗思路。《黄帝内经》奠定了中医学的基础理论体系，其中遵循自然养生，防重于治的思想贯穿在整个理论体系中，纵览古代文化与哲学，不难看出《黄帝内经》吸收了儒、道等家先进的养生和预防思想，不仅从医学的角度明确提出"治未病"的概念，而且建立了完整的"治未病"理论体系。比如《素问·四气调神大论》提出的顺应气候变化的动态养生观及未病先防"治未病"的主导思想，提出预防重于治疗的重要性，曰："圣人不治已病治未病，不治已乱治未乱……夫病已成而后药之，乱已成而后治之，譬犹渴而穿井，斗而铸锥，不亦晚乎。"以此生动比喻未病先防的重要性。又如《灵枢·逆顺》曰："上工，刺其未生者也。其次，刺其未盛也。其次，刺其已衰者也……故曰：上工治未病，不治已病。"上工刺其未生者，后人引为未病先防，早期治疗的预防思想。显然治病于未生，比治其未盛更具积极意义，施治于未病之先才是治未病之法。

《黄帝内经》中天体一体观、五脏一体观和人与自然相应的思想构成了整体恒动观，天地万物之间、人体五脏之间不仅是一个整体，而且处在不断运动变化的过程中。整体恒动思想是中医学的指导思想，横贯中医基础理论，左右理法方药。整体恒动观是"治未病"理论的思想基础。疾病是邪气作用于人体，正邪斗争在脏腑、经络病理变化的反映，呈现着整体动态传变模式。疾病的传变是在机体、脏腑、经络等组织中的转移和变化，也就是疾病过程中各种病理变化的衔接、重叠与传化，其中包含着病邪、病性、病位和病势的动态变化，如伤寒的六经传变，温病的卫气营血传变等。传，是指病变循着一定的趋向发展变化，是指病邪、病性、病位和病势在某些特殊体质、邪正盛衰、有无宿疾、治疗当否等条件下，不循一般规律而起病性的转变。疾病传变规律一般多呈顺传之势。《素问·缪刺论》言："邪之客于形也，必先舍于皮毛，留而不去，入舍于孙脉，留而不去，入舍于络脉，留而不去，入舍于经脉，内连五脏，散于肠胃，阴阳俱感，五脏乃伤，此邪之从皮毛而入，极于五脏之次也。"《素问·调经论》《灵枢·百病始生》亦有类似的论述。扁鹊的"治未病"思想体现在齐桓公的病例中，"邪风之至，疾如风雨，故善治者治皮毛，其次治肌肤，其次治筋脉，其次治六腑，其次治五脏，治五脏者半死半生也"。《素问·阴阳应象大论》指出虚邪伤人的一般传变模式——由表入里，寓意和提示早期防治、既病防变和截断传变途径的"治未病"思想。

卢芳认为中医辨证论治存在相对的亚动态性。由于证候具有"以候为证"的特点，证候的定位是整体性或亚整体性的，《素问·生气通天论》言"自古通天者，生之本，本于阴阳""阳气者，一日而主外；平旦人气生，日中而阳气隆，日西而阳气已虚，气门乃闭，是故暮而收拒，无扰筋骨，无见雾露，反此三时，形乃困薄"。《素问·生气通天论》曰："苍天之气，清净则志意治，顺之则阳气固，虽有贼邪，弗能害也，此因时之序。"指出一天之内三段时间阳气的活动规律和人身阳气的重要性。循着时序的变化规律保养生气，显示未病先防的动态养生观。在高楼林立的城市，入夜酷热难当，对于已感受外邪而又素体本虚，或稚阴稚阳体质的患儿，入夜后空调、风扇猛吹，以至晨昏之间发生变证者并不少见，正如《素问·移精变气论》

所说："失四时之从，逆寒暑之宜，贼风数至，虚邪朝夕，内至五脏骨髓，外伤空窍肌肤。"又说："暮世之治病也则不然，治不本四时，不知日月，不审逆从……故病未已，新病复起。"所以临证要因人、因时制宜，疾病过程的气候变化特点、患者的生活习惯特点、病邪的"因时从化、因地制宜"，把握昼夜晨昏、阴阳寒热二气的变化特点。掌握这一规律，动态性、证候演变规律预见性地先证而治或治未病的脏腑，随机对证应变治疗。所以，《素问·阴阳应象大论》言："故治不法天之纪，不用地之理，则灾害至矣。"《荀子·天论》言："应之以治则吉。"中医学强调"治病必求于本，本于阴阳"，调和阴阳，以平和为期。要求"上工治未病"的理念，"毋逆天时，是谓至治"。

七、大医之情

卢芳传承祖辈治病救人的家训，一生致力于中医药事业的发展创新，卢芳精深广博的学术理论、严谨求实的治学态度和治病救人的医德医风也深深影响着子孙后代，卢芳现全家12口人，其中9人从事中医药事业，孙女卢美希蕙质兰心，敏而好学，现就读于北京中医药大学攻读博士学位，师承于中国工程院院士、药理学家杨宝峰教授，品学兼优，传承衣钵。

卢芳一生，作为学生，他品学兼优；作为老师，他学识渊博；作为医生，他医术精湛；作为领导，他德高望重。正是他的人格魅力和不懈的努力，使他从盐碱地的农村，历经数十年的沧桑，一步一个脚印地走向他事业的巅峰，走向辉煌。

卢芳兴趣广泛，博览群书，不仅稔熟中医经典，对于古代名著和近代书籍也均拜读。他多才多艺，诗词、国学等均有造诣。还曾客串出演过话剧，在1993年12月26日毛泽东一百周年诞辰之际，卢芳应省市文化部门邀请参与话剧演出，扮演伟人毛泽东，他在形、神、音等方面高度还原伟人的音容笑貌，当时引起很大轰动，观众激动得热泪盈眶，可见卢芳演出的感染力。

卢芳对诗词歌赋均有涉猎，出口成章，兴趣所致常常赋诗一首。

卢芳对人生有深深感悟，作诗云：

古稀初度年，往事如云烟。

生如远行客，走在天地间。

吾生有三爱，事业是青山。

路上多坎坷，人意有冷暖。

失败不气馁，逆境长才干。

技术握在手，胜过家万贯。

学海无止境，山外还有山。

信念不可摇，目标宜高远。

勤奋加机遇，撑好人生船。

二要爱家庭，百善孝为先。

乌鸦能反哺，父母生命源。

夫妻和睦好，男人是把伞。

教子读好书，要端金饭碗。

子孙品行正，身教加言传。

一生在家庭，角色多转换。

儿夫父爷辈，要有责任感。

只有无私爱，酿蜜才有甜。

三要爱自己，生命与尊严。

人皆求长寿，健康是关键。

少壮多运动，老大无病缠。

交友言必信，助人多施善。

人品无字碑，声誉重泰山。

不能照千秋，也要留光环。

人生路虽短，经历却纷繁。

走好每一步，凡人变神仙。

卢芳鼓励继承人，作诗云：

悬壶治病几代人，老医新秀一家亲。

瑰宝传承有来者，毕生心血洒杏林。

卢芳作为一位老师，赋诗一首与大家共勉：

学高身正为师表，传道授业重肩挑。

尊师重教东风起，教书育人掀风潮。

三尺讲台师仲景，二寸粉笔话神农。

采得百花成蜜后，满园桃李杏林风。

八、养生之智

卢芳虽已耄耋之年，但仍面色红润，目光炯炯，思维清晰，精力充沛，这与他良好的心态、合理的饮食、适度的运动、坚定的信念是分不开的。卢芳对于养生也颇有研究。

（一）食物养生

卢芳熟读古籍，平素注重饮食的合理搭配，将《黄帝内经》中的食养理论融会贯通，遵循四时五行的变化规律调理饮食。将谷、果、肉、菜的气味调和起来，达到补益精气、维持生命与健康的目的。卢芳从不暴饮暴食，即使再喜欢的食物也是点到为止。

（二）茶类养生

卢芳非常重视茶类养生，对于茶类研究颇深。中医学理论一般认为甘则补而苦则泻，故茶叶功兼补泻，微寒，具有寒凉之性的药物可以清热解毒。集古代各家之论，茶具有清利头目、安神除烦、生津止渴、消食化积、清热解毒、消暑止痢、利尿醒酒、下气通便、益气力、去肥腻、祛风解表、明目坚齿、延年益寿等功效。卢芳综合古今茶类研究成果，结合自身长期饮茶养生心得，认为茶叶具有以下几类作用：①延缓衰老，茶多酚具有很强的抗氧化性和生理活性，是人体自由基的清除剂。②降低血脂，预防心血管疾病。③杀菌和抵抗病毒。④预防和治疗辐射伤害。⑤抗细胞突变、抗癌。⑥醒脑提神。⑦利尿解乏。⑧助消化。⑨护齿明目。

（三）体质养生

卢芳基于《黄帝内经》体质养生思想，认为"治未病"首先应该把重点放在平时的养护和调摄上，未雨绸缪，积极主动地采取措施，防止疾病的发生。正如《素问·四气调神大论》中所强调的"是故圣人不治已病治未病，不治已乱治未乱，此之谓也。夫病已成而后药之，乱已成而后治之，譬犹渴而穿井，斗而铸锥，不亦晚乎"。此即在平时抗邪能力和防止病邪侵袭两个方面预防疾病的发生。要想有效地预防疾病，必须了解个体体质的偏颇，在此基础上进行有针对性的补偏救弊。就如《灵枢·阴阳二十五人》中所说的"审察其形气有余不足而调之，可以知逆顺矣"。改善体质的基本措施是改变个体的生活环境、饮食习惯，并通过必要的锻炼和药物等摄生方法，逐渐使体质的偏性得以纠正，预防其可能发生的某些病证。总之，中医养生主张因时、因地、因人而异，包括形神共养、协调阴阳、顺应自然、饮食调养、谨慎起居、调和脏腑、通畅经络、节欲保精、益气调息、动静适宜等一系列养生原则，而协调平衡是其核心思想，即当一个人身体达到平衡点的时候，是最健康的。中医学因人制宜的思想，落实到养生就是"因体施保""因人施养"。世界上没有两片完全相同的树叶，也没有完全相同的两个人。因此，养生与预防也应根据不同的体质状态，实施个性化保健。

九、传道之术

卢芳在多年的实践中，积累了丰富的临床经验，中医理论功底扎实深厚，善于创新治疗疑难杂病，勤奋著书福泽后人，传道授业甘为人梯，救死扶伤大医精诚。卢芳桃李满园，作为第一至第七批全国老中医药专家学术经验继承工作指导老师，已培养学术继承人14名，其中有多位省级名中医或中医临床领军人才。2007年，第三批学术继承人被评为"全国首届中医药传承高徒"。作为全国中医（临床、基础）优秀人才研修项目的指导老师，卢芳带教全国中医（临床、基础）优秀人才研修项目培养对象10余名。他常常告诫学生，要想成为一名优秀的中医，一定要做到背经典，多临床，跟名师，勤笔耕，善演讲。

国家中医药管理局于2014年在哈尔滨市中医医院成立名老中医药专家传承工作室，2018年成立卢芳国医大师传承工作室。遴选卢天蛟、李侗、王翠微等多名具有博士、硕士学历的优秀中青年中医工作者进入工作室，工作室成员在卢芳的指导带领下，充分发挥在中医传承中的旗帜及导向作用，以国医大师传承工作室为载体，通过学习继承国医大师的学术经验，带动医院的专科专病建设和中医学术整体发展，确保医院核心竞争力的提升和可持续发展，为传承中医药事业做出了应有的贡献。工作室成员通过发表卢芳学术思想相关的论文、出版论著、产出科研成果等方式提升了工作室成员的学术能力，提高了工作室成员中医临证思辨能力，并培养了一批高层次中医药人才，其中黑龙江省名中医1人，全国中医药创新骨干人才1人，黑龙江省青年名中医3人，第一批黑龙江省名中医工作室指导老师1人，全国名老中医学术继承人6人。卢芳及工作室成员还积极开展支农扶贫义诊等活动，多次参加电视台、电台等新闻媒体举办的健康教育类节目，宣传中医药，还多次举办国家级继续教育项目讲座，提升了工作室在国内外的影响力、知名度和学术地位，为卢芳经验的传承创造了良好氛围，提供了强劲推动力，提升了社会效益。

卢芳学术传承谱

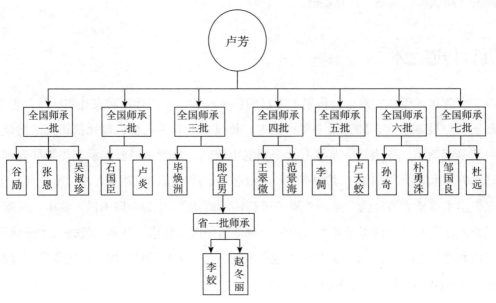

（李侗、卢天蛟整理）

（毛心勇编辑）

包金山

包金山（1939— ），蒙古族，中共党员。现任内蒙古民族大学附属医院教授、主任医师、硕士研究生导师；中国中医科学院学部委员。兼任中国民族医药学会传统正骨分会会长、中国民族医药协会名誉会长、国家药品监督管理局药品评审中心古代经典名方中药复方制剂专家评审委员会委员。国家级非物质文化遗产项目蒙医药（蒙医正骨疗法）代表性传承人；全国老中医药专家学术经验继承工作指导老师；获得中共中央、国务院、中央军委"庆祝中华人民共和国成立70周年"纪念章；全国卫生系统先进工作者，全国民族团结劳模，全国"郭春园式的好医生"。享受国务院政府特殊津贴。2017年被授予第三届"国医大师"称号。

在60多年的医疗实践活动中，包金山把现代系统科学应用到了蒙医整骨理论中，创立了以"三诊""六则""九结合"为精髓的中国蒙医整骨学。发表学术论文50余篇，编写专著16部、教材5部。主持完成的科研项目"蒙医整骨非手术治疗小儿肱骨髁上骨折临床研究"获2021年度中国民族医药协会科学技术奖一等奖。专著《蒙医正骨》获2019年度中国民族医药协会科学技术进步奖特等奖，专著《神奇的蒙医整骨疗法》获2019年度中国民族医药学会学术著作奖一等奖，专著《国医大师包金山与中国蒙医整骨学》获2020年度中国民族医药学会学术著作奖一等奖。

一、学医之路

1939 年 6 月，包金山出生在具有二百多年历史的内蒙古科尔沁草原孛儿只斤氏（包氏）家传蒙医整骨世家，是被人们赞誉为"草原神医"娜仁·阿柏的第四代传人。

由于从小聪慧伶俐，包金山在这个大家庭中备受宠爱。他幼时听到了很多关于家族的传奇故事，尤其是被称为"草原神医"的曾祖母娜仁·阿柏的传奇经历在他幼小的心灵中刻下了深深的印记，为他日后走上行医之路开启了一扇大门。娜仁·阿柏那高超精湛的医术和顾全大局的博大胸怀，时时令年幼的包金山神往，时时激励他不畏困难，勇往直前。

孛儿只斤氏（包氏）家传蒙医整骨历来有个不成文的规矩，即只传本族，只许单传，所以对于家族来说，选择继承人是一件非常重要、极其慎重的大事。包金山聪慧的头脑、顽强的意志以及生来具有的仁爱心肠，终于使他赢得了长辈们的信任，在他刚满 7 岁时便被叔父立为继承人，同时对他提出了"三不八要"的严格戒律。"三不"即在医德上，一不能以貌取人，二不能为挣钱而行医，三不能酗酒。"八要"即在医疗技术上，一要诊断正确，二要复位完整，三要固定牢靠，四要按摩始终，五要药物适当，六要重视护理，七要锻炼功能，八要医患结合。叔父的谆谆教诲，使年幼的包金山懂得了作为一名医者应具备的基本素质和技能。他时刻牢记叔父的告诫，严于律己，跟着叔父勤学苦练，不管严寒酷暑，科尔沁草原上哪里有他叔父包玛沙的足迹，哪里就有包金山的身影。有志不在年高，几度春秋，包金山的医术已大有进步。刚满 15 岁，包金山就可以单独行医了，草原上到处可以看到包金山那幼小的身影，草原上逐渐传开了"小神医"的佳话。

由于种种原因，包金山 14 岁才迈进小学的校门，但他那强烈的求知欲和进取心激励他勤奋学习，很快，他在班级名列前茅，并连续跳级求学。天道酬勤，1959 年7 月，20 岁的包金山以优异的成绩考上了大学。十多年的学校教育，赋予了他科学的头脑、唯物主义的思想，为他日后以科学的态度进一步对蒙医整骨术的研究、促进蒙医整骨科学的发展打下了坚实的基础。1963 年，包金山大学毕业后被分配到一所新建的中学任教。当年的"小神医"回到家乡的消息很快在科尔沁草原上传开了，草原上的农牧民纷纷到学校找他治病，他一边忙于教学工作，一边抽出时间为父老乡亲治病。虽然很忙碌、很累，但他的内心却很充实。他的辛勤付出得到了农牧民和学校师生的认可和赞扬，年年被所在旗县评为模范教师。"文革"期间，包金山从哲里木盟（通辽市）来到阜新市的一位老农民刁某家，刁某是曾被他治愈的一位骨折患者。刁某将包金山介绍给阜新市矿区医院领导。医院领导早闻包金山家传的神奇医术，便让他在矿区医院从事医疗事业。几经风雨，功夫不负有心人，他终于将流传两千多年无文字记载的蒙医整骨术整理成了40万字的《祖传蒙医整骨术》，并配了百余幅图片，使人们开始认识并重视起这门科学来。1972年，内蒙古科尔沁左翼后旗政府批准让他回旗并在旗医院骨科工作，医院较好的软、硬件条件为他潜心研究整骨技术创造了有利的条件。

包金山经过多年的实践，已经建立起了"蒙医骨伤科学"整套理论体系，可是由于多种原因，国内部分专家教授并不承认"蒙医骨伤科学"的存在。他们认为在内蒙古地区，只有民间的、分散的、传统的、不成熟的整骨术。这种看法对于包金山来说，是一种挑战。意志坚强的他为了进一步发扬光大少数民族的传统医学，使更多的人了解到"蒙医骨伤科学"，使人们从一种狭隘的、片面的认识中解脱出来，他开始一步一步地规划并实现着自己的奋斗目标，那就是"继承、总结蒙古民族两千多年来流传下来的没有系统文字记载的、民间的、分散的蒙医整骨术，将它发展成为与中医、西医一样具有独立体系的蒙医骨伤科学"。

他在继承、吸收家族整骨法的基础上，走出了辽阔的蒙古草原，调查、了解、收集资料，边学习，边实践，边研究，边提高。为了结合临床做实验，获得准确的临床数据和观察科研结果，20世纪70年代初，包金山倾其所有，拿出当时家里全部的26000元积蓄，多次自费到北京、天津、洛阳等地的骨科医院、医疗科研机构求教。他翻阅了八百多万字的医学书籍，自学了国内外的医学知识，并在赴各地学习中、西医先进技术的基础上，于1986年11月，在广西中医骨伤科研究所举办的点穴气功整骨函授班学习1年，极大提高了医学理论水平。

在从事整骨工作六十多年的时间里，包金山持之以恒、矢志不渝地献身于蒙医整骨事业，用神奇的医术解除了各民族数以万计患者的病痛，为千万个家庭增添了幸福和欢乐。他在数十年的临床、教学与科研工作中创制了内因为指导，外因为条件，以精、气、神为重点，手感整复和力学固定为主，喷酒按摩为内容，天地人合、归回自然的"三诊""六则""九结合"这一新理论、新疗法。这个新思想解决了中外治疗骨折史上长期没有很好解决的人与物、动与静、内因与外因、主动与被动、骨骼与软组织、意与气、手法与手术、形与神八对矛盾。他又把"蒙医骨伤科学"写进了《中国医学百科全书》和相关的高等院校蒙医药统编教材之中，创建了中国蒙医骨伤科学理论。

二、成才之道

包金山认为，他的成功离不开以下几点。

（一）更新观念，与时俱进

蒙医整骨具有悠久的历史，流派繁多，一般以口述形式流传，但由于口述的不规范性，容易造成在流传过程中内容"失真"和分布散乱，为了使其理论化、系统化，包金山先后自学了蒙医的《甘露四部》、西医的《人体解剖学》、中医的《伤科诊断》以及《X线诊断学》等三十多部共六百多万字的医学书籍，领会医学精髓，汲取书中精华，对家传蒙医整骨术进行了科学的剖析与研究，结合多年的临床实践，终于创新了蒙医整骨的"三诊""六则""九结合"原则，形成了一套独特的手法复位、夹板固定、沙袋夹挤、喷酒按摩、对症用药、饮食疗法、功能锻炼等科学性、实用性均较强的独具特色的理论体系和治疗方法。通过十余年的努力，包金山在1974年完成了他的第一部著作——《整骨知识》（蒙文版）。该书一经吉林人民出版社出版，便受到了医学界的高度重视，引起强烈反响；同年，吉林省科学大会邀请包金山到会交流经验，受到与会者的高度评价，并授予该书"优秀成果奖"。他的成绩被国人所瞩目。1978年，卫生部邀请他参加编写《中国医学百科全书》。1984年，他的第二部专著《祖传整骨》由内蒙古人民出版社出版发行。该书以"首次填补了蒙医整骨科两千多年来的空白"的骄人业绩再次引起国内学术界的重视，《人民日报》《光明日报》等十几家报刊对此进行了报道；同时，该书还荣获了内蒙古自治区科技成果进步奖三等奖。随后几年，他又相继出版了《养生保健集》《古今名医医德集锦》《科尔沁蒙医整骨传人金玉箴言》《中国蒙医整骨学》《包金山医案》《科尔沁整骨五代人》《包金山诊疗随笔》等著作，还应约编写了15万字的高等院校骨伤科教材。包金山在著书立说的同时，还不断进行临床实践。在不断探索的过程中，他又发现了许多新的知识，便伏案归纳，整理成篇，相继在日本的《综合整骨》，国内的《中国中医骨伤科杂志》《中华医史杂志》《健康报》《中国医药报》等30多种报纸杂志上发表了50余篇学术论文。

（二）虚心求教，积极进取

包金山在继承、吸收了"草原神医"娜仁·阿柏等自己家族三代神秘整骨法术的基础上，走出了辽阔的蒙古草原，调查、了解、收集资料。为了获得准确的临床数据和观察科研结果，他多次自费到北京、天津、洛阳等地的骨科医院、医疗科研机构求教，自学国内外的医学理论，赴各地学习中西医先进技术，提高医学理论水平。

曾经有一次，他在接受记者采访时很有感触地说："我不怕路远，只怕找不到路，一旦找到路，无论遇到什么艰难险阻，我都会一直走下去。""梅花香自苦寒来。"辛勤的努力终于结出了丰硕的成果，包金山创造了内因为指导，外因为条件，以精、气、神为重点，手感整复和力学固定为主，喷酒按摩为内容，天地人合、归回自然的"三诊""六则""九结合"这一新理论、新疗法，很好地解决了人与物、动与静、内因与外因、主动与被动、骨骼与软组织、意与气、手法与手术、形与神八对矛盾。1983 年，在北京召开的第一届全国中医骨伤科讨论会上，包金山将"蒙医骨伤科学"介绍给了世人，打破国际上延续了几个世纪的骨科三科制惯例，在西医、中医、中西医结合之外，还存在一个"蒙医骨伤科"。蒙医骨伤科具有丰富的临床经验，操作安全易行，不受条件限制，具有方便群众，使患者痛苦少、疗程短、费用低、合并症少、骨折愈合快、功能恢复好、顺其自然、归回自然等优点。包金山弘扬了民族医学，为祖国医学宝库增添了一朵瑰丽的花朵，为国际医学宝库再添辉煌，在医学门派中独树一帜。他又把"蒙医骨伤科学"写进了《中国医学百科全书》与相关高等院校蒙医药统编教材中，创建了中国蒙医骨伤科学理论，由此，他被中外学者誉为"创建中国蒙医骨伤科学理论的第一人"。

（三）不忘初心，仁心济世

包金山在多年的忙碌中深深体会到草原上骨伤患者多而整骨医生少的问题，深知"家传整骨术只传本族，只许家族单传"这个祖训的局限性和狭隘性。他不顾家族的反对，大胆破除陈规陋习，不但编书著述广泛宣扬家传蒙医整骨术，在行医生涯中收了许多异姓徒弟，并被聘为内蒙古民族大学附属医院骨外科名誉主任，承担了蒙医骨科学的教学任务，培养了大批大学生、学徒及传承人，将家传的整骨技术悉心传授给了他们。如今他们中的大部分人都活跃在医疗一线，正在为祖国医学的发展努力奋斗着。包金山培养了国家级传承人 6 名、自治区级传承人 2 名、通辽市级传承人 12 名。他的每一滴心血，伴着每一颗汗珠，在人间闪烁，透着他的晶莹，透着他的赤诚与执着。至今，为了更好地揭开孛儿只斤氏（包氏）家传蒙医整骨绝技的面纱，他不断吸收西医学知识，结合临床实践继续探索其蕴藏着的科学真谛。他决心要更全面地发展"蒙医骨伤科学"，为人类健康造福，继续攀登高峰，再创新的辉煌，为民族医学的繁荣发展做出新的贡献。

三、学术之精

包金山创立了以"三诊""六则""九结合"为精髓的中国蒙医整骨学，填补了蒙医整骨研究史上无文字、无理论的空白。他在蒙医整骨手感整复十种手法和十四种喷酒按摩疗法的基础上又创新了二十种整骨治疗功法，归纳总结分三期治疗的传统神奇的喷酒整骨法术，为蒙医整骨发展奠定了理论基础。他创新的中国蒙医整骨学理论与适用于各类型骨折的 53 种整骨手法和固定要点是中国接骨学中的一种顺其自然、归回自然的天然疗法。

包金山很好地把现代系统科学应用到蒙医整骨理论中。20 世纪 40 年代以来，迅速发展起来的系统科学为生物医学模式转向生物－心理－社会医学模式提供了全新的思维方式和科学原则，蒙医整骨学是传统的、具有丰富临床经验的民族医学，它的理论将古代朴素唯物主义思想和独特的临床经验有机地结合起来，它的基础理论、诊断方法、治疗原则、发病机理等各个方面都体现着系统方法的整体性原则、最佳化原则、动态性原则的原形。蒙医整骨学始终从功能与结构相统一、空间形态与时空过程相统一的角度来认识人体，认识疾病。

包金山认为蒙医传统整骨学理论中体现着整体性原则，强调各要素之间的相互联系与相互作用。任何系统的存在都不是孤立的，都不过是构成更大系统的"子系统"，其整体性的形成和发展受其"母系统"（环境）的控制和支配。人体也是一个整体。通过调节，人体保持在最佳的健康状态。蒙医传统整骨学中用药物疗法治疗骨伤患者时"从整体观念出发，以辨证施治为基础，以调理赫依、齐素为主，重点治齐素和希拉乌素，以达到增加抗病能力和治愈骨折的目的"，治疗过程中，不是用"还原法"，而是以整体观念为指导进行治疗，充分体现了整体性原则。

包金山提出了蒙医传统整骨学理论中体现的动态性原则。唯物辩证法关于普遍联系的原理在系统中的具体体现是把人体和疾病看作系统，揭示"整体不等于部分之和"的性质，严格区分系统质和要素质，重点放在系统质上，强调整体最佳，寻求满足整体的最佳途径。蒙医传统整骨学理论的"六则"充分体现了系统中的动态性原则，把人和骨伤看作了耗散结构。

蒙医传统整骨学理论中体现着生物－心理－社会医学的系统思想，治疗中从人体的整体性、动态性出发，认为人体与外界因素是统一的，人体与自然、社会、心理等因素有密不可分的联系。这种人体内外的种种联系，相互作用，相互影响，对人体的健康和疾病的预防与治疗有着非常重要的意义。如喷酒整复、外固定、"九结合"等，都体现了生物－心理－社会医学的系统思想，在临床实践中解决了治疗骨伤中的各种复杂的矛盾，取得了奇特的疗效。

（一）蒙医整骨学理论精髓

包金山的整骨理论精髓是蒙医整骨顺应自然界发展规律，掌握人与自然界的关系，利用大自然变化中的有利条件，以意念归一，以患者为中心，以医德为本，以激发与调动人体自身内在潜能为特征，以能动整复与功能愈合为理念，以蒙医药学基础理论为导向，以内因为指导、外因为条件，以恢复骨伤患者的齐木特吉格勒（精）、赫依阿古日（气）、朝格苏力德（神）为重点，以手感功能和巧妙手法为主，以喷酒按摩为特点，以对症用药、调节饮食、功能锻炼、沙袋夹挤、牵引及护理为内容，以"天地人和"的自然、绿色、无创伤的治疗理念为基础的一门具有奇特疗效和鲜明民族特色的理论。其特色疗法归纳为"三诊""六则""九结合"。

1. 三诊

三诊即诊断的方法。人的肢体某处受伤欲确定是否骨折以及骨折的性质、类型等必须以慎重的态度进行细致检查。蒙医传统整骨术检查诊断方法主要是眼看（望）、心想（问）、手摸（切），即透其形、观其气、断其本；索求本原，截其裂变；摸脉流、悟骨变。

（1）眼看：观察患者的表现，确定受伤部位和受伤轻重，包括观察患者的年龄、姿态、表情，伤肢肿胀、缩短、高突、凹陷等畸形状况，另外还看伤口和伤肢功能情况。年龄不同，容易受伤的部位也不同。如儿童肱骨髁上易发生骨折；老年人易发生股骨颈骨折；幼年时，易发生桡骨小头半脱位；少年时期肋骨骨折少见。受伤部位不同，伤肢姿态也不同。如锁骨骨折时，伤肢肩部比另一侧低，患者将头偏向患侧；下颌骨骨折或脱位时，张口或闭口难；上臂骨折时，伤肢肩部向前下斜，上臂与地面垂直。观察表情可以判断受伤部位和受伤轻重。如面色苍白，额冒冷汗，从耳鼻流血或流脑脊液，意识障碍，则为颅骨骨折并较重；胸部受伤后咳嗽，且咳嗽时受伤处有疼痛表现，但是大喘气时没有疼痛表情，则为肋骨骨折且较轻。若受伤处或受伤处下部肿胀较重，周径变粗，有瘀斑，起水疱（血疱），则有骨折存在。若伤肢皮色紫绀或紫青，则肢端血运受阻，可见血管压迫或损伤。受伤局部有出血的情况，要观察伤口。若伤口出紫暗色血而浮有油珠者，则为开放性骨折；伤口出鲜红色血，喷射样，则为动脉损伤；伤口有脓液，则已感染。伤肢某处改变为突起或凹陷、成角或弯曲等各种畸形，则标志有骨折。如横断骨折的肢体成角畸形；斜形或螺旋形骨折的肢体呈旋转畸形；桡骨下端骨折的手腕部呈"餐叉"样畸形；股骨颈骨折的下肢呈外旋畸形；髋关节后脱位的下肢呈缩短畸形；髋关节前脱位的下肢可见变长畸形。另外，骨折重叠者，伤肢缩短；骨折有间隙者伤肢变长；关节处骨折的肢体变粗畸形；侧方移位骨折的肢体为伤侧凹陷、另侧凸起的凹凸畸形。伤肢功能完全丧失，则为完全骨折；受伤的肢体能举能抬，但伤处剧痛，为不完全骨折；骨干部位呈关节样异常活动，则标志骨折。

（2）心想：即观察患者时想季节、想多发病、想病因、想症状，达到心中有数。春季温风，是阳气生发的季节，人的活动多，各种骨折普遍多；风胜则肢体疼痛，游走不定，痛无定处，应想起骨折后的疼痛和功能状况。夏季火热，肌腱松软，骨折较轻；热邪则多汗烦躁，应想起骨折后的表情；热胜则局部火热红肿，应想起骨折后的肿胀。秋季湿热，是天气逐渐变化的寒热交替的季节，人们收获成果，准备过冬，工作量增多，骨折也增多；湿胜则肢表浮肿，筋脉收缩，松懈无力，伸屈不灵，应想起骨折后的肿胀、畸形和功能异常。

幼年时期桡骨小头半脱位多，少年儿童肱骨髁上骨折多，老年人股骨颈和桡骨下端骨折多，成年人骨折移位多，小儿青枝骨折多。

造成骨折的因素是多种多样的。若直接暴力造成的多为横断、凹陷或粉碎性骨折，周围软组织损伤较多；若间接暴力造成的多为畸形或螺旋形骨折，周围软组织损伤较轻；若肌肉收缩引起的骨折多为肱骨干骨折或髌骨骨折；若骨骼本身有骨肿瘤、骨结核等病，则未受暴力即易导致骨折；若小儿骑驴或骑自行车摔倒，一般为肱骨髁上骨折；青年人、成年人骑马或从高处摔落，一般为锁骨骨折或肩关节脱位；老年人滑倒一般为股骨颈或桡骨下端骨折；骨盆骨折、肋骨骨折及股骨干骨折一般由撞击或挤压等暴力引起；尺骨骨折多数由打架造成。

移动伤肢时疼痛加重，则有骨折存在；触摸时，伤处有局部性压痛，则有骨折；沿纵轴叩击骨的远端时，患肢某处疼痛明显，则疼痛点就是骨折处；骨折处常为锐痛、跳痛、发炎、化脓；骨肿瘤常为钝痛；肌肉劳损活动时，疼痛加重；内有炎症，肿与痛多同时出现；外伤肿胀出现于痛之后；肿瘤疼痛出现于肿物之后。

（3）手摸：手法检查在骨折的诊断中占重要地位。术者通过轻巧的手法检查伤处肿胀、畸形等形态的改变，如疼痛、软硬麻木、温凉、波动摩擦等感觉的异常和伤肢功能障碍、假关节活动等功能变异，可手摸心会。①摸诊管状骨无移位的骨折（以胫骨为例）：若小腿伤处微肿，触摸时肌肉紧硬（儿童）或肌肉出现不明显的横沟（青年人）或肌肉松软（老年人），则可诊断为胫骨无移位的骨折。②摸诊偏平骨无移位的骨折（以肋骨为例）：首先用双手对受伤处的胸部或腰部对挤找到疼痛点，然后，指按痛点上令患者咳嗽，如果疼痛加重则可诊断为肋骨骨折。③摸诊不规则骨无移位的骨折（以脊椎为例）：患者坐正，用拳轻叩其头顶或两肩往下垂直的方向推压时脊柱某处疼痛，然后在疼痛点的两侧用两拇指对挤，疼痛加重，则可诊断为脊柱骨折。

触摸伤肢产生摩擦音可以诊断骨折类型，可以用手触摸、拿捏伤处，或拉摇伤肢远处。若骨摩擦音又真、又松、又短，则为横形骨折；若骨摩擦音为连续性，面积较广，则为斜形骨折或螺旋形骨折；若骨摩擦音分散而没规律，则为粉碎性骨折；若骨摩擦音不真、不轻，多发"咔嚓"小声，则为嵌入性或压缩性骨折。

触摸患肢产生假关节活动可以诊断骨折类型。摇摆、旋转、折顶伤处两端时，若双骨的伤处在一个平面上形成假关节，则为粉碎性或横形骨折；若双骨的伤处不在一个平面上形成假关节，则为斜形或螺旋形骨折。

触摸患肢异常活动可以确定骨折的移位方向（以肱骨髁上为例）：拿捏肱骨髁上内、外、前、后和折顶前后，若前侧近端异常活动明显而后侧易成角，则远端骨折线自向后上方斜，近端骨折线自向前下方斜；若后侧近端异常活动明显而前侧易成角，则远端骨折线自向前上方斜，近端骨折线自向后下方斜。

眼看、心想、手摸三者在诊断骨折中是相辅相成的。比如，看到老年人膝关节肿胀、瘀斑、伤肢外旋畸形后应立即想起滑倒老年人股骨颈骨折是多发病，经触摸股骨大转子或以轻巧手法内旋伤肢时，有骨摩擦音或髋部剧痛，则可诊断为股骨颈骨折。

2. 六则

六则即6个遵循的原则。"六则"包括手法复位为主，夹板固定为重点，喷酒按摩为特点，对症用药、调节饮食、功能锻炼为内容。

（1）手法复位：包括适放患肢、拽撑牵拉、摇摆扭压、抖提压推、挤挣分骨、折顶回触、拢挤捏拿、钩拉提压、挺压撑推、捻滚按揉等十种手法，详见《手法之长》。

（2）夹板固定：指根据肢体生理特点、骨折部位和类型而选用4至8块长短不一、宽窄各异、又干又轻的柳木、松木等材料制作的以符合力学原理的各种型号小夹板和牛等牲畜皮做的固定器固定患肢。它的特点是：取材方便，价格较低，在横向上具有一定的弹性，可适应肢体肌肉活动时的压力变化；在纵向上具有较好的韧性，能够起到外固定的支架作用，有利于骨的愈合；固定夹板的分量很轻，对骨折的压力不重；固定材料疏松，容易吸收肢体表面水分；夹板较硬，用久不易变形；夹板有可塑性，适合肢体外形，关节处可伸屈，使患者感到舒适。此外，夹板固定还可以用绵羊绒毛或兔子等幼小兽类的皮、油鞣革、毡子、纱布等材料制成厚薄、大小适合骨折部位和稳定性的各种形状压垫。这些压垫柔软，压力强，不破坏皮肤，易吸收汗水。酒易浸透皮肤，保持骨折端的温暖，平衡压力，还可以消肿散瘀、矫正错位的骨折端，保证骨折部位的稳定性，加速骨折的愈合。夹板固定采用不易断裂的粗细适宜的三条皮条或寸带捆扎小夹板，是一种三点挤压创面的杠杆固定方法。捆扎的三条皮带或寸带在不影响血液循环和不压迫神经的条件下平衡，伴随着骨折

145

恢复的情况要不断调整压垫的位置，调整皮条或寸带的松紧度。夹板固定后可以结合沙袋夹挤伤肢两侧以及皮牵引。它的特点是：按需所动，矫正移位，固定牢靠，稳定折处，散热止痛，使局部充血，代谢旺盛，初期骨痂形成好。关节内或靠近关节处的骨折可把牛皮泡在酒里变软后，按照关节的生理特征而进行外固定；锁骨骨折和肋骨骨折复位后用油鞣革做压垫，白布包裹。这些固定方法，可以起到按需所动，固定牢靠，稳定折处，加速骨折愈合的作用。

外自固定法是弹性固定、相对固定、活动固定、稳定固定结合的一种伤肢与全身归一、躯体与功能统一、脏腑与器官一体、元气与自然合一、人与环境和谐相应的顺其伤肢结构弹性、顺应自然、归回自然的整治固定疗法。外自固定的加压点、捆扎的线、稳定的面、所动的沙袋、伸开的牵引，与患者的体质、主动性和能动性结合为伤肢的自我修复创造了良好的环境和有利条件，能使骨折断端骨痂产生，加速骨折的愈合。

外自固定时，压垫要放置准确，放在骨折端易移位的点上；夹板要适合伤肢的外形；三条皮带中间的扎于骨折断端上，其余两条与中间带上下距离相等；夹板固定的伤肢内、外侧，用两条能按需所动的沙袋夹挤，稳定骨折断端；轻重适宜患者体重的牵引配合，伸开、矫正残余的骨折片。

（3）喷酒按摩：喷酒整复和按摩可达到舒筋通络、散瘀消肿、通脉止痛、矫正错缝、平衡肢体之目的。整复和按摩手法，以稳、准、细、巧、柔、快、勿令转动、行之有据、操之有理为特点。手法操作的部位要重视经穴，明确骨折类型，掌握移位方向，注意点、面、线三结合，根据"以痛为腧"、邻近取穴、循经取穴相结合，正确选取相应的经穴，同时，也要注意到压痛点和受累部位邻近的肌群，找准压痛点和经穴，用喷酒点穴按摩结合理骨、理筋，使筋骨回归自然，加快骨折的修复。在施行手法时，要十分注意力量的运用，绝对不能用暴力。手法应循序渐进，由浅入深，由小到大，由轻到重，以患者的耐受力为施力标准。手法要达到"机触于外，巧生于内，手随心转，法从手出"的境界，手法必须用巧劲、寸劲，不能用拙力、暴力，要以柔克刚，刚柔相济，"似棉裹铁"，使力渗透到深层。喷酒整复与按摩，"力"要适宜，"劲"要到达，"手法"要灵活，"操作"要熟练，才能行之有效。

（4）对症用药：人体的五脏六腑、血管、神经、肌筋、韧带、骨骼是统一的整体，是不能分开的肉体，在治疗骨折时也需要有整体性和具体观念。所以，在治疗骨折的过程中不能单纯考虑骨头，而是要调节人体整个系统。中国蒙医传统整骨术治疗骨折，以蒙医基础理论为指导，以辨证为基础，根据患者的实际情况辨证用药。骨折初期阶段，齐素、希拉热亢盛，导致骨折处疼痛、肿胀及发热等临床表现，故此阶段用药以降血热为主，辅以续筋接骨为治疗原则，可选用三子散、蒙药清热八味散、科尔沁接骨丹等蒙药。骨折中期，会生成希日乌素，故此阶段可选用额勒吉根齐素 -25、孟根乌素 -18、云香十五味丸等蒙药。骨折后期阶段，因伤处局部赫依、齐素循行欠畅，故此阶段用药以补肾、滋元、强筋壮骨为原则，可选用额日赫腾 -37、伊赫汤、亚顺通拉嘎等蒙药。

（5）调节饮食：对骨伤患者，调节饮食可补赫依养血，增强体质，加速骨折的愈合。临床上，可以根据年龄补饮料，对年老者补酒，年轻者补酸奶，年幼者补奶油等。另外，骨折初期，多吃绿豆、酸奶、苦菜、小米、橘子等；中期多吃炒米、黄豆、绵羊髓骨汤、家畜软骨、乌鸡骨肉、红糖、猪羊肝肾等；后期多吃肉类、果类、蛋类、菜类等。

（6）功能锻炼："流水不腐，户枢不蠹。"动则健，静则废。为了加强体内新陈代谢，改善血液循环，温经通络，防止肌肉萎缩和关节僵硬，可以采用关节活动等功能疗法。功能疗法是处理局部与整体、固定与活动、骨骼与筋肉相互联系的比较好的方法。

骨折的三期治疗中，各期的锻炼内容和方式、方法各不相同。

如早期，左上肢骨折练右上肢和下肢，右上肢骨折练左上肢和下肢，左下肢骨折练右下肢和上肢，右下肢骨折练左下肢和上肢。伤肢的活动主要是骨折远端关节。如前臂骨折时，则为手指伸屈等活动；肱骨骨折时，则为腕关节前后、内外摇摆等活动；胫、腓骨骨折时，则为脚趾伸屈等活动；股骨骨折时，则为踝关节前后、内外摇晃等活动；脊椎骨骨折时，则为膝、肘关节伸屈等活动。

中期，上肢骨折时，则为伤肢握拳，上举、下放、平衡等活动；下肢骨折时，则为伤肢抬腿、扶拐下地活动等。活动以伤肢的近端关节为主。如前臂骨折时，则为肘关节伸屈等活动；肱骨骨折时，则为肩关节前后摆动等活动；胫、腓骨骨折时，则为膝关节伸屈等活动；股骨骨折时，则为髋关节伸屈等活动；脊柱骨折时，则为仰、俯卧位的位置锻炼，背伸肌、脊椎挺伸的姿态下地活动等。

后期骨折已达到临床愈合，着重于关节的活动范围和肢体持重力的锻炼。上肢骨折时，则伤肢内旋、外翻，增强骨、肘、腕、掌指、指等关节活动的灵活性。下肢骨折时，则从不负重活动转为负重活动，做屈膝下蹲运动，加大膝、踝、趾等关节的活动范围。脊柱骨折时，则弯腰的形式为平地上拾物，以仰卧的姿势双手抱左右两个小腿以及做小步跑等活动。

上述三期功能锻炼必须根据患者的年龄、骨折程度和骨折类型以及骨折愈合等情况而确定。合理的功能锻炼可以促进伤肢的血运，加强局部的新陈代谢，增加营养，为骨折的修复提供物质基础；合理的功能锻炼可使由于损伤及固定等原因引起的气血瘀滞、肿胀、疼痛等症状迅速得到改善和消退；合理的功能锻炼，能防止伤肢肌肉萎缩和关节僵硬，使骨折尽快愈合及与患肢功能的恢复同时并进。

3. 九结合

九结合即治疗的技巧。

（1）医生与患者结合：医生掌握患者复杂的心理状况并在精神和肌体上精心治疗；患者信任医生的医术，使医生与患者的思想统一到一个焦点上。这样医患结合，治疗效果更佳。

（2）三诊与 X 线结合：三诊能知骨折部位、类型和程度，结合 X 线就能在医生脑中形成一种立体感。所以，三诊与 X 线结合能够对骨伤做出准确的诊断。

（3）喷酒与手法结合：医生嘴中呷一口酒在气的作用下呈数条射线喷于患处，可以减少疼痛，消除紧张；同时，医生整复坚强有力、手灵技巧。气到，酒到，力到，手也到，迅速复归伤处，所以喷酒与手法结合治疗效果更佳。

（4）局部与整体结合：局部指骨折损伤的部位，整体指全身情况。局部骨折会影响全身血液循环，给患者的诊治带来困难。所以，局部与整体结合有利于骨折治疗。

（5）内因与外因结合：骨本身有修复能力，通过整复等疗法使骨本身的修复能力更完善，骨折愈合更好。

（6）治疗与护理结合：治疗可以恢复失去功能的肢体和连续性被破坏的骨骼结构；护理可以保持治疗效果，为骨折愈合创造更好的条件。治疗与护理结合，患者痛苦少，疗效短，恢复好。

（7）固定与锻炼结合：固定可以稳定骨折断端，保证整复成果，为骨折的修复创造条件；锻炼可促进血液循环，加速骨痂形成。所以，固定与锻炼结合骨折愈合快，功能恢复好。

（8）意和气结合：意和气是相互依存的。意和气结合则心气相应，意念归真，气从心使，不出现气阻心慌，达到最佳治疗状态。

（9）形与神结合：形神合二为一乃为盛。骨折形态裂变，神体相去，治疗应形与神结合，求形神归一，周而复好。

（二）运用整体性原则研究人体

包金山学术思想的鲜明优势是对骨伤患者进行具体分析和辨证施治的非手术治疗方法；操作人性化，遵循不同年龄段骨伤患者的生理和人体结构特点，安全简便，不损伤骨膜和软组织及血管神经等；骨折容易对合，平衡人体的"三根"和"三宝"，激发和调动患者自身的应激本能，结合能动复位与自我修复，重视和调动人的自愈潜能，使患者产生强烈的自我修复欲望，消除各种杂念，转移因骨折而带来的忧虑和焦急的情感，提高阈值乃至产生自信，从而起到奇特的疗效。

（三）生物－心理－社会医学的系统思想

包金山研究蒙医整骨学理论时，提出了关于人的概念、人的年龄分期、人的骨骼分期、天地人和理念等，并把它们融入蒙医整骨学的理论中。

1. 人的概念

包金山认为人的身体里有物质的和精神的东西。物质的东西是指人的肉体，是有形的、有色的，是外部的阴性气。精神的东西是"识"，也就是内部的阳性气，是无形的、无色。所以，肉体和精神合成一体叫人，其中阴性气是阳性气的载体，阳性气又是阴性气的升华。人的阳性气和阴性气共同组成了一体化的元神和元气。气血营卫、神气、五脏身形的和谐统一才是完整的人，这个人自然就产生"精神"。"精神"是自然界事物运动变化的规律，是对人体生命活动现象的高度概括，是指人的意识、思维、情志活动。这里说的精神就是人的灵魂。人只有在劳动等社会活动中才能达到阳性气和阴性气有机协调，这也是产生精神的前提条件。

2. 人类年龄骨骼分期

包金山根据多年针对不同年龄段的骨伤患者的治疗经验和人类不同年龄段的骨骼特点，把人类的年龄分为十期：①胎儿：从受孕到分娩共 9 个月。②婴儿：从出生到 1 周岁。③乳儿：从 1 周岁（含）到 3 周岁。④幼儿：从 3 周岁（含）到 7 周岁。⑤学童：从 7 周岁（含）到 12 周岁。⑥少年：从 12 周岁（含）到 14 周岁。⑦青年：从 14 周岁（含）到 35 周岁。⑧壮年：从 35 周岁（含）到 50 周岁。⑨老年：从 50 周岁（含）到 80 周岁。⑩寿星：80 周岁（含）以上。根据现代人体解剖学，与骨干连接的部分叫骨骺。从 1 周岁到 7 周岁时，两者之间以软骨相隔，叫软骨板，分开的骨骺都单独计算，共有 270 块骨；8 周岁到 14 周岁，腕骨、距骨等短骨和不规则骨的形成使骨骼的数目增加为 350 块；15 周岁以后，软骨骨板骨化，骨骺与骨干相互愈合，骨骼数目减少为 206 块。人体关节共 167 个，其中活动度小的关节 60 个，活动度大的关节 12 个，不活动的关节 95 个。

3. "天地人和"的理念

包金山根据《蒙药正典》《黄帝内经》《易经》等古人的经验和他本人的切身体会，认为人与天地和才能身体健康、事业成功、快乐长寿。医生是人，患者也是人，都是自然界的组成部分，医生给患者治疗时，首先应考虑患者生活区域的自然环境以及影响患者的其他因素，然后分析患者的意念、思想、信仰、精神状态等，最后结合自然变化进行对症治疗，才会取得较好的疗效。人是自然界的一个组成部分，人类从自然界获得生存的必要条件，人的生活与自然界密切相关。人能适应四时变迁，自然界的一切都是生命的源泉。人依靠天地、大气和水谷精气生存，并随着四时生长收藏的规律而成长。人若能够顺应天地阴阳的变化、顺应自然界的四时规律，则人的正气旺盛，就能保持形体的健康、快乐。

4. 五大关系的处理

包金山始终坚持喷酒整复与喷酒按摩、外自固定与功能锻炼统一、药物与饮食辅助、稳定与活动结合、局部与全身兼顾、愈合与功能并重的整体观治疗原则，坚持肢体与全身归一、脏腑与器官一体、躯体与功能统一、人与自然结合的整体治疗理念。在整骨临床中，包金山还辩证地处理了五个关系，即静中有动、动中有静的动与静关系，局部固定、整体锻炼的局部与整体关系，治疗骨折、兼治肌筋的筋骨关系，短期固定、早期活动的固定与活动关系，内因是根本、外因是条件的内因与外因关系，打破了治疗骨折"广泛固定，完全休息"的传统认识。

四、专病之治

包金山临床善于治疗各类骨折、脱位及颈、腰椎间盘突出等骨科疾病，疗效确切，医名远播，兹介绍如下。

（一）踝部骨折

踝关节由胫、腓骨的下端和距骨组成。胫骨下段内侧的骨突叫内踝，腓骨下端的骨突称为外踝。踝部骨折是指内、外踝的骨折而言。踝部骨折是最常见的关节内骨折。因外力的方向、大小和肢体受伤时所处位置的不同，可造成不同类型的骨折、不同程度的韧带损伤和不同方向的关节脱位。如在突然旋转时，由于小腿不动而足部强力外旋；或足部不动而小腿强力内旋，距骨体的前外侧可挤压外踝的前内侧，迫使外踝向外旋转和向后移位。腓骨下段斜形或螺旋形骨折，骨折端一般移位不大。若兼有移位，可使外踝骨折块向外、向后并向外旋转。如暴力继续作用，可同时发生内、外踝骨折，或三踝骨折。国医大师包金山采用蒙医传统整骨术治疗踝骨骨折具有创伤小、愈合快、关节功能恢复好及并发症少等优点。蒙医传统整骨术检查诊断方法有眼看（望）、心想（问）、手摸（切），结合 DR、CT 等现代科学能准确确诊，复位前弄清骨折位置及移位情况，以连贯准确的手法整复骨折，复位后依据伤情选取适合的夹板固定，根据病情调节绷带松紧度，预防骨折再次移位、避免压疮、关节僵直、活动受限等并发症的发生。喷酒使毛细血管、汗孔舒展，可以减轻瘀血压力、散发伤处热量、加速血液循环、温经通络、补气养血，起到消炎、清瘀、散肿、止痛的作用；另一方面，喷药酒发出的短暂的爆发性的哨声可以分散患者的注意力、消除其杂念、转移因骨折带来的忧虑、提高疼痛阈值，乃至产生愉悦的感觉，放松伤肢肌筋、稳定情绪、激发和调动患者的应激本能，产生强烈的自我修复欲望而进入有利于主动、能动复位与自我修复的意识状态。蒙医传统整骨术 14 种按摩法的灵活应用可以起到改善血液循环、加速骨痂形成、恢复骨功能的作用。蒙医传统整骨从整体理念出发，以辨证施治为基础，三期对症用药调节人体整个系统，促进骨折愈合，以动静结合为原则的功能锻炼可以防止患肢肌肉萎缩、骨折临近关节处僵硬等并发症的发生，同时还可以加快骨折愈合的进程。

1. 治则

骨折初期以降血热、止痛、散瘀、接骨续筋为原则。骨折中期以燥希日乌素、防浊热、接骨续筋为原则。骨折后期以补肾、滋元、强筋壮骨为原则。

2. 治疗方法

采用手法复位、夹板外固定、喷酒按摩、对症用药、饮食调节、功能锻炼等蒙医传统整骨术治疗辨证施治。

（1）**手法复位**：伤员取仰卧位，一助手抱住伤肢膝部，保持膝关节扭曲 90°，另一助手一手握住足的前部，另一手托起足跟使踝关节呈轻度跖屈位，并顺着原来畸形位置徐徐用力拔伸牵引。术者施用一按一放的手法，使收紧的肌肉松弛，缓解疼痛。对内踝骨折，用向内伸拉和按推手法进行整复；外踝骨折用向外伸拉和按推手法整复；内外双踝旋翻骨折，先顺原来的畸形位置进行拔伸。如为内翻骨折，则行外旋牵引，将足跟向前提，置踝关节于背屈 90°，接着用掐抖按压手法使骨折端对位，对外翻骨折的整复，则用与此相反的方向进行复位；三踝骨折的复位采取双踝骨折脱位的复位手法进行。

（2）**夹板固定**：骨折整复后，取八味朱砂散酒调敷于踝部，用绷带包裹，接着在内、外、后踝处各放一个白酒浸过的毡垫，然后放置适合踝部外形的小夹板外固定。

（3）**喷酒按摩**：每天进行喷酒按摩可以进一步改善血液循环、舒筋活络，加速达到骨折愈合、续筋接骨之目的。在压垫处喷酒进行抖动按压摩，踝关节以上小腿下段作按摩，足背部进行搓摩，足跟部进行揉摩，脚趾部进行牵拉摩。

（4）**对症用药**：蒙医传统整骨术治疗骨折要求根据伤势轻重及五脏六腑的健康状况进行有目的的对症用药。骨折初期因软组织损伤，局部恶血瘀积，赫依、齐素循环受阻导致局部肿胀、疼痛，此阶段赫依、齐素相搏而劳热生盛，故骨折初期用药以止痛、散瘀、降血热为主，辅以接骨续筋为原则。故骨折初期口服蒙药沙日－汤和旭日图乌日勒，将哈布德仁－9 用奶油调和后贴敷于骨折肿痛（患侧足背部）

处。中期，因希日乌素生成，积于损伤局部，散于筋脉间隙，沉于关节部，此阶段劳热易转为浊热。故骨折中期用药以燥希日乌素、消余肿、防浊热为主，辅以接骨续筋为原则。口服蒙药合日乎-5汤、额勒吉根齐素-25和旭日图乌日勒，将森登-4汤用奶油调和后贴敷于骨折处。后期即脓期。经前两期的治疗，整复归位的骨折端的软骨痂已开始转为骨痂并渐趋愈合，但因患肢赫依、齐素循行仍然微弱欠畅，且患者久伤体虚，故此期应以补肾、滋元、强筋壮骨的药剂治疗为主，故此期在继续服用中期的接骨续筋、燥希日乌素等蒙药的同时，可增加温脾胃、补肾滋元的通拉嘎-5味丸和额日和腾-37丸等蒙药。

（5）功能锻炼：固定后进行足部各趾关节的伸屈活动；2周后开始进行伸屈踝关节的功能锻炼；4周后在医生的指导下拄拐下地活动；5周后去除外固定夹板，踝部用绷带外固定；6周后去除绷带外固定，扔拐。蒙医传统整骨术治疗骨折应按照早期以静为主、中期动静并重、后期以动为主的原则进行功能锻炼。

（二）小儿肱骨髁上骨折

小儿肱骨髁上骨折是临床上较常见的儿童肘部骨折。此类骨折易合并神经血管损伤，愈合后容易留下肘内翻畸形，影响前臂旋转功能和肘关节外观。清楚了解骨折移位情况有助于整复、固定及压垫放置的恰当选择。在小儿肱骨髁上骨折的整复过程中需遵循缓中有力的原则，避免造成血管神经损伤及骨化性肌炎等并发症。复位前弄清骨折位置及移位情况，以连贯准确的手法整复骨折，复位后依据伤情选取适合的夹板固定，根据病情调节绷带松紧度，要预防骨折再次移位、避免压疮、骨筋膜室综合征及缺血性肌挛缩等并发症的发生。喷酒使毛细血管、汗毛孔舒展，可以减轻瘀血压力、散发伤处热量、加速血液循环、温经通络、补气养血，起到消炎、清瘀、散肿、止痛的作用。辨证运用蒙医整骨按摩法可以起到改善血液循环、加速骨痂形成、恢复功能的作用。在治疗过程中，包金山从整体理念出发，以辨证施治为基础，以三期对症用药调节人体整个系统，促进骨折愈合。动静结合为原则的功能锻炼可以防止患肢肌肉萎缩、骨折临近关节僵硬等并发症的发生，同时还可以加快骨折愈合的进程。包金山治疗小儿肱骨髁上骨折是以手法复位、夹板外固定、喷酒按摩、对症用药、饮食调节、功能锻炼等方法达到治疗目的的，具有方法安全、不受条件限制、患者痛苦小、合并症少、骨折愈合快、功能恢复好等特点和优势。

1. 治则

骨折初期以降血热、止痛、散瘀、接骨续筋为原则。骨折中期以燥希日乌素、消余肿、防浊热、接骨续筋为原则。后期以滋元、强筋壮骨为原则。

2. 治疗方法

采用手法复位、夹板外固定、喷酒按摩、对症用药、饮食调节、功能锻炼等蒙医传统整骨术治疗辨证施治。

（1）手法复位：肱骨髁上伸直型骨折时伤肢肘部呈半屈姿势，第一助手握伤肢前臂下端向前、向下牵拉，第二助手握患肘上臂近端向后、向上牵拉。在第一助手和第二助手的对抗牵拉下解决骨折重叠移位。第二助手在牵拉情况下换手，双手分别握住伤肢拇指及其余四指，向前臂的旋转的反方向旋转牵拉患肘至伸直位。术者双手握住远端骨折片区域协助第二助手的旋前或旋后，以纠正远端骨折片的旋转。在第二助手的内外摇摆下，术者双手在患肘侧方，一个手掌顶推远端骨折片的内侧，另一个手掌顶推近端骨折片的外侧，用双手向相反方向挤压纠正尺偏畸形。术者双手握抱患肘，双拇指从肘后顶推尺骨鹰嘴与远端骨折，余双手四指从肘前按压近端骨折片，第二助手同时屈曲患肘，有骨折归位的明显感觉或声音。蒙医传统整骨术手法复位后，在肘上部骨折近端加一压垫，侧面平行加压垫，尺骨鹰嘴部加一压垫，采用肱骨髁上夹板固定。

肱骨髁上屈曲型骨折时伤肢肘部呈半屈姿势，一助手固定伤肢肱骨颈部，另一助手一手握住伤肢腕部，另一手握伤肢前臂上部，向下牵拉。术者在骨折部将侧方移位骨以相推法整复，然后双拇指按压肘关节部（即肱骨髁部向上移位凸起部），双手另外四指钩拉骨折近端骨凸起部，按压、钩拉法结合成一体，综合运用得法，可一次整复成功。蒙医传统整骨术手法复位后，在肘关节部加一压垫在肘关节后侧上部（即骨折近端向后移位凸出部）加一压垫，肱骨髁两侧根据移位方向加两个压垫，采用肱骨髁上夹板固定。

（2）夹板固定：骨折整复后，将根据肢体周径及长短制作符合肢体生理弧度、在横向上富有一定弹性、在纵向上具有较好支撑性且易于吸收肢体表面水分、用久不易变形的4块平行带毡压垫的小固定器，按内、外、前、后位置放好，用3条寸带结扎，用螺杆调节，将患肢以功能位悬吊固定后，根据病情及时调整绷带松紧度，伸直型肱骨髁上骨折2周后可拆板，屈曲型肱骨髁上骨折应固定3周后拆板。

（3）喷酒按摩：每天进行喷酒按摩可以进一步改善血液循环，舒筋活络，加速达到骨折愈合、续筋接骨之目的。根据骨折情况可分3个阶段进行按摩。

骨折初期为手法复位后1周左右的时间段。此阶段在瘀血和肿胀处采用擦法，在小夹板的间隙采取抚法、摩法，在固定小夹板的上下两处用拿法，在压垫上运用压法、按法等手法进行按摩，每天进行喷酒按摩，以消肿止痛、活血散瘀、通经活络，为骨折的修复创造良好的条件。

骨折中期为手法复位后2周左右的时间段。此阶段在患肘处运用捏法，患肢前臂进行向上摸法，在肾俞穴和肝俞穴深部运用捏法、擦法、揉法、捻法及扣法等手法进行按摩。

骨折后期为手法复位后 3 周左右的时间段。此阶段在患肢采用摇法、抖法、提法，骨折处采用揉法、擦法、捏法，患肘处以端法、牵法、卡法，在胃俞穴和脾俞穴深部采用捻法、捏法、扣法等手法进行按摩。

（4）对症用药：蒙医传统整骨术治疗骨折，整复后，要根据伤势轻重及五脏六腑的健康状况进行有目的的对症用药。骨折初期因软组织损伤局部恶血瘀积，赫依、齐素循环受阻，赫依、齐素相搏而劳热生盛，导致局部肿胀、疼痛，故骨折初期用药以止痛、散瘀、降血热为主，辅以接骨续筋为原则。口服蒙药沙日－汤和旭日图乌日勒，将哈布德仁－9 用奶油调和后贴敷于骨折肿痛（伤侧肘关节）处。中期因希日乌素生成，积于损伤局部，散于筋脉间隙，沉于关节部，此阶段劳热易转为浊热，故骨折中期用药以燥希日乌素、消余肿、防浊热为主，辅以接骨续筋为原则，口服蒙药合日乎－5 汤和旭日图乌日勒，将森登－4 汤用奶油调和后贴敷于骨折处。儿童属于巴达干体质，生长发育较快，骨折后期不必用药。

（5）功能锻炼：固定后进行腕部及指间关节屈伸、握掌及握力的锻炼；1 周后，伤肢肩关节前后摆动，举伤肢；解除夹板后，可逐渐增加和扩大患肘的伸屈动作幅度与变换方式。蒙医传统整骨后应按照骨折早期以静为主、中期动静并重、后期以动为主的原则进行功能锻炼。

五、手法之长

包金山在 60 多年的临床实践中创制了蒙医整骨手感整复十种手法和十四种喷酒按摩疗法，在此基础上又创新了二十种整骨治疗功法，归纳总结了传统的手法复位和喷酒按摩法，为蒙医整骨传统手法治疗奠定理论基础。

（一）蒙医整骨手感整复十种手法

蒙医整骨手感整复十种手法有适放患肢、拽撑牵拉、摇摆扭压、抖提压推、挤挣分骨、折顶回触、拢挤捏拿、钩拉提压、挺压撑推、捻滚按揉。

1. 适放患肢

肌肉放松是整复成功的关键一环。骨折整复时，要把伤肢放于适当位置（肌肉放松位置），如髌骨骨折整复时把伤肢膝关节放伸直位。

2. 拽撑牵拉

本法主要是克服肌肉抗力，矫正重叠移位，使骨折两端靠近，达到"欲合而离，离而愈合"的原则。在牵引时，应先顺向拔伸，沿着肢体纵轴方向，在骨折近、远两端进行对抗牵引，慢慢牵引靠近骨断端。

3. 摇摆扭压

螺旋形骨折旋转和成角时，一个助手从骨折远端移位的反方向维持牵引下来回摇摆，这时术者用两手在折端移位处扭压，使骨折紧密接触，即摇摆扭压。

4. 抖提压推

锯齿形骨折移位或粘连，以及关节脱位时应用此法。手法上首先抖提分开骨折接触面，然后用压推手法复归。

5. 挤挣分骨

本法是尺骨、桡骨、胫骨、腓骨、掌骨和跖骨等两骨并列部发生骨折时采用的手法。这些骨的骨折可因骨间肌或间膜的收缩而互相靠拢。复位时，应以两手拇指及食、中、环三指，由骨折部的掌背侧挤挣骨间隙，使靠拢的骨折端分开，远近骨折可相应稳定，然后根据骨折移位方向复位。

6. 折顶回触

本法适用于横断形或锯齿形骨折，大多数股骨干和肱骨干骨折时采用此法。因肌肉发达、局部肿胀等原因，单靠牵引力矫正不了重叠移位，可用折顶回触手法。在两个助手的对抗牵引力下，术者两拇指挤压于前侧突出的骨折一端，其他八指环住后侧下陷的骨折另一端，两手拇指用力压推突出的骨折端，其余八指将下陷的一端往前牵拉，这样加大骨折端的原有成角，估计骨折远近段断端的骨皮质已经相接后骤然反折。

7. 拢挤捏拿

粉碎性骨折时用此法。在助手的协助下，术者用两手拇指及食、中指沿肢体纵轴从远到近，从浅到深，先轻后重，准确有力地拢挤捏拿复合。

8. 钩拉提压

肱骨外科颈等嵌入型骨折复位时主要用钩拉提压手法。

9. 挺压撑推

胫骨平台等塌陷型骨折复位时用此法。

10. 捻滚按揉

骨折复位固定后，为使骨折断端更牢固对合，采用两手掌捻滚按揉。

因骨折脱位的类型和损伤程度不同，在整复过程中十种整骨手法应灵活穿插使用。整骨时，要充分体现能动与手法统一，患者与全身归一，必须使用巧妙手感，法从手出，气随意走，酒随气到的自然、封闭、自我、能动的功法。根据患者复杂的心理和紧张状况，医生呷酒在患处连续喷 3 次，喷酒时发出的强烈、短暂、爆发性较强的哨声可以分散患者的注意力，使患者的各种杂念瞬间消失，转移因骨折带来的忧虑和情感，乃至产生愉快的感觉，激发和调动患者的应激本能，产生强烈的自我修复欲望而进入有利于主动能动复位与自我修复的意识状态。喷酒可以消除紧张情绪，肌肉也便放松，乘机更容易迅速复位。此外，在喷酒的瞬间患者的思维还在喷酒的哨声中回旋，这样可减少其痛觉。这就是利用酒的血液循环和声波的穿透性、折射性等特点带动内赫依引走，达到意到、酒到、声到、赫依到的效果，身心并重，身心兼治，最终达到治疗目的。另外，对脑震荡和脊髓震荡，根据"以震治震，震静结合，先震后静"的医疗原理，用人工震动手法治疗；对肋骨骨折，则令患者咳嗽，利用咳嗽的内气按压等手法进行复归；对开放性骨折，则消毒伤口，复归折端，缝合伤口，固定伤肢，补肾接骨；对完全对位但不愈合的横断骨折，则用牵拉、压推等手法在骨折断端稍错开的方法治疗；对畸形愈合的陈旧性骨折，则用马奶酒罨敷分离或羊瑟博素罨敷分离后结合牵引按新鲜骨折重新复位；对骨折合并脱位，则用巧妙手法同时完成整复。这些复位法易理骨理筋，患者痛苦少，损伤修复好。

（二）蒙医整骨十四种喷酒按摩疗法

按摩是整骨者使用单手或双手根据不同部位和骨折选用相应的巧妙手法达到治疗目的的一门科学。它是蒙医整骨中的重要一环。

1. 捻法

此法常用于四肢长、短管骨骨折和关节脱位，有单手捻和双手捻两种。一般上肢和脚趾可用单手捻，下肢用双手捻。捻的方法，从伤肢近侧到远侧，反复捻动，捻时用力握住伤肢，然后急拉滑开。此法具有散瘀活血、促进新陈代谢和增加营养供给等作用。

2. 滚法

此法用于头部及肱骨、股骨等四肢各部位的骨折，其中粉碎性骨折复位之后就可用此法，其他类型的骨折骨痂形成时才用此法。操作时，用两手夹住伤处，前后、内外横向反复搓动，使伤处和伤处的上下部位在两手之间滚动摇转。此法能使肌腱柔和顺正、骨折两端结合接密。

3. 压法

此法与按摩法相似，用于骨折移位高突之处、肿痛之处。骨折固定期一般在压垫上和关节上用单手或双掌根按压。压的时间较长，用力较重，但要重中含轻、轻重结合。此法具有舒展精神、放松肌腱、缓解疼痛等作用。

4. 擦法

此法用于头面部、躯干、四肢等部位，另外，还可以作为手法复位之前的准备动作来运用。用手指或手掌在伤处周围施以反复曲折、弱力柔和、快而短暂的摩擦等贯通手法可以使伤处的瘀血和废物迅速排出，对神经麻痹、肌肉萎缩等外伤后遗症有显著的疗效。

5. 揉法

此法是用手指或手掌在伤处，反复回旋揉动。此法常用于四肢骨、脊柱骨骨折以及大关节脱位，另外，还可用于骨折后腹部胀满、大便不通等症。揉法用力的轻重、频率的快慢、受力的深浅根据骨折部位和肌肉情况而定。此法有消散肿胀和气血凝滞、促进血液循环、缓解疼痛等作用。

6. 摇法

此法在骨折治疗中有两种作用。第一，一手握紧骨近端，加以护持，另一手握住骨远端稍稍晃动几次，使已对位之骨折端接触更为紧密，增加其稳定性。第二，两手握紧伤肢关节远端，在助手的协助下，前后、左右、内外、上下摆动数次，可以使粘连分离、痉挛松弛，恢复关节功能。

7. 搓法

此法有单手搓和双手搓两种。一般小腿、大腿骨折和前臂、上臂骨折时可用双手搓法。操作时，两手掌合夹受伤肢体，相对用力，一个方向上下或进退，反复搓动。单手搓法将手掌紧贴于伤处，若手指、脚趾骨折时，从内向外搓动360°；若胸部骨骨折时，从前往后搓动180°；若脊柱骨骨折时，从后往前搓动180°。搓法手法一般重快协调、连贯。此法有消肿散瘀、疏通气血、促进组织代谢、松弛肌腱、使骨折两端接触紧密等作用。

8. 颠法

此法用于四肢骨折患者久病无力、关节强直者。术者单手或双手握住伤肢远端，上下似波浪起伏状震动肢体，能疏通脉络、剥离关节僵硬部位、排出代谢废物和障碍。

9. 推法

此法用在头部、腰部、肩部和四肢。术者用拇指指腹或掌根部位顺着骨纵轴方向向近端轻轻反复推几次，可以使气血流通、消肿止痛、顺筋立骨。顺骨折断端接触方向，在折断之高突处用力反复推数次，适用于纠正复位当中未解决好错位的骨折或固定后再移位者。

10. 拿法

拿就是握的意思。此法常用于肩胛部及髋关节、膝关节受伤肿痛，韧带松弛，肌筋硬化等。操作时，用一手或双手握住伤肢，上下依点拿，用力不能过猛，先轻后渐渐加重，快结束时又徐徐减轻。此法有疏散凝滞结聚、开导闭塞肿胀、减轻疼痛等作用。

11. 指法

此法用于鼻骨骨折、颈椎受伤和脊椎陈旧损伤以及跟骨损伤等。操作时，拇指腹和食指外侧相对而成钳形，掐骨折处和受伤疼痛处以及它的周围，拨弄肌筋，散瘀血凝滞，纠正移位的骨折端。

12. 撑法

此法用于下颌骨骨折、腰椎骨折、胸椎骨折、肋骨骨折等，另外，肌筋僵化、神经压迫时也用撑法。操作时，两手拇指或两手掌从伤处往外进行直线或弧线形的左右方向分、拨、撑掌，分撑的起点在伤处或穴位上，力量逐渐减轻。此法具有拨开嵌插畸形的骨折端、开散粘连物、调整神经位置及行气镇痛等作用。

13. 捏法

此法是指拇指指腹或手掌根在伤肢疼痛处或硬块上不间断地做捏震动作。此法可用于头部、颈部、肩胛部、四肢各部及腰部，有缓解肌腱挛缩、舒筋活血、消除肿痛、软坚散结、恢复功能等作用。

14. 嵌法

此法用于头部受伤和外伤引起的休克。操作时，用两手指尖或单手指尖在伤处、疼痛点和有关穴位上用力嵌陷，嵌的时间要长些。此法有散寒祛风、兴奋神经、分散痛点等作用。

根据受伤部位和骨折、脱位的不同辨证选用上述十四种按摩方法，根据骨折的不同时期可采取不同的按摩方法，如压垫处用压擦法，肿胀处用捻推法，骨折靠近关节处用揉搓法，肾俞、肝俞穴深部用捏、嵌法等。按摩时用白酒、青铜镜、银杯、铜针，本着"轻、细、准、柔、稳"的原则，勿令转动，行之有据，操之有理，可以起到改善血液循环、加速骨痂形成、恢复功能的作用。

（三）蒙医整骨二十种整骨治疗功法

包金山基于治疗骨折及软组织损伤的十种手感整复疗法和十四种喷酒按摩疗法，创新了二十种整骨治疗功法。这二十种整骨治疗功法是可辨证运用于各类骨折及软组织损伤的疗效较好的治疗方法。在临床实践中，包金山熟练运用该疗法，根据患者年龄、骨骼形状和骨与关节结构、损伤程度、创伤部位等实际情况灵活交替选择适合骨折、脱位及软组织损伤等的整复疗法辨证施治。

1. 挤接法

此法主要用于粉碎性骨折。

2. 撑牵法

此法主要用于压缩性骨折的整复。

3. 屈伸法

此法用于髋关节脱位、桡骨远端骨折等损伤的重要整骨疗法之一。

4. 拢屈法

此法用于尺骨鹰嘴骨折或髌骨骨折及螺旋形骨折等损伤的整复疗法。

5. 提压法（端提压推法）

此法用于下颌关节脱位等损伤的整复疗法。

6. 捻按法

此法主要用于椎间盘突出症、膝关节骨性关节炎和肩关节及其周围的肌肉、筋骨疼痛的整复疗法。

7. 分骨法

前臂双骨骨折、胫腓骨骨折及掌骨和跖骨合并骨折损伤的整复需用分骨法。

8. 折顶法

肱骨干骨折和股骨干骨折等骨折重叠时运用此类整复疗法。

9. 旋转法

螺旋形骨折重叠移位并骨折面背对时运用此法。

10. 折和法

骨折挤夹神经、血管和肌腱等软组织损伤时运用此类整复方法。

11. 推牵法

肩关节下脱位或侧方移位畸形骨折时运用该整复疗法。

12. 敲打法

腰椎间盘突出及并发压迫神经时使患者弯腰，在其背部施此疗法。

13. 接骨法

此类整复疗法仅用于三角肌止点处的肱骨干骨折。

14. 震牵法

该疗法适用于嵌插骨折及脑震荡和脊髓损伤。

15. 摆动法

陈旧性骨折畸形愈合时用该疗法将已畸形愈合的骨折端重新折断，把陈旧性骨折变为新鲜骨折，然后便可运用其他疗法按新鲜骨折再予整复，也可用于骨折处软组织损伤而导致关节活动受限等的治疗。

16. 捻打法

此法适用于肘关节、膝关节等关节僵直的治疗，肩背部疼痛及腰肌劳损时也可用此疗法。

17. 触压法

耻骨联合分离时，患者取侧卧位，运用触压法整复。治疗脑震荡时也可运用此疗法在百会穴处施术。

18. 撬旋法

关节内骨折或肩关节脱位时运用该疗法。双骨螺旋形骨折及斜形骨折、嵌插骨折亦可用该疗法。

19. 捻揉法

血运障碍或神经损伤时可用此疗法。骨折错位及软组织损伤多用此疗法。

20. 压擦法

各处骨折及软组织损伤均可用此疗法。如，脊柱损伤运用伸压法整复，踝关节内脱位或外脱位运用牵拉推挤法整复，锁骨骨折运用提按推挤法整复等。

六、读书之法

蒙医学是伴随着蒙古族人民的生产活动而产生的一门经验医学。蒙医学历史悠久，内容丰富，是蒙古族人民同疾病斗争的经验和智慧的结晶，也是一门具有鲜明民族特色的民族医药科学。在蒙医学几千年的历史中，涌现出了许多著名的蒙医学家和医学著作，如蒙医三大经典著作《甘露四部》《蒙药正典》《方海》，以及《饮膳正要》《蒙医珊瑚串珠》《普济方剂》《蒙医奥特奇五著》《必用药剂著品》等。包金山常说："蒙医经典著作是蒙医学的源头。学习蒙医学经典著作，是每一个蒙医医师提高临床技能的最有效途径之一，认真研讨古人的医术，对于现代医学的发展有极为重要的促进作用。通过对经验著作的熟读及深入研究，在实践中反复体验，这样才能够得到其精要，为临床工作奠定扎实的蒙医理论基础，必须精细研究蒙医三大经典著作《甘露四部》《蒙药正典》《方海》，以及《饮膳正要》等经典著作。"

伴随着这些经典著作，蒙医骨科和外伤治疗也飞速发展且一枝独秀，形成了多种行之有效的治疗方法。如蒙医整骨术，方法简陋，但临床治疗效果却好得惊人。这一时期的蒙医饮食疗法、蒙医骨科和外伤治疗等医疗经验的积累，为后来蒙医药学自成体系奠定了深厚的基础。

要想成为一名优秀的蒙医传统骨科医师，必须具备渊博的知识。《黄帝内经》要求习医者上从天际，下及地理。孙思邈在《大医精诚》中也明确指出学医者要"博极医源，精勤不倦"。渊博的知识对医师的临床实践工作具有重要的帮助作用。

七、大医之情

包金山心系祖国，心系草原，心系人民。全心全意为人民服务，解除患者的痛苦是包金山的乐趣。任何困难都不能改变他献身草原人民、献身医学事业的初衷。在长达60多年的整骨临床实践中，包金山共治愈各类骨伤患者约20万人次。他常说："按质、按量、按时地全心全意为患者服务，解除他们的病痛，是一个医生的天职。"哪怕患者有百分之零点一的治愈希望，包金山也总是倾注百分之百的热情对其进行抢救治疗。他对每位患者都一视同仁，从不分贫富贵贱。或许是自小所受的"德胜才谓之为君子，才胜德谓之为小人"伦理观的影响，有些患者没有钱住院，他就在自己家里进行治疗，并管吃管住。他自己掏腰包无偿帮助患者具体有多少次，已无法记清。他的医德医风早已在群众中广为流传，成为佳话，深受人民的称颂与敬佩。

包金山具有强烈的爱国主义精神，同时具有广博、仁爱的热心肠。他对养育他的草原和农牧民有着炽热的情感。他常说："内蒙古大草原是我的根，是广大农牧民的发祥地。这里有我生活奋斗的力量源泉——草原人民的重托和希望。草原人民需要我，我也离不开他们！"包金山就是这样扎根在草原，扎根在基层。他在从事蒙医整骨临床、教学与科研工作60多年的时间里，持之以恒、矢志不渝地献身于蒙医整骨事业，用神奇的医术解除了各民族数以万计患者的病痛，为千万个家庭增添了幸福和欢乐。时至今日，已过杖朝之年的他仍然活跃在医疗、教学与科研一线，每周一至周六上午在内蒙古民族大学附属医院蒙医国医堂坐诊看病带徒，每周两次在内蒙古民族大学附属医院整骨医院住院部教学查房，每周至少一次在内蒙古民族大学附属医院整骨医院"国医大师包金山传承工作室"讲解蒙医整骨理论、整骨实践技术操作及整骨学发展历史文化等课程，每周让传承工作室成员及学生撰写跟师学习心得体会、蒙医经典著作读书笔记和门诊日志并及时批阅改正。

八、养生之智

包金山认为，80岁以上老人的长寿奥秘在于：少私寡欲，知足常乐，顺其自然，预防意外，走路快，常晒后背，能吃苦，不怕困难，生活在良好的自然环境中，饮食无污染，长期坚持劳动，具有良好的生活习惯，情绪稳定，精神振奋，其中，遗传基因也是至关重要的。

养生先养神，对于养生，中医有"药养不如食养，食养不如精养，精养不如神养"的说法。所谓养神，主要是指注意精神卫生。如果人们只注意养身，加强饮食营养，不懂得养神，不善于养神，是难以健康长寿的。人生的道路坎坷不平，不如意的事常有八九，尤其是人到老年之后，社会角色、人际关系、健康状况、性格情绪等都会发生改变，若不能很好地把握住自己的"神"，往往会产生孤独、忧郁、失落、自卑等消极心理。从养生角度讲，老人晚年保持良好的性格、乐观的情绪、高尚的涵养和欢畅的心境，对延年益寿意义重大。因此，老年人在注重"养身"的同时，更应重视"养神"与"调神"。

养神方法有五：少私寡欲，心胸坦荡；仰目静耳；凝神敛思；和畅情态，调摄七情；顺应四时。总之，养生必须养神，因为神是生命的主宰。养神要以"精神"为首务，只有神志安静，才能不病。养生还要调神，避免各种情志的过激刺激。此外，须知"百病生于气"，养生必须"以恬愉为务"，只有永远保持乐观、开朗的精神，体内气血才能正常运行。

九、传道之术

在师承带教过程中，包金山以极大的热情做好业务传承工作，认真负责，治学严谨，细心讲解，帮助继承人扎实掌握蒙医基础理论，训练蒙医辨证思维，系统传授"中国蒙医整骨学"学术经验，进一步发扬光大蒙医药文化遗产，使其走出草原，造福更多的患者。

在传承方面，包金山违背了"传男不传女，传内不传外"的祖训。从20世纪80年代始，包金山承担了内蒙古民族大学蒙医药学院蒙医专业本科生"蒙医整骨学"课程，成为在高等院校讲台上传授蒙医整骨术第一人。作为一名有50多年党龄的共产党员，时至今日已到杖朝之年，包金山仍主动工作，甘为人梯，履行着为党的事业奋斗终生的诺言，先后被聘为第四批、第五批、第七批全国老中医药专家学术经验继承工作指导老师，第二批内蒙古老蒙医药中医药专家学术经验继承工作指导老师，首批内蒙古通辽市老蒙医药专家学术经验继承工作指导老师，已培养国家级学术继承人6名、自治区级学术继承人4名、通辽市级学术继承人12名，先后培养了2600多名学生和学徒。

包金山培养的弟子、学术继承人多数已成为各地医院的骨科专家和骨干力量，其中2人当选为内蒙古自治区草原英才，1人当选为321人才工程专家，1人当选为内蒙古自治区突出贡献专家，4人当选为内蒙古自治区名蒙医，2人当选为内蒙古自治区基层名蒙医，2人当选为全国老中医药专家学术经验继承工作指导老师，5人当选为内蒙古老蒙医药中医药专家学术经验继承工作指导老师，1人当选为通辽市科尔沁英才。此外，包金山带领团队申报并获批了国家中医药管理局"全国名老蒙医包金山传承工作室"和"第三届国医大师包金山传承工作室"，还申报并获批了内蒙古通辽市卫生健康委员会"通辽市蒙医整骨人才进修培训基地"，开展了大量卓有成效的工作，成果显著；系统梳理了蒙医整骨术的学术观点，创新了蒙医整骨术二十种整骨治疗功法；收集整理医案1200份、教案6本、读书心得233份、论著18部、论文100余篇等原始资料；完整、清晰、原汁原味地录制了国医大师包金山开展临床实践、带教、授课、查房、访谈、研讨等相关活动的视频资料，共录制200段视频，共计10余个小时，收集的原始资料珍贵程度高、数量多；已整理形成踝骨骨折、胫腓骨骨折、小儿肱骨髁上骨折、前臂双骨折4种优势病种的蒙医整骨诊疗方案。包金山的专著《蒙医正骨》获中国民族医药协会科学技术进步奖特等奖，专著《神奇的蒙医整骨疗法》获中国民族医药学会学术著作奖一等奖，专著《国医大师包金山与中国蒙医整骨学》获中国民族医药学会学术著作奖一等奖，主持完成的科研项目"蒙医整骨非手术治疗小儿肱骨髁上骨折临床研究"获中国民族医药协会科学技术进步奖一等奖，主持完成的科研项目"基于国医大师包金山'三诊六则九结合'治疗桡骨远端骨折的规范化研究"获中国民族医药协会科学技术进步奖三等奖。

包金山为进一步做好中华民族医药学术经验传承工作，推动民族医药继承创新和人才队伍建设，培养民族医药高层次人才做出了自己的贡献。

包金山学术传承谱

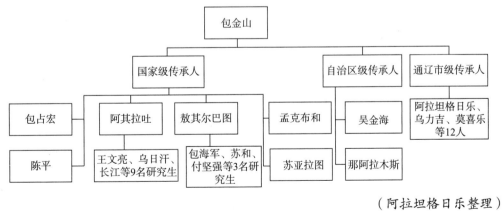

（阿拉坦格日乐整理）

（郭瑨编辑）

尼 玛

尼玛（1933—2022），藏族，青海省共和县人。青海大学藏医学院藏医硕士、博士研究生导师，藏医主任医师、教授。青海省藏医院名誉院长，青海省政协常委，青海省藏医学会副理事长，中国民族医药学会副理事、中国中医科学院学部委员。1983年，尼玛带头创办了青海省藏医院，并担任第一任副院长。被授予"全国卫生先进工作者""全国中医药杰出贡献奖"称号。享受国务院政府特殊津贴。2017年被授予第三届"国医大师"称号。

尼玛从医近70年，提出利用藏医药经典古验方，通过调养生息、平衡"三因"（隆、赤巴、培根）、协调阴阳、藏医泻脉疗法、通络止痛、抑制肿瘤、延缓病情的诊疗方法，创新推广藏医特色外治疗法，使藏医药对肿瘤疾病的诊疗取得了突破性进展。悬壶甲子，德满高原。尼玛一生为藏医药事业做出了巨大贡献，将毕生心血奉献给藏医药事业，为藏医药界留下了极其珍贵的学术思想和诊疗经验，培养了宝贵的藏医药人才。

一、学医之路

1933 年 11 月 7 日，农历十月初十，尼玛（俗名才让南嘉）出生在共和县倒淌河乡甲乙村普通的牧民人家。母亲乃玛吉、父亲华青杰，世代为牧，家中有两个姐姐，弟兄两人，尼玛排行老三。在父母的抚育和爱护中，尼玛无忧无虑地度过了幼童时期。待到尼玛五岁时，无情的病魔带走了母亲乃玛吉年轻的生命，留下年幼的尼玛和尚在襁褓中的弟弟，使得原本就拮据的家庭更加窘困。父母一生笃信佛教，一生以念诵经文、行善积德度日。生母病逝后，尼玛由母亲家族中一位叫奥丹的僧人带至千卜录寺生活，至此开始了系统的藏文化学习生涯。

7 岁那年，在千卜录寺藏传佛教名僧三恩上师阿饶仓·罗桑隆朵丹贝坚赞活佛法台前接受了沙弥戒，正式剃度出家为僧，并取法名罗藏尼玛。正式成为千卜录寺的一名小僧人。这既是藏传佛教仪轨使然，同时也是尼玛累世"善根"积累的果报，也是他与藏医学不解之缘的缘起。这一选择决定了他不同凡响的一生。

"尼玛"在藏族文化中是一个神圣的词汇，在藏语里译为光明的，神圣的，同时也有"太阳"的意思，也用作人的名字。

入寺以后，尼玛开始学习藏文的阅读和书写，逐步系统地学习了藏传佛教理论和相关仪轨，天资聪慧的他很快成为众多学童中的佼佼者。11 岁时，由僧人奥丹带领前往共和县新寺参加法会，其间由三恩上师阿饶仓·罗桑隆朵丹贝坚赞为尼玛等僧众讲授《四部医典》，这也是尼玛开始学习藏医药知识的起点和后来获得渊博学识的良好起缘。

从这一刻开始，就注定了尼玛将悬壶济世的一生。

尼玛在铁杰·土旦僧师的教导下，依靠自己的聪明伶俐、勤奋刻苦，在短短三年时间内完成了所规定的全部功课的背诵，熟练掌握了千卜录寺传统诵读经文及其音调秘诀，相关的佛事仪轨等，深得僧众赞赏。

杜甫言："读书破万卷，下笔如有神。"尼玛每天第一件事就是背书，把长卷书上的内容背下来，以待僧师检查。每本书要从头到尾，一字不漏、一字不错地背诵下来，倒背如流，老师才会开讲，并逐步讲解重点内容。

读书、背书是一生一世的事情，但少年时期却是最佳时期。俗话说："幼学如漆"，这时记性最好，学到的知识到老都不会忘记。为进一步加强藏文基础知识，尼玛先后拜千卜录寺热娘活佛为师，系统学习《正字法》《藏文语法三十颂》《音势论》《辞藻学》等藏文基础知识。同时接受了天文历算学科的学习，在热娘活佛尊前，他系统地学习和实践了《数据运算》《五基数》《日月食》《五行占算》《合婚占算》《死葬占算》等天文历算相关知识。他白天学习《藏文语法三十颂》《音势论》等藏文语法，早晚背诵天文历算及有关藏文化的一些重要典籍。循序渐进，学习内容逐步深入和广泛。热娘活佛孜孜不倦的教诲和言传身教使尼玛掌握和养成了良好的学习习惯和方法，受益终生。

随后，尼玛在千卜录寺拜甲乙活佛心传弟子努果·却智曼巴为师，系统学习藏医药理论及实践课程，背诵《四部医典》中的"总则本""论述本""后续本"，《秘诀本》中的"热症的总治法"等章节。背诵的同时，恩师却智曼巴亲自详细地讲授藏医总论、脉诊、尿诊等许多藏医药方面的重点理论知识，使尼玛在背诵和理解内容方面有了很大的进步。在恩师却智曼巴严格而循序渐进的指导下，尼玛如鱼得水，得到多次门诊看病、出外巡诊、实践训练的好机会。在近2年的时间中，尼玛奋发图强，持续的努力让他在学识上不断精进，成为千卜录寺才华出众的年轻学僧。

尼玛先后依止三恩上师阿饶仓·罗桑隆朵丹贝坚赞活佛、郭密地区24大寺院寺主塔秀活佛聆听佛教教义，受具足戒，学习金刚乘密法以及从诸大德听受正法甘露，依所闻教义而修行。依次获得《四部医典》《晶珠本草》《医学札记》《医诀补遗》《祖先口述》《蓝琉璃》等藏医药经典著作闻思修传承法脉。两位恩师具备的慈悲、宽厚、仁爱、净戒等品格，深深地烙在了尼玛的心里，并影响了他的一生。为了培养尼玛高尚的医德情怀，两位恩师时常教导他说："要成为一名好医生，必须要有一颗善良的心，必须要依靠菩提心，必须践行《论述因果》《菩提道次第》等佛学经典理论。"正所谓名师出高徒，经过系统、扎实、全面地藏医药学习使他打下了坚实的藏医药学理论及实践基础，尤其对《四部医典》《晶珠本草》《医学札记》等经典的深入学习，成为尼玛日后临床实践、藏药鉴别、炮制研发的动力源泉。

1961年，甲乙村全体牧户集资开办了甲乙合作医疗站，在甲乙草原上搭建了3间活动式的帐篷，购置了一些常用的藏药制剂及部分西药，为当地牧民群众提供医疗服务。鉴于尼玛此前曾在千卜录寺学习藏医学知识，村里一直邀请他担任合作医疗站的常驻医生，能够治病救人一直都是尼玛梦寐以求的愿望，尼玛欣然答应了村里的要求，开始兢兢业业地操持医疗站的各项工作，他白天参加集体的劳作，利用休息时间或晚上为当地群众看病，不论何时何地，只要患者有需求，他立马提起药箱就奔赴患者家中，不分春夏秋冬，不分白昼黑夜，任劳任怨，全心全意为患者服务。尼玛积极尝试藏西医结合的诊疗方式，开展藏医艾灸、达日卡等外治疗法，渐渐地在当地小有名气，人们亲切地称他为"甲乙曼巴"。

多年的基层行医经历不仅令尼玛学习、积累了很多临床宝贵经验，也令他对农牧区的经济状况、疾病种类、药品需要等有了更多的感知。同时尼玛从读书的感悟、临证的效失、病家的愁乐之中，进一步体会到了藏医药学对社会人群的作用，找到了一个医者的价值所在，"上以疗君亲之疾，下以救贫贱之厄"，这一切都愈发坚定了尼玛终生从医、济世活人的决心。

中华人民共和国成立初期，人才匮乏，百废待兴，医疗人才更是紧缺，有限的医疗资源大都集中在城市。医学专家奇缺，一时培养不出那么多有医学知识的医生，只能培训一批略懂医术的赤脚医生来应急所需。贫穷落后的年代，生病的人也尤多，更需要赤脚医生的救治。因此，20世纪60年代，在乡村里赤脚医生就应运而生了。尼玛因为之前在千卜录寺系统学习过藏医药学，顺理成章地成了甲乙村的赤脚医生。

赤脚医生虽然受到村民的敬重和爱戴，但没有固定的薪金，有的只是每个月大队给的一些补贴，有的只是以生产队记工分代酬。这微薄的补贴和工分，根本解决不了个人及家庭的生活，因而，他们白天还得赤着脚参加生产队劳动，夜晚还要挑灯自学医学知识。其次，由于贫穷落后，医疗设备十分简陋，除了一个药箱，几片普通的药片，一支针筒，几块纱布，别的就少得可怜。

尽管困难，尼玛还是尽职尽责，满腔热情地为人民服务。不管深夜还是风雨交加的日子，只要有患者求诊，他就会赴诊，并认真地为患者看病打针开药。自己治得了的，就一心一意尽力去治。自己治不了的，就建议送医院治，有时还亲自陪送。尼玛治病收费不高，只收回成本钱，如果碰上特困户和五保户，尼玛经常倒贴自己的钱，免费给患者看病抓药。

1963至1965年间，由青海省卫生厅组织全省赤脚医生在西宁、海南藏族自治州、玉树藏族自治州等地连续举办了10期培训班。尼玛作为受训学员，有幸参加了在西宁和海南藏族自治州举办的2期培训班。培训班以《赤脚医生手册》和青海省中医药研究所1964年6月印刷出版的青海省藏医进修班《针灸学讲义》（汉藏对照）为教材，较为系统、全面地讲授了农牧区常见疾病的诊断与治疗，着重讲解了针灸疗法，有效提升了尼玛的中藏医结合诊疗水平。同时在培训班上尼玛结识了很多志同道合、学识渊博的藏医学大家，其中就有对他一生影响最深的恩师——次成嘉措。

次成嘉措是海东支扎大寺的格西（善知识），也是医术高超的老藏医。培训课余，次成嘉措给尼玛讲述了自己行医过程中的种种经历，深深打动了尼玛。培训结束后，尼玛鼓起勇气，向次成嘉措提出了拜师请求。次成嘉措看着年轻的尼玛，就像看到了年轻时的自己，同意收他为徒。

彼时，次成嘉措在青海省中医药研究所藏医科门诊坐诊，开展藏医药临床工作已10余年，拥有丰富的临床诊治经验。培训班教材之《针灸学讲义》（汉藏对照）是次成嘉措采用南京中医学院编著的《针灸入门》一书译成藏文，用藏汉两种文字分段逐节一并刊出。在那个缺少医学工具书的年代，解决了培训班没有教材的难题。

此后，尼玛开始跟随次成嘉措系统学习《四部医典》和《晶珠本草》等藏医药理论。"文革"期间，次成嘉措被迫离开青海省中医药研究所，为了照顾老师的饮食起居，尼玛将次成嘉措接到了甲乙大队，在医疗合作社旁边的空地上给老师盖了几间土房，师徒二人在当地行医、办培训班，造福了当地百姓。

1965年6月26日，毛泽东提出要把医疗卫生工作的重点放到农村去。根据毛泽东的这些意见，卫生部党委提出《关于把卫生工作重点放到农村的报告》。因为这一指示是6月26日发出的，因此又被称为"六二六"指示。根据"六二六"指示精神，相关部门给尼玛办理了正式的国家公职人员手续，开始计算工龄，列入卫生专业技术人员队伍中。至此，尼玛开始了正式的从医生涯。

1968年，师出名门又聪慧好学的尼玛被选派到青海省中医院进修，在这里，他系统地学习了人体学、诊断学、中医学以及外科手术的知识，学成归来后，尼玛和次成嘉措一起适当地扩建了甲乙合作医疗站。

在那个缺医少药、缺少专业书籍的年代，尼玛一边给当地农牧民看病诊治，一边利用可利用的一切时间，在次成嘉措身边废寝忘食的学习藏医药典籍知识，在仅有的手抄本或老师的口述中，尼玛体会到了没有专业书籍的困难与遗憾。很多时候，都是依靠老师年轻时背诵的记忆由老师口述，尼玛在旁边做笔记，将老师口述的原文写下来进行整理并做详细的注释。日复一日，年复一年，次成嘉措的学识像大海一样取之不竭，尼玛的笔记摞成了一座小山。渐渐地，尼玛有了将现有的零散的手抄本、老师的口述笔记整理成书籍的想法，以便作为中小型藏医药培训班的教材。有了这样的想法后，尼玛及时向次成嘉措做了请示，得到了肯定和赞许。

1977年5月，由海南藏族自治州共和县主办的"全县藏医赤脚医生"培训班在湖畔甲乙村举办，来自共和县全县60余名赤脚医生参加培训班。次成嘉措和尼玛作为培训班的授课老师，由尼玛作为主讲老师，利用3个月时间集中讲授了《临床札记》全部内容，得到了全体学员的高度赞誉。

培训班学员中有今青海省藏医院藏医专家、全国名老中医药专家传承工作室专家、第五批和第六批全国老中医药专家学术经验继承工作指导老师万玛昂智老先生，他回忆当时的情形时说："当时因为没有专用的培训教材，尼玛老师用手抄的《临床札记》逐一给学员们讲课，学员们一边做笔记一边誊写《临床札记》内容。尼玛老师宽厚、仁慈、耿直、儒雅，藏医药学知识渊博，尽得诸位善知识的真传。培训完理论知识后，尼玛老师还带领我们去湟中县群加乡进行了为期1个月的藏药学实践教学活动，系统讲解了《晶珠本草》全部内容，使学员们受益匪浅。"为了使学员尽快掌握和熟悉各种草药，尼玛老师带领学生跋山涉水，风餐露宿，翻越高山深谷，采集各种药材，制作标本，指导学员辨认、熟悉其药性，并将药材加工成制剂。通过规范的教学活动，学员们的药理知识和业务水平有了明显的提高。

1979年秋季，尼玛接到了调动组织关系到省会西宁工作的通知，于是尼玛带着简单的行囊，离开生活了大半辈子的环湖甲乙村，怀揣着振兴青海藏医药事业的梦想，来到宗喀河边的古城西宁，被分配到青海省医学科学研究所工作。

二、学术之精

　　藏医学认为人体是一个整体，构成人体的各组织器官之间在病理上相互影响，辨识清楚各种病证与脏腑和五官之间的关系对提高临床疗效具有十分重要的意义。尼玛在临床上重视脏腑与五官的辨证，注意诊察眼、耳、鼻、舌及身体的触觉等五官的颜色、润泽及其视觉、听觉、嗅觉、味觉、触觉等五识的灵敏程度。

（一）黄水为万病之源学说

　　尼玛以黄水为万病之源学说为指导，创制出有关皮肤病的一系列经验方。黄水是藏医学中的概念，黄水存在于全身各处，在肌肤及关节处较多。它的本性既不属热，也不属寒，病变后寒热两性俱全。发生血和希拉（火热）所转化者与热相结合，成为热性黄水病，亦称黑黄水病；发生巴达干和赫依所转化者与寒相结合，成为寒性黄水病，亦称白黄水病。病变之黄水亦能以合并、聚积等类型进而引起各种疾病，如白痛风、牛皮癣、虫病、疥瘤、痹病、白喉、炭疽、丹毒、疱疹、浮肿、水肿等。尼玛认为寒热失调是发生皮肤病的根本原因，基本病机是局部血脉阻塞、气血凝滞。他通过大量病例，总结出了许多经验方，并结合藏医外治法联合治疗皮肤病。

（二）三因学说

　　尼玛广纳百家之长，在学术思想上，极力倡导三因学说，注重三因病证的治疗。他认为三因紊乱会导致各种疾病，调理三因平衡是保障人体正常功能的首要条件。三因学说在藏医临床上应用广泛，是藏医诊断与治疗的理论根据。尼玛认为治疗脏腑疾病时，不能仅从脏腑着眼，而要与三因相联系，要注意三因的运化、腐熟功能是否正常，无论火水土风"四元"紊乱，还是久病虚弱均可导致三因失调。三因失调会影响脏腑的功能，引起各种脏腑发病，故所有疾病发病机理均涉及三因。因此，治疗疾病时首先要调理三因，才能达到满意的效果。

　　尼玛认为疾病的发生都有其原因，正如有烟才有火，有云才有雨那样，这原因就是致病的内因和外缘即外因。内因和外缘关系密切，内因是致病的根源，外缘是致病的条件。所以诊断疾病必须先找出引起疾病的内因和外缘。他认为，贪、嗔、愚是一切疾病发生的根源，其内因就是处于生理状态下的隆、赤巴、培根三种人体固有的物质，这三种物质是生命活动的三种能量，也是致病的三大因素。因此在诊断疾病时细致了解和分析发生三因病变后变成隆、赤巴、培根三邪的增损、蓄积、发作及互相干扰等情况，对于正确判定疾病及疾病寒热属性均有重要意义。

藏医根据三邪成分多寡、发病部位及性质将疾病共分为404种。各自又按单一型、合并型、聚合型及并发型等分为若干种疾病。但是尼玛认为，无论疾病种类有多少，产生的根源超不出隆、赤巴、培根三邪，犹如鸟类自由地到处飞翔，但其影子总是离不开大地那样。因此所有不同种类的疾病都无不概括在隆、赤巴、培根三邪之中。凡是由培根和隆邪所致的疾病属寒证；赤巴邪所致的疾病属热证。总之，所有疾病最终无不属于寒、热两大类。

三、专病之治

（一）单一型疾病

单一型疾病就是未与其他疾病并发的疾病，症状由各自引发的三因的性质所决定。通用治则为英雄制敌治则，像英雄制服敢于作对的敌人那样，尼玛认为，何病发作就用治该病而不引发其他疾病的方药治疗，具体治法如下。

1. 隆病

隆病是人体固有隆的六种性能，在内外各种因素的影响下，发生增、衰、紊乱、失去平衡，导致病理变化，危害人体的一种疾病。治则为祛隆，治宜三骨精汤或多骨汤加干姜、阿魏、紫硇砂、大蒜等，另服十四味肉豆蔻散、二十五味阿魏散、三十五味沉香丸等，灸百会、大椎、第六椎、第七椎、膻中等穴。

2. 赤巴病

赤巴病是体内脂肪和胆汁如火燃烧所致热性疾病，治则为清热，治宜内服战胜胆病散、十三味白乌头散、加减赛斗散、五味茵陈汤等，外治用下泻法最善。

3. 培根病

培根病是以土元和水元为主的人体固有的培根的腻、凉、重、钝、绵、稳、黏七种特性在内外因素影响下，发生病理变化后而发的一种疾病，治则为祛寒除湿，治宜四味光明盐汤，内服五味石榴散、石榴精华安置散、"果马卡"散、十味食药散等，外治用热罨法，病情严重者灸三椎、十二椎、剑突穴等。

4. 增盛热

增盛热是指没有培根邪、隆邪为伴，热势自然趋于成熟的一种高热疾病，典型症状为脉弦而洪数、尿赤气臭、蒸气大、痰红黄、口干齿结垢、喘气、大渴引饮、喜凉恶热。治则为清热，治宜八主方、云散月光散、二十五味大汤散、九味牛黄散、三十五味沉香丸等，外治用引吐法和放血法。

5. 陈旧热

陈旧热是指热证经年累月，迁延不愈，致使热邪深陷身内血液、骨骼等正精之中，犹如铁锈侵蚀铁内，油腻渗入骨内，漆渗入木内样，难以排出称陈旧热。症状为身重、痛无定处、脉细沉而弦、尿臭、"勾亚"厚、上体有空虚感、头和关节阵痛。确诊症状为面腻、尿赤、目赤、脉弦、上体发热、口干唇青结垢、喜凉就荫、中午和黄昏多发病、嗜睡。

6. 扩散伤热

扩散伤热是指外伤损伤人体七精华，导致血热功能紊乱引起赤巴热燔起的一种热病，症见脉细而弦、尿色赤清，典型症状为外伤处刺痛、剧烈劳作后疼痛加重。治则为清热镇痛，治宜内服二十五味冰片散、八味维命散、八主加广木香方、"达司玛布"、云散月光散等并加各受伤脏腑对治药，也可放血，但要次数多，放血量少。

7. 胃隆病

胃隆病的病发部位是胃，内因主要是隆邪偏盛，外因是身体与胃受寒，饮食过量，进食不合适等伤及胃火而引起。症状为胃胀、胃鸣、干呕、消化不良等，这些与隆的特性相一致，属于一种寒性胃病。尼玛认为，胃是人体重要的消化器官，一般称阴腑，为寒凉之依所，胃火是胃腑内用以消化食物的热能源泉，胃火旺盛则食物容易生化成血、肉等七精华；胃隆偏盛则伤及胃火，使胃火衰弱，导致消化不良，同时未消化的精微混于血液通过血管运行于全身上下，又可引发黄水病、痞瘤等内科诸病。为此，内服八味沉香丸、二十味沉香丸用以调和气血，安神镇静；五味石榴散、六味广木香丸、六味能消散、三味甘露丸等用以温胃消食，治胃寒腹胀、消化不良。诸药合用祛寒（隆）健胃，升旺胃火，从而达到健胃消食的目的。

8. 肾热病（肾炎）

肾热病是指血热和赤巴邪等热邪侵扰肾脏而发的一种热性肾病。外缘是跌打损伤、负重举重、久居阴凉潮湿之地、久涉冷水、过食甘味或凉性食物等所致。一般症状为肾腰部作痛、尿频、排尿时尿道口灼痛、面部眼睑浮肿、尿色红而浊、漂浮物沙样沉于盛尿容器底部。典型症状为酒后病情明显加重，骨骼和肌肉间游走性疼痛。此病可根据肾伤扩散病的治疗原则治疗。尼玛认为，首先要服用清热和止血之藏药十味诃子散、十八味诃子散，其次需服用通淋和消炎止痛的白热丸、二十八味槟榔丸、十三味蒺藜丸等药物。

（二）合并型疾病

合并型疾病是指隆、赤巴、培根邪等在外因干扰下，两两并发的疾病，又称二合症，通用治则为调解纠纷法则，即用不偏于任何一方的方剂进行治疗。二合症种类较多，治法各异。

1. 血隆上壅证

血隆上壅证是体内坏血被遍行隆扰乱，向上体壅聚，阻碍气和血液流通的脉道而产生的疾病。此病分血偏盛和隆偏盛两种血隆上壅证，前者刺痛严重，后者呼吸喘急。隆偏盛血隆上壅证，因隆邪为其主要发病因素，故出现气喘，胸背交替刺痛，时好时发。刺痛处若涂擦炒青稞面有缓解之感者，可确定该病无疑。治则为抑隆止痛，治宜内服十三味马钱子散、二十五味余甘子散、八味沉香加减散、三十五味沉香丸及维命丸，取得佳效。

2. 寒性赤巴病

胆囊外伤、过食辛辣和酸味食物引起不消化，特别生气发怒可引发此病。典型症状为胃火衰弱、消化不良、尿色白、巩膜、舌下、耳背发黄、大便色白。本病是因培根邪和隆邪即寒邪侵入消化部位，引起胆汁窜散于脉道而引发，故治则为祛隆温胃清胆热，治宜交替内服温胃益火的安置精华散和清热、帮助消化的"赛西"散及消炎止痛、祛风的哲琼丸和五味金色诃子散。

3. 空虚热

空虚热是由于放血、出汗过度，隆邪将增盛热的余热鼓动起来而发病，也就是一味地进食凉性饮食，将增盛热的热势抑压下去，引起隆邪增生，隆邪又煽动起被抑压的余热而形成空虚热。尼玛认为，因有隆邪的缘故，疾病性质表现出空虚，但症状仍表现出热病症状，所以称为空虚热。寒与热同处一起，是否相矛盾，其实不然。热与寒犹如铁匠炉中的鼓风和炭火那样，鼓出的风虽然是寒冷的，但能使火燃烧得更烈。由于症状先是热邪被抑压，后被隆邪煽动起余热而发病，故此表现出尿色发红、尿质清澈、泡沫大、脉空而数、目红赤、舌红而糙、全身游走性疼痛等隆与热夹杂的症状。此病主要是因隆邪引起，因此必须先服用平息隆邪之药物十五味沉香丸、八味维命丸、三十五味沉香丸、十一味维命丸等进行治疗，还要在第一椎、六椎、七椎穴位施灸，涂擦新酥油按摩。为阻断隆邪逃逸的道路，并在后结门、膻中等穴位施灸，然后服用清热方剂。

4. 肾妇风证

肾妇风证是指饮食、起居行为发生不及、太过、相反等异常，妇女月经被黄水、隆邪驱动，溃散于脉道和肾脏而发的一种疾病。症见关节蒸痛、心不舒畅、头脑昏晕、头骨发凉、肌肉发颤、肿胀麻木、视物不清、心颤、心悸、疯癫、昏倒或者健忘、尿道小腹紧缩、白带增多、月经不止。典型症状为腰椎蒸痛，尤其遇冷下肢僵硬。本病主要是隆邪侵入肾脏而致，因此必须服用热性药物和营养食物等一切营养滋补方进行治疗。药物七味槟榔散补肾，排石，用于治疗肾寒、膀胱结石、腰部疼痛、尿频、尿闭；四味石榴散散寒健胃，用于治疗消化不良、腹胀、四肢发冷；八味沉香丸清心热，宁心，安神，开窍，用于治疗热病攻心、心前区疼痛、心脏外伤；

三十五味沉香丸清瘟热，祛风，益肺，利痹，用于治疗疠、热、隆邪相搏引起的疾病及热病初期、肺瘤疾、肺铁布等症。

（三）聚合型疾病

聚合型疾病是指单纯性隆、赤巴、培根等疾病的外因共同干扰下出现的一种疾病，又称综合征，通用治则为调解纠纷治则。但对隆增盛而培根和赤巴衰损的疾病，要用补益法治疗；隆衰损，培根和赤巴增盛的疾病，要用消散法治疗。

1. 未成熟热

热病初期热邪与培根邪和隆邪为伴，共处在一起，其中隆邪将热邪驱散于全身正精之中，培根邪又将热邪抑压住，不让其抬头，三者互相制约，哪一个都不能单独称雄，犹如燃烧湿木，起先冒烟而不能燃烧那样，将这种还未发展成熟的热病称为未成熟热。尼玛认为，未成熟热病因为人体固有的隆、赤巴、培根功能紊乱，成因包括自身病邪引发、疾病引发和外因引发三种，症状为脉细而飘忽不定、尿液红黄、黏稠而浑浊、舌苔灰白、有细小红色风疹、体温不稳、常在初更时发烧、呵欠频作、倦怠乏力、小腿鱼肌及关节疼痛、喜热恶寒、睡觉多梦、多遐想等。典型症状为关节疼痛、初更时发烧、呵欠倦怠。尼玛认为，首先要像酿酒一样促使其病势成熟，然后进行治疗效果更好。因此，先用温饮清血热、主治热病之七珍汤和清隆热，调血隆，解表发汗，用于治疗未成熟热引起的恶寒头痛、寒战、关节酸痛、乏力，然后使用发热之方剂四味藏木香汤散，再根据病情服用安神、降压、调和气血的方剂十五味沉香丸和祛风、益肺、利痹之方剂三十五味沉香丸。

2. 培根木布病

培根木布病是由隆邪、赤巴邪、培根邪、血热、黄水等共同为因而引起的一种综合病，又因患者肌肤颜色呈青、黄、白、赤相杂，最终呈现紫色，故又称为紫色木布病。木布病的发病部位主要在胃、肝、小肠和大肠四个部位，故分为胃木布病、肝木布病、小肠木布病和大肠木布病四种，按病程又分为木布热证期、热寒证兼期、寒证期等三期。

培根木布病是隆邪、赤巴邪、培根邪、血热、黄水侵入胃，因此症状与培根病相似，表现为胃脘和肝区周围疼痛，痛彻前胸与后背，有时头脑昏沉，胸腹灼痛并吐酸水，病情严重者呕吐，大便色紫而干燥，如鹿粪。不论饥和饱，不分冷与暖，腹均疼痛。典型症状为热证期呕吐黏液和酸水；热寒证兼期呕吐胆汁样或紫草茸样黄色液体；寒证期吐出烟汁样坏血。热证期呕吐黏液和酸水是血热和赤巴邪的力量增盛阶段，也是木布病初形成和发展时期，因此需服用敛热毒、祛风之药物二十五味大汤散、五味甘露丸、四味藏木香汤散，以便清除赤巴邪和隆邪；热寒兼期是血热、赤巴邪所表现的热证与培根、隆邪增盛所表现的寒证力均相持阶段，应服用健胃药物十三味青兰散和止吐止痛的六味木香散及清热消食的大月晶丸等方剂；寒证期为疾病后期，是血热、赤巴邪所表现的热力弱而培根、隆邪的寒力增盛强大阶段，此阶段有出血症状，因此需服用有止血功效的药材藏红花和熊胆的十三味大象散、二十五味大汤散加藏红花、十五味铁粉散、安置精华散和大月晶丸。

3. 隐热病

表寒而里热，热不显于外者谓之隐热病。内因为培根、隆和赤巴邪，外因为体内热邪因饮食起居失常等因素侵入隆、培根的居位，或热病因培根和隆病邪偏盛阶段即未成熟热阶段用药和营养品治疗过早而发隐热病。表现为热隐于深处显出培隆寒证症状，特别是胃、肾、心脏出隐热易误诊为血隆病，必须认真辨别。典型症状为脉迟而沉弦，尿色青，勾亚（混悬物）纷纷卷涌，喜凉，得凉则暂时有舒服感。先治培根、隆即寒证，揭去隐蔽的盖子，然后深挖热邪，用十味红花散、十味诃子散等扑杀清热。

4. 旦布病（乙型病毒性肝炎）

旦布病典型症状为肤色发紫、巩膜黄染、舌色红而有黏液物、脉细而数。治则为清热解毒、保肝养肝、提升胃火。旦布病属肝热，故宜清热，治宜内服十三味红花散、十八味大象红花散加熊胆粉、帕珠丸，旦布病日久导致胃火式微，故以帕珠丸、甘露月晶丸健胃散寒，提升胃火，促进消化。

5. 萎缩性胃炎

萎缩性胃炎的症状为消化不良、身体消瘦、久泻、皮肤色白失华、巩膜发白、舌苔红厚、脉弱而迟。治则为健胃消食。治宜十五味止泻木散、十味消食散，再加提升胃火和健胃药大月晶丸、甘露月晶丸、坐珠达西丸等。

6. 癫痫

癫痫是以神志障碍为主要特征的一种疾病。尼玛认为这是心脏中的意识通行的细小管窍被隆邪阻塞而致，属白脉病（神经疾病），关键在于开通意识通道，故用如意珍宝丸、黄宝散等具有祛隆、通经活络和恢复白脉功能作用的药物，另外本病伴有心脏不适、烦躁不安，选服十五味沉香散、三十五味沉香散，用以镇惊安神，调节隆紊乱。

7. 急腹痛

急腹痛藏医名为郎太，意为腹部如牛角顶犄样刺痛，或疼痛难耐如牛哼哧呻吟。按部位分为脏郎太、腑郎太、脉郎太三种。急腹痛属腑郎太，主要为赤巴邪增盛而引发，属热证，发病急，疼痛剧烈。发病初期要及时治疗，先用止痛和消炎药方六味木香散、六味安消散加五鹏丸，然后健胃消食解毒，内服大月晶丸、坐珠达西等。

8. 糖尿病

糖尿病的藏医名为京尼或京尼萨克。由于培根偏盛，脂肪过剩，食糜营养不能生化为血、肌肉等精华物，精华不消化直接注入膀胱，导致尿液浑浊，淋漓不断，味甜气臭，苍蝇麇集。尼玛认为京尼病主要是贪婪甘肥，导致培根的水、土功能偏盛，造成属水土元的肾的运化功能失司而发病。治则为益肾固精、利尿除湿，治宜十八味利尿诃子丸、三味甘露丸、大月晶丸。祛风除痹、消食止痛宜服安置精华散、二十五味儿茶丸、十五味沉香丸、仁青芒觉。

9. 肝水瘤（肝包虫）

肝水瘤的症状为后背和右肋间刺痛，无食欲。治则为消瘤护肝，治宜内服十三味红花丸、七味红花殊胜散、大月晶丸，用以散瘀养肝，恢复肝脏生化功能。

10. "唐布"（肺心病）

肺五元属风，是维命隆和上行隆运行之脏，肺又是培根的依所。气畅则肺荣，肺荣则命脉（肺动脉）盛旺，生命有活力，由于强力劳作，忧思过度，饮食起居失当，导致体内隆、培根的功能紊乱，常于秋冬、夜间病情加重。治则为祛隆、益肺、止咳。治宜内服二十五味竺黄散、七味葡萄和清肺止咳丸等，用以宣肺化痰、止咳平喘，服三十五味沉香散以调和气血、安心宁神。

11. 头隆病

头隆病在老年人群中较为常见，因老年人属隆型人，体内隆邪风元旺盛，加之体质虚弱，营养吸收不足，隆邪侵入头部导致头痛、眩晕。治则为祛风养心。治宜服三十五味沉香丸，调和气血，安心养心；服大月晶丸，安置精华散用以提升胃火，助消化。

12. 胆结石

胆结石指精华不消化即食糜营养未能在肝腑生化为健康血，而成为糟粕血落入胆囊变稠如胶，凝为块状形成结石。病因为消化不良，引起培根邪血热，赤巴邪功能紊乱，或肝胆外伤，久居潮湿等。症状为过食油腻和冷食之后疼痛加重，结石为整块时疼痛较小，碎石多则痛甚且全身发痒。治则为软坚化石、清热消炎、温胃消食。治宜内服"占均"（破瘤丸）、十味黑冰片，用以软坚化石；服"赤孜钦莫"用以清热利胆；服安置精华散、二十九味能消丸，用以温胃消食、散瘀。

13. 肝脏血瘤

精华未消化，食糜营养进入肝脏后未能生化为正常血液而成为坏血，坏血渗漏于肝下部逐渐蓄积为血瘤。典型症状为巩膜微黄，尿色红赤，脉搏急数，肤青干燥，常吐黏水，口有腐血焦角味，体呈热象。治则为清热利胆、和血化瘀、健胃消食。治宜秘诀寒水石寒方、十味石榴丸、八味石榴散，用以健胃消食。内服十三味红花散、七味岩精散、松石散等用以清热解毒、舒肝利胆、活血化瘀。

14. 肝性浮肿

肝性浮肿是指食物不消化引起赤巴功能紊乱，赤巴邪被隆驱散，窜散于全身导致培根邪、黄水增生而形成的浮肿。典型症状为面部眼睑及足背、小腿浮肿，动辄喘气，心跳心烦，食欲不振，目黄肤黄。治则为温胃消食、益气利尿。治宜内服安置精华散，用以消食温胃；十五味铁粉散、十六味杜鹃散，用以利尿；五味红花散，用以疏肝活血。外治，可于小尖脉、短角脉放血，灸十三椎和九椎穴。

15. 肺痨

食物精华未消化导致人体七精华衰竭，加之剧烈劳作，劳累过度而发肺痨（藏医名"江欠赛西"）。典型症状为咳嗽喘气，胁肋疼痛，喑哑声嘶，不思饮食，大便干结或便溏，感冒频发。治则为温胃滋补。治宜涂油按摩，用陈骨、五味甘露热罨，再用驱吐药和下泻药疏清肠道之后，内服升火温胃药和各种滋补药，用以增强胃火，滋补强壮。

四、方药之长

（一）传承藏药王，创新制名药

传统藏医药学首先是一种特殊的文化，它体现了千百年来藏族人民对自然、健康和生命的求索，对人与自然内在关系的探索，以及战胜病魔的种种成功经验。由于藏医药学研究人与生物之间的相互联系，而这种相互联系包括人与植物、人与动物间的特定关系，涉及文化、地理、生态和各种生物的多重影响，因此具有多样性的特点。这恰恰是藏医药学反映出的丰富多彩和别具一格的民族文化内涵。从这个意义上而论，藏医药学与藏传佛教、天文历算、自然生态学、植物学、动物学、矿物学等存在千丝万缕的联系。藏医药研究具有现代的、自然科学的和具体的、实践性的特征。藏医药的另外一个显著的特点是其研究内容涉及大量关于天然药物的化学成分、药理学及有关药用生物功效的用法、制备方法等多元信息和手段，使传统藏医药学和现代科学间得以衔接。

俗话说，黄金万年银千年，这一方面是说金银价值的永恒，另一方面也表述了金银的不朽长存。在古装电视剧中，会有主人公吞金自尽的故事情节，当然这只是艺术手法，不足为信。但是在人们的日常生活中，大家都知道人体摄入过量金属，如铅、汞等，都会中毒，而重金属中毒时人体是无法将毒素排出体外的。然而，在藏医药学里，金和银经过特殊的加工炮制，却可以成为一种最为弥足珍贵的药物——佐太。

随着环境恶化对人体健康带来的危害，化学药物的毒副作用及其在治疗疾病过程中面临的无奈，人类越来越认识到藏医药对健康保健的重要作用。传统的藏医药学历史悠久、资源丰富、方法简便、疗效确切，特别是以佐太为代表的重金属矿物药制剂具有鲜明的民族性与地域性，具有广泛的群众基础和厚重的历史沉淀。以珍贵矿物药为主要成分的藏药方剂配伍及其传统的炮制工艺蕴含了藏民族特有的价值观念、思维方式、想象力以及文化知识，在其传承发展的历史长河中形成了特有的认知思想、诊疗方法和用药技术，具有完整性、文献化以及广泛传播的鲜明特征，因此成为我国宝贵的非物质文化遗产。

在没有成功制出七十味珍珠丸之前，青海安多藏区的农牧民们甚至会用一头牦牛或一匹骏马换一颗药丸，足见其十分珍贵。由于当时青海地区没有人掌握七十味珍珠丸的炮制技艺，只能从千里之外的拉萨"门孜康"采购，一次仅提供几百粒，远远不能满足青海藏区群众的需求。

七十味珍珠丸之所以如此珍贵，是因其重要原料佐太的炮制太过复杂且十分危险。佐太炮制技能是藏药炮制中最尖端和最核心的技术，囊括了藏药传统加工技术的全部精华。为了让青海地区的农牧民们都能用上这味药，尼玛暗下决心，一定要将佐太的炮制技艺带回青海。为此，他两次亲赴西藏请求措如·才朗前往青海传授佐太炮制技艺，并立下"凡是以利众为目的的单位和个人向他求教佐太炮制技艺，有生之年他必定亲临指导和传承"的诺言。1987年，措如·才朗大师应邀在青海黄南藏族自治州举办了第一届佐太炮制传承班，将技艺传授给尼玛等青海省藏医专家。

"水银煮洗法"是制作藏药珍宝类药品的核心技术，它通过复杂工艺将水银的毒性去除，并与金、铁等其他矿物的煅灰药，根据物种相克原理，进行特殊加工炮制成各种藏药。"水银洗炼法"加工的制成品称为"佐塔"，是配制珍珠七十、仁青常觉、仁青芒觉等名贵藏成药不可缺少的原料。由于"水银洗炼法"历史文字记载只有一般操作描述，没有核心技术提示，加之工艺操作复杂且危险，目前掌握它的人实属凤毛麟角。尼玛解释说："水银洗炼法的一般理论都是简要阐述，具体的核心价值只能一对一地操作以后才能学到，这就像比较复杂的做饭一样，即使菜谱里都写了操作流程，但是照着菜谱也还是做不出来那个味道，所以历来都是要一代一代、一对一的传下来。"

向尼玛传授"水银煮洗法"的恩师是西藏已故著名藏医学大师措如·才朗、香萨·尕布藏，尼玛在恩师措如·才朗的传承下参加黄南藏族自治州藏医院"佐珠钦莫"炮制全过程，在香萨·尕布藏大师的指导下在河南蒙古族自治县成功炮制出"佐珠钦莫"。

自1987年尼玛在恩师措如·才朗指导下全程参加"佐珠钦莫"及1988年在善知识香萨·尕布藏大师指导下完成"佐珠钦莫"炮制后，尼玛践行"凡是以利众为目的的单位和个人向他求教佐太炮制技艺，有生之年他必定亲临指导和传承"的诺言，应邀于1989年6月在海南藏族自治州玛拉雅藏药厂开展此区域第一次"佐珠钦莫"炮制工作，尼玛全程亲力亲为，严格按照恩师措如·才朗传承的炮制工艺流程进行加工、炮制，在实践中不断探索和改进传统炮制工艺。

在传统的佐太炮制工艺中，祛锈、去毒等16项工艺需将水银倒入特制的石槽内，再分别将辅料进行反复碾磨、清洗，炮制时间长达60多天。而且以上的工艺都需要专业技术人员在敞开式的石槽内反复碾磨水银和辅料，水银极易挥发，炮制人员中毒的事件时有发生。与此同时，在蒸煮的流程中需要24小时不间断地用牛粪煨文火，经常出现火力过猛溢锅或过弱不沸腾的状况，影响炮制质量。为解决传统手工工艺中存在的炮制周期长、操作人员易中毒、火候难以控制等问题，尼玛尝试探索机械制药。他亲自前往上海中药机械厂，依据水银和辅料碾磨的原理，并根据自己的构思和经验，定制特殊炮制专用机械球磨机，并根据手工碾磨的速度确定转速，实现将水银和辅料在密闭的缸体内进行碾磨，达到了减少操作人员与水银接触的时间来降低中毒风险的目的，并且机器碾磨的质量优于手工碾磨效果，大大缩短了碾磨时间。此外为了解决人工炮制蒸煮流程中火候不均的问题，他决定使用电火炉并对其进行改进，在蒸煮石锅锅盖上添加温度表，使蒸煮工艺做到火候可控、温度可控。

炮制机械的改造使传统的手工炮制流程时间从原来的60多天缩短到40天。此后，尼玛提倡"辅料决定炮制质量"，编纂完成了青海省藏医院院内标准《藏药"佐太"炮制工艺与辅料质量标准》，对制作佐太的64种辅料的鉴别与炮制进行规范，使佐太得以标准化生产，曾经一粒难求的七十味珍珠丸也实现了量产，造福更多高原百姓。

此外，由他主持的七十味珍珠丸"赛太"炮制技艺和藏药"阿如拉"炮制技艺也被列入国家级非物质文化遗产项目名录。

（二）藏药材鉴别传承

据有关资料统计，目前我国有藏药3000多种，常用藏药有360多种。由于历史原因，藏区各地的用药差异以及药材名称不同，在常用藏药中，多品种、多来源、同名异物、同物异名的现象比较普遍。因此，藏药中多基源品种入药情况十分普遍，这就导致藏药品种混杂、来源混乱，严重影响了藏药的质量控制和评价以及临床用药安全。

虽然，我国目前在藏药质量控制方面已取得不少成果，但整体控制水平较低而且品种覆盖不完善。《中国药典》（2010年版）一部仅收载藏药材16种，《中华人民共和国卫生部药品标准》（藏药第一册）（1995年版）仅收载藏药136种。由此可见，拥有国家标准的藏药材仅有145种，常用藏药材大多数缺乏严格的使用规范和质量控制标准，不仅造成藏药使用的安全性隐患而且制约了藏药打入国际市场的通路。因此藏药的标准化提高研究是目前亟待解决的关键性工作，明确藏药基源，建立科学、合理、可靠的质控方法，完善藏药标准，才能进一步推动藏药产业的发展，保障人民健康。

鉴于此，尼玛在其整个从医生涯中，将药材的鉴别辨识作为重中之重，经常教导年轻的藏医药专业技术人员，要重视藏药材的鉴别和规范应用。他说："很多藏药材的名称由于历史因素、地域条件、生活环境、语言的不同，导致一药多名，一名多药的现象颇多，导致藏药在原植物收集采摘、原药材处理、加工及临床应用等方面均有不同程度的混乱。藏药品种混乱是一个亟待解决的问题，它不但影响了藏医药的声誉和疗效，而且给藏医藏药的科研工作带来了困难，严重阻碍了藏医药事业的发展。"

尼玛在临床一直提倡藏药材名称应以藏医药典籍收载的名称为准，不得随意应用别名，以达到药材名称的统一。同时，他积极纠正常见藏药材的鉴别错误，列举常用藏药材鉴别品种如下。

1. 喔登（黑蕊虎耳草）

《晶珠本草》记载，黑蕊虎耳草具有补血散瘀、清热利胆功效。别名有达都欧、喔登、喔登加保、居丹加保，分黄、白两种。其叶扁，除四片叶片很大外，别的叶片贴在地上，茎、花、黏液等均像篦齿虎耳草，而植株较短，无块根，花白色，花粉囊红色裂散，果荚红色有两个尖，茎从莲座中心生长，与篦齿虎耳草很相似。又有花为白红相杂，花很美丽，又称为干嘎玛，味甘、苦，功效治血病、赤巴病、滋补益寿、增强体力。有些人将黑蕊虎耳草辨识为花点阿仲（唐松草），阿仲在《晶珠本草》中记载，其功效为治疗肺热病，分为白阿仲、蒿阿仲、木阿仲3种。未见花点阿仲的相关描述及记载，是对原药材辨认不清，以讹传讹，使药物异名形成的一种典型的错误。

2. 达桑（秦皮）

达桑生于山坡、河岸、路旁，山地杂木林中或生于海拔1300～3200m的山坡杂木林中，喜温暖湿润气候，喜阳光，但青藏高原无分布。《晶珠本草》记载秦皮接骨清骨热，《味气铁鬘》言"秦皮性凉，清胃热，配伍酥油能接骨"，《如意宝树》言"秦皮愈合骨裂"，让穹多吉言"秦皮愈合头骨裂"，《药性广论》言"秦皮利目疾，治旧疮骨病"。达桑别名有贝酒拉、达卜桑、相嘎尔、吉秀尔、吉司如、相温、相嘎尔卜毛、玉相、得巴、桑格奥玛村笨玉尹桑恰见、贝达曲居等。

《图鉴》中说，"秦皮产于南方温暖川地的林中，皮像杨树粗皮。功效治骨病。水中煎服，不畏水药之冠，"如上所述，秦皮状如杨树，皮外表灰色，内为青色，浸泡水中，汁液为青色。

现在有些人辨识为"杜仲"，但尼玛讲道，"杜仲浸泡水中，无青色汁液。虽秦皮种类较多，但浸泡后水汁变青色者为准。"

3. 帕夏嘎（香椿）

让穷多吉说："帕夏嘎治血热病。"帕夏嘎别名有齐哇、饶扎哇、贝嘎巴夏、巴达巴更，隐语中称为查格木、查通等。

《图鉴》中言："帕夏嘎树大叶厚，花白黄色，有光泽。味苦，性凉，功效止刺疼，治肝热、血热病、赤巴病。"如上所述，帕夏嘎树大如沙棘嫩苗，茎空有髓，分枝处如鸟爪，有节；花黄白色，聚生顶端。

近年来，有部分学者认为帕夏嘎应辨识为中药"紫苏"，也有个别人认为辨识为"鸭嘴花""香椿"等，尼玛认为将帕夏嘎辨识为"香椿"最合理。究其原因，尼玛于1986年考察云南省时途经大理市200多公里的潞西地区森林中见到树大叶厚、茎空有髓，分枝处如鸟爪，有节的植物如《图鉴》所述，更有当地百姓言，"如因炎热致头疼时，将'香椿'叶子熬汁后服用可缓解疼痛"。

4. 当根（舟瓣芹）

《晶珠本草》记载，舟瓣芹治心热证，并且治疗中毒证。让穷多吉说："黑白舟瓣芹收敛热毒。"其别名有斋毒、当更、加高等。《图鉴》中言"舟瓣芹阴面山坡和山沟中处处皆生长，分雌雄两种。叶黑绿色有光泽，茎粗壮，花白色，根像独活者，为雄；叶略细，无花者为雌。味辛，气味芳香，功效清旧热"。如上所述，有说黑舟瓣芹为雄，白舟瓣芹为雌的。也有说雄舟瓣芹灰白，雌舟瓣芹黑色。《本草》中言"舟瓣芹叶细，紫黑色，茎长有弹性，分枝少，花状如宽叶羌活花。味辛，气味不香，功效治培隆并病"。有学者将其辨识为"紫茎前胡"，也有人辨识为"棱子芹"，还有人以当根与"当归"同音，辨识为"当归"，尼玛认为实际应该辨识为如《图鉴》中所述，具芳香气味的临床常用药物"舟瓣芹"是正确的。

5. 勒者（宽筋藤）

《晶珠本草》记载"勒者功效为清除隆热症"，《味气铁鬘》言"勒者性凉、化性温，治隆病时疫特效"，《药物大全》言"勒者味甘、苦、涩、辛"，《宝库》言"勒者味甘、苦、辛，功效治隆热并病、催熟收敛时疫热，效缓能调和和合紊乱，治衰老病、风湿病"，《甘露之池》言"勒者味甘、苦、涩、辛，化味甘、酸，性润、凉、温，治隆赤合并症、培根病，治风湿病、隆热病"，《甘露之环》言"勒者味甘、苦，化味甘、酸，皮甘肉苦，为治隆热交攻之良药"，《精义集要》言"勒者调和和合紊乱"，让穷多吉言"勒者调和和合紊乱，与干扎嘎若功效相同"。勒者别名有固若孜、都孜、介吉、乔格类、纳措奈、据丹，隐语中称为奈格巴，象雄语中称为若斋。茅膏菜用作滋补药时也称"据丹"，诃子和渡鸦也称为"纳措奈"，因而临床要注意区分。

《图鉴》言"治疗诸病的勒者，生于阴阳交界处。匍匐生长，茎如锦鸡儿，叶小，圆形，非常油润，花白色，很美丽。果实味甘，有油味。味甘，功效治诸病，为滋补上品"，其茎断面如木通，皮如锦鸡儿，汁液有光泽，色黄。

尼玛言："在实际临床应用中，我省很多地区都将勒者辨识为'木藤蓼'，并且安多地区的很多老一辈藏医师都认为此药材的辨识是正确的，毋庸置疑的。实际上，勒者与'木藤蓼'，除花朵很相似外，'木藤蓼'的茎秆无光泽油润和果实无油性，充其只能作为勒者的替代品，而绝非勒者本品。还有部分人辨识为'苦参'，这是根本性的错误。"他认为生长在阳面温暖处，攀附于其他植物生长，皮薄光滑油润，茎断面如帕力嘎的为勒者本品。

6. 若贡巴（尼泊尔黄堇）

《晶珠本草》记载："若贡巴能干瘀血，治疗杂症清脉热。"让穹多吉言："若贡巴清血热。"若贡巴别名有孜玛尔岗介、普合绒冈、孜玛尔司巴达卫冈、加热通保、孜孟孜芝见。本品分为上品、下品2种。

上品为若贡紫脉，《图鉴》言"若贡紫脉生长在高山草甸。叶蓝色，碎裂，铺在地面；花小，白黄色，美丽；根单一，甚红，常有露状泌物。气味芳香，味苦，性凉"，如上所述，为上品。

下品若贡孜加，状同上所述，但花白色，根灰白色，称为孜加。叶短，其形状似角茴香叶。

尼玛言："虽然若贡巴的辨识特色鲜明，无须混淆，但青海地区有个别医生将其辨识为'羽状点地梅'并在制剂中应用。虽两者的根部、叶、气味等与藏药经典相符，但花朵不同，故认为辨识为'羽状点地梅'是错误的。"

7. 岗嘎穹（乌奴龙胆）

《晶珠本草》记载："岗嘎穹治毒症，并且能够止热泻。"让穹多吉言："岗嘎穹效如冰片。"岗嘎穹别名有加参冈嘎琼、冈乃吉贝阿贝卡、嘎尔保切合图、拉乃昂吾达尔亚干。

《图鉴》言："岗嘎穹生长在狗和妇女不去的高山。叶对生，重叠，四角八面，状如宝塔；茎顶开白花，有蓝色和红色光泽，花瓣上卷；根如筋，蓬松零乱。"《如意宝树》言："岗嘎穹四角八面九尖，生长在雪线附近，叶似重叠。味很苦，功效治血和赤巴合并症，解毒清热，治培根瘀紫症、血管闭塞病。无我这味药，医生直叫苦。"《释义》言："岗嘎穹生长在高山，四角八面像宝塔，顶端花似绿绒蒿。功效清热，解毒，止热泻。"

有部分人将岗嘎穹辨识为"齿苞筋骨草"并应用于制剂中，这与《图鉴》中岗嘎穹的描述不一致，与药材适地采集的原则也不相符。

8. 哇勒嘎（西藏马兜铃）

《图鉴》言："哇勒嘎缠绕着其他树木而生，无花无果，味苦，性糙，功效治培根病、血病、止痛。如上所述，哇勒嘎为藤类植物，缠绕着其他植物生长，状如木藤蓼、皮厚，灰黑色。"《图谱》言："哇勒嘎像枯老的铁线莲。"目前，多数用药均以中药"马兜铃"为主，马兜铃为多年生的缠绕性草本植物。其根、茎、果实都称马兜铃，马兜铃有清肺降气、止咳平喘、清肠消痔的功效。其茎称天仙藤，有理气、祛湿、活血止痛的功效；其根称青木香，有行气止痛、解毒消肿的功效。尼玛认为，哇勒嘎和马兜铃这两种植物虽都以缠绕其他植物生长为共同点，但在藏药经典典籍《图鉴》中明确记载："哇勒嘎缠绕着其他树木而生，无花无果。"马兜铃有根有花，其根圆柱形，花单生或2朵聚生于叶腋。因而哇勒嘎的辨识是错误的，需要我们进一步研究认证。

再者，2017年10月27日，世界卫生组织国际癌症研究机构公布的致癌物清单初步整理参考，含马兜铃酸的植物在一类致癌物清单中。

2020年，由于强烈的肝肾毒性，在新发布的《中华人民共和国药典（2020版）》中，中药马兜铃被删除，不再收录。

9. 玛努巴扎（藏木香）

据《晶珠本草》记载，本品种类很多。"玛努"系来自印地语，藏语中称为意昂、西青、西奈吉、西吉吾等，《问语银鉴》一书中亦有记载。"玛努"是总称，详细区分有玛努巴札、玛努布卡嘎拉、玛努如打等。关于玛努的药物性状，《甘露之池》记载，玛努巴扎生长于南方尼泊尔明源之地和有福气的园中，根像贝壳纹，叶如松儿石，向上生长，叶背披银毛，花黄色，有光泽，气味芳香浓郁。味甘、苦、辛，化味甘、酸。功效清风热、血热、培根热，治胃剑突病，培根、赤巴合并症。《药物大全》中记载玛努巴扎甘、苦、辛。《宝库》中记载玛努巴扎甘、苦、辛，化味甘、酸，治风热、血热、培根病，性润、凉、锐、温，具有特殊功效。

尼玛认为，现在广泛认知的"青木香"是错误的，因为青木香（别名马兜铃根、兜铃根、土青木香、土木香、青藤香、蛇参根、铁扁担、痧药、野木香根、水木香根、白青木香、天仙藤根）为草质藤本，根圆柱形，叶卵状三角形，长圆状卵形或戟形，外皮黄褐色，与藏药经典《甘露之池》记载差异较大，青木香实为马兜铃根，含有马兜铃酸。我国自2003年以来，已对含马兜铃酸药材及中成药采取了一系列风险控制措施，包括禁止使用马兜铃酸含量高的关木通、广防己和青木香（青藤香），并明确安全警示，对含马兜铃药材的口服中成药品种严格按处方药管理。

10. 阿智（芒果核）

《图鉴》言："阿智树小，叶如酸模叶，花蓝色，伞形，果实如鹿睾丸甚大，味酸、甘，功效治肾脏病。"外表生有鹿毛状毛，有脉纹。果实重，摇时嘎嘎响者，果实质佳；果实轻，摇时无嘎嘎响声者，已腐朽或被虫蛀，为劣品。《图鉴螺眼》言："阿智核形如鹿睾丸。"今有很多学者辨识为夏智（灰色如鹿睾丸状），尼玛认为是错误的。夏智实为《植物志》记载中豆科冲天子，嫩枝褐色，密被黄色绒毛，后渐秃净，老枝黑色，光滑，散布褐色皮孔，茎中空，羽状复叶。种子黑褐色，肾形，或挤压呈棋子形。种子和根含鱼藤酮，磨粉可作杀虫药。其和阿智的根本区别在于冲天子属豆科植物，而阿智属树木类药物。故需进一步考证研究。

为了研发出更多更好的藏药制剂产品，尼玛亲自带队先后走遍了平均海拔4000米以上的巴颜喀拉山、布尔汗布达山、祁连山、大坂山等十几座大山，走访了青海塔尔寺、甘肃拉朴楞寺以及瞿昙寺等十几所寺院，采集藏药药材，学习藏药炮制工艺，生产出了一大批高效藏药制剂药品。为确保藏药制剂产品质量和疗效，尼玛虽已步入耄耋之年，但他仍然坚持参加野外采药。60多年来，他亲自操作、炮制的藏药药品达200余吨，生产出的高质量藏药药品，满足了患者和藏医临床用药的需求。有时为了及时生产出患者急需的药品，他在制剂车间加班加点，连续工作20多天，每次进行制剂生产时，只要尼玛有时间，他一定会亲自赶到制剂车间，监督配药、投料的全过程。他还要求在制剂生产时，相关科室的临床医生必须亲自到场，把关药材质量并投药，而后才能签字离开。

宋代理学的集大成者朱熹在《观书有感》中言："问渠哪得清如许，为有源头活水来。"藏医药的传承，需要一代代藏医药人用推陈出新的理念去引领，尼玛正是这样一位善于把推陈出新与古法传承有机结合起来的"试水者"。

五、读书之法

尼玛从17岁开始悬壶治病，至今从未脱离临床实践。但他更重视基础理论研究与临床技能的学习，坚持理论指导实践，并在实践中升华理论。他说："如果一名医生只记住了一大堆的对号入座的方药，而没有基础理论作为指导，那他就不可能应付复杂多变的临床病证。"

精读经典，是历来名老藏医登上医学辉煌殿堂的台阶。几乎所有的名老藏医都能背诵《四部医典》《晶珠本草》等基础性藏医经典，尼玛对启蒙教材《四部医典》和《晶珠本草》至今仍爱不释手。他常说："藏医人一定要养成'读经典，做临床'的习惯。临证可以检验所学的知识，而读经典能够解决临证所遇到的问题，相辅相成，好处甚多。"跟随尼玛出诊，他会手把手教学生脉诊，娴熟《后续医典》中所述各种实践操作，特别强调年轻医生一定要掌握把脉要领；查房随诊时，他会突然问："此症与《秘诀补遗》所述的哪一种病相同？用什么方？"这不但说明尼玛对经典了如指掌，而且处处循循善诱青年医生。他说，其实现在的很多病看似复杂，只要用《四部医典》中的相应教诫来涉猎更多的著名医著，这样才能知识全面、深刻。精读经典，是学习和继承名老藏医经验的一条捷径。另外，尼玛精读经典，贵于实践，善于总结，他将自己的临证经验写成文章，使他的医学思想能发挥更大价值，在写作中锻炼分析和思考能力，也可升华对经典的认识。

尼玛认为，要学好藏医必须做到勤、恒、精、悟，这是学好藏医藏药的基本功。其中悟性尤为重要，悟性是创造者在一定知识和能力的基础上突发性地发现问题、提出预见和解决问题的心理现象。藏医药学作为藏族传统文化"十明学"之一，具有宏观、整体、综合性、信息性、辨证性等特性，与哲学、佛学、天文历算等藏族其他学科之间有着密切关系。因此，涉及内容深奥广博，蕴含着丰富的藏族传统文化精粹，若不具备综合知识和相应的领悟能力，很难学好用好藏医药。藏医经典《四部医典》曰："上智者学习简酷的《概论续》；中智者学习较细的《论述续》；下智者学习极其详细理论与临床实践相结合的《秘诀续》。"从中不难看出智力和悟性在学习中的重要作用。尼玛常说："培养藏医悟性是正确理解藏医实质，解决藏医教研中的疑难问题，塑造高素质的藏医人才，继承和创新藏医的法宝。"尼玛的临床经验和学术思想是他一生对常见病和一些疑难杂症的辨证施治，精心布药遣方的结晶。他不但涉及临床，而且涉及药材传统感观鉴别、独具特色的药物炮制和显效的验方配制都是他一生对藏医学悟性的总结。

医道是"至精至微之事"，习医之人必须"博极医源，精勤不倦"，所以，即便已是耄耋之年，尼玛每日遣方之余，仍坚持诵读藏医药经典。

藏医药典籍如汗牛充栋，不可能尽读，尼玛就把自己要读的书分为精读和粗读两大类。粗读的书可以一览而过，而精读的书则要口诵心惟，反复读，正如孔子所言："学而时习之。"近70年的行医生涯中，尼玛在认真学习藏医药经典著作，广采众家之长的基础上，不囿门户之见，勤于临床实践，不断总结得失，不仅在藏医诊疗方面有高超的医术，他在藏药教学方面也做出了巨大贡献。

六、大医之情

藏医极其重视医德修养。对于藏医而言，行医不只是一份职业，更是一生的修持。藏医经典《四部医典》"治者医生"一章，从医生的性质、条件、责任、医德等方面阐述了医生应具有的品德，提出医生要具智慧、有同情心、谨守誓约、精通医术、工作勤奋、行为高尚等道德标准。时至今日，藏医们仍恪守着这些医德标准。

尼玛，在藏语里是太阳的意思，象征着光芒与希望。70余年的行医生涯中，尼玛也的确像太阳一样，将全部的光和热奉献给了他钟爱的藏医药事业和患者，大家都亲切地尊称他为"阿克尼玛"（"阿克"是藏语里长者、尊者的称谓）。

尼玛虽在年轻时就离开了寺院，但他至今仍严守僧人戒律，常修从医之德，常怀律己之心，把藏医药事业视为利益众生的个人修持，是一个虔诚的修行人。正如《现观庄严论》所言："发心为利他，求正等菩提。"尼玛七十余年如一日，奔波在诊室和病房之间，急患者之所急，想患者之所想。

行医救人的路上，尼玛一直以实际行动践行着当代藏医药学者"治病救人""继承和弘扬藏医药学"的使命，把全部心血都抛洒在服务患者上。

找尼玛看过病的患者都会说："'阿克尼玛'说的每句话都说到我心坎上了！"尼玛对患者常怀悲悯之心，他经常说："对待患者应该像对待亲人一样。医生行医如果没有大慈大悲的心，就不是个好医生。"他对每一位患者都一一讲解病情，分析病因，做出提醒。对于患者的各种疑问，他耐心解答，主动引导对方，疏解内心的困惑和紧张。多年来，由于他医德高尚，医术精湛，许多省内外求医问药者慕名而来，求诊者门庭若市，仅仅一个上午，接待患者就达三四十人。尼玛常常忙得连一口水都顾不上喝，对已经到了下班时间却还没看上病的患者，只要自己的身体还坚持得住，尼玛总是尽力满足患者的要求，并以"简便验廉"为原则悉心为患者诊治。

尼玛常说："干一行爱一行，只有爱这个行业，才会努力把工作做好。"他成功救治了无数疑难杂症病患，是国内藏医界有名的全科大夫，在使用藏医药浴、敷缚、放血、火灸、泻吐等特色外治疗法方面，应用得十分自如。

一位来自玉树的女患者，因为下肢动脉栓塞，看遍了省城的大医院，均被要求截肢。当她抱着最后一线希望找到尼玛时，经过一个多月的精心治疗，女患者的腿保住了，不善言辞的患者后来竟然激动得给尼玛跪了下来。

"您老真是神医啊！"家住兰州的刘女士是尼玛的"忠实粉丝"。她告诉记者，多年来肺气肿、高血压、胃病等慢性病一直缠绕着她，为此她甚至产生了抑郁倾向。找到尼玛后，尼玛一方面从心理上对她进行抚慰，另一方面用独特的藏医疗法进行治疗，几个月后，她的病情有了很大程度的好转，心情也开朗了许多。

那些仰慕尼玛声名的患者来自果洛藏族自治州、海南藏族自治州、海西蒙古族藏族自治州、海东市等地，他们驱车几小时或者是坐州县发往西宁的班车赶过来。他们当中有六七十岁的老人，也有二三十岁的青年人。有的被胃病困扰多年，有的骨质增生疼痛不已，有的气管炎又犯了……尼玛和蔼可亲地为他们看病，望闻问切，尼玛仔细地询问患者的病情，认真地为他们把脉、开处方、叮嘱注意事项。尼玛对每一个患者都是亲切地微笑着的。尼玛在为患者看病的几个小时里，会全身心投入地为患者看病，时常是顾不上喝一口水，也无法站起身来歇一歇、走一走。

还记得那是 2002 年 2 月，快到春节的时候，尼玛知悉住院部有一位海南藏族自治州兴海县的患者因为贫困无法支付医药费用，中断治疗准备出院时，尼玛及时找到患者，并拿出 500 元交到患者手中，和蔼慈祥地对患者说道："你安心住院治疗吧，医药费用我们会想办法帮助你。"那位患者感动不已，连说"真正的活佛不就是这样的吗？"感激之情溢于言表，泪流满面。

还有湟中县的患者胡某母女、湟源县的患者宋某全家得了乙型肝炎，因家庭困难无法就医，尼玛了解情况后，无私资助药品款项共计7100余元。这样的事迹数不胜数，尼玛坚信，医乃仁术，以治病救人为天职的医生不仅要有精湛的医术，更要有一颗仁爱之心。在他的藏医理论体系中，医德是根植于佛教的根本信仰，来源于五戒十善的基本准则，医德不是从医的最低要求和底线，而是一个医者应该坚守和不断追求的理想信念，它不仅仅是"克己"，知道什么不能做，更是"责己"，不断勉励自己，行人所不能行，舍别人所不能舍，奉献生命，普度众生，这正是佛教信仰所要求他去追求的人生境界，而且尼玛更是把这种境界很好地融入了自己的毕生行医生涯中。

仁增多杰回忆当年的情形时说："青海省藏医院建立之初，医院病房不够，尼玛更是把自己的家当成医院病房，让患者住进家里，跟进他们的治疗情况，照顾他们的饮食起居。那时候，我们家就成了医院的病房，经常住着十几个患者。我们家房子不大，患者们横七竖八地打地铺，连卫生间都住着人。"仁增多杰是尼玛的侄子，是省藏医院副主任医师。当年省藏医院成立后，尼玛一直和仁增多杰生活在一起。回忆起当年的时光，仁增多杰总是格外感慨，"阿克收留这些患者，从不收伙食费和住宿费，甚至还会资助他们路费和药费，我爱人当时的主要工作就是为这些患者们烧饭，从不抱怨。"

多年来，对来自农牧区、经济条件差、在西宁无亲无友投宿的患者，尼玛不仅让他们住在家里，还给予他们力所能及的帮助和治疗。遇到特别贫困的患者，尼玛自掏腰包为其支付医药费。近40年来，到医院就诊吃住在尼玛家的贫困农牧民患者就有3000多人次。粗略计算，尼玛个人为贫困患者减免、捐助的医药费达15万余元。

尼玛在其一生的行医生涯中，不曾为了赚钱私下配制或出售过一粒药丸、一勺药粉，尽管到他家里求诊者络绎不绝，可他总是开好处方后，让患者到他工作的青海省藏医院去取药。尼玛一生光明磊落、清廉律己，始终对藏医药事业、对省藏医院保持着难能可贵的无私精神。

尼玛潜心学术，不慕名利，几十年如一日，治病不分尊卑，无不一视同仁，始终遵循着"医德为本，患者至上"的准则，他用实际行动践行了习近平总书记提出的"敬佑生命、救死扶伤、甘于奉献、大爱无疆"的十六字精神。

"为何选择学医，就是为了给患者解除病痛。这是学医的唯一目的。"尼玛认为，医生是很高尚的职业，藏医自古至今就不主张发财，古时也没有拿藏医这个行当来赚钱发财的。

"没有钱肯定不行，但趁机从患者身上赚大钱绝对不可以。"尼玛说，早年在甲乙村开诊所期间，没过多久尼玛就很有名气了。由于年轻，并且采取藏药结合特色外治技术并举来治病，疗效好。当地人经常说，有病找"甲乙尼玛"瞧瞧去，他医术不错。当时治疗一次收几毛钱，对于有钱的、没钱赊账的，乃至不给钱的患者，尼玛都一视同仁。

尼玛指出，一个医生有无医德，从开药方就能看出来。现在一些医生或出于炫弄自己有学问，或出于经济利益的目的，动辄开大药方、开贵药。开大药方的医生多了，藏药材供不应求，价格自然也就上去了。有的医生鼓吹能治疗大病、疑难杂症，骗取患者的钱财。有的医生甚至假医生打着藏医的旗号，鼓吹这疗法那疗法，动辄收取患者千元以上，这样的医生毫无医德可言。有医德的医生不是那样的，除非没办法，否则不用那些杂七杂八的贵药，能用便宜药就不用贵药，能开小方子就不开大药方，药量能少则少，达到花小钱治好病的目的。

尼玛以历代名医为楷模，以德为本，慈悲众生，不敛财，不谋权，不自负，不虚伪，待患者如亲人，不分贵贱，一视同仁，表现了高尚的医德风范。

自古以来，中医讲究救人要紧，随叫随到。相传，在古代拜师学医的时候，老师会先送给学生一把雨伞、一盏灯笼，教育学生要为百姓服务。为啥送这两样东西呢？意思是说患者家属求你上门了，即便外面是风雨交加，打着雨伞马上就去；哪怕是深更半夜，外面黑灯瞎火的，提上灯笼立马就走。无论天气如何恶劣，也不问多少钱，先看病要紧，没二话。"知彼之苦，若己有之"是尼玛的座右铭。他说，看到患者的疾病痛苦，就像自己有了同样的疾病痛苦一样，要不避寒暑、饥渴、疲劳、风险，全心全意地去救治患者，不产生一丝一毫推托和厌倦的想法，这样才能称作良医、大医。

唐代著名医家孙思邈曾在《备急千金要方》中感慨："世有愚者，读方三年，便谓天下无病可治；及治病三年，乃知天下无方可用。故学者必须博极医源，精勤不倦，不得道听途说，而言医道已了，深自误哉。"从1949年就开始行医，至今已有近七十载行医生涯的尼玛对这点更是深有体会。因为医的对象是人，人的生命至贵，岂可忽乎者哉？

"患者离不开医生，医生也离不开患者。""患者应当是和我们乘同一条船的战友，我们为人类的健康并肩作战。对待战友，我们的付出应当是无私的。"这是尼玛常讲的话。无论管理、科研、教学工作多繁忙多紧张，只要进入诊室，尼玛总是轻声慢语，耐心细致地询问，倾听，解答，安慰，鼓励。

"四心"是他的临床准则。一则是精心。作为医生，要努力提高自己的业务水平，精心治疗每一位病患，才对得起患者的重托。他始终坚持临床、学习两不误，白天临床，晚上研读。创立了三因平衡学说，应用于指导临床，就是他精心对待病患的最高体现。

二则是细心。医者工作承载患者生命，临床中一定要细心。在尼玛心中，诊疗疾病是关乎患者生命的大事，一定要慎之又慎，不能有半点差池。一次出诊过程中，一位年轻跟诊医师抄方时写字潦草，将开给患者的仁青常觉，写成了仁青芒觉，一字之差，可能药效就截然不同。尼玛发现后非常生气，斥责年轻医师对患者太不负责任，要求他一定要引以为戒。

三则是耐心。尼玛在70多年临床中，他在临床与患者从未有过冲突，这与他耐心沟通的工作态度分不开。他总是耐心解答患者的各种问题，对于藏医深奥晦涩的专业问题，他能够用生动的生活例子加以解释。

四则是关心。关心是对医者更高的要求，"才不近贤者不可以为医，德不近佛者不可以为医。"尼玛曾两度延迟退休，每周都会到病房查房，与每位患者聊天，询问其有何不习惯和需求，叮嘱学生们常来帮助患者。每天门诊时，他从不拒绝加号。他说："患者都是因为病情较重或十分痛苦，才赶来看病，当天不能看，可能要等几天或更长时间，耽误病情，加重痛苦。我加个班，就保证这些患者当天就可以开方拿药，尽早治疗，尽早康复。"

尼玛认为，没有医德，就不会有精湛的医术。如果把解除患者痛苦为己任，以追求疗效为宗旨，自然就会多研究，医术怎能不提高呢？如果对患者漠不关心，能赚钱就行了，那还管什么疗效，自然不会在医术上精益求精。

尼玛强调，要保持藏医"利乐有情、治病救人"的优良传统，医德要经常讲，尤其要帮助医学生提高认识。媒体也有责任，可以找一些医德高尚的典型事例进行报道，对医德不好的要加以曝光，给大家一个交代。对于那些打着藏医旗号的骗子更要加大处罚力度，不能不痛不痒地处理了，让他们逍遥法外。如果处罚不到位，就起不到应有的教育意义。长此下去，整个行业的正气必然受到影响。

承藏医药之根，兴藏医药之魂。在尼玛看来，学医和济世都没有尽头，自己所能做的，就是跋涉八千里路云和月的精研医术之途，就是坚持蜡炬成灰泪始干的奉献精神。

七、养生之智

尼玛7岁时剃度出家，多年的寺院生活让他"心包太虚，量周沙界"。他很少起"贪""嗔""痴"念，始终心怀众生。心态、情绪与身体健康关系密切，在藏医药著作《四部医典》中就有不少从心身关系方面论述情绪变化对人体健康影响的内容。尼玛常告诫年轻的学子们，"平时关注自己越多，越在乎自己的得失，烦恼就会越多"。利己者，常会把过多的目光放在自己身上，因得不到而怨恨、嫉妒，又会因害怕失去而焦虑、惴惴不安，变得执着，这对人体健康也是极为不利的。而尼玛心包太虚、对患者的慈悲之心，让他收获了快乐与健康。

尼玛偏爱藏族传统食物，如糌粑、酥油茶等。但无论多好吃的食物，尼玛都不会吃得过多。藏医认为，人们应该有节制地进食，过饱或不规律的饮食都对人体有害。藏医将人的胃分成了四个部分，最佳进食状态是两分食物、一分饮品和一分留空。

藏医养生学十分重视冬季进补。《四部医典》指出："彻冬严寒使得毛孔闭，少食必将导致体质减。"此时，适当吃些有营养的补品，可补助阳气、防御严寒，藏药中常用的滋补药有很多，酥油丸就是其中一种。冬季入九以后是最佳的进补时机，每年此时，尼玛都会服用巴桑姆酥油丸或手掌参三十七味丸来进补，以此保养身体，延年益寿。

八、传道之术

（一）师带徒的形式

中医药师承是千百年来中医药人才培养的主要形式，自 20 世纪 90 年代初以来，在国家中医药管理局的牵头组织下，先后开展了七批全国老中医药专家学术经验继承工作，并积极探索和实践，实现了师承工作与临床医学专业学位的衔接，专门设立了临床医学（中医师承）专业学位，创新了高层次中医药师承人才培养模式。以"继承整理老中医药专家的学术经验和技术专长，培养造就高层次中医临床人才和中药技术人才，研究、继承与发展中医药学术"为目的的继承工作，既继承和发扬了中医学，也培养造就了一大批高层次中医临床人才和中药技术人才，是具有中医药特色的人才培养模式。

尼玛作为第二至五批全国名老中医药专家，被确定为藏医药学术经验继承工作指导老师，培养了青海省藏医院符合继承学员的首批继承人并开展相关工作。万玛太、措吉、昂智索南、昂青才旦、仁增多杰、端智才让等学术经验继承人目前正在藏医临床、藏医药研究开发等领域发挥着重要作用。

尼玛作为第二、三、四、五批全国老中医药学术经验继承工作指导老师，学术精湛，治学严谨，业务娴熟，临床上擅长用艾灸、藏药、达日卡等多种特色疗法治疗常见疾病和疑难病症，为广大患者解除了病痛，在学术界享有盛誉。如今，尼玛创制的许多经验效方均已做成院内制剂，极大地方便了患者，取得了良好的经济和社会效益。在临床、科研以及教学工作中，尼玛极为严谨，一丝不苟。例如，尼玛在审阅学生专业论文时，从构思立论到语顺标点，都一一加以批改。尼玛认为，做学问，搞学术，必须求真严谨，容不得半点马虎，这在当前的学风日下之时尤其重要，他常告诫继承学员务必养成严谨的作风，求实的习惯，如此方能成功。

尼玛为医精诚，心系患者，不仅医术精湛，而且医德高尚，具有为藏医药事业献身，全心全意为人民服务的精神。尼玛从不因身为名医而自喜，更不会摆架子，而是虚怀若谷，谦以待人，怀着对患者高度负责的事业心和责任感，兢兢业业，认认真真地做好本职工作。他常教导学员们，作为一名临床医生，不仅要努力提高自身藏医药理论水平与诊疗技术，而且要设身处地为患者着想，急患者之所急，帮患者之所需。唯有如此，才能吸引患者，留住患者，并在诊疗中总结经验，获得进步。

尼玛言传身教，悉心授业。日常门诊业务繁忙，工作任务重，但他对学生的要求和带教丝毫没有放松。尼玛极为重视学生对藏医药基本知识和理论掌握情况，强调必须将理论和实践紧密结合，并提倡学生们不仅要学好藏医，更要尽力掌握现代先进的诊疗技术，两者不可偏废。在临床诊病时，尼玛常手把手地带教，遇到典型病例，则详加分析，讲解操作要领或处方原则使学员们印象深刻，进步迅速。在传授知识的同时，他还教学员们做人的道理，时常叮嘱学生，做人和做事密不可分，欲要成事，必先做人，做人为根本，做事为目标。此外，尼玛还在生活上给予学生们无微不至的关怀，令每一位离家在外的学生倍感温暖，敬意油然而生。

（二）"望"和"砻"传承

藏医学传承的另外一个重要的传承模式是"望"和"砻"（两者均为藏语音译）的传授，其中"望"如授权，只有你得到的那个技术或那一本书的"望"，你才可以实施那个技术或者你才可以翻阅那本医书，并可以按照那本书上的知识进行关键技术的操作或特殊药剂的配方，某些书你没有相关上师或名医的"望"，随意翻开并运用于临床，那你将受到一系列的挫败。这看似迷信，但在藏医历史现实中常有实存，而这一现象只能用佛学等其他学科来解释，所以在这不进行进一步的阐述。而"砻"好比是器皿的把柄，有了把柄该器具才能好取好抓，在学习藏医药知识的过程中得到了老师的"砻"，学生即便是没有更详细的解释也能轻而易举地读懂其中的奥秘。

伴随着经济全球化、信息共享化等一系列新时期人类文明发展的必然趋势，这些古老的名藏医学术思想的传承模式带来许多值得让人深入思考的问题，而从事藏医药工作近七十年的尼玛认为要想藏医药与时俱进的传承，适应时代发展的需求，务必进行扬长避短、精益求精。他坚持认为，藏医药学作为传统医学，必须要有传统的特点，如果失去了传统的色彩它就失去了生命，所以继承好传统，古为今用是名藏医学术思想正确传承的前提，因此要把浓具特色且在临床实践中蕴含真正价值的"望"和"砻"等传统的藏医传承模式必须持之以恒的继承和弘扬，要在今后的名藏医学术思想传承过程中加强这一方面的工作，千万不能把几千年流传下来的名书、专技之"望"和"砻"，随着这些名藏医的过世而消失殆尽。

在实际的临床应用中，尼玛也是坚持这样做的，尼玛重视藏医药经典古籍的"望""砻"传承，从幼时出家学习藏医开始，拜访众名师，聆听教诲，灌顶传经，苦读受训，基本传承了藏医药学诸多经典典籍的"望"和"砻"。

2009 年 4 月，尼玛应青海大学藏医学院邀请，为美国弗吉尼亚大学等医学院校 7 名学生及部分藏医药专业技术人员进行藏医学经典《四部医典》全章节"耸"传承学习班，历时 30 余天。尼玛不辞劳累，为学员们逐字逐句诵读了《四部医典》全章节，严格按照"耸"传承相关仪轨，并详细说明了尼玛本人的《四部医典》全章节"耸"传承脉络源自十三世达赖喇嘛阿旺洛桑土登嘉措御医强巴土旺（1860？—1922）传承给夏玛尔班智达·根敦丹增嘉措（1852—1912），夏玛尔班智达·根敦丹增嘉措驻锡在第二佛陀宗喀巴大师诞生地塔尔寺（藏语称为"衮本贤巴林"）时，尊强巴土旺大师为师。夏玛尔班智达·根敦丹增嘉措弟子洛桑奥赛嘉措恰逢侍奉夏玛尔班左右，得以在强巴土旺大师座前系统学习藏医药知识并通过结业考核。后由洛桑奥赛嘉措传承给莫合加堪钦·加央钦饶嘉措（1903—1958），莫合加堪钦·加央钦饶嘉措系青海省黄南藏族自治州尖扎县昂让寺寺主莫合加堪钦·加央嘉措（1688—1761）第五世转世活佛。

尼玛一生恪守对弱小者怜爱，对温顺者忍耐待之，对藏医药事业勤奋好进等大慈大悲之品德，追诸贤为师，学习了很多灌顶、口传、仪轨、教授，他持有的藏医药学"望""耸"传承脉络丰富多样，博通广达。

2012 年 3 月，尼玛在青海省藏医院为全体藏医药专业技术人员进行藏医《四部医典》全章节"耸"传承，历时两个多月。青海大学藏医学院 2012 级美国留学生十余人及部分教授、讲师参加传承学习。尼玛已八十高龄，不辞辛劳，逐字逐句为学员们诵读了《四部医典》全章节，使千年传承下来的《四部医典》"望""耸"得到传承和弘扬。

同年 6 月，尼玛怀着对省藏医院全体藏医药医务人员的厚爱，专程给全体藏医药医务人员传授达磨曼然巴·洛桑曲札经典著作《藏医秘诀》全章节"耸"传承，授受完整、系统的"耸"。《藏医秘诀》传承对藏医药专业技术人员提高业务技能水平有着重要的指导意义。详细阐明了《藏医秘诀》"耸"传承源自莫合加堪钦·加央钦饶嘉措，由其传承给尼玛恩师次成嘉措，尼玛由恩师处授听继承。

2013 年 6 月起，尼玛利用业余时间，为自己的母寺——海南藏族自治州共和县千卜录寺格西嘉杨嘉措、石乃亥活佛、洛桑确智等人及十余位僧人、海南藏族自治州 10 余名藏医药从业人员进行藏医《四部医典》全章节"耸"传承，历时 3 个多月。

2016 年 4 月，尼玛老先生拄着拐杖、颤颤巍巍的再次为青海省藏医院全体藏医药专业技术人员进行《四部医典》根本部、论说部、治疗部三部"望""耸"传承。该传承源自直贡加羊扎巴弟子曲美多杰、恩师措如·才朗继承、继传给著名藏医药专家旺堆，尼玛由旺堆大师处授听继承。

2018 年 5 月，尼玛应邀在青海大学藏医学院给 16 名俄罗斯留学生及学院部分教师、全体博士研究生、硕士研究生、部分本科生进行《四部医典》根本部"宗"传承诵读。

司马迁在《史记·李将军列传》中言:"桃李不言,下自成蹊。"尼玛以渊博的学识,严谨的作风,高尚的医德,宽广的胸怀,不仅展现出了新时期名医的风采,而且启迪后学,堪为我们的表率。

(三)人才培养成果

1. 师承培养

为了更好地继承名老中医药专家的学术经验和技术专长,培养和造就一大批高层次中医药及民族医药人才,从1990年开始,卫生部就开展了全国老中医药专家学术经验继承工作。尼玛作为第二批至第五批全国老中医药专家学术经验继承工作指导老师,先后培养了8名继承人,其中有目前获得全国名老中医药专家学术经验传承工作室专家龙巴,第五批、第六批、第七批全国老中医药专家学术经验继承工作指导老师、2017年全国名老中医药专家学术经验传承工作室专家、青海省名医万玛太,第七批全国老中医药专家学术经验继承工作指导老师、青海省名医措吉,第九届中国青年科技奖获得者、卫生部有突出贡献中青年专家、全国优秀科技工作者、青海省名医、中国共产党第十九次全国代表大会代表昂青才旦等藏医药领域优秀人才,成为青海省藏医药事业发展的中流砥柱。

为了培养一批能够完整系统地继承青海省名老中藏医药专家学术经验,推进中藏医药学术的研究、继承与发展。青海省卫生厅于1998年、2003年开展了省级第一批、第二批全省老中藏医药专家学术经验继承工作,尼玛作为指导老师,先后培育省级继承学员2名,分别为其藏药材识别、鉴定、炮制心传弟子仁增多杰,藏医临床实践心传继承人员端智才让。

2. 临床带教

技高德厚的尼玛一生为藏医药事业做出了不可磨灭的贡献,将毕生心血奉献给了藏医药事业,七十多年来,尼玛以传帮带的形式传授、带教出藏医药优秀人才310余名,带教进修、"望""宗"传承人员3000余人。尤其是其对藏药"佐太"和珍宝药物的炮制付出了大量的心血,尼玛主持制定的多种藏药炮制工艺流程、藏药制剂规范和标准被省内外藏医药机构广泛应用,成为青海省藏医药领域宝贵的无形资产。

青海省藏医院制剂中心、青海省各级藏医医疗机构制剂科、青海省藏医药研究院、金诃藏药股份有限公司等藏医药医疗、生产企业、科研院所等的每一步发展,都倾注了尼玛先生多年的心血和精力,共主持炮制"佐珠钦莫"38次,炮制产出高质"佐太"近1万公斤,累计培养藏药专业技术人员2000余人次。他将一生投入到培养藏医药后继人才、继承和抢救藏医药以及发挥和保持藏医药传统特色事业之中,呕心沥血，殚精竭虑，贡献突出，影响深远。

尼玛学术传承谱

国家级师承	第二批	龙巴
		兰科
	第三批	昂智索南
		措吉
	第四批	万玛太
		昂青才旦
	第五批	彭毛东主
		斗周才让
医院临床带教	全院 312 名藏医药专业技术人员	
省级师承	第一批	仁增多杰
	第二批	端智才让
各地学术传承	各地学术传承共约 3000 人	

（完玛仁青整理）

（宋佳编辑）

吕仁和

吕仁和（1934—2023），山西原平人，中共党员。北京中医药大学东直门医院主任医师、教授、博士生导师，首席教授，中央保健局专家。曾任北京中医药大学东直门医院副院长，中华中医药学会糖尿病学会创会主委，世界中医药学会联合会糖尿病专业委员会创会会长，中国中医科学院首届学部委员，传承博士后导师。全国老中医药专家学术经验继承工作指导老师，首都国医名师。国家肾病重点专科与国家中医药管理局内分泌重点学科学术带头人，施今墨学派学术传承人。享受国务院政府特殊津贴。2017年被授予第三届"国医大师"称号。

传承施今墨、祝谌予与秦伯未学术，基于《内经》所论"脾瘅""消渴""消瘅"，提出糖尿病及其并发症分期辨证与"二五八"防治方案及"六对论治"临床思维；提出糖尿病肾脏病"微型癥瘕"形成病机理论和化瘀散结治法及慢性肾脏病分期辨证与从风论治思想。曾主持国家"七五""九五""十五"科技攻关与支撑计划慢性肾炎与糖尿病肾病项目等，成果荣获教育部科技进步奖二等奖1项，国家中医药管理局科技进步奖三等奖1项，北京市科技进步奖二等奖、三等奖各1项，中华中医药学会科技进步奖二等奖3项，"芪卫颗粒"等获得国家专利。发表学术论文300余篇，著作10余部。

一、学医之路

吕仁和原籍山西省原平市刘庄，其外祖父为中医师，其母常用中医简易方法为乡亲治病。自幼深受家庭影响，热爱读书，好学上进。曾先后在刘庄小学、原平市立完小读书，1950 年 8 月开始在范亭中学读中学。1953 年 9 月，考入山西省太原卫生学校，开始学医。1956 年 9 月作为新中国第一届中医大学生进入北京中医学院开始系统学习中医。其间，学习刻苦努力，曾受到秦伯未、张志纯等前辈指点，并随胡斌等练习保健功法。秦伯未先生属孟河医派丁氏高足，与程门雪、章次公，合称"沪上三杰"，人称"秦内经"，提出了中医辨证论治理论，重视《内经》学术传承与脏腑辨证等，对渴求知识的青年吕仁和产生了很大影响。"五老上书"之后，秦伯未、任应秋、祝谌予等前辈都在亲自教授经典课，学校更为每一位学生都指定临床带教老师。吕仁和、吕景山两位学生，临床指导老师就是教务长祝谌予先生。祝谌予先生为施今墨先生传承人，施老曾送其留学日本金泽大学学习西医，兼通中西，临床经验丰富。祝谌予先生为尽快提高两位学生临床水平，又把吕仁和、吕景山两位学生推荐给施今墨老先生，并非常严肃地在施老房门口留下师生合影。至此青年吕仁和才有机会得以亲聆施今墨老先生教诲。施老学术渊深，经验宏富，与萧龙友、孔伯华、汪逢春合称"京城四大名医"，声名远扬。治学主张兼收并蓄，强调"学习经典一定要做到能用，学习新知目的是临床更好用"，"学习经典，既要钻进去，又要走出来"。临床重视健脾补肾，常将经方、时方融汇一炉，时称"雍容华贵"，更善用"对药"解决复杂的疑难的临床问题。其治学思路与选方用药风格，都对青年吕仁和治学临证带来了深远影响，并为其后来成为施今墨学派第三代代表性学术传承人奠定了基础。

1962 年 10 月，青年吕仁和以优异成绩毕业，并留附属医院内科病房从事医疗工作。当时，秦伯未先生作为卫生部顾问会定期到医院查房，赵绍琴、董建华、焦树德、廖家桢等前辈也都在内科工作，吕仁和在诸位前辈的指导下，以院为家，避开种种烦扰，专心读书临证，勤奋工作，从诸位前辈处学到了很多宝贵经验，为以后从事临床科研工作打下了扎实的基础。1968 年底，因国际形势与工作需要，吕仁和、魏执真夫妇，一起奉调桂林南溪山医院，并在西医大家张乃峥、汪家瑞亲自指导下从事医疗工作近 8 年。西医大家的耳提面命，不仅开阔了学术视野，更养成了严谨的治学作风。吕仁和、魏执真夫妇的工作热忱与医疗水平，多次受到西医老前辈的肯定。

二、成才之道

吕仁和教授认为，若要成为一名好的中医，传承好中医学术，并为中医药事业振兴做出自己应有的贡献，以下几点必不可少。

（一）志存高远，自强不息

人生贵在立志，非志无以成学，非学无以成才。生而为人，应该树雄心，立大志，必须直面种种困难，勇敢地与各种困难做斗争，并通过自己的努力，战胜困难，以实现人生目标！生而为人，我们还应该增强危机意识，并提前为可能发生的危机，做好思想与行动的准备。所谓"天行健，君子自强不息"，就是要求我们始终保持旺盛的斗志，勇挑重担，生命不息，奋斗不止。少年吕仁和从山西农村一个普通学童，成长为新中国第一届中医大学生；青年吕仁和从一名普通中医师，成长为著名中医专家、国医大师；吕仁和教授从作为创会主任委员与会长，创建中华中医药学会糖尿病分会、世界中医药学会联合会糖尿病专业委员会及北京中医药学会糖尿病专业委员会、肾病专业委员会，到作为名誉主任委员与名誉会长，退居幕后，推举并继续支持后来者承担学会领导工作。一步一个脚印，可以说曾历经千辛万苦，不知付出过多少汗水与心血，战胜了多少艰难险阻。提高临床疗效，帮助患者实现健康长寿的目标，可以说是吕仁和教授唯一的追求。而传承与创新中医学术，可以说是吕仁和教授唯一的生活动力。

（二）传承经典，融汇新知

经典是中医理论的基础，更是中医理论创新的源泉。秦伯未先生重视《内经》学术理论及其临床应用，祝谌予先生也曾经谆谆教诲：若要在糖尿病领域取得理论创新与技术进步，就需要研究《内经》。而施今墨先生作为中医临床家、教育家、革新家，在强调传承经典的同时，还特别重视学习西医学知识，老先生率先在中医界应用体温计、血压计，率先在西医病名之下整理医案，并把自己的遗体捐献给医学事业。祝谌予先生传承其学，更是融汇中西，提出了糖尿病分型辨证治疗的方案，开活血化瘀治疗糖尿病及其并发症之先河。吕仁和教授谨遵师训，重视结合临床研究《内经》，同时也很关注国际医学界最新研究动态。吕仁和教授提出的糖尿病及其并发症分期辨证治疗方案、糖尿病及其并发症"二五八"防治方案，糖尿病肾脏病"微型癥瘕"形成病机理论与化瘀散结治法等理论与技术创新，都是基于现代临床传承经典、融汇新知的成果。如吕仁和教授主持的国家"九五"科技攻关计划项目

"止消通脉宁治疗糖尿病肾病临床与实验研究"课题，临床试验设计参考的就是发表在《新英格兰杂志》AIPRI研究方案。再如国际上慢性肾脏病肾功能分级的新标准发布之初，耄耋之年的吕仁和教授，就立刻把相关数据编成歌诀，并讲授给跟诊的研究生同学，足见其重视学习新知"活到老，学到老"的大师风范。

（三）尊师重道，扎根临床

师承教育是中医成才的重要途径。吕仁和教授的成长历程，就是传承名老中医经验并不断在临床实践应用以积累个人临床经验的过程。据吕仁和教授夫人魏执真教授回忆，当年，进入大学之初，许多学生对中医学内涵理解并不深刻，对中西医各自特色理解更是存在很多混乱。自秦伯未先生阐释辨证论治理论内涵之后，许多疑难问题就变得很好理解。青年吕仁和有机会亲聆秦伯未先生教诲，自然是受益良多。直至今日，吕仁和教授还对秦伯未先生论阴阳互生互制及龟鹿二仙胶配伍意趣，念念不忘。尤其难得的是，吕仁和、吕景山两位当年的大学生还有幸师从中医泰斗施今墨老先生及著名中医与中西医结合专家祝谌予教授，亲聆名医教诲，学习老先生对学术的包容精神与临证的丰富经验。青年吕仁和大学毕业留附属医院内科工作期间，又有机会与赵绍琴、董建华、焦树德、廖家桢教授诸位中西医名家相处，朝夕请宜，自然是受益良多。而且吕仁和与魏执真夫妇于桂林南溪山医院，有机会在张乃峥、汪家瑞等西医大家指导下从事临床工作，也为其后来事业的发展奠定了基础。数十年来，吕仁和就是重视临床，包括在担任北京中医药大学东直门医院副院长期间，也从未脱离过临床一天，长期坚持每周进行医疗教学查房与门诊应诊。作为著名中医专家，各种会议自然很多，会议常常会与门诊时间冲突。这种情况下，吕仁和教授首先考虑到的是患者千里求医的不易。所以，其每周3个半天的门诊时间，雷打不动。吕仁和教授勤于临床，重视总结临床经验，一本本"零金碎玉"，随时记录着其学习心得与临床体会。吕仁和教授常教育学生，应该重视节约时间，掌握多种"记忆术"，随时总结临床心得，集腋成裘，日久自然就能够成为经验丰富的中医专家。

（四）重视科研，勇于创新

时代赋予中医人的任务，不仅仅要求会看病，还要求投身学科建设、人才培养与科学研究。而科研不仅能够揭示糖尿病与慢性肾脏病等疾病发生发展的规律，为寻求有效的中医治疗方案奠定基础，还可应用国际公认的方法科学评价中医药临床疗效，并阐明中医药作用机制，创新发展中医理论，促进中医学术进步，并为中西医学术交流，中医药走向世界创造条件，具有重要的实用价值与战略意义。吕仁和教授非常重视科研，"七五"期间，就与时振声先生等一起，主持了国家科技攻关计划项目：慢性肾炎早期辨证规范方案的制定与肾炎液治疗的临床与实验研究，采用证候学研究方法，基于本虚辨证型、标实辨证候的思路，建立了慢性肾炎早期规范化辨证方案；通过临床试验与制作肾炎动物模型，评价了中药肾炎液临床疗效与作用机制。该成果1995年荣获北京市科技进步二等奖与国家中医药管理局科技进步三等奖。"八五"期间，吕仁和教授敏锐发现糖尿病及其并发症发病率的提高与巨大危害，主持国家中医药管理局重点项目：益气养阴活血法治疗糖尿病微血管病变的临床与实验研究。通过临床试验，并制作糖尿病肾病模型，初步揭示了中医药治疗糖尿病微血管并发症的优势，并初步阐明中药止消通脉饮治疗糖尿病肾病减轻肾小球硬化病理改变、减低肾小球细胞外基质增生等作用机制。止消通脉饮治疗糖尿病微血管病变的临床与实验研究，1999年荣获北京市科技进步二等奖。基于此吕仁和教授又主持了国家"九五"科技攻关计划项目：止消通脉宁治疗糖尿病肾病的研究，该成果2002年荣获中国高校科技二等奖与北京市科技进步三等奖。"十五"期间，吕仁和教授又指导学生赵进喜、戴京璋等成功申报国家科技部科技攻关项目：糖尿病肾病肾功能不全优化防治方案研究。采用多中心随机对照方法，与西药ARB药物氯沙坦对照，系统评价了建立在降糖、降压基础上的中医分型辨证治疗方案及止消通脉宁、止消温肾宁、止消保肾宁系列方临床疗效。成果1997年、1998年两次荣获中华中医药学会科技进步二等奖。并为其后赵进喜教授成功申报国家"十一五"科技支撑计划项目：中医全程干预糖尿病肾脏病综合方案研究，进而成为国家中医药管理局糖尿病肾病分期诊疗临床路径奠定了基础。科学研究就是探索未知，科学研究不仅促进了重点专科、重点学科建设工作，也带动了中医人才培养工作。吕仁和教授培养的学生，桃李满天下，许多人都已经成为糖尿病与肾脏病领域的领军人物与名震一方的著名专家。

三、学术之精

吕仁和教授传承经典，师承名医学术，参考西医学认识，结合临床实际，强调"古为今用，洋为中用"，学以致用，以"承古求用，纳新求好"为宗旨，提出了糖尿病及其并发症与慢性肾脏病分期辨证"本虚辨证型，标实辨证候"的思想与"六对论治"临床思维，提出了糖尿病肾脏病"微型癥瘕"形成病机理论与化瘀散结治法，具有鲜明的学术特色。

（一）针对特定疾病的分期辨证与"本虚辨证型，标实辨证候"思维

吕仁和教授传承《内经》《伤寒论》等经典理论，重视分阶段认识疾病的病机特点，重视复杂疾病虚实夹杂的病机特点，强调明辨证候的标本虚实、轻重缓急。无论是针对糖尿病及其并发症，还是慢性肾脏病，吕仁和教授都非常重视分期辨证论治。基于《内经》"脾瘅""消渴""消瘅"相关论述，吕仁和教授提出糖尿病应该在明确糖尿病前期（脾瘅期）、临床糖尿病期（消渴期）、糖尿病并发症期（消瘅期）的基础上，分期分型辨证。而针对慢性肾炎，吕仁和教授基于《内经》有关"肾风病"相关论述，在临床证候学研究基础上，提出了慢性肾炎前期规范化辨证论治方案。吕仁和教授认为证型相对固定，而证候随时而变，基于慢性肾炎本虚证，辨证型，包括肝肾（气）阴虚证（气虚证＋阴虚证）、脾肾（气）阳虚证（气虚证＋阳虚证）、阴阳俱虚证（气虚证＋阴虚证＋阳虚证），基于慢性肾炎标实证，辨证候，包括肝郁气滞、血脉瘀阻、湿热阻滞、痰湿不化、外感热毒，即所谓"三型五候"。基于古人有关"肾劳""关格"相关论述，在临床证候学研究基础上，提出了慢性肾衰规范化辨证方案。证型包括气血阴虚型（气虚证＋血虚证＋阴虚证）、气血阳虚型（气虚证＋血虚证＋阳虚证）、气血阴阳俱虚型（气虚证＋血虚证＋阴虚证＋阳虚证），证候包括气滞、血瘀、痰湿、湿热、胃肠结滞及动血、动风、停饮、伤神等，即所谓"三型九候"。而对糖尿病肾脏病，吕仁和教授也主张分早中晚三期，早期即微量白蛋白尿期，中期即临床糖尿病肾脏病显性蛋白尿期，晚期即临床糖尿病肾脏病肾功能不全期。糖尿病肾脏病早中期分型包括阴虚型（气虚证＋阴虚证）、阳虚型（气虚证＋阳虚证）、阴阳俱虚型（气虚证＋阴虚证＋阳虚证），共三型，证候则包括血瘀、气滞、痰湿、结热、郁热、湿热、痰热及饮邪、水湿等标实证。糖尿病肾脏病晚期分型包括阴虚型（气虚证＋血虚证＋阴虚证）、阳虚型（气虚证＋血虚证＋阳虚证）、气血阴阳俱虚型（气虚证＋血虚证＋阴虚证＋阳虚证），标实证更有湿浊证。并常见动风、动血、浊毒蒙闭清窍等变证。病情稳定期，一般是标本同治、邪正两顾，而病情急变期，常需要治标为主，兼以治本，或先治标，后治本。分期辨证，分层认识病机，明辨标本，条分缕析，具有重要的临床价值。

（二）基于"病、证、症"并重的"六对论治"临床思维

众所周知，辨证论治是中医特色。因为"证"或者说"证候"是确立治法与进一步选方用药最重要的根据，所以中医非常重视辨证。但这并不是说中医不重视辨病。因为医学的目的，无外就是治病救人，以挽救患者生命，延长患者寿命，改善临床症状，提高患者生活质量。所以，从这个角度看"病、证、症"都很重要。吕

仁和教授基于"病、证、症"并重的思路，结合丰富的临床经验，提出了"六对论治"的临床思维。"六对论治"具体包括"对病论治""对病辨证论治""对病分期辨证论治""对症论治""对症辨证论治""对症辨病与辨证相结合论治"，可以理解为中医辨证论治方法的具体应用，是基于临床的中医辨证论治方法的发展和延伸，具有极为丰富的内涵与实践价值。①对病论治：作为较高层次治疗思路，主要针对病因或病机治疗，适用于对病因病机明确的疾病。如针对糖尿病热伤气阴病机，治以清热益气养阴法；针对糖尿病肾脏病"微型癥瘕"形成病机，治以化瘀散结治法等即是。②对病辨证论治：针对疾病进行辨证分型，分证候论治。如针对慢性肾炎，根据本虚分为气阴虚证、阳气虚证、阴阳俱虚证，针对标实分为湿热、气滞、血瘀、水湿等兼夹证候，进一步选方用药即是。③对病分期辨证论治：适用于慢性、复杂性疾病。吕仁和教授诊治糖尿病及其并发症，就提出了分期基础上分型辨证的思路。④对症论治：是指针对症状的快速、有效的治疗方法。如用参附注射液升高血压、柴胡注射液退热、云南白药止血等即是。⑤对症辨证论治：是针对复杂症状，在辨证基础上寻求针对性治疗方法。如便秘，可分热秘、气秘、湿秘及阴虚、气虚、血虚、阳虚便秘等，分别采用针对性的方药即是。⑥对症辨病与辨证相结合论治：是针对特定症状，在明确疾病诊断基础上，辨证论治。如糖尿病患者出现腹泻，应该明确是糖尿病肠道植物神经病变，还是糖尿病合并肠道感染，而后进一步分辨湿热泄泻、脾气虚泄泻、肝郁脾虚泄泻、脾肾阳虚泄泻等，选择针对性治疗方案的过程即是。吕仁和教授"六对论治"临床思维，体现了"病、证、症"并重的精神。临床行之，切合实用。

（三）基于"离合聚散"思维的糖尿病肾脏病"微型癥瘕"形成病机理论与化瘀散结治疗思想

中医学理论非常重视平衡，尤其是动态求衡。这个平衡包括人与自然关系的和谐，人体内外物质能量代谢的平衡，人体内五脏六腑之间的生克制化，阴阳离合，气血聚散，等等多个方面。一旦这个平衡被打破就可以导致疾病。糖尿病发生发展就是人体内外物质能量代谢平衡及人体内脏腑阴阳气血平衡被打乱的结果。而糖尿病肾脏病等并发症，则是消渴病治不得法，热伤气阴，气虚、阴虚，或气阴两虚，甚至阴阳俱虚基础上，久病入络，痰、热、郁、瘀诸多病理产物，在肾脏络脉形成"微型癥瘕"使肾体受损、肾用失司所致。糖尿病并发症中大到动脉粥样硬化斑块形成，小到肾小球毛细血管基底膜与细胞外增生，都是由"瘕聚"渐成"癥积"的过程。所以吕仁和教授针对糖尿病肾脏病等并发症的治疗，提出了化瘀散结消聚治法。具体治法包括益气、养阴、温阳以化瘀散结及行气散结、化痰散结、清热散结、活血散结等。选方用药如鬼箭羽、牡蛎、水蛭、大黄、海藻、鳖甲、夏枯草等，并不限于当归、川芎、葛根、丹参等普通活血化瘀药，可以说为糖尿病肾脏病等并发症中医药防治开辟了新途径。实际上，可以理解为是对祝谌予先生活血化瘀治疗糖尿病及其并发症的继承与发展。

四、专病之治

吕仁和教授长期从事中医药防治糖尿病及其并发症与肾脏病临床与科研工作，临床善于治疗内分泌代谢病包括糖尿病及其并发症、慢性肾炎、慢性肾衰等慢性肾脏病及老年病等疑难杂症。20世纪80年代，就曾与关幼波、施奠邦等一起，为阿拉伯国家元首诊病，圆满完成医疗任务。也曾与时振声先生一起，为东南亚侨领诊病，为中医赢得良好声誉。

（一）糖尿病及其并发症分期辨证与"二五八六三"诊治体系

20世纪80年代，吕仁和教授敏锐发现随着社会经济发展与生活水平的改善，糖尿病发病率正在提高，随之而来的糖尿病多种并发症就成为患者致死致盲致残的重要原因。吕仁和教授基于《内经》及历代医家所论，学习施今墨、祝谌予诸前辈经验，参考西医学认识，立足临床实际，提出了许多独特的学术观点，形成糖尿病及其并发症分期辨证论治方案与糖尿病防治"二五八六三"诊疗体系。

1. 糖尿病及其并发症中医病机与分期辨证方案

吕仁和教授认为糖尿病当属于中医学"消渴病"范畴。《内经》所谓"脾瘅"即糖尿病前期，多见于长期嗜食肥甘厚味的肥胖人群。"肥者令人内热，甘者令人中满""中满内热"进一步可"转为消渴"。"消渴"即临床糖尿病期，其核心病机"热"是关键。所谓"二阳结谓之消"，强调胃肠结热是消渴病的重要发病基础。而消渴病治不得法，热伤气阴，加之饮食失宜，郁怒不解，"血脉不行"，就可发生"消瘅"，即糖尿病并发症期，常可表现为"仆击、偏枯、痿厥、发满气逆"等。若为女子，则可以出现月经不调，甚至发生经闭、不孕。而发生"息贲"者，即相当于糖尿病心脏病急性左心衰等，则预后不良，所以说"死不治"。吕仁和教授认为"脾瘅""消渴""消瘅"实际上就是糖尿病自然病程中不同阶段。而糖尿病并发症，具体包括消渴病继发的胸痹心痛、心悸、中风、水肿、关格、视瞻昏渺、痹痿、脱疽等，吕仁和教授主张参考西医学诊断，基于贯穿具糖尿病并发症病程始终的核心病机，统称其为"消渴病心病""消渴病脑病""消渴病肾病""消渴病痹痿""消渴病目病""消渴病足病"等。强调糖尿病多种并发症皆有络脉病变，"微型癥瘕"形成病机。所以消渴病的治疗应该重视清热，包括清泻胃肠结热与肺胃实热、清解肝胃郁热、清化湿热、清热解毒等法，常用大黄黄连泻心汤、白虎汤、大柴胡汤、茵陈蒿汤、芩连平胃散、四妙丸、银翘散等方。而针对"消瘅"则应在明确并发症诊断的基础上，益气养阴，化瘀散结，以解决络脉病变为中心。

2. 糖尿病及其并发症防治"二五八六三"诊治体系

医学的目的就是救死扶伤，尽全力为救治患者生命，并为患者减轻痛苦。吕仁和教授基于此，早在20世纪80年代就创造性地提出了糖尿病及其并发症防治"二五八"及"六对论治"临床思维与患者自我调养的"三自如意表"，即所谓"二五八六三"诊疗体系。并在北京市中医管理局支持下，糖尿病及其并发症"二五八六三"诊疗体系正式立项，在北京市进行推广。

"二"就是两个防治目标，即健康＋长寿。也就是延缓糖尿病并发症发生发展时间，以延长患者寿命；改善临床症状，减轻患者痛苦，提高患者生活质量。充分体现了吕仁和教授着眼于患者长远利益与重视人文关怀的"大医风范"，实际上也非常切合当今推崇的循证医学重视终点事件评价的精神。

"五"就是五项观察指标，包括血糖、血脂、血压、体重及临床症状等。重视糖脂并调，血糖与血压、体重并重等，具有明显的超前意识，体现着中医学重视整体评价的理念。其中，血糖指标，包括空腹血糖，要求控制在（5或6或7）mmol/L左右，餐后血糖，要求控制在（8或9或10）mmol/L左右，糖化血红蛋白5%或6%或7%左右。具体说年轻人、无并发症者，空腹血糖应控制在5mmol/L左右，餐后血糖应控制在8mmol/L左右，糖化血红蛋白应控制在5%左右。而老年人，有并发症者，空腹血糖应控制在7mmol/L左右，餐后血糖应控制在10mmol/L左右，糖化血红蛋白应控制在7%左右。这个控制目标，并不像医学界一般说的"达标"是固定数值，充分体现了中医学个体化的精神。其后来自国外的大型循证医学研究结果，一次又一次证明了吕仁和教授观点的正确。

"八"，就是八项防治措施。包括三项基础治疗措施，即饮食治疗、运动治疗、心理治疗。要求辨证用膳、辨证施动，因人施教。五项选择性措施，即中医药治疗、口服降糖药、胰岛素疗法、针灸推拿、气功。此八项措施融汇中西，能用中医方法就用中医方法，该用西医方法就用西医方法，体现了施今墨学派包括吕仁和教授承古纳新、唯求实效的包容精神与重视综合治疗、个体化治疗的理念。

"六"，就是所谓"六对论治"临床思维，实际上体现着"病、证、症"并重的精神。而"三"，就是糖尿病患者自我调护的"三自如意表"。具体就是自测，自找，自调。自测开始是自测尿糖，即"四时四段尿"，后来为自测三餐前后血糖与睡前血糖。自找，即根据自测结果，分析血糖升高、降低的原因，包括饮食、运动、用药等方方面面的影响因素。自调，即根据自我分析的结果，调整饮食、运动及用药方案。最终，可以达到不测尿糖、血糖，就能感知病情，灵活自如安排生活与增减用药的目标。"三自如意表"，强调发挥患者在糖尿病及其并发症防治中主观能动性，要求糖尿病患者"以糖尿病为友"，积极配合医生制定的防治方案，以取得最佳疗效。

3. 糖尿病肾脏病专病专方——止消通脉宁

因为每一种疾病都有其核心病机，所以针对核心病机建立专病专方具有重要价值。祝谌予先生降糖基本方，传承施今墨先生重视健脾滋肾擅用黄芪、山药与苍术、玄参"降糖药对"的经验，改黄芪、山药为黄芪、生地，并加入葛根、丹参活血化瘀，就有专病专方的内涵。当然，糖尿病发病病机十分复杂，临床上很难说能有一首专方解决糖尿病的所有问题。吕仁和教授传承施今墨、祝谌予先生学术，在重视辨证论治"个体化"治疗的同时，也非常重视糖尿病及其并发症的核心病机。比如治疗糖尿病肾脏病的常用方止消通脉宁，就是以糖尿病肾脏病早期气阴两虚、络脉瘀结的病机为依据。

组成：生黄芪 15～30g，生地 15～30g，沙参 12～15g，丹参 15～30g，鬼箭羽 10～15g，夏枯草 10～15g，三七粉 3g（冲服），熟大黄 3～9g。

方解：止消通脉宁是吕仁和教授治疗糖尿病肾脏病的常用临床经验方。药以生黄芪益气健脾，生地滋肾养阴，为君药；沙参益气养阴，丹参养血活血，三七粉活血化瘀，共为臣药；鬼箭羽活血化瘀散结，夏枯草清热化痰散结，为佐药；更加熟大黄，清热凉血，化瘀散结，通腑泄浊，为使药。共成益气养阴、清热化瘀散结之用，所以适合于糖尿病肾脏病等糖尿病并发症，存在热伤气阴、络脉瘀结病机，而辨证属于气阴两虚，夹热夹瘀者。

临床加减：生黄芪、生地，是祝谌予先生最常用的"药对"之一，体现了施今墨学派重视健脾补肾、益气养阴治疗的思想。若患者乏力体倦，气虚证突出者，可重用生黄芪，或更加用太子参；若患者咽干口渴，阴虚证突出，可加用黄精、玄参、知母、玉竹；若肾气不固，夜尿频多，尿多浊沫者，可加用山茱萸，或配合芡实、金樱子；若患者体内热盛，烦热突出，舌红苔黄者，可加黄连、黄芩、茵陈、栀子；若胃肠热结，大便干，数日一行者，可加大熟大黄用量，甚至可用番泻叶泡水当茶饮；若痰湿偏胜，体形肥胖，口中黏腻，痰多者，可加陈皮、法半夏、昆布、牡蛎；若血瘀突出，肢体麻痛，肌肤甲错者，可加当归、川芎、莪术、水蛭、地龙、土鳖虫等；若肝肾阴虚，眼干涩，视物模糊者，可加枸杞子、菊花、石斛；若肝肾亏虚，筋骨失养，腰腿酸痛者，可加续断、杜仲、桑寄生、牛膝、木瓜、鸡血藤；若颈项不舒，头晕耳鸣者，可加用葛根、天麻等；若肝血不足，腿脚抽筋者，可用芍药甘草汤，加赤芍、白芍、甘草；若肝胃不和，泛酸者，可加煅瓦楞子、乌贼骨等。

应该指出的是，鬼箭羽活血化瘀、破血通经，活血作用较强，育龄期妇女，月经量较大，或有出血倾向者，应该慎用。若糖尿病视网膜病变，眼底新鲜出血者，也应去鬼箭羽，或用云南白药内服。

（二）慢性肾脏病的分期辨证治疗与"从风论治"思想

慢性肾脏病包括慢性肾炎、肾病综合征、慢性肾衰等，临床常表现为蛋白尿、血尿、水肿、高血压、肾功能损害等，为临床多发病。一旦肾小球滤过率降低，病情就将进行发展，直至终末期尿毒症。所以寻求中医药防治慢性肾脏病的有效方案具有重要意义。吕仁和教授认为慢性肾炎当属于"肾风病"范畴，病情进展到慢性肾衰，最终即为"关格"危候。中医药治疗慢性肾脏病，始终应该以保护肾功能为中心，以延缓慢性肾脏病发生发展。吕仁和教授提出的慢性肾炎分期辨证治疗方案与"从风论治"临床思维，就体现了这种治疗精神。

1. 慢性肾脏病中医病机与分期分型辨证治疗

慢性肾脏病病情纷繁复杂。其中，慢性肾炎在《内经》等古代文献中被称为"肾风"，中心病位在肾，在发生发展过程中，经常会因劳累与外感诱发病情加重。慢性肾炎急性加重与急性肾炎《内经》称为"风水"，认为发病有正虚的一面，又有受邪的一面，总的说"本之于肾"。慢性肾脏病既成，虚损劳衰不断加重，久则肾元虚衰，气化不行，湿浊邪毒内生，阻滞气机升降出入，则为"关格"危候。所以，吕仁和教授认为慢性肾脏病始终当以护肾元为要，应该在分期辨证基础上，分型论治。针对慢性肾炎前期，吕仁和教授曾提出三型五候辨证论治方案。脾肾（气）阳虚型，应用四君子汤合水陆二仙丹加味，或用肾炎益气液（黄芪、白术、茯苓、当归、川芎、芡实、金樱子）；肝肾（气）阴虚型，应用四君子汤合六味地黄丸、二至丸加减，或用肾炎养阴液（生地、山茱萸、麦冬、丹参、丹皮、女贞子、旱莲草），阴阳两虚型，应用四君子汤合济生肾气丸加减。同时兼气滞者，配合四逆散；兼血瘀者，配合桃红四物汤；兼痰湿者，配合二陈汤、苓桂术甘汤；兼湿热者，配合茵陈五苓散、平胃散；兼热毒者，配合银翘散、黄连解毒汤等。而针对慢性肾衰，吕仁和教授曾提出三型九候辨证论治方案。其中，气血阴虚型，应用六味地黄丸合八珍汤与调胃承气汤，或用滋阴保肾汤（黄精、生地、白芍、丹参、牛膝、地龙、生大黄）；气血阳虚型，应用济生肾气丸合八珍汤与温脾汤，或用助阳保肾汤（人参、附片、生姜、当归、猪苓、茯苓、陈皮、半夏、山药、熟大黄）；气血阴阳俱虚型，应用济生肾气丸、人参养荣汤与大黄甘草汤，或用调补保肾汤（黄芪、太子参、当归、丹参、陈皮、半夏、猪苓、生大黄）。同时，兼气滞者，配合四逆散；兼血瘀者，配合桂枝茯苓丸；兼湿热者，配合平胃散合茵陈五苓散；兼痰湿者，配合苓桂术甘汤；兼胃肠结滞者，配合大柴胡汤。而浊毒伤血者，配合犀角地黄汤；水凌心肺者，应用生脉散合葶苈大枣泻肺汤；肝风内动者，应用天麻钩藤饮；毒犯心包，应用至宝丹加西洋参等。此即所谓慢性肾脏病分期分型辨证基础上的"本虚辨证型，标实辨证候"临床思维。

2. 慢性肾炎"从风论治"临床思维

慢性肾炎，临床常表现为蛋白尿、血尿、水肿、高血压、肾功能损害等。在其发生发展过程中，经常因为劳累与感染诱发病情加重。肾功能损害不断进展，就会在数年、十数年或数十年后发生慢性肾衰尿毒症。该病在《内经》称为"肾风"，提示其中心病位在肾，发病与风相关。"风为百病之长"，"风伤于上"，"善行而数变"，所以风邪伤人为害甚广，发病至急，变化多端，而且还常可与寒邪、热邪、湿邪等相兼为病。若"风"与"热"相合成为"风热"；与"寒"相合成为"风寒"；与"湿"相合成为"风湿"；与"湿热"相合成为"风湿热"；与"寒湿"相合成为"风寒湿"；与"毒"相合成为"风毒"等。临床观察发现：风邪特别是风热邪毒、风湿热毒等常是导致慢性肾炎迁延不愈、反复发作的重要因素。《素问·风论》曰："故风者，百病之长也，至其变化，乃为他病也，无常方，然致有风气也。"《素问·奇病论》曰："有病庞然如有水状，切其脉大紧无痛者，形不瘦，不能食，食少……病生在肾，名为肾风。"《素问·水热穴论》曰："勇而劳甚则肾汗出，肾汗出逢于风，内不得入于脏腑，外不得越于皮肤，客于玄府，行于皮里，传为胕肿，本之于肾，名曰风水。"所论即慢性肾炎及其外感诱发急性发作等。《内经》在强调肾虚的基础之上，重视外受风邪伤肾的病机。吕仁和教授传承《内经》之学，认为风寒、风寒夹湿，或风热外袭，风热夹湿，皆可伤肾而为病。包括急性肾炎，或慢性肾炎急性发作，IgA肾病、肾病综合征、紫癜肾炎、狼疮性肾炎等，皆有风邪外犯之机。所以，慢性肾脏病如慢性肾炎的治疗，应该重视从风论治。外感风热，急性肾炎，风水血尿，可用银翘散加减；慢性肾炎因外感风寒急性发作，可用荆防败毒散；风寒化热，应用荆芥、防风、栀子、蝉蜕药串；风湿加热，可用九味羌活汤合四妙丸；风寒夹湿，可用香苏散。更有久病入络者，更常用搜风通络中药，如蝉蜕、地龙、僵蚕、蜂房等。

3. 慢性肾炎蛋白尿专病专方——益气固肾汤

蛋白尿是慢性肾脏病包括慢性肾炎最常见的临床表现，严重蛋白尿可以导致低蛋白血症，引发水肿，同时蛋白尿也是损伤肾小管进而影响肾功能损害进展的重要因素，因此合理应用中药解决蛋白尿具有重要临床意义。蛋白质为人体之精华物质，由脾生化，由肾封藏，精气为水谷精微所化，来源于后天之本脾胃，《素问·上古天真论》曰："肾者主水，受五脏六腑之精而藏之。"脾气虚，统摄无权，肾气虚，封藏失司，就可导致精微下泄，蛋白尿。当然，蛋白尿的形成并不仅仅是脾肾不足，风邪外犯，湿热邪毒，损伤脾肾及久病络脉瘀结，也有密切关系。所以，慢性肾炎蛋白尿的治疗，当以健脾固肾为主，兼以祛邪解毒、活血化瘀。吕仁和教授经验方——益气固肾汤，用之得宜，屡有佳效。

组成：生黄芪 15～30g，当归 12～15g，芡实 12～15g，金樱子 9～15g，丹参 15～30g，夏枯草 10～15g，猪苓 15～30g，茯苓 15～30g。

方解：益气固肾汤是吕仁和教授治疗慢性肾脏病蛋白尿的常用临床经验方。药以黄芪益气健脾，兼可补气利水，为君药；当归养血活血，为臣药；芡实健脾收敛，金樱子补肾固肾，丹参活血化瘀，共为佐药；更加猪苓淡渗利水、茯苓健脾渗湿共为使药。共成健脾固肾、益气活血、化瘀利水之用，所以适合于慢性肾脏病如慢性肾炎蛋白尿等，存在脾肾两虚、精微不固、气虚血瘀、水湿内停者。

临床加减：若脾气虚突出，乏力食少，便溏者，可逐渐加大黄芪用量，剂量可用 60g，90g 乃至 120g，或更加党参、白术、苍术等；若肾虚突出，腰膝酸软，夜尿频多者，可加山茱萸、山药、白果等；若脾肾阳虚，腰膝酸冷者，可加巴戟天、淫羊藿、益智仁等；若辨证属肝肾气阴两虚，头晕眼花，咽干者，可配合二至丸或杞菊地黄汤加减；若辨证属肾阴阳俱虚，腰腿酸痛，腰膝酸冷者，可配合脊瓜汤，或加狗脊、杜仲、川断、牛膝、生地、枸杞、白芍、淫羊藿等。兼气郁者，可加柴胡、枳壳、香橼、佛手等；兼血瘀者，可加川芎、红花、桃仁、三七粉等；兼痰湿者，可加陈皮、半夏、茯苓、竹茹等；兼湿热者，可加苍术、黄柏、牛膝、车前子等；兼热毒者，可加银花、连翘、黄芩、牛蒡子、板蓝根等。综观基本用药，重视益气活血，健脾补肾，固涩与渗利并行。吕仁和教授特别强调应尽量避免使用对肾功损害的药物，如广防己、益母草、关木通、马兜铃、青木香、天花粉、大戟、芫花、五倍子等。

同时，吕仁和教授还十分注意慢性肾炎的饮食治疗，认为饮食起居的调养与药物治疗具有同等重要的作用。黄芪 60g 与母鸡同炖，吃鸡肉，喝鸡汤；或用黄芪与鲫鱼或鲤鱼放入米醋同煮，喝鱼汤。有利于纠正慢性肾脏病低蛋白血症，利水消肿。

五、方药之长

吕仁和教授善用古方，不弃时方，真正做到了融合古今，务求实效。临床最常用的方剂如当归补血汤、四逆散、香苏散、二陈汤、平胃散、柴胡汤、荆防败毒散、银翘散、茵陈蒿汤、四妙散等，总的说非常重视疏利气机、调理气血。另外，吕仁和教授传承施今墨、祝谌予先生之学，还重视应用药对、药串入方，尤其善于学习现代中药药理研究新成果，创制新方，所以形成了诊疗糖尿病及其并发症和慢性肾脏病的系列经验方，其中部分经验方被开发为院内制剂与中药新药品种，取得了很好疗效。

（一）常用方剂

1. 疏利气机、调和肝脾、气血通治方——四逆散

【组成】柴胡6～12g，赤芍、白芍各12～30g，枳壳、枳实各9～15g，炙甘草6～9g。

【用法】每日1剂，水煎，分两次温服。

【功效】疏利气机，调和肝脾。

【主治】肝郁气滞证，症见胸胁胀满、疼痛，乳房或脘腹、少腹胀痛，性喜抑郁，善太息，嗳气，或四肢冷凉，或心悸，或腹痛，或小便不利，或泄利下重，舌暗苔滞，脉弦或弦细者。

【方解】四逆散出自医圣张仲景《伤寒论》，原治"少阴病，四逆，其人或咳，或悸，或小便不利，或腹中痛，或泄利下重者"。"或然证"较多，提示四逆散适应证非常广。方药柴胡疏肝解郁，枳实理气消痞，芍药可以活血导滞，炙甘草扶正，调和诸药。原方四味药剂量相同。吕仁和教授临床上常将枳实、枳壳同用，赤芍、白芍同用。枳实破气消痞，枳壳行气消胀，二者相须为用，可提高其行气消胀、消痞散结功效。赤芍凉血活血、祛瘀导滞，白芍养肝柔肝，敛阴和营，缓急止痛，一动一静，相反相成，可提高养血活血、敛阴止痛功效。常用于糖尿病及其多种并发症、慢性肾脏病等表现为肝气郁滞或肝脾不和、肝胃不和，或气滞血瘀等证候者。

【临床心得】四逆散为疏肝理气祖方，后世许多名方如柴胡疏肝散、逍遥散、血府逐瘀汤等，皆可以理解为四逆散加减方。因为肝主疏泄，主情志，主疏利气机，肝气郁滞日久，可夹瘀，夹热，夹痰，夹湿，夹食，夹饮，夹水等，而成诸郁同在之局。古有"六郁"越鞠丸，四逆散即可与越鞠丸并用。若气滞血瘀，可表现为头痛眩晕，胸痹心痛，"灯笼热"等，此时四逆散可配合桃红四物汤，即血府逐瘀汤；气郁夹痰，气郁痰阻，表现为心胸憋闷，或"梅核气"者，可用四逆散合半夏厚朴汤，或配合二陈汤、温胆汤；气郁夹热，气郁化热，可加用黄芩、栀子、龙胆草等，或用小柴胡汤、大柴胡汤类方；气郁夹食，可用四逆散合保和丸；气郁夹湿，可用四逆散合香苏散、平胃散，夹湿热者，更可配合芩连平胃散、茵陈蒿汤、四妙丸等；气郁夹饮，气郁饮停，可用四逆散合苓桂术甘汤；气郁夹水，水湿内停，可用四逆散合五苓散、五皮饮等。肝主木，脾胃主土，若肝气犯胃，肝胃气滞，胃脘胀痛，

呕逆，嗳气，可加香附、陈皮、半夏等，理气和胃，即柴胡疏肝散；肝气克脾，肝郁脾虚，或更兼血虚，可加白术、茯苓，或更加当归、川芎，即逍遥散；若肝郁化热，心烦失眠，郁闷不舒，更可再加丹皮、栀子，即丹栀逍遥散。临床上，糖尿病及其并发症与慢性肾脏病患者，常有气虚、阴虚、气阴两虚或阴阳俱虚的基础，气虚可用四逆散加黄芪、白术等，或配合四君子汤；阴虚可用四逆散加生地、玄参等，或配合六味地黄丸；阳虚可用四逆散加肉桂、附片、淫羊藿等，或配合四逆汤；阴阳俱虚可用四逆散加杜仲、桑寄生、枸杞子、菟丝子、巴戟天等，或配合济生肾气丸。糖尿病合并胃轻瘫，胃脘胀满者，可加用苏梗、香附、陈皮、大腹皮、香橼、佛手等，或配合香苏散。糖尿病性便秘，可重用枳壳、枳实各 15g，赤芍、白芍各 30g，加用大腹皮、木香、槟榔等，严重者可加用熟大黄，更可暂用番泻叶泡水饮用。糖尿病长期忧郁，合并周围神经病变或伴有腰椎退行性病变，表现为胸胁胀满，腰腿酸痛冷凉者，可用四逆散加狗脊、续断、杜仲、牛膝、木瓜、鸡血藤等，即四逆散配合经验方脊瓜汤之意。糖尿病合并神经元膀胱或合并泌尿系感染，表现为少腹胀满，小便不畅者，可用四逆散合滋肾通关丸或更加用猪苓、茯苓、石韦、生地榆、鱼腥草、半枝莲、白花蛇舌草等。

总之，四逆散作为疏肝理气之祖方，而气机郁滞又广泛存在于多种疾病，所以以四逆散为基础，加减变化，可以应用于临床各科疾病。针对糖尿病及其并发症、慢性肾脏病及多种老年病，包括老年人泌尿系感染、泌尿系肿瘤等，用之得宜，均可取得良好疗效。

2. 清热除湿、舒筋活络方——四妙散

【组成】苍术 12 ～ 15g，黄柏 9 ～ 12g，薏苡仁 15 ～ 30g，牛膝 12 ～ 15g。

【用法】每日 1 剂，水煎，分两次服用。

【功效】清热除湿，舒经活络。

【主治】素体脾虚，湿热下注证。症见：腰腿疼痛，酸困沉重，或下肢痿躄，腿脚肿痛，大便黏滞不爽，小便黄赤，外阴瘙痒，妇女白带量多，脚气糜烂流水，舌苔黄腻，脉滑数，或细滑。

【方解】四妙丸为《丹溪心法》二妙散再加薏苡仁、怀牛膝组成。方中苍术辛燥可以健脾燥湿，黄柏苦寒可以清热燥湿，更加薏苡仁可以健脾渗湿清热，牛膝补益肝肾舒筋活络，共成清热除湿、舒经活络之用，适用于素体脾虚、湿热下注所致的腰腿痛、痿躄等多种疾病。

【临床心得】吕仁和教授常把四妙散灵活应用于糖尿病及其并发症、慢性肾脏病及多种内科、妇科疑难杂症。若应用于临床糖尿病湿热下注证，常苍术、白术同用，或更加黄连、茵陈等。若为糖尿病周围神经病变，表现为腰腿酸困、麻木、疼痛，甚至表现为痿软无力者，则可以更加木瓜、赤芍、白芍、鸡血藤等。若为糖尿病足坏疽，湿热下注，气血壅郁为脓者，可加用当归、土鳖虫、地龙、金银花、连翘等。若为糖尿病合并泌尿系感染，症见尿频、尿急、尿痛者，则加用石韦、栀子、猪苓、茯苓、生地榆、连翘、白花蛇舌草等。若为糖尿病合并外阴炎，带下量多、外阴瘙痒者，则加用地肤子、苦参等。而慢性肾炎，因湿热下注，诱发病情反复加重者，吕仁和教授也常用四妙散方加土茯苓、石韦、鱼腥草、白花蛇舌草等治疗。若兼脾肾气虚者，可用四妙散加黄芪、白术、芡实、金樱子等；若兼肝肾阴虚，则可用四妙散加生地、黄精、女贞子、旱莲草等。其他如代谢性疾病，体形肥胖，湿热下注，导致痛风发作者，则可用四妙散加土茯苓、萆薢、虎杖、金钱草、泽泻、秦艽、鸡血藤等。若泌尿系结石为湿热煎熬成石者，则可用四妙散加金钱草、海金沙、鸡内金、石韦等。

应该指出的是，四妙散与龙胆泻肝汤皆可治疗湿热下注证，但四妙散更适合于脾虚基础上，脾不健运，湿郁化热而成湿热下注者，而龙胆泻肝汤则主要适合于肝经湿热下注之证。

3. 通补奇经、补肾强腰、舒筋壮骨方——脊瓜汤

【组成】狗脊 12～15g，杜仲 12～15g，续断 12～15g，桑寄生 12～15g，木瓜 12～15g，牛膝 12～15g，白芍 12～30g，甘草 6g。

【用法】每日 1 剂，水煎，分两次温服。

【功效】补肾强腰，舒筋壮骨。

【主治】冲任督带奇经受损，肝肾亏虚，筋骨失养所致的多种疾病。症见：腰腿酸痛，腿脚抽筋，下肢痿躄，舌质暗，脉沉细或细弦者。

【方解】脊瓜汤为吕仁和教授临床常用经验方，方中狗脊补肾通督、强腰壮骨和木瓜舒筋活络为主药；配合杜仲、续断、桑寄生可调补冲任带脉，配合狗脊补肾强腰止痛，共为辅药，更加白芍、甘草缓急止痛，为佐药；牛膝补肝肾、强腰膝，引药下行，为使药。全方共成通补奇经、补肾强腰、舒筋壮骨之用。

【临床心得】吕仁和教授常把脊瓜汤应用于糖尿病及其并发症、慢性肾脏病和骨质增生、腰椎间盘突出症等多种疾病。如针对糖尿病周围神经病变下肢麻痛、痿软无力等，若兼有肝郁气滞证，则配合四逆散或加柴胡、黄芩、丹皮、栀子等；若兼有气虚血瘀，则加用黄芪、当归、川芎、丹参、土鳖虫、地龙、鸡血藤等。若为糖尿病足坏疽，则可以脊瓜汤加四妙丸或四妙勇安汤加减。而对慢性肾脏病，如慢性肾炎、慢性肾衰等，肝肾亏虚，或阴阳俱虚，或阴虚、阳虚不突出，只要表现为腰酸、背痛、腿抽筋等，皆可以脊瓜汤为主方。若兼阳虚者，可加用巴戟天、淫羊藿、鹿角片等；若兼有阴虚者，可加用熟地、山茱萸、枸杞子等。慢性肾衰，肾元虚衰，

湿浊邪毒内生，耗伤气血，阻滞气机升降者，可加用黄芪、当归、陈皮、半夏、大黄等。若多种慢性退行性病变，包括骨质增生症、腰椎间盘突出症等，表现为腰腿酸痛、拘挛疼痛者，吕仁和教授也常用脊瓜汤，或随方加用威灵仙、白芷、秦艽、鸡血藤等，可以说屡用屡验。

实际上，脊瓜汤作为补益肝肾、舒筋壮骨的方剂，吕仁和教授认为不能简单理解。因为肝肾与冲任督带奇经八脉关系密切。所谓肾虚，实际上经常是冲任督带奇经八脉受损，血脉不活，导致气血不能奉养于肾所致。所以，针对肾虚决不能仅仅着眼于补肾而应用六味地黄丸与肾气丸之类。通补奇经，才能起到补益肝肾、舒筋壮骨的作用。

（二）常用药对与药串

"药对"，即两味中药的配对应用，是中药配伍的最小单位，是针对一定病证，从提高临床疗效的目的出发，从历代医家用药经验中提炼出来的，并经过临床应用被证明确实行之有效的，有一定的理论依据和一定组合法度的两种药物的配对，并不是两味药物的简单凑合。其来源包括两味药组成的药对方、古代名方的核心配伍及现代医家创造的经验药对等。其构成与配伍，是以中药药性理论，即四气五味、升降浮沉、归经、有毒无毒等相关理论为基础，并表现为相须配对、相使配对、气血配对、寒热配对、辛甘配对、酸甘配对、动静配对、刚柔配对、润燥配对、补泻配对、引经配对等配伍形式。药对配伍，较之应用单味中药，可以发挥药物协同作用、调节作用、相辅作用、相制作用、改变单味药功能作用、扩大疗效作用和引药归经等特殊作用。在近代名医中，施今墨学派医家施今墨先生、祝谌予教授等，临床皆擅用药对。吕仁和教授继承施今墨、祝谌予之学，实际上也很重视药对。常用药对如黄芪、当归，黄芪、白术，猪苓、茯苓，泽泻、泽兰，芦根、白茅根，枸杞子、菊花，大蓟、小蓟，桃仁、红花，枳壳、枳实，荔枝核、橘核，香橼、佛手，丹参、丹皮，赤芍、白芍，苏子、苏梗，陈皮、半夏，芡实、金樱子，三棱、莪术，冬虫夏草、藏红花、珍珠粉、羚羊粉等。另外，吕仁和教授临床还常将三味药、四味药一起应用，如金银花、连翘、黄芩，荆芥炭、防风、炒山栀、蝉蜕，狗脊、木瓜、续断、杜仲，蜈蚣、刺猬皮、土鳖虫等，可称为"药串"，实际与药对有异曲同工之妙。

1. 黄芪、当归药对

黄芪，味甘性微温，入脾、肺经。皮黄肉白，质轻升浮，入表实卫，色黄入脾，色白入肺，是升阳补气之圣药。生品入药，具有升发之性，可升阳举陷，益气固表，可用治体弱气虚，表虚不固，自汗盗汗，或者反复感冒及消渴病等。炙品入药，可补中气、益元气、温三焦、壮脾阳、利水消肿、生血生肌、排脓内托，可用治气不生血、气虚水肿以致疮疡日久、内陷不起，或疮疡溃烂、脓稀、久久不愈等。当归，味甘辛性温，入心、肝、脾经，是补血之圣药。当归身养血补血，当归尾活血化瘀，全当归既可养血补虚，又能活血调经，还可润肠通便、止咳平喘，可用治血虚津亏、妇女月经不调、崩中下血、肠燥便秘及慢性咳喘等。黄芪、当归药对见于元代李东垣《内外伤辨惑论》当归补血汤。原用治血虚阳浮发热，也可治妇女经期或产后血虚发热或气血亏虚，疮口久不愈合等。原方黄芪与当归是5∶1比例，同为补益药，一补气，一养血，体现着益气生血、益气摄血、气血双补的思想。吕仁和教授常用黄芪、当归药对治疗糖尿病周围神经并发症有气虚血瘀病机，或糖尿病肾脏病、慢性肾炎、慢性肾衰等慢性肾脏病存在气虚血瘀、气不摄血病机或气血亏虚证候者。若应用于糖尿病多种血管神经并发症，则以黄芪、当归药对，如补阳还五汤、黄芪桂枝五物汤等方。若用于慢性肾炎蛋白尿、血尿，则常用黄芪、当归药对配伍白术、茯苓、芡实、金樱子或女贞子、旱莲草等。若用于慢性肾衰，则常用黄芪、当归药对配伍川芎、丹参、陈皮、半夏、猪苓、茯苓、大黄等。

用量：一般可掌握在黄芪15～30g，最多可用至120g，当归10～30g。表实邪盛、湿盛中满、气滞湿阻、食积内停、内有实热、阴虚阳亢、疮痈初起热毒壅盛等皆不可用。

2. 黄芪、白术药对

黄芪、白术药对源于《金匮要略》防己黄芪汤，原用治风水自汗和风湿痹证。《丹溪心法》主治体虚自汗易感的玉屏风散及《济阴纲目》黄芪汤、《脾胃论》补中益气汤等名方，皆有黄芪、白术配伍。黄芪甘温益气升陷，白术甘温健脾祛湿，均为常用的补气健脾药，二者同用，相须配对。黄芪可补肺，白术善补脾，二者合用，既可健脾补中，又可补肺益气。因此，无论脾气虚、肺气弱或为脾肺俱虚，均可应用。吕仁和教授临床就常用黄芪、白术药对治疗糖尿病及其并发症和慢性肾脏病等。如针对糖尿病患者久病多体弱，抵抗力下降，存在气虚病机者，取玉屏风散意，常用黄芪、白术药对；糖尿病及其植物神经病变糖尿病性胃轻瘫、糖尿病腹泻辨证属脾虚者，也常用黄芪、白术药对，此时应用炒白术。糖尿病足顽固性皮肤溃疡，或疮疡痈肿不溃，或溃久不愈者，可用黄芪、白术药对加当归、炮山甲等，补托透疮。而针对慢性肾炎血尿、蛋白尿，平素自汗易感，疲乏少力者，吕仁和教授也常用该药对加用当归、川芎、丹参、白花蛇舌草等治疗，益气常需与活血解毒药同用。

用量：一般掌握在黄芪15～30g，最多可用至120g；白术9～15g。入汤剂水煎服。禁忌证：表实邪盛、湿盛中满、内有实热、阴虚阳亢、疮痈初起或溃后热毒尚盛等皆当慎用。

3. 葛根、天花粉药对

葛根、天花粉药对，见于《圣济总录》铅黄丸。《万病回春》玉泉丸，《寿世保元》天花散，《古今医统大全》二石荠苨汤、葛根丸，《医学衷中参西录》玉液汤等，皆有葛根、天花粉配伍。葛根可生津补液、舒通经络，天花粉可养阴增液、清热生津，两药合用，养阴清热、生津止渴，主要用治热病发热、烦渴、喜饮者。糖尿病患者阴虚内热，热结较甚，热伤津液，口渴多饮，便干尿赤，舌红苔少津液者，可用葛根、天花粉药对治疗，切合病机。吕仁和教授临床常用此药对治疗糖尿病及其并发症，尤其是内热伤阴病机较突出者。如兼胃肠结热，大便干结者，可加生地、麦冬、大黄等，增液行舟；如心火内炽，心烦失眠，小便黄赤，舌尖红者，可加用生地、竹叶、山栀、莲子心等，清心导赤。

用量：一般可掌握在葛根 15 ～ 30g，天花粉 15 ～ 30g。脾虚湿盛，腹泻便溏，里寒证者，应慎用。

4. 女贞子、旱莲草药对

女贞子、旱莲草药对，出自《证治准绳》"二至丸"。女贞子、旱莲草各等份，炼蜜为丸。原用治肝肾阴虚，症见口苦咽干、头晕目眩、失眠多梦、遗精体倦者。或用治鼻衄、齿衄、吐血等。以女贞子补肾滋阴、养肝明目、强筋骨、乌须发；旱莲草养肝益肾、凉血止血、乌须发。女贞子冬至之日采，旱莲草夏至之日收。两药合用，内寓交通节气、顺应阴阳之意。相须为用，补肝肾、强筋骨、凉血止血、清虚热、乌须发之力增强。主要可用治肝肾不足虚热证；肝肾阴亏、血不上荣所致的头昏、目眩、失眠、健忘、腿软无力、头发早白等；阴虚火旺、迫血妄行所致的鼻衄、齿衄、咯血、吐血、尿血、便血、崩漏下血等。临床观察用治神经衰弱和多种慢性虚弱疾病，辨证属肝肾阴虚者，疗效显著。吕仁和教授临证常用女贞子、旱莲草药对治疗糖尿病及其并发症辨证属肝肾阴虚者，屡取佳效。另外，临床还常用该药对治疗糖尿病合并泌尿系感染尿血及慢性肾炎血尿、隐匿性肾炎血尿等，常可配合生地榆、白茅根、小蓟、白花蛇舌草等利尿通淋和凉血止血之药。

用量：一般可掌握在女贞子 6 ～ 12g，旱莲草 6 ～ 15g。

5. 橘核、荔枝核药对

橘核，味辛、苦，性平，入肝、肾经。既可行气散结，又能理气止痛，主要用治小肠疝气、膀胱气痛、睾丸肿痛、腰痛、乳痛初起等。荔枝核，味辛，性温，入肝、肾经，走肝经血分，以行血中之气，可祛寒散滞，行气止痛，可用治肝经寒气凝滞引起的小肠疝气、睾丸肿痛及胃脘疼痛，妇女气滞血瘀、少腹刺痛等。橘核与荔枝核，两药相配，为相须配伍，专入肝经，能直达小腹，使行气散结之力倍增。尤其适合于气机阻结，或兼寒凝，或兼血瘀所致的小肠疝气，阴囊、睾丸肿痛，妇女气滞血瘀、少腹刺痛，或腹内包块，妇女带下、乳腺增生等。更因二药相须为用，具有较强的理气散结止痛作用，所以历来被认为是治疗寒疝气痛之专剂，为治疗疝气兼见阴囊冷痛、睾丸肿胀重坠所必用。吕仁和教授临床主要用治多种气结少腹之证。如橘核、荔枝核药对入四逆散加减方，配合柴胡、芍药、香附等可疏肝理气散结，临床常用治糖尿病性植物神经病变、女性糖尿病患者伴经前紧张综合征、月经不调、妇女盆腔炎患者、糖尿病合并泌尿系感染和慢性肾脏病伴抑郁倾向，症见性喜抑郁、胸胁满闷、胀痛，少腹胀满疼痛、乳房胀痛，善太息，嗳气，舌暗者。其中，慢性泌尿系感染，久治不愈，脘腹胀满，少腹胀满疼痛，小便不畅，病情发作与情绪波动有关者，四逆散合橘核、荔枝核药对，还可随证加入生地榆、鱼腥草、白花蛇舌草等。针对泌尿系感染治疗不及时，后遗尿道刺激症状，症见尿频、尿急、尿痛，少腹胀满或满痛者，随方加用橘核、荔枝核药对，也常有良效。

用量：一般可掌握在橘核、荔枝核各 12～15g。

6. 香橼、佛手药对

香橼味辛、苦、酸，性温，入肝、肺、脾经。可舒肝解郁、理气宽中、化痰消滞。可用治胸胁胀闷、脘腹胀痛、食后嗳气、恶心呕吐噫气、痰多咳嗽等。佛手，味辛、苦、酸，性温，入肝、脾胃、肺经。可舒肝解郁、宽中化痰、和胃止吐、行气止痛。两药配伍，为相须配对，功专理气止痛、醒脾开胃、化痰宽中，主要适用于肝胃气机郁滞所致的胸闷胃痛、食欲不振、呕吐、痰饮咳嗽、胸膈不利等。吕仁和教授临床常用治肝胃气滞和脾胃气滞证。香橼、佛手药对配合香附、苏梗、陈皮、枳壳等治疗糖尿病植物神经病变、糖尿病性胃轻瘫，而见脘腹痞满、胀痛、恶心、呕吐、腹胀等症状者，即肝胃同调之意。也常用治糖尿病性心脏病缺血性心绞痛或心功能不全见胸闷、脘腹胀满等症状者，即心胃同治之意。另外，还常配合陈皮、半夏、大黄等，用于糖尿病肾病肾功能不全肾元虚衰，气化不行，湿浊邪毒内停，阻滞气机升降所致的腹满、食少、恶心、呕吐等，体现着和胃泄浊治法。总的来说，香橼佛手两药，药性和平，尤其适合于气滞轻证，而对于气郁、气滞重证，则当配合陈皮、枳壳、木香、槟榔等理气药。其实，也正因其药性平和，与砂仁、蔻仁等相比，无温燥助火之弊，所以更适合于糖尿病及其并发症等慢性病患者长期应用。

用量：一般可掌握在香橼、佛手各 6～9g。

7. 丹参、丹皮药对

丹参、丹皮药对见于《中药临床应用大全》，配合当归、川芎、赤芍等，原用治血热瘀滞、月经不调、痛经经闭、产后瘀阻腹痛等，是取其活血调经之用。其中，丹参，味苦，性微寒，入心、心包、肝经。味苦色赤，性平而降，走血分，既能活血化瘀，行血止痛，用治心脉瘀阻引起的冠心病心绞痛、气滞血瘀所致的胃脘痛、月经不调、痛经、产后恶露不尽、瘀滞腹痛等；又能活血化瘀、去瘀生新，用治瘀血引起的癥瘕积块与血栓闭塞性脉管炎等；还可凉血清心、除烦安神，用治温热病热入营血，以致心烦、不寐等；也可用于心血不足所致的心悸、失眠、烦躁不安等。丹皮，味苦、辛，性微寒，归心、肝、肾经，可清热凉血、活血化瘀，临床可用治外感热病热入营血证、阴虚内热证及瘀血经闭、癥瘕积聚、疮疡内痈等。两药配对，相须为用，可共奏凉血活血、祛瘀生新、清透邪热之功。吕仁和教授临床常用丹参、丹皮药对治疗糖尿病及其并发症有血瘀、血热，或瘀热互结病机者。针对慢性肾炎血尿等，则主要是用治热毒包括风热、湿热邪毒内陷血分，络破血溢者。

用量：一般掌握在丹皮、丹参各 10 ～ 30g。血虚有寒，月经过多慎用，孕妇应忌用。

8. 陈皮、半夏药对

陈皮、半夏药对，出自《太平惠民和剂局方》二陈汤，也是宋代陈无择《三因极一病证方论》温胆汤的核心配伍。其中，陈皮，辛苦微温，气芳香，入脾、肺经，可行气利肺，化痰理脾，和胃降逆。半夏，辛温，归肺、脾、胃经，可燥湿化痰，和胃降逆。两药相配，行气燥湿、化痰利肺、和胃降逆，可广泛应用于痰湿阻滞气机所致眩晕心悸、咳喘痰多、脘腹痞闷、恶心呕吐及失眠健忘、癫狂、惊痫等。吕仁和教授临床常用陈皮、半夏药对治疗糖尿病及其并发症和慢性肾脏病，尤其肾衰等疑难杂症，存在痰湿内阻，或胃气不和者。如针对糖尿病及其并发症，观察发现肥胖者多存在痰湿，吕仁和教授常用陈皮、清半夏药对，配合苍术、白术、猪苓、茯苓、荷叶等，或配合平胃散等。如针对临床糖尿病阶段，痰湿化热，痰热扰心者，常用陈皮、清半夏药对，再加用黄连、黄芩等，即黄连温胆汤方意。如为糖尿病并发症期，糖尿病胃轻瘫，常可用陈皮、姜半夏药对，再加苏梗、香附、乌药等，或配合四逆散、香苏散等。糖尿病肾脏病肾衰，肾元虚衰，湿浊内生，阻滞脾胃升降，恶心呕吐者，则可用陈皮、法半夏药对再加黄芪、当归、川芎、丹参、大黄等。而针对其他慢性肾脏病肾衰表现为食少呕恶者，也常用陈皮、法半夏药对。慢性肾炎蛋白尿、水肿、腹胀者，常用此药对并加用猪苓、茯苓、苍术、白术及半枝莲、半边莲、生薏苡仁、白花蛇舌草等。

用量：一般掌握在陈皮、半夏各 6 ～ 12g。

9. 金银花、连翘、黄芩药串

金银花、连翘、黄芩药串，金银花、连翘是吴鞠通《温病条辨》名方银翘散之核心配伍，气味辛凉，轻清灵动，功擅清热解毒；黄芩苦寒走上焦，长于清肺热，配合金银花、连翘，既可清解外来之风热邪毒，又可清解在里之肺热。吕仁和教授临床常用其治疗急性肾炎及慢性肾炎、肾病综合征等多种肾脏疾病，因外感风热诱发急性发作者。急性肾炎常发生于急性扁桃体炎等呼吸道感染之后 2～3 周，多风热外犯，热邪内陷，肺失宣发，肾气不化，热邪灼伤肾络所致。因此当重视清热解毒治法。而多种慢性肾脏病，也有不少人存在慢性咽喉炎、扁桃体炎，常会因呼吸道感染诱发病情加重。也就是说因为热毒壅郁，邪毒内陷，累及于肾，而引起病情加重。所以，吕仁和教授治疗慢性肾脏病，始终重视清热解毒。外有风热邪毒诱发急性发作者，祛邪解毒治法更当重视。金银花、连翘、黄芩药串，被形象地比作中药的"青霉素"，最适合于急性肾炎外感风热、热毒留恋不去、内陷入营者及慢性肾脏病素有肺热或因外感风热诱发病情加重者。临床常可配伍当归、川芎、丹皮、丹参、茵陈、猪苓、石韦、白花蛇舌草等。如恶风、发热表证突出者，可加用蝉蜕、防风等疏风散邪。如热毒壅盛，咽痛红肿，口干口渴，舌红苔黄者，可更加用玄参、桔梗、板蓝根、鱼腥草、锦灯笼等，以增强清热解毒之用。曾治梁某，男，21 岁。初诊：2003 年 1 月 20 日。主诉：腰酸疲乏半年。西医诊断为隐匿性肾炎，予中成药治疗，无显效，求诊于中医。刻下：腰酸痛，劳累后加重，食少，有时咽痛，睡眠、二便可，查咽红，舌质暗舌尖略红，苔薄黄略腻，脉细弦。化验尿蛋白（2+）。辨证为热毒留恋，脾肾不足，湿热瘀滞。治拟健脾补肾，清热解毒，利湿化瘀。处方：生黄芪 15g 当归 12g 枸杞子 10g 菟丝子 20g 续断 10g 寄生 10g 怀牛膝 10g 甘草 6g 芡实 10g 金樱子 10g 板蓝根 15g 金银花 20g 黄芩 10g 连翘 20g 土牛膝 30g 白花蛇舌草 30g 猪苓 30g 茵陈 30g。2003 年 2 月 19 日，复诊，疲乏好转，腰痛减，复查尿蛋白（+），原方加减出入。2003 年 4 月 15 日复诊，病情平稳，尿蛋白转阴。此例针对隐匿性肾炎邪毒瘀滞伤肾的基本病机，选用补肾、活血解毒药；针对证候选用健脾补肾益气、清热解毒利湿药；针对腰酸痛主症，选用补肾强腰药物，体现了吕仁和教授"病、证、症"并重的精神，而药用金银花、连翘、黄芩药串意在强调清热解毒以祛邪也。

用量：一般掌握在金银花 12～30g，连翘 12～30g，黄芩 9～12g。外感风寒初期以及脾胃虚寒者慎用。

10. 荆芥、防风、栀子、蝉蜕药串

荆芥、防风、山栀、蝉蜕药串是吕仁和教授临床常用药串。荆芥、防风是金元刘河间《宣明论方》防风通圣散与《摄生众妙方》荆防败毒散的核心配伍，栀子可清解郁热，最擅清心除烦，蝉蜕可疏风透邪，轻清灵动，共成外散风寒、内清郁热之用。临床尤其适用于治疗隐匿性肾炎、慢性肾炎、肾病综合征、慢性肾衰等多种慢性肾脏疾病，尤其是慢性肾脏病因外感诱发急性发作者，同时也常用于普通感冒和糖尿病合并上呼吸道感染者。吕仁和教授认为，慢性肾脏病发病多因于风，外风常会惹动内风，内热又常可招来外风。因此，不但要疏外风，还要治内风，不但要

散外邪，还应清内热。所以吕仁和教授常用荆芥、防风、栀子、蝉蜕药串，并配伍当归、川芎、丹皮、丹参、猪苓、茯苓、白花蛇舌草等活血化瘀、清利之药治疗。如风寒在表，头身疼痛，鼻塞，流清涕者，加羌活、白芷、辛夷花等；如热毒壅郁，咽痛红肿者，加连翘、鱼腥草、板蓝根、锦灯笼等清热解毒利咽。而针对慢性肾功能不全加以外感诱发加重者，更需要加苏叶、苏梗、香附、陈皮、半夏、大黄等，和胃泄浊解毒；若肾元虚损，气血受伤，心神不宁，心悸失眠者，还可配合冬虫夏草、藏红花、珍珠粉、羚羊粉药串，补虚损，通血脉，安神定悸。曾治姜某，女，26岁。2004年9月3日初诊。主诉：双下肢重度水肿2年。患者2年前感冒发热后出现双下肢重度水肿，查尿蛋白（4+），潜血（2+），诊断为肾病综合征，给予激素治疗。现激素已减量，尿中反复出现蛋白，故而转求中医治疗。查舌质红、苔黄腻，脉弦。化验尿常规：蛋白（2+），潜血（2+）。辨证分析：肾为腰府，主骨生髓，充养腰部，外感邪毒内陷伤肾，肾之精气亏虚，骨髓不充，腰脊失养，故见腰部酸软，全身乏力。日久可致肾体受损，肾用失司，肾气虚，肾精不固，则精微下流，气化不行，水湿内停，故可见蛋白尿、水肿表现。治宜益气活血，疏风祛邪解毒。处方：荆芥10g，防风10g，炒山栀10g，蝉蜕10g，连翘30g，猪苓30g，当归10g，生黄芪30g，白花蛇舌草30g，赤芍30g，白芍30g，枳壳10g，玄参30g，丹参30g，鱼腥草30g。每日1剂，水煎服。2004年10月15日，复诊，水肿明显减轻，咽干咽痛好转，舌淡红、苔薄黄，脉数而弦，化验尿常规：蛋白（+），潜血（±）。后以原方出入，长期服药，病情渐趋稳定，尿检转阴。此例患肾病综合征，曾用激素治疗，病情反复加重，伴有咽干咽痛，舌红苔黄，脉数而弦，提示热毒留恋，所以吕仁和教授在益气养阴、清利湿热的同时，应用大量清热解毒、活血化瘀药物，并给予荆芥、防风、蝉蜕药串，充分体现了肾脏病"从风论治"的精神。

用量：一般掌握在荆芥6～12g，防风6～12g，栀子9～12g，蝉蜕9～12g。脾虚便溏者栀子应慎用。

六、读书之法

吕仁和教授重视经典的学习，强调立足临床，熟读经典。平日酷爱读书，而在古今医学名著中，尤其重视《内经》。因为《内经》作为中医最早的经典著作，是"经中之经"，医圣张仲景《伤寒杂病论》及后世金元四大家刘河间、李东垣、张子和、朱丹溪各家学说，包括明清温病学家的理论，都是在传承《内经》基础上，应用《内经》理论指导临床实践并进行学术创新的成果。有的时候，《内经》的一句话，就可能成为后世一个学派的理论导源。而且，吕仁和教授的老师，如秦伯未先生，人称"秦内经"，著有《内经知要浅解》等。祝谌予先生更是谆谆教诲："要研究糖尿病，就必须从《内经》入手。"但吕仁和教授学习《内经》并非仅仅背诵原文，而是强调结合临床实际研究，强调学以致用，切合实用。如吕仁和教授基于《内经》所论，结合糖尿病及其并发症临床实际，联系《素问·通评虚实论》《素问·奇病论》《素问·阴阳别论》《灵枢·五变》等篇章有关"消瘅""脾瘅""消""膈消""肺消""食亦"等概念，研究发现所谓"脾瘅""消渴""消瘅"实际上相当于糖尿病自然病程的三个阶段，即糖尿病前期、临床糖尿病期、糖尿病并发症期。而针对唐代王焘《外台秘要方》所引隋代甄立言《古今录验方》所谓："消渴病有三：一渴而饮水多，小便数，无脂似麸片甜者，皆是消渴病也；二吃食多，不甚渴，小便少，似有油者，此是消中病也；三渴而饮水不能多，但腿肿，脚先瘦小，阴痿弱，数小便者，此是肾消病也。"吕仁和教授认为消渴有广义、狭义之分，广义消渴包括糖尿病、尿崩症、甲状腺功能亢进症等，狭义消渴病就是糖尿病，而消中病就是乳糜尿，肾消病就是包括糖尿病肾脏病、糖尿病阳痿、糖尿病周围神经病变在内的多种糖尿病并发症并见的情况。吕仁和教授许多独特观点，都是在结合临床读经典的基础上提出的。当然，吕仁和教授也非常重视其他古今医家名著的学习。尤其是现代名家医著，如秦伯未的《中医临证备要》《谦斋医学讲稿》，施今墨、祝谌予先生《施今墨临床经验集》《祝谌予临床经验集》等，更是置之案头，时时翻阅。另外，在重视学习中医古今名医论著的同时，吕仁和教授也非常强调对西医学研究文献的学习，包括列版《实用内科学》及王海燕《肾脏病学》与协和《内分泌与代谢学》等，经常推荐给研究生与师承人员学习。

七、大医之情

（一）乐于奉献，大爱无疆

吕仁和教授出生于山西原平。山西是中华文化的发祥地，所谓"五千年文化看山西"，就是在强调山西传统文化之渊深。少年吕仁和经常看到的对联，乃是"忠厚传家久，诗书礼仪长"及"敬天地富贵，孝父母平安"之类。而吕仁和教授的家庭正是所谓"忠厚传家"。其父吕如林一生忠厚老实，因听力不好，平素言语不多，但心灵手巧，木匠技艺，声名远扬，经常义务为群众打制家具，深受乡亲爱戴。其母李季娥受行医的外祖父影响，也很热心助人，经常用简单有效的方法，为乡亲解决各种灾病。这种乐于助人的忠厚家风，对少年吕仁和自然会产生巨大影响。同时，家中长辈非常重视读书，可以说对培养少年吕仁和读书付出了大量心血。少年吕仁和能从一个普通的农村学童，成长为大学生，并通过自己的不断努力，最终成为国医大师，都与父母重视教育分不开。少年吕仁和在解放区受进步思想影响，六岁就参加儿童团，并被评为县"模范儿童"，高小读书期间即加入共青团，并在中学期间光荣入党，可以说始终顺应着时代的潮流，积极要求进步。学习中医之后，青年吕仁和即把振兴中医作为自己学习、工作、生活的动力。其后为解决糖尿病及其并发症与肾脏病对人民健康带来的巨大威胁，吕仁和教授更是殚精竭虑，焚膏继晷，青灯黄卷，艰苦攻关。为促进中医药学术交流与走向世界，吕仁和教授积极筹备创建中华中医药学会糖尿病分会与世界中医药学会联合会糖尿病专业委员会，为中医糖尿病防治事业付出了大量心血。日所思，夜所想，都是传承与创新中医学学术，提高中医药临床疗效。医者仁心，每次共产党员献爱心，每次救灾捐献，所在单位最大额度的捐款者，都是吕仁和教授。而且还多次表示要把门诊所得作为人才培养基金，奖励年轻人钻研中医。而作为一位彻底的唯物主义者，吕仁和教授很早就表示要向施今墨先生学习，愿意把遗体捐献给医学事业。生活、学习、工作阅历及所受的教育，还有来自师长榜样的力量，最终铸就了吕仁和教授乐于奉献、大爱无疆崇高的思想境界。

（二）尊师敬长，仁爱谦和

"敬天地富贵，孝父母平安"，从字面讲，不仅体现着人与天地和谐相处"天人相应"的内涵，而且也在强调"百善孝为先"传统伦理观念。但吕仁和教授对此更有其独特的理解。吕仁和教授曾经对从事行政管理工作的学生说过：什么是天地？什么是父母？天地、父母就是上级与下属，就是领导与群众。作为行政管理人员，不但要敬业爱岗，尊重上级领导，更要联系群众，多为群众利益着想。只有提高服务意识，搞好上下级关系，行政管理人员才能平安顺利，不断进步。实际上，吕仁和教授为人处事，很多方面都很值得学习。比如尊师敬长，吕仁和教授念念不忘施今墨、秦伯未、祝谌予诸位先生教诲，而且确实能够自觉地把老师的教诲落实到学习、生活与工作当中，热心传承学术，勇于学术创新。而对下属尤其是学生，则是有教无类，诲人不倦。殷殷期望，常溢于言表。家庭生活中，吕仁和教授在家里洗衣做饭，用心教育下一代。与夫人魏执真教授，举案齐眉、相敬如宾，而且有空闲就一起泡书店与图书馆。时时不忘切磋学术，互相鼓励，以求共同进步。吕仁和教授为人处事，就像其名字一样，用一颗仁爱之心，谦和之心，完美诠释着中华民族文化"仁者爱人""以和为贵"的崇高精神境界。

（三）博览群书，如甘如饴

"如果说悠久的中国历史是民族的根，那么灿烂的中国文化就是民族的魂。而古老的中医药学，不仅维系着民族的根，而且还护佑着民族的魂。"这是一位朋友送给吕仁和教授书法作品所写。实际上，中医学既有科学的内涵，又有文化的特质。中华传统文化，尤其是中国传统哲学，在中医学形成过程中，产生过巨大影响。而且，中医学非常重视学习同时代的文史哲及天文、地理、农学、兵学等方面的最新成果。所以，欲成大医，一定要有深厚的传统文化修养。作为京城四大名医之一，施今墨先生原名毓黔，曾追随孙中山、黄兴革命，后有感于军阀混战，才转而为医，改名施今墨，取墨家"兼爱"之意。不仅对医学有深刻理解，而且能够融汇新旧之学，具有扎实的文史功底。秦伯未先生虽然以医名世，实际上其金石、书画、诗文等俱佳，学问渊深，名重一时。吕仁和教授受前辈诸先生影响，也非常重视学习文史哲知识，以提高自己的文化修养。耄耋之年，依然还在学习《老子》及唐宋诗词等，而且时有心悟，即传授给跟诊弟子。所谓"上善若水"，"发于点滴，行于心田，融于交流，盛于久远"，就告诉我们做人处事做学问，都应该从小处着眼，在细节上下功夫，尽心尽力，并善于与他人分享，重视交流，这样才能保证事业拥有无限生命力，保证学术常青。而其最常谈起的古诗包括唐初虞世南《蝉》及宋代曾巩《咏柳》等。虞世南诗曰："垂緌饮清露，流响出疏桐。居高声自远，非是藉秋风。"作者在此采用比兴和寄托的手法，表达诗人高洁清远的品行志趣。强调做人处事应该立身高处，志存高远。因为只有保持自己高洁的品行，才能保证歌声响亮，声播四方。这种"居高声自远"完全是来自高尚的人格力量，而不是借助其他势力的影响。吕仁和教授是这么说的，实际上也是这么做的。所以不能不让人情不自禁而心生敬意。另外，吕仁和教授忙中抽闲，也会练习书法。在诸种书体之中，尤其是擅长隶书。因为隶书字形方方正正，笔画沉稳凝重，最能体现出吕仁和教授为人处事风格。一笔一画，皆可透露出传统文人"中正仁和"古风。"陶铸群英，溥益群伦，木铎扬声，功宏化育"，吕仁和教授正是以自己对事业无限的热忱，激励着一批又一批中医学子献身岐黄伟业，全心服务患者。

八、养生之智

"身体是革命的本钱"及"生命在于运动"，是大家耳熟能详的格言。吕仁和教授志存高远，学习刻苦，工作努力，而又自认为身体底子差，所以从青年时期就很重视锻炼身体。中年之后，每天面对繁重的医疗、科研与教学任务，吕仁和教授更加重视养生保健。不仅总结出富有特色的养生理念，而且还创新了传统养生保健功法。

（一）养生先养心

吕仁和教授推崇王蒙讲《老子》倡导的"智慧的沐浴，思辨的快乐"，强调不断学习新知识与思考新问题，以保持大脑思维活跃，重视践行"终生学习"理念。比如针对辛丑牛年春节团拜会习近平总书记讲话提到的"四力""三牛"等，吕仁和教授亲自组织学生认真学习，并结合团队建设实际进行诠释。强调中医学具有旺盛的生命力，学术创新需要创造力，学科发展需要凝聚力，团队建设需要向心力，强调献身中医需要孺子牛精神，创新事业需要拓荒牛精神，勤恳工作需要老黄牛精神。生活方面，吕仁和教授仁爱谦和，推崇极简主义生活方式，蜗居一隅，"一箪食，一瓢饮"，甘之如饴，对患者、对学生却关怀备至。许多研究生尤其是拖家带口求学的研究生，都曾得到过老师资助。吕仁和教授甚至还把住房借给刚毕业经济困难的学生居住。《素问·四气调神大论》论春季养生"生而勿杀，予而勿夺，赏而勿罚"，被吕仁和教授写在办公室的小黑板上。应该就是吕仁和教授乐于分享与奉献精神的写照。

（二）养生当有术

吕仁和教授因早年曾患风湿，大学期间因劳心过度，又罹患肺结核，所以平素很重视养生，曾随中国中医科学院西苑医院胡斌、赵光先生练习保健功法。其后，在长期日常养生保健实践中，不断总结经验，可以说精通养生之道，养生有术。特别是中年以后，吕仁和教授结合糖尿病及其并发症防治的需要，吸取古代"八段锦""太极拳"及近代一些健身运动方法，还创新编制了一套"十八段锦"。"十八段锦"可通过全身多部位轻缓而有力度的运动，起到健身防病的作用，特别适合于体质较弱、难以承受重体力活动的人，或没有条件锻炼的脑力劳动者。"十八段锦"分初、中、高三级，每级为六段。既可整体习练，也可分级分段练习。锻炼期间，可急可缓，可快可慢，可多可少，可根据自己的情况，选择合适的节奏与力度，而不受他人影响。初级（六段）第一段：起势；第二段：双手托天理三焦；第三段：五劳七伤往后瞧；第四段：拳击前方增气力；第五段：掌推左右理肺气；第六段：左右打压理肝脾。中级（十二段）第七段：拳打丹田益肾气；第八段：左右叩肩利颈椎；第九段：左右叩背益心肺；第十段：金鸡独立养神气；第十一段：调理脾胃臂单举；第十二段：摇头摆尾去心火。高级（十八段）第十三段：双手按腹益元气；第十四段：双手攀足固肾腰；第十五段：左右开弓似射雕；第十六段：捶打膻中益宗气；第十七段：全身颤动百病消；第十八段：气守丹田养筋骨。另外，还常可配合针对四肢手足的十指相叩运动、手掌手背伸屈运动、肩肘关节运动、脚膝关节运动及针对腰背的站式运动、坐式运动、卧式运动等。饮食养生方面，吕仁和教授作为内分泌代谢病专家，既重视中医五味调和，又重视西医营养学知识，提出了辨病用膳、辨证用膳的思路，形成了针对不同人群、不同病情与证候的药膳系列方。这些处方，食材来源广，成本低，针对性强，实践证明不仅有利于养生保健，对糖尿病等多种代谢病防治也能起到很好作用。如减肥茶（荷叶、山楂、薏苡仁、陈皮组成）、山药面条（小麦面粉、山药粉、大豆粉、鸡蛋组成）等，简便实用。

（三）养生贵有恒

好的生活方式不是一天就可以养成的，养生保健更非一朝一夕之功。吕仁和教授的养生智慧，不仅在于精通养生之道，养生有术，最关键的还是能够长期坚持。数十年来，无论外出开会，还是日常居家，吕仁和教授长期保持规律生活，每日黎明即起，坚持习练保健功法，无一日稍惰。起床后，排便前，进食后，上班前，都不忘养生，可以说真正把养生的理念落实到了生活的各个环节。日常饮食，更是严格按照中医养生理念，以清淡饮食，五味调和，均衡营养为原则。其实，也正因为吕仁和教授非常重视养生保健，数十年如一日，坚持锻炼身体，才保证了耄耋之年依然能够保有良好的心肺功能，头脑依然能够思维清晰，门诊依然能够保证每周六七个半天，每次门诊看数十位患者而无倦容。

九、传道之术

（一）人才培养方法

吕仁和教授作为北京中医药大学博士生导师、博士后合作导师和中国中医科学院首批传承博士后导师，培养中医内科内分泌与肾病专业硕士、博士研究生，包括来自韩国与中国台湾地区的研究生，共30余人，博士后1人，传承博士后两人。而作为第三、六批全国老中医药专家学术经验继承工作指导老师，第四、五、六、七批北京市老中医药专家学术经验继承工作指导老师，吕仁和教授先后培养学术继承人30余人。另外，作为全国优秀中医临床人才研修项目的指导老师，吕仁和教授还在广东、河北、天津、辽宁、山西、吉林、黑龙江、内蒙古等地收徒30余名。在指导研究生与师承带教过程中，吕仁和教授要求非常严格，不仅要求学生熟读经典，打好中医理论基本功，还要求学生掌握西医学最新研究动态，并经常组织弟子针对经典与临床相关问题面对面论辩，时时会有学生被问得面红耳赤。而针对学术继承人，吕仁和教授更是不留情面，经常会在早晨六点就打电话布置工作。指导学生撰写论文过程中，更是认真负责，经常是一字一句过关，改了一遍又一遍。学术上确实堪称"严师"。而在生活方面，吕仁和教授对学生又常是关爱有加，显示出为人师者"慈父"的一面。

（二）人才培养成果

吕仁和教授重视人才培养，而且卓有成效。吕仁和教授培养的学术继承人与众多硕士、博士研究生及各级各类师承弟子，分布于祖国各地，遍及海内外，许多弟子已经成为中医内分泌与肾病领域领军人物和著名中医专家。吕仁和教授学术继承人：赵进喜教授是首都名中医，北京市教学名师，全国中医师承导师，世界中医药学会联合会糖尿病专业委员会会长；杨晓晖教授是首都中青年名中医，北京中医药学会糖尿病专业委员会主委，北京中医药大学第一临床医学院副院长；肖永华教授是北京中医药大学优秀教师，教育部线下一流课程教学骨干；傅强副教授是北京中医药大学东直门医院内分泌科副主任医师，国家中医药管理局内分泌重点学科学术骨干。吕仁和教授指导的博士、硕士研究生：高彦彬教授是首都名中医、全国中医师承导师，曾任首都医科大学中医药学院院长；戴京璋教授是北京中医药大学东直门医院副院长、德国魁斯汀中医医院院长；张宁教授是首都优秀名中医，中国中医科学院望京医院国家肾病重点专科主任；冯兴中教授是首都名中医，全国中医师承导师，清华大学玉泉医院副院长；王耀献教授是首都名中医，全国中医师承导师，岐黄学者，河南中医药大学校长，曾任中华中医药学会肾病专业委员会主委；范冠杰教授是广东省名中医，全国中医师承导师，广东省中医医院大内分泌科主任；博士后刘铜华教授是新世纪百千万人才工程国家级人选，北京中医药大学副校长；传承博士后王世东教授是首都中青年名中医，世界中医药学会联合会糖尿病专业委员会副会长兼秘书长。优秀人才，不胜枚举。可以说，吕仁和教授团队，人才济济，桃李满天下。

此外，为深入研究施今墨学术流派学术特色及祝谌予、吕仁和教授学术源流，国家中医药管理局吕仁和国医大师工作室，北京市中医管理局薪火传承"3+3"工程吕仁和名医工作站，协同京城四大名医传承工作室与祝谌予名医工作室，曾成功申报首都医学发展基金项目：基于同一流派的施今墨学派医家治疗糖尿病学术传承研究。针对施今墨、祝谌予、吕仁和、施小墨、祝肇刚、赵进喜教授等专家诊治糖尿病及其并发症的学术思想与临床经验进行研究，系统整理了施今墨学派的形成与发展及其临床价值与现实意义。2021年被评为北京地区广受关注科研成果，受到北京市科技委员会表彰。

吕仁和学术传承谱

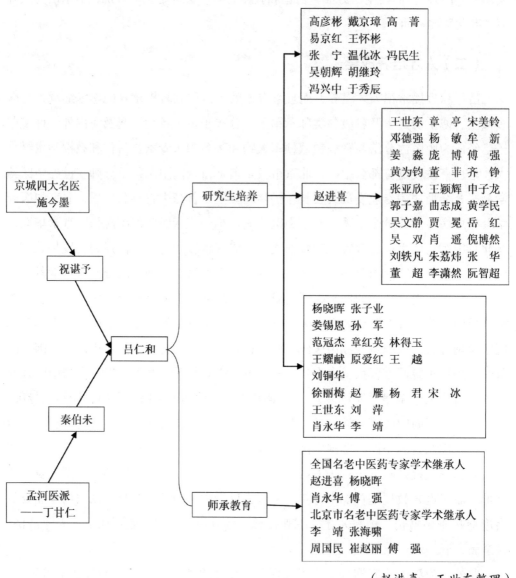

高彦彬 戴京璋 高 菁
易京红 王怀彬
张 宁 温化冰 冯民生
吴朝辉 胡继玲
冯兴中 于秀辰

王世东 章 亭 宋美铃
邓德强 杨 敏 牟 新
姜 淼 庞 博 傅 强
黄为钧 董 菲 齐 铮
张亚欣 王颖辉 申子龙
郭子嘉 曲志成 黄学民
吴文静 贾 冕 岳 红
吴 双 肖 遥 倪博然
刘轶凡 朱荔炜 张 华
董 超 李潇然 阮智超

京城四大名医——施今墨

祝谌予

秦伯未

孟河医派——丁甘仁

吕仁和

研究生培养

赵进喜

杨晓晖 张子业
娄锡恩 孙 军
范冠杰 章红英 林得玉
王耀献 原爱红 王 越
刘铜华
徐丽梅 赵 雁 杨 君 宋 冰
王世东 刘 萍
肖永华 李 靖

师承教育

全国名老中医药专家学术继承人
赵进喜 杨晓晖
肖永华 傅 强
北京市名老中医药专家学术继承人
李 靖 张海啸
周国民 崔赵丽 傅 强

（赵进喜、王世东整理）

（王利广编辑）

朱南孙

朱南孙（1921—2023），女，江苏南通人，中共党员。上海中医药大学终身教授，上海中医药大学附属岳阳中西医结合医院主任医师、博士研究生导师。首批中国中医科学院学部委员，上海市名中医。全国老中医药专家学术经验继承工作指导老师，全国优秀中医临床人才导师，全国中医药杰出贡献奖、中国最美女医师终身荣誉奖获得者，非物质文化遗产朱氏妇科疗法代表性传承人，上海市"医德之光"选树人物，中华中医药学会妇科分会顾问，上海市中医药学会妇科分会终身名誉主任委员。享受国务院政府特殊津贴。2017 年被授予第三届"国医大师"称号。

朱南孙教授承继家学，且博采前贤之长，更兼衷中参西，极大地丰富发展、传播了朱氏妇科理论体系。她将妇科疾病的诊治要领归纳为"审阴阳，看动静"六字。她认为治疗妇疾当以"肝肾为纲"，治肝必及肾，益肾须疏肝，如此方可经带通调，并提出"从、合、守、变"的治疗原则。先后主持或指导"十五"国家科技攻关计划、国家自然科学基金、国家"十一五""十二五"中医临床重点专科等各级科研项目 100 余项，主编专著、发表论文 50 余部（篇），推广新技术 5 项，获得国家知识产权 5 项及各级别科技奖励 10 余项。

一、学医之路

朱南孙祖籍南通，为江南杏林著名中医流派——朱氏妇科的第三代传人，其祖父朱南山、父亲朱小南是中国著名的中医妇科学专家。朱南孙是朱小南的长女，幼小天资聪颖，性格坚毅，立志继承家学、弘扬祖业，秉持睿智好学、锲而不舍的精神，发奋努力，18岁进入上海新中国医学院开始习医生涯，1942年以优异成绩毕业，1943年正式独立坐诊，1952年进入上海市公费医疗第五门诊部（上海中医药大学附属岳阳中西医结合医院前身）工作，从此，她便在岳阳中西医结合医院中医妇科长期从事医、教、研工作，毕生以扶伤济世、发展朱氏妇科流派为己任，且不忘传承中医文化，光大国学精粹。

二、成才之道

朱南孙教授认为，若立志为医，欲医术愈精以扶危救难，必须要做到以下几点。

（一）初心当仁，赤诚坚守

朱南孙教授承二世医业，在妇科疾病的诊治中自成一派风骨。"非志无以成学"，从及笄芳龄到鲐背宗师，她不忘初心，始终坚持"为燃起患者希望而医"的誓言，始终遵从"誓愿普救含灵之苦"的信念，对生命充满温情与敬畏。医道艰深，以此为业，须耐得住寂寞，"合抱之木，生于毫末；九层之台，起于累土"，只有长久沉潜耐心研读学习，方能在临证时胸有成竹。朱南孙教授从医数十年，始终以中医事业为重，始终坚持在临床一线，接诊人数不下百万人次，每次接诊皆认真细致，一丝不苟，和蔼耐心，视患者如初诊，为解除民众疾苦殚精竭虑。她缔造了无数生命的奇迹，为众多饱受妇疾尤其是不孕之苦的患者带去了福音，恩泽一方。

（二）勤奋刻苦，沉潜研习

从古至今，中医领域中有所成就之医者无一不长期学习、背诵、思考前贤著作，朱南孙教授继承家学，又苦读古代医学经典，可谓跬步千里，既往的理论学习为她日后长久的从医之路打下了坚实的基础。进入临床工作后，她仍勤于思考，遍览古籍及同道所著，临诊之余笔耕不辍，总结临证体会心得，始终将临床与理论结合，相互参照。沉潜习道，探究幽微，方能"昼消积雪，夜涌狂澜"。

（三）博采众长，衷中参西

朱南孙教授幼聆庭训，秉承家学，虽出身于医学世家，但不拘泥固守于本家诊治经验，她积极遍师名家，在本家学说中融入李东垣的脾胃学说、朱丹溪的滋阴降火学说、张景岳的温阳益肾论及唐容川、王清任的活血化瘀法，并熔陈自明、傅青主等临床大师的精髓为一炉，亦曾先后求教于徐小圃、丁仲英、唐吉父等名家。同时，朱南孙教授提倡衷中参西，认为中医从业者应撷取西医学的长处，汲取现代诊疗手段和科学技术，借以提高临床疗效，同时探讨中医中药的奥秘。对输卵管阻塞性不孕，她主张整体调节（中医药调治）和局部治疗（输卵管通液）相结合，临床疗效明显提高。对于已用西药调节月经周期、控制出血的子宫肌瘤、子宫内膜异位症的患者，中药则重在化瘀散结，起辅助作用。她引用基础体温、内分泌变化、B超的检查结果作为临床辨证施治的辅助参考，如高温双相多辨证为阴虚内热，低温双相多为肝肾不足、气血两虚。参考西医学的诊断结果，调整中医辨证用药，已是朱南孙教授临证的一大特点。她还认真学习西医学知识和相关科研方法，系统地研究了验方加味没竭汤治疗痛经的机制，取得了可喜的成果。朱南孙教授追求实效，秉持"他山之石，可以攻玉"的理念，破除门户之见，扬长抑短，衷中参西，追求创新，不仅对中医临床诊治思路的完善大有裨益，同时也丰富发展了朱氏妇科诊疗理论。

（四）勤于临证，积累经验

中医学是理论与实践密切结合的学科，具有经验医学的特质。既博且渊的阅读只是基础，胸有成竹的处方遣药需要大量临证经验的积累，正所谓"操千曲而后晓声，观千剑而后识器"，"熟读王叔和，不如临证多"。朱南孙教授强调临证经验对一位医者成长的重要性，从医数十年，始终坚持临床工作的重要地位，出诊从不懈怠，每次接诊后都会细致了解患者的病史及既往诊疗经过。深厚的理论基础和长期的临证经历，造就了朱南孙教授在寒热错杂、虚实真假中窥得疾病机杼的能力，她的问诊常常能一针见血地获得辨证所需的关键信息。因此，临证往往可效如桴鼓，立起沉疴，随手而应。

（五）传承精华，守正创新

创新是中医药临床发展的关键，也是中医药学术发展的关键；裹足不前、墨守成规，固守一家之言，排斥西医学，必然不利于中医的传承发扬。朱南孙教授在继承前辈理论思想的基础上，结合八十余年临床经验，首创"审动静偏向而使之复于平衡"的观点，总结"从、合、守、变"四法，为诊治妇科疑难病症建立了一套朱氏妇科特色的理论体系和治疗方法，疗效显著，引领全国。朱南孙教授取失笑散、血竭散、通瘀煎诸药化裁而成之加味没竭汤，是治疗痛经的经典名方。八十余载杏林生涯，她探求新知，推陈出新，以现代化的方法开展中医科研工作，并积极进行成果转化，总结多项朱氏妇科优势病种诊疗方案，多个朱氏验方投入新药研发。在朱南孙教授的引领下，朱氏妇科守正创新，不断丰富发展，名扬杏林，福泽万家。

三、学术之精

朱南孙教授熟读经典，通晓现代医理，临证思维活跃，触类旁通，悬壶沪上八十余载，虚心勤勉，博采众长，在祖辈的学术思想中又融入李东垣、朱丹溪、张景岳、唐容川、王清任、陈自明、傅青主等临床大师的精髓，集诸家学说于一身。她亦无拘泥固守之见，积极学习西医学知识，衷中参西，追求创新，大大丰富并发展了朱氏妇科理论体系。

（一）衷中参西，务求实效

朱南孙教授虽承家学，但从不囿于门户，曾先后求教于徐小圃、丁仲英、唐吉父等名家。20世纪50年代倡言中西医结合时，朱南孙教授十分尊重向她学习的西医同道，且亦向他们虚心求教，在临诊中时时注意与他们切磋诊治疾病的心得。她认为，医学在发展，中医从业者应当学习西医学对疾病的认识、诊疗手段以及现代科学技术，借以提高临床疗效，这一思想贯穿于朱氏整个医学实践。朱南孙教授将"治血证以通涩并用为宜"的学术经验加以演变，以"失笑散"为君，选择其祖父所创制"将军斩关汤"中数味主药，更新为一首具有祛瘀生新止血之效，治疗重症崩漏的验方。她又同样以"失笑散"为君，配古方"通幽煎""血竭散"中诸药化裁成一首治疗血瘀型重症痛经的验方——加味没竭汤，并运用现代科学方法系统地研究了验方"加味没竭汤"治疗痛经的机制。对输卵管阻塞性不孕，她主张中医药治疗和输卵管通液相结合，疗效明显提高。再如子宫肌瘤和子宫内膜异位症，前者以活血化瘀、消癥散结为大法，后者则需注重疏肝理气药的使用。如此取中西药之长，注重临床实效的精神值得后辈学习。

（二）从合守变，燮理阴阳

朱南孙教授精于临床，善于总结，认为"动静乃阴阳之兆，以平为期""审动静偏向而使之复于平衡"。她将诊治妇科疾患的要领归纳为"审阴阳，看动静"，并将此六字作为妇科临证之原则。"审阴阳，看动静"，是以阴阳两纲为统帅，提纲挈领，执简驭繁；"审阴阳，看动静"，是辨人体阴阳之盛衰，察气血虚实动静，从而确定疾病的阴阳属性、正邪盛衰、气血盈亏，以此为治则治法奠定基础，又可把握疾病变化之态势。她将妇科治法的运用精炼为"从、合、守、变"四个方面，以四法为原则，燮理阴阳，贯穿辨证施治的始终。

"从"者，反治也，即寒因寒用、热因热用、通因通用、塞因塞用。如果疾病的临床症状与其本质相反，则要顺从病证的外在假象而施治，其实质仍是与病证本质相反的治疗。例如，气滞血瘀、痰湿内阻之经少、经愆、经闭、乳少、带下量少等，症状表现上有"静"的特点，症似静闭，然实为气血停滞经脉所致，故仍以行气活血、燥湿化痰、利水之动药通之、导之、利之，即所谓"静之疾加之以动药"；然审证若确属精血不足、元气衰惫者，则当充养精血，调补元气，以静待动，"血枯则润以养之"，即以静法治静症，即所谓"静之疾再用静药以疗之"。气虚之崩漏、经多、经期延长、带下量多、滑胎等，症状表现上有"动泄"的特点，然实为气虚不摄所致，故仍以益气养血之静药补之、收之，可配伍止涩之品，即所谓"动之疾治之以静药"；然审证若确属瘀阻、癥积、湿蕴等实邪内阻所致，须以动治动，用化瘀、消癥、利湿法治之，即所谓"动之疾复用动药"。"澄其源，则流自结"，病症及治法的动静之分，实关乎虚实之辨，如此可窥见虚实辨证之意义。

"合"者，兼治也。妇科临证所见之病症，多数为动静失匀、虚实夹杂之证，单治一方，往往掣肘，制其动则静愈凝，补其虚则实更壅。清代石寿棠《医原》谓："病纯者药纯，病杂者药杂。有病虽杂而出于一源，则立方要有专主；有病虽纯而夹以他病，则立方要有变通。"因此，朱南孙教授认为临证当寒热并调，七补三消，通涩并举，药应兼用。如治疗瘀血内阻之崩漏不止，当以通涩并用调治，通以去其血瘀之本，涩以防去血过多，耗伤正气，如仙鹤草配伍益母草、熟大黄炭配伍炮姜炭、川牛膝配伍续断等；体虚证实之癥瘕之证，如治宜攻补兼施，如莪术合白术，消补相伍，亦可治疗脾虚痰凝之经闭瘕聚；血竭配伍三七，有化瘀止痛止血之效，疗癥瘕结聚之疼痛、出血之证，用之得当，得心应手。

"守"者，恒也，意即辨证既确，用药须坚定果断，对病程较长，症情复杂之慢性病尤宜。清代喻昌《医门法律》谓："新病可急治，久病宜缓调。"明代薛瑄《薛文清公文集》也谓"用药勿责近功"，缓缓图治，以静守待其功。如治血枯之闭经，补肾养血非一时之功，难以速见经复，故血虚始终是疾病的病机所在，治时当以补充经源为先，证不变，法不变，方亦不变，宜守原意增进或稍有出入，需长期补益肝肾，填精养血，待冲任胞宫精血充盈，出现乳腹作胀等行经之兆时，方可因势利导，酌加疏肝行气、通利经遂之品。

　　"变"者，变通也，即治法当视证情转变，根据疾病的不同阶段，灵活应用不同的治法。治病贵在权变，法随证变，并要因人、因时、因地制宜，及时调整治法。宋代史堪《史载之方》谓："喜为医者，蹉事制宜，随机应变，审当轻重。"清代石寿棠《温病合编》亦有言："对证施治，因时变通。"如不孕症，症情多复杂，年轻者常伴盆腔炎、输卵管受损，缠绵不愈，临证当以治病为先，然后调经，经调后助孕。调经之法又有经前、经间、经期、经后之别，分期调治，以收事半功倍之效。又如治实证痰湿阻络型闭经，首当化痰疏络以动解凝，待湿化痰除，地道得通，而经量每每转为涩少，盖邪既已去，正必受损，气血虚亏，当即转为调补气血，以静待动，而济其源，则经自调。所谓因人、因时、因地制宜，即中医之"三因制宜"：①因人制宜：女性在不同的年龄段及生理状态的治则治法亦不相同。此外，治疗时需注意患者的体质，不同体质的患者容易感受的致病因素或易发的疾病各不相同。如瘦人火多，虚实皆可见，易有热促血行，月经量多、经期延长，甚则崩漏之虞；胖人痰多，易有痰湿内壅，冲任血海阻滞，月经量少、月经后期，甚则闭经之虞。由于体质的差异和机体反应性的不同，病证也会产生寒热虚实之别，或"从化"的倾向，正如《医宗金鉴》所言："人感受邪气虽一，因其形藏不同，或从寒化，或从热化，或从虚化，或从实化，故多端不齐也。"因此，虽患同一疾病，但体质不同，治法方药也应有区别：对偏于阳盛或阴虚之体，慎用辛温燥热之剂；对偏于阳虚或阴盛之体，慎用寒凉伤阳之药。体质强者，病证多实，故攻伐之药量可稍重；体质弱者，病证多虚，其体不耐攻伐，故治疗宜补；若虚实夹杂，则攻伐药量宜轻。②因时制宜：要顺应时令气候节律的特点来制订合适的治疗原则，正如《素问·六元正纪大论》所言："用寒远寒，用凉远凉，用温远温，用热远热，食宜同法。"③因地制宜：要根据不同的地域环境特点来制订合适的治疗原则，如《素问·异法方宜论》有精到的论述："东方之域……其民皆黑色疏理，其病皆为痈疡，其治宜砭石……西方者……邪不能伤其形体，其病生于内，其治宜毒药……北方者……其民乐野处而乳食，脏寒生满病，其治宜灸焫……南方者……其病挛痹，其治宜微针……中央者……其病多痿厥寒热，其治宜导引按蹻。"

　　《素问·至真要大论》有言："谨守病机，各司其属，有者求之，无者求之，盛者责之，虚者责之。必先五脏，疏其血气，令其条达，而致和平，此之谓也。"唐慎微《证类本草》谓："欲疗病，先察其源，先候病机。"病机，为入道之门，为跬步之法，乃治病之要。"从""合""守""变"四法分述有异，皆紧扣病机，临证施治，须纠正动静失衡，以平为期，寓哲理于医理，管窥朱氏妇科临证经验之丰富。

（三）审慎动静，达于平衡

朱南孙教授临诊圆机活法在握，辨证论治进退有序。她认为动静乃阴阳之兆，阴阳之道，损有余而补不足，以平为期；女子以血为用，气为上帅，贵在调和。她将妇科疾患的诊治要领归纳为"审阴阳，看动静"，并以此作为临证之原则。"审阴阳，看动静"，是以阴阳两纲为统帅，提纲挈领，执简驭繁；"审阴阳，看动静"，是辨人体阴阳之盛衰，在妇科则察气血虚实动静，把握妇科疾病变化之态势，动之疾治之以静药，静之疾加之以动药，动静不匀者，通涩并用而调之，更有动之疾复用动药，静之疾再用静药以疗之。

（四）经孕产乳，适时为贵

"时"，除指通常的四季寒暑变迁外，朱氏妇科强调注意妇女经、孕、产、乳四期变化及青春期、生育期、更年期、绝经后的年龄阶段的区别。这些差异决定了临床用药的时间性、阶段性，需要根据女性不同的生理状态和年龄阶段处方用药。女性之经、孕、产、乳四期，不同时期的治疗大法不同。如月经病当以调经为本；孕期治疗当明确胎元是否正常，若胎元正常，则治病与安胎并举，否则当速速下胎以益母；产后病则要遵守"勿拘于产后，亦勿忘于产后"的原则。不同年龄段的治法亦不相同，少年治肾，中年治肝，老年治脾，正如刘完素所言："妇人童幼天癸未行之间，皆属少阴；天癸既行，皆从厥阴论之；天癸已绝，乃属太阴经也。"

（五）止血四法——通涩清养

血乃身之本，循行脉中，周流不息，调和五脏，洒陈六腑，滋养神气，濡润筋骨。女子经孕产乳皆以血为用，虽有经期、产后之出血（经血、恶露），但有正常之期、量反之为病态。出血乃妇科一大症，如崩漏、月经过多、经期延长、经行吐衄、经间出血、胎漏以及恶露不绝等，其中以崩漏最为常见。兹将止血之道归纳为四法，以便同道了解、探讨。

1. 通——祛瘀止血

通者，通因通用也。因瘀血阻络，血不循经而致崩漏乃临床所常见，其因不一，有因肝气郁结，气滞血瘀所致者，或郁久化热，血液煎熬成瘀所致者，或经期感寒饮冷，寒凝血瘀所致者，或产后残瘀未净，新血不得归经者，或气虚运血无力，流滞成瘀者，也有因血室未闭，误犯房事，热瘀交结所致者。治疗瘀血所致之崩漏，必先祛瘀，瘀散脉通出血自止。常用祛瘀之血药为蒲黄炭、熟大黄炭、山楂炭、花蕊石、牛角腮、茜草、三七末，以及仙鹤草、益母草。然而血瘀有气滞、气虚、阳虚血寒、肝肾亏虚、外伤脉络以及与寒、热、痰、饮、水、湿、食、等邪气夹杂之不同，故运用祛瘀之血药需酌情与理气行滞、益气养血、温经散寒、滋补肝肾、清热凉血、燥湿化痰、逐饮利水、消食化滞等法相结合。此外，对于妊娠胎漏，朱南孙教授亦有独到体会：前人忌用活血化瘀之品，殊不知血贵宣通濡润，安胎之方佐以活血之品可以促进血供，达到养血活血安胎之效。

2. 涩——止血塞流

涩者，收敛固涩，止血塞流也。前人止崩有"塞流、澄源、复旧"三法，三法密切结合。出血是一种症状表现，其因有寒、热、虚、实之别，故止涩、塞流与澄源应当并举，若不审病源而盲目止涩，往往塞而不止，即使暂时止住，也易复发。如傅山谓："世人一见血崩，往往用止涩之品，虽亦能取效于一时，但不用补阴之药，则虚火易于冲击，恐随止随发，以致终年屡月不能痊愈者有之。"临床应当选择具有双相调节或双重作用的止血药组方，如：①活血止血药：三七、茜草、蒲黄、花蕊石；②凉血止血药：生地黄炭、地榆炭、侧柏叶、椿根皮、槐花、贯众炭；③养阴止血药：生地黄炭、墨旱莲、鹿衔草、藕节；④益气止血药：焦潞党、焦白术、炒山药、芡实、莲子、莲须；⑤补血止血药：熟地黄炭、蒲黄、阿胶；⑥固肾止血药：杜仲、续断、桑螵蛸、墨旱莲、苎麻根、覆盆子、山萸肉、五倍子；⑦温经止血药：炮姜炭、赤石脂、艾叶炭等。

3. 清——清热凉血

妇科崩中吐衄等血症热多寒少，然热有实热虚热之分，其因有过食辛辣，有风热外袭，热入血室；有非时行房，热瘀互结；有郁怒伤肝，肝火内炽，热迫血行；也有时属更年，阴血虚损，肝旺肾虚。血有"静则归经，热则妄行"的特点，欲使血止，必使热清，热清则血止。实热出血，血色鲜红，其势猛急，烦热口渴，舌深红，苔薄，脉弦数或洪数，药用鲜生地黄、鲜藕汁、地榆、侧柏叶、椿根皮、炒牡丹皮、仙鹤草、玉米须、白头翁、贯众炭等。若虚热出血，多见血色暗红，口干引饮，脉弦细数，舌暗红，苔薄少津，药用生地黄、女贞子、桑椹子、苎麻根、小蓟草、仙鹤草、山萸肉等。若盆腔炎之夹有湿毒者需加清热解毒之品，如蒲公英、紫花地丁、败酱草、红藤、制大黄等。

4. 养——扶正固本

养者，一指扶正补虚而止血；一指复旧善后防复发。宋代陈自明《新编妇人良方补遗大全》曰："妇人崩中者，由脏腑伤损，冲脉任脉血气俱虚故也。"五脏之中，脾健则统血，肝平则纳血，肾足则固血。冲为血海，任主胞胎，若冲任受损则经血失约。肝肾乃冲任之本，肝主疏泄而司血海，肾主胞宫而藏精气，精血同源，肝肾一体，故前人谓补肝肾即补冲任。脏腑经脉虚损多由禀赋不足，后天失养，劳伤过度，将息失宜，或由郁怒惊恐，损及脏腑，而致冲任不固，崩漏不止。脾虚失统，治以健脾摄血；肾阳虚衰，精血不固，治以温肾固冲；肾阴不足，肝火偏亢，治以滋肾平肝，固摄冲任。心主血，"心和则血生"，崩漏出血患者情绪极易紧张，心神不宁，血海难安，《医部全录》曰崩漏"治当大补气血之药，奉养脾胃，微加镇坠心火之药，治其心，补阴泻阳，经自止"。用药如远志、朱茯苓、酸枣仁、合欢皮、首乌藤、淮小麦等，以养心疏肝安神，效果颇佳。

5. 四法兼备

通、涩、清、养是临床常用的四法，由于崩漏出血患者症情复杂，治疗时往往兼而用之。

通涩兼施（祛瘀涩血法）：单用通法恐经行量多或伤及肾气，单用涩法惧留瘀之弊，故寓通于涩，常取药对如仙鹤草伍益母草、熟大黄炭配伍炮姜炭、川牛膝配伍续断等，还可以选择一些通涩兼备之药，如焦山楂炭、茜草、花蕊石、海螵蛸、三七末等。

清通兼顾（清热化瘀法）：宜于热瘀交结之经淋崩中伴腹痛者，常见于经期或产后误犯房事，以及人流后或放环后感染、子宫内膜异位症、盆腔炎等。常用药：蒲公英、红藤、紫花地丁、败酱草、蒲黄、赤芍、川楝子、柴胡、延胡索、茜草、刘寄奴、焦山楂炭等。

清养并举（清肝益肾法）：宜于素体阴虚或出血日久，阴血耗损，虚热内生，迫血妄行者，宜滋水涵木，相辅相成。常用药：生地黄、黄芩、白芍、青蒿、地榆、侧柏叶、椿根皮、女贞子、墨旱莲、桑椹子、枸杞子等。心火旺盛加川黄连、莲子心、炒山栀、灯心草、远志等；更年期加生牡蛎、紫草、白花蛇舌草、夏枯草等。

涩养兼顾（益肾固冲法）：宜于瘀血已净，脾肾气虚，冲任固摄乏力者，取补血养血药和固涩止血药同用。常用药：桑螵蛸、海螵蛸、山萸肉、覆盆子、五倍子、金樱子、焦潞党、焦白术、仙鹤草、仙桃草等。

如遇经漏不止用药无效，需注意有无宫颈息肉，如更年期、老年期经断复来者，尤需排除子宫内膜癌。

四、专病之治

朱南孙教授临床擅治不孕症、早发性卵巢功能不全、子宫肌瘤、痛证、血证等妇科疑难杂病，疗效肯定，医名远扬，兹介绍如下。

（一）排卵障碍性不孕症

不孕症（infertility）是指生育年龄的妇女，配偶生殖功能正常，婚后有正常性生活一年以上，未避孕而未怀孕者。其分为原发性不孕和继发性不孕两大类：既往从未有过妊娠史，无避孕而从未妊娠者为原发性不孕，古称"全不产"；既往有过妊娠史，而后无避孕连续12个月未孕者，称为继发性不孕，古称"断绪"。不孕症在古代尚有"无子""绝产""绝嗣"之称。

1. 病机

朱南孙教授常言，脏腑功能正常，气血旺盛，阴阳平和为受孕基本条件。不孕症病因复杂，需仔细审证查因，方能药到病除。朱南孙教授认为本病之根在于肾虚。肾阴亏乏、精血不足，不能滋养卵子生长；肾阳不充、肾气衰惫，不能鼓动卵子排出。临床上排卵障碍性不孕症患者多伴随月经失调的表现，或为经水涩少，或为经闭不行，又或暴崩淋漓，故问诊时首当问清月事，即所谓"经调然后子嗣也"。"肾气盛……天癸至，任脉通，太冲脉盛，月事以时下，故有子……任脉虚，太冲脉衰少，天癸竭，地道不通，故形坏而无子也。"女子以肝为先天，肝气郁结，疏泄失常，气血失调，冲任不和，则亦出现胞宫不能摄精成孕。

任脉、督脉为病可致"不孕"。冲为血海，十二经脉之海，能调节十二经气血；任主胞胎，为阴脉之海。朱南孙教授指出：任是担任或妊养之意，担任一身阴脉的妊养，凡精、血、津、液等阴精都由任脉总司，对人身的阴经均具调节作用；督脉为阳脉之海，与任脉同起于胞宫，二脉协同调节人身阴阳脉气的平衡，维持胞宫的生理功能；带脉横行，与纵行之冲、任、督脉间接相通并下系胞宫，可健运水湿，提摄子宫，约束诸经。朱氏流派深谙冲任受损、督脉虚损、带脉失约均可致不孕、胎动不安、滑胎诸疾。冲任受损，或冲任亏虚，血海不盈；或冲任阻滞，气滞、寒凝、热灼阻滞胞宫冲任；或冲任失调，封藏失司，均可导致不孕症的发生。《素问·骨空论》曰"督脉……此生病……其女子不孕"，道出督脉虚损亦可致不孕。带脉失约，则诸经失于固摄，可致滑胎，继而引发不孕。

朱南孙教授又提出虚证日久者，必致瘀血夹杂，故用药不能一味投之以补益之品，以免阻滞气血运行。肾藏精，主生殖，妇人以血为本，以肝为重，肾虚、血虚、肝郁、痰凝均可影响胎孕，故朱氏妇科临证以肝肾为纲，尤重奇经，治疗常以调经为关键，以达经调种子之目的。具体以补肾填精为大法，根据肝郁、脾虚、血瘀等不同病机采取疏化冲任、健脾益气、养血活血等方法辨证施治。由此体现出朱氏治疗排卵障碍性不孕症"重在补肾，贵在养血，妙在调肝，功在疏通"之特点。

2. 专病专方

朱氏调经促孕方是朱南孙教授多年总结的经验方，有平补肝肾、益气促排的功效，对恢复排卵、改善黄体功及子宫内膜容受性有较好的临床疗效，常有"一帖即孕"之奇效。

（1）组成：①排卵前：朱氏调经促孕方：党参20g，黄芪20g，当归20g，熟地黄15g，巴戟天12g，淫羊藿12g，菟丝子12g，覆盆子12g，石楠叶12g，石菖蒲12g，蛇床子15g，川芎15g。②排卵后：朱氏调经促孕方去石楠叶、石菖蒲、蛇床子，加续断12g，桑寄生12g。

（2）方解：朱南孙教授总结调经促孕方以妇人月经生理为期，重在调经种子，经调后即于容易受孕之"的候"期促排助孕。朱南孙教授指出，古方有云，石楠叶能"令女侍男"，石菖蒲醒神开窍，蛇床子温燥肾阳，三者配伍可促进排卵，提高性欲，还能起到疏通输卵管，促进卵子排出之裨益。川芎活血行气，祛风止痛，现代医学研究表明，川芎在一定程度上能兴奋下丘脑－垂体－卵巢轴，从而促进卵子排出。方中以黄芪、党参、当归为君，补气养血，活血调经；熟地黄、巴戟天、淫羊藿、菟丝子、覆盆子为臣药，平补肝肾，填精生髓，柔阳以济阴；石楠叶、石菖蒲、蛇床子为佐药能温肾阳、壮性欲，阳中求阴，以期阴阳平衡；最后以川芎为使，活血行气，促使卵泡从卵巢顺利排出。排卵后方中去石楠叶、石菖蒲、蛇床子等怡情促性之药，酌加续断、桑寄生充肾精、强腰膝、固冲任、安胎元以支持黄体功能，改善子宫内膜容受性，助胚胎更加良好发育。

（3）加减：朱氏妇科临证精专辨证，将临床常见不孕症证型分为肝肾阴虚型和脾肾阳虚型。肝肾阴虚型症见婚久不孕，或月经初潮延迟，月经周期提前或延后，甚则停闭不行，经量少，色鲜红，质稠，月经前后乳房胀痛，发热；形体消瘦，头晕耳鸣，腰酸膝软，五心烦热，失眠多梦，眼花心悸，肌肤失润，阴中干涩，舌质红，苔薄少津，脉弦细或弦数。本证型于上方基础上可适时加入龟甲、河车粉等血肉有情之品，另加桂枝、鸡血藤活血通经，以滋肾益精，通补奇经，生化无穷。脾肾阳虚型症见婚久不孕，或月经不调，量多少不一，色淡，或月经停闭不行；青春期始见形体肥胖，带下量多质黏，胸闷泛恶，胃脘痞闷，头晕心悸，神疲乏力，面目虚浮或㿠白，便溏，畏寒，舌淡胖，苔白腻，脉滑。本证型的治疗重在健脾温肾调冲，于上方基础上可适时加入仙茅温补肾阳，艾叶温经散寒养血，鹿角片、阿胶等血肉有情之品补益肾阳。

（二）早发性卵巢功能不全

早发性卵巢功能不全（premature ovarian insufficiency，POI）指育龄期女性在

235

40岁以前出现卵巢功能衰竭的现象。其特点是原发或继发性闭经，伴血促性腺激素水平增高和雌激素水平下降，同时有不同程度的围绝经期症状。早发性卵巢功能不全通常首先表现为月经情况的紊乱，包括月经失调、闭经等，还会引发诸如性功能降低、不孕、类更年期症状等一系列临床表现，甚至还会引起脂代谢紊乱，导致动脉硬化、冠心病、骨质疏松症等并发症，对广大妇女的生殖健康和生活质量产生了极大影响。中医学无早发性卵巢功能不全这一病名，依据其月经失调、闭经、性功能降低、不孕、类更年期症状等临床表现，认为本病属"血枯""血隔""闭经"等范畴。

1. 病机

朱南孙教授认为导致早发性卵巢功能不全的病因可从《金匮要略》中所提及的"因虚、积冷、结气"三方面解释。因虚而导致的经闭不行在临床上往往多见。"夫经水者，乃天一之真水，满则溢而虚则闭。"精血亏虚，则经血无以化生，导致血枯经闭。《傅青主女科》云："经水出诸肾。"肾为先天之本，与经水的形成密切相关，肾虚则天癸衰少，地道不通，而进一步发展为血枯经闭。而脾为运化之源，脾失健运，则精微无以化生并输布濡养全身而至经水不行。外感寒湿之邪致寒凝胞宫，气血运行受阻，络道闭阻不通，冲任通行受阻，聚久而成瘀，最终导致胞脉闭阻不行，经水闭止。百病始生于气，妇人病因结气而起者多矣。血随气行，气机郁滞则血行受阻。肝主一身之气，肝失疏泄，则气机受阻，血随气滞而成瘀，瘀血闭阻胞脉而导致经闭不行。因此，朱南孙教授临证多从肾虚血瘀、气血虚弱、肝郁气滞三方面治疗早发性卵巢功能不全一病。

2. 专病专方

根据本病的病机特点，朱南孙教授创立了以补肾活血为大法的临床经验方——补肾活血方。

（1）组成：党参20g，丹参20g，当归20g，黄芪20g，熟地黄12g，巴戟天12g，淫羊藿12g，菟丝子12g，覆盆子12g，紫河车3g。

（2）方解：方中以熟地黄滋阴养血，巴戟天、淫羊藿温通下焦阳气，调畅气血，三者共为君药，补肾益精养血；党参、丹参、当归、黄芪四药共为臣药，取其气血双补之意，益气以活血；菟丝子、覆盆子为使，用于平补肝肾；紫河车为佐，为取其益精填髓之功。全方滋而不腻，补而不滞，气血并补，补气益肾兼行血，肾阴肾阳并补，散瘀血、理气血、调阴阳，使肾气盛、冲任通、天癸充，则肾虚血瘀之证自除，月事方以时而下。

（3）加减：兼见气血不足明显者，临证可以八珍汤加减益气健脾，增强补益气血之力，使气血化生有源、血海得充、蓄溢有常，则经水自调。兼见阴虚血燥，合二至丸加减，女贞子甘苦入肾，补肾滋阴，墨旱莲甘酸入肾，滋阴凉血，两药配用滋肾养肝、滋阴清热而调经。兼见气滞血瘀，偏气滞者，佐以莪术、青皮、陈皮、木香行气导滞；偏血瘀者，佐以桃仁、红花、赤芍、三棱、莪术等活血通经。兼见寒凝血瘀，若小腹冷痛明显者，佐以艾叶、吴茱萸、小茴香暖宫散寒止痛；若四肢不温明显者，佐以附子、细辛、鸡血藤、桂枝温阳散寒，温经通脉；若伴腰膝酸软冷痛、小便清长、夜尿频多等肾阳虚表现者，合右归丸加减以温补肾阳，活血通经。兼见肝郁气滞，乳房胀痛不适者，可酌加赤芍散瘀止痛，白芍养肝柔肝、制香附、川楝子行气开郁，柴胡、延胡索疏肝理气、引药归经，路路通疏肝解郁、行气通络。

五、方药之长

朱南孙教授用药既承家学，又鉴古方，经时结合，取各方之精华，临床获益良多，兹介绍如下。

（一）常用方剂

1. 加味没竭汤

【组成】生蒲黄 20g（包煎），三棱 12g，莪术 12g，炙乳香 3g，制没药 3g，生山楂 12g，青皮 6g，血竭粉 2g。

【用法】日一剂，水煎服，每煎 200mL，血竭粉冲服，早晚分服。经前 10 天连服 10 剂，若腹痛明显，可不拘月经时间连服。

【功效】活血化瘀，破气行滞。

【主治】痛经（膜样痛经、原发性痛经、子宫内膜异位症、子宫腺肌病、盆腔炎之痛经），辨证属气滞血瘀者。

【方解】本方以蒲黄为君，化瘀止血。三棱、莪术、乳香、没药、血竭以破气行滞、活血化瘀止痛，生山楂消食和胃、行气散瘀，以上诸药共为臣药。佐以青皮疏肝理气。全方共奏活血化瘀、破气行滞之功。

【临床心得】该方乃朱南孙教授取失笑散、血竭散、通瘀煎诸药化裁而成。临证见月经过多者，蒲黄、山楂炒用，去三棱、莪术，加三七粉、炮姜炭、仙鹤草以通涩并用、祛瘀生新；寒凝血瘀者酌加艾叶、小茴香、炮姜以温经散寒；热瘀互结者酌加蒲公英、紫花地丁、败酱草、红藤以清热解毒散结。

2. 蒲丁藤酱消炎汤

【组成】蒲公英 20g，紫花地丁 15g，红藤 20g，败酱草 15g，生蒲黄 15g（包煎），延胡索 6g，川楝子 12g，刘寄奴 15g，三棱 12g，莪术 12g。

【用法】日一剂，水煎服，每煎 200mL，早晚分服。

【功效】清热解毒，化瘀止痛。

【主治】盆腔炎或子宫内膜异位症合并炎症之腹痛，辨证属热瘀互结，冲任气滞者。

【方解】本方以蒲公英、紫花地丁、红藤、败酱草为君药，清热解毒、化瘀散结。延胡索、川楝子、刘寄奴、三棱、莪术共为臣药，活血行气、散瘀止痛。朱南孙教授善于应用生蒲黄，《本草汇言》谓蒲黄："至于治血之方，血之上者可清，血之下者可利，血之滞者可行，血之行者可止。凡生用则性凉，行血而兼消；炒用则味涩，调血而且止也。"蒲丁藤酱消炎汤中生蒲黄为佐药，其清热凉血、活血化瘀、止痛效佳，对于"热瘀交结，冲任气滞"之盆腔炎及子宫内膜异位症合并炎症之腹痛尤为适合。全方清中有化，消中有疏，共奏清热化瘀、疏理冲任之功。

【临床心得】临证见经行量多者，减刘寄奴，加地榆、侧柏叶、椿根皮；夹瘀者，伍焦山楂炭、茜草炭；伴输卵管阻塞者，配路路通、王不留行、丝瓜络之类；伴腹内包块者，酌加黄药子、皂角刺、菝葜、广地龙、乳香、没药；伴腰膝酸楚者，则加川续断、杜仲、怀牛膝、桑寄生、狗脊。

3. 紫蛇消瘤断经汤

【组成】紫草 30g，白花蛇舌草 30g，夏枯草 15g，墨旱莲 15g，寒水石 30g，石见穿 15g，大蓟 12g，小蓟 12g，茜草 15g。

【用法】日一剂，水煎服，每煎 200mL，早晚分服。

【功效】平肝清热，消瘤防癌。

【主治】围绝经期子宫肌瘤，辨证属阴血亏虚，肝火旺盛者。

【方解】紫草、白花蛇舌草、夏枯草、墨旱莲四味药配伍，具有平肝清热、消瘤防癌之功效，是治疗围绝经期子宫肌瘤，促其尽早绝经、减少经量、缩短经期之良药。本方以紫草、白花蛇舌草共为君药，紫草清热凉血、活血平肝，现代药理学研究证实其有明显的拮抗雌激素作用；白花蛇舌草清热解毒、消痈散结。二药相伍，久用可消瘤防癌，促进绝经。寒水石，取其咸寒之性，清热泻火，加强断经作用；夏枯草清泄肝火、散结消肿；石见穿活血化瘀。以上诸药共为臣药。墨旱莲为佐使药，清养肝肾，凉血止血；大蓟、小蓟、茜草清热凉血止血，可防月经量多。

【临床心得】肝郁日久化热者，临证可见经行先期、量多，心烦易怒，乳胀拒按，舌红脉弦，治宜清热凉血、固摄冲任，药用地榆、侧柏叶、椿根皮、生地黄、炒牡丹皮。久病伤肾，水不涵木，肾虚肝旺者，临证可见腰膝酸软，神疲乏力，经血或多或少，淋漓不净，治宜补肾疏肝、调养冲任，药用地榆、椿根皮、侧柏叶、女贞子、墨旱莲、紫草、续断、桑螵蛸、海螵蛸、芡实、莲子、莲须、炒怀山药等。

去血日多，脾肾气虚者，临证可见神疲嗜卧，气短自汗，面色㿠白，治宜补肾健脾、固摄冲任，药用党参、黄芪、炒怀山药、山萸肉、覆盆子、金樱子、续断、炒狗脊、桑螵蛸、海螵蛸、芡实、莲子、莲须等。若兼疼痛，多合并炎症或子宫内膜异位症、肌腺症，中医辨证属瘀热交阻，冲任气滞，治宜清热化瘀、疏理冲任，药用蒲公英、紫花地丁、红藤、败酱草、刘寄奴、血竭、乳香、没药、柴胡、延胡索等。前壁肌瘤会压迫膀胱，出现尿频、尿急，若又见小便淋涩疼痛，舌红苔黄腻、脉弦数等，证属热移膀胱，可用金钱草、车前草；若尿频尿急反复发作，遇劳则甚，腰膝酸软，神疲乏力，舌淡苔薄，脉沉细，证属肾虚不固，用桑螵蛸、金樱子、山药、益智仁等，合金钱草而成补涩通利，标本兼顾之剂。若伴腹痛、便溏，配用白头翁汤、香连丸。

4. 扁鹊三豆饮

【组成】绿豆 15g，赤小豆 15g，黑豆 15g。

【用法】煎汤代茶，频频呷饮，并将煮烂的三种豆类拣出食用。

【功效】补肾行水，清热解毒。

【主治】防治先兆子痫、暑疖，消除妇女面部色素沉着。

【方解】黑豆性味甘、平，无毒，属水似肾，有补肾养血、镇心明目、行水下气、活血消毒、消肿止痛、补虚乌发的功能。《本草纲目》云："黑豆……入肾功多，故能治水，消胀、下气，制风热而活血解毒。"绿豆性寒、味甘，无毒，入心、胃经，有清热解毒、消暑利水之功。赤小豆性平、味甘酸，入心、小肠经，具有消肿解毒、利水除湿之功。

【临床心得】本方见于《儿科准绳·痧痘门》，用于稀痘清毒，有解毒消肿之功效。朱南山先生早年应用本方治疗咽喉肿痛、脚气浮肿、痈毒热疮、食物中毒等症。朱南孙教授亦善用本方，取其利水消肿、补充营养之效。妇女面部黄褐色斑由肾水不足、肝热偏盛所致者，本方加生地黄、白芍等，有消斑功效。

5. 健壮补力膏

【组成】太子参 20g，菟丝子 12g，覆盆子 12g，金樱子 12g，桑寄生 12g，五味子 6g，石龙芮 12g，仙鹤草 15g。

【用法】日一剂，水煎服，每煎 200mL，早晚分服。

【功效】补益肝肾，益气补虚。

【主治】崩漏、带下、闭经、月经不调、不孕症、胎漏等，辨证属肝肾不足，冲任虚损者。

【方解】本膏中太子参补气，虚人为宜；菟丝子、覆盆子、金樱子、五味子补肝肾，摄精气，固冲任；桑寄生补肝肾，强筋骨；前人用石龙芮治疗痈疖肿毒、瘰疬病结核等症，朱南孙教授用其以补肾益精；仙鹤草为补涩之剂，属强壮止血药，寒、热、虚、实之出血皆可用之。诸药配制成膏，药性温而不燥，补而不腻，是虚损的日常温补之剂。

【临床心得】此方常用于临床功能失调性子宫出血伴贫血患者，复旧期用于补精血，恢复体力，也可用于经间期出血淋漓不净伴神疲乏力者，还可用于习惯性流产患者伴腰酸者，也可根据临床需要拆开用之，例如菟丝子、覆盆子、金樱子可用于调经种子，促排卵助孕，太子参、金樱子、仙鹤草可用于带下绵绵或产后子宫滑脱者，均有效验。《本草纲目》记载石龙芮"乃平补之药，古方多用之，其功与枸杞、覆盆子相埒，而世人不知用"。《本草汇言》云："石龙芮，凡相火炽盛，阴躁精虚者，以此充入诸滋补药，服食甚良。主补肾益精明目，有育嗣延龄之妙。"故朱南孙教授取其补肾益精之效，临证用于涩精固脱。

6. 将军斩关汤

【组成】熟大黄炭 3g，巴戟天 18g，仙鹤草 18g，茯神 9g，蒲黄炒阿胶 9g，黄芪 4.5g，炒当归 9g，焦白术 4.5g，生地黄 6g，熟地黄 6g，焦谷芽 9g，藏红花 0.9g，三七粉 0.9g（朱南山先生）。

蒲黄炭 20g（包），熟大黄炭 6g，炮姜炭 6g，茜草 15g，益母草 20g，仙鹤草 15g，桑螵蛸 12g，海螵蛸 12g，三七粉 2g（包，吞服）（朱南孙教授）。

【用法】日一剂，红茶汁送服或水煎服，每煎 200mL，早晚分服。

【功效】通补固摄，化瘀止血。

【主治】虚中夹实（血瘀）之崩漏。

【方解】将军斩关汤由朱师祖父南山先生所创，小南先生承之，并撰文传之于后世，系朱氏妇科家传验方。全方"补气血而祛余邪，祛瘀而不伤正"，适用于虚中夹实之严重血崩症。

本方以熟大黄炭和蒲黄炒阿胶为君药，《本草汇言》谓蒲黄："至于治血之方，血之上者可清，血之下者可利，血之滞者可行，血之行者可止。凡生用则性凉，行血而兼消；炒用则味涩，调血而且止也。"蒲黄炒阿胶有祛瘀补血止血之效，《济阴纲目》论崩漏要法云："愚谓止涩之中，须与清凉，而清凉之中，又须破瘀散结。"朱师宗其法用熟大黄炭清热活血效佳，认为其"不仅无泻下作用，反而能厚肠胃，振食欲，并有清热祛瘀之力"，两药相伍取通因通用之法，对因瘀血致血不归经之出血，祛瘀即为止血，此为治病求本。臣以巴戟天补肾助阳以温督脉，仙鹤草养血止血，藏红花活血祛瘀，三七化瘀止血，此四味共助君药以益气摄血。黄芪补气固表，生地黄、熟地黄滋阴补血，当归补血活血，白术健脾益气，取四君、四物之法益气养血补虚。茯神健脾养心安神，焦谷芽消食和胃。红茶性凉味苦甘，清热化痰消食，用红茶汁送服，既可佐熟大黄炭以清郁热，又可健脾消食固护后天之本。全方旨在祛瘀养血，调理冲任。

朱南孙教授宗原方之旨加减化裁，临证以熟大黄炭、炮姜炭为君，熟大黄炭清热凉血祛瘀，炮姜炭温经止血，"守而不走"，一寒一热，一走一守，涩而不滞，动而不烈，寒热相济，通涩并举，是治疗血崩或夹瘀之漏下的常用药对。朱南孙教授运用蒲黄可归纳为"通、涩、消、利"，即化瘀通经、止血涩带、散结消癥、通淋利尿。《本草汇言》记载："益母草，行血养血，行血而不伤新血，养血而不滞瘀血，诚为血家之圣药也。"益母草活血化瘀，配仙鹤草养血止血，茜草功专活血化瘀而止血，三七粉为化瘀止血之圣药，四药合用，通涩兼顾，攻补兼施。《本经逢原》云"桑螵蛸，肝肾命门药也，功专收涩"，海螵蛸为厥阴血分之药，咸而走血以收涩，两药相伍以益肾摄冲。全方通涩并用，以通为主，寓攻于补，相得益彰，对产后恶露不尽、癥瘕出血、崩漏不止属虚中夹实，瘀热内滞者，用之屡屡奏效。

【临床心得】本方可用于治疗寒、热、虚夹瘀的各种妇科异常出血性疾病，如功能失调性子宫出血、子宫内膜异位症、子宫肌瘤、盆腔炎、产后恶露不尽等病证，取得了较好的临床效果。临证见腰酸者，加续断、杜仲、狗脊、桑寄生、龟甲等；阴虚血热，经血量多者，加女贞子、墨旱莲、炒牡丹皮、苎麻根等；乳胀、小腹坠胀者，加柴胡、延胡索、川楝子、制香附、广郁金；痛剧者，加血竭粉、乳香、没药，蒲黄炭改为生蒲黄；便秘者，加全瓜蒌、柏子仁、冬瓜仁、枳壳等；四肢畏冷者，选用桂枝、巴戟天、肉苁蓉、胡芦巴、仙茅、淫羊藿、鹿角霜等；纳呆、嗳气者，加八月札、炒谷芽、炒麦芽等。

（二）活用药对

1. 党参、黄芪

党参，味甘、微酸，性平，归脾、肺经，功善补脾益肺，效近人参而为较弱，适用于各种气虚不足者。黄芪，味甘，性微温，归肝、脾、肺、肾经，功善补气固表、利尿消肿、托毒排脓、敛疮生肌。

党参、黄芪均有补中益气的作用，是中医常用的补气药，应用历史悠久。前人经验认为益气可以促进补血，健脾可以帮助生血，所以在治疗血虚证时，常用党参、黄芪益气健脾而帮助补血。李东垣治脾胃病由尤重黄芪，谓其"既补三焦，实卫气……与人参、甘草三味，为除躁热、肌热之圣药。脾胃一虚，肺气先绝，必用黄芪温分肉、益皮毛、实腠理，不令汗出，以益元气而补三焦"。朱氏从东垣健脾之法以养气血，常用参芪健脾培中，益气升阳，凡妇科脾肾气虚所致的崩中漏下、子宫脱垂、白带绵绵、胎漏、滑胎等症皆为首选之药。对气血两虚之闭经、月经过少等，党参、黄芪入四物汤治崩中漏下，补气以生血。

2. 党参、丹参

党参，味甘、微酸，性平，归脾、肺经，功善补脾益肺，效近人参而为较弱，适用于各种气虚不足者。丹参又名赤参、紫丹参，味苦，性微寒，归心、肝经，功善活血祛瘀、通经止痛、清心除烦、凉血消痈，始载于《神农本草经》，列为上品。

党参补中气、和脾胃，丹参调经血、祛瘀痛、凉血热、养心神，《妇人明理论》云："四物汤治妇人病，不问产前产后经水多少，皆可多用，惟一味丹参散，主治与之相同，盖丹参能破宿血，补新血，安生胎，落死胎，止崩中带下，调经脉。"朱氏参详古义，活用二药，一补一通，补气活血，气行则血行，气充则血活，宜于气虚血瘀之痛经、闭经、月经过少等。丹参且能凉血安神，又适用于血虚血热，心烦不寐等症。气血两虚兼有瘀滞者，可再配当归、川芎。

3. 当归、熟地黄

当归，味甘、辛、苦，性温，归肝、心、脾经，功善补血活血、调经止痛。熟地黄，味甘，性微温，归肝、肾经，功善补血滋润、益精填髓。

当归，乃补血调经要药，妇科经、带、胎、产皆宜。主血分之病，血虚以人参为佐，血热配以生地黄、黄芩不绝生化之源；血积配川芎。熟地黄补血养阴，填精益髓。熟地黄乃治阴亏血虚之主药，其性甘温质润，补阴益精以生血，养血补虚。《太平惠民和剂局方》中以当归为君，芍药为臣，川芎、熟地黄为佐使，共成"四物汤"以调益荣卫、滋养气血，治冲任虚损，月水不调，脐腹疞痛，崩中漏下，血瘕块硬，发歇疼痛，妊娠宿冷，将理失宜，胎动不安，血下不止，以及产后乘虚，风寒内搏，恶露不下，结生瘕聚，少腹坚痛，时作寒热。朱氏取"四物汤"之大意，以当归、熟地黄为药对，当归动血、熟地黄养血，通守兼备，作为妇科阴血亏虚之血枯、血燥之侍品。

4. 当归、白芍

当归，味甘、辛、苦，性温，归肝、心、脾经，功善补血活血、调经止痛。白芍味苦、酸，性凉，入肝、脾经，功善养血调经、敛阴止汗、柔肝止痛。

当归养血活血、调经止痛，为血中气药，因其治疗妊娠妇女产后恶血上冲，服用之后即可降逆定乱，使气血各有所归而得名。明代张介宾撰《本草正》提道："当归，其味甘而重，故专能补血，其气轻而辛，故又能行血，补中有动，行中有补，诚血中之气药，亦血中之圣药也。"白芍酸苦微寒，养血柔肝，缓中止痛，凡有形虚损之病，白芍静而敛阴，为血中阴药。故朱氏以二药养血活血，补气生精，安五脏，强形体，益神志，无所不宜。二药均入血分，一行血，一养血，动静结合，对血虚而瘀之证有效。

5. 当归、丹参

当归，味甘、辛、苦，性温，归肝、心、脾经，功善补血活血、调经止痛。丹参又名赤参、紫丹参，味苦，性微寒，归心、肝经，功善活血祛瘀、通经止痛、清心除烦、凉血消痈，始载于《神农本草经》，列为上品。

当归为妇科常用调经药，能补血活血、调经止痛，兼有润肠通便的作用。女科之疾常以血为病，朱氏以为当归部位不同，效用各专：主根称"归身"或"寸身"，功善补血；支根称"归尾"或"归腿"，功善破血；全体称"全归"，有和血之效。故朱南孙教授常用全当归，既能补血，又可活血。丹参，善治血分，去滞生新，调经顺脉之药也，主妇女崩血之证，或冲任不和而胎动欠安，或产后失调而血室乖戾，或经闭不通而小腹作痛。《妇人明理论》有"丹参一物，而有四物之功。补血生血，功过归、地；调血敛血，力堪芍药；逐瘀生新，性倍川芎"之说。朱南孙教授以当归与丹参相配伍，养血活血，补中有通，通补结合，治血虚经闭、经少者必用。该配伍也用于慢性盆腔炎症、输卵管通而欠畅之不孕症，有疏通血脉之功。

6. 枸杞子、桑椹子、女贞子

枸杞子，味甘，性平，归肝、肾、肺经，具有补益肝肾、明目润肺之功效。桑椹子，味甘，性寒，归肝、肾经，具有滋阴补血、生津润肠之功效。女贞子，味甘、苦，性凉，归肝、肾经，功善补益肝肾、乌须明目。

枸杞子常用于治疗肝肾阴亏，腰膝酸软，头晕，健忘，目眩，目昏内障，消渴，遗精，阴虚劳嗽等病证。桑椹早在《尔雅》中就有记载，名葚。桑椹入药迟至唐《新修本草》中："单食，主消渴。"《神农本草经》载女贞子"主补中，安五脏，养精神，除百疾"。朱南孙教授综观古义，指出枸杞子、女贞子均补益肝肾，桑椹子滋阴补血生津，以此三药相伍，肝血肾精得以充盛，彰显此药对为治疗妇科肝肾阴虚之月经过少、闭经、绝经前后诸证以及不孕之要药。正如《本草汇言》所言，枸杞子能使气可充，血可补，阳可生，阴可长，火可降，风湿可去，有十全之妙用。《随息居饮食谱》云桑椹子能滋肝肾，充血液，祛风湿，健步履，息虚风，清虚火。《本草经疏》载："女贞子，气味俱阴，正入肾除热补精之要品，肾得补，则五脏自安，精神自足，百病去而身肥健矣。"

7. 怀山药、山茱萸肉

怀山药，味甘，性平，归脾、肺、肾经，功善补脾养胃、生津益肺、补肾涩精，乃平补气阴之佳品。山茱萸味酸涩，气平，微温，入肾、肝二经，功善温肝经之血、补肾脏之精。

淮山药指的应是今江苏、安徽等地所产的山药，而河南焦作区域所产山药则称为怀山药。怀山药茎通常带紫红色，主治脾虚食少、久泻不止。山药可生用或炒用，《本草求真》记载其"入滋阴药中宜生用，入补脾内宜炒黄用"，"本属食物……气虽温而却平，为补脾肺之阴……是以能润皮毛，长肌肉"，"味甘兼咸，又能益肾强阴"。山茱萸主治妇女崩漏、头晕目眩、耳聋耳鸣、腰膝酸软、跣精滑精、小便频数，《名医别录》载："山茱萸微温，无毒。主治肠胃风邪，寒热疝瘕……下气，出汗，益精，安五脏，通九窍，止小便利。"清代《本草新编》载："补阴之药，未有不偏，胜者也。独山茱萸大补肝肾，性专而不杂，既无寒热之偏，又无阴阳之背，实为诸补阴之冠。"朱南孙教授取钱乙"六味地黄丸"中山药、山萸肉作为补益肝肾常用药对，一入心肝，一入肺脾，既极分明，而气味又融洽，共奏健脾益气、益肾涩精、甘温酸敛、固气涩精、止崩托胎之功，常于脾肾两虚之崩漏、胎漏、带下、产后汗症、经行泄泻等症。

8. 仙茅、淫羊藿

仙茅，其性温，味辛，有毒，功善温肾阳、壮筋骨。淫羊藿又名仙灵脾，其味辛、甘，性温，归肝、肾经，功善补肾壮阳、祛风除湿、强筋健骨。

仙茅为补阳温肾之专药。古方中有仙茅丸，能壮筋骨、益精神、明目、黑须发。淫羊藿用于阳痿遗精、筋骨痿软、风湿痹痛。《本草经疏》中有云："淫羊藿……其气温而无毒……辛以润肾，甘温益阳气，故主阴痿绝阳，益气力，强志。茎中痛者，肝肾虚也，补益二经，痛自止矣。膀胱者，州都之官，津液藏焉，气化则能出矣，辛以润其燥，甘温益阳气以助其化，故利小便也。肝主筋，肾主骨，益肾肝则筋骨自坚矣。"张景岳谓："男子阳衰、女子阴衰之艰于子嗣者，皆宜服之。"朱南孙教授以二仙辛温大热之剂，助命火，兴阳事，配石楠叶以促排卵，对肾阳虚衰、命火不足之无排卵、排卵欠佳、性欲淡漠等不孕症为宜。其多用在月中，肝肾阴虚火者慎用。

9. 鹿角片、紫河车

鹿角，味咸，性温，归肝、肾经，功善补肾阳、益精血、强筋骨、行血消肿。紫河车，味甘、咸，性温，入肺、心、肾经，功善补肾益精、益气养血。

鹿角临床主治肾虚腰脊冷痛、阳痿遗精、崩漏、白带、尿频尿多等。《本草经疏》中载："鹿角……生角则味咸，气温，惟散热、行血、消肿、辟恶气而已。咸能入血软坚，温能通行散邪，故主恶疮痈肿，逐邪恶气，及留血在阴中，少腹血结痛，折伤恶血等证也。肝肾虚则为腰脊痛，咸温入肾补肝，故主腰脊病。气属阳，补阳故又能益气也。"紫河车为人出生时所脱掉的胎盘，经过加工干燥而成。李时珍的《本草纲目》中记载："儿孕胎中，脐系于胞，胞系母脊，受母之荫，父精母血，相合而成……虽愚后天之形，实得先天之气，超然非他金石草木之类可比。"其滋补之功极重，久服耳聪目明，须发乌黑，延年益寿。两药乃血肉之精，填精血，补督脉，养冲任，强筋骨，适用于肾阳虚衰、精血亏虚之经闭、不孕、先天性子宫发育不良、崩漏复旧阶段，性欲淡漠者可与蛇床子相配。冬令膏方中常用鹿角胶或鹿胎膏。

10. 川楝子、制香附

川楝子，味苦，性寒，有小毒，归肝、胃、小肠、膀胱经，功善行气止痛、疏肝泻热、杀虫疗癣。《本草求原》言其"治淋病，茎痛引胁，遗精，积聚，诸逆冲上，溲下血，头痛，牙宣出血，杀虫"。制香附，味辛、微苦、微甘，性平，归肝、三焦经，功善疏肝理气、调经止痛。《汤液本草》曰："香附子……益血中之气药也。方中用治崩漏，是益气而止血也。又能化去凝血，是推陈也。"

香附有"气病之总司，女科之主帅"之美誉，辛甘微苦、芳香性平，能散肝气之郁，而无寒热之偏，为疏肝理气解郁之要药。川楝子苦寒降泄，入肝经，功善行气止痛、疏肝泄热，《本草经疏》云其"莎草根，治妇人崩漏、带下、月经不调者，皆降气、调气、散结、理滞之所致也，盖血不自行，随气而行，气逆而郁，则血亦凝涩，气顺则血亦从之而和畅，此女人崩漏带下，月事不调之病所以咸须之耳"。二药配伍，既能使肝气条达舒畅，又能清泄肝经火热，实为疏肝理气之佳配，为朱氏临床之常用药对。

11. 石菖蒲、石楠叶

石菖蒲，辛温行散，苦温除湿，主入心、胃二经，既能除痰利心窍，又能化湿以和中。石楠叶，为蔷薇科植物石楠的干燥叶，味辛、苦，性平，有小毒，功善祛风、理络、益肾。

石楠叶、石菖蒲常相配伍以怡情提神，醒脑开窍则多配川芎。《神农本草经》谓菖蒲："主风寒湿痹，咳逆上气，开心孔，补五脏，通九窍，明耳目，出音声。"朱南孙教授揣测其可作用于下丘脑－垂体－性腺轴，以促进排卵，对于排卵功能障碍，或平素神疲乏力、精神萎靡、记忆力低下、经行头痛者颇效。

12. 小茴香、艾叶

小茴香，味辛，性温，归肝、肾、脾、胃经，功善散寒止痛、理气和中。艾叶，味辛、苦，性温，有小毒，归肝、脾、肾经，功善温经止血、散寒止痛、调经安胎、祛湿止痒。

《本草汇言》云小茴香："温中快气之药也。方龙潭曰：此药辛香发散，甘平和胃，故《唐本草》善主一切诸气，如心腹冷气、暴疼心气、呕逆胃气、腰肾虚气、寒湿脚气、小腹弦气、膀胱水气、阴疝气、阴汗湿气、阴子冷气、阴肿水气、阴胀滞气。其温中散寒，立行诸气，乃小腹少腹至阴之分之要品也。"《本草纲目》言艾叶可温中，逐冷，除湿。二药均善温经散寒止痛，小茴香属温里药，温经作用较强，艾叶属温经止血药，还有止血之功，二药配伍，温经散寒、理气止痛之效力彰，朱南孙教授常将其用于属寒凝气滞诸痛证及寒凝经脉之崩漏。

13. 刘寄奴、石见穿

刘寄奴，味苦，性温，归心、脾经，功善破血通经、敛疮消肿。石见穿，味辛、苦，性微寒，归肝、脾经，功善活血化瘀、清热利湿、散结消肿，主治月经不调、痛经、经闭、崩漏、便血等。

朱南孙教授引《本草汇》中言刘寄奴之药性，云："刘寄奴，入手少阴、足太阴经。通经佐破血之方，散郁辅辛香之剂。按刘寄奴破血之仙剂也，其性善走，专入血分，味苦归心，而温暖之性，又与脾部相宜，故两入。盖心主血，脾裹血，所以专疗血证也。"故朱南孙教授总结二药均善活血消肿散结，配伍使用，可增强活血通经、消癥止痛之力，常用于治疗癥瘕，每每奏效。

14. 白术、莪术

白术，味苦、甘，性温，归脾、胃经，功善补气健脾、燥湿利水、固表止汗、安胎。莪术，味辛、苦，性温，归肝、脾经，功善破血行气、消积止痛。

白术健脾强胃，《医学衷中参西录》言："白术，性温而燥，气香不窜，味苦微甘微辛，善健脾胃……为其具土德之全，为后天资生之要药。"莪术善消痞结，如《药品化义》中言"蓬术……味辛性烈，专攻气中之血，主破积削坚，去积聚癖块，经闭血瘀，扑损疼痛"。朱南孙教授将两药相伍，每用于脾虚痰凝血瘀之经闭、卵巢囊肿、子宫肌瘤、子宫内膜异位症，攻坚不伤正，实有枳术丸之意，莪术也有开胃之功。

15. 川黄连、莲子心

黄连，味苦，性寒，入心、肝、胃、大肠四经，功善清热燥湿。莲子心，味苦，性寒，入心、肾经，功善清心除热、安神、清热凉血。

两者合用清心除热力强，善交通心肾而安神，可广泛用于治疗心肝火旺、痰火扰心、心肾不交所致的妇女精神失常。黄连既善清中焦湿热，又善清心热、泻胃火，兼能清肝热。《医学启源》记载黄连："泻心火，除脾胃中湿热，治烦躁恶心，郁热在中焦，兀兀欲吐，心下痞满。"《温病条辨》云："莲心……由心走肾，能使心火下通于肾，又回环上升，能使肾水上潮于心。"对于心肾不交之失眠、心怯，亦可配远志交通心肾。

16. 红藤、白头翁

红藤，味苦，性平，入大肠、肝经，功善清热解毒、活血消痈、祛风除湿、杀虫。白头翁，味苦，性寒，入大肠经，功善清大肠湿热及血分热毒。

《神农本草经》记载白头翁"主温疟，狂易寒热，癥瘕积聚，瘿气，逐血止痛，金疮"。白头翁有清热解毒之功，配合红藤通络散结，两者合用，为治疗两腹侧抽掣吊痛，或兼湿热带下、便溏之要药，又因椿根皮苦寒，归脾、胃经，功善清热燥湿解毒，故配伍椿根皮效尤佳。

17. 生地黄、钩藤

生地黄，味甘、苦，性寒，入心、肝血分，功善清营血热、养阴生津润燥。钩藤，味甘、微苦，性微寒，归肝、心包二经，功善息肝风、清肝热、平肝阳。

两药合用，一气一血，有清热凉血平肝之功效。《本草新编》云生地黄可"凉头面之火，清肺肝之热……热血妄行，或吐血，或衄血，或下血，宜用之为君"，故以生地黄滋阴凉血清热。而《本草纲目》又云："钩藤，手足厥阴药也。足厥阴主风，手厥阴主火。惊痫眩运，皆肝风相火之病。钩藤通心包于肝木，风静火熄，则诸证自除。"以钩藤平肝清热降逆与生地黄相伍，则清肝泄热力强。又因两药俱入肝经，《玉楸药解》中云钩藤善治"木郁筋惕，惊悸"，故两药配伍，常用于妇女肝肾阴虚、心肝火旺引起的经期精神失常、经前乳房胀痛、孕后胎漏、胎动不安、子肿、子悬等症。

18. 川黄连、阿胶珠

黄连，味苦，性寒，入心、肝、胃、大肠四经，功善清热燥湿。阿胶，味甘，性平，质地滋润，归肺、肝、肾经，功善补血、止血、滋阴、清肺润燥。

两药配伍，清补并举，尤宜于妊娠后肝肾不足、阴虚火旺之胎漏、胎动不安者，多伴有心烦不安、腰酸腹坠等症。其中黄连苦寒，清心泻热、燥湿止泻，《日华子本草》曰："治五劳七伤，益气，止心腹痛、惊悸烦躁，润心肺，长肉，止血，并疮疥，盗汗，天行热疾。猪肚蒸为丸，治小儿疳气。"阿胶甘平，滋阴补血、止血安胎，《本草备要》谓"泻者忌用"，故用蛤粉炒成珠，且阿胶用蛤粉烫制成珠后止血作用尤佳。《本草纲目》也云其可"疗吐血衄血，血淋尿血，肠风下痢。女人血痛血枯，经水不调，无子，崩中带下，胎前产后诸疾。男女一切风病，骨节疼痛，水气浮肿，虚劳咳嗽喘急，肺痿唾脓血，及痈疽肿毒。和血滋阴，除风润燥，化痰清肺，利小便，调大肠"。临床川黄连多用 3g，阿胶珠用 9～12g。

19. 桑螵蛸、海螵蛸

桑螵蛸为螳螂的干燥卵鞘，味咸甘，性平，入肝、肾经、膀胱经，能益肾固精、缩尿止浊。其始载于《神农本草经》，列为上品。海螵蛸为乌贼科动物无针乌贼或金乌贼的干燥内壳，味咸、涩，性微温，归肝、肾经，功效收敛止血、固精止带、制酸敛疮。《本草经疏》中云："乌贼鱼骨，味咸，气微温无毒，入足厥阴、少阴经。厥阴为藏血之脏，女人以血为主，虚则漏下赤白，或经汁血闭，寒热癥瘕……男子肾虚则精竭无子，女子肝伤则血枯无孕，咸温入肝肾，通血脉而祛寒湿，则诸证除，精血足，令人有子也。"

二药皆以动物取材，性味功效相似，互相配伍加强固肾收涩之效。《神农本草经》谓桑螵蛸"主伤中，疝瘕，阴痿，益精生子，女子血闭腰痛，通五淋，利小便水道"，海螵蛸"主女子漏下赤白经汁，血闭，阴蚀肿痛寒热，癥瘕无子"。二者合用，能固冲止崩、涩精止泻、缩尿束带，多用于肾虚不固之崩中漏下、带下绵延、小便失禁、大便溏泻等症；于活血调经方中可起固摄冲任、防血妄行之效，组成通涩兼施之方。

20. 娑罗子、路路通

娑罗子，味甘，性温，归肝、胃经，功善理气宽中、和胃止痛。路路通，味辛、苦，性平，入肝、胃、膀胱经，功善祛风活络、利水、通经下乳。

两药并用，行气通络，可上通乳络，下疏胞络。《通雅》关于娑罗子有"能下气"的相关记载，而《本草纲目拾遗》也有其可"宽中下气，治胃脘肝膈膨胀，痞积疟痢，吐血劳伤，平胃通络"的记载。路路通辛散苦燥，性平善走，《本草纲目拾遗》谓其"辟瘴却瘟，明目除湿，舒筋络拘挛，周身痹痛，手脚及腰痛，焚之嗅其烟气，皆愈"，"其性大能通十二经穴，故《救生苦海》治水肿胀用之，以其能搜逐伏水也"。因两药"下气""通络"，且有"通十二经穴"的作用，朱南孙教授常用此药对治疗输卵管阻塞性不孕、盆腔积聚、乳癖，症见小腹、少腹、乳房胀满疼痛，服后腹中作响，上易嗳气，下则矢气，胀满乃消。

21. 赤小豆、绿豆

赤小豆，味甘，性平，归心与小肠经，功善利水消肿、除湿退黄。绿豆，味甘，性寒，入心、胃经，功善解热毒、药毒、食毒、解暑利尿。

两药性善下行，皆有清热解毒之功，合用则清热解毒和血之效强。《本草纲目》云："绿豆……消肿治痘之功虽同赤豆，而压热解毒之力过之。且益气，厚肠胃，通经脉，无久服枯人之忌……外科治痈疽，有内托护心散，极言其效"，并可解"金石、砒霜、草木一切诸毒"。而《本草再新》中则提到赤小豆有"清热和血，利水通经，宽肠理气"的作用。朱南孙教授常配料豆衣（又名鲁豆衣、黑豆衣，甘凉，归肝、肾经，有补肾阴而养血平肝，清虚热而止盗汗之功），三豆合用，名为"扁鹊三豆饮"，广泛用于妇人面部色素沉着之雀斑、先兆子痫、妊娠恶阻等属肝郁血热、湿热内蕴、冲脉气逆者。

22. 紫草、白花蛇舌草

紫草，味甘、咸，性寒，入心、肝经，功善凉血活血、解毒透疹。白花蛇舌草，味苦、甘，性寒，归胃、大肠、小肠经，功善清热解毒、消散痈肿，为治内外痈之常品。

《本草纲目》云紫草"治斑疹痘毒，活血凉血，利大肠"，"其功长于凉血活血，利大小肠。故痘疹欲出未出，血热毒盛，大便闭涩者，宜用之。已出而紫黑便闭者，亦可用。若已出而红活，及白陷大便利者，切宜忌之"。白花蛇舌草于《潮州志·物产志》中则载："茎叶榨汁次服，治盲肠炎，又可治一切肠病。"两药作用部位主要为下焦，合用则凉血活血、解毒消痈之功效佳，再配伍生牡蛎、夏枯草、墨旱莲，此五味组合，平肝软坚、消瘤断经，为治疗更年期肾虚肝旺型子宫肌瘤、经前乳胀、月经过多之常用药，前三味各用30g。紫草、白花蛇舌草也常配入治疗上证的膏方中，阴虚可加女贞子、桑椹子、枸杞子等，久服消瘤缩宫，断经防癌。

23. 糯稻根、瘪桃干

糯稻根，味甘，平，入心、肝、肺经，功善敛汗退热、益胃生津。瘪桃干，味酸、苦，性平，归肺、肝经，功善敛汗涩精、活血止血、止痛。

朱南孙教授临床多配以浮小麦，浮小麦既善益气阴、养心除热而止汗，又能退劳热。糯稻根作用平和，入心经而敛汗退虚热，入肺经而固表实卫止汗，且因其甘平，清虚热而不苦泄，兼有益胃生津之效。《本草再新》谓其可"补气化痰，滋阴壮胃，除风湿，治阴寒，安胎和血，疗冻疮、金疮"。《本草纲目》中云瘪桃干可"治小儿虚汗，妇人妊娠下血，破伏梁结气，止邪疟。烧烟熏痔疮。烧黑油调，傅小儿头上肥疮软疖"。三药配伍，为敛汗专药，妇人虚汗、盗汗均可应用，另配益气固表之党参、白术，或滋阴清热之知母、黄柏，用于产后体虚汗证或更年期综合征。

六、读书之法

关于应当如何选择、阅读、学习中医经典著作，朱南孙教授有以下观点和建议。

（一）入门启蒙

《医学三字经》《药性赋》《濒湖脉诀》《汤头歌诀》《长沙方歌括》等，因其通俗易懂，是古代中医门徒入门的常读之物。今人亦可学习，且往往能从中有所获益。如《药性赋》提纲挈领地指出了药物的主要功效，方便临床应用。《濒湖脉诀》对不同的脉象有详尽且形象的描述，多加诵读体会有助于临床脉诊。入门阅读打好基础，十分益于进一步深入学习中医理论。

（二）经典著作

《黄帝内经》《伤寒论》《难经》《神农本草经》之四大经典是必读项目，且要常读常新。《黄帝内经》有言，"所胜平之，虚者补之，实者泻之，不虚不实，以经取之"，以及"谨察阴阳所在而调之，以平为期"的论述，正是基于这些论述，朱南孙教授延伸发展出了"动静乃阴阳之兆，以平为期""审动静偏向而使之复于平衡"的观点，并将诊治妇科疾患的要领归纳为"审阴阳，看动静"，将妇科治法的运用精炼为"从、合、守、变"四个方面。阅读四大经典时可以结合古代后世医家的注本，如杨上善之《黄帝内经太素》、张景岳之《类经》、李中梓之《内经知要》、黄元御之《素问悬解》《灵枢悬解》，成无己之《注解伤寒论》、柯琴之《伤寒来苏集》、方有执之《伤寒论条辨》、喻嘉言的《尚论》等，如此可触类旁通，加深对条文的体会，临证时要将患者的症状与经典著作多做联系，方能灵活运用。此外，朱南孙教授推荐阅读张景岳之《景岳全书》，张景岳根据《黄帝内经》"阴阳互根""阴阳互济"的理论，提出了"善补阳者，必于阴中求阳，则阳得阴助而生化无穷；善补阴者，必于阳中求阴，则阴得阳升而泉源不竭"。在这一观点的指导下，朱南孙教授重视补益肾阴药与补益肾阳药的配伍使用，如朱氏调经促孕方中之石楠叶、石菖蒲和蛇床子，三药为佐药，能温肾阳、壮性欲，与方中之熟地黄、当归、菟丝子、覆盆子相配，实现了阳中求阴，阴阳平衡之效。此外，《景岳全书》强调了顾护脾胃对调经的重要性，"调经之要，贵在补脾胃以资血之源，养肾气以安血之室"。基于此，朱南孙教授治疗月经量少时，常常在补肾养血的基础上运用健脾和胃之品以资化源，如怀山药与山茱萸之配伍，补肾健脾，益气养血。再者，朱南孙教授认为脉理的关键是把握虚实，明确脉症的关系，必要时应舍脉从症或舍症从脉，而舍脉从症正是出自张景岳，他在《景岳全书·脉神章》中提出："凡治病之法，有当舍症从脉者，有当舍脉从症者，何也？盖症有真假，脉亦有真假，凡见脉症有不相合者，则必有一真一假隐乎其中矣。"

（三）专科著作

专著，是指对某一类疾病或某一种病证、某些脏腑组织的专篇论述，大者如妇科之《妇人大全良方》《济阴纲目》《叶氏女科》《万氏妇人科》《沈氏女科辑要》《女科正宗》等，小者如唐容川之《血证论》、赵献可论命门之《医贯》、李东垣之《脾胃论》等。在入门书籍和中医经典著作的基础上，阅读专著一方面能让学习者了解个人从业方向的理法方药，另一方面也能让学习者将专著的内容与既往阅读所得两相对照，参比学习，有利于知识的广泛联络，触类旁通。

（四）医论医案

中医学是理论与临床密切结合的学科，在大量理论学习的基础上，需要阅读一定的医论医案，勤于思考，以此加深对辨证、立法、选方、加减的体会，有益于临证时思路的清晰化、条理化。此外，要注意将临证所见与所学之理论及医案相互联系，如此才能更加灵活地使用古方。阅读医案还可以让今人一睹既往医家、患者的言行举止及医患之间的关系，增长见识，修身立节。明清及近现代医案对于今人更易接受，便可从这些时期的著作开始学习，如叶桂之《临证指南医案》、喻昌之《寓意草》、江瓘之《名医类案》、张锡纯之《医学衷中参西录》、蒲辅周之《蒲辅周医案》、柯雪帆之《疑难病证思辨录》等。

（五）中国传统文化相关书籍

阅读此类书籍的目的在于修身养性，陶冶情操，开阔眼界。哲学如《四书》《墨子》《道德经》，数学如《周髀算经》《九章算术》，军事如《孙子兵法》《太公六韬》，地理如《山海经》《汉书·地理志》《水经注》，天文如《灵宪》《梦溪笔谈》，农学如《氾胜之书》《齐民要术》，诗词散文如《文选》《古诗选》《古文观止》，史学如《史记》《资治通鉴》等。

书籍阅读的范围很大，以上只是提纲挈领地介绍几个方面，最终的目的是提倡、鼓励中医从业者广泛阅读，并深入钻研古代医家的思想学说，从而古为今用，获得更好的临床疗效。

七、大医之情

朱南孙教授出生于医学世家，自幼聪慧过人，立志继承祖业，在从医之道上始终秉持勤学苦练、砥志研思、踏实认真、锲而不舍的态度，多年来始终在临床一线救治病患。漫长世纪人生，朱南孙教授有过碧玉年华的潇洒肆意，也饱经沧海桑田的艰难困苦。荆棘塞途，她不改林下之风，始终投身于中医药事业，至鲐背之际仍坚持理论学习和出诊，可谓皓首穷经。朱南孙教授以其医者生涯印证了不忘初心、赤诚坚守的职业操守与职业追求。"凡大医治病，必当安神定志，无欲无求，先发大慈恻隐之心，誓愿普救含灵之苦。"朱南孙教授承袭前辈医德医风，对于求医的患者，不论贫富贵贱，始终一视同仁，且赤诚相待，和蔼耐心，视若至亲，关怀体贴，细致入微。"夫为医之法，不得多语调笑，谈谑喧哗，道说是非，议论人物，炫耀声名，訾毁诸医。自矜己德。"朱南孙教授为人谦和儒雅，淡泊从容，辗转求医多年而不得愈的患者就诊后不免会将过去的医生与朱南孙教授比较，甚至会表达对以前医生诊疗能力的怀疑，朱南孙教授则会认真开解患者，向她们分析以前医生治法方药的道理所在，从不自矜功伐，訾言他医。

朱南孙教授长期关注、支持中医药事业发展及人才培养。民国时期，在中医学存亡之际，朱南孙教授随父与上海新中国医学院师生向政府请愿，据理力争，联合抗议。中华人民共和国成立后，中医药事业得到大力扶持，朱南孙教授在多次会议上建言献策，探索中医妇科流派的发展方向。在上海市第八届人民代表大会期间，她提出"注意保存传统医学文化，注重中医药传承研究"的议案。她还常常将个人所获嘉奖奖金，用于捐赠资助贫困或有潜力的中医青年医师，弘扬国医仁心仁术。临床带教时，她会向跟诊学生解释处方开立的缘由，与跟诊学生交流治疗的心得体会，向他们介绍适合学习参考的中医书籍，对待学生悉心教诲，毫无保留，倾囊相授。"热爱自己的祖国是理所当然的事"，朱南孙教授为人仁厚博爱，一心为国。国家遭遇自然灾害时，她多次捐款，赈灾帮困。朱氏家族许多亲戚定居美国，朱南孙教授每次探亲，求医者络绎不绝，众人屡屡邀请她出国定居行医，她总说："中医的根在中国，我自当留在中国！"

中国传统文化博大精深，不断渗透到中医学中，深深地影响着中医学的发展。朱南孙教授出身于医学世家，书香门第，自幼饱读诗书，不仅熟读《药性赋》《濒湖脉诀》《黄帝内经》《伤寒论》《难经》《医学入门》《医学心悟》等中医经典著作，亦涉猎四书五经等哲学著作，《天工开物》《梦溪笔谈》等古代自然科学著作，加深了她对中医精气、阴阳、五行理论的认识，以及自然界与人体的联系交感。此外，她亦广泛阅览古典诗词戏剧、散文小说，如《左传》《汉书》《古诗十九首》《古文观止》《西厢记》《牡丹亭》等。朱南孙教授对黄梅戏尤其喜爱，扮角演唱，往往惟妙惟肖，得人物之神韵。腹有诗书气自华，朱南孙教授为人之和蔼可亲、淡泊从容、儒雅谦逊，可谓是"云山泱泱，江水苍苍，先生之风，山高水长"，实得益于中国传统文化长期的熏陶。

八、养生之智

中医学认为，人有喜、怒、忧、思、悲、恐、惊七种情志活动，当情志活动过于剧烈或持久时，或人体正气不足难以耐受情志变化时，情志活动便会损伤脏腑精气，这便是中医学的"七情内伤"理论。中医学素有过怒伤肝、过喜伤心、过度思虑伤脾、过悲伤肺、过恐伤肾的认识。朱南孙教授秉承中医学对"七情"的认识，认为养生的关键在于养心，关键在于"想得开、放得下"，保持内心的平和。"快乐的事情记住，不快乐的事情都忘掉""我没什么养生秘诀，就是心态好"是朱南孙教授一直以来的"长寿箴言"。

除此以外，朱南孙教授提倡在日常生活中要适当运动。中医学认为"动则生阳"，适当的运动可以鼓舞生发人体阳气，振奋精神，正所谓"运动是一切生命的源泉"。"流水不腐，户枢不蠹"是朱南孙教授喜欢的一句话，她年轻时积极参加体育活动，篮球、网球、旱冰都是她喜欢的运动项目，跳舞亦不在话下。

食补也是朱南孙教授推荐的一种养生方法，其实相比于药补，朱南孙教授更倾向于食补，她会推荐患者食用一些药膳来调养身体。如气血虚弱型闭经的患者可食用桂圆红枣汤、红糖生姜滚水潽鸡蛋、生姜羊肉胡椒末汤等药膳以益气养血；气滞血瘀型痛经的患者可以食用生山楂饮、韭菜月季红糖饮以行气活血；湿热下注型带下病的患者可以食用水芹根拌麻油、白菜绿豆饮以清热利湿。

朱南孙教授还有一些长期坚持的养生小习惯，如按摩头皮、按摩拍打后背、睡前泡脚等。因为头部是五官和中枢神经之所在，头皮密布着许多穴位，如百会穴、风池穴等，按摩这些穴位，能够通经活络，促进头部血液循环，长期坚持更能起到防治神经衰弱、头痛、失眠、脱发的作用。具体做法是，两手手指半弯曲，用 5 个手指的指尖由前向后梳挠头皮，先梳头皮中线附近，依次向左右两侧及耳朵上方头皮移动，大约移动两次便可将整个头皮挠一遍，可以重复做 4～6 遍。腰背部是膀胱经循行之处，脏腑之俞穴皆在其上，尤其是三个重要的穴位：心俞穴、肝俞穴、肾俞穴。每天下班后和睡觉前，朱南孙教授都会让家人帮忙按摩后背，她说："按摩之后很舒服，血脉都活了，经络也打通了。"

九、传道之术

朱南孙教授继承家学，潜心教育，所悟岐黄均倾囊相授，她采取多种培养模式，毫无保留地为学生传道授业。

作为第一批、第二批全国老中医药专家学术经验继承工作指导老师，国家中医药管理局全国优秀中医临床人才研修项目指导老师，上海首席名中医工作室指导老师，上海中医药大学名医工作室指导老师，朱南孙教授在师承带教过程中，坚持以培养优秀中医药领军人才为己任，严格要求学生，同时以身作则，躬亲指导传承人的临床及科研工作，带领学生进行流派研究，总结流派学术思想、学术特色，整理医案医话、优势病种诊疗方案，从传承和实践中不断提升传承人的医、教、研水平。对于年轻医生及硕士、博士研究生，朱南孙教授总是提醒、帮助他们回顾、温习中医学及中医妇科学古代经典著作，有意训练他们的临床辨证论治思维，从不吝啬地分享自己的经验方，讲解处方用药的注意事项和加减技巧，从理、法、方、药四个方面，始终坚持理论与临床紧密结合的原则，并派遣流派后备传承人去兄弟流派及西医院进修学习，以更好地融会贯通、衷中参西，更好地传承朱氏妇科学术思想，为广大患者带去福音。此外，在朱南孙教授的带领下及后继门人的努力下，朱氏妇科流派基地将流派传承引入研究生教育，开设了上海中医药大学研究生自选课程"海派中医妇科流派和名医简介"，并连续多年举办朱氏妇科流派相关的国家级继续教育培训班，向更多的中医同道传授朱氏妇科的诊疗特色与经验，希望有更多的人获益。

历经多年传承培养，如今朱南孙教授培养的学生已经成为中医事业发展的骨干力量，分布于中医药领域的各个领域，其中包括硕士、博士研究生导师，第五批及第六批全国老中医药专家学术经验继承工作指导老师，上海市名中医，国家中医药管理局全国优秀中医临床人才研修项目，上海市中医药领军人才，全国及上海市重点学科带头人，上海中医药大学后备业务专家，国家专业委员会及地方专业委员会的主任委员及副主任委员等。

此外，在朱南孙教授的躬亲带领下，朱氏妇科自2001年即开始开展流派工作室建设。此后朱氏妇科以工作室为平台，以传承发展为目标，以朱南孙教授为核心，传承发展可谓日新月异，先后成立了上海中医药大学附属岳阳中西医结合医院朱南孙名中医工作室、上海中医药大学朱南孙名中医工作室、上海市朱南孙首席名中医工作室、上海市朱氏妇科流派传承研究基地、上海市"海派中医"朱氏妇科流派诊疗中心；国家级中医传承专项有首批朱南孙名老中医专家传承工作室、朱氏妇科中医学术流派传承工作室（第一批、第二批）；2017年朱南孙教授获得国家中医药管理局第三届"国医大师"称号，同年成立了朱南孙国医大师传承工作室，目前朱氏妇科还分别入选上海市、国家级非物质文化遗产保护名录，而相应代表性传承人也已获得上海市文化和旅游局认证，并在积极申报国家级非物质文化遗产代表性传承人。

在朱南孙教授学术思想的引领下，上海中医药大学附属岳阳中西医结合医院妇科先后成为全国中医妇科医疗协作中心、国家中医药管理局"十五""十一五""十二五"全国中医重点专科建设、原卫生部"十二五"国家中医临床重点专科、上海市医学重点学科、上海市重点学科、上海市教委重点学科，确立了岳阳医院在上海市乃至全国中医妇科界的学术地位，使朱氏妇科成为全国工作室建设的成功典范，大力发展了朱氏妇科，同时推动了朱氏妇科与兄弟流派的交流，弘扬了中医文化，其培养成果清晰可见。

朱南孙学术传承谱

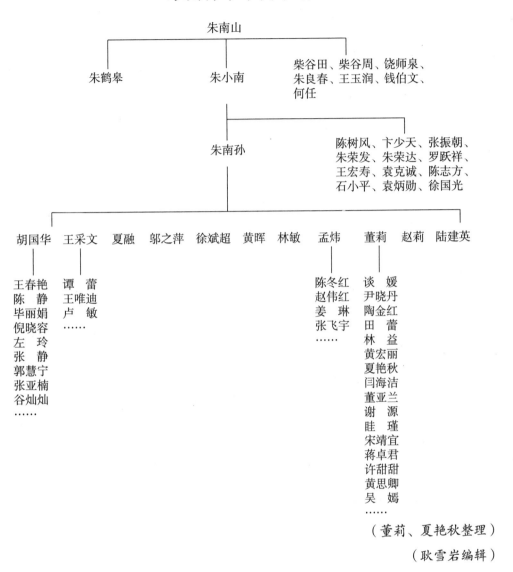

朱南山

| 朱鹤皋 | 朱小南 | 柴谷田、柴谷周、饶师泉、朱良春、王玉润、钱伯文、何任 |

朱南孙　　陈树风、卞少天、张振朝、朱荣发、朱荣达、罗跃祥、王宏寿、袁克诚、陈志方、石小平、袁炳勋、徐国光

胡国华　王采文　夏融　邬之萍　徐斌超　黄晖　林敏　孟炜　董莉　赵莉　陆建英

胡国华：
王春艳
陈　静
毕丽娟
倪晓容
左　玲
张　静
郭慧宁
张亚楠
谷灿灿
……

王采文：
谭　蕾
王唯迪
卢　敏
……

孟炜：
陈冬红
赵伟红
姜　琳
张飞宇
……

董莉：
谈　媛
尹晓丹
陶金红
田　蕾
林　益
黄宏丽
夏艳秋
闫海洁
董亚兰
谢　源
眭　瑾
宋靖宜
蒋卓君
许甜甜
黄思卿
吴　嫣
……

（董莉、夏艳秋整理）

（耿雪岩编辑）

伍炳彩

伍炳彩（1940—　　），江西省吉安人，为伍守阳后人。江西中医药大学二级教授、主任中医师，博士研究生导师，全国老中医药专家学术经验继承工作指导老师，中国中医科学院学部委员，北京中医药大学王琦书院特聘教授，香港浸会大学荣誉教授。历任江西中医药大学（原江西中医学院）金匮教研室主任、中医临床基础学科组组长、学科带头人。曾获得"全国中医药杰出贡献奖"等多项荣誉。享受国务院政府特殊津贴。2017年被授予第三届"国医大师"称号。

伍炳彩从事中医教学、科研、临床工作50余年，长期从事《金匮要略》研究。他阐释了《金匮要略》某些难解条文的临床意义，创立了五脏相关为基础的疑难杂病诊疗体系。擅长运用《金匮要略》理论和方剂辨治疑难杂症，提出"肾病从表论治""心动过缓从湿论治""心动过速从热从虚论治""水肿从肝论治""心痛病从肝论治""子宫下垂从肝论治""产后风从虚从湿论治"等内伤杂病辨治思路，临床疗效显著。

一、学医之路

伍炳彩出生在一个贫困的农家，自幼失去父亲，母亲失明，是其兄长助他读书，在艰苦的学习生活环境中，顺利考上江西中医学院（现江西中医药大学）。伍炳彩在大学读书的 6 年时间里日日读书、背诵，打下了深厚的专业理论基础和方剂根底。毕业前伍炳彩能熟练背诵一千余首方剂，《伤寒论》《金匮要略》《温病条辨》等经典条文也很熟悉，名老中医姚荷生看伍炳彩方剂背得好便有意对他进行指导。大学毕业不久，伍炳彩即师从姚荷生。姚荷生晚年门诊上得少，只要听说姚荷生上门诊，伍炳彩总是尽快完成手上的工作骑车去姚荷生诊室跟诊。除了向姚荷生学，伍炳彩还虚心向其他前辈学习，如万友生、姚奇蔚、傅再希等名老中医的经验伍炳彩也能灵活应用。姚荷生评价说："伍炳彩的最大特点就是善于学习别人的长处，为我所用。"在此后的工作中，伍炳彩长期从事《金匮要略》的研究和教学，对仲景脉法进行了系统总结、提出了一系列新的观点，如"解表法在肾炎中的运用"《金匮要略》脉法辨难"等。这些工作进一步加深了他对仲景理论的理解，为他今后在临床工作中精于辨证，善用经方打下了基础。

二、成才之道

（一）读书与从师是成才的基本途径

伍炳彩的从医经历，实际上就是一个不断读书、不断学习的过程。

一向古人学。向古人学，当然就是读经典，学名著。中医五千年江河不废，经典名著的流传起了至为重要的作用。伍炳彩常读的古典名著有《素问》《灵枢》《难经》《伤寒论》《金匮要略》《温病条辨》《脉经》《诸病源候论》《备急千金要方》，以及金元四大家、张景岳、孙一奎、李中梓等人的著作。

二向今人学。读时贤的著作，也是伍炳彩常常留意的事。20 世纪 70 年代，伍炳彩手抄了姚国美的《病理学》和《诊断治疗学》，受益良多。后来人民卫生出版社出版《蒲辅周医疗经验》《蒲辅周医案》出版，伍炳彩立即买来，爱不释手。其他还有施今墨、岳美中、赵锡武，稍后则有焦树德、刘渡舟等名家的著作，甫一上市，置案头，一册在手，寝食俱忘。

三向书本学。读书得有法，不然，书读百家，莫衷一是，书读得再多，帮助也不一定大。伍炳彩的经验有三点：①带着问题读。不管是在临床中碰到疑难杂症或是棘手无策之时，还是教学中遇到困惑难解之处，都要到前人的著作中去寻找答案，或探明解决问题的思路方法。②带着思想读。思想是头脑的灵魂。每个人灵魂深处都有着独特的秉性。看待世界、看待事物都有个人独立的态度和观点。大体来说，读前人的书要具备历史辩证的思想，要善于还原作者所处的历史文化背景和时代风尚。远的不说，20世纪五六十年代的书就较矜持，70年代反较率真，80年代以后则有浮泛之嫌。书里哪些是矫饰，哪些是浮夸，哪些是逗臆，哪些是实话，都得用心去分析。"择其善者而从之，择其不善者而去之"。③带着眼光读。既要有欣赏的眼光，也要有批判的眼光。既要海纳百川，包罗万象，虚怀若谷般让风云擦过眼底，又要明白三籁有异，吹万不同，物论随人，难求一统。陶潜《移居》诗称"奇文共欣赏，疑义相与析"。说的也是这个意思。在欣赏中臻于博达，在批判中趋近敏锐，个人的气象也会由此而提升。

四向老师学。这个老师，不论今人古人，不论同事学生，凡能为我所取，补我所短者，都一以师从，虚心向学，或面聆指教，或私淑景从，总以提高自己的水平为指归。

（二）临证是成才的必由之路

读书也好，跟师也好，所学的东西总要能自己应用才好。因此，临床才是显示医生才华的舞台。而要提高临床水平，必须坚持四个方面的长期训练。才有可能成为一个明白的医生。

一要审于问诊。问诊的关键就在于详尽细致，深入周到。现代看中医，慢性病、疑难杂症居多。往往病情复杂，原因各异，表现不一，难以一望而知，需要详细问诊，综合辨识，才有可能抓住主症，找到突破的口子。

二要精于脉学。脉诊最能体现中医的水平。脉诊虽为四诊之末，却是中医的看家本领。如果真正把脉学精通了，对于确定诊断大有裨益。

三要勤于思考。中医讲究辨证论治。辨证的基础就是要有全面深入的思考，只有仔细思考后才有可能做出合乎事实的辨识。一个好的医生，不仅要勤于临床，更要勤于思考，养成思考的习惯，真正做一个有思想、有头脑的医生。尤其对于疑难杂症，更要有清醒的判断、独立的见解，不为病情的复杂所遮蔽。

四要善于总结。总结经验，提炼理论，是临床医生学术水平提升的重要环节。通过不断分析，不断总结，才有可能对某个问题在理性认识上达到新的飞跃。伍炳彩对湿病认识，就有一个不断总结，不断提高的过程。

三、学术之精

（一）临证经验简述

1. 四诊合参，善抓主症，精于辨证

伍炳彩常言："凡诊病，四诊缺一不可。有的患者隐其所患以求诊脉，以验医者之能否，而医者亦不问病情，但凭诊脉即可知症结所在，皆是自欺欺人。"虽擅长脉诊，但伍炳彩临证并不单纯依赖诊脉，而是强调要四诊合参。四诊之中，伍炳彩又尤重问诊。对疑难患者，症状较多，他总是细心观察，周密思考，务求至当，故能处变不惊，抓住主症，所投多效。

伍炳彩一贯坚持辨证论治为临床的根本原则，提出内伤杂病重点辨虚实寒热，外感时病重点辨表里寒热的不同重点，使八纲具体化。妇科以调气和血，疏肝理脾为主，小儿稚阴稚阳之体，易寒易热、易虚易实，以御外邪、防伤食为要。

2. 重视表证，治病分先后

伍炳彩认为，《金匮要略》第一篇名为"脏腑经络先后病"示人疾病有轻重、缓急之分，故治疗当分先后。内伤杂病因病机复杂，往往需分步治疗。表里同病时的治疗原则，以先表后里为常法。伍炳彩在临床上每每根据诊得浮脉或寸脉浮，结合咽喉不利或咽红甚至咽后壁有滤泡来诊断表证，强调表证在疾病病机中的关键作用，往往从表论治复杂疾病。其重视表证的思想，早年即在《解表法在肾炎中的应用》一文中有充分的体现，选方常用柴胡桂枝汤、银翘马勃散、杏仁汤、麻杏苡甘汤等。

3. 杂病治疗，首调脾胃

脾胃为后天之本，气血生化之源。伍炳彩诊病，遇有消化道症状，必先调治脾胃或有所兼顾，治疗过程中亦时刻注意固护脾胃功能。伍炳彩特别指出，药物剂量过大易致消化不良，损伤脾胃；苦寒药败胃，亦不可长时间、大剂量使用；滋补药滋腻碍脾，需合用健脾助运药，如神曲、麦芽之属。

4. 重视方剂，喜用药对，用药轻灵

伍炳彩重视方剂，背方千余首，以经方为主，兼及各家，临证处方很少杜撰自制，每方必有来源，加减必有依据。临证时对复杂疾病常数方合用，常用组合如四逆散合温胆汤治疗湿热中阻，胆胃不和之胃痛、呃逆；银翘马勃散合酸枣仁汤治疗肝血不足，湿热扰心之失眠、多梦；麻杏石甘汤合枳梗二陈汤治疗风寒郁而化热，兼有痰湿之外感咳嗽等。在药物的加减化裁方面，伍炳彩常辨证使用药对，有助于提高疗效。其药对来源，有些源自古方，有些源自古今医家的临床经验。伍炳彩用

药轻灵活泼，药味不多，剂量不大，反对随意使用大剂量，一则易败脾胃，二则增加患者经济负担。

（二）辨湿七法

湿病在临床上涉及的病种多，又多有兼夹，加上人体素质差异，所以，湿病在临床的表现十分复杂。伍炳彩认为除了要熟练掌握湿病致病特点外，还要结合以下湿病七法，即辨小便浑浊、辨汗、辨身热足寒、辨口黏、辨面色、辨舌苔厚薄、辨脉濡迟七个方面。

1. 辨小便清浊

凡小便浑浊或尿有白色絮状沉淀者，多为湿阻下焦，膀胱气化失司。小便色白浑浊为寒湿；小便色黄赤浑浊或伴尿频、尿急、尿痛者，则为湿热。伍炳彩每据小便清浊的变化，判断湿邪的消长进退，浊重则湿多，浊轻则湿少，浊增则湿增，浊退则湿去。

2. 辨汗

章虚谷说："测汗者，测之以审津液之存亡，气机之通塞也。"湿为阴邪，易困阻气机，腠理开阖失司，必致汗出异常。临床所见湿病之汗，或自汗疑似气虚，或盗汗状若阴虚，或大汗疑为里热，或微汗误为风热，但总以汗出不能畅达周身，不能透达下肢，常出现齐颈而还、齐腰而还、齐膝而还，这都是湿病的诊断要点。检查汗出不透的方法，伍炳彩的经验是要注意从脚往上摸。

汗出热不解（或汗出热不退）指汗出后当时发热减轻或消退，但不久又复热，古人言"非风即湿"。临床可结合湿病的其他兼症做出正确的判断。

3. 身热足寒是湿郁

"身热足寒"症状见于《金匮要略·痉湿暍病脉证并治》曰："病者身热足寒，颈项强急，恶寒，时头热，面赤，目赤，独头动摇，卒口噤，背反张者，痉病也。若发其汗者，寒湿相得，其表益虚，即恶寒甚。发其汗已，其脉如蛇。"指遍身发热而脚部独冷。本证的产生多见于湿热之偏于湿重者，或证之属于热重者，亦见于戴阳。在本条之中出现是因为湿甚于下，虽有热不易下达。魏念庭说："病有身热足寒者，外感之风邪，郁于表分则身热，郁夹之湿，阻于里分则足寒也。"伍炳彩认为湿病发热，除具有身热不扬、午后热甚、汗出热不退等特点外，身热足寒是常见现象。故对于发热久不退患者，伍炳彩诊察时常摸其脚部，以辨是否夹有湿邪。

4. 口黏不爽是湿阻

伍炳彩认为，患者自觉口中黏腻不爽，甚如口含糨糊，口涩甚如口含木屑，即使舌苔不厚，也是湿邪阻滞的表现。口黏而苦为湿热，口黏而淡为脾虚有湿或寒湿，口黏而甜为脾湿。

5. 辨面色

伍炳彩认为，面色淡黄暗滞为寒湿，重则黄如烟熏。黄色明亮如橘子色，为湿热发黄。如果初感寒湿，色现沉滞，乃正气骤然为寒湿凝滞的特性所遏郁，并不能指为病已深入。湿邪为病，色现沉浊晦滞者，如色素从外走向内，为病邪自外入里，由轻而重；从内走外为自里达表，由重而轻。

6. 辨舌苔厚薄

舌象对湿病的辨证至关重要。"苔乃胃气之所熏蒸，五脏皆禀气于胃，故可借以诊五脏之寒热虚实也。"湿病不论邪在何处，多见舌苔厚，或白厚，或黄厚，或灰厚，若湿阻中焦，舌苔必厚。苔厚而润，水湿偏重；苔厚而燥，湿从热化；色白属寒，色黄、灰属热。"苔垢厚者，病气有余。"舌苔厚薄的消长，也往往提示湿邪之进退，可判明湿病的转归。但又不可绝对化，不可因无腻苔就认为无湿可辨，而宜四诊合参，动态观察舌苔的变化。有初病不见苔，后逐渐见苔乃至厚苔，尤其当用药不合宜时，碍湿助湿，才使湿邪渐露端倪。

临床上也有少数患者见黑苔。黑为水色，木被火焚成炭亦黑，故黑色之苔，其中大有阴阳之分。如肾水上凌，克心火，此黑因阴盛而现也；心火偏亢，火极似水，此黑因阳盛而现也。阳盛者无水，物焦则黑；阴盛者无火，真脏色现，势所宜然。亦有湿痰浊秽，凝聚中宫而现灰黑；阳明燥极，津液大伤而现焦黑者，则水流湿，火就燥，故其色相类也。足见黑色苔垢，不独属于心肾水火偏亢，且与脾胃之燥湿偏胜有关。大抵阳盛之黑如烟煤，甚则起刺；阴盛之黑如淡墨，甚则起芒。湿热上腾者，黑而滑厚；燥火熏灼者，黑而干燥。属心则舌质或红或赤，属肾则舌质或淡或紫。胃之焦黑多从黄厚而转，脾之灰黑则或从白滑或从微黄而现。阴阳偏虚者，黑从舌根而起，治宜壮水以制阳光，或益火以消阴翳。燥湿偏胜者，往往现于舌之中心，治宜泻阳以救津阴，或温中以化湿浊。由此可见，湿病现黑苔多为黑而滑厚。

7. 辨脉濡、迟

脉缓而无力，即为濡脉。湿困脾胃，阻遏阳气，脉气不振，脉即见濡。湿性黏滞，易阻阳气，故甚或可见迟脉。

（三）穷研脉法，精于脉诊

脉诊是中医药伟大宝库中的奇葩，在诊察过程中作用突出，用之不仅有助于辨别病因、辨别疾病类型，还能辨别病理机转。伍炳彩重视脉诊的作用，对脉学的研究成果颇丰，先后发表了《谈谈金匮的诊脉部位及运用原则》《金匮要略脉法辨难》

等学术论文，系统总结了自己的脉学体会。

伍炳彩对《金匮要略》的一些疑难问题，特别是多处难解的脉象做出了合理的解释。如对《肺痿肺痈咳嗽上气病脉证治》中"寸口脉微而数，微则为风，数则为热，微则汗出，数则恶寒"三个"微"字的理解。伍炳彩通过研究文献及临证实践，从肺痈的病位（属上焦）及"风伤皮毛、热伤血脉"的病理变化等对此处脉象进行了分析，认为此处"微"应作"浮"理解。

从《伤寒论》和《金匮要略》（以下简称《金匮》）两书可以看出，张仲景是十分重视脉学的。《金匮》全书前22篇398条文，涉及脉象的即有145条，占相当大的比例。但由于仲景行简古，许多条文不好理解，增加了学习的困难。伍炳彩在长期的《金匮》教学中，逐渐认识到，要对《金匮》有关脉象条文有正确的理解，必须明确以下的问题。

1. "寸口脉"的不同所指

"寸口"，现在一般指寸关尺三部而言，但在《金匮》中，"寸口脉"有不同的所指，其规律：凡条文中寸口与关上、尺中并提的，则此寸口仅指两手寸脉；如单提寸口，或寸口与跗阳、少阴并举的，则此寸口包括两手的寸关尺三部。举例来说，"寸口脉动者，因其旺时而动，假令肝旺色青，四时各随其色。肝色青而反色白，非其时色脉，皆当病。"此条的寸口为单举寸口，故包括寸关尺三部。又如《血痹虚劳病脉证并治》曰："血痹，阴阳俱微，寸口关上微，尺中小紧，外证身体不仁，如风痹状，黄芪桂枝五物汤主之。"这一条的寸口与关上、尺中并举，故此寸口仅指两手寸脉。其他条以此文类推。

2. 《金匮》对诊脉部位的不同用法

临床上诊脉习用寸口，但《金匮》的诊脉部位与现在所有不同，它使用的有4种：①寸口三部法；②跗阳诊法；③少阴诊法；④少阳诊法。其运用的规律大致如下。

（1）诊外感疾患用独取寸口的方法：《金匮》以讨论内伤杂病为主，但因外感与内伤有密切的联系，故本书亦涉及外感疾病，如《痉湿暍病脉证》即是病。该篇云："太阳病，关节疼痛而烦，脉沉而细者，此名湿痹。湿痹之候，小便不利，大便反快，但当利其小便。"这一节"脉沉而细"当指寸口脉而言。条首冠以"太阳病"三字，结合"关节疼痛而烦"，可知是由外邪引起。由此可知，《金匮》诊外感病常用寸口诊法。这一点在《痉湿暍病脉证》的其他条文也可看出，在《伤寒论》中也可得到证明。如《伤寒论》云："太阳病，发热，汗出，恶风，脉缓者，名为中风。"又云："太阳病，或已发热，或未发热，必恶寒，体痛呕逆，脉阴阳俱紧者，名曰伤寒。"这里的"伤寒"和"中风"都属外感病变，而"脉浮缓"和"阴阳俱紧"均指寸口脉而言，所以仲景诊外感疾病用独取寸口法就不言而喻了。

（2）病涉脾胃常用趺阳诊法：如《腹满寒疝宿食病脉证》有"趺阳脉微弦，法当腹满，不满者必便难"，据此可看出，腹满属脾胃病变，仲景用的是趺阳诊法。又如《呕吐哕下利病脉证治》有"趺阳脉浮而涩，浮则为虚，涩则伤脾，脾伤则不磨，朝食暮吐，暮食朝吐，宿谷不化，名曰胃反"。从这里可以看出，仲景诊脾胃病变，常用趺阳诊法。由于趺阳脉位置较表浅，故水肿病于寸口脉很沉的情况下，亦多兼诊趺阳，这一点在《水气病脉证并治》就可得到证明。

（3）有关妇人病变兼诊少阴脉（太溪脉）：如《妇人杂病脉证并治》云："少阴脉滑而数者，阴中即生疮，阴中蚀疮烂者，狼牙汤洗之。"这是论述下焦湿热而阴中生疮的脉证和治法。少阴为肾脉，阴中为肾窍。脉滑数主有湿热，湿热聚于前阴，郁积腐蚀，致腐烂成疮。由此可看出，仲景诊妇女病，有时兼诊少阴太溪脉。

（4）对某些复杂的病证，兼诊两处以上的脉象：如《水气病脉证并治》曰："寸口脉沉而迟，沉则为水，迟则为寒……趺阳脉伏，水谷不化……少阳脉卑，少阴脉细……名曰血分。"这是因为水肿的形成与肺、脾、肾三脏的关系很密切，与三焦的功能失常也有关，所以在阐述水肿的形成时用了寸口、趺阳、少阴、少阳（和髎）四种部位合参的方法来说明这一复杂机制。若病入于胃或久病杂病，则多取寸口与趺阳并举。《消渴小便利淋病脉证并治》云："寸口脉浮而迟，浮即为虚，迟即为劳；虚则卫气不足，劳则营气竭。趺阳脉浮而数，浮即为气，数即为消谷而大坚，气盛则溲数，溲数即坚，坚数相搏，即为消渴。"这里寸口与趺阳并举以说明消渴的病机，就是因为消渴属久病杂病范畴。

（5）上下阻隔的病分寸关尺以候之：如《五脏风寒积聚病脉证并治》云："诸积大法，脉来细而附骨者，乃积也。寸口，积在胸中；微出寸口，积在喉中；关上，积在脐旁；上关上，积在心下；微下关，积在少腹；尺中，积在气冲。"《伤寒论》云："问曰：病有结胸，有脏结，其状何如？答曰：按之痛，寸脉浮，关脉沉，名曰结胸也。何谓脏结？答曰：如结胸状，饮食如故，时时下利，寸脉浮，关脉小细沉紧，名曰脏结。"从这里不难看出，仲景对上下阻隔的疾病，常分寸关尺三部以候之。

以上是《金匮》诊脉部位运用的一般原则。必须说明，外感疾病用寸口诊法，并不是说内伤就不用，只是内伤兼用其他诊法，而外感全书概用寸口。明确诊脉部位运用原则对解释一些条文很有益处，举例来说，《黄疸病脉证并治》关于黄疸病因的条文有两条．一条是"寸口脉浮而缓，浮则为风，缓则为痹，痹非中风，四肢苦烦，脾色必黄，瘀热以行"。一条是"趺阳脉紧而数，数则为热，热则消谷，紧则为寒，食即为满……风寒相搏，食谷即眩，谷气不消，胃中苦浊，浊气下流，小便不通，阴被其寒，热流膀胱，身体尽黄，名曰谷疸"。这两节经文均是讨论黄疸的病因为湿热，有人认为既然均是讨论黄疸的病因与湿热有关，何以要反复说明，不厌其烦？其实前条的湿热是由外感而得，故仲景用"寸口脉浮而缓"来说明；后条湿热是由内伤脾胃而得，故仲景用"趺阳脉紧而数"来说明。

3.《金匮》论脉有相对与绝对之分

限于历史条件，《金匮》对有些问题如论脉有相对与绝对之分，未能详细交代。如"脉浮，小便不利，微热消渴者，宜利小便，发汗，五苓散主之。"本节的脉浮是绝对的，主表，故原文说"宜利小便发汗"。又如"脉浮发热，渴欲饮水，小便不利者，猪苓汤主之。"其脉浮则是相对的，因其病在下焦，故尺脉当沉，因此寸关脉显得相对浮。若把本节的脉浮理解为表证，于方很难理解，于临床也不符。注家在解释本条时，有的对脉浮两字避而不谈，如现在的教科书；有的则牵强附会，如唐容川说："此节猪苓汤证，是证发于肺经，肺主皮毛，而先病发热，是肺有热也。肺热津不布，故渴欲饮水也。外热上渴，肺既受伤，不能通调水道，因而水道不利，是先病肺之虚热也。但当滋肺经之虚热为主，故用阿胶与滑石。二证之发现，先后不同，脏腑遂异，独其脉皆浮何哉？盖五苓散之浮，应太阳主表之义也；猪苓汤之浮，应肺主皮毛之义也。脉虽同而见证有先后，遂大异焉。"

此外，《腹满寒痛宿食病脉证》的"问曰：人病有宿食，何以别之？师曰：寸口脉浮而大，按之反涩，尺中亦微而涩，故知有宿食，大承气汤主之"。此条的"寸口脉浮而大"，当指寸关尺的寸脉，因本节是寸口与尺中并举的，按照上述寸口脉的运用规律，故应指寸脉。但寸脉为何会浮而大？这是因为宿食停滞在大肠，属下焦范畴，其病应尺脉，其尺脉当沉，相对来说，寸脉就显得浮而大了。至于本节何以会出现涩脉？这是因为宿食久停，阻滞气血运行之故。

4.《金匮》有些脉象的概念与现在有所不同

《金匮》成书年代较早，虽然对脉象极其重视，但毕竟因时代关系，有些脉象的概念尚不成熟，有些与现代的概念也有所不同，这是一种新技术在开始发展时尚未定型的必然情况。如对大脉的理解，就不能按照现代的概念。《伤寒论》里的"伤寒三日，阳明脉大"及《肺痿肺痈咳嗽上气病脉证治》的"咳而上气，此为肺胀，其人喘，目如脱状，脉浮大者，越婢加半夏汤主之"，这两节经文的脉大，当指洪脉。另《痉湿暍病脉证》的"湿家病，身疼发热，面黄而喘，头痛，鼻塞而烦，其脉大，自能饮食，腹中和无病，病在头中寒湿，故鼻塞，纳药鼻中则愈"。文中的"脉大"，按照《内经》"上以候上"的脉象主病原则，当指寸脉浮或寸脉旺。此外，《血痹虚劳病脉证并治》的"男子平人，脉大为劳，极虚亦为劳"及《肺痿肺痈咳嗽上气脉证并治》的"上气面浮肿，肩息，其脉浮大，不治，又加利尤甚"。前者当指革脉，后者系指浮大无根一类的脉象。以上条文中的大脉，如果按照现在大脉的概念去理解，那就无法理解上面的条文。以上的条文病情完全不同，仲景为什么都用了大脉呢？伍炳彩认为，因为洪大之脉从脉位来讲偏高，而浮脉、革脉脉位也偏高，故有时混用。这就说明，当时大脉的概念未完全确定。

5. "数"不一定表示脉的快慢

仲景著作中的"数"脉有时不是指脉的快慢，而是指脉的动态，如《胸痹心痛短气病脉证治》的"胸痹之病，喘息咳唾，胸背痛，短气，寸口脉沉而迟，关上小紧数，瓜蒌薤白白酒汤主之"。此节的"数"，注家如程云来等认为是错误，主张去掉。实际上，本节的"数"，仲景原意不是指脉的快慢，而是指脉的动态，像快又不快，为躁动之象，为胸痹发作时的脉象，正如《金匮译释》所说："这里的迟数，是脉的动态，不是脉的快慢，因为上焦阳虚，所以寸口脉表现疲弱不前，因痰涎壅结，阳气不舒，所以关上脉表现躁动不静。"这种解释是符合经典原意的。

6. "微"有时指脉象，有时为形容词

"微"字在《金匮》中有时指微脉，有时为形容词，应注意分辨。《血痹虚劳病脉证并治》的"夫失精家，少腹弦急，阴头寒，目眩，发落，脉极虚芤迟，为清谷、亡血、失精。脉得诸芤动微紧，男子失精，女子梦交，桂枝加龙骨牡蛎汤主之"。条文中的"微紧"，教科书中解释为微而紧，这是不对的。因为"微"为无力的脉象，两者是不可能同时出现的。又如《妇人产后病脉证治》的"产后七八日，无太阳证，少腹坚痛，此恶露不尽；不大便，烦躁发热，切脉微实，再倍发热，日晡时烦躁者，不食，食则谵语，至夜即愈，宜大承气汤主之"。这节的"切脉微实"，微与实不能同时出现，故"微"为形容词。

相反，有些条文的"微"指脉象，如《血痹虚劳病脉证并治》的"问曰：血痹病从何得之？师曰：夫尊荣人，骨弱肌肤盛，重困疲劳汗出，卧不时动摇，加被微风，遂得之。但以脉自微涩，在寸口、关上小紧，宜针引阳气，令脉和，紧去则愈"。这里的"脉自微涩"，其"微"为脉象，指阳虚而言，不可不知。

7. 一病可见数脉，一脉又主多病

《金匮》论脉，一脉可主多病，一病又可见数脉，明乎此，有些条文也迎刃而解。宿食病的脉象，不同的条文有不同的说法，使人难解，其中"寸口脉浮而大，按之反涩，尺中亦微而涩，故知有宿食，大承气汤主之"。"寸口脉浮而大，按之反涩，尺中亦微而涩"为宿食久停的脉象；"脉数而滑者，实也，此有宿食"为宿食新停的脉象；"脉紧如转索无常者，有宿食也"为宿食邪正相搏的脉象，常兼现腹痛等症。由此说明，一病可见数种脉象，同一种病，因病有新久虚实的不同，故脉象亦异，这是不难理解的。至于一脉可主多病，临床更为多见，《金匮》也屡见不鲜，如弦脉既疟疾主脉，但弦脉亦见于痰饮、腹满寒疝等病，在此就不一一列举了。

8. 弦与紧脉有时互用

仲景著作中，弦与紧有时互用，这一点有的学者已提到，如刘渡舟在《〈伤寒论〉十四讲》一书中就说过："仲景认为，水气上冲脉当沉紧，质诸临床，紧当弦体会为是。盖弦与紧，古人有时互相借用。"两者之所以会借用，这是因为弦与紧在形态上相类似，都是体现脉搏紧张度的。必须指出的是，弦与紧虽然形态相类似，但毕竟不完全相同：弦脉为上下弹指，紧脉为左右弹指，弦脉是脉搏的形态，紧脉是脉搏的动态，弦脉可以出现无力，但紧脉是有力的。两者类似，但仍有区别，故严格来说两者是不能同时出现，故有些条文弦紧两脉同现时，在理解时必须有所侧重，如《痓湿暍病脉证》的"夫痓脉，按之紧如弦，直上下行"当侧重理解为弦脉，因其后面接有"直上下行"，这与"风脉自弦"也较符合，实际上是弦而不静之意。《腹满寒疝宿食病脉证》的"胁下偏痛，发热，其脉紧弦，此寒也，以温药下之，宜大黄附子汤"的"弦紧脉"当侧重理解为紧脉，因紧脉主寒主痛。至于《腹满寒疝宿食病脉证》的"腹痛，脉弦而紧，弦则卫气不行，即恶寒，紧则不欲食，邪正相搏，即为寒疝"。文中的"脉弦而紧"当理解为脉弦而硬，其不欲食之理，联系《伤寒论》的"伤寒腹满谵语，寸口脉浮而紧，此肝乘脾也，名曰纵，刺期门"一条，当为木克土，但此木克土为阴寒凝闭所致，与慢性肝病的木克土有所不同，应予区别。必须指出的是，仲景于弦紧两脉虽然有时互用，但有时又是严加区分的，如《腹满寒疝宿食病脉证》的"寒疝绕脐痛，若发则白汗出，手足厥冷，其脉沉紧者，大乌头煎主之"。本条的"其脉沉紧"不能作"其脉沉弦"理解，这是因为"紧则为寒"是仲景反复强调的，而本条又为寒疝之故。总之，在什么时候当理解为弦脉，什么时候当理解为紧脉，当视条文的情况而定。

临证时，伍炳彩切脉强调平心定意、专心致志，强调切脉姿势规范化，更注重寸、关、尺三部九候不同脉象的临床意义，对于《内经》提出的"上以候上，下以候下"的脉象主病原则临床运用体会较深。诊病时，伍炳彩常能据寸、关、尺三部不同的脉象指出患者患有诸如咽喉炎、鼻炎、中耳炎、陈旧性肺结核、肝炎、胆囊炎、胃炎、阴囊潮湿、痔疮、脚癣等疾病，深受患者信赖。遇疑难重症，伍炳彩又常能依脉象预测病情变化。伍炳彩曾会诊两位患者，一为冠心病心衰患者，经西医全力救治，病情基本稳定，准备请中医会诊，调理后出院，但诊脉发现其脉弦大弹指不静，预知病情变化，预后凶险，后患者果于晚间猝死。伍炳彩还曾会诊一上消化道大出血患者，经治血止，亦准备请中医会诊后即办理出院，但诊脉发现其脉数不静，预计还将出血，故告知经管医生，暂不出院，后患者果然再次大出血，经抢救而脱险。

四、专病之治

（一）肾炎

1. 解表法治疗肾炎的依据

急性肾炎或慢性肾炎急性发作，往往以水肿为主要表现（化验可能有蛋白尿、血尿及管型尿等变化）。本病初起先肿头面，来势骤急，或伴有恶寒发热，一身关节酸痛，咽喉红肿等症状。《内经》说："面肿曰风，足肿曰水，风水相搏，面目悉肿。"《金匮》说："风水其脉自浮，外证骨节疼痛，恶风。"这些记载与肾炎初起的表现相似，肾炎初起应属风水范畴。关于风水的病因，《金匮》说："寸口脉沉滑者，中有水气，面目肿大，有热，名曰风水。"寸口脉沉滑是水的特征，原文就此继续论述道，中有水气。面目肿大，有热，是水与风合，所以名曰风水。《金匮》又说："太阳病，脉浮而紧，法当骨节疼痛，反不疼，身体反重而酸，其人不渴，汗出则愈，此为风水。"从仲景的这些说法来看，引起风水的病因病机，正如清代王旭高所说，是"在外之风邪与在里之水湿合而为病也"。蒲辅周先生认为："急性肾炎初起为外邪与内湿互结，太阳经腑并病，营卫不利，导致气化和水液运行失常。"这就更明确地为应用解表法提供了病因和病位的根据。盖营者血也，卫者气也，虽云心主血，肺主气，而实则出于中焦，营卫不利，中焦气化失常，不能转输水液故成水肿。可见其发病与肺脾两脏关系至为密切。《金匮》"风水，脉浮身重，汗出恶风者，防己黄芪汤主之"，就说明了这个问题。《素问·水热穴论》说："诸水皆生于肾乎？岐伯曰：肾者，牝脏也。地气上者，属于肾而生水液也，故曰至阴。勇而劳甚则肾汗出，肾汗出逢于风，内不得入于脏腑，外不得越于皮肤，客于玄府，行于皮里，传为胕肿，本之于肾，名曰风水。"所谓勇而劳甚是努力动作过于疲劳，则肾汗因之以出，肾汗出遇到外界风寒的袭击，那离位的汗则不得入于脏腑，外为风寒所束，又不得越出于皮肤，客居于玄府，而游行皮肤之下，传变成胕肿病。其根基发于肾，而诱因却是风，所以也叫风水。由此可见，肾水中也有表证发生。肺、脾、肾三脏与水肿关系最为密切，而这三者所致的水肿都可由外邪而诱发，这就不难看出应该使用解表法了。再从水肿的治法来看，《素问·汤液醪醴论》说："平治于权衡，去宛陈莝……开鬼门，洁净府。"明确地指出了水肿的治疗有发汗、利小便、逐水三法。《金匮》说："诸有水者，腰以下肿，当利小便，腰以上肿当发汗乃愈。"进一步指出了发汗、利小便、逐水的界限。急性肾炎或慢性肾炎急性发作的水肿，先肿头面，腰以上肿甚，就自然应当运用发汗的治法了。

以上从水肿的形成及治则，阐述了肾炎水肿使用解表法的根据。但临床实践证明，在水肿消除之后，仍有使用解表法的机会。其中脉浮乃是使用本法的重要指征。《伤寒论》说："脉浮者，病在表，可发汗，宜麻黄汤。"这就不难看出，脉浮主病在表，故可用发汗的方法治疗。《金匮》说："病人脉浮者在前，其病在表，浮者在后，其病在里，腰痛背强不能行，必短气而极也。"这又说明，寸部脉浮，亦主病在表，治疗亦当用解表法。一般来说，水肿初起有表证，脉必浮；后期肿消之后有表证的，脉亦浮。是否临床上脉不浮的就不能使用解表的方法呢？《金匮》说："寸口脉沉滑者，中有水气，面目肿大，有热，名曰风水。"这是风水脉沉的例证。还指出："水之为病，其脉沉小，属少阴；浮者为风。无水虚胀者，为气。水，发其汗即已。脉沉者宜麻黄附子汤。"这是肾水为外邪所诱发，脉沉用解表法的例证。总之，临床上必须根据全面情况，辨证施治，不能局限于一脉一证。

2. 肾炎用解表法的适应指征

（1）肾炎水肿，颜面先肿，肿在腰以上，头面特别突出，以及有脉浮等外感症状的。如脉不浮，但肿势骤急，腰以上为甚，亦为风邪郁遏之象，当用解表法。

（2）肾炎肿消之后，若脉浮或寸口脉浮，仍为病在表，应该继续使用解表的方法。

3. 肾炎使用解表法的临床分型

（1）风寒束肺型：起病急，初时恶寒发热或不发热，咳嗽气喘或不喘，全身水肿，以头面颈部为甚。先肿头面，伴一身关节酸痛，无汗，口不渴，尿少，苔白，脉浮。如表虚则可出现汗出恶风。治法：表实宜解表宣肺利水，方用麻黄加术汤加减；表虚宜宣肺固表除湿，方用防己黄芪汤加减。肺气不宣加桔梗；浮肿严重加葫芦壳；脉浮沉俱细紧，或沉细弦，舌淡苔白，腰背恶寒，四肢不温，可选用麻黄附子细辛汤，或麻黄附子甘草汤温肾散寒；脉沉弦，苔白腻，腰沉重，关节痛，兼胃肠不和者，宜用五积散温散寒湿，和胃化痰，气血并调。

（2）外寒内饮：起病急，初起可有恶寒发热，寒重热轻的表证，浮肿，颜面先肿，腰以上为剧，无汗，喘咳不得平卧，喉中有水鸡声，咳白稀痰，口渴而不欲饮，腹胀尿少，苔白，脉浮弦。治法：解表化饮，宣肺利水。方用小青龙汤加减，兼现烦躁，为有郁热，加石膏；表证减轻，可用射干麻黄汤。

（3）外寒里热：全身浮肿，咳逆喘息，大渴或不渴恶风，有汗或无汗，无大热或有大热，苔白或黄，脉浮偏大。治法：宣肺解表，清热利尿。方用越婢汤加减，痰多呕吐加半夏，即越婢加半夏汤；湿多肿甚加白术，即越婢加术汤。

（4）风湿在表：浮肿急剧，先肿上肢，一身骨节疼重，无汗，或无浮肿，苔白，脉浮。治法：宣肺解表，祛风除湿。方用麻黄杏仁薏苡甘草汤加减，肺气不宣加桔梗、前胡。

（5）风湿郁热兼入血分：全身水肿。恶寒发热，口渴，小便短赤，兼风疹瘙痒，苔白，脉浮。治法解表散湿，祛邪兼凉血。方用麻黄连翘赤小豆汤加减，痒甚加紫荆皮、紫背浮萍。

（6）风热型：发热微恶寒或不恶寒，咽喉肿痛，口干鼻塞，咳嗽痰易出，色黄质稠，头面眼睑轻度水肿，兼燥者，鼻、唇、咽喉干燥，苔白，脉浮数。治法：疏风清热宣肺。咽喉肿痛为主用银翘散；咳嗽明显用桑菊饮；秋燥而咳用桑杏汤。如病前有疖毒，疮疡史，为热毒内陷，重加金银花、连翘，并加紫花地丁、蒲公英等清热解毒药。夹食滞，加薄荷、槟榔，山楂、枳壳。

4. 典型医案

喻某，女，33岁，1978年5月21日初诊。经常颜面轻度浮肿，未予介意，近一周浮肿明显，伴恶风，某医院化验小便：蛋白（++++），白细胞（+），红细胞（++），上皮细胞少许，细胞管型0～1，血压180/90mmHg，诊断为"慢性肾炎急性发作"，服双克及中药治疗，疗效不显。浮肿加剧而就诊。据诉，颜面先肿，眼胞肿甚难以张目，声哑，喉痛，伴一身骨节疼痛，无汗，鼻塞流清涕，口渴欲冷饮，量不多，心中灼热，胸闷腹胀，进食饮水即吐，饭后胀增，腰痛，小便热感、色浑，苔白，脉两寸浮余软。病属风水，拟越婢加半夏汤加减：麻黄9g，生石膏9g，炙甘草4.5g，生姜3片，土茯苓12g，葫芦壳12g，大枣5枚，法半夏9g，防己9g。2剂。药后避风。

5月26日二诊：浮肿明显消退，两眼能睁开，不呕，声哑大减，喉不痛，口中吐白痰，不渴，小便深黄，仍有热感，苔白舌红，脉寸浮尺沉。原方再进3剂。

5月30日三诊：浮肿基本消退，纳差，一身骨节疼痛，前两天腹泻，日2～3次，无腹痛里急后重，小便稍热，口不渴，苔白，脉弦两寸浮。里热已清，而风邪夹湿稽留于表，拟麻黄杏仁薏苡甘草汤加减：麻黄9g，杏仁9g，薏苡仁15g，生甘草6g，防己9g，土茯苓12g，鱼腥草9g，葫芦壳9g。五剂。

6月3日四诊：浮肿已不明显，一身稍感疼重，小便色黄，苔白，脉寸浮，小便化验除红细胞减少外，余无明显进步，原方再进五剂。以后来诊三次，因病情逐渐好转，脉两寸仍浮，所以一直坚持用上方治疗，至7月7日，共服14剂，诸症消失而停药。小便化验：蛋白（±）白细胞3～5，红细胞0～3，上皮细胞1～4，血压140/80mmHg。

按： 本例病初属外寒内饮，兼有里热，故用越婢加半夏汤化裁，浮肿迅速消退，里热证消失，一般情况明显好转。浮肿消退后，蛋白尿如初，因寸脉仍浮坚持用解表的麻杏薏甘汤加减，共服19剂，诸症消失，小便化验接近正常。说明治疗蛋白尿，只要有表证，就当用解表法。

（二）心动过速、心动过缓（心悸）

1. 心悸辨证要点

心悸是指患者自觉心中悸动，惊惕不安，甚则不能自主的一种病症，临床一般多呈发作性，常伴胸闷、气短、失眠、健忘、眩晕、耳鸣等。伍炳彩指出心悸发作病位虽在心，但与脏腑关系密切，临证可通过脏腑经络辨证进行辨治。伍炳彩提出伴有心动过速的心悸治疗中当根据"脉数为虚，脉数为热"的理论加以区分；伴有心动过缓的心悸治疗中除阳气虚衰、瘀血阻滞外，湿阻是不可忽视的致病因素。伍炳彩认为心悸病情复杂，往往虚实夹杂，痰、饮、湿、瘀常相兼为患，治法、用药需加以鉴别，或一法单用，或数法合用。

（1）心悸辨治细分脏腑：伍炳彩指出治疗心悸进行脏腑经络辨证时要注意从本脏所居、本经所循、本脏所主器官的症状，同时结合脉象加以鉴别。即四诊时根据脏腑在体表对应的部位、脏腑经脉循行的线路、脏腑所主器官（如肝主筋，肝开窍于目等）表现的症状，结合脉象进行诊断。

如心肝血寒所致的心悸，其辨证要点：心悸，遇寒加重，手足厥冷，舌质淡，苔白，脉细欲绝。方选当归四逆汤。而肝阴不足、心血亏虚之心悸，其辨证要点则是心悸，失眠，烦躁，肝区可有灼热感，或有盗汗，舌质或紫暗，脉虚弦数等。方选酸枣仁汤。若为肝经湿热扰心，辨证要点：心悸，烦躁易怒，口苦，眼眵多，双目畏光，头顶痛，小便黄，脉弦。方选龙胆泻肝汤。

临床常见心悸由心脾气血不足引起，除心悸外可见头昏，面色不华，乏力倦怠，有睡意而不易入睡，多梦，口不渴，舌质淡，舌苔白，脉细弱。方选归脾汤。

心肾阴虚所致心悸常见失眠，神疲，烦躁，健忘，梦遗，手足心热，或口舌生疮，舌红苔少，脉细数。方选天王补心丹或黄连阿胶汤。其中天王补心丹主治心肾阴亏血少，虚火内扰之证；黄连阿胶汤主治素体阴虚、邪从热化所致阴虚火旺，心中烦是黄连阿胶汤证的主要症状。

临床有心血虚受惊致悸易与惊恐引风痰入心包一证相混淆，临证可通过脉象加以鉴别。《金匮要略·惊悸吐衄下血胸满瘀血病脉证治》曰："寸口脉动而弱，动则为惊，弱则为悸。"此处论述血虚受惊致心悸的脉象。其动脉与后世所述之动脉含义不同，后世所论动脉为滑数相兼的脉象，而此处当理解为脉不静。外受惊恐，脉不静，则与血虚，尤其是心血虚关系密切。说明血虚之人在受到外界刺激时容易扰乱心神，而心血虚往往易受惊，由此出现因受惊而发为心悸。方用归脾汤。若外受惊恐，脉见滑数相兼，是惊恐太过引风痰入心包，病位在心包。方用朱砂消痰饮。

（2）心动过速不忘"虚"与"热"：江西中医大家姚荷生先生20世纪60年代讲

授中医课程时提出"脉数为虚，脉数为热"。《伤寒论·辨脉法》曰："脉浮而数，浮为风，数为虚，风为热，虚为寒，风虚相抟，则洒淅恶寒也。"《伤寒论·平脉法》曰："风则浮虚，寒则牢坚，沉潜水滀，支饮急弦。动则为痛，数则热烦，设有不应，知变所缘。"《伤寒论·辨太阳病脉证并治下》曰："太阳病，脉浮而动数，浮则为风，数则为热，动则为痛，数则为虚。"以上条文提示数脉可见于虚、热两种情况。伍炳彩根据姚荷生理论及本人对《伤寒论》的理解提出"脉数为虚，脉数为热"在心动过速治疗中的临床含义：①"脉数为热"此处热当指实热，此时脉象当为数而有力的脉象。②"脉数为虚"此处虚当指虚寒或虚热证，此时脉象当为数而无力的脉象。临证见心动过速，脉数而有力，处方当兼顾清热，酌用黄连、栀子一类；心动过速，脉数而无力则需从虚论治，不可一味宣痹通阳或活血化瘀。

（3）心动过缓要辨湿：伍炳彩指出论治心动过缓除关注阳气虚衰、瘀阻血脉外，湿邪阻滞是不可忽视的致病因素。《金匮要略·黄疸病脉证并治》曰："寸口脉浮而缓，浮则为风，缓则为痹。痹非中风，四肢苦烦，脾色必黄，瘀热以行。"黄疸可见缓脉，而黄疸发生的关键在于湿，可见湿邪可以导致脉缓，即心动过缓。伍炳彩早年曾深入进行肠伤寒的研究，临证发现肠伤寒的患者多数出现相对缓脉，而该病与湿热关系密切，从理论联系临床实践，故体会湿阻可导致心动过缓。伍炳彩进一步指出该类患者或因气虚湿阻，卫外不固，或因湿阻阳气，不能外达，往往伴随恶风、怯寒、乏力、身重等症，与阳虚相似。如见心悸，身重，汗出不彻而恶风，脉浮缓，舌质淡红苔白厚，大便软。此为气虚夹湿，卫气不固。气虚而卫气不固则汗出多，动辄汗出，汗出恶风；湿阻则汗出不能下达全身，见汗出不彻。可选防己黄芪汤。

（4）痰、饮各不同，临证处方要细辨：伍炳彩指出痰、饮、湿、瘀与心悸发病密切相关，瘀血、湿诊断相对清晰，而痰、饮可能产生混淆，且两者之间既可单独为患亦可相兼为患，临证需要加以鉴别。

《临证指南医案·痰饮》载"水积阴则为饮，饮凝阳则为痰"，说明痰与饮性质不同，在一定条件下可同时出现并相互转化。伍炳彩指出痰与饮的形成均与脾胃功能失常有关，但痰的形成往往源于脾胃不运，而饮的形成多由于三焦火衰。从症状鉴别看，痰往往吐唾黏稠，随气变换，与所夹之气而殊其象，其性质又有偏阴偏阳的不同；饮所吐清稀，但随所流之地而异其气，所吐皆清稀，性必阴寒，故与温药和之。痰邪犯心所致心悸往往伴有胸闷、痰黏稠，脉以滑为主，或可见神识改变，甚则癫痫等；饮邪犯心常伴背部怯寒，身体瞤动，或呕吐清稀，或眩晕，口渴不饮，脉弦等。从治法上看，治痰当从六气立论，常法宜攻，若痰因正虚所致则宜用补，以调虚实为要。如心烦，失眠，胸闷，口黏，苔黄腻，脉滑有力，用温胆汤加减；若痰热扰心伴气血不足，可用十味温胆汤加减。治饮从火衰立论，常法宜温，若火衰未甚，则以祛邪为法。如脾胃阳虚，水饮内停，见起则头眩，胸胁满，大便溏，或短气咳嗽，甚则身体动摇，苔白腻，脉沉，可用苓桂术甘汤加味。如水气凌心，见咳嗽，咳吐清稀，胸前喜按，气喘汗出，小便不利，或背部怯寒，或四肢冷，头昏，或筋肉跳动，甚至要跌倒，面色白，唇舌淡白，脉微细或迟弦，可用真武汤加味。若见短气喜太息，可合用茯苓杏仁甘草汤。

2. 典型医案

甘某，男，17 岁，学生，2000 年 7 月 8 日初诊。患者因胸闷心慌，听诊心率慢而先后在东莞市人民医院和中山医科大学一附院检查，除心电图提示窦性心动过缓（43 次 / 分）外，其余如抗 O、血沉等检查均正常，服西药无效，转而在广州中医药大学一附院和东莞市中医院服中药，亦无效。不得已暑假回老家南昌，专门来求诊。初诊除自觉胸闷、心慌外，患者还怕吹电扇，易出汗，一身较沉重，乏力，大便偏软，口稍黏，关节不痛，纳食一般，舌体偏胖，苔白，脉迟寸脉浮（43 次 / 分）。拟助气化湿：防己 10g，黄芪 15g，白术 10g，甘草 6g，大枣 5 枚，生姜 3 片，郁金 6g，枇杷叶 6g。7 剂。

2000 年 7 月 15 日二诊：药后胸闷、心慌均减轻，汗出、怕风亦有好转，脉搏 53 次 / 分，两寸仍浮，舌体胖，苔白。守原方再服 7 剂。

2000 年 7 月 22 日三诊：药后诸症又见减轻，心率 61 次 / 分，上方继服 7 剂。

以后患者又来诊几次，症状逐渐减轻，心率稳定在 61 次 / 分以上，因患者即将开学，故嘱其服上方至怕风、汗出完全消失为止。

按：本例属心动过缓，但抓住汗出、怕风、脉浮、身重等症，投防己黄芪汤加味而获效，足见心动过缓不完全属阳虚。防己黄芪汤出自《金匮要略》，书中共有两处论及本方。此两条原文只一字之差，仲景用来治风湿表虚证及风水表虚证。伍炳彩临床上常用该方，适应证广，其辨证要点即为原文所述症状：脉浮、身重、汗出恶风。

五、方药之长

（一）核心方剂

1. 葛根芩连汤

本方由葛根、黄芩、黄连、甘草 4 味药组成。见于《伤寒论》第 34 条，原文为"太阳病，桂枝证，医反下之，利遂不止，脉促者，表未解也；喘而汗出者，葛根黄芩黄连汤主之。"本方在《方剂学》中被列入解表清里之剂。一般认为本方有解表清里之功，主治身热下利，胸脘烦热，口中作渴，喘而汗出的病证，并认为本方为太如:《医方集解》曰:"此足太阳、阳明药也。表证尚在,医反误下。邪入阳明之腑,其汗外越,气上奔则喘,下陷则利,故舍桂枝而用葛根,专治阳明之表(葛根能升阳明清气,又为治泻圣药),加芩连以清里热,甘草以调胃气,不治利而利自止,不治喘而喘自止矣。又太阳表里两解之变法也。"

喻昌曰:"太阳病,原无下法,当用桂枝解外。医反下之,则邪热之在太阳者,未传阳明之里,所以其脉促急,其汗外越,其热上奔则喘,下奔则泄,故舍桂枝而用葛根,以专主阳明之表,加芩、连以清里热,则不治喘而喘自止,不治利而利自止。此又太阳、阳明两解表里之变法也。"

以上引证说明:不少医家认为葛根芩连汤为太阳、阳明之方。其实本方应为阳明经脉方,原因如下:①葛根为阳明经主药,如《中药学讲义》认为性味甘辛平,归经入脾经,功效升阳发表,解肌透疹,生津止泻。《本草纲目》引王好古曰:"气平味甘,升也,阳也,阳明经引经的药也。"张元素曰:"升阳生津,脾虚作渴者,非此不除,勿多用,恐伤胃气。张仲景治太阳、阳明合病,桂枝汤内加麻黄、葛根;又有葛根黄芩黄连解肌汤,是用此以断太阳入阳明之路,非即太阳药也。头颅痛如破,乃阳明中风,可用葛根葱白汤,为阳明仙药。若太阳初病,未入阳明而头痛者,不可便服升麻、葛根发之,是反引邪气入阳明,为引贼破家也。"李时珍曰:"《本草十剂》云轻可去实,麻黄、葛根之属。盖麻黄乃太阳经药,兼入肺经,肺主皮毛;葛根乃阳明经药,兼入脾经,脾主肌肉。所以二味药皆轻扬发散,而所入迥然不同也。"②《医学入门》曰:"浮而微降,阳中阴也,足阳明经药。盖解肌发汗,目痛鼻干,身前大热,烦闷欲狂,头额痛者阳明证也,可及时用之。"并有歌诀云:"葛根甘平善解肌,阳明头额痛乃宜,呕渴泻痢酒毒解,痹风胁痛亦能医。"

由上可看出葛根是阳明经药,其方当是阳明经脉方,其主症是前额痛连后项,目痛鼻干,苔白或薄黄,舌正常或偏红,脉浮。只要具备以上症状,就可选用葛根芩连汤。其能治颈项不舒等症,原因是阳明之上燥气主之,其病因为阳明经燥热,葛根能滋养津液柔筋脉;足阳明胃经,起于鼻旁(迎香),夹鼻上行,相交于鼻根部,旁行入目内眦,与足太阳经脉相会,下行沿鼻外上齿中,还出,环口绕唇,下交承浆,分别沿下颌的后下方,经大迎,过耳前,发际至于前额;又芩、连清热解毒,甘草调和诸药。

2. 当归芍药散

当归芍药散两见于《金匮要略》,一见于《妇人妊娠病脉证并治》,一见于《妇人杂病脉证并治》。本方由当归、芍药、川芎、泽泻、茯苓、白术组成,具有调和肝脾、活血利湿之效。本方是肝脾同治,但以治肝为主;亦为气血同治,但以治血为主。如何灵活地运用本方，伍炳彩认为要从以下几个方面入手。

（1）根据原文的提示应用本方治疗先兆流产、痛经等病证：《金匮要略·妇人妊娠病脉证并治》谓："妇人怀娠，腹中疞痛，当归芍药散主之。"《妇人杂病脉证并治》谓："妇人腹中诸疾痛，当归芍药散主之。"这两条原文虽很简单，但一为妊娠"腹中疞痛"，一为杂病"腹中诸疾痛"，可见其着眼于"痛"字，而痛的部位都在腹中。引起痛的原因，虽很复杂，但其总的病机，不外虚实二端，或虚实夹杂。盖实则经脉不通，血行不畅，即所谓"不通则痛"；虚则脉道不充，筋脉失养而痛；虚实夹杂则通而不畅，养而不荣，经脉失润而痛。所以前人有"气血以流通为贵"，即是指痛证而言。本方重用芍药敛肝、和营、止痛，又佐以归、芎以调肝和血，更配以茯苓、白术、泽泻健脾渗湿。综观全方，有养血疏肝，健脾利湿之力，是寓通于补之方。凡是肝郁血虚、脾虚湿困，以致肝脾不和、气血失调而发生的腹部疼痛，均可以此方加减治疗。据原文，本方常用于治疗先兆流产，除此之外，还可用于治疗痛经等妇科疾病。

（2）根据肝脾之间的关系应用本方治疗内脏下垂：肝脾之间关系密切，肝藏血，主疏泄；脾统血，主运化而为气血生化之源，肝脾二脏在生理上有密切的关系。脾胃的升降、运化，有赖于肝气的疏泄。若肝之功能正常，疏泄调畅，则脾胃升降适度，运化健全；若肝之疏泄失职，就可影响脾胃之升降、运化，从而形成"肝胃不和"或"肝脾不和"之证候。反之，脾病也可影响肝。若脾气不足，消化吸收功能不健，则血无生化之源，或脾不统血、失血过多，均可累及肝，形成肝血不足；若脾失健运，水湿内停，日久蕴而成热，湿热郁蒸，则肝胆疏泄不利，可形成黄疸。由此可见，肝病传脾，脾病传肝，肝脾二脏在病变上相互影响。如《素问·玉机真脏论》曰"肝痹……弗治，肝传之脾，病名曰脾风，发瘅，腹中热，烦心出黄"，这是肝病传脾之例。《素问·气交变大论》曰"飧泄食减，体重烦冤，肠鸣，腹支满……甚则忽忽善怒，眩晕巅疾"，这是脾病传肝之例。《金匮要略·脏腑经络先后病脉证》第一条即专论肝病传脾，从此条可知，脾病不愈可从肝论治，反之肝病不愈亦可从脾论治。当归芍药散是肝脾两调之方，主要是从肝入手，兼入血分，可利湿。根据脏腑之间的关系，本方可用于内脏下垂。内脏下垂，根据"陷者举之"的原则，以补气升提为主，教科书和新近出版的专著一般主张用补中益气汤。伍炳彩在临床中体会到，补中益气汤不能尽愈此病，有些患者服后有不舒之感。这是因为病情是千变万化的，执一方以治此证自然不会奏效。此类使用补气升提类方剂不效的患者，究其原因，往往与肝病传脾有关，当从肝论治，故可使用当归芍药散（当然也包括逍遥散之类方剂）。

如子宫下垂虽与带脉有关，但带脉又属脾，唐容川的《血证论》言："带脉下系胞宫，中束人身，居身之中央，属于脾经"，故补中益气汤用于子宫下垂属脾虚中气下陷者多效。子宫下垂虽与脾关系密切，但脾之病变，又可由肝传来，故治脾不应，应考虑治肝，当归芍药散用于子宫下垂，就是由此推衍而来。俗话说"十女九带"，带下多与湿有关，故一般用逍遥散不行，而当归芍药散则较对证。

（3）根据肝经的循行应用本方治疗胁腹疼痛：当归芍药散是肝脾两调之方，而肝脾两调之中，又以治肝为主，因此可治肝脾不和，而以肝经为主的病变。附件炎、阑尾炎、慢性肝炎等疾病在临床上常见胁腹疼痛，属肝经循行的部位，故可考虑用本方治疗。

（4）根据水血互结的理论应用本方：中医理论认为，在生理上，水血本同源，相济并倚行。在病理上，《金匮要略·水气病脉证并治》云"经为血，血不利则为水"，又指出"经水前断，后病水，名曰血分，此病难治；先病水，后经水断，名曰水分，此病易治"，指出了水血并病先后辨证的关系。唐容川的《血证论》根据"血积既久，其水乃成""水虚则血竭"的病理基础，强调"血病不离乎水""水病不离乎血"的病理关系。日本长尾善治通过研究认为"瘀血形成不单血循环的障碍，同时也有水代谢障碍"。这些古今研究，说明血和水在病理上具有"瘀阻则水停，水蓄则血凝"的关系，此水血相关病理在妊娠病中屡见不鲜。从活血与利水的关系上看，活血促利水，利水促活血，前者如大黄甘遂汤、当归芍药散，后者如桂枝茯苓丸。现代研究证明，利水药能消除水肿或腹水，减轻心脏负荷，有助于纠正心衰，改善血液循环，从而促进瘀血消除。活血药具有溶解血凝块，吸引水解物入血和降低血黏度等作用。

当归芍药散由当归、芍药、川芎、泽泻、茯苓、白术6味药组成，其中当归、川芎、芍药为血分药，有补血活血之功，泽泻、茯苓、白术为气分药，有健脾化湿利水之作用，故《方函口诀》云"此方主治妇人腹中疞痛而兼和血利水之效"。本方有活血利水之功，故可用于血不利则为水之慢性肾炎、肝硬化腹水、肝肾囊肿、卵巢囊肿、血栓性静脉炎等病。

伍炳彩指出：当归芍药散目前在临床上得到了广泛的应用，可谓是难病奇方之一，如何正确合理使用本方，主要思路不外乎根据以上四点。

如要以八纲来分类，从表里来说属里证，从阴阳来讲属阴证（足厥阴肝、足太阴脾），从虚实来看属虚实夹杂，从寒热来谈偏于寒证。病因为肝郁脾虚，湿邪内停，病位在肝脾，症状可出现血虚（面色萎黄、头昏、月经量少色淡、舌质淡等），脾虚有湿（大便软而不爽、小便不利、口黏），脉弦等。从气血而言，是湿邪兼入血分的方剂。其应用的重点在腹部疾病，除此之外，只要是肝脏所居、肝经所循和肝脏所主器官出现症状，辨证属肝脾不调，湿邪内停，兼入血分者，就可使用本方。

至于文献报道用本方治疗舞蹈病、眩晕，亦属治肝，因肝主动摇，肝为风木之脏之故，如《素问·五运行大论》云："肝在天为风……其用为动。"至于妊娠，因可出现水血互结的病理，故妊娠多种病均可使用本方而取效。

3. 防己黄芪汤

防己黄芪汤出自《金匮要略》，书中共有两处论及本方。一为《痉湿暍病脉证》第 22 条"风湿，脉浮、身重，汗出恶风者，防己黄芪汤主之"，二为《水气病脉证并治》第 22 条"风水，脉浮身重，汗出恶风者，防己黄芪汤主之"。此两条原文只一字之差，仲景用来治风湿表虚证及风水表虚证。本方药物配伍精当，临证时只要辨证准确，疗效很好，因此在临床上应用很广，已大大超出仲景所说的风湿和水气病的范畴。伍炳彩在长年的临床实践过程中积累了大量使用本方的经验，简要归纳如下。

（1）适应证

水肿：本方用于治疗水肿的报道很多，常见于急慢性肾炎、肾病、肾功能不全、肝硬化、心衰、高血压、糖尿病、营养不良等。此类水肿多为头面部先肿，继则肿及全身，起病急，亦可为素有水肿而突然加剧。但在临床实际应用时也不必拘泥于此，只要是水肿伴有神疲纳呆、腹胀、大便稀溏不爽、小便不利、汗多、汗出恶风诸症，脉浮，舌苔厚者即可使用。从病机上分析，此类病例应为脾气虚，运化失职，导致水湿内停。

蛋白尿：蛋白尿与肾有关，多见于急慢性肾炎、肾病、高血压或糖尿病并发肾病等，一般来说伴有水肿，但临床上也有不水肿或水肿不明显者，其辨证要点同上，病机关键在于脾虚湿（水）停，气化不利。如伴有血尿，可稍佐以凉血止血之品，如白茅根等。

痹证：常见于风湿性关节炎、类风湿关节炎，此类痹证多表现为关节疼痛，或肌肉痛，关节或肢体微肿，疼痛多与天气变化有关，汗多，汗出明显，恶风，脉浮。病机关键为风湿表虚，可配合祛风湿药如姜黄、海桐皮、威灵仙、桑寄生等使用。

汗证：患者自汗或盗汗，或动辄汗出，汗出不能遍及全身，常为但上半身或局部汗出，常见于更年期综合征、神经官能症、病后身体虚弱等，也有些患者不能明确诊断。此类患者一般都有汗出恶风的症状，脉浮，病机关键为表虚夹湿。可配合使用甘麦大枣汤、玉屏风散等。

泄泻：患者平素大便稀溏不爽，次数偏多，腹部受凉或稍食生冷不化、油腻之品即腹泻，肠鸣明显，脉浮，舌苔厚，多数患者伴有汗出恶风、疲乏。常见于胃肠功能紊乱、更年期综合征、营养不良或病后体虚等，病机关键为脾虚夹湿。脾虚夹湿之泄泻不用参苓白术散而用本方，主要是因为前者治里证，而后者兼有表证。临证时常合用健脾消食药物。

体虚易感冒：此类患者体质素虚，特别怕风，易出汗，汗出恶风，纳食欠佳，餐后腹胀，大便溏，脉浮，一般还可兼有口黏、身肿、小便不利、神疲乏力、胸闷气短、头重、身重等脾虚、表虚、夹湿的症状，但其病机关键仍在于表虚有湿。

肥胖症、高脂血症：凡单纯性肥胖之人，伴有下肢浮肿，身体沉重，脉濡浮，属脾不健运，痰湿停滞者，均可以本方加味治疗。血脂升高，内热湿浊中阻者加决明子；肾虚者加黄精、六味地黄丸以补之；夹实者，加枳实、山楂、大黄以泻之。

荨麻疹：本方对急性荨麻疹，证属表卫不固，湿热郁结肌肤型，加味治疗有肯定疗效。药用防己黄芪汤加连翘、蝉蜕、苍术。

狐臭：若水湿甚者加茅术、车前子、车前草；脾虚明显者加茯苓皮、泽泻；伴有肥胖病者加茵陈、焦山楂。

2. 辨证要点

伍炳彩指出，要正确灵活地使用防己黄芪汤，要掌握以下辨证要点。

必具症状：①汗多，动辄汗出，汗出不彻，汗出恶风，其中汗出不彻是关键。②身重。③脉浮。④舌苔偏厚。

以上为必具症状，在不同的病证中，又可见如下症状（有时甚至以这些症状为主诉）：①身痛或关节痛，变天时加重。②身肿，多为头面部先肿。③口黏。④胸闷气短。⑤腹胀，餐后加重。⑥小便不利。⑦大便稀溏，次数增多，饮食稍不注意即腹泻，大便黏腻不爽。⑧精神不振，头部昏沉。⑨容易感冒，特别怕风。⑩舌质淡红，舌体胖大，边有齿印。

（二）经典药对

1. 郁金、枇杷叶

此药对出自《温病条辨》上焦篇宣痹汤，原书用于治疗太阴风湿，气分痹郁而哕者。郁金性味辛、苦、寒，归肝、胆、心经，可活血止痛、解郁清心、利胆退黄、凉血，用于气滞血瘀所致的胸痛、胁痛、腹痛及肝胆湿热等。枇杷叶味苦性寒，清肺和胃，降气化痰。二药相合，取郁金善于理气开郁和枇杷叶下气化痰的功效，用于治疗胸闷之因痰湿气滞者。伍炳彩常将其与银翘马勃散、茯苓杏仁甘草汤合用。

2. 连翘、赤小豆

此药对出自《伤寒论》的麻黄连翘赤小豆汤，原方用于治疗阳黄兼表证不解者。中医学认为黄疸发黄主要是湿热入于血分，瘀阻血脉，熏蒸肌肤而发。连翘、赤小豆为方中主药，连翘具有清热解毒的功用且兼能利小便，如《药性论》曰："主通利五淋，小便不通。"赤小豆具有利水渗湿，解毒排脓的功效。两药合用清热解毒利湿的功效倍增，入血分而清血分湿热，主要用于血分湿热者。

3. 橘皮、竹茹

此药对取义于《金匮要略》的橘皮竹茹汤。橘皮，味辛、苦，性温，入脾、肺经，功能理气健脾燥湿、调中快膈、导滞化痰，为脾、肺两经气分之药。竹茹，味甘，性微寒，入肺、胃、胆经，功能清化热痰，清胃热止呕吐，下气消痰。两者伍用，一温一寒，温清相济，和胃降逆。常用于治疗脾胃虚弱、气机不调、寒热相杂之脘腹胀满、恶心呕吐、呃逆及妊娠恶阻等症。

六、大医之情

也许是由于童年苦难，伍炳彩从小就养成了同情弱者，悲天悯人的思想。学医之后，这种思想更是只增不减，心里老是惦记着：指下轻松，肩头沉重；遣方用药，生死于斯！伍炳彩读孙思邈的《大医精诚》有三种感觉，或是三种境界，即始于鼓舞，渐成戒惧，终于释然。

初读《大医精诚》，那是备受鼓舞的。现在把《大医精诚》作为医德医风建设的行业精神训典，其意义也就是从正面鼓舞人的精神，积极培育正能量。孙思邈专业精湛，服务诚恳，始终是大医榜样，"精诚"二字也就成了历代中医积极向上，不懈追求的人生目标。

然而，多读《大医精诚》，那又会诚惶诚恐、心存戒惧的。尤其是孙氏所引《老子》那句佚文："人行阳德，人自报之；人行阴德，鬼神报之。人行阳恶，人自报之；人行阴恶，鬼神害之。"细思之下当为醍醐灌顶之句。佛家讲因果轮回，儒家讲善恶报应，道家讲祸福相因，自古皆然，万物皆然。中国传统文化的主干流派在很多问题上是观点共融的。作为医生应当有仁爱之心。

其实，《大医精诚》多读久读，最终会有一种坦然释怀的感觉。孙思邈说"于冥运道中自感多福者耳"，是对人生终极目标的一种诠释。作为医生，其良知良德就是要以医术为仁术，实现救死扶伤的人道主义情怀，即使达不到"救人一命，胜造七级浮屠"或"治人一病，如解倒悬"的境界，也能无愧于心，甚而自感多福！当然，医生只能治病，不能治命。对于那些医生无力回天的患者，只要我们像孙思邈那样把患者当亲人，以患者之苦痛为己有之苦痛，一意赴救，心无芥蒂，真正审谛覃思，纤毫勿失，全心全意，恪尽职守，自然会赢得患者及家属的理解与尊重。

儒家讲良知良德，把个人的心性涵养与人生价值取向相联系，作为成就圣人气象的一种修炼功夫或安身立命的基本手段，这是儒家精神品格的一个重要向度。我们常把良医称儒医，"不为良相，即为良医"，骨子里流淌的就是儒家良知良德的血液。现在探寻中医文化的核心价值，培植医生的良知良德，就是增进医生的人文情怀，改善日趋恶劣的医患关系。

医生不仅要有良知，还要有责任。这是职业道德培养中的相互呼应、相互成就的两个层面。责任源于良知的导引，良知基于责任的确立。责任丧失必定良知受损，良知泯灭注定责任敷衍。但就时下的中医来说，除了个人职业道德责任培养之外，对于整个中医事业的担当，也是每个中医的责任。

七、养生之智

对伍炳彩来说，养生就像一场修行，保持规律的生活方式，清淡的饮食习惯和恬淡的心态，是养生的不二法则。生于战乱年代的他，幼年丧父，母亲双目失明，生活的不幸给年幼的心灵蒙上了深深的阴影。到了高中时期，由于凑不齐伙食费，每周都要挨饿一天，读书期间他经常觉得头痛、眩晕，直到在高中毕业时体检才得知自己患有高血压。曾经的苦难记忆，让他深知生活的艰辛，即使工作后家境渐宽，也依然保持着朴素的生活习惯。不爱应酬，不讲吃喝，连身上穿的衣服也都是路边小店买来的。在他看来，养生的第一要义是规律的作息和清淡的饮食。

虽然日常饮食很清淡，但也十分重视营养的摄入，每天都会吃鸡蛋。鸡蛋除了富含蛋白质、卵磷脂等营养成分外，生鸡蛋黄其实也是一味中药，即鸡子黄，具有滋阴润燥、养血息风的作用。《伤寒论》所载黄连阿胶汤，也用到了甘润的鸡子黄来滋阴安神。随着年龄增大，伍炳彩认为，高血压埋下的中风隐患是不能忽视的。因此平日里，他总会取一些丹参研磨打粉，再冲水服下，每次 3 ～ 4g，每天 1 次，以此来养血化瘀，防治中风。

伍炳彩一直保持着早睡早起的习惯。无论工作多么繁忙，他一定会在晚上 11 点钟睡觉。每天中午，他也会小憩一刻钟。子时和午时都是阴阳交替之时，也是人体经气"合阴"与"合阳"的时候，睡好子午觉，有利于人体养阴、养阳。

但因为长期久坐，他患上了静脉炎。因此也养成了睡前温水泡脚一刻钟的习惯。冬天泡脚，暖身暖心，夏天泡脚，暑湿可去。伍炳彩曾说，泡脚水温度最好不要超过 40℃；泡脚时间最好选择在晚上临睡前，以 15 ～ 20 分钟为宜。

只要有空他就会自己按摩太阳穴、合谷、风池、三阴交、足三里、涌泉等，每处每次按 5 分钟。伍炳彩说："常按揉足三里穴，不但能补脾健胃，还有助于消除疲劳，恢复体力。"三阴交为足太阴脾经、足少阴肾经、足厥阴肝经三条足部阴经交会之处，经常按摩可调治脾胃虚弱之消化不良、腹胀腹泻、全身水肿、眼袋浮肿、小便不利、失眠等。涌泉穴是足少阴肾经的常用腧穴之一，推搓涌泉穴俗称"搓脚心"，能防治各种疾病，尤其是老年性哮喘、腰腿酸软、便秘等，效果较明显。伍炳彩还十分重视感冒的预防。

在预防感冒方面，他推荐玉屏风散和防己黄芪汤，"后者效果更佳，因为能减除湿气"。防己黄芪汤具体配伍如下：防己 12g，黄芪 15g，甘草（炒）6g，白术 9g。黄芪甘温，内补脾肺之气，外可固表止汗，为君药；白术健脾益气，助黄芪以加强益气固表之功，为臣药；佐以防风走表而散风邪，合黄芪、白术以益气祛邪。且黄芪得防风，固表而不致留邪；防风得黄芪，祛邪而不伤正，有补中寓疏，散中寓补之意。

远离湿气，疾病不扰：伍炳彩认为，要想远离疾病，一定要远离湿气。人体湿气分内湿和外湿，南方多以外湿为主，北方以内湿为主。淋雨、晨练露水较多、出汗后马上洗澡等，都易造成外湿侵入人体。因此外出时备好雨伞，晨练时带条毛巾及时擦汗，抹干身体休息片刻再沐浴，保持室内通风，勤换衣物，都有助于防止外湿入侵。而内湿的形成主要是因为摄取的营养物太多，难以消化，化为湿气，因此要减少牛蛙、鱼类等高蛋白食物的摄入。

同时建议平日可多吃茯苓饼、薏苡仁、山楂等。伍炳彩还介绍了一个祛湿经典方：参苓白术散。莲子肉、薏苡仁、砂仁、桔梗各 50g，白扁豆 75g，白茯苓、人参、炙甘草、白术、山药各 100g，研磨成粉，冲水服用，一次 6～9g，一日 2～3次，能健脾胃，益肺气。适用于脾胃虚弱、食少便溏、气短咳嗽、肢倦乏力之人。

心态豁达，恬淡虚无："心情忧虑也会导致高血压，我年轻时就压力大，心情太紧张而患上了高血压。"患有高血压几十年来，伍炳彩靠着两剂秘方调理身体，血压一直相对稳定。一剂是汤药，一剂是心药。汤药是名方六味地黄汤，熟地黄 15g，山茱萸肉、山药各 12g，牡丹皮、泽泻、茯苓各 10g。共煎，去渣，取汁，每天 1 剂，分两次服，这剂药方对肾阴虚患者有所助益。

而另一剂心药，则是恬淡虚无的心态。中医学认为，人的五志（怒、喜、思、悲、恐）与五脏是有联系的，心在志为喜，肝在志为怒，脾在志为思，肺在志为忧，肾在志为恐。五种情志过甚也会伤及五脏，所谓怒伤肝、恐伤肾等，并通过生理变化表现出来。他在临床上曾提出"因病致郁，因郁致病"的观点。他认为治病需治情，调达情志对于疾病的恢复以及保持身体健康状态有着极大的帮助。

伍炳彩一生不追名逐利的豁达心态让他始终保持着好的情绪。遇到任何事都可以泰然处之的这份淡然，让他可以始终保持乐观积极的状态，这也是他健康长寿的平凡的"秘诀"。

八、传道之术

（一）人才培养方法

伍炳彩十分注重中医的传承和人才培养工作。作为国医大师、全国老中医药专家学术经验继承工作指导老师和硕士、博士研究生导师，他长期坚持本科生、硕士研究生的临床带教和基层医生的进修指导。三尺讲台是伍炳彩钟爱的地方。每次教学或学术讲座前，伍炳彩都会花上很多时间认真备课，把医案化为课堂上一个个生动的临床案例。

伍炳彩觉得所谓大医不仅要精于术，更要仁于心、诚于道。中医药教育要将"立德树人"根本任务与"大医精诚"的价值观相融合，以立德为根本，以树人为核心，以精诚为价值取向。遵循中医药发展规律，培养具有中医药思维，传承精华、守正创新的中医药高素质人才是中医药人才培养的关键。早临床、多临床，用中医思维解决问题，这是伍炳彩"传帮带"的金科玉律。伍炳彩通过传授自己的为人从教行医经验，帮助学生们树立中医文化自信，树牢中医辨证思维，树起中医从业信念，树强济世为民品格。伍炳彩的言传身教，让很多学生都感叹受益终身。

作为全国老中医药专家学术经验继承工作指导老师，他带教的学生不下千人，培养了一大批热爱中医事业的青年学子，很多学生已经成为中医药骨干人才，为中医药事业的传承发展做出重要贡献。

（二）人才培养成果

伍炳彩主要学术经验继承人：刁军成、蒋小敏、伍建光等。

刁军成：江西省名中医，第五批全国老中医药专家学术经验继承工作指导老师。蒋小敏：江西省名中医，第五、六、七批全国老中医药专家学术经验继承工作指导老师，全国优秀教师。伍建光：第三、四批全国名老中医药专家学术经验继承工作继承人。

国医大师伍炳彩传承工作室自成立以来，工作室团队以五脏相关理论为主线，系统收集整理国医大师伍炳彩临证医案，总结了伍炳彩"本脏所居，本经所循，本脏所主器官症状，脉象"的杂病诊治框架。在此框架指导下凝练了伍炳彩湿病诊疗的框架性方案。深化了伍炳彩"因病致郁，因郁致病"的观点，明确了伍炳彩水饮致病理论，指出了《金匮要略》中水饮与肺痈的关系及临床应用方法，整理完成了伍炳彩对心悸的诊疗经验。

伍炳彩学术传承谱

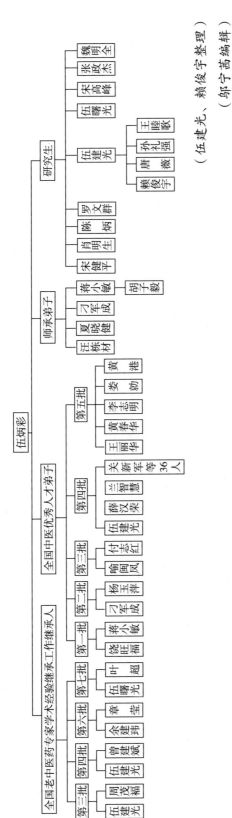

伍炳彩

全国老中医药专家学术经验继承工作继承人
- 第三批：周茂福、伍建光
- 第四批：曾建斌、伍建光
- 第六批：章莹、余建琦
- 第七批：叶超、伍曙光

全国中医优秀人才弟子
- 第一批：饶旺福、蒋小敏
- 第二批：习军成、杨玉萍
- 第三批：喻闽凤、付志红
- 第四批：伍建光、薛汉荣、兰智慧、关新军 等36人
- 第五批：王丽华、黄春华、李志明、娄劼、黄港

师承弟子：汪栋材、夏晓健、习军成、蒋小敏（胡子毅）

研究生：宋健平、肖明生、陈炳、罗文群、伍建光（王睦歌、孙礼强、唐薇、赖俊宇）、伍曙光、宋高峰、张政杰、魏明全

（伍建光、赖俊宇整理）
（邬宁茜编辑）

刘嘉湘

刘嘉湘（1934— ），福建福州人，中共党员。上海中医药大学及其附属龙华医院终身教授、主任医师、博士研究生导师、首届中国中医科学院学部委员。现任国家中医临床研究（恶性肿瘤）基地首席专家，全国中医肿瘤医疗中心主任，世界中医药学会联合会肿瘤专业委员会副会长等。全国老中医药专家学术经验继承工作指导老师，国家中医药管理局中医药传承博士后合作导师，全国中医临床优秀人才研修项目指导老师，上海市名中医。先后荣获全国中医药杰出贡献奖、全国卫生先进工作者（2次）、全国第三届白求恩式好医生、上海市劳动模范（2次）等多项荣誉称号。享受国务院政府特殊津贴。2017年被授予第三届"国医大师"称号。

他倡导中医"扶正治癌"理论和方法。建立肺癌中医辨证分型与疗效评价标准。研制治疗肺癌的金复康口服液、提高癌症患者免疫功能的正得康胶囊，首创治疗癌性疼痛的中药外用贴剂蟾酥膏（蟾乌巴布膏）等三个中成药，均被国家药品监督管理局批准为国家中药新药，均已生产。"扶正治癌"系列研究，先后获卫生部、教育部、国家中医药管理局、上海市等省部级科技成果奖15项（其中一等奖5次，二等奖8次），发表论文170余篇，被引用4000多次。先后培养硕士研究生、博士研究生34名，传承博士后、全国老中医药学术经验继承班等各级各类人才40余名。其中，培养全国名中医1名、上海市名中医5名。

一、学医之路

1949 年 12 月年仅 15 岁的刘嘉湘考入福建省军区医务学校，因抗美援朝的需要，提前学完两年课程，于 1950 年 12 月毕业后在部队任助理军医，从事西医临床工作。部队驻扎在海防前线，气候潮湿，不少战士得了关节炎和胃炎，因药品供应十分有限而得不到很好的治疗。1952 年，一个偶然的机会，刘嘉湘在霞浦县城的新华书店翻阅到朱琏编著的《新针灸学》一书，书中中医针灸穴位图谱与人体解剖学相结合，引起了刘嘉湘极大的兴趣，便买回来研读。然而，光有书没有针灸用具不行，后来刘嘉湘在《健康报》上了解到苏州中国承淡安针灸研究社售卖针灸用具，便用仅有的津贴费邮购了针具、艾绒和讲义，回来照着书本先在自己身上扎针，有了把握后才用针灸给战士治疗各种病症，屡获奇效，解决了当时药品缺少的难题，之后刘嘉湘又买了《针灸大成》等书自学。1955 年刘嘉湘加入中国共产党。1956 年刘嘉湘如愿考入上海中医学院六年制医疗系本科，成为新中国首批中医高等院校学生，有机会系统学习中医理论。刘嘉湘白天上课，晚上教室熄灯后，他还在课堂边的楼梯路灯下复习功课，课余时间还要去图书馆阅读课堂外的中医经典医籍及杂志，充实上课内容。功夫不负有心人，刘嘉湘取得了优异的学习成绩。在临床实习过程中，刘嘉湘抓住机会跟随刘鹤一、程门雪、黄文东、陈耀堂、张伯臾等名老中医临诊抄方，学到了许多书本上学不到的知识。1960 年，上海中医学院根据卫生部指示，培养中医事业接班人，决定从在读学生中选拔品学兼优者进行重点定向培养，刘嘉湘等 3 名共产党员学生被选中调至中医内科教研组参加备课、听课与辅导工作，并参加在上海大厦召开的第一版全国统编教材中医内科学的编写和审稿会议。同年，他们还被上海中医学院党委派到上海市第十一人民医院（曙光医院前身），拜师孟河医派传人张伯臾教授门下。当时党委林其英书记要求他们在半年内要基本继承张老的学术思想和临床经验。在侍诊张伯臾老先生期间，他们白天忙于临床抄方学习，晚上查找资料，分门别类整理病证、脉案、方药以及写出侍诊体会，同时还要精读老师推荐的书籍。刘嘉湘珍惜来之不易的学习机会，由于勤学善问，刻苦钻研，刘嘉湘等深得张老喜爱。张老亲自教授中医内科疑难杂病和肿瘤的辨治经验，为刘嘉湘从事中医内科及中医肿瘤临床工作打下扎实的基础。刘嘉湘还跟随临床大家黄文东、顾伯华、陈耀堂等学习内外科杂病的诊治经验。他还随诊妇科大家庞泮池，学习其辨证治疗妇科疾病及肿瘤疾病的经验，可以说庞泮池老师是他研究中医药治疗肿瘤的启蒙老师。这些临床大家丰富的学术思想和诊疗经验、精湛的医术、严谨的治学态度、高尚的医德在刘嘉湘内心打下深深烙印，成为刘嘉湘一生宝贵的财富。而大量晚期癌症患者带着精神和肉体上的痛苦寻求中医药治疗后常常获得症状改善、生命延长的效果，更增添了刘嘉湘对中医药治疗恶性肿瘤的信心，为刘嘉湘的抗癌人生奠定了坚实基础。

二、成才之道

走过了半个多世纪中医药抗癌之路并取得卓越成就的刘嘉湘总结了几点成才体会，供后学者借鉴。

（一）高尚的医德是良医必备的基本条件

"作为一名医生一定要时刻把患者的病痛放在心上，不分高低贵贱，一视同仁"，刘嘉湘是这么说的，也是这么做的。20世纪80年代，目睹癌症患者的病痛，刘嘉湘从患者将中药捣烂外敷痛处的民间方法中受到启发，将具有活血化瘀、消肿止痛作用治疗癌痛的经验方研制成外用新型橡皮膏——蟾酥膏，经过反复临床试验，有效率达93%，连续使用无成瘾性和毒副作用，受到患者的欢迎。刘嘉湘常对学生和弟子说："是患者教会了我如何做医生，患者是我的老师，他们因为信任而来求诊，把各种病痛和治疗方法（包括民间偏方验方）告诉医生，反映用药后的感受，丰富了医者的临床经验。所以，作为医生，我们应该常怀感恩之心对待每一位患者，无论他是平民百姓还是高官显爵，也不论是耄耋老人还是天真幼童，为医者应该时刻把患者健康放在首位，这样工作才会有动力。"

（二）对事业的追求要有坚韧不拔的精神

自20世纪60年代，刘嘉湘就下定决心要从中医学宝库中探索有效的治疗方法，刘嘉湘将全部时间和精力投入到学习和工作中。就拿门诊一项工作来说，最忙的时候刘嘉湘从早上8点一直看到下午3点才草草吃点午饭，下午继续看诊，晚上9点多才下班，最多一天看了307个号，回到家里还要对白天看的病种一一回顾，查资料、翻古籍。因为有收获，几十年如一日这样做，刘嘉湘并不感到苦和累。20世纪90年代刘嘉湘动了两次大手术，但未曾放弃工作，而今耄耋之年的刘嘉湘一周工作还是安排得很充实，晚上常常工作学习到十一点多，刘嘉湘对中医肿瘤事业的孜孜以求和持之以恒都源于他具备的坚忍不拔的精神。

（三）严谨的治学态度是成功的保证

刘嘉湘非常强调学术的严谨性，他常告诫弟子：医学是人命关天的事，来不得半点马虎。无论医德、医风还是专业技术他的要求都很严格，几近苛刻。学生的文献综述、课题标书、开题报告、论文撰写都要经过他逐字逐句的修改，哪怕是一个标点符号、一个字眼都不放过，更不用说他对数据准确性和结论科学性的把握了，不到最后时刻不交卷，不改到最满意程度不休息，这是他一贯的工作作风，正是这种一步一个脚印的严谨治学态度影响了一批又一批学生，"严师出高徒"是他教学成果的最好诠释。

（四）勤求古训，博采众长

作为一名优秀的中医医生必须具备扎实的中医理论基础、缜密的临床思维和高超的临床技能，既要注重中医药经典理论的学习，又要有充分的临床实践体验，除了要熟读《黄帝内经》《伤寒论》《金匮要略》《温病条辨》等经典外，还要熟悉《汤头歌诀》，多看医案，如《叶天士医案》《丁甘仁医案》《柳选四家医案》等对临床病症多有独到阐述。同时，要在院校教育的基础上结合师承教育，重视继续教育，尽可能多跟一些名师、名家，吸取各家所长，这样才能厚积薄发，在继承的基础上有所创新。

（五）重视科研及成果转化

刘嘉湘体会到，做个好医生不容易，要在繁忙的临床工作中做个有心人，善于发现问题，不断总结经验，而且要举一反三、触类旁通，既要提高临床水平，还要提升科研能力，在总结中找准研究方向进行深入探索，通过科学研究反复验证、探明机制，为临床疗效提供有力的佐证。同时，还要重视科研成果转化，科研是第一生产力，中医药事业要发展只有定下心来切切实实地把疗效机制研究清楚，踏踏实实地研制出疗效明显的中药制剂，才能使世人信服，彰显中医药治疗的特色和优势，促进中医药走向世界，造福更多患者。

三、学术之精

刘嘉湘传承中华文明独特的健康观、疾病观，融汇中西医学精华，坚持守正创新，创立了道、法、术、理完备的"扶正治癌"学术思想体系。"扶正治癌"之"道"为"以人为本，人瘤并重"，明确了癌症治疗的目标是提高患者生活质量、延长生存期，同时也要积极控制，消减局部瘤灶，以利于人体抗癌能力的恢复；其"法"为"扶正治癌，辨证论治"，确立扶正为主的辨证论治法则在中医治疗肿瘤中的主导地位，以协助人体正气为主，佐以祛除邪毒，达到恢复机体阴阳平衡的目的，而无论扶正还是祛邪均当辨证；其"术"是"形神并调，内外兼治"，具体治疗方法上有机整合内治法和外治法，并重视心身调摄达到扶正目的；其"理"为"调控免疫，精准治癌"，即扶正方药通过调节机体细胞免疫功能，抑制肿瘤细胞增殖，诱导肿瘤细胞凋亡等作用机制，达到控制肿瘤、维护机体抗病能力的效果。其学术思想的核心内容具体表述如下：

（一）扶正为主，培植本元

《内经》云"正气存内，邪不可干"，"邪之所凑，其气必虚"。《诸病源候论》载有："积聚者，由阴阳不和，腑脏虚弱，受于风邪，搏于腑脏之气所为也。"《外证医案汇编》指出："正气虚则成岩。"《医宗必读》提出："积之成者，正气不足，而后邪气踞之。"明确指出正气虚弱是积聚类病证发病的主要因素。20世纪60年代，刘嘉湘从历代医籍中受到启发，又重新整理跟师张伯臾、庞泮池、陈耀堂等老师的学习笔记，并结合自身临床经验，认为恶性肿瘤的形成主要是由于正气不足，阴阳失衡，脏腑功能失调，机体抗病能力下降，内外邪毒乘虚内蓄于脏腑经络，导致气滞、血瘀、痰凝、毒聚的病理变化，并相互胶结，日久形成局部瘤块。肿瘤是一种全身属虚、局部属实的本虚标实病证，正气虚损是肿瘤发生发展的根本原因和病机演变的关键，邪毒结聚是形成肿瘤的外在条件，而癌瘤只是全身性疾病的局部表现，治疗肿瘤不能"只见局部，不见整体""治癌不治人"，而应"以人为本""除瘤存人""人瘤共存"。刘嘉湘指出，扶正治癌就是在辨证论治的原则指导下，选用治疗虚损不足的中药，培植本元，调节人体的阴阳气血和脏腑经络的生理功能，增强机体内在的抗病能力，提高免疫功能，祛除病邪，抑制癌肿发展，缓解病情，提高生存质量，延长生命，甚至达到治愈的目的。

（二）扶正祛邪，相得益彰

祛邪法指清热解毒、软坚散结、活血化瘀、以毒攻毒等攻邪杀瘤的治疗方法，广义而言也包括西医手术、放疗、化疗、靶向治疗。

刘嘉湘主张肿瘤治疗扶正是根本，"扶正之中寓祛邪""祛邪之意在扶正"，扶正与祛邪相辅相成，相得益彰，不可偏废。临证需谨守病机，抓住主要矛盾和矛盾的主要方面，处理好扶正与祛邪的辩证关系，立足于扶正，佐以祛邪，使两者有机结合，这样才能紧紧掌握治疗的主动权，达到"治病留人"的目的。他反对一见肿块

（肿瘤），就滥用破气破血或大苦大寒之品一味攻伐，只图一时之快，不顾正气损伤。同时主张中西医结合优势互补，最大程度提高临床疗效，维护生活质量，延长生命。

（三）辨证为要，务求精准

扶正法虽属"补法"范畴，但不是补益药的简单堆砌，更不是不分阴阳、气血面面俱到的"十全大补"，而是根据患者临床症状、舌苔、脉象、病程长短、病变范围等情况，分清患者体质之阴阳虚实，辨明脏腑气血之盛衰，有针对性地补其不足，以调整阴阳平衡，恢复脏腑经络生理功能，则正气自复。祛邪也不是一味地应用活血化瘀、清热解毒、以毒攻毒药物猛攻，而是根据肿瘤形成和发展的病机变化、病理产物的形成有的放矢地择用药物以祛除邪实。刘嘉湘强调"有是证用是药"，临床辨证要紧扣病机，细腻精准。肿瘤患者病机复杂、病情变化多端，辨正虚除了辨清气血阴阳的虚损情况，还要落实到具体脏腑，辨邪实当分清是气滞、血瘀、热毒还是痰凝，抑或兼而有之。

（四）辨证与辨病结合

肿瘤是一种具有独特病理表现与病理过程的疾病，治疗时常在辨证论治的基础上根据肿瘤的部位、TNM 分期、病理类型、病程长短等情况加以辨病治疗。针对不同部位的肿瘤，根据现代药理实验和临床经验酌情应用软坚散结、清热解毒、理气化瘀等祛邪中药，以提高对瘤灶的控制。肺癌常选用石上柏、石见穿、白花蛇舌草、七叶一枝花、蜀羊泉等；胃肠肿瘤常用野葡萄藤、藤梨根、红藤、苦参、半枝莲等；肝癌常用半枝莲、岩柏、漏芦、白花蛇舌草、夏枯草、生牡蛎等；泌尿及生殖系统肿瘤常用土茯苓、龙葵、蜀羊泉、白花蛇舌草等；脑瘤常用的有蛇六谷、生天南星、夏枯草、海藻、生牡蛎等。在疾病不同治疗阶段辨病治疗策略也有所调整，放化疗中以维护正气为主，清热解毒、软坚散结、活血化瘀之品应酌情慎用或少用；未行放化疗或放化疗结束者仍以扶正为主，但祛邪的药味、药量可以适当增加。这样，既辨证又辨病，使辨证与辨病有机结合，从而进一步提高临床疗效。

（五）扶正培本，重视脾肾

肿瘤患者经过多种攻邪疗法（手术、放化疗等）易损伤正气，以损脾肾两脏为主，常出现脾气虚、脾肾阳虚、肾气虚、肾阴虚、肾阳虚、阴阳两虚等证。刘嘉湘在扶正培本时十分重视扶脾益肾，调补脾肾是刘嘉湘最常用的扶正培本治法之一，在具体应用时有益气健脾、健脾温肾、温肾壮阳、健脾温阳利水、温肾滋阴、益肾填精等诸多法则。益气健脾时常配合温肾阳以暖脾阳；补肾阴时伍用淫羊藿、肉苁蓉以阳中求阴，使"阴得阳升则源泉不竭"；补肾阳时伍以地黄、首乌、枸杞子、女贞子、山萸肉、黄精或血肉有情之鳖甲、龟甲等，使"阳得阴助则生化无穷"。其以健脾补肾法为主治疗恶性肿瘤 115 例，大多数患者临床症状得到改善，生存质量提高，病灶稳定，部分患者病灶缩小，少数患者病灶消失达到临床治愈，经寿命表法统计治后 1 年生存率达 95.5%，3 年生存率达 72.59%，5 年生存率达 53.07%，10 年生存率达 28.24%。

（六）善抓主症，重视舌脉

刘嘉湘十分注意望、闻、问、切的四诊合参，善于抓住主要症状进行辨证。阴虚证以口干，舌质红或绛，苔少或光剥无苔为主症；脾气虚证以神疲乏力，纳呆，腹胀，便溏，舌淡，舌边有齿印为主症；气阴两虚证以气短乏力，口干不多饮，舌淡红或红有齿印、体胖为主症；动则气促，口干不多饮，腰酸畏寒，夜间尿多，舌质淡红或黯，脉沉细为阴阳两虚证的主要表现。局部肿块或瘰疬、痰核属于痰毒凝滞之症；胸脘胀闷，攻窜作痛常为气滞证的主要表现；疼痛固定，如针刺刀割为血瘀证。

刘嘉湘临证重视舌诊和脉诊，认为观舌质可晓正气盛衰，察舌苔可知邪毒深浅，以脉测证，常可对脏腑功能、寒热虚实做出准确判断。望舌时常用手指触摸患者舌苔，了解其润燥，判断津液之盈亏。为外国友人或幼儿诊治时由于语言交流存在一定障碍，他往往通过三部九候仔细的脉诊得到诊断依据，给予相应的辨证方药。恶性肿瘤病势缠绵，病情危重，常常变生他证，刘嘉湘每每从舌质、舌苔、脉象的细微变化来洞悉证型的转变，主症和舌脉灵活取舍，及时改变治则治法，调整方药，使机体达到新的平衡，因而取得理想的疗效。

四、专病之治

刘嘉湘从整体观出发，坚持以扶正为主治疗恶性肿瘤，擅治肺癌、胃癌、肠癌、肝癌、脑瘤等各种恶性肿瘤，医术精湛、声名远扬，兹介绍部分常见肿瘤辨治经验如下：

（一）肺癌

1. 对病因病机的认识

（1）正虚为本，邪实为标

刘嘉湘认为肺癌的发病多由长期劳倦过度、饮食不节、情志不畅等因素而致人体正气虚损，阴阳失衡，卫外不固，六淫之邪、四时不正之气或烟毒秽浊之气乘虚入肺，导致肺脏功能失调，肺气膹郁，宣降失司，气机不利，血行受阻，津液失于输布，津聚为痰，痰凝气滞，瘀阻络脉，痰气瘀毒胶结，日久形成肺部积块，正如《杂病源流犀烛·积聚癥瘕痃癖源流》所谓："邪积胸中，阻塞气道，气不得通，为痰，为血，皆得与正相搏，邪既胜，正不得制之，遂结成形而有块。"由于肺为娇脏，喜润而恶燥，邪毒郁肺化热，最易耗气伤阴，故肺癌的虚以气虚、阴虚、气阴两虚为主，实则不外乎气滞、血瘀、痰凝、毒聚的病理变化。

（2）正不胜邪，变生他证

肺积既成，邪毒内蕴，进一步损伤人体正气，晚期肺癌患者正虚尤为显著；清热解毒、软坚散结、活血化瘀、以毒攻毒等峻烈攻邪药物多属苦寒之品，有碍胃之弊，长期服用易致脾胃功能受损，运化失司，气血生化乏源，使正气更虚；手术、放化疗、靶向治疗属于"攻邪"范畴，术后元气受伤，放疗灼伤阴液，化疗损伤脾肾，靶向药物致热毒内蕴耗气伤阴，均可导致人体正气不足。由于患者抗病能力低下，正不胜邪，加之癌毒易于走窜，极易变生他证，常常淫筋蚀骨、侵犯肝脑心包，发生远处转移，致病情进展，严重者甚至危及生命。

肺癌病位在肺，与脾肾两脏关系密切。病机特点为因虚得病、因虚致实、因虚变生他证，正虚为病之本，邪实为病之标，是一种全身属虚、局部属实、虚实夹杂的病证。

2. 扶正为主兼顾祛邪，辨证分型论治

中医提倡"治病必求其本"，刘嘉湘认为肺癌的治疗首先要根据患者的症状、体征、舌象、脉象、病理类型，结合年龄、病程长短、吸烟史、体重变化等情况，分清虚实，然后以扶正为主，祛邪为辅原则立法处方，临床分以下证型进行辨证治疗：

（1）阴虚内热证

症状：咳嗽，无痰或少痰，或咳泡沫痰，或痰中带血，口干，气急，胸痛，低热，盗汗，心烦失眠，舌质红或红绛，少苔或光剥无苔，脉细数。

治法：养阴清肺，软坚解毒。

方药：养阴清肺消积汤加减。

南沙参 30g，北沙参 30g，天冬 15g，麦冬 15g，百合 9g，杏仁 9g，鱼腥草 30g，百部 12g，全瓜蒌 30g，薏苡仁 30g，冬瓜子 30g，八月札 15g，石见穿 30g，石上柏 30g，白花蛇舌草 30g，苦参 12g，干蟾皮 9g，夏枯草 12g，生牡蛎 30g。

加减：若见痰血加仙鹤草 30g，生地榆 30g，白茅根 30g；低热加银柴胡 30g，地骨皮 30g；夜寐不安加酸枣仁 12g，合欢皮 30g，夜交藤 30g；盗汗加糯稻根 30g，浮小麦 30g。

（2）脾虚痰湿证

症状：咳嗽痰多，胸闷气短，纳少，大便溏，神疲乏力，面色㿠白，舌质淡胖，有齿印，苔白腻，脉濡缓或濡滑。

治法：益气健脾，肃肺化痰。

方药：六君子汤合导痰汤加减。

党参12g，白术9g，茯苓15g，陈皮9g，半夏9g，生天南星15g，杏仁9g，百部12g，山海螺30g，石见穿30g，石上柏30g，龙葵15g，薏苡仁30g，紫菀12g，款冬花12g，焦山楂9g，焦神曲9g。

加减：若痰多加白芥子9g，天浆壳15g；纳呆，舌苔厚腻加苍术9g，川厚朴9g；便溏肢冷加补骨脂12g，胡芦巴15g，菟丝子12g。

（3）气阴两虚证

症状：咳嗽少痰，咳声低弱，痰血气短，神疲乏力，自汗或盗汗，口干不多饮，舌淡红，有齿印，苔薄，脉细弱。

治法：益气养阴，清化痰热。

方药：四君子汤合沙参麦冬汤加减。

生黄芪15g，生白术9g，北沙参15g，天冬15g，麦冬12g，杏仁9g，百部12g，瓜蒌皮15g，生天南星15g，五味子6g，石见穿30g，白花蛇舌草30g，夏枯草12g，川贝母9g。

加减：若偏阴虚加女贞子9g，西洋参12g；偏气虚加生晒参6g，太子参9g；痰黄加桑白皮9g，黄芩9g，野荞麦根30g。

（4）阴阳两虚证

症状：咳嗽气急，动则喘促，胸闷，耳鸣，腰酸膝软，夜间尿频，畏寒肢冷，神疲乏力，舌质淡红或黯，苔薄白，脉细沉。

治法：滋阴温肾，消肿散结。

方药：沙参麦冬汤合赞育丹加减。

北沙参15g，天冬9g，生地黄15g，仙茅9g，淫羊藿12g，锁阳9g，肉苁蓉9g，川贝母9g，山豆根9g，熟地黄12g，王不留行9g，石上柏30g，石见穿30g，芙蓉叶30g，蚕蛹12g，薜荔果15g。

加减：若气急明显可加蛤散3g（分2次吞服），紫石英15g，菟丝子12g；肾阳虚肢冷加附子6g。

（5）气滞血瘀证

症状：痰中有血，色暗红或褐色，胸闷、胸胁胀痛或剧痛，痛有定处，颈部及胸部青筋显露，大便干结，唇甲紫黯，舌质黯红或青紫，有瘀斑或瘀点，苔薄黄，脉细弦或涩。

治法：理气化瘀，软坚散结。

方药：复元活血汤加减。

桃仁 9g，王不留行 15g，丹参 12g，三棱 9g，莪术 9g，蜂房 9g，八月札 15g，川郁金 9g，全瓜蒌 30g，生鳖甲 15g，夏枯草 15g，海藻 12g，昆布 12g，山豆根 9g，石见穿 30g，白花蛇舌草 30g，山慈菇 15g，生牡蛎 30g。

加减：痰血鲜红去桃仁、丹参、王不留行，加仙鹤草 30g，生地榆 30g，茜草根 30g，参三七 6g；头面部肿胀加生黄芪 15g，防己 15g，车前子 30g，桂枝 6g，茯苓 30g；疼痛甚加延胡索 30g，没药 9g，乳香 9g，徐长卿 15g。蟾乌巴布膏贴于痛处或内服新癀片 4 片，1 日 3 次。

肺癌早中期多见脾虚痰湿证、气阴两虚证，晚期多见阴虚内热证、阴阳两虚证、气滞血瘀证。在疾病过程中，各证型之间可相互转化，互相兼见。脾虚痰湿证可因痰气互阻、血行不畅而兼见气滞血瘀证。气滞血瘀证也可兼见于气阴两虚或阴阳两虚等证。一般疾病初期气虚证表现甚于阴虚，病久热毒伤阴劫液，则阴虚证表现越来越明显，可因阴损及阳而转化为阴阳两虚证。

3. 中西医结合分阶段治疗特色凸现

（1）中医与手术结合

肺癌手术后仍存在复发转移风险，中医药康复和防复发转移治疗显得尤为重要。刘嘉湘根据术后正虚邪恋的病机特点，确立扶正为主兼顾祛邪的治疗方案。扶正方面视机体气、血、阴、阳之不足有针对性地补益纠偏，使气血充盈调和，阴阳平秘；祛邪方面则结合具体病邪特点予以化痰软坚散结、清热解毒、活血化瘀等法清除余毒。

术后气血两虚者以补益气血为治，代表方剂如六君子汤、当归补血汤、归脾汤等，常用药物如人参、党参、黄芪、当归、龙眼肉、白术、甘草、茯苓等。强调补益时注意补中寓通、补而不滞，切忌呆补，临床常配伍藿香、苏梗、木香、青皮、陈皮、佛手、香橼皮、谷芽、麦芽、鸡内金等行气助运。气阴两虚证患者以益气养阴清热为主，代表方剂如生脉散合沙参麦冬汤，常用药物如太子参、西洋参、北沙参、麦冬、五味子、生地、石斛、天花粉等。术后营卫不和，表卫不固见自汗者，以调和营卫，益气固表止汗为主，常用桂枝加龙骨牡蛎汤、玉屏风散、牡蛎散等方剂，常用药物有桂枝、白芍、大枣、五味子、生黄芪、煅龙骨、煅牡蛎、瘪桃干、麻黄根等。

（2）中医与化疗结合

化疗药会产生不同程度的毒副作用，造成机体损伤，限制疗效的进一步提高。

刘嘉湘主张以人为本，病证结合，通过理气和胃、补气养血、养阴清热、益肾健脾等发挥扶正培本、平衡阴阳的作用，酌情结合软坚化痰、理气化瘀、清热解毒的中药，通过祛邪维护正气。

恶心呕吐是化疗最常见的不良反应，常伴有呃逆、不思饮食、口干口苦、痞满腹胀等，乃因湿浊阻滞、脾胃不和所致，常采取运脾化湿，和胃降逆法，代表方剂有旋覆代赭汤、橘皮竹茹汤、小半夏汤、丁香柿蒂汤、苏连饮等，常用药物如旋覆花、代赭石、半夏、生姜、苍术、白术、陈皮、竹茹、丁香、柿蒂、刀豆子、砂仁等。化疗引起的骨髓抑制符合药毒内侵、脾肾受损、髓亏血枯的病机，治以健脾益气养血、补肾填精为主，红细胞减少者在辨证论治的基础上酌情选用黄芪、党参、当归、鸡血藤、枸杞子、紫河车、阿胶、龙眼肉等；白细胞减少者可选用黄芪、黄精、女贞子、菟丝子、补骨脂、淫羊藿等；血小板减少者可选用花生衣、仙鹤草、鸡血藤、熟地、龟甲胶、鳖甲等。化疗后肝功能损害，在辨证治疗基础上加田基黄、垂盆草、茵陈、虎杖、平地木、枸杞子、女贞子等保肝降酶；肾功能损害酌情用健脾补肾，清利湿毒之品，如党参、白术、茯苓、薏苡仁、黄芪、红梅梢、淫羊藿、生甘草、泽泻、猪苓、车前子等。

（3）中医与放疗结合

放疗射线于人体属于"热毒"之邪，易伤阴耗气，出现口干，便结，干咳，气短，乏力等气阴两伤症状。在放疗同时辨证应用养阴益气生津、活血凉血解毒等治则，可以减轻放疗的毒副作用，一定程度上起到放疗增敏的功效，提高疗效。常用方剂如五味消毒饮、沙参麦冬汤、当归六黄汤、清骨散等。根据不同的放疗部位，遣方用药也有一定区别，如头颈部放疗者多表现为咽喉肿痛、口干、吞咽困难，治以养阴清热、生津解毒，常用北沙参、玄参、天花粉、生地、石斛、桔梗、蒲公英、金银花等；胸部放疗所致的放射性肺炎多表现为发热、咳嗽、少痰或无痰等肺燥阴亏之证，治以养阴清肺，常用药物如北沙参、玄参、天花粉、麦冬、生地、生石膏、桑叶、桑白皮、白芍等。

（4）中医与分子靶向治疗结合

肺癌患者靶向治疗中常见痤疮样皮疹、腹泻、口腔溃疡等不良反应，配合中医药治疗起到明显的减毒增效的作用。痤疮样皮疹辨证以风、湿、热为主，常用解毒、利湿、凉血、祛风治法，内服在辨证基础上酌情加用牡丹皮、苦参、白鲜皮、地肤子等，外用可选三黄洗剂、黄连素冷霜等外涂；靶向治疗药物可损伤脾胃致脾气虚弱、痰湿内生，湿热内蕴大肠失于传导则出现腹泻，常根据辨证灵活应用清热利湿的葛根芩连汤、健脾渗湿的参苓白术散、涩肠止泻的四神丸；对于口腔溃疡多责之药毒火热之邪侵犯心脾、耗伤气阴，在顾护气阴基础上，酌情选用导赤散、银翘散、交泰丸等，或在辨证处方中加生地、金银花、蒲公英、儿茶等以清热解毒敛疮。

4. 研究成果

1968 年起，刘嘉湘将中医药治疗肺癌列为重点研究课题，在临床实践中遵循以扶正培本为主，佐以祛邪的辨证论治原则，疗效不断提高。在国家"六五""七五""八五""九五""十一五"科技攻关项目、国家自然科学基金及上海市重大科研课题资助下，建立了肺癌中医辨证分型标准，指导临床治疗取得良好的疗效。进行大样本、随机、对照的临床研究，反复验证扶正法治疗肺癌的临床疗效，取得了可靠的循证证据。以扶正法治疗晚期肺癌疗效较好。先后获卫生部、教育部、上海市政府、国家中医药管理局等省部级科技成果奖 15 次（其中卫生部重大科技成果甲级奖及上海市重大科技成果奖各 1 次、一等奖 3 次、二等奖 8 次），并揭示扶正方药具有调控机体免疫、抑制肿瘤细胞增殖和凋亡的"双重作用"。例如承担的国家攻关课题就是以扶正法为主辨证治疗生存期短、预后差的晚期原发性肺腺癌 1 年、3 年、5 年生存率分别为 60.94%、31.86%、24.22%，生存期中位数为 417 天。并总结出中医扶正治癌的疗效特点：①明显延长生存期；②稳定病灶；③提高生存质量；④提高免疫功能；⑤结合化疗有增效减毒作用。在此基础上将生存时间、病灶、生存质量（KPS 评分、体重、症状）、免疫功能等用于中医治癌的疗效评价指标，初步建立肺癌中医治疗的疗效评价指标体系。他将科研成果转化为国家中药新药 3 项，转让给药厂生产，均已在临床广泛应用。其中包括肺癌中药新药金复康口服液、芪天扶正胶囊（正得康胶囊），国内外首创中药新型外贴治疗癌痛的蟾酥膏（蟾乌巴布膏）。

（二）胃癌

1. 对病因病机的认识

胃癌可归属于中医"噎膈""反胃""胃脘痛""癥瘕""积聚"等范畴。刘嘉湘认为其病机多为忧思过度，情志不遂，饮食不节，脾胃受损，运化失司，痰湿内生，气结痰凝所致。病久常可因气机郁滞，血行失畅，而致瘀血内结；脾胃损伤，宿谷不化，积而化热，耗伤胃阴，亦可因气郁日久化火伤阴；脾气虚日久致脾阳虚，且可损伤肾阳，故胃癌有气结、血瘀、热结、食积及脾胃虚寒之证。气滞可出现在胃癌各阶段，痰气交阻大多出现在胃癌中晚期，热结伤阴多见于胃癌晚期。胃癌病位在胃，与脾、肾、肝密切相关。

2. 胃癌的辨证治疗

胃癌早期多实证，肝胃不和者以疏肝和胃、降逆止痛为原则，瘀血内阻者以活血化瘀、清热解毒为原则。中期虚实夹杂，宜扶正和祛邪相结合。临床辨证论治如下：

（1）肝胃不和证

症状：胃脘胀满，胁肋疼痛，嗳气呕吐，心烦胸闷，纳谷不馨。舌淡红，舌苔薄白，脉弦细。

治法：疏肝理气，和胃降逆。

方药：柴胡疏肝散加减。

柴胡9g，枳壳9g，郁金9g，白芍9g，半夏9g，陈皮9g，八月札15g，藤梨根30g，野葡萄藤30g，鸡内金15g，炒麦芽30g，焦山楂9g。

（2）脾虚痰湿证

症状：胃脘胀痛，泛吐痰涎，口淡无味，腹胀，便溏，乏力肢软。舌淡红，舌苔白腻，脉濡滑或弦滑。

治法：健脾理气，化湿和胃。

方药：香砂六君子汤加减。

党参9g，炒白术9g，茯苓15g，陈皮9g，半夏9g，佛手12g，薏苡仁30g，砂仁3g，怀山药15g，焦山楂9g，神曲9g，野葡萄藤30g，菝葜15g，红藤15g，藤梨根30g，薜荔果15g，鸡内金9g。

（3）瘀毒内结证

症状：胃脘刺痛，触及肿块质硬，脘胀不欲食，呕血黑便，肌肤甲错。舌紫暗有瘀点瘀斑，舌苔薄，脉细弦或涩。

治法：活血化瘀，清热解毒。

方药：膈下逐瘀汤加减。

生蒲黄9g，五灵脂9g，当归9g，桃仁9g，丹皮6g，赤芍9g，郁金9g，香附9g，仙鹤草30g，延胡索15g，参三七6g，藤梨根30g，野葡萄藤30g。

（4）脾胃虚寒证

症状：胃脘隐痛，喜温喜按，或朝食暮吐，或便溏浮肿，肢冷神疲，面色苍白。舌质淡胖，舌苔白滑润，脉沉细或濡细。

治法：温中散寒，和胃健脾。

方药：理中汤合吴茱萸汤加减。

党参9g，白术9g，茯苓12g，高良姜6g，陈皮9g，姜半夏12g，荜茇9g，熟附子6g，干姜3g，甘草6g，白芍12g，吴茱萸6g，薜荔果15g。

（5）胃热阴虚证

症状：胃脘灼热，嘈杂疼痛，口干咽燥，形体消瘦，五心烦热，大便干燥。舌红或红绛，苔剥，少津，脉细弦或细数。

治法：养阴生津，清热解毒。

方药：益胃汤加减。

北沙参 15g，麦冬 12g，生地黄 15g，天花粉 12g，知母 9g，黄连 3g，石斛 12g，瓜蒌仁 15g，八月札 15g，延胡索 9g，川楝子 9g，徐长卿 15g，野葡萄藤 30g，藤梨根 30g，半枝莲 12g。

（6）气血两虚证

症状：面色无华，全身乏力，心悸气短，头晕目眩，虚烦不寐，自汗盗汗，纳少乏味，或有面浮肢肿。舌淡，少苔，脉细弱。

治法：补气养血，健脾益肾。

方药：十全大补汤加减。

黄芪 30g，党参 12g，白术 9g，茯苓 12g，当归 9g，熟地黄 12g，白芍 12g，枸杞子 12g，黄精 15g，枣仁 12g，淫羊藿 12g，制首乌 15g，人参 6g，陈皮 9g，甘草 3g。

3. 健脾理气解毒消积方治疗胃癌

刘嘉湘于 1966～1984 年以中医辨证治疗经剖腹探查病例确诊的 Ⅳ 期胃癌患者 58 例（44 例行姑息切除术，12 例行胃与空肠吻合改道术，2 例单纯探查术）。中医辨证属脾虚气滞，痰毒内结为主，以健脾理气解毒消积为基本方 [（太子参 9g，白术 12g，茯苓 15g，陈皮 9g，半夏 9g，八月札 15g，木香 9g，砂仁 6g，红藤 15g，藤梨根 30g，白花蛇舌草 30g，野葡萄藤 30g，菝葜 30g，白毛藤 30g，鸡内金 12g，生山楂 9g，壁虎 4.5g（焙干研粉，分 3 次吞服）]，随症加减。脾肾两虚者加党参、菟丝子、薜荔果；胃热伤阴加北沙参、麦冬、生地黄、川石斛、黄连等养阴清热药；肝胃不和加柴胡、白芍、枳壳、枸橘、降香、沉香曲等理气降逆药；有癥结者加夏枯草、海藻、马钱子、瓦楞子、生牡蛎等软坚散结药；呕血便血加仙鹤草、白及、生地榆、参三七等止血药；呕吐加旋覆花、代赭石、生半夏、荜澄茄；气血两虚加黄芪、人参、当归、炒白芍、枸杞子、阿胶。58 例晚期胃癌治后 1 年、3 年、5 年及 10 年生存率分别为 82.75%、46.94%、32.43% 及 27.8%，平均生存期为 40.6 个月，中位生存期为 26 个月，最长 1 例存活 33 年。

（三）肠癌

1. 对病因病机的认识

大肠癌在中医古籍文献中属于"脏毒""肠蕈""下痢""锁肛痔"等病证范畴。刘嘉湘认为，肠癌的发生是内因和外因共同作用的结果，其病因病机为正气不足、脏腑功能失调、脾胃运化失司，复因感受外邪、忧思郁怒、饮食不节，导致脾胃失和，湿浊内生，郁而化热，湿热下注，浸淫肠道，气机阻滞，血运不畅，瘀毒内停，痰、湿、瘀、毒互结，日久形成积块而发病。病久进一步耗伤正气，致脾肾阳虚、气血亏虚。本病属于因虚致积，因积而更虚的病证。病位在肠，与脾、胃、肝、肾关系密切。湿热、火毒、瘀滞是病之标，脾虚、肾亏、正气不足是病之本，临床上往往虚实夹杂，标本互见。

2. 辨证分型论治

大肠癌辨治应在详细进行望、闻、问、切的基础上，分清病变脏腑，了解虚实情况，进行综合分析，合理遣方用药。在扶正方药基础上加用经药理筛选有抗癌或抑癌作用的清热解毒、利湿、理气、化瘀的中药以兼顾标本。具体辨治如下：

（1）湿热蕴结证

症状：腹痛阵作，里急后重，大便黏液脓血，肛门灼热，或发热，胸闷不舒，口苦，小便黄。舌红，苔黄腻，脉滑数。

治法：清热化湿解毒。

方药：白头翁汤合槐角丸加减。

白头翁 30g，生薏苡仁 30g，黄柏 9g，红藤 15g，败酱草 30g，凤尾草 15g，苦参 12g，马齿苋 30g，白槿花 12g，槐花 12g，生地榆 30g。

加减：腹痛较甚可加延胡索 15g，枳实 9g；里急后重加白芍 12g，木香 9g，黄连 6g，甘草 6g；口干加生地黄 15g，牡丹皮 6g。

（2）瘀毒内阻证

症状：腹胀腹痛，痛有定处，腹块拒按，泻下脓血紫暗，里急后重，舌质紫黯，有瘀斑，苔薄黄，脉弦数或细涩。

治法：行气活血，化瘀解毒。

方药：膈下逐瘀汤加减。

当归 9g，赤芍 12g，红花 6g，桃仁 9g，莪术 9g，红藤 15g，白花蛇舌草 30g，儿茶 15g，木香 9g，枳实 9g。

加减：便血不止，去桃仁、红花，加三七 3g，槐花 15g，地榆 15g；腹部触及肿块，加夏枯草 9g，海藻 12g，昆布 12g，生牡蛎 30g；食欲不振，加生山楂 9g，莱菔子 15g，鸡内金 9g。

（3）脾虚气滞证

症状：腹胀纳呆，肠鸣窜痛，大便溏薄，倦怠乏力，面色萎黄，舌淡，苔白腻，脉濡滑。

治法：健脾理气，解毒。

方药：香砂六君子汤加减。

党参 12g，炒白术 9g，茯苓 15g，煨木香 9g，陈皮 9g，半夏 9g，八月札 15g，砂仁 6g（后下），沉香曲 9g，野葡萄藤 30g，蛇莓 30g。

加减：若脘腹作胀，腹部窜痛者，加厚朴 9g，乌药 6g；腹泻明显加怀山药 30g，白扁豆 15g，煨诃子肉 15g；畏寒肢冷加补骨脂 12g，胡芦巴 15g，炮姜炭 9g。

（4）脾肾阳虚证

症状：畏寒肢冷，大便溏薄，次数频多，腹痛喜按，腰酸膝软，面色苍白，倦怠乏力，舌质淡胖，苔薄白或腻，脉沉细或濡细尺弱。

治法：温补脾肾，理气解毒。

方药：参苓白术散合四神丸加减。

党参 12g，炒白术 9g，茯苓 15g，陈皮 9g，姜半夏 9g，煨木香 9g，炮姜炭 9g，肉豆蔻 9g，补骨脂 12g，吴茱萸 3g，乌梅 9g，儿茶 15g，野葡萄藤 30g，菝葜 30g，熟附子 6g。

加减：大便频数，久泻不止可加赤石脂 30g，禹余粮 30g，诃子肉 15g，升麻 15g，生黄芪 30g。

（5）肝肾阴虚证

症状：头晕目眩，腰酸耳鸣，低热盗汗，五心烦热，口苦咽干，大便燥结，舌质红，苔少或无苔，脉弦细或细数。

治法：滋养肝肾，清热解毒。

方药：一贯煎加减。

北沙参 15g，麦冬 12g，生地黄 15g，石斛 12g，女贞子 9g，瓜蒌仁 30g，枳实 9g，野葡萄藤 30g，半枝莲 30g，生首乌 30g。

加减：低热加地骨皮 15g，银柴胡 30g；大便燥结者加火麻仁 30g，郁李仁 15g。

（6）气血两虚证

症状：神疲乏力，面色苍白，头晕目眩，唇甲色淡，食欲不振，脱肛，舌质淡，苔薄，脉细无力。

治法：补气养血。

方药：八珍汤加减。

黄芪 30g，党参 12g，白术 9g，茯苓 12g，陈皮 9g，柴胡 9g，怀山药 30g，当归 9g，白芍 12g，升麻 9g，野葡萄藤 30g，藤梨根 30g，煨木香 9g，甘草 3g。

加减：若久泻不止，可加花蕊石 15g，赤石脂 30g，煨诃子 15g；便血加槐花炭 15g，侧柏叶 30g，生地榆 30g。

3. 诊治特色

（1）巧用"下""举""敛"三法

便秘和泄泻是大肠癌常见的两个症状，刘嘉湘应用"下""举""敛"等法治疗，收效良好。因湿毒蕴结大肠而致便秘或里急后重、腹胀腹痛等症状，根据"六腑以通为用"理论常用"下"法，即选用清热泻下、攻积导滞的生大黄、元明粉、枳实、瓜蒌仁等以达到荡涤湿热毒邪、清除宿滞瘀血、减轻局部炎症水肿的功效。大肠癌亦多见脾肾阳虚、中气下陷而致的泄泻，刘嘉湘临诊往往应用"举"法、"敛"法。"举"法选用益气升阳、温肾固脱的药物（如黄芪、党参、白术、桔梗、升麻、补骨脂、益智仁、菟丝子、煨肉果等）治之。"敛"法是选用具有收涩敛肠功效的药物（如乌梅、诃子、赤石脂、禹余粮等）治疗，达到涩肠敛泻的目的。"举""敛"之法在脾肾阳虚、中气下陷而致的泄泻患者中经常配合应用，相辅相成。应该注意的是，对于大肠癌见泄泻患者不能一概归之于虚，湿热下注，传化失常亦可致泻，故不能一味地用补益、收涩方法治泻，必须仔细辨证，分清寒热虚实。大便溏薄而不臭，伴有纳少、神疲、腰酸、畏寒、脉软者属于脾肾阳虚，运化失常，应采用"举""敛"法。对泄泻频作，泻而不爽，伴有里急后重、腹胀腹痛、肛门热灼、便脓血而恶臭者，则为湿热蕴结、气机不利所致，必须应用通因通用的原则，采用下法，使肠中蕴结之湿、热、毒、滞冲扫干净，不止泻而泻自止。

（2）中药内服与保留灌肠并举

刘嘉湘擅长应用中药内服与保留灌肠并用的方法治疗大肠癌，中药内服以调整全身气血阴阳失衡，提高机体抗病能力，达到稳定瘤灶的目的，配合中药保留灌肠，可使药物与癌灶直接接触，更好地发挥药效，可谓一举两得，双管齐下。保留灌肠的方法较适合直肠癌、乙状结肠癌，方法是将导尿管小心插入肿瘤所在部位，滴入每日中药煎剂的 1/3 量（约 200mL）并保留一段时间，一般以保留时间越长越好。部分消化道梗阻、恶心呕吐明显不能进食者可单用保留灌肠的方法进行中医药治疗。

4. 健脾理气清肠消肿汤治疗晚期大肠癌收效良好

刘嘉湘临床观察 50 例均为病理确诊而单纯应用中医药治疗 3 个月以上的肠癌病例，其中直肠癌 41 例，乙状结肠癌 9 例，腺癌 42 例，息肉癌变 5 例，类癌 2 例，恶性黑色素瘤 1 例；经肛指与肠镜检查癌肿浸润肠壁 1/4 以下者 4 例，1/4 ～ 1/2 者16 例，1/2 ～全周者 30 例；行剖腹探查因肿瘤广泛转移不能切除者 7 例，癌肿已广泛转移行姑息性切除者 4 例，伴有肝、肺转移者 4 例。治疗以辨证与辨病相结合，以健脾理气清肠消肿方 [（太子参 9g，白术 9g，茯苓 15g，八月札 15g，广木香 9g，枳实 9g，红藤 15g，白花蛇舌草 30g，菝葜 30g，野葡萄藤 30g，苦参 15g，薏苡仁30g，地鳖虫 9g，乌梅 9g，瓜蒌仁 30g，白毛藤 30g，凤尾草 15g，贯众炭 30g，半枝莲 30g，天龙 4.5g（研成粉末，分 3 次吞服）] 为基本处方辨证加减：气虚甚者加黄芪、党参、生晒参；伴有脾肾阳虚者伍用补骨脂、菟丝子、薜荔果、熟附子等；血虚加当归、白芍、阿胶；阴虚加北沙参、麦冬、川石斛、生地、鳖甲；脓血便加生地榆、槐花炭、血余炭、乌蔹莓、黄柏；便次多加诃子、升麻、赤石脂、禹余粮、罂粟壳；大便秘结体实者加生大黄、元明粉；体虚者加柏子仁、火麻仁、郁李仁；腹部肿块加夏枯草、海藻、昆布、生牡蛎、木鳖子。水煎，每日 1 剂，2/3 口服，并将煎剂的 1/3（约 200mL）保留灌肠，每日 1 ～ 2 次。治后 1 年生存率 80%，2 年生存率 43.5%，3 年生存率 31.7%，5 年生存率 20%，10 年生存率 9.1%，延长了晚期癌患者生存期，部分患者病灶稳定或缩小，6 例患者治后病灶消失获得临床治愈。

（四）肝癌

1. 对病因病机的认识

肝为刚脏，性喜条达，体阴而用阳，若肝的气血充足、气机条畅则肝脏的疏泄功能正常，各种内因和外因相互作用致肝郁气滞，脾虚生湿，气滞血瘀，湿热痰毒蕴结于肝，日久则形成肿块。归纳病因病机主要有以下几方面：①七情内伤，肝气郁结，肝失条达，郁久化火生毒，血行受阻，气滞血瘀，形成肿块。②饮食不节，或劳倦伤脾，或肝郁犯脾，运化失司，湿毒内生，日久化热，湿热邪毒蕴结于肝而成肿块，毒热不消可耗气伤阴。③正气虚损，邪毒内侵。脏腑气血虚亏，六淫邪毒入侵，邪毒凝结成积。肝癌病位在肝，发病与肝脾两脏最为密切，随病情进展影响到胆、胃、肾，是一种以正虚为本、邪实为标、全身属虚、局部属实的本虚标实之证。早期邪实正虚，正虚以脾虚为主，邪实方面与气机阻滞和湿邪内阻有关。随着病变的进展，脾气更加虚弱，甚则出现脾肾两虚；邪实方面出现气滞血瘀、湿毒内结、肝郁化火等病理变化，久则肝阴亏虚，肾水枯竭。

2. 辨证论治

对于肝癌的治疗遵循扶正为主祛邪为辅，分清缓急的原则，将肝癌分为五个证型进行辨证治疗。

（1）肝气郁结证

症状：肝区作胀或隐痛，胸闷腹胀，食后尤甚，两胁气窜作痛，胃纳不佳，疲倦乏力，恶心或呕吐，舌苔白腻，脉细弦。

治法：解郁理气，疏肝散结。

方药：柴胡疏肝散加减。

柴胡 12g，茯苓 12g，八月札 15g，赤芍 12g，白芍 12g，当归 12g，郁金 12g，木香 12g，川楝子 12g，延胡索 12g，莪术 12g，白花蛇舌草 30g。

加减：泛恶或呕吐加陈皮 9g，半夏 9g，竹茹 9g；纳呆加焦六曲 12g，鸡内金 12g，谷芽 15g，麦芽 15g。

（2）气血瘀滞证

症状：肝区胀痛或刺痛，疼痛固定不移，胁下结块，表面欠光滑，面色黧黑，肢倦乏力，形体消瘦，肌肤甲错。舌紫暗，边有瘀点瘀斑，舌苔白腻，脉细弦或涩。

治法：理气行滞，活血化瘀。

方药：血府逐瘀汤加减。

当归 12g，生地黄 12g，牛膝 12g，红花 6g，柴胡 9g，赤芍 12g，丹参 12g，炮山甲 12g，八月札 30g，石见穿 15g，炙鳖甲 12g。

加减：右胁下触及痞块，可配合大黄䗪虫丸、鳖甲煎丸；乏力明显者，加黄芪 30g，党参 9g，白术 9g，益气健脾，扶助正气；瘀热内结，大便秘结者，加用制大黄 9g，泄热通便。

（3）热毒内蕴证

症状：肝区胀痛，发热烦渴，巩膜及全身皮肤黏膜黄染，大便秘结，小便短赤，牙齿出血，紫斑，甚则呕血黑便。舌苔黄腻而干，脉弦数。

治法：清肝解毒，活血消结。

方药：龙胆泻肝汤加减。

龙胆草 3g，蒲公英 30g，山栀 9g，黄连 1.5g，黄芩 12g，丹参 12g，夏枯草 12g，生牡蛎 30g（先煎），白花蛇舌草 30g，半枝莲 30g，碧玉散 30g（包煎）。

加减：若阳黄黄疸加茵陈 30g，车前草 10g，垂盆草 30g，田基黄 30g；若胁肋刺痛明显加厚朴 9g，水红花子 15g，行气止痛。

（4）脾胃气虚证

症状：倦怠乏力，胃纳减少，脘腹不舒，面色不华，下肢浮肿，大便溏薄。舌苔白腻，脉濡细。

治法：益气健脾，理气和中。

方药：香砂六君子汤加减。

党参 12g，白术 12g，茯苓 15g，甘草 6g，生薏苡仁 30g，砂仁 6g，木香 9g，怀山药 15g，陈皮 9g，半夏 9g，焦山楂 9g，焦六曲 9g，鸡内金 12g。

加减：若大便溏薄加白扁豆 15g，补骨脂 12g；若下肢肿甚加泽泻 15g，桂枝 9g，以温阳利水。

（5）肝肾阴虚证

症状：形体消瘦，虚弱无力，头晕耳鸣，眼花腰酸，低热，颧红，纳少脘胀，大便干结，小便短赤，口干舌燥，齿出血，皮下瘀斑。舌红绛，舌体干瘪，脉细数。

治法：养血柔肝，滋补肾阴。

方药：一贯煎合大补阴丸加减。

北沙参24g，生地黄18g，枸杞子15g，当归12g，麦冬12g，炙鳖甲12g，炙龟甲12g，川楝子9g，牡丹皮6g，赤芍12g，白花蛇舌草30g，女贞子12g，瓜蒌仁30g。

加减：若大便干结加生大黄12g（后下），枳实12g；若小便短赤加大蓟30g，小蓟15g，车前草15g；若口干咽燥、阴津亏损加西洋参5g（另煎），石斛30g。

3. 临证经验

（1）谨察病机，知常达变

肝癌属于较为难治的病证，病机变化多端，病情复杂，进展迅速，预后较差，生存期短，故应及时掌握病机变化。若湿热瘀毒蕴结于肝，湿毒熏蒸，胆汁外溢于白睛、肌肤则见一身面目俱黄，发为黄疸。若肝积日久，肝脾肾三脏俱病，气、血、水壅滞于腹内，腹部日渐胀大，则形成鼓胀；若脾肾两虚，水湿泛滥，则形成水肿。肝藏血、脾统血，肝脾统藏失职或瘀热灼伤血络均可出现呕血、便血、衄血、皮下紫斑等血证。随着病情的进展，邪气日盛，正气渐竭，最终可导致阴阳离决而不治。

（2）明辨虚实，分清缓急

肝癌是本虚标实、虚实夹杂的病证，病位在肝，与脾、肾的关系较为密切，治疗上当辨明病变的虚实、病情的轻重缓急，注意调补脾肾，扶助正气。初起邪盛以治标为主，常用理气散结、活血化瘀、破气消积等祛邪的方法，适当辅以益气健脾、益气养阴，以免邪去正伤。随着病情的进展，邪气未消而正气渐伤，宜攻补兼施，扶正与祛邪并重，将健脾益气、养血柔肝、滋阴生津等方法与活血化瘀、清热利湿、逐水消肿等方法相结合。病至晚期，正衰不耐攻伐，宜以扶正为主，常用健脾益气、滋养肝肾、温补脾肾等方法，根据病情酌情辅以开窍醒神、凉血止血、利水消肿的方法。

（3）综合治疗，提高疗效

中医药治疗可应用于疾病各个阶段，作为综合治疗的一部分，可与手术、放疗、化疗（介入）、靶向治疗、免疫治疗同用，以减轻其不良反应，提高疗效；对于中晚期不适合手术、放化疗的患者，以扶正为主、祛邪为辅的辨证治疗可以作为主要的治疗方法之一，起到改善症状，增强机体免疫功能，提高生存质量，尽可能延长带瘤生存时间的作用。

（五）脑瘤

1. 对病因病机的认识

脑瘤属中医"头痛""呕吐""偏枯"等病证的范畴。《内经》云"诸风掉眩，皆属于肝"，"髓海不足则脑转耳鸣"。刘嘉湘认为，脑瘤的发生是内外合邪的结果，主要是由于人体正气虚弱，或先天不足，脏腑功能失调，邪毒乘虚而入，导致瘀毒内结、脾肾阳虚、清阳不升、肝肾阴虚、虚风内动等病机变化，日久形成脑部肿瘤。脑瘤的病机以正气虚损，脏腑功能失调，痰毒血瘀互结于脑为主，是以虚为本、以实为标、虚实夹杂之证，正虚多属气虚或肝肾阴虚，标实主要表现在痰、毒、瘀互相胶结。随着病情进展，可出现脾肾两虚、清阳不升，或肝肾阴虚、虚风内动的病机变化。

2. 辨证论治

（1）肝肾阴虚证

症状：头晕目眩，视物不清，手足心烦热，舌红苔少，脉细数。

治法：滋补肝肾，化痰散结。

方药：杞菊地黄丸加减。

生地黄 15g，熟地黄 9g，山萸肉 12g，枸杞子 15g，菊花 9g，牡丹皮 9g，茯苓 15g，夏枯草 12g，生牡蛎 30g（先煎），炙龟甲 12g，蛇六谷 30g（先煎），天葵子 30g，水红花子 15g，陈皮 9g。

加减：若出现大便干结加火麻仁 30g。瓜蒌仁 30g；若夜寐欠安梦多加酸枣仁 30g，柏子仁 30g；若自汗盗汗加炙黄芪 30g，糯稻根 30g，瘪桃干 30g。

（2）脾肾两虚证

症状：神疲乏力，形体肥胖，头胀，头痛，耳鸣，腰酸，苔薄，舌体胖，脉沉细。

治法：健脾益肾，化痰散结。

方药：理中化痰丸合正阳散加减。

党参 12g，白术 9g，干姜 6g，姜半夏 15g，生天南星 12g，熟附子 6g，杭白芍 9g，蛇六谷 30g（先煎），天葵子 30g，王不留行 9g，炙甘草 6g。

加减：若完谷不化加补骨脂 12g，肉豆蔻 9g；若大便秘结加火麻仁 30g，瓜蒌仁 30g。

（3）邪毒内蕴证

症状：头痛如劈，恶心呕吐或复视，或失语，或半身不遂，神志昏糊，表情丧失，苔薄腻或厚腻，脉滑或数。

治法：清热化痰，开窍醒脑。

方药：化坚丸合安宫牛黄丸加减。

夏枯草 15g，象贝母 9g，海藻 12g，山慈菇 15g，蛇六谷 30g（先煎），生牡蛎 30g（先煎），七叶一枝花 30g，川芎 6g，天葵子 30g（包煎），车前子 30g，安宫牛黄丸 3g（分吞）。

加减：若出现抽搐，加僵蚕 9g，全蝎 2 条；若呕吐明显，加陈皮 9g，姜竹茹 9g，姜半夏 12g；若头痛明显者，加香白芷 9g，蔓荆子 9g。

3. 临证经验

（1）扶正祛邪，标本兼顾

根据脑瘤本虚标实的病机特点，扶正常用补肾填精、滋水涵木法或健脾益肾法；祛邪以化痰散结、化瘀通络为主。临床以虚实夹杂证为多见，常用扶正与祛邪相结合的方法治之。肢体偏瘫者以气虚血瘀为主，重用生黄芪益气托毒；头痛眩晕者以肝肾阴虚多见，在补益肝肾同时酌加温补肾阳的淫羊藿、肉苁蓉等，旨在"阳中求阴"，使阴得阳升泉源不竭。

（2）善用生天南星化痰散结又消积

痰毒凝结是形成脑瘤的一个重要因素，也是主要病理产物，刘嘉湘在补气养血、益肾填精时必用化痰软坚散结之品，常用药有蛇六谷、生天南星、天葵子、夏枯草、海藻、生牡蛎等，尤其对生天南星用量、配伍等颇有经验。生天南星为化痰峻药，《开宝本草》云："主中风，除痰麻痹，下气，破坚积……"现代药理证实，其具有抗癌作用。刘嘉湘常用剂量为 15 ～ 30g，体质较强者视病情需要加量多达 60g，在控制瘤灶方面起到了积极作用。痰浊阻窍出现头晕呕恶甚则神识不清者，伍以蛇六谷、僵蚕、菖蒲、远志、郁金、白芷以涤痰化浊，通络开窍；痰瘀凝结成核，合夏枯草、生牡蛎、海藻、昆布、王不留行、地龙等加强化痰软坚、化瘀散结之功；见口干、舌红等阴津亏损之象则酌加沙参、天麦冬、生地黄、女贞子以制生天南星之温燥，使化痰不伤阴，养阴不碍邪。生天南星为辛烈温燥有毒之品，对阴虚燥咳、热极生风、血虚生风之患者当慎用。

五、方药之长

（一）用药特色

1. 选药精当，用药平和

《论语》云："工欲善其事，必先利其器。"中医遣方用药好比战场临阵使用兵器，刘嘉湘选用药物提倡"有是证用是药"，除了考虑药物性味归经外，十分重视现代药理研究的作用机制，尽可能选择既有明确的传统功效，又经现代药理实验证实具有抗癌活性的药物，做到一药多用。常用的扶正中药生黄芪、北沙参、天冬、女贞子、白术、淫羊藿、木馒头等既可提高免疫功能，又能抑制肿瘤增殖，是具有扶正和抗肿瘤双重作用的药物。临床尤其喜用生黄芪，因其性甘平而力专，既益气又托毒，重用效尤佳，随证配伍可起到益气活血、益气摄血、益气养阴、益气补血、补气升提等多种作用。再如生天南星化痰之功甚著，现代药理证实又有抗癌作用，常用于痰毒内结之肺癌、脑瘤、食道肿瘤、恶性淋巴瘤等；猫人参既有健壮作用，又能治癌性胸腹水，故常用于治疗顽固不退之癌性胸腹水；薏苡仁既能健脾利湿、清热排脓，又能抑制癌细胞生长，常用于恶性肿瘤脾虚痰湿、热毒内结之病证。

刘嘉湘提倡"攻不宜过，补不可腻"，用药力求平和。临证时谨守病机，权衡利弊，避免药性偏颇及过于滋腻、苦寒之品，极少用大毒猛攻之品，慎用化瘀破血类中药，以防引发出血或促进转移。扶正同时重视通滞行气，方中常用预知子、陈皮以理气和胃，鸡内金、谷芽、麦芽、山楂等健脾消食，顾护脾胃生机，促进气血生化，通过培育正气以达邪外出。

2. 善用经方，不略时方

刘嘉湘运用经方治疗肿瘤复杂病证得心应手，但能知常达变，随"机"化裁，"经""时"结合，各取所长，效如桴鼓。临床常用小柴胡汤治疗癌性发热，橘皮竹茹汤治肿瘤放化疗后反胃证，苓桂术甘汤、葶苈大枣泻肺汤、己椒苈黄丸三首经方联用治顽固性恶性胸腔积液，小陷胸汤治肺癌胸满痰多，葛根芩连汤治肠癌湿热内蕴之泄泻，酸枣仁汤治肿瘤艰于寐者，桂枝加龙骨牡蛎汤加减治肿瘤患者汗证。

3. 擅用药对，彰显疗效

药对又称对药，指两味中药配对使用，形成比较固定的小组方，可以产生相须协同、相辅相成的作用，也可以减少药物的毒性和副作用。刘嘉湘在长期临床实践中形成多个常用药对，应用十分广泛。

（1）黄芪配白术：黄芪与白术均为常用的补气药，二者同用相须配对，既可健脾补中，又能补肺益气，黄芪及白术皆有托毒排脓之功，也可应用于虚寒性的痈肿不溃，或疮疡溃久不愈之证。

（2）沙参配麦冬：沙参、麦冬同为养阴生津之品，然沙参具轻扬上浮之性，多入上焦而清肺中之火、养肺中阴液，麦冬善入中焦而清胃生津力佳，二药相须配对，肺胃同治，清肺凉胃，养阴生津力增强。

（3）女贞子配旱莲草：女贞子补肾滋阴、养肝明目、乌须黑发，旱莲草养肝益肾、凉血止血、乌须黑发，二药同入肝、肾经，相须伍用则补肝益肾、明目乌发、凉血止血力增强，治肝肾阴虚，症见口苦咽干、头晕目眩、失眠多梦者。

（4）黄芪配当归：当归甘平柔润，功专于补血，血足以载气。黄芪甘温，功长于补气，气旺以生血。两药合用，补气养血之力倍增。

（5）石上柏配石见穿：石上柏性平，味苦，具有清热解毒、活血利湿之功；石见穿具有活血止痛之功。两药相伍，活血解毒之功彰，抗肿瘤之力宏，多用于癌瘤有瘀血征象者。

（6）半枝莲配半边莲：半枝莲清热解毒、化痰、止痛、消肿，半边莲清热解毒、利水消肿，两药相配清热解毒之力倍增，又能化瘀血、止疼痛、消肿满，控制肿瘤的生长，增强机体的免疫功能，适用于肺癌、胃癌、肝癌、肠癌等属热毒血瘀、痰湿之患者，也可用于癌性胸腹水和心包积液者。

（7）夏枯草配牡蛎：夏枯草，辛、苦、寒，质轻入肝，为清火、散郁热之升药；牡蛎，咸涩、微寒，质重入肝，为敛阴潜阳之降药。两药同用，有升降既济、除邪匡正作用。此药对可用于颠顶及头两侧烘热疼痛、颅内肿瘤颅内压升高所致头痛，以及甲状腺腺瘤、甲状腺癌、腮腺肿瘤、颌下腺瘤等。

（8）半夏配天南星：半夏善治脾胃之湿痰，天南星辛散之功胜于半夏，善治经络之风痰，其散结消痞之力强。天南星、半夏相配且生用，则化痰散结之力非一般药物可比。肺癌的形成发展与痰浊瘀阻肺络密切相关，凡肺癌属脾虚痰阻、正气尚耐攻伐者，均可用之以化痰散结。

（9）全蝎配蜈蚣：全蝎善于走窜，祛风通络、败毒散结、息风镇痉、穿筋透骨、逐瘀通痹。蜈蚣息风镇痉、攻毒散结、去恶血。二药均善于走窜搜剔，能入络搜剔深在之风毒，合用祛风活络、息风止痉功效增强。二药又善于解毒，有以毒攻毒、散结解毒之功。二药同用，通络止痛、抗癌作用增强。

（二）核心方剂开发研发国家新药 3 种

1. 金复康口服液（原名益肺抗瘤饮）

针对肺癌患者以气阴两虚证居多的特点以及长期临床研究成果，刘嘉湘研制了治疗肺癌的国家中药新药——金复康口服液（国药准字〔1999〕Z-75），并获国家重点新产品证书及江西省优秀新产品奖一等奖。与美国纽约纪念斯隆·凯特琳癌症中心合作开发，金复康口服液被美国食品药品监督管理局（FDA）批准进行Ⅱ期临床试验，助力抗癌中药的国际化进程。

【组成】生黄芪、北沙参、天冬、麦冬、女贞子、山茱萸、绞股蓝、淫羊藿、胡芦巴、石上柏、石见穿、重楼等。

【用法用量】口服，1 次 30mL，1 日 3 次，30 天为 1 疗程，可连续使用 2 个疗程，或遵医嘱。

【功效】益气养阴，清热解毒。

【主治】适用于原发性非小细胞肺癌气阴两虚证患者，或与化疗并用有助于提高化疗效果，改善免疫功能，减轻化疗引起的白细胞减少等副作用。

【方解】本方以生黄芪、北沙参为君。生黄芪，甘、微温，入肺、脾经，有补中益气，固表止汗，托毒生肌，利水消肿之功。北沙参，甘苦，微寒，入肺、脾经，有养阴生津，润肺止咳之功。黄芪补益肺脾之气，北沙参滋养肺胃之阴液、润肺止咳，两味药共为君药。天冬、麦冬、女贞子、山茱萸、绞股蓝为臣药，与君药相伍，以增强其益气养阴的功效。天冬，甘、苦，微寒，入肺、肾经，有养阴生津，润肺滋肾之功；麦冬，味甘，微寒，入肺胃经，有养阴、生津、滋肺作用；女贞子，甘、苦，性平，入肝、肾经，有滋阴补肾，养肝明目之功；山茱萸味酸，微温，入肝、肾经，有补肝肾、涩精血、固虚脱作用；绞股蓝，甘、微寒，有益气、清热、化痰之功效。本方以淫羊藿、胡芦巴、石上柏、石见穿、重楼诸药为佐。淫羊藿，辛、甘、温，入肝、肾经，有补肾助阳，强筋壮骨之功。《本草纲目》称"性温不燥，能益精气"；胡芦巴，苦，温，入肾经，温肾阳，补命门之火。鉴于临床上气阴两虚证与阴阳两虚证常不能截然划分，因阴阳互根，阴损日久可致阳气虚衰，故气阴两虚证患者常有向阴阳两虚证转化的趋势，在益气滋阴方中加用补肾助阳的淫羊藿、胡芦巴为佐药，取淫羊藿、胡芦巴温肾阳，暖脾阳之功，其与补益肺脾之气的黄芪合用相得益彰，益气作用更强，其与滋阴药同用则刚柔相济，既补肾阳，又滋肺肾之阴，阴阳调和，润燥相宜，而无偏颇之嫌，取《景岳全书》"善补阳者，必于阴中求阳，则阳得阴助生化无穷。善补阴者，必于阳中求阴，则阴得阳升而泉源不竭"之意；石上柏，微甘，平，入肺、大肠经，有清热解毒，活血消肿之功，《本草从新》谓"治癥瘕淋结"；石见穿，苦、甘，平，功能清热解毒，化痰散结；重楼，苦，微寒，有清热解毒，消肿止痛，散瘀定惊，平喘止咳之功。此三味清热解毒药乃针对邪毒为肺癌的致病因子而择用，取以祛邪佐扶正之意也。本方中天冬味甘苦，微寒，入肺肾经，有养阴生津、润肺止咳之功，《本草纲目》谓"润燥滋阴，清金降火"，故其在本方中既具有臣药之功，又取其入肺经而可作为使药。全方共奏益气养阴，清热解毒之功效。

2. 芪天扶正胶囊（原名"正得康胶囊"）

根据"正虚致癌""扶正治癌"理论和癌症患者细胞免疫功能低下的研究结果，刘嘉湘将临床经验方研制成具有益气滋阴、补肾培本作用的中成药——正得康胶囊，经多中心、随机、双盲、安慰剂对照的前瞻性Ⅱ期、Ⅲ期临床试验研究，显示正得康胶囊具有改善临床症状，提高免疫功能和生活质量，缩小稳定病灶，保护和改善外周血象等作用，同时能降低化疗产生的毒副作用，且使用安全，无毒副作用。2006年获国家食品药品监督管理局批准为国家新药，更名为芪天扶正胶囊［国药准字Z20060442］。

【组成】黄芪、制女贞子、百合、北沙参、天冬、制山茱萸、胡芦巴、陈皮等。

【用法用量】口服，1次4粒，1日3次，30天为1疗程，可连续使用2个疗程，或遵医嘱。

【功效】益气滋阴，补肾培本。

【主治】用于气阴两虚的中、晚期癌症患者。

【方解】方中黄芪益气托毒、北沙参养阴清肺，为君药，天冬、女贞子、山茱萸滋补肾阴，共为臣药，佐以胡芦巴温肾助阳，以阳中求阴，百合养阴润肺，陈皮健脾行气为使药。全方共奏益气、滋阴、补肾之功，使金水相生。

3. 蟾酥膏（曾更名"蟾乌巴布膏"，现名"蟾乌凝胶膏"）

中医认为，气滞血瘀、痰毒内结与癥结形成有关，随着癥积的增大和邪毒的浸淫，可进一步导致气机不畅，血行瘀滞，经络受阻，不通则痛。20 世纪 80 年代，刘嘉湘根据中医"瘀毒内结""不通则痛"的理论，将临床止癌痛经验方通过多年不断探索研究，研制成新型外用镇痛制剂——蟾酥膏［沪卫药准字（1985，第 114 号）］，经 10 家医院对 332 例癌症疼痛患者的随机双盲对照观察，镇痛效果达 93%，连续使用无成瘾性和毒副作用，疗效确切。1985 年获卫生部重大科技成果奖甲等奖。1995年将辅料橡皮膏改为新型巴布膏，更名"蟾乌巴布膏"［国药准字 Z2027885］，现名"蟾乌凝胶膏"。

【组成】蟾酥、细辛、生川乌、七叶一枝花、红花、冰片等 20 余种中草药。

【用法用量】用药前清洁疼痛部位皮肤，然后再将膏药贴上，1 日 1 次，每隔 24小时更换 1 次，或遵医嘱。

【功效】活血、止痛、化瘀、消肿。

六、读书之法

唐代陆德明《经典释文》云："经者，常也，法也，径也。"经典即阐述常道、规范、门径的重要书籍，是临床医疗经验的结晶。精粹理论的凝练源自持之以恒广泛的经典阅读和在工作中不断的实践、思考、总结，刘嘉湘学生时代便熟读《黄帝内经》《伤寒论》《金匮要略》等中医经典，不断从中医经典书籍中汲取养分，聚沙成塔，集腋成裘，最终厚积薄发，凝练出具有中医特色、疗效显著的防癌治癌学术思想体系。

（一）重视中医经典的学习应用

1. 从《黄帝内经》发微，探索中医治癌思路和方法

《黄帝内经》是我国现存医学文献中最早的一部典籍，书中虽无论述肿瘤的专篇，但记载了许多类似肿瘤的相关病证。"积聚"病名首见于《灵枢·五变》，记载的积聚病证种类丰富，对其病因病机、类型、诊断及临床症状均有系统论述。《素问·评热病论》篇指出"正气存内，邪不可干""邪之所凑，其气必虚"，精要概括

了疾病发生发展的机理，指出正气不足是疾病发生的内在因素，外来邪气是引发疾病的重要条件，外邪必须通过内因作用才能发病。《灵枢·百病始生》云"此必因虚邪之风，与其身形，两虚相得，乃客其形"，提示正虚是疾病发生的内在根本，也是疾病发展转归的关键。《素问·阴阳应象大论》提出了"治病必求于本"，表明扶助正气是治疗任何疾病的根本大法，治疗肿瘤亦如此。这些论述成为扶正法治疗肿瘤的理论源泉。《素问·六元正纪大论》云"大积大聚，其可犯也，衰其大半而止，过者死"，强调了保护正气是治疗积聚的关键环节。《素问·至真要大论》说："谨察阴阳所在而调之，以平为期。"阐明肿瘤患者的治疗目标在于通过促进"阴阳自和"的自我调节机制，达到"阴平阳秘"的平衡状态，实现长期生存的目的，这也是刘嘉湘倡导的晚期肿瘤"带瘤生存"的理论基础。

2.《伤寒论》《金匮要略》为"扶正治癌"指导下的辨证论治奠定了理论和实践基础

张仲景开创了"辨证论治"之先河，六经辨证体系反映了疾病发生和发展的共性，其所著《伤寒论》《金匮要略》不仅在治疗各种外感疾病上可以作为学习典范，在内伤杂病治疗中也是启发治疗思路的钥匙，是中医人必读的经典。刘嘉湘在熟读经文基础上，通过临床实践不断参悟"有是证用是方（药）""异病同治"等治疗原则，根据肿瘤本虚标实、正虚邪实为多见的致病特点，把经典中多种治法和方药引入恶性肿瘤变证、危重症的治疗。如小柴胡汤类方剂能清解少阳郁热，用于缓解肿瘤患者心烦、口苦、目眩或寒热往来等病证；温清并用、甘苦兼施的泻心汤类方剂可以改善肿瘤患者寒热错杂引起的脘腹痞满、胃中不和、纳谷不化等病证；针对脾阳虚弱、运化失司、寒湿留滞、升降紊乱造成的神疲乏力、呕吐、腹泻、四肢不温等症状，在健脾理气、降逆止呕基础上予太阴病证治法，以温补脾肾之阳来驱散寒湿之邪；肿瘤危急重症出现少阴、厥阴病证时，给予四逆汤之类以回阳救逆。张仲景在六经病证治疗时用药中始终贯穿"保胃气""扶阳气""存津液"等原则，为扶正法治疗肿瘤提供了方法论方面的理论支持和临床依据。

3.《温病条辨》等温病名著启发临床知常达变

恶性肿瘤病机复杂多变，阴阳气血虚损或痰湿、气滞、血瘀均可致癌毒内蓄蕴而化热，临床出现反复发热，与温病表现有许多相似之处，因此《温病条辨》中的治疗原则对肿瘤治疗有诸多指导意义。养阴生津是温病治疗的基本治则，肿瘤治疗也要时刻注意顾护阴液，因为随着肿瘤治疗和病情进展极易耗伤阴津，"存得一分津液，便有一分生机"，甘寒养阴、酸甘化阴、苦寒坚阴、咸寒滋阴等也是刘嘉湘肿瘤治疗中常用方法，如青蒿鳖甲汤治疗阴虚证的癌性发热，沙参麦冬汤补养肺胃之阴，生脉散益气养阴等。温病治疗提倡从三焦清化湿邪，刘嘉湘借鉴对叶氏温病"分消走泄"的方法予以宣上、畅中、渗下治疗肿瘤相关痰、饮、水、湿类病症，如三仁汤、温胆汤等的临床应用即是实例。吴鞠通《温病条辨》"在上焦以清邪为主，清邪之后必继以存阴；在下焦以存阴为主，存阴之先，若邪尚有余，必先以搜邪"，指导肿瘤治疗在扶正补虚同时还应考虑到可能伴存的邪实因素，在祛邪的同时注意维护正气，养阴擅用滋而不腻、滋而能清、滋而能散之品，选用生地黄、玄参、麦冬等助肿瘤患者养阴清化，但又不碍湿、不伤正，兼顾扶正与祛邪。

4.熟读《神农本草经》用药如用兵

中药和方剂是一名中医师手中必备的武器，刘嘉湘推崇《神农本草经》的学习，在校期间便通读此书，并结合《本草经集注》《中华本草》等互作参考，拾遗补阙，加深理解。《汤头歌诀》是他手边常用工具书，能流利背诵方药功效主治，结合《神农本草经》精析方剂配伍要义。他深研中药经典、熟读汤头方剂，对药物性味归经、主治功用、方剂配伍特点等了然于胸，知药善用，融会贯通，临证中用药精准，讲究排兵布阵，因而效如桴鼓。

（二）品读医论医案，开阔临床视野

中医学是一门实践性强、人用经验特色鲜明的学科，泛读古代名医的医论医案，对于开阔中医诊治视野，积累临床经验，启迪临证思维大有裨益。

1.《医宗必读》

《医宗必读》从基础理论到临床应用论述简明扼要，补前贤之未备，启后世之思路，乃明代医家李中梓学术思想之精华。其《积聚篇》记载"积之成者，正气不足，而后邪气踞之"，在《黄帝内经》基础上对肿瘤的发病原因有了更明确的阐述。治疗上，提出积证治疗应根据患者正气强弱，分初、中、末三个阶段进行，时刻注意顾护正气，攻补有度，养正积自除。"病不辨则无以治，治不辨则无以痊"，刘嘉湘遵循辨证论治原则，针对不同部位的肿瘤，综合运用八纲辨证、脏腑辨证指导治疗。"医理之论，重视脏腑"，李中梓十分重视脏腑辨证，在五脏六腑中又以重视"肾为先天本，脾为后天本论"而著称，对"扶正治癌"学术思想中脾肾亏虚证的立法用药带来深远影响。书中"屡攻屡补，以平为期"的论述，对当代肿瘤治疗攻补兼施、力求阴阳平衡、带瘤生存理念的形成具有十分重要的指导意义。

2.《景岳全书》

《景岳全书》作为中医学术成果的综合性著作，不仅将中医基本理论、诊断辨证、内外妇儿各科临床、治法方剂、本草药性等内容囊括无遗，对肿瘤的记载也从沿革、病因病机及治法方药全方面展开了详尽阐释，汇集成《积聚》一篇，从内服、外治及治疗注意要点诸方面对积聚的治疗进行了系统而具体的论述，为当今肿瘤治疗提供了理论依据和临证思路。书中阐述"凡脾肾不足及虚弱失调之人，多有积聚之病"，指出脾肾虚损是癌症发生的重要病机，为"扶正治癌"主要治法——健脾温肾法提供了理论依据。"治积之要，在知攻补之宜，而攻补之宜，当于孰缓孰急中辨之"，"若积聚渐久，元气日虚，此而攻之，则积气本远，攻不易及，胃气切近，先受其伤，愈攻愈虚，则不死于积而死于攻矣。此其所重在命，不在乎病，所当察也"。刘嘉湘体会到中医整体观及辨证论治在肿瘤治疗中的重要性，中医治癌当以扶正为主，祛邪为辅，扶正与祛邪相结合的治疗原则，过度以攻杀瘤体为目的的治疗，只会更加损伤人体，加重病情。"凡治虚邪者，当从缓治，只宜专培脾胃以固其本，或灸或膏，以疏其经，但使主气日强，经气日通，则积痞自消。斯缓急之机，即万全之策也，不独治积，诸病亦然"，指出脾胃与肿瘤发生发展密切相关，印证"扶正治癌"学术思想中通过调治脾胃功能促进气血生化，培植后天之本，提高机体抗病能力的正确性。

3. 近代医案

孟河医派代表作《丁甘仁医案》内容丰富、文字简明，体现了丁老在脉学、临床用药及经方应用方面的独到之处。《张伯臾医案》体现张老辨证精当、用药精练的治疗特色，对病机的论证切中肯綮，既善用经方又精通温病时方，理法方药见解精辟，对于肿瘤临床辨治有很好的借鉴作用，值得临床医师常读。此外，《王孟英医案》《柳选四家医案》《临证指南医案》《蒲辅周医案》《黄文东医案》等基于名家临床经验的概括，内容详细，文字浅显易懂，各有特色，都是肿瘤临床医师值得珍视和借鉴的好书。

七、大医之情

（一）思想境界

1. 自立、自信、自强

刘嘉湘自 1965 年起从事中医、中西医结合治疗肿瘤的临床和研究工作，1972 年，在全国率先系统提出中医扶正法治疗癌症的学术观点和方法，临床取得明显的疗效，但常常有一些同行质疑其科学性。但他并没有气馁，而是坚信自己的探索方向是正确的。20 世纪 70 年代起，他带领团队开展一系列针对肺癌的临床和基础研究。临床通过严格的随机对照研究以获得高级别循证证据，同时以免疫学为切入点开展了大量实验研究，从细胞水平到分子水平，多角度、多层次地深入探讨扶正方药治疗肿瘤的作用机制，阐明了"扶正"方药具有调控机体免疫功能和抑制肿瘤细胞增殖、诱导细胞凋亡的双重作用，为中医扶正治癌理论提供了科学的实验依据。成果验收时，翔实的研究数据和完整的原始资料佐证了中医药治疗肿瘤的明显疗效，令所有西医评审专家口服心服。身为中医人，刘嘉湘表现出的自立、自信、自强的"三自精神"也赢得了学术界同仁由衷的尊敬和高度的认可。

党的十八大以来，习近平总书记对中医药工作做出一系列重要指示，为促进新时代中医药传承创新发展指明方向、描绘蓝图、明确任务。作为一名中医人，刘嘉湘始终坚持以人民健康为中心，传承精华，守正创新，坚持中西医并重，走中西医结合的道路，把传承和发扬中医药特色优势，造福患者作为自己的使命担当。近年来，应邀在全国中医科学大会、纪念毛泽东同志关于西学中批示六十周年大会等重要场合多次强调：我们中医人一定要自信、自立、自强，鼓励新一代中医人坚持中医文化自信，坚定走好中医抗癌之路。

2. 大医精诚，践行使命

医学关乎性命，而医学之要，莫过于医德。"若有疾厄来求救者，不得问其贵贱贫富，长幼妍媸，怨亲善友，华夷愚智，普同一等，皆如至亲之想"，在刘嘉湘行医生涯中无时无刻不体现这种大医精诚的境界：他对待患者从不分高低贵贱一视同仁，对于络绎不绝慕名而来的求医者从不抱怨，总是心存感激。每次门诊几乎不上厕所，一坐就是 4 个多小时，最多的一天看了 307 个号。他口袋中常备一块巧克力，专门应对低血糖。看诊完毕往往过了饭点，看到门口苦苦等候加号的患者，又每每引发恻隐之心，再坐下来继续应诊直到看完最后一位患者。刘嘉湘常教导学生们：作为医者要始终怀着一颗"见彼苦恼，若己有之"的感同身受之心，时时把患者的疾苦放在心上，患者也是我们的老师，从他们身上我们可以学到许多抗癌经验。有些晚期患者恶疮险露，有些术后相貌丑陋，他都一样平静而亲切地看诊，望闻问切从不疏漏。他常说：肿瘤患者不但要忍受肉体上的痛苦，还要忍受精神上的痛苦，我们医务人员责无旁贷，一定要站在患者的角度换位思考，想方设法减轻他们的痛苦。刘嘉湘不忘初心，时刻把患者利益放在首位，这是他不懈努力追求的原动力，正是有这种精神的支撑才使他在探索中医治癌的道路上创造了一个又一个辉煌。

3. 学无止境，精勤不倦

孙思邈《大医精诚》说道："学者必须博极医源，精勤不倦。"刘嘉湘从不恃才而骄，教导学生要学无止境，中医先贤之书浩如烟海，尚未便览，遑论继承和发扬。他不仅要求学生们多读经典多看好文章，身为国医大师的他仍坚持每天阅读经典、医案、中西医书刊至深夜，在出差途中不忘带上一些刊物阅读，了解学术前沿和进展。他书桌旁堆积如山的书籍、剪报里都有他的阅读记录，见证了他无数个笔耕不辍的日夜。"梅花香自苦寒来"，数十载的辛勤付出换来的是中医肿瘤学术的进步、疗效的突破和学科的强大。

"学不博无以通其变，思不精无以烛其微"，刘嘉湘从未停止在中医抗癌道路上探索的脚步，他主张新形势下要坚持以中医思维为主导，发挥中西医各自优势，衷中参西，将中医对疾病的整体观和治疗上的特色优势与西医学微观认识和先进技术充分融合，进行创造性转化、创新性发展，进一步提高临床疗效，并努力构建癌症全程防控体系，提高癌症防控的总体效率，为人类健康做出了贡献。他创新的思维、清晰的思路为中医肿瘤诊疗事业指明了发展方向。

4. 严爱相济，领路引航

刘嘉湘对待工作一丝不苟，精益求精，素以严厉苛刻著称。他常说：世界上最怕"认真"两个字，只要认真，没有解决不了的问题。他常会为核查一句原文出处翻阅大半书柜，为一个创新的点子半夜赶来医院修改标书，又或是为了一个学术问题与学生彻夜长谈。对待脉案、论文等各种文书他不放过一个标点符号、一个字眼，更不用说对数据准确性和结论科学性的要求了，不改到最满意的程度他是不会休息的。正是这种认真严谨的治学态度，造就了他卓越的医学成就。在他看来，传承不是一味地教授学生知识点，更重要的是教会他们严谨的学术作风、敏锐的研究思路、科学的研究方法，以及不泥古守旧的勇气。古人云："言传身教，上行下效，学高为师，身正为范。"数十年来他的春风化雨、润物无声如同一盏明灯，照亮了后学者的前行之路。

（二）文化修养

刘嘉湘自幼学习国学，深受儒家思想濡染，养成了良医必备的君子品格，行医七十余载深受广大患者和业界尊重，除了因其高超的医术，还得益于他深厚的中医文化积淀。自古医儒相亲，"身心和谐""天人合一"等儒家思想对刘嘉湘肿瘤治疗理念的形成影响深远。在行医实践中他坚持以人为本，以患者利益为核心，将肿瘤干预的重点从"人患之癌"转变到"患癌之人"，将生存时间、生存质量和免疫功能状态等作为疗效评价的主要指标，建立了蕴含"以人为本、带瘤生存"理念的肺癌疗效评价标准，被业内广泛采用。刘嘉湘除了十分强调天人合一的整体观，还重视灵动的阴阳平衡观。《易经》云"一阴一阳谓之道，继之者善也"，他在诊治过程中时时注意调和阴阳平衡，使阴阳互生互化，从而维护机体抗病能力，利于病情的稳定和控制。

刘嘉湘爱读《矛盾论》《实践论》，这两部毛主席的论著帮助他深入思考中医学的哲学内涵，对于他学术思想的完善起到很好的作用。从《矛盾论》学习中他体会到中医理论中的阴阳、寒热、虚实、正邪等概念都体现着矛盾双方的辩证观，临床应用辩证唯物主义哲学思想指导中医肿瘤实践，把矛盾的普遍性、对立统一性、相互转化性等引入对肿瘤的认识和治疗策略中，在治疗中善于抓住主要矛盾以及矛盾的主要方面来解决患者纷繁复杂的病情变化，指导治疗策略和预后转归。《实践论》阐述了实践是检验真理的唯一标准，刘嘉湘坚持知行合一，在实践中验证、创新、再验证，获得许多高级别的临床证据，使中医药治疗肿瘤站上国际舞台。

中医和书法都是中华文明历经几千年历史留下来的宝贵财富。他时常教诲徒弟作为中医师要注意修养身心，学医要先练好字，他亲笔书写的脉案工整大气，字迹俊逸，体现了厚实的文化底蕴。所谓字如其人，一个健康的身体需要气血运行流畅，一幅完美的书法作品也需要精心的设计和高超的技巧，以及综合的布局，练习书法可以提高人的文化涵养。

八、养生之智

俗话说"人生七十古来稀"，而年近九旬的刘嘉湘仍精力充沛地活跃在工作岗位上，人们常常问他有什么养生秘方，他总是笑着说：秘方没有，健康小秘诀倒有几条。

（一）活到老，学到老，做到老

在身体允许的情况下，坚持学习、努力工作，多和社会接触，多与年轻人交流，这样可以多接触新知识、新事物，保持一颗年轻的心，且适度动脑有益于延缓衰老，对于延年益寿非常重要。

（二）健康心理，养生之本

作为医务工作者，应怀着仁爱之心善待每个患者，以减轻他们的痛苦作为自己最大的快乐。在工作中要"宽以待人，严以律己"，与同事们齐心协力做出成绩是一件非常可喜的事。在生活中，要乐观向上，对工作和生活始终充满信心，并且要知足常乐、助人为乐。名利乃身外之物，当代著名作家冰心说过"人到无求品自高"，淡泊名利是一种崇高的精神境界，能使我们心情始终处于平和的状态，保持一颗平常心，对身心健康大有裨益。

（三）饮食清淡，营养均衡

老年人脾胃功能相对减弱，代谢机能变得缓慢，保持饮食结构的平衡比大量摄入高蛋白高脂肪食物、一味大补更加重要。刘嘉湘从不过食肥甘之品，也不吃辛辣刺激的食物，三餐饮食保持七八分饱，很少增加额外的营养补充剂。食物以清淡、易于消化为主，然而选料一定要精细，追求食不厌精、营养均衡的饮食方式，且注意饮食卫生、不吃隔夜菜，并戒除烟酒已近三十年。

（四）化零为整，锻炼有度

由于工作繁忙，刘嘉湘经常伏案工作，一坐就是 4 ~ 5 个小时，很少有大段时间用于锻炼。他常利用碎片时间做些放松活动，缓解身体的疲劳。如打太极拳，对腿部腰部的肌肉筋脉起到很好的锻炼和放松作用。他和老伴坚持饭后百步走，在安全的环境下还短距离倒退步行，以助于脾胃健运，不断充实"后天之本"。他认为，高龄老人的运动锻炼，不用设立目标，以锻炼后能感觉心神安静，轻松愉悦为宜。

（五）因人而异，适当选用保健品

人的先天禀赋不同，存在着体质上的差异，后天调养也要因人而异，因此在选用保健品时不能千篇一律，要有针对性，保健品选择也不在于多多益善，贵在持之以恒，选择正确日久必见其效。刘嘉湘常根据自身情况选择人参、西洋参、冬虫夏草等四季交替服用，年复一年，很少间断，效果果然明显，年近九十还能每天保持充沛的精力和体力，胜任日常的工作。

（六）适当饮茶裨益多

刘嘉湘爱喝茶品茗，一则饮茶能健身治疾，对血压、血糖的控制也很有帮助；二则也可以陶冶性情，在繁忙的工作中抽空泡上一壶清茶，择雅静处自斟自饮，可以消除疲劳、涤烦益思、振奋精神，给人带来一种安静愉悦的享受。

九、传道之术

（一）薪火相传，名医工作室创新传承模式

龙华医院刘嘉湘名中医工作室成立于2002年，2003年纳入上海中医药大学名中医工作室建设项目，2004年入选上海市名老中医学术经验研究工作室，2015年完成全国名老中医药专家传承工作室建设项目，2021年完成国医大师传承工作室建设项目。经过多年建设取得了优异成绩，先后被授予"全国首届先进名中医工作室""上海市卫生健康系统劳模创新工作室示范点""上海市工人先锋号""上海市劳模创新工作室"等荣誉称号。

工作室由刘嘉湘任导师，学生经医院和导师共同选拔，逐步形成专业性强、结构合理、老中青层次鲜明的传承团队，有别于传统的"师带徒"，形成了门诊跟师抄方、教学查房、疑难病例讨论、学习体会交流、课题研究等多种形式结合的日常工作模式，致力于"扶正治癌"学术思想的总结、凝练，使之上升为具有中医内涵丰富、临床疗效明显、机理阐明科学的学术思想体系，推广应用于学生们各自工作中，对医、教、研起到了指导引领和传承发扬的作用。经20余年建设，工作室骨干成员逐步培养成为学科建设中坚力量，推动了学科医疗、教学、科研、人才培养等方面全面发展，弟子们也培养了一大批学生，使中医肿瘤事业能够薪火相传。

（二）不拘一格，多途径培育人才

刘嘉湘作为上海中医药大学教授、硕士、博士研究生导师，培养硕士、博士研究生34名，他注重院校教育与师承教育结合，把以工作室为载体的传承模式渗透到研究生院校教育过程中，培养学生成为临床与科研结合、品学兼优的中医肿瘤临床人才。2004年起担任全国老中医药专家学术经验传承工作指导老师，在国家中医药管理局统一部署下培养了一批国家级师承学员，已指导8名中青年医师出师，培养学员2名。2013年刘嘉湘入选国家中医药管理局全国传承博士后指导老师，将传统经验传承和博士后制度结合，合作培养中国中医科学院博士后1名。此外，他还带教了全国优秀中医临床人才研修项目学员10余名，培养上海市师带徒弟子3名、院级师带徒弟子2名、西学中弟子2名，3名国内优秀中医肿瘤专家拜师于刘嘉湘门下。通过各种方式和途径培养的高层次人才具有扎实的专业理论和较高的实践经验，成为我国中医肿瘤事业的栋梁。

（三）传承创新，临床与基础研究并进

刘嘉湘在传承中医学诊治肿瘤理论和方法基础上借鉴前辈治疗经验，创新性地提出"扶正治癌"学术思想，50余年来身体力行，躬行实践，带领团队攻坚克难，以高发病率、高死亡率的肺癌为主攻病种，针对临床的难点问题，从术后患者防复发转移，到晚期患者延长生存期、提高生活质量，开展了系列高质量临床和基础研究，为"扶正治癌"理论指导临床提供了高水平的证据。刘嘉湘强调，新时代的中医不但要有传承，更要有创新，他要求学生们的课题必须从临床和基础两方面研究着手，用最新西医学方法和手段开展中医治癌的临床疗效和作用机制研究，既要验证疗效，又要阐释机理，用疗效说话，用科学道理证明，这是中医防癌治癌、创新发展、开拓国际化道路的关键。

（四）笃行不怠，善于总结提高

刘嘉湘常说，科学就是从客观事实中不断总结，发现具有可重复性的规律。作为一名学生或学术经验继承人，跟师学习绝不仅限于记录疾病诊治过程，而是要用耳听、用眼看、用手记、用脑问、用心悟，事后还要花大量时间和精力加以体会、总结，梳理出老师的临证思路、用药规律，继而总结出老师的学术经验和诊治特色。刘嘉湘要求学生在自身临床实践中也要积极寻找诊治规律，不断总结，多写心得体会，多发表文章，并从中寻找难点疑点作为科研方向，这样才能不断提高临床和科研水平。他至今依然保存50多年前的跟师记录，以及自己诊治过的大量有效病例的临床资料，不时从他的"百宝箱"里拿出泛黄的笔记和病历本翻看，加以体会参悟。

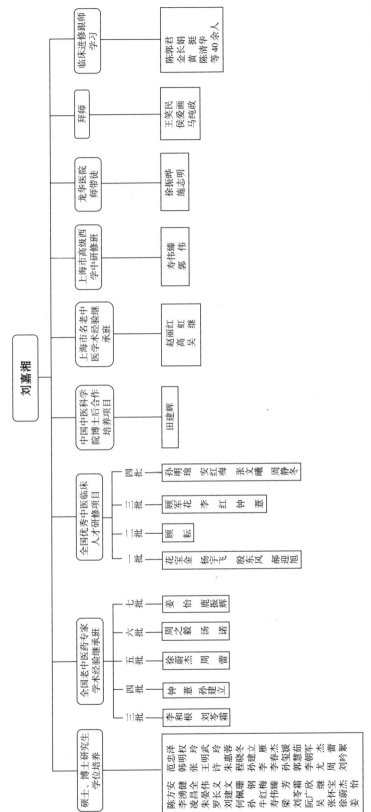

刘嘉湘学术传承谱

（刘苓霜、周蕾整理）
（王秋华编辑）

许润三

　　许润三（1926—　　），江苏盐城人，中共党员。中日友好医院主任医师，北京中医药大学教授、硕士研究生导师，中国中医科学院学部委员，中日友好医院中医妇科首任科主任。荣获全国中医妇科名师、全国老中医药专家学术经验继承工作优秀指导老师、首届中医药传承特别贡献奖等。享受国务院政府特殊津贴。2017年被授予第三届"国医大师"称号。

　　许润三医风朴实，医德高尚，潜心医道，详于辨证，精通脉理，擅用经方，用药稳、准、狠。治疗妇科病尤重视补肾气和肾阳，自拟"调冲方"在调经种子方面功效显著。他敢于在临床实践中创新，将《伤寒论》四逆散加味用于治疗输卵管阻塞性不孕症。在女性慢性盆腔疼痛诊治上，他提出了慢性炎症不是"炎"，实为"瘀"与"结"的创新理论，并研发了院内制剂"慢炎宁"，疗效显著。他创立一系列自拟方，采用多途径给药治疗输卵管性不孕、盆腔炎性疾病后遗症、子宫内膜异位症等妇科疑难杂症，开拓了新的治疗思路。在临床与教学工作之余，许润三发表论文60余篇，撰写专著10余部，主持国家中医药管理局课题1项并获成果奖。

一、学医之路

许润三幼年体弱，当时战事纷扰，局势动荡，生活环境较为艰苦。他 5 岁入私塾，后考入洋学堂，毕业后进入苏北联中（又名抗日大学）学习。18 岁那年他因感染出现脓疱疮，并一度恶化出现水肿、昏迷，家人请来当地名医崔省三诊治，用中医药缓解了急症。少年的许润三意识到学医可以帮助自己及家人养生防病，更能济世救人，在父亲的支持下，1945 年他弃文学医，拜在当地名医崔省三门下，开启了学医之路。这种传统的拜师学徒方式较为艰苦，但也为初学中医的许润三打下良好的中医功底。住在老师家，日常劳作就占去大半时间，但许润三仍抓紧一切机会学习，白天跟随老师出诊记录脉案，晚上抽空揣摩，并研读老师家藏医书。许润三于 1949 年授业期满，自立诊所。1953 年响应政府号召，与当地 4 位西医大夫开设阜宁县新沟区联合诊所，并抓住当地卫生部门组织开展的"中学西"的机会，进入盐城地区中医进修班学习现代医学知识和技术。1956 年他考取南京中医学院医科师资班，系统学习中医四大经典，并聆听了当时的名医大家讲座，学术上受到很大启发。毕业后被分配到北京中医学院（现北京中医药大学）任教。刚到北京中医学院时，学院师资力量不足，临床、教学任务繁重，许润三一人就承担过基础、诊断、内科等多门课程的教学工作，还要肩负内、外、妇、儿各科的临床带教工作，为其日后的临床实践打下更为坚实的基础。由于当时中医妇科师资人才匮乏，又因为许润三在中医妇科临床工作中具有扎实的理论基础和丰富的诊疗经验，1961 年，他成为妇科教研室主任，从那时起，许润三就将研究方向由内科转向了妇科，一干就是 60 余年。1984 年从北京中医药大学附属东直门医院调至中日友好医院担任中医妇科首任科主任，致力于中医妇科的学科发展，至今仍在临床、科研、教学方面进行指导。

二、成才之道

许润三从自身学中医、用中医的经历总结成为一名合格中医师，有以下几点。

（一）重临床，多读书

中医是重视临床的医学，是在人体上不断实践总结出来的经验医学。所以学好用好中医，临床疗效是最主要的。中医历史悠久，古籍众多，许润三认为如果单纯从书本中探索中医理法方药，会钻进死胡同，或如牛入泥海，迷失方向，可能越读越糊涂。从临床实践入手，在临床中发现问题，带着问题去读书解惑，带着答案再去临床检验，才能良性循环，提高自身的诊疗水平。此外，通过书本、老师学到的知识，反复背诵的经典要诀，只有经过自己的临床实践才能加深理解，融入自身的知识结构当中，才能纠正既往认知错误，才能融会贯通，学以致用。

许润三在学医初始，就是在师傅家中借晚上空余时间自己研读医书，当时由于条件所限，医书种类不能选择，能拿到什么书就抓紧时间看什么书。现在生活水平提高了，可以精读四大经典，泛读各家学说，翻阅历代名医医案，关注现代医学文献，总能在书中找到有价值的东西，用以增长知识，启发思路。有些经典医书可以放在案头，随时翻阅，许润三在诊疗工作之余，有时也会查阅某一段话、某个方剂，不断重复是记忆深刻的基石。许润三强调"好记性不如烂笔头"，读书一定要做笔记，写心得，多少不拘，才能有收获。更为重要的是，过去学医的人大多读过私塾，所谓"不为良相，便为良医"，说明传统学医者均有良好的中医传统文化基础，然后再读中医典籍则事半功倍，因此建议现在的年轻后辈可以加强中国传统古文的学习。许润三中医功底雄厚，在临床查房中，能随时背出经典段落，如《伤寒论》《药性赋》等。阅读是中医师终身的好习惯，许润三至今 96 岁高龄，仍有每日阅读书籍的习惯，有时还要在旁边批注，有时为我们介绍刚刚看完这一段的总结及其自身的思考，寥寥数句，思路清晰，点评到位，令后辈敬服。

（二）心胸宽广，淡泊名利

医者仁心，好医生必定具有好的修养。许润三原名许富之，后认识到品质优良、修身养性对于一个好医生的重要作用，受到《大学·礼记》"富润屋，德润身，心广体胖，故君子必诚其意"启发，改名为"润三"，意即润屋润身当先润德，表明自己行医的初心。许润三在 70 余年的学术生涯中，也是躬行实践，力学笃行。在临证时，与患者平等交流，不论贫贱贵富，按照诊疗常规给予恰当的诊治方案，他常说看病是与患者心对心的交流。在工作中，他也曾经历恶语相向或不尽如人意的事情，但他始终保持乐观向上的态度，乐于助人，心胸宽广，宁愿自己多付出，也不打击报复他人。近 20 年许润三声名鹊起，追随者众多，面对勤学好问的后辈他知无不言，言无不尽，态度谦逊，而且他还时常向同道了解医学新进展、新技术等，表现出优秀的医者职业素养。许润三医风朴实，医德高尚，他常说这辈子追求的就是怎么样把病看好这一件事，为临床疗效殚思竭虑，经常告诫身边后辈不要为了名利乱开方、乱解释，使患者身心受损并增加经济负担。

（三）中主西随，西为中用

作为现代中医，离不开西医盛行的大环境，检查、诊断方法不断发展，手术、药物等治疗手段也层出不穷，必须了解这些新信息才能更好地为患者服务，这是现代中医与古代中医相比需要多掌握的一项技能。许润三曾总结中医面对西医知识要遵循十二字原则，即"衷中参西，中主西随，西为中用"，才能不被西医思维带走跑偏。掌握一定的西医学知识，能够帮助我们避免误诊、漏诊，了解一定的西医治疗思路，能够帮助我们在处方用药时做到中西医治疗协同起效而不是相互掣制。目前我们院校培养的医学生同时接受两种医学教育，思维难免会打架，要学会运用中医思维诊疗，不要被西医思维牵着鼻子走，比如许润三经常讲一个典型的例子就是一提到"炎症"，就要用清热解毒药，其实好多炎症是要温通散寒的，寒热虚实都不辨就不是中医了。另外，西医的一些研究进展和思维可以拿来利用，有些方面发展到一定阶段，中西医的结论是一致的，这样的例子也很多，所谓殊途同归。如利用现代研究方法证实小檗碱可以降血糖，许润三在治疗多囊卵巢综合征伴有胰岛素抵抗患者时在方中配伍黄连；在反复性流产、体外辅助生殖移植失败等患者中，西医处方给予小剂量阿司匹林，而许润三常辅以三七粉冲服养血活血、祛瘀生新。中西医是不同的医学体系，如何结合一直是大家面临的难题。在难题未解决之前，一定要做好中医本职工作。

三、学术之精

许润三学术思想的形成与他学医、从医经历，所处地域变迁，所读医学著述及临床诊疗的疾病特点等有非常密切的关系。他曾自己总结临证理论宗《内经》，杂病法仲景，温病师吴瑭。可见中医经典著作如《黄帝内经》《难经》《神农本草经》《伤寒杂病论》《温病条辨》等对于许润三的学术思想影响之深。

（一）妇科重月经，月经的基础理论重在《内经》"七七之说"

妇女一生经历经、孕、产、乳的生理变化，其中以月经的生理最为重要，所以说妇女以月经为本。月经是如何产生的？又是如何维持与衰竭的？《素问·上古天真论》中的"七七之说"就解释得很清楚："女子七岁，肾气盛，齿更发长；二七而天癸至，任脉通，太冲脉盛，月事以时下，故有子；三七，肾气平均，故真牙生而长极；四七，筋骨坚，发长极，身体盛壮；五七，阳明脉衰，面始焦，发始堕；六七，三阳脉衰于上，面皆焦，发始白；七七，任脉虚，太冲脉衰少，天癸竭，地道不通，故形坏而无子也。"这段经典论述奠定了中医妇科关于月经生理的基础。女性月经生理轴是围绕肾气、天癸、冲任这三个关键点。这与后来西医学的下丘脑－垂体－卵巢轴理论是不谋而合的。许润三认为肾气、天癸、冲任这三个关键点值得深入研究。肾气指的是肾脏的生理功能，是肾精化生而来的，是肾阳熏蒸肾阴产生的。肾主生殖，女子以经为本，而月经以肾为本，所以妇科很多病最终要归到调肾方面。中医的天癸可能相当于西医学的促性腺激素，肾气充盛，天癸才能发育成熟，作用于冲任，使月经来潮；当肾气衰退，冲任不足，天癸耗竭，就进入绝经期。天癸来源于肾精，来源于先天之精，后天发育而成，随着年龄增大，又耗竭衰退，故称元阴，与人体生殖功能密切相关。这里的冲任恐怕不只是经络的含义，还应包含妇女的生殖系统在内，具有更广泛的含义。

（二）冲任督带隶属于肝脾肾三脏

中医学认为人体有十二正经和奇经八脉，《扁鹊心书》云："学医不知经络，开口动手便错。"经络学说与脏腑气血理论结合起来是中医辨证论治的基础。十二经脉互为表里，分别络属于五脏六腑。许润三认为与妇科生殖关系密切的是奇经八脉中的冲任督带四条奇经。

冲脉隶属于肝，冲为血海，冲为十二经脉之海，冲为五脏六腑之海。冲脉通行十二经，主一身之气血，主月经，与任脉关系更为密切，冲任经常并称，冲任同源。比如月经不调要调冲脉，因为肝主冲脉，调冲脉就是调肝。许润三曾举例说临床有时会观察到患肝病、肝炎的女性患者月经也不好，肝病治好了，月经也随之规律了。也可以反过来理解，调肝就是调冲脉。冲脉有虚证，也有实证。比如月经稀少，血海不充，就可以治以养血调肝；而子宫、输卵管等病变属于瘀滞者，就可以疏肝理气，调理冲任，常用逍遥散、四逆散之类。

任脉统领阴经，主一身之阴，任主胞宫，又称"阴脉之海"。任脉属阴，主妊娠和子宫，为女子生育之本。女子不孕，常由冲任不足所致，而其中任脉虚要补肾阴。

督脉统领一身阳经，又称"阳脉之海"，主一身之阳气。督脉属阳，调节一身阳经气血，与脑、脊髓、肾、生殖的功能密切相关。男子不育，常由督脉虚寒所致，而督脉虚要补肾阳。

冲任督脉相互交通，下起于胞中，上达头脑，前贯心，后贯脊。这三条经脉功能广泛，联络作用广泛。

带脉横于腰腹，起约束作用，对全身纵行经脉均有调节联络的作用。带脉能够维护腰腹，固护保胎，主妇女带下。带脉属于脾脏，比如子宫脱垂我们常用补中益气汤补脾，也是补带脉之虚。

总之，冲任督带虽然是奇经，虽然没有直属脏腑，没有表里配合，但是与女子胞宫、脑、脊髓等关系密切，在妇科与肝、脾、肾三脏是紧密联系的。所以许润三强调中医妇科临床中，冲任督带都各有寒热虚实证，需要区别对待，但是处方用药方面与调肝、脾、肾三脏是结合在一起的，不能截然分开。

（三）温阳助阳，温经活血才能调补冲任

妇科疾病尤其是妇科内分泌疾病多因卵巢功能失调导致，这个功能许润三认为属于中医"阳"的范畴，功能低下就要温阳、助阳。此外，他发现治疗一些温热病患者，由于过用寒凉药物，抑制了仅存的一丝阳气而难起沉疴，当配伍适量附子温阳之品后，反而有助于患者病情向愈。由此许润三悟到，机体的阳气是健康的原动力，必须加倍呵护，过用寒凉会伤及阳气，以致机体无力抗邪；同时，寒凉易使邪气凝滞，阻碍气血运行而成血瘀，加重病情。在临床治病中，诸如桂枝茯苓丸、温经汤、二仙汤、艾附暖宫丸等温经名方，附片、桂枝、肉桂、巴戟天、鹿角霜等温阳药物，更多地出现在许润三的处方中。妇科疾病与奇经关系密切，血肉有情之品既能温补助阳，又能滋补奇经，如鹿角胶、鹿茸蜡片、龟甲胶、阿胶、紫河车等，亦是许润三擅用调经助孕之品，均产生了较好疗效。

总之，许润三诊治妇科疾病擅用经方，长于温补，注重冲任督带等奇经在妇科生理及病理中的重要作用，注重与奇经相联系的肾、肝、脾等脏腑功能的调理，用药强调方味不宜过多，要"稳、准、狠"，亦常用血肉有情之品、虫类药等。

四、专病之治

许润三临床内、妇兼擅，尤以经方治疗妇科疑难杂症著称。对不孕症、子宫内膜异位症、慢性盆腔疼痛、子宫肌瘤、子宫腺肌病、异常子宫出血、多囊卵巢综合征、更年期综合征、人乳头瘤状病毒感染、子宫内膜息肉等妇科疾病的中医药诊治均具有特色，且随着社会发展，妇科疾病谱的不断变化，亦能运用中医思维进行研析，不断调整优化诊疗方药。

（一）输卵管阻塞性不孕症

输卵管阻塞是女性不孕的常见原因，病因尚不完全清楚，与衣原体、生殖支原体等病原体感染后造成输卵管损伤有关，也是盆腔炎症性疾病常见的后遗症之一，常与输卵管异位妊娠、慢性盆腔疼痛、盆腔炎症性疾病反复发作等密切相关。临床主要症状较少，大多数患者在婚久不孕就诊检查时发现，部分患者同时伴有下腹部

隐痛、水样白带增多、月经失调、经行腹痛、经前乳房胀痛等症。中医没有该疾病名称，可与"不孕症""种子"等病证互参。

1. 病机

历代中医文献没有输卵管阻塞病名，许润三在思考如何把古代中医疾病与现代疾病联系起来时，着重考量了"胞脉"的内涵，他认为胞脉有广义和狭义之分，广义指分布于胞宫上的脉络，主要指冲任二脉，相当于西医学子宫上分布的动静脉；而狭义胞脉则相当于西医学解剖中的输卵管，正如《景岳全书·妇人规》引朱丹溪所云"阴阳交媾，胎孕乃凝，所藏之处，名曰子宫，一系在下，上有两歧，中分为二，形如合钵，一达于左，一达于右"，两歧即指输卵管，因此，输卵管的概念和功能应包括在中医狭义的胞脉之中，输卵管阻塞即为胞脉闭阻。本病为七情所伤、盆腔感染、金刃损伤、经期同房等各种原因导致瘀血、痰浊阻于胞脉，胞脉气血不通，则精卵难于相搏，导致婚久不孕。

由于该病无明显特异性症状，大多因不孕就诊经过西医检查（输卵管碘油造影等）发现，因此从舌、脉、症进行辨证较为困难，许润三提出采用中医传统辨证结合输卵管局部辨病的诊断思路。传统辨证是指在全身症状、舌脉、发病诱因等基础上辨别肝郁气滞、瘀血内阻或痰瘀互结。局部辨病是指通过子宫输卵管造影检查、超声检查、腹腔镜手术、局部组织病理报告等方法，辨别输卵管局部的病理变化，一般来说，输卵管炎性粘连，属于瘀血阻滞；结核性阻塞，或手术后粘连，由于局部有钙化灶及瘢痕形成，属于瘀血阻于胞脉重症；输卵管积水则是痰瘀互结于胞脉。根据全身辨证与局部辨病的结果，再进行针对性的遣方用药。

2. 专病专方

根据本病的病因病机特点，许润三以经方四逆散化裁，以行气活血、化瘀疏滞为治法，创立"通络煎"专病基础方。

组成：柴胡 10g，枳实 10g，赤芍 10g，生甘草 10g，三七粉 3g（分冲），丹参 30g，路路通 10g，莪术 10g，生黄芪 30g。

方解：方中柴胡疏肝解郁；枳实、赤芍行气活血、凉血散瘀消结除滞，生甘草清热通脉；三七化瘀消肿、祛留滞；莪术、丹参、路路通活血通络；生黄芪补气不留瘀。合方为气滞血瘀证所设，既能疏肝活血，通络除滞，又能健脾益气，以肝经气血疏通为要，亦符合"女子以肝为先天""以血为用"等生理病理特点。

加减：如下腹痛，黄带多、质稠气秽者酌加龙葵、蛇莓清热解毒利湿；经前乳房胀痛者加露蜂房、荔枝核祛风解毒散结；经期小腹冷痛或带多清稀、气腥者加鹿角霜、肉桂温暖下焦；输卵管积水者可加大戟、土鳖虫、淫羊藿、荔枝核、泽兰等温阳祛水、活血散结；输卵管结核可加夏枯草、蜈蚣散结通络；子宫发育不良者加山萸肉、紫河车等滋补肾精；面色苍白，舌淡者加党参、当归补气养血；口渴欲饮，舌红苔少者加麦冬养阴生津，润通胞脉；经行腹痛较重，块下痛减者，酌加失笑散、皂角刺、石见穿、柞木枝等活血利水、通络止痛；输卵管阻塞严重者，酌加穿山甲、水蛭、蜈蚣等虫类药逐瘀通络；当瘀滞将尽时，出现虚象或虚实兼夹证候，可酌加紫河车、八珍汤之类补益善后，减少活血化瘀药物。

输卵管阻塞性不孕症诚属疑难杂症，并非短期所能见功，有时还需配合中药保留灌肠、中药热敷或各种理疗法，医者必须坚持守方，从长远计，以恒收功。

（二）排卵障碍性不孕症

排卵障碍是女性不孕症的常见病因之一。该病以不能正常排卵为特征，属于妇科内分泌紊乱，与多种疾病相关，如多囊卵巢综合征、卵巢早衰、卵泡黄素化综合征、高泌乳素血症、高雄激素血症等。临床主要表现为婚久不孕、月经提前或后错、经期延长、闭经、崩漏、排卵期出血、经期延长、贫血、消瘦或肥胖、乳头溢液、痤疮等，属于中医"种子""断绪""全不产""闭经""崩漏"等病症范畴。

1. 病机

许润三认为该病首先责之于肾虚。肾主生殖，为先天之本，主藏精气，在肾气-天癸-冲任-胞宫轴中，肾气起主导作用。肾虚则该轴功能失调，引发排卵障碍而不孕。又因肝肾同源，肝为女子之先天，肝体阴而用阳，肝主疏泄而藏血，女性特殊的生理、心理特点易导致气常有余、血常不足。任为阴脉之海，主胞胎，冲为血海，依赖肝血滋养。如肝气血失调，则冲任二脉气血不宁，亦难受孕。胞宫孕育功能是天癸、脏腑、气血、奇经协调作用的结果。许润三认为补肾即补冲任，疏肝亦是调理冲任，故本病病位在冲任胞宫，主要涉及肝肾功能失调，基本病机为肾虚肝郁、冲任亏虚，病性以虚为主，虚实夹杂。

2. 专病专方

根据本病的病机特点，许润三创立了调冲方，温肾疏肝，调补冲任促孕，作为排卵障碍性不孕症、月经失调的专病专方。该方以《傅青主女科》定经汤加减化裁而成。

组成：柴胡10g，当归10g，白芍10g，熟地黄10g，仙茅5g，淫羊藿10g，菟丝子30g，紫河车10g，鸡血藤15g，香附10g。

方解：定经汤原方用于月经先后不定期，由八味药组成，其中菟丝子、熟地黄、当归、白芍、柴胡补益肝肾、养血疏肝；山药、茯苓健脾祛湿；荆芥祛风疏肝，使气血条达，合方具有补肾疏肝、健脾调经之功。许润三延续该方思路，增加温补肾阳、调补肾精、调理冲任促孕之功，方中菟丝子、熟地黄滋阴补肾养肝；紫河车温肾益精，补益气血；仙茅、淫羊藿温补肾阳；当归、白芍滋阴养血；柴胡、鸡血藤、香附疏肝活血，使气血补而不滞。合方补肾阴阳，养肝疏肝，调理气血，冲任得资，孕育始成。

加减：冲任督带奇经与肝、脾、肾脏腑功能在女性月经的形成中具有重要作用，女经调是有子的前提，故方中可适当突出对冲任归经药物的应用，如鹿角霜、羌活通督脉；枸杞子、巴戟天壮冲任之气；当归、川芎、丹参、香附调冲任气血等。用药时还可以从体质角度分析，如体肥丰腴，肌肤柔白，多为痰湿（阳虚）之体，可酌加苍附导痰汤；如体瘦面憔，多为阴虚（精血亏损）之质，可酌加《傅青主女科》养精种玉汤滋阴补血益精。此外，还可以参照月经周期、基础体温及超声监测排卵情况来调节用药，如经期可加益母草、泽兰、丹参、土鳖虫等活血通经；经后期血海相对空虚，宜加五子衍宗丸等平补肾之阴阳，阴中求阳；排卵前重用补肾壮阳之品，如巴戟天、杜仲、鹿茸等，阳中求阴。凡大苦大寒之品慎用，多用甘温咸润柔养之剂。合并子宫肌瘤、卵巢囊肿等癥瘕，可酌加生牡蛎、生鳖甲、橘核等软坚散结；若见虚寒怕冷，可加附片、干姜、肉桂之类温经散寒。

（三）子宫内膜异位症和子宫腺肌症

子宫内膜异位症是指具有生长功能的子宫内膜组织，出现在子宫腔被覆黏膜以外的身体其他部位所引起的一种疾病。异位的部位主要是盆腔，如卵巢、子宫直肠陷凹、宫骶韧带、腹膜、剖宫产后手术瘢痕部位等，也有远处的呼吸道、肠道等部位。它在组织学上是一种良性病变，但具有增殖、浸润、种植、复发等恶性生物学潜能。主要症状表现为渐进性加重的下腹痛或痛经，常伴有肛门坠痛、性交痛等，或合并经期延长、经间期出血、不孕等。子宫腺肌病是指子宫内膜腺体及间质侵入子宫肌层的一种疾病，主要表现为渐进性加重的经行腹痛，月经量过多，经期延长等。这两种妇科疾病发病率较高，但病因尚不完全清楚，西医治疗主要为激素治疗或手术，亦无令人满意的疗效，属于疑难杂症，由于其症状与发病机理密切相关，故在此一并论述。中医学古文献中无类似病名，根据其临床表现，可与"痛经""癥瘕""月经失调""不孕"等范畴互参。

1. 病机

许润三认为这两种疾病根据病程新旧、症状差异可能会有不同的病机属性，但最根本的病机特点为肾虚血瘀。先天禀赋不足或房劳多产，包括多次药流、人流，损伤肾气，封藏无权，则表现为婚久不孕，阴道出血等；经行同房、金刃宫腔操作等因素损伤冲任，离经之血不循常道，蓄积于冲任胞宫，日久形成癥瘕包块，或不通则痛，表现为经行腹痛、性交痛、下腹痛、肛门坠痛等各种痛证。总之，本病病位在冲任胞宫，主要涉及肾、肝、脾三脏，虚实夹杂，肾虚为本，血瘀为实，或兼有气血亏虚、肝气瘀滞、脾虚痰凝等。

2. 专病专方

根据本病的根本病机，许润三创制了经验方"抑痛平"，此为以补肾益气、活血散结为功效的专病专方。

组成：生黄芪50g，当归10g，黄柏10g，制首乌10g，莪术10g，急性子3g，生蒲黄20g（包煎），五灵脂10g，三七粉3g（分冲）。

方解：中医治疗痛经的经典方如温经汤、少腹逐瘀汤等均以温经散寒、化瘀止痛为主，但临床确实有部分子宫内膜异位症或子宫腺肌病患者服用后效果不明显，许润三另辟蹊径，组方立意新颖，选用生黄芪配当归，益气补血活血；莪术、急性子、三七粉、失笑散活血化瘀止痛；制首乌补肝肾，益精血；黄柏清利湿热，泻肾火。临床用于子宫内膜异位症或子宫腺肌病患者，止痛效果明显。

加减：若月经提前，量多，形体消瘦，舌红苔少，脉滑数者加消瘰丸（浙贝母、生牡蛎、玄参）清热止血，软坚散结；若体质好，疼痛较重，酌加土鳖虫、蜈蚣、全蝎等破血逐瘀止痛之品；若癥瘕日久，体胖，舌淡苔白，脉细滑者，酌加桂枝茯苓丸温通活血，化瘀消癥；若婚久不孕，舌淡红，苔薄白，脉沉细，可酌加仙茅、淫羊藿、巴戟天、五子衍宗丸等温肾调经促孕；若是围绝经期妇女，年近七七，可酌加知柏地黄丸滋肾阴，泻肾火，促进经断，化解病灶。

五、方药之长

许润三擅用经方治疗妇科疾病，有时也用如金元四大家、张景岳、傅青主等其他名医名家的经验方，对于时方、秘方亦不排斥，还能参考中药的现代药理研究成果，总能博采众长，以提高临床疗效为选方用药标准。值得一提的是许润三在诊疗中注重患者的心理因素，许多妇科疾病属于慢性病和疑难病，躯体症状与心理症状互为因果，这些患者辗转于各个地方、各个医院及各个名医间去求医问药，效果时好时差，有时并不相信医者的判断，这种情况下许润三认为不是换方子就能解决的问题，需要结合心理角度考虑调整治疗策略。

（一）常用方剂

1. 疏肝理脾、调畅气机基础方——四逆散

【组成】甘草（炙）、枳实（破，水渍，炙干）、柴胡、芍药等份，各十分。

【用法】上四味，捣筛，白饮和，服方寸匕，日三服。

【功效】疏肝和脾，透邪解郁。

【主治】少阴病阳郁厥逆证，四肢厥逆，或咳，或悸，或小便不利，或腹中痛，或泻痢下重者。

【方解】方中柴胡苦辛微寒而性升，入肝胆经，为君药，疏肝解郁，升清阳使郁热外透；芍药苦酸微寒性敛，归肝、脾经，为臣药，养血敛阴，与柴胡配伍，一升一敛，使郁热透解而不伤阴；枳实苦泻辛散而性降，归脾、胃经，行气破滞，助运中土，为佐药，与柴胡配伍一升一降，增强舒畅气机功效；炙甘草甘缓和中，调和诸药为使，并与芍药配伍缓急止痛。柴胡、枳实与芍药配伍，气血兼顾，调畅气机兼能透热。药味不多，但表里、气血、上下兼顾，可透达郁阳，宣畅气血，缓急止痛，除厥逆。

【临床心得】本方原为少阴病四肢厥逆证所设。四肢厥逆，即四肢不温，手脚冰凉，为妇女常见症状，是肝胃气滞，阳气内郁而不能外达四肢，这是主症，其后的咳嗽、心悸、小便不利、腹痛、泄泻等为或然证。中焦气机郁滞可能会影响其他脏腑气机升降出入，故可见较多不同类型的伴随症状，此条文后亦对该方加减进行了详细说明，如兼肺寒气逆咳嗽者，加干姜、五味子温肺敛气止咳，又可兼治下利；若兼心阳虚而心悸者，加桂枝温复心阳；若兼水气内停，小便不利者，加茯苓淡渗利水；若脾阳虚，腹中痛者，加炮附子温阳散寒止痛；若兼气郁泻痢下重者，加薤白通阳行气。此症需与少阴寒化证区别，后者为阴盛阳衰，属虚寒证，主要表现为四肢厥冷、恶寒蜷卧、下利清谷、脉微欲绝等，治疗宜用四逆汤回阳救逆。

四逆散是疏肝理脾的经典方剂，虽然药味仅有四味，但蕴含的组方思路实则丰富，值得借鉴。该方含有枳实芍药散、芍药甘草汤两个小方。枳实芍药散出自《金匮要略》，用于治疗产后腹痛，烦满不得卧，需要注意其中枳实用法略有不同，为"烧令黑，勿太过"，枳实、芍药等份杵为散，服方寸匕，日三服。并主痈脓，以麦粥下之。当代医学大家胡希恕曾强调枳实芍药散用于治疗气滞血瘀所致妇女产后腹痛。芍药甘草汤亦出自《伤寒论》，主治误汗后伤及阴血而出现的脚挛急不伸之证，药物组成为芍药、炙甘草各四两，水煎服，具有缓急止痛的功效。后世著名的疏肝理气解郁方剂逍遥散、柴胡疏肝散亦与之关系密切。逍遥散出自宋代医著《太平惠民和剂局方》，在四逆散基础上去枳实，加当归、茯苓、白术、薄荷、煨姜，重在养肝血助肝体，疏肝气顺肝用，健脾祛湿防肝病传变，调和肝脾宗旨未变。柴胡疏肝散出自明代医著《医学统旨》，在四逆散基础上加陈皮、川芎、香附而成，并对各味药剂量进行调整，枳实改为枳壳，重在疏肝解郁。可见四逆散对于后世的影响在组方思路上，即调和肝脾，调畅中焦气机，不能单纯用疏肝理气之品，要想到养血柔肝、缓急止痛、健脾祛湿、助胃和降、助阳升散等，实则是考虑到脏腑功能与气机升降出入的主要环节。该方在内、外、妇、儿科均有广泛应用，加减用药亦层出不穷。

许润三创新性地运用该方化裁治疗输卵管阻塞性不孕症，前已论及，此处不再赘述。此外，许润三应用四逆散化裁治疗其他妇科疾病如盆腔炎症性疾病、慢性盆腔疼痛、子宫脱垂、乳腺增生等，亦取得满意疗效。女性盆腔炎症性疾病主要表现为下腹痛、发热、脓性白带等，经过常规抗感染治疗，容易引发后遗症如慢性盆腔疼痛、盆腔炎反复发作、输卵管炎性阻塞、异位妊娠等，这类患者主症即为下腹部隐痛，常伴有腰骶不适、手脚不温、情绪不稳等症状，多有不同程度的肝郁气滞、气血瘀滞的情况，许润三以具有疏肝理气、调畅气机作用的四逆散为基础方，加生黄芪、蒲公英、丹参、三七粉等化裁为妇科 I 号方，疏肝活血，清热化瘀，治疗盆腔炎反复发作或慢性盆腔疼痛患者，疗效满意。其中芍药常用赤芍，常用量为10g，取其清热活血之意；甘草常用生甘草，常用量为10g，取其清热解毒兼和诸药之意。子宫轻中度脱垂是产后或绝经后妇女常见病，许润三常在四逆散基础上酌加生黄芪、葛根益气升阳举陷；枳实配白术，一行一补，一升一降，健脾祛湿，助脾运化。枳实配白术也是许润三喜用的一组对药，此配伍出自《金匮要略》枳术汤，用于治疗心下水饮停聚，重用枳实散结消痞，配伍白术培土制水；后世《内外伤辨惑论》进一步改为枳术丸，重用白术健脾运湿，配伍枳实散积消痞。此二药配伍调畅中焦气机，许润三在治疗子宫脱垂、崩漏、痛经等妇科疾病时辨证选用。乳腺增生、结节也是妇科常见病证，多表现为乳房胀痛经前加重的特点，许润三在四逆散基础上常加香附、郁金、丝瓜络、山慈菇、荔枝核等疏肝解郁，清热散结，调和肝胃，获效满意。

2. 温阳活血、化瘀散结基础方——桂枝茯苓丸

【组成】桂枝、茯苓、牡丹（去心）、芍药、桃仁（去皮尖，熬）各等份。

【用法】上五味，末之，炼蜜和丸，如兔屎大，每日食前服一丸。不知，加至三丸。

【功效】温通活血，缓消癥块。

【主治】癥瘕病血瘀证。

【方解】桂枝辛甘温，入心、肺、膀胱经，温通经脉，温阳化气为君；桃仁苦、甘、平，归心、肝大、肠经，活血祛瘀为臣；芍药苦、酸、微寒，归肝、脾经，滋阴养血和营气，牡丹皮辛、苦、微寒，归心、肝、肾经，清热凉血，活血散瘀，二药配伍为佐药，既能活血化瘀，又能防桂枝过于辛燥；茯苓、甘淡、平，归心、肺、脾、肾经，健脾祛湿，亦为佐药，助桂枝温阳化水；白蜜为使，调和药性。

【临床心得】桂枝茯苓丸出自《金匮要略·妇人妊娠病脉证并治》，原方用于治疗素有癥病，妊娠后漏下不止之证，表明该方既能祛瘀缓消包块，又对妊娠无虞，但是现在临床运用多数是在非妊娠期。仲景时代芍药是不分白芍和赤芍的，如《神农本草经》将芍药归为中品，味苦，能敛肝气，除血痹，破坚积，许润三认为桂枝茯苓丸中的芍药当为现在的赤芍，偏于凉血散瘀之功。

该方的配伍体现出四个特色。一为寒温并用，桂枝性温，赤芍、牡丹皮性寒，但总体配伍能够达到温通活血化瘀的效果。《素问·调经论》云："气血者，喜温而恶寒，寒则泣而不行，温则消而去之。"故有血得温则行，得寒则凝之说。癥瘕包块的形成通常由气血不畅开启，日久瘀血、痰浊凝结成块，因此活血化瘀、软坚散结是基本治法。许润三在应用活血化瘀治法中，常配伍桂枝温通经脉，加强活血化瘀效果。这里的寒温配伍是以活血化瘀为主，寒凉之程度较弱，寒药味数较少，亦稍微制约温阳药的辛燥之性，如果患者病情表现出寒证或热证的特点，可以据证酌加偏温或偏凉之品，但用药总体不能太过寒凉，以免损伤阳气，加重血瘀状态。二为通因通用。桂枝茯苓丸用于癥瘕合并妊娠，瘀血痰浊形成包块阻滞于冲任胞宫，血不归经则漏下不止，且血不养胎，则胎动不安。一般情况下初学中医者看到有阴道出血，又是妊娠状态，必先收涩止血，但是仲景用桂枝茯苓丸给我们一个通因通用的示范，辨证为瘀阻下焦，通过活血化瘀、缓消癥块的治疗，达到止血安胎的效果。类似组方立意如《傅青主女科》生化汤，通过祛瘀生新治疗产后恶露不绝等出血病症。许润三常强调辨证的准确性是疗效的基础，也是中医功底的体现。三为有故无殒的妊娠用药特色。妊娠期用药禁忌较多，其中活血化瘀药容易造成流产而被列为妊娠慎用药。《素问·六元正纪大论》曰："妇人重身，毒之何如？岐伯曰：有故无殒，亦无殒也。"桂枝茯苓丸治疗癥瘕合并妊娠漏下充分体现出这一妊娠期用药原则。有是证，用是药，辨证准确是用药关键，此外，服用方法也需要注意，先从小量开始服用，观察疗效，如果没有反应，再加量。在方药的运用上严谨而有法度，是中医药治疗任何疾病都要遵从的原则。许润三在治疗不孕症、反复性流产等疾病血瘀证中，亦常用活血化瘀药直至妊娠确诊。四为消癥用缓剂的特色。癥瘕包块的形成是日久多种病理产物凝聚的结果，因此治疗起来也是长期的，适宜用丸散剂徐徐图之。许润三在用较多活血化瘀药组成的汤剂治疗时，往往配伍生黄芪50g以上，取其补气升阳，补而不滞的特性，既能缓解过多破血逐瘀药物长期口服耗伤气血的弊端，又能补益气血助其畅行。

许润三以此方化裁创制妇科Ⅱ号方，常加威灵仙、生黄芪、莪术、三七粉等，易牡丹皮为丹参，加强活血化瘀止痛之效，用于治疗盆腔炎性疾病后遗症、慢性盆腔疼痛等病寒凝血瘀证，获效满意。其中桂枝配威灵仙，是许润三常用的药对，能够温经散寒，通络止痛；丹参、莪术、三七活血化瘀；茯苓配生黄芪，健脾益气祛湿，助血运通畅。合方气血同治，血水同调，增强了活血化瘀、止痛消癥的作用。许润三曾说"慢性炎症不是炎，而是瘀和结"，该方即针对"瘀"和"结"进行攻邪，力量适中，我们可以理解为增强版桂枝茯苓丸。所以，妇科Ⅱ号方的适用范围完全可以覆盖经方桂枝茯苓丸的适应证，可以起到增效作用。

3. 和解少阳、通下里实、升降同剂——大柴胡汤

【组成】柴胡半斤，黄芩三两，芍药三两，半夏半升（洗），枳实四枚（炙），大黄二两，大枣十二枚（擘），生姜五两（切）。

【用法】上八味，以水一斗二升，煮取六升，去滓，再煎，温服一升，日三服。

【功效】和解少阳邪热，同下阳明里实。

【主治】少阳阳明合病，症见：伤寒发热、汗出不解，心下痞硬，呕吐而下利；或伤寒十余日，热结在里，复往来寒热；或呕不止，心下痞硬，郁郁微烦；或心下满痛，大便不解或协热下利，舌苔黄，脉弦有力。

【方解】方中柴胡疏散少阳半表之邪，为君药；黄芩清泄胆胃之热，与柴胡配伍和解少阳，疏肝解郁，清肝泻火；枳实、大黄内泻热结，宽中下气，化瘀除滞，共为臣药；芍药缓急止痛，助柴胡、黄芩疏肝清郁，佐枳实、大黄化瘀止痛；半夏和胃降逆止呕逆，共为佐药；生姜、大枣和胃健脾，调和诸药，共为使药。合方和解少阳、内泻热结。

【临床心得】大柴胡汤在《伤寒论》和《金匮要略》都有论述，是小柴胡汤去人参、炙甘草，加芍药、枳实、大黄组成，其中柴胡、黄芩、半夏、生姜、大枣为两方共有，主和解少阳，降逆和胃。本方亦含有四逆散中柴胡、芍药、枳实三味主药，能疏肝健脾，理气和中。从调理气机升降出入角度分析，本方中大黄、枳实、半夏与柴胡、生姜为两组一升一降之品，前者均有下行之功，后者均有升发阳气、宣散之功，且有芍药佐助敛阴养营，升降为主，散敛兼顾，作用部位主要在胃肠道，能够调节中焦枢纽，使气机运转自如。大黄如《神农本草经》云："味苦寒，主下瘀血，血闭，寒热，破癥瘕积聚，留饮，宿食荡涤肠胃，推陈致新，通利水谷，调中化食，安和五脏。"许润三常用生大黄6g或熟大黄10g以上，视患者大便稀硬程度再微调用量，他常引用东汉哲学家王充在《论衡》中的一句话"欲得长生，肠中常清；欲得不死，肠中无滓"，他针对年轻医生恐惧用大黄导致泄泻的问题强调如果患者脉象有力，以实证为主，就可以放心大胆去用，适当有稀便排出是正常反应。还有的年轻医师提出大黄的主要成分为蒽醌类化合物，恐惧引起结肠黑变病而不敢应用，许润三强调说中药既然能够治病，必然也有副作用，但是相对来说植物药经过几千年的人体实践，是安全有效的，中医的原则之一是有是症，用是药，如果辨证准确，可以应用；如果辨证不准确，用药不对症肯定会有不良反应，这也是对中医大夫中医功底的考验。

在妇科疾病方面，许润三应用该方于慢性盆腔疼痛、盆腔粘连、子宫内膜异位

症、子宫腺肌病、盆腔瘀血综合征等，常合并慢性阑尾炎、肠粘连、盆腔手术史等，表现为下腹部隐痛，甚至全腹胀满不适，大便硬结，舌苔白腻，脉弦滑。腹部触诊未必有疼痛拒按，可觉腹软，抵抗感较强。慢性盆腔炎病理改变为盆腔组织慢性渗出、粘连等炎性改变，甚至有肠道粘连，这类患者在各种原因导致肠蠕动增强时，腹痛就会加重，疼痛程度较强，中药保留灌肠适应性差，如果舌脉象符合实证，可应用本方化裁获取满意疗效。如果合并血瘀证，表现为舌质暗，或有瘀点瘀斑，月经血块多，经行腹痛，块下痛减等，可将本方与桂枝茯苓丸合用，或者酌加石见穿、皂角刺、三棱、莪术等化瘀消癥之品。

4. 补虚疗绵绵作痛第一方——黄芪建中汤

【组成】黄芪一两半，桂枝（去皮）三两，芍药六两，生姜（切）三两，大枣（擘）十二枚，甘草（炙）二两，胶饴一升。

【用法】上六味，以水七升，煮取三升，去滓，纳胶饴，更上微火消解，温服一升，日三服。

【功效】益气温阳，缓急止痛。

【主治】虚劳病，主症为里急腹痛，五脏不足，气短，汗出恶风明显等。舌淡或淡红，苔薄白，脉细而无力。

【方解】本方为桂枝汤倍芍药，加饴糖、黄芪组成。方中黄芪甘温补气固表，利水消肿；配饴糖补脾之阴阳；助桂枝温阳化气；得白芍益气敛阴和营；炙甘草和胃健脾，伍芍药酸甘化阴，缓急止痛；生姜走表而助卫阳，大枣入脾而益营阴。合方健脾温阳，化生气血，斡旋中焦，灌溉四旁。

【临床心得】黄芪建中汤为甘温健脾益气之剂，甘可缓急，温能补虚，其立方思路可参考《灵枢·终始》，曰："阴阳俱不足，补阳则阴竭，泻阴则阳脱，如是者，可将以甘药，不愈，可饮以至剂。"饴糖成分以麦芽糖为主，即用糯米、小黄米或小麦等粮食制作出来的甜味食品，虽甜却不腻，无泛酸之弊，能开胃助消化，润肺生津。不足之处是在北方的药房常缺此味药，且血糖升高者不适宜用。黄芪补益元气之力不及参类药，但长于补气升阳，益卫固表，托疮排脓生肌，利水消肿，许润三在妇科疾病中常用于慢性盆腔疼痛、输卵管积水、经前期紧张综合征、异常子宫出血、先兆流产等。

许润三用该方治疗妇科下腹部疼痛，表现为隐隐作痛或者仅述下腹部不适，症状较轻，但时断时续，病程较长，气短乏力，面色㿠白或萎黄，食欲差，大便少，舌淡红，苔薄白，脉沉细。腹部触诊较软，无压痛。常见于慢性盆腔疼痛患者，或者伴随焦虑症、抑郁症等状态的妇科患者。如便溏、易感冒等，可加重补气固表之力，酌加四君子汤、玉屏风散之类；如伴睡眠欠佳多梦，可合归脾汤化裁；如有脱发较多，可加地黄、旱莲草、制首乌等补益肝肾。

5. 温阳补血、散寒通滞——阳和汤

【组成】熟地一两，肉桂去皮，研粉，一钱，麻黄五分，鹿角胶三钱，白芥子二钱，姜炭五分，生甘草一钱。

【用法】水煎服。

【功效】温阳补血，散寒通滞。

【主治】鹤膝风，贴骨疽，及一切阴疽。

【方解】方中熟地黄滋阴补血为君，鹿角胶养血补精为臣，白芥子、肉桂、炮姜、麻黄温通经脉，化痰散结为佐，生甘草清热解毒，调和诸药为使。

【临床心得】阳和汤出自清代王维德《外科证治全生集》，原方用于阴疽病，气血亏虚兼毒痰凝结之证，治法中"非麻黄不能开腠理，非肉桂、炮姜不能解其寒凝"，犹如离照当空，阴霾四散，故名"阳和"。而妇科癥瘕处于盆腔深处，病位在阴，腹部皮色正常，且常见阴血不足，虚寒瘀滞，故该方在病机、病性上治疗也较为合适。许润三常用该方治疗盆腔炎性包块、子宫肌瘤、子宫内膜异位症、子宫腺肌病、卵巢囊肿等妇科癥瘕。其中熟地黄配生麻黄是重要的药对，可养血散结，也常配伍在其他方子中化裁运用。麻黄不单是解表之品，《神农本草经》中记载麻黄为中品，味苦温，主中风伤寒头痛温疟，发表，出汗，祛邪热气，止咳逆上气，除寒热，破癥症坚积聚。世人常熟知麻黄的解表功效，实则并未完全挖掘出麻黄的全部作用。本方麻黄适宜生用，取其辛散作用较强，而炙麻黄不论是蜜制、炒制等，均缓和了其宣发属性，加强了润肺、平喘、止咳功效，常用于气喘咳嗽等病证。除了发挥生麻黄的散结作用，用于治疗癥瘕，许润三还运用麻黄于妇女情志不畅、抑郁焦虑状态，取其疏肝解郁作用，也用于老年女性习惯性便秘获得满意疗效，取其可生发阳气之意。

6. 滋阴清热，化痰散结——消瘰丸

【组成】元参（蒸），牡蛎（醋研），贝母（去心蒸）各四两。

【用法】共为末，炼蜜为丸。每服三钱，开水下，日二服。

【功效】滋阴清热，化痰散结。

【主治】瘰疬，痰核，瘿瘤，癥瘕等。

【方解】方中贝母苦、微寒为君，清热化痰，消瘰散结；元参即玄参，苦咸而寒，清热滋阴，凉血散结，既能助贝母、牡蛎软坚散结，又可滋阴降火，滋水涵木，与牡蛎配伍抑肝气，为臣药；牡蛎咸寒微平，软坚散结亦为臣药，助君药清热化痰散结。三药合用，标本兼顾，可使肝血充，肝火泻，肝筋复缓，肝气得平，痰化结消。

【临床心得】消瘰丸出自清代医家程钟龄《医学心悟》，原方用于肝肾阴亏，肝火郁结，灼津炼痰，筋急成瘰的病证，属于肝病，相当于现代甲状腺疾患、耳前后淋巴结肿大等，也有运用该方治疗乳腺增生、乳腺结节等病。许润三以此方作为妇科癥瘕的基础方，主要取其入肝经及软坚散结的作用。玄参在《神农本草经》中属于中品，味苦微寒，主腹中寒热积聚，女子产乳众疾，补肾气，令人目明。牡蛎在《神农本草经》中属上品，味咸平，主伤寒寒热，温疟洒洒，惊恚怒气，除拘缓鼠瘘，女子带下赤白。久服，强骨节，杀邪气，延年。贝母在《神农本草经》中属中品，味辛平，主伤寒烦热，淋沥邪气，疝瘕，喉痹，乳难，金创，风痉。可见消瘰丸三味药作用部位并不局限于颈项部，下腹部包块同样可以应用，也可以酌加橘核、川牛膝两药引药下行、软坚散结。况且"女子以肝为先天"，以血为本，冲任、胞宫、乳房、颈项皆为肝经循行部位，其气血是密切相关的，临床常见妇女甲状腺结节、乳腺结节、子宫平滑肌瘤、卵巢囊肿等数种结节集于一身的情况，治法用药可以相互兼顾，充分体现出中医的整体观。许润三运用此方，常与桂枝茯苓丸合方并用，以增强活血化瘀消癥之力；若合病盆腔粘连，或手术中见局部纤维组织增生、粘连、渗出等慢性炎症改变，可酌加王不留行、路路通、刺蒺藜等活血通透之品；若下腹部疼痛较重，可酌加三棱、莪术、失笑散等活血止痛之品；若病程较长，包块较大，可酌加海藻、昆布、夏枯草、鸡内金等增强软坚散结之力。此外许润三认为气愈虚则血愈滞，且活血化瘀药为攻伐药物，有耗伤气血的弊端，因此他的处方中活血必扶正，常酌加生黄芪、党参、白术等健脾益气之品，或加制附片、肉桂等温通胞脉，以增强活血消癥的效果。

（二）活用药物

1. 鹿茸蜡片配紫河车——温阳填精助孕

血肉有情之品为中药的一种特殊类型，常用于滋补强壮、填精益血，应用历史悠久。许润三在调经促孕中常用鹿茸、紫河车这两味血肉有情之品补益冲任，温肾填精，获效满意。

梅花鹿或马鹿全身多个部位均能入药，其中最常用的有鹿角胶、鹿角霜、鹿角片这三种。鹿角胶即《神农本草经》中上品白胶，味甘平，主伤中劳绝，腰痛，羸瘦，补中益气，妇人血闭无子，止痛，安胎，久服轻身延年。鹿茸与鹿角属于《神农本草经》中品药材，鹿茸味甘温，主漏下恶血，寒热，惊痫，益气强志，生齿不老；鹿角主恶创痈肿，逐邪恶气，留血在阴中。至明代药学专著《本草纲目》进一步拓宽了鹿的药用价值，记载鹿茸、鹿角霜、鹿角胶、鹿角粉的功效、用法与适应证。现代《中国药典》中关于鹿的中药饮片和中成药就达数十种之多，除了上面提及的品种，还有鹿血、鹿胎、鹿尾、鹿筋、鹿骨、鹿鞭等。妇科疾病中常用鹿茸、鹿角胶、鹿角霜、鹿血、鹿胎补精血、温肾阳，调经促孕，或产后、经断前后调理康复。许润三最为推崇鹿茸蜡片，以梅花鹿为优，最能温补肾阳，益精血，调冲任，对于女性生殖功能有促进作用，常配伍中药复方用于不孕症、卵巢早衰等病，用法为每日 1～3g，水煎煮后连渣一起服用。

紫河车为人胎盘制品，性味甘、咸，性温，归肺、心、肾经，有补肾益精、益气养血之功。许润三亦常配伍中药复方治疗月经失调、不孕症、宫腔粘连等妇科疾病。其补益作用平和，不论寒证还是热证，均可配伍应用，有助于提升女性生殖系统功能，常用量为 10～15g，水煎服，或 3g 分冲。

2. 仙茅、淫羊藿——温补肾阳，调理冲任，助孕要药

这两味药妇科医生最为熟知，因为治疗更年期综合征的常用方二仙汤即为此二味药为主药。仙茅入药较晚，唐末李珣著《海药本草》记载该药味辛，性温，有毒，补暖腰脚，强筋骨，填骨髓，益阳，明耳目等。淫羊藿，又名仙灵脾，最早记载可追溯到《神农本草经》，谓其主阴痿绝伤，益气力，强志。二药配伍属于相须为用，具有温肾壮阳、强壮筋骨之功效。

许润三在调经促孕方面，喜用温补，究其原因，可能与以下几点有关。一为温热药有助于行气活血，如《素问·调经论》云："气血者，喜温而恶寒，寒则泣而不行，温则消而去之。"妇女以血为用，血易虚，气易滞，不论虚寒、实寒均是妇科常见的证型之一，且易与气血凝滞证互相影响，因此温热药常用有助于温通气血。二为调经促孕是妇科常用治法，涉及调节肝、脾、肾及冲任功能，肾主生殖，温肾补肾之品能够促进女性生殖功能，因此仙茅、淫羊藿、紫河车、鹿茸等温热药是许润三常用之品，而长期应用过于寒凉之品可能会影响女性生殖功能，例如有时在临床中出现应用寒凉之品治疗面部痤疮的女性逐渐出现月经失调。许润三曾说："人和自然一样，秋冬冷，什么都不长，春天一缓和，万物生长，夏天最热，庄稼才能熟，人也是这样，用温热药才能促进卵泡生长，促进排卵。"三为许润三多年临床经验发现寒凉之品虽能较快压制症状，但可能掩盖病情，导致延治误治，因此对于病因不清的疑难杂症，慎用过于寒凉药物，如五味消毒饮之类。即使经过四诊合参，明确为热毒证，过于寒凉药物也不能用药时间过长，要注意中病即止，以免损伤胃气，甚至影响卵巢功能。

3. 水蛭、蜈蚣、土鳖虫——破瘀通络

据《神农本草经》记载，水蛭味咸，性平，主逐恶血瘀血，月闭，破血瘕积聚，无子，利水道。现代药理学认为该药归肝经，具有破血逐瘀、散结通经功效。现代用此药多为炮制用药，毒性降低，药效亦降低。蜈蚣最早记载也可追溯到《神农本草经》曰："味辛温，主鬼注蛊毒，啖诸蛇虫鱼毒，杀鬼物老精，温虐，去三虫。"现代药理学认为该药有毒，入肝经，具有息风止痉、解毒散结、通络止痛的功效。土鳖虫又名地鳖、䗪虫、蟅虫等，《神农本草经》亦有记载："味咸，寒，主心腹寒热，洗洗，血积癥瘕，破坚，下血闭，生子大，良。"现代药理学认为有小毒，归肝经，具有破血逐瘀、续筋接骨的功效。《伤寒杂病论》中亦有水蛭、土鳖虫等虫类药组成的各类方剂，如抵当汤（丸）、鳖甲煎丸、大黄䗪虫丸、下瘀血汤、土瓜根散等，均有破血逐瘀、化癥止痛的作用，现也常用来治疗妇科良性肿瘤、闭经等病。

这三种虫类药历史悠久，虽有毒，但长于化瘀通络，活血止痛，且现代多为人工养殖，经过炮制，其毒性降低很多。许润三常配伍在复方中治疗慢性盆腔疼痛、输卵管阻塞性不孕症、盆腔粘连等疾病属血瘀证或胞脉闭阻证，用量在 5～10g，水煎服。这些破血逐瘀通络药容易耗气伤血，患者久服易出现乏力感，需配伍生黄芪、当归等益气养血之品，一则可以化解虫类药损伤正气的弊端，二则可以鼓舞气血，有助于脉络通畅。

4. 三七粉——养血活血止血多重功效

三七，又名金不换、田七等，味甘、微苦，入肝、胃、大肠经，具有补血、止血、散瘀、定痛等多重功效。历来大家熟知的是其作为伤科金创用药，但是其药理作用非常广泛，如扩张血管、镇痛、抗疲劳、抗炎、提高记忆力、免疫调节、抗肿瘤、抗衰老、抗氧化、降脂等，且能双向调节，值得深入研究。

养血补血功效。《本草纲目拾遗》记载："人参补气第一，三七补血第一，味同而功亦等。"这一功效常用熟三七，用于身体虚弱、食欲不振、面黄肌瘦、记忆力减退、神经衰弱、失血、贫血等病证。女性以血为本，经、孕、产、乳皆耗伤气血，五脏六腑、冲任督带均离不开气血滋养，因此妇科经、带、胎、产、杂病中血虚证皆可运用。

活血散瘀功效。三七生用，可祛瘀生新，消肿定痛，行血不伤新，通脉行瘀，如《玉楸药解》所云："凡产后、经期、跌打、痛肿、疤痕，一切瘀血皆破。"许润三取其这一功效运用于慢性盆腔疼痛、输卵管阻塞、子宫内膜异位症等病证，与虫类药配伍增强活血通络之效，达到松解盆腔粘连、恢复输卵管拾卵与输送受精卵的功能；或与益气活血等药配伍增强祛瘀止痛功效，尤其对于月经血中有块，块下痛减的病证尤为适合；或配伍软坚散结之品增强消癥散结之效，如子宫平滑肌瘤、卵巢巧克力囊肿等妇科良性肿瘤，既能一药多效，又能长期服用而不伤正，亦可以契合此类患者常合并乳腺增生、甲状腺结节、黄褐斑等肝经气血不畅的病机特点。

止血不留瘀功效。三七亦为止血之圣药，且不论人体哪个部位出血，可以口服或外敷止血而不留瘀，适用于妇科崩漏、产后、恶性肿瘤等病证。《傅青主女科》有一张方治疗老年血崩，称作加减当归补血汤，由生黄芪、当归、三七、桑叶四味药组成，具有补益气血、滋肾止血之效。许润三临证常以此方为治疗出血类疾病气虚证的基础方，他强调治疗出血病证以脉象为辨证要点，脉滑而有力为血热证，属实证，当清热凉血止血为要；脉细弱无力为虚证，当补益气血止血为要，以加减当归补血汤化裁。

5. 水牛角——非大剂量不能显效

许润三治疗崩漏血热证常用犀角地黄汤，由犀角（现水牛角代）、生地黄、芍药、牡丹皮四味药组成。其中犀角（现水牛角代）咸寒，直入血分，是清热凉血的要药，为君药，因受野生动物保护条例限制，现用水牛角来代替，用粉或片都可以，但是作用比犀角弱了很多，所以用量要大，一般用50g以上，也可以用玳瑁或木贼草代替；生地黄助君药清解血分热毒，又可养阴生津，助阴血恢复，为臣药；赤芍、牡丹皮既增强清热凉血之力，又可散瘀活血，防止止血留瘀之弊端。该方四味药皆为寒凉之品，君药水牛角量大，其他三味药在常用量 5～10g 即可，既避免药物太过寒凉碍胃伤脾，加重患者贫血状况，又要考虑过于寒凉之品影响卵巢功能，塞流是治疗崩漏的第一步，要考虑后面澄源、复旧问题，太过寒凉会干扰后面的调理复旧。有的患者本身脾胃素虚，用寒凉药后会出现腹泻，这时可以稍加肉桂、巴戟天等温补脾肾来反佐。

6. 蒲公英、白英——清热解毒细分辨

这两味药均具有清热解毒的作用，亦是许润三常用药，但是功效有所侧重，因此适用病证有所区别。

蒲公英是大家比较熟知的一味草药，又称黄花地丁，味苦、甘，性寒，归肝、胃经，具有清热解毒、消肿散结、利湿通淋、清肝明目的功效，现代药理学研究发现具有抗炎、抗真菌、抗癌、抗胃溃疡、利胆、保肝等作用，常用于痈肿疔毒、乳痈内痈、淋病、黄疸等内外科病证。许润三常用该药于妇科盆腔炎症性疾病、盆腔粘连、慢性盆腔疼痛，这些盆腔炎症有时合病脓肿、慢性阑尾炎、肠粘连等，适宜清热解毒、消肿散结。蒲公英入肝经，与妇科疾病常见肝经气血不畅这个病机特点契合，并能兼顾妇女常见的乳房胀痛之病证。此外，许润三认为蒲公英清热而不伤胃，治疗盆腔炎症性疾病常用月余而无害，如《本草新编》所云："亦泻胃火之药，但其气甚平，既能泻火，又不损土，可以长服，久服无碍。"

白英入药历史悠久，早在《神农本草经》中就列入上品，谓："味甘寒，主寒热，八疸，消渴，补中益气。久服，轻身延年。"白英归肝、胆、肾经，具有清热解毒、利湿消肿、祛风、抗癌的功效，常用于疟疾、黄疸、水肿、淋病、风湿关节痛、丹毒等病证。现代药理研究表明，该药具有抗肿瘤及抗真菌作用。许润三常用白英治疗带下病，表现为带下量多、黄带或赤带。如人乳头瘤状病毒反复或长期感染宫颈

导致的宫颈上皮内瘤变，属于宫颈癌前病变，许润三认为该病为正虚为先，邪入为后，根据扶正祛邪原则，配伍生黄芪组成"芪英煎"健脾益气、清热解毒，作为基础方化裁，协助机体尽快祛除病毒，促使病毒转阴，临床收到满意疗效。

7. 急性子——活血化瘀消癥兼抑制卵巢功能

急性子为凤仙花种子，味微苦、辛，性温，有小毒，归脾、肝经，具有活血化瘀、软坚散结功效，常用于闭经、癥瘕、膈膈、骨鲠在喉等病证。现代药理研究显示，具有收缩子宫平滑肌、抗生育、抗菌、抗癌等作用。该药传统用于妇科月经不下、难产催生、胎衣不下等病证，许润三取其活血化瘀消癥兼抗生育的作用，常用于妇科性激素依赖型良性肿瘤，如子宫肌瘤、卵巢巧克力囊肿、子宫腺肌瘤等病。这些疾病属于癥瘕范畴，应用急性子符合其病机特点：瘀血阻于冲任胞宫，久则成癥。西医学研究发现这些肿瘤多发于生育年龄妇女，青春期少见，绝经后肿瘤大多有不同程度的萎缩，实验研究亦证实雌、孕激素对于肿瘤的发生与生长具有促进作用，如果应用激素类药物抑制卵巢功能，这些肿瘤会出现不同程度的缩小。许润三联想到急性子在过去作为中药的避孕成分之一，也有抑制卵巢功能的效果，因此该药应用既符合中医辨证论治原则，又契合西医关于疾病的发病机理，一药两用，具有良好的应用前景，值得进一步研究。

8. 白术——补脾益气、利腰膝、通便

白术也是较为常用的补气药，但是在妇科还有一些其他作用值得推广。白术味苦、甘，性温，归脾、胃经。具有健脾益气、燥湿利水、止汗、安胎的功效，常用于脾虚纳差、腹胀泄泻、痰饮眩悸、水肿、胎动不安等病证。炮制方法有生用、麸炒或土炒等。现代药理研究作用较多，有利尿、降血糖、强壮、抗凝血、抗肿瘤、抗菌、抑制子宫平滑肌收缩等。许润三常用白术治疗妇科疾病脾胃虚弱证，取其消食、止呕、止泻、止汗、安胎等作用，如妊娠剧吐、先兆流产、月经病、更年期综合征、经行泄泻等。

除此之外，许润三还常用此药治疗腰痛、腰膝酸软等症。《神农本草经》列此药为上品，曰："主风寒湿痹，死肌，痉疸，止汗，除热，消食，作煎饵。久服，轻身延年，不饥。"《石室秘录》云："白术乃脾经药也，何以为正治肾经？不知白术最利腰脐，腰脐利则水湿之气不留于肾宫。"这时从白术祛风湿而利腰膝角度论述；还有从白术善通腰脐之气血角度论述，如《本经逢原》谓白术"散腰脐间血"，《汤液本草》谓"白术入少阴，利腰脐间血，通水道"，《辨证录》谓"白术善通腰脐之气"等。总之，妇女经、带、胎、产、杂病多见腰痛、腰膝酸软等症，或因感受风寒湿邪，或因气血不畅、痰湿凝滞，或因肾虚失于濡养等，皆可配伍白术这一治疗腰痛的要药。如肾着汤，又名甘草干姜茯苓白术汤或甘姜苓术汤，具有温中散寒、补土化湿的功效，原方用于腰以下冷痛、沉重如带五千钱的肾着病，许润三常用此方配伍化裁治疗盆腔炎症性疾病有腰痛、腰部沉重症状者，获效满意。

白术亦可通便，尤其适用于气血不足患者的便秘。其通便功效早在《伤寒论》中就有记载："其人若大便硬，小便自利者，去桂加白术汤主之。"并有枳术汤经典配伍以调畅中焦气机。许润三强调应用白术通便需生用并量大才有效，曾治疗一老年妇女盆腔炎合并习惯性便秘，应用生白术至80g获效满意。

六、读书之法

中医理论很多，许润三常推荐大家可以多研究《内经》。他经常给学生举临床的例子，借以解释《内经》中的论述，以加深对经典的理解。如临床遇到发热患者，我们用中药或西药发汗法退热，这就是《素问·生气通天论》"体若燔炭，汗出而散"的含义。再比如《内经》中关于药物五味的论述很多，《素问·阴阳应象大论》曰："酸伤筋，辛胜酸。"从五行来讲，辛金胜酸木。《景岳全书·吞酸》进一步叙述："酸必用吴茱萸，顺其性而折之……盖其性热，最能暖中下二焦，其味辛苦，最能胜酸涩之味。"我们在临床遇到胃病患者泛酸、吐酸水这样的症状，中医就用辛味药治疗，效果很好；而西医则是用小苏打中和。《素问·五常政大论》曰："大毒治病，十去其六；常毒治病，十去其七；小毒治病，十去其八；无毒治病，十去其九；谷肉果菜，食养尽之。"这些经典论述告诉我们中药有毒性之分，有毒的药治疗力量强，相应副作用大，这和西药是一样的，但是有毒中药也可以治病，只是要注意使用方法，许润三常提及十枣汤（芫花、甘遂、大戟、大枣）、三生饮（生附子、生南星、生乌头）等都是可以治病的好方子，不能因为其毒性而弃之不用。有关中药的毒性方面研究需要加强，但不能因噎废食。

《伤寒论》《金匮要略》这些经典著作也是许润三推荐给年轻医生要精读的。经方药味少，力量专，对证效果好，不对证就容易出问题，不如时方简单。许润三年轻时曾用麻黄汤治疗急性肾炎水肿、用葛根汤治疗产后昏迷取得良效，就是因为抓住主症，辨证准确，经方的效果就显现出来了。后来许润三主攻妇科专业，也是从经方中探求治疗妇科疑难杂症，曾用当归芍药散加桑寄生、川续断、菟丝子治疗一个妊娠9个月患者，几剂药下去，胎头就转正了；以四逆散化裁治疗输卵管阻塞性不孕症取得良效，并进行了临床与实验研究，获得科研奖项。

许润三从自身成功经验展示给我们读经典的"捷径"，就是从临床中发现问题，带着问题读经典，从经典中寻求答案与思路，再带着答案到临床中实践与印证，才能逐步提高中医临证水平。

七、大医之情

（一）热爱中医，笃信中医，发扬中医

许润三拜自己的救命恩人为师开始了中医之路。学徒 5 年是艰苦的，但也为自己打下坚实的中医功底。从自己患重病被中医治愈，到跟师侍诊期间见识了中医治疗形形色色的疑难杂症疗效显著，许润三对于中医的兴趣与笃信日渐浓厚。出师后创办诊所，经过自身临床实践亦增添了中医治疗疾患的自信。此后，为了进一步提升自己的诊疗水平，又进行了西医和中医的系统学习。毕业之后进入北京中医学院任教，承担过基础、诊断、内科等多门课程的教学工作，后逐渐以妇科为专业方向。在临床工作中，许润三接触到许多女性不孕症患者，深深体会到她们的压力与痛苦，他曾说："那个年代，女性生不了孩子，在家庭的地位就降到零了，这是多么让人心痛和担忧的事情，我们一定要找到办法帮助她们！"在不断探索之下，许润三运用中医理论治疗该病出现了显效病例，并逐渐提出输卵管阻塞的中医病名与辨证理念，对于该病的全身辨证与局部辨病相结合的诊疗方案，形成了中西医结合的特色疗法。

许润三已过鲐背之年，仍照常出门诊，谈吐之间显示出他的医者仁心与笃定。他说："我这一辈子，就是研究一件事，就是如何把病看好。"年弥高而德弥劭，发弥白而志弥坚。

（二）提倡中国传统文化与中医密不可分

许润三 5 岁开始上私塾，接受传统文化教育多年，对于古文、诗词、书法、国学等知识信手拈来，为其后来广泛阅读医书打下良好基础。许润三常建议年轻后辈补充古文、国学等传统文化知识，这样才能更好地理解浩如烟海的中医古籍，以加深对中医的领悟。许润三曾在诊余与学生说起对对联的事情，并欣然写下曾与友人对下联的一对联，表现出对古诗文的结构、对仗等传统知识的熟悉。

八、养生之智

许润三今年 96 岁高龄，仍思维清晰，照常出诊，唯有双膝不适，不能多走路。经常有患者询问许润三的养生秘诀，许润三总结为以下几点。

（一）心态好

主要是要保持积极乐观的生活态度，不生气，不着急，宠辱不惊。许润三经常

感慨他这一生经历坎坷，人生不如意之事十之七八，所谓"尽人事而听天命，道在人为修在己"，要学会让自己平静和快乐的能力，对于工作或家庭等矛盾，或巧妙化解，或泰然处之，或宽容以待，防止走极端。许润三常说"活着就是胜利，生气自己吃亏"，字句浅显而道理深刻。

（二）适当调补抗衰老

许润三退休之后常服西洋参、三七粉、杞菊地黄口服液。他认为西洋参可提高免疫力，强壮心脏功能；三七粉可通血脉，防止动脉硬化；杞菊地黄口服液可看作身体黏膜保护剂，并可保护视力，防治眼花、耳鸣、头晕。坚持不断，持续至今，其效果不言而喻了。中年之后，人体各项功能开始走下坡路，要注意操劳适度，饮食全面而有规律、有节制，有良好的起居生活习惯，适当针对自身薄弱环节进行中医药调补，既安全又有效。

（三）保持工作、读书的习惯

退休之后有的人无所事事，或者觉得劳累一辈子，就该多享受，过度安逸日久也会影响身心健康。许润三常说："每天出诊看病，就是我最大的长寿秘诀。"诚然，许润三退而不休，退休之后依然照常出门诊，查房等日常工作，这些工作本身就具有劳动、运动、活动的内容，使人身体得到锻炼，大脑功能防止退化。工作之余，许润三仍保持阅读的习惯，除了专业书籍，他还会涉及一些经典的其他类型作品，他认为读书可以更新认知，启发思路，是用心用脑的过程，也是防衰抗老的必不可少环节。退休之后不能让自己闲下来，在有意义的忙碌中，心情舒畅，身心得以锻炼，才能保持身体各个系统功能正常工作。

（四）保持良好的饮食、起居习惯

饮食方面要吃杂吃少。食物饮品亦有五味，酸入肝，辛（辣）入肺，苦入心，咸入肾，甘入脾；酸味多伤脾，苦味多伤肺，辛味多伤肝，咸味多伤心，甘味多伤肾。要合理搭配，粗粮、细粮、肉类、禽蛋、豆腐、奶类、蔬菜、水果等各种食物都要吃，但是要有节制，秉承早餐吃好、午餐吃七分饱、晚餐吃少的原则。此外，还要早睡早起，适当午睡，每日起床前做几项简单易行的保健运动：搓脸（干洗脸），梳头（干梳头），弹脑，转眼，叩齿，挺腹，提肛，全身拍打、按摩和梳理。他说这些简单运动既有助于全天精力充沛，又有利于身体健康，坚持不懈会受益无穷。很多健康长寿的老人均是守候这项健身法宝，效果非常显著。

九、传道之术

（一）人才培养方法

许润三曾作为北京中医药大学硕士研究生导师培养硕士研究生3名。作为全国第一、二、三批全国老中医药专家学术经验继承工作指导老师，培养徒弟5名。另外，作为全国优秀中医临床人才指导老师，还在广州、河北等地收徒近10名。2021年9月中日友好医院开展首届老中医专家传承师带徒工作，许润三接收徒弟2名，进行为期三年的师带徒学习与传承。此外，许润三对于中日友好医院中医妇科暨许润三传承工作室全体医生毫无偏见地传道授业解惑，对于科室接收的各类实习生、规培生、进修医师有问必答，对于有志于学习中医、仰慕许润三学术声望、愿意跟随拜师者亦扶持相助，先后培养200余名中医妇科领域的临床专家、科研骨干等。许润三虚怀若谷，对跟随学习者有明确的教学要求和学习内容，但是不会强求，他认为现代教育方式不同于过去师承教育，学生会跟随多位老师，要打破中医流派或门派偏见，他强调学习中医要"师古而不泥古"，要"勤学善悟"，悟出中医治病救人之道，并总结传承下去，这样中医才能持续发展下去。

（二）人才培养成果

经过多年的培养与言传身教，许润三培养的学生大多数已经成为中医妇科事业发展的骨干力量，有人成为专业学会的主委、委员，有人入选北京首届优秀中青年中医师，有人入选中日友好医院菁英人才计划等。

许润三传承工作室历经赵红主任、刘弘副主任负责，20余年的建设，取得丰硕成果。2007年始承担北京市中医管理局3+3薪火传承项目，2009年荣获中华中医药学会"全国先进名医工作室"称号，2011年承担了国家中医药管理局名老中医工作室建设项目，2018年获得国家中医药管理局国医大师传承工作室建设项目并顺利结题。工作室在以上项目经费支持下，以许润三临床学术经验传承为己任，进行了影像资料留存、病例数据库建设、学术思想挖掘、院内制剂、临床路径、经验方机制研究、人才培养、学术活动等各方面建设，成立了许润三传承工作室两个分中心（首都医科大学附属潞河医院中医科和石景山区中医医院中医妇科），发表核心期刊论文和SCI论文200余篇，主编或参编学术著作、教材30余部，获得省部级以上课题10余项，其中包括两位年轻医师获得国家自然科学基金青年项目课题，在全国中医妇科专业领域发挥了很好的宣传示范效应，并将继续从临床和实验方面挖掘名中医的经验方和进行起效机制的探索。

许润三学术传承谱

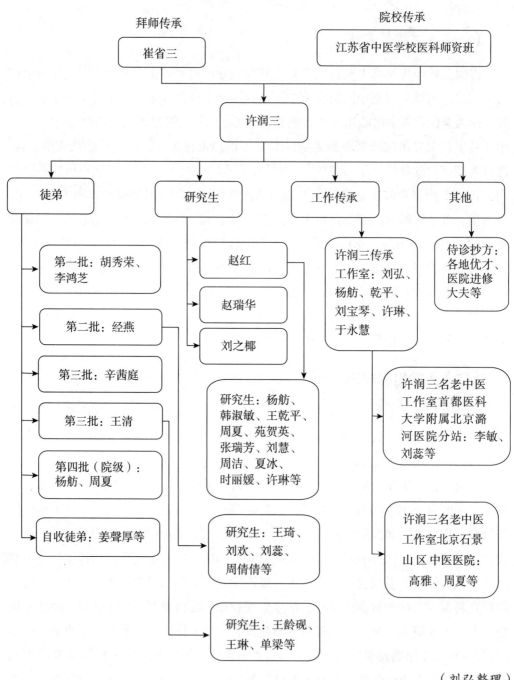

（刘弘整理）

（邬宁茜编辑）

李业甫

    李业甫（1934—2023），回族，安徽省定远县人，中共党员。安徽中医药大学教授、主任医师。全国老中医药专家学术经验继承工作指导老师，中国中医科学院首届学部委员。曾任中华中医药学会推拿分会常务理事兼教育部长，中国传统医学手法研究会常务理事及专家委员会委员，全国盲人按摩学会副会长，国家职业技能鉴定专家委员会委员。安徽省中医药学会常务理事及省推拿专业委员会主任委员，安徽省第七、第八届人大代表。享受国务院政府特殊津贴。2017年被授予第三届"国医大师"称号。

    李业甫积极推进推拿教学由实践性纯经验式教授，向理论化的学科研习式教学转化。主编《中国推拿治疗学》《中国推拿手法学》《中国小儿推拿学》《特殊推拿疗法》《李业甫推拿学术思想与临证传真》《国医大师图说系列丛书》等医学专著数十部，编排录制《中医推拿手法荟萃》等教学录像4部，在国家级医学期刊上发表学术论文40余篇。多次参加世界各地推拿培训班及研讨会，为推拿学术走向世界起到积极推动作用。多次赴中国香港、中国澳门、东南亚、日本、美国等地区和国家参加学术交流。近年来为了进一步促进推拿医术的传承发展，在全国各地建立"国医大师李业甫传承工作站"，为培养专业人才孜孜不倦。

一、学医之路

李业甫1934年出生于安徽省定远县一个贫寒的回族家庭，由于家境贫寒，初中毕业后选择报考中专以尽早工作，其中合肥医士学校医士专业招生，不收生活费，李业甫毫不犹豫地报了名。

1956～1959年三年西医学习期间，李业甫努力克服科学基础差、理化知识欠缺等困难，刻苦学习，积极参加学校各项活动，多次被评为积极分子，为其日后走向更高、更好的平台打下了基础。

三年西医学成毕业，适逢上海中医学院附属推拿学校第二届全国招生，由各省卫生厅选派，目的为干部健康服务培训人才，要求出身好、表现好、学习努力。听说不打针、不吃药，用手推推揉揉就能治好病，大家都感到很新奇，而且正式调干，不收生活费，带薪免费学习，待遇高于一般刚参加工作的干部，学成后回安徽为干部健康服务，所以报名十分踊跃。这是第一次在安徽招生，全国共招130多名，安徽省选拔5人，李业甫从众多报名者中脱颖而出，从此走向了漫漫六十余年的中医推拿事业的生涯。

上海中医学院附属推拿学校前身为上海推拿医士训练班，是我国第一所推拿学校，由朱春霆、王松山、钱福卿、王纪松、王百川、丁季峰、李锡九等推拿界前辈一起创办。除李锡九属内功推拿学派外，其他诸位大师都是一指禅推拿学派的传人。他们人品高尚，从不保守，自编教材，亲自授课，口授亲传，手把手教，方法多样，每每竭心尽力，倾其所长而传之，唯恐不能尽传其术。尤其重视手法示教和临床实习指导，丝毫不苟。130多名学员虽是分班集体上课，但实际上是一种跟师学习与院校教育相结合的传授方式。1959～1962年在上海培训三年，包括在学校推拿门诊部、市中医第五门诊部、曙光医院等实习一年，他天天练功，每天跟师练习手法，认真钻研，虽然枯燥无味，却乐此不疲。

学校的各位老师由于师传不同，在各自的社会实践中又创造了许多独特的手法，所以手法多样，各不相同。但他们都要求学员学谁就要学到位，强调学一指禅推拿，起初要与师合，往后要与师离；与师合方能尽得师传，与师离则能兼收各家之长。李业甫独特的一指禅推拿手法和风格，就是杂糅了各家推拿常见手法综合形成的。他在回顾这段学习历程时深切地体会到，因为系统而全面地学习到各派手法，汲取了各位老师的宝贵经验，走向临床遇到各种不同的病症时才能心中有数，再通过实践不断地摸索、慢慢地综合消化，就会运用自如。

推拿学校毕业后，李业甫又分别参加了 1964 ～ 1966 年安徽中医学院中医夜大，1966 年安徽省卫生厅举办的为期半年的"国术推拿"学习班，以及 1975 年卫生部主办为期 3 个月的全国中西医结合治疗骨关节损伤学习班。20 世纪 50 年代学西医，打下了解剖生理等理论基础，掌握了西医常规诊疗技术；60 年代学中医，全面学习了中医基础、诊断、推拿、针灸、中药、方剂、内外妇儿各科等课程，系统掌握了中医推拿的学术理论和各家各派的手法；70 年代中西医结合学习，进一步提高了中西医理论水平，拓宽了推拿治疗范围。

1962 年李业甫分配到安徽中医学院附属医院，在门诊部从事推拿医疗工作。遇到一些疑难病症、推拿效果不理想时，就认真分析原因，虚心向中医同行请教，补充学习，提高自己。1969 ～ 1972 年李业甫响应毛主席号召，安家落户到安徽省潜山县青田大队办合作医疗，三年农村的下放锻炼，扩大了李业甫临床实践的知识面。1975 年安徽中医学院恢复重建，李业甫担任医院推拿科和学院教研室主任，全身心地扑在工作上，白天上门诊，晚上钻研学习、撰写学术论文，20 世纪的八九十年代，李业甫无论是临床、教学还是科研，都走在了全院的前列。

李业甫在上海中医学院附属推拿学校学习期间，师从朱春霆、王纪松、王百川、丁季峰等推拿界前辈，为一指禅推拿学术流派第五代传人；还有内功推拿学术流派马万龙、李锡九任教传授，其手法也融入了内功推拿学术流派的优点。

二、成才之道

（一）读经典

中医经典是中医的灵魂与根基，中国历代名医没有一个不是熟读经典的，"精穷岐黄仲景之遗书，探其源而通其变，则难者不难"，李业甫认为经典是中医学的源头，必须学好，学习中医不熟读经典作为根基，就像无源之水、无本之木，中医理论水平不高，临证慌乱。年近九十高龄的李老，闲暇之时还喜欢翻阅四大经典，很多条文都能脱口而出。

（二）重临床

中医学的特性就是经验性强，对临床的依赖性强，中医的核心优势之一即为实践经验，中医的辨证思维无不来源于中医临证的望闻问切。李业甫深有体会地说，推拿是一门理论与实践相结合的学科，临床各家手法技能、技巧、操作方法要融会贯通，做到"手摸心会，运用自如"，方能领悟其妙，"一旦临证，机触于外，巧生于内，手随心转，法从手出"。

（三）善总结

李业甫认为实践积累的临床经验和学习别人的有效成果，要注意从理论的高度和全局的角度进行梳理、比较、归纳，形成较具规律性的或较有理论性的结论，这样才能从局部经验、分散学说中，得出具有普遍意义的观点，进而举一反三，推而广之地加以运用和提高。临床上我们每遇到一个病例，不能局限于就诊、推拿的半小时，就诊后我们要随访，后期我们要总结经验和不足，积极跟同行探讨，从而更好地服务患者。不断总结才能不断提高层次，开阔眼界。李业甫总结临床经验后归纳汇总，先后出版多部医学专著和发表多篇学术论文，也为推拿学术体系的形成添砖加瓦。

（四）勇创新

李业甫在成才过程中，勇于创新也是法宝之一。长期以来，脊髓型颈椎病一直是业界认为的推拿禁忌证，推拿轻则病情加重，重则患者致残。李业甫积极总结诸位老师的手法和临床经验的基础上，勇于创新，创造出一套独具特色的"李氏定位旋转复位法"，在临床上取得了十分满意的疗效，扩大了推拿的临床应用；腰椎间盘突出症在 20 世纪七八十年代被认为是难治性疾病，李业甫参与设计并研制出我国第一台牵引复位床，极大提高了推拿治疗腰椎间盘突出症的疗效。

三、学术之精

李业甫推拿学术思想，可概括为 32 字：病证合参，筋骨并举；博采众法，禅冠其宗；柔中寓刚，一拨见应；医禅结合，治养并重。

（一）病证合参，筋骨并举

辨证论治是中医学术理论的主要特色，是前人在反复医疗实践中所获取的宝贵财富。辨证以脏腑、经络、病因等理论为基础，以四诊资料为依据，根据它们内在的有机联系，加以分析、综合、归纳，得出疾病的诊断——"证"。"证"是症状和体征，是脏腑气血功能异常的病理表现，提示了人体与疾病整体的规律性，是疾病发展阶段中力量对比情况的概括。这一理论在内科医师遣方用药中体现得较为明显。在临床推拿治疗过程中，不少医生往往强调对病的治疗，而对证的把握较为欠缺。

李业甫认为，推拿治疗疾病应做到"用推如用药"，牢牢把握"辨证论治，病证合参"这一原则，辨病辨证结合运用。要根据不同的病证，运用不同的手法，在人体体表、穴位或部位上进行有规律的操作，从而达到治疗疾病的目的。在具体治疗过程中，应根据不同的病、证确定治法，辨证开方，按照"君臣佐使"的轻重关系，选取合适的推拿手法和治疗穴位，做到有的放矢。如寒证用燥法，可以解表、发寒；实证用泻法，可以通行。再具体地说，譬如在痛经寒湿凝滞证的治疗中，摩揉中脘至中极可疏经行气，化瘀散寒，故可选摩法、揉法为君法；而肝郁气滞证时，揉三阴交可疏肝行气，可选揉法为君法。根据中医证候的不同，还可辅以相关手法及穴位方，起到"应手见愈"之功效。再如大牵引治疗腰椎间盘突出症，从三步八法到三步十法，辨证运用疗效明显。

李业甫认为，诸如一指禅推法、㨰法、揉法、拿法等松解类手法，能行气活血，消肿止痛，解除筋肉痉挛，从而达到松解软组织、平衡肌力、解痉止痛、滑利关节、促进血液循环的作用；而旋转法、扳法、拔伸法、背法等整复手法，可作用于骨关节，起到矫正关节错缝的作用。推拿治疗伤科疾病前首先明确疾病发展过程中筋伤与骨伤的主次，辨证施术，合理使用理筋与整复类手法，改善筋骨，恢复椎体稳定，松解组织粘连和缓解神经根压迫症状，从而达到"骨正筋柔"的平衡状态。

（二）博采众法，禅冠其宗

李业甫先后求学于合肥医士学校、上海中医推拿学校、安徽中医学院夜大及安徽省卫生厅举办的"国术推拿"学习班。学习期间，李业甫跟随中医推拿界各流派名家系统全面地学习各派手法，吸取了众流派的宝贵经验，尤其通过求学于一指禅推拿学派传人朱春霆、王纪松、王百川、丁季峰，内功推拿学派李锡九等，奠定了其推拿学术思想的基础。工作期间，李业甫勤于治学，本着"兼收并蓄、去杂存精"的精神，在研习各推拿流派手法的基础上，总结出一套具有个人特色的推拿手法。

通过对李业甫常用手法频次分布的研究可以发现，其推拿手法应用谱虽然很广，但一指禅类手法应用频率居于所有手法之最。一指禅推法的特点是频率较快，每分钟200次以上，称为缠法，又称小步子推法。可见李业甫在临证中是以一指禅类手法为主的。但在具体治疗不同的疾病时，李业甫又不拘于一法，杂糅了其他各类推拿常见手法。李业甫教授认为，"一指禅"手法与其他手法有着明显的区别，它的力是在"点"的基础上连贯成"线"的，即通常所说的"推穴位，走经络"。其动作要领是"沉肩，垂肘，腕平端，指（拇）吸定，行走如直线，㨰劲（向外摆动的力量）要大，回劲（向内收的力量）要小"。

此外，李业甫还强调要掌握拇指与其余用指的关系。拇指要实（着力部位），手掌要虚，不能捏紧；除了拇指着力外，其余的动作都要体现出一个"松"字。如肩、肘放松则不容易疲劳，腕关节放松则摆动灵活而均匀，使力能集中在拇指上。从外表看来，医者动作非常轻松自如，并且富有节律，似乎没用劲，但患者被治疗的部位却有一股柔和而舒适的感受，其力由点成面，渐渐地渗透到肌体深部，从而起到治疗作用。由于"一指禅"手法是属于中等刺激量的手法，而且又有渗透、柔和的特点，在临床治疗中，适应证也比较广泛，在伤科、内科、妇科及儿科疾病的治疗中均有较好的疗效。

（三）柔中寓刚，一拨见应

"一指禅"派手法强调手法柔和深透、柔中寓刚、刚柔相济，特别强调以柔为贵。主要手法和辅助手法，在施行时讲究法度，要求意守丹田，气凝指尖，将一指禅功透入肌肤，沿着经络直达病所，"法之所施，使患者不知其苦"。

李业甫认为，"一指禅"推拿手法之柔中寓刚，主要体现在四个方面，可以用"巧""准""量""效"四个字来概括。

1. 巧

医者在采用"一指禅"推拿手法治疗时，往往被动运动做得勤快，而推揉等手法多显得不足，很不协调，这样会增加患者疼痛感，也会影响效果。李业甫认为，整复手法一般在推、揉、揉、搓等手法进行以后、局部软组织松弛后（脱臼不宜）施行为好，否则成功率就低。手法除了常规手法还有辅助手法，其中包括俗称的"小手法"。小手法是医生在临床实践中根据病情的客观需要而运用的变通之法，所谓"手法之变，存乎一心"，临床必须有相当火候，才能把"小手法"运用得得心应手。李业甫强调，所谓心灵手巧，手感很重要，手法有没有技巧不能看外表，关键在于思想内存，灵活于外。他指出，功夫要练、思想要悟，要通过长期的摸索打好基础，进而融会贯通，自然熟能生巧。

2. 准

准，有推拿手法选择要精准和穴位定位要精准两层含义。

李业甫强调，医者在临床中，应根据患者病情、部位、身体情况的不同，准确地选择适宜的治疗手法，且有轻重疾徐（快慢）、大小之别。同一种手法在人体不同部位，其幅度亦有大小之别。就揉法而言，肩背腰腿部位幅度稍大，而在关节部位幅度则要适当控制。手法根据不同的病情、不同的部位，而有轻重之别。医者手法轻重是从患者的病情、体质等客观情况出发的，而且还须重视患者的耐受度，以患者适应为宜，原则是"知者即止"。

"一指禅"的主要手法是推法，即以医者拇指尖点按穴位，有规律地快速摆动腕、指关节，犹如针刺的捻、转、提、插手法，以达到治疗的目的。由于拇指尖接触面极小，所以相对于其他推拿手法取穴更要求准确，力度更要集中。李老的一指禅推拿，主要是推、㨰二法，其他手法配合运用。大拇指螺纹面适用于全身、脸面部；指端适用于骨缝、关节、穴位；㨰适用于大面积、大关节、腰背四肢。

3. 量

李业甫指出，"一指禅"推拿手法的力，是一种功力，不能单纯理解为"用力""有力"，可以理解为医生通过长期锻炼而产生的协调力。手法很有讲究，根据手法要领、患者病情和体质的客观需要，综合考虑用力，可归纳为"力宜灵，不宜滞"。其中的轻重缓急、揉软深透，大有讲究。譬如以大拇指偏锋推头面部，力度要轻；泻法治疗实证，刺激量要大，力度要强，以促进气血流通，所谓通则不滞；补法治疗虚证，要求力度要柔和，深透病灶。

"一指禅"派有两个代表性手法，即推法和㨰法。推法要领为：沉肩、肘，腕端平，手握空拳，指吸定，指实、掌虚，腕关节主动带动指关节，蓄力于掌、着力于指，摆动快而不乱，慢而不断（一般每分钟160～200次之间，缠法超过200次），行如直线等。这一要领要求把肩、肘、腕等部位放松，不可有一处僵硬，同时以腕关节为主动，带动指关节及肩、肘等关节，也就是说后者处于被动地位，促使腕、指关节的协调。㨰法也有蓄力，㨰法手型若握柞（虚握），保持圆柱形。一般理解为圆柱形便于㨰动，其实还有蓄力一层意思。即蓄力于掌、着力于手背小鱼际。蓄力手呈握拳状，但不能紧张。至于其他的手法，也以掌心微含为好。

20世纪50年代，我国就对推拿手法进行了临床试验研究，尤其是手法作用机理的探讨，开展了推拿对肌肤、肌肉、关节、肌腱、神经系统、镇痛物质、血液、心血管、血液循环、淋巴系统、消化、呼吸、代谢等方面的定量化研究。21世纪是生命科学新世纪，医学领域包括推拿学科，在新技术的带动和推动下，有全新的发展。李业甫教授强调，要承前启后，更新观念，充分介入新方法、新技术来开展量化研究，既重视理论研究，又重视临床实践，解决疑难问题，提高临床疗效。

4. 效

所谓效，李业甫的要求是一拨见应。李业甫认为，推拿医生必须勤于治学、苦练手法，熟练把握不同疾病的性质及不同手法的功效，在临床治疗中做到"手法精巧、定位精准、力度精确"，方可起到"一拨见应"之功效。

（四）医禅结合，治养并重

"禅定"的思想在"一指禅"中是十分重要的。"禅"，佛教指静虑、沉思，或"思维修"。"定"指的是专注不移，一心一意。《坛经》云："心尘则种种法尘，心灭则种种法灭。"一指禅推拿要求术者意守丹田，将意念贯注于手法中，正如禅修所要求的意念集中；另一方面，患者也需安定，专注于被操作的穴位上。"一指禅"其实就是医患双方共同将散乱的心念集定于一处，在医者为拇指之端，在患者为医者拇指所点之穴；医者调匀气息，意念守一，凝全身的功力内劲于拇指之端，潜心探究患者的疾病所在，然后循经按穴，扶正祛邪，是一种推拿操作"意到气到，气到病除"的境界。

李业甫在临证中亦体现了"禅"的精神。他认为，在一指禅推法操作时，医者必须思想集中，两目凝视，舌抵上腭，鼻息调匀，气沉丹田，将全身功力运至拇指之尖；尔后，轻缓地落指于施治的穴位上，与患者息息相通，融为一体。其次，要求医者百节放松，百脉开通，四肢百骸无一僵硬，达到柔和的境地，所谓"天下之至柔，驰骋天下之至坚"。他强调自然着力于指端，不要刻意向下按压和使用蛮力。

在李业甫所著的诸多学术专著中，保健推拿的著作占有相当大的比重，包括《穴位保健按摩大全》《健美保健秘诀》《古人养生强身功法》《自我保健穴位推拿》等。

李业甫在长期的教学临床实践中，坚持理论联系实际，系统运用推拿诊疗技术、手法、技能、技巧及操作方法，在临证中将中医理法方药思想与辨病施治相结合，着力解决本学科教学中的难题和临床诊疗中的疑难重症，积累了丰富的经验，为我国推拿医学的传承和发展做出了重要贡献。

四、专病之治

腰椎间盘突出症

李业甫擅长治疗脊柱疾病，针对脊柱病治疗提出了符合临床实际的推拿学术思想，为中医推拿治疗脊柱疾病拓宽治疗思路，并对临床诊疗起到重要指导作用。腰椎间盘突出症属临床发病率较高的脊柱疾患，李业甫在几十载的推拿临床工作中曾治愈大量患者，拥有丰富的临床经验。在腰椎间盘突出症的临证诊治过程中，李业甫常运用具有流派特色的诊治方案，在临床诊断上注重"病证合参"，在手法治疗上"筋骨并举"，在后期的调养上注重"医养结合"，并在实际临床治疗中尊古而不泥古，积极运用现代诊疗技术增强临床疗效。

1. 精于辨病，细于辨证

在临床运用推拿手法治疗疾病，同运用中药治疗疾病的道理是一样的，都受到传统中医辨证论治思想的指导。李业甫在腰椎间盘突出症的治疗中牢牢把握"病证合参"的原则，在腰椎间盘突出症的诊治中从不轻下诊断，因腰痛症状原因繁多，如骶髂关节紊乱症、第三腰椎横突综合征均可引起腰腿疼痛症状，故李业甫每遇腰腿痛患者均会进行仔细询问及查体，以免误诊漏诊。在中医辨证上，李业甫认为腰痛的治疗应首分"虚""实"两端。虚者为房劳、内伤、年老虚弱，腰府失濡养，不荣而痛；实者为气滞血瘀、寒湿侵袭、湿热壅滞，经络阻塞，不通而痛。针对腰痛的发病原因，李业甫将其分为血瘀型、寒湿型、湿热型和肝肾亏虚型。治疗原则应在舒筋活络止痛基础上，辨证选取相应的穴位、经络和适宜的手法进行治疗。在实际的临床治疗中李业甫反复强调腰椎间盘突出症不可拘泥于局部治疗，需注重整体观念。另外，治疗手法亦有要求，根据手法要领、患者病情和体质的客观需要，综合考虑用力，并常常嘱咐学生在推拿治疗中"力宜灵、不宜滞"，其中的轻重缓急、柔和深透，大有讲究。

2. 筋骨并举，中西合参

李业甫认为腰椎间盘突出症属于慢性劳损性疾病，主要包含"筋出槽"和"骨错缝"两种病理机制。脊柱退变或长期姿势不当，脊柱小关节失去正常位置，导致小关节结构紊乱，脊柱整体形态发生旋转或侧向弯曲，即产生"骨错缝"。而骨骼的变化导致软组织的顺应性发生改变，脊柱力学平衡被打破，进而发生纤维环破裂及椎间盘髓核突出，压迫神经，出现腰腿痛，则是"筋出槽"的后果。李业甫指出在治疗手法上应注重理筋类手法和整复类手法结合运用。理筋类手法包括一指禅推法、滚法、揉法、拿法等，能行气活血，消肿止痛，具有解除肌肉痉挛，从而达到松解软组织、平衡肌力、促进血液循环的作用；而旋转法、扳法、拔伸法、背法等整复手法，可作用于骨关节，起到矫正关节错缝的作用。在腰椎间盘突出症的实际治疗中李业甫则倡导"筋骨并举"的治疗方案——先以一指禅推法、滚法循经推拿放松局部，同时结合膀胱经、胆经循行路线向下点按，重点操作于肾俞、大肠俞、腰阳关、居髎、环跳、承扶、委中、承山等穴以松解软组织。李业甫强调理筋手法在操作上需以点带线、以线带面，以此达到平衡肌力、促进血液循环之功效；同时也在治疗上兼顾骨错缝对疾病的影响，整复类手法能够通过作用力深达骨面、肌肉使错位骨缝对合，舒展患病部位肌肉、韧带；除此之外，关节复位手法及摇髋法还可改善神经根与突出物的位置关系、减轻对神经根压迫。李业甫总结指出，腰椎间盘突出症虽病症在局部，但是牵涉附近骨骼、关节及周围软组织，应进行整体治疗，兼顾筋骨平衡方能奏效。

为了提高腰椎间盘突出症的疗效，李业甫还在诊疗时将西医学知识与传统的中医推拿学治疗相结合，以此提高疗效。为了将中医的临床实践经验与西方牵引技术相融合，李业甫发明出第一台腰椎牵引床，弥补了当时腰椎牵引技术中力量大小不可控、方向角度不精准的问题。李业甫在为腰椎间盘突出症患者治疗时，常常先采用牵引治疗，后在牵引状态下行腰部手法推拿，手法上主要采取按压、踩跷及其他松解手法，并在术后嘱患者绝对卧床1周。这种中西结合的推拿治法疗效显著，其原理在于牵引治疗拉开椎间隙后，椎管空间相对较大，椎骨及周围小关节的赘生物、突出的髓核在手法的作用下可以出现位置挪移，以此减轻腰脊神经根的压迫症状；同时，局部的手法治疗可放松紧张的软组织，增加局部血液循环，更好地促进炎症水肿的吸收。

3. 治养并重，医养相合

李业甫治疗腰椎间盘突出症时，始终重视推拿学中养生保健的内容，即推拿学中所倡导的自我按摩、锻炼导引的"治未病"功能。李业甫常道此病三分治、七分养，只有做到"治养并重，医养相合"方可尽快收效。他每每对腰椎间盘突出症患者治疗后，耐心告知其利于疾病康复的注意事项，如皮腰围护腰、卧硬板床等。前者有助于固定腰椎，增加腰椎稳定性；后者则有利于突出的髓核回纳、纠正脊髓后凸畸形。还时常叮嘱患者在日常生活中注意增添衣物使腰部保暖，避免风寒湿邪侵袭腰骶；在工作中要纠正不良习惯，减少腰部过重负荷，避免腰部扭挫使症状再发。当患者处于恢复期或康复后，李业甫总是不厌其烦地教授患者腰背肌锻炼方法，如拱桥式、鱼腰式以及自创的自我保健功法等，常常亲自示范，唯恐不能将动作要点传授到位。李业甫常说，按跷导引具有"强筋束骨"的作用，在《内经》中早有记载，切不可轻易忽视。在实际的医疗过程中，患者若以合适的导引方法锻炼，不仅可对腰椎动力系统进行调整，势必也能对静力系统产生影响，最终形成对脊柱动静力失衡状态的良性干预，达到防治腰椎间盘突出症效果。平日时常习训保健功法可对腰椎周围的肌肉、韧带、骨骼、关节进行动态平衡调整，进一步巩固治疗效果，临床中切不能贪图省事，只知闷头手法施术。

五、手法之长

（一）李氏推拿牵引复位法

该法主要是针对脊柱相关性疾病的一种治疗手法，尤其是腰椎间盘突出症，临床疗效显著。腰椎间盘突出症是临床常见疾病，患者多表现为肌力下降，疼痛难忍，活动力受限，影响工作和生活，最严重的可导致患者不同程度的瘫痪，为家庭和社会增添负担。20世纪八九十年代，中医推拿拔伸复位法治疗本病是用人力将患者肢体拉开，进行关节复位，但此法无法掌握力度，耗时耗力，且疗效甚微，腰椎间盘突出症成了当时常见的难治性病症。具有中西医两套思维的李业甫，本着"古为今用，西为中用"的精神，沿着"牵引复位"的思路，将物理力学原理创造性地应用牵引复位法治疗腰椎间盘突出症。

李氏推拿牵引复位法治疗腰椎间盘突出症具体操作如下：

（1）俯卧牵引法：患者俯卧位，胸部用皮胸围固定于床头，腰部围皮腰围，扣上钢缆牵引绳，固定于床轴上加力牵引。牵引力渐次增加，一般最终以超过患者体重10～20公斤为宜，并视患者体质强弱与耐受大小而加减牵引力，牵引时间为15～20分钟。

（2）俯卧牵引悬吊下肢压腰法：接上法，两助手分别将患者两下肢用绳带向后吊起与床面成30°，使腹部悬空，离床面6～12cm，使牵引加大至适合重量时，此时助手将两下肢做左右摇动。术者位于患侧，双手掌重叠，以掌根着力于腰部病变处，随着下肢的摆动进行有弹性的顿挫性按压30～60次，按压的力量应根据患者体质的强弱、病情的轻重及耐受力的程度而改变。

（3）俯卧牵引踩跷法：乘上势，在其胸部与小腹、大腿根前部各垫2～3个枕头，使腹部悬离床面6～12cm，做对抗牵引，术者用一手扶住预先设置好的横竿或吊绳，用单足或双足前掌部或足跟部着力于腰部病变处进行踩跷，以膝关节的屈伸运动，使身体一起一落，足部着力部分不能离开病处，嘱患者随着踩跷弹跳起落张口一呼一吸，即弹起时吸气，回落时呼气，切忌屏气。每次弹跳300～700次，每周治疗1～2次。

（4）脊柱矫正牵引法：接上法，一助手用双手掌根部分别顶住侧弯上下起始处固定脊柱，术者位于对侧用双手掌重叠，以掌根部按住侧凸顶部，用力向对侧进行顿错性推压5～10次。推压力由轻而重，使侧凸部位有松动感为度。每日或隔日1次。此法适用于脊柱明显侧弯畸形者。

（二）李氏定位旋转复位法

该法主要是针对各类颈椎疾病的一种治疗手法。长期以来，颈椎错位及半脱位、颈椎小关节错位、椎动脉型颈椎病、脊髓型颈椎病等，一直是推拿手法的禁区。李业甫对中医推拿各流派的手法了然于胸，根据临床显症和多年的从医经验，师古而不泥古，杂糅各家所长，针对各类颈椎病，在诸位老师的中医推拿摇法、扳法、拔伸、旋转等手法基础上，进一步钻研琢磨、汇集综合、发展革新，创造出一套独具特色的"李氏定位旋转复位法"。

李氏定位旋转复位法有推有揉，有牵引、后引，手感很重要，椎体定位有滑动，手法要参与诊断，治疗要注重微调，讲究技巧和力度，推法讲究指端着力点。手摸心会，意念自主，其中的微妙难以尽言。掌握了这一方法，对上述病症就很有把握，治疗手到病除，效果立竿见影，对脊髓型颈椎病也取得了一定的疗效。但手法辨证要确切，运用不当会造成瘫痪。

李氏定位旋转复位法具体操作如下：

（1）颈椎高位旋转复位扳法：以第2颈椎棘突左移为例，患者坐于低凳上，头颈前屈30°，向右偏30°，向左旋转40°。医者站立于患者身后，用右拇指触准向左偏移的棘突，并用拇指按压住，余四指置于患者右侧面头枕部或颈部，医者左手四指扶持患者下颌部及右侧面颊部，拇指在下颌部之左侧，此时医者左手向左上方轻轻突拔小幅度旋转（一转即停），右手拇指将棘突向前右方推动，两手动作要协调一致，常可在拇指下有轻度弹动感，即为手法成功。此扳法适用于高位颈椎错缝、半脱位等。

（2）颈椎中段旋转复位扳法Ⅰ：以第4或5颈椎小关节突右突为例，患者端坐于低凳上，头颈部放松，医者立于其身后，用左手拇指摸准右突之小关节突，并向前左方推按，医者右手扶持住患者下颌骨，四指扶住患者左侧颞颌部，稍用力使患者头面部向右侧旋转，此时左手拇指下可有弹响声，此为手法成功。

（3）颈椎中段旋转复位扳法Ⅱ：患者低位端坐，头颈部放松，医者站于其背后，令患者头颈向前屈曲（前俯）约30°，右手自前方托持患者下颌之左侧，左手抵住右侧头部，双手相对用力使患者颈部旋转，下颌骨向后上方转动，转动至最大限度时，再暴发突然用小力（一托即放）时颈部发生弹响声，是谓之成功。也称盲扳法。

（4）颈椎中段旋转复位扳法Ⅲ：以第4颈椎左侧小关节突隆凸为例，患者坐低位，放松颈部，医者站于患者身后，医者左手拇指摸准颈4隆凸之小关节突，并用力向前方按住，右手扶持患者下颌部，使头颈略屈并旋转向右45°，此后右手向上轻轻提端下颌，左拇指用力向右推动，可感到拇指下有弹动感，谓之成功。也称推提法。

（5）颈椎低段旋转复位扳法：以第6颈椎棘突向左侧偏歪为例，患者端坐位，医者立于背后，用右手拇指摸准偏歪之棘突，并推向相反之方向。即自左推向右，使患者颈前屈35°，向右侧偏45°，医者左手拇指及其四指分开扶持患者下颌骨，用力使头沿矢状轴上旋45°，右拇指用力向右推按，可感到右手拇指下有弹动感为手法满意。

六、读书之法

（一）《黄帝内经》——启发"筋骨并举"思想

《黄帝内经》作为中国古代的医学巨著，对中医中药影响深远，对后世医学的发展起到了巨大推动作用。《黄帝内经》中蕴含了丰富的"筋骨"理论,诸如"筋骨"的生理功能。李业甫在学习过程中对《黄帝内经》中的许多条文做过自己的注解,《灵枢·经脉》:"骨为干,脉为营,筋为刚,肉为墙。""骨为干"就是指骨头为支撑作用的主体;"筋为刚"指筋起到约束脏腑与骨骼的作用;"肉为墙"把肉比作墙壁,抵御外邪。《素问·五脏生成》"诸筋者皆属于节",《灵枢·痿论》载"宗筋主束骨而利关节也",说明人体的筋都附着于骨上,筋的主要功能为连属关节、络缀形体,主司关节运动。筋通过肌腱连于骨节,两者紧密联系。因此"筋"与"骨"遍布人体,沟通上下内外,联属关节,主司运动。筋束骨,骨张筋,骨为筋起止之所,筋作用于骨而产生关节运动,为构成人身形体的重要组成部分。筋为机体活动的动力、联络之纽带,骨为全身之支架。筋络骨,骨连筋,伤筋可影响到骨,伤骨必伴有不同程度的伤筋。因此李业甫强调在治疗"筋出槽""骨错缝"时,需要重视"筋""骨"两方面的问题,而不能只强调"理筋"或者"正骨",忽视"筋"和"骨"的任何一方面,并不能恢复"筋骨平衡",也就达不到治愈疾病的目的。

《素问·脉要精微论》:"膝者筋之府,屈伸不能,行则偻附,筋将惫矣。骨者髓之府,不能久立,行则振掉,骨将惫矣。得强则生,失强则死。"《素问·气穴论》:"肉之大会为谷,肉之小会为溪……积寒留舍,荣卫不居,卷肉缩筋,肋肘不得伸,内为骨痹,外为不仁。"《灵枢·刺节真邪》:"虚邪之中人也,洒淅动形,起毫毛而发腠理。其入深,内搏于骨则为骨痹,搏于筋则为筋挛。"李业甫认为外邪是损伤筋骨功能的一大重要病因,外邪侵袭人体,使得外表筋肉麻木不仁,在内成为骨痹。除此之外,《素问·宣明五气》中"五劳所伤",即"久视伤血,久卧伤气,久坐伤肉,久立伤骨,久行伤筋"。《难经·十四难》:"一损损于皮毛,皮聚而毛落……四损损于筋,筋缓不能自收持;五损损于骨,骨痿不能起于床者。"李业甫在每次坐诊时,都会仔细询问患者平日的生活习惯、生活姿势等,以此来判断患者究竟是伤及"骨"还是"筋"。疾病在发展过程中由表及里,由筋至骨,李业甫平日教导学生诊病时要问清楚患者的病史,不要放过任何蛛丝马迹,在病位尚浅时及时提供治疗。正因《黄帝内经》中阐述"筋"与"骨"的重要性,李老在长期的医疗实践中,逐渐形成"病证合参,筋骨并举"的学术思想。《素问·生气通天论》:"骨正筋柔,气血以流,腠理以密,如是则骨气以精。"《灵枢·本脏》:"是故血和则经脉流行,营复阴阳,筋骨劲强,关节清利矣。"李业甫认为,在临床治疗中,尤其是伤科疾病的治疗中,常因筋伤与骨伤并存,应揉筋与正骨并举,方可起到"骨正筋柔,气血以流,谨道如法,常有天命"之功效。

（二）《千金方》——"治养并重"思想

李业甫强调，推拿具有疏通经络、调和气血、扶正祛邪、平衡阴阳之功效，常人应用推拿可达到防治疾病、强健身体、延年益寿的功效。人体的穴位很多，它是人体脏腑经络之气散发、出入的部位，又是防治疾病的处所。穴位像药物一样，各有一定的功能和主治作用，如刺激大椎、足三里、气海等穴，具有中药黄芪、人参的补气作用，刺激三阴交、血海有同当归一样的补血、活血作用。李业甫还有改进的金鸡独立法，可锻炼关节、平衡脏腑。他指出，推拿属自然疗法，既能保健又能治病，适用于全身，用于内外伤、五官各科疾病都有疗效，没有副作用，是中医富有特色的外治法。而这些学术思想，皆是由《千金方》中提炼而来（"每日必须调气补泻，按摩导引为佳，勿以康健，便为常然，常须安不忘危，预防诸病也"）。在《千金方》中，孙思邈阐述了老年人的保健预防疗法："非但老人须知服食、将息、节度、极须知调身按摩，摇动肢节，导引行气。行气之道，礼拜一日勿住，不得安于其处以致壅滞，故流水不腐，户枢不蠹，义在斯矣。"（《翼方·养性》）这也为李老"治养并重"学术思想给予了启发。

《黄帝内经》曰："是故圣人不治已病治未病，不治已乱治未乱，此之谓也。夫病已成而后药之，乱已成而后治之，譬犹渴而穿井、斗而铸锥，不亦晚乎。"李业甫积累几十年临床经验，在《千金方》的基础之上，体会总结整理一些简便易行的保健活动功法，如颈部、肩部、腰部、膝部保健活动法等，坚持锻炼一定会达到身体健康、延年益寿之目的。

（三）《医宗金鉴·正骨心法要旨》——推拿学的集大成者

清代《医宗金鉴·正骨心法要旨》对正骨手法做了全面总结。《医宗金鉴·正骨手法要旨·卷一·外治法·手法总论》曰："夫手法者，谓以两手安置所伤之筋骨，使仍复于旧也。但伤有重轻，而手法各有所宜。其痊可之迟速，及遗留残疾与否，皆关乎手法之所施得宜，或失其宜，或未尽其法也。盖一身之骨体，既非一致，而十二经筋之罗列序属，又各不同，故必素知其体相，识其部位，一旦临证，机触于外，巧生于内，手随心转，法从手出。或拽之离而复合，或推之就而复位，或正其斜，或完其阙，则骨之截断、碎断、斜断，筋之弛、纵、卷、挛、翻、转、离、合，虽在肉里，以手扪之，自悉其情，法之所施，使患者不知其苦，方称为手法也。"李业甫对这段经文，熟稔于胸，背诵如流，体会尤深。他强调，手法质量的好坏直接决定着疗效，要想提升医者的水平，就必须熟知人身筋骨之解剖，"一旦临证，机触于外，巧生于内，手随心转，法从手出"，只有做到这些，才是推拿科医生手法炉火纯青的最高境界。

李业甫认为，"一指禅"推拿手法之柔中寓刚，主要体现在四个方面，可以用巧、准、量、效四个字来概括。他强调，所谓心灵手巧，手感很重要，不能光看外表，关键在于思想内存，灵活于外。功夫要练，思想要悟，要通过长期的摸索打好基础，进而融会贯通，熟能生巧。在诊病时，要密切联系患者自身，从患者病情、体质等出发，重视患者适应度，知者即止，手法选择要精准，穴位选择亦然。同时，医者之"力"，非"力气"之"力"，而是医生通过长期锻炼而产生的协调力，手法选择很有讲究，"力宜灵，不宜滞"。泻法治疗实证，刺激量要大，力度要强，以促进气血流通。补法治疗虚证，力度宜柔和，深透病灶。还记得他在门诊结束之后对我们教导道："推拿医生必须勤于治学，熟练把握不同疾病的性质及不同手法的功效，在临床治疗中做到手法精巧，定位精准，力度准确。"这些正是《医宗金鉴》中"盖人身之经穴，有大经细络之分，一推一拿，视其虚实酌而用之，则有宣通补泻之法，所以患者无不愈也"活用于临床的最好体现。

七、大医之情

（一）仁心仁术，心涵万家

李业甫常常教导弟子们要时时处处把患者利益放在首位，是任何时候任何情况下都不能动摇的原则，对待患者一视同仁，爱人如己。

李业甫自 1959 年行医以来，一直活跃在临床一线，在年近九十高龄时，乃坚持每周上门诊，坚持每周教学，为慕名前来求治的患者解除病痛，奉献余热。他笑容和善，说话亲切，推拿时一双有力厚实的大手不仅让人深感专业、踏实，更给予了贴己的安抚和鼓励。李业甫悉心安慰每一位患者，急症患者常常焦躁不安，他小心扶至床边，不停细语宽慰，施治手法同时，轻声相问："腰部还是感觉有些硬吗？不要紧张，稍加放松。这样按着有感觉酸胀吗？"根据患者的反馈，不断地变化手法和调整力度。遇到小儿时，李业甫就拿出苹果、奶糖、小车等零食或玩具，与孩子聊着玩着，渐渐消除了患儿的就医恐惧，治疗中孩子们都很乖巧配合，治疗效果显著。

推拿是力气活儿，单次治疗时间基本都在 30 分钟左右，治疗讲究连续性，医生推起来就不能停下，连患者们都常常规劝李业甫不要再亲力亲为地推拿了，他特别感激患者们的体恤，但依旧亲自为急、重症患者推拿，亲手写病历，记录各种数据和复诊情况，还经常自己拨打患者电话询问疗效和近况，患者们常常感激、表达谢意时，他都一一婉拒。

（二）舍己为人，心怀慈悲

在得知因自己成为国医大师，挂号费按国家物价规定调至 260 元时，他替患者心疼无比，主动按普通门诊挂号费收费，在遇到家庭经济困难的患者时，李业甫经常免收挂号费和部分治疗费。

李业甫平时生活极为克俭，不抽烟不喝酒，多年来穿的都是子女们的旧衣物。这位生在动荡的民国、成长在新中国的老人，深感祖国培养不易、儿童辍学之苦，他和妻子约定，简朴度日，他们只有一套房产，却将大部分工资捐赠给贫困辍学的孩子，助其返校读书。自 2006 年开始，他每年捐助江苏省宿迁市 10 个孩子的学杂费；2013 年又增加到 18 个孩子，同年为六安市贫困地区捐助 26 万元重建一所希望小学。十余年间，共捐助近 100 万元的爱心基金，帮助 130 余位失学儿童重返课堂，其中有些孩子刚刚小学毕业，有的孩子正在大学念书，而有的孩子已经走向社会，传播爱和希望。受助儿童逢年过节总是写信给李业甫，他悉数收好并一一回信。李业甫心怀感恩，感慨道："党和国家把我从一个不识字的农村放牛娃培养成医生，我赶上了一个好时代，如今我有这个能力，就一定要回馈给社会，为孩子多做事，希望他们每天都过得快乐，希望他们能成为对国家和人民有用的人，希望他们能帮助更多人。"

（三）精神境界，德术兼修

中国传统文化是中医的根，是中医的灵魂。李业甫认为作为中医人，我们要用中国传统文化来武装自己的思想。一方面，我们要继续以中医治病的强大疗效说话；另一方面，要提升我们中医人的精神境界，德术兼修。中医不只是医学，中医也属于自然哲学范畴，若想成为真正的中医人，真正将中医发扬光大，不应只读中医四大经典，更要把眼光放远放大一些，更要抓紧时间在日常学习生活中注重学习中国传统文化，学习往圣先贤们的伟大思想。

李业甫时常翻阅孙思邈《大医精诚》之篇，从中悟出了医者的修身三要。第一乃精进医术，助患者脱离疾病困厄。人体复杂而精妙，疾病千变万化，患者以生命之躯托于医者，如医者技术粗浅，救治能力不足，只会贻人急命，书中有言："以至精至微之事，求之于至粗至浅之思，岂不殆哉。"《大医精诚》要求医者在技术上要不断钻研，达至精湛，才能成为一名合格的医者。同时，作为一名中医人必须要博览群书，回溯医源，孜孜不倦地研究学习及应用，要广泛地涉猎医术，刻苦钻研医理，不但要精读著作，更应深入研究，不能浅尝辄止。医者在态度上要严谨、慎重，诊断上要细致入微，治疗上严格执行临床规范，不得无头绪地开展治疗，更不能出现差错。若不潜心钻研，对医学知识掌握片面，随意施术，将导致严重的后果，若犯"若盈而益之，虚而损之，通而彻之，塞而壅之，寒而冷之，热而温之"之误，则后悔晚矣。同时，他倡导年轻医生积极参与中医临床实践，他说，欲为医，必须勤于临证，而临证之时，以手法为药，以指代针，遵仲景之训"观其脉证，知犯何逆，随证治之"，将推拿学的"理、法、方、药"一气贯通。二是锤炼品格，患者至上。李业甫对《大医精诚》中的这段论述感触颇深："凡大医治病，必当安神定志，无欲无求，先发大慈恻隐之心，誓愿普救含灵之苦。若有疾厄来求救者，不得问其贵贱贫富，长幼妍媸，怨亲善友，华夷愚智，普同一等，皆如至亲之想。"医者从业只有树立起对患者、对人民健康的责任心，方可成为真正的健康卫士。作为医者要有"平等心"，无论贵贱贫富，年长年幼都要一视同仁，当作亲人看待；还要有"利他心"，为患者诊治时，不得顾虑重重，犹豫不决，只考虑自己，看到患者因身患疾病而痛苦时，要像自己遭受同样的痛苦一样，要内怀悲戚之情，不畏艰险，不分昼夜寒暑，不顾饥渴疲劳，一心一意为患者解除痛苦，更不要产生怕耽搁时间而婉言拒绝的心思。三是修炼医德，抵抗诱惑。《礼记》曰："德成而上，艺成而下。"《省心录》中说："无恒德者，不可作医。"医德无疑是中国传统文化中最宝贵的精神财富之一，闪耀着人性与理性的光芒。尊重生命，以人为本，人道为先，是医者从业立术的最根本的思想基础。李业甫认为医者必须严以律己，廉洁行医，不得炫耀声名，訾毁诸医，恃己所长，经略财物。李业甫要求医者在从医过程中能抵抗各种诱惑，专心致志地为患者解除痛苦。医道是"至精至微之事"，容不得有半点的懈怠与马虎。每一位中医人都应当谨记大医精诚之信念，时刻牢记"医乃仁术""大医精诚"的传统医学道德品质，做一名有信仰的中医。

八、养生之智

李业甫常年从事中医推拿治疗工作。推拿对医生自身的身体健康要求很高，如果体力不济、精神不振，很难满足推拿手法深透准确的要求。李业甫耄耋之年还能奋战在推拿临床一线，除得益于早年打下的扎实基本功外，日常生活中的活动保健也是重要原因。

李业甫每天早起，吃早饭前要活动半个小时至一个小时。他在几十年临床经验的基础上总结整理了一些简便易行的中医保健功法，日常可以根据自己身体情况选择一种或几种持之以恒地坚持锻炼。这些功法老少咸宜、简便易行，不受时间、地点、场地限制，可达到促进健康、延年益寿的目的。

（一）颈项部活动保健功法（15法）

1. 转头磨颈活动法

体位姿势：站立位，两手分别叉腰或两手腕相握置于腰后，头颈自然端平，目视前方。

操练方法：先做头颈转向左侧至极限，再回转向右侧方至极限，再回转到前方正中位。此为转头磨颈活动1次，如此连续做7～14次。

功效：调节钩椎关节平衡，增强韧带功能，预防颈部僵硬。

注意事项：转动要到位，动作宜缓慢，目随转向视。

2. 头颈侧屈活动法

体位姿势：站立位，两手分别叉腰或两手腕相握置于腰后，头颈自然端平，目视前方。

操练方法：先做头颈向左侧方，侧屈至极限，再回屈向右侧方至极限，再回屈到前方正中位。此为头颈侧屈活动1次，如此连续做7～14次。

功效：增强颈椎小关节协调稳定，预防过早老化退变。

注意事项：操作颈要直，头端平，目前视，头不宜前倾、后仰，动作不宜快。

3. 头颈前屈后仰活动法

体位姿势：站立位，两脚间距与两肩等宽，两手臂置于腰后，两手腕相握，掌心朝外。

操练方法：先头颈前屈至极限，眼睛看地，再做头颈上抬后仰至极限，眼睛看天，再返回到头颈端平位。此为头颈前屈后仰活动1次，如此连续7～14次。

功效：增强棘上、棘间韧带和椎体前纵、后纵韧带弹性，预防颈椎屈伸功能障碍。

注意事项：颈部要放松，目随颈屈伸，低头看地，抬头看天。

4. 头颈斜转活动法

体位姿势：站立位，两脚间距与两肩等宽，两手臂置于腰后，两手腕相握，掌心朝外。

操练方法：先做头颈下低再向左后上方斜转至极限看月亮，再返回斜转向右侧后上方至极限看月亮，再返回到前方正中位。此为回头望月1次，如此连续操作7～14次。

功效：增强胸锁乳突肌、菱形肌伸展功能，预防项强、落枕、颈椎病等。

注意事项：头颈放松，转头活动要到位，动作缓慢自然。

5. 伸颌拔颈划圈活动法

体位姿势：站立位，两脚间距与两肩等宽，两手臂置于腰后，两手腕相握，掌心朝外。

操练方法：先向前上方伸颌，以下颌骨尖为着力点，由上向下，向后，向上，向前上方划圈，再由后上，向前下，向前方，向前上，向后上方划圈。此为前后伸拔活动1次，如此连续活动7～14次。

功效：可增强颈椎生理曲度稳定性和颈椎间盘组织弹性，延缓其变性老化。

注意事项：活动时颈部应放松，伸拔动作要到位。

6. 颈颌前伸后拉活动法

体位姿势：站立位，两脚间距与两肩等宽，两手臂置于腰后，两手腕相握，掌心朝外。

操练方法：头颈端平，将颈颌平伸向前至极限，再将颈颌向后平拉回至极限。此为颈颌前伸后拉活动1次，如此连续活动7～14次。

功效：增强椎体前后纵韧带弹性，加强小关节和钩椎关节的稳定性。

注意事项：头颈端平，目视前方，前伸后拉要到位。

7. 金龟缩头伸颈活动法

体位姿势：站立位，或坐位，沉肩、屈肘、握拳，拳眼向上。

操练方法：先做两肘臂向上抬高过肩，拳眼向下，头颈向下缩，稍停片刻，再作伸头拔颈，两肘臂下落还原，拳眼向上。此为金龟缩头伸颈活动1次，如此连续做7～14次。

功效：增强颈部肌肉、韧带等软组织功能和调节椎间关节间隙平衡。

注意事项：头颈伸缩幅度和两肘臂抬高要到位。

8. 压枕托颌活动法

体位姿势：站立位，两脚间距与两肩等宽。

操练方法：双手指交叉于头后枕部，先低头伸颈稍用力下压至极限，眼睛看地，然后抬头上仰看天，与此同时两手掌根下滑至颌下托抵下颌骨，用力使头颈后仰拔伸至极限看天，然后双手指掌上滑到头后枕部按压。此为压枕托颌活动1次，如此连续活动7～14次。

功效：调整颈椎间盘和颈椎生理前后凸功能，预防其过早衰退变性老化。

注意事项：压枕、托颌用力宜适中。

9. 转头摇颈活动法

体位姿势：站立位，两脚间距与两肩等宽，两手臂置于腰后，两手腕相握，掌心朝外。

操练方法：先低头看地，做头颈向左侧下方转，再向后上方转仰头看天，再向右侧上方看天，再向右侧下转看地，再向左转至正中位，低头看地。此为转头摇颈活动1次，如此连续活动7～14次。

功效：可增强颈椎向各方活动功能，预防颈椎关节退变和颈周组织僵硬。

注意事项：转头摇颈动作宜缓慢，眩晕高血压者慎用或不用此法。

10. 叉指擦颈活动法

体位姿势：站立位或坐位，两脚间距与两肩等宽。

操练方法：双手指交叉置于枕骨下方，做左右拉锯式擦搓，从风府到大椎，上下往返操作数遍，以皮肤有温热感为宜，再改为头偏向一侧，以一手掌托颌侧下方，用另一手掌着力擦颈项部上方，以有温热感为度，再换手擦另一边颈项部。

功效：本法有温通经脉，调和气血，促进颈部血液运行，增强颈部生理功能的作用。

注意事项：擦时手指掌面要紧贴皮肤，要有温热感为宜。

11. 侧颈推扳活动法

体位姿势：站立位或坐位，两脚间距与两肩等宽。

操练方法：先头颈部放松，向左侧偏歪35°～40°，左手掌根托抵耳下颌骨，右手掌根按压耳上头侧，两手掌同时用力做相反方向推扳动作1～3次，然后改为头颈向右侧偏歪35°～40°，以同样方法做右侧推扳动作1～3次。

功效：本法可增强颈椎侧屈生理功能和钩椎关节间隙等宽的生理功能。

注意事项：推扳动作宜轻巧快速，幅度在40°以内。

12. 梳头摸颈活动法

体位姿势：站立位或坐位，两脚间距与两肩等宽。

操练方法：两手指屈曲分开着力于前额部，由头前向枕后梳头，两手交替性进行，反复操作7～14次，到末次时指掌变直以小鱼际指掌侧着力下摸至两侧颈前下方，变拇指与余指指腹面着力，从上向下交替摸颈，反复操作7～14次。

功效：疏通头颈部经脉，调和气血，促进气管、食道的生理功能，防止颈动脉硬化。

注意事项：手法要轻快柔和，深透到位。

13. 收功式

体位姿势：站立位或坐位，两脚间距与两肩等宽。

操练方法：用双手拇、食、中指螺纹面着力捏揉两耳轮、耳郭，掌揉两耳、拔耳、鸣天鼓（双手掌盖于两耳上，十指置于枕后，双食指交叉于中指上向下滑打，即可听到耳内有如鸣鼓），擦耳前后（食中指夹耳上下擦），揉印堂，分推前额，抹眼眶，按揉太阳，按揉角孙、风池、天柱、百会诸穴，双手掌搓热，温目洗面片刻结束。

功效：疏通经络，调和气血。

注意事项：手法要轻快柔和，平稳着实。

14. 写"凤"字活动保健法

体位姿势：站立位或坐位，两脚间距与两肩等宽，肢体放松，两手臂置于腰后，手腕相握，掌心向外。

操练方法：以下颌骨端为毛笔尖，按正楷书写"凤"字繁体字画数，其写要求能显示出有撇、横、直、勾、点的形象动作，如此连续书写"凤"字 3～5 遍。

功效：此法动作能使颈椎在正常生理功能范围内得到锻炼，增强功能，防病治病。

注意事项：在颈椎正常生理功能活动范围锻炼，避免活动幅度过大。

15. 写"米"字活动保健功法

体位姿势：站立位或坐位，两脚间距与两肩等宽。

操练方法：以下颌骨骨端为毛笔尖，按书写正楷写出"米"字画数，并要求书写时有点、撇、横、直、的动作形象，如此连续写"米"字 3～5 遍。

功效：此法动作能使颈椎在正常生理功能范围内得到锻炼，增强功能，防病治病。

注意事项：在颈椎正常生理功能活动范围锻炼，避免活动幅度过大。

（二）肩部活动保健功法（12法）

1. 手指爬墙活动法

操练方法：人面对墙站着，两手臂分别下垂于体侧，两脚分开半步，以一手指于胸前侧沿墙壁从下向上爬至极限处，稍停片刻，再向下滑回原处，如此反复练习 7～14 次。

功效：可预防肩关节上举功能障碍，适用于肩周炎粘连者。

特别提示：操练时身体要贴近墙壁，上爬手指要到位。

2. 伸臂划圈活动法

操练方法：站立式，两脚分开，身体微前倾，一手叉腰或置腰后，用另一手臂伸直，从内向外画圆圈，幅度由小到大，直至达到最大范围。

功效：本法滑利关节，缓解肌痉挛，增强生理功能。

特别提示：手臂须伸直，尽力划360°大圆圈。

3. 前后甩手动肩活动法

操练方法：术者站立，肩松，两手臂下垂伸直于体侧，先做双手臂前伸上抬，甩至头顶上方，同时配合挺胸仰头，再将双手臂反回向前甩至下后方，同时配合伸腰低头活动，如此连续甩手7～14次。

功效：可解除肩关节粘连，使前上举、后伸功能障碍得以恢复。

特别提示：肩臂要放松，甩手幅度要到位，只要肩动，限制腰膝关节屈伸活动。

4. 双臂展翅活动法

操练方法：术者背靠墙壁站着，头端平，两肘臂屈曲于胸侧，双手成握拳状，掌心朝下，拳眼相对，先做两臂外展外旋活动，拳眼向外侧，再做内收内旋活动。此为1次展翅活动，如此连续操作7～14次。

功效：可增强肩关节外展外旋、内收内旋的功能，预防肱二头肌长短头的滑脱、损伤。

特别提示：练习活动度要到位，要配合扩胸动作。

5. 太极云手活动法

操练方法：正直站立，两脚分开与肩同宽，肢体放松，两手臂前伸与肩平，屈肘、屈膝、下蹲、掌心向下，指尖向前，先左手上抬转掌心向内，向左侧方云手至肩外方，转掌心向外，外展外旋，变掌心向下，至腰侧大腿前方，再向右大腿腰侧到右肩侧前方翻掌心朝内，再云至体前正中位；与此同时，右手变掌向下向左侧下方云手到腰、肩侧上方，变掌心向内，云手到右肩侧方，做外展外旋，翻掌心向下至腰侧方，再云手至前方正中处。此为云手活动1次，如此连续操作活动7～14次。

功效：能解除肩关节的前上举、外展、外旋、后伸、内收、内旋功能障碍，肌腱、韧带等软组织粘连，使其恢复正常。

特别提示：要求云手活动宜缓慢，且随上手云转自如。

6. 体后拉手活动法

操练方法：站立位，两手置于腰后，用一手握住另一手腕部，用力向后外方牵拉，反复进行牵拉7～14次，然后再换手牵拉另一侧手7～14次。

功效：本法可使肩关节粘连致后伸功能障碍者，解除粘连促进功能恢复。

特别提示：拉力由小到大，逐次进行，不宜用力猛拉。

7. 摇膀子活动法

操练方法：站立位，左腿弓箭步，左手叉腰或置腰后，挺胸，右手臂下垂于体侧，先做向前、向上、向后、向下摇转划圈活动7～14圈，然后再做反方向摇转划圈活动7～14圈；再转为右腿弓箭步，右手臂置腰后，掌心向后，右手臂下垂于体侧，再做向前、向上、向后、向下摇转划圈活动7～14次，然后再做反方向摇转划圈活动 7 ～ 14 次。

功效：本法可解除肩关节多方向粘连功能障碍，能滑利关节，增强功能。

特别提示：要求步法前丁后八,三直——颈直、身直、腿直。

8. 托肘冲天活动法

操练方法：站立位或坐位，一手屈肘握拳，前臂直立，拳眼向后，用另一手掌托握屈肘下方用力向上冲拳，反复操作 7 ～ 14 次；然后再换手，用上法做另一手托肘冲天活动 7 ～ 14 次。

功效：本法可以拉松拉长胸大肌、大小圆肌，缓解其痉挛、挛缩，解除肩关节上举功能障碍，促进关节功能恢复。

特别提示：对肩周炎粘连患者要适当加大托手向上的冲力，拳手切勿内、外倾倒。

9. 背后拉锯活动法

操练方法：站立位，左手屈肘握拳置于左肩上方，拳掌面向前，右手屈肘握拳置于右侧腰后，拳掌面向后，两手握持枕巾两端，用力上下互相牵拉，如拉锯状，反复操作 7 ～ 14 次；然后换手做右侧，右手屈肘握拳置肩上方，拳掌面向前，左手屈肘握拳置于左侧腰后，拳掌面向后，两手握持枕巾两端，用力上、下互相牵拉，如拉锯状，反复操作 7 ～ 14 次。

功效：本法可增强胸大肌、大小圆肌、肱二头肌生理功能和抗病能力。

特别提示：要握紧枕巾两端，用力向上、向下牵拉要协调配合。

10. 屈肘摇肩活动法

操练方法：站立位或坐位，两肩放松，屈肘、握拳、拳掌面向内，先做两肩向前方摇转活动 7 ～ 14 圈，然后再做两肩向后方摇转活动 7 ～ 14 圈，再单肩摇转活动法，先以左手屈肘，握拳，拳掌面向内，肩臂向前方摇转 7 ～ 14 圈，反向再向肩后方摇转 7 ～ 14 圈，再以上法摇转活动外展肩前、肩后各活动 7 ～ 14 圈。

功效：肩部为手三阳、手三阴经脉循行路径，本法可滑利关节、疏通经脉、调和气血、增强经脉生理功能。

特别提示：摇转时肩关节要放松，肘、腕、拳要助力摇转活动到位。

11. 拍肩捶背活动法

操练方法：站位，两脚分开，略比肩宽，两膝微屈，先右手掌面拍打左肩部，左手成握拳状，以拳背捶击膀胱经、督脉，两手交替甩动，用力轻巧、着实，连续操作上下往返 3 ～ 5 遍。

功效：背脊部位督脉、膀胱脉循行路径，为诸阳之会，本法可促进气血之运行。

特别提示：拍、捶的重点为肝俞、胆俞、肾俞、命门、腰阳关等穴。

12. 两手臂前伸外展内收活动法

操练方法：站立位，两肘屈曲于体侧，两手掌心朝上，指掌平直向前伸至极限处，翻掌心向下，外展至身后，再翻掌心向上，置体两侧腋下。此为两手臂前伸活动1次，如此连续操练活动7～14次，然后再按上法内收活动7～14次。

功效：可增强肩关节平衡外展内收功能。

特别提示：肩部放松，划圈自如。

（三）腰部活动保健功法（10法）

1. 俯卧撑活动法

操练方法：俯卧平板床上或地板上，用手掌和脚尖着力，躯干和下肢挺直，肘关节伸直，使身体抬起，然后肘关节屈曲，使胸腹部贴近床面或地面，再靠肘关节伸直，抬起身体，如此反复进行操练活动7～14次。

功效：本法可增强腰背肌力量，巩固脊椎稳定性。

2. 飞燕点水活动法（俯卧位背伸肌锻炼法）

操练方法：俯卧于平板床上，上肢向后上抬起，头颈和背部尽力后伸；下肢伸直，尽力向后抬起，仅腹部着床面，呈弓形。

功效：本法是腰背伸肌锻炼的有效方法之一，是治疗腰痛必不可少的措施，只要能坚持锻炼就会收到满意效果。

3. 拱桥式活动法（仰卧位背伸肌锻炼法）

操练方法：分三步。①五点支撑法：仰卧平板床上或地板上，用头部、两肘及足跟撑起全身，使背部尽力腾空后伸，胸部向上挺；②三点支撑法：把胳膊放在胸前，用头及足跟撑在床上，全身腾空后伸；③四点拱桥支撑法：用双手及脚撑在床上，全身腾空胸腹挺起，像一座拱桥。

功效：同飞燕点水法。

4. 仰卧起坐活动法

操练方法：仰卧于平板床上，两下肢伸直，两手十指交叉抱头后枕部，身体挺直，用腹肌力量坐起，再躺下，如此反复操练7～14次。

功效：本法可增强背伸肌、腹肌的功能，预防腰痛病，育龄妇女可多练此功，有利于分娩。

5. 屈腰滚背活动法

操练方法：仰卧平板床上，双膝屈曲，两手十指交叉抱住两膝前缘下方，使之呈圆球状，做头上抬、腿下沉，并带动背部做前俯后仰滚动，往返连续滚动7～14次。

功效：背为阳，腹为阴，本法可通调阴阳经脉，运行全身之气血，达到增强背肌、腹肌、四肢力量的功能。

特别提示：低头屈颈，腰、髋、膝关节放松屈曲，成抱球状。

6. 摇腰活动法

操练方法：自然站立，两手叉腰，两脚平行分开比两肩距略宽，使腰向前、向左、向后、向右、再向前、向左环转摇动 7 ～ 14 圈；以同法向右侧摇转 7 ～ 14 圈。

功效：本法可滑利关节，解除腰肌僵硬、软组织粘连、小关节错缝，增强腰肌、盆底肌、腹肌功能。

特别提示：摇转活动幅度先小后大，叉腰两手适当用力协助腰摇转活动，速度均匀。

7. 甩手通背活动法

操练方法：自然站立，两脚分开，两手臂下垂放松，手成握拳状，拳眼向前，先右手向前甩，用拳掌面捶拍肚脐部位（神阙穴），同时左手向后甩，用拳背面捶击右侧腰部（肾俞穴），随后向反方向甩手，以左手向前甩，用拳掌面捶拍肚脐部位（神阙穴）。右手向后甩，用拳背面捶击左侧腰部（肾俞穴），并上、下往返移动，如此连续反复捶拍活动 7 ～ 14 次。

功效：本法通过捶击，拍击腰背、胸腹部，可使其诸经脉、腧穴受到刺激，增强五脏六腑功能，预防、治疗多系统疾病。

特别提示：捶拍部位以穴位为重点，肩臂、腰放松，甩臂捶拍动作轻巧自然，配合弯腰、挺腹、屈膝活动。

8. 举臂推腰活动法

操练方法：站立位，两手叉腰，左脚向左迈开一步，左手臂伸直向左侧，上举过头，掌心朝右方，向头侧方稍用力按压，与右侧叉腰之手向左侧做推腰动作，两手压推动作要协调一致，连续压推 3 次；收回左脚还原，左手臂下落叉腰，右脚向右迈开一步，右手臂伸直向右侧上举过头，掌心朝左方，向头侧方稍用力按压，与左侧叉腰之手向右侧做推腰动作，两手压推动作要协调一致，连续压推 3 次。如此连续活动 7 ～ 14 次。

功效：增强腰肌伸展收缩功能和调节腰椎小关节的平衡。

特别提示：向上高举之手和推腰之手动作要协调一致，用力不宜过猛。

9. 伸腰活动法

操练方法：站立位，左脚向左迈开一步，两手臂下垂，置胸前两手指交互插入指缝，掌心向上，两手臂自胸前向上抬举，过头翻掌心向外、向上，两手臂伸直，仰头上拔，并向后做挺胸、伸腰活动 3 次，再向左右伸腰活动 3 次。

功效：本法功效与上法有异法同功之效。

10. 叉指伸臂托天活动法

操练方法：站立位，两脚分开半步，两手臂下垂于体侧，先两手叉指于胸前，掌心向上，再翻掌心向前，向上升高至头顶上方，掌心朝天，两手臂与脊柱及下肢为一直线，两手臂分开下落，掌心朝下，还回至体侧，重复 3 ～ 5 遍。

功效：增强肩臂（背）、腰背肌生理功能。

特别提示：要配合呼吸，在两手臂上举时吸气，在分开下落时呼气。

（四）膝部活动保健功法（6法）

1. 膝关节左右摇转活动法

操练方法：站立位，两脚分开约一拳宽。先双膝靠拢微曲，两手掌分别按扶膝盖上方，做双膝向前、向左、向后、向右、向前划圈摇转动作，连续摇转 7 ～ 14 圈；再反方向摇转活动 7 ～ 14 圈。

功效：本法有滑利关节、增强关节生理功能的作用。

特别提示：双膝内侧相靠拢，膝关节屈曲放松。

2. 膝关节内外摇转活动法

操练方法：站立位，两脚分开约一拳宽。先双膝分开微曲，两手掌分别按扶膝盖上方，做两膝向前、向内、向后、向外、向前划圆圈摇转活动，连续摇转 7 ～ 14 圈；然后做向外摇转活动 7 ～ 14 圈。

功效：本法与上法为异法同功。

特别提示：双膝内侧不相靠拢接触。

3. 膝关节前屈后伸活动法

操练方法：体位姿势同上。两手掌根分别按于两膝上部，食指、环指分别按于内、外膝眼，拇指、小指分别按于膝关节内、外侧，先做膝关节向前屈曲，后做向后伸直活动，如此连续反复前屈后伸 7 ～ 14 次。

功效：可增强髌骨、髌下脂肪垫、半月板、肌腱、韧带的生理功能，预防膝关节退行性变。

特别提示：在膝关节屈伸活动过程中要紧密配合指掌按摩髌骨及脂肪垫、膝眼、内外侧副韧带。

4. 屈膝伸腿蹬脚活动法

操练方法：站立位，两手叉腰，先左腿膝关节屈曲上抬约 90°，然后再向下伸腿蹬脚，此为 1 次，如此连续活动 5 ～ 10 次，再换右腿按上法做屈曲伸腿蹬脚活动 5 ～ 10 次。

功效：本法可使膝关节屈伸功能增强，预防膝关节功能障碍。

特别提示：下蹬直腿脚跟不着地，提腿屈膝脚趾下垂。

5. 按膝下蹲伸膝活动法

操练方法：站立位，两脚平行分开半步，两手臂下垂于体侧，两膝屈曲120°左右，两手掌分别按扶膝盖上方，先做双膝前屈下蹲，臀部下沉，接近足跟部，然后再做伸膝动作，同时双手掌按压扶膝适当用力使关节伸直向后。此为下蹲伸膝活动1次，如此连续操作7～14次。

功效：滑利关节，增强关节活动生理功能。

特别提示：双手掌腹面按扶膝盖，并协助关节屈曲活动到位。

6. 双手掌揉膝活动法

操练方法：坐位或站位，两膝屈曲90°左右，用双手指掌面着力，按揉、擦搓髌骨周围，膝内、外侧及上下方，反复操作半分钟至一分钟，以有温热舒适感为度；按揉膝盖和拍揉膝内外侧片刻；用拇、食指拿按、点揉膝眼、阴陵泉、阳陵泉、血海、梁丘、鹤顶、委中诸穴1～3分钟。

功效：疏通经脉，调和气血，活血化瘀止痛，延缓关节老化。

特别提示：按揉力宜深透，擦搓有温热感为度。

（五）拍打捶击十四经脉保健功法

1. 拍打捶击上肢三阴、三阳经脉活动法

操练方法：站式或坐式，先用右手指掌腹面着力或握拳状，以屈指背面和掌根部着力，拍打捶击左手指背，从指端沿三阳经路径向上至肩臂外侧，再从肩臂内侧沿三阴经脉路径拍打捶击至手掌内面指端，此为1次，如此连续操作3～5次，其为顺经脉循行拍打捶击法；依上法操作做逆经脉循行的操作。再换手用左手拍打捶击右手臂部。

功效：可疏调上肢手三阴、手三阳经脉气血，并调和肺、心、心包、大肠、三焦、小肠的脏腑生理功能，协调平衡。

特别提示：拍打捶击用力要适中，节奏要轻快灵活。

2. 拍打捶击下肢三阴、三阳经脉活动法

操练方法：站立式或坐式，先用双手指掌面着力，或双手握成空拳以屈指背侧和掌根部着力于腰后两侧，向下沿足三阳经脉循行路径拍打捶击至足背部，再从足背内侧面小腿大腿向上沿三阴经脉路径拍打捶击至小腹外侧缘。此为1次，如此连续操作3～5次。然后再依上法做逆经脉循行方向操作3～5次。

功效：疏调下肢足三阴、三阳经脉之精气、精血，调和肝、脾、肾、胃、胆、膀胱的脏腑功能的协调平衡。

特别提示：拍打捶击用力要适中，节奏要轻快灵活。

3. 双手拍打捶击任、督经脉活动法

操练方法：站立式或坐式，用一手或两手指掌关节着力于天突穴处，自上而下沿任脉拍打捶击至中极穴，再自下而上拍打捶击至天突穴处，此为1次操作，如此连续反复操作3～5次。然后甩动双手臂，以一手掌拍前胸腹任脉，另一手以掌背或拳背着力捶击背腰部督脉经，两手动作协调一致，上下往返拍捶任督经脉3～5次。

功效：任脉为"阴脉之海"，督脉为"阳脉之海"。本法增强任督二脉，调节诸阴阳经脉的生理功能和诸阳经脉统摄全身阳气及维系全身元气的生理功能。

特别提示：拍捶二经脉用力要适当，动作要轻巧灵活，切勿生硬呆板。

（六）金鸡独立活动保健功法

体位姿势：以左腿为例，站立位，两手臂下垂于身体两侧，左腿伸直站立，右腿上抬屈膝90°左右。

1. 双手臂活动法

操练方法：①两手臂向外上抬与肩平，掌心朝下；②两手翻掌心向前，两臂向前伸至胸前合掌与肩平；③两手臂上抬高举至头顶上方，与头、身、下肢成一条直线；④两手掌分开，两臂伸直下落，与两肩平行，掌心向下；⑤两手翻掌心朝后，两臂下落，伸至腰后合掌；⑥两手掌分开，两手臂外展，还原与两肩平行；⑦左腿下落还原，两手臂下落于体两侧。

2. 单手臂活动法

操练方法：①右手臂向外抬高与肩平，掌心朝下，左手臂不动；②右手臂下落，变掌向前伸至胸前方，掌心向左，与肩平；③右手臂向上抬高至头顶上方，翻掌心朝左；④右手臂向外转下落，变掌心朝下，与肩平；⑤右手臂再向后伸展至腰后方，掌心朝左；⑥右手臂再向外上方返回与肩平；⑦右腿下落站立回原，右手臂下落于体侧。

功效：本法调节大脑、小脑、五脏六腑、脊柱、四肢的生理功能之平衡，能起添油续命的作用。

特别提示：做到三平（头平、肩平、脚平），三直（颈直、身直、腿直），呼吸均匀。

（七）五脏按摩保健强身功法

操练方法：①盘坐式端坐式；②两手掌自然伸直重叠，左手在内，右手在外，指尖朝下置于天突穴处；③以掌根着力，从天突向下沿任脉经推至耻骨联合中极穴，反复36次；④再从膻中穴向下推至剑突处鸠尾穴，再两手分开，沿两侧肋骨（带脉）分推至身后肾俞、命门穴，反复36次；⑤双手指掌微屈重叠着力，置于腹部，沿脐周围转大圈推摩，先顺时针方向，再逆时针方向，各36次；⑥双手指掌伸直，右手压于左手背上，用食指、中指端着力，自肚脐直推至关元穴，推3遍，再用中指或拇指点按关元3～5分钟，以酸胀感为宜，全身微出汗；⑦双手重叠于丹田，意守3～5分钟。每次做完须45～60分钟。

功效：本功法是华佗五禽戏的内功修法，能平衡五脏六腑生理功能。

特别提示：推摩指掌面须紧贴皮肤，着力宜深透，呼吸自然，肢体须放松。

九、传道之术

李业甫重视中医推拿学术经验的传承，更重视推拿学科的系统化理论建设，他认为中医推拿事业的进步离不开一代又一代言传身教、甘于奉献的中医人。李业甫在推拿经验传承的临床教学中，不仅注重启发学生思考问题，而且善于引导学生将理论和实践相联系。在教学过程中他总是毫无保留地将几十年的临床经验及研究成果在中医推拿学的教学进行传授与展示，并且在教学模式上有其独到的经验和见解，帮助心怀梦想的年轻人快速成长，培养了大量的中医推拿学人才。其细致入微、注重临床、贴近学生、强调实用的临床教学方法，在学生中深受欢迎。

（一）诠释经典，古为今用

推拿学作为中医学的重要分支，治学当溯本求源，尊古而不泥古，真正做到古为今用。推拿作为一门注重实践技能的学科，首先当明白继承是基础，创新是归宿。只有认真继承中医经典理论，并将其中的理论指导临床诊疗实践，方可保证推拿治疗的临床疗效。而中医理论基础的重中之重即是中医经典著作，许多深奥的精义需要经过刻苦钻研，除了下一番苦功夫去"心悟"，还必须在临床中实践和验证才能有所得。李业甫在推拿临床教学中，经常在诊余与学生谈及熟读经典著作的重要性，并通过展示经典理论对临床诊治的指导作用及疗效，更好地诠释经典的真谛。他常在推拿治疗颈椎病的教学中强调治病必求于本，病因如《诸病源候论》曾述"此由体虚腠理开，风邪在于筋故也……邪客于足太阳之络，令人肩背拘急也"，治疗上则常以《素问·举痛论》中所记述的理论指导治疗——"寒客于背俞之脉，相引而痛，按之则热气至，热气至则痛止矣"。这些古法今用的教学案例在李业甫的临床教学上不胜枚举。古法经验虽是李业甫对中医经典执着学习所得，但在推拿教学上却毫不吝啬地传道受业解惑，使跟随李业甫的推拿学者感受到了中医经典的魅力。李业甫说治经典之学要紧扣临床，切忌空谈论道，通过解决临床问题，努力感悟经典理论、参师经验与自己的临床实践之间的联系，在中医推拿学中逐步完成"学习－继承－发扬－创新"的过程。

（二）案例分析，互动教学

李业甫认为中医作为经验医学，医疗经验的积累极为重要，但经验是以个案的总结为基础。李业甫在教学中发现，师生互动的教学模式能让教师的讲解有所反馈，可以更好地发现学生所学之不足，也便于师者为学生的学习情况查缺补漏。李业甫常常说："学习中医推拿不能一味地练习手法，还要善于诊断，对不同类型的患者疾病进行总结，提出疑问。"如在李业甫的门诊诊疗中，他经常在规范的问诊之后，让学生提出自己对该病病因病机的认识，提出治则和治法，随后李业甫再对患者的疾病情况进行详细的分析讲解，尤其是对体格检查结果、鉴别诊断的分析每每进行重点教学。这些都是疾病诊断的重要依据，先让学生逐一体会，再解答学生的疑问，这种教学方式让身处其中的人受益匪浅，也让受诊治的患者感叹其医术精湛。李业甫临床教学中一直秉承"积累资料－整理资料－分析资料－综合资料"的四步法，每当遇到比较典型的个案，他便会鼓励学生对其进行分析总结，并且不厌其烦反复修改，让学生深刻体会如何进行辨病论治及辨证施治。此法让临床学习的学生仿佛置身于临床一线，不仅有效训练临床思维的形成，更能在学习过程中不由自主地将李业甫诊治经验及其推拿流派特色手法俱收并蓄，为未来的进一步学习夯实基础。

（三）医德树人，医风传承

李业甫认为高尚的医德、严谨的医风是合格医务人员应有的素质和必备条件，临床教学上不能仅仅传授"医术"，更应传授"医道"。李业甫在紧抓专业知识理论和临床实践教学的同时，从来不忘进行医德医风培养。李业甫将"大医精诚"作为自己的座右铭，毕生重视自我的医德修养，他说："天下万事，莫不成于才，莫不统于德，无才故不得以成德，无德以统才，实足以败，断无可成。"所以每遇年轻医者，常嘱咐其翻阅药王孙思邈书写之《大医精诚》，他告诫医者从中可以明白如何为医，如何为人。李业甫认为中医医德核心价值观为"仁""和""精""诚"，只有理解了这四个字，方可做到立德树人。"仁"者以救死济危为己任，敬畏、珍爱每一个患者的生命，不因害怕惹上医患纠纷而瞻前顾后，不避风险一心赴救。"和"可理解为医者须平和地处理社会关系，在工作中应对患者仁爱有加，对患者或家属之不逊态度予以忍让，对同道谦和谨慎，以和为贵。"精"指医者的专业进取精神，不能把工作只当作自己养家糊口的职业，医者为了救人，需自强不息，孜孜不倦地钻研医术。"诚"是指医者在为人处世、治学诊疗过程中，要心怀至诚，时刻对患者负责，不欺瞒。李业甫以身作则，将"仁""和""精""诚"贯彻在自己从医生涯里，这种身体力行的教学方式对学生的影响颇深，潜移默化地引导学生树立正确的人生观、价值观、世界观，认识到自己的神圣职责和光荣使命。

（四）人才培养成果

1. 杨永晖，安徽省针灸医院副院长、博士后，博士研究生导师，第四届江淮名医。中华中医药学会针刀医学分会副主任委员。主持国家自然基金面上项目一项，主持或参与十余项国家及省部级课题的研究。

2. 吕子萌，主任医师，硕士研究生导师，安徽省名中医，李业甫国医大师办公室主任，中国民间中医医药研究开发协会手法与健康研究专业委员会常务副会长，中华中医药学会推拿分会常务委员。

3. 蒋涛，主任医师，博士生导师，江淮名医，安徽省名中医，中华中医药学会推拿分会第五、第六届委员会委员，中国民族医药学会推拿分会副会长。主持国家级、省级继续教育项目多项。

4. 吴以诚，主任医师，硕士研究生导师。第七批全国老中医药专家李业甫国医大师学术经验继承人，中国康复医学会推拿技术与康复专业委员会常务委员，中华中医药学会推拿分会委员，曾赴德国施特拉尔松德孔子学院和智利圣托马斯大学进行中医讲学。

5. 刘存斌，医学硕士，硕士研究生导师，第六批全国老中医药专家李业甫国医大师学术经验继承人，中华中医约学会推拿专业委员会第六届青年委员。参编规划教材两本，专著三部，发表文章十余篇。

6. 王从振，民主促进会会员，硕士研究生导师，第五批全国老中医药专家李业甫学术经验继承人，中国民族医药学会针刀分会委员，中国针灸学会针药结合分会委员，中华中医药学会推拿专业委员会委员，发表论文多篇，参编专著三部。

7. 胡修强，硕士研究生导师。第六批全国名老中医药专家李业甫学术经验继承人，擅长运用推拿、针灸、小针刀、中药等治疗眩晕、耳鸣、失眠、面瘫、中风、带状疱疹、颈椎病、肩周炎、腰椎间盘突出、痛经、月经不调，各类痛症，各种关节炎。

8. 张燕，医学硕士，主治医师。第七批全国老中医药专家李业甫国医大师学术经验继承人，中华中医药学会少儿推拿传承发展共同体委员，发表论文多篇，参编著作一部。跟师侍诊十余年，长期从事成人及小儿的推拿、针灸工作。

李业甫学术传承谱

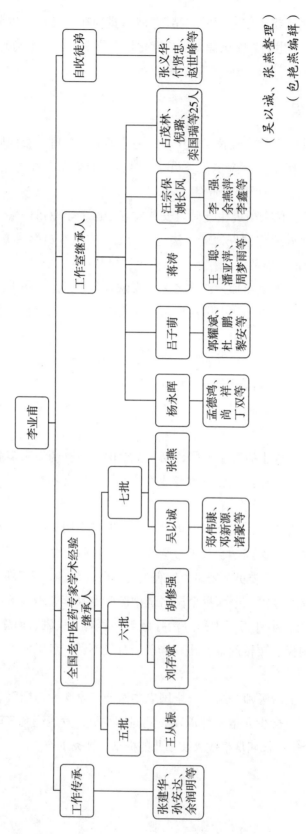

（吴以诚、张燕整理）
（包艳燕编辑）

李佃贵

　　李佃贵（1950—　　），河北省张家口蔚县人。教授，博士研究生导师。河北省中医院原院长，中国中医科学院学部委员，全国老中医药专家学术经验继承工作指导老师。荣获全国劳动模范、全国中医药杰出贡献奖、全国首届中医药高等学校教学名师、"庆祝中华人民共和国成立70周年"纪念勋章、中国老科学技术工作者协会"突出贡献奖"、李时珍医药创新奖、第四届中国医师奖、首届"中华国医名师"、全国首届中医药传承特别贡献奖、全国中医院优秀院长等近百项荣誉称号。享受国务院政府特殊津贴。2017年被授予第三届"国医大师"称号。

　　李佃贵从事临床、科研、教学工作50余年，结合临床经验首创"浊毒理论"，提出了"天之浊毒""地之浊毒""人之浊毒"等中医新术语和新思想，打破了胃癌前病变不可逆转的理论束缚；研制出"香连化浊颗粒""康胃丸""利胆化石丹"等10余种院内制剂，部分已列入医保用药目录；出版著作40余部，包括《中医浊毒论》《慢性萎缩性胃炎浊毒论》《肝癌浊毒论》等浊毒系列专著10余部；指导并发表学术论文400余篇；获各类科研奖项30余项，获国家专利10余项。

一、学医之路

1950 年 8 月 22 日，李佃贵出生于河北省蔚县涧岔村一个普通人家。李佃贵自小聪慧，五六岁就跟随父亲练习书法，十二三岁时就能给乡亲们写春联了。那时，李佃贵有位在公社卫生院上班的本家叔叔，整天背着医药箱到各村给村民看病，颇受当地村民的尊重和崇拜。有一次李佃贵发烧，十几天不退，于是请这位叔叔看病，仅仅开了两服中药，李佃贵按医嘱服下，没想到第二天体温就恢复了正常，很快就好了。这件事给孩童时的李佃贵留下了深刻印象，心中埋下立志学医的种子。1964年，李佃贵家乡县里组织中医培训班，他报名参加了一年的培训班学习，毕业后留在公社卫生院工作。卫生院总共有八九个医生，大部分是中医，其中一个是老中医李思琴。李佃贵跟随当地名中医李思琴学习，白天抄方抓药，患者多时帮忙打针，晚上仔细温习梳理知识，自此走上了中医路。

1970 年，李佃贵进药回来时遇到河北新医大学在蔚县招生，招生人员向他问路，说要到他们公社卫生院开展招生座谈会，李佃贵热心地给招生人员带路，一路上说了不少话，他们问李佃贵愿不愿意到河北新医大学读书学习，李佃贵毫不犹豫地说："当然愿意。"之后公社书记推荐李佃贵上大学，上学的事就这么定了。在选择专业时，李佃贵郑重填写了"中医系"。在校 3 年，他如饥似渴地从《黄帝内经》《温病条辨》《金匮要略》《脾胃论》等古典医学典籍中汲取营养，很多中医经典著作的段落至今不忘。他孜孜不倦地学习内科学、外科学、儿科学、妇科学等临床学科知识，结合以往的临床实践，不断总结心得和体会。后来在天津中医学院附属医院临床实习期间，他潜心向各位名老中医学习并大胆实践，曾经为棉纺厂一对不孕不育夫妇进行中药治疗，使他们生下了自己的宝宝。在宁河县（现天津市宁河区）医院实习的时候，他有幸遇到新中国成立前就已成名的中医，老师的言传身教，使他获益匪浅。他满怀热情与追求，期待一份成功的契机。

二、成才之道

（一）志学岐黄，熟读经典

李佃贵接受父亲的熏陶，从小熟读《百家姓》《三字经》《论语》《孟子》等，将这些优秀的传统文化根植于心，同时也为他日后学习理解《黄帝内经》《金匮要略》

《伤寒论》等中医典籍，临证中贯彻整体观念与辨证论治思想打下了坚实的基础。除此之外，李佃贵有一位本家叔叔在当地公社卫生院工作，当时很受患者的尊重和爱戴，闲暇之余，这位叔叔会在家教李佃贵一些中医中药知识。叔叔要求李佃贵进行抄、读、背，李佃贵记忆力超强，规定一个月要背完的《雷公炮制药性赋》，他只用了六个早晨就可以一字不漏地背诵出来。这让叔叔大吃一惊，从此对他青睐有加，专门给他开小灶，教授更多中医经典。跟随本家叔叔学医，李佃贵大量抄写、背诵了多本中医书籍，练就了扎实的"童子功"。

（二）师从名医，颇得心传

李佃贵曾跟当地名医李思琴老中医学习。李思琴老先生擅长治疗疑难杂病，且多从调理脾胃入手。李思琴老先生认为"内伤脾胃，百病由生"，脾胃为后天之本，气血生化之源，杂病从脾胃调理常常会取得较好的疗效。

从20世纪70年代开始，李佃贵跟随原河北省中医院李恩复院长，从事萎缩性胃炎研究，侧重诊治脾胃病及肝胆病，包括萎缩性胃炎、慢性肝病等疾病。李恩复认为胃喜凉恶温、喜润恶燥、喜通恶滞、喜降恶升，提出了凉润通降的治疗大法，清胃热药多选生石膏、黄连、栀子、蒲公英、败酱草等，润胃药多选苏叶、郁金、石菖蒲等，通络止痛药多选五灵脂、蒲黄、延胡索等。李恩复治疗萎缩性胃炎擅长从肺、肝、胆、脾、肾论治：从肺，降浊和胃；从胆，清胆和胃；从肝，解郁和胃；从脾，健脾和胃；从肾，滋阴和胃。

（三）兢兢业业，深耕临床

李佃贵深耕临床50余年，有自己独到的经验，坚持以中医理论指导临床。长期以来，由于各种原因，有些临床大夫在工作中将大部分的时间和精力投入实验研究、论文发表上，而不是集中精力于临床工作。李佃贵不赞成这种做法。他认为治好病是一个医生最大的使命，病患治愈后的笑脸是医生写出的最好的"论文"。李佃贵常常教导学生："医生，一定要将临床工作作为首要任务，只埋头于书本与实验室的医生，即使写出再多论文，也不能称之为好医生。只有忠于临床，把论文写在临床上，努力医治病患，才能称之为一名合格的医生。"

李佃贵总是强调临床的重要性。他认为，对于一名医生来说，最好的研究项目不在实验室，而在诊室；最大的研究成果不在证书，而在患者的身上；最优秀的论文不在杂志上，而在患者的心里。"把论文写在临床上"是李佃贵坚持的原则，也是给每一名医者的忠告。

（四）担负责任，建设医院

1978年，李佃贵调到河北省中医院从事中医内科临床的教学与医疗工作。他先是侧重胃病的研究，后来专攻肝胆病。1983年，他担任河北省中医院副院长兼中医内科教研室主任，主抓医疗、教学、科研工作。2001年，李佃贵任河北省职工医学院院长。上任伊始，他组织制定了学院十年发展规划，明确了办学思路和发展目标，并紧紧抓住全国高等教育大发展的良好时机，推出了"一扩、二增、三提高、四改善"的改革举措。一扩，即扩大办学规模。二增，即增加办学的社会效益和经济效益。三提高，即提高办学层次、教学质量和整体素质。四改善，即改善办学条件、教职工待遇、校园环境和校风校纪。经过几年的努力，学院有了翻天覆地的变化。2002年《河北日报》以《河北职工医学院步入稳定发展快车道》为题报道了学校的改革成就，学校先后被评为全国卫生系统先进单位、河北省党建先进单位和教育质量A类学校。

2005年，李佃贵调任河北医科大学副书记、副校长（正校级）兼河北省中医院院长。针对存在的问题，他首先确立了"中医立院，人才强院，特色兴院"的办院方针和"以病人为中心、以诚信为基石、以质量为生命、以创新为动力、以发展为目的"的经营理念。在科学发展观的指导下，他带领班子成员，突出"和谐·发展"主题，狠抓内涵建设，开拓进取，励精图治，充分发挥中医、中药优势，使医院涌现出一批具有独到疗效的特色科室，其中脾胃病科（消化内科）、针灸科被评为国家中医药管理局"十一五"重点中医专科建设单位。脾胃病科、针灸科、肾病内科、骨伤科、肛肠科、皮肤科先后被河北省中医药管理局确定为河北省重点中医专科。医院业务收入每年以15%～20%的速度稳步增长，床位使用率达到100%。2007年，他兼任河北省中医药研究院院长，2008年兼河北省胃肠病研究所所长。经他多方奔走，医院争取到了河北省政府和国家中医药管理局资金支持，兴建了16层高、面积为36000m²的新门诊医技楼，已于2011年6月投入使用，开创了各项工作的崭新局面，实现了医院的跨越式发展，凸显出欣欣向荣、蒸蒸日上的繁荣景象。2011年11月，李佃贵任河北省中医院名誉院长。

（五）融汇创新，首创"浊毒"理论

学习中西文化要有兼容并包的厚德之道，泰山不让细壤故能成其大，河海不择细流故能就其深。李佃贵首创的浊毒理论积极借鉴包容新思想、新形态，包括现代科学的最新动态、民族医药的学术精华，乃至民间大夫的经验之谈。浊毒，是指一切对人体有害的不洁之物。李佃贵借鉴了瑶医百病毒为首的学术思想，也吸纳了西医学微生态等相关理论，将民间医生多样的清火解毒祛邪等论述进行分类梳理，取其精华，去其糟粕，充实到浊毒理论中。

李佃贵认为，浊毒作用于人体，可导致细胞、组织和器官的形态结构改变，包括现代病理学中的肥大、增生、萎缩、化生和癌变，以及炎症、变性、凋亡和坏死等变化。其结果就是毒害细胞、组织和器官，使之代谢和功能失常，乃至功能衰竭。人体中的浊毒，便如环境中的垃圾，是人体内脏的代谢产物，也是一种病理产物，如果不能及时清理排出，人体就会生病。浊毒排出的通道，不外出汗和大、小二便，临床治疗就应给致病浊毒提供便利的排出通道，从而改善人体环境，恢复和保持人体正气。浊毒理论作为一个新兴的中医理论，以天人合一的中医整体思维来探究当代生态环境及人体自身饮食、情志和生活方式的改变对人体健康的影响，有深刻的内涵和广泛的外延，已经被越来越多的专家学者所认可。

（六）仁心仁术，恪守初心

一个医生的立身根本是恪守医德初心，为患者解除病痛，"四心"是他的临床准则。一是"精心"。作为医生，要努力提高自己的业务水平，精心治疗每一位病患，才对得起患者的重托。李佃贵始终坚持临床、学习两不误，白天临床，晚上研读，创立浊毒学说用于指导临床，就是他精心对待病患的最高体现。二是"细心"。医者工作承载患者生命，临床中一定要细心。一次出诊过程中，一位跟诊学生抄方时写字潦草、药剂剂量"12g"中的"g"写得不标准。李佃贵当即严肃教导学生："千万不要认为抄方事小，就漫不经心，剂量单位写得不清楚，可能拿药的时候就会被误认为是数字'9'，那样剂量就出了大问题，一字之差，可能药效就截然不同，甚至危及生命。"三是"耐心"。在50多年临床中，李佃贵与患者从未有过冲突，这与他耐心沟通的工作态度分不开。他总是耐心解答患者的各种问题，对于中医深奥晦涩的专业问题，他能够用生动的生活例子加以解释。李佃贵对他的患者，有着高度的信任感、忠诚度和依从性。四是"关心"。关心是对医者更高的要求。李佃贵现在虽然已经退休，但仍未放下临床工作，每周都会到病房查房，与每位患者聊天，询问有何不习惯和需求，叮嘱学生常来帮助患者。每天门诊时，他从不拒绝加号，对患者始终坚持本心。

（七）倡治未病，创建新法

中医治未病理念源远流长，是中医理论体系中颇具影响的理论之一。未雨绸缪，凡事预防在先，是中国人谨遵的古训。中医治未病理念的形成，正是根植于中国文化的肥沃土壤。李佃贵讲：目前我们主要是"治已病"，没有意识到"治未病"，很多患者并不了解"治未病"，这给患者造成很大的身心损害，也加重了他们的经济负担，我们应加大对治未病思想的宣传、普及工作，做到未病先防，切实保障人民的身心健康。

对此，李佃贵提倡"三位一体"治疗方法，即药疗、心疗和食疗的有机结合。药疗是核心。几乎所有的疾病，药物疗法都是核心疗法，通过四诊辨别证候，依证施法，以法遣药，随症加减，以达防病治病之功。如治疗慢性萎缩性胃炎，李佃贵采用四步调胃法——疏肝和胃、活血化瘀、解毒化浊和健脾益气，分阶段辨证治疗，临床取得了良好的疗效。心疗是前提。人的情绪因素对疾病的影响很大，中医认为百病皆生于气，因此心理疗法也是一项重要的疗法。它包括自我调节、自我激励、自我超脱、自我放松，以及改变错误思想、固有观念和心态，使患者树立战胜疾病的信念，忘记自己的疼痛。食疗药膳是基础。食疗药膳具有悠久的历史。食疗也是治疗，是治疗就要辨证。辨证施膳就是中医的辨证施治在食疗中的具体应用。"证"是食疗的前提，"施膳"以"证"为依据，证同治同，证异治异。辨证施膳包括因证施膳、因时施膳、因地施膳和因人施膳四个方面，要体现"虚则补之""实则泻之""热者寒之""寒者热之"等基本原则。

三、学术之精

在中医学体系不断创新完善和中医医疗质量不断提高的新形势下，"浊毒"作为一种新的病因病机概念而被提出，并得到国内外众多专家和学者的肯定与认同，可见"浊毒"是中医学术体系的重要组成部分，是中医重大学术理论创新。浊毒学说作为一个新兴的中医学理论，以天人合一、辨证论治的中医整体思维方式来探究当代生态环境及人类自身饮食、情志和生活方式的改变对人体健康的影响，有深刻的内涵和广泛的外延。

任何一个学术思想的形成都有其深刻的社会自然因素，都必须随着时代的发展而不断完善以适应时代的需要。随着近代工业文明的兴起和城市的发展，人类在创造巨大财富的同时，也把数十亿吨的废气和废物排入天地之间。"浊毒"物质充斥全球每个角落以及人的机体之中。

"浊毒理论"是李佃贵结合多年的临床实践及现代生活饮食结构的变化、工作压力的增大、精神压力的增强、大气环境的污染等现代因素对人体影响的特点凝练首先提出的。浊毒理论不是浊和毒两个名词的合并，而是具有丰富和特定内涵的理论，是中医学体系的重要组成部分。浊毒理论源于经典，源于实践，源于领悟与觉悟。

李佃贵在继承《黄帝内经》及各家学术思想的基础上，通过多年的临床实践，结合现代自然生态环境及社会环境的变化，首创浊毒理论，提出"天之浊毒""地之浊毒""人之浊毒"等中医新术语，其著作《中医浊毒论》等 10 余部专著由人民卫生出版社等国家级出版社出版，为胃癌前疾病及临床 50 余种疾病的诊疗开辟了新思路和新途径。李佃贵提出了治疗浊毒的六大治则和二十一种治疗方法，有效治疗了胃癌前病变，打破了胃癌前病变不能逆转的理论束缚，并指导治疗多种疑难杂病，为来自全国各地及美国、加拿大、日本、印度尼西亚等国家的 10 余万例患者解除了病痛。浊毒理论是中医学术体系的重要组成部分，是中医重大学术理论创新。新型冠状病毒肺炎疫情期间，李佃贵两次深入隔离病房指导治疗，为全国首位亲自进入病房为新型冠状病毒肺炎确诊患者进行把脉会诊的国医大师。他作为河北省疫情防控中医专家组顾问指导制定了河北省新型冠状病毒肺炎诊疗方案，带领团队研发的"香苏化浊颗粒"第一时间投入临床，对河北省新型冠状病毒肺炎疫情防控发挥了重要作用，为全国和海外多个国家的抗疫做出了积极贡献。

（一）浊毒的概念

浊毒作为一个中医学的术语，其含义有广义和狭义之分。广义的浊毒泛指一切对人体有害的不洁物质，而狭义的浊毒是指由于湿浊、谷浊久蕴化热而成的可对脏腑气血造成严重损害的黏腻秽浊之物。

1.广义的浊毒

广义的浊毒将充斥于天地之间以及人体之内的浊毒分别称为天之浊毒、地之浊毒和人之浊毒。

（1）天之浊毒：除传统的六淫之外，还包括以下因素：①空气中的污染物：包括悬浮颗粒物、飘尘、二氧化硫、一氧化碳、碳氢化物、氮氧化物、碳烟等。这些物质是加重人类呼吸疾病的重要原因，还可直接产生或诱发多种疾病。②大量的致病微生物：随着全球气候变暖，生态环境恶化，大量致病微生物生长繁殖，可致使瘟疫频发。③噪声、电磁辐射、光辐射等：随着现代化、城市化进程，各种噪声、电磁及光等无形的辐射增加，它们弥漫于空气中，虽然看不见、摸不到，但又的确是客观存在的，并且逐渐成为人类无形的杀手。研究证实，长期接受噪音干扰和电磁辐射会造成人体免疫力下降、新陈代谢紊乱甚至导致各类癌症的发生。

（2）地之浊毒：主要是指受污染的水和食物。水是一切生命赖以生存的基础，水污染使食物的质量安全难以得到保障，被污染的水和食物经口腔进入人体的消化系统，损伤脾胃，使后天之本受损，变生浊毒，以致百病丛生。

（3）人之浊毒：是指由于人自身饮食结构、情志、生活方式的改变以及其他人为原因使人体内产生的有害物质。《格致余论·涩脉论》曰："或因忧郁，或因厚味，或因无汗，或因补剂，气腾血沸，清化为浊。"人之浊毒常见的病因为情志不畅、饮食不节（洁）、不良生活方式及习惯等。这些因素使人体气血不畅，代谢失调，变生浊毒，引发各种疾病。

2. 狭义的浊毒

狭义的浊毒是浊毒理论现阶段研究的重点，其精髓在"浊"，它包括两个部分，即"湿浊"和"谷浊"，两种病理产物皆可酿化浊毒，分别称为湿浊毒和谷浊毒。

（1）湿浊毒：人体从饮食中摄入的水谷精微应细分为"水精微"和"谷精微"，相应地，饮食在人体代谢失常所产生的病理产物也应分为"湿浊"和"谷浊"。湿浊是人体水液代谢失常所形成的病理产物的统称，包括水湿、痰饮等。

（2）谷浊毒：谷浊即谷精微在人体内运化失常所致。谷精微的化生和转运，主要是脾胃和大小肠共同作用的结果。胃主受纳，腐熟水谷；小肠主受盛化物，泌别清浊；脾主运化；大肠则将糟粕排出体外。在这一系列的过程中，任何一个环节出现障碍，都会使谷精微运化失常而化生为谷浊。上述各项虽本是精微物质或正常的代谢产物，但是过量聚集或失于运化，均可对人体脏腑气血造成损害。

浊毒既是病理产物，又是致病因素。

（二）浊毒的病因病机

浊毒既可为外邪，亦可为内邪。作为外邪，由表侵入；作为内邪，由内而生。

1. 外感毒邪

"外毒"是来源于人体之外的环境中的有害物质，包括化学致病物、物理致病物、生物致病物等。生物致病物包括温病毒邪、疫疠之毒、虫兽毒、食物中毒等，比如新型冠状病毒。浊毒可由外而入，或从皮毛，或从口鼻，侵入机体，影响人体脏腑、经络、气血、阴阳，导致气机失调，脏腑失用，从而浊毒内生，蕴于体内，百病丛生。

2. 饮食失节

《素问·脏气法时论》指出："五谷为养，五果为助，五畜为益，五菜为充，气味合而服之，以补精益气。"这就要求我们以植物性食物为主，动物性食物为辅，并配合果蔬，使饮食性味柔和，不偏不倚，以保证机体阴阳平衡，气血充沛。饮食失节，影响人体气血的运行，气滞血瘀，痰瘀互结，日久凝滞为浊毒。饮食失节也是现代社会高脂血症、高血压病、心脏病、糖尿病、肥胖症等发病率大大增高的主要原因之一。

3. 情志不畅

当外来的刺激突然、强烈或持久不除，使情志激动过度，超过了人体生理活动的调节范围，则可使人体气机失调，气血运行失常，津液水湿不化，痰浊瘀血内停，浊毒由此而生。《医述·血证》亦曰："或因忧思过度，而致营血郁滞不行，或因怒伤血逆，上不得越，下不归经，而留积于胸膈之间者，此皆瘀血之因也。"浊毒在体内蕴积日久，又可对人体脏腑经络造成严重损害，百病由此乃变化而生。

4. 环境改变

随着各种现代化的生活设施不断介入人类的生活，人们不必再"动作以避寒，阴居以避暑"，悠然地生活在人工营造的舒适环境之中，卫外功能下降，久而久之，闭阻体内的浊气即可化为浊毒而致病。

5. 运动缺乏

《素问·宣明五气》云："久视伤血，久卧伤气，久坐伤肉。"若长年伏案，以车代步，室外活动减少，不仅可以导致气血亏虚，还可以使气机阻滞，津液运化、布散失常，浊毒之邪难免滋生。多食少动，对于浊毒的产生具有重要作用。

6. 虚损劳倦

人体是否发病，主要取决于人体正气的强弱。《灵枢·百病始生》说："风雨寒热不得虚，邪不能独伤人。卒然逢疾风暴雨而不病者，盖无虚，故邪不能独伤人。此必因虚邪之风，与其身形，两虚相得，乃客其形。两实相逢，众人肉坚。其中于虚邪也，因于天时，与其身形，参以虚实，大病乃成。"虚易招邪，虚处留邪，邪碍气机，化生浊毒，这往往是一个连续的过程。"正气存内，邪不可干""邪之所凑，其气必虚"是中医药贡献给人类大众的养生智慧。

7. 他邪转化

浊毒之邪与内生五邪、外感六淫密切相关，又有不同。浊毒兼具浊与毒的特性，可以由他邪转化，且为诸邪致病之甚者。如食积，本为伤食，食积日久则生湿聚痰，湿与痰即具浊之性，湿痰蕴积日久则生毒，至此浊毒生焉。浊毒生则可导致疾病渐重，甚至癌变。

8. 文化理念的转变

现代部分人，只讲经济，不讲环境；健康意识淡漠，只讲欲望，不讲健康；思维方式改变，只讲个人，不讲社会。众多文化理念的转变可以导致心之浊毒的产生。

387

（三）浊毒的致病特点

浊毒证是指以浊毒为病因，使机体处于浊毒状态从而产生特有的临床表现的一组或几组症候群。浊毒的致病特点有以下几个方面。

1. 易阻滞气机，耗伤气血

浊毒性热、质浊，热可耗血伤气，浊可阻滞脉络、壅塞气机。

2. 浊毒致病缠绵难愈，病情重，治疗难，疗程长

徒化浊则毒热愈盛，徒解毒则浊邪胶固不解。正如朱丹溪《丹溪心法》所说："痰夹瘀血，遂成窠囊。"浊毒致病也多有浊、瘀、毒互结之证，且后遗变证颇多，缠绵难愈，预后不佳。

3. 致病广泛

浊毒致病广泛包括三层含义：一是病位广泛，浊毒之邪可随气之升降无处不到，内而脏腑经络，外达四肢肌腠，游溢全身；二是作用广泛，浊毒为病，既可损气耗血、生风动血，又可损阴伤阳；三是致病区域广泛，常见脏腑、经络、四肢同时病变。

4. 症状多变

浊毒致病，病变无常，变化多端，无明显的时间性和季节性，并根据所犯客体的状况而从化表现出多变的临床特征。

5. 浊毒之邪多侵及内脏

浊毒之邪尤易犯脾胃，且常入内毒害其他脏腑，导致疾病迅速恶化。《朱氏集验方》曰："已毒即归于脏。"

6. 舌脉及排泄物、分泌物

排泄物、分泌物多见黏腻垢浊，舌苔多见浊腻黄厚，脉象多见弦滑或弦数。

7. 易夹痰夹瘀

浊毒以气血为载体，无所不及，易阻滞气机，阻塞脉络，败伤血分，又善入津液聚集之所，酿液成痰，且浊、瘀、痰皆为阴邪，同气相求，故浊毒为病常有夹痰夹瘀之特点。

（四）浊毒证的一般临床表现

1. 颜面五官

浊毒蕴结，郁蒸体内，上蒸于头面，而见面色粗黄、晦浊。若浊毒为热蒸而外溢于皮肤则见皮肤油腻；浊毒上犯口腔而见咽部红肿；浊毒上犯清窍而见眼胞红肿湿烂、目眵增多，鼻头红肿溃烂，鼻涕耳屎增多，咳吐黏稠之涎沫。

2. 舌苔

以黄腻苔多见，但因感浊毒的轻重不同而有所差别。浊毒轻者舌质红，苔腻或薄腻或厚腻，或黄或白或黄白相间；浊毒重者舌质紫红或红绛，苔黄腻，或中根部黄腻。

3. 排泄物、分泌物

浊毒内蕴，可见大便黏腻不爽，臭秽难闻，小便或浅黄或深黄或浓茶样，汗液

垢浊有味。

4. 脉象

浊毒证患者常见滑数脉，尤以右关脉滑数突出，临床以滑数、弦滑、弦细滑、细滑多见。病程短，浊毒盛者，可见弦滑或弦滑数脉。病程长，阴虚有浊毒者，可见细滑脉、沉细滑脉。患者出现沉细脉时，多为浊毒阻滞络瘀，而不应仅仅认为是虚脉或虚寒脉。

（五）浊毒的治疗原则

根据浊毒致病特点，化浊解毒为其治疗的根本原则。化浊解毒之法可随证灵活辨用，或给邪以出路，使浊毒从大便而出，从小便而去，从汗液而排出，或从根本截断浊毒生成，阻断湿、浊、痰、热、毒胶结成浊毒之势。

1. 给邪以出路

（1）通腑泄浊解毒——从大便而出：六腑以通为用，以降为和，浊毒内停日久，可致腑气不通，邪滞壅盛，《金匮要略》就指出"谷气不消，胃中苦浊"，故可通过通腑泄浊将浊毒排出体外。本法运用通泻药物荡涤腑气，可保持腑气通畅，使浊毒之邪积从下而走，属中医下法范畴，临床用于胃脘胀满、恶心呕吐、口气秽浊、大便秘结不通等症。常用药物为大黄、厚朴、枳实、芦荟等，常用方剂为小承气汤等。

（2）渗湿利浊解毒——从小便而去：湿浊同源，湿久凝浊，久则浊毒内蕴。《丹溪心法·赤白浊》指出"胃中浊气下流，为赤白浊……胃中浊气下流，渗入膀胱"，可见浊毒之邪可下注膀胱。苏东坡在《养身杂记》中说到"要长生，小便清"，只有小便通利，人体水液代谢正常，才可以使浊毒从小便排出，也有利于稀释血液，预防血浊。本法以甘淡利湿之品，使浊毒之邪从下焦排出，临床用于肢体水肿、小便不利、身体困重、泄泻清稀、舌苔白腻、脉濡等症。常用药物为茯苓、猪苓、泽泻、冬瓜子、薏苡仁等，常用方剂为五皮饮、五苓散等。

（3）达表透浊解毒——从汗液而排：浊毒蕴结肌表，保持汗出可以疏通腠理、宣通肺卫，有利于体内浊毒通过汗液透达于体外，从而排出浊毒。本法属中医学汗法范畴。达表透浊解毒以汗出邪去为目的，中病即止，不可过汗。如发汗太过则易损伤津液，甚则大汗不止，导致虚脱。此外可配合使用蒸浴、针灸等疗法达到出汗目的。临床常用于胃脘疼痛，遇寒加剧，头痛，身痛，无汗等症。常用药物为香附、紫苏、生姜、防风等。

2. 截断浊毒的生成

（1）健脾除湿解毒：湿为浊毒之源。若脾虚运化失职，则湿邪内生，湿凝成浊，日久蕴热，热极成毒，呈浊毒内蕴之势。脾健则湿不内生，正气存内，外湿则不可干，脾胃为后天正气之本，故健脾除湿为化浊解毒的治本之法。本法临床常用于胃脘胀满或隐痛，胃部喜按，食少纳差，少气懒言，大便稀溏等症。常用药物为茯苓、白术、扁豆、山药、炒薏苡仁等，常用方剂为参苓白术散等。

（2）芳香辟浊解毒："脾主升清，胃主降浊。"无论内因或外因，脾胃失司，湿浊之邪则会阻于中焦，日久化生浊毒，单纯祛湿难获良效，需以芳香辟浊类药物"解郁散结，除陈腐，濯垢腻"。本法以气味芳香之品，醒脾运脾，化浊辟秽，临床用于脘腹痞满，呕吐泛酸，大便溏薄，食少体倦，口干多涎，舌苔白腻等症。常用药物为藿香、佩兰、半夏、苍术、白术、砂仁、白蔻仁、陈皮等，常用方剂为小半夏加茯苓汤或三妙丸等。

（3）祛痰涤浊解毒：因痰性流连黏结，积着胶固，需加以荡涤才能祛除。痰郁而不解，蕴积成热，热壅血瘀，热极则生毒，形成浊毒内壅之势。本法可从发病之来源，祛痰涤浊解毒，临床用于胃脘堵闷，肢体困重，纳呆，口中黏腻无味，大便溏或大便不爽等症。常用药物为半夏、陈皮、瓜蒌等，常用方剂为小陷胸汤。

（4）清热化浊解毒：因湿凝成浊，痰浊内阻，致血瘀气滞，气郁而化热，热极则生毒，浊毒蕴结，缠绵难愈，故化浊解毒的最后关键在于清热化浊解毒。本法可从发病的来源上遏制浊毒的产生和传变。本法临床可用于周身无力，舌苔浊腻，脾胃不和，食欲下降，心烦焦躁，头身困重，口渴口黏，恶心欲呕等症。常用药物为黄连、黄柏、黄芩、栀子、龙胆草等，常用方剂为黄连解毒汤、葛根芩连汤等。

（5）攻毒散浊解毒：浊毒已成，久居体内，毒陷邪深，胶结固涩，非攻不克，需以毒攻毒，活血通络，故常用有毒之品，借其性峻力猛以攻邪，才能将聚集在一起的浊毒攻散，使浊毒流动起来，或排出体外，或归于清气。应用此法需注意，有毒性的药物多性峻力猛，故在正气尚未衰竭而能耐攻的情况下，可借其毒性以攻毒。若患者正气多已受损，不耐一味猛烈攻伐，此时，以毒攻毒应适可而止，衰其大半而止，要根据患者的体质状况和耐攻承受能力把握用量、用法及用药时间，方能收到预期的效果。常用药物有斑蝥、全蝎、水蛭、蜈蚣、蟾蜍、土鳖虫、守宫等。

四、专病之治

（一）慢性萎缩性胃炎

1.浊毒内蕴，瘀血阻络

临床表现：胃脘刺痛，痛有定处、拒按，面色暗滞，黑便。舌质暗红或有瘀点、瘀斑，脉弦涩。

治法：化浊解毒，理气活血。

方剂：化浊解毒方合理气活血方。

方药：茵陈 15g，黄连 12g，半枝莲 15g，黄芩 12g，苦参 12g，白花蛇舌草 15g，鸡骨草 15g，醋五灵脂 15g（包），砂仁 9g（后下），白芷 15g，醋延胡索 15g。

加减：饮食停滞、吞酸吐腐者，加神曲、莱菔子以消食化滞；气机结滞者，加枳实、厚朴、广木香以开结散滞。

2. 浊毒内蕴，肝气犯胃

临床表现：胃脘胀满或胀痛，胁肋胀痛，症状因情绪因素诱发或加重，胸闷不舒。舌质红，苔薄黄腻或黄腻，脉弦。

治法：化浊解毒，疏肝理气。

方剂：化浊解毒方合疏肝理气方。

方药：醋香附 15g，苏梗 15g，青皮 15g，柴胡 15g，茵陈 15g，黄连 12g，半枝莲 15g，苦参 12g，白花蛇舌草 15g，鸡骨草 15g。

加减：内湿化热，舌苔兼黄者，加黄连、栀子清热利湿；腹泻偏重者，加薏苡仁、茯苓、泽泻利湿止泻。

3. 浊毒内蕴，胃气上逆

临床表现：胃脘胀满或胀痛，餐后加重，嗳气后舒，恶心。舌质红，苔薄黄腻或黄腻，脉弦。

治法：化浊解毒，和胃降逆。

方剂：化浊解毒方合和胃降逆方。

方药：厚朴 15g，麸炒枳实 15g，清半夏 12g，茵陈 15g，黄连 12g，半枝莲 15g，苦参 12g，白花蛇舌草 15g，鸡骨草 15g。

加减：胃脘疼痛者，加延胡索、白芷、三七粉活血化瘀；大便偏干者，加大黄、芦荟泄浊解毒。

4. 浊毒内蕴，肝胃不和

临床表现：胃脘痞满或隐痛，餐后明显，饮食不慎后易加重或发作，纳呆，疲倦乏力。舌暗红，苔薄黄腻，脉弦细数。

治法：化浊解毒，理气和胃。

方剂：化浊解毒方合理气和胃方。

方药：白芍 30g，当归 9g，百合 12g，乌药 12g，川芎 9g，炒白术 6g，三七粉 2g（冲），茵陈 15g，黄连 12g，半枝莲 15g，苦参 12g，白花蛇舌草 15g，鸡骨草 15g。

加减：胃脘胀满者，加厚朴、枳实理气消痞；胃脘灼热吐酸者，加生石膏、瓦楞子、海螵蛸以清胃制酸。

5. 浊毒内蕴，肝胃郁热

临床表现：反酸，胃脘饥嘈不适或灼痛，心烦易怒，口干口苦，大便干燥。舌质红，苔黄腻，脉弦数。

治法：化浊解毒，清胃制酸。

方剂：化浊解毒方合清胃制酸方。

方药：石膏30g（先煎），黄芩9g，海螵蛸15g，浙贝母12g，牡蛎20g（先煎），茵陈15g，黄连12g，半枝莲15g，苦参12g，白花蛇舌草15g，鸡骨草15g。

加减：脘痛腹胀者，加枳实、厚朴以理气消痞；疼痛较剧者，加延胡索、白芷、三七粉活血化瘀；大便秘结者，加柏子仁、瓜蒌、火麻仁润肠通便。

6. 肝气犯胃，胃气上逆

临床表现：胃脘胀满或疼痛，胁肋胀满或疼痛，嗳气，恶心，纳差，常因情绪因素诱发或加重。舌红，苔薄，脉弦。

治法：疏肝理气，和胃降逆。

方剂：疏肝理气方合和胃降逆方。

方药：醋香附15g，苏梗15g，青皮15g，柴胡15g，厚朴15g，麸炒枳实15g，清半夏12g。

加减：胃脘疼痛者，加延胡索、白芷、三七粉活血化瘀；大便偏干者，加大黄、芦荟泄浊解毒。

7. 肝胃不和，瘀血阻络

临床表现：胃脘痞满，隐痛或刺痛，餐后明显，饮食不慎后易加重或发作，纳呆。舌暗红，舌有瘀点或瘀斑，脉弦细。

治法：理气和胃，活血止痛。

方剂：理气和胃方合理气和血方。

方药：醋五灵脂15g（包煎），砂仁9g（后下），白芷15g，醋延胡索15g，白芍30g，当归9g，百合12g，乌药12g，川芎9g，炒白术6g，三七粉2g（冲服）。

加减：内湿化热，舌苔兼黄者，加黄连、栀子清热利湿；腹泻偏重者，加薏苡仁、茯苓、泽泻利湿止泻。

8. 肝胃不和，肝胃郁热

临床表现：胃脘痞满或隐痛，反酸，餐后明显，饮食不慎后易加重或发作，纳呆。舌红，苔薄黄腻，脉弦细数。

治法：理气和胃，清胃制酸。

方剂：理气和胃方合清胃制酸方。

方药：白芍 30g，当归 9g，百合 12g，乌药 12g，川芎 9g，炒白术 6g，三七粉 2g，石膏 30g（先煎），黄芩 9g，海螵蛸 15g，浙贝母 12g，牡蛎 20g（先煎）。

加减：胃脘胀满者，加厚朴、枳实理气消痞；疼痛较剧者，加延胡索、白芷祛湿止痛。

（二）溃疡性结肠炎

李佃贵根据溃疡性结肠炎的发病和临床表现，分发作期和缓解期进行辨治。

1. 发作期

（1）浊毒内蕴

方药：茵陈 15g，黄连 12g，藿香 12g，大黄 9g，黄柏 12g，白花蛇舌草 15g，败酱草 15g。

加减：便黏液脓血多者，加槐花、地榆、三七粉、血余炭，止血化脓而不敛邪。若药物苦寒，患者体质虚弱，可加用肉桂、木香、川芎、延胡索等温通行气之物，以免苦寒伤胃。

（2）气滞浊阻

方药：陈皮 9g，白术 9g，白芍 15g，防风 9g，柴胡 12g，木香 9g，藿香 12g，白豆蔻 12g。

加减：便中伴有脓血者，加凤尾草、败酱草、黄连清热排脓；排便不畅、矢气频繁者，加枳实、槟榔理气导滞；大便夹不消化食物者，加神曲、麦芽消食导滞；胸胁胀痛者，加青皮、香附疏肝理气；夹有黄白色黏液者，加黄连清肠燥湿。

（3）浊毒瘀阻

方药：蒲公英 15g，黄连 12g，虎杖 12g，红藤 12g，白豆蔻 15g，薏苡仁 15g，当归 15g，红花 12g，三七粉 2g。

加减：身热甚者，加葛根、金银花、连翘解毒退热；出血多者加血余炭止血；便血鲜红者，加牡丹皮、墨旱莲凉血行瘀。

2. 缓解期

（1）浊毒伤阴

方药：白豆蔻 15g，飞扬草 12g，黄连 12g，乌梅 12g，五味子 12g，石斛 15g，女贞子 15g。

加减：大便伴脓血者，加槐花、地榆清热凉血解毒；腹痛甚者，加徐长卿、红藤祛湿止痛；倦怠乏力者，加党参、茯苓、炒扁豆健脾化浊；久泻反复发作可加石榴皮、山茱萸、芡实健脾止泻；阴虚有郁热者，加黄芩、蒲公英、石见穿等清热解毒。

（2）浊毒损阳

方药：肉豆蔻 15g，补骨脂 12g，五味子 12g，吴茱萸 9g，黄连 9g，半枝莲 12g，木香 9g。

加减：腹中痛甚者加砂仁、高良姜温中止痛；形寒肢冷者加巴戟天、肉桂、炮姜补肾助阳；小便频数者加乌药、益智仁、山药补肾缩尿。

（3）脾虚浊毒

方药：茯苓 15g，白术 12g，山药 15g，白扁豆 15g，砂仁 12g，薏苡仁 12g，芡实 12g。

加减：便脓血黏液者加地榆、仙鹤草、槐花清热凉血；大便白冻、黏液较多者，加苍术健脾燥湿；腹痛较甚者，加延胡索、乌药、枳实理气止痛；久泻气陷者，加黄芪、升麻、柴胡升阳举陷；脾虚兼气滞者，宜佐以佛手、白梅花、橘皮理气而不耗气之品。

（三）胃癌

1. 浊毒致癌病机论

（1）浊毒留结为疾病发病之根：浊毒留结，阻碍经络气机，痰瘀浊毒互搏，附于某处而为肿块，肿瘤形成，精微被夺，机体衰弱。

（2）浊毒走注为肿瘤转移之因：恶性肿瘤生长到一定阶段，浊毒随血脉流窜走注，于正气虚损处形成新的肿瘤。

（3）浊毒残留为肿瘤复发之源：肿瘤治疗后，症状缓解，常常在一段时间内复发，根本原因还是体内浊毒未清。

（4）浊毒伤正为肿瘤恶化之本：恶性肿瘤形成之后，妨碍气血运行，精微物质不断转化成痰瘀浊毒等病理产物，邪气日盛，正气日衰，形成恶病质。

2. 李佃贵治疗胃癌用药经验

（1）喜运脾醒脾：李佃贵认为，"脾少真虚，多为湿困"，所以他很少用人参、党参等纯滋补之品，恐其滋腻碍脾，致中焦壅滞胀满，反助病邪，常用健脾运脾之药，比如白术、苍术合用，正如张志聪《本草崇原》云："凡欲补脾，则用白术；凡欲运脾，则用苍术；欲补运相兼，则相兼而用。"另外，李佃贵还喜欢砂仁、紫豆蔻合用，二药配伍，芳香化浊，宣通气机，醒脾和中，可有效缓解胃胀、胃痛、纳呆等症状。

（2）芳香苦寒药合用：李佃贵在临床上治疗胃癌时，多将芳香与苦寒之药合用。芳香以化浊，苦寒以解毒。芳香之药，李佃贵多以藿香、佩兰相伍。藿香为醒脾快胃、振动清阳之妙品。佩兰能宣化湿浊。二药相伍，香而不烈，温而不燥。苦寒之药，李佃贵多以茵陈、黄连相伍。黄连苦寒，长于清胃肠之湿热。茵陈苦辛微寒，临床多用于利胆退黄。李佃贵在临床实践中发现，茵陈、黄连相须而用，对脾胃湿热、浊毒内蕴者，疗效确切且比较安全。

（3）善用行气理气之药：李佃贵认为胃癌究其根本，多为中焦气机升降失司，痰湿浊毒瘀血蕴结于内所致，所以该病的治疗，离不开行气药的运用。行气之药在胃癌的治疗中意义重大：①活血通络：使瘀血得消，因为气为血之帅，气行瘀血可消。②化湿消痰：脾胃为气血生化之源，亦为痰湿浊毒之源，脾胃运化正常，则气血生化有源，运化失常，则水谷不循常道，而为痰湿浊毒。③通便泄浊解毒：行气药下气通便，泄浊解毒，浊毒去而症自除。④消积消肿：胃癌实为浊毒壅聚、气血郁滞而发为坏病，故佐以行气之药，则气血通畅，有利于浊毒之消除。⑤解郁安神：胃癌患者多病程较长，患者多情志不畅，肝郁克脾，更加重病情，循环往复，病难痊愈。行气之药既可解郁安神，又可理气健脾，可谓一举两得。行气之药，李佃贵一般喜用以下对药，如香附配苏梗、厚朴配枳实、陈皮配木香、槟榔配沉香、柴胡配青皮等。

（4）喜用虫类药：虫类药以其走窜通达、疏逐搜剔之性，具有通络、化痰、祛风、祛瘀、解毒等独特的功效。关于虫类药的抗癌作用机制，可归结于以下几个方面：扶正培元固本，活血祛瘀化痰，入络攻坚化积，以毒攻毒散结，预防复发转移。李佃贵喜用全蝎、蜈蚣、水蛭等。全蝎性味辛平、有毒，其攻毒散结之功效为历代医家所公认，如张锡纯曾说过："蝎子……专善解毒。"关于蜈蚣，张锡纯在《医学衷中参西录》言其"走窜之力最速"。无论是脏腑还是经络，凡气血凝聚之处皆能开之。传统认为两药均入肝经，但经过多年临床验证，两药相须为用，对消化系统的肿瘤及癌前病变具有很好的治疗作用。

（5）寒因寒用：有的患者畏寒症状较明显，尤其是胃脘部，他们常常以热水袋热敷，遍用姜、桂、附子而不能缓解，其舌质多红，舌苔多黄腻，脉象多弦滑，李佃贵认为这是浊毒蕴于中焦，阳气不能输布所致。以暖气管道为例，浊毒即管道中之污垢，污垢积塞，则管道不通。所以，用芳香苦寒之药化浊燥湿解毒才是治本之法。需要指出的是寒因寒用必须以舌暗红或红色、舌苔黄腻或黄厚腻、脉象弦滑为用药依据。

（6）通因通用：李佃贵认为胃癌患者多为浊毒内蕴，而二便尤其是大便乃浊毒重要的排出通道。所以，李佃贵临床上十分重视患者大便的通畅与否，大便秘结者通便，大便不成形而黏腻不爽者也可通便以利于浊毒的排出。

3.树立防癌的正确观念

（1）心态好比饮食好更重要：人吃什么固然重要，饮食不洁或不节是癌症的一个重要诱因，但是李佃贵认为心态好比饮食好更重要，乐观的心态在预防癌症的发生、发展中起着至关重要的作用。

（2）防癌症比治癌症更重要：截至目前，人类尚未发现治疗癌症的理想方法，大多是"杀敌一千，自损八百"的悲壮之举，所以，治未病就显得尤为重要。

（3）合理治比过度治更重要：有人说"癌症有三分之一是吓死的，三分之一治死的"，所以，李佃贵主张合理治疗，不要病急乱投医而过度治疗。

（4）珍天命比争天命更重要：李佃贵认为天命难争，与死神搏斗不如不遇见死神。平时珍惜生命，多行养生之道，比到癌症晚期，以衰残之躯强行与命运抗争更重要。

4. 典型医案

案一：慢性萎缩性胃炎

江某，男，54 岁，职员。初诊日期：2019 年 9 月 9 日。

主诉：间断胃脘胀满 2 年，加重伴口干口苦 3 个月。

现病史：患者 2 年前饮食不慎后出现胃脘胀满，于当地（2017 年 8 月 25 日镇江市第一人民医院）就诊查电子胃镜：慢性全胃炎。病理:（胃窦）轻度慢性萎缩性胃炎，活动期（中度），（胃体小弯）肠化（轻度）。口服药物治疗（具体用药不详），后复查电子胃镜（2018 年 3 月 5 日镇江市第一人民医院）：慢性全胃炎，胃窦萎缩。病理:（胃角、胃窦）中度慢性萎缩性胃炎，活动期（轻度）。未予系统治疗。3 个月前，患者饮食不慎后出现胃脘胀满加重，伴口干口苦，复查电子胃镜（2019 年 6 月 19 日镇江市第一人民医院）：慢性胃炎，胃窦萎缩。病理:（胃角）中度慢性萎缩性胃炎。

现主症：间断胃脘胀满伴口干口苦，纳可，寐安，大便正常，每日一行，小便调。舌红，苔黄腻，脉弦滑。

西医诊断：慢性萎缩性胃炎。

中医诊断：胃痞。

中医辨证：浊毒内蕴。

治法：化浊解毒。

处方：白花蛇舌草 15g，半枝莲 15g，半边莲 15g，茵陈 15g，黄连 12g，黄芩 12g，苦参 12g，板蓝根 15g，鸡骨草 15g，绞股蓝 12g，全蝎 9g，蜈蚣 3 条，水蛭 9g，百合 12g，乌药 12g，当归 9g，川芎 9g，白芍 30g，茯苓 15g，炒鸡内金 15g，三七粉 2g。

用法用量：7 剂，水煎服，每日一剂，分早晚两次温服。

二诊：患者服用中药后，口干口苦好转，纳可，寐欠安，大便可，每日一行。

舌红，苔薄黄腻，脉弦细滑。

治法：化浊解毒。

方药：上方加藿香 9g，佩兰 9g。

用法用量：7 剂，水煎服，每日一剂，分早晚两次温服。

三诊：服药后胃脘胀满好转，口干口苦消失，纳可，寐多梦，大便可，每日一行。舌红，苔薄黄腻，脉弦细滑。

治法：化浊解毒。

方药：上方蜈蚣改为 2 条；加半夏 9g，合欢花 9g，刺五加 9g。

用法用量：7 剂，水煎服，每日一剂，分早晚两次温服。

按语： 胃脘胀满是慢性萎缩性胃炎的常见临床表现，其表象似为气滞，但究其根本为浊毒内蕴、阻滞气机。浊毒既是人体的病理产物，也是一种致病因素。因此我们在治疗的时候务求其本，化其浊，解其毒，稍佐以理气之药，则事半功倍。化浊之法可分为三类：芳香化浊、祛湿利浊、渗湿泄浊。藿香、佩兰气味芳香，为芳香化浊之要药，常相须为用。现代药理研究表明，藿香具有促进胃液分泌和防腐抗菌的作用。《冯氏锦囊秘录》记载藿香"以馨香之正气，能辟诸邪；以性味之辛温，通疗诸呕"。孔子认为，兰为王者之香。因此，芳香化浊之药既可行醒脾以开胃，又可化浊以利水。

案二：溃疡性结肠炎

张某，男，25 岁，职员。初诊日期：2014 年 9 月 9 日。

主诉：间断黏液脓血便 2 个月，加重 1 周。

现病史：患者缘于 2 个月前因饮食不慎出现黏液脓血便，每日 3 次，就诊于河北省人民医院，查电子肠镜示溃疡性结肠炎，服用中药后症状减轻。1 周前患者因饮食不慎再次出现黏液脓血便。

现主症：黏液脓血便，脓、血均明显，质不成形，每日 4～5 次，伴腹痛，无腹胀，里急后重感不明显，腹部怕凉，乏力，偶有胃脘胀满，纳可，寐可，小便调。舌红，苔黄腻，脉弦滑。

西医诊断：溃疡性结肠炎。

中医诊断：痢疾。

中医辨证：浊毒内蕴，气血不和。

治法：化浊解毒，调气和血。

处方：白花蛇舌草 15g，半枝莲 15g，半边莲 15g，茵陈 15g，板蓝根 15g，鸡骨草 15g，苦参 10g，黄连 12g，生黄芩 12g，绞股蓝 15g，当归 15g，生白芍 30g，葛根 15g，木香 9g，生薏苡仁 15g，白头翁 15g，秦皮 15g。7 剂，水煎服。

医嘱：禁食辛辣、油腻、生冷之品，禁食牛奶及乳制品，少食粗纤维食物，避免情绪焦虑，避免精神紧张。

二诊：患者服 7 剂后，脓血均较前明显减少，大便次数仍每日 4～5 次，腹痛减轻，舌红，苔薄黄腻，脉弦滑。患者舌苔黄腻好转，考虑浊毒之邪渐去。故去白花蛇舌草、半边莲、板蓝根、苦参等化浊解毒之品；加生薏苡仁 15g，炒白扁豆 15g，白术 9g，以健脾止泻。

处方：半枝莲 15g，茵陈 15g，鸡骨草 15g，黄连 12g，生黄芩 12g，绞股蓝 15g，当归 15g，生白芍 30g，葛根 15g，木香 9g，白头翁 15g，秦皮 15g，生薏苡仁 15g，炒白扁豆 15g，白术 9g。14 剂，水煎服。

三诊：患者服 14 剂后，大便中黏液脓血基本消失，大便每日 2～3 次，质不成形，腹痛较前减轻，疲乏无力，舌红苔薄黄，脉弦细。患者舌苔薄黄不腻，浊毒之邪继以消退。故去半枝莲、茵陈、鸡骨草、绞股蓝；加石榴皮 15g，龙骨 20g，牡蛎 20g，芡实 15g，茯苓 15g。

处方：黄连 12g，生黄芩 12g，当归 15g，生白芍 30g，葛根 15g，木香 9g，生薏苡仁 15g，白头翁 15g，秦皮 15g，炒白扁豆 15g，白术 9g，石榴皮 15g，芡实 15g，茯苓 15g，龙骨 20g，牡蛎 20g。14 剂，水煎服。

后随访 2 年，无复发。

按语：《类证治裁·痢症》认为："症由胃腑湿蒸热壅，致气血凝结，夹槽粕积滞，进入大小肠，倾刮脂液，化脓血下注。"患者初期湿热内生，浊毒内蕴，壅滞腑气，则下痢赤白、舌苔黄腻、脉弦滑，为浊毒壅盛之象。治宜化浊解毒，以刘河间"调气则后重自除，行血则便脓自愈"并配以调气和血之法。方中黄芩、黄连性味苦寒，入大肠经，功擅化浊解毒。但黄芩、黄连化浊解毒力单势薄，加以白花蛇舌草、半枝莲、半边莲、茵陈、苦参、板蓝根加强化浊解毒之效，以除致病之因。白芍养血和营、缓急止痛，配以当归养血活血，体现了"行血则便脓自愈"之义，且可兼顾浊毒之邪熏灼肠络、伤耗阴血之虑；木香行气导滞，"调气则后重自除"。三药相配，调和气血。服药后，患者大便中黏液脓血消失，浊毒渐去，故加石榴皮、芡实以收敛止泻；加茯苓、白术健脾益气，既可以辅助正气，也可通过健脾之效以促进浊毒残余之邪排出体外。经治疗，患者虽然症状消失，仍予健脾益气、化浊解毒之品口服半年余。此因患者处于疾病的缓解期，应坚持服药以维持治疗，巩固疗效，防止复发。

案三：胃癌术后

曹某，女，57 岁，已婚，农民，河北省石家庄市人。初诊日期：2019 年 9 月 23 日。

主诉：间断胃脘堵闷 2 年。

现病史：患者 2 年前因饮食不慎出现胃脘堵闷，遂于当地医院行电子胃镜发现胃癌，遂手术治疗，并行 18 次化疗。10 个月前复查腹部 CT 发现腹主动脉淋巴结增大，遂取病理。北京中医医院病理会诊:（腹主动脉旁淋巴结）送检淋巴结组织内可见转移癌（3/7），其中大者可见大片坏死，结合组化结果，考虑为卵巢或子宫透明细胞癌可能性大。遂再请首都医科大学附属北京妇产医院病理会诊:（腹主动脉淋巴结）淋巴组织内见癌转移（3/7），大者伴大片坏死，结合病史及 IHC 结果，较符合胃癌转移。半年前，复查腹部 CT：胃癌术后改变，胆囊结石，腹膜后多发肿大淋巴结，与 2019 年 1 月 7 日相比增大，左侧肾盂、输尿管轻度扩张、积水，子宫强化不均。2 个月前，再次复查腹部 CT：胃癌术后改变，胆囊结石，腹膜内多发肿大淋巴结，与 2019 年 3 月 22 日相比未见明显变化，左侧肾盂、输尿管扩张、积水，子宫强化不均。

现主症：胃脘堵闷，无胃脘疼痛，伴乏力，腰痛，左下肢憋胀，纳少，寐差，大便 2～3 日一行，质干，稍黏，排不尽感，矢气频频。舌紫暗，苔薄黄腻，脉象弦滑。

西医诊断：胃恶性肿瘤术后（腹主动脉旁淋巴结转移），胆囊结石。

中医诊断：胃痞。

中医辨证：脾胃虚弱，浊毒内蕴。

治法：健脾益胃，化浊解毒。

方药：太子参 12g，黄芪 20g，炒白术 6g，茯苓 15g，鸡内金 15g，紫豆蔻 12g，三七粉 2g，当归 9g，白芍 30g，川芎 9g，白花蛇舌草 15g，半枝莲 15g，半边莲 15g，茵陈 12g，黄连 12g，黄芩 12g，全蝎 9g，蜈蚣 2 条，炒槟榔 12g，冬凌草 12g，焦麦芽 10g，焦神曲 10g，焦山楂 10g。

用法用量：30 剂，水煎服，每日一剂，分早晚两次温服。

二诊：胃脘堵闷减轻，无胃脘疼痛，乏力好转，腰痛减轻，左下肢憋胀减轻，纳增，寐差，大便 1～2 日一行，质可，稍黏，排不尽感，矢气频频。舌紫暗，苔薄黄腻，脉象弦细滑。

治法：健脾益胃，化浊解毒。

方药：上方加土鳖虫 9g，蛇莓 12g，藤梨根 12g。

用法用量：60 剂，水煎服，每日一剂，分早晚两次温服。

三诊：胃脘堵闷明显减轻，无胃脘疼痛，乏力明显好转，腰痛减轻，左下肢憋胀减轻，纳增，寐好转，大便 1～2 日一行，质可，矢气频频。舌紫暗，苔薄黄，脉象弦细滑。

治法：健脾益胃，化浊解毒。

方药：上方去太子参、炒槟榔、焦麦芽、焦神曲、焦山楂；土鳖虫改为 6g。

用法用量：60 剂，水煎服，每日一剂，分早晚两次温服。

服药后，症状减轻。因患者为肿瘤晚期，应坚持用药以减轻痛苦，延长寿命。

按语： 胃癌发病之本在脾胃虚弱，若治疗中应用苦寒攻伐中药，时间久长会损伤脾胃。对脾胃虚弱者，应选用健脾益胃之药顾护正气，抓住取得疗效的根本所在，临床治疗选药宜平和轻柔。在扶正的同时，治疗胃癌亦应祛邪，在患者邪实毒蕴、正气虚不显著时，临床多采用化浊解毒药、虫类药及现代药理研究有抗癌作用的中药。化浊解毒药多选用白花蛇舌草、半枝莲、半边莲、冬凌草、白英等，虫类药多选用全蝎、蜈蚣、水蛭、土鳖虫，再加之藤梨根、蛇莓等具有抗癌作用的中药，以达到化浊解毒、活血化瘀、宣通脏腑之效。

五、方药之长

（一）疏肝理气方

【组成】香附 15g，紫苏 15g，青皮 15g，柴胡 15g，甘草 6g。

【功用】化浊解毒，疏肝理气。

【主治】浊毒内蕴，肝胃不和证。脘腹胀满，胸脘痞闷，不思饮食，疼痛，嗳气，或有恶寒发热，舌暗红，苔薄黄，脉弦细滑。

【方解】方用香附理气畅中，养血和血；紫苏辛温解表，温中行气；青皮疏肝破气，消积化滞；柴胡疏肝解郁，升举阳气；甘草调和诸药，兼以补中。五味相合，使气机得畅，疏肝安中，痛、胀、嗳自愈。

临证加减：内湿化热，舌苔兼黄者，加黄连、栀子以清热解毒；腹泻偏重者，加薏苡仁、茯苓、泽泻以利湿止泻。

（二）益气养阴方

【组成】龙胆草 15g，五味子 15g，贯众 15g，桑椹 15g，重楼 12g。

【功用】清热排毒，益气养阴。

【主治】无症状性转氨酶升高。患者无不适症状，仅见肝功能检查转氨酶升高。

【方解】李佃贵教授认为无症状性转氨酶升高多为浊毒内蕴所致。《本草纲目》云，龙胆草可"疗咽喉痛，风热盗汗。相火寄在肝胆，有泻无补，故龙胆之益肝胆之气，正以其能泻肝胆之邪热也"，其性味甘寒，专攻清热燥湿，泻肝胆实火作用甚强。贯众，苦，微寒，有小毒，归肝、脾经，可清热解毒，凉血止血。两者合用清热利湿以排毒，并泻肝火为君药。患者久病易伤阴，五味子温，酸甘，归肺、心、肾经，可益气生津、补肾宁心。《本草经疏》认为桑椹，甘寒益血而除热，为凉血补血益阴之药。两者养阴生津，滋养肝脏。重楼亦可清热解毒助君药之力。上三味共为臣药。

临证加减：湿热重者，加用茵陈、金银花、连翘、蒲公英以解表祛湿；阴虚重者，加用沙参、麦冬、生地黄、枸杞子以养阴补气。

（三）理气和胃方

【组成】百合 15g，乌药 9g，茯苓 15g，白术 9g，当归 12g，川芎 9g，白芍 30g，豆蔻 15g，鸡内金 15g，三七粉 2g（冲）。

【功用】化浊解毒，理气和胃。

【主治】浊毒内蕴，脾胃不和证。食欲减退与食后腹胀同时并见，脘腹胀痛甚或腹泻、嗳气、恶心、呕吐等，舌暗红，苔黄腻、黄厚腻，脉沉弦细。

【方解】中医应用百合治疗疾病已有 2000 多年的历史。百合最早记载于《神农本草经》，其味甘，性微寒，归肺、胃、心经，具有润肺止咳、清心安神和胃之功效。乌药辛温，归肺、脾、肾、膀胱经，有行气止痛、温中散寒之功用。两者合用，为百合乌药散，有健脾和胃、行气止痛之功效。白术、茯苓是名方四君子汤的臣佐之药，是治疗脾虚湿盛的常用药对。白术甘温补土，燥湿和中；茯苓甘淡渗利，健脾渗湿。白术以健脾为主，燥湿为辅；茯苓以渗湿为主，健脾为辅。两者合用，一健一渗，一补一利，使水湿得利，脾胃得补。当归、川芎、白芍养肝血，柔肝体，可以恢复肝正常的顺达之性，肝畅则胃安。豆蔻，辛热，归脾、胃经，可散寒燥湿、化浊消痞、行气温中、开胃消食。鸡内金甘寒，归脾、胃、小肠、膀胱经，能健脾消食化积。三七粉止血、散瘀、定痛。

临证加减：胃脘胀满者，加厚朴、枳实以理气消痞；胃脘灼热吐酸者，加生石膏、瓦楞子、海螵蛸以清胃制酸。

（四）理气活血方

【组成】蒲黄 9g，五灵脂 15g，砂仁 9g，延胡索 15g，白芷 15g，蒲公英 15g。

【功用】化浊解毒，理气活血。

【主治】浊毒内蕴，气滞血瘀证。各种因气滞血瘀引起的胃痛、头痛、胁痛，舌质紫暗，苔黄腻、黄厚腻，或见瘀斑、瘀点，脉沉弦涩。

【方解】蒲黄、五灵脂，辛甘，行血散瘀止痛；砂仁行气化浊，和胃安中；延胡索理气安中，兼以止痛；白芷专入阳明经，辛香发散，外解风寒，兼化湿浊止痛；蒲公英清胃止痛。诸药合用，共奏化浊解毒、理气活血之效，使浊毒清，血瘀散，气滞消。

临证加减：饮食停滞，吞酸吐腐者，加神曲、莱菔子以消食化滞；气机结滞者，加枳实、厚朴、广木香以开结散滞。

（五）清胃制酸方

【组成】生石膏30g，瓦楞子15g，海螵蛸15g，浙贝母12g，牡蛎20g，黄芩9g，黄连9g，栀子9g。

【功用】化浊解毒，清胃制酸。

【主治】浊毒内蕴所致的胃灼热、反酸、胃热嘈杂等症，舌红，苔黄厚腻或黄腻，脉弦滑。

【方解】方中生石膏性大寒，清热泻火，泻肝胃之郁热，为君药。瓦楞子、海螵蛸可制酸止痛，共为臣药。牡蛎味咸涩，性微寒，归肝、心、肾经，质重镇降，可散可收；浙贝母开郁散结；黄芩、黄连、栀子共清上焦中焦之郁热，共为佐药。

临证加减：脘痛腹胀者，加枳实、厚朴以疏肝理气；疼痛较剧者，加延胡索、白芷以芳香行气止痛；大便秘结者，加柏子仁、瓜蒌、火麻仁以润燥通便。

（六）和胃降逆方

【组成】厚朴15g，枳实15g，半夏9g，姜黄9g，绞股蓝9g。

【功用】化浊解毒，和胃降逆。

【主治】浊毒内蕴，胃气上逆证。恶心呕吐，胸脘痞闷，便秘，舌暗红，苔黄腻或黄厚腻，脉弦细滑或弦细。

【方解】厚朴、枳实行气散结，消痞除满，以除积滞内阻，畅腑气之不通；半夏味辛，性温，有毒，归脾、胃、肺经。上药共奏燥湿化浊、和中健胃、降逆止呕的作用。姜黄性温，味苦、辛，归脾、肝经，具有破血行气、通经止痛之功。绞股蓝味苦、微甘，性凉，具有益气健脾、清热解毒之效。

临证加减：胃脘疼痛者，加延胡索、白芷、三七粉以活血化瘀；大便偏干可加大黄、芦荟以泄浊解毒。

（七）防癌抗癌方

【组成】白花蛇舌草 15g，半枝莲 15g，半边莲 15g，茵陈 15g，板蓝根 15g，鸡骨草 15g，苦参 12g，黄芩 12g，黄连 12g，绞股蓝 12g，黄药子 12g。

【功用】化浊解毒，防癌抗癌。

【主治】癌前期病变或癌症浊毒内蕴证。浊毒内蕴日久所致的癌前期病变或癌变，口苦、口干，不欲饮食，恶心，水肿，舌红或暗红，苔黄厚腻，脉弦滑。

【方解】方中白花蛇舌草味苦甘，性寒，无毒，入心、肝、脾经，可清热解毒、利湿；半枝莲味辛、苦，性寒，归肺、肝、肾经，可清热解毒、散瘀止血、利尿消肿。两者合用具有清热利湿解毒之功，且现代药理研究显示有抗癌之功效。茵陈，苦辛，微寒；板蓝根，苦寒；鸡骨草，甘苦，凉；苦参，味苦，性寒；黄芩，苦寒；黄连，苦寒。六药合用，清热利湿之功尤著。癌症患者多有湿热瘀阻，故予绞股蓝、黄药子散结消肿为佐。

临证加减：痛剧者，加用延胡索、白芷、蒲黄、五灵脂止痛；鼓胀者，加用茯苓、泽泻、车前子消胀；有出血倾向者，加用大蓟、小蓟、白茅根、棕榈炭止血。

（八）散结止痛方

【组成】鳖甲 15g，穿山甲 15g，冬葵子 15g，田基黄 12g，红景天 12g，急性子 12g，大黄 6g。

【功用】清热活血，散结止痛。

【主治】浊毒内蕴之鼓胀。腹部胀满，胀而不坚，胁下胀满或疼痛，纳少，嗳气，食后胀甚，小便短少，舌红，苔黄腻，脉弦滑。

【方解】鳖甲味咸，性微寒，归肝、肾经；穿山甲（现用替代品，下同）味咸，性凉、微寒，归肝、胃经。两者共奏软坚散结止痛之效，同为君药。冬葵子味甘性寒，可清湿热、消肿止痛，为臣药；急性子味苦、辛，性温，助君药软坚散结，另有活血之功效；田基黄助冬葵子清热消肿止痛。三药共为佐药。大黄清湿热，祛瘀解毒。患者久病伤气，故予红景天益气活血。

临证加减：气滞者，加用柴胡、枳壳、香附、苏梗疏肝理气；血瘀重者，加用桃仁、红花、当归、泽兰活血化瘀。

六、读书之法

中医学是中国传统医学的重要组成部分，拥有悠久的历史和丰富的理论体系。为了更好地理解和学习中医，研读中医经典古籍是不可或缺的部分。

（一）为何要学习经典

"经"，是指具有重大原创性、奠基性的著作，如《老子》《论语》《金刚经》等。"典"，是指重要的文献和典籍。中医经典是历经千百年临床实践检验、对于中华民族的防病治病发挥巨大作用、为历代医家所公认、最能体现中医精髓（核心理论与核心技术）、最具代表性的医学著作。

学习经典，是为了培养一种明辨是非、鉴别优劣的眼光，培养一种选择的能力。《伤寒论》《黄帝内经》等古典医著是古代医家长期临床实践的经验总结，内容浩瀚，其深不可测，其广不可量，在中医理论体系的确立及中医学术的发展过程中做出了卓越的贡献，在临床实践中至今仍具有很高的指导价值。自古医家出经典，故要成为一名优秀的中医，熟读经典大有必要。

要想学好经典有一定的要求。首先，不可贪功求速度。只有通读，才能全面了解著作之原貌。其次，要重视校勘考据，不可盲目遵经。因经典著作多成书较早，时间久远致使有些文字真伪难辨。再者，要溯源析流，不可漠视历史发展。最后，最重要的是要全面把握学术思想，不可断章取义。如此方可更好地学习经典。

经典给我们的不仅仅是一种技术，还是一种思想观念。在临床中，我们不能单纯地使用经典方剂，还要运用古人的整体观念以及辨证论治，不能给患者看病就按照患者口述的症状、主诉直接下药，要望闻问切一应俱全，把握整体发展，否则只会以偏概全，得不到很好的疗效。

（二）读经典与勤临床的关系

我们读经典，不仅要依据经典理论去从事临床，更要勤勉地在临床上实践经典，造福患者。要提升中医疗效，使更多的民众信赖中医，治病首选中医，一定要加大力度熟读经典、勤求古训去临证。读经典后，就要将所学所悟，多多应用到临床实践中去，勤临证，多总结，循序渐进，去粗取精，谨守病机，知常达变，在临床中融会贯通，逐步扎实掌握经典理论，进一步提高自己的临证水平，提升临床疗效。要重视临床的实践之道。实践是检验真理的唯一标准，所有医学理论必须来源于实践，再回归实践并予以验证。

（三）如何学好经典

1. 读书"三到"

"读书有三到，谓心到、眼到、口到。心不在此，则眼不看仔细，心眼既不专一，却只漫浪诵读，决不能记，记亦不能久也。三到之中，心到最急，心既到矣，眼口岂不到乎？"意思就是说读书有三到，就是心到、眼到、口到。心不在书本上，那么眼睛就不会看仔细，思想不集中，只是随随便便地诵读，那一定不能记住，即使记住了也不能长久。三到之中，心到最重要，思想集中了，眼还会看不仔细，嘴还会读不正确吗？曾文正曰："盖士人读书，第一要有志，第二要有识，第三要有恒。有志则断不甘为下流；有识则知学问无尽，不敢以一得自足，如河伯之观海，如井蛙之窥天，皆无识者也；有恒则断无不成之事。此三者缺一不可。"先圣孔子云："学而不思则罔，思而不学则殆。"这句话的意思是一味读书而不思考，就会因为不能深刻理解书本的意义而不能合理有效地利用书本的知识，甚至会陷入迷茫；而如果一味空想而不去进行实实在在的学习和钻研，则终究是沙上建塔，一无所得。

2. 读书"三忌"

孟子曾经说过："尽信书不如无书。"读书不能拘泥于书本或迷信于书本。读书三忌：死读书，读死书，最后书读死。把书读死了什么也得不到，我们应该有独立思考的能力与怀疑的精神，不迷信任何权威和观点，不墨守成规，人云亦云。《黄帝内经》云："疾虽久，犹可毕也。言不可治者，未得其术也。"意思是说天下没有不能治的病，只是没有找到方法而已。

3. 师古而不泥古，承古而更重创新

做学问应该做到"师古而不泥古，承古而更重创新"。任何医学的意义都首先是要能解决其时代所面临的人类健康问题，继承是创新的基础，而创新是继承的目的。任何一种学术思想的形成都有其深刻的社会自然因素且必须随着时代的发展而不断完善，只有这样才能适应时代的需要。我们勤求古训地继承，坚持真理地质疑，与时俱进地创新，继承质疑后要实践与创新。在勤求博采的继承之道中，我们发现，古人对浊、毒分别有零星散在的记载，但是没有将浊、毒放在一起进行整体论述。我们经过数万例患者的实践，创新地提出了浊毒理论，运用该理论在指导慢性萎缩性胃炎伴有肠上皮化生和不典型增生等胃癌前病变方面取得了突破性进展。知识是前人的总结，而智慧才能引领创新。

七、大医之情

（一）守正创新，良方惠民

李佃贵深爱中医事业，尤其重视中医的临床工作，他说中医的根本在临床，临床是中医理论创新的源头，也是验证中医理论的唯一法宝。他躬耕临床50余年，在脾胃、肝胆疾病的中医治疗方面有很深的造诣，不仅继承了古代医籍中关于脾胃病基础理论的论述和观点，而且还深入研究了现代环境对疾病变化的影响，注重中医理论的创新。他精选中药组方，成功研制了康胃丸、珍黄丹、利胆化石丹等多个中成药制剂。经李佃贵治疗过的脾胃、肝胆患者达10万人次之多，大都取得了满意的疗效。

更难能可贵的是，李佃贵首次提出并创立了"浊毒理论"，制定出一整套治疗慢性萎缩性胃炎癌前病变的治则、治法，研制出系列纯中药有效方药，打破了"癌前病变不可逆转"的理论束缚，为中医治疗慢性萎缩性胃炎癌前病变及肝硬化提供了一条新思路、新理论。

（二）医德仁心，患者为本

李佃贵留给大家的印象可以总结为和蔼可亲、平易近人。不管是患者、弟子、同事、亲戚，还是朋友，在谈到李佃贵时，印象最深的就是和蔼可亲、平易近人、温暖热情，从不端架子。

李佃贵还是一名言传身教的医德典范，始终把"医乃仁术"作为信条。从医50余年，他不管事务多繁忙，每周的出诊、查房都不会落下。在他眼里，患者是值得同情的弱势群体，也是医者最好的老师，是医者的衣食父母。他认为对待患者应无尊卑贵贱之分，无老幼妍媸之别，应事事处处想患者之所想，急患者之所急。他常常会做慷慨解囊、替患者垫付药费之事。他认为尽其职责使病患康复是他最欣慰的，只要患者能够康复，一封表扬信，一面锦旗，便是对他最好的褒奖。他从医50余年，临床治疗患者10万人以上，其治愈率、有效率居国内领先水平。

（三）忠诚厚道、爱国敬业

李佃贵为人忠诚厚道，忠于人民，热爱国家。1976年唐山大地震时，他第一时间奔赴灾区救治伤员。其间，其父亲病逝，李佃贵强忍悲痛，他坚守一线，用实际行动践行了一个医者的忠诚，诠释了爱国爱民。除此之外，李佃贵热心社会，十分关注公共卫生事件。新型冠状病毒肺炎疫情期间，他担任河北省新型冠状病毒肺炎中医药专家组顾问，两次深入隔离病房查看患者，制定治疗方案，多次向疫区捐款，捐献防治新冠肺炎中药处方、代茶饮方和香囊等。

李佃贵不仅是一位心系苍生的大医，更是为了中医药事业的发展殚精竭虑、以传承发展中医为使命的大医。他撰写提案、议案30多项，涉及中医药多个领域，得到了省政府及各有关部门的高度重视，为河北省中医药的发展做出了重要贡献。

八、养生之智

"养生"是一个具有浓厚中国文化色彩的词语，又称摄生、道生、养性、卫生、保生、寿世等。《老子》有"善摄生者"的论述。《庄子》有《养生主》一篇，专论养生。所谓养，即保养、调养、补养、护养之意；所谓生，就是生命、生存、生长之意。总之，养生就是保养生命的意思。养生既是中国人保养身体、防御疾病、延长寿命的手段或方法，又体现了中国人的一种生命观念。

李佃贵教授总结养生真谛：善良是情志养生的营养素，宽容是情志养生的调节阀，乐观是情志养生的永动机，淡泊是情志养生的免疫剂。《黄帝内经》中"黄帝曰：人之寿夭各不同，或夭寿，或卒死，或病久，愿闻其道。岐伯曰：五脏坚固，血脉和调，肌肉解利，皮肤致密，营卫之行，不失其常，呼吸微徐，气以度行，六腑化谷，津液布扬，各如其常，故能久长"，道出了中医学的健康标准——五脏坚固、血脉调和、肌肉解利、皮肤致密、营卫调和、呼吸微徐、六腑化谷、津液布扬、精充、气足、神爽。

（1）养生的实质：形体不衰，精神不散。

（2）养生的核心：调和气血，平衡阴阳。

（3）养生的原则：协调脏腑，保阳益阴；畅通经络，调和气血；清静养神，节欲保精；调息养气，持之以恒。

（4）养生的途径：顺四时而适寒暑，和喜怒而安居处，节饮食而慎起居，坚五脏而通经络，避虚邪而安正气。

（5）养生的基本观：天人相应的生态观，形神合一的生命观，五脏为枢的整体观，邪正相争的发病观，以平为期的治疗观。

（6）养生的目的：健康长寿，颐养天年。

（7）养生的意义：适应当前疾病谱和医学模式的改变，符合医疗卫生服务关口前移的要求，为社会的持续、健康发展提供健康保障。

（8）养生八字箴言：化浊、解毒、静神、动形。

（9）养生的最高境界：养生的最高境界为形神统一。中医认为，精、气、神乃人身之三宝，三者统一，则心和身、灵和肉、神和形都是统一的。精气足则神旺，精气虚则神衰。养生应重视精神调养，排除杂念，保持心地纯朴平和，顺乎天理，就能健康长寿，颐养天年。

九、传道之术

（一）言传身教，诲人不倦

李佃贵在临床及科研方面一丝不苟，严谨求实，30多年一直坚持胃癌前病变的研究，取得了非凡的成就。对待患者，他一视同仁，常常下班了还坚持等待外地不能及时赶到的患者。新冠感染疫情期间，李佃贵两次深入隔离病房，带领团队研制新药。李佃贵的一言一行，一举一动，潜移默化地影响着学生们，对学生们提出的问题，李佃贵总是不厌其烦地解释启发。

（二）发蒙解惑，循循善诱

李佃贵认为学习中医必须要有悟性，非常重视学生悟性的培养，经典古方是知识，自己悟出来的才是智慧。李佃贵常常给学生们讲故事，比如浊毒理论的产生就是缘于生活中垃圾桶的启发，让学生明白中医理论的起源，不只是药物和方剂。有悟性，就是不能死读书，读死书，书读死。中医要用哲学的思维方式去学习，1+1=2还是1+1=0？要用辩证的思维观念学习。李佃贵对学生们特别强调悟性。他常常说："学中医要有悟性，要去悟。悟者，吾之心也。悟性是指对事物的感知力、思考力、洞察力，主要是指对事物的理解能力和分析能力。悟书中之道，悟病中谜，悟中医之深义，解患者之苦楚。悟要靠心，深入学习体会中医之奥秘。"不只是在中医，在生活上也可用哲学的思维方式去看待事情发展，从而有效解决问题。

（三）倾囊相授，毫无保留

李佃贵根据40余年的经验总结首创浊毒理论，并毫无保留地把临床经验传授给学生和弟子们。他觉得传承中医药是他义不容辞的责任。李佃贵经常告诉学生们做人做事要脚踏实地，不能沽名钓誉，应该不忘初心，砥砺前行。他常说："作为医生，最重要的就是要不忘初心，牢记使命。"医生最大的"初心"，就是一切为患者着想，尽自己所能治好患者，认认真真地做实事，帮助更多的患者解决困扰他们的疾病！李佃贵经常告诫学生们要恪守医德，尊师守纪，刻苦钻研，孜孜不倦，精益求精，全面发展，竭尽全力除人类之病痛，助健康之完美，维护医术的圣洁和荣誉，救死扶伤，不辞艰辛。

李佃贵还经常和学生们提及"德医双馨"这四个字，不管是做人还是学医，首先都要有德，有品德的人才是受人尊敬的人。他总是告诉学生们要做一个具有勤劳、诚信、感恩、吃苦耐劳等优秀品德的人。他常说做人以德为先，待人以诚为先，做事以勤为先。作为医生，一定要细心钻研，不断提高自己的临床水平，精心治疗每一位患者，这样才对得起患者的重托和信任。

（四）要求严格，不遗巨细

李佃贵对学生和弟子们的要求非常严格。他要求学生和弟子们首先要热爱中医，关爱患者，不管是临床、科研，还是对待患者，工作一定要细心，做人以德为先，待人以诚为先，做事以勤为先。在治学育人方面，李佃贵有着自己的风格和严谨的要求，他给学生们立了5条基本原则：讲医德，读经典，重临床，练好字，有悟性。

练好字这点，尤其特别。李佃贵常说"字如其人"。字，往往反映出个人的素质和境界。写一手好字，对中医来说意义更为重要，因为这是对患者的尊重，更是对生命的敬畏。他要求，每位学生每天都要抽出1个小时的时间，练正楷字，抄方也必须要工整清楚。一次出诊中，跟诊学生抄方时字迹潦草，药物剂量"12g"中"g"写得不标准，这让李佃贵表情凝重。他语重心长地教导说："不要认为抄方是一件小事，就漫不经心。'g'写得不清，拿药的时候，很有可能被看成'9'，12g就变成了129，这样剂量就出了大错。你毫不注意的一个小细节，对患者来说可能就要赌上性命。"学生当场脸红，下决心要改正。"还有中药名称的抄写。川牛膝、怀牛膝，一字之差，药效截然不同。薄荷要是少写一个'后下'，就会影响药物功效。"李佃贵说，"医生医技要高，更重要的是细心、负责。"

（五）人才培养成果

李佃贵共培养硕士、博士研究生120余名。其中，享受国务院政府特殊津贴的专家6名，河北省名中医8名，省管优秀专家8名，学科带头人12名，全国及省优秀中医临床人才18名，全国老中医药专家学术经验继承人8名，河北省高层次帮带对象5名。李佃贵的学生们已经成为中医药传承的骨干力量，为中医药人才的培养和中医药事业的发展做出了贡献。

李佃贵学术传承谱

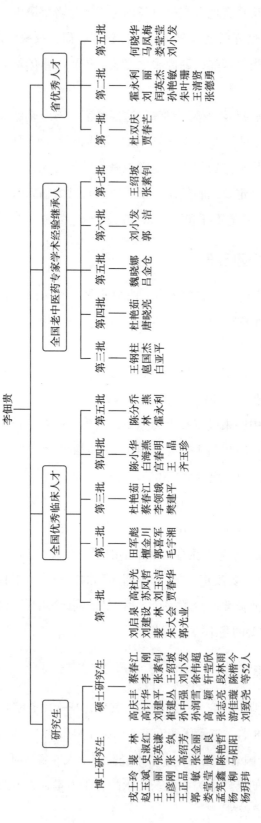

李佃贵

研究生

博士研究生
戎士玲　裴　林
赵玉斌　史淑红
王彦刚　张英浩
王　丽　纨
王正品　高绍芳
郭　敏　张金丽
娄莹莹　康　良
孟宪鑫　陈艳哲
杨　柳　马阳阳
杨玥玮

硕士研究生
高庆丰　蔡春江
高计华　李　刚
刘建平　张素钊
崔建丛　王绍坡
孙中强　刘小发
孙润雪　徐伟超
高　颖　轩莹欣
张志亮　段林雨
游佳璇　陈楷今
刘致尧　等52人

全国优秀临床人才

第一批
刘启泉　高社光
刘建设　苏凤哲
裴　林　刘玉洁
朱大会　贾春华
郭光业

第二批
田军彪　禢金川
郭喜军　毛宇湘

第三批
杜艳茹　蔡春江
李领娥　樊建平

第四批
陈小华　白海燕
宫春明　王　晶
齐玉珍

第五批
陈分乔　林　燕
霍永利

全国老中医药专家学术经验继承人

第三批
王钢柱　眉国杰
白亚平

第四批
杜艳茹　唐晓亮

第五批
魏晓娜　吕金仓

第六批
刘小发　郭　洁

第七批
王绍坡　张素钊

省优秀人才

第一批
杜双庆　贾春芒

第二批
霍永利　刘　丽
国英杰　孙艳敏
朱叶珊　王清贤
张德勇

第五批
何晓华　马凤梅
娄莹莹　刘小发

（刘小发、杨柳整理）

（郭瑶编辑）

杨春波

杨春波（1934—　　），福建莆田人，主任医师，教授，博士研究生导师。中国中医科学院首届学部委员。第八、九届全国人大代表。曾任世界中医药学会联合会消化病专业委员会首届会长、名誉会长，中华中医药学会内科分会和脾胃病分会顾问，中国中西医结合学会消化系统疾病专业委员会高级顾问等职。全国老中医药专家学术经验继承工作指导老师，国家卫健委临床重点专科（中医专业）、国家中医药管理局重点专科脾胃病科学术带头人。获"全国卫生系统模范工作者""中国好医生"称号，获全国中医药杰出贡献奖、中华中医药学会首届中医药传承特别贡献奖、中华中医药学会脾胃病分会"学科建设与学术发展突出贡献专家"、中国中西医结合学会消化系统疾病专业委员会"终身荣誉奖"等奖项。享受国务院政府特殊津贴。2017年被授予第三届"国医大师"荣誉称号。

杨春波从医70余年，在中医内科、温病、脾胃病及"证"的临床、教学、研究中取得了丰硕成果，提出中医学术的特点为"整体的观念、恒动的观点、辨证分析和依证论治的方法"，而辨证论治仅是这个特点在临床的主要体现。其所创的"杨氏脾胃湿热理论"与倡导的"大脾胃观"亦丰富了中医脾胃学术的内涵，推动了中医药事业的传承创新发展。其研究成果曾获福建省科技进步奖二等奖1项、三等奖2项，中国中西医结合学会科学技术奖三等奖1项等。在国内外杂志上发表论文百余篇，主编和参编专著16部，所编著作曾获第21届华东地区科技出版社优秀科技图书二等奖。

一、学医之路

杨春波祖籍福建省莆田市仙游县枫亭镇，是世医第五代传人，父辈两人为医，二人执药。祖父杨万青是当地名医，在祖母教导下，杨春波小学时即背诵《汤头歌诀》《药性赋》《脉学》《医学三字经》等，在家庭熏陶下踏上了中医之路。由于好学加上为了谋生，杨春波14岁辍学跟其四叔杨加端学医，跟师5年后在父亲药店坐堂，边读书边实践，后来就诊者渐多；1955年被县卫生科选去晋江专区中医进修班，学习《伤寒论》、温病学及西医学等内容；1957年考进福建省中医进修学校（现福建中医药大学前身），系统学习了中医四大经典及哲学名著，毕业考获全校之冠，入福建省中医研究所（福建省中医药科学院前身）工作，先后承担学术管理和临床研究工作。1969年，杨春波被调到松溪县茶平公社高洋大队，培养"赤脚医生"，后被借调松政县第二医院从事流行性乙型脑炎（简称乙脑）的中西医结合治疗。3年多的山区生活中，他广泛治疗各科病症，积累了丰富的临床经验。1973年，杨春波调回福建省医药研究所，成为主治中医师，担任中医治疗乙型脑炎课题组组长，温病学和乙脑同研，承担《中国医学百科全书·中医内科学》的温病学部分和《流行性乙型脑炎的中医药治疗》的撰写工作。1982年，他与福建省立医院合作，进行慢性萎缩性胃炎的中医研究，从而踏上治疗"脾胃"研究之途，开展了"证"及"脾胃湿热理论及其相关疾病"的研究。1991年，杨春波被调到福建中医学院附属第二人民医院，先后任副院长、院长、名誉院长，并任国家级和省级中医脾胃重点学科学术带头人，兼福建省中医药研究院副院长、临床研究所所长。2000年，杨春波退休后被返聘，仍从事临床、教学、科研等工作至今。

二、成才之道

杨春波教授认为，欲成明医，务必做到以下几点。

（一）熟读经典

"经典聚集中了中医理论的精髓与特色，丰富地展现了中医临床的思维与辨证方法，以及方药的配伍技巧。"读经典，就是强调对中医理论及证治思维的传承。"自古名家出经典""不通经典，难成大家"。杨春波教授9岁熟背《药性赋》《汤头歌诀》《脉决》等，14岁熟读《医宗金鉴》《陈修园医书七十二种》等著作，21岁系统学习中医四大经典。如今已至耄耋之年，他对《黄帝内经》《温热论》《温病条辨》《伤寒杂病论》《脾胃论》等经典著作仍记忆犹新，时常与学生讲解经典知识，言传身教。

（二）群览诸家

中医学是汇历代诸家的理论和经验而成的，各家的理论观点和临证经验是中医学术长河的支流。要应对临床各种病症，四大经典是必读之作，重要的是奠基础、形思维，但疾病是发展、多变的，各家的学术主张、诊疗经验及立法组方、用药配伍等，是不同时期的学术反映，都是宝贵的中医学术内容，学好了才能丰富理论认识，提高辨证论治的水平。

（三）学从名师

所谓"老马识途"，名师作为学验俱丰的长者，是充满切身经历的指导者，传你学经典等著作的重点、教你临证要诀，理论结合实践地指导你学理论、作临床，还授你自己独特的学术见解和诊治技巧，传之于你事半功倍、直入实地的捷途之功。杨春波教授认为，从名师可以坚定中医信念，承接高超医术；指导经典学习，熏陶求是作风；展示临床过程，切入临床实际；沟通理论实践，破解关键疑惑。他最初跟随学医的四叔杨加端是晋江专区名中医、福建省中医药研究院特约研究员，在福建省中医研究所期间所跟随学习的李健颐、吴云山亦是福建省名老中医，杨春波教授参与他们对癌肿、乙脑的治疗研究，并帮助他们总结经验，这为他后来成功治疗乙脑打下了坚实的理论和临床基础。

（四）勤于临床

中医学术的生命在于临床。杨春波教授常说："纸上得来终觉浅，绝知此事要躬行。""实践出真知。"读书是学习，使用也是学习，而且是更重要的学习，中医学尤其如此。中医学根植于临床、验之于临床，是实践性极强的科学。只有通过临床实践才能获得经验、理解理论、辨别是非和探索新知，因此临床实践是学好中医、发展中医和成就明医的唯一途径。杨春波教授从14岁开始接触临床，19岁在父亲药店坐堂，无论是进修学习还是在山区工作，他始终以提高自身临床技术为目标。耄耋之年，杨春波教授依然坚守在临床一线，每周出4次门诊，为患者解除病痛已成为他人生乐趣之一。

（五）常善总结

要分析、归纳、推理地学习理论，总结临床经验及探讨学术。杨春波教授认为通过不断的总结，可以发现利弊、揭示特点、升华认识、把握规律促进提高。1958年，杨春波教授初去福建省中医研究所图书馆工作时，不仅博览群书，而且手摘了数千张读书卡片，丰富了学术思想。之后他又在学术秘书室，管理科研计划、进展和成果，以及负责全省名老中医、民间诊疗经的收集、整理，在此过程中不断观察总结，汲取他人之长，增长了知识，丰富了经验。杨春波教授常说："资料（文献）要经过整理才能成为信息，信息要进行分析方能成为知识，知识要付之应用才会产生力量。"

（六）重德强信

"为医首重于德"，"医者仁心仁术，仁者爱人"，医德就是精术为民。立大德，才能得大道；树正德，才能得正术。医德是医术得以不断进步的护航灯。同时要坚信中医药学是一个伟大宝库，是中华民族的瑰宝，"中医药学不仅是一门科学，它更是医学科学发展的方向"。有中医自信，才能积极传承、努力创新。

（七）定专业、多态研

中医学思想先进、理论丰富、治法多样，要传承创新应从专科、专病入手，坚持整体的观念、恒动的观点、辨证分析和依证论治的中医特色和优势诊疗模式，逐步探索、建立宏观与微观、整体与局部、功能与形态、机体与环境、调节与专治的现代中医诊疗模式。

现代中医学的研究发展方向，不仅要治"已病"，更要研"未病"，要依从"未病先防、已病防变、病愈防复"的原则。对待西医学，也应西学中用，多态研究。杨春波教授认为现代中西医结合有五种模式：循中医理论，用中医方法；依中医理论，用中医和现代相结合方法；依西医理论，用中医方法；依中医理论，用西医方法；依西医理论，用西医方法。其中主要是前三种模式，只有这样才能把根留住，使中医药学繁荣茂盛。

三、学术之精

（一）对脾胃湿热证的研究、认识与治疗

1. 脾胃湿热证的辨证标准

杨春波教授从事医、教、研70余年，崇尚温病学、脾胃学说，精专于脾胃学说，认为"脾胃湿热证"是当今脾胃病的主要证候之一，它的发生发展与全球气候

变暖、人们生活水平提高、药物的滥用等因素关系密切。杨春波教授对中医脾胃湿热证首先做了系统研究，发现并提出"黄腻苔"是本证的金指标，所获得学术成果被列为"脾胃病学说传承与应用专题系列"在《中医杂志》发表。"脾胃湿热"是源于《内经》对"脾胃"功能和"湿热"及其治法的论述。在明代《银海精微》一书中明确有了"脾胃湿热"一词，并简述其病因、病机和治法、方药。薛生白的《湿热论》指出湿热可以从化，"中气实则病在阳明，中气虚则病在太阴"。吴鞠通则认为，"湿温病……势虽缓，而实在上焦最少……中焦最多"，且"湿温病……脉无定体"。至此，已有茵陈蒿汤、白虎苍术汤、清暑益气汤、二妙散、达原饮、甘露消毒丹、新加香薷饮、黄芩滑石汤等治疗湿热证的名方。杨春波在总结历代医家对"脾胃湿热"的论述之后，结合自身丰富临床经验及反复验证后提出了脾胃湿热是"脾湿脏"与"胃燥腑"相济共营，以及"烂谷""运化""升清""降浊"生理功能失调所致的"脾湿与胃热交蒸"而具阴阳两性的病理变化，易滞气、伤络，可偏湿重、热重，寒化、热化。其病居中焦，能上蒸扰窍、蒙神、熏肺，旁达肝胆、筋节、肌肤，下注膀胱、二阴、胞宫等。湿热起病缓慢，症状矛盾，反复难愈。它可出现于各个系统的许多疾病中，且与消化系统疾病密切相关，其难治性、恶性疾病也常显。

杨春波教授认为"脾胃湿热"是脾胃理论的重要内容。脾胃之所以在中医学中成为一种学说，是因为它是"后天之本"，是脏腑的核心，"四季脾旺不受邪""内伤脾胃，百病由生"。脾胃病变有虚、有实，而"湿热"正是脾胃实证的重要病理表现。所以重要，乃因临床常见、涉及面广。"湿热"属阴阳两性之合邪，起病缓慢，症状矛盾，可寒化、热化，易伤气血，反复难愈。其形成有外因的湿热邪气（包括诸虫），内因的饮食失节、劳倦或脾胃素弱等，使脾胃功能失调而蕴生湿热。病机呈现"热—湿—热"之特点，临床观察多数患者起病之初先见口苦、尿黄、苔黄，后呈口苦黏、苔黄腻，表现为"热郁—致湿—蕴热"的病理过程。

脾胃湿热证是临床常见的脾胃实证。杨春波教授经临床调查发现，它可出现于各个系统的多种疾病中，包括常见病、疑难病和恶性病，而以消化系统疾病占首位，且其发生呈上升的趋势。现代研究表明，脾胃湿热证是机体呈亢进性、失调性和代偿性的病理反应。"脾胃"除了与现代消化系统密切相关外，还具一定其他器官组织的功能，杨春波教授谓之"脾胃能"和"脾胃象"。

杨春波教授在1992年组织福建省18所中医医院，开展对脾胃湿热证的临床调查，制定了本证标准。

（1）主症

①舌苔黄腻：轻——舌根黄腻或全舌薄黄腻；中——全舌黄腻；重——全舌厚黄腻。

②胃脘闷胀：轻——食后闷胀；中——经常闷胀；重——胀痛。

③食欲不振：轻——减 1/3；中——减 1/2；重——减 2/3 以上。

④大便溏：轻——1 次 / 日；中——2 次 / 日；重——＞ 3 次 / 日。

（2）次症：①小便淡黄或黄。②口苦黏。③口渴喜温饮。④身热不扬。⑤舌淡红或红。⑥脉滑，或弦、细、缓。

（3）兼症：①肌肤：水肿、身重，湿疹，脓疱疮。②筋节：关节重着或肿痛。③扰窍：头重如裹，耳鸣，目瞀，咽痛，喉肿，口舌溃疡。④蒙神：但欲寐，或神志时清时寐。⑤熏肺：胸闷，咳嗽，多痰白黏。⑥蒸肝胆：右胁胀痛，黄疸。⑦注下焦：小腹闷胀，大便黏着、不爽，或带下黄白。

（4）湿热偏胜：①热偏胜：舌红，苔黄腻干，脉数；口干喜凉饮，小便黄，大便干。②湿偏胜：舌淡红或淡、苔白腻披黄，脉缓；口苦而淡，小便清，大便稀或溏。

（5）判断：主症①必备，再加 1 个主症、1 个次症或 1 个兼症，即可。湿热偏胜的判断：舌象必备，再加 2 个症方可。

2. 脾胃湿热证的治疗原则

杨春波教授对于脾胃湿热证治疗的基本思路如下。

（1）实行四结合，统观定从治：四结合即整体与局部、宏观与微观、功能与组织、机体与环境的结合。病包括主病与并存病，应全面了解，审明主次，形成总观，决定从治。

（2）脾胃是重点，不忘他脏腑：杨春波教授指出，脾胃湿热证病位主要在脾胃，是治疗的重点。要调理好它们的烂谷与运化、升清与降浊之能，但不能忘却脾胃与其他脏腑的关系。首先是肝、胆与肠，次则心、肺，还有肾、膀胱及女子胞。

（3）辨明实与虚，方能立泻补：湿热证当属实证，应该用泻法，但也兼见气虚、血弱、阳衰、阴亏等，还有因脾虚失运，导致湿阻热生等。治疗应分清主次缓急，立先泻、先补，或补泻间用、补泻兼施。

（4）清化为总则，偏重尚需别：化湿清热是治疗脾胃湿热证的总则，但临床有湿热并重、湿偏重、热偏重的不同，应细辨而施治。

（5）微观局部变，中医理论识：对微观、局部的病理变化，要用中医理论进行研究和认识，然后结合宏观、整体辨证，确定治法用药。

（6）发扬综合法，饮食要讲明：杨春波教授指出，中医对脾胃湿热证的治疗，除汤药口服、灌肠外，还有针灸、外敷、推拿、按摩等其他方法，应依证、症需要结合采用。此外，饮食、劳作的宜忌，一定要讲明白，可收事半功倍之效。

3.治疗脾胃湿热证的方药选用

（1）常用方：湿热并重者用自拟方清化胃饮、清化肠饮或甘露消毒丹加减；湿偏重选用三仁汤、藿朴夏苓汤、藿香正气散、黄连平胃散、达原饮等；热偏重选用连朴饮、白虎加苍术汤等；湿热余邪未清，用薛氏五叶芦根汤、清络饮。此外，湿热白痦用薏苡竹叶散，湿热下痢用白头翁汤等；湿热黄疸用茵陈蒿汤、茵陈五苓散、麻黄连翘赤小豆汤等；湿热发热用新加香薷饮、黄连温胆汤、达原饮；湿热蒙神用菖蒲郁金汤；湿热咳嗽用吴氏杏仁汤加减；湿热淋证用六一散、八正散；湿热痹用白虎苍术汤加味；湿热带下用止带方；湿热疹用萆薢渗湿汤；湿热内障用温胆汤合二妙散；湿热鼻渊用黄芩滑石汤等。

（2）用药经验

①祛湿有芳化、温化和渗化三法：湿邪蒸上焦，宜芳香化湿，如藿香、佩兰等；湿邪阻中焦，当温燥化湿，如白蔻仁、草果等；湿邪注下焦，当淡渗利湿，如薏苡仁、通草等。

②清热有苦寒、甘寒和咸寒三别：苦寒可清热又燥湿，如黄芩、黄连等，是首选药；若化热见燥伤阴，当用甘寒如金银花、蒲公英、知母，或咸寒如石膏、寒水石等。湿热痢、泄泻，还可清敛，如仙鹤草、地榆炭等。

③祛湿当加理气，气行湿易化：杨春波教授常根据理气药性寒温之不同而对证选药。湿偏重，选厚朴、陈皮等性温药以燥湿理气；热偏重，用枳壳、枳实等性寒之品以清热理气。

④气为血之帅，气滞可致瘀：杨春波教授在用理气药时常配用行血药。他指出，行血有活血（如赤芍、当归、丹参）和化瘀（如三棱、莪术、桃仁）之分，还有凉血（如牡丹皮、赤芍、西红花）与温血（如当归、莪术、红花）之别，当依证选用。

⑤健脾药性多温，故能燥湿，可用白扁豆、苍术、白术等药；如化燥伤阴，宜选山药甘平润胃养脾。

⑥胃宜降，脾宜升，脾胃升降失调，胃气上逆当和之、降之，加半夏、生枇杷叶、旋覆花、干竹茹等；脾气下陷时，应升之、提之，选升麻、葛根、桔梗等。

⑦累及他脏腑（或他脏腑乘之），常配用他法：如为肝郁气滞，则加疏肝理气药，如柴胡、香附、川楝子等；如扰心失眠，则添芳化安神药，如合欢皮配茯苓等；夹瘀，加琥珀、丹参、郁金等。

（二）温病分类有新识

杨春波教授认为，以往各家对温病的分类虽然有一定意义，但都未能科学地反映温病的内容，有的还存在混乱现象。如按四时和主气分，对认识不同季节气候的影响，对治疗用药，都有重要参考意义，但它们入里后的传变过程则基本相同，若按其分类，势必出现许多不必要的重复；若按发病的类型分，虽然能及早判断病位深浅、病情的轻重、转化的趋势，以及确定初起是发表或清里的不同治则，但如按卫气营血和三焦认真辨证，则同样可以达到这些目的；若按病邪性质分，可以对两类不同性质温病的临床特点、病理变化有基本认识，对临床辨证用药具有原则性指导意义，但无法反映各种温病的病理特征和四时气候的影响；若按临床特点分，能对温病的不同特征、病情病势、传变规律有明确概念，但对病邪的性质，以及与四时气候的关系，则模糊不清。此外，还有一名多义、一义多名的混乱现象。如风温病，《伤寒论》所述的是伏邪误治之变；《伤寒论·序例》称的是"更遇于风，变为风温"；《温疫论》指的是"温病夹外感之兼证"；《伤寒选录》所论的春温，实为新感风温之病；《叶香岩三时伏气外感温热篇》则始称"风温者，春月受风，其气已温"，明确这是一种新感温病；但《通俗伤寒论》认为有新感和伏邪两种；《时病论》也认为是新感引动伏邪之病，而其所述的"风热"，却与新感风温病相似；《张氏温暑医旨》则提出有"温邪误汗""两感"和"感时令风邪"三种。可见同为风温病，却有误治、伏邪、新感、两感的不同含义；同为新感风温证，而有春温、风温、风热的不同名称。再如，同样在暑天发病的暑热温病，也有热病、暑喝、暑热、夏温、暑温等不同的名称。鉴于以上存在的问题，所以温病的分类有作新探讨的必要。

杨春波教授认为，温病的分类要从临床实际出发，要有利于辨证和治疗。首先应该按临床发病的特点，分为时温（四时温病）、温疫、温毒三种；其次在每种温病下，按病邪的性质分温热和湿热两类；再次在每类下，按卫气营血或三焦分别辨证。这样分类，既可掌握各种温病的基本特征、病理特性和传变规律，又可避免不必要的重复和病名众多、含义不清的纠葛，也才能较全面、较合理地反映温病的全貌，以利于教学、科研和医疗。至于统称问题，以往曾有用伤寒、温热、温疫或温病的不同意见，近来也有用外感病（与伤寒合并）的主张。考虑到客观存在这类外感急性热性病，虽然有不同的临床发病特点和不同的病邪性质，但都以热偏盛为共同的病理基础；温与热不过是邪的轻重、病的浅深和起病快慢的不同而已，"温为热之渐，热为温之极"（《温病条辨》），所以应以温病为统称，才能包括和反映这类外感热性病。这些观点已被近代医家所公认，但也应该看到：伤寒与温病不单是证的不同，更重要的是病的不同。基于以上认识，试做如下简述。

温病是由感受温热或湿热各种邪气所引起的，以急性发热、热象偏盛为主要特征的多种外感病的总称。因温热邪气引起者，起病较急、传变较快、变化多、易伤津；由湿热邪气引起者，起病较缓、传变较慢，病势缠绵，可伤阳气。温病包括有明显季节性的"时温"、易引起流行的"温疫"和局部红肿热痛的"温毒"三种。

1. 时温

这是由四时温邪所引起的温病，与时令季节密切相关，一年四季均可发生。《陈平伯外感温病篇》说："外感不外六淫，而民病当分四气。"《时病论》说："夫四时有温热，非瘟疫之可比，如春令之春温、风温，夏令之温病、热病，长夏之暑温，夏末秋初之湿温，冬令之冬温。"由于四时温邪性质不同，所以起病时有不同的临床表现，但传里后的变化则基本相同。时温可分为温热时温和湿热时温两类。

（1）温热时温：是由风热、暑热、燥热或伏热等温热邪气所引起的四时温病，包括风温、春温、暑温、温燥、冬温等病。本病一年四季、气温偏高时均可发生。由于温热为阳邪，所以呈热势盛、阴津伤、易动风、常陷营的病理反应。病变以肺胃为重心。病理过程表现为卫、气、营、血的变化。治疗以清热为总则，如《素问·至真要大论》中有"治热以寒""热者寒之"；忌辛温发汗、淡渗利尿，慎用滋补和苦寒药。

①卫分证：主要特征是发热和恶寒同时出现，少汗，脉浮。治疗以辛凉解表为原则。证候类型有风热在卫证、燥热在卫证。

②气分证：主要特征是发热较盛而不恶寒，口渴喜饮，苔黄，脉数有力。治疗以清泄里热为原则。证候类型有胸热证、肺热证、胃热证、肠热证（腑实证）、胆热证。

③营分证：主要特征是发热夜甚，口干不甚渴饮，斑疹隐现，烦躁或神昏，舌红绛，脉细数等。治疗以清营透热为原则。证候类型有营热证、气营两燔证、热闭心包证、心热移肠（小肠）证。

④血分证：主要特征是发热，躁扰昏狂，斑疹透露，舌色深绛，以及出血倾向等。治疗以凉血散血为原则。证候类型有血热动血证、热瘀闭窍证、血热蓄血证、血热阴虚证。

⑤肝风作动证：主要特征是手足蠕动或抽搐，甚则角弓反张等。治疗以平肝息风为原则。证候类型有热甚动风证（如胃热动风、腑实动风、营血动风等）、阴虚动风证。

（2）湿热时温：是由湿热、暑湿等邪气引起的四时温病，包括湿温、伏暑等病。本病常发生于气温较高、雨湿较多的季节，如夏秋间和暑季多雨之天。由于湿为阴邪，热为阳邪，两种不同属性的邪气同时侵入人体，因此常表现为症状矛盾、偏热偏湿、易发白㾦，可热化、寒化。病变以脾胃为中心。湿热时温的主要病理变化，除热之外就是气机郁阻和水湿滞留，所以病理过程呈现上焦、中焦、下焦的变化。《难经·三十一难》说："三焦者，水谷之道路，气之所终始也。"治疗以清热和祛湿为总则。《素问·六元正纪大论》说："湿淫于内……以苦燥之，以淡泄之……湿化于天，热反胜，治以苦寒。"《温病条辨》说："徒清热则湿不退，徒祛湿则热愈炽。"本病治疗忌大汗和滋阴，慎用通下。

①上焦湿热证：主要特征是恶寒发热，身热不扬，头身重痛，胸闷脘痞，纳呆不饥，苔腻脉濡。治疗以清热透湿为原则。证候类型有湿邪困卫证、寒湿包暑证、表里湿热证、湿热阻络证。

②中焦湿热证：主要特征是发热汗出不解，午后为甚，口渴不喜饮，脘痞呕恶，便溏溲赤，苔黄腻，脉濡数。中焦湿热蕴蒸，可上蒙心窍，外蒸肌腠，内熏肝胆、下注膀胱。治疗以清热化湿为原则。证候类型有湿重于热证、湿热并重证、热重于湿证。

③下焦湿热证：主要特征是小便不利，苔腻。有偏湿和偏热两端。治疗以清热利湿为原则。证候类型有湿蒙溺闭证、膀胱湿热证。

④湿热变证：湿热蕴蒸日久，可化火，也可寒化。湿热化火，可出现胃热、腑实、肝风，以及陷营、动血等证，治疗与温热时温相同，而便血则为湿热病化火后常见之变证。至于湿热寒化，则每见于病的后期，由于湿甚阳微所致。

2. 温疫

温疫是由感受杂气、戾气等特殊邪气所引起的，具有强烈传染性和易暴发流行的温病。一年四季均可发生，常见于久旱、酷热和湿雾瘴气的时节，或饥荒、兵乱之后。《温疫论》说："夫疫者，感天地之戾气也，戾气者，非寒、非暑，非暖、非凉，亦非四时交错之气，乃天地别有一种戾气。"又说："然此气……无象可见，况无声复无臭。"《寒温条辨》说："得天地疵疠旱潦之气，其流毒更甚于六淫。"《疫疹一得》说："疫症者，四时不正之疠气。"本病发病急剧，病势险恶，传变迅速。病理过程以怫热内炽，溢经传变为特征。如吴又可说："时疫感邪在内，内溢于经，经不自传。"杨栗山也说："温病怫热内炽，溢于经也。"余霖认为，"毒既入胃，势必亦敷布于十二经"，"敷布"也是溢经的一种形式。温疫病变部位相对稳定，多在于胃，也可盘踞募原，或怫郁三焦，充斥表里。吴又可说："邪自口鼻而入……内不在脏腑，外不在经络，舍于伏脊之内……即《针经》所谓横连膜原者也。胃为十二经之海，十二经者皆都会于胃……凡邪在经为表，在胃为里。"杨栗山说："由口鼻而入，直从中道，流布三焦。"余霖说："胃为十二经之海……毒既入胃，势必亦敷布于十二经，戕害百骸……"

温疫的治疗，具有针对病因、专方专药、直达病所、主动攻邪和侧重在气分等特点。吴又可说"是知因邪而发热，但能治其邪，不治其热，而热自已"，所以他用大黄祛邪治本，认为"三承气功效俱在大黄，余皆治标之品也"。他所创的达原饮，有直达巢穴，使邪气溃散，速离募原的功效。余霖则重用石膏，直清胃热，"先捣其窝巢之害"而诸经之火自平。杨栗山重视芩、连、柏、大黄等，亦是针对体内怫郁之邪气，他所组之升降散，也是为解除中焦"清浊相干，气滞血凝"而设。他们组方稳定，用方不多。吴又可首用达原，继用承气。余霖之清瘟败毒饮，"不论始终，以此方为主"。杨栗山虽有十五方，而组方原则基本相同，升降散为其总方。吴又可还有"一病只须一药之到，而病自已，不烦君臣佐使，品味加减之劳矣"的思想；指出"大凡客邪贵乎早逐，乘人气血未乱，肌肉未消，津液未耗，病患不至危殆，投剂不至掣肘，愈后亦易平复。欲为万全之策者，不过知邪之所在，早拔去病根为要耳。"他还说："邪在气分则易疏透，邪在血分恒多胶滞。"本病的治疗以清里、泄热、解毒为原则。证候类型有湿热疫证、暑燥疫证。

3.温毒

温毒是由感受温毒邪气所引起的一类温热时毒温病，多发于冬春季节。本病起病急骤，病势较重，传染性强，可流行。临床以局部红肿热痛，甚则溃破糜烂，或发斑疹为特征。常表现为气、营、血的病理变化。症见突然寒战高热，头痛恶心，烦躁口渴，苔黄，舌红绛，脉洪数，继而出现头面红肿，或颐肿，或咽喉肿痛白腐，或发斑疹等。本病包括大头瘟、烂喉痧、缠喉风、痄腮等，治疗以清热解毒为原则。

（三）炎症的中医认识与治疗

杨春波教授认为，中医学虽然没有"炎症"这个名称，但对炎症却早有认识，它主要依据炎症的临床表现，作出自己的理论描述；有的则用取类比象的思维进行推演。如《素问·六元正纪大论》的"火郁发之……炎火行……故民病少气，疮疡痈肿，胁腹胸背，面首四肢，膜愤胪胀，疡痱……注下……腹中暴痛，血溢流注，精液乃少，目赤心热，甚则瞀闷懊憹，善暴死。"用"火"的病理来解释炎症的急性病症。《灵枢·痈疽》还对"痈肿""脓"和脓毒败血症作这样的记述："寒邪客于经络之中则血泣，血泣则不通，不通则卫气归之，不得复反，故痈肿。寒气化为热，热胜则腐肉，肉腐则为脓，脓不泻则烂筋，筋烂则伤骨，骨伤则髓消……经脉败漏，熏于五脏，脏伤故死矣。"指出炎症过程的血循环障碍、渗出和组织坏死，以及引起脓毒败血症死亡的原因。《素问》认为"胃脘痛"的形成是"热聚于胃口而不行"，黄疸是"湿热相搏"。《伤寒论》《金匮要略》对结胸、肺痈、痰饮、黄疸等作以下阐述：结胸是"病发于阳，而反下之，热入因作结胸"；"阳气内陷，心下因硬，则为结胸"。肺痈为"热之所过，血为之凝滞，蓄结痈脓"。痰饮为"水走肠间，沥沥有声，谓之痰饮；饮后水流在胁下，咳唾引痛，谓之悬饮"。黄疸为"水在肺，吐涎沫"；"瘀热在里，身必发黄"；"身目为黄……以寒湿在里"。《诸病源候论》认为，唇部结肿是"邪气与血气相搏结"，舌肿是"热气留心，血气壅涩"，痰饮是"气脉闭塞，津液不通，水饮气停在胸府，结而成痰"，瘿是"气结所在"等，还具体叙述了急性炎症的红、肿、热、痛和寒热等症状。之后，历代各科专著中都对这些疾病有进一步论述。如刘河间说："凡人身上、中、下有块者，多是痰。"《医学入门》认为，"先痛后肿，伤乎血，先肿后痛，伤乎气，肿痛并攻，气血俱伤"。《疡科纲要》认为"足部之疡，积湿蕴热，忽发红肿……湿火若盛，化腐最易。"《医宗金鉴》认为"气血不行，故名流注"。《外科起玄》认为"黄水疮……亦是脾经有湿热"。由此可知，中医对炎症的认识，不仅对其临床表现有详细的表述，而且对炎症的局部病理变化也有一定的阐述，这种阐述是用气、血、寒、湿、热、痰、水、饮等进行论理的。关于炎症性疾病则范围更广，可以说中医的痈肿疮疡疔毒痈疽和大部分的伤寒、温病以及其他实热证均属之。

因此杨春波教授提出，中医认为炎症一般是一种"火"象，具有炎上、发急、变多的特点，它可以伤经络、损血脉、灼津液、毁气阳、腐肌肉。由于邪气与正气相搏，产生火热之邪，则呈炎性反应。在局部，因邪热灼阴、伤气，或耗血、损阳，致使细胞变性或坏死。同时，血管遇热则张，血流遇热则速，或管道血瘀，血里的成分在热邪的作用下渗壁而出：质稀量少，呈弥漫状的为"湿"；质稀量多，呈聚积态的为"水"；质较浓，量较多的为"饮"；质稠的为"痰"；色红的则为"血"。这些渗出物瘀阻于肌腠，必进一步影响气血运行，加重气滞血瘀，一方面促进炎症的发展；另一方面更加重血瘀气滞，使组织细胞气血不足，加速其变性或坏死。久之，气血、阴阳耗伤愈甚，且气滞血瘀增剧，或呈痰瘀互结，出现不同类型的增生。临床可表现为红、肿、热、痛，或白、肿、痛和各种分泌物，以及功能障碍、肿块等，可有热郁、寒凝、气滞、血瘀、湿阻、痰聚等分型。在全身，初因火热怫郁于里，津液被灼伤，则呈畏寒发热或但热不寒，以及头痛、心烦、口渴喜饮、小便红少、大便干结、舌红苔黄、脉数等有表证无表邪的里热或里实证。久则津耗、阴虚、气弱、血衰，可出现气阴两虚或气血双亏之证，甚则阳虚寒凝。如果患者素体虚弱或夹寒邪，起病反见阳虚寒凝或气虚热郁，或表寒、里热等证。可见中西医对炎症的认识，尽管理论不同，但对炎症机理的解释，有不少相近之处。

中医对炎症的治疗，杨春波教授主张除主要依据全身反应的症状、舌脉，以及局部的状态，进行辨证论治外，还可结合炎症的病理变化，用中医理论去认识而用药。治疗方法除内服药外，还可配合外敷药或其他疗法。

1. 辨证

辨证就是辨别炎症反应的中医病理认识，可从以下3方面进行。

（1）辨周身：辨炎症反应的全身症状和舌脉。可用八纲、卫气营血、三焦、六经和脏腑等辨证标准，选用相应的治法。

（2）辨局部：辨炎症反应的局部表现，包括分泌物，有的尚需结合内窥镜进行别辨别。有寒凝、热郁、气滞、血瘀、湿阻、饮停、痰聚、水留、气虚、阳虚、血虚、阴虚等。

（3）辨炎变：对局部组织的炎症病理变化，依据显微镜检查，进行中医理论认识。如变质，即组织营养不良，有气虚、阳虚和血虚、阴虚之异；增生，有气虚、阴虚、气结、血瘀、痰聚、寒凝等区别。

2. 治疗

根据周身、局部和炎症的辨证结果，定法选用方药。杨春波教授总结的常用治法有下列12种。

（1）清热解毒法：清热可减轻充血和减少渗出，其中苦寒能燥湿，可制止血管壁渗出；甘寒能化阴，有利于变质细胞的修复；解毒具有抗菌和消除有害物质（包括理化、微生物的毒素和炎症区的分解产物）的作用。清热解毒法适用于炎症的急性期，以渗出和变质为主的病理反应，临床表现为实火者。常用药物有苦寒的黄连、黄芩、黄柏、栀子、龙胆草、苦参片、穿心莲、虎杖等，甘寒的紫花地丁、知母、淡竹叶、鸭趾草、金银花、蒲公英等，解毒的金银花、连翘、蒲公英、紫花地丁、板蓝根、败酱草、金荞麦、鱼腥草、野菊花等。

（2）活血化瘀法：活血具有扩张血管、加速血流、改善局部血液循环、促进渗出物的吸收和影响毛细血管通透性而减少渗出，以及增强吞噬能力的作用；化瘀则有抑制炎性肉芽肿、溶解血栓、降低血凝、软化血块和纤维化及抑制增生的作用。活血、化瘀均能加强或抑制免疫系统功能，适用于炎症的亚急性期、慢性期和急性期，以渗出、增生为主的病理反应，临床表现为血瘀的虚火、虚夹实或实火等证。常用药物有活血的茜草、川芎、当归尾、红花、泽兰、三七、赤芍、牡丹皮等，化瘀的丹参、三棱、莪术、乳香、没药、血竭、桃仁、水蛭、虻虫、土鳖虫等。

（3）宣散疏解法：具有解除寒热、镇痉镇痛、增强循环、排出毒素的作用。本法适用于炎症的急性期和慢性期，临床表现有表证或阴寒证者。常用药物有辛温的麻黄、桂枝、羌活、独活、荆芥、薄荷、防风、白芷、苏叶等，辛凉的薄荷、浮萍、蝉蜕、桑叶、木贼、葛根等。

（4）息风燥湿法：息风具有镇静、脱敏、止痒的作用；燥湿具有制渗、减少分泌的作用。前者适用于炎症的急性期或慢性期，出现过敏或体液免疫过强者；常用药物有蝉蜕、地肤子、蒺藜、防风、钩藤、浮萍、麻黄、细辛等；后者则适用于炎症急性期呈浆液性渗出者；常用药物有苍术、藿香、佩兰、蚕沙、白术、石菖蒲、半夏、草果等。

（5）通下攻里法：具有排毒、诱导、调整体液循环的作用。本法适用于炎症急性期的充血、渗出明显者。常用药物有大黄、番泻叶、芒硝、芫花、大戟、黑白丑等。

（6）利湿逐水法：具有排泄渗出物的作用。本法适用于渗出物已经形成的病理反应。轻则用淡渗利湿，常用药物有芦根、白茅根、茯苓、猪苓、车前子、通草、薏苡仁、泽泻；重则用逐水，常用药物有黑白丑、甘遂、大戟、芫花、商陆等。

（7）行气化滞法：气滞是功能障碍的现象。本法具有推动血液循环和促进功能恢复，以及解痉止痛的作用，适用于炎症引起的功能障碍，以及神经末梢受到渗出物的压迫和分解产物的刺激所引起的疼痛。常用药物有陈皮、青皮、香附、厚朴、木香、乌药、枳实、降真香等。

（8）软坚散结法：具有溶解纤维素物、软化结缔组织，增加血管弹性和防止细胞脂化的作用。"坚"是成纤维细胞和血管细胞增生的结果；"结"是纤维性渗出物没有被吸收的遗物，谓之"痰结"。本法适用于炎症的慢性期以增生为主的病理反应，以及急性期纤维素性渗出为主的炎症。常用药物有软坚的鳖甲、黄药子、夏枯草、牡蛎、山楂、鸡内金、昆布、海藻等，散结的浙贝母、山慈菇、半夏、浮海石、桔梗、竹沥、天竺黄、莱菔子等。

（9）敛收固涩法：具有软化渗出物和制止渗出的作用，敛收药味多酸，有利于软化、吸收和制渗，即"酸能收"；固涩药多为炭性或矿类，能吸着制泌。本法适用于以浆液性、出血性、卡他性等渗出为主的炎症。常用药物有收敛的五味子、覆盆子、乌梅、五倍子、石榴皮、诃子、桑螵蛸、儿茶、山萸肉等，固涩的赤石脂、地榆炭、海螵蛸、龙骨、牡蛎、侧柏炭、炮姜炭、明矾等。

（10）托脓排毒法：具有增强渗出，促进破溃和旺盛局部新陈代谢，排出坏死脱落组织的作用。常用药物有皂角刺、白芷、黄芪尖等。

（11）温阳益气法：温阳具有强心和反射性兴奋血管运动中枢、自主神经，以及促进全身和局部血液循环的作用；益气具有增强生理功能，旺盛新陈代谢，兴奋细胞活力，促进变性细胞复原，以及升高血清总蛋白，增强免疫功能的作用。温阳适用于全身功能低下，渗出性炎变的静脉扩张期，局部是暗红色或紫色，或不红不热而痛的阴性脓疡；常用药物有炮附子、肉桂、淫羊藿、鹿茸、巴戟天、仙茅、补骨脂、菟丝子、茴香、鹿角霜等。益气适用于身体虚弱，局部吸收和破溃困难，或溃后不易愈合的慢性炎症；常用药物有人参、黄芪、党参、太子参、炙甘草等。

（12）补血滋阴法：补血具有刺激造血器官，促进造血功能，改善全身营养状况，以及增强免疫功能，滋养健壮的作用；常用药物有熟地黄、当归身、何首乌、枸杞、红枣、桑椹、阿胶、鸡血藤、龙眼肉等。滋阴具有增加细胞营养，促进变性细胞复原和活跃肾上腺皮质功能及调节体液代谢的作用，适用于有细胞变性的急慢性炎症；常用药物有沙参、麦冬、天冬、玄参、生地黄、玉竹、石斛、女贞子、旱莲草、龟甲、黄精等。

以上 12 种方法，前 10 种方法是祛邪，后 2 种方法为扶正，应用时可根据炎症的不同病理反应和临床表现选用。一般来说，急性期的实火证，以清热解毒为主，佐以养阴、行气、活血，或利湿、化痰，如清营汤、清瘟败毒饮、清胃散、龙胆泻肝汤、小陷胸汤、普济消毒饮、大黄牡丹汤、仙方活命饮、如意金黄散等；慢性期之虚夹实证，以温阳或补气或养血为主，佐以活血化瘀、软坚化结，如化瘀回生丹、鳖甲煎丸、如圣散、阳和汤、当归补血汤等；亚急性之虚火证，以活血化瘀为主，佐以清热、益气、养阴、敛收，如益气聪明汤、养阴清肺汤、六味地黄汤、知柏地黄汤、犀角地黄汤等。

四、专病之治

（一）慢性萎缩性胃炎

杨春波教授在对本病的证治研究中，发现其与中医学的"痞"很近似，因此首先提出慢性萎缩性胃炎中医可称为"胃痞"病，并在 1987 年全国中医内科学会第四次脾胃病学术会议上被采纳，1997 年被国家标准《中医临床诊疗术语》确认，而后被广汸采用。

对于慢性萎缩性胃炎，由于中医药有不同理论认识和治疗经验，1991 年在杨春波教授的建议下，《中医杂志》社在青岛召开了全国中医药专家座谈会，对本病的中医药治疗进行学术讨论，取得了专家共识，由杨春波教授等三人写了纪要（刊登于《中医杂志》1991 年 32 卷第 12 期），取得了许多共识，推进了中医药治疗本病的深入。

1. 病因病机

杨春波教授认为，本病常呈现"虚实相兼"之变：虚多示脾气虚，亦有胃阴亏，可及肾气、肾阴；实呈湿热、燥热，兼气滞，终成血瘀。临床问悉，本病病程常较长，多因饮食等伤胃及脾，湿热内蕴，久则使气机失畅而滞。气为血帅而络瘀，故呈胃脘闷胀而痛；湿热上扰、下注，困遏气机，故腹胀；脾虚乏阳，复有湿热氤氲不去，耗气亏血伤阳，更加重后天虚损程度，故形体虽盛，但其气实虚，脾虚不能腐熟水谷，水谷不化，积滞胃肠，故纳差；脾虚失运，胃失和降，肠腑欠畅，故嗳气。除脾虚湿热、气滞络瘀外，慢性萎缩性胃炎还与肾相关，肾为先天之本、阴阳之根，脾胃之阳全赖肾阳温煦，脾胃之阴全赖肾阴之滋养。若肾阳不足，火不暖土，

杨春波

425

可致脾阳虚，而成脾肾阳虚，胃失温养；若肾阴亏虚，肾水不能上济胃阴，可致胃阴虚。杨春波教授认为，慢性萎缩性胃炎可主要分为两个证型施治。

2. 分型论治

（1）气虚（脾肾）湿热（气滞血瘀）型

症状：胃脘部闷胀或闷痛，定位喜少按，得嗳气则舒，或知饥食少，或食后脘闷胀益甚，口苦黏，少饮，头晕肢乏，腰酸或耳鸣，溲淡清或夜尿频多，大便稀溏。舌淡红或淡而暗，或有齿印，苔黄白、根腻黄，脉细缓或无力。

治法：健脾益肾，理气化瘀，祛湿清热。

方药：胃炎Ⅰ号（李东垣枳实消痞丸加黄芪、淫羊藿、莪术、当归、白芍等）。

（2）阴虚（肾胃）燥热（血瘀、气滞）型

症状：胃脘部闷胀或灼痛，定位喜少按，口燥咽干，喜少饮，或饥不欲食，头晕耳鸣，腰酸膝软，溲淡黄、夜尿或频多，大便燥干。舌红暗或夹瘀，苔少或薄黄干苔，脉细无力。

治法：养胃滋肾，清热育阴，舒气化瘀。

方药：胃炎Ⅱ号（叶天士养胃法为主，加生怀山药、天花粉、枸杞、五味子、佛手干、白芍、丹参等）。

3. 加药

（1）依证（选2种药物）

食滞：麦芽15～30g，谷芽15～30g，莱菔子12g，鸡内金10g，山楂10g，神曲12g。

肝郁：柴胡9g，香附6g，川楝子9g，绿萼梅6g，佛手6g，木蝴蝶6g，香橼6g，李根皮9～12g。

气滞：木香6g，枳实6～9g，枳壳9g，厚朴9g，厚朴花6～9g，槟榔6g，紫苏子9g，苏梗9g。

血瘀：丹参12～15g，王不留行9～12g，蒲黄9g，五灵脂6g，桃仁6～9g，三七3g。

虚寒：干姜6～9g，炮姜6～9g，高良姜9g，吴茱萸1.5～2g，肉桂3g，附子6～9g，桂枝6～9g。

胃阴虚：玉竹9g，沙参12g，麦冬9g，天花粉12g，石斛12g。

脾阴虚：生山药15g。

肾阴虚：黄精15g，枸杞15g。

胃气上逆：半夏9g，竹茹9g，苏梗9g，旋覆花6～9g，代赭石12g，生枇杷叶12g，柿蒂3个，刀豆壳6～9g。

中气下陷：升麻9g，柴胡9g，葛根9g，桔梗6g。

（2）依症（选2～3味药）

反酸、吞酸、烧心、嘈杂：海螵蛸15～30g，龙骨15～30g，牡蛎15～30g，珍珠母15g，煅瓦楞12g。

不知饥：麦芽15～30g，谷芽15～30g，莱菔子12g，鸡内金10g，山楂10g，神曲12g。

失眠、多梦：夜交藤15～30g，酸枣仁12g，琥珀4.5g，茯苓15g，合欢皮15g，吴茱萸粉适量（外敷涌泉穴）。

便秘：大黄6～9g，火麻仁9～12g，桃仁9g，冬瓜仁15～30g，瓜蒌15～30g，芒硝10g，杏仁6g，决明子15g，生枇杷叶15g，生白术15～30g。

泄泻、便溏：仙鹤草15～30g，炒山药15g，地榆炭10g，石榴皮（壳）9g，煨诃子6g，罂粟壳6～9g，芡实9g，莲子12g。

杨春波教授常用药对有茯苓、琥珀（用于湿热扰心之不寐、多梦），龙骨、牡蛎（用于嘈杂、反酸兼有寐差），麦芽、谷芽（用于不知饥者）。

（3）依因：幽门螺杆菌感染与慢性胃炎，尤其是活动性胃炎的发生关系密切。幽门螺杆菌阳性者，杨春波教授常依证选用或加用具有抗幽门螺杆菌的方药，如左金丸或香连丸，或黄连、赤芍、大黄、槟榔、桂枝等。他自创的清化灭幽胶囊（由黄连、厚朴、槟榔、郁金等组成），与西药联合抗幽门螺杆菌治疗，疗效优于单纯用西药者，且副作用也明显降低。

（4）依理：依病理变化、依中医理论对本病的胃镜或胃黏膜组织学变化的认识，进行微观辨证探讨性加药。胃黏膜充血明显属热或夹瘀；水肿显著多归湿；黏液稠为热，稀黏属湿，稀清归寒；糜烂多湿热；出血为络伤，又因热或瘀。病理片出现中性粒细胞浸润为活动性，多属热；仅淋巴细胞、浆细胞浸润为静止性，常属湿或寒；细胞增生或异型增殖归瘀；肠上皮化生归痰。加药：萎缩、不典型增生加莪术9g，白花蛇舌草15～30g；糜烂加白及12g，马勃4.5g；分泌物黏稠加浙贝母9g，僵蚕9g；分泌物清稀加山慈菇6g，姜半夏9g，吴茱萸2g；红相加蒲公英15g，金银花12g，赤芍9g；白相加黄芪15g，炮姜9g；胆汁反流加半夏9g，枇杷叶10g，旋覆花9g。

4. 饮食宜忌

杨春波教授指出，治疗脾胃病，药可直达病所是利，然每日需进饮食，使胃肠不得闲，所以饮食的调理和宜忌十分重要。他提出了以下饮食调摄的"宜和忌"。

宜慢：细嚼慢咽可以减少粗糙食物对胃黏膜的刺激，让食物在口腔充分与唾液混合，初步进行消化，可减轻胃的负担，最好咀嚼20～30次后再吞下。

宜节：饮食应有节律，切忌暴饮暴食及食无定时，过饥、过饱或食无定时，使胃直接受损而病。如《脾胃论·脾胃虚实传变论》云："故夫饮食失节，寒温不适，脾胃乃伤。"《脾胃论·脾胃胜衰论》云："饮食不节则胃病……胃既病则脾无所禀受……故亦从而病焉。"

宜清淡、易消化：可食面、软米饭、瘦肉、鱼、绿色蔬菜等，不可食酸、冷、硬、辣、甜、黏腻之物。

忌口：脾胃湿热证患者忌食大白菜、山东梨、白萝卜、贝壳类海鲜等寒凉之物，忌猪肚、羊肉、鸡鸭等滋补之物。

（二）溃疡性结肠炎

杨春波教授认为，湿热证是溃疡性结肠炎常呈现的证型，脾气虚证或脾肾阴虚证也常兼见。依其临床表现应属中医的"泄泻""痢疾"范畴；黏液脓血便反复发作应归属"休息痢"，长期不愈者谓之"久痢"；腹泻长期或反复难愈者属"久泄"。杨春波教授指出其病位中心在脾、胃及大肠，可涉肝、肺、肾、心；病变呈虚实两端，表现在湿、热、气、血、阴、阳。该病的活动期常呈实证，缓解期多显虚证，反复难愈者必虚实相兼。病因有外感时邪、饮食、内伤、情志失调和体质禀赋等。

1. 辨证论治

杨春波教授认为，本病有初发型、慢性复发型、慢性持续型和暴发型之分，而临床表明发病主要在脾胃：脾既可因虚而失运，使大肠失涩而泻，也可因实而阻运，使湿蕴热蒸下注大肠则大便呈黏液样，属太阴之病症；胃因虚或因实均难烂谷或失降，而出现纳呆或嗳气、呕吐，且可致热而动脾湿而出现发热、口渴、大便色黄或脓状等阳明之证。脾胃之变必碍气伤络或损气耗血，气失畅则腹胀、腹痛或里急后重；络瘀亦可致腹痛，络伤血出则大便见血，这是实象；虚则有气血不足等征。所以调气血需伴随治疗始终，仅是偏气偏血、孰轻孰重之不同而已。杨春波教授根据临床研究及经验分为三个常见证型施治如下。

（1）湿热蕴肠证

主症：①腹泻黏液脓血便；②里急后重；③舌苔黄腻；④脉滑数或濡数。

次症：①肛门灼热；②身热；③下腹坠痛或灼痛；④口苦，口臭；⑤小便短赤。

证候确定：主症2项加次症2项，或主症第1项加次症3项。

治法：清热祛湿，调气舒络。

处方：自拟方清化肠饮，药用仙鹤草、地榆炭、茵陈、黄连、白豆蔻、佩兰、薏苡仁、厚朴、白扁豆、赤芍。湿偏盛，苔腻少黄，口淡黏，小便淡黄，大便多白黏，去白豆蔻、白扁豆、赤芍，加苍术、草果、泽兰；热偏盛，苔黄腻而干，口苦口渴，高热，大便或秘结，去白豆蔻、厚朴，加黄芩、知母、白头翁或大黄。

（2）脾气虚弱证

主症：①腹泻便溏，有黏液或少量脓血；②食少纳差；③食后腹胀；④舌质淡胖或有齿痕，苔薄白；⑤脉细弱或濡缓。

次症：①腹胀肠鸣；②腹部隐痛喜按；③肢体倦怠；④神疲懒言；⑤面色萎黄。

证候确定：主症2项加次症2项，或主症第1项加次症3项。

治法：健脾补中，调气舒络。

处方：参苓白术散加减，药用党参、茯苓、炒白术、山药、白扁豆、莲子肉、砂仁、炙甘草、陈皮、赤芍、仙鹤草。损脾阴，舌红苔少，脉细数，当去党参、白术、扁豆、陈皮，加太子参、玉竹、荷叶。

（3）脾虚湿热证

主症：①腹泻时发时止，遇劳则发或加剧，发时有黏液脓血便；②食少纳差；③食后腹胀；④舌苔黄腻；⑤脉细弱或濡缓。

次症：①腹部隐痛喜按或坠痛；②肢体倦怠；③神疲懒言；④面色萎黄。

证候确定：主症2项加次症2项，或主症第1项加次症3项。

治法：健脾清化，调气舒络。

处方：自拟方健脾清化饮加减，药用党参、茯苓、白术、赤芍、茵陈、黄连、厚朴、白豆蔻、仙鹤草、地榆炭。

以上各证型，便血色鲜红者加紫珠草、侧柏叶；色暗红者加炒蒲黄、三七；色淡红者加阿胶、炒当归；便下白冻者加浙贝母、桔梗；腹痛甚者，气痛加川楝子、木香，血瘀加延胡索、三七。

2. 察涉他脏腑，主方再加减

杨春波教授认为本病基本呈以上3个证型，其他涉脏及腑则属特殊、临时、个别之变，可在主方中行加减治之。如发怒、紧张使肝旺呈腹痛则泻时，可加白芍、防风以柔肝；因愁而肝郁胁胀者，添柴、芍等予疏肝。脾气虚累及肾阳者，宜加菟丝子、淫羊藿或肉桂、附子等温补肾阳。脾阴亏耗及肾阴者，可增黄精、山茱萸或五味子、枸杞等滋肾益精。湿热扰神者添合欢皮、茯苓；因瘀失神者加琥珀、茯苓；心神失养者加炒枣仁、茯苓。肺失宣肃而胸闷、大便失畅者，可加杏仁、桔梗或生枇杷叶、瓜蒌等。假性息肉形成，加浙贝母、僵蚕、莪术、炮山甲化瘀消痰。此外，还可依证配服肠胃康、香连丸、参苓白术颗粒、补中益气丸、四神丸和乌梅丸等。

3. 辨局部病变，灌肠疡痈治

对结肠局部的病变，溃疡性按疡治以清热化瘀、祛痰生肌，用灌肠一号，药用苦参片、生地榆、白蔹、桔梗、当归、甘草等；炎症性依痈治以清热调气、舒络敛涩，用灌肠二号，药用仙鹤草、地榆炭、赤芍、陈皮、儿茶、炙甘草等。每日 1 次，每次浓煎 100mL 进行灌肠治疗。

4. 外贴针推用，饮食身心调

杨春波教授认为，中医治法丰富多样，除内服药物外，还有药物外贴、针灸、推拿等，应尽善治而选择配用，可较快消除症状，提高疗效。常用局部外贴药，有腹胀七味消胀散调葱汁（槟榔、莱菔子、枳实、厚朴、木香等）。腹痛明显者，热郁用如意金黄散调茶油；寒郁用十香止痛膏（丁香、沉香、檀香、木香等）调酒；里急后重明显、肛门坠胀者，用调气舒络方（益母草、大黄、枳壳、木香、当归、橘核、泽兰、甘草等）煎汤坐浴。还可用针灸、推拿、按摩等配合治疗。

杨春波教授十分重视本病的饮食和心身调理，常云如此可获事半功倍之效。饮食宜忌要依证选食，湿热证忌油腻、烧烤和寒凉之食品，宜平性、清利、芳化食物；虚证可食补，应别脾、肾、气、血、阴、阳而选，要循序渐进，以不伤脾胃为度。此外，要使患者消除顾虑、恒定信心，还需依其体能安排适度活动。这些均属于治疗的内容，医者应科学安排。

五、方药之长

（一）常用方剂

1. 清化饮

【组成】茵陈 9 ～ 12g，黄连 3 ～ 4.5g，生白扁豆 9 ～ 12g，佩兰 9g（后入），赤芍 9g，白豆蔻 4.5g（后入），生薏苡仁 15 ～ 20g，厚朴 6g。

【用法】上 8 味，以水煎服，日两剂，早 10 点、晚 8 点饭后温服。

【功效】清热祛湿，理气舒络。

【主治】胃脘闷胀、痛，纳差，反酸，口干口苦，身热不扬，关节重着，头重如裹，便溏，舌苔黄腻等；或耳鸣，咽痛，水肿，自汗，咳嗽，黄疸等。

【方解】化湿法有黄连之燥湿，佩兰、白豆蔻之芳香化湿，薏苡仁之淡渗利湿，厚朴之行气燥湿。清热则选苦寒之黄连，既可清热，又能燥湿。茵陈，味苦性寒，能除湿清热，又因长于三月独得春升之气，故入肝经兼能上行；生扁豆，味甘性微温，能醒脾化湿。两者相配，寒温相制，宣散相合，能醒脾、化浊、升阳、疏肝。赤芍活血凉血，兼化瘀止痛。全方药性平和，药味精，药量轻，寒温并用，共奏清热化湿、理气舒络之功。

【临床心得】

湿热之治主清化，重调气血与升降：杨春波教授指出，临床中许多疾病与湿热密切相关，其病程动辄数月，甚则数十年，患者可有纳差、头晕、肢体乏力、手足不温、便溏等"虚证"兼夹表现。此时应细审属虚还是属实，方可确立补泻，务犯虚虚实实之戒。因湿热中阻，脾运失司，可致纳差；湿热上蒸扰窍，可致头晕；湿热内遏，阳气不得外达，亦可出现肢乏、手足不温；湿热下注大肠，亦致便溏。若患者形丰而气盛，苔黄厚（腻）而脉实，当属湿热证。湿热证为实证，应该用泻法，但若兼见气虚、血弱、阳衰、阴亏等，还有因脾虚失运，导致湿阻热生等，也应分清主次缓急，而立先泻、先补，或补泻间用、补泻兼施。治病之始，不在补而在清化，湿热不除，胃难受补，只有在湿热已化、气机畅达、血行通顺的情况下，言补才有意义，行补才能建功。杨春波教授临诊使用补虚药的频次却不高，且多用党参、白术、黄精之类平补之品。

①湿热主清化：临诊用药上，杨春波教授常将脏腑本身特点与病邪有机结合。针对湿热一证，杨春波教授认为湿热相搏如油入面，很难祛除，因湿为阴邪，热为阳邪，两邪一旦相合，则非"寒者热之，热者寒之"之治疗总纲所能涵盖，所以治疗上单纯用寒药或热药，都很难中的。杨春波教授在组方时，以清化为大法，佐以行气、活血，运用轻清之品，芳香醒脾，辛化祛邪，所创清化饮治疗脾胃湿热证有良好的疗效，并制作成院内制剂，在临床上广泛使用及推广。

②临证气血调：杨春波教授强调湿热之治，勿忘气血。湿阻热郁常滞气行，气滞久则血瘀，故湿热之治，清热祛湿必兼行气，气畅则湿化，使热无所依而易清。然气滞有脾胃之气机失畅、升降失常，或肝气郁结，肺失宣肃，或肾不纳气，当分辨用药。血瘀初多伤络，宜通络，久则伤血脉或脏腑，当活血化瘀。有时虽无瘀象，但气滞难疏或病久也可兼通瘀，亦"治未病"之举，常可获奇效。临证中常加厚朴、枳壳、木香以行气畅中，加半夏、干竹茹等以降气止逆，加瓜蒌以泄气通便。

③气机升降平：杨春波教授认为脾胃湿热证，若用温阳之品则易化燥、化热，以致病情加重，出现大便秘结难解等症；若用阴柔之品则湿得阴助，迁延难愈。脾胃位处枢机，胃主纳食，脾主运化，脾宜升则健，胃宜降则和，脾升胃降为其生理特性。脾升则水谷精微得以传输，胃降则腐熟之水谷得以传化。若脾胃升降失调，"浊气在上则生䐜胀，清气在下则生飧泄"（《素问·阴阳应象大论》），并且气机失调则传输、传化失司，郁于中焦则化湿、化热。故杨春波教授治疗慢性胃炎脾胃湿热证，强调调和脾胃之升降，胃气上逆者选半夏、生枇杷叶、旋覆花、干竹茹等以和之、降之，兼见脾气下陷者，以升麻、葛根、桔梗升之、提之。

2. 胃炎 I 号

【组成】党参 15g，炒白术 10g，黄芪 15～30g，白芍 6～10g，神曲 6～10g，枳实 6～10g，当归 6g，黄连 4.5g，北柴胡 6～9g，淫羊藿 15g，延胡索 6g，莪术 6g，砂仁 5g，陈皮 6～9g，甘草 3g。

【用法】上 15 味药，以水煎服，日两剂，早 10 点、晚 8 点饭后温服。

【功效】健脾益肾，行气活血，祛湿清热。

【主治】脾胃气虚，湿热血瘀证。症见胃脘疼痛，胃脘胀满，反酸嘈杂，食欲不振，口苦，神疲乏力，腹部喜按，大便稀溏。舌淡暗稍偏红，苔薄黄腻，脉细滑。

【方解】方中以黄芪、党参相须为用，共施益气健脾之效。白术炒用以增强补气健脾之功。以上三味合用，共收培补后天之效。淫羊藿补肾祛湿，补先天之本以温养后天；配黄连、陈皮、神曲清热除湿、化痰消滞；延胡索、当归、北柴胡、白芍行气活血、缓急止痛；砂仁、枳实理气宽中；莪术合当归行气活血、化瘀消积；甘草调和诸药，并合白芍酸甘化阴，补益脾气。诸药并用，有消有补，寒温平调，补而不滞，使湿热分消，以期逆转黏膜萎缩与化生。

【临床心得】杨春波教授指出，本方不局限于治疗脾胃湿热证，临床凡湿热中阻、气血亏虚、气滞血瘀之痛证、虚劳、中风、郁证、积聚、更年期综合征、神经系统疾病等，皆可治疗。而针对慢性萎缩性胃炎的病机特点，杨春波教授在此方基础上提出理脾固本、清化湿热、平调寒热、调气舒络 4 种治法。

①理脾固本：慢性萎缩性胃炎以脾虚为本，故理脾固本法需贯穿疾病始终。根据邪实正虚的轻重不同，理脾固本需分为运脾、健脾和补脾三个方面，在不同阶段有所侧重。湿盛脾虚、胃失和降时，症见脘闷不舒，纳呆欠知饥，当以运脾、健脾为重，运脾促胃降，健脾助脾升，以恢复中焦正常升降运动，运脾药如谷芽、麦芽、神曲、山楂之类，健脾药如白扁豆、薏苡仁、茯苓、白术等。此期以邪实为主，当防误补益疾，闭门留寇，不宜过早投人参、黄芪之品。若湿热消退，气机得复，脾虚渐显时，当补脾、健脾，补脾以助健脾，健脾以除余湿，补脾药如绞股蓝、党参、黄芪、太子参等。此期转正虚为主，故应以扶正固本为主，兼清余邪。若脾虚湿热并重时，因湿热易困遏脾胃升降气机，而脾虚则无力逐邪而出，故除清化湿热之外，应以健脾为主，运脾、健脾、补脾三法并用。健脾药物多扶正与祛邪兼而有之，既可祛湿以恢复脾运，又可补脾以扶助正气。

②清化湿热：慢性萎缩性胃炎以湿热为标，其源于脾胃，故调治中焦是清化湿热的重点。若湿热在中焦，可致升降失常，"治中焦如衡，非平不安"，常酌选厚朴、草果、半夏、黄芩、黄连、槟榔等清化湿热，兼平调寒热、调理升降。湿热虽源于脾胃，却可随气机升降而上扰胸肺头面，下注前后二阴，旁达肝胆，流注四肢。故

杨春波教授临证重视辨识湿热的部位，并因势利导，祛邪外出。若湿热在上焦，"其高者，因而越之"，治宜清透湿热，常佐以叶类药物，如藿香叶、佩兰叶、薄荷叶、枇杷叶、荷叶等轻清宣散、芳香化湿；若湿热在下焦，"其下者，引而竭之"，常伍以通草、萹蓄、蚕沙、大黄等清热利湿通下。此外，湿热偏重不同，其治亦有不同。湿重热轻，常以苍术、草果、藿香、佩兰、槟榔等苦温芳化，兼佐清热祛湿之品；热重于湿，初以黄连、厚朴、半夏、茵陈、草果等清热祛湿，俾热退之后，加强化湿之力；湿热并重，多以茵陈、白豆蔻、黄芩、藿香等清热祛湿并用。若中阳不足，兼见湿热，则需炒白术、白扁豆、白豆蔻之类温中除湿，并佐以清化湿热。

③平调寒热：湿热为慢性萎缩性胃炎之标，其性兼阴阳，易随体而化，或热化，或寒化。阳明热盛之人，湿热可随阳明邪热入里，杨春波教授常予黄连苦寒直折，或石膏、蒲公英甘寒清热，或连翘、栀子清透郁热，或大黄釜底抽薪；太阴阳虚之人，湿热或与脾胃阳虚并存，或随寒而化，其舌苔常为白滑泛黄或白滑微黄。脾运则湿化，湿化则气畅，而无湿郁化热之势，故治宜健脾、化湿、行气，杨春波教授常予炒白术健脾燥湿、白扁豆补脾化湿、白豆蔻行气化湿、益智仁温脾开胃等。诸药既行健脾补脾之功，又有化湿行气之力，且温而不燥，补而不滞，故无伤津耗气、呆滞气机之虞。若病久及肾，后天累及先天，或中老年慢性萎缩性胃炎患者，脾肾两虚，肾中阴阳亏损，杨春波教授常加黄精、菟丝子、淫羊藿等补脾益肾，先后天同调。

④调气舒络：湿热蕴郁于脾胃，日久易致气滞、络瘀，而气滞血瘀不除，易生郁热，更有"血不利则为水"之说；兼之脾虚，气虚而无力行血，血虚而胃络滞涩。故杨春波教授认为，辨治慢性萎缩性胃炎时需佐调气舒络之品，如厚朴、枳壳、赤芍、莪术、三七等。气行则血行络通，气动则湿动热消，自无血瘀、郁热、湿蕴之虞。此外，杨春波教授选药有一药多用之妙。如厚朴、枳壳理气消胀，还可化湿、疏肝；赤芍活血之余，又清血分郁热；莪术活血舒络，更有消积止痛之功；临床常配枳壳、麦芽、谷芽、山楂等理气、消导之品，用于治疗食积不化，脘腹疼痛之症。

（二）经典用药

1. 茵陈——清化湿热，宣发滞气，疏痹止痛，统退一身之黄

茵陈本为肝胆科常用之品，多用于清肝解毒、利胆退黄，但杨春波教授还常将其用于以下几方面。

（1）清化湿热，善入脾胃：杨春波教授认为，脾为太阴湿脏，胃为阳明燥腑，一阴一阳，同气相召，且今人喜食肥甘厚腻，皆直入脾胃而易生湿热之证。况热蒸湿生，湿蕴热酿，湿本黏滞，易阻气机，因而湿热证缠绵难解，临床选药当谨守病机、细察药性，用药不可孟浪。1992 年，杨春波教授在福建省开展脾胃湿热证的临

床调查，发现"黄腻苔"为脾胃湿热证之必见。茵陈苦能燥湿、辛能宣通、寒能清热，性擅退黄，能宣能利给邪气以出路，实是治湿热证之要药，乃杨春波教授临床治疗脾胃湿热证必用之品，其治疗脾胃湿热证的经验方清化饮中即选用茵陈。杨春波教授不仅治疗脾胃湿热证用茵陈，临床但见湿热，无论何脏，常在处方中加用茵陈9～15g，疗效满意。黄元御在《长沙药解》中说茵陈入足太阴脾、足太阳膀胱经，利水道而泻湿淫，消瘀热而退黄疸。叶天士在《本草经解》中说茵陈气平微寒，禀天秋平冬寒金水之气，入手太阴肺经、足太阳寒水膀胱经；味苦无毒，得地南方之火味，入手少阴心经；苦平可以清心肺，微寒可以解湿热也。而今人常用其治疗肝胆疾病亦获良效，由此可见，茵陈实为善清各脏腑湿热之妙药。

（2）禀春而生擅宣滞气：《本草乘雅半偈》云，藏器谓其因旧苗而发，因名茵陈。《内经》云：春三月，此谓发陈，大相吻合。故因者，仍也，托也；陈者，故也，有也，木德之始也。言仍托故有，以宣木德之始，虽与蘩萧蔚莪，至秋老成，同为蒿属，不若此芳香宣发之能因陈致新耳。张锡纯于镇肝息风汤中因惧肝为将军之官，其性刚果，若但用药强制，或转激发其反动之力而用茵陈泄肝热兼疏肝郁，言茵陈为青蒿之嫩者，得初春少阳生发之气，与肝木同气相求，顺肝木之性。《神农本草经》谓其禀少阳初生之气，是以善清肝胆之热，兼理肝胆之郁。《名医别录》里说其性颇近柴胡，实较柴胡之力柔和，凡欲提出少阳之邪而其人身弱阴虚不任柴胡之升散者，皆可以茵陈代之。杨春波教授认为，茵陈禀春而生，应肝之时，叶散多枝，具阳春生发之气，可疏肝调气。临床肝阳上亢、肝气郁结证兼见舌苔黄腻时，常取茵陈清湿热、疏肝气而弃柴胡，是为对证。

（3）祛风除湿擅除痹痛：《神农本草经》言茵陈主治风寒湿热邪气。《景岳全书》云茵陈味苦、微辛，气微寒，阴中微阳，入足太阳经。用此者，用其利湿逐热，故能通关节。其指出茵陈有祛风寒湿热、除痹的作用。杨春波教授在临床上治疗痹证经常加茵陈。偏寒者可配桂枝、乌头、细辛、片姜黄等，偏热者可伍生薏苡仁、忍冬藤、防己等，兼气虚者配人参、黄芪，兼血虚者合鸡血藤、当归、生白芍，若夹瘀者加桃仁、丹参等，皆疗效肯定；但若为实寒痹则不可用之。

2. 薏苡仁——清热，除痹，排脓，健脾祛湿之要药

薏苡仁，味甘、淡，性凉，有生、炒两种，一味药食两用之药，生用清热利湿、除痹排脓，炒用健运脾胃。二者功效不同，应区分运用。

（1）祛湿热利肠胃：今时之人多用薏苡仁健脾利湿，殊不知其清利湿热之功自古便有。《药性解》认为"薏苡仁总理湿热，故入上下五经"。《本草经解》中记载："湿热不攘，则大筋软短而拘挛，薏苡仁气微寒，清热利湿。"而《名医别录》《开宝本草》等古籍皆记载薏苡仁有利肠胃功用。杨春波教授根据归经将其祛湿热功用应用于胃肠，症见胃脘痞闷、痛，口干苦，纳差乏力，舌红苔黄腻等胃肠湿热之象，常用《温病条辨》中三仁汤或《医原》中藿朴夏苓汤化裁，若热重于湿配伍黄连、黄芩等，湿重于热搭配茯苓、白扁豆等，薏苡仁常用 10～30g。

（2）利小便祛水气：《景岳全书》云薏苡仁"以其祛湿，故能利关节，除脚气，治痿弱拘挛湿痹，消水肿疼痛，利小便热淋"。《本草新编》载："惟薏仁利水，而又不损真阴之气，诸利水药所不及者也。"薏苡仁虽可利小便，但有关祛水气的古籍记载却寥寥无几。《独行方》载薏苡仁与郁李仁汁煮饭服食，可除水肿喘急。《医略六书》中用薏苡仁 150g，配伍防风、杜仲、牛膝、五加皮等，以红酒浸之，治脚气疼痛而肿。若脾虚湿盛见下肢浮肿、小便不利者，杨春波教授常加薏苡仁；若水肿盛，按之凹陷，另加泽泻、猪苓等利水渗湿。

（3）健脾湿止腹泻：炒薏苡仁健脾渗湿、通利小便，而达利小便以实大便之效。《太平惠民和剂局方》参苓白术散以薏苡仁一斤配伍其他药物作散剂，每日二钱，枣汤调下，治疗脾虚湿盛证，症见脘腹痞满、肠鸣泄泻、神疲乏力等。杨春波教授自创方清化饮、清化肠饮用生薏苡仁 15～30g，配伍清热化湿之药，针对脾胃湿热或大肠湿热证见大便溏稀者，可起到健胃肠、清湿热、实大便的作用。对于大便不成形，质软不稀，次数正常者，杨春波教授临诊常以七味白术散、藿香正气散等方加减应用，伴有腹痛、腹泻、排便急迫者加痛泻要方，里急后重者加槟榔，五更泄者加肉豆蔻、干姜。

（4）利肠胃消积滞：薏苡仁可利肠胃，但消积滞之功却鲜有提及。《本草蒙筌》有云薏苡仁"多服开胃进食"，即运化饮食，消胃肠积滞之意。《本草经集注》说薏苡仁"令人能食"。对于功能性消化不良，症见早饱感、脘腹闷腹胀、纳差兼见苔腻者，杨春波教授用薏苡仁 15～30g，配伍鸡内金、建曲。便秘见大便质硬难下，甚或如羊屎样便者，轻症者配伍生白术 30g、生薏苡仁 30g 滑肠之品，中症者配伍黑芝麻、火麻仁、郁李仁、杏仁各 15g 润肠之药，重症者配伍芒硝 10g、番泻叶 9g、大黄 3～6g 等泄下。

（5）排脓毒消内痈：《本草蒙筌》云薏苡仁治疗"脓血并出者极佳"。本品可清肺胃肠之热、排脓消痈。治疗肺痈与冬瓜仁、桃仁等同用，如《千金》苇茎汤；治肠痈，与附子、败酱草、牡丹皮合用，如《金匮要略》薏苡附子败酱散；配伍赤小豆治疗胃痈、大小肠痈，如《医宗金鉴》赤豆薏苡汤。杨春波教授曾治疗一肝痈（肝脓肿）患者，体温最高达 41.5℃，经抗感染、补液处理后仍持续发热（体温在 38.5℃左右），用五味消毒饮合仙方活命饮（重用生薏苡仁、金银花、紫花地丁各 30g），连服两周，发热除，后经加减治疗月余，肝脓肿消失，随访 5 年未复发。另治疗一慢性溃疡性结肠炎患者，反复便血，杨春波教授以自拟方清化肠饮煎服，配合肠胃康胶囊，加减治疗月余，复查肠镜示直肠炎，随访6年未发。

（6）祛风湿治痿痹：薏苡仁为祛湿要药，可除痹治痿，治风湿痹证，筋脉挛急，屈伸不利，肌肉痿软无力，甚则不能站立等。《神农本草经》最早记载薏苡仁"主治筋急拘挛，不可屈伸，风湿痹，下气"。《神农本草经百种录》云："《内经》治痿，独取阳明。薏苡为阳明之药，故能已诸疾也。"《金匮要略》麻黄杏仁薏苡甘草汤治疗风湿在表，湿郁化热证，症见一身尽疼、发热者；《类证治裁》薏苡仁汤，以薏苡仁配伍川芎、当归、麻黄、桂枝、羌活、独活、川乌等，治疗着痹，症见肢体关节、肌肉酸楚、重着、疼痛，活动不利，肌肤麻木不仁等。《成方便读》四妙散，以薏苡仁配伍黄柏、牛膝、苍术，治疗湿热痿证，症见下肢麻木、痿软、疼痛者。

3. 绞股蓝——益气升发，补而不滞，实为清轻补气之要药

绞股蓝在明代已有记录，但因自古只是作为菜肴而未作药用故而古人鲜有记载。其首载于朱元璋之子朱橚所著《救荒本草》，这是一部专讲地方性植物并结合食用方面以救荒为主的植物志，书中曰："绞股蓝，生田野中，延蔓而生，叶似小蓝叶，短小软薄，边有锯齿；又似痢见草，叶亦软，淡绿，五叶攒生一处；开小黄花，又有开白花者，结子如豌豆大，生则青色，熟则紫黑色。叶味甜，救饥采叶炸熟，水浸去邪味、涎沫，淘洗净，油盐调食。"不过，当时的绞股蓝并不入药，而是"采叶炸熟"，"油盐调食"作为菜肴充饥。真正明确入药使用还是近代医学的发展，《中药大辞典》言其消炎解毒、止咳祛痰，多用作滋补强壮药。民间亦有"北有长白参，南有绞股蓝"的俚语。《中药学》教材描述其味甘、苦，性寒，入脾、肺经，有益气健脾、止咳化痰、清热解毒的作用。如今对绞股蓝的研究则更为深入。现代药理研究发现，绞股蓝具有抗肿瘤、调节免疫、降血压、降糖脂、抗动脉粥样硬化、抗衰老、抗氧化、保护肝肾等作用。

杨春波教授初行医时曾治疗一位胃下垂女性。该患者身形瘦弱，胃脘坠胀时痛，头晕耳鸣，大便溏泄，不耐劳作，血压低，脉细濡，但舌苔黄而厚腻。杨春波教授辨为气虚湿热证，予攻补兼施，拟补气健脾、清热化湿。然二诊诸症同前，观其舌苔黄厚腻依然，考虑湿热过甚，不堪用补，遂改先消后补，去参、芪、术等补脾升气之品，拟清热利湿之剂。但几剂之后，患者来诊反应服药后胃脘坠胀、头晕疲劳益甚，察舌苔稍化但仍厚腻，实乃虚不堪消之状。杨春波教授与患者约定，待其思考之后第二天再来开方。随后杨春波教授查阅资料，发现绞股蓝不但能补气健脾，而且可化痰清热，又观其枝茎蔓延、叶轻而薄，且入药部位为地上部分或全草，应具轻灵发散、补而不滞之性，不似参、芪、术根茎入药，性醇厚重浊，补易生滞。第二天，杨春波教授在前方清热化湿基础上稍减，又加绞股蓝15g，令患者再进10剂。10日后患者来诊，诸症皆缓，血压升至正常，舌苔虽仍黄腻，但已较前明显消

退。杨春波教授受此病例启发，之后临床见到确为气虚而非真实假虚且舌苔厚腻者，取绞股蓝 10～20g 补之，常可应收起效。由此可见，绞股蓝益气升发、补而不滞，实为清轻补气之要药。

六、读书之法

（一）中医经典

杨春波教授最推荐初学者学习陈修园的《医学三字经》，认为这是一本言简意赅、通俗易懂的中医学启蒙之作。其不但三字成句，读时朗朗上口便于记忆，而且内容包含医史与各科临床常见病症及方药，有助于了解中医学的概况，是中医学入门者的必读佳作。在众多中医经典之中，杨春波教授最喜读的是《温病条辨》《脾胃论》和《医宗金鉴》。《温病条辨》是清代吴鞠通在明清众温病学家思想的基础上所著温病之专著。其中首创三焦辨证法，还基于临床创新提出了很多温病的理、法、方、药，对于今天的临床仍具有重大指导作用。《脾胃论》是金代李杲所著，李杲立足"脾胃"提出了"内伤脾胃，百病由生"。杨春波教授认为读《脾胃论》应先看李杲之师张元素，因为许多人初读《脾胃论》时都对李杲的用药法不甚理解。其用药之法非主流的"脏腑寒热补泻用药法"，而是在继承张元素"药类法象"学说基础上自创的"脏腑升降浮沉补泻法"，处方常常着眼恢复脏腑气机的升降，尤重脾的升发，临床常不失为解决一些疑难杂症之法。同时杨春波教授还认为读《脾胃论》应"活"，在学习李杲的临证思想和用药法的同时也要看到李杲在《脾胃论》中所倡的"补土"思想背后体现的浓厚时代特征，于今不可盲目套用。李杲所处时代战乱频发，民生不稳，老百姓常食不饱腹，因而当时他所见之病多虚、所用之法多补。而今，物质极大丰富，如今所见之"虚"多为痰、饮、湿等邪困脾所致之"假虚"，法当祛实为要。但是，我们现在依然要认真学习《脾胃论》，要做到活学活用。而《医宗金鉴》是杨春波教授最推崇的一部医学丛书，它是由清代太医吴谦编修的医学全书。作为官修的医学教科书，其内容丰满、体例考究，所囊括的内容可上溯至春秋战国，临床实用性强，可作为学习"四大经典"和各家学说后之必读之书。

杨春波教授认为学习中医书籍的要点有三：重领悟、贵运用、早背诵。

1. 重领悟

杨春波教授经常和学生们强调历代医家临床思想的形成都离不开他们所处的历史背景、社会环境、气候特点和个人经历，因此他们传世著作中的用药遣方和理论著述都各有特色，但是也不可避免地有一定的局限性。因此，我们在读书时切勿盲听盲从、生搬硬套，而应在对著书者有一定了解后再去领悟其著作中的"理、法、方、药"。

2. 贵运用

中医学的生命在临床。前人的理论和经验都十分宝贵，但是也都有它们的适用范围，因此只有自己在临床上实际运用后才能明确其真正内涵和偏隘之处。如20世纪60年代，杨春波教授在福建参加乙脑的救治工作时，依照"暑温"和卫气营血的理论进行治疗，但是不久后发现福建地区的乙脑有自己的特点，尤其表现在舌质的变化与临床症状不相符合。叶天士在《外感温热篇》中有"其热传营，舌色必绛"的论断，而杨春波教授在救治中发现绝大部分患者的病情已发展到气营或营血阶段，但他们的舌色未绛，若依叶氏理论则只能辨为邪在卫分或气分，恐怕会延误治疗。据此，杨春波教授提出"邪入营，舌未必绛"的观点。

3. 早背诵

对中医药学的一些基础性启蒙读物如《汤头歌诀》《医学三字经》《药性赋》《脉诀》《伤寒心法要诀》等应该早读早背、熟读熟背，初时虽不求甚解但可以为今后系统的理论学习和稳入临床打下基础。

（二）哲学著作

杨春波教授认为要学好中医就不能不近哲学，常回忆自己首次接触《唯物辩证法》《矛盾论》《实践论》时自觉茅塞顿开，有醍醐灌顶之感，对其思维方式的影响巨大。如在临床面对的疑难杂症其实就是各种矛盾的集合，此时就该分析清楚主、次矛盾及主要矛盾的主、次方面，然后着重处理主要矛盾的主要方面，否则难免用药庞杂、毫无章法，以致疗效不佳。再如临证遣方用药时要用动态发展的眼光看待问题，不能只考虑一时一刻，还应考虑用药后疾病的转归。杨春波教授认为，中医基础理论本就来源于中国古代的朴素唯物主义哲学思想，所以用唯物辩证法的观点来认识中医理论会更加深刻，以此来指导临床会更加有条不紊。

七、大医之情

（一）家风淳朴

杨春波教授的学生门人，乃至一些老患者都知道他有四句座右铭，那就是"笑对人生、以诚待人、用心做事、知足常乐"。杨春波教授出身医药世家，祖上四代为医，同时经营药店，自幼便被熏染成"浑身中药味"。祖父杨万青因为人诚善、医术精湛，所经营的药店更是以信誉、质量俱佳而闻名当地，还因治好当地县令母亲之顽疾而获县令亲书之匾"医同良相"。幼时杨春波还常见祖父将药材便宜出售或免费赠予生病而没钱买药的穷苦之户，并且始终信守不渝，所售药材绝不以次充好、缺斤少两，所谓医在其心，其药自真。而杨春波教授口中具有"贾母之风"的祖母也对他的思想启蒙有着十分深远的影响。祖母勤俭持家、言笑不苟，家中小辈若有德行不正、浪费乖张之举则难逃竹条笞手之责，"为好医、卖好药、做好人"更是祖母时常挂在嘴边的训诫。杨春波教授常说自己是从"乡间小路"一步一步地努力走到"国道"上来的，若有什么秘诀那就是"认真"二字。杨春波教授治学严谨，凡省病查疾，问诊必详，处方必细，无论新老患者，他们的症状体征和体检的问题指标都要逐条记录，以便整体辨证和复诊对比疗效。他对书稿、文章的撰写或修改更是每每精细到标点符号的使用，在研究所编写《新编温病学》时几乎三天三夜笔耕不辍。

因此，受如此家风影响，虽然杨春波教授获得了许多荣誉、奖项，但却从未骛于虚名，他始终认为自己只是一名老中医，坚持"服务患者"是第一位的，为患者实实在在地解决病痛才是为医之道。面对患者，杨春波教授总是面带微笑。但面对病情，杨春波教授则是严肃细致的。曾有一个患者做过肠镜，却自认没事而未将报告带来，杨春波教授便问肠镜是在哪里做的、什么时间做的，并嘱咐："下次一定要带上报告，可不能藏着掖着。报告上有很多信息，不是你说没事就没事的。"言语中谆谆恳切之情，与家里长辈一般无二。诊后杨春波教授转身指了指胸口对大家说："患者来找医生，心中都是带着'疙瘩'来的。因此医生对患者的态度一定得好，只有拉近患者与医生之间的距离，方能提升患者对医生的信任。"杨春波教授经常在看诊间隙和患者聊家常，听他们说说疾病背后的故事，在闲谈之中将患者的性格职业、生活习惯摸个透彻，然后予以开解。杨春波教授还常和弟子们说医生还得会"说病"，把病因说清楚，把患者心中的疙瘩解开，把他们对疾病的错误观念扭转过来，有时疾病能消除一大半。在生活上，杨春波教授的起居也较为简朴，他常笑谈自己已是过上了不止"小康"的生活，并时常告诫晚辈们要忆苦思甜、知足常乐。

（二）博闻强识

杨春波教授爱好广泛，从年轻到现在一直都保持着每天读书看报的习惯。但杨春波常调侃自己是一名爱读书的老中医，除了中医经典外对其他的都只是博而不精。杨春波教授常引毛主席"中国医药学是一个伟大的宝库"这句话来强调中医药学临床遣方用药的背后是中华文明几千年的积淀，而所谓"宝库"正是包罗万象之意，天文、地理、人事皆与之有关。中医看病看的不仅是"人的病"，还有"病的人"。所以要学好中医药学就不能只局限于读医书，对于其他领域的知识也要有所涉猎。

杨春波教授喜用《矛盾论》的观点读《红楼梦》，他认为《红楼梦》的人物及情节十分复杂，封建大家庭中的各色人物和各类矛盾皆混杂其中。《红楼梦》中的人物各有不同背景，而正是不同的背景决定了他们不同的性格和处世方式。正如"太虚幻境"石牌楼上之对联——"假作真时真亦假，无为有处有还无"，大观园中的真真假假亦如临床上病证之千变万化，面对复杂的病证时一定要分清主次，抓主要矛盾的主要方面，切忌"眉毛胡子一把抓"，否则"只会丢了芝麻也失了西瓜"。

八、养生之智

"笑对人生，以诚待人，用心做事，知足常乐"是杨春波教授的座右铭。他遵循《黄帝内经》要"法于阴阳，和于术数，食饮有节，起居有常，不妄作劳，故能形与神俱"之训，结合自己的实际情况，形成了自己的养生模式。

（一）居有时，摩按舒络

杨春波教授认为，人体各个脏腑器官的活动都有一定的时间节律性，顺时养生（即顺应脏腑的时间节律，从而达到养生保健的效果）对于减少疾病的发生十分必要。杨春波教授的时间观念很强，不仅饮食十分规律，起居也有定时。他每天上午5点起床、13点午休、22点夜寐。早晨醒后先躺在床上逆时针摩腹60次、顺推两胁50次。上厕所时，点按睛明穴、迎香穴、太阳穴、风池穴、承山穴，而后擦脸、搓耳。早饭前空腹温水送服自己配的养生粉（西洋参、珍珠粉、田三七，按照1∶1∶1的比例打粉后混合而成）1g，再做自己编的保健操，包括头部运动、颤手、交叉抬手、左右甩手等各30下，推背、揉膝各100次，最后抖身200下，以求畅气活络。做完养生操，杨春波教授还坚持伏案学习1小时，他常说"一日之计在于晨"。每天约1小时的午休也是必要的；19点还要准时看《新闻联播》，并于睡前翻阅报纸杂志。休息日，杨春波教授吃完早餐就会去郊外活动，做做深呼吸，呼吸新鲜空气。

（二）食有节，三"正"两"补"

杨春波教授十分注重日常饮食的规律，饮食既要定时又要适量，同时注意食物的多样化与应季与否。他经常劝说患者要"少吃多餐"，他如是说也如是做。杨春波教授每日三顿正餐、两次点心。他每天早晨7点准时吃早餐，一般是豆浆、面点、一颗白煮蛋加一碟清炒苦瓜；午餐在中午12点，基本上是鱼或肉、青菜、西红柿、二两米饭和一碗汤；晚餐在18点，常是小米粥或面食搭配蔬菜。这便是杨春波教授一天三次正餐。由于坐诊时患者很多，常常下班都会"晚点"，所以在上午10点他会吃一些点心，16点也是如此。为了不让自己处于过于空腹的状态，这个习惯他保持了数十年。

（三）饮淡茶，红绿合配

杨春波教授常在午睡起床后饮茶，他饮茶讲究适量、淡饮、先闻后饮。他认为茶有很多种，但基本可以分为红茶、绿茶、半红半绿三类。其中红茶经过制作后性温；绿茶只加工不制作，性凉，如黄山毛峰；还有一种半发酵，性中和的茶，如铁观音。而杨春波教授喜饮铁观音或将红、绿茶按一定比例同时泡饮，取其中和之性。

（四）趣广泛，知足常乐

杨春波教授兴趣广泛，喜欢欣赏字画、集邮、养花、跳舞、拉二胡，还喜欢收集火柴盒。每到一个地方，他都会捡一块当地有特色的石头作为留念，回来标记上时间和地点，放在自己制作的玻璃箱里。这些虽然都是很普通的石块，但记录了杨春波教授的足迹。他说这些兴趣爱好可以增智、欢心，与紧张的临床工作相间才可以"阴平阳秘"。只要保持良好的心态，胃口就好，脏腑气血功能正常，疾病就不会发生，工作起来也会干劲十足，不觉劳累。

（五）广交友，遍及各界

杨春波教授的朋友遍及各界，有学者、干部，有工人、农民，也有艺术家、老师，有年长者亦有青年朋友，都同他交往甚笃。杨春波教授常说每个人都有自己的特点，他们对于自己来说都是亦师亦友，因此在和朋友们来往的时候不仅能放松心情，而且往往可以增加知识、提高认识。

九、传道之术

作为第二、四、六、七批全国老中医药专家学术经验继承工作指导老师，杨春波教授先后培养了8名学术传承人。

在师承带教过程中，杨春波教授向来以认真严谨、一丝不苟的态度对学生手把手教学，锻炼中医思维、教学临床知识、指导问诊方法及怎样进行医患沟通交流等。他悉心传授自身学术经验，毫无保留，并被学生、弟子们广泛应用于临床，使得学术经验、临证经验得到继承和发展，为人民群众健康服务。

经过多年悉心培养，弟子们大多成为福建省甚至全国中医药事业的骨干人才。其中有福建省名中医1名、博士研究生导师4名、硕士研究生导师7名，还有中国中西医结合学会消化系统疾病专业委员会副主任委员1名，世界中医药学会联合会消化专业委员会副会长1名，中华中医药学会脾胃病分会委员和副主任委员2名、常务委员1名，中国中西医结合学会主任委员4名、常务委员3名，全国高等中医药院校优秀青年1名，首届全国中医药创新骨干人才1名，福建省高层次人才2名。

此外，杨春波教授带领团队组建国家级、省级学会分会4个，创办了"福建岐黄论坛"。2015年，杨春波教授提出"60岁是中医医师的黄金时期，应该要把他们组织起来，研究传承方法、总结临证经验、讨论中医药学术问题，以利后人传承"，当时杨春波教授已是耄耋之年。于是在他的牵头号召下，福建省中医药学会传承研究分会经过繁杂的筹备工作，终于在2016年年底于福州正式成立，学会在杨春波教授的推动下每年召开学术会议，通过学术活动推动名老中医经验的梳理总结；组织年轻学生对福建省历代名中医的学术思想和临证经验进行总结编撰，目前已经整理出版了《福建省名中医学术经验集萃》和《福建现代中医医案医话》两本著作。关于第二届福建省名中医的两本著作正在编写中，而对第三批福建省名中医学术思想及临证经验的编书工作也已提上日程。同时创建了国医大师杨春波传承工作室，开展了大量学术活动，成功连续举办了多届"春波讲堂"，也系统整理了杨春波学术经验集，出版了《杨春波论医集》《杨春波脾胃病十讲》《现代中医消化病学》《脾胃学说与临床》等丛书。带领团队申报并完成"十五"国家科技攻关计划课题、福建省2015年科技规划七大重点课题、福建省中医药重点课题等。目前国医大师杨春波工作室已经成为一个科研、临床、教学相结合的工作室，门下弟子及再传弟子达百余人，遍布国内，走向海外。

杨春波学术传承谱

杨春波

↓

1. 博士/硕士研究生：

博士：胡光宏（2009年）、骆云丰（2022年）

硕士：柯　晓（1989级）、马　健（1991级）、付肖岩（1993级）、李秀娟（1994级）、
　　　许惠娥（1995级）、王文荣（2009级）

2. 全国老中医药专家学术经验继承人：

第二批：黄恒青、柯　晓；第四批：王文荣、胡光宏；

第六批：骆云丰、任　彦；第七批：黄铭涵、林燕玉

3. 国家"十五"科技攻关课题传承人：黄恒青、柯　晓、唐福康、付肖岩、陈寿菲、杨永昇、骆云丰

4. 中国中医科学院科技创新工程学部委员学术传承与传播专项传承人：杨正宁

5. 福建中医药大学附属第二人民医院工作室传承人：

骆云丰、任　彦、汤水华、陈敏琴、陈小玲、方文怡、赵培琳、潘静雯、刘启鸿、郑泽宇、
林秀珍、潘晨璟、胡剑云、张晓钰、王宁馨、吴冬妹、陈　盈、肖岑昕、胡露楠、姚柱豪、
林　翔、林国晟、谢秋雨、方萍萍、卢艺丹、黄铭涵、林燕玉、杨正宁、陈　鉴、林湖灿、
杨欣怡、黄雅滢、黄守玲、洪　婕、倪艺婧、徐兴维、罗邦水、林育群、林曼仪、薛书逸、
丘琰芹、李芳睿、李海杰、陈慧姗、陈卓、陈浩、沈宇、林诗莹、蔡心怡、张思榆、邱希瑶、
黄玎玲、杨漩嵩、林　禹、张婷钰

6. 广州中医药大学工作室传承人：

黄绍刚、陈君千、李　叶、张海燕、梁丹红、袁瑞兴、卢晓敏

7. 传统跟师传承人：杨永昇、魏可法、张海鸥、杨锦生、郭健苗

注：上表内容更新至2024年2月以前。

（杨正宁、陈鉴整理）

（张燕编辑）

邹燕勤

邹燕勤（1933—　），女，江苏无锡人，中共党员。生物学、中医学双学士，南京中医药大学教授、博士研究生导师、中医药传承博士后导师、江苏省中医院主任中医师。首届中国中医科学院学部委员，全国老中医药专家学术经验继承工作指导老师，全国中医临床优秀人才指导老师，国家重点学科、中医肾病专科学术带头人。曾任南京中医药大学附属医院党委副书记、副院长（均主持过工作），南京中医药大学中医系副主任，国家新药（中药）审评委员会委员，国家自然科学基金会通讯评委，中华中医药学会肾病分会创会副主委（现顾问），兼任世界中医药学会联合会肾病专业委员会顾问、国家药品监督管理局药品审评中心古代经典名方中药复方制剂专家审评委员会委员。享受国务院政府特殊津贴。2017年被授予第三届"国医大师"称号。

邹燕勤是孟河医派第四代传人，继承其父一代名医肾病宗师邹云翔教授的治肾学术思想，传承、创新、发展邹氏肾科"补益肾元"的学术思想体系。1986年提出的慢性肾炎、慢性肾衰竭两个辨证分型标准成为行业标准。研制新药4个，其中"黄蛭益肾胶囊""参乌益肾片"获国家新药证书，上市后其疗效广受赞誉。科研成果获中华中医药学会科学技术奖、江苏省科学技术进步奖等7项；出版专著10余部；培养弟子100余名。

一、学医之路

邹燕勤之父邹云翔，师承孟河名医费伯雄高足刘莲荪先生，精通中医各科，尤擅治肾脏病。1954年创立国内第一个肾脏病研究小组，1955年出版我国第一部肾病专著《中医肾病疗法》，是我国中医肾病学的开拓者与奠基人。曾任江苏省中医院院长28年，中央保健会诊医师30余年，一级教授，我国首批博士研究生导师。邹燕勤自幼耳濡目染、聪颖好学，在父亲的教导下诵读古文经典，打下了良好的国学根基。

1947～1950年，邹燕勤就读于南京汇文女中（今南京人民中学），因成绩优异连续获全额奖学金直至初中毕业，免去了教会学校昂贵的学杂费。1950～1953年就读于公立无锡梅村师范学校，1953年由学校保送入江苏师范学院生物系就读，后因院系调整，随系迁入南京师范学院生物系。1957年，邹燕勤毕业于南京师范学院生物系，获生物学学士学位，因成绩名列前茅而留校任植物学助教。生物学的基础，对邹燕勤认识疾病、治疗用药、科学研究等产生一定的影响。

20世纪五六十年代，适逢国家开展培养名老中医学术接班人工作，1962年2月邹燕勤奉命调入南京中医学院，正式从事中医药临床和教学工作，继承其父邹云翔的事业，同年秋天进入南京中医学院医疗系六年制本科在职学习中医，1968年取得中医学学士学位，成为中医界少见的双学士医家。毕业后她被派往南京中医学院附属医院（江苏省中医院）从事中医临床医教研工作至今。20世纪70年代初期她参加名中医学术继承班，仍师承其父邹云翔，在职学习两年，结业后被派继续跟随父亲学习。邹燕勤协助父亲医、教、研及中央保健会诊等工作20余年，门诊、病房、各地出诊、会诊时均侍诊左右，勤观细琢，深得邹云翔真传，医术渐精。

二、成才之道

邹燕勤结合自身的经历，在中医成才经验方面提倡"四个结合"：大学教育与师承、家传学习相结合，学习经典著作与选读历代名家医案相结合，门诊抄方与病房管床、老师查房指导相结合，集众家之长与悟一己之得相结合。

（一）大学教育与师承、家传学习相结合

自古以来中医培养学术传人，是以跟师学习为主要形式，其中包括师承、家传

等方式。例如黄帝拜岐伯为师，黄帝传承了岐伯的知识，发扬光大，著成中医经典之作《黄帝内经》。金元时期张元素带徒李东垣，罗知悌带出了朱丹溪，清代王晋三带出了叶天士，都是名医大家。中华人民共和国成立后，为培养中医人才大办中医教育事业，增办中医医院。邹燕勤认为大学教育与师承、家传学习相结合的方法更能培养中医优秀人才。

（二）学习经典著作与选读历代名家医案相结合

邹燕勤在跟随父亲临床之初，父亲为其列出的书单，归纳为经典著作与历代名家医案两大类，要求长期反复阅读，并联系临床实践去读。邹燕勤谨遵父亲教诲，熟读中医四大经典，尤其将《内经》原文烂熟于心，指导临床实践。如整理学习父亲运用《内经》反佐疗法治疗疑难杂症的经验，运用于治疗疑难复杂的肾脏疾病，常能获效。名家医案中邹燕勤读的最多的是叶天士、王孟英、费伯雄、丁甘仁等医案。此外，还经常研读本草书籍。熟读经典，选读医案，开卷有益。邹燕勤在繁忙的诊疗工作之余，反复研读经典医籍及名家医案，以及跟随父亲时抄方的跟师记录，常常产生新的体会、新的思路。

（三）门诊抄方与病房管床、老师查房指导相结合

邹燕勤认为，现代中医师应系统掌握门诊、病房诊治要领，医术方能全面。学习中医必须跟随名师临床抄方，病房管床与名师查房指导相结合。跟师门诊抄方，每次门诊结束后认真整理每位患者的各诊次资料，归纳老师的辨证规律，揣摩老师的常用方药，体悟老师的诊疗经验。能有幸跟随名师抄方与管理病房床位，将习得的经验方法运用于临床，接受老师查房指导，自然会进步较快。

（四）集众家之长与悟一己心得

"中医要像蜜蜂一样，采集百花之精英，为临床实践服务。"这是父亲邹云翔常说的。中医学派各有所长，勤习各家医籍、医案，悉心研究，融会贯通，才能取得卓著的疗效。在临床实践中，邹燕勤经常虚心向各学科的前辈师长请教，包括向西医大夫学习抢救知识。通过对孟河医派各家学术思想的学习与传承，尤其是《医醇賸义》的学习，对孟河费氏和法缓治的治则治法深有体会，应用到肾病临床治疗中疗效颇著。又如学习李东垣益气升阳、甘温除热法，治肾重视脾胃的调治，对老年病、虚劳患者的治疗亦大有裨益。

邹燕勤提倡"多学习、多实践"，勤学、善思、多悟，在临床中继承发扬，方可独树一帜。

三、学术之精

（一）秉承父学，立足肾气，补益肾元治求本

邹燕勤秉承其父学术思想，重视肾气在人体的重要作用。认为肾乃先天之本，五脏之根，是全身脏腑功能的化源，对人的生长发育、预防疾病、健康延年等方面都非常重要。肾气，即肾元，也即肾藏之元阴元阳（包括肾精），是人体最宝贵的物质与最重要的功能。保护好肾的功能，能促进生长发育，减少疾病与提高疗效，却病延年。

肾气不足是肾脏疾病发生的根本内在因素。肾炎发病的原因，总不越内因、外因。内因主要是指人的肾气，外因是指外感诸邪、疮毒、药毒等。但凡肾气充足，即使外感六淫或疮毒，或使用常规剂量的肾毒性药物，一般都不会发生肾炎、肾病。肾脏疾病发生与否，其决定因素在于肾气的强弱。肾气，泛指肾的气化功能，某种程度上可以理解为人的体质，人体的正气，也包括调节免疫，抵抗肾脏病发生的功能。

维护肾气，补益肾元，加强肾的气化功能，是治疗肾系疾病的根本原则。具体措施：其一，用药上常于辨证论治方中，根据患者脏腑亏损程度佐以益肾之品，如川续断、桑寄生、地黄、山萸肉之类。其二，根据"阴阳互根"之理，于温肾之剂中佐入制首乌、黄精、白蒺藜、怀牛膝之属，以达"阴中求阳"；在滋肾方中伍以菟丝子、淫羊藿等，以期"阳中求阴"。其三，避免过用苦寒、辛凉、温燥之品以免损伤、克伐肾气，必要时可小量短期服用，同时注意药物配伍，以制其偏性。抗生素及磺胺类药物常致伤肾，临床要慎用、少用，尽量不用。

（二）五脏相关，整体调摄，治肾而不泥于肾

邹燕勤继承父亲的学术观点："肾脏有病，非特肾脏有损伤，即内脏各部门都不健全，抵抗力薄弱，才会生肾脏病。"治肾而不泥于肾，在治疗肾脏病时以肾为主，兼顾他脏，根据病情常常从脾、从肺、从肝、从心论治，多脏器同治，辨证论治，整体调摄。

肾气受损，累及他脏，而脾胃受累者多。在慢性肾脏病的治疗中，邹燕勤重视调理脾胃，提出"补肾必顾脾"。健脾补肾法是常用之法，包括补脾肾之气、温脾肾之阳、补脾肾之气阴等。有时根据病情而专治脾胃为主，如慢性肾脏病中脾气受损、脾虚湿困、中虚气滞、胃气上逆、肝胃不和、脾胃虚寒、湿热蕴中等证候均需注重

治理中焦，分别采用健脾益气法、运脾芳化法、补中理气法、和胃降逆法、调肝扶脾法、温中益胃法、清胃和中法、健脾渗湿法、通腑调畅法等而获效。

在急慢性肾炎、肾衰竭中都有金水同病的证候，而常用养肺益肾法，方选麦味地黄汤、参芪地黄汤加减。此外，肺之经脉通于喉咙，是肺之门户。《灵枢·经脉》云："足少阴之脉……入肺中，循喉咙，挟舌本。"外邪循经至肾，可发为"风水""肾风"。若慢性肾脏病患者外感之时以肺经病变为主者，应从肺论治为主，根据病情辨证论治，采用疏风宣肺、清热利咽、清肺解毒、补气固卫、补肺肾气阴等法。

在治疗慢性肾炎的某些阶段出现肝肾同病者，注意从肝论治。常用方法有清肝解毒法、养肝滋肾法、平肝潜阳法、疏肝和络法等。此外，还有疏滞泄浊法，常用于治疗慢性肾炎中使用激素、雷公藤、免疫抑制剂而疗效不显，蛋白尿不消，药物副作用明显者，方选越鞠丸加减。

慢性肾脏病，特别是慢性肾衰竭严重或晚期的患者，常合并心脏病变，出现心肾综合征，甚则危及生命，此种情况需从心论治。

慢性肾脏病病情复杂，有时根据临床实际需要多脏多腑、复法复方同治才能见效。肾病水肿，多从肺、脾、肾三脏入手，常以宣通肺气、调运脾气、补益肾气三法并施，复方调治。进入肾衰竭阶段，除脾胃外，其他如肺、心、肝及各种腑病都能出现，而他脏病变亦常致肾病。故邹燕勤强调治肾不能拘泥于肾，要整体辨证治疗，方可获得良效。

（三）运行血气，燮理三焦，平衡阴阳不偏胜

百病皆生于气。邹燕勤认为，通过活血和络，运行血气，达到增强肾气的目的，经络血气运行通畅，则百病不生。通过补行宣降，加强肾的气化。肾病皆有血气郁滞，络脉运行不畅，肾络闭塞不通的病理，运用活血和络之法常能提高疗效，对慢性肾病久病入络，从血分求之，疗效更为明显，故常说"久病必和络"。根据瘀血程度分别采用和血、活血、破血类药物。此外，对于肾络闭塞，肾脏萎缩者，还参以化痰软坚之品，佐入生牡蛎、海藻、昆布之类。

"久病体虚，阴阳俱不足，只是偏胜而矣。"不论老年肾虚或老年肾炎、肾衰竭，肾气自虚或渐衰，气血阴阳俱不足，且常兼夹外感、水湿、湿热、瘀血诸邪。用药上始终要注意：维护肾气，平衡阴阳；调理脾胃，顾护后天；注意和络，运行血气；勿用攻伐，平药为上。

五脏之中唯肾与肺最为柔脆，而肺为五脏华盖，位居于上，外感六淫，内伤痰饮火热皆可伤肺，治肺为急，用药最贵轻清灵动，切忌过燥过辛。脾以健为运，胃以通为补。健脾宜升，如东垣之法，可补中益气、调中益气、升阳益胃；通胃宜降，

如和胃降逆、清热和中、温中散寒。治法不一，其要在于健运。肾炎、肾衰竭等肾系疾病，病位深处下焦，肾元虚损，或虚实夹杂之证，治非易事，药非轻浅能达病所，久痼之症亦非一日之功，故药量较大，用药偏于补肾之品较多。

（四）本虚标实，轻重缓急，分期分段辨主次

肾病的辨证，以虚实为纲。暴病多实，久病多虚，实中常夹有虚象，虚中亦夹有实候。虽然纯虚纯实之证亦有，但以本虚标实者居十之七八，特别是慢性肾脏病，务必重视扶正祛邪。视不同病程，病情轻重，标本缓急，分清主次先后而灵活处理。

围绕疾病主要矛盾，分期分阶段治疗。在病期的不同阶段，治疗的侧重点不同。辨证应着眼于不同阶段的主要临床表现，以阶段性的治疗目的为辨证的中心。如慢性肾炎的治疗分为水肿期和非水肿期，治疗一般先侧重治其肿，肿退后重点调治脏腑虚损，治疗蛋白尿并保护肾功能。

（五）医宗孟河，和法缓治，平淡之中显神奇

孟河医派名医费伯雄先生谓："不足者补之，以复其正；有余者去之，以归于平。是即和法也，缓治也。……天下无神奇之法，只有平淡之法，平淡之极，乃为神奇。"受孟河费氏的治疗风格影响，邹燕勤治疗各种慢性肾脏疾病，宗和缓为法。治疗慢性肾衰竭，扶正祛邪时注意平补平泻，缓缓而治。扶正用平补而不用峻剂，常以甘平之剂平补肾元，使用温而不燥、滋而不腻、补而不滞的药物，以增一分元阳，长一分真阴为目的。祛邪运用缓攻缓泻，不用峻猛攻泻之法。不妄投辛热、苦寒、阴凝之品，防温燥伤阴，寒凉遏阳，伤败脾胃，戕伤正气。肾病日久需长期调治，故以平为上，缓缓图治。如治慢性肾病水肿，淡渗利水，轻药重投，而不用峻猛攻逐之剂，不伤正气，不伤阴液，缓消其水而见良效。

（六）施药多途，摄生保健，综合治疗增疗效

慢性肾衰竭是多种慢性肾脏疾病末期出现的肾元衰竭、湿毒潴留、虚实错杂的病症。邹燕勤在临证中总结出中药口服、灌肠、静脉滴注，甚至配合药浴、穴位贴敷等多途径的方法综合治疗，临床疗效明显提高。早期一般单服中药，中晚期则配合静滴及灌肠。慢性肾脏疾病病程较长，虚损者难得骤补获功，治疗除汤剂外，经常配合丸、散、膏、丹诸剂型，既方便患者，又宜病久缓图。也配合艾灸、针刺与推拿，提高患者生活质量。

除药物治疗外，患者的摄生保健也非常重要，常常影响患者的治疗预后。邹燕勤常嘱患者：一要注意饮食，既要保证营养，又宜清淡，避免发物，以免诱发肾脏

病情的变化；二要防止外感，避风寒暑湿诸邪外袭，以免诱发加重病情；三要避免毒物伤肾，包括外界环境中的毒物，饮食物中的毒物，以及药毒；四要避免劳累，劳倦过度损伤肾元，伤败已衰竭之肾气，宜适度的活动，以不疲劳为原则，少劳莫大疲；五要注意情志调节，恬淡虚无，保持平和的心态，放松的心情，处事泰然，有助于周身气机的调畅，气血冲和，则有利于肾病治疗，这方面亦需要家人的配合。

四、专病之治

（一）慢性肾炎

慢性肾小球肾炎（chronic glomerulonephritis），简称慢性肾炎（CGN），是一组原发于肾小球的疾病，其起病隐匿，临床表现多样，轻重不一，病情迁延，随着病情的发展，可出现肾功能减退，贫血，电解质、矿物质代谢紊乱等情况，最终可导致慢性肾衰竭而危害生命。国内 1397 例慢性肾衰竭的资料表明，在引起终末期慢性肾衰竭的各种病因中，慢性肾炎占 64.1%，居首位。2010 年中国血液净化病例信息登记数据中，原发性肾小球疾病占 57.4%，为第一位病因，其中主要的就是慢性肾炎。慢性肾炎根据其临床表现，归属于中医"水肿""腰痛""肾风""尿血""尿浊""虚劳"等病范畴。

1. 病因病机

（1）发病之因，内外相因：慢性肾炎的发病是内外因共同作用的结果，内因导致脏腑虚损是发病之本，感受外邪毒物是致病条件，内外相因，缺一不可。先天禀赋不足、后天调摄失宜，加之劳倦过度、房事不节、七情所伤等内因，导致脏腑功能受损。脏腑虚损，以肾气不足为本。肾气不足即抗御肾炎发生的免疫功能受损，是慢性肾炎发生的根本内在因素。而感受六淫外邪、毒物损伤是慢性肾炎发生的外在因素，也是重要条件。风邪内扰，可出现水肿、蛋白尿、血尿等肾炎的表现。慢性肾炎的临床表现时轻时重，可因感染而诱发急性加重，这些符合风邪致病的特点。因此，风邪既是慢性肾炎发病的外因之一，也是慢性肾炎急性发作和诱发加重的重要因素。外因中的毒物损伤，包括肾毒性药物和其他肾毒性的物理化学物质。

（2）发病之本，脾肾虚损：慢性肾炎的发病中，脏腑虚损主要责之于脾肾。先天禀赋不足，后天失于调养，脏腑功能受损，免疫功能失调，病邪乘虚而入，就会导致肾炎的发生。所以，脾肾虚损是慢性肾炎发病的病理基础。慢性肾炎的病变脏腑除肾与脾之外，与肺（咽喉）、肝、心的关系也非常密切。

（3）病机之要，脾肾气虚：脾肾虚损尤以气化功能虚弱最为关键。因慢性肾炎常见的水肿、蛋白尿、血尿等，实则为精、气、血、津液等物质代谢与转化障碍的结果，而这些物质代谢与转化的过程即为气化运动的过程。肾为气化运动的根本，脾乃气化运动之枢纽，脾气散精，藏精于肾。脾肾之气充盛，则水液得以正常运行，精微归于正化。而《灵枢·口问》云："中气不足，溲便为之变。"脾肾气虚则气化无权，转输失职，水液潴留，发为水肿。蛋白质乃水谷之精微，由脾所化生，为肾所封藏。若脾肾气虚，则肾之开阖失司，封藏失职，脾运不健，不能升清，则谷气下流，精微下泄，出现蛋白尿。脾肾气虚，封藏失职，统固无权，血溢脉外，亦会出现血尿。所以，慢性肾炎临床症状发生的病理机制是以脾肾气虚为基础的。

（4）病变之标，风水湿瘀：慢性肾炎是本虚标实的证候。在本虚的基础上，若出现外感，兼夹水湿、湿热、瘀血等病邪，这常常关系到病情的反复、迁延，甚至成为肾功能恶化或加重的因素。

综上所述，慢性肾炎是本虚标实，以虚为主的证候，内外相因而发病，脾肾虚损是病变之本，又可兼夹风、水、湿、瘀等邪为患。

2. 辨证论治

慢性肾炎是本虚标实的病候，临床辨证首先根据主症，辨别脏腑病位，是在肾、在脾、在肺、在肝，还是多脏同病。辨明患者的病位病性后，即可明确其本证所属。在本证的基础上常兼夹一种或多种标证。治疗上强调扶正祛邪，标本兼顾，处处以顾护肾气为要。扶正不忘祛邪，祛邪不忘固本。扶正与祛邪可视标本缓急和病情轻重而分主次先后。

（1）本证

①脾肾气虚证

证候：主症见腰脊酸痛，疲倦乏力，或浮肿，纳少或脘胀；次症见大便溏，尿频或夜尿多，舌质淡红、有齿痕，苔薄白，脉细。

治法：健脾补肾益气。

方药：参苓白术散或四君子汤加减。常用药：太子参15g，生黄芪30g，白术15g，茯苓15g，生薏苡仁20g，怀山药20g，川续断15g，桑寄生15g，泽泻15g。脾虚湿困，舌苔白腻者，加苍术10g，藿香12g，佩兰12g以健脾化湿；脾虚便溏者，加炒扁豆15g，炒芡实20g健脾助运。肾虚腰痛明显者，加狗脊15g，功劳叶15g补益肾气。

②肺肾气虚证

证候：主症见颜面浮肿或肢体肿胀，疲倦乏力，少气懒言，易感冒，腰脊酸痛；次症见面色萎黄，舌淡，苔白润、有齿痕，脉细弱。

治法：补气固卫。

方药：玉屏风散加味。常用药：生黄芪30g，太子参15g，炒白术10g，防风5g，茯苓皮30g，生薏苡仁30g，川续断15g，桑寄生15g，泽泻15g。热结咽喉，咽喉肿痛者，加玄参10g，麦冬15g，射干10g，冬凌草10g，牛蒡子15g以清利咽喉。肺经热盛，咳嗽，咳黄痰者，加桑白皮15g，炒黄芩10g，鱼腥草30g，金荞麦30g，冬瓜仁15g以清肺化痰。

③脾肾阳虚证

证候：主症见全身浮肿，面色㿠白，畏寒肢冷，腰脊冷痛（腰膝酸痛），纳少或便溏（泄泻、五更泄泻）；次症见精神萎靡，性功能失常（遗精、阳痿、早泄），或月经失调，苔白，舌嫩淡胖，有齿痕，脉沉细或沉迟无力。

治法：温运脾肾。

方药：理中丸合济生肾气丸或右归丸加减。常用药：熟附子10g，淡干姜10g，炙桂枝6g，党参15g，生黄芪30g，炒白术12g，生薏苡仁20g，茯苓15g，淫羊藿15g，菟丝子15g，枸杞子20g，车前子30g，怀牛膝15g。若肾阳虚甚，形寒肢冷，大便溏薄明显者，加肉桂3g（后下），补骨脂12g，骨碎补15g温补脾肾；腰痛明显者，加制狗脊15g，杜仲20g，川续断15g，桑寄生15g；遗精、阳痿、早泄、尿频者，加巴戟天15g，蛇床子15g，韭菜子15g（包），金樱子15g，芡实15g，莲子10g，莲须10g，覆盆子15g，桑螵蛸10g，乌药6g以补肾固摄。

④肝肾阴虚证

证候：主症见目睛干涩或视物模糊，头晕耳鸣，五心烦热或手足心热或口干咽燥，腰脊酸痛；次症见遗精，滑精，或月经失调，舌红少苔，脉弦细或细数。

治法：滋肾养肝。

方药：杞菊地黄丸加减。常用药：枸杞子20g，杭菊花15g，生地黄12g，山萸肉10g，制首乌12g，怀山药15g，云茯苓15g，杜仲20g，怀牛膝15g。肝阳上亢者，加明天麻12g，钩藤15g以平肝潜阳；下焦湿热者，加知母12g，黄柏6g，石韦20g，车前草15g以清利湿热；伴血尿者，加大蓟15g，小蓟15g，白茅根30g，荠菜花20g以清利凉血止血。

⑤气阴两虚证

证候：主症见面色无华，少气乏力，或易感冒，午后低热，或手足心热，腰痛或浮肿；次症见口干咽燥或咽部暗红、咽痛，舌质红或偏红，少苔，脉细或弱。

治法：益气养阴。

方药：参芪地黄汤加减。常用药：生黄芪30g，太子参15g，生地黄12g，山药15g，山萸肉10g，牡丹皮12g，泽泻15g，茯苓15g，菟丝子15g，制首乌20g，枸杞子20g。若大便干结者，加玄参10g，柏子仁12g，制大黄6g以清热润肠通便；咽干咽痛、咽部暗红者，加玄参10g，麦冬15g，桔梗6g，生甘草3g，南沙参15g，赤芍15g以养阴活血利咽；肺卫气虚、易感冒者，加炒白术10g，防风10g以益气固表。

（2）标证

①水湿证

证候：主症见颜面或肢体浮肿。次症见舌苔白或白腻，脉细或细沉。

治法：渗湿利水。

方药：五苓散加减。常用药：茯苓皮30g，生薏苡仁30g，猪苓15g，泽泻20g，车前子30g。加减：骤起眼睑及全身浮肿，伴咳嗽者，加防风10g，杏仁10g，桑白皮15g以疏风宣肺利水；胸闷、气喘，不能平卧，或喉间痰鸣，舌苔白腻，脉弦滑者，加苏子10g，莱菔子10g，葶苈子12g以泻肺行水、下气平喘；若腹胀、水肿明显者，加大腹皮15g，桑白皮15g，陈皮10g以利水消肿；若下身水肿较甚，形寒怕冷，手足不温者，加熟附子10g，淡干姜10g以温阳利水。

②湿热证

证候：主症见皮肤疖肿、疮疡，咽喉肿痛，小溲黄赤、灼热或涩痛不利，面目或肢体浮肿。次症见口苦或口干、口黏；脘闷纳呆，口干不欲饮；苔黄腻，脉濡数或滑数。

治法：清热利湿。

方药：八正散加减。常用药：车前草15g，泽泻15g，生薏苡仁20g，白茅根20g，芦根20g，炒山栀10g。咽喉肿痛者，加玄参10g，射干10g，冬凌草10g，金银花10g，黄芩10g，牛蒡子15g等清咽解毒；脘闷纳呆，口干口黏者，加苍术10g，白术10g，黄连3g，法半夏6g，陈皮10g清化和中；小溲黄赤、灼热或涩痛不利者，加萹蓄15g，瞿麦15g，石韦20g，蒲公英20g，紫花地丁20g清热解毒通淋；皮肤疖肿疮疡者，加金银花15g，野菊花15g，蒲公英15g，紫花地丁15g，土茯苓20g清热解毒消痈。

③血瘀证

证候：主症见面色黧黑或晦暗，腰痛固定或呈刺痛，舌色紫暗或有瘀点、瘀斑；次症见肌肤甲错或肢体麻木，脉象细涩，尿FDP（尿纤维蛋白降解产物）含量升高，血液流变学检测全血、血浆黏度升高。

治法：活血化瘀。

方药：桃红四物汤、血府逐瘀汤加减。常用药：桃仁10g，红花6g，丹参20g，赤芍15g，川芎10g，当归10g，枳壳10g，怀牛膝15g，泽兰15g。瘀血明显者，加莪术、三棱、参三七等加强活血之力；瘀血较甚，水肿经久不退，尿蛋白不消者，加制僵蚕 10g，全蝎 3g 等祛风通络；全身疲乏无力，胃纳少，药物性库欣综合征，妇女闭经，舌苔白腻，脉细者，加苍术 10g，制香附 10g，郁金 15g，半夏 10g，陈皮 6g，神曲 15g 疏滞泄浊。

④湿浊证

证候：主症见纳呆，恶心或呕吐，口中黏腻，舌苔腻，血尿素氮、肌酐偏高；次症见脘胀或腹胀，身重困倦，精神萎靡。

治法：化湿泄浊。

方药：胃苓散合小承气汤加减。常用药：制苍术 10g，炒白术 10g，茯苓 15g，姜半夏 10g，陈皮 10g，制大黄 3～15g，生牡蛎 40g，六月雪 20g，泽泻 15g，车前子 20g。舌苔浊腻者，加藿香 10g，佩兰 10g，砂仁 3g 化湿泄浊；恶心呕吐较甚者，可加姜竹茹 10g，黄连 3g 和胃降逆；皮肤瘙痒者，加土茯苓 20g，地肤子 15g，白鲜皮 15g 祛风泄浊解毒。

3. 诊治特色

（1）益肾健脾，补气为先：慢性肾炎的病理基础是脾肾气虚，故补益脾肾之气是其治本之治。邹燕勤认为"补肾必健脾，健脾必补气"。益肾可维护肾气，加强气化功能。肾气包括了肾阴肾阳，故补益肾气应注意以平为要。常用川续断、桑寄生、杜仲、狗脊等平补肾气之品。健脾可助生化之源，健脾又可强后天而养先天，以达脾肾双补之效。注意脾肾兼顾，两者不可偏废。临床上有偏脾虚与偏肾虚者，治疗上因此而有侧重。发生于中青年者多偏脾虚，幼年即病或老年患者，尤多肾虚。偏脾虚者，以补脾为主，兼顾补肾。偏肾虚者，以补肾为主，兼顾补脾。遇有脾虚和肾虚侧重不明显者，则脾肾并补。脾乃气血生化之源，补气与健脾两者不可分。

益肾健脾补气法，取四君子汤或参苓白术散之意，常用药：川续断 15g，桑寄生 15g，太子参 30g，生黄芪 30g，炒白术 10g，茯苓 30g，生薏苡仁 20g 等。川续断味苦辛，性微温；桑寄生味苦甘，性平，均为平补肾气之品，若患者腰酸较甚，加入杜仲等补肾强腰。生黄芪味甘微温，归脾、肺经，具补气健脾、利水消肿之功。太子参味甘，微苦，其性略偏寒凉，补气健脾，兼能养阴生津，与黄芪相伍，可制约其甘温益气之温燥之性，又可防利湿之品苦燥伤阴。白术益气健脾，燥湿利水；薏苡仁、茯苓甘淡渗湿，健脾利水，三者既可扶正，又能祛邪。喜用生黄芪、太子参等，此类药物具有调节免疫的作用，实验研究能降低蛋白尿。黄芪乃补气药之最，能补诸虚不足，即《内经》所云："高者抑之，低者补之。"其在肾病蛋白尿的治疗上很有价值，常遣生黄芪补气益肾健脾，行水消肿，根据病情重用至 30～60g，配以小剂量防风舒发以防气机壅滞，并助药力布散周身。

气虚日久伤阴，转为气阴两虚证，此时须补气而兼顾养阴，取参芪地黄汤之意，在补气药中加入生地黄、熟地黄、山萸肉、枸杞子、制首乌等补益肾阴之品。气为阳之微，肾炎后期气虚渐损及阳，或阴伤及阳，出现脾肾阳虚证者，方拟右归丸或理中丸合济生肾气丸加减，常用党参、生黄芪、菟丝子、淫羊藿、枸杞子等药，脾肾并补，温阳药常选菟丝子、淫羊藿等平补肾阳之药，少用桂、附等辛温大热之品，以防耗真阴损真气，阳虚证重时才用，遣方用药上注意配伍味甘凉润之品，以制约其辛温之性。气虚可兼见血虚，此时当补气养血，着重健脾益气，常用归脾汤、八珍汤，或于补气药中加入当归、白芍、制首乌、枸杞子等养血之品。

（2）脾肾为主，多脏同治：慢性肾炎的治疗不拘泥于肾，常根据辨证多脏器同治。包括肺肾同治、肝肾同治、心肾同治。肺肾同治，常用如下几法：补气固卫法，适用于肺肾气虚证，见于慢性肾炎缓解期，方选玉屏风散加味，药用：生黄芪30g，太子参15g，炒白术10g，防风5g，川续断15g，桑寄生15g，茯苓皮30g，生薏苡仁30g，泽泻15g；宣肺利水法，适用于风水犯肺证，见于慢性肾炎急性发作期，方选三子养亲汤、葶苈大枣泻肺汤加减，药用：苏子10g，莱菔子10g，葶苈子12g，杏仁10g，防风10g，桑白皮15g，泽泻15g，茯苓皮30g；清热利咽法，适用于热结咽喉证，见于慢性肾炎外感初期，方选玄麦甘桔汤合银翘散加减，药用：玄参10g，麦冬15g，桔梗5g，射干10g，牛蒡子15g，金银花15g，连翘15g，制僵蚕12g，蝉蜕6g，生甘草5g等；清肺解毒法，适用于肺经热盛证，见于慢性肾炎合并呼吸道感染，方选桑白皮汤加减，药用：桑白皮15g，炒黄芩10g，紫菀15g，款冬花15g，鱼腥草30g，金荞麦30g，冬瓜仁15g，浙贝母（杵）12g，南沙参15g，麦冬15g；养肺滋肾法，适用于肺肾阴虚证，见于慢性肾炎合并呼吸道感染的恢复期，方选麦味地黄汤加减，药用：南沙参20g，北沙参20g，百合20g，玄参10g，麦冬20g，生地黄12g，山萸肉10g，怀山药15g，茯苓15g，生薏苡仁20g，泽泻15g。

慢性肾炎肝肾同病者，或合并肾性高血压，在某些阶段出现肝功能异常，须从肝论治。常用方法：清肝解毒法，用于肝功能损害见有肝经湿热者，常用药物有柴胡、炒子芩、半夏、制大黄、贯众、土茯苓、垂盆草、田基黄、鸡骨草、凤尾草、蛇舌草、五味子等；养肝滋肾法，见于肝功能受损后恢复期，见有肝肾阴虚者，常用药物有当归、白芍、枸杞子、生地黄、山萸肉、山药、制首乌、茯苓、牡丹皮、泽泻等；平肝潜阳法，用于肾性高血压，见有肝肾阴虚，肝阳上亢者，常用药物有天麻、钩藤、白蒺藜、夏枯草、豨莶草、厚杜仲、怀牛膝、桑寄生、细生地黄、山萸肉、制首乌、茯神等；疏肝和络法，用于慢性肾炎合并肝胆疾病日久不愈，见有气滞血瘀者，常用药物有制香附、广郁金、川楝子、佛手片、丹参、川芎、赤芍、桃仁、红花、泽兰、泽泻、车前子等。此外，还有疏滞泄浊法，常用于治疗慢性肾炎中使用激素、雷公藤、免疫抑制剂而疗效不显，蛋白尿不消，药物副作用明显者，越鞠丸主之，常用药有苍术、生薏苡仁、制香附、广郁金、合欢皮、法半夏、广陈皮、川芎、当归、神曲、茯苓等。

慢性肾炎患者久病及心者，常心肾同治。心气虚，出现心悸、乏力、眩晕、失眠者，常用太子参、生黄芪、炒白术、茯苓、茯神、酸枣仁、丹参、远志等补益心气，养心安神。心气心阴不足，出现气短、自汗、口干、心悸者，常用太子参、麦冬、五味子、首乌藤、酸枣仁、碧桃干等益气养阴。心肾阴虚，出现口干、心烦、失眠、腰膝酸软者，常遣生地黄、麦冬、山萸肉、怀山药、茯苓、泽泻、牡丹皮、丹参等滋养心肾。心肾阳虚，水气凌心，出现下肢肿甚、心中惊悸者，选用熟附子、炙桂枝、淡干姜、淫羊藿、丹参、炒白术、茯苓皮、猪苓、泽泻、车前子、怀牛膝等温阳利水。若气滞痰瘀致心胸阳气不展，出现胸闷、胸痛、心悸者，喜用丹参、川芎、降香、全瓜蒌、薤白头、炙远志宽胸理气，祛痰化瘀。

（3）扶正渗利，轻药重投：慢性肾炎水肿的治疗当以利水消肿为第一要务。无论水肿轻重，病程新久，邹燕勤总以健脾益肾、淡渗利水为主法。根据病情、脾肾虚证的不同，具体运用补脾肾之气，补脾肾气阴，或温脾肾之阳的方法，扶正补虚治疗本证，涉及心、肝、肺的虚损，常应顾及。而淡渗利水之法为必用之法。

慢性肾炎水肿的患者脾肾虚弱，脏腑虚损，病程长久，肿势缠绵，若用大戟、芫花、甘遂、商陆、黑丑、白丑等攻下逐水的药物，或可取一时之效，但戕伐正气，水肿势必卷土重来，故只可缓图，不得骤取，要注意维护正气，取持久之效。淡渗利水的药物，邹燕勤习惯用茯苓皮、生薏苡仁、猪苓、泽兰、泽泻、车前子、米仁根、葫芦瓢等药物。此类药物性平味淡，渗湿利水的作用平缓，但作用持久，能起缓消其水的作用。茯苓、薏苡仁等又有健脾的作用，并常伍以太子参、生黄芪、炒白术等补气健脾之品，利水而不伤正。此实属于扶正利水法，不伤正气，利水不伤阴液，增强了体质，有时也起到快速利水消肿之效果。对于水肿肿势明显的阴水患者，邹燕勤采用"轻药重投"的方法，即作用轻缓的淡渗药物投以重剂。如茯苓皮常用至50g，生薏苡仁用至30g，米仁根常用15～50g，猪苓常用30～40g，泽泻20g，车前子30g（包），葫芦瓢50g。这些药物不仅淡渗利水，而且有健脾补益的作用。

（4）清热利湿，贯穿始终：清热利湿法贯穿治疗慢性肾炎的病程始终。湿热壅结上焦，肺失宣肃，咽喉不利者，表现为咽红、咽干、咽喉肿痛、干咳、舌红苔黄，选用黑玄参、麦冬、桔梗、射干、牛蒡子、冬凌草等清利咽喉，常合金银花、连翘、炒子芩等清热解毒。湿热蕴结中焦者，运化转输失司，伴腹痛腹泻、纳谷不馨、舌苔黄腻等，常用制苍术、制白术、藿香、佩兰、马齿苋、凤尾草、车前草、荠菜花等健脾化湿清利。湿热流注下焦，膀胱气化不利者，尿频尿急尿痛，血尿，尿液浑浊等，常遣石韦、萹蓄、瞿麦、蒲公英、紫花地丁、车前草、荔枝草、蛇舌草等清热解毒，利湿通淋。女子下焦湿热，出现带下色黄量多有异味，外阴湿痒，尿中白细胞较多时，常选用椿根皮、蜀羊泉清利解毒。湿热浸淫肌肤，皮肤疮疖肿痛，每遣蒲公英、紫花地丁、土茯苓、地肤子、白鲜皮等清利解毒，消肿祛风。湿热损伤络脉，血溢于外，伴见肉眼血尿或镜下血尿者，视血尿情况选用大蓟、小蓟、小槐花、生地榆、水牛角片、白茅根、荠菜花、仙鹤草等清利止血。清热利湿药大多苦寒，苦能除湿，寒凉清热，临证时注意苦寒清利而不伤阴，不可分利过度。

（5）活血化瘀，层次分明：治疗慢性肾炎，邹燕勤常说"久病必和络"。和络法属于活血化瘀的范畴。根据瘀血程度的不同而分别运用活血和络、活血化瘀、逐瘀破血的方法。常以此法治疗肾炎蛋白尿而获效。常用的药物分为三类：病轻者用轻药"和络"，病久者用"活血化瘀"药，顽疾可用虫类药。活血和络常用当归、赤芍、牡丹皮、丹参、鸡血藤、泽兰等，用于瘀血证较轻者；活血化瘀则用桃仁、红花、三棱、莪术、川芎、参三七、益母草、茺蔚子、怀牛膝、川牛膝、乳香、没药等，用于病程久，有瘀血症状者；顽固性疾病常用虫类药祛风活血，破血逐瘀类药如僵蚕、蝉蜕、全蝎、地龙、水蛭、䗪虫、蜈蚣，亦用成药大黄䗪虫丸等，用于病久又血瘀证很明显，而一般草药不易见效者。凡有小毒的药用小剂量，控制在《药典》用药范围。对于顽固性蛋白尿、水肿，投草类药效差时，投以虫类药可获效。如膜性肾病使用激素、免疫抑制剂及一般辨证治疗无效者，糖尿病肾病Ⅲ、Ⅳ期蛋白尿者，均在辨证基础上运用活血化瘀药而能见效。且运用活血药时，辨证方中常伍以补气理气之品，气行血行，气顺血畅。

（6）祛除风邪，以增疗效：祛除风邪法包括祛风利咽法、祛风除湿法、祛风通络法等。祛风利咽法，适用于风湿热毒壅结咽喉，咽喉不利者，常用药：玄参、射干、桔梗、牛蒡子、冬凌草、制僵蚕、蝉蜕等，热重加黄芩、炒山栀。牛蒡子中提取的牛蒡子苷元具有较强的抗炎及免疫调节活性，并可抑制尿中总蛋白的排泄。祛风除湿法，适用于风湿痹阻而见关节疼痛等，常用药：青风藤、雷公藤（雷公藤有毒性，应用时加入辨证方中，且去净毒性强的韧皮部，仅用毒性小的木质部，剂量控制在15g以内）、鸡血藤、桑枝、片姜黄等，均有通络作用，雷公藤用于临床治疗肾脏病的作用已经临床证实，其中提取的雷公藤多苷片已广泛应用于临床，而青风藤中提取的青藤碱被药理实验证实具有明显的抗炎及免疫抑制作用。祛风通络法，适用于顽固性蛋白尿、水肿，常用药：如全蝎、蜈蚣、水蛭、䗪虫等虫类药，有抑制肾脏免疫反应、抗炎、降低尿蛋白的作用。上述虫类药不仅活血化瘀，还能搜风通络，在辨证施治的基础上用于治疗难治性肾病综合征的蛋白尿、水肿常可取效，尤其对于病理类型为膜性肾病、局灶节段性肾小球硬化者尤常使用。有些虫类药小毒，临床应用时用量通常从小剂量开始。此外，虫类药、祛风药的药性偏于燥烈，使用时多配伍柔肝养血、解毒调和的药物。邹燕勤在临床长期运用，患者无药物毒副作用出现。

（7）护咽固卫，重视外邪：慢性肾炎病情复发的一个主要因素就是感受外邪，肺卫失和。肺卫不固者，每易感受外邪，咽喉是外邪循经伤肾之门户。外邪循经扰肾，可使水肿、蛋白尿、血尿等复发或加重。对于此类肺肾气虚，卫表不固，易反复外感者，注意补气固卫，参入玉屏风散进治，以防外感。若感受外邪，风热壅结咽喉，出现咽喉红肿疼痛者，常选玄麦甘桔汤合银翘散加减以清热利咽。外邪入里，肺经热盛者，则选桑白皮汤以清肺解毒。外感后期或有慢性咽炎者，常感咽喉隐痛，咽部暗红，则用麦味地黄汤养肺滋肾，参入清热利咽之药以清除余邪，并配合金银花、南沙参、胖大海、生甘草等泡饮频服，局部可用锡类散吹喉，以增强疗效。护咽固卫，防止外感，祛除外邪，是稳定肾炎病情的重要环节，也是维护肾气的重要措施。

（二）慢性肾衰竭

慢性肾衰竭，是多种原发或继发性肾脏疾病晚期的共同归宿，是一组以进行性肾单位毁损从而使肾脏的排泄功能、内环境稳定功能和内分泌功能障碍为特征的临床综合症候群。晚期尿毒症患者需进行肾脏替代治疗。2001年美国肾脏病基金会的"肾脏病生存质量指导"（K/DOQI）提出，应以慢性肾脏病（CKD）概念替代慢性肾衰竭。K/DOQI于2002年编制"慢性肾脏病临床实践指南"确立了慢性肾脏病的诊断：①肾损害≥3个月，有或无肾小球滤过率（eGFR）降低。肾损害包括肾脏的结构或功能异常，表现为下列之一：肾脏病理形态学异常；或具备肾损害的指标，包括血、尿成分异常或肾脏影像学检查异常。② eGFR<60mL/（min·1.73m²），超过3个月，有或无肾损害表现。"中国慢性肾脏病流行病学调查"显示，我国成年人群中CKD的患病率为10.8%，由于CKD的原发病如高血压、糖尿病等的发病率不断上升，使CKD的发病率也随之升高。而目前主要的肾脏替代治疗方法，如血液透析、腹膜透析及肾移植的治疗费用高，易导致多种并发症，对CKD患者的生活质量产生较大的影响。慢性肾衰竭可归属于中医学"癃闭""关格""水肿""虚劳""肾劳"等范畴。

1. 病因病机

慢性肾衰竭由多种肾脏疾患转化而来，因其原发病不同，病因病机也有差异，但肾元虚衰，湿浊瘀内蕴是其根本病机。感受外邪、饮食不当、劳倦过度、药毒伤肾等常常是其诱发及加重因素。

（1）久患肾病：患者久患肾脏疾患，肾元亏虚，脾运失健，气化功能不足，开阖升降失司，则当升不升，当降不降，当藏不藏，当泄不泄，形成本虚标实之证。水液内停，泛溢肌肤而为肿，行于胸腹之间，而成胸水、腹水。肾失固摄，精微下泄，而成蛋白尿、血尿；湿蕴成浊，升降失司，浊阴不降，则见少尿、恶心、呕吐。其病之本为脾肾虚衰，水湿、湿热、瘀血、湿浊是其主要病理因素。病久可致多脏器虚损，湿热瘀血浊毒内结而缠绵不已。

（2）感受外邪：感受外邪，特别是风寒、风热之邪是该病的主要诱发及加重因素。感受外邪，肺卫失和，肺失通调，水道不利，水湿、湿浊蕴结，更易伤败脾肾之气，使正愈虚，邪愈实。

（3）饮食不当：饮食不洁（或不节），损伤脾胃，运化失健，水湿壅盛，聚湿成浊，或可湿蕴化热而成湿热。

（4）劳倦过度：烦劳过度可损伤心脾，而生育不节，房劳过度，则肾精亏虚，肾气内伐。脾肾虚衰，则不能化气行水，升清降浊，水液内停，湿浊中阻，而成肾劳、关格之证。而肾精亏虚，肝木失养，阳亢风动，遂致肝风内扰。

本病病位主要在肾，涉及肺、脾（胃）、肝等脏腑，晚期五脏六腑皆可涉及为病。其基本病机是本虚标实，本虚以肾元亏虚为主；标实以湿浊内蕴为主，并可兼夹水气、湿热、血瘀、肝风之证。肾元亏虚，一般气虚、血虚、阴虚、阳虚均有，甚则气血阴阳俱虚，早期以气虚为多，继则发展至气阴两虚，血属阴，故气阴两虚实则包括了血虚。晚期出现明显的阴阳两虚，实则阴阳气血俱虚。临床证候的出现除了与发展病期有关外，还与患者原有体质、服药、饮食等有关。有的患者其本虚证候相当时间内可稳定，但可有程度轻重之异，甚则动态变化，临床需仔细观察。在死亡病例中均可见气血阴阳俱损，五脏功能衰败至极的证候。其邪实兼证，多是因虚致实。由于肾之功能虚损，导致人体各系统升降出入功能紊乱，以致湿浊毒邪不能排泄外出，留潴体内，成为病理产物，出现标实诸证。这些标实兼证的出现既是因虚而致，又是促使病情发展变化的因素。一般病之初期，虚证为多，邪实兼证不重；病之中期，正虚渐甚，邪浊内壅也渐重；病之后期，气血阴阳俱虚，脏腑功能俱损等正虚严重，而湿浊毒瘀壅阻也更突出。

2. 辨证论治

慢性肾衰竭的中医辨证治疗以本虚为纲，标实为目，根据患者本虚标实的情况而分别施治。

（1）本虚证

①脾肾气虚证

证候：症见倦怠乏力，气短懒言，食少纳呆，脘腹胀满，腰酸膝软，口淡不渴，大便不实，舌淡有齿痕，脉细弱。

治法：补气健脾益肾。

方药：六君子汤加减，常用药：党参12g，生黄芪15g，生白术12g，茯苓15g，陈皮6g，生薏苡仁15g，川续断15g，菟丝子15g，六月雪15g。若属脾虚湿困者，可加制苍术15g，藿香10g，佩兰10g化湿健脾；脾虚便溏加炒扁豆20g，炒芡实20g健脾助运；便干者加制大黄3～8g通腑泄浊；水肿明显者加车前子15～30g（包煎），泽泻20g，葫芦瓢30～50g，茯苓改茯苓皮50g利水消肿。

②脾肾阳虚证

证候：症见畏寒肢冷，倦怠乏力，气短懒言，食少纳呆，腰酸膝软，腰部冷痛，脘腹胀满，大便不实，或有五更泄泻，夜尿清长，口淡不渴，舌淡有齿痕，脉沉弱。

治法：温补脾肾。

方药：济生肾气丸加减，常用药：熟附子6g，上肉桂6g，干地黄12g，山萸肉12g，怀山药15g，福泽泻15g，粉丹皮15g，云茯苓15g，车前子30g（包煎），怀牛膝15g。若中阳不振，脾胃虚寒，脘腹冷痛或便溏者，加淡干姜10g，补骨脂10g温运中阳；若阳虚水泛，水肿较甚者，加猪苓20g，薏苡仁20g，葫芦瓢50g，云茯苓改茯苓皮50g利水消肿。

③脾肾气阴两虚证

证候：症见倦怠乏力，腰酸膝软，口干咽燥，皮肤干燥，五心烦热，夜尿清长，舌淡有齿痕，或有舌淡红少苔、少津，脉沉细。

治法：益气养阴，健脾补肾。

方药：参芪地黄汤加减，常用药：太子参15g，生黄芪15g，生地黄12g，山萸肉12g，玄参15g，石斛15g，山药15g，枸杞子15g，制首乌12g，茯苓15g，泽泻15g。若心气阴不足，心慌气短者，可加炙远志10g，麦冬20g，五味子10g，丹参15g，炙甘草6g以益气养心；大便干结者，可加麻仁10g，肉苁蓉10g或制大黄6g以润肠通腑泄浊。

④肝肾阴虚证

证候：症见头晕，头痛，腰酸膝软，口干咽燥，五心烦热，大便干结，尿少色黄，舌淡红少苔，脉沉细或弦细。

治法：滋肾平肝。

方药：杞菊地黄汤加减，常用药：熟地黄10g，山萸肉12g，山药15g，茯苓15g，泽泻15g，牡丹皮15g，枸杞子15g，菊花6g，沙苑子、白蒺藜各15g，怀牛膝15g。若头晕头痛明显，耳鸣眩晕，血压升高者，可加双钩藤15g，明天麻10g，夏枯草10g，石决明30g以平肝清火。

⑤阴阳两虚证

证候：症见全身乏力，畏寒肢冷，手足心热，五心烦热，口干咽燥，腰酸膝软，夜尿清长，大便干结，舌淡有齿痕，脉沉细。

治法：温扶元阳，补益真阴。

方药：全鹿丸加减，常用药：鹿角片10g，巴戟天12g，菟丝子12g，肉苁蓉12g，淫羊藿15g，人参6g，黄芪20g，白术12g，茯苓15g，炒熟地黄10g，制首乌20g，当归10g，怀牛膝15g。若虚不受补，恶心呕吐，纳少腹胀者，则先予调补脾胃，健脾助运，可选太子参15g，炒白术10g，炒薏苡仁20g，云茯苓20g，法半夏6g，陈皮10g，姜竹茹10g，佛手片10g，焦谷芽、焦麦芽各20g，焦山楂、焦神曲各20g。

（2）标实证

①湿浊证

证候：症见恶心呕吐，肢体困重，食少纳呆，脘腹胀满，口中黏腻，舌苔厚腻。

治法：和中降逆，化湿泄浊。

方药：小半夏加茯苓汤加味，常用药：姜半夏9g，茯苓15g，生姜3g，陈皮6g，苏叶9g，姜竹茹12g，制大黄8g。湿浊较重，舌苔白腻加制苍术20g，白术15g，生薏苡仁20g以运脾燥湿；小便量少者加泽泻20g，车前子20g（包煎），玉米须30g以利水泄浊。

②湿热证

证候：症见恶心呕吐，身重倦怠，食少纳呆，口干，脘腹胀满，口中黏腻，舌苔黄腻。

治法：治疗中焦湿热以清化和中；下焦湿热宜清利湿热。

方药：中焦湿热者，宜藿香左金汤或黄连温胆汤加减，常用药：藿香10g，佩兰10g，吴茱萸2g，炒川黄连2g，苏叶10g，苍术10g，法半夏10g，广陈皮10g。下焦湿热者，以知柏地黄丸或二妙丸加减，常用药：知母10g，黄柏10g，苍术10g，生薏苡仁15g，茯苓15g，泽泻15g，车前草15g，白花蛇舌草15g，蒲公英15g，紫花地丁15g。若大便秘结者，加制大黄通腑泄浊，以保持每日大便2～3次，质软或偏溏为宜，不宜过分泻下。

③水气证（水湿证）

证候：症见全身水肿，或有胸水、腹水。

治法：利水消肿。

方药：五皮饮或五苓散加减。若气虚水湿内停者用防己黄芪汤补气健脾利水；肾阳不足用济生肾气丸、真武汤加减；肝肾阴虚、气阴两虚证加淡渗利水不伤阴液之品，猪苓汤加减。常用药：连皮苓30g，白术10g，生薏苡仁15g，猪苓15g，泽泻 15g，陈皮 10g，车前子 30g（包煎）。若水气证日久或伴血瘀者，常在辨证的基础上加用活血化瘀利水之品，如益母草 20g，泽兰 12g，桃仁 10g，红花 10g 等。

④血瘀证

证候：症见面色晦暗，腰痛，肌肤甲错，肢体麻木，舌质紫暗或有瘀点瘀斑，脉涩或细涩。

治法：活血化瘀。

方药：桃红四物汤加减，常用药：桃仁 10g，红花 10g，当归 12g，川芎 10g，赤芍 15g，丹参 15g，参三七粉 3g（冲服）等。通常在本虚证治疗的基础上选加活血化瘀之品。若气虚血瘀者，加用生黄芪 30g 益气活血；久病瘀滞，难以取效者，可加用祛风通络或虫类活血药，如全蝎 3～6g，蜈蚣 1 条，土鳖虫 10g，水蛭 3～6g 等，选择 1～2 味。

⑤风动证

证候：症见手足抽搐，瘛厥。

治法：镇肝息风。

方药：天麻钩藤饮加减，常用药：天麻 10g，钩藤 10g（后下），石决明 30g，牡蛎 30g，怀牛膝 15g，杜仲 15g，夏枯草 15g。若肝肾阴虚者，加用枸杞子 15g，生地黄 12g，山茱萸 12g，制首乌 20g，鳖甲 10g 等滋补肝肾，养阴息风。

但临床实际，千变万化，错综复杂。常虚实互见，本虚标实。一个本虚证常兼夹 1 - 3 个标实证候，如脾肾气虚夹有湿浊证或水湿证，气阴两虚证夹有水湿证或浊瘀证，肝肾阴虚夹有浊瘀证或夹有风动证，等等。临床需要明确诊断，一并辨证处理。用药需根据本虚证与标实证孰轻孰重，变化发展程度而灵活施药。

3. 诊治特色

（1）重视虚实辨证，扶正祛邪，标本缓急：慢性肾衰竭大多是正虚邪实，虚实错杂证候。邹燕勤认为，纯虚纯实者少，所以治疗原则总离不了扶正祛邪，邪因虚致，扶正亦可祛邪，祛邪亦至正安。只顾扶正补虚或只顾祛邪泄浊都是片面的。但扶正祛邪总则运用中尚要根据正虚邪实孰轻孰重各有侧重。若病之初以正虚为主，邪实较轻则以扶正补虚为主，少兼渗利湿浊之品即可；若正虚与邪实俱盛，则扶正祛邪并重。若以标实之证突出，则可急则治其标，因邪不去正不安，会使原已本虚之证更加虚损，待标实之证候缓解，再转扶正祛邪之法。总之缓则治本为主，急则治标为要；治本不忘祛邪，祛邪不忘顾本。若有新病出现，立即控制好新病，以免伤及已衰竭的肾脏功能，但需注意忌用伤肾之药。

（2）强调维护肾气，平补平泻，以固其本：邹燕勤认为慢性肾衰竭的基本病机是肾元衰竭，浊毒潴留。临床表现为气、血、阴、阳不足，虚弱劳损，肾的气化功能受损，肾之阴、阳俱衰，致当升不升，当降不降，当藏不藏，当泄不泄，形成本虚标实的危重综合症候群，故其病变之本是肾元衰竭。由肾元衰竭可形成各种本虚证候，诸如：脾肾气虚证、脾肾阳虚证、脾肾气阴两虚证、肝肾阴虚证、心脾肾阴阳两虚等证候。而因肾元衰竭引起的水湿证、湿浊证、湿热证、血瘀证、风动证等，都是因虚致实产生的病理产物，乃其标实证，这些病理产物反过来又成为加重肾衰竭发展的病理因素。临证中多见虚实互见的本虚标实证候，所以在治疗中要处处注意维护肾元，亦即强调维护肾气，以冀增一分元阳、长一分真阴，并注意保护其他脏腑的功能，因此，本病常运用扶正祛邪的法则。一般病之初起和病情稳定之时，以维护肾元、辨证扶正为主，佐以和络泄浊祛邪；标急危重，浊毒壅盛时，以祛邪为主，略加辨证扶正，通过治标祛邪，清除可逆因素，截断其病理循环变化途径，为治本创造有利条件。

（3）不忘泄浊和络，活血化瘀，贯穿始终：脾肾亏虚，湿邪内蕴，是慢性肾衰竭常见的病理变化。湿邪久蕴，不得排泄，而成浊毒，相当于尿毒症毒素，此毒素的寡多也决定了病情的轻重浅深，也可致脾肾功能日益衰退。故不论病程之长短，病情的轻重，皆应注意泄浊解毒。邹燕勤多用平泄之法，宗缓缓图治之则，用药之轻重、缓急、先后，均需根据病情而灵活掌握。慢性肾衰竭多属久病，脏腑虚损，气虚、气滞、阴虚、血虚、阳虚，都可致血流障碍，血液凝滞致瘀。西医学的肾小球硬化，肾间质纤维化，血管内微血栓形成等均与血瘀密切相关。活血化瘀之品常能改善微循环，具有抗血凝作用，所以邹燕勤常在辨证的基础上于病之初期即用养血和络或加用活血化瘀之品，每能提高疗效。这也是不可忽视的原则。

（4）辨别原发疾患，病证结合，整体兼顾：慢性肾衰竭是由多种慢性肾脏疾患所致，邹燕勤在治疗中遇到慢性肾衰竭，立即要找出其原发病。其原发病不同，病机特点亦各有侧重。邹燕勤认为临证既要注重辨证，也要结合辨病。如肾小动脉硬化所致慢性肾衰竭，患者多以阴虚阳亢络阻为主要病机，故治疗常配用天麻、钩藤、制何首乌、枸杞子、沙苑子、白蒺藜、杜仲、怀牛膝、夏枯草、制豨莶草、石决明、牡蛎、牡丹皮、丹参、川芎以滋肾平肝和络。而由糖尿病肾病所致者则既属"消渴"，又属"水肿"。《诸病源候论》指出，消渴"其久病变，或发痈疽，或成水疾"。肾衰竭多见于"消渴"的气阴两虚、瘀血内阻，治疗用生黄芪、太子参、生地黄、枸杞子、牡丹皮、丹参、赤芍、泽泻、泽兰、茯苓皮、猪苓、生薏苡仁、车前子、鬼箭羽、桃仁、红花、天花粉、地锦草等。久治少效或尿蛋白明显者，可加用地龙、僵蚕、全蝎、水蛭等虫类活血逐瘀消癥、祛风解毒药物。狼疮性肾炎所致慢性肾衰竭常伴阴虚热盛，故应配合养阴清热，凉血解毒之品，如生地黄、枸杞子、牡丹皮、赤芍、白花蛇舌草、蛇莓、半枝莲、鸡血藤、地龙等常配合运用。此外，慢性肾盂肾炎所致者结合清利湿热，多囊肾所致者注重活血清利，伴肝功能异常者配合养肝清利。慢性肾衰竭患者虚实互见，寒热错杂，危重者一日多变，所以需强调辨证，整体治疗，不能固定以一法一方一药恒用不变。不能见肾治肾，忽略整体辨治。慢性肾衰竭的辨证体系除本虚标实为主的脏腑辨证外，尚须结合"三焦辨证""卫气营血辨证"，在临床治疗中可选择使用，以提高疗效。

（5）注重诱发因素，善治其标，以防传变：感受外邪、肺卫失和是导致慢性肾衰竭病情进展的主要因素之一。患者原本脾肾亏虚、素体卫外失固，而肺卫受邪，失于通调水道，则促使脾肾之气更为虚损，蒸腾气化及转输敷布失职，水邪湿浊更为肆虐，使邪愈实而正益衰。感受外邪，肺卫失和，患者常可见到咽喉红肿疼痛，咽痒而干，扁桃体肿大或伴发热、咳嗽。邹燕勤认为此乃风邪热毒蕴结咽喉，不可忽视。重者先祛邪，后扶正，方药专以清肺利咽，邪去大半再拟缓图治肾；轻则扶正化湿兼以利咽祛邪。常选用玄麦甘桔汤及银翘散或合射干麻黄汤加减，药用金银花、连翘、玄参、麦冬、桔梗、射干、牛蒡子、重楼、蝉蜕、制僵蚕、芦根、生甘草。如肺经热盛者，加用桑白皮、炒黄芩、炒栀子。如为慢性咽炎，咽喉隐痛日久，则用金银花、南沙参、生甘草、胖大海泡茶频频饮用，咽喉局部可喷西瓜霜或锡类散。

（6）时时固护脾胃，升清降浊，以养先天：慢性肾衰竭虽病本在肾，但与脾胃密切相关。肾为先天之本，生命之根；而脾胃为后天之本，气血生化之源。脾肾二脏在生理上相互资助，相互充养，在病理上也相互影响，互为因果。"诸湿肿满，皆属于脾"，慢性肾衰竭主要标证湿浊、湿热，既是病理产物，又是病情加重因素，多导致脾胃升降失调，常表现为纳差、恶心、呕吐、腹泻、便秘等中焦病变。临床上，慢性肾衰竭出现脾胃功能紊乱者十有八九，而消化系统症状的轻重与肾功能损伤程度及尿素氮数值的高低变化基本上一致。同时人体营养与药物的输布、转输，人体清、浊的升、降都有赖于脾胃中焦之枢的功能，"有胃气者生，无胃气者死"在肾衰竭患者中常有体现，所以调理脾胃，固护胃气在肾衰竭的治疗中是非常重要的原则。邹燕勤指出，脾胃功能盛衰为病变进退之枢机，告诫吾辈"补肾必用健脾"。人以胃气为本，脾胃的强弱决定了疾病的发生、发展及预后。此外，益气补血、滋肾养阴之品大多滋腻助湿，脾胃之气不旺，则虚不受补。脾胃之气充足，则生化有源。临床除强调维护肾气外，还非常重视保护胃气，以后天脾胃充养先天之肾，反对使用败伤胃气之方药。

（7）长于轻药重投，缓攻缓泻，药慎温补："去苑陈莝，开鬼门，洁净府"之法虽为治疗水肿的治则，但由于慢性肾衰竭常伴水湿逗留，湿毒壅盛，利水之法也为常法。邹燕勤认为，慢性肾衰竭病程较久，脾肾俱虚，故利水应防伤正，忌峻猛攻逐之品，不用甘遂、大戟等，宜淡渗利水，轻药重投，缓缓图之。切不可攻逐过猛，克伐脾肾之气，甚则可致水、电解质紊乱，加重病情。临证辨治常配合茯苓皮30～50g，车前子30g，猪苓20g，冬瓜皮30g，泽泻20g，生薏苡仁15～30g，玉米须30g等淡渗利水泄浊。

对于慢性肾衰竭一般患者的治疗过程中主张平补平泻，平补宗《内经》"少火生气，壮火食气"之旨，以少火生气之法而达较好疗效。慢性肾衰竭既要补益，又要祛邪。正如李时珍所谓"用补药必兼泻邪，邪去则补药得也，一辟一关，此乃玄妙"。祛邪常用攻法，而邹燕勤习用缓攻缓泻之法，不伤正气，以甘平之剂缓缓图治，才能达延缓慢性肾衰竭进展速度的目的。邹燕勤从20世纪70年代以来就袭用的保肾甲丸、保肾乙丸，至90年代用保肾汤、保肾片的配伍原则，都是以"平"为上的原则组方。补气少用人参，滋肾少用龟、鳖，温肾少用附、桂。补益肾元之品是选用滋阴而助阳，益阳而育阴之品，达平补肾元之目的。对于祛邪，亦不用峻猛攻逐之品。解毒少用生大黄，以适量制大黄配伍，不作君药，以佐药置之，并用多种泄浊法则，祛邪而不伤正气，但同样可达促进肠道毒素排泄，改善肾功能的作用。

（8）用药途径多样，综合治疗，提高疗效：慢性肾衰竭是多种慢性肾脏疾病末期出现的肾元衰竭、浊毒潴留、虚实错杂的病证。治则虽不离扶正祛邪，但仍需根据正虚邪实的孰轻孰重各有侧重。20世纪80年代末90年代初，邹燕勤在临证中总结出口服、静脉滴注、灌肠，甚至配合药浴等多途径的治疗方法，综合治疗，临床疗效明显提高。口服方药以辨证论治立法，病之初以肾气亏虚为主，邪实较轻以扶正为重，兼以渗利泄浊；正虚邪实俱盛，则扶正祛邪并重；标实之证突出，则急则治标，邪不去则正不安，待邪实去再转从扶正祛邪。本虚以脾肾气虚、气阴两虚尤为多见，晚期则常表现为阴阳衰竭。邪实主要有湿浊、湿热、水湿、血瘀等证。早期一般单服中药，中晚期均配合静滴及灌肠，即三联疗法。此外，药浴也不失为一种较好的辅助方法。药浴方主要成分为附子、桂枝、麻黄、赤芍、蒲公英、地肤子、白鲜皮等，将其打成粗末，纱布包裹煎浓液，掺入温水，患者在其中浸泡，微微汗出，可促进湿毒之邪从毛窍排泄，也可缓解皮肤瘙痒症。目前多途径给药，综合治疗方案不断发展，邹燕勤在以往辨证口服方、静滴中药、中药灌肠、中药外敷、中药药浴、针灸耳穴等基础上，又很注意饮食疗法及心理疏导等。饮食总宜清淡，控制蛋白质，特别是植物性蛋白质的摄入，可进少量动物性的高精蛋白；忌食寒凉生冷与海腥发物和过腻之品，以防伤胃败肾。避风寒暑湿外袭，防止外感疾病。注意情志变化，使患者心情平和，处事泰然。严禁房事，防伤败已竭之肾气。能活动者，适当进行轻微活动，但应宗少劳而莫大疲的原则。

五、方药之长

（一）常用方剂

1. 补气渗利方（自拟方）

组成：太子参15g，生黄芪30g，炒白术10g，怀山药10g，茯苓皮30g，生薏苡仁20g，枸杞子20g，川续断15g，桑寄生15g，泽兰12g，泽泻12g，丹参12g，凤尾草20g，车前草20g，白花蛇舌草30g。

功能：健脾益肾，补气渗湿利水。

主治：慢性肾小球肾炎脾肾气虚证。症见：身倦乏力，易感冒，胃纳减少，腰膝酸痛，腹胀，轻度水肿，舌质淡，边有齿印，苔薄白或润，脉细或细弱。

用法：每日1剂，水煎2次，各取汁200mL混匀，分上、下午空腹温服。

方解：脾肾气虚证是慢性肾炎常见的证型，约占半数。邹燕勤认为，慢性肾炎临床表现以长期反复水肿及尿检异常为主要特征，其产生和发展，无不与脾肾气虚，气化无权有关。若肾气虚弱，气化无权，开阖失司，则水湿不能化生尿液排泄体外，遂出现尿少浮肿。而脾虚不能升清，谷气下流；肾气不能固涩，精微当藏不藏，蛋白质与红细胞随尿液下泄，是蛋白尿、血尿产生的重要原因。邹燕勤以太子参、生黄芪为君，补益脾肾之气，固其先后天之本；配以白术、山药补益脾气，助其健运；川续断、桑寄生、枸杞子补肾气滋肾精，助其气化；茯苓皮、生薏苡仁、泽泻淡渗利水而不伤阴；合以泽兰、丹参活血和络；佐以白花蛇舌草、车前草、凤尾草清热利湿。诸药合用，功能健脾益肾，补气渗利，兼有活血之功。

加减：若尿检血尿明显者可加白茅根、仙鹤草各30g，生槐花、荠菜花各20g；若尿蛋白在2个加号以上者加石韦20～30g，全蝎3g，地龙10g，蝉蜕6g，制僵蚕10g；若腰痛明显者可加制狗脊、怀牛膝各15g；若纳谷差，舌苔白腻者加藿香、佩兰各10g，陈皮6g，焦谷芽、焦麦芽各20g；若有尿频、尿急、尿痛，或尿检有白细胞、脓细胞者可加蒲公英30g，萹蓄、瞿麦各10g，鸭跖草20g；若大便稀溏者，可加芡实20g，白扁豆10g。

2. 益肾泄浊方（自拟方）

组成：川续断15g，桑寄生15g，制首乌20g，菟丝子10g，生黄芪30g，太子参

30g，生薏苡仁 20g，茯苓 30g，丹参 20g，赤芍 20g，川芎 10g，泽兰 15g，车前子 30g（包煎），泽泻 15g，积雪草 30g，土茯苓 30g，生牡蛎 40g，制大黄 8g。

功能：益肾健脾，活血和络，泄浊解毒。

主治：慢性肾功能不全，中医辨证属脾肾气虚、浊瘀内蕴者（此证临床最为多见）。症见腰酸乏力，胃纳不香，浮肿，尿少，血肌酐、尿素氮升高，舌质淡红，苔淡黄薄腻，脉细。

用法：每日 1 剂，水煎，头煎及二煎药液混合为 400mL，分 2～4 次于餐后 1～1.5 小时温服。

方解：慢性肾功能不全是各种慢性肾脏疾病的共同转归。病至后期，脾肾虚损，水湿潴留，浊毒内蕴。病久入络，气血瘀滞，运行不畅。故本病证属本虚标实。脾肾气虚为本，湿浊毒瘀为标。方中川续断、桑寄生、制首乌、菟丝子补益肾元，健骨强腰，生黄芪、太子参、生薏苡仁、茯苓补气健脾，上药合用，共奏补益肾元、补气健脾之效。丹参、赤芍、川芎、泽兰活血和络，养血而不破血。生薏苡仁、茯苓、车前子、泽泻淡渗利水，利小便而不伤阴液；积雪草、土茯苓解毒泄浊，制大黄活血通便解毒，生牡蛎利水敛邪，通过畅利二便，使浊毒随之而解。泽泻、车前子又为使药，引诸药归于肾经。全方补泻兼施，扶正与祛邪并用，共奏益肾健脾、活血和络、泄浊解毒之功。

3. 健肾片

健肾片是邹燕勤临床上用于治疗慢性肾炎脾肾气虚证的常用自拟方剂，健肾片的主要药物为潞党参、生黄芪、白术、怀山药、生薏苡仁、茯苓、山萸肉、菟丝子、桑寄生、怀牛膝等。《健脾益肾补气法治疗慢性原发性肾小球肾炎脾肾气虚证的临床和实验研究》获江苏省教委资助，从临床及动物实验方面均证实健肾片具有改善慢性肾炎脾肾气虚证症状，有效降低尿蛋白的作用。对嘌呤霉素实验性肾病大鼠模型也具有较好的治疗作用，可明显降低实验模型的尿蛋白定量，升高血清白蛋白，调节血脂及免疫功能，调节氧自由基反应失衡及一氧化氮异常。健肾片于 1996 年通过省级鉴定，1997 年获江苏省科技进步四等奖，现已成为最受欢迎的院内制剂之一，成果已转让药厂作新药开发。现已完成新药三期临床试验。

4. 参乌益肾片

保肾片（后改名乌益肾片）是邹燕勤临床上用于治疗慢性肾衰竭的常用自拟方剂，由制首乌、菟丝子、太子参、麸炒苍术、枸杞子、怀牛膝、泽兰、赤芍、茯苓、泽泻、车前子、熟大黄等组成。功效：补肾健脾，活血利湿。适用于改善慢性肾小球肾炎所致的慢性肾衰竭（代偿期、失代偿期和衰竭期）非透析患者属气阴两虚兼浊证，症见恶心、呕吐、食少纳呆、口干咽燥、大便干结等。口服，一次 4 片，一日 3 次，疗程为 8 周。保肾片作为江苏省科委"九五"攻关项目，已完成了中药三类新药研究的全部临床前研究工作。动物实验及临床试验均证实该方具有改善肾功能，延缓慢性肾衰竭病程进展的良好效果。并且分子生物学实验也证实该药具有抑制肾小球系膜细胞增殖，基质增生和间质成纤维细胞增殖的作用，从分子细胞水平阐明了该药的作用机理。作为院内制剂广受肾衰竭患者欢迎，成果转让药厂，2010年获国家新药证书，改名为参乌益肾片（国药准字 20100051）。已进入国家医保，在全国广泛临床应用，深受患者欢迎。

（二）常用的药对

1. 太子参、生黄芪

太子参，味甘、苦，性微温，归心、脾、肺三经，功能补肺、健脾。《本草从新》曰"大补元气"；《本草再新》曰"治气虚肺燥，补脾土，消水肿，化痰止渴"。生黄芪，味甘，性温，归肺、脾经，功能补气固表、利尿托毒、排脓、敛疮收肌。《医学启源·卷之下·用药备旨》曰"气薄味厚，可升可降，阴中阳也。其用有五……益元气也"；李杲谓"益元气而补三焦"；《本草求真》云"为补气诸药之最……秉性纯阳，而阴气绝少……一宜于水亏，而气不得宣发；一更宜于火衰，而气不得上达为异耳。"邹燕勤认为，古代方书大多认为太子参、生黄芪补脾肺之气为主，其实能大补肾气，即所谓大补元气也。两者合用能益肾气、补肺气、固脾气也，乃补肾气第一药对也，临床应用相当广泛，凡有气虚证候者皆可使用，但有实火或肝阳上亢者一般不宜使用；如见腻苔者，邹燕勤也配合清利之品而合用之，如水肿患者，气虚而湿热证候者，每用之，能起补气育阴之功，诚如张锡纯在《医学衷中参西录》所言："黄芪之性，又善利小便，黄芪不但能补气，用之得当，又能滋阴。"临床常用量太子参 15～30g，生黄芪 30～50g。

2. 川续断、桑寄生

川续断，味苦、辛，性微温，归肝、肾经，功能补肝肾、续筋骨、调血脉。《日华子本草》曰"助气，调血脉，补五劳七伤，破癥瘕血，消肿毒……缩小便，止泄精、尿血"。桑寄生，味苦、甘，性平，归肝、肾经，功能补肝肾、强筋骨、祛风湿、安胎元。《本经》曰"主腰痛，小儿背痛，痈肿，安胎，充肌肤，坚发齿，长须眉"；《生草药性备要》曰"消热，滋补，追风……养血散热"；《本草再新》曰"补气温中，治阴虚，壮阳道，利骨节，通经水，补血和血，安胎定痛"。邹燕勤认为，川续断乃疏通气血筋骨第一药也，因其苦涩，其味苦而重故能入血分调血脉，止上下一切血溢，行瘀血而敛新血，有强壮镇痛作用，并有兴奋止血作用；桑寄生乃腰膝痛痹专药，为助筋骨，益血脉，补肾补血要剂，现代认为具有降压、强心、利尿、抑制病毒和细菌生长的作用。两者合用，平补肝肾，益气养血，强壮腰脊，每用于腰脊酸痛、骨弱肢软、行走无力者，常用量川续断15g，桑寄生15g，或用于肾结石、肾囊肿、肾积水等但无明显腰痛腰酸者，作为引经药，用量可减为10g。

（三）常用中药

1. 生黄芪

黄芪味甘，性温，归肺、脾二经，功能补气固表，利尿托毒，排脓，敛疮生肌。《名医别录》谓黄芪能治"妇人子脏风邪气，逐五脏间恶血，补丈夫虚损、五劳羸瘦，止渴、腹痛泄痢，益气，利阴气"。临床主要用于治疗气虚乏力，食少便溏，中气下陷，久泻脱肛，便血崩漏，表虚自汗，气虚水肿，痈疽难溃，久溃不敛，血虚萎黄，内热消渴等证。由于慢性肾系疾病常见肺脾肾气虚，并常因气虚而致湿蕴水肿等证，故邹燕勤用黄芪一般均用生黄芪，以取其健脾益气，利水消肿之功较强。临床使用指征：神疲乏力，懒言少动，动则短气，自汗，素易外感，面部虚浮㿠白，舌质淡齿痕较明显，脉细、细弱或沉细。常见病证：慢性肾炎、慢性肾衰竭、慢性肾盂肾炎、糖尿病、糖尿病肾病、虚劳表现为肺脾肾气虚者。生黄芪除有较强的利水消肿之功外，并有良好的减少/消除蛋白尿、促进肝脏合成蛋白质、改善肾功能的作用。临证常有如下配伍：与太子参或潞党参、炒白术、川续断、桑寄生配伍以健脾益肾补气，主治脾肾气虚证或肺脾肾气虚证；与制首乌、枸杞子、细生地黄、太子参、炒白术配伍以补气养阴，主治慢性肾系病证各种气阴两虚证；配伍汉防己、炒白术、车前草、泽泻等补气宣肺利水，主治风水初起或各种水肿兼有表证者；配伍茯苓皮、生薏苡仁、车前子、猪苓等补气淡渗利水，主治气虚水肿或其他水肿初发者；配伍炒当归，补气养血，主治气血亏虚、肾性贫血及低蛋白血症。配合防风、炒白术，相畏相使，补气固表祛风，治疗脾肺气虚易感冒者。正如《本经逢原》所指出："黄芪同人参则益气；同当归则补血；同术、防风则运脾湿；同防己、防风则祛风湿。"该药邹燕勤常用30～40g，亦有用至80～100g，使用时常参以枳壳、佛手，以补气而不壅气，防其碍滞中焦气机。

2. 冬虫夏草

冬虫夏草系麦角科虫草真菌，寄生在蝙蝠蛾科昆虫幼虫上的子座及幼虫尸体的复合体。其味甘，性平，归肺、肾经，功能补肺益肾、止血化痰。主要用于久咳虚喘，劳嗽咳血，阳痿遗精，腰膝酸痛，体弱盗汗等病证。《本草从新》谓其"保肺益肾，止血化痰，已劳嗽"，但也有人认为其性偏温，如《药性考》曰"味甘性温，补精益气，专补命门"，认为是兴阳之品。《本草纲目拾遗》谓其"功与人参同"，"能治诸虚百损"。《现代实用中药》增订本认为"温和之壮补药。益肺肾，补精髓"。中国民间早有采用冬虫夏草与鸡、鸭、甲鱼等炖食以补肺益肾的食疗方法，历代医籍也多有记载。

而国内最早应用冬虫夏草治疗肾结核和尿毒症者，当推邹燕勤之父、全国著名中医肾病学家、中央保健会诊医师邹云翔。早在 1955 年出版的《中医肾病疗法》中，邹云翔就介绍了运用冬虫夏草治疗肾结核及尿毒症的经验体会。认为冬虫夏草感阴阳二气而生，显冬夏二令之气化，能补肺阴纳肾阳。虫能补下焦之阳，草可益上焦之阴，一般根苗并用，常以此药治疗肾脏病，这是冬虫夏草治疗肾结核、尿毒症的最早应用报道。邹燕勤在临床中常应用该药治疗肾衰竭。临床观察显示，在中药辨证论治基础上加用冬虫夏草可提高治疗慢性肾衰竭的效果，因其价格高昂，且属滋补之品，现多单用冬虫夏草隔水炖煮饮汤或打粉装胶囊吞服。而西医学也证实冬虫夏草具有修复肾小管上皮，改善肾功能，减轻蛋白尿，调节免疫，纠正蛋白质、氨基酸代谢紊乱等多种作用。特别对急性肾衰竭、药物肾毒性损害及小管间质病变患者，具有较好的预防和治疗作用，可加快损伤肾小管上皮细胞的修复与再生，减轻病变，缩短病程。常用剂量为冬虫夏草粉每日 2 ～ 3g，分次吞服，或以冬虫夏草 3 ～ 5g 隔水炖煮饮汤，连用 3 天后嚼服虫草。邹燕勤于 20 世纪 80 年代在江苏省中医院派出单位无锡市南站医院（今无锡市新吴区中医医院邹燕勤国医大师传承工作站）研制了院内制剂"肾衰一号"，即以冬虫夏草、西洋参、三七等份研粉和匀而制成胶囊，每次 2 粒，每日 3 次服用，对保护肾功能有效果。以藏红花易三七，服后口干者加石斛等份。为方便患者，她于 20 世纪 90 年代公开处方，让患者自行制备服用。

3. 大黄

大黄味苦，性寒，归脾、胃、大肠、肝、心包经，功能泻下攻积，清热泻火，解毒，活血祛瘀。《本经》谓其"主下瘀血，血闭，寒热，破癥瘕积聚，留饮宿食，荡涤肠胃，推陈致新，通利水谷，调中化食，安和五脏"。《日华子本草》则说"通宣一切气，调血脉，利关节，泄壅滞、水气、四肢冷热不调、温瘴热痰，利大小便，并敷一切疮疖痈毒"。临床多用于实热便秘，积滞腹痛，泻痢不爽，湿热黄疸，血热吐衄，目赤咽肿，肠痈腹痛，痈肿疔疮，瘀血闭经，跌打损伤，外治水火烫伤，上消化道出血。大黄生用泻下作用较强，熟用则泻下作用较缓而偏于泻火解毒，清利湿热。《景岳全书·本草正》将生、熟大黄作用区分为"大黄，欲速者，生用，泡汤便吞；欲缓者，熟用，和药煎服"。邹燕勤认为慢性肾衰竭时正虚邪实，肾元虚弱衰竭，湿瘀浊毒潴留，弥漫脏腑内外，累及三焦，应用大黄以达通利逐瘀，荡涤胃肠，清除浊邪，而不是单纯以通大便为目的的"泻下疗法"，而且也不是西医导泻所能类比或替代。此外，大黄有祛瘀止血作用。《血证论》曰"大黄为血家圣药"。邹燕勤认为，在慢性肾衰竭过程中，既有瘀血普遍存在的情况，又有容易出血的倾向，用血家圣药的大黄，最为对证。西医学证明肾脏疾病中都存在着不同程度的高凝状态，肾衰竭时，这种高凝状态更为显著，并成为肾功能恶化的主要因素。而慢性肾衰竭尤其进展到尿毒症阶段，常常有出血情形，从而进一步加重和恶化肾衰竭，因此，选用既能活血又有一定止血作用的大黄是最恰当的。活血化瘀也是治疗肾衰竭的主要环节之一，这与大黄具有活血化瘀作用而获效相符合。邹燕勤认为，慢性肾衰竭患者在口服扶正基础方中宜配制大黄，灌肠时宜采用生大黄。因为慢性肾衰竭常伴见胃失和降，脾运失健，生大黄味苦性寒，恐其口服性猛力宏，戕伤脾胃之生气，有虚虚之弊。口服方药中常以健脾益肾为基础方（如保肾片），配合制大黄泄浊逐瘀，并可配伍泽泻、车前子、连皮茯苓渗湿利水泄浊；配合泽兰、赤芍、牛膝活血化瘀通络；配合昆布、牡蛎、海藻活血利水、软坚散结。对慢性肾衰竭早、中期患者可采用生大黄为主的保留灌肠疗法，在不增加肠道负担的情况下，通过药物灌肠的方法协助湿浊毒邪排泄。保留灌肠方为生大黄 15～30g，蒲公英 30g，生牡蛎 30g，六月雪 30g，生甘草 10g。大黄的用量无论口服或灌肠均须根据患者的体质、精神状态及大便次数进行调整，以保持每日大便 2～3 次为度，不可泻下太过，以免出现水、电解质紊乱，加重病情。目前，病房用灌肠仪将药液深入横结肠，起结肠透析的作用，提高疗效。

六、读书之法

（一）熟读经典医籍

邹燕勤熟读《黄帝内经》《伤寒论》《金匮要略》等中医经典医籍，并长期反复研读。邹燕勤认为历代医家都是在《内经》理论的指导下临床实践而取得成就的，因此精研不辍，联系临床疑难病症及名家医案，多有领悟。其天人相应、整体观念、阴阳五行等理论体现了 2000 多年前古人的哲学智慧与辩证唯物主义思想，是体现我国古代医学科学文化的经典著作。邹燕勤治肾重视扶正祛邪，保护肾气，维护肾元，平衡阴阳；重视整体辨治，注重五脏之间的关系，治肾不泥于肾；发病病因注意外在环境、气候特点、患者情志、饮食宜忌等，都是在《内经》医理的指导下进行辨治。

（二）研读名家医案

邹燕勤经常钻研名家医案，如《临证指南医案》《叶案存真》《未刻本叶氏医案》《洄溪医案》《医学源流论》《医醇賸义》《丁甘仁医案》《医碥》《张简斋医案》等。在研读孟河医派名家的医案著作时，"和法缓治"学说对邹燕勤的学术风格形成了深刻的影响。如治各种慢性肾脏病时注意平补平泻，缓缓而治，扶正用平补不用峻剂，祛邪不用峻猛攻泻，而用平和缓攻之法。治疗肾病阴水，采用扶正渗利、轻药重投法，也是孟河医派和法缓治的体现。

（三）精研名家著作

邹燕勤精研名家著作，尤其是金元四大家的名著如《脾胃论》《丹溪心法》等，以及明代张景岳《类经》等，常能从中受到启发。受李杲《脾胃论》的影响，在肾脏病的治疗中很重视调理脾胃，健脾补肾是常用之法。朱丹溪对"郁证"的阐发对邹燕勤的影响亦颇深。在随父门诊时发现父亲用越鞠丸加减治疗难治性肾病综合征有效。受《丹溪心法·六郁》中所说"气血冲和，百病不生，一有怫郁，诸病生焉。故人身诸病皆生于郁"的启发，整理此类病证的病机为气、湿、痰、瘀郁阻，以疏滞泄郁，化湿通络法治疗，疏之泄之，疏其气血，泻其湿浊痰瘀，使体内失常的升降出入功能得以恢复而获效。父亲赞其有悟性，并定为"疏滞泄浊法"。

七、大医之情

（一）术精岐黄惠百姓

"为医者，必医术精湛，医道乃至精至微之事；为医者，必道德高尚，大医精诚，乃医家持身之本"。努力为患者解决病痛，追求精湛卓越的中医医术，始终是邹燕勤不懈努力的目标。传承于孟河医派，秉承其父之家学，邹燕勤继承而不泥古，形成自己特有的学术理论，将"补益肾元"理论推广于临床，让更多的肾脏病患者受益。门诊数十年如一日，号头一经放出，立刻就被抢光，来自全国各地甚至海外的肾脏病患者慕名而来，带着几经辗转依旧病入膏肓的疑难重症前来求诊，邹燕勤总能力挽狂澜，用中医药为患者找到一条生存的道路。

邹燕勤医术精湛，仁心仁术，急患者所急，想患者所想。门诊勤耕不辍，每周 3 次门诊，除了挂号的患者，每次对于没有"抢"到号在诊室外徘徊的患者，都心存仁慈怜惜之心，不仅会延长诊疗时间为他们加号，还会为他们推荐当地医术精湛的医师，为他们解决慢性病长期诊疗的后顾之忧。还有些偏远地区来的贫困患者，面对高昂的诊疗费、医药费，每每手足无措，邹燕勤总能细心留意到患者的困境，主动免除他们的专家诊疗费用，并选配价格低廉有效的草药治疗，真正做到以患者为先。

邹燕勤的医德风范堪称医界楷模，虽已 90 岁高龄，仍坚持门诊，待患如亲，诊治疗效卓著。2018 年江苏省庆祝首个中国医师节大会上，代表全体医师宣读《江苏省医师自律宣言》。《人民日报》2019 年 6 月 21 日专题报道了"因为病人和学生需要我——国医大师邹燕勤 86 岁还坚持出诊"。

（二）家学熏陶承衣钵

邹燕勤出生于江苏省无锡东绛镇（现太湖镇）。其父邹云翔自小勤奋聪慧，并经著名经学大师唐文治先生的授教，具有厚实的文史哲功底。20 世纪 20 年代末至 30 年代初，在上海《申报》《时事新报》《新闻报》等报刊发表数十篇论文，先后任小学、中学教师、校长。其书法与文笔俱佳，为一代儒医。

邹燕勤的幼年及少年就是在父亲习文、行医的过程中度过的。邹云翔教导孩子读书学习，《古文观止》等是常读之书，重要章节尚须认真背诵。邹云翔治学严谨，由此培养了邹燕勤良好的国学根基。受父亲潜移默化的影响，邹燕勤勤勉好学，中学期间成绩优异，保送进入大学学习。随父跟师学医后，遵照父亲所列书单，潜心研读中医经典及名家医案，医理医术渐入化境。与父亲好友钱松岩、戈宝权等书画界、文学界人士亦师亦友，国学艺术修养亦不断提升。她整理父亲珍贵的文稿手稿、书法墨迹、医案处方，先后出版《名儒大医邹云翔文学集／书法集》《邹云翔手录张简斋孤本医案赏析》等。为传承简斋、云翔先生的医术精髓、书法墨宝，邹燕勤教授率领邹氏学术团队深入研习古文用词、小楷行草，精读挖掘医理奥秘，著成《邹云翔手录张简斋孤本医案赏析》，升华文史书法修养，提升医理医术水平，该书已于 2022 年 9 月由中国中医药出版社出版。

八、养生之智

（一）养生先养肾

邹燕勤认为，肾为先天之本，五脏六腑之根，"肾病生百病"，特别是尿毒症阶段，全身各个系统都会伤及；另外，"五脏之伤，穷必及肾"。各种疾病到严重阶段，都会影响肾脏，出现肾脏的虚损、衰竭，如糖尿病、高血压、痛风、心血管疾病、风湿免疫性疾病等，后期会导致肾衰竭，所谓"重病及肾"。所以，调理肾脏，养先天之本，通过保养肾气、补益肾元，提高机体的免疫功能，增强体质，维护正气，则能提高人体抗御疾病的能力。因此，养肾最为重要。

（二）家传养生经

"胃喜温不喜凉"，"肾也是喜暖不喜寒"。邹燕勤从来不让家人和孩子们吃冷饮，这是从父亲那里习得的养生经验。冰冷食物损伤脾胃，易导致寒凝气滞，湿浊潴留。人体的气血、五谷营养，需靠脾胃来吸收运化；依赖肾脏的气化功能代谢、排出毒素，所以保护好脾胃和肾脏非常重要。不吃冰冷之物，有利于保护脾胃肾的功能。

"饮食有节，起居有常"是父亲留下的一条养生家训。父亲一生生活作息很有规律，老人91岁辞世前依旧为患者通信治疗。邹燕勤常年追随父亲左右，不仅继承父亲的悬壶之术，生活起居也遵循父亲的教导。每天6点半起床，第一件事是活动筋骨。邹燕勤自创了一套晨起"唤醒操"，坚持做了近20年。"唤醒操"包括护颈操、护肾操、全身关节舒筋及"摩腹功"。唐代名医孙思邈"常以手指摩腹"作为养生之道。《千金方》中记载："摩腹数百遍，则食易消，大益人，令人能饮食，无百病。"脾胃乃人体气机升降之枢纽，"有胃气则生，无胃气则亡"。按摩腹部能健运脾胃，开胃口、助消化、通大便。邹燕勤认为按摩腹部关元等穴位也有补肾作用。

（三）心态年轻抗衰老

肾主骨生髓，脑为"髓海"。肾气充足则脑功能活跃，身体自然就会年轻有活力。邹燕勤经常自称为"80后"，现在步入"90后"。她开通了微信，常与学生及家人联系，接收各类时政新闻、社会信息；业余时间弹钢琴、唱歌、跳舞、养花草植物、参加旗袍秀，有时还追青春剧。这些令她心情愉悦，心态年轻。

她一直认为，充实忙碌是最大的年轻秘诀，坚持工作，每天都很充实，保持对新鲜事物的好奇心和学习力，保持大脑的年轻活跃，就能抗衰延寿。邹燕勤至今仍在医、教、研的岗位上勤耕不辍，每当看到患者的病情缓解，年轻一辈的成长，工作上取得成就，中医药事业的发展与兴旺，她总感到发自内心的开心和幸福，心态也就越来越年轻。

邹燕勤常说"情志决定健康"，即情志养生，最关键的是保持良好平和的心态。大喜伤心、大怒伤肝、大恐伤肾，七情变化过于强烈、持久或突然，会引起脏腑气机紊乱，导致疾病。情志平和，遇事、遇人不过喜、不过怒，不过分忧思、悲伤与恐惧，保持心静平和，才能身心健康，邹燕勤认为这需要通过长期的修养而达到。

（四）饮食养生强肾气

邹燕勤注重饮食养生。常年晨起自制早餐豆浆，以大豆、黑豆、核桃仁等为主，或磨浆或煮粥，春季加薏苡仁，夏季加绿豆、莲子，秋季加红赤豆、百合，冬季加白果、芡实，具有补肾、健脾、养心肺的功效，营养丰富，易于吸收。

外出门诊、工作时，邹燕勤常随身携带养生茶。茶叶里加入薄荷叶、枸杞子、白菊花、玫瑰花、三七花等。薄荷清利咽喉，枸杞、菊花养肝明目，玫瑰花理气疏肝，三七花养血活血。按季节，冬天使用红茶，夏天使用绿茶。此养生茶饮可利咽明目，理气活血，特别适合有咽炎、干眼症的人群。

对于肾病患者，邹燕勤提出养肾护肾饮食四字原则——"少""好""淡""鲜"。"少"，即少而精，每餐七、八分饱，需荤素搭配。"好"，即吃精，吃优质蛋白。每天饮食中蛋白质、脂肪、碳水化合物等比例要掌握好。肾衰竭患者要吃优质低蛋白高能量食品。"淡"，即肾病患者饮食要淡，每日食盐不超 5g，高血压患者尤要注意遵守"淡"字原则。"鲜"，即吃新鲜水果、蔬菜，如苹果、青菜等。

九、传道之术

邹燕勤作为博士研究生导师、中医药传承博士后导师，第二、三、四、五、六、七批全国老中医药专家学术经验继承工作指导老师，第一、二、三、四、五批全国中医优才导师，邹燕勤国医大师传承工作室专家，始终把人才培养、传承中医肾病学术作为己任，在临床中带教学生。

（一）以身作则，严格要求

邹燕勤是医德风范的楷模，也是教书育人的师德典范。她时时处处严格要求自己，治学严谨，精专有道，博中求精。她以身作则，做学生的表率，对学生也严格要求。在思想上要求学生热爱祖国，热爱人民，热爱中医药事业，在学业上要求学生多学习、多实践、勤思考、勤总结，不断研究、探索，不断提高。

（二）教学相长，鼓励超越

邹燕勤认为带教学生，是一个相互学习、相互促进的过程。"冰生于水，而寒于水"；"青出于蓝，而胜于蓝"。邹燕勤以金元时期张元素与李东垣、罗知悌与朱丹溪、清代王晋三与叶天士师徒为例，认为历史发展进步，学生超越老师是必然的，鼓励学生在学习、继承老师学术思想与临床经验的基础上，继续创新发展。

（三）倾囊相授，广育英才

邹燕勤培养的学生、弟子、学术传承人，包含了全国师承继承人、全国和省级中医优秀临床人才、青年岐黄学者、中医药领军人才、中医访问学者、工作室游学人员、基层工作站人员、进修医师等各级中医药人才，遍布全国各地，甚至海外。她开办继教学习班，举办学术讲座，参加国内外学术交流。带教指导学生，她注重训练中医基本功，培育中医思维，将自己的学术经验与临床体会无私地毫无保留地倾囊相授。

数十年来，邹燕勤带领团队继承、创新、发展邹氏肾科学术思想，将其打造成一支国内领先的高层次、高学历、高素质的梯队合理的中医肾病人才队伍。1996 年创建成全国首个中医肾病医疗中心，并成为全国首批重点专科、重点学科、重点实验室。1983 年率先在国内组建了第一个省级中医肾病研究会，是中华中医药学会内科肾病专业委员会创会副主委。20 世纪 80 年代协助父亲邹云翔培养的国内最早的三名中医肾病博士，均已成为国内著名专家学者。培育了三代学科带头人，引领学科不断进步。亲自带教学术继承人、研究生、"中医优才"、博士后 100 余名，其中 1 人成为全国老中医药专家学术经验继承工作指导老师，6 人成为行业学会主委，4 人成为省级名中医，10 余人成为全国三甲中医院肾病重点学科学术带头人，1 人当选国家青年岐黄学者，培养全国学术继承人 11 名，全国及省级中医临床优秀人才 45 名。从 20 世纪 80 年代开始连续举办国家和省级肾病研修班，为我国培养了数百名学术带头人和骨干力量。2007 年被评为"全国老中医药专家学术经验继承工作优秀指导老师"。2022 年邹燕勤带领的邹氏肾科导师团队荣获江苏省教育厅、教育协会"十佳研究生导师团队"称号。2023 年 5 月邹燕勤被授予江苏省中医药学会肾病专业委员会终身名誉主任委员。2023 年 10 月，邹燕勤获"德技双馨金陵大医"南京医学终身荣誉奖。

邹燕勤学术传承谱

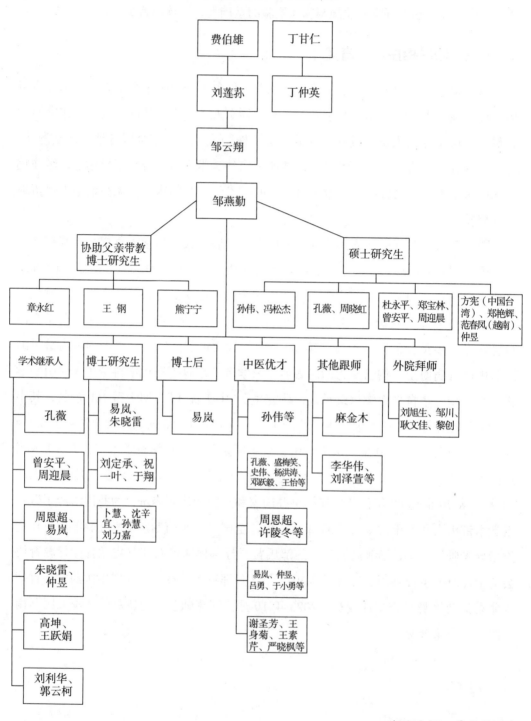

费伯雄　　丁甘仁

刘莲荪　　丁仲英

邹云翔

邹燕勤

协助父亲带教博士研究生			硕士研究生			
章永红	王钢	熊宁宁	孙伟、冯松杰	孔薇、周晓虹	杜永平、郑宝林、曾安平、周迎晨	方宪（中国台湾）、郑艳辉、范春凤（越南）、仲昱

学术继承人	博士研究生	博士后	中医优才	其他跟师	外院拜师
孔薇	易岚、朱晓雷	易岚	孙伟等	麻金木	刘旭生、邹川、耿文佳、黎创
曾安平、周迎晨	刘定承、祝一叶、于翔		孔薇、盛梅笑、史伟、杨洪涛、邓跃毅、王怡等	李华伟、刘泽萱等	
周恩超、易岚	卜慧、沈辛宜、孙慧、刘力嘉		周恩超、许陵冬等		
朱晓雷、仲昱			易岚、仲昱、吕勇、于小勇等		
高坤、王跃娟			谢圣芳、王身菊、王素芹、严晓枫等		
刘利华、郭云柯					

（周恩超、易岚整理）

（邹宁茜编辑）

沈宝藩

沈宝藩（1935—　），上海市人，中共党员。新疆维吾尔自治区中医医院主任医师、教授、首席专家，博士后合作导师。中国中医科学院学部委员，世界中西医结合会常务理事，中华中医药学会脑病学会、国家卫健委脑卒中防治工程中西医结合专业委员会、世界中医药学会中西医结合急症分会、经典名方研究分会、全国名词委中医药名词审定委员会专家顾问。获中华中医药学会授予的传承传统医学特别贡献奖，连续两次被国家中医药管理局评为优秀指导老师。2019年获全国中医药杰出贡献奖。享受国务院政府特殊津贴。2017年被授予第三届"国医大师"称号。

沈宝藩全面阐述了"痰瘀同源""痰瘀同病""痰瘀同治"理论及老年心脑血管疾病临床辨证施治方法。采用维吾尔药材配制的"西红花康复液"获得国药准字，中风病临床科研工作获卫生部乙级重大科技成果奖。主持省部级及国家自然科学基金项目3项。先后出版专著6部、论文40余篇，《沈宝藩临床经验辑要》曾获全国首届中医药优秀学术著作奖三等奖。

一、学医之路

沈宝藩于 1935 年 7 月 12 日出生在上海一个知识分子家庭，祖、父两代都是旧上海的知识分子，祖父是小有名气的医师，父亲是上海商务印书馆的职员。虽然祖父和父亲没有给他留下什么物质财富，却用一生之言行传给了他踏实做人，勤奋好学的家风。

中学时代他积极上进，成绩优异，高中毕业时学校准备保送他去哈尔滨工业学院或者北京航空学院，那是很多同学梦寐以求的学府。但是沈宝藩毅然放弃了这些机会，因为在他心灵深处，一直有一个学医的梦想。

初中时，有一次沈宝藩连日低烧不退，查不出病因。经过一位老中医的悉心治疗，三周后，沈宝藩痊愈了，从此，中华瑰宝的种子悄悄埋进他的心里。1955 年沈宝藩顺利考入上海第一医学院（当时还没有中医学院），开始了学医之路。

在学习期间，沈宝藩如饥似渴，也如鱼得水。黎明的微光中，深夜的台灯下，都是他手捧书本的身影，他勤奋、刻苦，对知识孜孜以求，废寝忘食的学习为他打下了坚实的医学基础。1960 年毕业那年，中国医学科学院院长黄家驷从 700 余名毕业生中选拔出近 100 人，进入中国医学科学院附属研究所及各附属医院，又从中选出十名学生到北京参加卫生部举办的西医离职学习中医班。沈宝藩梦寐以求的学习中医的机会近在眼前，满怀期待和难以言表的兴奋，他如痴如醉地沉湎于浩如烟海的中医典籍之中，夜以继日地汲取着中医的甘露琼浆。中医药无形的大门在沈宝藩面前缓缓打开，他迈着自信且坚定的步伐，踏上了中医求学问道之路。

沈宝藩学习结业服从国家分配来到新疆维吾尔自治区中医医院工作。他与陈苏生（全国名中医，原中国中医研究院首席研究员）的搭配相得益彰，互补短长。中医临床经验上，沈宝藩向陈苏生学习，到了需要做出西医诊断和配伍西药时，陈苏生也常常会征求沈宝藩的意见。闲暇时间，陈苏生经常给沈宝藩耐心仔细地讲解自己的开方思路，传授自己的临床经验。同时，沈宝藩还会找擅长小儿科、妇科的朱馨伯请教学习，领会了不少宝贵经验。1970 年前后，在原卫生部医政司司长林士笑的引荐下，沈宝藩前往北京，拜师中国中医研究院赵锡武、北京医院魏龙骧。他非常珍惜与老师们学习的时间，分分秒秒都舍不得浪费。每天晚上，沈宝藩上门跟着先生们抄方学习，每周一三五跟着魏龙骧，二四六则跟着赵锡武学。与此同时，他白天还跟随阜外医院名医陈在嘉、刘力生学习，跟着他们查房、会诊、抢救危重症病患。1980 年，他到重庆参加由当时卫生部中医司组织的"全国中医内科急症学习班"，其勤奋好学，在临床教学病例讨论和期末结业时探讨中医内科急症病机的发言，获得了黄星垣的好评。将沈宝藩和其他学员的学术见解总结整理后分两次发表于上海中医药杂志。

20 世纪 80 年代，拜师时任医院业务院长的成孚民名老中医，执笔并总结成孚民的临床经验，整理出新疆第一部名老中医经验集《成孚民医案医话选》。

集众家所长融会贯通，在跟随众多老师学习过程中，沈宝藩的理论基础更加扎实，临床经验更加丰富。一本本笔记，记录了无数个不眠之夜他对中医的渴求与探索。时间在磨损的书页间流逝，一同被打磨的还有沈宝藩的医术。他响应国家号召来到新疆后，60 余年矢志不渝精研岐黄。在新疆，沈宝藩一直在新疆维吾尔自治区中医医院一线工作，作为医院首席专家现在仍返聘继续为各族患者诊治并带教学生。如今，89 岁高龄的沈宝藩仍每周上午四次门诊、两次查房；至今十余年来每年坚持在院内利用下午给学员们做 4 ～ 5 场专题讲座；每月在网上不定期与全国各地的学术继承人进行学术交流。有时外出讲学占用门诊时间，沈宝藩便利用节假日把它补回来，国庆、端午、中秋等长假均不休息，以保证就诊患者不间断治疗。

二、成才之道

沈宝藩认为，要走好中医学习这条路，务必做到以下几点。

（一）德艺双馨，悬壶济世

沈宝藩说："一个好医生，应该有高明的医术，更需要有高尚的医德，德重于术，有德才有术，医生只有充分体谅患者的痛苦才会千方百计钻研医术。"正如唐代医学家孙思邈在《大医精诚》中所说："凡大医治病，必当安神定志，无欲无求，先发大慈恻隐之心，誓愿普救含灵之苦……勿避险巇，昼夜寒暑，饥渴疲劳，一心赴救，无作功夫形迹之心。如此可为苍生大医。"为成为心中的"苍生大医"沈宝藩的足迹遍布大江南北。被冰雪覆盖的高原、只有骑马才能到达的村落、陡峭大山里的人家……无论环境多么艰险，只要患者有需要，他必欣然前往。

（二）熟读经典，求知若渴

中医学博大精深，医理隐奥幽微。沈宝藩认为只有熟读经典、苦读经典，有了扎实的中医理论基础，方能指导临床实践。他原是一位西医院校毕业的学生，他刻苦自学古汉语、医古文，并购买了很多工具书如《康熙字典》《辞海》《辞通》《古汉语常用字典》《中医大辞典》等，又阅读了很多医籍的白话文注解本；《黄帝素问真解》《素问今释》《难经校释》《灵枢经校释》《伤寒论释义》等中医书籍，在书店一见便如获至宝；他还备齐通读了原南京中医学院编写的《内经》《伤寒论》《温病学》《金匮要略》等教学参考资料。

沈宝藩阅读时圈出疑难之处，随时向成孚民、陈苏生、刘士俊等老中医请教，他的开门弟子路桂英20世纪80年代初去北京中医学院参加西学中高级研修班时，沈宝藩也请她将原北京中医学院的《金匮要略》讲义购回，以便自学。

他把古籍中学到的经典理论应用到临床实践中去，得到临床验证后再精读医典原著。在从理论到实践再回归理论验证的闭环中，他不断总结经验，渐渐形成了自成一体的学术思想。

（三）教学相长，固本培基

教学相长，固本培基，是沈宝藩成才的又一重要因素。俗话说，"教"是最好的"学"。沈宝藩在"学"中"教"，在"教"中"学"，使得自身理论水平不断跃升。早在20世纪70年代，沈宝藩就在医院给弟子讲《伤寒论》。20世纪80年代初，他在长春中医学院新疆函授班讲授《金匮要略》《内经选读》，给新疆中医学院本科班讲授《中医基础理论》《中医内科学》《温病学》。他熟读《内经》《伤寒杂病论》，旁及金、元、明、清诸家之学，不论是解释病情、分析处方，还是创制专病专方，都能引经据典，参古论今。

（四）坚守初心，矢志不渝

沈宝藩认为学习中医要成才，除了苦读经典、重视临床、虚心求教之外，对中医的坚定信念是无比重要的因素。一个人只有发自内心地认可中医、热爱中医，才会在苦涩、枯燥的学习中发现乐趣。"三分天分，七分勤奋"沈宝藩怀抱着对中医的热爱与赤诚，孜孜不倦地研读学习。走过弯路，进过"死胡同"，但凭着对中医的笃定以及一定要成才的执拗，他读破万卷书，用百倍千倍的努力垒起中医理论知识和临床经验的高塔。正所谓"天道酬勤"，如今同行的推崇，患者的赞誉便是对他勤奋的最好报偿。

（五）嗜书如命，广泛涉猎

书是沈宝藩终身的挚友。年轻时他每月必去新华书店浏览群书，他涉猎广泛，不但参学中医类书籍，对西医学新进展的书籍也常爱不释手。他的消费支出中大部分用于购书。在一次优秀学术著作颁奖会场上，沈宝藩读到朱兆麟教授的专著《论内经风病学》，书中载有"《内经》风病风证用药补遗""《内经》风病证候的现代医学认识"等内容，他阅读后认为对自己的专业颇有指导意义，可惜该书在香港发行，无法购得，他便将书借来，利用会议间隙进行抄录。朱教授得知此事尤为感动，特别将此书赠予沈宝藩。沈宝藩原本是西医学员毕业生，但他热爱中医、勤奋学习中医，全国名老中医任继学先生对他厚爱有加，每出版一本专著一定要寄赠给他。每每得书，沈宝藩都仔细阅读，在学习《任继学经验集》一书的卒中口僻论治一节中，他发现介绍口僻验方有药味而无剂量，便写信请教，求其指明，任老不到一周时间即回函详告。

（六）中西汇通，博采众方

沈宝藩一直倡导中西医结合，主张在两种医学各自发展的基础上，互相渗透、互相吸收、取长补短、不断创新，使之在临床上达到源于中医又高于中医，源于西医学又高于西医学的疗效，而且又能从大量的中西医结合临床实践中探索新的医学实践和新的医学理论。他说，中西医结合要做到传承创新，至少要做到如下两个坚持：其一是学好中医基础理论，打好基本功，突出中医特色，从中医的经典中挖掘新理论；其二是坚持紧跟时代步伐，掌握西医学的内容，同时将现代科学技术研究的成果应用于临床，在中医学的学术传承中注意创新。早在20世纪80年代初期他受到了经方瓜蒌薤白白酒汤、瓜蒌薤白半夏汤的启示，创制了宣痹化痰活血通络的心痛宁方，强调治疗冠心病心绞痛必须注意痰瘀同治，又在2007年1月的第一期《世界中医药杂志》发表"应用古方治疗脑中风的认识"就是取用痰瘀同治法和中西医结合的学术观点对天麻钩藤饮、半夏白术天麻汤、补阳通络汤提出了一些修补意见。

对于冠心病支架术后的患者，他指明术后仍有瘀、术后虚仍见，并为此设计了养心通络汤、标本兼治，以弥补西医术后仅用三种西药来抗凝、扩血管、降脂而不注意扶正补虚、提高心功能改善的不足，沈宝藩就是这样用中医的整体观和辨证观指导西医学，用西医学及相关科学技术去研究和发展中医。如此，可明确诊断，指明中西医结合有效的治疗措施，以最大限度使得患者受益。

三、学术之精

沈宝藩经过长期的临床实践，提高了中风危重症抢救的成功率，明确了老年心脑血管疾病的治则和治法。他创新性地提出了老年心脑血管疾病的治疗当取用"痰瘀同治法"，他研制开发出多种特色中药与维吾尔民族药合用的新制剂，深受患者喜爱。临床擅于古方创新今用，又能创立新方。

（一）擅长中西医结合治疗危重症

沈宝藩擅长中西医结合治疗危重症，对心脑血管疾病等危重症提出：救治方药应该注意用药量"大"、选药"峻"又"精"，服用方法当频频、一日分多次服用，需严密观察病情的演变，随时调整救治措施。其常取《伤寒论》中回阳救逆的四逆汤为例说明取药精——仅三味，用药峻——附子必当取生附子，剂量之重——强调肥人可大附子一枚，干姜用量加倍。强调中成药在抢救中也应注意应用方法，沈宝藩将安宫牛黄丸的应用方法发文在2012年9月21卷第9期《中国中医急症》，指明按之病情变化首服1丸，每4～6小时加服半丸至1丸，随时调整剂量，一日可用至3～4丸。

沈宝藩在危重症的救治中坚持中西医并重、中西医结合，他力推门生、高徒上海市中医药研究院急危重症研究所所长、龙华医院急危重症医学科主任方邦江教授的"急性虚证"理论体系和"表里双解""截断逆转"等方法救治危重症的新论，在2020年疫情期间指导和主审方教授编著完成了全国第一部《新型冠状病毒肺炎中西医结合防控手册》为中医药抗疫做出贡献。2021年方教授还协同沈宝藩之子及学生、门生等将沈宝藩治疗疑难危重症经验与学术思想编撰《国医大师沈宝藩治疗疑难危重症经验集》出版，这不仅对危重症医学的学术发展起到指引作用，而且还对整个中医学术的发展起到积极作用。

（二）痰瘀同治法论治老年心脑血管疾病

沈宝藩认为年老气血虚衰易致津液输布失调，气血运行受阻易致痰瘀同病，又气血津液相辅相成，彼此相关，当气滞不行或气化不及，不惟血滞为瘀，同时也可变津为痰。且痰瘀互为因果，如痰浊滞经，可使血滞为瘀；瘀血停积，阻塞脉道，可使津液难行，聚为痰浊，其还通过临床观察统计老年心脑疾病患者的舌苔、脉象情况，证实了痰瘀同病的征象，因此沈宝藩强调老年心脑血管疾病当取用痰瘀同治法。沈宝藩将痰瘀同源、痰瘀同病、痰瘀同治的学术观点全面应用于老年心脑血管疾病的诊疗。为高血压病、高脂血症、冠心病、脑卒中、阿尔茨海默病、癫痫、动脉阻塞支架术后等创制的专病专用方或分型论治都取用了痰瘀同治法。

1. 痰瘀同治法述要

（1）痰瘀必须同治

由于痰瘀阴性凝滞，胶结难化，互相影响，仅去其一，病难根除，故痰瘀必须同治，即治痰必治瘀，瘀去则痰易化；治瘀必治痰，痰化则瘀易除。

（2）辨清痰与瘀的孰轻孰重

在痰瘀同病中，有其痰瘀致病的共同特点，也有偏痰偏瘀、本虚标实、虚多实少等多种表现，故在痰瘀同治时要辨清痰与瘀的孰轻孰重。当痰证甚急为主的时候，治痰为主兼治瘀，当瘀证为主甚急的时候，应采用治瘀为主兼治痰。

（3）痰瘀同治宜分清标本寒热虚实

此类病症，病程较长，正气已伤，一般为本虚标实证，在急性期应用时注意攻邪不伤正，或中病即止，当病久呈现体虚证为甚时应注意扶正为主。总之，活血药有凉血祛瘀、破血消瘀、温经活血、益气通络、养血活血的不同，祛痰药有涤痰开窍、清化热痰、温化寒痰、润燥化痰、健脾化痰的不同，临证时必须辨证选用。

（4）痰瘀同治当注意佐以理气

痰瘀同治应当注意佐以理气之品，以助祛瘀和化痰，气为血之帅，气行血行，气滞气虚则津液不布，聚湿生痰，痰和瘀又可同因气病而互衍互结，故痰瘀同病当注意理气，调畅气机有利于祛痰和化瘀。

（5）痰瘀同治法治当缓图

痰瘀同病常因病久入络，湿性黏滞，病程长，顽症多，故难取速效，治当缓图。如辨证处方得当，患者服之无不适感，当守法守方，较长时期观察治之。

（6）痰瘀同治饮食禁忌

治程中注意患者饮食禁忌，忌辛辣生冷、膏粱厚味等助湿生痰碍气留瘀之类食物。

2. 痰瘀同病的治法分类

沈宝藩按痰瘀互结病症概括为以下几类治法。

（1）按疾病的性质不同施以痰瘀同治

湿阻痰瘀证——燥湿化痰，活血祛瘀。

热结痰瘀证——清化热痰，清热凉血，活血通络。

寒凝痰瘀证——温化寒痰，温阳活血祛瘀。

燥灼痰瘀证——润燥化痰，滋阴养血通络。

风动痰瘀证——息风化痰，活血祛瘀通络。

气滞痰阻血瘀证——行气化痰，活血祛瘀。

气虚痰阻血瘀证——益气化痰，养血通络。

湿困痰阻血瘀证——温化痰饮，活血祛瘀。

血虚血瘀痰阻证——补血养血，化痰祛瘀。

阴虚血瘀痰阻证——养阴化痰，活血祛瘀。

（2）按痰瘀互阻脏腑的病位施以痰瘀同治

痰瘀痹心证——宣痹宁心，化痰散瘀。

痰瘀郁肝证——疏肝散瘀，理气化痰。

痰瘀困脾证——健脾化痰，益气活血。

痰瘀壅肺证——宣肺降气，化痰祛瘀。

痰瘀注肾证——温肾化痰，活血祛瘀。

痰蒙清窍、瘀血阻络证——开窍化痰，祛瘀通络。

（三）开发维药创先河

维吾尔医药是中医药不可分割的部分。几千年来维吾尔族人民在与疾病斗争的过程中积累了应用植物、动物、矿物等药物防病治病的丰富经验，据民族药物学专家刘勇民整理出维吾尔医常用药有 400 余种。刘勇民认为其中有近百种药物和中药仅是称谓不同。沈宝藩深入汲取新疆维吾尔医的用药特色取用一些维吾尔药防治老年心脑血管疾病。

1. 西红花康复液

西红花康复液由沈宝藩与新疆药检所民族药学专家刘勇民共同研制，获国药准字文号并投放市场。西红花康复液以新疆产的西红花（又称番红花、藏红花）和维吾尔药材新塔花为主药，辅以赤芍、枸杞子、肉苁蓉、甘草等新疆道地名贵药材提炼精制而成，是纯天然中药、民族药口服液制剂。临床试验研究观察显示，西红花康复液对冠心病、脑血管病、产后病、老年虚证等多种病证平均显效率为 67.36%，平均总有效率为 96.96%。研究报告中还观察到，西红花康复液还能有效调整全身功能状态，消除或减轻神疲乏力、心悸、胸闷、失眠多梦、纳呆食少、腰膝酸软、自汗头晕、肢冷畏寒等虚证症状。药效学实验结果显示：西红花康复液使小鼠血清溶血素增多，可提高小鼠脾空斑形成细胞的溶血能力，促进人外周血 T 淋巴细胞的增殖，提高绵羊血红细胞，诱导小鼠的迟发型超敏反应，延长小鼠的游泳时间，能够促进正常或去势雄性小鼠性腺器官生长，使离体大鼠心脏收缩力显著增强，心率减慢，提高小鼠常压下耐缺氧能力，对静注垂体后叶素所致大鼠缺血心肌有保护作用，使小鼠心、肝、脑组织超氧化物歧化酶活性增强，丙二醛含量减少，明显降低血黏度和血细胞比容。各项实验结果表明，西红花康复液具有提高机体细胞免疫和体液免疫功能，并有抗疲劳、耐缺氧、抗自由基和提高性功能的作用，还能够抗心肌缺氧、降低血黏度、增强心肌收缩力。

2. 心痛宁加味方

心痛宁加味方是沈宝藩的研究生李鹏博士在其指导下，根据痰瘀同治之法，在心痛宁方（全瓜蒌、薤白、当归、丹参、红花、川芎、延胡索、厚朴、桔梗）基础上配伍新疆维吾尔药中具有强心利湿、活血通络功效的新塔花，化痰通络功效的阿里红组方而成，临床应用疗效表明，心痛宁加味方能有效减少患者心绞痛发作次数使发作持续时间缩短，心绞痛程度减轻，患者活动耐量增加，且心痛宁加味方能较好地改善心电图心肌缺血状况，进一步证实其良好的抗心肌缺血作用。药理实验显示，心痛宁加味方可明显提高大鼠急性心肌缺血时一氧化氮（NO）水平，降低内皮素（ET）水平，调节两者的平衡。与复方丹参片对照组相比，心痛宁加味方治疗组可较快地降低心电图 ST 段的抬高程度，其大、中、小剂量三组均能不同程度地降低冠脉结扎后大鼠急性心肌缺血时心律失常的严重程度，有效地缩小心肌梗死范围。临床观察亦表明，心痛宁加味方对冠心病心绞痛痰瘀互结型患者治疗后，在改善患者心绞痛症状和心电图心肌缺血状况的同时，能显著升高血浆 NO 水平，降低血浆 ET 水平，且均优于复方丹参片对照组。这表明心痛宁加味方对内源性血管活性物质和心肌保护物质的代谢起到了积极的调节作用，能有效抑制 ET 分泌，促进 NO 的合成和释放，显示在心肌缺血状态下心痛宁加味方对血管内皮损伤起良好保护、修复作用，提示血管内皮保护效应是该方抗心肌缺血的重要机理之一。

3. 宁心通痹胶囊

宁心通痹胶囊（瓜蒌、薤白、阿里红、丹参、红花、川芎、延胡索、新塔花、桔梗），由沈宝藩和药学部聂继红主任共同研制而成，具有宣痹化瘀、活血通络、宁心止痛之效。经药效学实验结果表明，宁心通痹胶囊药理作用特点：①增加冠脉流量，宁心通痹胶囊能增加麻醉犬冠脉血流量，能不同程度升高麻醉犬左心室收缩压和左心室终末舒张压，能升高左心室内压最大上升速率。说明对心脏供血有较好的改善作用。②抗心肌缺血作用，宁心通痹胶囊对心肌缺血犬的心电图有改善作用，能显著升高心肌缺血犬的冠脉血流量和心排血量，改善心肌的供血情况和全身供血，能不同程度地改善心肌缺血犬的心肌酶学指标，对大鼠体外血管有舒张的作用，从而缓解心肌缺血引发的心绞痛症状。③改善微循环作用，宁心通痹胶囊能明显拮抗盐酸肾上腺素引起的小鼠耳郭细动脉收缩，可扩张微血管，改善微循环，具有改善小鼠耳郭微血管血液流态的作用。④改善血液流变学、抗血栓形成，宁心通痹胶囊能降低"血瘀"模型大鼠的全血黏度和血浆黏度、红细胞沉降率、大鼠的血小板聚集率，延长大鼠的凝血时间，可见宁心通痹胶囊有改善"血瘀"大鼠血液流变性的作用，具有活血化瘀、抗血栓形成的功效，对改善心肌缺血有积极作用。可见宁心通痹胶囊能改善心肌的供血状况，改善缺血心肌的酶学指标，降低心肌梗死范围，舒张动脉血管，改善微循环，降低血液黏度，减少血栓形成。对冠心病、心绞痛或心肌梗死的治疗具有显著的效果。

4.新塔花胶囊

在沈宝藩的指导下，其学术继承人胡晓灵研究员研制出新塔花胶囊，是应用新疆民族药唇形科植物新塔花的茎、枝、花、叶研制而成的纯中药胶囊制剂，用于治疗稳定型心绞痛。中医认为稳定型心绞痛属胸痹范畴，乃由气虚气机不利、痰瘀阻痹所致。新塔花具有芳香通脉，行气止痛，活血化瘀利水，益气除瘀，安神定志之功，对稳定型心绞痛具有通畅气机，祛瘀除痰，通畅血脉，气血双调的作用。药物化学分析亦表明，新塔花含有治疗心肌缺血的黄酮类成分，能提高超氧化物歧化酶、谷胱甘肽酶的活性，降低内二醛含量，消除引起细胞损伤衰老的氧自由基，使缺血缺氧、受损心肌细胞恢复。动物实验表明，此药可使实验家兔的冠状动脉流量增加，心肌收缩幅度增加，收缩力增强，脉搏减慢。同时，可使实验小鼠心肌、肝、肾中琥珀酸脱氢酶、乳酸脱氢酶、α－酮戊二酸及细胞色素氧化酶活性增加，细胞能量增加，从而起到保护与治疗心肌缺血引起的心肌细胞与其他细胞损伤的作用。经临床应用证明，本药无明显毒副作用，对肝肾功能均无损害。临床疗效观察显示，本品对缓解心绞痛症状总有效率为81.1%，心电图改善的疗效总有效率为64.9%，均显著高于对照组川芎嗪胶囊（总有效率分别为70%、20%）。

沈宝藩总结多年来研究开发中药新药的历程认为，21世纪生命科学将成为医药科学发展的带头学科，由于化学合成药物的毒副作用，人们越来越重视用天然药物来治病、养生，这给我国的中药新制剂研究开发提供了极好的机遇和发展空间，我们要在传统中医药理论指导下采用西医学药理药效的实验研究成果进行中药开发，继承中医药几千年宝贵的临床经验，将继承与创新密切结合，加速中医药的现代化进程。

四、专病之治

沈宝藩以擅长中西医结合治疗危重症，尤其是率先在全国提出痰瘀同治治疗老年心脑血管疾病等危急重症称道医林。

其为高血压、冠心病、高脂血症、脑卒中、阿尔茨海默病、颈动脉阻塞取用支架或斑块剥脱术后等治疗创制了各类方药，取用痰瘀同治的经验方都收载于出版多年的证治经验集中，并在1988年受邀和王永炎院士、任继学、张学文国医大师在《陕西中医》做了一期笔谈论文汇编，其中提到他对脑卒中的治疗取用痰瘀同治法的学术见解，后又相继被《全国名医名方》《中医脑病学》《脑心同治》《中医特色治疗丛书》《世界中医药杂志》《中国中医药报》等专著或期刊转载，因篇幅有限，本文仅将沈宝藩治疗冠心病、脑卒中的经验做如下简介。

（一）冠心病心绞痛

冠心病心绞痛创制心痛宁治疗。受到先师张仲景创立的瓜蒌薤白白酒汤化痰通阳宣痹法的启示，沈宝藩注意取用辨病与辨证相结合的方法，探索出治疗该病必须痰瘀同治，并创制心痛宁方。该方功能为宣痹活血、化痰通络，使血治痰化才能气血通畅，胸痛得解。心痛宁方于20世纪80年代中期登载在《全国名医名方》一书中，1997年转载于《中国中医药报》。

组成：当归15g，丹参15g，红花10g，川芎10g，瓜蒌15g，薤白10g，延胡索10g，厚朴10g，桔梗10g。

功效：活血祛痰，宁心止痛。

主治：气血瘀滞，痰瘀交阻，虚实夹杂之冠心病心绞痛。

加减运用：临证运用心痛宁方治疗胸痹心痛时，首先应辨清病证的标本缓急，按痰浊与血瘀程度的孰轻孰重、证情寒热虚实的不同表现进行加减。痰热偏重者可重用瓜蒌，加竹茹、郁金、炒山栀；痰湿偏重者加桂枝、法半夏、石菖蒲、远志等；血瘀偏重时加生蒲黄、炒五灵脂、乳香等。当心痛胸闷诸症缓解时则应兼顾本虚之证以扶正祛邪，气虚者加黄芪、太子参、炒白术、茯苓，阴血虚者加生地黄、沙参、玄参、牡丹皮、赤芍、郁金，阴虚甚则去厚朴、川芎、薤白等。

现代药理研究认为，活血祛瘀药具有扩张血管，改善心脏供血功能，能够增加冠脉血流量，改善微循环，使血液浓、黏、聚的状态减轻或恢复正常。方中有些化痰药具有镇静、降脂、抗凝的功效。

临床观察结果：82例应用上方加减治疗，按1个月为一个疗程。统计结果：心绞痛改善显效47例，有效31例，无效4例，治疗前ST-T段异常57例，治疗后转为正常21例，基本正常30例，无变化6例，心律失常者39例，治疗后转为正常13例，基本正常18例，无变化8例。疗效研究结果：显效为48%，有效为47%，总有效率95%。

（二）冠心病支架术后

冠状动脉介入术（简称PCI）如今已经成为治疗冠心病的重要手段。尽管对治疗急性冠脉综合征，尤其是降低心肌梗死患者的病死率，改善心功能疗效显著，但目前还没有完全解决术后支架术后再狭窄和慢血流等问题，为此沈宝藩多年来在临床中对此进行探索研究，现将治疗经验总结如下。

冠心病冠脉内支架置入后，虽然短期内能有效地恢复狭窄闭塞部分的冠状动脉血流，使心肌组织再灌注获得血供，但因支架置入术的球囊支架瞬间机械压力冲击，不仅挤压碎裂狭窄管腔内斑块，同时不同程度损伤了血管的正常组织结构血液外溢，故"术后必留瘀"。有些患者术后忽视了冠心病病因治疗，造成其他部位原狭窄的血管和心肌微循环障碍加重，这些都是导致心绞痛反复发作和再狭窄的发病机制。

沈宝藩认为，冠心病多发生于中老年人，术前本有五脏气血亏虚诸症，病邪引发心脏血脉不通，瘀血内阻也可影响津液输布失调而成痰浊，痰瘀互阻心脉，心痛反复发作，邪气久留耗伤正气，心脉失养病后日久必见虚，因此术后患者必伤气必留瘀。因为行介入术时，也不同程度损伤血管正常组织结构，可以看作为中医的破血作用，而破血通络法则有耗气伤血之弊，致使正气虚损加重。

因此冠心病支架术治疗冠脉狭窄所致严重的心肌缺血、心肌梗死，即刻改善证候，降低病死率是有效的，但术后原有的本虚证不可能解除，因此这类患者治疗中应当标本兼治，取益气养血，祛瘀化痰通络法治之。少数患者常常因手术而焦虑不安、恐慌不已，或术后情志失畅，而招致肝失疏泄，气机不畅，从而加重局部气血运行紊乱，血管挛缩，导致血管痉挛，此时可加用疏肝理气、养血通络之品调治。

根据以上病机的认识沈宝藩创制养心通络汤用于防治冠状动脉介入术后的再狭窄。

方药组成：当归10g，丹参10g，红花10g，川芎10g，新塔花10g，黄芪12g，葛根10g，生地12g，瓜蒌12g，薤白10g。

加减：气虚甚加党参、白术；气阳虚加桂枝、党参、白术，去生地；阴虚甚加黄精、麦冬、沙参、太子参；溏便纳差加炒白术、茯苓、砂仁、山楂，去生地、瓜蒌；血瘀作痛甚选加延胡索、乳香、九香虫、蒲黄、五灵脂、新塔花；痰湿重选加石菖蒲、远志、茯苓、阿里红，去生地；痰热偏重加郁金、炒山栀、天花粉，去薤白。

沈宝藩学术继承人赵翠霞曾经在2013年第三届全国中西医结合心脑血管会议报告，养心通络汤对冠心病支架术后46例临床观察结果为心绞痛症状改善有效率达91.3%，心血管心肌功能改善为84.78%。

（三）脑卒中

新疆维吾尔自治区中医医院于20世纪80年代初在沈宝藩带领下成立了"脑卒中临床科研小组"，开展对脑卒中的临床和实验研究。通过一系列研究工作，认为脑卒中是本虚标实、痰瘀同病的病证，其本是气血亏虚、脏腑虚损，其标为风、火、痰、瘀。按"百病兼痰""百病兼瘀""无痰不卒中"之说，将脑卒中辨证分为中脏腑、中经络两大类，中脏腑分为痰热风火内闭心窍、痰湿瘀阻蒙蔽心神、元气败脱心神散乱3型；中经络分为风痰瘀血痹阻脉络、肝阳风动痰热瘀阻、气虚血瘀痰阻脉络、阴虚瘀阻风动（或阴虚灼津成痰瘀阻风动）4型。可见上述分型中除了元气败脱心神散乱型外，其他各型都按证型不同，当配用适合的活血通络药，如温经活血药、凉血活血药、益气活血药、养血活血药、破血消瘀药等，并按证选用涤痰开窍、清热化痰、温化寒痰、润燥化痰、健脾化痰等药。还在20世纪90年代末，按上述证型分类治法做了临床观察，按全国中医内科学分会中风病研究组制定的诊断及疗效评定标准报告212例病例，治疗结果为基本治愈60例（占28.3%），显效61例（占28.7%），有效73例（占34.3%），无效8例（占3.77%），死亡10例（占4.72%），总有效率为91.5%，无效及死亡率8.5%。

沈宝藩还认为救治中风危重症，必须善于运用前辈证治经验，取中西医各家之长才能提高抢救成功率。

出血性脑中风昏迷期，沈宝藩认为，若出血量大，符合手术指征，应手术治疗，可提高存活率。对一般脑出血患者，目前有的学者主张采用破血化瘀，泄热醒神的方法；但也有人认为过早应用破血化瘀药，可使病情加重或引起再出血。沈宝藩的治疗方法较为稳妥，一般认为24小时内暂不用破血化瘀药。他从20世纪80年代初至今，凡是脑卒中急性期必须配用三七粉灌服，或使用含有三七皂苷的注射液剂，此类药物既有止血功效，又有祛瘀作用，无论缺血性中风，还是出血性中风皆可用之。辨证属阳闭者还可加用安宫牛黄丸，阴闭者服苏合香丸。安宫牛黄丸、苏合香丸均为脑中风急救开闭之常用药，但沈宝藩主张服用剂量可为1丸或半丸，1日3～4次。严密观察症情演变而调整剂量，若服用剂量不足，服药间隔时间过长是缓不济急的。抢救中随时注意证型演变，应注意闭中夹脱，如原证候为汗少，无小便异常，转为渐见汗多，小便频数或失禁，脉象还未出现微细时，应急用西洋参30g，浓煎分多次灌服以防全脱。中风阳闭见痰火盛，痰热郁结不解，肠腑燥结壅滞，腑气不通，大便秘结，沈宝藩常急用通腑泄热，取生大黄粉3～5g灌服。如服后大便仍不解，次日再用大黄并加用枳实10g，莱菔子15g，浓煎后一起服用，大便即能通解，只有腑气通畅，才能气机宣达，而使痰化热清，瘀血渐消，促进苏醒。现代药理药效研究显示，大黄具有促进血液循环，排出有毒物质和利尿消肿，降低颅内压等功效，从而能改善中风病的危重征象，此剂应用对降低病死率有积极作用。脑中风昏迷危重症救治给药途径当多途径给药，因为救治疗效与给药途径关系很大，尤其当出现脑水肿颅内高压时，还必须依靠西药脱水剂静脉给药降低颅内压。

防止脑疝的发生。应用西药脱水剂的剂量和疗程不必拘于一格，严密观察水和电解质平衡和肾功能，随病情演变而严谨调整剂量。沈宝藩在临床中遇有一名脑干大面积出血危重患者，在严密观察肾功能，采用保护肾功能措施下，应用甘露醇、速尿等脱水剂1个月，每日脱水治疗少则1次，多则4～5次不等，经中西医结合积极抢救，该患者逐渐恢复了自主呼吸，神志渐苏醒，生活基本自理，多年以后仍健在。

中风患者病情危重时，常见痰声辘辘或痰液黏稠，不易从咽喉部及时咳出，应加强配用涤痰方药，并及早行气管切开术，同时予以机械辅助呼吸，气管内滴入稀释痰液的西药帮助排痰，这些都是极为重要的措施。临床实践证明，凡符合气管切开术适应证的患者，应当机立断，及时使用，术后只要护理得当，不但不会并发严重感染，而且对防止窒息，改善机体缺氧状态，促进康复均有积极的意义，我院中风危重症患者，凡是及时采取气管切开术抢救者绝大部分患者均获得幸存健在。

创制系列脉通片治疗脑卒中恢复期。为提高脑卒中恢复期的疗效，方便治疗，沈宝藩领导我院中风科研组，经过多次药物筛选，研制出补气、化痰、平肝脉通片，临床已应用40多年，疗效显著。

①补气脉通片

【组成】黄芪、当归、红花、川芎、水蛭、地龙、茯苓、半夏、橘红、牛膝、桑寄生、续断等。

【功效】益气健脾，化痰通络。

【主治】气虚血瘀，痰阻脉络之中风。

【服法】每日3次，每次4～6片，饭后服用。

②化痰脉通片

【组成】天麻、半夏、白术、僵蚕、橘红、石菖蒲、胆南星、远志、贝母、水蛭、地龙、郁金等。

【功效】燥湿化痰，息风通络。

【主治】风痰瘀血，痹阻脉络的中风。

【服法】每日3次，每次4～6片，饭后服用。

③平肝脉通片

【组成】天麻、钩藤、石决明、水蛭、地龙、夏枯草、栀子、天竺黄、胆南星、贝母、郁金等。

【功效】平肝息风，清热化痰通络。

【主治】肝阳风动，痰热瘀阻的中风。

【服法】每日3次，每次4～6片，饭后服用。

应用经验：加服汤药可增强其疗效。系列脉通片对证型较典型而病情又稳定的中风患者，服用时确实方便有效。但系列脉通片的药物组成是固定的，设计组方是按证型共性而配制的，临床中还应按证型的差异配用汤药，调整方药组成，因为汤药配伍可以注意到痰瘀的孰轻孰重，对化痰药或祛瘀药取用比重加以调整，同理按虚实寒热不同配以相应药物。

治程中随证型变化而更换服用其他脉通片。在治疗过程中，选用一种脉通片治疗一阶段后，应当随证型变化更改脉通片种类。例如，临证时见中风半身不遂患者，表现为痰瘀痹阻脉络型，应用具有息风、健脾、化痰、通络功效的化痰脉通片治疗，治疗月余，风息而痰去大半，患者表现为嗜睡、乏力、气短，苔薄腻，舌暗体胖大，脉弦细的气虚血瘀痰阻脉络证时，证型变化了，用药当易，这时应改用补气脉通片调治。

值得一提的是，系列脉通片应用时为何取得较好疗效，其各类脉通片都取用了地龙、水蛭痰瘀同治药，早在40多年前沈宝藩向天津、上海等地学习将水蛭制作片剂提取水蛭素来应用增强其活血化瘀的力度。

五、方药之长

沈宝藩认为，为医之本是治病救人，但诊病的过程，最终的落脚点在于取方用药，当见疗效。而方药的取用，又贵于圆法变通，把握分寸，抓住主要矛盾，权衡利弊，标本兼顾，或"重拳出击"，或"点到为止"，或"润物无声"，或"多管齐下"。尤其是药对之宜，生制之异，唯求增其效而纠其偏，只要善于抓住关键，"谨守病机，各司其属"，则四两之力，可拨千斤，以获奇功。

（一）治疗心脑血管病证常用药对

1. 当归 - 丹参

【用量】当归 10 ～ 30g，丹参 15 ～ 30g。

【功效】补血活血，祛瘀通经。

【主治】瘀血阻滞证。

【方解】当归味甘、辛，性温，具有补血活血、调经止痛、润肠通便的功效；丹参味苦，性微寒，具有活血祛瘀、通经止痛、清心除烦、凉血消痈的功效。沈宝藩认为两者配伍能协同发挥养血活血化瘀的功效，用于冠心病的治疗能扩张冠脉，增加冠脉血流量，改善微循环和降低血脂。沈宝藩自拟心痛宁方用于治疗冠心病心绞痛，方中以当归、丹参配伍红花、川芎活血和血，行气止痛，强调"治痰要活血，血活则痰化"，该药对可使瘀去痰消，脉络通畅，疼痛自止，是治疗冠心病心绞痛的有效方剂。

2. 当归 - 白芍

【用量】当归 10 ～ 15g，白芍 10 ～ 15g。

【功效】养血活血。

【主治】心肝血虚证。

【方解】当归辛甘而温，补血行血；白芍酸而微寒，补血敛阴。当归辛香性开，走而不守，白芍酸收性合，守而不走。二药合用，辛而不过散，酸而不过敛，一开一合，动静相宜，补血而不滞血，行血而不耗血，养血补血之功最良。当归能和肝而活血止痛，白芍能柔肝而和营止痛，二者合用，还具有养肝和血止痛之力。两药配伍是沈宝藩临床常用的养血和血止痛药对。沈宝藩治疗心系疾患不但提倡痰瘀同治的方法，还考虑患者脏腑气血虚损情况，故常施加调补之品以巩固疗效，养血和血配合祛瘀化痰以防病再发。

3. 当归 - 川芎

【用量】当归 10 ～ 15g，川芎 10 ～ 15g。

【功效】活血祛瘀，化痰通络。

【主治】脉络瘀阻证。

【方解】当归味甘、辛，性温，具有补血和血、调经止痛、润燥通便的功效；川芎味辛性温，有行气开郁、祛风燥湿、活血止痛之效。两者配伍的"芎归汤"，出自宋代《太平惠民和剂局方》，具有活血祛瘀、燥湿通络之功效。沈宝藩认为川芎为血中气药，辛窜走上通血脉，正如张元素论川芎所说"川芎上行头目，下行血海"，在补血养荣之药中加入川芎，既能养血和营，补而不滞，又能鼓营血直上颠顶以荣脑络。沈宝藩临证时常灵活运用此药对治疗上、中、下三焦的脉络瘀阻证。

4. 桃仁 - 红花

【用量】桃仁 6 ～ 10g，红花 6 ～ 10g。

【功效】活血祛瘀，化痰通络。

【主治】血瘀痰浊证。

【方解】桃仁味苦、甘，性平，具有活血祛瘀、润肠通便的功效；红花味辛，性温，具有活血通络、利水消肿、散瘀止痛的功效。桃仁、红花伍用，出自王清任《医林改错》的血府逐瘀汤。桃仁破血行瘀，润燥滑肠；红花活血通经，祛瘀止痛。桃仁破瘀力强，红花行血力胜。沈宝藩治疗胸痹心痛病痰瘀互结证常在此药对基础上加用半夏、厚朴、郁金等药，以达到活血祛瘀、化痰通络、行气止痛的功效；治疗中风痰浊瘀阻证常在此药对基础上配伍茯苓、白术健脾化痰，再加菖蒲、远志、郁金化痰开窍通络。

5. 络石藤 - 丝瓜络

【用量】络石藤 10 ～ 13g，丝瓜络 10 ～ 13g。

【功效】通经活络。

【主治】络脉瘀阻证。

【方解】络石藤味苦，性微寒，具有祛风通络、凉血消肿的功效；丝瓜络味甘，性平，具有祛风、通络、活血的功效。沈宝藩认为两者为蔓藤之属，善于缠绕，质地坚韧，有祛风除湿、行气活血之功效，更是通络引经之使药，尤宜治疗痹证。沈宝藩认为新疆为高寒地带，故因地制宜创制治痹通用方，以络石藤为引经药，湿邪偏胜加用丝瓜络，配伍精当，应用于临床每获良效。

6. 龙骨 - 牡蛎

【用量】龙骨 15 ～ 30g，牡蛎 15 ～ 30g。

【功效】镇静安神。

【主治】惊悸失眠。

【方解】龙骨味涩、甘，性平，归心、肝、肾、大肠经，具有镇心安神、平肝潜阳、固涩收敛之功效，《药性论》曰："（龙骨）逐邪气，安心神。"牡蛎味咸，性平，微寒，入肝、肾经，具有敛阴潜阳、止汗涩精、化痰软坚之功效。《本草求真》载，龙骨功与牡蛎相同，但牡蛎咸涩入肾，有软坚化痰清热之功，龙骨甘涩入肝，有收敛止脱、镇惊安魂之妙。牡蛎与龙骨二者均能镇惊安神，平肝潜阳，收敛固涩，均适用于心神不安、惊悸失眠、阴虚阳亢、头晕目眩、烦躁易怒及各种滑脱之证。然牡蛎以入肝肾经为主，滋肾平肝潜阳功效显著，但安神、收敛固涩作用逊于龙骨；龙骨以入心肝经为主，镇惊安神功效显著，又能收敛固涩。沈宝藩常以二药相须为用，对于心神不宁、心悸健忘怔忡、失眠多梦、胆怯惊恐等均有较好疗效。

7. 柏子仁 - 炒酸枣仁

【用量】柏子仁 10 ～ 15g，炒酸枣仁 10 ～ 15g。

【功效】养心安神。

【主治】虚烦失眠。

【方解】柏子仁味甘，性平，归心、肾、大肠经，有养血宁神、润肠之功，《本经》曰："主惊悸，安五藏，益气，除湿痹。"酸枣仁味甘酸，性平，归肝、胆、心经，能补肝养心，宁心安神，益阴敛汗。《本草汇言》云："敛气安神，荣筋养髓，和胃运脾。"《本草再新》云："平肝理气，润肺养阴，温中利湿，敛气止汗，益志定呵，聪耳明目。"沈宝藩临证常以二者同用，养阴补血，柔肝宁心，以治阴血不足，心神失养所致的心悸怔忡、失眠健忘。

8. 当归 - 首乌藤

【用量】当归 10 ～ 15g，首乌藤 10 ～ 15g。

【功效】养血安神。

【主治】阴虚血少之心神不宁、失眠多梦。

【方解】当归味甘、辛，性温，归肝、心、脾经，有补血活血、调经止痛、润肠通便之功效，常用于血虚萎黄、眩晕心悸、月经不调、经闭痛经等。《本草再新》曰："治浑身肿胀，血脉不和，阴分不足，安生胎，堕死胎。"首乌藤，味甘，性平，归心、肝经，能养血安神，祛风通络，多用于失眠多梦，血虚身痛。《本草正义》言其"治夜少安寐"，《饮片新参》言其"养肝肾，止虚汗，安神催眠"。沈宝藩认为两药配伍，可滋肝养血，宁心安神，常用于阴血不足所致的虚烦不寐、多梦易惊等。

9. 首乌藤（夜交藤）- 熟地黄

【用量】首乌藤 10 ～ 15g，熟地黄 10 ～ 15g。

【功效】养血安神。

【主治】心烦不寐。

【方解】首乌藤与地黄均能养血。首乌藤，味甘，性平，归心、肝经，能养血安神，祛风通络，多用于失眠多梦、血虚身痛；熟地黄味甘，性微温，归心、肝、肾经，具有滋阴补血、益精填髓的功效，常用于血虚不寐、心悸怔忡。张元素的《珍珠囊》谓其"大补血虚不足，通血脉，益气力"。沈宝藩常以两药相配用于治疗阴血不足、心神失养之虚烦不得眠，旨在大补阴血，血既充则心得养而神自安。

10. 茯苓 - 远志

【用量】茯苓 10 ～ 15g，远志 10 ～ 15g。

【功效】化痰宁心安神。

【主治】失眠多梦，神志恍惚。

【方解】茯苓味甘、淡，性平，归心、肺、脾、肾经，能利水渗湿，健脾宁心。《本草衍义》曰："茯苓、茯神，行水之功多，益心脾不可阙也。"茯苓亦能化痰，《世补斋医书》曰："为治痰主药，痰之本，水也，茯苓可以行水。"远志味苦、辛，性温，归心、肾、肺经，具有安神益智、祛痰消肿之功，《滇南本草》言其"养心血，镇惊，宁心，散痰涎"。两药同入心经，均具祛痰宁神之功，沈宝藩临证喜用二药配伍，以增强祛痰安神之效，常用于痰蒙心窍所致的神志不清、心悸、健忘、惊恐、失眠等。

（二）吸收运用现代科研成果配伍用药

沈宝藩在临床中注意用中医理论指导，在继承古人用药经验的基础上，充分吸收近代科学研究的成果，大胆加以创新，使传统中医药向科学化、现代化发展，这是沈宝藩在中西医结合工作中的又一特点。其应用中西医理论，巧妙配伍用药，获得较好疗效实例甚多。如冠心病心绞痛为血瘀作痛者，沈宝藩常辨证取用具有扩张冠状动脉增加其血流量、降低心肌耗氧量、降血脂并具有强心作用的当归、丹参、红花之类药物。高血压阴虚阳亢患者，沈宝藩常配用既能降压又能平肝息风的天麻、钩藤、决明子等；辨证偏于肾亏为主者常取用补肾而又能降压之杜仲、桑寄生、怀牛膝等。出血性脑中风手术消除血肿的治疗其指征甚为严格，术中又难免皮层损伤，有碍功能恢复，致残率较高，故有其局限性，中医学认为，"离经之血为瘀血"，出血导致血瘀，血瘀又可招致出血，沈宝藩早在20世纪80年代初抢救脑中风患者时就注意辨证选用三七粉、大黄粉这些既能活血而又止血，具有双向治疗作用的中药，他认为，临证处方用药可借鉴现代药理药效研究成果，但绝不能抛开中医学辨证法度来应用。现列举沈宝藩在临证中常辨证选用的几类降压药。

1. 具有降压功效的中药

平肝降压药：天麻、钩藤、决明子、牛黄、野菊花、夏枯草、罗布麻等。

活血通络降压药：当归、红花、川芎、丹参、益母草、蒲黄、延胡索、冬青、三七、艾叶等。

化痰祛湿降压药：茯苓、菖蒲、泽泻、莱菔子、枳实、川牛膝。

养肝益肾降压药：山茱萸、枸杞子、地黄、冬虫夏草、杜仲、鹿茸、肉苁蓉、附子、山药、女贞子、吴茱萸、黄精、淫羊藿、刺蒺藜、桑寄生、鹿衔草、红景天等。

2. 具有降脂功效的中药

兼降 TC 和 TG：人参、明党参、沙苑子、红景天、甘草、首乌藤、决明子、冬虫夏草、骨碎补、玉竹、三七、丹参、蒲黄、红花、没药、姜黄、水蛭、柴胡、昆布、海藻、花椒、决明子、泽泻、茵陈、银黄、大黄、虎杖、寄生、徐长卿、罗布麻、白矾、绞股蓝。

3. 治疗感冒并辨证选用抗病毒的中药

麻黄、桂枝、牛蒡子、薄荷、浮萍、金银花、连翘、板蓝根、大青叶、野菊花、佩兰、紫菀、射干、百部等。

沈宝藩还指出，中西药配伍应用于临床，要求医师必须对中西药的药性和功效全面了解和掌握，否则中西药滥于配用易招致降低药效或产生不良反应。当今由于对中西药的药理药效不断深入研究，已发现有些中药或中成药和下列西药不能配用：例如，地高辛之类强心苷类药物不能和含钙盐类的龙骨、石膏、牛黄解毒丸同用。因为血中钙离子浓度增加，可促使对心脏的不良反应。心可定和中药牡蛎合用可引起心律失常和传导阻滞。长效硝酸甘油片与冠心苏合丸合用可产生有毒化合物导致药源性肠炎。利血平和甘草合用可影响降压效果。山楂、乌梅、酸枣仁、五味子等药物不宜与碱性药物如碳酸氢钠、乳酸钠合用，否则可产生化学中和反应使二者药效降低，人参、远志等含苷药物，不能和维生素 C、谷氨酸等酸性药物合用，否则易分解而失效。

（三）守正创新应用古方

沈宝藩临证中应用古方应注意辨病辨证相结合，又善取用西医学对方药研究的成果，例如其对炙甘草汤、玉屏风散、一贯煎、小柴胡汤、三仁汤、温胆汤等常用的古方都按上述见解提出了如何拓展运用。他还注意守正创新，对有些古方的应用提出了修补意见。现列举其对脑卒中常用的 3 个古方的认识。

1. 天麻钩藤饮

肝阳风动，痰热瘀阻之脑中风可取用《中医内科杂病证治新义》天麻钩藤饮加减（天麻、钩藤、石决明、山栀、黄芩、杜仲、益母草、川牛膝、桑寄生、首乌藤、朱茯神）治之。天麻钩藤饮具有平肝息风、清热活血、补益肝肾之功效。为加强痰瘀同治之力度，当选加丹参、赤芍、牡丹皮等清热凉血通络药，还当选加润燥化痰之品，例如贝母、郁金、瓜蒌、天花粉等。

取用该方当注意，原方中黄芩、山栀为苦寒药，易伤阴可不用。此证型见热象和风动证候也常为阴虚生热、阴虚阳亢生风，可多用生地黄、玄参、鳖甲、龟甲甘寒或咸寒之类滋阴清热、潜阳息风之品，这才确切符合天麻钩藤饮原方之本义，当肝热确为较甚则可选加夏枯草。

临诊见肝热重、大便秘结时，常用甘苦微寒，清肝明目、润肠通便之决明子易石决明，决明子按药理药效报告具有降血压、降血脂的作用，这对防治血管硬化与高血压也有一定疗效。

原方中川牛膝改为怀牛膝为好，因川牛膝祛湿通络而怀牛膝补养肝肾通络更符合原方药的主治和功效。

应用天麻钩藤饮当见有苔腻、咽中有黏痰，加郁金、瓜蒌皮、川贝母等润燥化痰药，用于治疗痰热、风火内闭心窍时，应加大开闭之力度。加用羚羊角粉以助清肝息风之功效，选加胆南星、鲜竹沥、郁金、贝母之类清热开窍涤痰药，而安宫牛黄丸、静脉滴注清开灵注射液是必不可少的。

2. 半夏白术天麻汤

风痰瘀血痹阻脉络之脑中风，可取用《医学心悟》之半夏白术天麻汤加减治疗（半夏一钱五分，白术三钱，天麻一钱，橘红一钱，茯苓一钱，甘草五分，生姜一片，大枣二枚组成）。

同名方出自《医学心悟》卷三，为半夏一钱五分，白术一钱，天麻一钱，陈皮一钱，茯苓一钱，甘草（炙）五分，生姜两片，大枣三个，蔓荆子三钱，此方白术减少至一钱加蔓荆子三钱，促健脾之力有减而有加强清利头目之功。主治：痰厥头疼，胸膈多痰，动则眩晕。《脾胃论》半夏白术天麻汤卷下黄柏二分，干姜三分，天麻五分，苍术五分，茯苓五分，黄芪五分，泽泻五分，人参五分，白术一钱，炒曲一钱，半夏（汤洗七次），大麦芽五分，大麦蘖面五分，陈皮五分。两方比较可见《医学心悟》之方以化痰息风为重，兼健脾祛湿为之风痰上扰之眩晕、头疼之剂；而《脾胃论》所载之方以补气健脾燥湿为主，兼化痰息风，为治气虚痰厥头痛之专方。

沈宝藩认为加强痰瘀同治之功效当选加当归、红花、川芎、三七等温经通络药。痰湿较重可选加菖蒲、制南星、远志、苍术、炒薏苡仁等燥湿化痰，健脾利湿之药。又原方中每味药计量甚小，方剂学教材计量已做了变动，其认为仍当有些药味剂量要增加为好：半夏一钱五分（9g），天麻一钱（6g），茯苓一钱（6g），橘红一钱（6g），白术三钱（18g），甘草五分（3g），生姜一片，大枣二枚（括号所列为方剂学教材所列剂量）。

临证中当治疗脑动脉硬化症、脑震荡后遗症、耳源性眩晕等证属风痰瘀血痹阻者，沈宝藩认为还可按《金匮要略》泽泻汤之方义取用泽泻伍之，可取半夏白术天麻汤加用泽泻与川芎，因为川芎为温经活血通络药，其辛窜走上通达脑窍，泽泻可降浊阴，以助清阳之气的升举。根据西医学药理学研究证明，泽泻还可解血脂又可降低内耳迷路水肿而减低耳内压，改善头晕症状。

沈宝藩认为，半夏白术天麻汤治疗风痰瘀血痹阻脉络之脑中风时，当弃用原方中甘草、大枣，以防助湿壅气生热令人中满。痰湿瘀阻蒙蔽心神之脑中风阴闭证，半夏白术天麻汤缓不济急，必须配服苏合香丸，并当加用涤痰开窍之药，还应当选用其他对证之开闭急救之药物。

3. 补阳还五汤

气虚血瘀，痰阻脉络之脑中风，可用《医林改错》之补阳还五汤（黄芪四两，归尾二钱，赤芍一钱半，地龙一钱，川芎一钱，桃仁一钱，红花一钱）治疗。

沈宝藩认为，此类患者不但气虚血瘀，而且脏腑虚损，水液输布功能也日以衰减，水液输布失调，易致痰浊滋生。因此治疗时原方中应适当加用既能健脾又能祛湿之茯苓、炒白术；当语言不利尤当加用菖蒲、远志、郁金等开窍化痰之品。还应加用牛膝以补养肝肾，促进气血上下贯通，可增强化痰通络之力度，促进上下肢体功能的恢复。

方中益气药黄芪之用量原方用120g，此剂量为其他6味活血化瘀药总量之和的

5倍多，原方组成之意是重用黄芪取其力专性走，周行全身，大补元气，气旺则血活，血活则瘀除，这样气血流畅才能濡养筋脉，经脉宣通则瘫痪的肢体功能得以恢复。沈宝藩认为，原方中各味活血药应适当加大至10g，如此稍加大用量不会耗气伤血，却能加强化瘀通络之效，在临床应用时黄芪最高用量30～45g足够，使用时最好从15g左右开始，以后逐渐加大剂量较为稳妥。当伴见气阴两虚者应加生地、元参、麦冬等养阴药。如出现胃脘痞满可适加陈皮、炒枳壳、砂仁等理气醒脾和胃之品佐之。

应用上述古方时还当注意以下几点：

（1）当病程较久，可适当加用虫类药，按证选加水蛭、全蝎、蜈蚣之类搜风通络药提高临床疗效。系列脉通片康复治疗脑中风，配方中均配用水蛭、地龙之类药物。

（2）各方中都应配用理气药，在天麻钩藤饮中常配以枳实等降气行气药，半夏白术天麻汤加用燥湿化痰行气药，补阳还五汤中多加用益气行气之品，这样气机调畅，气行血行，从而达到痰化瘀除，风平之功效。

六、读书之法

沈宝藩常引用李时珍在《本草纲目》中的几句话来勉励自己的学生："欲为医者，上知天文，下知地理，中知人事，三者俱明，然后可以语人之疾病。不然，则如无目夜游，无足登涉。"

（一）背诵经典，佐证临床

沈宝藩的潜意识里，要想当一名极高水平的中医必须具备他的老师任应秋那样全篇背诵《黄帝内经》等经典的能力。时至今日，对于《黄帝内经》《金匮要略》《伤寒论》《神农本草经》，甚至《温病条辨》《温疫论》中的语句，沈宝藩也能信手拈来，这些都在后续的临床科研和教学工作中给沈宝藩带来了终身受用的财富，其在教学中还一再告诫学生们背诵经典条文，还要注意后续提及的煎服、饮用方法，如炙甘草汤、瓜蒌薤白半夏汤条文后续提及必须与酒同煮，桂枝汤服用时，啜粥一升，不仅以助药力，也可防体虚患者发汗后虚脱，让中医经典的理论化作了其中医临证的潜意识，其临证的经验也佐证和丰富了这些理论的实践内涵。

（二）与时俱进，不拘经典

由于沈宝藩是西医学出身，他读医书除了中医学的经典著作外，对于西医学来说他喜欢"新书"，也喜欢中西医结合新成果新进展的书，越能体现时下医学前沿进展的书，他越喜欢阅读，为了与时俱进，并积极争取能将之应用到临床实践中。

沈宝藩一再强调取用经典古方当注意"师其法，不论其方"，也就是经典古方的应用不能墨守成规，当在中医理论指导下做到辨病和辨证、辨体质相结合，又当吸取西医学对中医中药在药理药效方面的研究成果，确实做到守正创新来善用经典古方，其在创新治疗老年心脑血管疾病的某些方剂即以为证。现再举几例其在临证中如何注意守正创新善用经方古方之实例：古代取用小青龙汤治疗太阳表实证未解而又水饮停聚方药中有麻黄，又加用温化痰饮之半夏、细辛、干姜、桂枝等药，防脱加用芍药、五味子。受当时医疗条件限制，仲景年代无法严密观察病情进展，而当前我们能随时监测水和电解质平衡，又有补液的措施，他就不主张在配方中用芍药和五味子（酸敛之品），若再取用这二味则有留邪之弊；同理，取真武汤、实脾饮两个温阳利水之剂时，方中原有芍药也当弃用；又治疗脾虚泄泻，沈宝藩将参苓白术散中的党参改用补气利湿之黄芪。

七、大医之情

（一）精业笃行，臻于至善

沈宝藩认为，一个良医必须医德高，医术精，二者并重。"高"要高到如孙思邈《大医精诚》经典训示所言：不问贵贱贫富、长幼妍媸、怨亲善友、华夷愚智，对患者普同一等，视为至亲，全力救助，不避任何艰难困苦，不计任何利害得失。要把这些医训渗透到灵魂里，溶化到血液中，落实在行动上；"精"要精到除本科专业外，他科都要知晓。而作为一名现代中医，不仅要通晓阴阳五行、经络腧穴，熟练运用望闻问切、八纲辨证、八法施治，在运用处方时全面考虑诸药的四气五味、升降浮沉、表里出入，疾病的寒热进退、邪正虚实等，而且要兼通西医的生理解剖、药理药效、发病机制、理化生化分析手段。

他认为医术要精，还要勇于实践，因为实践出真知。刚踏上工作岗位的时候，一有空沈宝藩就钻药房，亲品尝，学习炮制，搜集整理验方。医院组织巡回医疗队，他总是争先恐后报名参加，当时因为巡回医疗与分科接诊不同，什么病都会遇到，什么病都得诊治，什么治疗手段都得使用。20世纪60年代下乡巡回医疗时，他备置的医药箱里不但装着各种急救药物，而且有产钳和手术包，遇到缺医少药的地方，一根银针，几把艾蒿，也要把病治好。他把巡回医疗当作对自己意志的考验，同时也是对自己医术的全面锻炼。

（二）仁心仁术，触手生春

古人有云，"大医必大儒"。只有具备了大儒的情怀，方能成为大医。北宋名臣范仲淹幼年读书时曾谈及理想，"不为良相，便为良医"，因为治国与医人道理相通，均是为了利泽苍生。

沈宝藩认为，儒家推崇的"仁"与中医"大医精诚"的根本追求同出一辙。儒与医的完美结合，造就了我国博大精深的中医文化。"儒医"是沈宝藩对自己的要求，也是他行医的追求。儒医的三重境界即良医、大医、圣医，也体现着他对中医药传统文化的追求。先为良医，注重技，属于知识论，追求的是真；后为大医，注重德，属于道德论，追求的是善；终成圣医，注重道，属于本体论，追求的是美。沈宝藩毕生都在成为"儒医"的道路上不断耕耘，不断修炼，真正把医学升华为一种乐生的行为融入生命。

在儒家思想的影响下，沈宝藩始终宠辱不惊。从立志走上学医之路，到现在蜚声杏林、荣誉等身，不管在什么样的境况下，他对精湛医术的追求始终如一，对患者的关心体谅始终如一。

沈宝藩教导弟子要常怀一颗仁爱之心，不仅要视患者为亲人，而且要视自己为患者，设身处地，换位思考。只有这样，才能想患者之所想，忧患者之所忧，急患者之所急，乐患者之所乐。花钱，要为患者省，能省一分算一分；抢险，要为患者争，能争一秒算一秒。当年巡回医疗至边境，有位哈萨克族产妇失血过多生命垂危，而方圆百里既无血库，又无血源，他首先想到自己，一验血型恰好吻合，他毫不犹豫地伸出手臂，要多少抽多少，终于使产妇转危为安。沈宝藩的专家号一号难求，全国同级别的医生挂号费均在百元以上，乌鲁木齐有关部门也发通知几位名医挂号费为100元，沈宝藩也列入其中，但沈宝藩确坚持14元的挂号费，因为中医治病当经常调整处方用药才有疗效，处方选药，效高而价不昂，为的就是让普通百姓都看得起病。每次门诊他都提早1小时上班，因为门诊上每每碰到外地患者要求补号，他都欣然应允，争取让患者当天返家，节省住宿费用。他的仁医仁术救活病患无数，为他们解除身体的痛苦；他的仁心义举更是如春风般温暖着患者和家属，抚平他们心灵的焦苦。

（三）"疫"马当先，逆行一线

2020 年，新冠肺炎疫情来势凶猛。时年 85 岁的沈宝藩正在三亚。为了让中医药在疫情中发挥更好的作用，他加班加点 2 天内审完《新型冠状病毒感染的肺炎中西医结合防控手册》，为当时抗击疫情提供指导。2020 年除夕夜沈宝藩在收看春晚直播节目，收到李风森等专家制定的新疆地区防治疫情方案草案，其立即通宵审定修补方案等并发文回去。2022 年 4 月，疫情再次来袭，沈宝藩第一时间退掉机票，取消返疆计划，被三亚市中医医院临时任命为新冠肺炎中医救治工作小组的首席专家。与隔离区和集中观察区医务人员连线，针对确诊病例及无症状感染者开展线上联合会诊；隔日对会诊医案的中医四诊资料分析、总结中医诊断、病证，确立治法、方剂，并结合当日会诊医案给三亚市中医医院中医师们详解温病学中卫气营血、三焦湿热的辨证治疗经验。沈宝藩就这样白天黑夜的工作至疫情结束。三亚市中医院专家办寇志雄主任深情地在网上感慨："沈大师治学严谨、不拘泥一方，而是根据三亚地域特点，因人、因时、因地结合个体虚、实、寒、热及病患发展的卫、气、营、血的各阶段，一人一方精心调治患者，尤其是一例连续发烧 7 天患者，2 剂中药下去，药到烧退，让人印象深刻。为沈宝藩仁心仁术点赞，为中医药点赞。"

八、传道之术

沈宝藩倾毕生精力十中医药事业，在临床、教学、科研等方面都取得了相当高的成就，但他常感慨，人生精力有限，能力有限。他说："一个人的医术再高明，本领再大，能够诊治的患者也是极其有限的，每年也只能看几个号，最多几千个患者，而天下数以万计的病患怎么办呢？我可以通过培养学生来诊治更多的患者。"

（一）培养实用型中医人才

临床教学的成败直接影响学员未来的临床水平，决定到底能不能培养出适合社会需要的合格的中医药人才，因此沈宝藩向来重视临床教学。他认为，教师应当多注重临床实践的教学，充分调动学生的兴趣，发动学生的主观能动性，同时对常见病和重证，要透析讲明病因病机，达到触类旁通的目的。沈宝藩反对"灌输式"的传统教学方式，他主张课堂教学要注重通过多媒体教学、课堂教学多联系临床实践，临床查房教学中要注重病案分析讲解，同类方剂的鉴别应用，要使课堂教学和临床实践紧密结合。他让学生尽早地接触临床，并注意在带教中融入西医学知识，使学生了解中医药治疗各类疾病的长处，介绍中西医结合防治疾病的最新成果。他当科主任期间，每周安排一个医生在晨会中利用几分钟介绍中西医学术的新进展、新成果或某些药物临床用药须知，报病危病例晨会后组织医生十几分钟简要会诊讨论，并由其总结定下当天诊疗方案。几十年来每周随他抄方学习的有二十多位具有高级职称的学术继承人且大部分是每科的学术骨干，甚至北京、上海、广东、辽宁各地医生前来跟师学习。广东江门4名医师来新疆跟随门诊抄方、病房查房，其中于涛医师在返回途中微信发表感言："沈宝藩老师您好，现在准备去机场回江门了。虽然两周时间很短，但是跟在您一起查房和门诊这段时光里，我还是收获满满。看到您提前1小时到门诊和病房的工作习惯，并且长期坚持；看到您首诊详细问诊记录，复诊观察病情对比的严谨工作作风；看到您处方用药精当和嘱患者饮食禁忌细致入微的工作态度；更见识到了您言传身教的治学认真态度。从您身上要学的东西太多太多，我也只是看到了沧海一粟。这也是为什么您建议出去看看，我没有出去的原因。我想美景虽好，即使岁月流逝，它依然还在那里，可是跟您学习的机会，机遇难求。未来任重而道远，回去好好把学到的知识用好，发挥好。谢谢！"

毕业实习是整个教学过程中极为重要的部分，是学生们上岗前最后一段课程，沈宝藩向来注重加强中医专业毕业生临床实习的带教。在担任主管临床和教学副院长期间，他为了培养学生独立工作的能力，制定了一套完善的带教制度，规范了医院各科在带教过程中的教学内容，同时制定了严格的考核措施，制定了征求学生对老师带教意见的《临床带教情况调查表》、征求每个实习医师对所在科室老师带教意见的《科室带教情况调查表》及《实习医师出科考核细则》等，要求老师和学生互相督促，在带教结束时师生互相打分，确保带教质量，增强了教师的教学责任心。1989年，沈宝藩的"中医临床规范化教学"课题获得了自治区教委"普通高校优秀教学成果奖"。

（二）注重少数民族人才培养

新疆是一个多民族聚居的地区，新疆医科大学中医学院中的少数民族学生也占了较大比例，作为一名在新疆维吾尔自治区成长起来的专家，沈宝藩非常重视少数民族学生的培养。他在"加强素质教育提高中医民族班的教学质量"一文中指出：由于少数民族学生语言的差异、历史环境等原因，应当加强入学初期的启蒙培养教育，课内课外相结合，培养学生的兴趣，开好中医入门的头，因地制宜，注意提高其对现代汉语、古汉语水平的培养，这样更有利于少数民族学生掌握扎实的中医基础理论，教学中应当分清主次，分清轻重缓急，多次重点讲解，为了确切有效地提高教学水平，对教师的工作作风、管理水平也提出了更加严格的要求。"为民族团结做贡献，落到实处就是要对少数民族学生认真教学，多培养一些优秀的少数民族医生，将来为更多更广泛的患者服务"，沈宝藩说。为培养更多的少数民族中医人才，沈宝藩的临床经验传承学习班专门选择在新疆最偏远、民族医生最集中的和田地区办班，参加学习班的人数多达一百多人，他给每个学员赠送《沈宝藩临证经验集》一书，不论是学员的数量还是学习的认真态度都深深震撼了沈宝藩。在国家好政策的支持下，学术继承人结业时可获取更高学历，遇到这样的机会，沈宝藩还专门留一些席位给优秀的少数民族学生，以鼓励他们投身中医，勤奋学习。

多年来，沈宝藩通过多方面的努力，已培养出了很多优秀的少数民族中医人才，他们在各自岗位上作为骨干、专家服务患者，继续传承沈宝藩的学术思想，传承中华传统文化。早在 20 世纪 90 年代，连续八年在自治区人民医院中医科每周定期教学查房，八年来，阿提卡还坚持随沈宝藩抄方学习，很快晋升为主任医师，成为该院中医学术带头人。

（三）打磨新时代中医特色师承模式

对徒弟尽心传授，对医师耐心引导，沈宝藩一丝不苟地践行着"师"的使命。然而，仅让自己的学术经验在新疆落地生根还不够，他认为，要为祖国培养人才，就不能受地域束缚，应该让更多优秀的中医师有机会学习自己的学术经验，从而让更广泛的患者群体受益。沈宝藩开始放眼全国，对于国内大型学术会议的邀约，他从不推辞，他还先后被世界中医药学会联合会急症专业委员会、经方专业委员会、中国中医药学会脑病学分会、全国冠心病中医临床研究联盟等聘为专家顾问，每有学术会议，沈宝藩必精心准备讲稿。"太实用了，对我们临床工作给予了很多指导和启发"，与会专家们总会因为沈宝藩干货满满的讲座而由衷称赞，并纷纷要求合影留念。

许多国内三甲医院也向沈宝藩发来邀请函，希望沈宝藩能在当地建立国医大师工作室。这些医院中，大部分与沈宝藩素无接触，互不了解却诚恳邀约，难道是冲着国医大师的头衔？稍稍打听就会发现，并不是。在业界，沈宝藩治学严谨，诲人不倦的美名早已广为流传。

早在 2008 年，广东省中医院负责人便找到沈宝藩，希望他能在该院收徒，传承学术思想。当时，该院共在全国聘请了 20 多位老专家，年逾七旬的沈宝藩在一众专家中算年轻的。"我年轻，我得做出更多成绩"，抱着这样的宗旨，沈宝藩在该院收了 3 位中医学科骨干为徒。

新疆和广东相隔千里，单次航程就需要 5 个多小时，在狭窄封闭的机舱坐 5 个多小时，年轻人尚且非常疲惫，更何况一位七旬老人。然而，为了师承工作，沈宝藩把自己的时间安排精确到了分钟：周五早晨在医院上门诊，下门诊后立刻赶赴机场，沈宝藩只能在机场草草对付一顿午餐。飞机落地时，广州已是晚上，简单休整后沈宝藩便开始给当地医师授课直到深夜；次日，不到上班时间沈宝藩的身影已出现在医院，查房、讲课，又是忙碌的一天；周日上午，沈宝藩仍安排了满满的课程，下午乘机，晚上抵达乌鲁木齐。紧张忙碌外加长途飞行，一个周末就这样过去了。周一早晨，沈宝藩又早早来到自治区中医院诊室等候患者……2008～2010年的三年中每个季末的周末从未间断。

徒弟多了，沈宝藩对师承工作的要求不降低，他说："我不能做空挂虚名的老师，一定要把自己的学术经验教给他们，让他们学到实实在在的本领！"沈宝藩开始每月利用网络给徒弟授课。他将《沈宝藩临床经验辑要》《沈宝藩临证经验集》《沈宝藩临证治验辑要》三本学术经验集赠给弟子，每个季度要求大家学习指定篇目，并每月在网络上发要求学习的论文。

如今沈宝藩已近90高龄仍工作在医疗工作一线，每周出4次门诊、2次教学门诊，有20个高徒跟随其抄方学习，至今跟随沈宝藩抄方学习的高徒中有不少多已是科主任或已获得高级职称的优秀中医师。这十年来他还坚持仍每年4～6次为实习医师做专题讲座，足以见得沈宝藩对临床教学的重视。

（四）人才培养成果

沈宝藩治学有方，其学生有许多都学有所成，成为全国、全疆各大医院的学术骨干。

2007年，在由中华中医药学会主办的第三届"著名中医药学家学术传承高层论坛"暨"首届中医药传承高徒奖"颁奖大会上，沈宝藩的学术继承人王晓峰、胡晓灵获得了全国首届"中医药传承高徒奖"，同时被国家中医药管理局授予"全国优秀中医人才"称号。洪军获"全国老中医药专家学术经验继承工作优秀继承人"称号。王晓峰获得"全国杰出的优秀女中医师"称号。沈宝藩20世纪90年代的研究生李鹏也获"全国优秀中医临床人才研修项目"之殊荣。及新疆维吾尔自治区"天山雪松计划"科技创新领军人才。

沈宝藩是全国第二、三、四、六、七批全国老中医药专家学术经验继承工作指导老师，他的学术继承人胡晓灵、王晓峰、洪军、李永凯均任科室主任，玛依努尔·斯买拉洪、刘芳、渠乐、冉亚军、热孜万古丽·吐尔汗等均成长为科室骨干。广东省中医院康复科主任、硕士研究生导师陈红霞教授也是沈宝藩的高徒，现在是全国著名康复医学专家。沈宝藩诸多高徒都承担着国家、自治区的重要科研课题，在科研方面也取得了很大的成就。

2018年，国医大师沈宝藩工作室正式成立，下设诊疗中心、示教诊室、示教观摩室、资料室（阅览室）等。工作室有固定工作人员 15 名，其中高级职称 12 名，博士 2 名。通过工作室培养了一批不同专业方向的科技骨干：心血管、脑血管及老年病三个方向，高级、中级两个梯队。培养、发展中医临床人员，为名老中医学术的传承与发展建立起合理的人才梯队。国医大师工作室的成立，为新疆中医药事业最高级别的师承教育发展注入了一剂强心剂，搭建了一个较高规格、大视野、多元化的工作平台，让沈宝藩学术思想的传承迈上新台阶。

截至目前，沈宝藩培养全国名老中医药专家学术经验继承人 10 人；全国优秀中医临床人才 15 人。举办国家级和省级中医药继续教育项目 7 次，培训上千人次。他在全国各地收徒近百人，北京、上海、广东、辽宁等地的弟子还不定期到自治区中医院跟随沈宝藩抄方学习。

沈宝藩学术传承谱

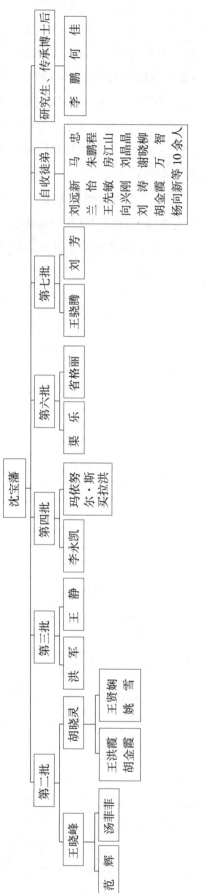

沈宝藩

第二批
王晓峰
　　范　辉
胡晓灵
　　王洪霞
　　　胡金霞
　　汤菲菲
王贤娴
　　姚　雪

第三批
洪　军
王　静

第四批
李永凯
玛依努尔·斯买拉洪

第六批
渠　乐
省格丽

第七批
王晓腾
刘　芳

自收徒弟
刘远新　马　怡　忠
兰先敏　朱鹏程　房江山
王先敏　向兴刚　刘晶晶
刘　涛霞　谢晓柳
胡金霞　万　智
杨向新等10余人

研究生、传承博士后
李　鹏
何　佳

（马莹、刘晶晶整理）

（邬宁茜编辑）

张志远

张志远（1920—2017），自号蒲甘老人，山东德州人，祖籍山西潞安。山东中医药大学教授、主任医师。国家卫生部中医作家，全国中医各家学说研究会顾问，中国药用生物保育协会研究顾问。2019年10月，追授其"全国中医药杰出贡献奖"。享受国务院政府特殊津贴。2017年被授予第三届"国医大师"称号。

张志远医、教、研并举，学识渊博，人称"活辞典"。学术思想丰富，倡论"医易相关"说；研究各家重源流；发挥"玄府"学说成"玄府细络论"；阐发风药理论；诊病重脉，精于辨舌、辨症状用药；重视经方及药物研究与应用，提出"十二汤方系统"等。善创新方治顽疾，如"通阳解痹升气化痰蠲饮汤"治大气不足，痰饮汇聚等。创立了齐鲁志远学术流派。主编《中国医学史》《中医各家学说》《中医妇科学》《医林人物评传》《医林人物故事》等，穷40年心血著成《中医源流与著名人物考》，另有《张志远临证七十年精华录》《张志远临证七十年精华录续编》《张志远临证七十年日知录》《张志远临证七十年日知录续编》《张志远临证七十年碎金录》《国医大师张志远习方心悟》《国医大师张志远用药手记》《国医大师张志远医论医话》《国医大师张志远妇科讲稿》《中国历代名医百家传》等，发表论文400余篇。

一、学医之路

张志远天资聪颖，刻苦好学，很早就奠定了坚实的古文基础。稍长，即涉猎经、史、子、集而成为有名的学者，对物理、化学很感兴趣，尤对易学深有研究。从小生活在医药气氛浓厚的环境中，受家庭熏染，奉父母之命学习医学。少时学医，由父亲张星洲开蒙，先理解中医基本概念，继而掌握基础理论，从《医宗金鉴》入手，然后诵读脉法、汤头歌诀等，诵读《医宗金鉴》里的《伤寒论》《金匮要略》，以及内外妇儿等各科内容；年稍长，侍于族伯张瑞祺老人，学习临床诊疗技巧，后拜于耕读山人门下，系统学习《伤寒论》，并苦读医籍，上自轩岐，下涉古今诸家，无所不及，无间寒暑。受父亲重视药物的影响，对本草的学习下过苦功，除了《本草纲目》《本草纲目拾遗》外，还重点研读《本草疏证》。受父辈影响，为丰满学术，广泛涉猎多学科知识，丰富头脑，开发心悟，对学习中医产生了许多助益。弱冠之龄，挟方术游历山东、天津多地，闻有所长，即往请益，先后从吴七先生、大瓢先生等百余位老师学习，在中医学术上既受南派伤寒的影响，也吸收孟河医派的学说；在临床上既用经方，也用时方，逐渐走向了杂方派。以其学识渊博，经验丰富，于1956年6月，被推荐至山东省中医研究班，并任辅导员；1957年7月至1959年，入山东中医进修学校任伤寒论、温病、医史教师；1958年，山东中医学院成立，任医史、伤寒论、妇科、中医各家学说教师。此后，一直于山东中医药大学从事教学、科研、临床工作。

二、成才之道

（一）传统文化是根基，勤学博览作舟楫

张志远教授自幼受承家学，又天资聪颖，刻苦好学，加之师长们的严格要求，很早就奠定了坚实的古文和文化基础。稍长，即涉猎经、史、子、集而成为有名的学者。对天文、地理、历史、哲学及各门现代学科知识无不采撷，尤对易学深有研究和体会，以致至影响了其医学生涯。

及习医后，举凡《内》《难》《伤寒》及后世诸家之书，更是无所不读，促使其医学理论日趋丰厚，造诣渐深。为广见闻，拓展思路，他还广泛搜求各种史料（正史、野史）、笔记、小说等，虽鲐背之年，未尝释卷。尤其注意科技新动向，对新兴

之系统论、控制论、信息论、耗散结构论等，亦颇有兴趣，主张多学科研究中医，使之现代化。以其学识渊博，人称"活辞典"。当然，博览不可滥，读书不能死，应读有所悟，学以致用，要正确选择材料，讲究其时效性、价值性，熟知者、过时者一目十行；生疏者、有用者精读细研。所以，张志远教授能背诵许多书籍的重要原文，尤其是经典（儒学经典、医学经典）原文，更是了然于胸。张志远教授也积累了大量的读书卡片、笔记，据不完全统计有十万张以上的卡片，近三千万字的笔记，几百斤的书稿，成为研究中医药学的宝贵资料和财富。

（二）师传承授入门径，继承创新登堂室

张志远教授少时学医，得到父辈及老师的指点，要求先理解中医基本概念，继而掌握基础理论，然后诵读脉法、汤头歌诀等；再修临床课，始习外科、儿科，继承父辈外科、儿科之经验，又转向内科、妇科，尤长于妇科。张志远教授既善于在临证中观察前辈们的诊疗模式，又善于思考和总结，认为依葫芦画瓢固然简单，但医学不会因此发展；只有在前人经验的基础上，日新其用，开辟新路，不断创新，中医才有生命力。因此，不仅要继承传统，更要不断发展，诸如对妇科不孕症等疑难病的辨治，总结出"妇科十治"，对各家学说的研究也主张思想革新。

中医学术，博大精深，初学者多望洋兴叹。学习中医有规律可循，中医历数千年仍存者，乃其基本理论及可靠的治病方法和疗效。自《内经》以来，基本理论之模式不变，而防治疾病的方法却代有发展。这就要求初学者先掌握基本理论，待入门之后，即应循讨源流，抓住其发展脉络，由此亦可了解中医学术发展规律，开启思路。在澄清源流时，还可根据需要，不失时机地挖出治病法宝，丰富学识、经验。但是，"纸上得来终觉浅"，中医尤其如此，饱读经书不一定能治病，因此，临床实践就显得尤为重要。通过临床，一可以加深对中医学的理解；二可以验证所学正确与否；三可以发现前人的片面与不足，提出问题；四可以找出解决问题的方法、途径。如此，则前人的理论与经验就能得以发展，临床疗效就能不断提高。如其自制的"崩漏丹"，就是集众家之长，又结合实践的产物，治疗崩漏有突出疗效。

（三）勤求古训得新训，博采众方寻妙方

张志远教授于中医经典中下苦功，特别是在师长们的熏陶下，对《伤寒杂病论》喜爱有加，钻研不辍，其根据前辈们的用药经验结合自己体会而总结的经方"十八罗汉""四大天王"等用药特色，认识药物透彻，应用药物准确，能大大提高临床疗效。每当张志远教授把这些体会、心得传授给学生们时，都深受大家的喜爱和好评。

张志远教授于经典之外，更是广搜博采，举凡民间单验秘方、名家经验效方、各种各类书籍所载药方，甚至僧人、道士、武士等所藏之方，均是学习记录的对象，搜集了大量的效验秘方，经过亲自验证后还毫无保留、不辞辛苦地将这些资料整理成篇，出版传世，利益大众。

（四）他山之石可攻玉，现代医学寸心知

张志远教授强调，无论中医、西医，皆各有长短，善为医者，应巧于取长补短，而不可立门户之见。至今中医界有"保守"者，排斥西医，以致临证出现笑话，甚至发生医疗事故。张志远教授自 20 世纪 50 年代即注重学习西医，不仅熟练掌握其基本知识，而且能用其长，灵活地将客观化验检查结果与中医诊治相结合，弥补了中医过于抽象，或"无证可辨"时的不足。如对肝病的辨治，常参考化验结果，及时修订治疗方案，取得满意效果；对心脏疾患，亦参照心电图等的提示，分别病情，投予经验方药，往往收效更捷。当然，张志远教授非唯"客观指标"论者，更反对中医西化，因二者是两种理论体系，如西医的"炎症"不能等同于中医热证；西医注重局部和"标"的治疗，中医则相反。其中关键：以西医学检测做参考，辨治不离中医理、法、方、药。

三、学术之精

（一）倡论"医易相关"

张志远教授认为，《周易》乃"群经之首"，通过研究大量的医与《易》的资料，明确指出，医通《易》息，二者具有密切的内在联系，《易》对中医学的形成和发展，有过重大影响。

1. 医通《易》息

《周易》相传由伏羲画卦、文王写象、姬旦撰爻、孔子作传，四人先后完成。它包括多方面知识，纪昀在《四库全书总目提要》中谓其除古史外，"旁及天文、地理、乐律、兵法、韵学、算术，以逮方外之炉火，皆可援《易》以为说"。"立天之道曰阴与阳，立地之道曰柔与刚，立人之道曰仁与义。"（《说卦传》）《周易》卦爻，大多以对立方为依据，如乾与坤、坎与离、兑与艮、巽与震等，说明大自然普遍存在着对立统一现象，即《素问·六微旨大论》所言"高下相召、升降相因"。《周易》虽无阴阳二字，但其认识自然、分析事物的"两点论"却很科学。其中乾、坤二卦为基石，由此衍生了八卦、六十四卦，揭示了自然界万事万物的产生、发展和变化

规律。乾坤乃阴阳之肇基，因此，一部《周易》所体现的主题就是阴阳变化规律，它为《内经》的阴阳学说奠定了基础。《内经》有关阴阳的特性、阴阳的关系及其变化，以至对自然的认识，无不与《周易》相通。

2. 医之阴阳源于《易》

第一，《周易》为中医的阴阳对立统一学说奠定了基础。它以乾坤为主，互为体用，衍化出许多卦爻。第二，《周易》以奇数一、三、五、七、九代表阳，偶数二、四、六、八、十代表阴，把抽象的阴阳一分为二；但二者的千变万化却是无往而不复、合而为一的，如乾坤合而为否卦、水火共组既济之卦。第三，"天地革而四时成"，《周易》对时间的变化较为重视。第四，《周易》中"一阖一辟谓之变"的思想，可用于揭示事物的变化发展规律。第五，《周易》除了强调阴阳的对立统一外，也非常重视"三"的作用。"三"成为阴阳学说认识自然界的一个重要途径，由此可掌握大千世界的进化规律。第六，《周易》虽然强调乾坤毁则无以见《易》，但在阴阳互根的基础上，强调"天尊"就是阳的伟力，并对中医学理论产生了深远影响。

3. 以《易》释疑

《周易》内容十分广泛，包括"天道""地道""人道"，含有各方面知识，这座"神秘的殿堂"为中医学提供了丰富的理论源泉。如《内经》根据人体生理特点，结合病邪侵犯人体的部位、经络的病理现象，确定了外为三阳、内为三阴的模型。

（二）研经典创立新论

张志远教授于中医经典钻研不辍，对《伤寒杂病论》喜爱有加，根据前辈们的用药经验结合自己数十年研读经方药物的心得体会，总结出经方"十八罗汉""四大天王"等用药特色，对每位药物的来龙去脉、药性特点、文献沿革、配伍应用特点、主治病症等做了精到的发挥，认识药物透彻，应用药物准确，能大大提高临床疗效，具有重要指导意义和实用价值。

（三）提出大气一元论

张志远教授非常重视"气"在人体的作用，取象自然大气比类产生人身大气的概念，并认为人体所有生命活动的正常运行，均依赖人身"大气"正常的升降出入，若大气的循行出现异常，则会产生"浊邪"，人体即发生疾病，此即其"大气一元论"。人身大气由先天之精化生并依赖饮食水谷和自然清气的滋养，经过肺的宣降、脾的运化、肝的疏泄等作用布散周身脏腑及经络，通过人身大气的升降出入，人体的气血津液得以正常生成、输布和代谢，精津气血又可化神，完成脏腑、经络的生理功能，产生正常的精神活动。外感六淫、饮食不节、情志不调、劳倦内伤等均可影响人身大气的循行流转。人身大气发生病变有虚实两端。虚者多见气虚、气陷、气脱，实者多见气滞、气结、气逆，治疗之时，斡旋气机，调治气病，当求脏腑之本，祛除浊毒，以复气利。其中关键是恢复大气的升降出入。

（四）发挥"玄府"学说

玄府一词始见于《内经》，原指汗孔。金代刘河间在《素问玄机原病式》中借用"玄府"之名，发展《金匮要略》"腠理"之说，创造性地提出了一种新的学说，即以无物不具的"玄府"作为无处不在的气机升降出入活动的结构基础，是中医学对人体组织结构认识的一种深化。张志远教授认为玄府是中医学经络系统中细小孙络的进一步分化所形成的一种细络系统，能直接渗灌气血于组织器官，且能双向流动，五官、四肢百骸、脏腑器官、神明意识活动等均依靠其得到气血渗灌，在人身中居于极其重要的地位。玄府学说作为中医理论的基本内容之一，在指导中医临床诊疗中发挥着不可或缺、日益显著的作用，有着重要的理论价值和临床意义。

（五）阐发风药理论

张志远教授对风药进行了分类：疏风类、息风类、搜风类、其他类（能祛除风邪，但尚未主要用以治疗风病的药物，如淫羊藿、杏仁、姜黄）、特殊类（如黄芪，《本经》言其"主大风"）。总结了风药的功效：以风治风、增加补药的疗效、引导气血流通、通调作用、升阳、助火、抗敏止痒等。并认为风药的辛散走泄是其发挥药效的基础，以风药散邪，可配伍化瘀祛湿药物治风、治瘀、治湿；以风药调气，配合补中益气可升阳；以风药流利气血，配合益气养血温阳可补益助阳；风药还可通达玄府细络，助力气血渗灌，在疾病的治疗中发挥了举足轻重的作用。

（六）重视天人相应的时间医学理念

张志远教授对阴阳和谐、天人相应有很深的研究和把握，重视把握人体生理、病理的时间规律，对文献中涉及时间医学的理论和观念做了全面的梳理并有所发展，对人体生理、证候变化的时间规律也有研究。

时间医学，以探索人体与外界的协调统一为重点，如时辰变化影响阴阳交接对疾病影响的重要性。当12～24点入阴时，特别在18点之后的阴中之阴时，对阳虚患者最为不利，可加重虚象。只有助阳祛寒才能解决。如吴茱萸汤虽无"益火之源以消阴翳"的功效，但它的温里补气，化阴降浊之力，则间接地起了散寒、助阳的作用。

因此，如能把握生理病理的时间规律，可明辨病位、病机，精准用药，或预测疾病发展趋势，扭转病变方向，提高临床疗效。

基于天人合一的理论，人体阴阳之气的消长与自然界阴阳之气的消长互相影响，可以指导用药时间，择时服药，提高疗效。利用时间理论可指导应时组方，也可指导应时选药。

四、专病之治

张志远教授临证七十余年，对内、外、妇、儿各科疾病均有涉及，尤以内科和妇科为主，对于内科、妇科疾病，临证经验丰富，在常方、常法治疗的基础上，又有个人的特色方药或疗法，将经方、时方、杂方均应用于疾病的治疗，并重视疾病的预防和善后，对理论和临床具有指导意义。现将其治疗咳嗽、崩漏经验列于下，以供临床参考。

（一）咳嗽

外感咳嗽治以宣肺止咳为主；内伤咳嗽宜辨别证候，确定病变脏腑；外感兼内伤的情况，宜内外兼顾。久咳肺虚者宜收敛，并用虫类药物镇痉止咳，并重视治痰，将"痰"作为内伤咳嗽的重要病理因素。

1. 分型证治

（1）外感咳嗽

①风寒咳嗽

风寒袭肺，肺气郁闭，宣降失常，布津不利，可见咳嗽、咯白痰，伴见恶寒、发热、身痛等卫表症状。张志远教授师传经验，常用麻黄汤化裁治疗，取麻黄、杏仁为君，配合干姜、细辛、五味子、桔梗、半夏等药，一般不逾6剂辄效。若功力不够理想，则添《金匮要略》"宁肺四仙"，即紫菀、白前、泽漆、款冬花，对急性支气管炎十分适宜，可使患者微汗，解除表邪，缓解呼吸不利、咯吐白色涎痰等症。运用时麻黄勿过6g，杏仁去皮尖提至10g，桂枝量小，甘草稳定在8g，五味子达到20g；个别情况咳而不止，再增罂粟壳3～6g。张志远教授曾治一咳嗽患者，感冒后出现口干气喘、额头出汗、频频咳嗽、体温稍高，无恶寒现象。予麻黄6g，杏仁15g，桂枝3g，甘草10g，五味子40g（打碎），水煎，日饮1剂，连服1周，霍然而愈。

②风热咳嗽

风热犯肺，壅遏肺气，肺失清肃，宣降失常，肺气上逆，发为咳嗽。其症多见咳嗽气粗，口渴咽干，咯痰黄稠，汗出脉浮。治宜疏风清热，宣肺止咳，张志远教授常用桑菊饮治之，药用桑叶 9g，菊花 6g，杏仁 9g，桔梗 6g，连翘 6g，芦根 9g，甘草 3g，薄荷 3g。若加入藿香 6g 芳香宣散，可提高处方疗效，且能止呕。

③风燥咳嗽

燥热伤肺，肺失清润，可见干咳少痰难咯，喉痒，燥性干涩，故见口干咽干鼻燥，张志远教授常用桑杏汤，只要喉痒、干咳无痰，即可给予桑叶 30g，杏仁 15g，沙参 20g，川贝母 15g，麦冬 15g，西洋参 10g，牛蒡子 20g，梨汁 1 杯，一般 7 剂便愈。对于肺火、风热感冒、燥邪侵犯上焦所致的频嗽不止、口干、津液短少，均可应用。若肺燥重症，干咳无痰，舌红少苔，脉搏虚数，气逆而喘，张志远教授师法喻嘉言之清燥救肺汤，以凉润的西洋参替代温燥的人参，投桑叶 15g，石膏 15g，西洋参 9g，胡麻仁 9g，阿胶 9g，麦冬 9g，杏仁 9g，枇杷叶 15g，甘草 6g，每日 1 剂，水煎分 3 次服，连饮 10 天，易见功效。若仍口干少苔，可加麦冬至 30g；逆气不降加枇杷叶至 40g；喘息严重再添苏子 9g，紫菀 9g，款冬花 9g；如便秘难下，加瓜蒌 30g，玄参 20g。

（2）内伤咳嗽

①痰饮咳嗽

痰饮是导致咳嗽的重要因素，患者平素痰涎壅盛，咳嗽稀白痰多，常于入冬加重，或因感寒而发，出现寒热表证，是外寒内饮之证，张志远教授常用小青龙汤、苓甘姜味辛夏仁汤、射干麻黄汤治之。

小青龙汤主治外寒内饮证，患者多咳喘并见。参考用量：麻黄 6～9g，半夏 9～12g，细辛 6～9g，干姜 6～9g，五味子 15～30g，甘草 6～9g，张志远教授常于方中加茯苓 9～15g 以利祛痰，胸闷加枳壳 9～15g，口渴加瓜蒌 15～30g，痰多加白前 9～15g，可加紫菀 9g，款冬花 12g 增强止咳之力，并发哮喘宜加入射干 9g，白芥子 9g，实践证明，收效甚佳。

苓甘姜味辛夏仁汤温肺化饮、宣降肺气的效果突出，可加入麻黄宣肺平喘，参考用量：茯苓 15g，甘草 3g，干姜 6g，五味子 9g，细辛 3g，半夏 9g，杏仁 9g，麻黄 9g。用之治疗支气管炎、支气管哮喘、老年慢性支气管炎秋冬季发作者，皆能奏效。在投量上很有考究，若以祛痰饮为主重用茯苓 15～30g，缓急解痉为主重用甘草 9～15g，宣散行水为主重用细辛 5～9g，温里镇呕为主重用干姜 6～15g，收敛为主重用五味子 9～20g，降逆为主重用半夏 9～15g，开提肺气为主重用杏仁 6～12g。外感风寒加麻黄 6～12g，兼可治喘；汗出发热减干姜加石膏 15～40g；胸闷加瓜蒌 15～30g；内火上冲面热如醉加大黄 3～6g。

射干麻黄汤用治痰鸣"喉中水鸡声"，对肺炎、支气管炎、支气管哮喘出现痰鸣者，针对性强，方中除用干姜、细辛、五味子外，又增加了止咳的紫菀、款冬花与开喉、利咽、消肿、祛痰的射干，疗效突出。参考用量：射干 10g，麻黄 9g，生姜 10 片，细辛 6g，紫菀 10g，款冬花 10g，半夏 9g，五味子 10g，大枣 10 枚，茯苓10g。

②肺阴亏虚

燥邪伤肺或邪热留恋日久，可致肺阴亏耗，气道失润，宣降失常，肺气上逆，可见干咳无痰、气短、口燥咽干，或痰中带血；阴虚不能制阳，形体失养，可见五心烦热、消瘦羸弱，舌红少苔，脉象细数。张志远教授常用麦门冬汤治疗，参考用量：人参 6g，甘草 6g，半夏 3g，大枣 20 枚，麦冬 30 ～ 45g。本方突出麦冬的君药地位，用量独重，以润肺燥，方中人参可改为党参，加至 15g；半夏性燥，宜少量应用；大枣量多，可以护正保本；甘草益气，增强止咳之力，数味同组，共奏疗效。方内添入玉竹 20g ～ 30g，知母 15g，以助养阴清热；若大便干燥者，可加入瓜蒌 30g，玄参 10g 滋阴润肠；声音嘶哑可加入蝉蜕 15g 宣肺开音。若患者痰中少量带血，不必着重治血，待阴充液足热去，出血自止。

③痰热蕴肺

痰湿蕴久化热或素有痰饮，又有外邪入里化热，可致痰热内盛，肺失清肃，发生痰热咳嗽，症见咳嗽气息粗促，咳痰黄稠，胸闷胀痛，或伴体温升高、汗出、舌红等症，治宜清肺化痰。张志远教授用麻杏石甘汤加味化裁治之，药用麻黄 3g，杏仁 6g，石膏 10g，甘草 6g，细辛 3g，五味子 6g，紫菀 10g，白前 10g，款冬花 10g。临床实践验证其效，确切、客观、堪称良方。

④气虚痰盛

张志远教授临床经验：若咳嗽较久，内停水饮，吐痰量多，肺气虚损，证属气虚痰涎壅盛，常用《金匮要略》泽漆汤去泽漆、将紫参改为紫菀，再加茯苓，收效颇好。对慢性支气管炎、肺结核、间质性肺炎、肺气肿等疾病见上证者皆可用之。张志远教授曾诊一肺源性心脏病患者，症见咳嗽、气喘、心慌，每日吐痰约 1 中碗，因体力不支持杖而行，脉象沉滑。由同道委托施治，患者为典型的痰涎壅盛兼有气虚之证，遂开本方，药用半夏 12g，白前 15g，紫菀 15g，人参 15g，黄芩 12g，桂枝9g，甘草 3g，生姜 9 片，茯苓 30g，日饮 1 剂，水煎分 3 次服。连服 4 日，效果显著，继续未停，症状逐渐减退，服药半个月后，电话反馈已转危为安。

⑤肝气犯肺

肝主疏泄，调畅一身之气机，且肝经布胁肋，肺居胸中，肝经气火可循经犯肺。若肝郁气滞，气失条达，反侮肺金，可使肺失肃降，发为咳嗽。若不审病机，仅用降肺化痰之法，不治肝郁，难见疗效。张志远教授遇此证时，以四逆散治疗。该方药仅四味，在用量上巧妙变化，加减组方，可治疗精神抑郁、肩背痛、消化道溃疡、慢性肝炎、乳腺增生、肋间神经痛等多种病证，普遍见效。张志远教授曾诊一咳嗽患者，情志失调，肝郁气滞，肺失肃降，转为慢性咳嗽，咳痰色白，他以四逆散疏肝理气，加味化裁后调理肝肺，治肝为主，条达肝气，方用柴胡15g，枳壳15g，白芍15g，甘草15g，加入桔梗15g宣泄祛痰，五药同量，日1剂，连服10天，症状逐步消退。

以上是张志远教授对咳嗽常见证型的论治经验，对于咳嗽日久不愈，病情胶固者，他综合经方派、杂方派经验，结合个人用药心得，制定了一首综合治疗的方剂，可发挥发散、化饮、祛痰、止咳、收敛、止痉的综合作用，名为"小葫芦汤"，药用麻黄6g，干姜10g，细辛6g，五味子10g，泽漆10g，紫菀10g，白前10g，桔梗10g，半夏10g，全蝎10g，款冬花10g，甘草10g。张志远教授曾以此方治疗一患者，外感遗留咳嗽8个月之久，医院诊为间质性肺炎，即服上方每日1剂，凡20天，病状大减，洵属良方。

2. 特色用药

（1）治咳十五方

《伤寒论》《金匮要略》所载治咳药，除规律性应用干姜、细辛、五味子外，还有杏仁、白前、桔梗、半夏、紫菀、款冬花、泽漆、贝母、瓜蒌、旋覆花、桑白皮、露蜂房，据情选用以宣肺、祛痰、涤饮，足见其应用范围之广，经方家将这十五味药谓之"华盖十五芳"，张志远教授在治疗咳嗽时常用上述药物。其中干姜、细辛、五味子，辛散酸收，温肺化饮，药效突出，又称为治咳"三神"。治疗外感咳嗽，肺气不利或兼停痰饮者，必用之，然药性燥烈，故内伤久咳或干咳无痰不宜投予，必须用时，宜配合麦冬、生地等防止燥热损伤肺金。细辛用量可不必拘泥，用量小于10g，很少不良反应；五味子用量一般在6～30g，用时打碎，令仁内辛味逸出，可宣发肺气，抵消"收敛"之性，以免造成平喘、宁嗽的障碍，并可防止过汗伤阴亡阳；杏仁宜用苦者，甜者力微；桔梗量大易致呕恶，不宜多开；紫菀、款冬花，常相须为用；内伤投松贝、沪贝，外感用象贝；旋覆花降气利饮、祛痰止咳，常与半夏同用，多用蜜炙，防止刺激咽喉；泽漆亦名猫眼草，量小无害，因祛痰、利水，多服使人消瘦，李时珍言功同大戟，指消水肿，并非毒草。1965年，张志远教授遇一老年慢性支气管扩张症患者，咳嗽，每日咯吐一大碗痰涎，气喘吁吁，风寒刺激使症状加重，冬季不敢外出，舌苔白厚。张志远教授予上述"十五芳"，药用半夏、杏仁、干姜、细辛、五味子、紫菀、款冬花、松贝母、桔梗、白前、旋覆花、露蜂房各10g，桑白皮、泽漆各15g，瓜蒌6g，水煎，日饮1剂，连服1周，咳止、痰涎减去2/3，效果可观。

（2）用虫药止咳

虫类药物多用于祛风活血通络，对于顽固性咳嗽久治不愈，张志远教授常加入虫药镇痉止咳，可用全蝎、露蜂房等虫药。全蝎镇痉止咳，用量10g左右。露蜂房有以毒攻毒、通络散结、解除炎症等多种功能，对咽炎、喉炎、鼻炎、支气管炎及关节炎，皆有较好的作用，乃一味良药，切莫沧海遗珠，治疗咳嗽时常用10g。如治疗慢性痰饮咳嗽，可于小青龙汤中加入露蜂房；痰热久咳者可于麻杏石甘汤中加入露蜂房、全蝎等；肺热口干、咳嗽无痰，于麻黄升麻汤中加入全蝎镇痉、五味子打碎后辛香可宣发肺气止咳，均可取得理想效果。如张志远教授曾治一老年慢性支气管炎患者，入冬后咳嗽、胸闷，吐黄色黏痰，日夜发作，呼吸困难，舌红。证属痰热，入冬后风寒外束，内热加重，故病发，张志远教授以麻杏石甘汤为主方进行化裁，加入了全蝎、露蜂房镇痉消炎止咳，逆气上冲加入半夏，处方：麻黄10g，杏仁12g，石膏30g，全蝎10g，露蜂房10g，白屈菜10g，佛耳草30g，甘草10g，半夏10g，日1剂，水煎分3次服，连饮1周，病情递减；又服10天，症状尽解。

（3）以龙牡收涩

龙骨、牡蛎常相须为用，有镇静、敛汗、固肠、潜阳之功，在治疗大病、久病、虚损病时，龙、牡无恋邪之虞，反而护本。临床可治疗心悸、不寐、滑精、腹泻、汗出不止、癫狂等多种病症。张志远教授认为凡久嗽、哮鸣长期不愈，与元气失固有关，不宜再用麻黄、杏仁、厚朴、干姜、细辛、紫菀、桔梗、款冬花，而应以收敛为主，突出"涩"字，师法张锡纯，于相应方剂内加入龙骨、牡蛎用其疗咳平喘，很易见效。张志远教授曾治一患者，70岁，有支气管哮喘病史，咳嗽痰鸣，张口呼吸，不能平卧，坐位睡眠。考虑患者年高虚损病重，故宜降气化痰辅以收敛，方以《医学衷中参西录》从龙汤为基础化裁，处方：龙骨30g，苏子15g，白芍15g，牡蛎30g，牛蒡子10g，半夏10g，加橘红10g，五味子10g，日1剂，连用5天，症退转安。

3.典型医案

案1 张志远教授于广西讲学时，遇一久咳患者，打嗝、嗳气不已，前医投南派轻灵方功力不显，邀先生诊之，呈桶状胸，乃支气管炎转为肺气肿，吐痰不多，舌淡苔厚，脉弦滑。诊为咳嗽，痰饮内停证。予苓甘姜味辛夏仁汤：茯苓15g，干姜9g，五味子12g，细辛6g，半夏9g，杏仁9g，甘草6g，水煎分三次服。药后咳嗽减少，打嗝、嗳气依然如故，遂加代赭石30g，旋覆花9g，连用5天，虽见小效，然去不足言。因此又加大黄4g，继服一周，嗝停嗳止，逐步转安。

按： 本案患者咳嗽日久，患有肺气肿久咳病史，咳嗽乃内伤所致。患者咳痰，舌淡苔厚，脉弦滑，为饮停之象。痰饮内停，肺气上逆，发为咳喘。初诊选用苓甘姜味辛夏仁汤：方中重用茯苓，其味甘、淡，性平，有利水渗湿，健脾宁心之效。《神农本草经·上品》记载茯苓："主胸胁逆气，忧恚，惊邪，恐悸，心下结痛，寒热烦满，咳逆，口焦舌干，利小便"。肺为储痰之器，脾为生痰之源，张志远教授选用茯苓，主要取其利水祛饮之效。茯苓甘淡利湿，不仅可以利水祛饮，畅通脾胃气机，还可健运脾胃，标本兼治。饮为阴邪，非阳不化，干姜、细辛温肺化饮。五味子收敛肺气，防止耗散太过。半夏降逆化痰的同时还可防止冲气上逆引起的呕恶。方中杏仁开宣肺气，利尿消肿，犹如"提壶揭盖"。药后患者咳嗽症减，但打嗝、嗳气依然如故，加入旋覆花、代赭石，效不足言，说明患者打嗝、嗳气非胃气上逆，乃胃热所致，加入大黄4g，清其胃热，以降逆气。药后患者诸疾消退，邪去体安。

案2 曾于阜城诊一老翁，感受风寒，频频咳嗽，低热无汗，白痰稀薄，舌淡苔薄滑，脉象浮紧。诊为咳嗽，外寒内饮证。给予小青龙汤：麻黄9g，桂枝9g，白芍9g，干姜9g，五味子9g，清半夏9g，细辛3g，甘草3g。3剂后，已出小汗，咳嗽减，恶寒解除，尚有喘息现象，痰量仍多，乃加入杏仁9g宣通肺气，葶苈子15g利水祛饮，诸症逐渐消失。

按：本案患者咳嗽主要因外感风寒而作，低热无汗，脉象浮紧皆因风寒束表所致；白痰稀薄，舌淡苔薄滑又有内饮之象，故诊断为咳嗽，外寒内饮证。风寒外束，卫阳被遏，正邪相争，加之患者腠理密闭，故表现为发热无汗；外感风寒，肺气郁闭，水饮上泛，肺气上逆，发为咳嗽，白痰频频。麻黄，味辛、微苦，性温。能发汗解表，宣肺平喘，利水消肿。《神农本草经百种录·中品》记载麻黄："止咳逆上气，轻扬能散肺邪。"麻黄通过其发散之性，向上向外宣发表邪，重启肺的宣发功能。桂枝，味辛甘，性温。可发汗解肌，温经通脉，助阳化气。《神农本草经·中品》曰："牡桂，主上气咳逆，结气，喉痹吐息。"先生认为单用麻黄或桂枝发汗力弱，二者相配才能起到发汗解表的功效，麻黄开泄腠理，桂枝温通经脉，以助汗源，寒邪随汗而解。《伤寒杂病论》治咳嗽不离干姜、细辛、五味子，干姜可温中散寒、回阳通脉、燥湿消痰，《神农本草经·中经》记载："干姜，味辛，温。主胸满咳逆上气。"细辛可温肺散寒、通窍止痛、温肺化饮，《神农本草经·上品》记载："细辛，味辛，温。主咳逆。"五味子可敛肺止咳、补肺宁心、益气生津，《神农本草经·上品》记载："五味子，味酸，温。主益气，咳逆上气，劳伤羸弱。"上三味药治咳效用，《神农本草经》中皆有记载，张志远教授认为三药相配可治疗外感肺气不利或兼停痰饮者，通过辛开、酸收双向作用，宣利肺气发散病邪，干姜、细辛相配可温肺化饮，配合五味子收敛上逆肺气，解除气管痉挛，能一举两得。半夏，味辛，性温。能燥湿化痰，降逆止呕，消痞散结。可治气逆咳嗽，痰涎过多。方中细辛、干姜、半夏温肺化饮，借助麻黄、桂枝、细辛的发散之性，可使饮随汗出。五味子、白芍可防止肺气耗散太过，还可收敛上逆的肺气，加上甘草调和诸药，同时缓解麻黄、桂枝、细辛、半夏的刚猛之性。诸药合用，对于外寒内饮证咳嗽效果显著。

小结

张志远教授治疗咳嗽，先进行二分辨证，判定外感内伤，分辨虚实，据证施治。在咳嗽的治疗中，他重视祛痰化饮，以复肺气通利，体现了其重视人身气机通利的思想。临证时，外感风寒咳嗽用麻黄汤加味，风热咳嗽用桑菊饮，风燥咳嗽用桑杏汤、清燥救肺汤，痰饮咳嗽用小青龙汤、苓甘姜味辛夏仁汤、射干麻黄汤，肺阴亏虚用麦门冬汤加味，痰热蕴肺用麻杏石甘汤加味，气虚痰盛用泽漆汤加减，肝气犯肺用四逆散加味。其特色用药，外感咳嗽常以麻黄、细辛等风药祛风，内伤久咳加入露蜂房、全蝎等虫类风药镇痉止咳，体现了张志远教授对风药的应用经验。

（二）崩漏

张志远教授指出，妇女月经量多或来潮溢下不停则易成崩，崩后淋漓则易为漏，漏亦可变成大量出血转化成崩，严重影响妇女的身心健康，甚至危及生命。其在继承先贤经验的基础上认为崩漏多由热邪入血、脾肾虚衰和血道梗阻所致，主张治疗时首当塞流止血，防止失血过多而虚衰；然后澄源，辨证施治找准病机以治疗；最后当复旧，通过补养，解除出血导致的后遗症，促其恢复以往健康，并防止复发。

1. 临证经验

（1）白头翁汤塞流以止血

崩漏之初先止血，以塞其流，乃遵循了"急则治其标"的治疗法则，即"存得一分血便保得一分命"。张志远教授认为突然崩中暴下或漏下日久者，必会耗伤气血，使气血虚衰，在补益气血之前当先止血以缓急。根据多年临床经验，他治疗崩漏一般不开炭类药物，防止留瘀或复发，并指出一般固涩止血药物如小蓟、茜草、三七参、艾叶、仙鹤草、蒲黄、槐米、白茅根、花蕊石、黄药子等药效均不持久，复发率高，提倡以地榆、贯众、白头翁3味药为核心，清火、固脱、祛瘀生新，药量均在15～30g左右，最大量可至50g，待情况稳定则可减半，易见捷效。张志远教授临床治疗崩漏常选用《伤寒论》白头翁汤以清热凉血，解燃眉之急。临床应用时，常予白头翁30g，黄连15g，黄柏10g，秦皮6g，每日1剂，水煎分3次服，连饮5～10天，即可见效。方中白头翁、黄连、黄柏、秦皮诸药多苦寒性涩，具有收敛之效，诸药配伍可清热解毒，凉血止血，重点突出白头翁清热凉血、祛瘀生新之功，以白头翁挂帅30～50g为宜，黄连、黄柏、秦皮苦寒能伐生生之气，且易引起大便干结，量勿过多。若上方止血疗效不显，则加入五味子15g，薏苡仁30g，马齿苋30g，贯众15g，益母草10g，以达到止血的目的，无论排卵性月经周期延长或非排卵性周期不定，只要流血不止，皆可服之。张志远教授强调在应用止血固涩之品时，亦要注重滋阴补血，常合两地汤使用，以发挥方中生地黄、地骨皮清伏火，玄参、麦冬增津液，白芍、阿胶补阴血的功效。

（2）两方活用滋阴凉血以治热

《黄帝内经》指出"阴虚阳搏"则成崩，《兰室秘藏》亦云："妇人血崩是肾水阴虚，不能镇守胞络相火，故血走而崩。"肾藏真阴元阳，具有统摄全身阴阳平衡的作用，若肾阴不足，肾水亏虚，则无以涵木而肝阳亢动，使肝失藏血，经血妄行失于约束而发为崩漏。张志远教授认为崩漏由阴阳失衡所致，以阴虚为本，阴不维阳则阳亢，从而血热妄行，热随血泄，发为崩漏，故治疗当以壮水制火，滋阴凉血为保本之治，临证常选用黄连阿胶汤和黄土汤加味以对证治疗。

①黄连阿胶汤补阴益水

张志远教授调理妇女月经崩漏，若暴崩大量溢血，则强调凉血速止，善用《伤寒论》黄连阿胶汤。此方本是医治少阴热化心烦失眠，他认为凡因阴亏火旺所致的鼻衄、吐血、妇女崩漏，皆可适用，若为身体上部溢血加少许大黄，下部流血则加灶心土。方内以阿胶、白芍为君，尤其突出白芍柔肝降火、养阴凉血之效；黄芩、黄连次之，鸡子黄一枚即可，对于功能性排卵型子宫出血，或产后恶露不绝均有作用，但使用时必须掌握鲜红、量多、淋漓不止的症状特征，以及火犯冲脉，血热妄行的病机特点。若火邪过旺，则加大黄芩和黄连的剂量，阴虚较甚，则加入蒲黄、贯众、益母草。张志远教授强调血崩者当补阴益水以退火源，切勿只施"苦寒折火"之法，防止伐"生生之气"。

②黄土汤加减配伍益阴凉血

《金匮要略》黄土汤原是温阳健脾、益阴止血的良方，临床亦常用来治疗崩漏，但张志远教授通过调整剂量和加味，重点突出其益阴止血的功效，对于月经久漏不停、淋漓而下者，他常投此方以清热凉血，纠正血热而导致的迫血妄行。指出方中附子温化壮阳，故不宜多投，否则血为热迫，易于反复；灶心土多以灶中火烧黄土超过 5 年，色红为宜，因目前多以烧砖代之，功力不佳，性味平和，故投量要大，才可补脾固涩；阿胶滋阴补血，在止血方面有良效，黄芩、生地黄凉血亦居重点，皆可加大投量；白术则要少用，避免利水伤阴。张志远教授临证运用此方常予生地黄 10～20g，阿胶 10～20g，黄芩 10～15g，灶心土 60～100g，再佐以生地榆 10～20g，仙鹤草 15～30g，以养阴止血，扶正益气。

（3）胶艾汤加味健脾升陷以治虚

《四圣心源》曰："水旺土湿，脾阳陷败，不能发达木气，升举经血。"《血证论》云："古名崩中，谓血乃中州脾土所统摄，脾不摄血，是以崩溃，故曰崩中。"脾主统血，若脾气虚弱失于统摄，则易引发崩漏，故通过升阳举陷可使脾气得升，肝气得疏，气旺血宁而崩漏自止。

张志远教授指出凡因脾虚无法统血而引发的崩漏，当健脾、举阳、升陷，补脾胃以资血源，养肾气以安血室。对于妇女月经来潮，持续 10 天以上，淋漓不断，证为脾虚、中气不足者，张志远教授常投以《金匮要略》胶艾汤加人参、黄芪以健脾举阳，温养气血。常予当归 10g，川芎 10g，白芍 10g，熟地黄 15g，艾叶 3g，阿胶 20g，人参 10g，黄芪 30g，每日 1 剂，水煎分 3 次服，连用 10～15 天，或于来潮前 3 天开始服用，连用 7 剂，均有效果。若功效不显，则将黄芪加至 50g，阿胶加至 30g，熟地黄改为生地黄，添入仙鹤草 15g，即可获效。

（4）佛手散加味正本清源以治瘀

《诸病源候论》云："内有瘀血，故时崩时止，淋漓不断。"《千金方》亦云："瘀血占据血室，致血不归经。"皆指出了"瘀"是导致崩漏的重要影响因素。张志远教授认为由瘀而导致的崩漏多因行经、流产、分娩余血未尽而产生，余血未尽会使瘀血滞留，影响新血运行，使之不能归经，从旁穿越而出，从而"血失故道"，治疗当正本清源，留者攻之，寓攻于补。张志远教授治疗血瘀所致的崩漏，常用佛手散加味调之，《古今医鉴》载此方有当归、川芎、益母草 3 味，皆为血分之药，能和血、补血、活血，故可解郁散凝，使瘀去新生，引血归经，藏活血于养正之中，此乃太极图中两仪相互依存，各无所伤。临证用药时，张志远教授亦常佐入丹参、桂枝活血祛瘀，通利血道，常用当归 9g，川芎 9g，丹参 5g，桂枝 3g，益母草 15g，每日 1 剂，水煎分 3 次服，5 剂便可获效。

（5）温经汤、归脾汤补养以复旧

《黄帝内经》指出"血气者，喜温而恶寒""天地温和，则经水安静"，即经水喜温，得温则静。《内府秘传经验女科》云："妇人崩漏，失血过多，由气血俱虚损，伤子宫血海也。"即指出气血亏虚损伤子宫血海则会引发崩漏。张志远教授认为崩漏日久者多伴有气血亏虚，然虚得补则盛，血得温则行，故只有温养气血，才能使耗损的气血得以恢复，并达到温经散瘀以行血的目的。其临床治疗崩漏在及时止血、辨证施治的同时，亦强调补血、益气、养阴、温经、固本以复旧的重要性，临证常投温经汤和归脾汤两方。温经汤可温经通脉、养血祛瘀，归脾汤可健脾益心、固冲摄血，两方合用可调补阴阳气血、行气濡血以达到化瘀止血的目的。

2. 典型医案

案 1 1984 年张志远教授于山东济南诊一女性患者，其近 1 年多月经来潮半月余而淋漓不止。质稠，色深红。患者身形消瘦，有严重贫血，常觉口干、心烦、手足心灼热。舌红少苔，脉数。西医诊断为围绝经期综合征，张志远教授根据患者诸症，诊断其为阴虚火旺所致的崩漏，遂给予黄连阿胶汤进行治疗。具体处方：黄连15g，白芍20g，阿胶（烊化）30g，黄芩15g，鸡子黄（冲）1枚，每日1剂，水煎分2次服，共计7剂。二诊：患者流血明显减少，舌红，脉数。张志远教授遂又嘱咐其按原方继续服用7剂。三诊：患者告知已痊愈，之后随访亦未再复发。

按：《沈氏女科辑要笺正》云："阴气既虚，则无自主之权，而孤阳乘之，搏击肆扰，所以失其常轨，而暴崩直注。"其指出了阴虚阳乘乃暴崩之因，这与《黄帝内经》"阴虚阳搏谓之崩"理论相一致。张志远教授根据患者口干、心烦、手足心灼热、脉数等症状，诊断其为阴虚火旺，火犯冲脉、血热妄行而导致的崩漏，故投以黄连阿胶汤滋阴泻火以清虚热，方中黄连、黄芩泻心火，芍药、阿胶、鸡子黄滋肾阴，诸药配伍，可使心火得泻，肾水得济，水升火降，心肾相交，共奏滋阴泻火、交通心肾之功。

案2　2009年张志远教授于山东中医药大学诊一少女，月经数月一至，来时如崩，有血块，持续10天以上，已发生3次。舌苔薄白，脉涩。患者有明显贫血，西医诊断为"神经内分泌异常，功能性子宫出血"，建议其转中医调理。张志远教授根据患者症状，诊断其为气血亏虚，虚寒血瘀所致的崩漏，遂以归脾汤和温经汤组方化裁与之。具体处方：人参6g，黄芪10g，酸枣仁10g，当归10g，龙眼肉10g，川芎6g，白芍10g，麦冬6g，阿胶10g（烊），牡丹皮6g，生地黄15g，生姜6片，大枣（擘开）10枚。水煎，分3次服，日饮1剂，共计28剂。二诊：患者月经周期和经量转为正常，其他不适皆已消失，六个月后随访得知崩漏未再复发。

按：此患者贫血，月经数月不至，来时如崩，多日不止，故存在气血亏虚之状。张志远教授认为月经病与妇女的气血功能状态有密切联系，气虚则无力摄血，血虚则气无所依，若冲任两脉气血亏虚则会使血海不固引发崩漏。故针对此患者气血亏虚的情况，他选用归脾汤健脾养心，益气补血；同时，患者虚中有瘀，经中夹有血块，故又合方温经汤温经通脉，养血祛瘀，从而使宫寒散，瘀血行，冲任固，下血止。方中诸药合用具有温经、活血、解瘀、散寒、滋阴、养血、益气、生津之效，从而可调和阴阳，疏理中焦气机，养正祛邪。两方合用时，张志远教授一般去茯神、半夏、吴茱萸、桂枝，加生地黄保阴凉血，充实冲脉，收效甚佳。

张志远教授治疗崩漏遵循"塞流""澄源""复旧"等古法，认为治标当先止血，治本当益气、补血、活血、滋阴以固本，只有标本兼治，才可缓病情之危急，治疾病之本源。张志远教授临证选方入药，多古方新用，尊古而不泥古，在辨证求本的基础上，探清疾病的虚实寒热，运用补泻温清之法灵活治疗崩漏，其诊疗思路和用药经验对后世医家治疗崩漏具有重要的借鉴和指导意义。

五、方药之长

（一）活用炙甘草汤

炙甘草汤出自张仲景《伤寒论·辨太阳病脉证并治》，其言："伤寒脉结代，心动悸，炙甘草汤主之。"《金匮要略·血痹虚劳病脉证并治》言："炙甘草汤，治虚劳不足，汗出而闷，脉结悸……"指出炙甘草汤可用于治疗虚劳、脉结代、心动悸等病症。炙甘草汤方中含炙甘草、生地黄、桂枝、麦冬、阿胶、麻仁、人参、生姜、大枣等药物，具有益气滋阴，通阳复脉之功效，可主治阴血阳气虚弱，心脉失养之证，故亦称复脉汤。张志远教授临床应用炙甘草汤十分广泛，其善于辨证，抓住主要病机而异病同治，将炙甘草汤加减用于治疗多种疑难杂病，效果颇佳。

（1）炙甘草汤治疗心悸

心悸是指患者自觉心中悸动，惊惕不安，甚则不能自主的一种病证，且伴有胸闷、气短、失眠、健忘、眩晕、耳鸣等症。《内经》认为心悸的发生主要与宗气外泄，心脉不通，突受惊恐，复感外邪有关，张仲景在《伤寒论》和《金匮要略》中提出心悸主要与惊扰、水饮、虚劳和汗后受邪有关，朱丹溪则在《丹溪心法》中提出心悸的发病主要责之于虚和痰，张景岳在《景岳全书》中提出心悸主要由阴虚劳损所致，王清任在《医林改错》中认为心悸主要是由于瘀血内阻所致。张志远教授认为本病的病机主要为气血阴阳亏虚，心失所养所致，若心之气血不足，则心失滋养，搏动紊乱，故当以调理气血阴阳为治疗法则。

1957年，张志远教授于山东济南接诊一50多岁男性，西医诊断其为神经衰弱、房颤、抑郁症。其出现心悸、气促、心动过速，频率在120次/分以上，虚羸少气，舌光少苔，烦躁失眠，自汗盗汗，脉虚数。张志远教授根据患者诸症，认为其应补气、养阴、潜阳。遂开《伤寒论》炙甘草汤，药用：炙甘草9g，人参9g，生地黄9g，桂枝9g，麦冬9g，阿胶9g，生姜9片，大枣（劈开）30枚，减去麻仁，加酸枣仁30g，龙骨30g，1剂/日，清酒7L，水8L同煎，分3次服，共用7日，并嘱咐患者节食，每餐吃八分饱，很有效果，方未更改，继饮20剂，诸症消失，正式恢复工作。

按：张志远教授临床经验，心悸常见于高血压、风湿性心脏病、冠状动脉粥样硬化性心脏病患者，其次为感染、手术、甲状腺功能亢进者，其大多为气血阴阳亏虚，心脉失养，故多采用益气滋阴、通阳复脉之法。此案中患者为典型的心悸，且虚羸少气，舌光少苔，烦躁失眠，自汗盗汗，脉虚数，此乃气虚、阴虚所致，遂选用炙甘草汤治疗。方中炙甘草补中益气，缓急养心，人参、大枣益气健脾，地黄、阿胶、麦冬滋阴补血，生姜温通阳气，桂枝调和营卫，温通血脉；后又加入酸枣仁和龙骨以安神，诸药合用可达到气血双补、滋阴之效。张志远教授指出凡心悸兼有气虚多汗、失眠、体弱乏力、大便燥结、心律失常等症，皆可用炙甘草汤主之，若出现早搏，则增入苦参20～50g，出现心房纤颤，加仙鹤草、龙眼肉、紫石英等构成加味炙甘草汤治之。张志远教授特指出炙甘草汤原方载明应以清酒、水同煎，此法当效。清酒可宣通百脉，流行血气，使经络流贯，引诸药更好地发挥药效，若直接用清水煎煮，恐影响药效发挥。

（2）简化炙甘草汤治疗轻度精神分裂

精神分裂属于中医癫狂的范畴，《灵枢·癫狂》云："癫疾始生，先不乐，头重痛，视举目赤，甚作极，已而烦心……""狂始发，少卧不饥，自高贤也，自辩智也，自尊贵也，善骂詈，日夜不休。"在病因病机方面，《素问·至真要大论》云"诸躁狂越，皆属于火"，其认为火邪扰心是发病的主要原因，《灵枢·癫狂》则指出癫狂多因情志致病，即"得之忧饥""大怒""大喜"。后世对此疾亦多有论述，如《河间六书·狂越》提出："心火旺，肾水衰，乃失志而狂越。"指出了癫狂与心、肾两脏病变密切相关。《丹溪心法·癫狂》云："癫属阴，狂属阳……大率多因痰结于心胸间。"其指出了癫狂与痰有关。王清任在《医林改错·癫狂梦醒汤》中言："癫狂……乃气血凝滞脑气。"则指出了癫狂的形成与瘀有关。张志远教授认为精神分裂症的发生与先天禀赋不足或后天饮食失节、情志失调都密切相关，诸病因可使脏腑功能失调和阴阳失衡，进而产生气滞、血瘀等蒙蔽心神，使神志出现异常，故治疗当以理气、养心、活血、温阳、安神之法为主。

1987年，张志远教授曾于山东济南接诊一男性神经衰弱患者。其身形消瘦，睡眠较差，自汗盗汗，近半年来常独处一室，厌恶和外界接触，沉默寡言，类似痴呆，但思维清晰。家人言其并非怀才不遇、走火入魔、看破红尘而进入幻想世界，曾利用说服、启发、教育、改善环境等方法进行救治，均告失败，口服治疗精神疾患的西药亦未见效。诊见口干舌燥，大便干结，脉虚数。根据患者诸症，张志远教授诊断其为阴血不足，阳气虚衰而引起的神经衰弱，治宜益气滋阴，温通阳气。遂以养心、活血、温阳、安神之法调之，对炙甘草汤进行化裁，药用：炙甘草10g，人参10g，桂枝10g，生地黄10g，麦冬10g，丹参15g，熟附子30g，当归10g，远志15g，清酒7L，水8L同煎，1剂／日，情况转佳则将量减半，继续不停，2个月为1个疗程。2个疗程后效果显著，基本痊愈。

按：根据患者的行为表现，张志远教授诊断其为轻度精神分裂，再据其身形消瘦，睡眠较差，自汗盗汗，口干舌燥，大便干结，脉虚数等症状，确诊其属典型的阴血不足，阳气虚衰而引起的神经衰弱，治宜益气滋阴，温通阳气。张志远教授指出阴血不足，则心失所养，或心阳虚弱，不能温养心脉，此皆可影响心神，故当滋心阴，养心血，益心气，温心阳。原炙甘草汤中，张志远教授留下了炙甘草、人参、桂枝、地黄、麦冬几味药，运用炙甘草、人参以益心气、补脾气，资养气血生化之源；佐以桂枝温心阳，通血脉；地黄补五脏通血脉，益气力；麦冬滋心阴、养心血。此外，张志远教授又加入了丹参、熟附子、当归、远志，《滇南本草》言丹参可"补心定志，安神宁心。治健忘怔忡，惊悸不寐"。佐以熟附子可温中助阳，当归可补血和血，润燥滑肠；特加入远志安神益智，李时珍言"此草服之能益智强志，故有远志之称"。诸药相调，治病求本以治疗阴血不足，阳气虚衰型精神分裂。

（3）炙甘草汤加减治疗老年痴呆

老年痴呆属中医学"呆证"范畴，又名"文痴""善忘""癫疾"等。老年痴呆以记忆力下降为主要表现，伴随人格和行为的异常，"健忘"以单纯性记忆力下降为表现，可以作为老年痴呆的一个症状，古籍中的健忘常将记忆力减退与精神、行为异常联系在一起描述，故古籍中的健忘有些相当于现代的老年痴呆病。老年痴呆的主要临床表现为呆傻愚笨、智能低下、善忘等，其基本病机为髓海不足，神机失用，或气、火、痰诸邪内阻、上扰清窍所致。因此，临床对本病的治疗多以补虚扶正、充髓养脑治其本，开郁逐痰、活血通窍、平肝泻火治其标。张志远教授认为老年痴呆主要因老年机体虚衰，精、气、血、津液亏损不足，髓海失充，脑失所养所致，故当以补益亏虚为主，辅以活血化瘀、开窍醒神之法。其认为《伤寒论》炙甘草汤可同时兼有补气血阴阳之功效，对老年脑萎缩功能不全、记忆下降、痴呆等病症，皆可应用。

1995年，张志远教授于山东中医学院接诊一70多岁男子。其患病8个月来精神不佳，说话迟钝，见亲友不知所云，昨日事第二天就失去记忆，常发生尿失禁现象，医院诊断为老年痴呆。此患者形瘦气短，失眠，盗汗，常口渴欲饮，大便多日一行，脉虚数。据患者诸症，张志远教授遂将本方投之，药用：炙甘草12g，人参9g，生地黄30g，桂枝9g，阿胶9g，麦冬9g，麻仁9g，生姜9片，大枣（劈开）30枚，加远志12g，石菖蒲9g，清酒7L，水8L同煎，1剂/日，分3次服，连用2周，情况转好，嘱咐继续服用，饮用1个月后，症状减去大半，后又巩固服用1个月而愈。

按： 此患者被医院诊断为老年痴呆，张志远教授据其形瘦短气、失眠、盗汗、常口渴欲饮、大便多日一行、脉虚数等症状，辨其基本病机为阴血阳气不足，故治宜滋阴益气、温阳补血，故选用炙甘草汤加味治之。患者已70多岁，身体功能渐衰，精、气、血、津液生化无力，无法充养髓海，使脑失所养、神志异常，出现智力低下和健忘等症状，因而治病求本，调补气血阴阳应为根本治则。在炙甘草汤的基础上，张志远教授又加入了远志和石菖蒲两味药，其中远志可益智强志，石菖蒲亦可醒神益智，治疗健忘，可进一步增加药效。

（4）炙甘草汤加减治疗干燥症

一般认为，干燥症的发生多与素体之禀赋（如阴虚津亏之体）有密切关系，根据临床表现，多数医家将此病归属于中医"内燥"证范畴，认为此病由内而生，因机体津液亏耗、输布失司所致。张志远教授认为干燥症多因阴虚内热而产生，阴虚内热则耗伤津液，津伤不行则可致燥。其临床诊治水津亏乏，口干舌燥，唾液减少，大便燥结，身体外表缺乏润泽，甚至发生瘙痒、皮肤甲错现象，倦怠无力，一派阴亏气虚症状者，很少盲目投入六味地黄丸、八仙长寿丸（六味地黄丸加麦冬、五味子）加人参、红景天。而常以《伤寒论》炙甘草汤为基础进行加减，方中去桂枝、生姜，加白芍、瓜蒌根，更名"蒌芍复脉汤"，疗效显著。

1969年，张志远教授于山东齐河接诊一干部。其年老体弱，肝阳偏旺，肾水内损，口干，眼痒，唇裂，舌红无苔，皮肤抓之片片脱屑，大便二三日一解。张志远教授遂取上方予之，药用：生地黄30g，麦冬20g，白芍20g，党参20g，麻子仁10g，阿胶15g，瓜蒌根15g，炙甘草10g，大枣（劈开）15枚，清酒7L，水8L同煎，饮1剂/日，分3次服。连吃15日，坚持未更方，症状明显消退，效果可观。

按： 据患者口干、眼痒、唇裂、舌红无苔、皮肤脱屑、便干诸症，可辨证为典型的阴虚，津液不足而引发的干燥症。故张志远教授以大量生地黄、麦冬、白芍为君，阿胶、瓜蒌根居次，清凉滋补、润肺滑肠，以改善身体枯燥现象；党参补中益气、和胃生津，虽原方没有列入重点，但张志远教授将其推至主位，和生地黄、麦冬、白芍平分秋色；大枣补益心脾、生气血，麻子仁润肠泄热、行气通便，均可对症而治；炙甘草补气生血，但张志远教授指出其不宜多投，否则易发生中满、小便短小、颜面浮肿等情况，影响病情。

（5）炙甘草汤治疗月经先期

月经先期是临床较为常见和多发的一种妇科疾病，该病的月经周期比正常月经周期提前7天，甚至10余天，并连续2个周期以上。若伴有经量增多，则可发展为崩漏，甚者引起不孕、流产等，严重影响患者的生活。现代临床对月经先期论治主要从热、虚、瘀三个方面入手，多认为热者迫血妄行，虚者多气虚不能摄血，瘀者则瘀阻伤络，血损血溢，瘀血不去，新血不得归经。张志远教授临床治疗月经先期亦认为其主要病机为热、瘀和虚，但其治疗时特别重视"虚"这一病机，尤其是阴虚和气虚。他指出阴虚者多火，阴愈虚，行愈速，月经则先期而至；气虚者，无法摄血，迫血妄行，亦可导致月经先期而至，故其调经之法在于追本溯源，调补气血阴阳，其临床常用炙甘草汤医月经先期、量多，效果显著。

1980年，张志远教授于山东济宁接诊一中学教师。其内分泌失调，近3个月来月经均提前1个星期左右而至，流血10日不止；颜面萎黄、失眠、盗汗、大便燥结、脉搏细数、体重下降，已有2年。张志远教授遂以本汤予之，药用：党参30g，阿胶20g，生地黄30g，麦冬15g，麻子仁10g，甘草10g，生姜6片，大枣（劈开）30枚，水煎，1剂/日，分3次饮之。连服5日，崩漏即止；第2个月来潮3日吃药，又进4剂，即转归正常，后未复发。

按： 此患者近3个月来月经均提前1个星期左右而至，且流血10日不止，属于典型的月经先期，且其伴有颜面萎黄、失眠、盗汗、少气乏力、脉搏细数、大便燥结等症状，已持续两年之久，此乃气虚、阴血不足。故张志远教授以炙甘草汤予之。在药量上，他做了调整，比往常用量稍大，方中重用生地黄凉血滋阴，兼通便秘；减去桂枝，避免发汗之效；重用党参，增加药量，以增补血之效；将甘草降级为佐药，阿胶则升至臣药；麦冬和麻仁的药量也稍微增加，以发挥滋阴补血之效；不加黄酒，改成"调经方"。张志远教授临床常把此方授予月经先期、行经时间延长、排卵期大量出血的患者，成效颇佳。

（6）炙甘草汤治疗更年期综合征

更年期综合征又名围绝经期综合征，是指妇女在围绝经期因卵巢功能逐渐衰退或丧失，以致雌激素水平下降所引起的神经功能紊乱、代谢障碍为主的症候群，常见的临床表现为月经变化、面色潮红、多汗、心悸、失眠、乏力、抑郁、多虑、情绪不稳定、注意力难以集中等。中医认为本病由肾虚所致，与肝、脾、心及气血冲任有关，妇女临近绝经前后，肾气渐衰，冲任亏虚，天癸将竭，精血不足，阴阳平衡失调，从而导致各脏腑功能失常，表现出一系列的症状。张志远教授认为更年期综合征主要是因为五脏虚衰、气血阴阳失调所致，进而使脑髓失充、胞宫失养，诱发此病。故认为此病当调理五脏，平衡协调气血阴阳，从而使脑髓充足、胞宫得养，则诸症可愈。

1956年，张志远教授于山东中医学院接诊一妇女干部。其因更年期综合征休假，身形羸弱，月经已断，夜间盗汗，心慌无主，情绪不稳定，脉象虚数，体重下降十余斤，感觉悲伤痛苦不已。张志远教授当时即以此方予之，药用：党参10g，炙甘草10g，生地黄15g，桂枝10g，阿胶（烊）10g，麦冬10g，麻仁6g，生姜6片，大枣（劈开）15枚，清酒7L，水8L同煎，1剂/日，分3次服。10日转佳，连饮4周，病情解除。

按： 张志远教授根据患者身形羸弱、月经已断、夜间盗汗、心慌无主、情绪不稳定、脉象虚数、体重下降等症状，辨证其为阴血阳气虚弱、脑髓失充、胞宫失养所致，治宜调补气血阴阳，益气滋阴，通阳复脉，以改善气血亏损，遂以炙甘草汤予之。方中炙甘草补气生血、通经脉；生地黄滋阴补血、充脉养心；大枣补益心脾、生气血、安心神，此三味药为益气养血和复脉之灵魂；党参合甘草、大枣可增益养心复脉之力；火麻仁甘润养血，桂枝、生姜辛温走散，温通血脉，从而使气血流畅。以清酒煎煮，酒性辛热，既可行药势，又可制生地黄甘寒凝滞之性。诸药合用，阴血足而血脉充，心阳复而经脉通，从而使脑髓充足、胞宫得养。

（7）加减炙甘草汤用于愈后保健

对大病、久病愈后，在恢复期气血两亏、身体虚弱者，张志远教授亦常投《伤寒论》炙甘草汤加减，收效较好。药用：人参10g，黄芪10g，生地黄10g，当归10g，桂枝10g，麦冬10g，阿胶10g，神曲10g，炒山楂10g，甘草3g，生姜6片，大枣（劈开）10枚，黄酒30mL，1剂/日，水煎分3次服，连用10～20日。神疲乏力者加人参至15g，黄芪30g；面色无华者加生地黄至15g，阿胶15g，当归15g；手足麻木者加桂枝至15g，黄芪40g；大便干、消瘦者加麦冬至15g，生地黄15g，阿胶30g；胸闷、纳呆者加神曲至15g；腹满、消化不良者加炒山楂至15g；口腻、小便少者加苦参15～30g，昼夜数次更衣者加仙鹤草15～30g，肝郁气结，胸胁胀痛者加柴胡10～15g，延胡索10～15g，茵陈蒿10～15g；嗜睡、活动困难者人参加至15g，桂枝15g，当归15g，黄芪50g，若需补中益气，则黄芪应开到30～60g；当归的量不应超过20g，否则会滑肠，大便增多；阿胶不宜久服，妇女盲目服用过多，会影响月经来潮，转成延期、闭经。

中医认为"无阴则阳无以化，无阳则阴无以生"，因而产生"阳中求阴，阴中求阳"的治疗思想。炙甘草汤中含有大量的滋阴药，旨在滋阴精以化生阳气，少佐温阳之品，意在温阳药寓于滋阴药中，借阳药推动体内阴液的输布排泄，激发药物滋阴的功效。张志远教授临床应用炙甘草汤时，虽治疗的疾病不同，且病证繁杂，但不外乎脏腑或全身气血阴阳的失衡所致。因此，张志远教授通过活用经方，掌握气血阴阳失和的根本病机，扩大了炙甘草汤的应用范围，体现了辨证论治的中医思维，值得我们学习和借鉴。

（二）经典用药

张志远教授在治疗疾病时，总结了一系列的专题药物，尤其某些单味药物的作用，其在研究《伤寒论》的处方君药时，将主攻方向、疗效良好的十八味药物，比作"十八罗汉"。其中，麻黄为发汗定喘罗汉、桂枝为活血通络罗汉、人参为益气止渴罗汉、白术为健脾利水罗汉、茯苓为安神涤饮罗汉、柴胡为往来寒热罗汉、大黄为破积泻火罗汉、瓜蒌为开胸润燥罗汉、黄连为送凉解毒罗汉、附子为温里回阳罗汉、半夏为降气下痰罗汉、白芍为养阴止痛罗汉、茵陈蒿为制黄祛湿罗汉、山栀子为三焦平热罗汉、白头翁为扫去脓血罗汉、石膏为解肌退热罗汉、葛根为项背强直罗汉、甘草为补中矫味罗汉。张志远教授所述"十八罗汉"，量大效宏，为方中主药，精准靶向，疗效显著。其用药也以量大见长，如以大量五味子治咳喘（30～50g），改善肝功能，降低转氨酶可用至200g，重用桂枝（20g）治疗阳虚心悸，重用茯苓（30g）治疗痰饮头眩，重用瓜蒌（30～100g）开胸降实，大量金钱草（50～100g）排结石，大量土茯苓（20～90g）祛湿利关节解毒，大剂牡蛎救阴固脱等，大量黄芪、白术（80g）治腹水，重用黄芪治疗嗜睡、降血压等经验。突出了单味药物的用量，在治疗时可起到关键的作用。现以张志远教授应用大黄为例阐释单味药的突出作用及独到体会。

大黄，一药多用，泻下、导滞、降气、清热、泻火、凉血、解毒、逐瘀、通经，功效多样，应用广泛，被称为"药中四维"之一，张志远教授称之为"破积泻火罗汉"，是一味良药。他在临床上重用大黄治狂证，用量可达60g以上，荡涤积滞，清阳明腑实，疗效显著。除大剂量应用外，还有小剂量应用大黄的经验，更见其用药的高明。如常在相应处方内加1～3g大黄，用其通化，因用量很少，不致泻下，用之推陈致新，可起疏通经络、疏利气机、活血利滞、健胃助消、扫荡瘀积、催化药物等多项作用。凡非大热大补的丸散类药，加入极少量大黄，以不影响大便为度，能防止呕吐，利于药物崩解，使其充分吸收，还可缩短药物在体内停留时间，十分有益；治疗胃病，在补中益气、燥湿和胃的基础上，加大黄1～3g，防止呕恶，促进消化，引药下行；跌打复元方中加入少量大黄，可通经化瘀，祛瘀生新，利于骨折恢复；治疗半身不遂方中加入少量大黄，活血祛瘀，可增进疗效；治疗逆气上冲所致口鼻溢血，加小量大黄为引，可使降下血止；治疗癥瘕积聚类疾病常用活血消癥之品，多用虫类药物，常以丸药缓消取胜，于方中加入少许大黄，可助其走而不守，起向导作用，可提高疗效，防止发生异常反应；热入阳明者，在白虎汤中加入大黄1～3g，可引火下行，釜底抽薪；凡高热、胃肠消化不良、关节炎、妇女月经延后、闭经等病症，都于对证处方内加大黄1～3g，利用其通利泻邪、涤热、攻下、疏导经脉、助推药力之功，收效甚佳。治疗结石证的排石方中，加入1～4g大黄，可促进结石下行。

六、读书之法

（一）博览群书

张志远教授接受的是私塾教育，以孔孟儒学为主，融合诸子百家学说，并涉及历史、地理、政治、文化等多学科的内容，入门时读《百家姓》《三字经》《弟子规》《千字文》。除此之外，重点读过的书有以下几种：儒家经典《诗经》《论语》《孟子》《大学》《中庸》《尚书》《易经》《礼记》，先秦诸子之作《道德经》《南华经》《商子》《荀子》《墨子》等，史学方面有《公羊传》《谷梁传》《左传》《二十四史》《战国策》《国语》，文学方面有《唐宋八大家》《古文观止》。这些书除讲授知识外，还教授处世之道。近 17 年的私塾教育为其打下了坚实的国学根基，也使其形成了良好的读书习惯，有利于理解中医学，为学习中医夯实了基础。

关于读书，张志远教授认为《三国演义》《红楼梦》《水浒传》是学中文的人必须学习的课程。他认为看《三国演义》的人，可增智谋；看《红楼梦》的人，可解情愫；看《水浒传》的人，可解民间疾苦。

张志远教授除饱览儒家、墨家、法家等著作外，还广泛涉猎宗教书籍。他认为通过阅读宗教书籍可以了解各民族不同的信仰，在相处时能更好地尊重各民族的风俗习惯。

张志远教授博览群书、学识渊博，在哲学方面，接受过费尔巴哈、黑格尔、马克思、恩格斯等的思想和学说。军事论著，读过毛主席的《论持久战》和朱德的《论解放区战场》。张志远教授认为，医学从业人员，除了具备相关专业知识外，也要博古通今，学贯中西，以哲学和军事等不同学科思想来开拓思维，以促进对本专业的理解。

（二）品读经典

张志远教授对中医经典品读是从《医宗金鉴》入手，《医宗金鉴》里面既有歌诀，易于背诵，又有《伤寒论》《金匮要略》及有关内、外、妇、儿等各科的内容，而后学习《难经》《素问》等古典著作，最后学习《灵枢》一书。受父亲影响，他还深入研读药物学著作，除《本草纲目》《本草纲目拾遗》外，还重点研读过《本经疏证》。自幼养成了爱读书的习惯，一生读过书籍 3 万余册，积累的读书笔记超过三千万字，其对《伤寒论》研究和体会最为深刻。

张志远教授自少时学习《伤寒论》，至壮年在山东中医进修学校、山东中医学院教授《伤寒论》。其《伤寒论》研究心得，一部分来源于父亲及前辈，另一部分为研究理论及临床所得，其耗费几十年苦工，参考《伤寒论》注家三百多家，终著成《伤寒论评议》，书中既有对条文的注释，也有评议，对各家注家及学术观点均有评说。注文中有时也采用日本《伤寒论》注家的学说，成书约有五十万字。为写此书，张志远教授所记读书卡片竟至 2 万余张。但十分可惜的是，因历史原因，该书稿及读书卡片现已佚。

七、大医之情

张志远教授斋名"抱拙山房"，自号蒲甘老人。"抱拙"一词出自《韩非子》，原文"抱朴守真，抱拙守默"，意为保持本有的纯真，不为外物所诱惑，代表着其淡泊名利之心。明哲寡言，处世忠厚，守拙慎言，修其仁心、孝心、恒心，使其对待患者坦然无愧，专心致志研究医术，终成国医大师。

张志远教授的父亲、老师、伯父，以及大瓢前辈、吴七前辈等均在医德修养上言传身教。如张志远教授的太师杜公告诫，要济世活人，普度众生；吴七前辈在患者病情危重的紧要关头敢于挺身而出，不推诿责任；张志远教授的伯父亦告诫说，治疗病患，应不分官民、不分贫富、不尊己卑人，并身体力行，常免费为经济困难的患者看病，曾免费为一满身疮疡的乞丐看病并亲自喂药，调理一月余病愈，被传为佳话。禀承师公、业师和族伯父等人的教导，最终形成了张志远教授"德高于术"的医德观，因此，其强调医德依附于医生职业本身，但却高于医技，重视个人德行的修养。张志远教授曾说："学医的人，把德要掌握到70%，我带徒弟的话，我把德让他升到80%，我要的是德！"他还将儒家思想中的"仁爱"融入临床实践中，认为济贫救困是医者天职，并身体力行，在《精华录》一书中亦记载了张志远教授为流浪妇女治疗崩漏一事。在传授学术时虽然毫无保留，但并非随意传授，而是非常重视对学习者德行的考核，唯恐将刀圭事业送给了借虞伐虢之人。《景岳全书》中记载张景岳曾见一沈姓医者，患癫疝下坠，自用盐汤催吐使气上提，然胃虚不受，致吐不能止，大便下血。张景岳欲用人参、干姜、附子回阳救逆，然他医言大便下血为火，宜服童便，病者深以为然，饮童便后"下咽即呕，极不堪名状，呕不止而命随继之"，张景岳感叹，"不惟死者堪怜，而妄用若此者尚敢称医，诚可恶可恨也"。可见，莽撞、轻率是医之大忌。张志远教授明确指出：自己的医术，只传给德仁之人，即有德行、有仁心，性格谦虚、低调之人，并反对借名医之名而无实才之举，不可将至精至微的刀圭之术，传给至粗至浅、竞逐名利之人。《伤寒卒病论集》中言："怪当今居世之士，曾不留神医药，精究方术，但竞逐荣势，企踵权豪，孜孜汲汲，惟名利是务。"医圣张仲景评价此种行为是崇末弃本、华外悴内，如果割裂医德和医术二者，则如"皮之不存，毛将安附"。也正是淡泊名利，修身齐德的处世智慧，形成了张志远教授不慕名利的心志，不攀交权贵，著书立说亦不请名人作序，淡泊宁静，方成其一生酷爱读书、耽嗜岐黄的坚持。张志远教授学习中医、实践中医七十余年，获得了"国医大师"的称号，是实至名归。

八、养生之智

（一）少私寡欲，淡泊名利

张志远教授从未认为自己有什么养生秘籍。在其生前也有许多人询问其养生之道，但张志远教授只是淡淡地回答，遵循自然规律而已。就如同做人、做学问一样，张志远教授从未宣扬过自己的所学、所得或成就，实际上，这就是最宝贵的养生秘籍。少私寡欲，淡泊名利，是张志远教授做人的原则，也是养生的最高境界。

"人为财死，鸟为食亡""雁过留声，人过留名"是一般人过不去的坎。重利必为利所困，贪利必为利所伤，重名必为名所困，求名必为名所累。张志远教授说，走过了世纪人生，回过头来看看，许多人利欲熏心，利令智昏，虚伪欺骗、贪污盗窃、贪赃枉法等无所不用其极，最后身体遭殃、名利两空，必然是自酿苦酒、自遗其咎、自掘坟墓。因此，他常常告诫后学，一定要守住名利这条红线，不能走偏，静心超然，守一分宁静；少私寡欲，保一生平安。真正做到"一肩明月，两袖清风"。无论是做人，还是养生，张志远教授的确做到了，不愧为我们的楷模。

（二）多清淡，少厚味

张志远教授主张清淡饮食且要饮食有节。贪图膏粱厚味，嗜食美酒佳肴，整天大鱼大肉，无所顾忌，有损身体。只顾满足口欲，极易引起脂肪肝、高血压、高脂血症、动脉硬化、冠心病、糖尿病及胆石症等疾病。在饮食选择上，应遵循"多清淡，少厚味"的原则，要做到精粗兼备，荤素搭配，这样就能使五脏六腑得到充分营养，达到气血旺盛、抗衰延年之目的。

（三）流水不腐，户枢不蠹

张志远教授常说，生命在于运动，人活着就要动，这是自然规律。张志远教授特别推崇《备急千金要方》记载之导引术。导引术既属健身术，亦是体育疗法。其历史悠久，早在《庄子·刻意》中就载有"熊经鸟申，为寿而已"；湖南长沙马王堆出土的帛画，曾绘有四十四个男女运动的多形姿态，为现存较古老的《导引图》；后汉华佗尚据《吕氏春秋·尽数》"流水不腐，户枢不蠹"的道理，提出"动摇则谷气全消，血脉流通，病不得生"，创制了"五禽戏"，模仿山林动物的起居活动，"熊颈鸱顾，引挽腰体，动诸关节，以求难老"，收到了理想效果。唐代孙思邈虽然汲取了其中不少经验，修改了"彭祖"的导引术，但在相当程度上，却是受佛、道两家的影响，并结合个人心得，形成自己的一派，涵古茹今，切合实用，其主要特点是，内养一口气，外练筋骨皮，吸收道家的功法较多，行之日久，能获得良效。据孙思邈讲，凡"调气"之法，应在上午进行，因夜半至日中元气上升处于阳旺之际，过了日中到夜半则进入气乏阴盛阶段。最适宜的操作阶段是黎明起床之前。1963年张志远教授开始学习此法，起初未见效益，反而觉得烦琐，有厌烦情绪，然而坚持一个月后感到身体舒适，走路步履格外轻松，比较明显的效果是，高血压症状大为好转，其次是长期慢性腹泻消失。

20世纪80年代以来，张志远教授在此基础上，广收武林及后世各个流派的经验，丰富这一健身法，仿照打太极拳的思路，移到室外练习，不仅效果显著提高，而且治疗的范围扩大了。最后固定为"导引体操十五式"，能促进气血循环，活泼四肢百骸，疏滞、散瘀，利于新陈代谢，且能鼓舞全身阳气，增强生机，使正气旺盛，以使"邪不可干"，防治衰老，益寿延年。本"导引体操"对高血压、神经衰弱、冠心病、胃肠功能紊乱、消化不良、习惯性便秘具有较理想的效果，对其他如肥胖病、坐骨神经痛、关节炎、更年期综合征、手足麻木、原因不明的运动疾患，也有作用。

九、传道之术

（一）人才培养方法

传统的中医师带徒，常保守传承经验，如传理不传方、传法不传药、传药不传量、传量不传巧，致使很多宝贵的经验失传。如对方内君药保密，药量多少亦不外传。但张志远教授对于中医经验的传授毫无保留，病证有何理、处何方、用何药、量何如、巧在哪，他均倾其所有。其先后培养学生近20名，均成为医教研各领域的带头人，为发扬光大中医事业做出了突出贡献。

他1957年作为山东中医进修学校（山东中医学院前身）首批师资中最年轻的老师，从事《伤寒论》《金匮要略》的教学工作，教学效果优异，为稍后成立的山东中医学院培养了众多优秀师资；1958年山东中医学院（山东中医药大学前身）建校，其又成为首批师资之一，主讲中国医学史、中医各家学说。后又根据学校需要从事中医妇科、伤寒、温病等学科的教学工作。每个听过张志远教授讲课的人，无不敬佩其博学多才且脱稿讲课，其成竹在胸、口若悬河，自有一番大师气派。

张志远教授讲课时，对本科生实行启发式教学法，给研究生或是有一些理论修养的青年教师讲课时，则采用百鸟捧日、连环跳跃法等。这些方法来源于其老师耕读山人及清末一些老师为张志远教授讲授文、史、哲时所用的方法。连环跳跃法适合于有一定医学修养的人，因为知识点如许多散在的珍珠，而这种方法，恰是将许多散在的珍珠用线串起来，横向联系多，呈现跳跃式，其结论也精彩，所以有医学基础的人，喜欢这种教学法。而串起珍珠的这条线就是客观存在的规律，要抓住规律及内部的逻辑；抓不住规律及内在的逻辑，就是一盘散沙。张志远教授有时讲授《伤寒论》及《金匮要略》即采用这种方法，从"横"的方面一以贯之，纵横结合，以横为主，找出内在逻辑，突出证、方、药、治。或以《伤寒论》为主线，兼授《金匮要略》的内容；或以《金匮要略》为主线，兼授《伤寒论》的内容。

（二）人才培养成果

培养途径：以国医大师张志远工作室、志远学术流派传承工作室为平台，通过德术并进、深研经典、提高悟性、临证思辨、申请科研课题、参加学术交流、撰写学术论文等途径，加强其学术思想的继承和宣传，促进人才培养及学科建设的不断发展壮大。

学术流派开山祖师（第一代）：张志远——齐鲁志远学术流派的缔造者

张志远教授的学术精华有三：一是承古创新，在深研经典和历代名家之论基础上，提出大气一元论，发挥"玄府"学说，形成"玄府细络论"等，指导临床诊疗和用药思路。二是重视整体观、体质特点，重视辨证、辨病相结合，临证首分阴阳；治病擅用经方，以调节人体阴阳平衡为根本出发点，洞悉前人立法组方之奥义，化古方以为今用。三是遍访名师、博采众方，熟谙本草，整理情志病等内科疾患以及妇科疾病的专方专药。最终形成了独特的学术思想和诊疗特色，并培养了大批中医人才，传承其学术思想，成立了颇具特色的学术流派——齐鲁志远学术流派。

第二代传承人：张谨墉、张晓、谢荣——齐鲁志远学术流派的传承者

张谨墉、张晓、谢荣继其"辨章学术、考镜源流"之余绪，秉持公正严肃科学的态度，潜心研究各家学说，遵古而不泥古，发扬而不离宗，对历代前贤之"偏长"进行历史的、客观的评价，并积极推广研究成果。如张谨墉既为良医又为良师，不仅精于学术理论，且对临床治疗积有丰富经验，能够将理论研究所得用于指导临床实践，更站在实际应用的角度，结合各家学说特点对教学工作展开深入的思考与探讨；张晓从阴阳、藏象入手，从现象到本质，由点及面地研究中医整体观念；谢荣重视历代医家的诊疗方法，专研针灸等适宜技术对治疗疾病的积极作用，对海派中医做出了深入研究，较早地进行中医国际化传播工作。

第三代传承人：王振国、刘桂荣、阎兆君、冯维华、李玉清——齐鲁志远学术流派的拓新者

王振国、刘桂荣、阎兆君、冯维华、李玉清既继承了张志远教授的学术思想和临床经验，又继承了流派的传统，并从不同角度有了新的发展。如王振国治学主张以古籍整理为基础和起点，在中医理论的近代嬗变、重构及其影响、中药药性理论科学内涵与表征方法、当代中医学术流派评价体系构建等方面有许多开创性工作。刘桂荣先后负责国家名老中医张志远传承工作室、国医大师张志远传承工作室建设项目，致力于整理、传承、发展张志远教授临证经验，在治疗神志病方面积累了丰富经验。阎兆君继承了其诊治神志病方面的学术思想及临床经验，重视舌诊、脉诊、体质辨识，辨病与辨证相结合，尤擅治疗神经精神行为性疾病，提出了完整的"志意辨证"诊疗方案。李玉清主要从事《伤寒论》文献研究、中医医史内史外史研究及教学方法研究，取得了较为突出的成就；在整理研究张志远教授生平事迹及成才之路方面成绩显著。

第四代传承人：刘巨海、谢芳、相宏杰、王宪、王淞、营在道、张丰聪、刘巍、孙慧明、王新彦、李崧、孙孔云、潘琳琳——齐鲁志远学术流派的弘扬者

刘巨海、谢芳、相宏杰、王宪、王淞、营在道、张丰聪、刘巍、孙慧明、王新彦、李崧、孙孔云、潘琳琳承其学风，对历代名家学术思想展开深入研究，注重广纳百家之长，又继其灵活机变的临证思路，古为今用的进取精神，在临床、科研、医学教育等方面均有佳绩。如刘巨海在校注古籍方面有所斩获的同时，运用现代实验室技术，对糖尿病的发病机制和临证治疗进行了细致的研究，为中医诊疗糖尿病提供了更为有力的支持；谢芳致力于中医教育领域的探索，改革中医人才的培养模式研究；相宏杰继承其"医易相关"的学术思想，在临床中重视整体观念，强调"针药并用""内服外用结合"的治疗方式，在中医预防和治疗脑病、心系疾病、神志病等方面积累了一定的经验；王宪深入挖掘其妇科临证经验，在妇科疑难杂症的诊疗方面积累了大量经验；王淞全面总结了其诊疗内科疾病的学术思想、临证经验、药物运用经验，应用于临床和教学；营在道继承了其儿科疾病的诊疗思想，尤其重视呼吸系统疾病与过敏性疾病的研究；张丰聪主要从事中医学术流派研究与评价，促进海洋中药材开发与利用；刘巍对风湿免疫类疾病有较为系统的研究，在理论研究与临床实践结合的方向上，具有独到之处；孙慧明以中医流派建设、名家学术传承为主要研究方向，积极推广中医英译海外传播；王新彦在脾胃病、肺病方向做了专题研究，将其治疗此类疾病的经验做出了系统总结；李崧对其临证遣方、用药两个方面的经验进行了梳理总结，尤其是对其经方中运用的重点药物做出了深入研究，并且系统整理了其诊疗妇科疾病的学术思想、临证经验、特色用药；孙孔云继承了其临证诊疗特色，获得了较好的临床疗效，并总结了其学术特色；潘琳琳在情志疾病等方面做了研究，整理并发扬了其治疗抑郁、癫狂等病的临证经验与特色用药。

张志远学术传承谱

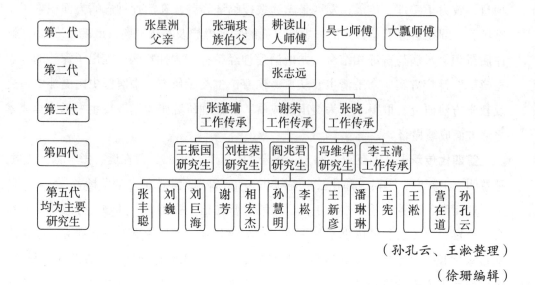

（孙孔云、王淞整理）

（徐珊编辑）

张 磊

张磊（1929— ），河南固始人，中共党员。主任医师，教授，曾任河南中医药大学内经教研室主任、医教部副主任，河南中医药大学教务处副处长、处长，河南省卫生厅副厅长，河南中医学会会长、中药学会会长，《河南中医》编委，《中医研究》顾问，河南省中药新药评审委员会委员。全国老中医药专家学术经验继承工作指导老师，荣获全国中医药杰出贡献奖，中华中医药学会中医药传承特别贡献奖，"中国好医生"2019年月度人物。2017年被授予第三届"国医大师"称号。

张磊在70余年的行医生涯中，认真学习经典著作，在广采众家之长的基础上，不囿门户之见，勤于临床实践，不断创新，总结出"动、和、平"的学术思想、"辨证思维六要"的临证思维模式和独具特色的"临证八法"。系统阐述了病因与病证相结合的辨证论治理论，丰富和发展了中医学内科杂病的理论体系、弥补了传统方药的不足。出版学术著作20余部，其中《张磊医学全书》《张磊临证心得集》《张磊医案医话集》3部为独著，《国医大师张磊医学文库》为其学术思想及学术经验的集成体现，《〈产鉴〉注释》及《〈产鉴〉新解》均为第一著者。发表《谈治病求本》《辨证思维六要》等学术论文36篇，皆有新知新法。《张磊学术思想及临床经验》获2009年度中华中医药学会科学技术奖二等奖。

一、学医之路

张磊，祖居河南省信阳市固始县，幼上私塾，诵读经史，11岁时跟随当地私塾先生丁寿臣学习四书五经，并拜当地知名秀才耿介卿先生为师，学习古文、诗词，寒窗苦读6年，具备极其深厚的国学功底；18岁师事于当地老中医张炳臣门下，开始认真学习医术，除跟师张炳臣外，张磊勤学好问，还经常向乡里的田泽轩、桑华国两位老中医询问、讨教。田泽轩、桑华国两位老先生对爱学习的张磊也颇为喜爱，都特别愿意与之探讨。尤其桑华国先生，更是没有门派观念，不仅将毕生所学倾囊相授，还把自己手抄的医书《喉科杓指》赠予张磊，供他学习参考。张磊学医期间，正值解放战争全面爆发，社会动荡不安，百姓流离失所。即使在这样艰苦的条件下，张磊也从未放下学业，到20岁学成出师，开始正式行医。是年中华人民共和国成立，百废待兴，张磊主动积极地参加"互助组"，投身建设新中国的滚滚洪流，他平时劳动，闲时出诊，由于医术精湛，很快闻名乡里。1952年在当地已小有名气的张磊加入镇里的联合诊所工作，当时诊所的医生虽然不多，但都是当地的名中医，经验非常丰富，张磊向这些老中医学习了不少实用知识。数年的基层行医经历不仅令张磊见识了很多病症，甚至怪病，学习、积累了很多临床宝贵经验，也令他对农村的经济状况、疾病种类、药品需要等有了更多的感知。同时他也从读书的感悟、临证的得失、病家的愁乐之中，进一步体认中医药对社会人群的作用，找到了医者的价值所在。1956年，张磊被调往固始县黎集乡卫生院任副院长（当时无院长一岗，由张磊主持工作），除了处理日常行政事务外，张磊把大部分时间和精力都放在了为乡民诊病和研究医术上。1957年，麻疹大流行，张磊背着药箱下乡住了一个多月，为乡民诊病并教乡民如何简易防治。

1958年张磊考入河南中医学院（现河南中医药大学），成为那里的第一批学生，在校期间，张磊一边学习一边建校劳动，还采药、制药，并得到了石冠卿、邵经明等多位名师的悉心培养，夯实了深厚的中医理论与实践功底。1964年毕业后张磊留校任教，主讲《黄帝内经》《中医基础理论》，并历任河南中医学院内经教研室主任、医教部副主任，教务处副处长、处长，河南省卫生厅副厅长等职。从政期间，张磊从未放弃过学习、给患者看病。1988年张磊从河南省卫生厅副厅长的领导岗位退下来不到一周时间，就重新回到诊室为患者诊疗。如今，虽已94岁高龄，张磊仍坚持每周一、三、五在河南中医药大学第三附属医院坐诊，四万余例保存完善的门诊医案，累计五百多小时的影像资料，记录了张磊从医以来的辛劳。

二、成才之道

（一）具仁爱求实，奠定思想基础

古人云："医者仁术，仁者爱人。"张磊国医大师认为，医生不仅要有高超的医术，还要有高尚的医德。如果医德不好，即使医术很高，也不能很好地为患者服务，甚至会给患者造成一些不应有的损失和痛苦。医生应急患者之所急，痛患者之所痛，视患者如亲人，对于贫富官民要一视同仁。他常引用清·程国彭《医学心语》序中的一段话："其操术不可不工，其处心不可不慈。"愿我们能做一个"白求恩"式的好医生。张磊国医大师是这样说的，也是这样做的，几十年如一日，可谓善心惠万家，妙术济世人。以敬业乐众为怀，能接近贫困大众，遇有病情严重，不能就诊者，则亲至病家诊治，不避污秽，不嫌烦琐，详询始末，务得其情，分析判断，而后悉心治疗，免收诊费，每倍受病家感戴。处方用药，视病情而定，非视患者钱而用，该用大方则用大方，该用小方则用小方，药量当重则重，当轻则轻，援引晋·杨泉在《物理论》中说："非廉洁淳良，不可信也。"强调："尤忌乘人之危，取人之财。"

（二）诵四书五经，奠定古文基础

中医学理论博大精深，玄奥难穷；中医学书籍浩如烟海，汗牛充栋。要学好中医用好中医，没有深厚的古汉语知识功底是比较难的，试观古代和近现代的大医家，都有很深厚的古汉语底蕴。张磊国医大师说："古今精于医者，无不文理精通，文是基础医是楼，文理不通则医理难明，学好古文当是学好中医的基本功之一。"张磊国医大师幼上私塾，诵读经史，"四书""五经"整本背诵，为后来学好中医奠定了古文学基础，很多古文和唐诗，他至今仍能朗朗背诵。秦伯未说过："专一地研讨医学可以掘出运河，而整个文学修养的提高，则有助于酿成江海。"

张磊国医大师还熟悉音韵，常写旧体诗词以抒发情怀。如夏日闲吟："南山当户户常开，且喜清风日日来，一曲瑶琴能惬意，仰观明月净灵台。"他喜爱音乐，自学拉二胡，自娱自乐；他上私塾讲究写毛笔字，奠定了写毛笔字的基础，故在业余时间也常练习书法，以陶冶性情。这些爱好虽不属于医学内容，但与医学有着相互启迪、相互连通的关系，都可以增强心有灵犀的亮点，扩大知识内涵，达到一专多能的效果。

（三）读四大经典，奠定理论基础

张磊国医大师说："为医者，尤其为上医者，四大经典不可不读，纵观历代大医家、有突出成就者，都是从经典起家的。根深则叶茂，本固则枝荣。岂可忽乎者哉。"他认为《黄帝内经》为中医理论之渊薮，为医不读《黄帝内经》，则学无根本，基础不固。后世医家虽然在理论上多有创建，各成一家之说，但就学术思想的继承性而言，名家之说无不发轫于《黄帝内经》，故读《黄帝内经》《难经》《神农本草经》，目的在于掌握中医理论之根本。

（四）重博览群书，扩大视野范围

除经典著作之外，张磊国医大师还阅读了很多后世医家著作，并常说："医要博览群书，广得其益。"张磊国医大师还主张多读名家医话医案，如《临证指南医案》《柳选四家医案》《谢映庐医案》《经方实验录》《施今墨临床经验集》等。他认为："医案是医生临床经验的体现，是非常珍贵的医籍，读之能得到很多启发。医案大致分为两类，一是一家之专著，一是多家之集萃，前者系一人之经验，其系统性、学术性较强，如参天大树，望之蔚然；后者是医林掇英，如众蜂所酿之蜜，甘味绵绵，二者各具特色、各有其优，皆应读之。有些医案则妙中有妙，巧中有巧；有些医案则独辟蹊径，有些医案则棋高一着，令人目不暇接。其方也，如重型炮弹者有之，如轻舟行水者有之，如围魏救赵者有之。根据不同内容，或取其论，或取其方，或取其法，或取其巧，或取其妙，对其中最精要部分，更要细读，反复读，悟其理，会其意。"只有广开学路才能迅速提高医疗水平，程钟龄说："知其浅而不知其深，犹未知也；知其偏而不知其全，犹未知也。"对各家学说合读则全，分读则偏；去粗取精，扬长避短。学问并非尽载名家论著，广采博搜，不嫌点滴琐碎，处处留心皆学问。

（五）勤临证实践，丰富辨治经验

张磊国医大师业医以来，工作几经升迁，环境几经变化，但从医的道路未变，勤于临证实践的历程未断，丰富的经验是临床实践的结晶。张磊国医大师1950年学徒出师，悬壶故里，亦农亦医，切锉炮制样样都会，丸散膏丹亲自配制，如配制五香串治疗急性胃痛，立竿见影；拔毒膏治疗疔疮走黄，效果显著，很快名躁乡里。1952年响应党的号召，张磊国医大师参加联合诊所，以临床治疗为主，由于当地条件所限，他经常身背药箱，走村串户，救助了大量如急喉风、血厥、中风、痧症、对口疮等的疑难杂症患者。他边学边干边总结，逐渐从一位普通的医生，成为乡医院的骨干力量，于 1956 年提升为固始县黎集区卫生院院长，但仍然以业务为主，白天应诊，夜晚处理院务，接诊救治了许多药物中毒、食物中毒的患者及麻疹、霍乱等急性传染病的抢救工作，业绩突出，于 1958 年被选派参加河南中医学院第一届招生考试，以优异的成绩考入。在校 6 年，张磊国医大师以学习经典理论及基本操作技术为主，苦练基本功，利用课余时间，随师侍诊，在见习和实习期间，更是用心尤加，不仅建立了良好的师生关系，还确立了师徒关系，从师于已故名医王寿亭主任医师，张磊国医大师的固元法即受王师重视肝肾，擅用六味地黄丸的启发。在任河南省卫生厅副厅长的 5 年里，张磊国医大师主管行政工作，虽然没有坐诊时间，但家诊时仍有患者，临证治疗一直未断。离任后的不数日，张磊国医大师就怀着愉快心情到医院坐诊了。一晃近二十年，春夏秋冬如一日，张磊国医大师默默地、无私地奉献着，经验也一点点、一滴滴地积累着，可谓涓涓细流汇成江河，张磊国医大师的临证八法和动和平的学术思想也日臻成熟。

三、学术之精

张磊国医大师幼上私塾，诵读经史，饱受儒学思想的影响，崇尚致中和平。学医之后，他精心研读了四大经典，并广采百家之长，勤于临证实践，形成了独特的动、和、平学术思想，"辨证思维六要"的临证思维模式和独具特色的"临证八法"，丰富和发展了中医学内科杂病辨证论治理论，闪耀着中医理论与百家融通的创新思维。

（一）动、和、平学术思想

1. 和态下的运动发展观

张磊国医大师认为，正常情况下，人与自然、人体自身都处于不断运动、变化、发展的"和态"，即和谐状态下的运动发展变化。自然界一切事物的发生、发展和变化，都是阴阳对立统一矛盾的结果，而且事物都是在局部不平衡的运动中求得总体平衡、生存与发展。人的机体之所以能够进行正常的生命活动，就是阴与阳相互制约、相互消长取得统一，达到"阴平阳秘，精神乃治"的和态。人体的和谐平衡，是发展着的平衡，各脏腑组织器官在生理机能上相互资生、相互依存、相互制约的协调状态，即动态平衡，是"动"的"和态""平态"。

2. 和态失常的疾病发生观

运动过程中的和态，是人体生命维持正常的保证，是生命运动向前发展的基础。任何疾病的发生，都是人体生理机能和态被破坏的结果。机体阴阳、脏腑、气血、气机、营卫等失和，即发生疾病。某种病因作用于机体，使相对平衡而有序的"和态"遭到破坏，即"阴阳不调""阴阳不和"或"阴阳相失"，便产生疾病，即"和态""平态"的失常。

3. 病证变化的动态观

疾病是人体生命活动过程中的一种运动形式，任何疾病都不是静止的。在不同的发展过程，或同一发展过程的不同发展阶段，疾病的证不断发展转化，表现为不同的证候，病证是"动态"变化的。

4. 动态的和平辨治观

人体之气血阴阳等都有可能产生"不和"之处，治之之法，当为和法，"和法之制，和其不和也"，蒲辅周说："和解之法，具有缓和疏解之意，使表里寒热虚实的复杂证候，脏腑阴阳气血的偏盛偏衰，归于平复。"治疗的目的，是纠正"失和"之态，即"谨察阴阳所在而调之，以平为期。"

5. 临床治疗的"动""和""平"观

机体是动态发展的，疾病是动态变化的，证候是动态演变的，所以治疗也是随证变化的，是动态的。治疗中应用和法较多，如八法中的疏利法、涤浊法、达郁法、燮理法、灵动法、运通法均属于和法范畴。用药平和是张磊国医大师临床治疗的特色之一，又如固元法中的补元气汤，用菟丝子、山萸肉、枸杞子、补骨脂、淫羊藿，味辛甘、性温或微温，非大辛大热，温补肾阳兼补肾阴，阳得阴助而源泉不竭。谷青汤中的药物，非大苦大寒之味。疏利法选用的药物更是平淡之味，从平淡之中见奇功。

（二）辨证思维六要

在"动""和""平"学术思想指导下，张磊国医大师结合临床实际，逐渐形成了自己的临证思维模式，即临证思辨六要。

1. 辨证中之证与证外之证，注意其杂

张磊国医大师认为，辨证中之证，即是临证时注意抓主症，可以从三个方面着手。一是，患者只有一个病，但伴有许多症状，如失眠患者，往往有心烦心慌、头晕耳鸣症状，很显然，失眠是其主症。二是，有些患者说出一大堆症状，觉得浑身都是病，但也说不出什么是主症，对此，医生要仔细琢磨，多费心思，找出主症。三是，一个患者同时患有多种慢性病，究竟是治其一，还是兼而治之，根据其具体情况，从整体出发，权衡利弊，分清缓急，遵《素问·标本病传论》"谨察间甚，以意调之，间者并行，甚者独行"之旨，做出恰当的处理。主症之外，还有许多次症，主症与次症密切相关，是动态的，期间要注意其"杂"。

2. 辨静态之证与动态之证，注意其变

病证是动态的，不是静止的；静是相对的，动是绝对的。因为疾病是在人身上发生的，除病邪本身变动外，人体本身就是一个时刻不停的活动机体，尤其是用药以后，其证变动更是明显，张磊国医大师说，医者不但要知"病之为病，而且要知动之为动"。证变治亦变，有是证用是药，证型决定治疗措施，尤其要用"动"的思想，分析"变"的成分及多少。

3. 辨有症状之证与无症状之证，注意其隐

在临床实践中，常有许多患者症状较之疾病滞后或提前消失，即所谓"无症可辨"，如肝病无症状性的谷丙转氨酶升高，各种肿瘤的早期阶段等，这些疾病在某些阶段往往无症可辨。张磊国医大师常根据患者的体质、既往病史，用"动"思想，观察"和态"失常多少，注意其"隐"的情况，借鉴西医学的各种理化检查手段，参照现代中医药研究成果等来寻找蛛丝马迹，进行分析，找到"隐症"，变无症可辨为有症可辨。

4. 辨宏观之证与微观之证，注意其因

所谓宏观之证，是指具有明显症状表现的证候，容易观察到，也容易辨识；而微观之证则相反，由于受条件的限制，不易辨识，不能找到疾病真正的病因所在，因此，必须把宏观之证与微观之证有机结合起来。张磊国医大师说："各种疾病都有其致病之因"，治病求因重要，求因中之因则更重要，他还说："微观能微到症之最少偏颇处，在治疗上方能丝丝入扣。"

5. 辨顺易之证与险恶之证，注意其逆

顺易之证与险恶之证关乎神，《灵枢·天年》曰："失神者死，得神者生也。"以脉症言，脉症相应是顺证，不相应是逆证，即险恶之证；以形证言，目光精彩，言语清亮，神思不乱，肌肉不削，气息如常，大小便不脱，虽其脉有可疑，尚无足虑，以其形之神在也。若目暗睛迷，形羸色败，喘急异常，泄泻不止，或通身大肉已脱，或两手寻衣摸床，或无邪而言语失伦，虽其脉无凶候，必死无疑，以其形之神去也。临证之时，尤要注意其"逆"。

6. 辨正治之证与误治之证，注意其伤

在具体病例的整个诊疗过程中，经常会出现反复判断的情况，即使判断正确，亦需反复判断，即"动态"的。张磊国医大师不仅重视初诊，更重视复诊。他说，许多疾病，尤其是慢性疾病，很难一药而愈，往往需要较长时间的治疗才能获效。因此就少不了复诊和多次复诊的问题。初诊重要，复诊更重要，可以说复诊是认识疾病的深化过程。对于药后加重的患者，除用药失当外，常有药性与病性相争较剧，表现病情加重之象，必须区别对待，要慎而重之，尽量达到"平和"。对于药后出现

不良反应，如呕吐、皮肤瘙痒、腹痛、腹泻等等，要查其所因，各得其宜。总之，医生对患者服药后的每个变化，都须认真对待，切不可粗枝大叶，以遗人夭殃，因此，在整个治疗过程中，始终要注意"伤"字。

（三）临证八法

张磊国医大师遵《黄帝内经》"谨守病机，各司其属，有者求之，无者求之，盛者责之，虚者责之，必先五盛，疏其血气，令其调达，而致和平"之旨，在临证中对"异病同因""异因同病""复症多因"的复杂病症，明辨求本，洞悉症结，求其所主，或攻补兼施，或温凉同进，或标本先后，或主次逆从。有常有变，知常达变，有缓有急，层次井然，皆可法可从。创立了具有临证特色的八法。

1. 轻清法

轻清法采用轻清上浮而又凉散的药物，治疗因风热（火）而致的头部诸多疾患的治法，代表方为谷青汤。

2. 涤浊法

涤浊法用于治疗浊阻之证，分为浊阻上焦、浊阻中焦、浊阻下焦三大部位，又分别施治以不同方药。

3. 疏利法

疏是疏导，有分陈治理之义；利是通利，有运行排遣之义。选择具有疏通经络、利湿消胀的药物，治疗水湿失于输化，出现全身郁（瘀）胀，似肿非肿的经络湮瘀证候，命名为疏利法，属于和法范畴。

4. 达郁法

张磊国医大师根据《素问·六元正纪大论》"木郁达之，火郁发之，土郁夺之"之理，用于治疗脏腑气郁、寒热交杂等证，代表方为达郁汤。

5. 运通法

根据"腑以通为顺""脾以运为健"之理，立运通之法，用于腑气不通，脾失健运等证，代表方为运通汤。

6. 灵动法

用于小虚小实之证，具有药味少、分量轻，或药味虽多而分量很轻的特点，属于"王道"用药，此法应用较宽，难以一方括之，法从证来，方自法出，故未立方。

7. 燮理法

燮是和、理、调之意。内科杂病中，经常遇到阴阳、气血、脏腑功能失调等病证。用调和阴阳、调理气血、调理脏腑方法，使失调的状态，恢复常态，取名燮理法，只要掌握其要领，自能圆机活泼，左右逢源，曲尽其妙，属于和法范畴。如山前汤的生熟并用，一刚一柔，一阴一阳，颇具燮理之能。

8. 固元法

此法是多用于久病，或正气内夺，或正虚似邪之证。这是治疗一般元气虚弱之证，若元气大虚或暴脱，当方寻固元挽危之方药，不可不知，不可不慎。

四、专病之治

张磊国医大师临床善于治疗各种内科疑难杂症，疗效确切，医名远播，兹选取其擅长治疗的病种之一二介绍如下。

（一）痛经

妇女正值经期或经行前后，出现周期性小腹疼痛，或痛引腰骶，甚至剧痛晕厥者，称为痛经，又称"经行腹痛"。严重的痛经，腹痛剧烈，常伴有恶心呕吐，冷汗淋漓，手足厥冷，甚则晕厥，严重影响了患者正常的工作、学习和生活。西医学把痛经分为原发性痛经和继发性痛经两类，前者又称功能性痛经，系指生殖器官无明显器质性病变者；后者多继发于生殖器官的某些器质性病变，如盆腔子宫内膜异位症、子宫腺肌病、慢性盆腔炎、妇科肿瘤等。本篇所述的痛经，包括西医学的原发性痛经和继发性痛经。

1. 病机

张磊国医大师认为痛经属于中医"痛证"范畴，《黄帝内经》全书中有四百余条与疼痛相关的条文，提出了"不通则痛"与"不荣则痛"的基本病机。张磊教授认为痛经的主要病机亦为"不通则痛"或"不荣则痛"。

2. 专病专方

张磊国医大师根据《素问·举痛论》："寒气客于脉外则脉寒，脉寒则缩蜷，缩蜷则脉绌急，绌急则外引小络，故卒然而痛……"的理论基础，并结合自己数十年的临床实践，自拟出治疗痛经的经验方名为芍胡调经丸。

【组成】生白芍 30～60g，当归 10g，延胡索 15g，炙甘草 15g～30g。

【方解】芍胡调经丸是在芍药甘草汤的基础上变化而来，方中的延胡索行气活血、缓急止痛，《本草纲目》："能行血中气滞，气中血滞，故专治一身上下诸痛。"方中当归与白芍配伍有四物汤之意，有养血活血止痛之功效。方中的芍药与甘草配伍即芍药甘草汤，《伤寒论》："……若厥愈足温者，更作芍药甘草汤与之，其脚即伸……"《医学心悟》记载："止腹痛如神。"《类聚方方义》"治腹中拘挛而疼者"。

现代药理实验研究表明白芍甘草（炙）药对能缓解痛经，对原发性痛经大鼠有保护作用。白芍、甘草（炙）药对为临床上抗炎镇痛的经典配伍，二者最佳配伍比例为2∶1。张磊国医大师还告诉我们，芍药、甘草、延胡索，是芍胡汤的核心药物，每方必用，根据病情适当加味，不失辨证。

【加减】若血块多加炒山楂炭、红花；若小腹冷痛得温则缓，加炮干姜、炒小茴；量大去当归；小腹或乳房胀痛甚者加香附、郁金等。此方于经期前5天左右服用，服至月经来潮1～3天，以3个周期为1个疗程，无需每天服用。此方执简驭繁，直切病机，可随证加减，经过多年的临床检验效果甚佳。

（二）运动神经元病

运动神经元病（motor neuron disease，MND）是一组选择性侵犯脊髓前角细胞、脑干运动神经元、皮质锥体细胞及锥体束的慢性进行性神经系统变性疾病。临床表现为肌无力、肌萎缩、延髓麻痹以及锥体束征等。目前，本病的病因及发病机制仍不明确，属神经系统疑难病之一。西医学以对症支持治疗为主，尚缺乏特异性疗法，而中医药则是值得重视的诊疗途经。根据其临床表现及病症特点，本病可归属于中医"痿证""颤证""痉病"等范畴，张磊国医大师运用"审证求因"的中医思维辨证施治，可明显改善本病临床症状、延缓病程发展，临床疗效显著。

1. 病因病机

张磊国医大师认为运动神经元病虽呈慢性隐匿性起病，但其病因不外乎感受外邪、内伤饮食、五志过极、久病过劳以及先天禀赋不足等。张教授通过审证求因，认为本病的基本病机为邪盛正衰，虚实错杂，主要病理因素为湿、瘀、痰、风，病位在肌肉、筋脉，五脏涉及肝、脾、肾。或湿热蕴毒，内外合邪，内滞于脾而外流于经，则四肢肌肉痿弱无力；或情志失调，忧思过度，郁怒伤肝，则肝风内生，风与痰结，阻滞筋络，可见肌肉僵硬强直、经筋痉挛等，即《素问》所述"筋痿"之病，病久则瘀血内生，痰浊与瘀血互结，阻滞络脉，闭阻气机，气血运行不畅，日久则肌肉筋脉失养，而见肢体痿废不用。"邪之所凑，其气必虚"。正气虚损是运动神经元病发病的内在原因，若肾精亏损，脾虚不运，则元气衰败而肢体痿弱无力。肝为罢极之本，若肝虚血弱，筋脉失养，则运动功能减退，不耐疲劳。因此，张磊国医大师指出：运动神经元病发生的决定性因素是五脏虚损，且以肝、脾、肾三脏为主。

2. 分型论治

（1）湿浊淫筋证：肢体困重，痿软无力，下肢或两足为甚，或伴微肿、麻木等，胸闷脘痞，面黄，恶心，纳呆，口不喜饮，舌淡红，苔厚腻，脉缓滑。治以涤浊化湿，醒脾舒筋。方用张磊国医大师自拟中焦涤浊汤加减，方药组成：冬瓜子30g，薏苡仁30g，清半夏10g，茯苓10g，陈皮10g，苍术15g，泽泻10，炒神曲10g，木瓜30g，生白芍10g，生甘草3g。若舌苔黄腻，湿热之象明显者，可改用四妙散增损。

（2）风痰阻络证：言謇舌强，甚则吞咽不利，肢体僵硬震颤，或伴肌肉跳动、手足拘挛，面色青黄，舌淡红，苔白，脉弦滑。治以搜风化痰，通络开窍。方用资寿解语汤。方药组成：羌活10g，防风10g，制附子10g（先煎），酸枣仁15g，天麻10g，肉桂6g，羚羊角3g（冲服），竹沥20mL，生甘草3g，生姜6g。

（3）痰瘀互结证：肢体痿弱，伴肌肉刺痛，头目昏沉，面色暗黄，舌暗红，或有瘀斑，舌下络脉瘀暗，脉沉滞。治以涤痰化瘀通络。方用张教授自拟涤痰化瘀汤，方药组成：清半夏10g，茯苓10g，陈皮10g，制南星10g，橘络3g，川芎10g，赤芍12g，地龙10g，红花10g，生甘草3g。本方由二陈汤加味化裁而来，天南星、橘络是张磊国医大师用来祛除经络顽痰的对药，更加入地龙、红花等以活血通络。

（4）瘀热壅阻证：四肢乏力、刺痛，心胸烦闷，夜间身燥热，面色暗红，口干不喜饮，舌质暗紫，舌下络脉迂曲，脉涩。治以活血化瘀，开郁透热。方以血腑逐瘀汤加味。方药组成：生地黄10g，当归10g，赤芍15g，桃仁10g，红花6g，柴胡3g，桔梗3g，川芎3g，枳壳3g，怀牛膝10g，黄芪15g，丝瓜络30g，生甘草3g。张磊国医大师认为，本方柴胡、桔梗、川芎，枳壳的用量须小，乃取其缓缓通气之效。

（5）脾虚毒蕴证：肢体痿废日久，伴肌肉萎缩，神疲乏力，面色萎黄，体瘦纳差，舌淡，苔白，脉弱。治以健脾益气，通络行痹。方用《医学心悟》五痿汤合王清任龙马自来丹加味。方药组成：党参12g，黄芪15g，白术10g，茯苓10g，知母10g，黄柏6g，当归10g，薏苡仁30g，麦冬10g，地龙10g，马钱子0.1g，炙甘草6g。方中马钱子有剧毒，常从0.1g起，逐渐加至0.3g左右，以致其搜剔通络之功。

（6）肝肾亏虚证：肢体痿弱，腰膝酸软，甚至步履全废，大肉渐脱，面色晦暗，或伴眩晕耳鸣等，舌燥咽干，舌红，苔薄，脉沉弱。治以补益肝肾，通经活络。方用张磊国医大师自拟补肝益肾汤。方药组成：川牛膝10g，怀牛膝10g，桑寄生30g，酒桑枝30g，赤芍10g，白芍10g，菟丝子10g，枸杞子10g，补骨脂10g，党参10g，肉桂10g，黄芪15g，炙甘草3g。若兼燥热心烦、耳鸣等肝火偏旺者，可合用张磊国医大师自拟三青汤（桑叶、竹茹、丝瓜络）增损。

五、方药之长

（一）常用方剂

1. 经验方——谷青汤

【组成】谷精草 30g，青葙子 15g，决明子 10g，酒黄芩 10g，蔓荆子 10g，薄荷 10g，桑叶 10g，菊花 10g，蝉蜕 6g，夏枯草 15g，甘草 6g。

【用法】水煎服，日一剂，分早晚两次温服。

【功效】疏散风热，清利头目。

【主治】风热、郁热所致的头目疾患，诸如肝经风热上旋，或气分郁热上冲，或头面阳经郁热，清阳失展，或风热上犯出现的头晕头痛，头胀头懵，头热耳鸣，眼痛鼻渊等病症。

【方解】方中谷精草味甘、辛，性平，归肝、胃经，疏散风热，明目退翳，《本草纲目》中记载："谷精体轻性浮，能上行阳明分野。凡治目中诸病，加而用之，甚良。明目退翳之功，似在菊花之上也。"青葙子味苦，微寒，入肝经，治五脏邪气，镇肝明耳目，治肝脏热毒冲眼，赤障青盲翳，共为君药；菊花、薄荷、蔓荆子、桑叶、蝉蜕疏风清热，清利头目，黄芩清热燥湿，泻火解毒。《本草纲目》云："治风热、湿热、头痛……"又说，"得酒上行……"故方中用酒黄芩，共为辅药；决明子味甘、苦，性微寒，归肝、大肠经，清肝明目，润肠通便，一可泻热下行，二可制散太过为佐药；甘草清热解毒，调和诸药为使药。诸药共奏疏风散热，清利头目之功。

【临床心得】本方为张磊国医大师临证八法之轻清法的代表方，具有以下特点：①主要药物多入肝经。诸如谷精草、青葙子、菊花、薄荷、蔓荆子、决明子、黄芩、夏枯草等均入肝经。因为头目疾患虽与阳经有关，但与厥阴肝经也关系密切，如《临证指南医案·头痛》邹时乘按："头为诸阳之会，与厥阴肝脉会于巅，诸阴寒邪不能上逆，为阳气窒塞，浊邪得以上据，厥阴风火乃能逆上作痛。故头痛一症，皆由清阳不升，火风乘虚上入所致。"说明头痛多由火风循肝经入巅顶所为。眩晕病与肝脏关系更密切，华岫云在《临证指南医案·眩晕门》中说："诸风掉眩，皆属于肝，头为六阳之首，耳目口鼻皆系清空之窍，所患眩晕者，非外来之邪，乃肝胆之风阳上冒耳，甚有昏厥跌仆之虞。"故方中所选药物多归肝经，取其疏肝经郁热，散阳经风热之功。②方中药物性多寒凉，味多辛、甘，质多轻清，多为风药。头为诸阳之会，其位最高，非风药莫能上达至颠，风热之邪壅塞清窍或阳气郁热，非寒凉莫能清，非辛甘莫能散，只清不散则取效不捷，只散不清则取效不彻，故应清散合用，使风热之邪无潜藏之所。③清上润下，上下分消。谷精草、青葙子、菊花等清上焦风热，黄芩清热燥湿，决明子润肠通便，泻肝热下行。少阳及阳明经郁热，易出现大便干，故通大便以助清上，使上下分消，取效较速。

【加减变化】根据临床兼证不同，可灵活加减。若头痛偏于太阳经部位，选加羌活、川芎；偏于阳明经部位，选加白芷、葛根；偏于少阳经则加柴胡。若风热夹肝阳上亢，酌加生石决明、珍珠母、天麻、钩藤；若风热郁久伤阴，则合四物汤，或加玄参、麦冬等；若风热外感兼夹，应合银翘散。若患者大便溏薄，则去决明子。夜间眼珠胀痛甚者，则重用夏枯草至30g。若头昏不清，恶心则加荷叶30g，竹茹15g。

2. 自拟方——眠安汤

【组成】生地黄10g，生百合30g，炒枣仁30g，茯神10g，茯苓10g，竹叶10g，灯心草3g，麦冬15～30g，小麦30g，生龙骨、生牡蛎各30g（先煎），苏叶6g（后下），黄连6g，胆南星6g，清半夏10g，大枣6个。

【用法】水煎服，日一剂，分早晚两次温服。

【功效】滋阴清热，化痰安神。

【主治】脏阴亏虚，痰火内伏，神不守舍，魄不归位，魂不潜藏所致的顽固性失眠。

【方解】方中重用生地黄、百合，取百合地黄汤之意。《金匮要略》中百合地黄汤主治百合病，百合病的主证与顽固性不寐的临床表现颇相似，如"百合病者，百脉一宗，悉致其病也。意欲食复不能食，常默默，欲卧不能卧，欲行不能行，饮食或有美时，或有不用闻食臭时，如寒无寒，如热无热，口苦，小便赤，诸药不能治，得药则剧吐利，如有神灵者，身形如和，其脉微数。"长期不寐患者多有食欲减退，精神抑郁寡欢，或烦躁坐卧不宁，或时有恶寒燥热汗出，以及口苦口干，脉数等心肺阴虚、虚火内生之症，故用百合、生地黄养心肺，配伍麦冬、炒枣仁，养心肺之阴，清心肺虚火，除烦安神。因心肺居上焦，具有开发宣五谷味，充肤泽毛若雾露之溉之功能，养心肺阴津，又若久旱逢甘雨，枯木又逢春，以润养五脏六腑，甘缓脏急；黄连、胆南星、茯神清热化痰，定惊安神，祛内伏之痰火；甘麦大枣汤养心脾，润脏躁，缓脏急，平稳神气；生龙骨、生牡蛎平亢奋之虚阳，镇潜安神；半夏平脉之满溢；《灵枢·大惑论》云，黄帝曰："病而不得卧者，何气使然？"岐伯曰："卫气不得入于阴，常留于阳，留于阳则阳气满，阳气满则阳跷盛，不得入于阴则阴气虚，故目不瞑矣。"张磊国医大师认为，半夏乃平脉满溢之良药也，竹叶、灯心草，入心经，清心火，百合、苏叶俱能引阳气而归阴分。全方共奏滋阴清热，化痰安神之功。用此方治疗顽固性不寐多获良效。

【临床心得】张磊国医大师指出，顽固性不寐的治疗，效果多不理想，其原因多为治法方药单一，未能针对"脏阴亏虚，痰火内伏"而遣方用药。所谓脏阴亏虚者，非一脏或某两脏阴津不足，而是五脏阴液俱不足，若久旱无雨，非一物失养干枯，乃万物皆失濡。五脏阴损则脏躁，脏阳浮越，浮越之阳不能温煦收敛心神，使心神不宁，故不寐。《黄帝内经》云："阳气者，精则养神，柔则养筋。"因此，治疗中只注重补心肾之阴，则效果多不理想；其次，顽固性不寐多夹痰火，此痰火非一般湿热或痰热之邪，乃是脏腑中偏亢之相火，由少火变成壮火，挟痰伏于脏腑，扰动神魂。所以，顽固性不寐患者不一定都有口苦口黏及舌苔黄腻之湿热征象，治疗中一般也多不选加清化痰火之品，故效果欠佳。综上原因，治疗用药以滋阴清热安神之品，则痰邪不去，以清热化痰镇静之品则脏阴不复，此乃临床疗效不理想之主要原因也。而眠安汤，以滋阴润脏，甘缓脏躁，清热化痰为主，正符合顽固性失眠的病机特点，临床效果显著。

3. 自拟方——丹百汤

【组成】丹参30g，生百合30g，檀香3g（后下），砂仁3g（后下），乌药9g。

【用法】水煎服，日一剂，分早晚两次温服。

【功效】化瘀通络，理气止痛。

【主治】阴血不足，气血瘀阻所致的胸痹心痛、胃脘疼痛等症。

【方解】丹百汤方其实由丹参饮、百合汤两方合二为一而成方，方名亦由此而得，此二方皆出自陈修园《时方歌括》。丹参饮主治"心痛，胃脘诸痛"。方中重用丹参为主药，"盖丹参能破宿血，补新血"（《本草纲目》），"主心腹邪气，肠鸣幽幽如走水，寒热积聚"（《本经》），丹参苦、微寒，是一味很好的活血祛瘀，通络止痛药物，善治心腹诸痛，大量应用则其祛瘀作用更强。又丹参一味，功同四物，祛宿血的同时又能生新血，促进局部胃络的新生复元。檀香、砂仁皆性温味辛而香，能理气行气而止痛，且能和胃醒脾，开启胃气，少量应用也正是取其辛香轻灵之意。丹参与檀香、砂仁相配伍，寒热相制，药无偏寒偏热之弊，活血理气并行，气血畅行，通则不痛。百合汤是陈修园采录的一个验方，由百合30g，乌药9g两味药组成，治心口痛，服诸热药不效者，亦属气痛用之多验。"（百合）主邪气腹胀心痛"（《本经》），"百合得金之气而兼天之清和，故味甘平亦应寒……解利心家之邪热，则心痛自瘳"（《本草经疏》），陈修园曰："百合合众瓣而成，有百脉一宗之象。其色白而入肺，肺主气，肺气降而诸气俱调。"肺为诸气之总司，所以百合能主肺气而调降一身诸脏腑之气机，气畅血行，通则不痛，这正是百合善治心腹疼痛的关键之处。"乌药辛温香窜，能散诸气"（《本草纲目》），"乌药，气雄性温，故快气宣通，疏散凝滞……内宽中而顺气。以此散寒气，则客寒冷痛自除"（《药品化义》）。乌药辛温走窜，具有很好的行气止痛作用，与甘润微寒的百合相伍，温凉相济，润而不滞，清郁热而不苦寒，行气滞而不温燥。所以百合汤虽药仅两味，却具有很好的清热行气止痛作用。丹参饮偏于化瘀通络，理气止痛，百合汤偏于清郁热养阴学，行气止痛，合二为一，则其作用更大，功能更全面，达到更好的治疗效果。所以，丹百汤虽然药仅五味，但组方严谨，配伍合理，切合病机，确实疗效卓然。

【临床心得】临床中，张磊国医大师特别强调，一定要掌握此方中丹参与檀香、砂仁10：1的用量比例，一般不要作增减变动。他很是赞同陈修园对该方的概括："心腹诸痛有妙方，丹参十分作提纲，檀砂一分聊为佐，入咽咸知效验彰。"该方虽药仅三味，却能很好地体现中药配伍及量效关系。张磊国医大师应用丹百汤都是以最初拟定的剂量用药，很能体现出其灵动法的学术思想和用药特点。至于其他加减用药则随辨证而定夺，这也体现出了张磊国医大师"师古而不泥古"的学术态度。

4.自拟方——涤浊汤

【组成】冬瓜仁30g，生薏苡仁30g，滑石30g，郁金15g，清半夏10g，泽泻15g，土茯苓30g，炒苍术10g，白蔻仁10g，荷叶15g，生甘草3g。

【用法】水煎服，日一剂，分早晚两次温服。

【功效】清肺化浊，燥湿利水，祛湿消脂。

【主治】用于治疗三焦湿浊偏盛所引起的体形肥胖、高血脂、脂肪肝、高血压、尿酸高及糖尿病倾向者。

【方解】冬苡消脂合剂是张磊国医大师根据《素问·汤液醪醴论》"去菀陈莝……疏涤五脏"之旨确立的方剂，用于治疗浊阻之证。方中冬瓜子、生薏苡仁甘淡微寒，皆能上清肺热而化浊，下利肠胃而渗湿，合用为君药，清上彻下。湿浊弥漫，充斥三焦，半夏、苍术辛温燥湿，白蔻仁芳香化湿，三药皆入中焦脾胃，助君药清除阻于中焦之浊邪；滑石、泽泻淡渗利湿，桃仁活血祛瘀，润燥通便，皆走下焦，助君药荡涤阻于下焦之浊邪；荷叶轻清宣化，升发脾胃之清阳，清阳升则浊阴降，助君药降泻上焦之浊邪，俱为臣药。湿阻气血郁滞，佐以郁金行气活血；湿郁酿毒，佐以土茯苓解毒利湿；甘草和中，调和诸药。诸药合用，可以荡涤湿邪，恢复中焦升清降浊之能。

【临床心得】本方治疗浊阻之证可从两方面分析。其一，从浊邪产生相关的脏腑来看，浊邪的产生是体内气血津液运行、代谢失常的产物，而在气血津液的运行中肺、脾、肾三脏的功能最为重要。其中尤以肺的功能正常为其首要条件。肺为华盖，主气并司一身气机，还主通调水道，为水之上源，为气、血、水液运行输布之中枢。肺的功能正常则气运畅、血输达、水精四布、五经并行，全身四肢百骸得以充养，而尽终其天年。若肺的功能失常则气滞、血瘀、水停、浊邪为患，百病丛生。因此，肺者，五脏六腑之大主也。凡因湿热、暑湿或痰热痹阻肺气，皆可导致肺失清肃，郁遏脾胃、三焦、肾和膀胱。上源肺不清，治节无权，水道失通，下流不洁，影响气血运行、气机升降和水液代谢，而生痰、变浊、化脓，导致水肿、喘咳、悬饮、咯血、内痈、黄白带下等浊阻之证变生。因此，从治肺入手调治上述浊阻诸病正是开流澄源的治本之策。综观其方，清热、理气、利湿、化痰、活血俱备，清热而无苦寒之弊，不伤正气，渗利而不伤阴，活血而不峻猛，配伍佐辅适度，祛邪扶正兼顾，清上、畅中、渗下并行，标本齐治，故可治疗因热、湿、痰、瘀所致的各类浊阻疾病。

（二）活用药物

1. 药物的量效关系

张磊国医大师指出：古今名医，在精通药性、药物归经、四气五味的同时，没有不在药量上细加摸索的。中药对于疾病的治疗效果怎样，除取决于诊断是否正确、选方是否对证、用药是否合理外，与剂量不无关系。故医学大家岳美中曾感慨道："中医不传之秘在于量。"同一种药物，有时用量不同，主治功用就不一样，临床效果就会差别很大，有时甚至会产生相反的效果。所以深入挖掘药物的剂量和效用之间的关系，是充分发挥中药功效，提高临床疗效至关重要的环节。下面简单列举张磊国医大师对几味常用中药量效关系的认识：

（1）麻黄：麻黄以其轻扬之味，而兼辛温之性，善达肌表，走经络，能表散风邪，祛除寒毒，用量宜重，若为风寒外感，用10～15g，常用的有麻黄汤、小青汤龙等；若为风寒湿痹，用15～30g，如桂枝芍药知母汤、乌附麻辛桂姜草汤，用量轻则效果不佳。若寒邪深入少阴、厥阴，隐匿于筋骨之间，非用麻黄、官桂不能逐者，用量宜轻，3～5g即可，如阳和汤。老年男性患者，麻黄用量大，有致癃闭之嫌，但此副作用，可用来治疗儿童遗尿病，多配伍益智仁、芡实、金樱子、莲须等补肾制品。

（2）柴胡：柴胡用量不同，临床功效差别很大，《药品化义》："柴胡，性轻清，主升散，味微苦，主疏肝，若多用二三钱，能祛散肌表……若少用三四分，能升提下陷。"若用于解表退热，用量宜大，15～30g，如柴葛解肌汤、柴胡达原饮、小柴胡汤，用量过轻达不到退热效果；若用于疏肝解郁，量宜中等，10～15g，如逍遥散、柴胡疏肝散、龙胆泻肝汤，如果用量过大，则使肝气疏泄太过，作用会适得其反，还会损伤阳气和肝阴；用于升举阳气，少量即可，一般不超过6g，如补中益气汤、升陷汤，若用量过大，会减弱参芪等的益气功能，直接影响益气升阳之效果。

（3）升麻：《辨证录》："盖升麻少用则气升，多用则血升也。"升麻少量可以升举阳气，透表发疹，若用于治疗久泻脱肛、子宫下垂、崩漏下血等气虚下陷证及疹出不畅的风疹、麻疹等病，用量宜小，3～6g，如补中益气汤、举元煎、升陷汤，升麻葛根汤；重量可以深入血分，而达凉血解毒的功效，如治疗痈肿疮毒，热毒血痢等热毒炽盛之证，用量宜重，可以用15g以上，如升麻鳖甲汤、麻黄升麻汤；若用治疗一般的阳明胃肠郁热证，用量宜适中，10～12g，如清胃散、普济消毒饮。

（4）羌活：《本草汇言》："羌活功能条达肢体，通畅血脉，攻彻邪气，发散风寒风湿。故痈证以之能排脓托毒，发溃生肌；目疾以之治羞明隐涩，肿痛难开；风证以之治痿、痉、癫痫，麻痹厥逆。盖其体轻而不重，气清而不浊，味辛而能散，性行而不止，故上行于头，下行于足，遍达肢体，以清气分之邪也。"故若用于风寒外感，10～15g，如九味羌活汤；若用于风湿痹证，用量宜加重，15～30g，如除风湿羌活汤、羌活胜湿汤；若用于痈证以排脓托毒，发溃生肌，或用于脾虚湿陷证以升发脾胃清阳之气，用量宜轻，仅以为向导而任佐使之药，用3～6g，如升阳益胃汤、羌活透肌汤。

（5）黄芪：黄芪具有"量小则雍，量大则通"的特点，若补虚益损，用量一般为10～20g，如归脾汤、圣愈汤、十全大补汤等；若固表止汗，治疗汗证，黄芪的用量为30g，如气虚自汗的玉屏风散、阴虚盗汗的当归六黄汤；若升阳举陷，固气摄脱，治疗中气下陷、崩漏脱肛、脏器下垂，黄芪用量30～40g；若利水消肿，治疗腹水、下肢水肿，黄芪用量为40～60g；如补中益气汤治脾胃气虚、脱肛、子宫下垂、久泻久痢等气虚下陷诸症，举元煎主治气虚下陷、血崩血脱、亡阳垂危等证；若行滞通痹，治疗中风偏枯，手足不遂，黄芪用量一般从30～60g开始，逐渐加大，如补阳还五汤；同时还有对血压双重调节作用，若用于低血压，黄芪用量不超过15g，若用于高血压，黄芪用量在15g以上。

2. 常用药对

张磊国医大师指出，临床上有时需要按照病情的需要和药物的不同特点，有选择地将两种以上的药物合在一起应用，这就形成了药物的配伍。"药有个性之特长，方有合群之妙用"，方剂临床疗效的发挥，很大程度上取决于中药的配伍，而药对正是方剂配伍的核心所在，它是临床上常用且相对固定的中药配伍形式，也是方剂最小的组方单位，是历代医家积累临床用药经验的升华。尤其是方剂中的核心药对，它决定了方剂的主要功效，它的组成是不可随意分割和取舍的，改变核心药对的组成，原方的主要作用功效也会随之改变。因此熟悉常用药物的配对效用，对我们掌握药物的配伍规律，提高临证遣方用药的水平尤为重要。

（1）黄连配伍半夏：黄连苦寒，清胃热而燥湿，以开中焦气分之热结；半夏辛温，燥湿化痰、降逆止呕，以开中焦气分之湿结。二者相伍，辛开苦降，寒热互用，清热与燥湿并举，共奏清热燥湿化痰、宽胸止呕之功效，用于治疗湿热痰浊、郁结不解之胸脘满闷、痰多黄稠；寒热互结、气机失畅之心下痞闷、按之疼痛。

（2）黄连配伍大黄：黄连清热燥湿解毒；大黄泻热通便、凉血解毒。二者皆苦寒之品，相须为用，其清热泻火、凉血解毒之功效更著，用于治疗邪热内结之热痞证；胃肠湿热火毒壅滞之湿热下利、里急后重，或大便不爽；实火上炎之目赤肿痛、口舌生疮、牙龈肿痛以及血热妄行之吐衄、发斑等症。

（3）黄连配伍阿胶：黄连苦寒清心，降火除烦，以泻为功；阿胶甘平质润，滋肾养阴补血，以补为用。二者相伍，能使心肾相交、水火互济，共奏滋阴清热、养血安神之功效，用于治疗热邪伤阴、阴虚火旺之心烦不安、失眠多梦、舌红少苔、脉细数等。

（4）黄连配伍干姜：黄连苦寒，清热泻火解毒、降逆止呕、燥湿止痢；干姜辛热，温中散寒开结、回阳通脉。二者伍用，辛开苦降、寒温并施，有泻热痞、除寒积、清郁热、止呃逆之功效，用于治疗寒热互结心下之胃脘痞满、嘈杂泛酸、不思饮食；上热下寒之食入即吐、腹痛下痢等症。

（5）黄连配伍厚朴：黄连清热燥湿；厚朴行气化湿。二者合用，有清热行气除湿之功效，用于治疗泄泻因湿热所致者。

（6）黄连配伍吴茱萸：黄连清热燥湿、泻火解毒、清心除烦、清胃止呕；吴茱萸温中散寒、下气止痛、降逆止呕。二者伍用，辛开苦降，有清肝泻火、和胃降逆止呕之功效，用于治疗肝郁化火、胃失和降引起的胁肋胀痛、嘈杂吞酸、口苦、呕吐等症。

（7）黄连配伍紫苏：黄连苦寒，清热、燥湿、泻心胃之实火；紫苏芳香，理气宽中、化浊辟秽、醒脾止呕、宣通肺胃之气郁。二者合用，寒温相伍，有清热和胃、理肺畅中之功效，以调整胃肠功能为其长，用于治疗恶心呕吐、胃脘痞闷、妊娠恶阻、胎动不安等证因气滞、热郁、湿阻所致胃失和降而致者。

（8）柴胡配伍白术：柴胡疏肝解郁；白术益气健脾。二者伍用，疏肝补脾，可治疗肝郁脾虚之胸胁作痛、神疲食少者。

（9）柴胡配伍升麻：二者均能升清阳而举陷。但柴胡主升少阳清气；升麻主升阳明清气。二药常相须为用，其升清举陷之功效更著，用于治疗因气虚下陷而致之脱肛、子宫脱垂、胃下垂；清阳下陷之泄泻等病症。

（10）麻黄配伍杏仁：二药皆入肺经，都有平喘之效，麻黄性味辛温，偏于宣散，杏仁性味苦温，偏于肃降，二者一宣一降，相互为用，咳嗽、气喘、肺寒肺热皆可用之。《本经疏证》云："麻黄汤、大青龙汤、麻黄杏仁甘草石膏汤、麻黄加术汤、麻黄杏仁薏苡甘草汤、厚朴麻黄汤、文蛤汤，皆麻黄、杏仁并用……则可谓麻黄之于杏仁，犹桂枝之于芍药，水母之于虾矣。"

（11）麻黄配伍熟地黄：麻黄辛温达卫，宣通毛窍，能开腠理，散寒凝；熟地黄甘温，滋补阴血，填精益髓。二药合用，一补一散，共奏温阳补血，散寒通滞之功，如阳和汤，其中少量麻黄发越阳气，宣通经络，开腠理，散寒凝。

（12）升麻配伍葛根：升麻辛散以发表透疹，寒凉以清热解毒；葛根轻扬发散，既解肌退热，又透发麻疹。二者均为甘辛轻清之品，相须为用，则辛能达表，轻可去实，升散透达，解肌透疹之功效更著，用于治疗麻疹初起，头痛发热；或麻疹透发不畅者。

（13）升麻配伍生地黄：升麻升阳、发表、清热解毒；生地黄滋阴养血、凉血止血。二者合用，升麻能引生地黄入肺胃，以清肺胃之积热，其清热、凉血、止血功效更著，用于治疗肺胃热盛迫血妄行所致之各种血证以及胃热上攻之头痛、牙痛等。

3. 常用药组

药组由临床上常用的、相对固定的几味药物组合而成，它不是简单的药物堆积，而是在中医药理论的指导下，以中药药性理论为基础，针对某些疾病或证候起特殊治疗作用的药物组合，是医家个人在长期的医疗用药实践中总结出来的宝贵用药经验。

（1）忍冬藤、丝瓜络、通草：忍冬藤，味甘，性寒，入肺、胃经，功能：清热解毒、疏风通络，主治风湿热痹，关节红肿热痛；丝瓜络，味甘，性凉，归肺、肝、胃经，长于通经活络，且能清热化痰。《本草便读》："丝瓜络，入经络，解邪热，热除则风去，络中津液不致结合而为痰，变成肿毒诸症。"通草，味甘、淡，性微寒，归肺、胃经，能利水通经，通气下乳。此三味药都善于通经络，皆入肺、胃经，肺胃外合皮毛肌肉，故其药用部位相对较浅，未深入筋骨，长于治疗皮肉之间的经络郁滞，故临床上常用于治疗经络气滞，运行不畅而致全身郁胀，似肿非肿的证候。

（2）葛根、木瓜、鸡血藤：葛根，味苦、辛，性凉，入脾、胃经，能升津液，濡筋脉，解肌舒筋，长于缓解外邪郁阻，经气不利，筋脉失养的项背强痛；木瓜，味酸，性温，归肝、脾经，可以益筋和血，缓急止痛，且能祛湿除痹，为湿痹、筋脉拘挛的要药，常用于腰膝关节酸重疼痛；鸡血藤，味苦，性微甘温，入肝、肾经，能行血养血，通经止痛，为治疗经脉不畅，脉络不和的常用药。肝在体为筋，《金匮要略》："肝之病，补用酸，助用焦苦，益用甘味之药调之。"此三味药，酸、苦、甘、温俱全，且都能益筋和脉，故常联合用于肝经阴血不足，筋脉失养所致项背强痛、腰肌酸痛、下肢拘挛疼痛。

（3）桑枝、桂枝、片姜黄：桂枝，味辛、甘，性温，入膀胱、心、肺经，具有温经通脉，散寒止痛之效；桑枝，微苦，平，入肝经，祛风湿而善达四肢经络，通利关节；片姜黄，辛、苦、温，归肝、脾经，能外散风寒湿邪，内行气血，通经止痛。此三味药，桂枝偏于温经散寒，桑枝偏于祛风除湿，姜黄偏于活血止痛，皆能治疗肢体关节疼痛，且长于行肢臂而除痹痛，故常合而用于上肢和肩关节疼痛。

（4）冬瓜仁、生薏苡仁、桃仁：冬瓜仁，味甘，性凉，能清肺化痰，利湿排脓，能够治疗肺热咳嗽、肺痈吐脓等证；生薏苡仁，味甘、淡，性凉，归脾、胃、肺经，能上清肺热而排脓，下利肠胃而渗湿；桃仁，味苦、甘，性平，归心、肝、大肠经，能活血祛瘀以消痈。三药合用，共具清热利湿，化痰逐瘀之效，适用于各种浊邪为患的病证，尤其适用于痰、湿、热、瘀阻滞之证。如浊邪阻肺，而见咳、喘、胸闷痰多之证；浊邪中阻，而见体胖困倦、舌苔厚腻及有高血压、糖尿病倾向者；浊邪积聚于肝，而见右胁不适或疼痛者；浊邪阻滞下焦，而见小便黄浊不利，小腹不适者。

（5）青皮、陈皮、白芥子：青皮，苦、辛，温，归肝、胆、胃经，辛温升散，苦辛剧烈，沉降下行，偏于疏肝胆气分，兼能消食化滞，消痈散结，多用于肝郁气滞，治胸胁胃脘疼痛，疝气，食积，乳肿，乳核，久疟癖块；陈皮，辛、苦、温，理气健脾，燥湿化痰，为治痰之要药；白芥子，性辛，温，归肺、胃经，能温肺化痰，利气散结。朱丹溪云："痰在胁下及皮里膜外，非白芥子莫能达。古方控涎丹用之，正此义尔。"此三味药，青皮偏于入肝经，陈皮偏于入脾经，白芥子偏于入肺经，性皆辛温，能够辛行温散，化痰散结，常用于各种气滞痰凝为患的病证，如甲状腺结节，乳房肿块、久疟癖块、肋间神经疼等。

（6）胆南星、橘络、白芥子：胆南星，味苦、微辛，性凉，归肺、肝、脾经，能清热化痰，息风定惊，用于痰热咳嗽，咯痰黄稠，中风痰迷，癫狂惊痫；橘络，味甘、苦，性平，能行气通络，化痰止咳；白芥子，性辛，温，归肺、胃经，能温肺化痰，利气散结，通络止痛，且善除"皮里膜外"之痰。三药合用，能化痰止咳，通络止痛，多用于痰滞经络之胸痛、咳嗽、痰多等证。

（7）煅乌贼骨、茜草炭、黑荆芥：乌贼骨，味咸、涩，性温，归肝、肾经，能收敛止血，涩精止带，制酸，敛疮；茜草，味苦，性寒，归肝经，凉血，止血，祛瘀，通经，用于吐血，衄血，崩漏，外伤出血，经闭瘀阻，关节痹痛，跌仆肿痛。荆芥，性辛，味微温，归肺、肝经，炒炭后，性味变为苦涩平，长于止血。此三味药，皆能收敛止血，且皆入肝经，故尤善于治疗月经量多、崩漏下血等妇科血证。其中乌贼骨、茜草，即《素问·腹中论》四乌贼骨–蘆茹丸。

（8）谷精草、青葙子、夏枯草：谷精草，味辛、甘，性平，归肝、肺经，能疏散风热，明目，退翳，用于风热目赤，肿痛羞明，眼生翳膜，风热头痛；青葙子，味苦，性微寒，归肝经，清肝泻火，明目，退翳，用于肝热目赤肿痛，眼生翳膜，肝火眩晕；夏枯草，味苦、辛，性寒，归肝、胆，清肝明目，散结解毒，主治目赤羞明、目珠疼痛、头痛眩晕、耳鸣、瘰疬、瘿瘤、乳痈、痄腮、痈疖肿毒。此三味药，轻清升浮，皆入肝经，能达头巅，能够清肝泻火，明目退翳，常用于风热或肝热之邪伤于头部的疾患，如头痛、头懵、耳鸣、眼胀、鼻塞流浊涕等病。

（9）僵蚕、蝉蜕、姜黄：此三味药来源于清·杨栗山《伤寒瘟疫条辨》中的升降散。僵蚕，辛咸性平，气味俱薄，轻浮而升，善升清散火，祛风除湿，清热解郁，为阳中之阳；蝉蜕，甘咸性寒，升浮宣透，可清热解表，宣毒透达，为阳中之阳。二药皆升而不霸，无助热化燥、逼汗伤阴之弊。姜黄，气辛味苦，寒，善行气活血解郁，气机畅达，以利热邪外达。药合用，僵蚕、蝉蜕，升阳中之清阳，姜黄降阴中之浊阴，一升一降，内外通和，而杂气之流毒顿消，故临床上常用三药治疗外感发热而兼见热毒之证。

（10）僵蚕、乌梅、醋槐花：乌梅，性味酸平，有敛肺涩肠，入肝止血，蚀恶肉，化痔消息肉之功，《本经》云"死肌、去青黑痣、蚀恶肉。"《本经逢原》："恶疮胬肉，亦烧灰研敷，恶肉自消。"又曰："治溲血、下血、诸血证。"僵蚕，味咸、辛，性平，有消风、化痰、散结之功。《本草纲目》："散风痰结核瘰疬"；槐花味苦，性微寒，归肝、大肠经，凉血止血，清肝泻火，用于便血、痔血、血痢、崩漏、吐血、衄血、肝热目赤、头痛眩晕。《药品化义》："（槐花）火性味苦，苦能直下，且味厚能沉，主清肠红下血，痔疮肿痛，脏毒淋沥，此凉血之功，独在大肠也。大肠与肺为表里，能疏皮肤风热，是泄肺金之气也。"三药合用有涩肠止血，化痔消息肉之效，故常用于治疗便血、热毒血痢、胃肠息肉等。

（11）木瓜、槟榔、川牛膝：槟榔，味苦、辛，性温，归胃、大肠经，能杀虫消积，降气，行水，截疟。《药性论》："宣利五脏六腑壅滞，破坚满气，下水肿。"木瓜，味酸，性温，归肝、脾经，能舒筋活络，并能化湿；川牛膝，味苦、酸，性平，归肝、肾经，补肝肾，强筋骨，活血通经，引血（火）下行，利尿通淋，主治腰膝酸痛、下肢痿软、血滞经闭、痛经、水肿。三药性善下行，利湿祛浊，常用于治疗湿浊阻滞经络所引起的水肿、脚气等病症。

（12）半夏、海藻、昆布：半夏化痰散结；海藻化痰软坚散结；昆布除热散结。三者伍用，有化痰软坚散结之功效，用于治疗瘿瘤痰核。

（13）升麻、黄芪、桔梗、柴胡：升麻、柴胡、桔梗三药共同升阳举陷；黄芪益气健脾。四者合用，有益气健脾、升阳举陷之功效，用于治疗中气下陷之气短、倦怠、便溏、乏力、内脏下垂、脱肛等症。

4. 用药新知

中药的功效是我国劳动人民在长期与疾病斗争过程中总结出来的对药物治疗作

用的认识，对中药功效的认识也是一个不断发展的过程。由于社会条件的限制和自身认识的局限性，会存在着对一些药物的治疗作用认识不充分的问题，这就需要广大中医人在医疗实践中细心观察，用心总结，这对扩展药物的功效，促进中医药事业的发展很有必要。下面是张磊国医大师对一些中药功效的新认识。

（1）桑叶：桑叶用到30g能清热止汗，如《重庆堂随笔》："（桑叶）虽治盗汗，而风温暑热服之，肺气清肃，即能汗解……能息内风而除头痛，止风行肠胃之泄泻，已肝热妄行之崩漏。胎前诸病，由于肝热者，尤为要药。"

（2）连翘：活血通络，消肿散结止痛，用量30g。李东垣曰："连翘散诸经血结气聚；消肿。"，张锡纯也在活络效灵丹后曰"痹疼加连翘。"

（3）威灵仙：威灵仙可通络交通阴阳，治失眠，"（威灵仙）辛咸气温，其性善走，能宣疏五脏十二经络。凡一切风寒湿热，而见头风顽痹，癥瘕积聚，黄疸浮肿，大小肠秘，风湿痰气，腰膝腿脚冷痛等症……得此辛能散邪，温能泻水，苦能破坚，服此性极快利。通经达络，无处不到。诚风药中之善走者也。"（《本草求真》）

（4）白术：白术生用能益脾阴，润肠通便。常用于脾阴亏虚证及老年人脾虚便秘证，若用于治疗便秘，用量宜大，30～60g。

（5）苏叶：苏叶配黄连有止呕安神的功效。用于湿热证之呕吐、失眠等。

（6）麻黄：麻黄用量大，有致癃闭之嫌，但此副作用，可用来治疗儿童遗尿病。

六、读书之法

张磊国医大师指出，要当好医生，必须在理论上多下功夫，或者说下一番苦功夫，功夫不负苦心人，下功夫还要排除一些干扰，如懒惰、自满、浮躁、自弃、追逐名利、华外瘁内等。从哪些方面下功夫，张磊国医大师认为，要多读书，读书有法。

（一）多读书

经典著作当首推《黄帝内经》《伤寒论》和《金匮要略》。这些书大家都读过，张磊国医大师认为还应再读。

1.《黄帝内经》及相关注解

《黄帝内经》是我国现存医学文献中最早的一部典籍，也是一部医学巨著，"理致渊深，包举弘博"（清·汪昂）。读《黄帝内经》时，要在通读的基础上背诵其重要条文。只有通读，才能观其全貌；只有背诵，才能便于运用。《黄帝内经》文奥理深，不易读懂，必须借助注释才能明其深意，兹介绍几家，以作参考。

《类经》:《类经》对《黄帝内经》的注释颇为详尽，多有发明。张景岳用四十年时间研究《黄帝内经》，写成《类经》一书，深为医家所推崇，可以说为学《黄帝内经》的必备参考书。此外，《类经图翼》和后附的《类经附翼》也不可不读。

《黄帝内经素问注证发微》和《黄帝内经灵枢注证发微》:《黄帝内经素问注证发微》是明代医学家马莳所著，他用了三年时间写成此书，在解析医理方面有所见解;《黄帝内经灵枢注证发微》亦是马莳所著，《灵枢》文辞古奥，医理深邃，非常难懂，马氏长于针灸，有丰富的临床经验，本书中多结合临床对《灵枢》经文进行注释，故本书注释水平高于《黄帝内经素问注证发微》。

《黄帝内经素问集注》:本书是明代张志聪联合同学及门人数十人共同注释，是一部集体著作，质量较高，有人称此书开我国医学集体创作之先河，功不可没。

2.《伤寒论》及相关注解

《伤寒论》与《黄帝内经》一脉相承，它将理论和临床实践相结合，确定了祖国医学辨证论治的完整体系，有人称之为"开辨证论治之先河"，是一部理法方药具备的指导临床实践的医学典籍。为了更好地理解它，可以多看一些《伤寒》注家。

《伤寒来苏集》:本书注重理论，与临床联系较紧，颇为后世医家所推崇。柯氏学识渊博，精通医学，他在"自序"中说:"常谓'胸中有万卷书，笔底无半点尘'者，始可著书;'胸中无半点尘，目中无半点尘'者，方许作古书注疏，夫著书固难，而注疏更难。"他对读仲景书颇有感触地说:"凡看仲景书，当从无方处索方，不治处求治，才知仲景无死方，仲景无死法。"

《伤寒贯珠集》:本书从临床辨证论治着眼，以阐发《伤寒论》。尤氏辨证抓主证，鉴别抓要点，他用自己的研究心得阐释了原书的深文奥意，精简扼要，条理通达。

3.《金匮要略》及相关注解

张磊国医大师认为《金匮要略心典》写得很好，注释明晰，条理通达，据理确凿，切合临床，是学习和研究《金匮要略》的必读之书。

后世医家著作自张仲景以后，医家辈出，代有发展，其著作可谓浩如烟海，琳琅满目。一个人精力有限，时间有限，难以尽读，但一定要多读。《近代名医医著大成》夏序中说:"不读书不足以明理，徒读书不足以成用;不读书不知规模，不临症不知变化。"

现代医家著作医学随着时代的发展而发展，现在大医家在继承的基础上，结合自己的临床实践，无论在理论上、学术上、经验上都有很多创新和发展，这些著作不可不读。他们都有镕古铸今之功，能使我们眼界大开，受益多多。

（二）读书"七重"

张磊国医大师认为，书要多读，又不能尽读，怎样读才能效果更好呢？张磊国医大师认为应有选择地读。大致可分为精读之书和粗读之书。对于精读之书，要反复读，多下功夫；对于粗读之书，顾名思义要读得粗些，一览而过。但不可忽视粗读之书也有精的部分，这一部分同样要精读。概括为"七重"。

1. 重背诵

学习固须勤奋，亦宜讲求方法。以读书而言，背诵是打好中医基础最根本的方法，而且越早背诵越好。如盖房一样，一块砖一块砖砌起来，然后才能粉刷。背诵也是为后来领悟、理解和运用打下基础，后劲较足。初学医时先背诵《雷公药性赋》《汤头歌诀》《濒湖脉学》等，作为启蒙读物。继背《黄帝内经》《难经》《伤寒论》《金匮要略》等经典著作。背诵时不用默诵，可在僻静处朗朗诵读，使声出之于口，闻之于耳，会之于心。内容多的篇章，采取分段滚动式背诵方法，背诵着后边的，复习着前面的，如盖楼打地基，垫一层夯实一层，如此，才能强记不忘。背诵开始要少，由少而多，集腋成裘，积沙成丘。俗话说得好："少年背书如锥锥石，锥入虽难，但留痕不易消失；中年背书如锥锥木，锥入较易，但留痕不如前者牢固；老年背书如锥锥水，锥入甚易，消失也快。"这个比喻，非常形象。

2. 重经典

张磊国医大师认为，为医者，尤其为上医者，四大经典不可不读。纵观历代大医家、有突出成就者，都是从读经典起家的。根深则叶茂，本固则枝荣。岂可忽乎者哉！《黄帝内经》为中医理论之渊薮，为医不读《黄帝内经》，则学无根本，基础不固。后世医家虽然在理论上多有创建，各成一家之说，但就其学术思想的继承性而言，无不发轫于《黄帝内经》，故读《黄帝内经》《难经》《神农本草经》，目的在于掌握中医理论之根本。读经典著作时，要参阅相关著作，前文已述，此不多讲。

3. 重广博

除经典著作之外，还要阅读很多后世医家著作。张磊国医大师常说，医家要博览群书，广得其益。学习病因病机，除背诵"病机十九条"外，还要读《诸病源候论》，可以明了病因病机学理论；中医诊断方面，要读《医宗金鉴·四诊心法要诀》，该书造精微，通显幽，易学易懂，切于实用；方剂学知识，应读《医方集解》，该书辨证论方，贯通理法方药；中药学方面，可参阅《本草纲目》，其内容丰富，理明义详。张磊国医大师崇尚《脾胃论》，善用李东垣的补中益气汤治疗气虚发热、气虚头痛等疾病。王清任的《医林改错》本着求实精神，敢于创新，敢于纠古人之错，论述了血瘀所致病症，丰富发展瘀血学说。张磊国医大师主张多读名家医话医案，如

《临证指南医案》《柳选四家医案》《谢映庐医案》《经方实验录》《施今墨临床经验集》等。张磊国医大师认为，医案是医生临床经验的体现，是非常珍贵的医籍，读之能得到很多启发。医案大致分为两类：一是一家之专著，一是多家之集萃。前者系一人之经验，其系统性、学术性较强，如参天大树，望之蔚然；后者是医林缀英，如众蜂所酿之蜜，甘味绵绵。二者各具特色，各有其优，皆应读之。有些医案则妙中有妙、巧中有巧，有些医案则独辟蹊径，有些医案则棋高一着，令人目不暇接。其方也，如重型炮弹者有之，如轻舟行水者有之，如围魏救赵者有之。根据不同内容，或取其论，或取其方，或取其法，或取其巧，或取其妙，对其中最精要部分，更要细读，反复读，悟其理，会其意。只有广开学路才能迅速提高医疗水平。程钟龄说："知其浅而不知其深，犹未知也；知其偏而不知其全，犹未知也。"对各家学说合读则全，分读则偏；去粗取精，扬长避短。学问并非尽载名家论著，广采博搜，不嫌点滴琐碎，"处处留心皆学问"。

4. 重得要

读书不仅要"博"，而且还要由博返"约"，能够领会或掌握一本书、一段文章的精华所在，对重要篇章或段落，要精读，反复读，重点语句还要朱笔圈点，得其要旨。如据《素问·阴阳应象大论》"故因其轻而扬之"及《温病条辨》"治上焦如羽，非轻不举"的理论，张磊国医大师确立了"轻清法"。本法主要用于因风热之邪伤于头部的疾患，如头痛、头懵、头晕、耳鸣、眼胀、鼻流浊涕、鼻塞不通等病。创制谷青汤，方由谷精草、青葙子、决明子、薄荷、菊花、蝉蜕、酒黄芩、蔓荆子、生甘草组成。即用轻清上浮而又凉散的药物，易于速达病所，以祛除病邪。根据《素问·汤液醪醴论》"去菀陈莝……疏涤五脏"之旨，确立了"涤浊法"。因浊邪所在的上、中、下三焦位置不同，以及病邪兼夹不同，而分浊邪阻肺、肺失清肃方，浊邪中阻、脾失其运方，肝热脾湿、浊邪积着方，浊在下焦、膀胱失利方（详见临证八法篇）。阅读《医学心悟》后，认识到医生应具备"五知"。一是知理：明了中医博大精深的理论，《景岳全书·传忠录·明理》中说："万事不能外乎理，而医之于理尤切……医之临证，必期以我之一心，洞病者之一本，以我之一，对彼之一，既得一真，万疑俱释，岂不甚易？一也者，理而已矣。"二是知病，知病首先要求本，其中最重要的是求病因、病性和病体之本。《素问·至真要大论》中说："必伏其所主，而先其所因。"三是知动，人是一个时刻不停的活动机体，疾病是一个动态的病理变化，尤其用药治疗后，其变化更是明显，所以，医者不但要知病之为病，而且要知动之为动。四是知度，要把握好对患者的治疗尺度和用药尺度。"谨察阴阳所在而调之，以平为期"。五是知误。既要知他医之误，又要知自己之误，误必纠之，即"观其脉证，知犯何逆，随证治之"。最怕的是不知误，"一逆尚引日，再逆促命期"。张锡纯的《医学衷中参西录》是很值得认真研读的。许多书我是"蓝笔点来红笔圈"，有感于此，张磊国医大师曾作诗一首，谓之《读书有感》："医道精深学莫休，学如逆水荡行舟。书中要语自圈点，点点圈圈心上留。"愿与同道共勉。

5. 重心悟

张磊国医大师认为学习中医典籍，不仅"博""约"，而且还要"悟"。读书不能仅停留在字面意义上，尤其对经典著作，其理深，其义奥，非潜心研读，穷思精悟，莫得其要。如对《素问·阴阳应象大论》"阴阳者，天地之道也……治病必求于本"中的"治病必求于本"体会较深，临床治疗中应该求病因之本，求病机之本，求病性之本，求病位之本，求病体之本。再如《素问·至真要大论》中"谨守病机，各司其属。有者求之，无者求之；盛者责之，虚者责之。必先五胜，疏其气血，令其调达，而致和平。"这段经文，从"有者求之，无者求之；盛者责之，虚者责之"，张磊国医大师悟出了临床辨证思维六要，即：辨证中之证与证外之证，注意其杂；辨静态之证与动态之证，注意其变；辨有症状之证与无症状之证，注意其隐；辨宏观之证与微观之证，注意其因；辨顺逆之证与险恶之证，注意其逆；辨正治之证与误治之证，注意其伤。从"疏其气血，令其条达，而致和平"张磊国医大师悟出了"疏利法"。疏是疏导，有分陈治理之义；利是通利，有运行排遣之义。常用于水湿失于输布出现全身郁（瘀）胀，似肿非肿的经络湮瘀证。针对水、湿、痰、瘀、气停滞的脏腑经络不同，又细分为疏补相兼方、行气通络方、化痰通络方、疏肝利湿通络方和化瘀通络方。对"令其条达，而致和平"提炼出"动、和、平"的学术思想。所谓"动"，是指正常情况下，人体是一个时刻不停地在"和"的状态运动的有机整体；其次，人体的病理是在"失和"状态下运动变化着的机体；再次，针对运动变化着的机体、疾病、病症，其理、法、方、药也应随之而动；最后，治疗的目的，使失去"和态"的机体，得到纠正，重新建立新的和平动态，达到"阴平阳秘"。这些都是所强调读书要读到无字处的体现。

6. 重持恒

张磊国医大师自学医以来，看书学习，从不间断，持之以恒。在受业期间，他以读书为主，在中医学院任教时还是以读书备课为多。现在，他因年龄从职务上退休，但读书学习没有退休，学无止境，干到老学到老，学到老干到老。即便诊务再忙，张磊国医大师也要挤出一点时间看看书，展卷有益。如其"达郁法"的形成，首先取法于《素问·六元正纪大论》的"五郁"，谓"木郁达之，火郁发之，土郁夺之，金郁泄之，水郁折之"。继以《伤寒论》中治"少阴病，四逆"的四逆散和《丹溪心法》治疗"六郁"的越鞠丸化裁，组成"达郁汤"，药有柴胡、枳实、白芍、苍术、川芎、香附、栀子、神曲、甘草。随着临床实践的深入，理论知识的不断积累，结合吴又可《温疫论》中达原饮之义，在原方的基础上，又伍入槟榔、草果、黄芩，使治疗五脏六腑之郁的力量更大，功效更全面。又如在阅读医案方面，读《临证指南医案》《吴氏医话二则》等，这些书涉及疾病广泛，论述精辟，见解独到，对临床治疗启发很大，对完善临床辨证思维很有帮助。《程门雪医案》《蒲辅周医学经验集》《岳美中医学文集》等，均为辨证精细，理验俱丰，见解独到的医著。近几年，中医医话医案迅猛增多，阅读的数量也大幅度增加，张磊国医大师感受较深的是《朱良春用药经验集》和《李可老中医急危重症疑难病经验专辑》等，这些医家用药独到，有胆有识。他常说，当好一个中医不容易，尤其当一个水平较高的中医，更不容易。深知自己的不足，在祖国医学博大精深的海洋里，只有奋力搏击才能前进！

7. 重笔录

俗语说："好记性不如坏笔头。"读书背诵固然重要，面对汗牛充栋的中医典籍、博大精深的中医理论及丰富多彩的临床经验，都记忆不忘是不可能的，因此，对重要段落、观点张磊国医大师强调要做好笔录是非常重要的。系统学习中医理论是必要的，这是一个循序渐进、由浅到深、登堂入室的过程，但也不能忽视平时对零星知识的积累，每次读书勿求于多而求于精，重要部分摘录卡片，日久天长，积少成多，逐渐丰富自己、壮大自己，为临床、教学水平的提升起到重要作用。以学源不能断，起点作零点，求实不求虚，思近更思远作为学习的指导思想，坚信只要学而不厌，乐此不疲，久而久之，自能千丝成锦，百花成蜜。

七、大医之情

（一）仁心大爱，求实清和

张磊国医大师为医以仁爱为本，以治病救人为怀，乐于奉献，不计个人得失，磊落光明，行医六十余载，诊治患者如一日，认真仔细，不分贫富妍媸，一视同仁。医院是个"大诊室"，家里是个"小诊室"，家诊的处方用（数）量与医院上班的用（数）量相当。张磊国医大师所到之处有求必应，不论是在饭店就餐、开会期间，或是在马路旁边，甚或，遇到不能行走的患者，亲自上门服务，而且不收任何报酬。

张磊国医大师为人忠厚，文如其人，术亦如其人，注重实际、实效，以"求实"为原则，力戒浮躁，求基本功扎实、求读书之实、求临床之实、求医术之实、求疗效之实、求水平之实。

张磊国医大师为官清廉，坚持原则，秉公办事，不徇私情，关心同志，乐于奉献，到处听到都是赞扬声，如他的大学同学王立忠教授写道："诗声如人生，磊落又光明。为官最清廉，行医济苍生。"，原全国人民代表大会副委员长马万祺题字"清和"，高度概括了张磊国医大师的品行。

（二）治学严谨，谦虚勤勉

张磊国医大师治学态度科学而严谨，尊重客观事实，唯真理是求。他说："医生从事的职业本身就是科学，科学是写实事求是的，来不得半点虚假，无论医术高低，本事大小，都要实事求是，不能欺哄患者，不要做虚假广告，沽名钓誉，这样有害于社会，有损于医生的形象……"。

正如李中梓在《医宗必读》中说："有腹无藏墨，诡言神授，目不识丁，假托秘传，此欺诈之流也。"临床实践中的病例记录，要求翔实记载，服用中药的同时是否配服西药，用量大小，药后效与不效，有何反应，均应如实笔录，从不效中找原因，不饰己非，他常说："治愈的病例是经验，经反复认真治疗而乏效的病例，也是经验，认真总结失败教训也很可贵。"

张磊国医大师谦虚勤勉，对来诊患者则悉心治疗，处方用药务求准确，他常说："下笔虽完宜复想，用心已到莫迟疑。"虽年逾八旬，应诊之余，他仍研读典籍，参阅杂志，不断学习接受新知识，对治疗疗效不佳的病例，则查阅名家医案，求索新法好方。对特殊病种，则介绍来诊者就他医诊治。对经他医治效果不佳的患者，张磊国医大师总是认认真真的思考，参考前医治法、用药情况，查找不效原因，另辟蹊径，匠心独运，取效者甚多，但他从不贬低前医，炫耀自己。他说："在诊治疾病过程中，往往有经他医治疗无效而来者，这里面有治疗失当者，智者千虑还有一失；也有治疗正确，因为疗程短，尚未收到明显疗效者；客观地说，医生不可能把所有的病都治愈，若借此抬高自己，打击别人，是很不道德的，实阳君子阴小人也。"张磊国医大师对待患者，百问不厌，仔细辨治，耐心解释。坚持早上班，晚下班，把就诊患者诊治完才下班，可谓来者不拒。对学生传道授业，从不保守，有问必答，可谓诲人不倦。他常谦虚地说："我所知道的知识乃沧海一粟，微不足道，没有值得保守的，能将这一点经验传授给年轻的医生，医治好更多的患者，更好地为广大患者服务，是我心愿。"因此张磊在行医过程中始终严格遵守其行医准则："治病重在辨证，用药贵于精练，医术力求精湛，医德务必高尚，要经常以假如我是一个患者的态度，来对待患者，要经常以全心全意为患者服务的思想反思自己，要以仁为本，勿以利为重。"他在日常始终恪守其治学格言："书要多读，理要精通，自知不足，勤学莫止，决心在先，毅力继之，勿华于外，求实于内。"

（三）医文兼修，博采众长

张磊国医大师出生于山川秀美、民风淳朴的古蓼城，自幼入私塾，寒窗苦读，为后来学医奠定了深厚的古文基础，集诗、书、琴于一身，常写旧体诗词以抒发情怀；如夏日闲吟："南山当户户常开，且喜清风日日来，一曲瑶琴能惬意，仰观明月净灵台。"出版《张磊医馀诗声》，张磊国医大师所写的诗文，都是积极向上，催人奋进的，可见他的心境是多么明亮啊；主业之余，他还喜爱音乐，自学拉二胡，自娱自乐，陶冶情操；上私塾讲究写毛笔字，奠定了写毛笔字基础，他时常练习书法，开发思维，先后获得多项书法评比奖。这些虽不属于医学内容，但与医学有着相互启迪、相互连通的关系，都可以增强心有灵犀的亮点，扩大知识内涵，达到一专多能的效果。

八、养生之智

"小车不倒只管推，争取为病人服务到一百岁"是张磊国医大师的口头禅，也是其一个人生目标。虽然年过九十，他却能保持旺盛的精力，充沛的体力，每周一、三、五早上七点三十五分准时在医院诊室坐诊，看病到十一点才下班，其养生秘旨在于"三平、三勤、六知"。

（一）三平

"三平"就是做平常人、保持平常心、办平常事。张磊国医大师说，生活不宜过度劳累，不过度悠闲，做到劳逸结合。张磊国医大师每天晚上九点多睡觉，早上四点多起床。由于起得早、吃饭早，他总会在出门上班前小睡十分钟为自己"充电"，在坐诊时保持良好的工作状态。同时他注重生活规律，做到不抽烟、不喝酒。他说，对待任何事物不过分争强好胜，遇到压力也要有放松身心的解压方法。张磊国医大师有很多业余爱好：拉二胡、练书法、写诗。这些不仅可以放松身心，还能陶冶情操，有助于保持一颗平常心，在工作岗位上爱岗敬业，不贪图名利钱财。他常说自己只是一个普通中医，仅仅想在平凡的生活中为社会做出自己的一点贡献。

（二）三勤

"三勤"就是脑勤、体勤、嘴勤。张磊国医大师经常说，对待生活要满足，对待学习要不满足。所以他一有时间就读书学习，这个习惯也持续锻炼了大脑的灵活程度，有利于保持年轻心态。他从不睡懒觉，早上一起床就打扫卫生，把家里收拾得一尘不染。张磊国医大师还坚持锻炼，年轻的时候喜欢跑步，年纪大了就经常打太极拳，保持"体勤"。他还认为遇到开心事儿、烦心事儿不能不倾诉，所以他广交朋友，时常与大家聊天，通过"嘴勤"，既能疏解压力，又能促进动脑，维持健康体魄。

（三）六知

"六知"就是知度、知足、知害、知己、知天、知地。张磊国医大师说，"知度"就是"饮食要有度、劳逸要有度、情绪要有度，不能过喜、过怒、过悲"；"知足"就是要平衡自己的心态，知足常乐，古人云："知足者富，强行者有志。"说的是满足的人是最富的人，有了如此心态便没有了抱怨，将心思放在干事情上，有意志干正事，这样的人是有志之人；"知害"就是一个人要知道一些东西的危害而且尽量去避免接触。特别是吃的东西，像外面卖的胡辣汤、油条之类的食物，他从来不吃，因为油不安全，添加剂太多。他说，知道了就应注意，注意了就应避免；"知己"就是要知道自己的健康状态，知道自己的体质偏颇，知道自己的不足之处。这样，才能有的放矢地提高自己。尤其是老年人，定期做一个全面的健康检查，对自己的身体状况做到心里有数。及早发现问题，有病要早治，无病要预防，防患于未然，做到正真的治未病。"知天"就是顺应天地四时阴阳的变化，行事养生，如在生活作息方面，严格作息规律，早睡早起，从不熬夜。"知地"就是要了解自己所居住地方的环境气候特点，根据不同的地域环境特点制订适宜的养生保健和治疗原则。

九、传道之术

（一）人才培养方法

1964年张磊国医大师大学毕业之后，留校任教，历任中基内经教研室主任，主讲内经、中医基础理论，背课认真，旁征博引，深入浅出，教学效果优秀，到基层医院带教实习，培养了大批优秀的中医人才。

20世纪80年代，针对当时省内县级中医院建设薄弱的状况，时任河南省卫生厅副厅长的张磊制订并力推"盖庙请神"计划，在各县建立中医院，引进优秀的中医药人才，有效地提升了基层百姓的健康保障水平。

2009年，张磊国医大师倡议"院校教育＋师承教育"相结合的中医药人才培养模式，提出了"四重一突出"，即"重中国传统文化、重中医经典、重中医思维、重临床实践、突出仲景学术思想"的中医药人才培养原则，积极推动河南中医药大学（原河南中医学院）设立"仲景学术传承班""中药传承班"和"平乐正骨传承班"，张磊国医大师担任师承老师，亲自授课，已培养 682 名中医药传承人才，为中医药学的传承与发展续写瑰丽篇章！

（二）人才培养成果

1. 国家级师带徒

1997 年张磊国医大师被选为第二批全国老中医药专家学术经验继承工作指导老师。孙玉信、张登峰二位同志入门拜师，经过三年老师的诲人不倦，学生的学而不厌，二人以优异的成绩通过出师考核，如今，孙玉信同志被评为"首届河南省名中医""河南省优秀专家"及首届"河南省中医药杰出贡献奖"获得者；张登峰同志在河南省中医院中风科工作，成绩显著，疗效甚好，均已成为医院的骨干力量。全国优秀中医药临床人才选张磊国医大师为指导老师，跟师待诊，如河南中医学院第一附属医院的张怀亮、刘霞等，河南中医二附院的邓素玲，南阳市中医院的赵青春、黄志华，他们都感受到了老师的知识渊博，经验丰富，觉得受益匪浅，并撰写了跟师体会，发表在期刊杂志上。

2. 省级、院级师带徒

省级名师工程及院级名师工程，聘请张磊国医大师为指导老师，如河南省中医管理局、中医学院第三附属医院、中医药研究院、树青医学院等。先后有陶洁、张跃华、贺大华、宋红湘等成为张磊国医大师的徒弟。他们学有所成，大部分成为科室的负责人，医院的中坚力量。

3. 师承收徒

自 2018 年成立张磊国医大师传承工作室以来，按照师承管理制度的要求，先后有两批传承弟子（共 26 人）拜张磊国医大师为师。同时，为了服务老区，促进基层中医事业的发展，在贫困地区固始县建立张磊国医大师工作室站（固始县中医院及固始县人民医院），并在当地招收弟子，进行人才培养，他们多为各大医院的科室主任、业务骨干，并仍每周坚持跟随张磊老师坐诊学习。目前，第一批弟子已经学成出师，其中弟子赵文霞同志已被评为第二批全国名中医，弟子陈超起等已成为河南省拔尖人才培养对象，黄岩杰、宋桂华成为河南省中医药学科领军人才培养对象。

张磊学术传承图谱

全国名老中医师带徒：张登峰

孙玉信
├ 刘建平
├ 胡　斌→陈　森
├ 姜　枫→唐蓓蓓
└ 蔡红荣

国医大师第一批收徒：赵文霞、韩颖萍、赵　璐、范立华、赵　璐、张勤生
张社峰、罗天邦、胡孝刚、秦瑞君、杨会举、李艳艳
马红丽

国医大师第二批收徒：叶蜀晖、王永霞、王炳恒、黄　甡、陈召起、张　瑞
王新平、李士瑾、赵　冰、张　恒、刘俊红、肖　艳
李　晖、李亚南

国医大师第三批收徒：张智民、王浩然、李　媛、孙　科、杨　帅、赵长普
张庆杰、王双双、赵　敏

省级名师工程带徒：宋红湘、薄立宏、武月萍、邓伟等人

院级名师工程带徒：陶　洁、李志刚、金先红、周淑娟、何延忠、马　林等

中医药领军人才带徒：黄岩杰、宋桂华

（孙玉信、高青整理）

（孙鲁森、李佳琪编辑）

张 震

张震（1928—2023），云南昆明人，研究员、教授、主任医师，云南中医药大学终身教授，上海中医药大学附属龙华医院名誉教授，成都中医药大学特聘教授，中国中医科学院学部委员。全国老中医药专家学术经验继承工作指导老师。云南省中医中药研究所（现云南省中医中药研究院）创始人，《云南中医中药杂志》首任主编。曾先后受聘为国家自然科学基金委员会中医学与中西医结合学科评审员、卫生部药品评审委员会委员、国家中药品种保护审评委员会委员、中华中医药学会中医基础理论分会委员。享受国务院政府特殊津贴。2017年被授予第三届"国医大师"称号。

张震从事中医、中西医结合临床、科研及教学工作70年。在证候学方面他发现并提出了中医证候的"两态三三"构型规律，认为证候存在两种状态，即静态证候和动态证候，提出证候有三要素，即核心要素、基础要素和病位要素，发现证候的三层次是核心证候、基础证候和具体证候，开展了疑似证候的鉴别研究。阐明了中医疏调人体气机的原理，创建了云岭中医疏调学派，培养了一批学术继承人。倡导疏调气机为中医药内治大法之一，强调"欲求临床疗效的提高，无忘对患者气机之疏调"，在维持肝正常疏泄功能的同时辅以健脾补肾，而非单纯疏肝解郁，以保持人体气机的运行通畅，使体内气血阴阳协调平衡，以利于病体恢复。他精心拟定的"疏调气机汤"经临床化裁用于诸多疾病的治疗，取得了良好疗效。经他亲手拟定的两个治疗艾滋病的中药处方（扶正抗毒方、康爱保生方），现已治疗患者18000余人，取得了较好的疗效和社会效益。发表学术论文80余篇，出版学术著作12部。主持省级重点课题3项，指导并参与国家自然科学基金课题3项。获云南省科学技术进步奖二等奖1项、三等奖2项。

一、学医之路

（一）幼承国学，春风化雨

张震的父亲张绍堂十分重视对子女的培养教育，能为之进行智力投资，所以张震白天学习完学校的课程后，他父亲还特别聘请了一位清朝时的举人尹晦之老先生作为家庭教师，晚上为他讲授《大学》《中庸》《论语》《孟子》《诗经》《左传》《古文观止》等内容，而且重点篇章还要求背诵。张震从小学四年级起便成为班上的"学霸"，当时叫作"高才生"，五年级便跳级上了初中，紧接着读高中、上大学，先学外语，后学西医和中医，成绩一直名列前茅，得到学校领导和老师们的器重和赏识。张家后来得到了"一门三教授"的美誉。大哥张子昭是昆明医科大学药理学教研室主任，二哥张霆是昆明理工大学的物理学教授，张震则成为云南中医药大学终身教授，三兄弟对我国社会主义建设事业做出了各自的奉献，也在一定程度上提示我们，对于中华优秀文化应当增强自觉，树立自信。认识文化是一种持久的软实力。

（二）医学入门，名师指导

张震 1945 年高中毕业后考入云南省立英语高级专科学校学习外语，1948 年又考入云南大学医学院六年制医疗系本科学习西医。1954 年毕业，因在临床诊疗工作中成绩突出，被评为云南省"青年社会主义建设积极分子代表标兵"。1956 年被选送入卫生部委托成都中医学院举办的全国首届三年制西医离职学习中医研究班系统学习中医学。他学习态度端正，自觉遵守党中央关于"系统学习，全面掌握，整理提高"的精神，勤奋努力，刻苦学习，认真钻研四大经典及各家学说，深入领会其中精华，扎实继承蜀中多位名师名医的学术思想与诊疗经验，先后跟随李斯炽、吴棹仙、邓绍先、张澄庵、何伯勋、赵元璋、雷文先等多位教授和中医妇科大家卓雨农先生学习，并能在临床工作中钻研总结。1959 年以优异成绩毕业，获卫生部颁发的成绩优异奖状与"发扬祖国医学遗产"银质奖章，其毕业论文"中医临床思想方法之初步探讨"曾发表于 1959 年第 9 期的《中医杂志》，受到国内中医界的赞许、重视和好评。

二、成才之道

张震说要成长为中医药人才，有六点必须做到：一是定心立志，二是传承学习，三是实践体验，四是分析研究，五是总结升华，六是学术交流。如此六点坚持不懈，螺旋式上升，永无止境，几年、几十年甚至终生为之奋斗，就能成为中医药翘楚俊杰。

（一）立志中医

历史上，中医药为中华民族的繁荣昌盛发挥了重要的作用，时至今日中医学对人类的健康仍发挥着不可替代的作用，中医学的一些思想方法和技术在世界医学中仍然保持着领先和优势，为诊断和治疗疾病贡献着力量，张震大师年轻时便志存高远立志学习中医。

张震1948年考入云南大学医学院六年制临床医学专业，系统学习西医课程，并以优异的成绩毕业。1956年初，他积极响应国家号召并经云南省卫生厅选拔进入成都中医学院，参加全国第一届西医离职学习中医高级研修班，系统学习中医药课程，毕业时荣获"学习优异"银质奖章。

（二）传承学习

传是传递，承指承接，中医传承泛指对中医学术理论、技术技艺、方法经验等在师徒间传授和继承的过程。传承是中医学习的根本，离开传承谈学中医，就是无源之水、无本之木。中医药的精华，沉淀在浩如烟海的中医古籍中，流传在历代中医大家的临床实践中，散落在疗效显著的民间奇方中，这是中医药学深厚的根基，也是学习中医的命脉。

张震出身于书香门第，中医世家，家里十分重视文化教育，所以他自幼便接受全方位的教育，主要包括学校的基础课程、国学和医学。张震家风严谨，他的父亲家教严格，不仅要求他白天学好学校的课程，晚上还要补习国学，做到对《四书》《左传》《诗经》及《古文观止》等古典名著主要篇章的熟练背诵，于是良好的品德培育与深厚的国学基础在幼年时期便深入张震的心中，这也是耄耋之年的他对中外学员授课时国学经典语句随口便可诵来并译成外文的重要原因。由于张震的曾祖父张廷礼是清代的著名医家，其姑父李月樵是昆明的名中医，其二伯父是技艺精湛的中药师。他自幼便看着亲人们运用中医方药治病救人，从望闻问切到组方用药，同时观看伯父手工制作水滴丸药，"把药材碾磨成粉，置在簸箕里，将簸箕悬于梁上，用毛刷蘸清米汤洒散于药粉上，一边洒一边摇晃簸箕，颗颗药丸便在簸箕里摇摆而成。竟然同等大小，十分惊奇"。旧时无论家中何人何病，皆服以中药，疗效显著。正是这样的耳濡目染使他对中医药学产生了浓厚的兴趣。

1956年初，张震积极响应党中央的号召，并经云南省卫生厅选拔进入成都中医学院（现成都中医药大学），参加全国第一届西医离职学习中医高级研修班，系统学习中医药课程，他主动把之前学习的西医理论在脑海里封存起来，全身心接受、认真学习中医药知识。《内经》《伤寒论》《金匮要略》等通背，《医学入门》《医学心悟》《景岳全书》《医门法律》等通读，《名医类案》《临证指南医案》等各家见解通阅。在此期间张震因国学功底深厚，对中医古籍的学习毫无障碍，加之课余还如饥似渴地学习中医药知识，在许多大小图书馆都可以看到张震孜孜不倦学习的身影，同时又跟随李斯炽、吴棹仙等多位蜀中名医大家学习，诚心诚意地向前辈们求教，尽得所传。随着学习和实践的层层深入，张震发现中医学不仅蕴含着深邃的哲学理论，还有相应的科学性和缜密的逻辑性。于是开始潜心研究中医传统理论知识结构中的思维方法和认知方式，进而阐明其文化特质。在1959年第9期的《中医杂志》上发表了其毕业论文"中医临床思维方法之初步探讨"，获得了国内中医界的广泛赞许和好评。论文的积极反响再次为张震坚定执着从事中医理论的研究和诊疗技术的创新增添了信心和勇气。

（三）实践体验

中医学有很强的实践性，它从临证实践中不断认识积累，总结发展而来，中医的精髓根植于临床诊疗工作中。张震年轻时曾说："要让我做学问、搞研究，先让我看几十年的病再说。"可见他多么重视中医的临床实践。

大学毕业时张震主动要求到祖国最需要、最艰苦的地方去工作。1954年经国家统一分配到云南省个旧市云锡马拉格矿山卫生所工作。他几乎每天都要到矿井深处进行巡诊，尽心尽力为生产第一线的矿工们送医送药。无论白天黑夜，风霜雨雪，都全心全意地为矿工及家属服务，被大伙亲切地称为"为工人服务的好医生"。矿洞潮湿阴冷，很多工人都患有严重的腰腿疼痛，张震便积极进行调研，发现工人的腰腿痛多因肌肉劳损所致，之后他运用西医技术和中医针灸相结合的方法，采取局部封闭加针刺委中、承山等穴位的方法进行治疗，取得了较为满意的疗效，解决了长期困扰工人们的顽疾。因工作成绩突出，1955年共青团云南省委授予他"青年社会主义建设积极分子标兵"称号，并接受了表彰。张震从全国第一届西医离职学习中医高级研修班毕业后，回到云南锡业公司总医院，创建了中医科，组建了中药房，开展中医药诊疗工作，中医科建立后不久患者就很多，得到了基层患者的充分肯定和信任，在这里张震一干就是 20 多年，积累了丰富的临床经验。

（四）分析总结

张震常常告诫我们，不要把中医临证当成一件简单的事来应付，要把它当成事业来认真做，要往深处想，发现问题，解决问题。他在开展中医药诊疗工作时，注重临证资料的收集整理，白天看病，晚上分析诊疗效果，同时潜心研究中医辨证论治规律与病机之间的关系。提升了辨证的准确率与治疗的有效率，获得了较多的科研成果。1979 年受到中共云南省委的重视，奉调组建云南省中医中药研究所（现云南省中医中药研究院），主持云南省中医中药研究工作，从一张桌子、两个板凳开始，砥砺前行，从临床实践到理论创新，从理论创新再回到临床实践，在中医学的海洋里探索研究，他发现并提出"疏调人体气机治疗法""中医证候三级分类法""中医辨证论治的新理念"等学术思想与诊疗新理论。

（五）学术交流

中医的学术交流是促进中医药事业发展的关键因素之一。张震积极参加学术交流活动，举办各种学术报告，参加学术讲课，传授知识。先后撰写出版中医学术专著《疑似病证的鉴别与治疗》（上海科技出版社 1983 年出版），《中医症状鉴别诊断学总论》（人民卫生出版社 1984 年出版），《中医证候鉴别诊断学总论》（人民卫生出版社 1987 年出版），《中医疾病诊疗纂要总论》（云南科技出版社 1990 年出版），《中医中药科研方法撷要》（云南科技出版社 1991 年出版），《张震中医实践领悟与研究心得》（人民卫生出版社 2013 年出版），《辨证论治新理念与临床应用》（上海科技出版社 2014 年出版）等。其中《疑似病证的鉴别与治疗》一书，经日本学者阵内秀喜等译成日文在日本交流传播。

三、学术之精

（一）中医诊断学领域的研究

1. 证候的层次结构

辨证论治是中医学的精髓，但对于各种证候之间的内在联系和证本身的层次结构究竟是如何具体形成等问题，还缺乏一个大致能较全面覆盖各种证候且比较统一的操作规范和模式，不利于中医诊断方式的创造性转化与创新性发展。为了传承创新中医辨证论治体系，使之与时俱进，在一定程度上化繁为简，化难为易，提质增效，张震适当借鉴现代结构论及分类学原理，从宏观角度剖析中医"证"之结构层次，使之更加清晰，以利于掌握应用，提升辨证诊断工作的效率。

辨证论治包含理、法、方、药四个关键环节，其中以理为先，证之理明，则立法选方用药才能有的放矢，治疗精准，有据可依。因此张震继承医经原旨精华，结合自身多年之实践感悟，深入思考，用心解析证的层次结构原理，按照《内经》之要求谨守病机，各司其属，明于阴阳，气血虚实，表里寒热，六淫邪气，五脏之象，不失条理，法于往古，融汇新知，验于当今，意在解析证之结构层次之组成原理。

中医学的"证"，不是一般的证据，而是反映患者体内病机的共性变化与个体差异的中医学特有的普通性诊断范式，是我国古代医家们在天人合一的原始系统观念和阴阳纯朴辨证思想指引下，经过大量的医疗实践感悟和意象等综合思维，在一定条件下和相应范围内撇开了病名的局限，捕捉到各种疾病过程中可以识别到的共性病机，以及患者的个体差异性等表现，形成概念，供医者判断患者病情"知犯何逆，随证治之"，是中医学之瑰宝，也是中国人的智慧结晶。但是证究竟是怎样形成的，其结构层次之属性如何？必须给予守正创新的探索和现有认识之解析。

带着上述问题，张震依据中医理论及辨证论治的学术精华与自身的临证实践感悟，反复分析，潜心思考，探微索隐，不断检验。终于发现证基本上是由多种病机要素依其相应的结构规律有序地组合而成的。其中既有核心要素的成分，又有由某些有关要素相互结合而组成的基础架构，由此确定了具体病位的基础架构，形成完整的具体证。具体证可以是单一的，也可出现复合的形式，而诸证的核心是人体病机要素，也就是证的根源所在，现分述如下。

（1）核心证：构成证的核心成分，是形成人体复杂病机的主要因素，虽然各有特点，但均非孤立存在，而是互有联系，可相互融合转化，且有轻重缓急之相对差异，具有主导性及纲领性的作用。通常能总体反映病变性质及程度等。包括阴、阳、表、里、虚、实、寒、热的"八纲"，失去了常态的气、血、津、液等，带有病因性质的风、寒、暑、湿、燥、火、毒，以及人体内形成的痰浊等病理产物。在这些核心证中，具有本质意义的是丧失了协调平衡状态的气血阴阳，正邪交争双方力量对比之强弱虚实，病变性质寒热之异与表里之别，以及其他诸邪之固有特点。

总之核心证之要素虽多，但概括而言皆属于内源性与外源性两类成分交叉互融，有关的核心因素在一定条件下的相互结合，便成为共同构建基础证的源头。

（2）基础证：证的基础架构，是由证的核心成分随不同的条件和情况相互融合而成，或与某些足以形容其特征和动态趋势之助词如逆、滞、瘀、涸、互结、上逆、下陷、停蓄、亏耗、并存、上亢、下泻等相伴而形式多样。

基础证本身之形式有单一者，亦有复合者。如阴虚、阳虚、气虚、血虚、气逆、气郁、气滞、气结、虚寒、湿热、津亏、瘀血、痰浊、风痰、风寒、风热、虚火等即属于单一型；又如阴阳两虚、气血不足、痰瘀互结、湿热下注、表里俱虚、寒热错杂、虚实互见、血虚生风等，便属于复合型之基础证。诸如此例，不胜枚举，显示出中医基础证之多样性与丰富性。

基础证是核心的发展根基和进行分化的起点，加上相应的助词更能使其性质明确化，可以充分反映证的动态和演变趋势。如已失常态的阴阳气血与八纲六经的有机组合，便可表明是阴虚、阳虚等不同属性，失常之气血究竟是气逆还是气滞，血热还是血瘀；外来或内生之湿在病体内从热化而成湿热证，或从寒化而成寒湿证等，均可增强治疗的针对性。

（3）具体证：证较完整的模式，是由基础证的架构与具体病位之病机共同组成。基础证及其助词大体上对病机起到了定性、定状、定势、定名乃至定因等作用，但尚未表明病变的具体位置或所处之阶段，所提示的治疗目标靶点还不够集中。为了使所辨之证能更精准地指导立法选方用药，必须使证的结构层次完整化、具体化，以体现中医固有的诊断特色。为此尚应熟悉各种关于病位方面的指征，即病位征。

凡能提示病机与证所在的人身部位和流行性疾病发展过程中所临之阶段的代表性症状者，通常即病变的定位依据和指征。如病变的脏腑定位，主要是依靠藏象之异常表现及其延伸性或联属性症状。例如当患有某种相应的基础证的患者，同时又伴有或出现心悸、心胸闷痛、失眠、神识障碍、舌糜、脉乱者即是病位在心的指征；凡有胁肋不适、心情郁怒、头目眩晕、脉弦等症状，则反映其病位在肝；脘腹不舒，胃纳呆滞，面黄肌瘦等，则病位与脾有关；有咳喘，鼻息不利，皮肤不荣，大便不爽等症状者，则病位在肺；腰酸、耳鸣、脱发，牙齿不固，性功能障碍，小儿发育不良，尺脉弱者，其病位在肾。

至于经络的病位，则与其体表之循行路径及所联属之脏腑症状有关。如手三阴之病位表现为胸部上肢内侧和手心手指处的疼痛不适，及肺心与心包症状有关。伤寒温病的病程阶段定位：三阳阶段多以表热实证为主，三阴阶段则以里寒虚证为主；温病之病程阶段，邪气入侵卫分为表证症状，气分入里为中焦邪实表现，入营则出现心神症状，入血分则可见动血、动风、津伤液涸等现象，此是温邪顺传之病证，若逆传心包，则神昏谵语，病情危笃。

现就完整模式之具体证举例如下：凡患者已有潮热，盗汗，咽干，舌尖少津少苔，脉细数等阴虚基础证的症状存在，同时又表现有失眠、心悸、心烦等病位在心的指征，则为心阴虚之具体证。同理，若已属于阴虚基础证的患者，又伴有腰酸、膝软、耳鸣、左尺脉弱等病位在肾的指征，则为肾阴虚之具体证。依此类推，凡是已具有畏冷肢寒，口中润，喜热饮食，求温恋暖，舌淡胖多津，尿清长等阳虚基础证之患者，同时又伴有脘腹冷痛，纳呆，泛吐清水、腹部喜温等症状者，则属于脾胃虚寒之具体证。再者如寒邪自外入侵人体，正邪交争出现寒热往来之半表半里的基础证，若同时又有口苦、咽干、目眩、心烦、喜呕、脉弦等伤寒六经少阳阶段之指征，则属于具体的少阳证。又如温邪上受，首先犯肺，顺传胃腑，正盛邪实，热势盛，在里实热证的基础证上出现不恶寒反恶热，汗出，口渴，咳喘胸痛，痰黄稠，腹胀拒按，大便干结，胃肠腑气不通等症状者，即属于温病过程中的邪在气分的具体证。类似这样由基础证与定位指征合成的具体证不胜枚举。

以上所述关于证的层次结构分类，是将其主要内容与辨证过程按其性质分为既有一定区别又有内在联系的各个环节，逐一梳理其内涵外延、相互联系与作用部位，使之条理化、系统化，在相应相称的原则下归类划分所得。

总之证的结构层次的完整组合体，内容丰富，基本上可从人体功能变化的宏观信息方面揭示出人们对于致病因素的一些最常见的反应状态和类型，充分显示出中医学发病和病机的基本理念，具有原创性的特色和相对优势，而非各证的无序叠加。

2. 证候的"两态三三"构型规律

规律是事物内部本质之间能够反复起作用的必然联系，中医学关于证的构型规律，属于专业性的自然规律。在临证诊疗工作中具有相应的普遍性和相对稳定之重要指导意义，只有经过长期的诊疗实践，深入思考，广泛验证，才能充分认识，灵活应用，以达预期目的。

辨证知识理论体系，是中医学卓越的认识成果，一直指导着临证实践。从表面形式看，医者仅依靠四诊收集患者的症状体征，然后判定其证候之性质范围与病变部位，未免有失客观。但这实际上并非随心所欲，而是有潜在规律的思考判断，符合人类认识客观事物的实践途径与智能活动。因为我国人民自古就有源于生活实践而形成的意象思维等认识自然规律的能力，如《周易·系辞》早就有"探赜索隐，钩深致远""近取诸身"等记载，利用自己的眼、耳、鼻、舌、口感知外物。远取诸物，观察山川河流理解自然界的各种变化与人体的关系，最后"立象以尽意"，同时获得一些与人生有关的认识成果。《内经》时代对于人体生理和病理的认识已系统化、条理化。

中医学的证在其形成的过程中蕴藏着内在的层次结构组合规律，张震在长期的临证实践中不断进行探索、思考与检验，最终获得了有新意的认识成果，形成了证的层次结构框架，发现证存在核心部分、基础架构与具体形式三种相对静态的内在相互联系的结构关系，而在临证时则又常表现出性质不尽相同的原发性证候、继发性证候、加杂性证候三种相对动态的外在结构联系。例如原发证是阴虚，而继发证可见内热虚火证，血虚可以生风，肝阳亢盛能引发内风等，同时还可能有其他并发证或夹杂证。如此既有时空两维状态，又各有三个相应的概括性证型共同组成的结构层次关系，对于中医辨证理论的守正创新有其实际意义与应用价值。该法则经云岭中医疏调学派成员用于临床，认为有指导作用。具有适用性，可操作性，目标可以重复，因此命名为中医证的"两态三三"构型规律。只要深入了解此法则的内容，切实掌握彼此间的属性、特征与关系，经四诊获得患者的信息，进行思维分析判断，便可扼住要领，执简驭繁，主次分明，事半功倍，提高辨证的质量与效率。

兹附证之层次结构规律示意图如下。

证的静态结构示意图

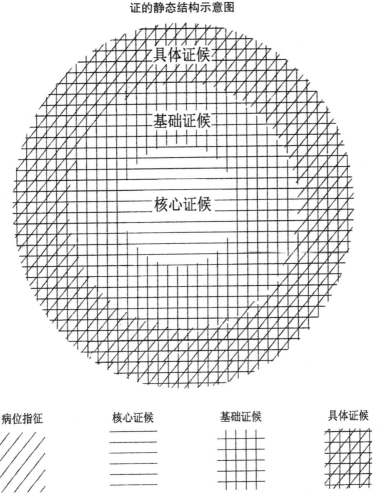

证的动态表现：原发证（首发证）＝继发证（次生证）＋夹杂证（合并证）。

3. 证候的临床分类

分类是在比较的基础上，根据事物的异同，将它们区分成若干种类。而证候的分类，亦是根据有关证候的共同点将它们归成一些较大的门类，然后再按其差异点将之细分为若干较小的种属，从而将中医学丰富的证候概念区分为具有一定从属关系的、不同等级的系统。因此，在一定范围内，证候既可以类上归类，同时也能够类中分类，其主要依据是证候本身的共性与个性的对立统一。共性是归合证候的根据，而个性（或特性）则是区分他们的凭据。

张震说科学的证候分类法，应当具有明确的划分原则和统一的分类标准。首先必须使所分出的类别名称与其实际内容相应，保证各子项之和正好与母项相等。例如气虚证、血虚证、阳虚证、阴虚证（包括精亏、津伤、液耗等）这些"子证"之和便恰好等于虚证这一"母证"。同时，证候分类还必须有一个统一的标准，否则易出现分类过宽，或分类重叠等现象。如临床诊断时仅使用八纲证候分类，则过于宽泛。若伤寒六经证候与温病卫气营血证候长期并列，则从某些证候的主要病机和临床表现上看又有重叠之嫌，如伤寒阳明经证（气热证）与温病气分热盛证之间便有较多的重叠。其次，科学的分类法还要严格按照一定的层次逐级进行，否则便可能产生越级划分等逻辑错误。如把所有的证候直接分为伤寒证候、温病证候、气血津液证候、脏腑证候等，并使之皆属于一级划分标准，则不但难以体现他们之间的内在联系，而且未免有越级之嫌。反之，若把所有的证候先从大范围内按病因分为外感诸证与内伤诸证两大类，然后再加以细分，则比较符合现代分类学原则。但是即使如此划分，也并未完全摆脱现象分类法的影响，仍带有一定的人为性质，远未达到深刻本质的自然分类的要求，因此也就不能充分反映有关证候的本质特征和相互间的内在联系。

早在两千多年前，我国医家便从阴阳学说出发，按照病性之寒热、虚实，病位之内外及病理变化所在之脏腑等综合标准进行了证候分类。这样的分类思想，从今天的分类学观点看基本上还是可取的。如《内经》通过审查病机而定其内外，并根据"虚实之要""阴阳之理""有余不足"等原则，提出了最早的分类模式，大体上将证候划分为阴阳虚实，脏腑寒热，气血盛衰，六经六淫，移热移寒（如心移热于小肠，肺移热于大肠）等证候系列，其中大部分的类别沿用至今，未出现大的变化。张震主张在《内经》分类原则的基础上，按证候的"两态三三"构成规律进行证候的分类，对临证工作更有指导意义。

4. 证候之间的鉴别

自然界中，不同事物或现象之间在某些方面的近似，或部分的雷同，乃是常事，人类的病证亦是如此。中医学领域内为数众多的证候之间同样存在着程度不等的类同或疑似现象。

证候间的疑似，是证候积累到一定数量时必然出现的。有些证候的雷同疑似现象是由于它们的病机变化比较接近或临床表现较为相似而引起的。如肝阳上亢与肝阳化风二证便属于近亲或姐妹证候，一般均起源于肝脏自身阴阳的失衡或肝肾阴虚，都存在着肝阴虚而肝阳不能潜藏的病机变化，因此二者在临床上皆可表现出程度不等的眩晕等阳气浮动于上的类似症状。这就是有关证候之间相似的病机和相近的症状表现。所以临证辨证，除了应因人、因病、因时、因地详析所患证候外，还要注意类证或疑似证候的鉴别。

类似证，一般是指相互间的病理基础颇为近似的同类证候，它们多半是一些病机方面属于同族关系的证候。如上述两个肝病证候便是比较典型的类证。而疑似证候则多半指的是在临床症状的某些比较突出的方面颇为相似的证候。如脾不统血证、肝不藏血证、热迫血溢证、瘀血阻滞证、冲任不固证等以出血为主的证候便属于疑似证的范畴。它们的病机虽然各有不同，病性有寒有热，病况有虚有实，但临床上一般都可出现程度不等，部位不一之非外伤性出血现象，如口、鼻、前后阴及皮下等处的出血症状。若从出血现象这一比较突出的症状而言，那么上述五种证候便处于疑似之间。这些证候的临床表现之所以疑似，是由于症状与病机间的复杂关系和"出血"这一笼统的症状本身之特异性不足而造成的。所以，类证或疑似证的鉴别要领之一便在于使患者的主诉或最突出的症状尽可能的清晰化和具体化，同时并要善于捕捉那些在区别证候方面具有特异性的主症。

（二）中医治疗学领域的研究

1. 疏调人体气机疗法的源流与意义

中医学疏调人体气机治疗法应用范围较广，是具有实用性和相应通用性的临床治疗基础方法之一。中医治疗学历时悠久，其治疗理论与各种内治方法的产生，是历代医家诊疗实践的结果。《内经》曾明确指出对于外感病证"其在表者，可汗而发之"，其他杂病则分别采用"其高者因而越之，其下者引而竭之"的汗、吐、下等法治疗，及"寒者热之""热者寒之""虚者补之"的温、清、补法治疗。至于邪气固结难解者，则予"坚者削之，结者散之，留者攻之，积者消之"等逐邪之法。《医学心悟》总结云："论治之方，则又以汗、和、下、清、吐、温、补、消八法尽之。盖一法之中八法备焉，八法之中百法备焉。病变虽多，而法归于一。"张震对八法做了进一步归纳划分，则不外补益扶正、攻逐病邪、调理和解三大法门，即补、攻、和而已。其中汗、吐、下、清皆属于攻法。温法或界于攻补之间，当其用于祛寒时作用似攻，若用以温阳则又偏于补。和法属于调和之类。作为治疗大法中的和法，又可进一步分为和解表里，调和营卫，调理气血诸法。张震的疏调气机治疗法，对于体内失调之气机可发挥矫枉纠偏、拨乱反正，使异常之气机经疏调而恢复生理常态。

具体而言，对于气机郁滞者可疏调而畅行之，郁结者疏调而消散之，逆反者疏调而从顺之，下陷者疏调而升举之，紊乱者疏调而规顺之，不足者疏调而补益之，夹瘀、夹痰、夹湿者则疏调而化之、祛之、渗利之。从而达到《内经》和《金匮要略》所言之"疏其气血，令其条达而致和平"，使"五脏元真通畅，人即安和"之目的。使异常气机恢复正常，则亦符合祛邪扶正之旨。这也是疏调人体气机疗法的治疗学意义。

目前人群中发病率较高的证候之一便是体内气机失常诸证，这在一般功能性疾病和某些器质性病变的过程中为数不少。因为人们不仅是自然界之人，更重要的是社会的人，整天生活在与其关系极为密切而复杂的社会环境中。《伤寒杂病论》很早便已发现当时社会的"居世之士……但竞逐荣势，企踵权豪，孜孜汲汲，唯名利是务。崇饰其末，忽弃其本，华其外而悴其内……驰竞浮华，不固根本，忘躯徇物，危若冰谷"有害身心健康。当今社会已进入网络经济时代，又逢转型之期，利益诉求多元化，生活节奏加快，竞争激烈，矛盾多发。凡属情商欠高者或自保意识过强之人，诸事追求完美，心情浮躁，急功近利，往往忽视个人情志的自我适应性调节。因而，对于外来影响或刺激感受易发生扩散或扭曲，以致成为对自身有害的劣性应激源，极易引发超强应激反应，从而导致心理或情绪障碍和体内气机的紊乱，疏调人体气机治疗法的正确应用，确可不同程度缓解和消除患者因各种应激反应导致的生理功能紊乱，协助病体康复。

2. 人体之气及气机

（1）人体生理之气的来源分化与功能

自周秦至汉魏间，医家们在总结自身实践经验，提升认识的同时，广泛采纳了当时朴素的"气一元论"的唯物思想和阴阳矛盾统一的哲学理念，形成了一系列最基本的医学概念，构建了完整的东方医学理论体系。《内经》浸透着"气一元论"的医学化了的哲学思想，在其160篇论述中有150篇都提到气，单是"气"字就出现2997次。其中概念较为清楚的各种气约有80余个，广泛涉及自然界现象，病源因子，人体生理、病理、诊断、治疗、养生、药理学等多个领域。足见中医气学内容之丰富，"气"已成为中医学表述人体生命最根本的范畴。

人体之气来源与构成有三条渠道：一是胚胎形成之初由父母授给的先天精气，是为"人气"，该气储存于新生命的肾（命门）中，为个体生命之始的元气、原气或根气；二为胃脾受纳饮食后游溢散布出之水谷精气与悍气，供机体营养、温煦、防护等之用，是为"地气"；三是由肺吸入的空气中之清气，亦是诸气之源，是为"天气"。后二者乃后天精气，共同不断充养着肾中之先天精气。如此由天气、地气、人气三合一而成的人体之气在人体内又划分为多种部位不同、各有职司的生理之气，如元气、营气、心气、胆气、三焦之气等。

（2）人体气机的基本概念

人体诸气的相互联系与运行机制简称气机。从字面词意解释"机"是事物发展变化的枢纽或核心。"机制"表示人体组织器官与其功能相互联系之运行规律，人体气机则是脏腑经络诸气之联系与运行活动规律之概括或总称。

关于气机一词的来源，明代学者王廷相在其《慎言》中曾有"万物不越乎气机聚散而已"之论述，但这已是14世纪以后之非医学著作，显然与目前中医学之气机概念无关，否则明末和清代之医学文献中当有此称谓，环顾自《内经》至清代文献均未见明确直言气机者，仅有病机、神机、玉机等名目，因此一般认为气机是近年来提出的中医学新概念。但经张震多方考证，在《丹溪心法》中载有"人以气为主，一息不运则机缄穷"之描述。文中之"机缄穷"当为气机闭止之意，"一息"显然指气息，所以气机概念大概始自金元四大家之一的朱丹溪。

在我们读到的古代中医文献里，未见关于人体气机的明确论述。张震建议目前不妨可作如下表述：中医学的气机是一个多元性的共同维系着人体生理活动的重要功能系统，包括脏腑、经络、营卫之气等的出入、升降、循环、转化等规律性的运行活动。

张震在对外教学时，为使英语地区不懂汉语的学员易于理解中医气机的含义，曾这样对他们解释：The movement mechanism of Qi is an important vital functional system in human body, that together perform particular functions which generally referring to the regular movement of physiological functional activities, expression Qi of vesares bowels meridians nutrient and defence principles, including their acenting, descending, exiting, entering, circulation and transformations. 但仍觉不够圆满，希望我们再做推敲，以求更确切的表述。

3. 人体气机的异常变化

在生理状态下，人体气机有规律地运行不息，保持着体内环境动态平衡的自稳态，这有赖于自身的天然调节和调控机制。如阴升阳降的上下调节，体内居于高位的脏腑，其气之运动有趋下性，反之亦然。又如五脏的五行生克制化调控，使之"承乃治"以维持动态平衡。再如藏象肝之疏泄调节作用等，都能令人体气机沿着固有的轨道正常运行。然而这样的调节作用是有限的，一旦受到病源因子的干扰破坏，自控失灵，则气机紊乱，常态丧失。气机失常之病理变化，一般有量的不足，升降紊乱情绪反应及运行不畅等。

4. 疏调气机的治疗理念与基础方药

（1）疏调气机治疗理念的继承与发扬：体内脏腑营卫等气机均处于既有区别而又联系和谐统一的有序运行中，因此施治之时要求局部与整体统筹兼顾，因人、因病、因条件制宜，灵活地掌握疏调气机这一调气固本的关键性基础环节。《景岳全书》引《医诊》云"行医不识气，治病从何据，明得个中趣，方是医中杰"，又谓"夫百病皆生于气。正以气之为用，无所不至，一有不调，则无所不病"，"人之多难者，在不知气之理，并不知调气之法"。

回顾中医学有关调气之治疗学理论，《素问》指出"气拒于内，而形施于外……平治于权衡""调其气，过者折之，坚者削之，客者除之，结者散之，留者攻之""疏其气血，令其调达而致和平"。金元四大家之一的朱丹溪认为"气血冲和，万病不生，一有怫郁，诸病生焉"（《丹溪心法》），并提出治郁之法以调气为主。明代赵献可云"水之郁而不通者，使上气通则下窍通"（《医贯》）。清代唐宗海谓"脏腑各有主气……肝属木，木气冲和条达，不致遏郁，则血脉调畅"（《血证论》）。王清任在《医林改错》中虽然十分强调活血化瘀，甚至在血府逐瘀汤所治之证中提出"俗言肝气病，无故爱生气，是血府血瘀，不可以气治"。然而方中却又配伍了枳壳、柴胡，身痛逐瘀汤与膈下逐瘀汤中均配伍了香附、乌药。气为血之帅，气行则血行，实际上也配用了行气之药。李时珍盛赞香附为"气病之总司"，乌药之行气作用较香附更强。张景岳曾指出"凡病之为虚、为实、为热、为寒，至其变态，莫可名状，欲求其本，则一气字足以尽之。盖气有不调之处，即病本所在之处，撮而调之，调得其妙，则犹解结也，犹之雪污也。污去结解，而活人于举指之间，诚非难也。凡气有不正，皆赖调和……各安其气，则无病不除"，最终达到"五脏元真通畅，人即安和"的目的。

张震根据70年之临床实践经验，认识到疏调人体气机必须以疏利肝气和调护脾肾相结合的治疗原则为基础，同时兼顾其他有关并发症而统筹处治，并非单纯之疏肝理气解郁所能圆满实现治疗之目的。因此提出以肝为主体，脾肾为两翼之"一体两翼"的基本治疗理念，既可促进肝之疏泄条达功能，又能顾护先后天之本的肾脾气机，再根据实际需要结合其他必要之治法，选用针对性药物组成方剂灵活施治。张震及其学术继承人运用以疏调气机为基础的治疗方药于临床，对于不少常见病和部分疑难病证的患者进行治疗，均能不同程度地获得病情之缓解和最终临床治愈之效果。

至于"一体两翼"的疏调气机治疗方案，是张震继承中医学肝、脾、肾等藏象相互间功能紧密联系的理论，结合其本人长期临证诊疗之心悟而逐步形成的。因为肝为刚脏，体阴用阳，体柔用刚，性主疏泄条达而恶抑郁，可助人体气机之舒展畅行，又肝主风，主升发，藏血，脏腑经络冲任之血均受于肝，藏魂能随神往来而主谋虑决断等。清代费伯雄云"肝具有生发长养之机"（《医方论》），沈金鳌则说"厥阴肝一身上下，其气无所不乘。肝和则生气，发育万物，为诸脏之生化。若衰与亢，则为诸脏之残贼"(《杂病源流犀烛》)。脾主运化饮食水谷之精微以奉养全身，化生气血，是维系生命的后天之本。肾主藏精，其中之元气为诸气之根，是人身生命之源，乃先天之本。若脾失健运，水谷精气无源，肾间元气不充，元阴匮乏，水不涵木，肝失濡养则何来正常疏泄之力。所以，健脾可开益气之源，补肾能滋水养肝，于疏肝的同时宜结合补肾健脾，非单纯之疏肝理气便可一举达到疏调整体气机之目的。

张氏疏调人体气机法，以疏肝调气作为治理异常气机之主体，同时将健脾补肾维护先后天之本为调摄之两翼作辅佐，体现了对于人体气机失常病证的一种较全面的治疗理念。当机体的相对自稳态受到挑战时，采用针对性方药去协助机体增强其自身调控能力，恢复或重建其相对的自稳态，从而缓解或消除有关病证，对于临床治疗而言，此法有较广阔的应用前途与空间，值得进一步探索与深入研究。

（2）疏调气机基础通用方：能疏调人体气机的方药甚多，然而清代著名医学家徐灵胎云"一方所治之病甚多者，则为通治之方……变而通之全在乎人"(《兰台轨范》)。罗东逸亦云"推本方而互通之，论一病不为一病所拘，明一方而得众病之用。游于方之中，超乎方之外，全以活法示人"(《名医方论》)。若将人体气机失常看作一组综合病证，则下述所荐之方一般可作为基础通治的广谱方剂，在医者的正确掌控下自可游于方内而又超乎方外，能在相应范围内供多种疾病之用。兹介绍张震治疗气机失常之基础通用方如下。

处方名称：张氏疏调人体气机汤，简称"疏调汤"。是张震亲自拟订并向同道举荐之疏调气机基础通用验方。

药物组成：柴胡 10g，香附 10g，郁金 10g，丹参 10g，川芎 10g，枳实 10g，杭白芍 12g，白术 10g，茯苓 15g，山药 20g，淫羊藿 15g，薄荷 6g，生甘草 6g。

功能主治：本方具有疏肝理气，补益脾肾，调畅气机，活血行血之功能。主治肝失疏泄、脾肾不足、气机失常、血行不畅等证。

方义诠释：按本草药理与方剂组成之原则，柴胡苦平，气味俱薄，入肝胆经，具有轻清升发，宣透疏达之功，兼有苦寒清泄之力，可升举清阳，疏解肝郁，调畅气机，是为君药。香附性甘平，味辛，气芳香，亦入肝经，无寒热偏性，能解肝郁、降肝逆、缓肝急，作用走而不守，可通行三焦，是理气之要药，能使气行血畅，《本草纲目》称其为"气病之总司，女科之主帅"。郁金辛开苦降，芳香宣透，行气解郁，为治郁证之要药，性寒又能清热，且善入气分行气导滞，活跃气机，又可入血分凉血破瘀，为血中之气药，且可利胆，香附与郁金互相配伍能协同增效。淫羊藿辛甘温，入肝肾经，药性和缓，温而不燥，是温补肾阳，益精填髓之妙品，《本草备要》谓其能"补命门、益精气、坚筋骨、利小便"，且可壮腰膝、祛风湿。白术甘苦温，入脾胃经，为健脾之要药，补而不滞，功能补脾燥湿利水，又可固表安胎。山药性味甘平，既能补脾养肝，又可益肾固精，与淫羊藿同用，可强化先后天之本而顾护脾肾。香附、郁金、白术、山药、淫羊藿共为方中之臣药。丹参味苦微寒，主入肝经血分，有活血祛瘀、通络调经、清心除烦等功效。川芎性味辛温，可活血祛瘀，行气解郁，张景岳谓川芎"其气善散，主走肝经，气中血药也……故能破瘀蓄，通血脉，解结气"。枳实味苦，性微寒，长于破滞气，除积滞，能理气宽中，除胀消满。枳实与柴胡配伍，一降一升，调畅气机，清升浊降，各得其位。白芍苦酸微寒，有敛阴柔肝、补血、平抑肝阳之作用，与甘草相配则酸甘化阴，更能发挥白芍柔肝养血缓急之功效。茯苓甘淡性平，甘能补脾，淡可渗湿，其性平和，补而不峻，利而不猛，既能扶正，又可祛邪。

此外，疏调汤中的核心基团柴胡、白芍、枳实、甘草，原为《伤寒论》经方四逆散。该方治疗对象本为少阴病，表现为手足不温，脉微细，但欲寐，心烦，欲吐。其人或咳、或悸、或小便不利、或腹中痛、或泻利下重等。其治疗范围实际上已涉及心血管、神经、消化、呼吸及泌尿等系统之病变，治疗范围较广泛。

总之，以上诸药依法配伍组成方剂，从药物的功效、作用等方面基本体现了散中有收，速中有缓，有升有降，权制得宜，组合得当。既能解气机之郁结，又可行血中之滞气，在祛邪的同时匡扶人身之正气。临证治疗根据患者之实际情况灵活化裁，效如桴鼓。近年来部分中药药理学和药效学研究显示，疏调汤作用范围比较广泛，可以不同程度影响体内多个系统之功能。尽管这些药物的药理活性不强，方中之用量也有限，以水为溶媒煎成之汤剂属于粗制品，药物所含有效成分的溶出率不易监控。但摄入人体后仍有"四两拨千斤"之效，从多方位、多层次、多靶点作用于病体，发挥综合调节效应，进而影响病证之转归，促使患者康复。

加减化裁：疏调汤中之药味加减化裁运用，首先要全面分析病机，认真辨证，根据患者所患病证之范围、部位、性质，分清虚实寒热，病变脏腑，有无并发、兼夹或继发其他证候，便于选取针对之治疗药物，或加强扶正培本，或强化攻病逐邪，在疏调气机的基础上进行全面而有重点的灵活运用。同时对于本方亦可"但师其意，药不拘执"，"纵横跌宕，唯变所适"以免胶柱鼓瑟。

总之，疏调汤是一首应用范围相对较广，涵盖面较宽的疏调人体失常气机的广谱治疗新方。因为气机失常者一般多以一组复合症候群出现，各组成部分之间又有主次、兼夹、原发与继发之分。张氏疏调气机汤治疗该类复合证，既非只为某一具体之证而设，也不是治疗某一专病之专方。临床运用可根据患者之实际病情加减化裁，灵活选用相应的药物进行针对性治疗。若借用汪昂《医方集解》之言作为结束语，则为"吾愿读吾书者，取是方而圆用之，斯真为得方之解也者"。

四、专病之治

（一）带状疱疹

1. 病因病机

带状疱疹是一种由水痘—带状疱疹病毒感染，在患病的周围神经分布区域皮肤上出现群集性疱疹，同时伴有局部剧烈性疼痛的疾病，类似于中医学的缠腰火丹、蛇串疮、蛇丹、蜘蛛疮等。

张震认为带状疱疹发病之前或有过度劳累、精气亏耗、正气不足、免疫功能低下，或心情不畅、情绪抑郁等诱因，致使风火湿毒之邪易于入侵，蕴结于肤表。病初或有轻度发热，疲乏感，周身不适，胃纳减退，局部皮肤灼热、敏感、潮红等；亦有局部剧痛难忍甚至误诊为心绞痛、肾绞痛、胆绞痛者，待疱疹出现方明确诊断。疼痛是令患者最难承受之症状，尤以疱疹消退后之疼痛缠绵难已，更加难受，其后遗疼痛之发生又每与年龄成正比，老年患者有此疼痛症状者约占70%，持续时间可达数年之久。疱疹出现于头面部者则可影响到面神经、听神经或表现为 Ramsay Hunt 综合征（面瘫、耳鸣、耳聋、外耳道疱疹），或伴有眩晕、恶心、呕吐等症状。

典型病例诊断不难，实验室检测可助诊断，如可予病毒分离鉴定或做 VZV 抗原免疫荧光直接或间接检测等。

中医学认为"火丹"多由于劳倦伤气，郁怒伤肝，肝胆热炽，心火亢盛，再加饮食不节损伤脾胃，致中焦运化失司，水湿停滞，郁久酿热，化火成毒，损伤正气，或外卫不固，风毒邪气入侵，内外合邪，阻遏经络，搏结于肌肤，血瘀气滞。因而皮肤水疱成簇，灼热疼痛令人难忍，至于后遗之痛则与病邪入络、气滞血瘀、正气难复有关。

2. 治疗法则

张震指出本病亦属于邪实正虚之证，尤以老年患者为重。治疗应遵循标本缓急、攻补兼施之原则，灵活处理。通常因患者体内肝胆火炽，脾蕴湿热，正气不足，邪气侵袭，致湿热火毒纠结为患，瘀阻于络道，蕴结于皮肤，故疱疹簇集，剧痛难忍。至于带状疱疹后神经痛则是病久入络，故缠绵不休。当本病标急之际，疱疹已出，疼痛剧烈之时，治当以清热泻火，解毒祛湿为主，并适当辅以行气活血之品，以控制疱疹蔓延和缓解疼痛，力争在1周或10日之内促其结痂，能减少日后持续之神经性疼痛。待病势趋缓，疱疹逐渐干燥结痂，则宜适当加入益气养阴、健脾除湿、活血通络、虫类搜剔之品，以扶正祛邪，除尽余毒，避免湿热火毒诸邪长久稽留体内，阻滞气机，壅塞络道，持续疼痛，胶固难愈。

3. 方药

（1）基础方剂：张震自拟方"消疹止痛煎"。

（2）药物组成：龙胆草、大青叶、金银花、土茯苓、败酱草、紫花地丁、蒲公英、薏苡仁、蝉蜕、防风、丹参、香附、甘草。

（3）方义浅释：方中龙胆草能消除肝经湿热郁火，是君药；大青叶、金银花、败酱草、紫花地丁、蒲公英均可清热泻火解毒，共为臣药；防风、土茯苓、薏苡仁祛风解毒祛湿，同为佐药；丹参，香附行气活血，解郁止痛，亦为佐药；甘草能调和诸药，为使药。

（4）加减化裁：若疱疹集中于胸胁部，可加柴胡、白芍、枳壳、郁金等药。疱疹发于头面部者，可酌加菊花、桑叶、谷精草、青葙子等。疹发于肢体者，在上肢可加桑枝、姜黄等，下肢可加牛膝、忍冬藤等。热毒太盛而体温过高者，可加生石膏、知母等。瘀血现象明显者加桃仁、红花、紫草等。疱疹出现瘙痒者可加地肤子、薄荷等。疼痛剧烈者，可酌加乳香、没药、延胡索等。疱疹渗液特多者加苍术、黄柏等。带状疱疹后神经痛者，可在消疹止痛煎中适当减少清热泻火之药，酌加黄芪、当归、莪术、丝瓜络、川楝子、全蝎、蜈蚣、地龙、延胡索等。脾胃功能受损者，酌加白术、茯苓、怀山药、炒麦芽、鸡内金等。

4. 辨治探讨

本病之辨治应根据其病程发展阶段的病机特点给予相应治疗，用药各有侧重。一般当疱疹初起、局部疼痛或灼痛，多属于肝胆火郁、脾胃湿热，此时宜以清热泻火祛湿为主。病程中期火盛酿毒，湿热火毒外窜，疱疹簇集。疱壁紧绷，内液渐浊，不断有新疱疹出现，或呈大疱、血疱、坏疽、剧痛难忍者，宜以泻火解毒止痛为主。后期疱疹干燥结痂，痂皮脱落，似痊愈，但疼痛持续不减者，属于带状疱疹后神经痛，多因正气亏耗，遗毒残留，邪气入络，此时宜益气养阴以扶正，活血解毒通络以祛邪。坚持治疗每可得效。

（二）艾滋病

1. 病因病机

艾滋病病毒侵入人体，健康受损，免疫功能被破坏，患者体内病机复杂多变。中医认为，艾滋病的病机多属于气阴两虚，脾肾亏虚，邪毒内侵，逆乱气机，壅遏血脉，致湿、痰、浊、瘀、火毒等病邪相继为患，病体正气日衰，邪气日盛，各种机会性感染及肿瘤蜂拥而至，危及患者生命。

2.治疗法则

应因人、因病、因时、因地进行治疗。中医治疗宜以扶正祛邪为中心，如予内治，则宜拟订与其关键性病机相吻合的专用处方，借中医药之力抑制病毒，缓解和消除患者体内形成之病机，协助病体康复。具体治法包括益气养阴、健脾补肾、活血理气、清热解毒、祛湿化痰去浊等，按君臣佐使组方遣药。同时结合现代药理学研究，优选既有补益扶正之功能，又对艾滋病病毒有一定抑制作用，具有双向功能的中药组成两个治疗专方。经充分论证，云南省药监部门批准成为制剂供临床应用。

3.拟定专方

两个治艾滋病专方之拟订，源于张震于20世纪90年代中期，用自拟的扶正抗衰方治疗云南省德宏傣族景颇族自治州艾滋病相关综合征的直接经验。张震经过认真总结思考，深化对该种疾病及艾滋病病毒致病机理的认识，继而又对云南省红河哈尼族彝族自治州治疗点之艾滋病病毒感染者或艾滋病患者群进行辨证论治，遵循《内经》"谨守病机，各司其属"的思路，回顾该病患者体内病机的主要矛盾，显然是艾滋病病毒侵入，攻击损毁宿主中枢免疫细胞，虽然艾滋病病毒致病力强，但只要患者自身免疫功能尚健全，亦可自动清除病毒，这就是正邪交争病机实质的体现。说明中医学扶正祛邪的治疗理念是合理的，是中医学的精华，有别于西医一味抑制病毒的对抗性治法。

（1）扶正抗毒方：由黄芪、人参、白术、女贞子、白花蛇舌草等组成，有益气养阴，补肾健脾，清热解毒的作用，适用于艾滋病病毒感染潜伏期、Lesser期及艾滋病部分Ⅰ期A、B阶段的患者。

（2）康艾保生方：由紫花地丁、黄芩、紫草、人参、旱莲草等组成，具有清热解毒活血、养阴益气等作用，主要用于艾滋病患者。

以上两方也可根据患者情况灵活加减应用。

在云南省卫生主管部门的领导下，云南省中医中药研究院自2005年6月起，一直采用张震亲自拟订的两个有效的中药专方治疗HIV感染及艾滋病患者。至2021年10月已累计治疗18691人，为云南防治艾滋病工作增添了一分力量，增强了对中医药文化的认识和自信。

4.疗效反馈

为了方便服用，已将扶正抗毒方与康艾保方分别制成浓缩丸与胶囊两种剂型，单独或联合用于艾滋病病毒感染或艾滋病的治疗。迄今已历时16年，经研究发现两药有以下作用：①乏力，纳呆，咳嗽，发热，皮疹等临床症状均有缓解，机会性感染减少，患者生活质量提高。② CD_4^+ T淋巴细胞数量之提升率可高于80%，自身免疫力得到一定程度的保护与重建，延缓了病情进展。③可以降低患者体内氧化应激反应相关因子 ROS，从而在一定程度上阻碍艾滋病病毒攻击人体细胞，并减少其复制，有利于机体免疫功能的恢复。④在一定程度上强化人体细胞与体液免疫功能。⑤对患者生存质量的改善有确切作用。

五、方药之长

（一）疏调安神汤

1. 药物组成

柴胡 10g，白芍 12g，丹参 15g，郁金 10g，茯苓 15g，山药 20g，淫羊藿 15g，酸枣仁 30，柏子仁 10g，五味子 5g，夜交藤 15g，合欢花 10g，石菖蒲 10g，炙远志 10g，薄荷 6g，生甘草 6g。

2. 方义诠释

在疏调气机、维护先后天的基础上，酸枣仁养心安神、敛阴止汗，有显著的镇静催眠作用，能改善睡眠质量，延长慢波睡眠的时间，对异相睡眠影响不明显。柏子仁养心安神，滋阴润肠。五味子养心安神，益气生津，能加强大脑皮层之抑制，使皮层之兴奋抑制过程趋于平衡。夜交藤可养血安神通络。合欢花可解郁安神。石菖蒲亦有镇静安眠作用，远志有益智安神祛痰之功，石菖蒲与远志合用可交通心肾。以上诸药共同配伍，有利于提高睡眠质量。

3. 适应病证

本方主治失眠。失眠中医学称不寐，一般多表现为入睡困难，或短暂睡眠后即醒，醒后不易再度入眠，甚至通宵达旦。常伴有心烦、头昏、健忘、焦虑等症状，属于睡眠障碍的范畴。

4. 病机解析

《内经》认为不寐是由于人体昼夜阴阳自然交替失衡所致。《灵枢·大惑论》曰："卫气者，昼日常行于阳，夜行于阴，故阳气尽则卧，阴气尽则寤。"《灵枢·口问》云："阳气尽，阴气盛，则目瞑，阴气尽而阳气盛，则寤矣。"《灵枢·营卫生会》又说："日入阳尽而阴受气也，夜半而大会，万民皆卧，命曰合阴。"均提示失眠是人体卫气之昼夜正常循环受到障碍，使阴阳在人体内之自然转换失常，卫气由日间行于体表之卫外活动，入夜不能转入体内温煦内脏的过程失去平衡，因而导致不寐。《景岳全书》根据人们的神识活动与睡眠之间的固有关系，总结指出"寐主乎阴，神其主也，神安则寐，神不安则不寐"，对失眠给予了新的解释。因为"心藏神"是为神之舍，其舍宁则神自归而安，人乃得酣睡。否则神游荡在外而不归舍，寐从何来。所以治失眠之关键在于调理气机、养心安神或宁心安神。

5. 辨证加减

若有心悸心烦，食少肢倦、神疲乏力、面色萎黄、便溏多汗等心脾两虚征象者，可酌加人参（或潞党参）、山药、木香、莲子、桂圆肉等以增强疗效。若属肾水不升，心火不降而见惊悸潮热，耳鸣腰酸，舌赤，口疮，咽干，脉细数尺弱等心火过旺、心肾不交征象者，可加生地黄、麦冬、山茱萸、肉桂、黄连等，以使水火相济，促进睡眠。若因胃腑气机失常不能顺降，致脘腹饱闷，食滞难消，或呃逆恶心，大便不爽等而难以入眠者，则可加厚朴、莱菔子、神曲、焦三仙、甘松等和胃降逆之品治其标，中焦和顺自安，以利睡眠。症见潮热心烦、口燥咽干、五心烦热、目睛干涩等肝肾阴虚、热扰心神之不寐者，可酌加麦冬、栀子、生地黄、连翘、淡竹叶等以清心安神。此外尚有体肥多痰，痰液黄稠，心悸胸闷，眩晕失眠，舌苔黄腻，脉滑数者，应考虑痰热扰心使然，宜加法半夏、竹茹、胆南星、天竺黄等以清化痰热，安神助眠。

6. 拓展应用

疏调安神汤亦可用于多梦之人。在一般人群中，有认为多梦为病态者，常诉日间头脑欠清爽，记忆力减退等。对于此类为梦幻萦绕而要求减梦者，可在疏调安神汤中加龙骨、磁石、灵芝、琥珀等。龙骨乃减梦之要药，李时珍《本草纲目》云龙骨能"安心神，止夜梦鬼交，虚而多梦纷纭"，治夜梦自惊。若同时伴有气虚无力等证候者，则可加黄芪、太子参等。

（二）疏调保育汤

1. 药物组成

柴胡10g，白芍12g，丹参15g，郁金10g，茯苓15g，山药20g，淫羊藿15g，川芎10g，枳壳15g，香附10g，党参15g，熟地黄30g，山茱萸10g，菟丝子10g，桑寄生15g，续断15g，薄荷6g，生甘草6g。

2. 方义诠释

党参性味甘平，不燥不腻，能益气健脾，养血和营。熟地黄味甘微温而柔润，可直达下焦滋补阴血，养精益髓，善治肾虚精亏、阴血不足、冲任失养之不孕不育。山茱萸酸涩微温，补肾阳而无助火之弊，滋肾阴而无腻膈之嫌，补肾之力平和且不留邪。菟丝子甘辛微温，禀中和之性既可补肾填精益阴，又能扶阳，温而不燥，补而不滞，乃平补肾、肝、脾之佳品，尚能益寿养颜，强冲任，固胎元，增性欲，助孕育。桑寄生性平偏润，能补肝肾，养血益精而安胎，固冲任，治胎漏下血、习惯性流产。续断亦能补肝肾，固冲任，止血安胎，治妇女血崩胎漏。以上诸药共伍可发挥调畅气机、补肾填精、益气养血、顾护冲任、助育保孕之综合效用。

3. 适应病证

本方适应于不孕症。我国育龄妇女中不孕症之发生率为 7% ～ 10%，因女方原因导致不孕者有内分泌因素、卵巢因素、输卵管因素、子宫因素及免疫因素等。现分述如下。

内分泌失调所致之卵巢多囊性改变，即多囊卵巢综合征常使妇女不孕，表现为月经量过少，稀发或闭经、多毛、痤疮、肥胖，颈部腋下或腹股沟处黑棘皮症，皮脂腺分泌旺盛。从中医辨证看，以肾虚夹痰湿者居多。

子宫局部平滑肌细胞过度增生形成的子宫肌瘤，是女性生殖系统中最为常见的良性肿瘤，位于子宫肌壁间者为壁间肌瘤，居于黏膜下者称黏膜下肌瘤，瘤体数目可为单发性，亦可多发而成为多发性子宫肌瘤。黏膜下肌瘤可占位宫腔或使宫腔变形而导致不孕，此多属于离经之死血积于下焦，壅遏冲任，血运不畅，气机不利所致。

盆腔炎症引起输卵管阻塞不通也是导致不孕的常见因素，从中医学角度看应属任脉不通，胞宫闭阻之证等。

同种免疫、自身免疫阻碍受精与着床亦可导致不孕，此类不孕之妇女，临床症状多表现为肝肾不足，阴虚血瘀等。

4. 病机解析

中医学认为妇女之不孕与肾气、肾精和冲脉、任脉关系密切。"肾者，精之处也""肾气盛……而天癸至，任脉通，太冲脉盛，月事以时下，故有子"。任脉与冲脉属于奇经八脉，《灵枢·五音五味》云："冲脉、任脉，皆起于胞中。"王冰注曰："任脉者，女子得之以任养也。"故有"任主胞胎"之说。冲脉为五脏六腑诸经藏血之海，因有"冲为血海"之称。《广嗣纪要》认为"男子以精为主，女子以血为主，阳精溢泻而不竭，阴血时下而不愆，阴阳交畅精血合凝，胚胎结而生育滋矣。不然阳施不能下应于阴，阴亏不能上从于阳，阴阳抵牾，精血乖离，是以无子"。这说明机体肾虚，精、气、血亏损，冲任不足，是不孕的主要原因，至于肝郁、痰湿、血瘀、癥瘕等之影响则属于干扰因素。

5. 治疗提要

人类之孕育前提条件：①本身内分泌系统功能正常。②卵巢内之卵泡发育成熟并排出健康的卵子。③由通畅之输卵管伞端吸纳入管内，与来自男方的活力强健并已获能之精子相互融合，完成受精，成为受精卵，即孕卵。④孕卵发育成胚泡，由输卵管送入子宫腔内，适逢子宫内膜容受性最佳的着床窗口期，于是胚泡经过定位、黏附、穿透而埋入子宫内膜。⑤胎盘形成，胚胎逐渐发育，历经 40 周之孕育胎儿最终娩出。其中任何一个环节失常或障碍皆可导致不孕或不育。根据引起不孕的具体原因和病证，可灵活选用下述治法与药物。

对于多囊卵巢综合征所致之不孕，应以恢复患者卵巢之正常功能，促进卵子成熟与排卵为目的，宜在疏调气机、补肾健脾的基础上加化瘀、祛痰、化湿等药物，如予疏调保育汤加泽兰、巴戟天、薏苡仁、浙贝母、鹿角霜等，经闭者酌加当归、赤芍、牡丹皮、鸡血藤、益母草等。

子宫肌瘤属于癥瘕之类。多因气机郁滞，湿聚痰生与血瘀互结而成，欲消除不孕之病根只可缓图。宜在疏调气机、顾护正气的基础上酌加活血化瘀、软坚散结、消痰祛湿之品，如桃仁、水蛭、三棱、莪术、牡蛎、薏苡仁、浙贝母等。经量过多者可酌加茜草、蒲黄、三七等止血而不留瘀之药物。子宫肌瘤中药内治之最佳适应证为 > 3cm 之壁间肌瘤，一般疗程 3 ～ 6 个月，定期复查。若瘤体不减反而增大者应防其恶变。

子宫内膜异位所致之不孕，多为瘀血内阻使然。日久易结成癥瘕，使冲任及胞宫之气机壅遏。又因其受卵巢激素影响而有周期性变化，故当因势利导给予治疗。如在经尽之后至下次行经之前，即排卵期前后，子宫内膜处于增殖期和分泌期时可酌加散结化瘀之药，如赤芍、红花、牡丹皮、夏枯草、牡蛎等；痛经者加香附、延胡索、小茴香等；月经过多者去活血化瘀之品，如茜草、海螵蛸、地榆、旱莲草等。根据患者实际情况灵活化裁用药。

输卵管阻塞导致之不孕症，多由于盆腔炎症之粘连或子宫内膜异位于输卵管等使然。临床可见气滞血瘀、湿热或寒湿郁阻之证，宜按寒热之不同，分别选加苏梗、小茴香、肉桂、夏枯草、蒲公英、黄柏等。治标可选皂角刺、三棱、昆布、路路通、王不留行等以加强疏通输卵管之作用。

免疫因素引起之不孕，临床一般多见肝肾不足，阴虚血瘀等证，治当补益肝肾，养阴活血为主，用药可选生地黄、女贞子、旱莲草、枸杞子、牡丹皮、泽兰、龟板、鳖甲、北沙参、土茯苓、木瓜、豨莶草、蒲公英、扁豆等，以抑制免疫，促进自身抗体之形成。

6. 拓展应用

疏调保育汤亦可用于习惯性流产之预防和先兆流产之保胎治疗。凡妊娠不足 28 周，胎儿体重未满 1kg 便终止而脱离母体者即是流产。

凡胎怀稳固，孕育正常者，必赖母体肾气充沛，冲任二脉健康。因为"冲为血海，任主胞胎"，只有冲脉之血满盈，任脉才能维护胚胎，保证胚胎在宫腔内之正常生长发育而不致流产。所以对于习惯性流产之妇女，应予补肾填精，健脾舒心，益气养血，调护冲任使之能载胎、养胎、固胎。可在疏调保育汤中酌加杜仲、熟地黄、党参、山药、菟丝子等。孕前之具体调治宜顺应排卵周期用药，如处于排卵前，则原方中之丹参、郁金已有协助排卵的作用，当排卵后期则可酌减此二药，而可利用原方中已有之淫羊藿，再加鹿角霜、山药等以维持黄体功能。兼有热象者可加黄芩。至于调畅母体气机本是原方固有之功能，但理气药不可过于耗散，祛寒药不可过于温燥，清热药不可过于寒凉，活血通利之品俱当慎用，以免伤胎。

对于先兆流产者，治疗宜止血益气，补肾气、固冲任以安胎。可减去疏调保育汤中之枳壳，酌增菟丝子之用量。再加生地黄、阿胶、杜仲、旱莲草、荆芥炭、苎麻根等。若小腹下坠感明显者可加黄芪、升麻。尚伴有恶心呕吐及胃纳呆滞者加苏梗、砂仁以和胃安胎。有热象者加黄芩。张震认为菟丝子药性平和，能固下元，治胎动不安之腹痛，乃保胎之要药。然而《本草汇言》谓其"虚可以补，实可以利，寒可以温，热可以凉，湿可以燥，燥可以润"，未免言过其实，溢美之词不足为凭。但与续断、杜仲、桑寄生、白术、黄芩等药酌情灵活配伍，则对先兆流产皆有裨益。

以上所述，都是张震基于60年诊疗实践经验的中肯之言。

六、读书之法

子曰："学而不思则罔，思而不学则殆。"张震对他的学术继承人说这是他的读书之法，学习读书不思考是危险的，只空想不读书学习也不行。张震一生除临证外，多数时间都在读书学习思考，他博览群书，经、史、子、集等无所不读，但有重点，一本《内经》张口能背，一部《伤寒杂病论》如数家珍，《温病条辨》更是了然于心。翻开他读过的书，会看到书上有许多圈点画线和批注，有评论、有问题、有感想，光是他的读书卡片就有好几箱。他说读书是有方法的，要有重点地读，有计划地读，分阶段读。有的书要精读，有的书要粗读，有的书只需浏览即可。

1. 重视"书海导航塔"——目录

目录一词，首见于《汉书·叙传》。本是介绍各种书籍的篇目、卷名、作者、版本、校勘情况、内容提要、综合评价等"叙录"材料的合称。所以，"目录"又叫"书目"。后来，目录概念在实际运用中有了发展，它既指一些专门介绍各种图书概况的提要式资料，或指引研读方向的专著工具书，也指图书馆为读者提供的有关书名、作者、出版单位、时间、页码及馆藏情况等的检索卡片。同时，还指现在任何一本书的具体内容标题及页码排列顺序表，此又称"目次"。因此，目录一般可以分为专著、检索卡片及目次等三种不同的形式、内容与用途。以下介绍的是专著式目录的使用方法。

作为专门著作或特殊工具书的"目录"，一般称为"书目提要""医籍录""医籍考"等。这些目录是进行中医书籍阅读的向导。因为这类工具书，一般都是本着

"辨章学术，考镜源流"的宗旨而编写的，通常均能从各书的学术源流之简介入手，综述其梗概，揭示其主要的思想内容和学术成就，可以指引研读古书的门径，使读者能循此而登堂入室，从中获益。因此，清代王鸣盛曾总结说"目录明，方可读书；不明，终是乱读"。

阅读中医书籍，无论是企求对中医理论的提高、发展或创新，或欲探索其中的精华或特色，首先都必须掌握足够的学术资料，弄清前人在这方面的认识究竟已达到何种程度，才能做到心中有数，有助于落实自己的阅读计划。例如，要学习《医学源流论》中有关徐灵胎卓越的学术见解和他的中医辨证思想成果，那么比较权威的目录学专著《四库全书总目提要》便告诉我们：该书是清朝徐大椿撰，其大纲七：曰经络脏腑、曰脉、曰病、曰药、曰治法、曰书论、曰古今，分子目九十有三。持论多精确有据。如谓病之名有万，而脉之象不过数十种，是以必望闻问三者参之。又如病同人异之辨，兼证兼病之别，亡阴亡阳之分……其说皆可取。而人参论篇，涉猎医书论一篇，尤深切著明。提示我们这是一部立论精确有据，叙述深入透彻，看问题比较全面的好书，是值得精读和研究的中医重要文献之一。

中医目录工具书，除了丁福保、周云青合编的搜罗比较广泛的《四库总录医药编》外，值得参阅和选用的目录专著还有《宋以前医籍考》《三百种医籍录》《医籍考》《历代医学书目提要》。其中《宋以前医籍考》为日本冈西为人所撰，共汇集宋代以前存佚医书共 1860 种，分类说明。《医籍考》亦为日本人丹波元胤所撰，成书于 1819 年，共收录清代中叶以前存佚及未见医书 3000 余种，考证广博，颇有参考价值。《三百种医籍录》为近代贾维成所撰，共收录自先秦至清末的主要医籍 344 种，逐一介绍了各书的内容提要、作者简况、历代存目情况、现有主要版本等，颇具实用价值。现今的大型目录为《中医图书联合目录》，系中国中医科学院与北京图书馆合编，共收载古今中医书籍 7661 种，依年代先后排列，据此可了解 20 世纪 60 年代以前中医书籍的收藏情况。最近出版之目录学专著，尚有 1984 年吉林出版的《中国医籍提要》和同年天津出版的《中国分省医籍考》等，均有参阅价值，可供中医阅读者选用。使用时，可按不同目录学专著对所载书籍之具体分类，按图索骥，便可寻得所需书籍之叙录而了解其概况。

2. 注意版本选择，以善本书为依据

中医文献古籍，由于年移代迁，版本庞杂，其中不免"鱼鲁亥豕混淆，芜菁真伪难辨"，因此整理研究古代文献，欲通过补漏订讹，考订校雠而令古为今用者，必须认真选择版本。否则，每因版本欠佳，而以讹传讹，轻则授人笑柄，甚则误己误人。

选择古籍版本，应掌握必要的版本学知识，熟悉书籍的版匡及装帧情况，才便

张震

于判断成书的时代；知道版本类别，才能识别珍本与善本、精刻本与通行本等；运用具体的鉴别方法，才能根据书籍的封面牌记、刊印方式、刻工刀法、纸质墨色、序跋识语、行款版面、避讳文字等综合线索，认真考察，选取珍本进行研究，择取善本以供校勘注释或语译。

供阅读用的理想版本——善本书，通常是指无缺卷、无删减，且经前人精校精注，已无讹误或极少错简之书，其母本或蓝本，应是旧刻或旧钞中之范本。因此，清末张之洞曾说"善本非纸白版新之谓，谓其前辈人用古刻数本，精校细勘，不讹不缺之本也"。珍本则是学术价值极高且又十分罕见的书本。善本中医古籍是当今据以进行校勘、训诂等整理研究和注释语译以供众览的依据或基础。所以必须借助目录学专著的介绍或指引，广求异本，依次遴选，或溯源探流，类比鉴别，从而求得善本。

具体的版本选择方法：一是先以一二种比较公认的通行本作为"准善本"，再广泛收集或搜寻其前后各代之旧本、足本、精刊本，然后依次遴选，以求得真正的善本。二是可从弄清版本之源流入手，上下求索，对比鉴别，抓住其直传系统，从中寻取底本善本。若按张之洞的"简易法"选择善本，则"但看序跋是本朝（指清朝）校刻，卷尾附有校勘记，而密行细字，写刻精工者即佳"。

七、大医之情

（一）党和国家的培养

多年来在党和国家的培养下，张震从一名普通的矿山医师成长为国医大师，他政治素质过硬，拥护中国共产党的领导和中国特色社会主义制度，在思想上、政治上、行动上同党中央保持高度一致，坚决拥护习近平总书记在党中央和全党的核心地位，坚决维护党中央的权威和集中统一领导，坚决贯彻执行党的基本理论、基本路线、基本方略。1981 年 6 月 16 日张震光荣加入中国共产党，成为一名正式党员。他谨守入党誓词，对党忠诚，不忘初心，牢记使命，奋力工作，为当前中国特色社会主义建设和更美好的共产主义远景而奋斗终生。

1958 年在成都中医药大学临床实习期间，张震系统考察梳理了中医整体性较全面的临证诊疗思维方法，发现中医学早已具有一套超前的包括了自然－生物－社会－心理为一体的先进的医学模式，显示出中医学的特色和优势。张震说："由于党和国家给我这么好的学习机会，令我深受教育，倾心于中医，并写成《中医临床思想方法之初步探讨》毕业论文，从而坚定地树立起对中医原创医药文化的理性自信心，对中医药学术产生了无比热爱。"1979 年 4 月中华全国中医药学会（现中华中医药学会）在北京召开第一次全国中医学术交流大会，张震的论文"中医湿热证 120 例临床观察研究"在会议上进行了学术交流。1979 年 12 月云南省中医中药研究所正式成立，张震任所长、全所学术带头人。于 1980 年创办了《云南中医中药杂志》并担任主编，具体编辑稿件，撰写发刊词，成为该刊的特约撰稿人。至今已出版发行 40 余卷，成为国内核心期刊之一，读者遍及海内外，反响良好。

（二）情系中医，守正创新

近百余年来，我国并存着中西两种不同的医学体系。由于西方医药文化的扩张和影响，中医曾备受压制和排挤。中华人民共和国成立后，党和政府重视中医学，毛泽东同志明确指出中医药学是一个伟大宝库，应当努力发掘，加以提高。纠正了以前对待中医的错误态度。党的十八大以来，以习近平同志为核心的党中央把发展中医药事业摆在了更加突出的位置，纳入了顶层设计，指出要遵循中医药发展规律，传承精华，守正创新。中医药的发展驶入了快车道。张震在贯彻中央指示精神，进行具体实践的过程中，牢记发掘整理研究之初心，不忘构建辨证论治新发展格局的使命。在精诚为群众服务的同时，认真积累经验，潜心探索，深化认识，从而对党中央的指示有所体验和领悟。

1. 中医药之发展规律

中医学发展的基本规律，主要体现在学科的构建中，其学术理论体系的形成，皆源于我国先民在防治疾病的实践中获得的大量感性知识，经过历代医学家融汇了中华传统文化精华的综合性、创造性的思维加工，使之包融化、理性化，认识水平不断提高，内容日趋丰富。当今是创新驱动的时代，贯彻新发展理念，构建新发展格局，应适当吸收现代循证医学等有关学科的最新而适用于发展中医药的方法与成果，丰富扩展中医药的实践范围与内容，协同加速我国医药学的创新发展。

2. 可供传承的中医药精华

精华是事物中最精粹、最优越的部分，能在一定程度上反映该事物的本质特征。对于学术而言，则属于该学科微妙的主旨、透辟的义理和关键的核心。张震根据他多年来从事中医药诊疗服务和理论研究的体验与感悟，可供传承之精华甚多。现分为 3 类列举如下，以供参考。

（1）思想精华：主体性指导思想，如以气为本，纯朴辨证，整体恒动观念，中医思维，中式养生特色理念。

（2）理论精华：生命之理，人体气机，藏象，经络，致病因素，邪气，病机，协调阴阳，扶正祛邪，本草药理。

（3）实践精华：恪守医德，精诚服务，辨证论治，机圆活法。

若单纯着眼于临床诊疗的效果，中医药之生命力和价值主要在于疗效。因此，凡能够指导和保持对患者进行正确的辨证施治，而获得预期实效之中医药学理论与技术，基本上都应归属于中医药精华的范畴，自当努力发掘传承、守正创新，加以提高。

3. 发展中医药学术必须守正创新

发展中医药学术事业，首先必须坚决贯彻执行党中央关于促进中医药继承创新发展的方针，自觉树立对中华优秀医药文化的坚定信心，充分发挥守正创新，提高发展中医药的自觉性和工作能力。在正确继承、诠释、掌握、应用岐黄医理的过程中，要努力发掘中医药学这一伟大宝库中的精华宝藏，通过传统与现代的正确研究措施加以提高。而守正创新的依据应该是从亲身实践中认准了的真正管用的中医理论精华。因此只有在临证诊疗工作中，自觉践行社会主义核心价值观，以医德为本，严谨医风，正心诚意，于诊病的同时灵活正确地应用辨证论治的原则和方法，尽可能精准地协助患者恢复健康，同时提供有关保健知识的指导，在全心全意为人民提供优质服务的工作中用心思考，才能对守正有较深刻的认识与感悟。

创新是中医工作者爱国敬业精神和为人民提供优质服务的强烈责任感与事业心的集中体现，同时也是中医药科学研究工作的核心和目的。中医药学术的高质量创新发展是与时俱进的，为此应有创新驱动的时代使命感和责任感，要有勇于革新的愿望与勇气，要破除始终顺旧的保守思想，树立敢为人先、勇于创新的信心，发挥创新潜能。在自身已有的专业知识技术素养和实践经验认识的基础上，能动地用敏锐的观察力审视现有理论和操作常规中存在的短板和缺陷，锁定改革的目标不放松，顺应客观规律，经过创造性综合思维和百折不挠的努力，反复实践、检验、确认，从而提出切实可行的能进一步提高认识、工作质量和效率的新理论、新技术，取得守正创新的研究成果，弘扬中华优秀的医药文化。

八、养生之智

张震倡导疏调养生，《素问·至真要大论》指出"疏其气血，令其条达，而致和平"，人与天地的最高境界就是运动中的平和，平衡中的发展。疏调养生法通过疏导调理，使人体气血充沛流畅，气机运行和谐，百病不生，健康长寿。

中医学认为宇宙是一个大天地，人体是一个小天地，宇宙是无限大的系统，地球是子系统之一，人则是一个更微小的分支系统。整个系统本属一体，相互之间皆有关联，只是联系的程度与方式不同而已。因此《素问·天元纪大论》曰："太虚寥廓，肇基化元，万物资始……生生化化，品物咸章。"人生于天地之间，社会之中，必须上顺天时，下应地利，中傍人事，只有明悉阴阳变化规律，身心兼调，自觉适应自然与社会环境，方符合养生之要求。大体而言约有四项要旨，也是疏调养生的四要素。

（一）正心态，控情绪，疏畅气机

养生的主要一环，即在于正心持平，用理性控制情绪，即以心控情，不让情乱于心。这也归于维护人体正气的范畴，正气存内，邪不可干。中医学所说的正气不仅指抗拒外来邪气对人体的侵袭能力，同时也包括用理性智慧防御七情内伤，以维护健康。所以端正心态，管控情绪可使气机舒畅以养生。

（二）顺天时，知人事，调和气机

《内经》指出"人以天地之气生，以四时之法成。天食人以五气，地食人以五味，人与天地相参也"。又说"阴阳四时者，万物之终始也，死生之本也"。认为一年之中春生、夏长、秋收、冬藏，气之常也，逆之则灾害生，从之则苛疾不起，是自然界阴阳季节变化的客观规律。人只有顺四时而适寒暑，与天地之气同步，按春三月发陈，生而勿夺，以养生；夏三月蕃秀，无厌于日，以养长；秋三月容平，收敛神气，使志安宁，以养收；冬三月去寒就温，以养藏，而保持健康。反之若逆春气则肝气内变，逆夏气则心气内洞，逆秋气则肺气焦满，逆冬气则肾气独沉，皆违反养生之道。《内经》曾言"上知天文，下知地理，中知人事者"可以长久，言谈之间不能出口伤人，且说话应留有充分余地，自然海阔天空，风平浪静，气机解利，何愁养生。

（三）合五味，慎饮食，充养气机

唐代孙思邈在《备急千金要方》中指出"安身之本，必资于食"。提示食物是维系生命必不可少的物质基础，而食品种类繁多，所含营养成分也不尽相同。如肉、蛋及豆类等主要提供给人体氨基酸，谷物薯类提供机体能量并参与组织细胞的多种代谢活动，脂肪及果蔬之类所含维生素及无机盐均是人体不可缺少的营养物质。且多种营养成分之间也是互有影响而且作用不同，因此应合理搭配，方有益于养生。

（四）衡动静，平阴阳，舒展气机

《素问·生气通天论》指出"生之本，本于阴阳，人生有形，不离阴阳。静者为阴，动者为阳。阴阳离决，精气乃绝"。阴阳互根，动静相随，张弛有度，不可分

599

离。人非草木，生而必动本是客观规律，且人体之解剖结构与生理特征也最适合于行走等活动，合理动静可以疏通经络，调畅气机，保持健康。

九、传道之术

（一）身体力行传承中医药

张震自 1989 年 3 月退休，后受聘为光明中医函授大学云南分校校长，亲自为学员们面授中医课程，尽力为云南省基层中医药人员提高本专业的理论与技术水平。现今大多数当年的学员都已成为乡镇卫生院和部分县中医院的骨干。张震每年都完成国家级和省级的继续教育项目，有计划地培养中级人才，颇受欢迎。顺利完成了第四批全国老中医药专家学术经验继承工作培养高级人才的任务，使培养对象继承了云岭疏调人体气机的学说、证候的结构规律和疑似病证的鉴别要领，获得了相应的学位，晋升了高级职称，成为优秀的学术继承人和云南省中医学科带头人。此项高级人才培养方法及内容已总结并撰成"师承教学的体会与认识"一文收入专著中。

（二）创云岭中医疏调学派

云岭疏调学派是活跃在云南的一支中医学派，该学派继承《内经》《伤寒论》关于"五脏元真通畅，人即安和"的理论和诊治疾病要"谨守病机，各司其属……疏其血气，令其条达，而致和平"的思想，经过了数十年潜心研究和实践检验，云岭疏调学派创始人张震撰写了《疏调人体气机原理与疏调治疗法》等学术著作公开出版，系统阐明了学派的学术思想，论述了疏调人体气机临床运用的方法技术。积极参加国家中医继续教育项目，传道授业解惑，培养了大量学术继承人，受到广大患者的信赖与认可，在云南获得了良好的社会影响。现云岭中医疏调学派成员已达百余人，包含高级职称、副高职称、中级职称等各级人才，为人民卫生事业做出了应有贡献。

张震学术传承谱

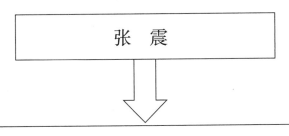

张 震

学术继承人

张莹洁	张肇平	田春洪	田 原	陈彩云	和丽生	赵 霞	赵景云	沈佳胤	郑培永
武凤翔	梁 通	何云长	韩建闽	张 杰	范 源	郭利华	刘 明	易小玲	姜丽娟
王郁青	双文武	彭诗宇	刘应春	王顺梅	刘 琼	欧汝明	丁 翔	金玉才	祁晓瑾
王毅蓉	杨 淋	温伟波	叶建州	杜义斌	钱 锐	柳 尧	淦家荣	刘弘毅	马 迪
朱彩情	雍小嘉	刘 铭	李 军	杨海燕	龚瑞莹	顾力华	顾力华	石丽琼	马燕妮
武彦琴	沈 琳	潘秋华	王春梅	许健康	王世斌	普秋菊	肖月娇	杨金芬	王鑫灵
杨小燕	缪克丽	李树清	周星位	周正英	张 菊	张 梅	李玘蔚	黄岳林	刘剑萌
白秀莲	曲 源	童明仙	杨丽艳	杨绍媛	罗正琪	李 勇	韩先平	严春芬	王吉刚
李雄美	罗剑云	张婉莉	周 丽	张海琴	熊春艳	陈文强	唐 滢	龙 凯	平万敏
宋 云	陈淑鑫	浦 博	袁灿兴	邢练军	徐莲薇	杨 梅	卜德艳	张 云	周树云
胡剑秋	向生霞	田 茸	裴 强	杨同华	李慧园	蔡碧波	陈枫煜	杨佳玉苓	
陈岳祺	张 芸	何成云	张韶湘	颜 洁	吴 燕	李凡一	毕仕辉	宗师彤	刘 莹
叶 芳	赵家艳	秦 竹	杨小洁	李 莉	张晓琳	李小珊	朱 志	耿庆云	刘正华
王 寅	杨光华	杨昆蓉	王 莉	杨绍春	李宝花	觉欣宇	张天武	孙承赛	杨文信
霍玉军	王泽秀	李惠萍	陈 丹	杨宇瑶	袁鸿钧	杨 丽	李晓娇	李磊磊	李金艳
赵常安	赵红莲	郑新民	马玉屏	陈芳芳	刘辉祉	杨 馨	陈晓云	范译丹	沈红梅
赵振康等									

学术继承人的学生

朱建平	鲁欣羽	文思敏	催俊波	黄艳梅	李懿瑾	李成玉	宋志成	周 铭	王 英
张 芳	吴文君	杨诗淼	吕 艳	陈怡鑫	刘灿仙	赵瑞莲	金其花	杨小霞	朱光海
李元浩	卢佳岑	冯 帅	李妮雪	刘 明	杨品华	郭子瑗	冯 蓉	夏利玲	梁智蓉
李治良	张成绩	袁天娥	何 珊	伍润梅	陈文凯	尹 杰	等		

（田春洪、田原整理）

（毛心勇编辑）

周岱翰

周岱翰（1941—　），广东汕头人。广州中医药大学肿瘤研究所所长，主任医师、首席教授、博士生导师，中国中医科学院学部委员。广东省名中医，广东中医药研究促进会会长，深圳市中医肿瘤医学中心主任。《中医肿瘤学杂志》主编。获"全国中医药杰出贡献奖"。2017年被授予第三届"国医大师"称号。

周岱翰是全国较早从事中医肿瘤研究的学者，深耕50余年。擅长肝癌、肺癌、胃肠癌及妇癌等晚期恶性肿瘤的治疗。提出肿瘤临证诊疗规范始于《伤寒杂病论》，拓展临床四诊与辨证论治内涵，提出"带瘤生存"理论，首倡放射反应和放射损害属"火邪""热毒"论，更新治癌观念，研制国内第一个治肺癌中成药鹤蟾片。创立岭南中医肿瘤学术流派，开设中医肿瘤学专科、本科和博士课程并主编首部高等院校《中医肿瘤学》规划教材；开拓中国港、澳、台地区，以及东南亚、美国、加拿大等地区和国家的学术交流与癌症会诊，促进中医肿瘤学科规范化建设，创立深圳市中医肿瘤医学中心的医教研实体，创办《中医肿瘤学杂志》。出版《肿瘤治验集要》《临床中医肿瘤学》《中医肿瘤食疗学》《中医肿瘤学》等10余部专著；荣获卫生部重大科研成果奖乙等奖、教育部科学技术成果奖一等奖、广东省科学技术奖励一等奖和二等奖等5项省部级奖。

一、学医之路

（一）师从名家，刻苦好学

周岱翰 1941 年出生在广东汕头的一个医学世家，从小受家庭熏陶立志从医。1960 年，国家设助学金支持报考中医药院校，当年，填报三个志愿皆为广州中医学院（现广州中医药大学）医疗系而如愿入学。

大学期间，他从好奇到痴迷，学习较为刻苦。当时，中医学院按师范院校待遇，给学生免费提供就餐，家庭经济拮据的他，每年暑假不回家，约好班里同学带上馒头，爬到学校附近的白云山上背诵《黄帝内经》《伤寒论》《神农本草经》等中医经典。回想起这段艰苦的学习经历，周教授深有感触地说："大学时代给了我一个绝好的学习机会，让我打下了良好的中医基础，至今受益。"

1966 年，大学刚毕业，他就参加了广东县级医院的医疗队工作，1968 年春被分配到广东省泗安医院，他成了该院的第一个中医医生。当时，医院没有中医科，为了开展中医药治疗，在医院领导的支持下，着手购置百草柜，开始悬壶济世。医院地处农村，各类患者皆来看中医，亦有不少癌症患者。"许多鼻咽癌颈部转移的患者，或经过放射治疗后，皮肤溃烂，痛苦不堪。"遇到这样的患者，他开始探索用草药治疗。基层缺医少药、治癌乏术，这对于刚刚开始行医的"新兵"，是一种莫大的挑战。就是从那时，他立志钻研肿瘤病的中医诊治方法，以解决更多病患的痛苦。

周岱翰基层行医锻炼 8 年，1976 年，因继承省名老中医经验需要而调入广州中医学院方剂教研室。一边跟师，一边授课。中药方剂教研组主任是周子容名老中医，他行医近 50 年，教学 20 余年，家学渊源，其父、叔都是较有名望的中医，早年学医于广州吕楚白等名医，毕业于广州光汉中医学校。周子容熟读医典，不泥古，不薄今，对朱丹溪、李东垣、雷少逸的著作颇有心得。岭南名医周子容、关济民两位老先生皆医学造诣精深，临床技巧娴熟，大大促进了周岱翰的学术思想发展。有感于乡间治癌乏术的悯怀和由于求知的驱使，他立志从事中医治癌研究，勤求古训，博采众方，传承创新，衷中参西，遂成为岭南中医肿瘤学术流派的传承人和开拓者。

（二）开创肿瘤专科研究，创建中医肿瘤事业

基层的临床实践与锻炼，使周岱翰在中医临床方面积累了丰富经验，同时对肿瘤辨证论治也有了较深刻的认识。他翻遍学校图书馆、资料库的资料，刻苦钻研中

医原著，涉猎中外专业进展，写出了一些中医治疗肿瘤的学术文章，参与了广州地区肿瘤科协作。1978 年开始在广州中医学院筹建肿瘤研究室，并在附属医院开设肿瘤专科门诊，是我国较早从事中医药治癌研究、中西医结合抗肿瘤临床探讨和开设中医肿瘤学专科教育的学者之一。1987 年在广州中医学校第一附属医院创建肿瘤科病房，2002 年创建二肿瘤科，到现已成为集中医肿瘤实验室、肿瘤教研室多个肿瘤专科门诊以及 5 个肿瘤病区的第一附属医院肿瘤中心，是华南地区集医、教、研一体的中医药肿瘤研究基地和全国中医肿瘤临床治疗中心。这为今后肿瘤专科分化的本科和研究生、博士生教育的全面推进奠定了坚实的临床教学基础。

二、成才之道

（一）传承精华，促进中医肿瘤学科发展

中医肿瘤学是一个古老而又十分年轻的学科。中医学对于癌瘤的认识和论述源远流长，早在殷墟甲骨文上已有"瘤"的病名记载，战国成书的《山海经》有治恶疮、瘿瘤、痈疽等与肿瘤相关疾病的药物论述，7 世纪的《晋书》有"初帝目有大瘤疾，使医割之"的手术记录，宋代《卫济宝书》及《仁斋直指方》第一次使用"嵒"（同"癌"）字。历代医家对于癌瘤的论述散见于积聚、噎膈、反胃、乳岩等记载与描述中。随着中医学理论的发展，实践的深入，尤其是明清以后，中医对癌症的认识也日趋深入，对肿瘤的病因病机、辨证治疗均有更多的论述，分类更细，名称更复杂。由于时代局限，古代医家对于癌瘤的认识，多仅停留在肿块硬实如山岩，溃破翻花难收口，能烂及五脏等整体状态描述上。中医论治癌瘤的宝贵经验始终分散在浩如烟海的古籍中，直至近代始终未能作为一个独立的学科形成完整的学术理论体系。中华人民共和国成立后，中医药事业焕发无限生机，客观上促进了中医肿瘤学科的发展，获得了全面进步，逐渐形成了一个新兴的临床学科，其所涵盖的内容包括了中医肿瘤病因病机、诊断、治则、治法及预后康复等，尤其是在抗癌中草药的筛选及作用机制方面进行了深入研究并取得丰硕的成果。然而，作为一个独立的学科，迄待从整个学科的高度进行理论创新与整合完善中医肿瘤学理论体系，规范中医肿瘤学科的建设与发展。1996 年，中华中医药学会肿瘤分会正式成立，这是中医肿瘤学科发展史上的里程碑。周岱翰先后当选为中华中医药学会肿瘤分会第一届和第二届会长，首届学术年会盛况空前，来自各大专院校、科研机构的专家教授与临床医生、民间草医一起，在这个学术平台上交流经验、切磋技艺、互相学习，周教授从全国乃至于国际化的视野看待中医肿瘤学科的发展，认为中医抗癌研究的未

来任重而道远，中医药治疗肿瘤的诊疗标准必须与国际同行接轨，科学地阐明抗癌机制，其学术成就才能走出国门，服务世界人民。在新的起点上，他携手全国各地中医肿瘤学专家在完善中医肿瘤学科的理论体系，推动系统化教育和规范化建设中不断探索、努力攀登。

2005年，在多年专科教育实践的基础上，周岱翰教授主编出版了《中医肿瘤学》，这是由广东省高等教育出版社出版的国内第一本中医肿瘤学本科教材。教授长期致力于构建和完善中医药治疗恶性肿瘤的理论体系。他潜心研究中医肿瘤发展史，诠释中医肿瘤学，提出中医肿瘤学学科内涵，明确中医肿瘤的基本病因与病机，强调"认病"与"辨证"相结合的治疗原则和基本治法，致力于完善中医肿瘤学内容体系，为学科的发展做出了重要贡献。在周教授等老一代中医肿瘤学家的长期倡导和不懈努力下，当代中医肿瘤学不断充实、完善，对西医学的"辨病"之长兼收并蓄，又充分发挥自身"整体观""辨证论治"的优势，形成了有鲜明中医特色又包容相关学科知识的独特学术体系，从而最终在中医内科、外科、妇科、儿科等学科中脱颖而出，成为中医学中新的临床分科。

（二）守正创新，完善中医肿瘤学科内涵与规范建设

从中医肿瘤学科发展史来看，作为一门崭新的学科，它面临着学科标准化、规范化等诸多挑战，学科可持续发展必须与时俱进。周教授认为中医肿瘤临证中疗效的提高受制于不同的癌或同一种癌的不同病期或曾有的不同诊治经历，皆有相应的不同治疗方案，建立中医肿瘤规范化诊疗方案，确立中医症状、证候量化标准及中医肿瘤疗效评定标准，是加强中医肿瘤学内涵建设的重要举措，有利于提高中医治疗肿瘤的疗效和整体学术水平。

制定中医肿瘤学疗效评价新标准，并应用于临床实践，也是他非常关注的临床问题。他根据自己在临床一线的实践经验提出了"带瘤生存"的概念，他常年追踪的一大批晚期癌症病例，经过中医治疗后肿瘤生长缓慢甚至停止生长，症状得到改善，生存时间延长，生存质量提高。如果套用西医的评价体系，这批"带瘤生存"的患者是"治疗无效"的。长期与癌症"打交道"的周教授认识到中晚期癌症是长期慢性病，根治不切实际，但可通过中医治疗改善症状、提高生存质量，乃至延长生存期。这种以杀灭、清除癌瘤组织为目的的西医传统治疗模式，尤其是对老年癌症患者，无法反映中医药治疗恶性肿瘤的疗效特点。中医应该有自己的评价体系，经过治疗后肿瘤虽然存在，但人体可以继续生存，人、瘤和平共处，也是疗效的体现。如何客观评价中医药的治疗疗效，引起了中医肿瘤学家们的重视，许多学者提出疗效的评价必须包括瘤体、症状、体力状况、体重等指标，并且强调必须将对生

存质量的评价应用于中医肿瘤的疗效评价中。周岱翰等制定出了"实体瘤的中医肿瘤疗效评定标准（草案）"发表于《临床中医肿瘤学》（周岱翰主编，人民卫生出版社，2003 年 4 月，北京）一书中。在国家"十五"攻关课题、"十一五"国家科技支撑计划等项目研究中，将该疗效标准应用于临床疗效评价。

（三）与时俱进，从医五十载，学验俱丰

从筹建肿瘤研究室伊始，周教授就将科研工作放在了重要位置，当时中医肿瘤专科还不被人们熟悉和认知，甚至在医学界也未受到足够重视，刚筹建时，肿瘤研究工作只能在楼层走廊中搭建的临时实验室进行。回首往昔，周教授形容其为"走廊实验室"。而今，当年的"走廊实验室"现已发展为广州中医药大学肿瘤研究所，周教授仍然担任该研究所所长。

面对癌症，人类有太多的未知领域，中医治癌更是一个待开拓的全新领地。他是一位中医肿瘤学临床大家，重视临床，但不仅限于临床。如果说临床医疗实践是学科建设的今天，那么科研就是学科发展的明天。他高屋建瓴，始终从学科建设和发展的高度来看待临床与科研工作，从肺癌、原发性肝癌等攸关民生的重大疾病和重点病种入手，以临床中的重点和难点问题作为开展研究的突破点。他总结数十年的临床经验，提出了"益气除痰法（方）治疗非小细胞肺癌""保肝抑瘤治疗原发性肝癌"等一系列临床验证有效的治则治法，以科研促进临床经验总结与疗效提高，实现医教研协调发展。从 20 世纪 80 年代初开始，他便致力于现代医学实验与中医肿瘤临床结合进行研究。在科研项目申报上坚持"取法乎上"，瞄准国家科技攻关项目（支撑计划项目）以及国家自然科学基金等国家级重点项目进行科研布局，同时又积极开展省部级以下课题研究，以进行科研基础的积累。从 20 世纪 70 年代起发表中医治癌文章，20 世纪 80 年代开始出版学术专著，先后获得包括国家"十五"科技攻关项目、国家"十一五"支撑计划项目等在内的省、部级基金项目、科研课题10 余项，深入开展临床基础和实验基础研究并主持了国家自然科学基金及广东省自然科学基金等各类基金资助项目。

从事肿瘤研究 50 多年，周教授及其团队的研究硕果累累，获得诸多荣誉和奖项。"八五"期间主持的"中成药鹤蟾片治疗肺癌的临床研究"课题获全国医药卫生（部级）重大科技成果乙级奖。参与主持的国家"九五"攻关项目"中医药对非小细胞肺癌防治及抗复发的临床及实验研究"课题，1998 年获广东省中医药管理局科技进步二等奖。主持国家"十五"攻关项目"益气除痰法提高Ⅳ期非小细胞肺癌中位生存期的治疗方案研究"课题显示了中医药在生存期、生存质量以及体力状况、体重、免疫功能、成本—效果等方面，均有较好的临床效果。该项目研究获中华中医

药学会科技进步三等奖。承担国家科技部"十一五"支撑计划项目研究，获得广州中医药大学科技进步一等奖。2009 年，总结周岱翰 40 余年治肺癌经验的"益气除痰法延长非小细胞肺癌中位生存期，提高生存质量的系列研究"成果先后获得了广东省科技进步二等奖、教育部科技进步一等奖。

在理论创新的同时，始终注重科研成果的转化。1985 年，周岱翰主持研究的鹤蟾片获国家重大科技等奖后，在科研成果的基础上研制的鹤蟾片迅速实现临床转化，由当时的广州中药一厂大批量投产上市。迄今，鹤蟾片仍然是临床治疗肺癌的重要中成药，广泛应用于临床。现如今他研发的肺癌经验方院内制剂——清金得生片，被评为"岭南名方"称号，获得在广东省内医疗单位流通应用的待遇，进一步的研究、推广、应用正在进行中。

根据中医肿瘤学的发病特点，周教授探索建立了多种相关证型的荷瘤动物模型，如阴虚、脾虚、血瘀等的动物模型。分子生物学是当前医学研究的前沿和热点，周教授时刻关注现代基因及蛋白质组织学的发展，十分重视利用蛋白组学、基因组学等新知识、新技术应用于中医肿瘤学的研究。与国内相关专家合作，率先对肺癌的证候实质进行研究，构建了脾虚痰湿型肺癌肿瘤相关消减 cDNA 文库，筛选与肺癌脾虚痰湿型证候相关的基因，对中医肺癌证候的分子机制进行了探索。该方向的研究先后获得广东省自然科学基金项目和国家自然科学基金项目等基金立项。2010 年周岱翰被评为"全国优秀科技工作者"，他强调，应用现代医学研究阐明中医学在防治肿瘤中的作用原理，致力于在肿瘤治疗的整体或某个环节、某个侧面充分发挥中医的优势，有利于促进中医肿瘤学学术水平与临床疗效的提高。

（四）弘扬岐黄术，饮誉海内外

周岱翰德艺双馨、仁心仁术，治癌声誉远播国内外。他用中医疗效征服"洋"患者，每年都有大量的外宾、华侨前来求医，使许多不少晚期癌症患者的病情得到缓解，有澳大利亚的、英国的、泰国的……半生讲学路，弘扬岐黄术。在 20 世纪 70 年代末，香港中文大学邀请邓铁涛、周岱翰等教授到香港做有关专题学术讲座，成为内地第一批赴港澳地区讲学的中医医生。此后，新加坡、马来西亚、菲律宾、泰国、越南等国家反复多次通过各种形式邀请他讲学及进行科研协作。

1998 年，一位 41 岁台湾商人林先生被诊断为舌癌，因其拒绝手术及放射治疗，求助于周岱翰，诊其为"舌疳"，属心脾郁火，热毒瘀结所致，周岱翰开出了以导赤散、黄连解毒汤为主方的汤药，同时配合中成药及西药治疗。经过 3 个月治疗，患者舌侧溃疡愈合，舌体肿物及肿大淋巴结消失。林先生感激地说："周医生和古老的中医药给了我第二次生命。"并捐献 10 万人民币成立了全国第一个中医肿瘤研究基金会——广东华佗肿瘤研究基金会，后经各方赞助增资至 50 万元，用于资助中医药在肿瘤治疗领域的相关研究。

1997 年，东南亚某国一位政要的女儿在澳洲墨尔本理工大学附属医院治疗半年后，因疲乏、消瘦、身体健康状况突然变差，被确诊为非霍奇金淋巴瘤（Ⅳ期）。医生建议到美国进行骨髓移植，但风险很大。患者不远万里来到广州向周岱翰求助，希望用中医药进行治疗。面对虚弱不堪的患者，周岱翰以中药、传统抗癌中成药控制住了病情，并且改善了患者体质，一年后获临床治愈，20 年来，这位患者一直保持良好的生活质量，没有复发。

2005 年，一篇采用纯中医中药方法根治癌症患者的报道引起杰弗瑞·D. 怀特博士的高度重视，杰弗瑞·D. 怀特是美国国立癌症研究所补充和替代医药办公室主任，他专程来华与周岱翰探讨中医肿瘤学术，并与近 20 位治愈或带瘤生存的患者座谈。通过这次访问，怀特博士感受到了中医药的独特魅力，并开启了延续至今的中美肿瘤专家的科研项目协作。

三、学术之精

周岱翰是中医肿瘤学学科奠基者之一，治学推崇《伤寒杂病论》，诠释中医肿瘤学的学术内涵和辨证规范；重视整体观念，提倡个体化治疗，深化辨证论治三层次，即辨人、辨病、辨证；首倡放射反应和放射损害属"火邪""热毒"论，发展了温病学说；较早倡导"带瘤生存"，拓展了中医治癌理念。

（一）推崇《伤寒杂病论》，诠释中医肿瘤学

1. 整理与规范肿瘤中医病名

周教授认为，中医学虽没有"癌症""恶性肿瘤"之病名，但对癌瘤认识源远流长。早在殷墟甲骨文字中就记载有"瘤"的病名，宋代《卫济宝书》第一次使用"癌"字，谓"癌疾初发，却无头绪，只是肉热痛……"对于癌瘤的认识，由于时代的局限，多仅停留在肿块硬实如山岩，溃破翻花难收口，能烂及五脏的恶疮毒瘤等表象上。中医对肿瘤的命名根据肿瘤病位、病因、预后等深入认识后确定，看似简单，实则复杂。周岱翰教授指出，中医肿瘤学源远流长，历代文献对肿瘤命名记载甚多，如《黄帝内经》之"息贲""肠覃""伏梁"，《诸病源候论》之"噎膈""石瘕""石疽"，《外科正宗》之"失荣""筋瘤""乳岩"等，多以病灶形状、质地及患者的症状、体征、病因等命名，借鉴现代肿瘤学病因、病位、病理及诊疗等的进展，人们逐渐发现古代命名存在不足，往往涵盖一大类部位、症状相近的疾病，而非单

一疾病，不利于临床诊治。周教授主编的《中医肿瘤学》采用了肿瘤的西医病名，并在临床中革新性地对部分恶性肿瘤更名，如肺癌病、肝癌病、胃癌病等，囊括了西医病理学辨病之长和中医诸多文献论述的辨证之详。如肺癌病，明确了西医肺癌病理诊断和中医关于肺积、息贲、劳嗽、痰饮、肺痿等病名的相关记载，能体现脏腑定位的精确性，促进中医肿瘤诊疗的标准化，有利于中西医融合发展和临床上中西医结合治疗。这种命名或需不断完善，但体现了对中医藏象学说的深入认识与革新应用，以及对现代医学成就的借鉴与融汇。

2. 强调整体观念，深化辨证论治

在 20 世纪 50～70 年代，对于癌瘤的辨治，也多为有方无法，或有法无方，始终未能形成完整的学术体系。周岱翰在多年的临床实践中潜心研究，认为肿瘤的辨证施治规范形成始于《伤寒杂病论》，如：《五脏风寒积聚病脉证并治第十一》曰："积者，脏病也，终不移；聚者，腑病也、发作有时，辗转痛移。"《呕吐哕下利病脉证并治第十七》曰："朝食暮吐，暮食朝吐，宿谷不化，名曰胃反，脉紧而涩，其病难治。"而仲景创立的六经辨证理论体系和方法，不仅为外感热病而设，同样也适用于内伤杂病。中医肿瘤学的辨证施治也遵循其法度。《伤寒杂病论》倡导整体观念，体现在基本理论和临床辨治各个方面，以脏腑经络学说为基本论点，强调"治病必求于本"和"治未病"，提出"千般疢难，不越三条"，重视内因的主导作用，立足"治未病先安未受邪之地"，以顾护整体的正气，仲师以人为本的整体观念，对中医肿瘤学的学术发展有重要的指导作用。中医治癌重视"得病的人"，与现代肿瘤学强调"人得的病"（依赖物理、化学等诊疗手段），形成了鲜明的对比。中医肿瘤学的整体观认为人是一个有机整体，人与环境之间存在着天然不可分割的联系，即人体本身的统一性和人与自然环境、社会环境的统一性。中医的整体观认为发生于身体局部的癌瘤都与其全身阴阳失衡、内脏功能失调有关，是全身病变的局部表现，再以患者的生理、病理过程，即证候为靶点，通过四诊进行精确的辨证，再立法拟方选药，因此，整体观念和辨证论治是中医肿瘤学的鲜明特色，临床辨明病属寒热虚实，病在何脏何腑，属何经脉，灵活运用六经辨证，治病不离法，又不为法所拘，且辨证须与辨病结合。

临证辨治则以六经辨证、八法为纲，"观其脉证，知犯何逆，随症治之"。遵"思病之源，思过半矣"之旨，注意肿瘤关键病机的思辨。广义的辨证论治包括辨病与辨证的论治，诊断以辨病为先，以病为纲，面对复杂的病状，通过辨病将辨证局限于某一疾病之中，减少了辨证的盲目性；证候是由疾病派生的，从病辨证，可使辨证更加深入和具体。同一癌症在不同患者身上的发生发展和临床表现迥异，通过辨证论治，如同量体裁衣，得到相应的理法方药治疗。辨证论治强调时空概念。《伤寒论·太阳病篇》第 4 条言："伤寒一日，太阳受之，脉若静者，为不传，颇欲吐，若躁烦，脉数急者，为传也。""伤寒二三日，阳明少阳证不见者，为不传。"中医临床辨治，突出"以时为本"，六经的传变，既按时间的顺序传变，也是由表到里的空间体现。辨证论治倡导辨病与辨证相结合。仲师既重视辨病，又重视辨证，《金匮要略》从第二篇至第二十二篇均以某某病脉证并治作篇名，在具体内容的论述中，也是辨病与辨证相结合，病是客观存在于脏腑经络的具体损害，证是病反映于外在的表现，《金匮要略》常常以主证、主脉、病位来辨病，肿瘤临床中又常以某药对某癌有较好疗效而持续应用作为辨病用药；辨证则是通过四诊了解病因病机和临床特征来实现，倡导病脉证治结合，相得益彰。广义的辨证在《伤寒杂病论》中有辨病、辨证和辨症三层含义。"专病专方"，此法自古有之，《黄帝内经》有十三个方，多为一病一方。《伤寒杂病论》方剂被后世尊为"众方之祖"，称为"经方"，临证辨治，"一病一方"即为"方证对应"，亦可称为"汤方辨证"，清初四大名医之一徐灵胎言"一病必有一主方，一方必有一主药"。岳美中先生讲"余谓中医治疗，必须辨证论治与专方专药相结合"。

辨证论治和汤方辨证对中医肿瘤临证皆具有重要意义。周老平素喜用经方，如消化系统肿瘤患者，出现"胸胁苦满，默默不欲饮食，心烦喜呕，或胸中烦而不呕，或渴，或腹中痛，或胁下痞硬或心下悸，小便不利，或不渴，身有微热，或咳者"，病位在少阳，病机属肝气郁结，肝胃不和，肝脾不和者，用小柴胡汤主之。如泻心汤证的心下痞，是由于脾胃升降失常，脾气当升不升，胃气当降不降，气机痞塞于中而致，故化疗、放疗患者，出现脾热或胃寒脾热的寒热错杂呕吐证，常用半夏泻心汤治疗而获效。但若属脾阳虚出现腹胀满者，则须用厚朴生姜半夏甘草人参汤。食道癌所致胃虚痰阻，"心下痞硬，噫气不除者"，用旋覆代赭汤。《伤寒杂病论》所载方剂治法，大体上可用八法概之，即汗、吐、下、和、温、清、消、补。八法在现代中医肿瘤治疗中的运用，应有所侧重，灵活变通，如汗、吐法，由于肿瘤为内伤杂病，除非兼杂太阳表证使用汗法，痰涎壅盛偶用吐法，素来在肿瘤的辨治中，此二法较少使用。其他方法，则根据体质的强弱，病情的缓急，病性的寒热，正邪相争情况而辨证地应用，诸法可分可合，临证应灵活变通。

（二）以"火邪""热毒"论放射病，发展温病学说

岭南地处我国南端，濒临海洋，形成了不同于中原的独特地理环境和自然气候。本地区天气炎热，年平均气温较高，高温时间长，四季不明显。炎热多湿易致山岚瘴气（瘴气即指热带山林中的湿热蒸郁致人疾病的因素，简称"瘴"，如"瘴疬""毒瘴""瘴雨蛮烟"）。岭南特有的气候环境对当地人体质形成、疾病发生与转

归均有着较大影响。岭南人群的体质可概括为"阳浮阴闭，元气不固"，具体说来是"上焦多浮热""中焦多湿蕴""下元多寒湿"。正如吴鞠通在《温病条辨》中所言："上焦如羽，非轻不举；中焦如衡，非平不安；下焦如权，非重不沉。"对于岭南肿瘤患者，遣方用药也时时刻刻因应疾病部位而有所选择和侧重。将包括导致生长癌瘤的毒邪和癌瘤长成后产生机体危害的内毒称为"癌毒"（复合邪）。周岱翰根据岭南气候环境状况、六淫致病特征、岭南族群的体质偏胜，提出恶性肿瘤的病机特点为"毒发五脏，毒根深茂藏"，确立论治本区癌瘤从"湿热、瘀毒"立论的策略，热毒是恶性肿瘤的主要病因病理之一，治疗肿瘤的中草药亦以清热解毒药占比例最大。

周教授是系统地提出将放射反应和放射损害定性为火邪、热毒的学者，他认为"火邪""热毒"属于阳邪，具有温热性质的特点，归属"温病学"范畴。此外，对化学药物治疗后的消化系统损伤、骨髓抑制症状，可辨为脾肾阴虚，亦可按温病学伤阴论治，温病学"清热""养阴"治则治法可减轻放化疗毒副作用。周岱翰在中医肿瘤学术领域发扬和拓展了"温病学说"的应用，提出养阴保津、祛邪消瘤乃"放射病"的治疗关键，所谓"存得一分津液，便有一分生机"。故养阴保津法在肿瘤放射病治疗中贯穿始终。在具体运用上，根据病情不同，而分别用甘寒生津法、咸寒甘润法、酸甘化阴法、苦泄甘和法等，依据病位的不同可分为滋养肺胃、增液润肠、滋补肾阴等。在治疗有"广东瘤"之称的鼻咽癌的放射治疗副作用时，辨治初宜清热养胃，继则滋阴补肾。此外，对化疗药治疗后产生的消化系统损伤及骨髓抑制症状，辨证属脾肾阴虚证候，也可按温病学伤阴理论治疗，注意存津救液、顾护脾胃，首推养阴清热，该法在放化疗过程中常可发挥"增效减毒、消癌抑瘤"之功效。

（三）倡导"带瘤生存"，更新治癌观念

周教授根据临床实践，强调恶性肿瘤是局部属实、整体属虚的一类慢性疾病，病机是"毒发五脏，毒根深茂藏"。"毒发五脏"指内脏病变在局部的表现；"毒根深茂藏"意为病灶由里及表，隐蔽而广泛。长期与癌症"打交道"，认识到中晚期癌症是慢性病，根治不切实际，但可通过中医治疗改善症状、提高生存质量，乃至延长生存期。而以杀灭、清除癌瘤组织为目的的西医传统治疗模式，对老年的肺癌患者并不适合，因为他们大多身体虚弱，病情隐匿，一旦发现，已非早期，并发症多，且伴随内脏功能损害。此时应该选用最佳的个体化治疗，控制癌症，亦重视减轻症状，改善生活质量，延长生存时间，与癌"和平共处"，实现带瘤生存。周岱翰首次较全面地阐释"带瘤生存"理念：在治疗的漫长过程中，当邪正对峙、邪难压正的情况下，可以出现"带瘤生存"的特殊阶段。此时治疗目的在于通过辨证论治改善症状，提高生存质量，延长生存期，这是中医治疗肿瘤的特点和优势之所在。"带瘤

生存"观念体现了整个抗肿瘤过程中的一种务实态度，中晚期癌症患者即使出现大量胸水、腹水或骨转移、肝转移等情况，如能及时进行全身有效的抗肿瘤综合治疗，亦可获得较好的生活质量和更长的生存时间。

周岱翰强调中医药应当早期且全程参与肿瘤的治疗，而不仅是晚期患者的"最后选择"。提高中医药的治疗参与率有助于提高治疗中晚期癌症的临床疗效，从观念上摒弃肿瘤的"过度治疗"，使无法治愈的肿瘤患者保持良好的生活质量。"带瘤生存"不是被动等待肿瘤进展，而是针对瘤块和人体的标本状态主动地"精准"治疗，是中医天人合一观念在肿瘤临床中的具体体现，强调人是一个整体，人与环境相统一，体现了人瘤共存的"和谐"思想。周教授倡导"带瘤生存"理念，提出积极合理地应用现有的治疗手段杂合而治、辨证治疗。周岱翰在临证肿瘤辨治过程中推崇《医宗必读》的三期辨治法，即病分初、中、末，谓："初者，病邪初起，正气尚强，邪气尚浅，则任受攻；中者，受病渐久，邪气较深，正气较弱，任受且攻且补；末者，病魔经久，邪气侵凌，正气消残，则任受补。"强调治法与治则需以整体观念和辨证论治为原则，不可偏废，同时应掌握传变规律，注重动态变化，临床圆机活法，兼顾"治未病"策略。

"带瘤生存"理念的提出，与当时主流肿瘤学追求"无瘤生存"格格不入，但随着对肿瘤基因组学的解读和病理变化的深刻认识，世界卫生组织（WHO）2006年将肿瘤论述为可控性疾病，肿瘤是一种慢性病的观念逐渐被人们接受。国际上对癌症的认识从"绝症"到"可根治"到"可控性疾病"，"慢性病"与"带瘤生存"理念不谋而合，殊途同归。西医学既往以"无瘤生存"为目标，临床往往出现过度治疗，甚至出现"生命不息，化疗不止，死而后已"的悲剧。当前，临床中能获早期诊断的恶性肿瘤仍占少数，大多数癌症患者发现时已属中晚期，治疗上更符合中医"带瘤生存"的观点。提高中医药的治疗参与率有助于提高中晚期癌症的临床疗效，从观念上摒弃肿瘤的"过度治疗"，使无法治愈的肿瘤患者保持良好的生活质量而"带瘤生存"，让肿瘤细胞"改邪归正"，真正实现"慢病化"管理，形成具有中医特色的恶性肿瘤综合治疗的中国模式。

（四）立足养生康复，阐发食物疗法

周岱翰治癌注重治疗和综合康复（心理、社会、职业、食疗）相辅相成，结合岭南中医特色，认为养生与食疗是中医体系的重要组成部分。《素问·脏气法时论》云："毒药攻邪，五谷为养，五果为助，五畜为益，五菜为充，气味合而服之，以补精益气。"提倡对肿瘤患者要进行全病程管理、综合康复的理念，主张"土健以灌四旁"，重视食疗，合理恰当的食疗应首先遵循整体观、辨证论治原则，以达辨证施

食。多次发表更新了肿瘤食疗学著作，系统地阐述其对中医肿瘤食疗的认识与理解，并介绍诸多肿瘤常用食疗方。同时，反对随意扩大"癌症戒口"与"发物"的范围，强调肿瘤患者食谱应多样化，必须有多种适量的动物蛋白质或奶类以满足机体对必需氨基酸的需要。

1. 开创中医肿瘤食疗学先河

周岱翰涉猎古籍，深入病家，博采众方，1988年撰写的国内第一本中医肿瘤食疗专著《癌症的中医饮食调养》出版，开创了中医肿瘤食疗学的先河，该书从营养学和中医饮食治疗学的角度探讨了饮食营养对于肿瘤调治的意义，探讨了癌症的饮食宜忌，强调饮食营养对于癌瘤调治的重要意义。2003年修订《中医肿瘤食疗学》著作并得以出版，进一步丰富和完善了中医肿瘤食疗学体系。

食疗即饮食治疗，又称食治、食医、食养、药膳。中医食疗是指在中医药理论指导下，研究食物的性能、配伍、制作和服法，以及食物与健康的关系，并利用食物来保持健康、防治疾病的学科。中医肿瘤学是一门既古老又年轻的学科，根植于传统中医药理论，但又与现代医学紧密结合。中医肿瘤食疗学是基于中医脏腑经络理论学说，并结合现代肿瘤学、营养学等医学成果来指导人们通过饮食物防治肿瘤的一门学科，是中医肿瘤学的重要组成部分。中医肿瘤食疗学是中医肿瘤学和食疗学的交叉学科，具有较为丰富的内涵。狭义的中医肿瘤食疗学是指在中医理论指导下应用食物的偏性对肿瘤患者进行调理，侧重在调与治。《淮南子·修务训》曰："古者民茹草饮水，采树木之实，食蠃蚌之肉，时多疾病。毒伤之害，于是神农始教民播种五谷……尝百草之滋味，水果之甘苦，令民知所辟就。"这就是"神农尝百草药""药食同源"之缘由，也是中医食疗学的起源和萌芽。《素问·五常政大论》中言"治病要以食为养，不能维药是治。"药王孙思邈更在《备急千金要方》中言"凡欲疗疾，先以食疗"，都将饮食治疗放在极其重要的位置。

狭义的中医肿瘤食疗学是只针对肿瘤患者的饮食治疗、饮食指导，广义的肿瘤食疗学还包括如何养生、保持健康、预防肿瘤。肿瘤的发生与多种因素相关，其中饮食不节/饮食不洁是癌症发生的重要条件。我国高发的胃癌、食管癌、肝癌等疾患，与不当的饮食习惯、饮水卫生密切相关，因此需要大力倡导健康饮食生活方式以防治肿瘤发生，这涵盖如何保存食材，如何合理烹调食材，如何食用等方面内容。周岱翰一直强调患者、医务人员均不可过分强调"发物"，过分忌口，需要注重营养、营养素合理补充，提倡进食新鲜食物，少食多餐，丰富饮食物品种，减少摄入腌制、深加工食物，拒绝高盐、高糖食品，采取健康方式烹饪食物，减少煎炸烧烤等烹饪方式以养生延年、防治肿瘤。这逐步形成了以中医理念融会贯通现代营养学、流行病学、预防医学等多学科内容，集防治养于一体的中医肿瘤食疗学理论。

2. 脾为后天之本，论治不忘补中

"民以食为天"，脾胃主消化饮食，营养全身，为气血生化之源。经曰"脾为后天之本""脾主运化""脾主肌肉"。自《内经》开始历代医家均十分重视脾胃的运化功能。李中梓在《医宗必读》中提道："脾何以为后天之本？盖婴儿既生，一日不食则饥，七日不食则肠胃涸绝而死。经云：安谷者昌，绝谷则亡。犹兵家之饷道也，饷道一绝，万众立散。胃气一败，百药难施。一有此身，必资谷气。谷入于胃，洒陈于六腑而气至，和调于五脏而血生，而人资之以为生者也，故曰后天之本在脾。"李东垣在《脾胃论》中，认为内伤病的形成乃是气不足的结果，而气之所以不足，实由脾胃损伤所致，脾胃的盛衰直接决定着元气的盛衰，"元气之充足皆由脾胃之气无所伤，而后能滋养元气。若胃气之本弱，饮食自倍，则脾胃之气既伤，而元气亦不能充"，"真气又名元气，乃先身生之精气也，非胃气不能滋"，"夫元气、谷气、荣气、清气、卫气，生发诸阳上升之气，此六者，皆饮食入胃，谷气上升，胃气之异名，其实一也"。因脾胃是元气之本，元气是健康之本，脾胃伤则元气衰，元气衰则百病所由生。癌症，属内伤病范畴，癌瘤的成因、发展，癌瘤本身的消耗，各种祛邪手段的治疗结果，均与脾气虚弱密切相关。临床实践中，深刻领会仲景的"脾旺不受邪"学说，遣方用药皆不忘顾护胃气，崇尚东垣的脾胃学说，喜用参芪、四君子、补中益气汤类，时常告诫旁人，以大剂苦寒峻烈霸道之药以期祛邪逐瘤，则有伤脾败胃之虞，结果适得其反，只能收到事倍功半的效果。

3. 规范饮食疗法，强调辨证配膳

中医强调以胃气的有无盛衰来判断生死寿夭，所谓"人以水谷为本，故人绝水谷则死，脉无胃气亦死"（《素问·平人气象论》）。水谷入胃，五味各走其所喜之脏，酸味走肝，苦味走心，甘味走脾，辛味走肺，咸味走肾，饮食适宜，滋味调和，则五脏各得所养，自可"骨正筋柔，气血以流，腠理以密"而"长有天命"。而"味过于酸，肝气以津，脾气乃绝；味过于咸，大骨气劳，短肌，心气抑；味过于甘，心气喘满，色黑，肾气不衡；味过于苦，脾气不濡，胃气乃厚；味过于辛，筋脉沮弛，精神乃央"（《素问·生气通天论》）。因此，饮食要有规律，五味要调和，正如《灵枢·师传》所述："食饮者热无灼灼，寒无沧沧，寒温适中，故气将持，乃不致邪僻也。"若饮食失常，损伤脾胃，升降失常，致聚湿、生痰、化热，进而损及其他脏腑，则百病由生。对于饮食调摄，通过长期的临床实践，周岱翰著《癌症的中医饮食调养》一书，强调中医饮食疗法的核心内容，便是辨证配膳。不同人体的素质禀赋、体质强弱、性格类型各不相同，各人之嗜欲也不一样，即使在同一人体，于一生中各个时期，其体质及气血盛衰也有所变化。进行食疗时，必须充分考虑到这些情况，区别对待，采取最适宜的食疗方案。如《寿亲养老新书》中指出："老人之食，大抵宜其温热熟食，忌其黏硬生冷，每日晨宜以醇酒，先进平补下元药一服，女人补血海药一服，无燥热者良。"这些论述就提示我们，不同性别、不同年龄的人，其饮食宜忌有所不同。不同形体的人，其饮食宜忌也有差异。例如体胖的人多痰湿，适宜多吃清淡化痰的食物；体瘦的人多阴虚，血亏津少，所以宜多吃滋阴生津的食物。

四、专病之治

（一）肝癌

肝癌是指原发于肝细胞或肝内胆管上皮细胞的恶性肿瘤，又称原发性肝癌，是最常见的恶性肿瘤之一。本病早期症状隐匿，表现为一般的消化道症状如上腹部不适、腹胀、纳呆、乏力，时有腹痛、胁痛等；晚期则以腹部肿块、持续性疼痛、腹胀、纳差、黄疸、腹水、消瘦等为主要表现；如患者出现肿瘤破裂出血、消化道出血、肝昏迷等并发症，多危及生命。

周教授从岭南地区、我国肝癌的发病背景出发，尤重视肝硬化、原发性肝癌的病理联系，认为肝硬化与肝癌关系密切，前者为后者之初，后者为前者之渐，病机皆为肝阴受损凌脾而出现肝火燔灼，清·王旭高谓："肝火燔灼，游行三焦，一身上下，皆能为病。"据岭南地区气候湿热特点，周岱翰认为肝脏储备功能是制约肝癌疗效的瓶颈，他推崇王旭高《西溪书屋夜话录》中的"治肝三十六法"，王旭高言：能治肝者，治百病。

1. 病机首重肝火燔灼

原发性肝癌的病因有内、外两方面。外因为六淫之邪，当以湿热郁蒸与肝病关系最为密切。内因首责七情所伤，造成气血瘀滞，脏腑经络失调，邪毒结聚成块。而肝藏血，主疏泄，喜条达，恶抑郁。七情所伤，肝气郁结，疏泄无权，加之邪热湿毒，最易造成肝热化火。因此，肝癌成因乃内外因素互相影响，其病机首要为肝火燔灼，劫血烁阴，肝不藏血，致肝阴亏虚，血耗阴虚；病情发展，肝失所养，肝木乘土，肝气横逆，侮脾犯胃，致脾气虚；肝肾之阴，相互资生，肝血不足，肝阳妄动，下劫肾阴，致肾阴不足，肾水枯竭。故肝癌的发病涉及肝、脾、肾三脏。

2. 舌脉辨证洞察精微

中医学认为，五脏六腑通过经络而与舌体有密切关系。足厥阴肝经之脉络于舌，舌体两边属肝胆，临证察肝癌患者的舌象时，除察舌质、舌苔外，还注重观察舌边、舌下静脉，并常以舌之津液辨病势凶吉。肝癌初中期，以肝郁脾虚或肝郁血瘀为主，病邪相对较浅，舌质红或暗红、苔多呈白苔或黄厚苔；病至晚期，肝肾亏虚，阴亏精竭，则见舌光无苔（镜面舌），扪之无津。如舌边见瘀斑点，即肝瘿线，舌质青紫，多见于以血瘀为重的病例。因此，察舌可知疾病的预后。此外，他还重视脉象的研究，认为弦脉主肝，从脉之缓急可测预后。弦而数者为疾重病进；弦而细为邪盛正虚；兼涩者为血瘀；兼滑者为湿聚；细缓或滑缓者胃气尚存，病情发展相对缓慢；细数甚或数而无根者为病情急进；脉细如丝，重按中空，形如雀啄，多见于癌块破裂或消化道出血。从脉象的变化，还可辨知病机，临证时须舌脉互参，以求其本。

3. 治疗强调清肝健脾

肝为刚脏，主升主动，以气为用，气有余便是火，故肝病易从火化。肝癌患者每多出现发热烦渴，口苦咽干，胁下刺痛，甚则吐衄便血等。肝为将军之官，若"肝病贼五脏"，每以脾土为先。脾气的升降依赖肝气的疏泄正常，若肝气疏泄太过则横逆犯脾，因而肝病最易犯脾，故肝癌患者每多出现纳呆、疲倦的脾虚症状。周教授临证强调以清肝利胆、健脾益气为要，常用茵陈、栀子、大黄、溪黄草清肝利胆；女贞子、旱莲草、白芍滋养肝阴；党参、白术、薏苡仁健脾益气；并配以土鳖虫、地龙、半枝莲、仙鹤草解毒抗癌。其中尤推崇大黄之清利肝胆、活血祛瘀的功用，其用大黄每与诸药同煎，使泻下作用减弱而祛瘀力增强，免除伤脾碍胃之虞。清肝利胆，意在祛邪；健脾益气，旨在扶正。两者必须有机结合，在祛邪软坚消瘤时勿忘扶正保肝。其研制的参桃软肝颗粒，应用于临床屡获良效。

4. 分型论治

肝主疏泄，喜条达而恶抑郁，主升、主动，为刚脏；肝藏血，体阴用阳。邪毒内聚，肝失疏泄，致肝气郁滞，郁而化火，郁火内灼耗伤阴血，使肝阴耗损，肝血不藏而妄行。肝旺克脾则脾气虚损，肝损及肾则肾水亏枯。面对肝癌复杂的病机，临证抓住热、瘀、虚的特点，分为4个临床证型进行辨治。

（1）肝热血瘀型

主症：胸胁部不适，或上腹触及肿块，或质硬如石，疼痛拒按，烦热口干，或烦躁口苦喜饮，大便干结，小便黄或短赤，甚则肌肤甲错，舌质红或暗红，边尖有瘀点瘀斑，舌下静脉迂曲，舌苔白厚或黄，脉弦数或弦滑有力。

证候分析：肝气郁结，气滞血瘀，瘀血结于腹中则不适，瘀结日久成癌，则见上腹肿块质硬如石，疼痛拒按；肝气郁结，日久化火，火热燔灼，故见烦热口干，口苦喜饮，大便干结，尿短黄赤；瘀血内阻，气血运行不利，肌肤失养，则皮肤粗糙如鳞甲；舌质红或暗红，边尖有瘀点瘀斑，苔白厚或黄，脉弦数或弦滑有力为肝热血瘀之象。

治法：清肝解毒，祛瘀消癥。

方药：莲花清肝汤（《临床中医肿瘤学》）加减。

半枝莲 30g，重楼 30g，白花蛇舌草 30g，蜈蚣 5 条，莪术 15g，桃仁 10g，红花 10g，柴胡 12g，白芍 18g，人工牛黄 1g，延胡索 12g，田七 5g。

方中半枝莲、重楼、白花蛇舌草清热凉血解毒，为君药；蜈蚣消癥散结，田七、莪术、桃仁、红花祛瘀散结为臣药；佐以柴胡、白芍、延胡索、疏肝祛瘀止痛，为佐药；用人工牛黄引药达病所，为使药。

如腹部疼痛或胸胁掣痛者，酌加徐长卿、蒲黄、五灵脂活血止痛；大便干结者，加生地黄、大黄凉血通便。

（2）肝胆湿热型

主症：面色萎黄或黧黑，或身目黄染，心烦易怒，发热口渴，口干而苦，胁肋痛灼热，胁下痞块，腹部胀满，小便短少黄赤，大便秘结，舌质红，舌苔黄腻，脉弦数。

证候分析：湿热蕴结于肝胆，湿热交蒸，胆汁不循常道而外溢，可见面色黧黑、目黄、身黄、小便黄赤；湿热蕴结，肝失疏泄故心烦易怒，胁痛灼热，胆失疏泄，胆汁上逆，则口苦；湿热中阻，升降失常，故胁下痞，腹部胀满；湿热邪盛，热耗津液，故见发热口渴口干，小便短少；阳明热腑气不通，则大便秘结；舌质红，苔黄腻，脉弦滑均是肝胆湿热之征象。

治法：清热利湿，解毒退黄。

方药：茵陈蒿汤合大柴胡汤（《伤寒论》）加减。

绵茵陈 30g，栀子 15g，大黄 15g，溪黄草 30g，猪苓 15g，柴胡 10g，枳实 15g，女贞子 15g，桂枝 10g，半枝莲 30g，重楼 30g。

方中以茵陈蒿、溪黄草为君，清热利胆、退黄疸；以猪苓、栀子、大黄、枳实通利三焦，导湿热下行，配合重楼、半枝莲清热祛瘀、消瘤散结为臣；柴胡、白芍疏肝解郁、女贞子补益肝肾，为佐；桂枝和营通络为使药。

如黄疸明显者，可加用田基黄、败酱草退黄；如发热，加用青蒿、鳖甲。

（3）肝郁脾虚型

主症：上腹肿块胀顶不适，或胁部癥坚掣痛，消瘦乏力，倦怠短气，纳少，进食后胀甚，口干不喜饮，大便溏数，小便黄短，甚则出现腹水、浮肿、黄疸，舌质胖，舌苔白，脉弦细。

证候分析：肝病日久，瘀结生毒，肝木乘脾，脾气亏虚，运化乏力，水湿内生，阻滞气机，故见腹胀纳少，进食后胀甚，大便溏数；脾阳不振，脾失所养，故消瘦乏力，倦怠短气；脾阴亏虚，津生无源，加之肝火内盛故口苦溺黄；脾虚运化失司，水湿内聚，故见腹水、黄疸、下肢浮肿；舌质胖，苔白，脉弦细为肝郁脾虚之象。

治法：健脾益气，疏肝软坚。

方药：逍遥散合四君子汤（《太平惠民和剂局方》）加减。

柴胡 15g，当归 10g，白芍 15g，党参 30g，白术 20g，茯苓 20g，川朴 15g，桃仁 10g，莪术 15g，栀子 15g，八月札 15g，甘草 6g。

柴胡疏肝解郁，当归、白芍养血柔肝，党参、白术、茯苓健脾祛湿，使运化有权，气血有源，共为君药；桃仁、莪术活血疏肝，共为臣药；栀子、八月札、川朴清肝解毒、理气开郁为佐药，甘草益气补中、缓肝之急为使药。

如短气乏力甚者，以生晒参易党参益气健脾；腹胀甚者，加用槟榔、木香行气消肿；肢肿、腹水甚者，酌加泽泻、大腹皮等健脾利水；黄疸者，加茵陈、溪黄草等清热利湿退黄。

（4）肝肾阴虚型

主症：鼓胀肢肿，蛙腹青筋，四肢柴瘦，短气喘促，唇红口干，纳呆畏食，烦躁不眠，尿短便数，甚或上下血溢，神昏摸床，舌质红绛，舌光无苔脉细数无力，或脉如雀啄。

证候分析：本型多见于晚期肝癌，肝肾阴虚，津液不能输布，水液停聚，血瘀不行，故鼓胀肢肿，蛙腹青筋；阴液亏虚，形体不充，四肢柴瘦。阴虚津液不能上承，加之虚火内生，故见唇红口干；阴虚阳微，故见短气喘促，溺短便数；胃液干涸，纳呆畏食；阴亏虚火内扰，故烦躁不眠；阴虚火旺，迫血妄行，可见上下血溢；阴虚风动，气血逆乱，而致神昏摸床，舌质红绛，舌光红无苔，脉细数无力，或脉如雀啄，为肝肾阴液枯竭、阴虚火旺之象。

治法：滋水涵木，益气育阴。

方药：滋肾养肝饮（《临床中医肿瘤学》）加减。

女贞子 30g，山萸肉 15g，生地黄 20g，西洋参 15g，麦冬 15g，白芍 20g，仙鹤草 30g，重楼 30g，半枝莲 30g，知母 15g，黄柏 15g，五味子 10g。

方中以女贞子、山萸肉滋养肝肾为君药；生地黄、白芍养肝育阴，西洋参、麦冬益气复脉为臣药；以仙鹤草、黄柏、知母清热凉血，重楼、半枝莲解毒消癥为佐药；以五味子入五脏为使药。

如腹水胀顶者，酌加木香行气消胀；肝性脑病神昏者，可加水牛角送服安宫牛黄丸醒脑开窍；上下血溢者，加鲜旱莲草叶、鲜藕汁、水牛角等凉血止血。

（二）肺癌

原发性支气管肺癌简称肺癌，是发于支气管黏膜和细支气管肺泡的原发性癌瘤。周岱翰辨治肺癌首重益气养阴、解毒除痰，提出支气管肺癌的认病辨证不离"痰、瘀、毒、虚"四则。对中晚期肺癌患者，尤强调"痰""虚"两字，认为处于这一特定阶段肺癌的病理特征是以"虚"为本，以"痰"为标，虚实夹杂。对中晚期肺癌的治疗，遵《内》《难》之要旨，守肺癌之病机，创"益气除痰"之大法，扶正与祛邪有机结合达到标本兼治的目的。

1.肺为娇脏，保肺重在益气养阴

支气管肺癌的病变在肺，《素问·五脏生成论》谓："诸气者，皆属于肺。"如肺气舒畅则能辅助心脏贯通血脉，达全身；肺气肃降可以通调水道，肺失肃降则上逆而为喘咳；"肺为娇脏，喜润而恶燥"，如燥热灼肺阴，致"火邪刑金"，可成"肺热叶焦"。当正气先虚，邪气犯肺、使肺气膹郁，络脉阻塞，渐成气滞血瘀或瘀热内结；如脾气虚弱，脾不健运，蕴湿化痰，遂成痰瘀郁肺；若肾阴亏损，肾水无以滋润肺阴，亦能造成"肺热叶焦"、气阴两虚的病状。若肺气亏虚，毒邪犯肺，或七情内伤，肝气上逆犯肺，肺气膹郁；或脾虚生痰上输于肺，阻滞肺络，血行瘀滞，痰瘀瘤结，停于胸中，日渐结聚成积。

2.病机不离痰、瘀、毒、虚

肺癌因正气虚损，诸邪内侵，致肺气胶郁，津液失于输布，津聚为痰，痰凝气滞，瘀阻络脉致痰、瘀、毒胶结成积，故肺癌的辨证总不离痰、瘀、毒、虚诸因素。临证中，肺癌辨痰须知：痰之为患除见咳嗽吐痰、喘息痰鸣等有形之痰的症状外，尚有种种无形之痰的病状，如肺癌淋巴结转移为痰核流窜，肺癌脑转移为痰浊蒙蔽清窍。《景岳全书·痰饮》谓"痰有虚实不可不辨"，则痰证的属性，也不可不辨；辨瘀：肺癌之瘀，常与痰兼夹，痰瘀互结，久而渐成肺积；血不循经，为离经之血，症见咳血，瘀血阻络，不通则痛，症见胸胁刺痛，固定不移，也可因虚致瘀，表现在疾病后期，脉络失养，胸痛隐隐，缠绵不休；辨毒：古人谓"肺者，五脏六腑之华盖"，"温邪上受，首先犯肺"，说明外来邪毒最易犯肺，故肺癌的毒表现在两方面，一为外来邪毒犯肺，二是诸邪久郁化毒，多为热毒炽盛或疾病后期的本虚标实，用清热解毒法常能减轻症状，缓解肿瘤的发展；辨虚：肺癌的虚，包括气虚与阴虚，每每因虚致病，因病致虚，互为因果。"正气不足，而后邪气踞之"，是肺癌的成因。而癌瘤积聚，耗气伤阴，则造成气阴两虚。

以上瘀热内结、痰湿郁肺、肺热阴虚等病理变化相互为用，日渐形成癌瘤。由于肺癌的发病过程中常有痰湿、热灼、毒聚、耗气、伤阴的病理特点，肺癌的治则就以除痰、解毒、清肺、益气、养阴为主。在调理脏腑功能障碍中，除补肺气、滋肺阴外，除痰益气在于健脾阳，清润养阴在于壮肾水，解毒祛瘀可以消肺积。

3. 强调"痰""虚"，立益气除痰大法

肺癌的发病，多因正气先虚，邪毒乘虚而入，致肺气闭郁，肃降无权，痰浊内生而成。肺癌的发病与痰、瘀、毒、虚密切相关，以"痰"为标，以"虚"为本，重在脾虚。对中晚期肺癌以及老年患者，周岱翰认为处于这一特定阶段肺癌的病理特征是以"虚"为本，以"痰"为标，虚实夹杂。除痰必须益气，宣肺必兼健脾。临证守肺癌之病机，创"益气除痰"之大法。益气，即益肺气，兼益后天之脾气、先天之肾气，功在扶正，养正则积自除；除痰，即温化寒痰，清化热痰，燥湿化痰，润燥化痰，效在祛邪，邪去则正自安。临床研究结果表明，以益气除痰法为治疗大法切中肺癌病机，可作为肺癌治疗大法，尤其对脾虚痰湿型患者临床受益更多。周岱翰研制鹤蟾片、清金得生片等治疗肺癌中成药用于临床。围绕"益气除痰法"，周岱翰团队不断演化，深入科研，围绕探索相关分子机制与机理，获多项国家级、省部级基金支持，相关成果："中晚期肺癌中医综合治疗体系构建及推广应用"获2019年广东省科技进步一等奖。

（三）大肠癌

大肠癌属古代中医文献中"脏毒""肠积"等范畴，病位在大肠。《素问·五脏别论》说："所谓五脏者，藏精气而不泻也，故满而不能实；六腑者，传化物而不藏，故实而不能满。"《灵枢·五变》谓："人之善病肠中积聚者……则胃肠恶，恶则邪气留止，积聚乃伤，肠胃之间，寒温不次，邪气稍至，蓄积留止，大聚乃起。"明代《外科正宗》云："夫脏毒者，醇酒厚味，勤劳辛苦，蕴毒流注肛门结成肿块。"周岱翰强调"六腑以通为用，以降为和"的治疗方法，以《金匮要略》下瘀血汤、木香槟榔丸等古方化裁，积累了丰富的经验。

1. 以"六腑以通为用"论治晚期大肠癌

周岱翰认为，内脏最重要的生理功能是"通"。肿瘤是正虚邪盛，虚实夹杂的全身性疾病。而晚期大肠癌临床多见饮食不下、腹痛腹胀、大便秘结症，多由腑气不通所致，所以强调"六腑以通为用，以降为和"的治疗方法。"急则治其标，缓则治其本"。如对腹痛滞下、脏毒脓血、肠道梗阻等治疗皆以"标急"为主，以"通利"为法，常以木香槟榔丸化裁治疗。另以解毒得生煎（大黄、黄柏、栀子、蒲公英、金银花、红花、苦参）直肠内滴注通降腑气，通利六腑，使糟粕得除，邪有出路。如大肠癌因"蕴毒内结"或"毒聚肠胃"致腑气不通，或大肠癌腹腔化疗后燥屎内结致腑气不通，而成"阳明腑实"或"热结旁流"之证，必先通降腑气，方可"急

下存阴"而不伤正气。对敏感性肿瘤化疗后出现大量肿瘤细胞坏死，引起肾功能损害的急性肿瘤溶解综合征，主要表现为呕吐及小便不通，属"癃闭"范畴，亦用通降腑气之法，吐之下之，使浊毒下泻，浊阴得降，清阳得升，阴阳趋于平和。大肠癌出现高热不退，病机为"热气熏胸中"。而心肺居胸中，"肺与大肠相表里"，大肠的传导功能有赖于肺气的宣发肃降。若肺失肃降，可致气郁发热，气滞便结。周岱翰采用直肠内给药方法荡涤大肠燥结，使腑气通降，肺气肃降，水液输布，气机畅达，则内热得退。对于大肠癌诸多兼证，辨证均应谨记"六腑以通为用"，但见腑气不通，便可用中药直肠内给药，贵在降气通腑，祛邪外出。

2. 辨病为纲，分型辨证论治

大肠癌的认病辨证综合运用"四诊""八纲""八法"进行个体化辨证论治，扶正祛邪，调整阴阳，以平为期。辨病时善于运用现代医学技术，根据理化、免疫组化、影像资料、病理学检查结果进行肿瘤的分期。针对大肠癌的病理特点和生物学特性，采用具有抗癌作用的单味中药或中成药进行辨病治疗，常选用苦参、败酱草、地榆、槐花、白英草、薏苡仁或中成药小金丸、犀黄丸、华蟾素片、平消胶囊等。综合临床证候表现，研究疾病的病因、病机及其发生、发展、传变、预后规律，辨别大肠癌的部位、寒热、虚实以及转归等，因人、因时、因地确定治疗大法而分型施治。

大肠湿热型：症见腹痛腹胀，大便滞下，里急后重，大便黏液或便下脓血，肛门灼热，口干口苦，或伴发热、恶心、纳差，小便短赤，舌质红，舌苔黄腻，脉滑数。治以清热利湿，解毒散结。方用白头翁汤加减，药用白头翁15g，黄连12g，黄柏12g，秦皮12g，半枝莲20g，白花蛇舌草30g，槐花20g，白术15g，茯苓30g，猪苓30g，败酱草30g，生薏苡仁30g。

瘀毒蕴结型：症见腹部刺痛，或腹胀腹痛，痛有定处，腹部可触及包块，便下黏液脓血，血色紫暗伴有里急后重感，舌质暗红或有瘀斑，舌苔黄腻，脉弦数。治以行气活血，祛瘀攻积。方用膈下逐瘀汤加减，药用桃仁15g，红花10g，赤芍12g，当归尾15g，三棱10g，莪术10g，半枝莲30g，乌药10g，延胡索12g，败酱草15g，虎杖15g。

脾肾阳虚型：症见腹部冷痛，喜温喜按，腰酸膝软，久泄久痢，面色苍白，倦怠乏力，舌质淡胖或有齿印，舌苔薄白，脉沉迟或脉沉细。治以健脾温肾，消癥散积。方用四君子汤合四神丸加减，药用党参20g，白术15g，茯苓30g，炙甘草10g，肉豆蔻10g，补骨脂15g，吴茱萸10g，巴戟天15g，杜仲15g，生薏苡仁30g，五味子10g。

气血两亏型：症见腹痛隐隐，大便溏薄，或脱肛下坠，或腹胀便秘，面色苍白，头晕心悸，气短乏力，舌质淡、苔薄，脉细数。治以补气养血，健脾固泄。方用八珍汤加减，药用党参 20g，熟地黄 15g，白芍 15g，川芎 12g，白术 15g，茯苓 20g，炙甘草 9g，当归 15g，薏苡仁 30g，北芪 30g，槐花 20g，五倍子 10g。随症加减：若腹痛、里急后重明显者，加用木香、台乌药理气止痛；便血不止，加用仙鹤草、山栀炭凉血止血；腹痛明显，腹部包块可及者，加用桃仁、土鳖虫以活血消癥；肿物增大合并有肠梗阻者，可选用大黄、川厚朴、枳实、槟榔以通腑泄热；湿热内阻者，加苦参、黄连清热燥湿；若久泻不止，可加石榴皮、五倍子、罂粟壳益气固脱；贫血明显者，加何首乌、鸡血藤滋阴补血。

针对大肠癌的复杂病机，周岱翰临证以正虚为本，以热、湿、毒、瘀为标，虽虚实夹杂致病，仍分不同证型进行辨治。大肠湿热型患者多见于早期而癌瘤未见明显转移者，瘀毒蕴结型多见于中、晚期患者，脾肾阳虚型及气血两亏型见于晚期患者。早中期以清热利湿、化瘀解毒为治疗原则，兼顾扶正。大肠癌发展至晚期，正虚邪实，当以补虚为主，兼以解毒散结，并在辨证论治的基础上，结合选用具有一定抗癌作用的中草药。

3. 倡导直肠给药

直肠给药，可由肠黏膜吸收，通过直肠上、下静脉丛，大部分药物进入体循环发挥作用。周岱翰倡导直肠内点滴给药方法，为肠癌患者尤其是晚期患者提供了给药新途径。方用：大黄 20g，蒲公英 30g，黄柏、栀子、红花各 15g，金银花、苦参各 20g。腹痛，便血甚者，栀子易为栀子炭，加罂粟壳、五倍子各 15g；高热、腹水者，加白花蛇舌草、徐长卿各 30g，芒硝 15g。全方加水 1200mL，煎至 350 ~ 400mL，滤过药渣后，保持 38 ~ 40℃备用。患者取侧卧位，从肛门插入导尿管或小号胃管 20 ~ 25mm，将中药液放进 500mL 输液瓶内，如静脉点滴操作，接通已置入直肠内胶管，保持点滴速度为每分钟 15 ~ 20 滴，滴注完毕后保持 1 ~ 1.5 小时后排便。每天 1 次，5 ~ 7 天为 1 个疗程。此法对于晚期肠癌患者出现腹胀满、大便不通、便血等症甚为有效。

（四）食管癌

食管癌在中医学多属"噎膈""噎"的范畴，与热毒灼伤阴液相关，正如《素问·阴阳别论》谓"三阳结，谓之膈"。张子和解释曰："三阳者，谓大肠、小肠、膀胱也。结为热结也。小肠热结则血脉燥，大肠热结则便秘，膀胱热结则津液涸。三阳既结，便秘不通，火反上行，所以噎食不下。"热毒之邪灼伤津液致阴枯热结，阴血枯竭，虚火自生，脾不健运，蕴湿生痰，遂致"痰则塞而不通，气则上而不下"。痰气交阻亦为重要病机，《订补明医指掌》谓："噎膈多起于忧郁，忧郁则气结于胸膈而生痰，久者痰结成块。胶于上焦，道路狭窄，不能宽畅，饮或可下，食则难下，而病已成矣。好酒之徒，患此者必是顽痰。"且痰气互结，久则成瘀，阴枯热结，每有蓄毒，故本病常见瘀毒。

在治疗方面，食管癌的病变部位在食管，食管（咽管）乃饮食物进入胃（水谷之海）的必经通路，则食管以通为用，贵在流通。总结临床各期，早期或见胸闷食阻、脘腹痞满，中期或见吞咽受限、呕吐痰涎，直至晚期的进食困难，各期均有气机失调，膈塞不通之共同病机。调治常需"急则治其标""通因通用"，皆以"流通"为要务，若患者呕噫、胸痛、梗阻症状突出，即使患者十分虚衰，仍当先处理兼症，若呕恶频频宜酌加生天南星、生半夏、沉香、人参；若胸背闷痛可予蒲黄、五灵脂、延胡索、罂粟壳等；若梗阻不通、水饮难入者，亦可用硼砂、乌梅等通之，以上皆宜研极细末调乳汁（牛奶）送服或热黄酒冲服，此乃常法。某些晚期食管癌患者梗阻日久，食入即吐，或呕吐频频，食一吐三，呕吐痰涎，上下不通，则可遵循借鉴仲师经意，《伤寒论》第233条曰："阳明病，自汗出，若发汗，小便自利者，此为津液内竭，虽硬不可攻之。当须自欲大便，宜蜜煎导而通之。"则宜采用变法，内服兼顾外治，上病可以下取。

曾治一患者，麦某，女，70岁，因吞咽梗阻并进行性消瘦而就诊，X光吞钡示食管中段肿物约12cm，细胞学检查为鳞癌Ⅰ级，服中药治疗难以入膈，现感胸痛低热，吞咽梗阻，仅可进少量流质，但入咽即呛咳并呕吐多量胶黏痰涎，大便17天未行，溺黄短，体查全身柴瘦，屈曲蜷卧，呼吸浅慢，心音细弱，有期前收缩，心率92次/分，舟状腹，肝脾不大，舌光无苔，质红绛如熟杨梅，脉促细无力。用解毒得生煎（大黄20g，黄柏15g，山栀子15g，蒲公英30g，金银花20g，红花15g，苦参20g）加北芪30g，生地黄30g，木香15g，水煎后调入蜜糖50g肠内滴注，用药后3～4小时觉腹中肠鸣、嗳气，后排出褐色稠黏臭秽便600～700g，有矢气，滴注2次后可进少许流质及内服健脾除痰中药，连续滴注7次，1个月后复查，吞咽梗阻好转，可进流质，体重增加3公斤。

五、方药之长

（一）解毒治癌十法及常用药物

"癌"字用作医学名词首次见于《卫济宝书》，用指"无头疽"，至宋代医家杨士瀛所著的《仁斋直指方》则有"痈疽"与"肿瘤"之意。"毒"是中医学的重要概念之一，既指药物本身及其偏性、毒性与不良反应，又作为病因概念，泛指一切致病邪气，如机体气血阴阳失衡所化生的"痰毒""热毒""湿毒""风毒"等外感六淫邪气，"蛇毒""蛊毒"等有毒物质及有强烈传染性并引起广泛流行的"疫毒"。"毒"是肿瘤性疾病发生发展过程中特殊病因，如华佗于《中藏经》中记载"疽疡疮毒之所，皆五脏六腑蓄毒不流。非营卫壅塞而发也"。清热解毒法是中医肿瘤学的重要治法之一，迄今问世的中医肿瘤专科书籍中，无不把清热解毒法列为祛邪抗癌首选治法。

周岱翰在肿瘤病机中提出"毒发五脏，毒根深茂藏"，引起癌肿的"毒"，既不同于六淫之邪，也不同于痰浊、瘀血等诸邪。对于癌症的外感诸毒邪和病理性内毒，可统称为"癌毒"，具有偏于热性，常与痰、瘀、湿等病理产物互生互助的特点，治疗上多以清热解毒法为主，配合活血化瘀、除痰散结等治法，结合不同癌瘤的病理特点和脏腑辨证，拟订出以祛邪解毒为主的常用抗癌解毒十法并总结了常用药物。

1. 泄肝解毒法及常用药物

此类药物有泻肝凉血、解毒止痛、利湿消肿的功效，适于肝、胆、胰腺癌症见肝热血瘀者，常选用龙胆草、芦荟、半枝莲、蒲公英、山栀、茵陈、大黄、莪术、牛黄、柴胡、白芍、田七、川楝子、溪黄草、土鳖虫等。

2. 启膈解毒法及常用药物

此类药物有启膈开关、解毒活血、除痰止呕的功效，适于食管癌、纵隔肿瘤受纳阻滞、脘痛呕逆者，常选用守宫、蟑螂、浙贝母、法半夏、天南星、急性子、七叶一枝花、蒲公英、威灵仙、乌梅、旋覆花、代赭石等。

3. 和胃解毒法及常用药物

此类药物有和胃降逆、解毒祛瘀、消滞止痛的功效，适于胃癌、贲门癌膈食不下、脘痛呕吐者，常选用法半夏、郁金、莪术、田七、水蛭、蒲黄、五灵脂、鸡内金、枳实、菝葜、藤梨根、蒲公英、肿节风等。

4. 理肠解毒法及常用药物

此类药物有理肠逐瘀、祛湿解毒、通腑止血的功效，适于肠癌、腹膜播散癌腹痛、下痢赤白者，常选用苦参、槐花、金银花、地榆、败酱草、白花蛇舌草、大黄炭、白芍、黄芩、五倍子、罂粟壳、仙鹤草、芦荟等。

5. 通窍解毒法及常用药物

此类药物有通窍清肺、解毒散结、除痰消积的功效，适于鼻咽癌、头颈部癌头痛涕血或颈部肿块疼痛者，常选用穿山甲、守宫、露蜂房、石上柏、天葵子、苍耳子、辛夷花、夏枯草、鱼腥草、山慈菇、海藻、昆布等。

6. 清肺解毒法及常用药物

此类药物有清肺止咳、解毒除痰、益气消癥的功效，适于支气管肺癌、胸部肿瘤痰热内壅、气促胸痛者，常选用鱼腥草、桑白皮、地骨皮、全瓜蒌、葶苈、桃仁、葶苈子、浙贝母、守宫、地龙、沙参、天冬、石上柏。

7. 固肾解毒法及常用药物

此类药物有理肾散结、解毒通瘀、凉血利尿的功效，适于肾癌、膀胱癌、前列腺癌、睾丸癌小便淋沥、尿下鲜血、下腹肿痛者，常选用猪苓、龙葵、小蓟、马鞭草、车前草、仙鹤草、半枝莲、水蛭、杜仲、山萸肉、巴戟天、羊藿叶等。

8. 消癥解毒法及常用药物

此类药物有疏肝消癥、祛瘀解毒、利湿散结的功效，适于乳腺癌肿块硬实、子宫颈癌、宫体癌、卵巢癌带下赤白臭秽、下腹癥瘕者，常选用山慈菇、穿山甲、露蜂房、当归、柴胡、夏枯草、七叶一枝花、苦参、莪术、地榆炭、血竭、蛇莓等。

9. 除痰解毒法及常用药物

此类药物有除痰散结、解毒消积、祛湿通络的功效，适于恶性淋巴瘤、软组织肉瘤消瘦发热、肝脾肿大者，常选用鳖甲、土鳖虫、蜈蚣、僵蚕、天南星、半夏、莪术、海藻、昆布、连翘、猫爪草、夏枯草、蒲公英、白花蛇舌草、山慈菇等。

10. 凉血解毒法及常用药物

此类药物有凉血止血、清热解毒、祛瘀消癥的功效，适用于各类白血病或慢性白血病急性发作者，常选用青黛（研末冲服）、生地黄、牡丹皮、茜根、仙鹤草、血余炭、旱莲草、天花粉、麦冬、蒲公英、白花蛇舌草、西洋参、六神丸等。

（二）大黄在治疗消化系统癌瘤中的应用

大黄是中医用以治疗多种疾病的常用重要中药之一。从《神农本草经》中大黄的记载中，可以体会到大黄是治疗消化系统疾病的专药。其药性重在一个"通"字，有泄腑实、利水谷、破积聚的功效，可以治疗消化系统功能性和器质性病变。被尊为医圣的汉代名医张仲景，善于运用大黄的复方治疗急性热病和内科杂症，在《伤寒论》和《金匮要略》这两部经典著作中，共有40条方剂使用了大黄。消化系统癌瘤的病位在食管、胃肠、肝、胆、胰，病机皆有壅塞不通，因此，周岱翰辨证选用大黄治疗各类消化系统癌症，殊为合拍。

大黄味苦性寒，功能泄热解毒、利胆消滞、祛瘀破积，治燥热痞满、痈疮肿毒、黄疸水肿、痰结食积、癥瘕积聚等属热属实者。《本草经疏》谓："《经》曰，实则泻之，大黄气味大苦大寒，长于下通，故为泻伤寒温病、热病、湿热、热结中下二焦、二便不通，及湿热胶痰滞于中下二焦之要药，祛邪止暴，有拨乱反正之殊功。"《药证》谓："旁治发黄肿胀。"民国时期名医张锡纯为近代善用大黄者，他在《医学衷中参西录》中强调："大黄，味苦，气香、性凉，能入血分，破一切瘀血，为其气香，故兼入气分，少用之亦能调气，治气郁作疼。其力沉而不浮，以攻决为用，下一切癥瘕积聚，能开心下热痰以愈疯狂，降肠胃热实以通燥结，其香窜透窍之力，又兼利小便……大黄之力虽猛，然有病则病当之，恒有多用不妨者，是以治癫狂其脉实者，可用至二两，治疗毒之毒热甚盛者，亦可用至两许，盖用药以胜病为准，不如此则不能胜病，不得不放胆多用也。"

现代药理研究表明，大黄主要含蒽醌及二聚蒽醌类化合物，如结合型及游离型大黄酚、大黄酸、芦荟大黄素、大黄素甲醚，结合型大黄蒽醌、番泻苷 A～F 等，其中，蒽醌苷类（大黄酚 -1- 葡萄糖苷、大黄酚苷、大黄素 -6- 葡萄糖苷等）、番泻苷 A 等有明显的泻下作用，芦荟大黄素、大黄素及大黄酸对多数细菌有明显抗菌作用，大黄酚对胆汁及胰消化液的分泌有促进作用，大黄酸、大黄素对小鼠黑色素瘤、艾氏腹水癌腹水型、乳腺癌均有抑制作用，大黄粗提物皮下注射能抑制小鼠肉瘤的生长。此外，大黄酚尚能缩短血凝时间而止血。

大黄是治疗消化系疾病的常用中药，号称将军，故处方中的生大黄或酒大黄又称生将军或酒将军，《汤液本草》谓："大黄，阴中之阴药，泄满，推陈致新，去陈垢而安五脏，谓如勘定祸乱以致太平无异，所以有将军之名。"大黄功擅泻实、泄满、消积，如前所述，对于消化系统癌瘤的辨证，属痰浊阻滞者宜通，属湿热内蕴者宜利，属瘀毒郁结者宜泻。不少中、晚期消化系癌病患者，尽管体质已较虚衰，而某些症状如呕噁、梗死、疼痛、出血、黄疸等却较为突出，此时标急本缓，按照"急则治其标"的治则，应用大黄的复方进行辨证论治，常用量每次 10～20g，后下与否，可因人因证而灵活变通，使用得当，疗效显著。

六、读书之法

（一）传承不泥古，创新不离宗

周岱翰学术造诣深厚，潜心攻读各家学说，临床临证总不忘回归经典，他指出：医经根于《内》《难》，辨证首推《伤寒杂病论》，用药当循《神农本草经》。但在传承中医的过程中，周教授始终强调：中医重视传承经典，但不是固守经典。仲景创立的六经辨证理论体系和方法，中医肿瘤学的辨证施治也遵循《伤寒杂病论》的法度，要深刻领会仲景的六经辨证精神，而不拘泥于表面上属某经某证，即仲景教导我们的"思病之源，思过半矣"。他不但熟读经典，潜心研究各家学说和《脾胃论》

《局方发挥》《景岳全书》《医宗金鉴》《医学衷中参西录》等书籍。他认为：中医要成才，就要读经典、跟名师、多临床实践。继承不泥古，创新不离宗。在中医药现代化进程中，中医的发展也必须在继承的基础上，通过临床实践，不断自我完善。中医的辨证论治可以完善及量化，这有利于科学观察与总结。在现代化进程中，要求建立中医药自身的技术标准、证候量化标准、疗效评价指标等，并在这个基础上不断创新发展。创新的目的是提高临床疗效，原则是创新不离宗，不能离开中医的基础理论。

（二）学无止境，衷中参西

周岱翰常常教诲后辈，"医者意也，善于用意，即为良医"。治学上，与时俱进，终生学习；平素博览好学，潜心研究古今中外各家学说，勤于耕耘。学术上，医技衷中参西，学识推陈致新。谈及治癌心得，常笑称自己是"不择手段"。临床上强调辨病与辨证治疗相结合原则，临证注重发挥中医抗癌特色与优势的同时，从不排斥西医，对于适宜配合西医有效治疗手段的患者亦不推拒。因而，接受周教授治疗的患者，既有单纯的中医中药治疗，亦有"杂合而治"，接受全面的诊疗建议与综合治疗的患者。

从医数十年来始终坚持与时俱进，注意汲取现代医学新技术、新观点为中医肿瘤学所用，终生致力于建立和完善中医肿瘤学理论体系，建立中医肿瘤学独立学科。自从事肿瘤事业开始，便注重现代医学实验与中医肿瘤临床结合进行研究。周岱翰认为，应用现代医学研究阐明中医学在防治肿瘤中的作用原理，有力地促进了中医肿瘤学学术与临床水平的提高。他一直积极研究和探索传统中医学的优势所在，致力于在肿瘤治疗的整体或某个环节、某个侧面充分发挥中医的优势，提高中医的临床疗效，不断探索中医现代化之路。

他倡导中西汇通，中医需要汲取自然科学的知识，不能视而不见。中医通过望闻问切是宏观辨证，西医通过影像、病理是微观辨证。学习了解微观辨证，对中医的临床思维有开拓启发作用，可以更全面地评估疾病与机体的整体状况而利于精准治疗。在半个世纪的从医生涯中，他坚持每个月看10多本学术杂志，对西医治疗癌症的科学成果了如指掌。但是他也常常告诫学生：在学习西医中，应注意不要跑偏，避免中医西化，舍本求末。知识是不断积累、多途径努力学习汇集的。需经常回顾再与中医经典论述融会贯通。正是这种全身投入、学无止境、无论中西、躬行不倦的精神和态度，使"80后"的周岱翰仍能活跃在临床、教学和科研一线，带学生、登台讲课，不断地以弘扬中医肿瘤学，弘扬中医文化为己任。

七、大医之情

（一）全心躬身临床，医人医心医病

周岱翰长期致力于中医治疗肿瘤研究；追求医病先医心，帮患者建立信心；坚持中医治癌优势，以创新推动中医发展，一点一滴落实在日常诊疗过程中。

面对"愁眉苦脸"的患者，性格爽朗、幽默风趣的他总能让他们如沐春风。

"前不久，有个患者患了前列腺癌，大小便不通畅，心情烦躁不想治疗。家属带其前来看病，患者很不情愿，见面就说：你是什么医生？我答：老医生。接着又说，你是什么国医大师？我便答：假大师。见我态度诚恳，关心病痛，三言两语就缓解了患者的烦躁。"见对方情绪稳定下来，周岱翰一边问病诊脉，一边开导他，"像汽车加油一样，没油怎么开得了车啊？整天这么烦躁，你的病不一定很重，但这状态也会一天天消瘦，命也不久。我开药给你吃，你一定胃口增加，下回来的时候胖回几斤，就不会这么辛苦了。"在第二个月复诊的时候，患者已经重了七八斤，他一进门就给周岱翰鞠躬，自我检讨上次就诊时的态度、言语。身为医者，他追求医病先医心。教授每每教导学生：医病需先从医治心病着手。心里的病根除了，也有助于控制身体上的病情。

由于临床经验丰富，经他治疗的癌症患者，活了 10 年至 20 年的不在少数。在教授诊室的书柜里，摆着几幅集体照，这是他与患者的合影，是经他治疗长期生存的癌症患者。每过一年，他们都找周岱翰聚会一次，感恩重生，珍惜生命。

如果要为周岱翰贴小标签，"加班"是必须的一个。他为了细心诊治，每看一位初诊患者都用 20 多分钟，早上出诊，常要从 8 点工作到下午 2 点多；他的患者病情尤其复杂，周岱翰常对所带研究生说：找我的患者，"善者不来，来者不善"，大多数是中晚期的、耐药的、复发的、全身转移的，因此，对待每一位患者都要了解一大串的病史，治疗经过，根据全身状况、局部肿瘤情况，制定适宜的治疗、康复方案。

（二）出诊做到"三满意"

临床诊病，总希望做到"三个满意"——第一，让自己满意。对患者要诚心诚意，诊疗患者要认真负责，对方生命相托，自己也要尽心尽力；第二，让患者满意，患者患病，痛苦彷徨，要让患者尽快减轻痛苦，重拾对未来的希望；第三，让社会满意。遵守医德医风，为患者着想，让医院和社会满意。他要求自己的同时，也反复教导学生：患者哪里不舒服都要看到哪里，摸到哪里，闻到哪里，全面了解病情，对症下药。他对患者无论高低贵贱，一视同仁，处处彰显中医临床大家风范，在患者中享有崇高威望，对学生起到了潜移默化的作用。

在超过半个世纪的从医生活中，周教授用行动践行"三满意"。有一次，他骑自行车时不慎摔断了跟腱，需要进行手术。按理，术后应该好好休养。结果，术后还没拆线，就有许多患者不停地打电话或者发短信慰问，有的患者急于求医问药，甚至找到了家里。为不让患者苦等，他便坐着轮椅到诊室开诊，这样持续了大半个月。

在将近半个世纪的行医生涯中周岱翰用实际行动践行"全心全意地为人民服务"的大医精神，2017 年被授予"南粤楷模"荣誉称号。他常常对学生们讲"业精于勤，荒于嬉；行成于思，毁于随。"用实际行动诠释着一位中医学者的情怀与精神。

八、养生之智

周岱翰身体力行，强调养生要吸取中国文化和中医养生的精髓，注重养德、调神，遵守四时之序，均衡膳食，顾护脾胃。

（一）养德调神，感恩自强

周岱翰接受及吸收儒家"德仁修养"，"仁者寿"的养生理论，注重修身养性。善良的品行、淡泊的心境，才有利于维持良好的心态，保持心理平衡，健康长寿，也崇尚道家"返璞归真"的养生哲学，提倡自然的生活方式。周岱翰说："我认为，对生命现象的功能、感觉是'形而上者'，不可数的精、气、神，而内脏的结构是'形而下者'，看得到的，可以用现代医疗手段检查清楚，而养生的最高境界是对这种看不到的功能状态的调养，也即古人崇尚的'神调'。"做到"心安理得"，乐观享受人生。

现代社会物质丰富撩起人们更多欲望，离古人提倡的"自强不息""清心寡欲""知足常乐"的境界越来越远。他提醒，有适当的欲望和更多的追求本非坏事，但若太过不切实际甚至是不当强求，就要及时反省了。因为多欲易伤身，这时就不是药补或食补力所能及的了，应该适当地卸下精神包袱，少做些无谓虚耗精力和心神的事。

"人活着最重要的是要有感恩和自强的信念，感恩是文明社会人性的光辉，感恩父母、祖先和国家；自强则是确立自己努力的方向，贡献社会，精彩人生。对生活，对工作，不要过于计较，不要总为个人私利打小算盘。"因此，感恩自强，心旷神怡，不敢不乐，是养生长寿的要诀。

（二）规范生活方式

万物生长遵守四时之序的原则，养生也应与外界自然环境"合拍"。比如作息上，冬日"早卧晚起"，立春则逐渐调整为"夜卧早起"。但依然要保证一天6～8个小时的睡眠，最好不要错过晚上11点最佳睡眠时间。若起居无常，经常加班加点，彻夜工作，会引起人体各器官系统功能紊乱，轻则精神萎靡，甚或旧病复发、新病缠身。中医认为熬夜伤阴，因此提倡要早睡早起。古人的养生之道也不能生搬硬套，"我有时也会三更半夜起来写文章，虽然很辛苦，但写完之后有种满足感，精神也为之振奋。像这样偶尔而为之，对身体不会有什么大碍，我觉得也不违背'不妄作劳'之道"。养生要注意"天人和谐"，即人要与一年四季、一日晨昏的节奏同步，要与阴阳刚柔与张弛的状态和谐。而现代生活方式对人们的精神心理和机体适应能力造成持续的刺激，如工作重负、节奏紧张、信息冲击等都造成生活环境和生活方式的不和谐。日夜颠倒的工作会导致生理活动的混乱，也就给了疾病可乘之机。

（三）均衡膳食，顾护脾胃

用相宜食品治病养病，谓之食养或食疗。对于"民以食为天"的老百姓来说，食疗养生是优秀的中华传统和原创文化。中医药学的学术特色是整体观念和辨证论治，食疗亦不离其宗，强调要因人因病辨证施膳。此外，所谓食疗，食在先，疗在后；要好吃，愿意吃，才能延续保持治疗作用。

中医临床食养学不单着眼于食物的营养，还着眼于食物的性味。药物具有寒热温凉四气、辛甘酸苦咸五味，食物亦不例外。因此，必须根据人体质的寒热虚实进行辨证施食。《黄帝内经》曰："五谷为养，五果为助，五畜为益，五菜为充，气味合而服之，以补益精气。"指明合理营养应以五谷杂粮为主食，配合五畜肉类的补益、水果蔬菜的辅助以充盈各种营养成分，才可能有健壮的体魄。

不少人对食疗存在错误认识，认为中医食疗能替代药物治疗，于是有病不求医、不服药，痴信"食疗能治病"。他指出这是种错误观念，唐代孙思邈就有"安身之本，必资于食；救疾之速，必凭于药"之说。食物疗法可以辅助、弥补药物或其他疗法之不足，却不能代替药物之功效。近年亦有因偏食或滥用所谓"保健"或"防癌"之品，出现"面黄肌瘦"者，错过了最佳治疗时间和机会，乃前车之鉴矣！均衡饮食，不偏不迷，想吃就吃，这才是享受人生。

九、传道之术

"天行健，君子以自强不息"。凭借孜孜不倦的钻研和临床实践，周岱翰创立了岭南中医肿瘤学术流派，开设中医肿瘤学高等教育并主编教育部首部规划教材，研制出国内第一个治肺癌中成药鹤蟾片。他先后发表近百篇论文及出版了《常用抗肿瘤中草药》《癌症的中医饮食调养》《肿瘤治验集要》《中医肿瘤食疗学》《临床中医肿瘤学》等专著，率先在全国开展了中医肿瘤专业分化课程及临床实习，已为本学科培养了一批又一批专业人才，为中医肿瘤学的教育事业开启了一盏明灯。

（一）开岭南中医肿瘤学术流派，传承育人

开创岭南中医肿瘤学术流派过程也是不断推动中医肿瘤学教育与传承的进程。在周教授的不懈推动、引领下，广州中医药大学在国内率先将中医肿瘤学纳入全国高等院校专业培养体系。此外，也是较早开展教学与传承双轨并进的人才培养模式医学院校。20世纪80年代，他先后编写广东省中医肿瘤专科班和大学选修课教材《中医肿瘤学讲义》。2005年，在全国中医药院校率先开展中医肿瘤本科教育，创办中医肿瘤本科方向班。2014年，他设立奖学金创立"中医肿瘤卓越班"培养后备人才。先后主编首部普通高等教育"十一五""十二五"国家级规划教材《中医肿瘤学》。较早培养中医肿瘤博士生等高层次专门人才，1996年受聘为澳大利亚皇家墨尔本理工大学博士生导师，联合培养博士生。周岱翰注重培养中医肿瘤学师承人才，为全国第三、四、六批老中医药专家学术经验继承工作指导老师，2006年获中华中医药学会首届中医药传承特别贡献奖，其外籍弟子分别在澳洲、越南从事中医肿瘤临床工作，还建立了中医肿瘤科室。他更为省内外、特别是基层单位培养肿瘤专业技术骨干200余人。

致力于推动教学与传承双轨并进，传承传什么？他认为除了医术、专业、经验外，还有一个核心就是传心，包括传医德和规矩。传心首先是要背诵经典，因为这些经典都是古人经历长时间总结升华出来的核心部分。学中医要学会耐得住寂寞，要背诵经典，背诵经典之后还要多临床，在临床中多体会中医的精华。其次是要用心，要有情结和情怀。进入中医的境界一定要讲究情感，这好比谈恋爱，你要首先喜欢这个人，才会有情，然后会有状态有悟性。《医宗金鉴》谓："一旦临证，机触于外，巧生于内，手随心转，法从手出。"这里面谈骨科手法复位，讲究的这种心手合一的境界，说的就是悟性。

（二）授徒境内外，桃李满天下

周岱翰教授不但是中医肿瘤学学科的引领者、开拓者，同时他也是中医肿瘤专科教育的先行者，他不断探索和践行中医肿瘤专科教育的路子，注重理论教育、专

科培训、中医师承多种方法结合，毫无保留地将自己的知识和技能传授给学生，招收的硕士研究生、博士研究生、博士后、跟师学徒等不下 60 余人，培养国内博士 39 名（包含香港 4 人，台湾 3 人），境外博士 2 名（澳大利亚与越南各 1 人），可谓是"桃李满天下"。

有留学生语言不通或中文基础薄弱，周岱翰通常会让国内的师弟妹们在语言和生活上给他们最大支持和帮助。在学业上，对留学生要求十分严格。周岱翰是"十一五"和"十二五"教育部国家级规划教材《中医肿瘤学》的主编，他亲自为学生上课，注重研究生的"跟师"学习，要求每周到门诊跟诊，还经常带留学生弟子们查房，在查房过程中将各种中医临床技能（如四诊等）、临床思维方法反复训练、巩固，在强化中医基础的同时更要求他们了解行业最新进展，以冀在临床上学有所成的同时在科研方面也得有所收获。古语所言：桃李不言，下自成蹊。这正是对周岱翰孜孜以求、诲人不倦精神的真实写照。留学生已经有不少学成回国，成为当地医疗卫生事业的骨干力量，越南刘长青兴博士现任越南国家传统医学院肿瘤科主任。星星之火可以燎原，他们业已成为海外中医肿瘤学新的传播者。

（三）开拓进取，创办《中医肿瘤学杂志》

周岱翰一直以推动中医肿瘤学学术发展、扩大学术影响力为己任。他深知有一本专门聚焦于中医肿瘤的学术杂志的重要性。2019 年 1 月，由他一手创办的《中医肿瘤学杂志》正式出版发行。这份双月刊是目前国内唯一专注于中医肿瘤专科的杂志。该刊以中医学术为根，肿瘤专业为本，着重反映中医肿瘤学领域的研究进展和技术成果，关注肿瘤中西医结合的学科现状与发展。

周岱翰十分重视这一来之不易学术交流平台。为了保证文章质量，他对每一篇稿子，都要求严格，还亲自改稿。由于严格审核，笔耕不辍，以优质的文章充实中医肿瘤学术园地，2022 年 12 月，中国科技论文统计结果发布会传来捷报，成立出版仅 3 年的《中医肿瘤学杂志》被收录为"中国科技核心期刊"，为中医药事业的守正创新贡献力量！

老骥伏枥，矢志奋蹄，博学厚德，精诚济世，"80"后的周岱翰教授已在医疗、教学、科研上拼搏半个世纪，本着"做人要知足，做事要知不足，做学问要不知足"的精神，现在仍坚持在抗癌临床第一线，期望精心培育的"中医肿瘤学"繁花似锦，硕果累累。

周岱翰学术传承谱

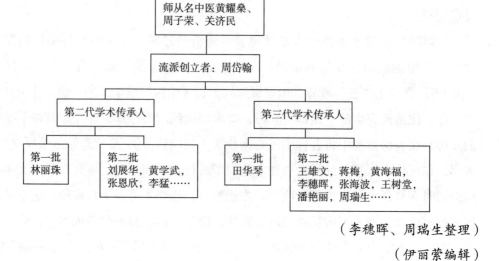

师从名中医黄耀燊、周子荣、关济民

流派创立者：周岱翰

第二代学术传承人

第三代学术传承人

第一批
林丽珠

第二批
刘展华，黄学武，
张恩欣，李猛……

第一批
田华琴

第二批
王雄文，蒋梅，黄海福，
李穗晖，张海波，王树堂，
潘艳丽，周瑞生……

（李穗晖、周瑞生整理）

（伊丽萦编辑）

周学文

    周学文（1938—2018），辽宁辽阳人，中共党员，主任医师、教授、博士生导师、博士后合作导师、全国名老中医、全国老中医药专家学术经验继承工作指导老师、国家中医传承博士后合作导师。曾任中医内科学术带头人、创建并曾任脾胃病学科（国家中医药管理局重点学科）学术带头人。曾受聘国家药品监督管理局药审委员，国家科技部、卫生部、中管局、药监局技术专家及委员。曾兼任中华中医药学会内科分会及脾胃病分会名誉主任委员，中国中药临床药理学会副主任委员。曾担任中华中医药学会科学技术奖评审专家，全国科学名词审定（第三届中医药学名词中医临床组）顾问及全国中医优才评审专家。享受国务院政府特殊津贴。2017年被授予第三届"国医大师"称号。

    周学文提出胃溃疡活动期"病由毒起，热由毒生"的毒热病因学和"以痛论治"的学术思想；基于"痰瘀"理论，运用"以脾论治，内清外柔"防治血脂异常和动脉粥样硬化的学术思想。主持并完成科技部863重大课题、国家973项目等10余项。"溃得康"等4个中药新药获国家新药证书。获教育部科技进步奖二等奖1项。《中药新药临床指导原则》主要起草人之一；主编《实用中医消化病学》《中药新药与临床评价》。发表学术论文60余篇，出版学术著作10余部。

一、学医之路

周学文祖籍辽宁省辽阳市，年少之时，家境艰苦，但勤奋好学。青年之时，曾跟随孙树功、孙亦林、李玉奇等多位老中医专家临证出诊，择其善者而从之，巧妙变通、灵活应用。1964年生产实习中，亲见老中医徐荫堂运用"紫苏叶配胡黄连"醒脾和胃治疗小儿厌食立竿见影，深有启发；1967年，在名老中医孙亦林指导下治疗胃溃疡，"独圣入保元""攻守要得体"之微言大义一直铭记；1981年，正式师承国医大师李玉奇，在繁重医疗任务中坚持跟师5年，后用8年时间整理、发表了《医林芳草拾遗》等5篇学术继承文章。周学文获得学士学位后以优异的成绩进入辽宁中医学院附属医院工作，一直工作在临床、教学及科研第一线。先后于1969年在沈阳市红十字会医院进修内科急症，1980年参加重庆中医药研究所全国中医急症班，1983年于辽宁省肿瘤医院进修内镜检查技术，1993年参加卫生部美国FDA新药上市后临床监测学习班，1997年参加中国与WHO合作项目中国中医药学术带头人临床流行病学研讨班，掌握了丰富的临床及科研知识，迅速成长成熟。连续6年下乡到基层（瓦房店、开原、营口等）医疗教学，在瓦房店带领23名学生临床实习，既要参加病房值班又要临床带教，克服异常艰苦条件，顺利完成临床实习带教任务。坚守岗位，"文革"中，未脱岗一日。先后两次带队参加辽南抗震救灾，接收唐山地震危重伤员。尤其是1976年7月，从夜间内科病房值班岗位，紧急抽调派往东塔机场，接收分配到我院的唐山地震危重伤员，经快速处理，判断伤情，分送至各科室紧急抢救，连续坚守6天5夜。每当登机进舱，伤员撕心裂肺的疼痛令他终生难忘。经长期刻苦临床积淀，繁重医疗任务历练，临床能力及业务水平不断提高，并逐步积累丰富临床经验和临床抢救能力。医院主治医师以上中高级人员两次业务全面考试和临床技能考核，两次均获第一名，1985年破格晋升为主任医师。先后任内科病房、中医内科及中诊教研室主任，创立了中医内科博士点、脾胃病（国家）重点学科并曾作为该领域学术带头人。

二、成才之道

周学文教授认为，要成为一代名医，务必做到以下几点：

（一）忠于热爱，坚定信念

周学文教授爱中医，信中医，学中医，用中医，勤读书，多临证，取得了突出的成绩。他认为要想学好、用好中医，最重要的就是要相信中医、热爱中医。他怀着对中医药事业的满腔热爱与深沉信任，学医、行医、教学、带徒，他始终认为，植根于中华文明的中医药是原创的，是可贵的，是值得珍惜的，一直是解决人民疾苦和民族繁衍的有效而坚实的力量。正是对于这种信念的执着，周学文教授在中医药的路上越走越精，越走越深远，越走越坚实。同时，他更希望年轻的一代中医能够真正在心里相信中医，热爱中医，在临床诊病、治病过程中应用中医，成为具有中医科学思维的新一代可贵中医人才。

（二）勤精学识，修缮己身

周学文教授毕业于辽宁中医学院中医系，在国家中医院校教育体制下开始接触中医，工作后涉猎多个学科，跟随多位名医出诊、查房、会诊、抢救，在实践中磨炼。自青年起便勤读医籍，手不释卷，孜孜汲汲，勤学不辍，不断地丰富自己的学识，涉猎诸家方论，靡所不通，掌握了全面而扎实的中医理论、临床的古代及现代知识，打下了扎实的传统文化基石。对全国，尤其是东北地区的风土人情非常了解，在诊病的过程中，常据此指出致病原因，并根据病情及其所在地区的特点对患者进行养生调护等指导，令患者叹服。

周学文教授总结多年读书心得：其一，要精读，应以奠定基础、切合实用之书为读本，以少而精为原则，要带着疑问读，循着中医学理论体系读，有序地抓住主要内容，逐项理解巩固。其二，要反复阅读，书读百遍其义自见，同时要知道书中不一定都是精华，所以要注意在读书时去伪存真，取其精华，去其糟粕，并经过临床实践的不断检验方得真知。其三，广泛涉猎，周学文教授深感中医学博大精深，是一门具有浓郁文化气息、涵盖范围广泛的学科。要想成为优秀的中医临床人才，还要增加知识的广度及深度。其四，要多问，要不耻下问，问道于师，珍惜现在学习的好条件。其五，要熟背，要有像背外语单词那样的劲头。背是为了用，"书到用时方恨少"，"懂自己平庸，才知读书的宝贵"，"临床乏术才懂得读书要做到如饥似渴"，要在背诵的基础上理解，在理解的基础上背诵，方可运用自如。

（三）探究医理，创新发展

周学文临床医术精湛，认为学医之人应"胆欲大而心欲小，智欲圆而行欲方"。要广泛深入地探究医学原理，专心勤奋不懈怠，不断磨砺自身医理功底和医术。认为治病必求其本，医者务识其病根所在，然后可以药到而病除。若泥于病名之殊异，多有首尾两端，始终不敢用药，以致人于死者，岂不惜哉？所以证治法灵活，精于脾胃且不囿于脾胃，往往旁及他证。癸未年，传染性非典型肺炎疫病起，周学文基于"肺胃同治，清热降逆治疗咽炎"创制之清热利咽茶，于京城见其效也。常言道"脾胃为后天之本"，愈疾难，调养尤难，且因"是药三分毒"，用药不可谓不三思。尤以胃溃疡一症，多发且易反复。他深悟医理，以其急症外伤功底，引入外痈"消、托、补"三法，独辟蹊径，以外治法拟内服方，奏奇效。倡"以痈论治"法，精研数十载，论而证之，自成体系，并研制"溃得康"诸新药，入《中华人民共和国药典》。此外，还提出从"痰瘀"角度论治血脂异常及动脉粥样硬化，这些角度的思考和治法的提出在临床上极为有效。对于药物剂量的把握，他有着自己独特的煎煮方式，即秉承"小剂轻方、淡以补脾"，主要目的是为了迎合脾胃特点，以"甘淡"入脾，以"甘淡"养脾，更好地恢复脾胃功能。周学文认为过量的甘温之品对脾胃疾病患者来说非但很难起到补气健脾作用，反而会助热生火，壅滞中焦，不利于中焦运化。小剂量的甘温之品更与脾阳之性相和，温而味薄则易升，更易鼓舞中焦气机。主张煎服法中取药物的三煎或四煎，并将几次煎液相混合，三煎四煎的药性更为醇厚温和寡淡，可以此中和头煎之烈性，淡养胃气，微甘养脾阴，更加符合现代科学研究及现代服药习惯，亦充分煎煮利用药物。

（四）宜因临证，融会贯通

周学文教授在任职内科、病房、教研室主任30年期间，与多名资深西医、西学中专家讨论学习，合作多年，真切体会到"强调分歧，不如强调合作"，不论有何立场的不同，都要面对诊断疾病、治疗疾病、挽救生命的现实，二者总会找到共同的语言，因为二者都要面对生命即健康医学相同的核心目的。在临床中学会认同，在临床中学会包容，在临床中学会提高。

周学文教授认为"没有任何一门科学是一成不变的"，要用发展的观点学习与应用中医学。诚然，继承工作非常重要。但科学在发展，时代在变迁，历史背景、风土人情、自然环境在变化，人民的体质在变化，饮食结构等也都在变化，疾病本身亦在变化。中医学的发展史上，形成了诸多不同的流派，但深究当时的文化历史背景，各个流派均是当时经济、文化发展的产物，正是因为这些流派顺应了当时经济、文化发展的潮流，所以才可以发展壮大与丰富。因此，工作中，既要体现辨证论治的原则性，又要体现据时下病因、病情、病势随机调节的灵活性。今日，中医学也应该具有这个时代的特色。我们要做的是广览医籍，博采众家，开拓思维，不拘泥于一门一派，多思考，择其善者而从之。在治病过程中也经常使用经方时方，但不原方照搬，而是依其法、用其髓，结合患者实际，巧妙变通。疾病，抑或是同一个患者终究不是一成不变的，病变则证变，法亦变；法变则方变，药亦变。灵活应用，巧妙遣用药，每收验效。

（五）求真务实，勇于实践

求真务实是周学文教授的一贯作风，对疗效不佳者，必在病案中如实记载，并重新审证求因，以求良效。正是他"以患者为中心"的理念和行为、不计较个人得失的精神风范，重视客观实际、实事求是的医疗作风及精益求精的治学态度赢得了学生的爱戴、同道的敬佩、各级领导的重视。尤其是他匠心独具的精湛医术，更是吸引了来自全国各地的众多患者前来就诊，从患者对周学文教授的信赖和感激中，更加深刻体会到一个真真正正的名家的意义，他的崇高医德情操深深地影响着后辈。

周学文教授告诉弟子："中医的学习是一个艰苦的过程，要经过多年的临床积累，更要注重在长期的临床实践中构建科学的中医辨证论治思维模式。"中医生存与发展根基在临床，比如治疗溃疡病的处方剂量设计，需要经过长期反复多次调整，目的是如何提高溃疡愈合质量和防止复发。他强调亲身实践，在实践中丰富所学，实践所学，反复辨其病、辨其证，方能形成自己的临证思辨特点和中医临床思维。"反复临证，勇于实践"是他常挂在嘴边的一句话。中医学是实践医学，疗效才是硬道理，因此他反复强调临证实践的重要性，在严格要求自己的同时，告诫和要求自己的学生和临床的医生反复临证，在临床中检验中医理论及实践的成败。

三、学术之精

周学文是国内中医脾胃、临床药理学术带头人之一，在消化领域提出了多项创新理论：首次提出"以脾论治、内清外柔"干预血脂异常及动脉粥样硬化；首次提出胆汁反流性胃炎的"胆火逆胃"学说，并运用"胆胃同治、肝脾并调"进行论治；创新性提出了消化性溃疡"毒热"病因理论及"以痈论治"学术思想，其主持研发的"溃得康"等4个中药新药获国家新药证书。此外，在萎缩性胃炎、溃疡性结肠炎、胃食管反流病及肝胆病等内科疑难病、常见病的诊治上也有自己独到的见解，取得了非常好的疗效。

（一）胆汁反流性胃炎的"胆火逆胃"学说

周学文认为本病与中医学"胆瘅"表现相似，即"邪在胆，逆在胃"（《灵枢·四时气》）。"肝胆之火逆入于胃"（《医宗金鉴》），邪应从胆热，胆火、肝胆湿热等病因方面加以认识；而"逆在胃"则应从胆胃升降失调的病机方面加以认识。周学文经过长期临证，反复体会，特别强调中气不足为本病发病的内在因素，也是本病反复发作的根源。脾胃同居中焦，为气机升降之枢纽。脾升胃降，肝气条达，则胆汁随胃气之降，以助脾胃运化水谷精微营养四肢百骸，即清·黄元御云："土气冲和则肝随脾升，胆随胃降。"若情志失调，肝气郁滞，或饮食不节，或劳倦过度，损伤脾胃则中气不足，气机升降失司，胃气不降反升，胆汁随胃上逆犯胃而灼伤胃络则见诸症。所谓"甲木之升缘于胃气之逆，胃气之逆缘于中气之虚"（《长沙药解》）。同时结合西医学认识，本病系由幽门关闭功能减弱、胃排空延迟，胃动力不足所致，实属中医中气不足、升提无力的范畴，可见如若中气虚而不复则胃肠功能难以恢复，致使病情缠绵难愈。

本病病情复杂，虚实错杂，结合病机特点及临证经验，周学文主张治疗在以辨证论治为总原则的指导下，特别强调"肝脾并调，胆胃同治"思想的重要性。

（二）消化性溃疡"毒热"病因理论及"以痈论治"学术思想

周学文在数十年临证中发现消化性溃疡活动期的临床症状及舌脉表现均符合中医"痈"的特点，其发病原因也皆属于中医"毒热"范畴。认为"毒热"病邪包括从口而入的毒邪，或情志过极，气郁化热蕴毒，或胆汁不循常道入胃化毒，或幽门螺杆菌感染化为虫毒，或药毒等，而脾虚为发病的内在根据。病由毒起，热由毒化，毒热之邪蕴结于胃，损伤胃络，胃膜失养，热盛肉腐，而成痈疡－胃黏膜的糜烂、坏死、溃疡组织形成。

毒热之邪蕴结于胃，初则损伤胃络"毒热"之邪属阳，阳（热）邪易伤气血，易生痈疡。胃为阳腑，故毒热之邪直接侵及胃腑，损及胃络，导致胃的通降失常，受纳、腐熟功能失职，初则损伤胃络，胃络为受"毒热"病邪所伤，故有局部胃黏膜红、肿、热、痛之变。

毒热之邪导致脾胃气机升降失常。脾胃居中，为气机升降之枢纽。胃主受纳、腐熟，脾主运化水谷；胃主降浊，脾主升清；胃喜润恶燥，脾燥喜恶湿。"毒热"病邪侵入胃腑，胃失和降，浊阴不降，影响于脾，脾不升清，清阳不升；该升不升，当降不降，升降不及，则消化、吸收功能异常，胃肠动力障碍。

毒热之邪导致胆气上逆而胆汁反流。"邪在胆，逆在胃"，"肝胆之火，移入于胃"，毒热之邪导致脾胃气机升降失常，常累及胆，胆胃之气上逆，而表现为胆汁反流。胆汁在小肠，则发挥其消化肥甘食物之作用；若胆汁不循常道，反流入胃，则化为毒邪，蕴结化热，则可见吞酸嘈杂、口干口苦之症。

毒热之邪导致热盛肉腐，甚则灼伤脉络。毒热在胃，毒侵热盛，血肉腐败，使局部胃黏膜红肿、糜烂、溃疡；继则气血凝滞，甚则灼伤脉络，迫血妄行，则见出血、黑便。

毒热之邪久稽于胃，可致气血津液不足。毒热之邪久蕴，邪留伤正，势必导致脾胃运化功能减退，水谷精微生化乏源，气血津液不足，脏腑肢节失养，则消瘦乏力，体质下降，变生它病。脾气不旺，正气亏虚，机体无力祛邪排毒，使毒邪日深，正气愈损，病程缠绵难愈。

由此，周学文创新了"毒热"病因学说，认为消化性溃疡活动期病机以脾胃虚弱为本，毒热为标；久病入络，气血瘀滞为变，久致热盛毒腐成痈。毒邪或从口入；或情志过极，气郁化热蕴毒；或胆汁逆流入胃化毒等，也正因为脾气不旺，正气亏虚，机体无力祛邪排毒，使毒邪日深，正气愈损，病程缠绵，其活动期则热盛毒腐，胃膜失养。因此，"实中夹虚"为基本病机特点，"胃毒热证"为基本证候，"以痈论治"为基本治则，"清热解毒、消痈生肌"为基本治法。这一创新病因假说的提出，为不同疾病的发生做出了相同的病因解释，从而为不同疾病应用同一治法（"以痈论治"）提供了理论依据，奠定了疗效基础，为临床防治胃癌前状态性疾病的发生、发展确立了非常重要的靶点。

四、专病之治

（一）胆汁反流性胃炎辨治

胆汁反流性胃炎是临床常见病、多发病，现代医学认为本病由各种原因引起胃 – 幽门 – 十二指肠协调运动失调即十二指肠逆蠕动增加、幽门关闭功能减弱、胃排空延迟而导致胆汁等十二指肠内容物过量反流入胃而导致。胆汁反流入胃可引起胃黏膜充血、水肿、糜烂、溃疡或呈萎缩样改变，并与胃黏膜癌前病变有关，因此应积极治疗。本病的发病特点与中医学"胆瘅"相似。

1.病因病机

周学文认为本病病因多为情志失调、饮食不节、劳倦过度等，其病位在胆胃，涉及肝脾，若情志失调，肝气郁滞，或饮食不节，或劳倦过度，损伤脾胃则中气不足，气机升降失司，胃气不降反升，胆汁随胃上逆犯胃而灼伤胃络则见上腹（胃脘）间断或持续性烧灼样痛、痞满不适、呕吐苦水、嗳气、恶心、口苦、纳呆、大便不畅等，可伴见消瘦、失眠等表现，其舌多红，苔黄厚腻，脉多弦或弦滑数等。并强调中气不足为本病发病的内在因素，也是本病反复发作的根源。

2.治则治法

肝、胆、脾、胃同居中焦，胆附于肝，胆汁来源于肝。胆经络相络属，脏腑相表里，肝主疏泄，胆主通降，肝胆相济，勇敢乃成；脾与胃以膜相连，通过经脉相互络属而构成表里相合关系。脾胃纳运相成、升降相因、燥湿相济；脾宜升则健，胃宜降则健，脾升胃降，肝随脾升，胆从胃降，肝脾主升，胆胃主降，共同发挥着疏理气机升降、协调气机运化的生理功能。肝、胆、脾、胃四脏在生理和病理上有着密切的关系。尤其在胆汁反流性胃炎的发生发展中，肝、胆、脾、胃发挥着重要的作用。

故在治疗上提出以"肝脾并调，胆胃同治"的治疗原则。所谓"肝脾并调"指疏肝健脾宜兼顾，病初肝郁之象明显，以疏肝解郁为主，兼以健脾益气；病久脾虚为主，以健脾益气为主兼以疏肝。肝郁化热以疏肝泻热为主；脾虚甚致阳虚，可益气的同时运用温阳之法。所谓"胆胃同治"指利胆清热除湿的同时考虑胃络受损加用和胃护胃之品，体现局部微观辨证和整体宏观辨证相结合的优势特点；同时考虑胆随胃降，以降为用，在治疗时，可适当加用通利腑气、承顺胃气下降之品，以求胆汁下降为顺，减少对胃络的伤害。

3. 辨证论治

（1）肝郁脾虚，痰湿内盛证

临床表现：胃脘部痞闷不适，喜柔喜按，食后加重，四肢倦怠乏力，纳谷不香，面色无华，少气懒言，晨起喉间不适，甚或呕恶，舌质淡红，苔白腻，脉缓弱。

治法：健脾益气、祛湿化痰，佐以疏肝和胃。

常用药物：太子参、白术、茯苓、黄芪、炙甘草、白豆蔻、砂仁、清半夏、浙贝母、木香等。

加减：若气滞明显者，加延胡索、川楝子；隐痛者，加白芍、甘草、佛手、紫苏；反酸者，加煅瓦楞；呕恶甚者，加竹茹、半夏、生姜。

（2）肝胃不和证

临床表现：胃脘胀满，攻窜疼痛，嗳气呃逆，泛吐酸水，胸胁胀痛，善太息，舌质淡红，苔薄白，脉弦滑。

治法：疏肝理气，降逆和胃。

常用药物：柴胡、香附、白芍、广木香、佛手、郁金、姜半夏、川楝子、延胡索等。

加减：若兼口苦、烦躁易怒者，加焦山栀、黄芩、丹皮、黄连；胃中嘈杂、泛吐酸水者，加煅瓦楞、乌贼骨；失眠少寐者，加合欢花、神曲、首乌藤等。

（3）肝胆湿热，胆胃不和证

临床表现：呕吐苦水，胃脘灼痛或痞满，嗳气，反酸，恶心欲吐，大便不畅，舌红，苔薄黄或黄腻，脉弦滑或滑数。

治法：清泻湿热，利胆和胃。

常用药物：银柴胡、黄芩、丹皮、栀子、苦参、郁金、陈皮、枳壳、竹茹、紫苏梗、香橼等。

加减：若嗳气呕逆者，加竹茹、紫苏梗等；反酸明显者，加黄连、吴茱萸；大便干燥者，加火麻仁、槟榔；胃脘疼痛者，加川楝子、延胡索、白芍、炙甘草。

（4）肠腑积热，胃气上逆

临床表现：胃脘灼痛，口干苦，大便秘结，常伴腹胀满，嗳气反酸，心烦易怒，舌淡红，苔黄或黄腻，脉弦滑或滑数等。

治法：泄热导滞，通腑降逆。

常用药物：黄芩、莱菔子、枳壳、厚朴、蒲公英、生甘草等。

加减：若伴脘腹疼痛者，加延胡索、川楝子；粪便燥结难下者，加火麻仁、郁李仁、瓜蒌仁。

（5）胃阴不足，虚气上逆

临床表现：胃脘隐痛，或灼痛，嘈杂似饥，心烦口干，干呕食少，大便干结，舌红少津、苔少或光剥，脉细数。

治法：滋阴养胃，柔肝缓急。

常用药物：玉竹、麦冬、石斛、沙参、白芍、天花粉、浙贝母、生地黄、紫苏梗、陈皮、甘草等。

强调：此时疏肝不宜理气香燥之剂，因肝为厥阴风木之脏，体阴而用阳，内寄相火，辛燥疏利之品则劫肝阴，阴血更伤，肝失滋养，则气多怫逆乘胃。常选用香橼、佛手、白芍、川楝子、郁金等。

（6）瘀阻胃络，胃失和降

临床表现：胃脘疼痛，如锥如割，入夜尤甚，痛处不移，舌质暗紫，有瘀斑、瘀点，舌下络脉迂曲粗胀，甚者可见黑便及呕血，脉弦细或细涩。

治法：活血化瘀，佐以疏肝和胃。

常用药：当归、三七、丹参、红花、蒲黄、五灵脂、川楝子等。

加减：胃痛较剧者，加赤芍、白芍、甘草、延胡索等。

4. 临床心悟

（1）标本兼顾，顾护胃气：周学文认为胆汁反流性胃炎的发生，主要涉及肝、胆、脾、胃，其病机特点总属本虚标实，虚实夹杂。本虚为脾胃虚弱，升降失调；标实为肝郁气滞，胆胃气逆及由此而导致的郁热上犯、湿热内蕴、腹气不通、胃络瘀阻等。故治疗该病强调标本兼顾，胆胃同治。以疏利肝胆气机、和胃降逆为主，重视健脾养胃，扶正治本，同时佐以消食导滞、祛湿清热、化痰散结、泄热通腑、活血化瘀之法。早期以标实为主，应予祛邪治标为急，侧重疏泄肝胆，和胃降逆。

中后期标本兼顾，以健脾和胃，调中缓急，扶正固本，以防伤正。病情缓解后尤重视顾护胃气，补养后天。

本病的发生源于脾胃虚弱，升降失调，同时与医者误治及药物所致相关。本病初期以实证、热证为主，多在气分，治疗上若过用苦寒、香燥之品，极易耗气伤阴；另外，本病易反复发作，病程长，久病必瘀，瘀血阻络，形成恶性循环。若单以行气活血、化瘀通络，甚至破气、破血之峻药，易伤正气。脾为后天之本，气血生化之源，脾胃虚弱，生化乏源，气血亏虚，肝胆失荣，疏泄不及，病情迁延。所以治疗上，周学文强调以胃气为本，健脾和胃之法贯穿治疗始终，在临证上选方配伍宜药少量轻，忌用攻伐之品。具体注意以下五点：一忌苦寒败胃（实火宜之，虚火不宜）；二忌辛散耗气（气滞宜之，气虚不宜）；三忌甘寒中满（阴虚宜之，湿热忌之，呕家忌甘）；四忌淡渗下气（湿停宜之，气陷不宜）；五忌发汗利小便，重损津液；太阴忌下，重伤阳气。

（2）寒热并用，调理升降：胆汁反流性胃炎临床多见寒热错杂证。因脾胃虚寒之体，痰湿内生，郁而化热，或外感湿热，或嗜食肥甘辛辣，酿成湿热，或情志不遂，肝郁化热，或因胆胃术后，中阳受损，胆郁化热，以致寒热错杂，阻于中焦，脾胃不调，肝胆失疏，胆胃不和，发为本病。此时一味温补则寒邪未散而胃火更炽，纯以清热则胃热未除而中寒更盛。当详辨寒热轻重，斟酌用药，方能奏效。治以辛开苦降，寒热并调，消痞散结。

周学文认为脾胃气机升降为人体气机升降的关键。升则上输心肺，降则下归肝肾，脾胃健运，才能维持清阳出上窍，浊阴出下窍的生理功能。脾胃气机升降失调的病理表现为升降不及、升降反作、升降失调三个方面。就胃而言，有胃气不降和不降反升两种情况，胃气不降，则糟粕不能向下传递，而生脘腹胀满疼痛、便秘等症；胃气不降而反升，可见呃逆、恶心、呕吐等症，二者均可导致胆随胃逆，引发或加重本病。对脾而言，有脾气不升和不升反降两种情况，脾气不升则不能运化水谷精微，从而出现痞满腹胀、腹泻等症；脾气不升反降则中气下陷，出现头晕困倦、内脏下垂、脱肛等症，二者均可导致肝郁失疏。脾胃虽然是气机升降的枢纽，但其枢纽的运动也有赖于其他各脏腑的配合。因此，周学文提出除调理脾胃本身的升降功能之外，还可以通过调理其他脏腑恢复气机升降之常，如疏理肝木、补心益脾等，尤以疏理肝木为重，从而使胃土顺降，脾气升运。若肝郁化火横犯脾胃，当清泻肝火，肝胃同治。

（3）健脾养心，心身同治：《类经·阴阳发病》云："二阳，阳明也，为胃与大肠二经……盖胃与心，母子也；人之情欲本以伤心，母伤则害其子。胃与脾，表里也，人之劳倦本以伤脾，脏伤则病连于腑。"故周学文认为胃肠疾病与心脾相关。由于现代人生活节奏快，精神压力大，思虑过度，精神长期处于紧张状态，忧思伤脾，暗耗心血，加之饮食不节，日久心脾两伤，脾胃不和，运化失司，升降失调，故主张在辨证基础上，佐以健脾养心，心神得养，脾气健旺，气血调达，有利于本病康复。

总之，本病病位在脾胃肝胆，脾胃虚弱位发病基础，肝胆失疏，肝胃不和，胆气上逆为病机关键，病性属本虚标实，虚实夹杂。周学文强调临床重在辨证，同时注意证候的兼夹、转化，灵活施治，不可一成不变。

（二）消化性溃疡辨治

消化性溃疡是一种常见的多病因消化系统疾病，病程长且易复发是其主要的临床特点，其中胃溃疡被列为胃癌前状态性疾病之一，为危害人类健康的常见慢性疾病。西医治疗疗效确切，但30%～50%的溃疡病治愈后一年内复发，而中医药在胃溃疡的个性化治疗及预防、抗复发方面均显示出独特的优势。胃溃疡中医学归属于"胃脘痛""胃痞""胃疡"范畴。周学文教授从事脾胃病工作50余年，从中医理论出发，结合临床经验，通过科学研究，对消化性溃疡的病因病机、辨证分型、中医药治疗等方面进行了系统而深入的研究，创新性提出了消化性溃疡的"毒热病因"理论，将中医外科的"消、托、补"等治法融入内科溃疡病的治疗，提出以痈论治消化性溃疡的学术观点，组方消痈溃得康，应用于临床，并获批国家新药。

1. 病因病机

毒是一种致病力较强、对人体脏腑、气血、经络损害较大的一种致病因素。毒邪既有阳毒、阴毒之分，又有外毒、内毒之别。从阳而生则为阳毒、热毒，从阴而化则为阴毒、寒毒。外毒者或指外感六淫过甚，或指疫疠之邪，或自然环境中的毒物。细菌病毒作用于人体可直接起到毒的作用，如幽门螺杆菌感染。《金匮要略心典》云："毒者，邪气蕴结不解之谓。"内毒则由邪气蕴结不解而成，即由脏腑功能和气血运行紊乱，机体内生理和病理产物不能及时排出，蕴积于体内而化生。如五志过极化火成毒、痰浊郁久而成痰毒、瘀血蕴久之瘀毒、湿浊蕴积而成湿毒等。一些食物或药物由于机体反应性的不同，在一定状态下可演变成毒。如腌渍食物、烟熏食物、腐败变质食物等，药物如非甾体类抗炎药物等。烟、酒在一定量的条件下亦可成毒，即烟毒、酒毒。热既为阳邪，又为人体在疾病状态下的一种病理反应形式。阳（热）邪致病特点是易伤气血，易生疮疡，胃为阳腑，喜燥恶湿，外邪、六淫等致病因素侵犯脾胃，内外毒邪与阳热之邪相合则致病力更强，侵及胃腑，损及胃络，致使脾胃升降失常，气机郁滞，邪气不解，郁而化热，形成毒热。"毒热"病邪的重点在于"毒"，其性属热。毒邪常内外合邪，相兼为因，可形成病理产物，作为继发性致病因素，导致脾胃升降失调，气机不利，胃络瘀阻，损伤胃络，胃黏膜失养，热盛肉腐而成痈，即溃疡。

2. 治则治法

周学文教授针对消化性溃疡活动期的临床脉证：胃脘灼痛、吞酸嘈杂、口干口苦、舌红苔黄，或腻或腐、脉弦等主要症状及消化性溃疡活动期黏膜破损糜烂，红肿热痛的病理现象，结合近年来西医学发现幽门螺杆菌、非甾体抗炎药对胃黏膜的损害作用，提出"毒热致病"的病因理论，通过大量的临床实践和实验论证，既详细阐释了"病由毒起，热由毒生"毒与热二者之间的相互联系共同致病的内在联系，又通过运用现代分子生物学技术对毒热产生的物质基础进行了深入的挖掘，进而把外科治疗外痈的"消、托、补"之法揉进了现代医学的理念，以痈论治，以清热解毒、消痈生肌之法，创立了具有独立知识产权的国家中药新药"消痈溃得康"，以此治疗获得了显著疗效。

3. 分期论治消化性溃疡

基于消化性溃疡的"毒热"病因理论，在治疗上借用外科治痈的"消""托""补"三法，以痈论治。

溃疡初期，可见痛势较轻的胃脘烧灼样疼痛或胀痛，是由毒热胶结、气滞血瘀所致。可治之于消法，热毒蕴结者当清热解毒，湿热过重则清利湿热，寒凝明显者当温通散寒，气滞明显者当行气导滞，等等，皆属于消法的范畴。

中期，可见胃脘烧灼样疼痛或胀痛，痛势急剧而拒按，是由久瘀生热，热盛肉腐，腐而成毒化脓所致。此时正邪相争，毒热内盛，当用托法使正胜邪去。如邪盛而正气未衰，可治以清热解毒，使毒去而痛减，如正气虚衰，当顾及正气而在清热解毒之时加用扶助正气之品。

后期，虽毒邪减轻或邪去，但正气受损，气血虚弱，脾胃功能失调，运化无力，溃疡难以愈合，当用补益之法。气血虚弱不足者应补益气血，脾胃虚弱者宜理脾和胃，损及肝肾当补益肝肾。

以上三法当根据实际情况辨证应用。

4. 临床心悟

（1）中医四诊与现代仪器结合：周学文强调在中医四诊基础上，务必结合现代仪器如胃镜等，实现对消化性溃疡宏观与微观辨证统一。如患者表现为胃脘灼痛、反酸、嘈杂，伴口干口苦，舌红、苔黄厚或腐苔，脉弦或弦数，胃镜检查常可见活动期溃疡：溃疡底部覆有灰黄色或灰白色渗出物，周围黏膜充血、水肿、糜烂，病理可见中性粒细胞及淋巴细胞浸润等。临床表现与胃镜、病理学改变有助于深刻理解"毒热"病因，其共同特点"红肿、热、痛"也为以痈论治提供了充分依据。

（2）溃疡分期不同，治疗有所侧重："毒热"病邪的重点在于"毒"，邪犯脾胃，致脾胃气机升降失常，气机郁滞，郁而化热，即病由毒起，热由毒化，日久而成"毒热蕴胃证"，导致血败肉腐而成溃疡。治疗以清热解毒、消痈生肌之法，根据溃疡病的分期不同，治疗上有所侧重。

活动期重用黄连，佐用黄芪。在胃溃疡的活动期，主要采用"消""托"二法，即溃疡初期（未成脓期）应用"消"法使初期痈肿消散，防止邪毒结聚成脓；溃疡中期（成脓期）应用"托"法扶助正气，托毒外出，以免邪毒内陷。因此，重用黄连，佐用黄芪。

愈合期和瘢痕期重用黄芪，佐用黄连。此时为溃疡的修复阶段，趋于愈合。病机特点多为脾胃虚弱（寒）。故治疗上强调顾护脾胃之气，促其愈合。主要采取"补"法，即重用黄芪健脾益气，使疮口早日愈合。本品长于补脾胃之气扶正而托疮，少佐黄连意在防黄芪滋腻太过，又可驱除余邪，以免正虚邪恋、病情缠绵。

（3）主次症状治疗相结合：消化性溃疡的整体症状大致相同，根据分型不同临床表现略有差异。故在治疗主症基础上，随症加减：反酸者，加海螵蛸、浙贝母；嗳气者，加香附、代赭石；泛吐清水者，加陈皮、干姜；大便干结，加火麻仁、郁李仁；疼痛剧烈加延胡索、三七。另外可加白及以护膜生肌，提高愈合质量。

（4）重视中药的现代药理作用：强调在治疗过程中可应用枳实、厚朴、陈皮、白豆蔻等以促进胃肠蠕动、增加胃动力；煅瓦楞、乌贼骨、白及有抑酸作用；白芍、甘草、延胡索、川楝子有缓急止痛作用；黄连、蒲公英、白花蛇舌草有抗 Hp 作用；丹参、三七有改善胃黏膜下微循环作用。

（5）防治结合：强调治疗的长期性和系统性，即在症状改善及溃疡愈合后，继续巩固治疗，同时定期复查。同时亦强调饮食调摄、戒烟酒、预防 Hp 感染、减少NSAID 药物应用、保持情绪稳定等。

五、方药之长

（一）代表性方剂

1. 和胃反流康颗粒

【组成】柴胡、陈皮、白芍、黄连、香附、枳壳、半夏、炒白术、茯苓、蒲公英、甘草等。

【用法】每次1袋，每日3次，冲服。

【功效】疏肝利胆，益气健脾，和胃降逆。

【主治】胃脘疼痛或痞满，嗳气，反酸或恶心欲吐，大便不畅，舌红，苔薄黄，脉弦或弦滑。

【方解】方中柴胡疏肝利胆，理气解郁，香附理气止痛，并可增强柴胡疏肝解郁之力，共为君药；陈皮、枳壳理气和胃，炒白术、茯苓益气健脾，与疏肝理气之剂相伍，可达扶土抑木之功效，共为臣药；黄连清解肝胆郁热，蒲公英清热解毒，荡涤胃中之浊毒，共为佐药；半夏降逆止呕，芍药、甘草养血柔肝，缓急止痛，三药相配，共为使药。

【临床心得】周学文教授认为本病脾胃虚弱为发病之基，肝失疏泄为发病之因，肝胃失和为病机关键，故在治疗上强调"肝脾并调，胆胃同治"的重要性。和胃反流康颗粒为周学文教授研制的院内制剂，具有疏肝利胆、益气健脾、和胃降逆的功效。适用于肝胃不和或有郁热证的患者。

此二证型均为情志不遂而诱发，平素常伴心情不舒、郁闷寡欢，或烦躁易怒、胸胁胀满、脉弦等肝失条达之症，治疗以疏肝理气、和胃降逆为主，常用药物有柴胡、香附、白芍、广木香、佛手、郁金、姜半夏、川楝子、延胡索等。若兼口苦、烦躁易怒者，加焦栀子、黄芩、丹皮、黄连；胃中嘈杂、泛吐酸水者，加煅瓦楞、乌贼骨；嗳气呕逆者，加竹茹、苏梗；反酸明显，加黄连、吴茱萸；大便干燥者，加火麻仁、瓜蒌仁、槟榔；失眠少寐者，加合欢花、首乌藤、远志等。

周学文教授强调肝为刚脏，体阴而用阳，内寄相火，故辛燥疏利之品不宜久用，可选用佛手、香橼、川楝子、郁金等平利之品，也可用白芍以养阴柔肝之品以防劫肝阴。对于久病入络，伴有瘀血征象的可用当归、丹参、赤芍、延胡索等以化瘀止痛。

2. 消痈溃得康颗粒

【组成】黄芪、黄连、苦参、海螵蛸、浙贝母、三七粉、白及、蒲公英、白蔹、砂仁、白豆蔻、炙甘草等。

【用法】每次1袋，每日3次，冲服。

【功效】清热解毒，消痈生肌。

【主治】胃脘灼痛、反酸嘈杂，伴有口干口苦，舌红、黄苔或黄厚苔或腐苔，脉弦或弦数。

【方解】方中黄芪补气血，壮脾胃，生血生肌，排脓止痛，是疮疡长久不愈的治疗要药；黄连泄肠、胃、脾三家之湿热，解诸般热毒、秽毒及疮疡肿毒，还可调胃、厚肠，长肉止血，为治疗"毒热"疮疡的要药，二者共为君药。蒲公英具有清热解毒、散结消肿之效；苦参解热毒、消肿毒、消痰毒，配合黄连，以治"毒热"之疮疡；浙贝母清热化痰、散结消肿；海螵蛸具有制酸止痛、收湿敛疮之效，四者共为臣药。白及具有收敛止血、消痈生肌之效；白蔹清热解毒，敛疮生肌；砂仁、白豆蔻均能行气止痛、除胀消满，与黄芪配伍，托中有消，可防止黄芪之壅滞；三七止血散瘀，消肿定痛，又有止血而不留瘀，化瘀而不伤正的特点，五者共为佐药。甘草气和性缓，可升可降，益气补中，缓急止痛，泻火解毒，调和药性，为使药。

【临床心得】周学文教授创立的新药"消痈溃得康颗粒"适用于消化性溃疡的活动期、愈合期及瘢痕期，此方融入中医外科"消、托、补"法。胃溃疡初期，可见痛势较轻的胃脘烧灼样疼痛或胀痛，是由毒热胶结、气滞血瘀所致。此时应用消法，清热解毒，活血化瘀。胃溃疡活动期，可见胃脘烧灼样疼痛或胀痛，痛势急剧而拒按，是由久瘀生热，热盛肉腐，腐而成毒化脓所致。此时可应用托法，以托里透脓，排毒泄热。胃溃疡后期，可见由毒热迫血之出血，以及正不胜邪之正虚所致的呕血黑便、脉象虚弱等症。此时应该用补法，补益脾胃、益气生血。此方用药上，"消"法选用的黄连、蒲公英、苦参等；"托"法选用的黄芪、海螵蛸、浙贝母、白及等；"补"法可选用黄芪、白豆蔻、砂仁、甘草、三七等。

临证时不拘泥于原方，如胃痛明显加用川楝子、延胡索、蚕沙、没药等活血理气止痛；纳差加用鸡内金、神曲、麦芽等健胃消食；湿盛加用茯苓、白术、橘络等健脾祛湿；胃酸明显加用煅瓦楞、海螵蛸等制酸止痛；嗳气频繁加香附、代赭石；大便干结加火麻仁、郁李仁；伴有异型增生常用夏枯草、白花蛇舌草、瓜蒌等软坚散结；伴幽门螺杆菌感染者可适当加大黄连用量（10g），或加黄芩等以消虫毒。此三法可以先后应用，也可融于一方之中，临证遣方用药、剂量设计当依病情而定，以辨证论治为原则，加减变通。另外，药物用量不宜过大，以免加重脾胃负担，不利运化，要始终把顾护脾胃放在第一位。

（二）特色用药

1. 黄芪、党参——健脾胃而护中州

黄芪甘温纯阳，其用有五：补诸虚不足，一也；益元气，二也；壮脾胃，三也；去肌热，四也；排脓止痛，活血生血，内托阴疽，为疮家圣药，五也。党参有补中益气、健脾养血之功。二药合用，增强补中焦脾胃之气，顾护后天之本。

在胆汁反流性胃炎的治疗中，针对脾胃虚弱为本的病机特点，常选用黄芪、党参配伍以健脾和胃，调中缓急，扶正固本，尤其在中后期的治疗上常用。再次强调以胃气为本，健脾和胃之法贯穿始终。

在消化性溃疡的治疗中，无论是活动期还是愈合期、瘢痕期，黄芪都扮演着不

可替代的作用。溃疡活动期应用黄芪，一是反佐，防止苦寒太过，过度攻伐，致脾胃虚弱，重伤胃气；二是取黄芪托毒外出、祛腐生肌之功。愈合期和瘢痕期主要表现为脾胃虚弱，化源不足，重用黄芪以扶正以托疮，顾护胃气。现代药理学研究也表明黄芪可改善胃黏膜血供和修护胃黏膜。

2. 浙贝母、乌贼骨——清胃热而制胃酸

在消化性溃疡的各个分期或胆汁反流性胃炎的各个证型中均可加减应用。周学文教授在治疗上述疾病中的常规用量多为 15 ～ 20g，二药配伍具有制酸止痛、收敛止血的功效。乌贼骨能制酸止痛、收敛止血；浙贝母能清热散结。现代药理研究发现二者可中和胃酸，抑制胃液分泌，加速溃疡愈合。其中乌贼骨所含碳酸钙及磷酸钙具有制酸作用，能缓解反酸及胃灼痛症状，促进溃疡面炎症吸收，阻止出血，减轻疼痛；浙贝母能缓解平滑肌痉挛以镇痛。

3. 白芍、当归——柔肝阴而养肝血

肝为刚脏，体阴而用阳，肝的疏泄功能需肝血的充养发挥作用。当归可养肝血，白芍可柔肝阴，又有缓急止痛之功效，在胆汁反流性胃炎治疗中经常配伍应用。肝失疏泄为胆汁反流性胃炎的发病之因，故治疗上着重疏理肝气，使肝气调达。在应用疏肝、泄肝的药物同时，建议加用当归、白芍，一防理气药过度伐肝阴、肝血，二可化瘀、清肝、柔肝止痛，体现了治病的中治之道，平调之治。

六、读书之法

周学文幼时上过私塾，熟读医学经典，他珍视中医学经典，崇信其理论价值，认为经典著作要精读深思，各家学说要博览兼收，且具备坚韧不拔、锲而不舍的毅力和活到老、学到老的恒心是学好中医的必备品质。他读一部中医文献，无论是巨著，还是中短篇，始终坚持一丝不苟，从头读起，竭泽而渔，不使遗漏。

周学文十分推崇《黄帝内经》，认为其作为中医学理论的思想基础及精髓，在中华民族近两千年繁衍生息的漫漫历史长河中，它的医学主导作用及贡献功不可没。《黄帝内经》蕴含着朴素的唯物主义观点和辩证思想，以医学为中心，把自然科学与哲学理论结合起来，以整体观念为主导，阐释了人体内在活动规律，研究了人体解剖形态、脏腑经络、生理病理，以及关于疾病的诊断、防治。他重视"气"的作用，认为气是构成人体和维持人体生命活动的基础之一，有气则生，无气则死。气机是人体气的功能活动的高度概括，是人体生命存在和活动的依据，气机如常则表现为正常的生理活动，反之，则出现异常的病理现象，深刻理解和运用"气机不调，则病不除"的道理，掌握气的生理病理特点，运用各种手段调整气机，对疾病的诊断

和治疗都有指导意义。此外，他在临床上认为治病必求其本十分重要，包括正确处理局部与整体的关系，他治疗1例痞满的患者，从局部症状看是实证，但从整体看则为中气不足，可见症状是现象，中气虚才是本质，不求其本，则去《经》旨愈远。他还认为，辨证求本要正确掌握正气与邪气的关系，《黄帝内经》说：正气存内，邪不可干；邪之所凑，其气必虚。说明人类疾病发生、发展和转归的过程，是正邪斗争胜负消长的过程。提出无病早防，保持正气；有病祛邪，切勿伤正的观点，执业者须注意正气这一根本，掌握扶正以祛邪、祛邪以养正的辩证关系。辨证求本，还需正确区别内伤与外感不同重点的关系，八纲是中医辨证论治的重要纲领。周学文则强调外感疾病，重点辨表里寒热。因为一切急性热病，无论温热，还是伤寒，初期邪均在表、在卫，所以解表为第一要义。表寒者散以辛温，表热者透以辛凉。治疗及时，迎刃而解。若已传里，或传阳明，或入气分，则清气撤热自属正治。慢性内伤疾病，重点辨虚实寒热。一般认为七情内伤杂证多虚。但亦虚中央实，实中夹虚，或大虚似实，大实似虚，均应仔细辨别。不可一概作虚证论。同时内伤为病亦有寒热，如阳虚则寒，阴虚则热，与外感为病之寒热判然不同，亦应认真分清，不可一概论治。他对八纲的运用，从理论上突出区分外感、内伤的不同重点，完全符合治病必求其本的宗旨，并深得《黄帝内经》真谛而加以提高。

　　周学文认为《伤寒论》是方书之祖，组方严谨，用量精当，可作为基础方进行加减。《伤寒杂病论》是集秦汉以来医药理论之大成，并广泛应用于医疗实践的专书，发展并确立了中医辨证论治的基本法则，辨证论治不仅为诊疗一切外感热病提出了纲领性的法则，同时也给中医临床各科找出了诊疗的规律，成为指导后世医家临床实践的基本准绳。它的体例是以六经统病证，六经辨治法充分体现了中医治病的整体性和宏观性，其中蕴含的严谨而又圆融的辨治学术，可操作性强，周详而实用，辨证必须有望、闻、问、切四诊合参的前提，如果出现脉证不符的情况，就应该根据病情实际，认真分析，摒除假象或次要矛盾，以抓住证情本质，或舍脉从证，或舍证从脉。阳证见阴脉、表证见沉脉，即实脉虚从脉，证虚脉实从证。他认为本书无疑为医者理清临床上乱麻一般的复杂症情，提供了可供遵循的纲要性条例。俗话说："经方不传之秘在于量。"对此他在临床上体悟颇深，认为药物之间的配比药量十分重要，尤其经方的方药组合是非常严谨的，不仅其药味的配伍有着严谨的法度，而且其药量间的配比更是严丝合缝的，临床常常可见到小剂大效。

　　周学文还十分看重"金元四大家"，认为他们促进了中医理论体系的完善。刘完素是宋金医学界最早敢于创新并且影响较大的一位医家，受运气学说影响，强调"六气皆从火化""五志过极皆能生火"之说，著有《素问玄机原病式》二卷和《宣明论方》十五卷，认为疾病多因火热而起，治疗多用寒凉药，世称"寒凉派"，提出

"降心火，益肾水"为主的治疗火热病的一套方法，给后世温病学派以很大启示。张从正也是一位具有革新思想的医家，他善用攻法，认为"治病应着重驱邪，邪去则正安，不可畏攻而养病"，发展和丰富了应用"汗、吐、下"三法，世称"攻下派"，此外他还十分重视社会环境和精神因素等致病作用。李杲发展其师张元素脏腑辨证之长，区分了外感与内伤，认为"人以胃气为本"，"内伤脾胃，百病由生"，周学文受东垣影响，对于患者脾胃气机升降尤为重视，且临床善用黄芪、升麻等升清之药。朱丹溪重视顾护阴精，维持人体阴阳的平衡，其创立的养阴理论和方剂，对于今人的体质特点和疾病谱来说，仍不失其时代的意义，他认为丹溪对于"郁证""痰证"的见解尤为深刻。

周学文认为张锡纯对中西医结合架起桥梁发挥了重要作用。《医学衷中参西录》尊古而不泥，参西不背中。衷中参西是张锡纯医学的学术核心，大胆吸取西医之长，通过理论和实践的探索和研究，第一次将中药和西药合用在一首方剂里，开创了我国中西药物合用的先例。他认为张锡纯的医学体系非常有特色，注重临床实践，在理论上倡导尊重经典而不盲从经典，在处方上则主张学习古方而多化用，其中医学教育思想，不仅在当时非常先进，而且对现在的医学教育也有非常重要的参考价值，他明确提出了"中医、西医和中西医结合都要发展，而且认为可以互补，并且长期并存"的方针。他认为张氏在治疗脾胃病方面有独特见解，临床应用十分有效。如对于胃气不降患者多以半夏、陈皮、紫苏子、厚朴、枳实、竹茹、代赭石等药为主，且尤擅长使用赭石。对于脾胃虚弱、中气不足、气虚下陷者，张氏独制升陷汤类方，对于山药的运用更是炉火纯青，认为山药汁长于滋阴，又能固摄下焦元气，用之则更易淡养脾胃。另外，张氏善用生麦芽升肝气，茵陈为青蒿嫩芽，亦具有升发之力，又不至于升提太过。

周学文认为生于明末清初的傅青主先生得医道传承，通道家内景，对人体生理的论述延续《黄帝内经》之学，所著的《傅青主女科》对于妇科发展颇有建树，如对于乳汁、月经同源，奇经八脉之带脉，经带病的治疗无不体现。将带下病分为5种证型，脾虚湿重用完带汤，肝经湿热用加减逍遥散，肾火盛而脾虚形成下焦湿热的用易黄汤，肝经脾湿而下溢用清肝止淋汤。书中的止汗方在临床应用亦效如桴鼓。

宝贵的中医古籍读本在人类生命发展的历史长河中熠熠生辉。周老认为经典古籍医著，不仅仅是几千年来中华民族与疾病作斗争的经验结晶和生活智慧，更是中医学的基本规范，是经过长期实践验证而公认的医学标准。博览古籍，而后能专心体察，则胸有定见，自能辨其是非，取其长而去其短矣，看待病证便会十分深刻。

七、大医之情

（一）德厚者，其术必高

周学文教授认为，世间万物都有其发展的规律，这便是"道"，人所能做的只能是顺应"道"。而且认为人活着的目的主要是利他行善，因为利他行善合乎天地之德。中医人往往重视行善积德，善心、善念、善语、善行都是利他的，也都能让自己愉悦，医术也是由德行所支撑的，正所谓"德厚者，其术必高"。他也常说"医乃仁术"，病家求医，寄以死生，医者担当着普救含灵、解除苍生痛苦的最高使命，尤其面对反复求医而久治不愈的患者，这种责任感便越强烈。为医当修从医之德，常怀律己之心，常思贪欲之害，常戒非分之想。

周学文教授精术济民，慈爱仁义，虽年逾古稀，仍坚持每周三次门诊，风雨不误，偶因公干外出，也必争取出诊前赶回。虽来诊者众多，但从不敷衍，不管患者来自城市还是农村，上至耄耋老人下至黄穗小儿，周学文教授临证总能细致入微、一丝不苟，若遇疑难病例，详察病情，细审端倪，在耐心反复揣摩、斟酌之后，方能仔细处方用药。因医术高明，奔波求诊者甚众，每每一号难求，因求医不易，患者亦不吝财，但他每为患者着想，不忍用贵药下重药而令患者拮据，患者照方抓药，竟常有价廉至数十元之资，疑惑"莫非大夫错开药方乎？"周学文教授行医，不求数量而求质量，每个患者必悉心诊治，从不计较个人得失。他总怀仁义之心，耐心、细心，充分体会患者的心情，不厌其烦地叮嘱患者疾病的注意事项，解除患者的恐慌与疑虑。常有患者来诊时焦虑，或病程已经年累月，苦不堪言，或疑有恶性疾病而惴惴不安，或来诊所诉琐碎而不明重点，他均耐心倾听，耐心为其解释，开导患者情绪心理，指导患者正确对待疾病。周学文教授之方小而服法迥异，用药精当，中病即止，为奇也。他致力于脾胃病研究，患脾胃疾病迁延不愈的患者大多伴有情志疾患，故会注重心理疏导，解除患者思想顾虑。

周学文教授常说：医生的一句话就会对患者产生极大的影响，医源性疾病在很多时候甚至要比患者本身疾病严重得多，指导患者以良好的心态正确对待疾病是医生义不容辞的责任。萎缩性胃炎患者常于诊疗结束时小心翼翼地问："我这个会不会发展成胃癌啊？"他便耐心为其解释不是所有的萎缩性胃炎都会发展成胃癌，通过临床干预，是可防、可治的。他临床诊疗及指导患者用词非常严谨，用语亲切，避免不应该有的医源性因素对患者疾病及生活的影响。周学文教授的高尚医德和高超医术，不仅及时地挽救了无数患者的生命，深受患者及其家属的高度信赖，也实为中医后学树立了良医的楷模。

周学文教授励躬行、尚节义、利廉隅。唐山大地震时，他在辽宁省沈阳市桃仙机场与兄弟医院一起组织抢救接收危重伤员 300 余人。2003 年"非典"疫情暴发，北京小汤山医院特从药厂订购了 20 万件清热利咽茶用于抗击"非典"，此药是基于周学文提出的"肺胃同治，清热降逆治疗咽炎"的理论创制的，而清热利咽茶药方正是"非典"暴发 8 年前，他捐给学校药厂的验方，正所谓"人命至重，有贵千金，一方济之，德逾于此"。周学文素谦逊，性内敛，不事张扬，其诊室四壁萧然，质朴无华，外界一应虚名，皆尽拒之。

（二）精勤不倦，圆机活法

周学文教授认为中医从业者尤应具备"勤"为核心的职业观，因中医学吸收了传统文化很多门学科的精粹，如中国古代哲学、兵学、武术等，《黄帝内经》中要求每一个医生要"上穷天纪，下极地理，远取诸物，近取诸身"，一名优秀的中医人需具备深厚而广博的知识，这是获得圆机活法智慧的前提，期间需要进行勤奋的思考、总结，去粗取精，去伪存真，培养自己深邃敏锐的哲学思辨和触类旁通的医学灵感。在思考中，修正错误的认识，增加新的认识，做到举一反三，变零碎为系统，变感性为理性，总结一些规律性的东西，真正学有所获、学有所悟、学有所成，具有博大精深的学术造诣。应该注重"究天人之际""通古今不变"，中医人才的知识结构是以"文、医、史、哲四位一体"为特征的。古有张仲景"博览群书，广采众方"，孙思邈"弱冠善读庄老及百家之书"，张景岳深究先秦诸子，集宋明理学、教育家、临床家于一身。而他们的成就见证了一个核心："勤"。孙思邈在《大医精诚》中就提到，学医要"精勤不倦"。学好中医学一定要"虔诚思悟，苦行其道，方能有成"，树立以"勤"为核心的职业观，势必造就一批博古通今的中医生，势必推动整个中医事业的发展。时代在发展，实践证明，只有与时俱进、紧密结合现代科学技术成果，才能获得旺盛的生命力。周学文认为中医学要发展，也离不开现代科学技术，这就要求我们要在"博极医源"的基础上，努力接受现代科学知识，如此，则有可能将传统中医同现代科学技术结合而促成中医理论和临床的发展和进步。继承和创新是一个永恒的主题，没有很好的继承不可能有很好的创新，没有很好的继承就有可能导致学术的萎缩甚至消亡。传统文化在过去给了中医学很丰富的营养，今天、未来，传统文化仍将是中医学发展的营养来源。我们应该正视传统文化对中医学的影响：中医学从诞生之日起，无时无刻不在发展和自我完善，这一过程受到各种因素的综合影响，有时快，有时慢，但从历史看，绝没有停滞不前。中医学的发展有其固有的轨迹和规律，那就是它脱胎于中国传统文化，这就决定了二者的发展必然同步。传统文化是一个民族凝结的纽带，它存在的价值是民族灵魂之所寄，同时决定着民族的种性。"只有民族的才是世界的"，中医学要以中国优秀传统文化为基石，以中医基础理论为发展核心，以现代疾病谱系的变化为发展导向，以现代科技知识为发展手段，将临床疗效作为发展目的，遵守其特有的发展规律，在自我完善中不断创新发展，弘扬中医学之要旨，迈向康宁之通衢！

"悟其理，行其道，且苦行其道，方能有成。"这是周学文教授多年的内心感悟和真实写照，以此鞭策自己，启迪后人。他为人忠厚，心声直诉，勤奋苦学，生活俭朴，淡泊名利，为中医药事业发展实实在在做事，一步一步走出自己的精彩；他心系患者，心系后学，心系中医药事业，实为德艺双馨的一代名医。于临床治病救人，其如临深渊，如履薄冰，谓小心也；于学术创新研究，其赳赳武夫，公侯干城，谓大胆也；于疑难之症，其思虑周详，灵活机变，谓智圆也；于为人处世，其端方正直，不改气节，谓行方也。此亦大师应有之轨范也。

（三）通古博今，守正传承

周学文曾师从名医徐荫堂，昔时抄方侍诊时，敏思笃行，由术而道，一并传承，且勤学不辍，六载朝暮，日有所得。他旁收杂学，广泛涉猎，对中国传统文化颇为着迷，认为中医学根植于中国传统文化，与传统文化思想尤为密切，传统文化是学中医的底子、根本条件。没有这根本条件也能学，但是学到一定程度就停住了，再往上升也升不上去，这就叫根基。根基要扎得深、扎得广，树才能长得高。

周学文认为传统语言文字是中医古籍的载体。作为与人类生命、生存、生活休戚相关的医学，毫无疑问是成语、典故产生的重要源头，且十分有趣味。在丰富多彩的中药宝库里，几乎每一味药名都很讲究，有的大方雅致，有的含蓄秀气，有的纯朴厚重，有的灵动飘逸，大都意韵丰富而充满诗情画意，让人过目难忘。这些药名不仅与它的自然属性、药理功效有着密切关联，而且还与人们对自然界的美好希冀、对生活的美好愿望也有着深切的联系。如《诗经·王风·采葛》中言："彼采葛兮，一日不见，如三月兮。彼采萧兮，一日不见，如三秋兮。彼采艾兮，一日不见，如三岁兮。"该诗生动地表达了古代劳动人民对心爱之人朴素的思念之情，而其中的葛、萧、艾三种植物都是中药材。又有嵇康《养生论》记载"合欢蠲忿，萱草忘忧"。此外还有如仙鹤草、何首乌、忘忧草、白头翁、黄连、牵牛、人参、柴胡、当归、玉竹、合欢、刘寄奴等。成语有肝胆相照、心惊胆战、精疲力竭、病入膏肓、妙手回春、吮痈舐痔、薏苡明珠、乐极生悲等；典故有"岐黄""悬壶""杏林""橘井""青囊""坐堂"等，有的直观、形象或间接、含蓄地表述了中医学医理，有的揭示了中医学的源头，有的是对医学家精湛医技、高尚医德的赞扬。凡此种种，都与医学紧密相连，令人叹为观止、心悦诚服。

《周易》是中国早期的一部经典著作，是华夏民族五千年智慧与文明的结晶，广大精微，包罗万象，提供人们趋吉避凶、趋利避害的行为智慧，被誉为"群经之首，大道之源"。被儒、道、佛共同尊奉，儒家尊其为"六经之首"，道家崇其为"三玄之一"。正如《四库全书》所说："易道广大，无所不包，旁及天文、地理、乐律、兵法、韵学、算术，以逮方外之炉火，皆可援易以为说。"周易文化是中国传统文化的活水源头，对儒家、道家、中医等产生了深远的影响。《周易》言"观乎人文以化成天下"，即把作为人的道理推广到整个社会、推广到个人身上，就叫文化。中医学不是单纯治病，所谓"上医治国，中医治人，下医治病""上医治未病，中医治欲病，下医治已病""不为良相，便为良医"，良医里包含有医人、医国的道理，它有文化内涵。其中周老认为《周易》是中国传统文化最大的奠基石。不懂得《周易》的道理，没有《周易》思维，就不能成为明医。《周易》中有阴阳之道，还有五行之道。周学文认为中医学受《易经》思想的影响很大，所谓"医易相通"。如中医学将阴阳的关系归纳为阴阳对立制约、阴阳互根互用、阴阳相互转化、阴阳消长平衡、阴阳交感等，这些都可从太极图、八卦图、六十四卦图、河图洛书等易图中得到很好的诠释。又如《黄帝内经》充分接受了易学的变易之道，认为运动普遍存在于万物与人类之中，自然界有春生、夏长、秋收、冬藏的运动节律，人体有生、长、壮、老、已的生命过程。人体的气血依照昼夜十二时辰运行，如环无端，循环往复。周易"中和"思想对中医学的生理观、病理观、养生观、治疗观的形成都有重要影响，如"阴平阳秘，精神乃治""平人不病"就是"中和"思想的体现。此外，《周易》还是世界最早的预测专著。易学卜筮的目的是预知未来，建立预防观。易文化的预防观主要强调天地人相关、见微知著和司外揣内。这对中医学产生了巨大影响，形成了中医"治未病"的思想。

周学文认为传统文化对中医的影响可以说是全方位的。对人与自然的理解，中医的观点与传统文化是一致的，如天人相应、五行生克、阴阳平衡、精气学说等医学理论来源于传统文化。中医学强调的修身养性观汲取了传统文化中的思想观念，如儒家的仁爱思想、中庸思想、孝悌思想、礼治思想等对中医文化产生较大影响，成为中医学生命观、诊疗观、养生观、道德观的重要组成部分；道家的清静无为、顺其自然、珍视生命、祸福相依观等对中医养生思想产生了极为深远的影响；佛家的随缘任运、众生平等、慈悲为怀等思想对医家的人格修养起了积极的促进作用。中医对病理的认识与治病的方法也受到传统文化的影响，不管是藏象兼治、丹药医方，还是望闻问切、推拿捏打等无不有传统文化的理念在其中。如"平人不病""阴平阳秘"等就是传统文化中"中和"的理念。中医学的一些名词也受传统文化影响，比如《黄帝内经》云："心者，君主之官也，神明出焉；肺者，相傅之官，治节出焉；肝者，将军之官，谋虑出焉……"以古代中国社会政治体制中的官制类比人的脏腑功能，可见中医学深深植根于传统文化之中。周学文认为国学是中医学习的重要土壤，其受儒家思想影响一生践行仁、义、礼、智、信的做人准则，受"中庸"思想影响极大，注重调理阴阳，以求脏腑生克平衡，才可达到"阴平阳秘""平人不病"。亦推崇道家的祸福相依和佛教众生平等、慈悲为怀等思想。他认为儒家文化重在社会伦理道德，致力于建设和谐有序的社会，虽然也对中医学产生了重要的影响，但主要在于医德医风之建树。而道家文化致力于探究宇宙之根源与规律，不但主张以"道"观宇宙人生，而且力主人应顺道而行，通过遵循自然之道来实现人生命的完满与和谐。这种根基于自然之道上的科学探究思想和生命完满理念，对中医思维方法、精气学说、阴阳平衡观及中医养生理念等，都产生了积极而深远的影响，尤其是强调人与自然界协调统一的"天人合一"观，不仅是中国传统文化的精髓之一，也直接缔造了中医学的基本框架，为中医学的起步与发展找到了出发点与归宿。他也非常重视"天、地、人"三才的关系，对于全国，尤其是东北地区的风土人情非常了解，根据患者自身性情秉性，顺应天时、气候特点对患者进行养生调护。

周学文认为中医学蕴含着以"仁"为核心的道德观。天伦与人伦、天理与人理、天道与人道、天理与人情合二为一，谓之道德。《易》曰："与天地合其德，君子之德也。"毫无疑问，中国古代传统道德，是几千年来行之有效的道德体系，是中华文化的精神支柱，是中国文化的精髓，是中华民族生生不息的法宝。儒家创始者孔子提出了"仁"，作为自己思想体系的核心，而"仁"的最基本的含义就是"爱人"。道家创始者老子，把"慈爱"作为他的"三宝"之一。他要求人们要发扬"水"的品格，像"水"那样"善利万物而不争"。这些中国传统的核心价值观，即为人要仁爱和本分。佛教里叫"慈悲喜舍，四无量心"。所谓大慈大悲，大慈就是指没有代价的、没有条件的慈。这契合中医学大道——医乃仁术。

八、养生之智

（一）后天之本，固护为先

周学文教授作为中医脾胃病大家，尤为注重"后天之本"的调摄。

脾胃为后天之本，气血生化之源，人体脏腑器官、营卫经络、形体官窍，无不仰仗于脾胃，元气之滋养全在脾胃。五脏六腑皆受气于胃，方能发挥其正常作用。故脾胃之强弱与人体之盛衰、生命之寿夭关系甚为密切。周老常言："土气为万物之源，胃气为养生之主。胃强则强，胃弱则弱，有胃则生，无胃则死，是以养生家当以脾胃为先。"脾胃健旺，水谷精微化源充足，精气充盛，脏腑功能强盛，形健神旺。脾胃为气机升降之枢纽，脾胃协调，可促进和调节机体新陈代谢，保证生命活动的正常进行。周老的调养脾胃之法，原则在于益脾气、养胃阴、疏肝气。同时，他还常常进行适度的锻炼以和胃化食，而又避免过劳而耗伤脾胃之气。临床上，坚持脾胃用药以轻灵为主的思路，不用特别峻猛的药。"胃气一收，百药难施。"一些老人脾胃比较弱，周学文倾向用胡黄连代替黄连，减少寒凉之气，并且提醒他们要时时顾护脾胃，只有把胃气保护好，药才能起到好的作用。

此外，周学文教授非常注重饮食，并提出了饮食八宜原则，即：①宜少宜精：宜少指不可过饥再吃东西，且吃东西不可过饱，不宜极渴时饮水，饮水一次不宜过多，晚饭宜少；宜精指少吃粗糙和粗纤维多的食物，尤其对于有消化不良的患者，要求食物要精工细作，富含营养。②宜温宜洁：宜温指胃病患者不可过食冷瓜果，也不能因畏凉食而吃热烫饮食，这对食道和胃的损伤也很大；宜洁是指有胃病的人胃抵抗力差，应防止食物被污染，并注意食用器具的卫生。③宜鲜宜淡：宜鲜是指吃适量新鲜蔬菜和水果，最好是应季水果，新鲜蔬菜水果，同时也指吃新鲜的食物，不食腐烂变质的食物；宜淡指宜吃清淡的素食。中医讲淡味是养胃的，清淡素食既易于消化吸收，又利于胃病的恢复，而且可使人长寿。新鲜蔬菜五谷都为健胃佳品，但食用不可过量。④宜软宜缓：宜软指饭食、蔬菜、鱼肉之品宜软烂，不宜食油煎、油炸、半熟之品及坚硬食物，既难于消化，还有刺伤胃络之弊端；宜缓指细嚼慢咽，充分咀嚼，唾液大量分泌既有利于食物的消化吸收，又具有防癌和抗衰老的效果。

（二）养气全神，舒达为要

周学文教授常引用古人养生之道："安乐之道惟善保养者得之……一者少言语养内，二者戒色欲养精，三者薄滋味养血气，四者咽精液养脏气，五者莫嗔怒养肝气，六者美饮食养胃气，七者少思虑养心气。"对于智慧养生，周学文教授始终注重精气神的调摄，即使身处困境，仍保持乐观豁达的心态。在日常工作中，每每遇到不配合的患者，他依旧保持平和的语气，耐心待患，解除其苦。在日常生活中，周老也常练字修心，舒畅情怀，久而久之，养成了自身稳定的心境，安宁的情绪。在日常相处中，周老既泰然处之，又和蔼淡然，以医者之情以制不安之情，人由气生，气由神往，养气全神，可得真道。

临证时对于这些心理负担重的患者，他会非常耐心地进行开导，缓解患者过大的精神压力。他说，消化系统疾病的患者要学会自我开导，须做到恬淡虚无，精神内守，这是他们早日康复的重要因素。

（三）起居有时，劳逸结合

建议起居需顺应四时，室内外环境应安静清爽；劳逸结合，不宜片面强调休息或者活动。消化系统疾病患者在急症、重症或发作期，如溃疡病发作期、患急性胰腺炎或胆囊炎时，应以休息为主，必要时需卧床休息；在慢性病或恢复期时，如慢性肝病、溃疡病恢复期的患者，应有一定的活动量以促进气血的运行，增强机体防御病邪的能力。但需注意活动量要逐步增加，不可操之过急，以免加重病情，因为消化系统疾病常因劳累过度而复发。

九、传道之术

周学文教授在担任硕士研究生、博士研究生及博士后导师及全国老中医药专家学术经验继承工作指导老师期间，也非常注重提掖后学，常告诫弟子要"虔诚思悟，苦行其道，方能有成"，引导学生学道、弘道意识，培养学生自学、创新能力，锤炼学生乐于奉献、淡泊名利的品德。在多项重大临床试验中，带领多个研究团队，组织与开展多学科联合协作，精心设计，从严要求，细心实践，注重过程，注重细节，他身体力行地为后辈树立典范。在科研工作中，珍惜每一分钟、每一天，珍惜团队每个人的科学创造，"求实报告结局""做到再说到"等肺腑之言令后学铭记在心。不断探索的设计思维和困难挫折面前的超然，从严-从实的科学作风和能力，为中医药的发展及中医药人才的培养做出了突出的贡献。"桃李不言，下自成蹊。"后学者崇敬之情，源自内心。为中医界精心培养了数十名继承人，其弟子姜树民教授、李国信教授、白光教授等成为省级名医；白光教授、汲泓教授、陈民教授、周天羽教授、张雪梅教授等分别成为全国老中医药专家学术经验继承人；陈民教授、周天羽教授、白光教授等分别成为全国中医临床优秀人才。弟子中亦不乏成为脾胃科、心血管科、急症科、临床药理学科等专业的学术带头人。2013年第三批师承弟子撰写了《周学文临证经验录》一书。

周学文学术传承谱

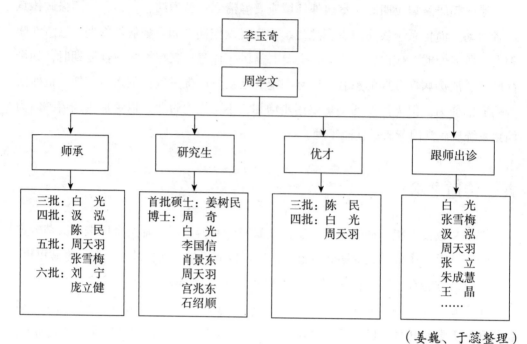

（姜巍、于蕊整理）

（张晨编辑）

周信有

周信有（1921—2018），山东牟平人，中共党员，民盟成员。甘肃中医药大学教授。曾任中华全国中医学会（现中华中医药学会）中医理论整理研究会全国内经专业委员会顾问，甘肃省中医药学会名誉理事，全国老中医药专家学术经验继承工作指导老师。甘肃省首届名中医，享受国务院政府特殊津贴。2017年被授予第三届"国医大师"称号。

周信有精研《黄帝内经》数十载，提出"复方多法，综合运用，整体调节"的遣方用药原则，五脏定位、六气定性的辨证观点，建立了在现代科学基础上的"微观辨证"理论体系。他尤擅长治疗肝病，提出了"解毒化湿、补虚、祛瘀"的治疗原则，创制了舒肝化癥汤、消癥利水汤等系列方剂；他指出了冠心病"气虚血瘀、本虚标实、虚实夹杂"的病理特点，创制了以心痹1号方为代表的系列方剂；他还相继研发了治疗病毒性肝炎和冠心病的国家级三类中药新药"舒肝消积丸"和"心痹舒胶囊"。共出版学术著作5部，发表学术论文16篇，指导科研项目取得科研成果10余项。2006年12月荣获中华中医药学会中医药传承特别贡献奖。

一、学医之路

周信有在 15 岁时投拜当时安东名医李景宸、顾德有门下，学习中医之术。通过临床侍诊，亲聆教诲，耳濡目染，他深得师传。在师父指点下，刻苦攻读中医书卷。1941 年，日本统治下的伪满当局实行汉医考试，他应试合格，获得"汉医认许证"，取得中医师资格，20 岁挂牌行医，从此开始了中医生涯。有了一定的中医学基础知识之后，周信有把学习重点放在攻读《黄帝内经》一书上。

1960 年，他调入北京中医学院（现为北京中医药大学）后，担任内经课教师，从此便开始对《黄帝内经》进行系统、全面、深入的研究。49 岁时，他举家远迁甘肃，从事医、教、研工作。早期在临夏回族自治州的基层医院工作 3 年，后调至甘肃省新医药学研究所工作。

1978 年国家恢复高考制度，周信有积极响应党和政府的号召，参与筹建甘肃中医学院（2015 年更名为甘肃中医药大学）。时任中医筹备组组长的他，聘请教师，组织教学，临床带教，凡事亲力亲为，为甘肃中医学院的建立与发展付出了满腔热情和心血。学院建立后，他先后担任内经教研室主任、教务处处长等职，积极制订中医药各专业培养方案，组织编写教材，完善中医药教学体系，奠定了甘肃省乃至整个西北地区中医药高等教育的基础。他参编的《中医内科急症证治》填补了国内中医急症类教材的空白。周信有对《黄帝内经》经义的阐发，内容丰富，切合实用，见解独到、新颖、深邃。

二、成才之道

周信有认为，要成为一代名医，务必做到以下几点：

（一）博极医源，夯实基础

周信有在宋·张杲《医说》"凡为医者，须略通古今，粗守仁义"上略加修改，提出"凡为医者，须略通古今，博极医源，精审详究，学不精则不能明其理，学不博而欲为医难矣！"周信有将这句话作为座右铭，勉励自己，不敢稍懈。他说："我深刻体会到，攻读《内经》是每个有志于中医事业者的必由之路，也是青年中医取得事业成功的必修课。我在学术上所取得的成就，与勤奋攻读、精钻深究《内经》经旨是分不开的。《内经》是我学术思想形成的渊源。"《黄帝内经》原著卷帙浩繁，内容庞杂，医理幽微，文辞古奥。周信有毕生致力于《黄帝内经》的研究，深谙《黄帝内经》旨意。他认为，尽管《黄帝内经》博大精深，涉及面广泛，但自始至终贯穿着一条主线，这就是统领全书的整体观、系统观和辩证观的哲学思想。这条主线使《黄帝内经》构建了一套完整而独特的中医药学理论体系，形成了认识疾病和处理疾病的独特思维方法，即从宏观的、联系的、动态的角度去观察人体生理和病理，用整体调节的方法去协调阴阳，以达到恢复机体平衡、治疗疾病的目的。因此，整体系统观和辩证恒动观是《黄帝内经》学术思想的精髓和核心，是中医学独有的、区别于其他任何医学的理论特色。作为现代中医，不论是从事临床、科研，还是教学和理论研究，只有时时处处突出这一特色，才能有所建树，取得成绩。

（二）勤学善思，继承创新

程钟龄云："思贵专一，不容浅尝者问津；学贵沉潜，不容浮躁者涉猎。""知其浅而不知其深，犹未知也；知其偏而不知其全，犹未知也。"从初学中医学开始，周信有在读书的过程中就非常注意勤查、勤写、善思。凡遇到古典医籍中的生字、难解之词及文义不明之处，他便随时查阅字典、辞典，并参考历代各家注释，务求弄懂文义。对于其中不同的学术见解，他仔细进行比较，择优而从，以求领会其精神实质。此外，周信有还勤于记卡片和心得笔记，每读完一本书、一篇文章或治疗了一个病证，都随时把自己的收获和体会写下来。他说："不可忽视这只言片纸。它一可帮你记忆，二可帮你理解。更重要的是，通过多写多记，可以开拓你的思路，有触类旁通之妙。"周信有在治学过程中，之所以能笔耕不辍，著述众多，与这一时期勤读、善记、收集和积累了大量资料是分不开的。但他也强调，在写心得笔记时，切忌不加选择地、机械地抄写，要善于思考，善于归纳分析，并提出个人见解，即使是不成熟的见解，也要记录下来。这些做法的目的都是为了锻炼自己的独立思维能力，继承创新。唯如此，方能进益良速，不断提高。孔子曰："学而不思则罔，思而不学则殆。"孟轲云："尽信书，则不如无书。"此皆指"思"在读书中的重要性。

（三）精究医理，勤于临证

周信有说："中医学的形成，是在长期医疗实践的基础上，接受了《内经》唯物观、辩证观的哲学思想的影响以及由这一思想延伸而成系统论、整体论的观点。这就形成了中医学的方法与理论特点。中医学的发展，必须承袭其自身的理论特点和长处。"

他认为，临床诊疗是中医药最重要的"实验室"。中医不能没有临床，离开了临床，中医就搞不出新的东西。在临床实践中，周信有尊古而不泥古，形成了自己独到的临证思路与遣方用药特点。

（四）中西结合，取长补短

虽然时时强调"发展中医学，必须保持中医特色，发挥所长，推陈致新"，但周信有认为，这并不是说中医学的发展可以离开现代科学的轨道，而是说中医学的发展必须承袭其自身的理论特点和长处，同时亦要与现代科学的成就相联系，逐渐转移到中医现代化道路上来，这是历史发展的必然规律。中医、西医两种医学体系共同存在，互相结合与渗透，这反映了时代的特点。西医学是建筑在近代科学的基础上，中医学是建筑在长期医疗实践的基础上，又接受了古代辩证唯物主义思想，两者各有所长，亦各有其不足。我们的态度，应该是用彼之长，补己不足，以促进中医学理论与临床的发展。

（五）仁心仁术，大医精诚

周信有不但医术精湛，而且医德高尚。"以光明存心，以正大立身，交友以诚信，待人以谦和。守此四则，循而勿失，乃为人之道也。""对患者要有大慈恻隐之心，无欲无求，视同至亲，努力探求，研理务精，处方严谨，一心赴救，乃不失为医之道也。"这便是周信有的人生信条。治病救人是他最大的快乐，患者的康复是他最大的满足。他把患者当成亲人，对前来求医的人一视同仁。本着大慈恻隐之心，多年来，不论在诊室还是在家中，不论是白天还是黑夜，他总是热情地接待着络绎不绝、慕名来诊的每一位患者。

（六）济世育人，繁茂杏林

周信有十分重视中医药人才培养。把自己几十年积累的经验毫无保留地传授给更多的学生，是周信有的心愿。他总能把《黄帝内经》中那些高深古奥的经文讲解得生动自然，条理分明，切合实际。不但使学生易于接受，而且使平淡的课堂教学变得生动活泼，增加了学生学习的兴趣。学生们说："他把枯燥的经文讲活了。"周信有不但课讲得好，而且和蔼可亲。坐在他的课堂里，你会有这样的感觉：一看他的笑，如沐春风；一听他的声，似淋甘雨！

千年岁月的砥砺，万病回春的神奇。厚德博学，继承创新。中医药人的品格赋予了中药本草生命的温度，也赋予了自身岁月的光华。儒道医德，妙手仁心，悬壶济世，誉满杏林。

三、学术之精

周信有学术造诣精深，知识渊博，深谙《黄帝内经》经旨，兼通诸家学说，对伤寒、温病及历代医家之长均有采撷。如治外感病，多宗叶天士、吴鞠通温病学说；治内科杂病，多系经方、时方兼采，择优而从。他认为"五脏病机，六气之化"是构成中医病机学说的核心理论，强调"整体系统观，辨证恒动观"，"宏观辨证，微观辨析"的认识观、方法论，形成"基本方＋随证加减＋随症加减"的病证症三位一体辨治方案。在临床上，他的思路开阔明达，不受一法一方的束缚，使各种药物互相配合，提出了"复方多法，综合运用，整体调节"的学术思想，坚持"缓中补虚、有方守方"的用药理念，所创方药精当。他认为"药有个性之专长，方有合群之妙用"，善于寒温并用，润燥并用，升降并用，补泻兼施；糅合温散、疏化、宣导、渗利、祛瘀、扶正祛邪等诸般治法集于一体，形成辨证灵活、化裁得体、开阔明达的治疗风格。这种尊古而不泥古、辨证灵活、化裁多变、不拘一格的遣方用药特点，也是他重视整体，善于运用辨证论治和整体观的方法分析问题、解决问题的学术思想的具体体现。周信有熟读经典，擅用经方，临床创制新药，如舒肝化癥汤、消癥利水汤、益胃平萎汤、心痹舒胶囊等，以治疗慢性肝病、脾胃病、心血管疾病、血液系统疾病、慢性肾病等见长，治愈众多疑难杂症，为患者解除了病痛。

（一）五脏病机，六气之化

周信有认为，病机十九条虽繁，然而归纳起来，不外乎五脏病机与六气病机两个方面。一般来说，五脏病机是就病位而言，六气病机是就病性而言，然而病位与病性又是不可分割的两个方面，言病位则离不开病性，言病性则又离不开病位。总的来说，五脏病机不外乎六气之化，而六气的变化又是脏腑阴阳盛衰所表现的病理反应。此即《素问·至真要大论》所谓："夫百病之生也，皆生于风寒暑湿燥火，以之化之变也。"又谓："审察病机，无失气宜。""气宜"即指六气变化之机宜，说明五脏病机主要是六气之化，即肝病化风、肾病化寒、脾病化湿、心病化火、肺病化燥等。这反映了中医病机学说的理论实质。五脏是人体的实质脏器，六气是自然界的六气变化。两者之间的内外联系，构成了中医病机学说。这一理论的形成主要是运用"天人相应"的整体观念，以及系统联系、五行归类的方法总结出来的。近代医家也认为，自然界存在的物质规律在人体也同样存在着，这是客观世界的必然法则。

周信有以肝为例进行了说明。"诸风掉眩，皆属于肝"，提示"肝病化风"是肝的主要病机。"风"是天之六气之一，"肝"是人体脏器。肝病之所以会化风，是运用五行归类的方法，认为肝与风两者的性能有相近之处，皆具有"木"的属性和特征，而且是内外相应的，亦即它们都具有事物生发、温煦、振动的性能和特征。此即《素问·五运行大论》所谓："神在天为风，在地为木，在体为筋，在气为柔，在脏为肝。其性为暄，其德为和，其用为动……其变摧拉。"其中

"柔""暄""和""动"是言两者的正常性能，"摧拉"是言其反常性能。风是春天的主气。春天风和日暖，气候温煦，阳气升动，万物生发，草木滋生，欣欣向荣；肝的生理特性亦是温柔和顺，条达疏泄，主升主动。然其升是微升，其动是微动，其温是微温，犹如春风之温煦和畅，内外相应。肝脏在人体，只有维持温柔和畅、条达疏泄之少阳特性，才能斡旋、敷布一身之阴阳气血，使阳舒阴布，气血和调，意志顺遂，心胸开阔。肝与风的这种性能与特征，《尚书·洪范》比喻为"木曰曲直"。"曲直"两字含有刚柔相济之义。如木之干挺直，若松柏之挺拔；木之枝屈曲，犹杨柳之垂柔。这提示木有曲直、刚柔之双重性。春风肝木之气，只有柔中有刚，曲中有直，才能鼓舞启动，升发阳气，鼓动生气，发挥正常作用。如果肝与风一反其少阳之特性，就会引起"摧拉"的反常现象。自然界的风邪太过，其力就可由柔和而变得急暴，引起摧枯拉朽。同理，人体肝阳、肝气太过，就好像反常之风邪，其力也变得急暴亢奋，有上逆、下迫、横逆、郁结之变。如此，就要引起"掉眩"而出现肢体动摇不定、拘挛抽搐、眩晕昏仆的肝风内动症状，即《素问·阴阳应象大论》所谓的"风胜则动"。

另外，周信有认为，要深入领会五脏病机，还须结合五脏的阴阳属性进行分析。心、肝皆为刚脏，亦为阳脏。结合"天人相应"和运气学说的观点，又称风火之脏。所以在临床上，心、肝之病多从实化、热化。其病机和证候多表现出阳亢气逆、风火炽盛、急暴亢奋的特点。肝阳偏亢、肝气疏泄太过，可致阳动风生，而出现"掉眩""强直"的急暴证候。此亦即《素问·脏气法时论》所谓"肝苦急"。心火旺盛，扰动神明，可致神识狂乱，发生"瞀瘛""躁狂""口噤鼓栗"等病证。二者的治疗皆宜苦寒折降，泻其太过，以抑其急暴亢奋之势；同时亦要佐以甘缓滋润，以柔制刚。此即叶天士《临证指南医案》所谓："肝为刚脏，非柔润不能调和也。"又谓："心肝为刚脏，可受柔药。"

脾、肾皆为柔脏，亦为阴脏。肾为水脏，为先天之本，内寓元阳、元阴，为生气之源；脾居土位，为后天之本，濡润泽物，为气血生化之源。故在临床上，脾、肾的病变多表现为化源不足，阴阳气血亏损，而呈现虚损危重的证候特征。如肾阳虚损、命火式微，可致寒从中生，关门不固，症见身寒、肢冷、恶寒蜷卧、二便遗泄、遗精滑泄等，治宜补肾填精，温阳散寒，回阳救逆。脾阳受挫，阳虚不运，不能输布津液，运化精微，可发生浮肿、腹胀、便溏、气血虚损等病证，治宜温运脾阳，健脾利湿，益气生血。此即叶天士所谓："脾肾为柔脏，可受刚药。"

至于肺，介于阳与阴之间，为阳尽阴生之脏，与秋燥之气相应。燥为次寒，故肺病多从燥化。肺又主一身之气，肺气失调又可发生喘逆、痞闷之症，治宜降肺利气，通调气机。

上述分析，非常形象、生动地把自然界之风与人体之肝有机地结合起来，进而阐明了肝病所以化风的道理，明白易懂却又寓意深刻，不但能较透彻地掌握"诸风掉眩，皆属于肝"这一条经文的精神实质，而且还能从更高的角度领悟中医病机理论所蕴含的整体观的内涵。

（二）整体系统观，辩证恒动观

周信有临床经验丰富，善治疑难杂症，屡起顽疾沉疴。他常言，《黄帝内经》博大精深，自始至终贯穿着一条主线，就是统领全书的整体观、系统观和辩证观的哲学思想。整体系统观和辩证恒动观是《黄帝内经》学术思想的精髓和核心。

关于藏象学说，周信有指出："藏象学说把人体看成是最复杂的自动控制系统，对各个脏腑的认识，不受脏腑实体即形态学的束缚，而是以功能系统为单位，着重研究它们之间的联系，并用五行归类和生克制化的理论，阐明机体内脏与外界环境的统一性和机体内在的整体统一性，以及机体各系统自控调节的复杂关系。"藏象学说从阴阳对立统一的辩证观点出发，分析生命活动的实质，认为人体的生命现象及其功能活动，无不包含阴阳对立的两个方面，而这相互对立的阴阳双方，又都无时无刻不处在"阴静阳躁""阳化气，阴成形"的相反相成的矛盾统一运动之中，从而促进了人体的生长发育，产生了气化的能动作用，推动了人体的生命活动。藏象学说体现了中医学在生理上的系统观、整体观和方法上的辩证思维特点。

对于病机学说的研究，周信有同样强调要突出整体观和系统观。其主编的《决生死秘要》一书，就是力求突出中医诊治急症从整体观念出发这一理论特点。此书的序言中说："中医诊断疾病，决断生死，不论望色、辨神、察舌、切脉、审证，都要着眼于整体，了解全身的变化情况，如精神的得失、四肢的寒温、色泽的荣枯、舌色的死活及脉象的虚实等，而且还须结合自然变化、昼夜变化、四时气候变化以及年、月、日、时变化等对疾病的影响，以窥测病机，决断生死预后。"此外，书中还指出："这些诊断的依据是患者在整体平衡失调的疾病状态下不断表现出来的动态信息群。医者站在宏观角度，将这些信息群作为一个整体来认识，进行望、闻、问、切，归纳分析，这本身就是一个复杂的、系统分析的过程，这样分析所得出的结果必然是人体整体功能失调的高度概括。这些活的、不断变化的信息群，往往是现代医学在诊断疾病时不够重视甚至忽视之处，但它却体现了中医理论的独特和科学之处。"

（三）西为中用，微观辨证

周信有常言："中医学的形成，是在长期医疗实践的基础上，接受了《内经》唯物观、辩证观的哲学思想的影响以及由这一思想延伸而成系统论、整体论的观点。这就形成了中医学的方法与理论特点。中医的发展，必须承袭其自身的理论特点和长处。"他认为，中医学的发展亦需要与现代科学的成就相联系，逐渐转移到中医现代化道路上来。这是历史发展的必然规律。中医、西医两种医学体系共同存在，互相结合与渗透，这反映了时代的特点。西医学建筑在近代科学的基础上，中医学建筑在长期医疗实践的基础上，又接受了古代辩证唯物主义思想，两者各有所长，亦各有其不足。我们的态度应该是用彼之长，补己不足，以促进中医理论与临床的发展。

关于中西医结合，周信有的观点是在现代科学高速发展的时代，中医传统"宏观辨证"的方法，应与建立在现代科学基础上的"微观辨证"的方法有机结合，互相补充，这对发展中医学很有必要。但必须明确，中医运用微观辨证，同中医运用传统宏观辨证一样，都必须突出中医特色，以中医整体系统的方法为指导，运用中医理、法、方、药来辨证施治，不能走西医诊断、中医治疗的道路。

1. 宏观辨证与微观辨证

周信有认为，中医的宏观辨证对疾病的认识，不是孤立地、片面地看待局部病变，只重视实验室的微观指标，而是重视局部病变同整体的关系，着重从宏观方面来动态地观察和分析机体在致病因素作用下所出现的整体性病理反应。同时，对疾病的治疗，他也注重调节机体阴阳，使之恢复相对平衡的关系，即通过对机体平衡失调状态的整体调节，恢复体内的自控性，使机体自稳系统达到最佳状态。中医的"宏观理论"不能简单理解为"宏观辨证"，它包含了比宏观辨证更广博、更深刻的内在含义，体现了中医观察人体、研究生命实质的一种认识观和方法论。

其次，周信有强调，要明确"证"是处于一定阶段的病因、病位、病变性质和邪正力量对比等各种因素引起的整体反应。这个整体反应，既然有肉眼可见的宏观变化，也必然存在肉眼所看不见的微观变化。因此，宏观变化和微观变化都可作为机体整体反应的组成部分，二者的关系是相互补充而绝不是相互取代。微观辨证是在传统宏观辨证基础上的进一步发展和深化，是传统辨证在更深层次上对机体整体病理反应的微观认识，它同样体现了中医的整体观和辨证论治思想。他认为，两种辨证的结合可使我们获得更加广泛、更加深入的信息群，这是对以往四诊的深化和补充，也是对中医整体观念的深化和补充。它必将使传统辨证更完整，更准确，更能深刻地阐明"证"的实质。

在临床上，周信有既重视宏观辨证，又不忽视微观辨证。随着现代医学的迅猛发展，他认为微观辨证还应该包括对各项西医检查以及微观病理认识的辨证。如他认为，肝病患者尽管病程不同，证型各异，但在微观辨证方面，常有共同的病理基础，如肝细胞不同程度的变性与坏死、肝纤维组织的增生、肝微循环的障碍等。这些微观病理变化，可以贯穿肝脏病变的始终，有的可以同时反映于宏观表现之中，有的却未能及时得到反映。临床辨证时，只有既重视宏观证候表现，又不忽略微观病理变化，才能准确把握病机，抓住共性，区别个性，进而采取更有针对性的治疗措施。这一见解，为临床采取综合措施治疗各种肝病提供了理论依据。

另外，周信有还认为，"微观辨证"为中医判断临床疗效提出了更为明确的客观指标。以往中医没有实验室指标作参照，对疾病疗效的认识只能根据症状改善或消除与否来判定。现在有了微观指标，对疗效标准的认识就更加客观和全面。

综上所述，周信有对发展中医学，既强调必须保持中医特色，承袭其自身的特点和长处，又重视同现代科学成就相联系，使现代的科学成就更好地为中医临床服务。

2. 病、证、症三位一体

中医学对疾病本质的认识是通过辨症、辨证、辨病三个方面来进行的，这三个方面是中医诊疗体系必不可少的部分。"症""证""病"三者，含义各不相同，但都统一于"疾病"的总概念之中，都由疾病的病理本质所决定。周信有强调，病的全过程可以形成不同的证，而同一证又可见于不同的病之中，因而病与证之间是纵横交错的关系。此外，他还认为，病证结合治疗是中西医结合的契合点，即把专病专方与辨证论治相结合。对某一具体西医疾病而言，存在基本病机，即其病理变化的发生、演变有规律可循；而在不同患者、不同病程阶段，临床表现不同，存在证候病机，即病机侧重点存在差异。在临床治疗上，既要针对疾病的基本规律，确定基本方进行治疗，又要结合不同证候，分别进行处理。他认为，证是对病机的概括，强调辨证中辨病机的重要性。针对证候病机，可确定临床随证加减的方案，而疾病的症状表现又因人、因地、因时而异，故形成"基本方＋随证加减＋随症加减"的病证症三位一体辨治方案。

（四）复方多法，综合运用，整体调节

周信有深刻领会《黄帝内经》经义，在临床上处理复杂病变时，能高屋建瓴，统观全局，注重对整体病变的纠正。他提出"综合运用，整体调节"以遣方用药的总原则，在处理疑难重症时往往得心应手，左右逢源，收到意想不到的效果。他认为，疑难杂病的证型复杂，临床表现交互错杂，如果仅用一方一法，势必造成处方的局限性，而不利于疾病的整体治疗。他强调："在治疗时，切忌单纯着眼于局部，或仅着眼于祛除病因，而应着眼于整体。"《素问·至真要大论》云："谨察阴阳所在而调之，以平为期。"此"平"意指机体整体阴阳之协调平衡。周信有多年来遵循的全面兼顾、内外并重的治疗原则，正体现了这一临证思路。

1. 缓中补虚

"缓中补虚"理论首见于《金匮要略·血痹虚劳病脉证并治》："五劳虚极羸瘦，腹满不能饮食……缓中补虚，大黄䗪虫丸主之。"所谓"缓中补虚"，即缓用补虚，攻中有补，补养中脏，宽中补虚，使病邪得以祛，正虚得以补，达到缓图以为功的效果，以此体现治疗慢性病"缓缓图之"的用药特点。周信有认为，常见慢性疾病大多病程较久，病情错综复杂，多为虚实夹杂之证，应以"缓中补虚"理论论治，而攻中有补、峻药缓服是该理论的主旨所在。

他以肝硬化失代偿期患者为例来说明。第一，患者久病，胁下癥积、瘀血不去，新血难生，气血生化不足，出现虚瘀交错之象。辨证施治当先予以化瘀消癥、清解利水之药数剂，后增加扶正补虚之品以"缓用补虚"。第二，周信有治疗肝硬化，坚持扶正、祛邪兼顾。在遣方用药时，他以水蛭、三棱、莪术等药推陈破瘀，则新血自生，荣卫气复；以甘草缓中，党参、麸炒白术、炙黄芪益气健脾，配于大量攻逐瘀血药中，以行补益之功，即所谓攻中有补，治宜缓图。此外，他常把攻补兼施的消癥利水汤改为散剂缓投，做到攻不伤正，补不留瘀，意图缓攻而达缓中补虚之效。第三，周信有认为，五劳所伤，总在脾胃，因脾胃为四维之中气。中气衰败，则见羸瘦、腹满等症，故临床治疗中，他常用四君子汤培土而缓中，即所谓补养中脏。第四，周信有认为，腹满不能饮食之症，多为脾气不行，胃失健运，故常以瓜蒌、大腹皮、大黄等药，宽解腹满，取其速效；地黄补土健胃，赖其缓补。四者相伍，共解腹满不能饮食之苦，实可推陈致新，宽中补虚。

基于"缓中补虚"理论指导疾病治疗，可达到祛邪不伤正、扶正不留邪、缓图以为功的目的，尤适合属于虚实夹杂证的慢性疾病，使病邪得以祛除，不适得缓；脏腑功能恢复，虚候得补。同时，这也体现了周信有"缓中补虚，综合运用，整体调节"的治疗特色。

2. 遣方用药，有方守方

（1）效不更方：周信有认为，治疗疾病，经过准确辨证，实现了方从法出，法随证立，同时经过一个阶段的服药，已经取得明显效果，此时如果该病病机未发生主要变化，应该继续坚持服用原方，切不可因为病程或服药时间较长，或者因为患者急于让疾病痊愈的心理而改弦易辙，而应该守法守方，不可"中病则止"。可根据症状，适当加减方药，以期获得良效。如他在慢性病毒性肝炎的治疗中，常常以3个月为1个疗程。患者坚持治疗3个疗程，可取得佳效。这体现了周信有"效不更方"的思想。

（2）效必更方：周信有认为，临床疾病复杂多变，同一个患者，因为患不同的疾病，就应该使用不同的处方治疗。同时，同一个患者，在疾病的不同阶段，因为病机不同，治疗方法也必然有异，不可不知变通。例如，肺胀一病，早期病变以痰、浊、瘀为主，可以采取化痰浊、清瘀血之法，此时服药，可以获得明显疗效。但此期一过，病机变为以脾、肺、肾虚弱为主，医生就应当及时转变治法。否则，初服之化痰清浊药，不但不能治疗脾肾虚衰之病，反而产生危害，故这时"效必更方"。

（3）不效亦不更方：某些疾病，在使用药物治疗后，患者在较长时间内并未取得效果。这时应该首先仔细分析治病的各个环节并结合患者的具体情况施治。如果病证、病机依然，就应该守法服药，实现从量变到质变，最终取得预期效果。如周信有在治疗体虚易感的患者时，常使用薯蓣丸加减治之。有些患者初服此方，效果不明显，但周信有多嘱咐其服用 2～3 个月，往往获得佳效。这体现了他"不效亦不更方"的学术思想。

3. 药有个性之专长，方有合群之妙用

周信有临床多年所遵循的复方多法、综合运用、整体调节的辨治原则，表现在遣方用药上，能够将各种药物有机地结合，使之相辅相成，发挥药物个性之专长，起到综合调节的作用。如黄芪以补为主，水蛭以通为要，二者相合，益气通脉，消癥祛瘀，通补并用。他还认为，淫羊藿之性味甘温而偏平，温而不燥，无升阳动火之弊，对虚证或虚实夹杂之证，需补肾培本者，均可选用；三七粉除有化瘀止血、活血消肿止痛的功能外，又可补血、益气。周信有讲，三七与扶正培本及活血化瘀药相伍，一补一散，相互制约，相互为用，补而不滞，散而不耗，相得益彰。

周信有所创群方，多寒温并用，润燥并用，升降并用，攻补兼施，善于糅合温散、疏化宣导、渗利祛瘀、扶正祛邪诸法，集于一体，形成辨证灵活、化裁得体、开阔明达的治疗风格。如乙型肝炎，病位在肝。周信有指出，在对本病统施苦寒直折之品以治疗的基础上，必须加用疏肝理气、甘缓滋润之品，以顺肝脏条达舒畅之性，方能有效。乙型肝炎后期，多表现为湿、热、毒、虚、瘀共存之局面。他认为，治疗宜"谨察阴阳所在而调之，以平为期"，需要诸法并用，如仅用一方一法则难以奏效，且有伤正恋邪之虞。他在临证时多清热利湿、解毒化浊、扶正化瘀并施，故临床效果显著。

四、专病之治

（一）病毒性乙型肝炎

病毒性乙型肝炎是乙型肝炎病毒（HBV）感染所引起的肝脏慢性炎症性疾病，属于慢性肝病较常见且较为难治的疾病之一。临床表现为乏力、畏食、恶心、腹胀、肝区疼痛等症状，中医学将其归属于"胁痛""黄疸"等范畴。虽然近年来该病在诊治方面取得了不少进展，如恩替卡韦等抗病毒药物的使用及护肝、免疫调节、改善纤维化等治疗，在改善肝功能、缓慢病情进展等方面取得了效果，然而尚存在价格高昂，容易耐药，甚至引起不良反应等问题，在一定程度上制约了其应用及实际效果。因此，迫切需要寻找更好的诊治思路以提高疗效。

1. 病机

周信有认为，乙肝的病机不外乎湿热邪毒互结、正气虚衰、气滞血瘀三大方面，表现出正虚邪实、虚实夹杂的特点，其病机特征为本虚标实。本虚表现为肝脾肾三脏不同程度的虚损，标实则为湿热、毒、血瘀。他认为，湿热之邪主要有湿郁化热、湿热夹毒两个方面。由于正虚，湿热邪毒乘虚而入，引起机体内气滞血瘀、痰结、阴阳俱虚、气血两虚等一系列病理变化，从而犯及脾胃，损及肝胆肾。湿热郁久，阻塞肝络，血行瘀滞；湿热久羁，化生痰浊，阻滞脉络，血行不畅而成血瘀；湿毒久蕴，与血胶结，形成瘀血；邪郁肝胆，气机失调，日久由气滞而血瘀；湿邪伤阳，阳虚运血无力，造成血瘀。以上即湿热致瘀，使乙肝迁延难愈。湿邪中阻或湿热入肝，肝气郁结，横逆犯脾，或平素脾胃虚弱，致运化失职，内湿化热，耗伤正气，加重脾虚；脾胃虚弱，水谷不化，气血津液生成不足，致气阴两虚；阴虚日久，阴损及阳，导致阴阳两虚，即湿热致虚。综上所述，可见湿热、虚、瘀三者互为因果，贯穿于整个病程当中。

2. 辨证论治

根据患者的临床症状、体征和病理特点，周信有将乙肝分为湿热未尽、肝郁脾虚、气阴两虚和虚瘀癥积等四种类型。特别需要强调指出的是，尽管临床上证型分类各异，但由于都属于"肝系疾病"，因此，四型之间在病理变化上常互为因果，在症状表现上也往往是交互出现。如四型的临床表现都可出现胁痛，以及由肝及脾，肝强脾弱而致的纳差、疲乏等症。又如"湿热夹毒"是湿热未尽型的主要致病因素，但湿毒留恋持续存在又贯穿于乙肝疾病的全过程，为四型所共有。气阴两虚型和虚瘀癥积型的病情都比较严重，前者以"虚"为主，后者更侧重于"瘀"。而实际在临床中，"虚"与"瘀"之间多不是孤立地出现，常表现出互为因果、错综复杂的特点。如肝硬化，按证型分类，属于"虚瘀癥积型"，突出表现为胁下癥积、腹水臌胀等"瘀"的证候特点。在肝硬化晚期，代偿失调，出现腹水，水邪潴留而不化津，体液循环中之有效液体量减少，亦常出现口燥咽干、舌质红绛等阴虚、水津严重亏涸的现象。此时患者预后较差，应警惕有出现肝性脑病之可能。

因此，对本病的诊治，周信有认为，既要侧重抓住各型的特点，又要综合分析，始为得当。要重视望、闻、问、切，注重整体辨证，同时，借助现代医学诊疗技术所获得的微观指标亦是必要的。要将两者有机地结合起来，从而使证型分类更加准确。只有综合分析湿热、虚、瘀贯穿疾病全过程的特点，在治疗上将清解、补虚、祛瘀三法综合运用，方能整体调节，收效显著。

3. 专病专方

根据本病的病机特点，在治疗上，周信有强调，仅用一方一法，会影响治疗效果。根据三法合用的治疗原则，他自拟"舒肝化癥汤"治疗各种病毒性肝炎。这是以清解祛邪、培补脾肾、活血化癥为法的专病专治方，临证时，可随证加减。

【组成】柴胡 9g，茵陈 20g，板蓝根 15g，当归 9g，丹参 20g，莪术 9g，党参 9g，炒白术 9g，黄芪 20g，女贞子 20g，五味子 15g，茯苓 9g。

【方解】湿热夹毒、邪毒留恋是各种病毒性肝炎的主要病因，正气虚损、免疫功能紊乱、低下是发病的重要病机，肝失条达、气滞血瘀是本病的基本病理变化。因此，本方采取解毒化湿、补虚、祛瘀三法合用的治疗原则，通治各种病毒性肝炎。方中以柴胡疏调肝气；茵陈、板蓝根、茯苓等清热利湿，抑制病毒；当归、丹参、莪术等养血调肝，和血祛瘀，以扩张肝脏血管，增强肝内血液循环和增加肝脏血流量，从而起到改善肝脏营养及氧气供应的作用，防止肝脏细胞损害、变性和纤维组织增生，以防肝病的发生发展，并促使肝病恢复；党参、白术、黄芪、女贞子、五味子等为扶正补虚之品，参、术、芪健脾益气，有利于血浆蛋白的提高，促进肝功能的恢复；女贞子、五味子补益肝肾，促使肝细胞功能的恢复，其中五味子酸收入肝，使转氨酶不致释放出来，从而起到降酶作用。上药配伍，全面兼顾，起到中药处方的整体调节作用，这是运用中药治疗病毒性肝炎的一大优势。

周信有认为，慢性病毒性肝炎病程冗长，治疗时要有方有守。即在辨证准确的基础上，拟定一个符合病情的方药，并按此方坚持服用，一般不随便更改。即便是变方，也应根据病情，随症加减一二味，不把主方作较大的变动。

【加减】有湿热证候或淤胆现象的，方中茵陈可重用 40～60g，以利于清利湿热，再加赤芍、栀子，这是出于祛瘀利胆的目的；虚羸不足严重、偏于阳虚的，酌加淫羊藿、仙茅、肉桂以温补肾阳；偏于阴虚者，酌加生地黄、枸杞子等以滋补肾阴。对于肝硬化代偿失调、血脉瘀滞、阳虚不化所导致的腹水，根据去菀陈莝、温阳利水的治则，在重用补益脾肾和活血祛瘀之品的基础上，尚须酌加理气利水之品，如大腹皮、茯苓皮、泽泻、白茅根等，如此标本兼治，有利于腹水消除，恢复肝脏代偿功能。若转氨酶升高，可服五味子粉，每次 2.5g，日服 3 次。

周信有的临证经验表明，治疗乙肝，如果单纯从病原学观点出发，选用对乙肝病毒有抑制作用的苦寒药进行组方，往往疗效不甚理想。因此，在治疗慢性病毒性肝炎时，不能只注重解毒、活血、扶正等某一个方面，而应把清热利湿、解毒祛邪、活血化瘀、疏肝解郁、健脾扶正、滋养肝肾等"多法"相结合。当然"多法"结合并非各法并重齐施，而是要在对病程的初、中、晚期，病变的轻、中、重度，患者的幼、壮、老龄等因素进行具体认真的分析后，把诸法有机地结合起来，有侧重地灵活运用，这才是综合运用的真正意义之所在。

周信有认为，慢性病毒性肝炎病虽在肝，但绝不能仅仅"肝病治肝"，而要从整体上认识疾病和把握疾病，真正领悟"见肝之病，知肝传脾"的内在含义。故他在治疗慢性肝炎时，不但能以"多法"治肝，而且不忘调节脾、肾、胆等其他脏腑的功能，同时兼顾人体气血阴阳之盛衰。他认为"药有个性之专长，方有合群之妙用"。在长期的医疗实践中，他对古今大量治疗肝病的专方、验方进行了深入研究与临证验证，在治疗上强调标本兼顾，攻补兼施，综合运用，整体调节，反对墨守一方一法，自拟了多首治疗肝病的"复方"。这种相互联系、全面兼顾、综合运用、整体调节的治疗方法与原则，正是中医学系统观、整体观在临床治疗上的体现，也是中医学理论的特色和优势所在。

（二）冠心病

冠心病的全称为冠状动脉粥样硬化性心脏病，是临床常见的多发病。它的基本病理机制是由于冠状动脉粥样硬化，引起管腔狭窄，血流瘀塞不畅，甚至闭塞不通，而致心肌缺血、缺氧，严重的可由心肌缺血而引起局部坏死，又称心肌梗死。冠心病的主要症状是心绞痛。其疼痛特点呈压迫性、窒息性、放射性，伴有濒临死亡的恐惧感。

中医学将冠心病归属于"胸痹""心痛"等范畴。《素问·痹论》谓："心痹者，脉不通。"《金匮要略·胸痹心痛短气病脉证治》谓："胸痹不得卧，心痛彻背……"痹者闭也，顾名思义，心痹即心脉闭塞不通，不通则痛，故引发"心痛彻背"。

对冠心病心绞痛的病理认识，西医认为是缺血，中医认为是瘀血。缺血与瘀血实际是一个统一体的两个方面。人体一处的血瘀，必然会引起另一处血虚。在治疗上，只有通过通脉祛瘀的方法，使心脏血脉通畅，才能消除心肌的病理损害，解除心肌的缺血状态，取得止痛的效果。故中医的治疗原则有祛瘀止痛、温经止痛、理气止痛、疏风止痛等，这些都是在辨证的基础上确立的，即辨证施治。

1. 病机

周信有认为，本病常因饮食不节，过食膏粱厚味，损伤脾胃，脾失健运，致使水液不化，变生痰浊，痰浊阻滞，影响气机运行，使血行迟滞，瘀血内停，此为由痰及血；或因脏气虚衰，寒凝气滞，血脉瘀滞，致使津液涩渗停留，痰浊内生，此为由血致痰。二者不论痰生在先或血瘀在先，均能导致痰瘀互结，兼夹为患，痹阻心脉，发为胸痹。

张仲景对本病的辨证论治颇重痰浊说，这从瓜蒌薤白半夏汤等组方中可以看出。痰浊之生，可由瘀血内停、津液涩渗、停而不去所致。《诸病源候论·痰饮病诸候》谓："诸痰者，此由血脉壅塞，饮水积聚而不消散，故成痰也。"《血证论·瘀血》亦谓"……血积既久，亦能化为痰水"，此由血而及痰。

本病病位以心、肾为主，与肝、脾相关，病机以虚实夹杂、本虚标实为特点，贯穿疾病发展的全过程。本虚多以气虚、阳虚为主，表现为气短、乏力、心悸、自汗等症状，若气虚证严重时，则出现气虚阳脱、心阳不振、肾阳衰微的表现，如四肢厥冷，面色苍白，冷汗淋漓等症状；标实为痰瘀交结，心血痹阻，不通则痛，故表现为心痛彻背、背痛彻心等症状。

2. 辨证论治

周信有根据冠心病的临床症状、体征和虚实交错的病机特点，将冠心病分为气虚血瘀、痰浊阻滞型，气阴两虚、心脉瘀阻型，阴虚阳亢、血脉瘀滞型，心肾阳虚、寒滞血瘀型等四型。他认为，这四型的临床表现和病理变化主要体现了虚实夹杂、本虚标实的特点，并且贯穿于疾病的全过程。

故治疗上，他采用通补兼施、标本兼顾的原则，提出益气补肾、活血祛瘀、宣阳通痹、芳香开窍四法治疗冠心病，体现了"综合运用、整体调节"的独特诊治思维，避免了使用一法一方的局限性，从而提高临床疗效。其中，益气补肾法通过扶正培本以调节整体功能，增强抗邪能力，是针对气虚而治。活血祛瘀之"瘀"是指心血瘀阻，心脉闭阻不通而言，活血祛瘀法是治疗冠心病的重要方法。宣阳通痹法是指宣发阳气，通调气机，消除闭阻，这实际上是温经通脉、利肺化痰的治则。芳香开窍法适于治疗本病的急性发作，瘀血、痰浊闭塞心窍，病势危急，刻不容缓，宜急用芳香走窜之品如苏合香丸，可化险为夷。

3. 专病专方

根据本病的病机特点，周信有总结出"心痹1号汤"通治本病。这是以补益心肾、活血化瘀、温经止痛为法的专病专治方。临证时，可随证加减。

【组成】瓜蒌9g，川芎15g，赤芍15g，丹参15g，郁金15g，延胡索20g，山楂20g，地龙15g，桂枝6g，降香6g，黄芪30g，淫羊藿20g，三七粉5g，水蛭粉5g。

【方解】本方的组成体现了治疗冠心病的通补兼施、标本兼顾的综合性治疗原则（即具有综合运用、整体调节的特点）。方中黄芪益气，运血生肌，恢复心肌细胞活力。现代药理学发现，黄芪既有益气扶正作用，又有通脉作用，并有扩张冠状动脉，改善微循环，增强人体免疫功能和强心、降压、利尿的作用。淫羊藿补肾助阳，上煦心阳，以统血脉，疏通瘀阻。古代医书记载，淫羊藿辛温，阴虚相火易动者忌用。周信有认为，其性温而不燥，升中有降，无升阳动火之作用，对一切寒证、虚实夹杂之证均可用之。现代药理研究表明，淫羊藿还有降低血压、血脂、血糖和扩张冠状动脉，治疗心绞痛的作用。治疗一切虚证，均可用淫羊藿，配合黄芪，一治先天，一治后天，此治其本。赤芍、丹参、延胡索、郁金、川芎、山楂、地龙、三七、水蛭等药，活血祛瘀，通脉止痛。瓜蒌豁痰散结，宽胸理气，心肺并重。桂枝、降香辛香温通，通阳宣痹，以止顽痛，此治其标。全方体现了复方多法、综合运用、整体调节的原则，药味多而不乱。现代药理学亦证实，上述多数药物具有扩张血管、改善微循环、增加冠状动脉血流量、改善心肌供血、抑制血小板聚集等作用。

现代医学认为，冠心病除心脏本身的病变外，还涉及全身各系统。本方既注重调治心脏本身的病变，亦从整体入手，治疗全身各器官的病理变化，不但符合中医学整体与局部相结合的辨治原则，亦符合以辨证论治为主，兼顾辨病论治，辨证辨病相结合的原则，而且也体现了中医辨证与西医辨病相结合的原则。

【加减】冠心病心律失常，可出现期前收缩、房颤、结代脉。这一般属于心肝两虚，肾阳不足。由于阳虚不摄，心神不守，脉失统运，故导致心律失常。可用原方，去瓜蒌、桂枝、降香等，加党参20g，五味子20g，苦参30g，生地黄20g，首乌藤20g。据临床经验和实验研究，苦参有很好的抗心律失常作用。

偏阴虚阳亢，或血压偏高者，原方去桂枝、降香、淫羊藿，加生地黄、黄连、茺蔚子、首乌藤之品。血压偏低，气短无力，脉沉细弱，舌质淡嫩者，原方去桂枝、降香，加生脉散以补气阴。

冠心病久治不愈，可出现慢性心衰，表现出下肢浮肿、脾肾阳虚之象。这时可重用益气温阳之品，原方可加红参9g，五味子9g，制附片9g；再加猪苓、茯苓、泽泻、车前子等利水之品，重用水蛭粉10g，分两次服用。益气温阳、祛瘀利水是治疗心衰的主要原则。

本方适用于正气亏虚、痰瘀交结（即气虚血瘀、痰浊阻滞型），证属本虚标实患者，症见胸闷不适，时发心前区疼痛，可放射至左肩、左臂，伴疲乏无力，气短懒言，心慌自汗，脉细涩或结代；也适用于冠心病缠绵难愈，时轻时重，反复发作的患者。全方体现了周信有"复方多法、综合运用、整体调节"的辨治原则。

五、方药之长

（一）核心方剂

周信有熟读经典，深谙《黄帝内经》旨意，巧用经方，知守善变，不落窠臼，找到了理解与化裁经方的核心与关键。他巧用经方，又不薄时方，善于古今接轨，将经方与时方结合，多方采撷，各取其长。他除了对经方的运用颇有心得之外，对前人治疗专病运用专方、验方的经验也进行了深入研究与临床验证，收益良多。

1. 肝炎 1 号方

【组成】虎杖 20g，茵陈 20g，板蓝根 20g，党参 20g，炒白术 20g，黄芪 20g，赤芍 20g，丹参 20g，莪术 20g，延胡索 20g，制鳖甲 30g，枳实 20g，炙甘草 6g。

【用法】水煎服，每日 1 剂，分早、中、晚 3 次服。

【功效】祛瘀软坚，清解祛邪，健脾益气。

【主治】肝硬化初期，正气虚损、肝失疏泄、肝络阻塞、血瘀肝硬的病证。

【方解】本方证属肝郁气滞，血瘀肝硬，肝木乘脾，脾虚气弱。治当祛瘀削坚，健脾益气，辅以清解祛邪，疏肝理气。方中以党参、白术、黄芪健脾益气，扶正培本。据现代研究，党参、白术能扩张毛细血管，增加组织灌流量，改善微循环，促进肝细胞修复，调节蛋白比例，能较好地升高白蛋白，纠正白蛋白 / 球蛋白比例倒置，而且有抗血凝和明显而持久的利尿作用，有利于腹水消退。黄芪、党参、白术均为扶正益气所常用之品，其功效有相近之处，临床常相伍为用，其效益显。黄芪除有补气利水之功外，尚有补气活血之力，有利于改善微循环，促进血脉流量，起到护心、保肝的作用。血瘀肝硬是本病的症结所在，故方中用赤芍、丹参、莪术、延胡索等活血祛瘀，消坚破积。鳖甲一味，软坚散结，回缩肝脾。枳实理气消滞。因肝硬化是由乙型肝炎迁延不愈转变而成，肝失条达、肝气郁滞而致气滞血瘀为本病的主要病机，故在扶正益气、活血祛瘀的基础上，尚须辅以虎杖、茵陈、板蓝根等以清解祛邪，内外合治。如此标本兼顾，各药有机结合，在祛瘀泻实的基础上，亦要顾护正气，辅以健脾益气、调养气血之品，以增强机体的抗邪能力，即所谓扶正以祛邪。如此复方多法，综合运用，才能达到整体调节之目的。

【加减】为了加强祛瘀破积之疗效，可加生水蛭，研粉吞服，每服 4～5g。若证偏肝肾阴虚，口苦舌干，手足心热，舌质红绛，可加滋养肝肾之品沙参、麦冬、生地黄等。肝脏是人体内最重要的代谢器官，是人体物质代谢的中枢。肝病严重时，每引起肝脏代谢功能障碍，如絮浊试验异常，血清白蛋白减少，球蛋白增高。这时的治疗就要通过改善肝细胞功能，促进蛋白质的合成，以降絮浊和调整蛋白比例异常，以降絮浊和调整蛋白比例异常为着眼点放在补虚与祛瘀的综合运用和整体调节上。通过补虚与祛瘀之法，调整机体免疫功能，改善肝细胞功能和蛋白的合成，达到降絮浊的目的。在上方的基础上，加用培补脾肾和活血之品，如淫羊藿、仙茅、巴戟天、党参、黄芪、白术、鳖甲、鹿角胶、三棱、水蛭等，常可收到满意的效果。

按语： 肝功能代偿期多为肝硬化初期。临床辨证分型多属肝郁脾虚型和肝郁血瘀型，主要表现正气虚损，肝失疏泄，肝络阻塞，血瘀肝硬，症见右胁胀痛，胁下癥积（肝脾肿大），脘痞纳呆，体倦神疲，舌质暗淡，脉沉弦等。肝木旺则乘脾土，引起脾虚气弱，生血无源，气血亏损，表现出疲乏无力、食少纳呆等症。临证治疗宜针对邪实正虚，予攻补兼施之法。对此，古人早有明训。《黄帝内经》谓"因其重而减之""坚者削之""血实宜决之"。张洁古谓："养正积自消。"故对胁下癥积，血瘀实邪，当予活血祛瘀、削坚破积之法。现代实验表明，活血祛瘀类药物具有明显的抗肝纤维化增生作用，可以改善肝脏微循环，促进肝内胶原纤维的加强及纤维蛋白溶解，或可抑制肝内胶原纤维的合成，使肝脏回缩。

活血祛瘀是治疗肝硬化的重要原则，但在祛瘀泻实的基础上，亦要顾护正气，辅以健脾益气、调养气血之品，以增强机体的抗邪能力，即所谓扶正以祛邪。这又是中医治疗肝病所必须遵循的标本兼顾、整体调节的治疗原则。

另外，乙肝邪毒感染是致病外因；肝失条达、肝气郁滞而致气滞血瘀为本病的主要病机。故在扶正益气、活血祛瘀的基础上，尚须辅以疏肝理气、清解祛邪之品。

2. 肝炎2号方

【组成】党参20g，炒白术20g，黄芪20g，淫羊藿20g，仙茅20g，仙鹤草20g，制鳖甲30g，赤芍20g，丹参20g，三棱15g，莪术15g，鹿角胶9g（烊化），大腹皮20g，猪苓20g，茯苓20g，泽泻20g，车前子20g（包煎），益母草20g，柴胡9g。

【用法】水煎服，每日1剂，分早、中、晚3次服。生水蛭粉5g（早、晚吞服）。

【功效】培补脾肾，活血消癥，利水消肿。

【主治】肝硬化失代偿期所出现的水肿鼓胀、肝脾肿大。

【方解】本方适用于脾肾阳虚、气化失司、血瘀肝硬、腹水肿胀之证，一般属于肝功能失代偿期。本病证属脾肾阳虚，气化失司，血瘀癥积，腹水肿胀，表现为虚瘀交错、本虚标实之特点。此病《黄帝内经》称为"鼓胀"，后世亦称蛊胀，即形容腹胀如鼓皮之绷急，乃气滞、血瘀、积水等综合因素形成。一般多见于肝硬化、血吸虫等疾病所出现的腹水体征，乃肝功能进行性恶化的结果。此病所表现出的邪实正虚、血瘀肝硬、腹水潴留乃脾土衰败、脾虚失运、肾阳衰微、阳虚不化的结果，故本方首以三仙（淫羊藿、仙茅、仙鹤草）、党参、白术、黄芪、鹿角胶扶正培本，补益脾肾，健脾渗湿，温阳化水；以赤芍、丹参、三棱、莪术、益母草、水蛭活血祛瘀，消坚破积，以达到祛瘀利水的目的。其中，水蛭的化瘀通络与利水消肿作用远胜于他药，而且软化回缩肝脾作用亦较他药为胜，具有明显的利胆退黄之功。临床上治疗肝硬化腹水，每重用党参、白术，轻则15～30g，重则30～50g。现代药理研究表明，白术具有较好的升高白蛋白、纠正白蛋白/球蛋白比例倒置的功能。丹溪治鼓胀"必用大剂参术"，再配合祛瘀利水之水蛭、益母草，伍以大队利水消肿之品猪苓、茯苓、泽泻、车前子等，以达消除腹水之目的。本方以鳖甲一味，软坚散结，回缩肝脾；柴胡、大腹皮疏肝理气消滞。

【加减】若证偏肾阳衰微，肢冷神疲，呼吸气促，面色黧黑，腹水肿胀等，加制附片9～15g，桂枝9g，以补肾益火，温阳化水。早期肝硬化患者，少数有瘀黄出现。瘀黄必从瘀论治，乃治黄之变法，加水蛭治瘀黄有显效。若食管静脉曲张，血小板减少，有出血史者，破血祛瘀重品宜少用或不用，但活血祛瘀轻品如当归、丹参等一般要用，而且最好加服有散瘀止血作用的三七粉。肝硬化病变主要表现为门静脉循环障碍，结缔组织增生，此属气滞血瘀，只有通过活血祛瘀，才能减轻或降低门静脉高压引起的血脉瘀滞状态，回缩肝脾，消除腹水，达到止血目的。

在用中药利水渗湿、温阳化气、祛瘀利水的基础上，再配合西药利尿剂氢氯噻嗪和保钾利尿剂螺内酯，可加强腹水消退，较单一的中药或西药利尿法优越。有的难治性腹水患者，输入适量的人体白蛋白，可以提高血浆胶体渗透压，增加循环血容量，从而加强利尿作用，减少腹水量。

按语： 中医认为，肝硬化腹水一由脾肾阳虚，肾虚不化，脾虚不运而致水液潴留，此因虚而致；一由肝失条达，气血瘀滞，血不循经，津液外渗而成腹水，此又因瘀而致，即《金匮要略》所谓"血不利则为水"。西医认为，血浆白蛋白减少，且伴有门静脉压力增高时，可引起血浆胶体渗透压下降，毛细血管床的滤过压增加，使血管中的水分外渗，而致腹腔积液。中西医道理是一致的，故本方补虚与祛瘀综合运用，既可改善微循环，促进肝细胞修复，调整肝脏代谢功能，促进蛋白合成，又可攻坚破积，回缩肝脾，达到利水消肿的目的。

肝硬化腹水虽多表现为脾肾阳虚的证候特点，但有的晚期肝硬化腹水患者，由于水邪潴留而不化津，体液循环中之有效体液量减少，亦常出现口燥咽干、舌质红绛、阴津严重亏涸的阴虚之象。此时预后较差，须警惕阴虚风动而出现肝性脑病之可能。

对本病之辨证分型与治疗，既要有所侧重，抓住各型的特点，施以针对性的治疗，又要统观全局，综合分析，进行整体调节，始为得当。

此外，鳖甲在治疗肝硬化腹水的方剂中使用率颇高，值得研究。考《神农本草经》谓其"主心腹癥瘕坚积，寒热，去痞、息肉"。《大明本草》谓其"去血气，破癥结，恶血"。李时珍谓："鳖甲乃厥阴肝经血分之药，肝主血也……鳖色青入肝，故所主者，疟劳寒热，痞瘕惊痫……皆厥阴血分之病也。"如此等等，可见本品入肝经，补阴血，去瘀血，消癥瘕，且水陆两栖，又能利水，故本品与肝硬化腹水"虚、瘀、癥、水"的病理特点相符合。现代药理学研究表明，鳖甲含有动物胶、角蛋白、维生素D及碘等，能抑制结缔组织增生，起到软化肝、脾的作用，并能提升血浆白蛋白，故对肝硬化腹水有治疗作用。

3. 益胃平萎汤

【组成】党参20g，炒白术9g，黄芪20g，陈皮9g，姜半夏9g，香附9g，砂仁9g，鸡内金9g，炒白芍20g，莪术20g，蒲公英15g，甘草6g。

【用法】水煎服，每日1剂，分早、中、晚3次服用。

【功效】益气和胃，祛瘀止痛，生肌平萎。

【主治】慢性萎缩性胃炎，临床以胃脘胀痛、嗳气、纳差、疲乏无力、胃酸减少为特点。

【方解】本病以气虚、气滞、胃络瘀滞为多见，故方中以党参、白术、黄芪补中益气，健脾生血，托里生肌；以白芍、莪术等养血祛瘀，以促进胃黏膜血液循环，增加局部营养，起到生肌平萎之功。脾虚不运，胃失和降，故以陈皮、半夏、香附、砂仁、鸡内金等和胃理气，消胀助运。胃镜可见胃黏膜充血、糜烂，故佐以苦寒清降之蒲公英解毒散结。

此外，周信有在临证中强调"补脾贵在运脾"，健脾不可过于壅滞。他在以党参、白术、黄芪等药健脾益气的同时，常常加用理气之品，如陈皮、枳实、砂仁等以行气运脾。如果脾虚湿盛，易郁而化热，在健脾的同时，对有郁热者，他常加黄连、蒲公英等药以清热，并用半夏、陈皮、茯苓以燥湿化痰。现代药理学研究表明，益气之品不仅增强机体免疫力，御邪于外，顾护于内，而且对损伤的胃黏膜上皮细胞的修复及再生具有促进作用；行气之品可以促进胃的消化功能。

【加减】伴有肠上皮化生者，加水蛭9g；伴有胃黏膜粗糙不平，有隆起结节者，加炮穿山甲9g，王不留行15g，海藻15g；伴有胃溃疡或十二指肠球部溃疡者，加白及9g，三七粉5g（分两次服）；伴有胃酸减少或无酸者，加木瓜9g，乌梅9g，山楂15g。

按语：当慢性萎缩性胃炎伴肠上皮化生或异型增生时，被视为癌前病变；伴有胃溃疡或十二指肠球部溃疡，或慢性浅表性胃炎者，有癌变可能。因此，周信有认为，积极治疗肠上皮化生或异型增生，预防及阻断消化道溃疡、慢性浅表性胃炎的发展，对提高本病疗效及防止其恶化具有重要意义。他还认为，本病在治疗上，改善症状往往较容易，但要改变其病理进程并彻底治愈则很困难。尤其当患者伴有肠上皮化生、不典型增生时，治疗难度更大，预后更差。因此，在治疗上，主要在于早期发现，早期治疗。疾病一旦发展到中晚期，他在治疗上以健脾益气、活血祛瘀为主。

本病病程迁延，因此其疗程也较长，应以3个月为1个疗程。重度萎缩或伴肠上皮化生、不典型增生者，则宜延长疗程，并定期复查，以判断预后。

4. 心痹舒胶囊

【组成】黄芪、淫羊藿、赤芍、地龙、延胡索、五味子。

【用法】餐后服，每日3次，每次4～6粒，1个月为1个疗程，可连续服用1～2个疗程。

【主治】冠心病、心绞痛等。

【功效】益气培元，活血祛瘀，通痹止痛。

【方解】冠心病多发于中老年患者。随着年龄的增长，身体的机能日渐衰退，故本病属本虚标实之疾。标实多为瘀血内结，脉络阻滞；本虚多属胸阳不振，心气不足。而心气不足又与脾、肾关系密切。肾为先天之本，为脏腑之根本，"五脏之阳气，非此不能发"，"五脏之阴血，非此不能滋"，故年高体衰者，肾气不足以资助、充养心气，则心气亦亏矣。脾为后天之本，气血生化之源，心脏之功能活动有赖于气血之充养，故脾气亏虚，气血生化乏源，则心失所养，心气不足。气为血之帅，气虚不运，则血亦瘀滞，久必呈现气虚血瘀、本虚标实之象。

按语：周信有认为，贯穿冠心病全过程的主要矛盾是气虚血瘀，而气虚又是主要矛盾的主要方面，其病位在心，涉及脾、肾。心痹舒胶囊的立法依据也基于此。方中黄芪大补元气，淫羊藿温补肾阳，是为"欲温心阳，必助肾阳"之治，从而上煦心阳，统运血脉，疏通瘀阻。二药共用，从脾肾先天后天入手，以补益正气，扶正培本。赤芍、地龙、延胡索活血化瘀，通络止痛；五味子养心安神。诸药合用，共奏益气培元、活血祛瘀、通痹止痛之功。

现代药理学研究表明，心痹舒胶囊能显著地减小心肌缺血的损害范围和严重程度，能缩小心肌梗死面积；能明显改善急性心肌缺血的心电图变化；能降低血清乳酸脱氢酶（LDH）与肌酸激酶（CK），抑制血清总胆固醇、甘油三酯、β脂蛋白；能改善微循环障碍；能明显降低血细胞比容、全血黏度和缩短红细胞电泳时间。

（二）经典用药

1. 水蛭粉

水蛭，归肝经，性平，味咸、苦，具有破血通经、逐瘀消癥之功。除主治血瘀经闭、癥瘕痞块、中风偏瘫、跌仆损伤等疾病外，周信有常将其用于以下几个方面：

（1）水蛭与黄芪相伍：气属阳而主温煦，血属阴而主濡润，两者同源于水谷之精微和肾中之精气。气与血阴阳互根，相互依赖，不可须臾相离。它们的关系被概括为"气为血之帅"，"血为气之母"。水蛭与黄芪相伍，一行血，一益气；一补一通，君臣合参。药味虽少，其功大妙。根据气血之间的关系和历代医家的用药经验以及现代科学的实验研究成果，周信有将黄芪提纯后，与生水蛭粉按照一定的比例进行配制，应用于临床，在治疗一些疑难重病时，收到了意想不到的效果，挽救了许多危重患者的生命。

方中黄芪以补为主，水蛭以通为要，二者相和，益气通脉，消癥祛瘀，利水消肿，攻补兼施，通补并用，扶正祛邪。现代研究表明，黄芪有扩张血管、改善微循环、调节免疫、强心、利尿等作用，并对血压有双向调节作用。水蛭含有水蛭素、组胺样物质、肝素和抗血栓素等成分，具有抗凝、降低血液黏稠度、溶栓、扩血管、促进血液循环等作用。两药合用，在临床上对防治心脑血管、消化系统、呼吸系统疾病，以及肿瘤、妇科病等效果显著。

（2）治疗肝病：生水蛭粉有益气通脉、消癥祛瘀、利水消肿等功效，对于治疗肝系病证之水瘀互结者，如肝硬化之肝脾肿大、腹水、黄疸等，疗效极佳。由于其所含的水蛭素有降血脂等作用，故对脂肪肝也有很好的疗效。另外，生水蛭粉对于肝癌也有一定的疗效。

治疗肝病引起的黄疸：肝病患者出现瘀黄现象时，根据"黄因瘀致、治黄先治瘀"之理，应用生水蛭粉治疗，药力强而疗效高。治疗方法：生水蛭粉10g，早、晚分服。配服中药汤剂：虎杖20g，茵陈40g，板蓝根20g，白花蛇舌草20g，土茯苓20g，金钱草20g，郁金20g，栀子9g，赤芍40g，丹参20g，莪术20g，枳实20g，黄芪20g，三七粉5g（分冲）。

治疗肝硬化腹水失代偿期：肝硬化之病，虚瘀癥积，血瘀肝硬，水瘀互结，腹肿脾大，治当扶正祛瘀，消癥利水。此甚合生水蛭粉之功效，故临床应用效果极佳。治疗方法：生水蛭粉每次10g，分早、晚冲服。另配中药汤剂：淫羊藿20g，党参15g，炒白术20g，黄芪20g，醋鳖甲30g，五味子15g，茵陈20g，柴胡15g，丹参20g，莪术20g，大腹皮20g，猪苓20g，茯苓20g，泽泻20g，车前子20g。水煎服。

（3）治疗心脑血管疾病：周信有在临床上用生水蛭粉治疗心脑血管疾病，疗效颇佳。现代研究也证实，水蛭中所含的组织胺能扩张毛细血管，改善机体血液微循环状况，同时有抗垂体后叶素造成的心肌缺氧及抗血小板聚集作用；水蛭素能促进对脑血肿的吸收，减轻周围脑组织的炎性反应及水肿，缓解颅内压升高，改善局部血液循环，保护脑细胞以免遭破坏，并有利于神经功能的恢复。水蛭还可促进脑动脉血流量，减少血管阻力，使血管扩张。水蛭素能阻止凝血酶对纤维蛋白的作用，阻碍血液凝固；能抑制血小板凝集，有抗血栓形成作用；可活化纤溶系统，溶解血栓。水蛭的提取液能降低大鼠的全血比黏度和血浆比黏度，缩短红细胞电泳时间。

治疗冠心病：生水蛭粉用于治疗冠心病之心绞痛、心梗恢复期。治疗用生水蛭粉每次3g，每日3次，冲服。可配合中药汤剂：瓜蒌9g，川芎15g，赤芍15g，丹参15g，郁金15g，延胡索20g，生山楂20g，广地龙15g，桂枝6g，降香6g，黄芪

30g，淫羊藿 20g，三七粉 5g（早、晚分冲）。水煎服。1 个月为一个疗程。注：心梗后的患者，一般宜长期服用抗血小板聚集药。

治疗肺心病：肺病及心，气虚血瘀，心脉痹阻，患者出现口唇发绀，颜面皮肤青紫，尤以指端为甚，伴心悸，喘促，脉结代，舌紫黯，甚至胁下癥积，或血瘀络损而咯血，或血瘀水停而面肿。治疗宜攻补兼施，标本兼顾，以活血化瘀为主。在具体用药时，常在培元补虚、益气统血的基础上，加用活血化瘀之品，如当归、丹参、赤芍、郁金、红花、虎杖、莪术、三七等。通过轻重药并用，促进微循环，推动血液运行，消除血脉瘀滞。治疗方法：生水蛭粉每次 5g，分早、晚冲服。另配中药汤剂：党参 20g，黄芪 20g，茯苓 15g，五味子 15g，淫羊藿 20g，桂枝 9g，当归9g，丹参 20g，赤芍 15g，郁金 15g，红花 9g，莪术 9g，虎杖 20g，半夏 9g，杏仁9g，炙甘草 9g，三七粉 5g（分冲）。水煎服。

生水蛭粉配合抗炎、解痉，祛痰、补液疗法治疗肺心病，效果尤加。肺心病后期表现为气虚血瘀，水气凌心，导致喘急、咳逆、不得平卧、心悸、面目浮肿、肢肿、尿少、腹水诸症。可在上方基础上，加炒白术 15g，猪苓 20g，泽泻 20g，车前子 20g，制附片 9g，川椒目 3g，泽兰 20g，益母草 20g，鳖甲 30g，大腹皮 20g，葶苈子 9g。

治疗脑出血、颅内血肿：生水蛭粉每次 3g，每日 2 次，冲服，1 个月为一个疗程，并配合中药汤剂：夏枯草 20g，黄芩 9g，桑叶 9g，菊花 20g，钩藤 20g，生地黄20g，玄参 20g，生龙骨、生牡蛎各 30g，石决明 30g，桑寄生 9g，怀牛膝 9g，何首乌 20g，僵蚕 9g，白蒺藜 15g，槐花 15g。水煎服。

治疗脑梗死：生水蛭粉每次 3g，每日 2 次，冲服，1 个月为 1 个疗程，并配合中药汤剂：何首乌 20g，桑椹 15g，黄芪 30g，当归 9g，赤芍 20g，丹参 30g，川芎20g，广地龙 20g，生山楂 20g，泽泻 9g，红花 9g，鸡血藤 20g。水煎服。

治疗中风后遗症偏瘫：生水蛭粉 5g，早、晚分服。配黄芪 40g，当归 9g，赤芍9g，川芎 9g，广地龙 20g，丹参 20g，怀牛膝 9g，全蝎 6g。水煎服。

（4）治疗高脂血症、单纯性血黏度增高：生水蛭粉每次 3g，每日 2 次，冲服。生山楂 3g，决明子 3g，泡水当茶饮。1 个月为 1 个疗程。

（5）治疗慢性肾炎，肾病综合征、肾功能不全引起的水肿、腹腔积液等：用生水蛭粉每次 10g，早、晚分服，配熟地黄 20g，山茱萸 20g，丹参 20g，泽泻 20g，猪苓、茯苓各 20g，车前子 20g，怀牛膝 9g，党参 20g，黄芪 20g，淫羊藿 20g，桂枝9g，制附片 9g，益母草 20g。水煎服。1 个月为 1 个疗程。

（6）治疗萎缩性胃炎伴有结节隆起和肠上皮化生：生水蛭粉 5g，每日早、晚分冲，配党参 20g，炒白术 9g，黄芪 20g，枳实 20g，厚朴 9g，香附 9g，砂仁 9g，鸡内金 9g，炒白芍 20g，郁金 15g，延胡索 20g，莪术 20g，三棱 20g，炒穿山甲 9g，海藻 15g，五味子 9g，乌梅 9g，白花蛇舌草 20g，制附片 9g，甘草 6g，三七粉 4g（早、晚分冲）。水煎服。

（7）治疗脉管炎（血栓性静脉炎，血栓闭塞性脉管炎）：生水蛭粉每次 5g，早、晚分服。配桂枝 9g，黄芪 2g，当归 9g，丹参 9g，赤芍、白芍各 9g，鸡血藤 20g，延胡索 20g，淫羊藿 20g，怀牛膝 20g，明天麻 9g，全蝎 6g，党参 20g，甘草 9g。水煎服。2 个月为 1 个疗程。

2. 三七粉

三七粉除有化瘀止血、活血消肿止痛的功效外，又是一味补血、益气的补虚强壮佳品。周信有在临床上根据久病必虚、久病必瘀的病理特点，凡治疗一些久病不愈、虚实夹杂、气虚血瘀的慢性疾患，多使用三七，均收到满意效果，如治疗各种病毒性慢性肝炎、肝硬化腹水、胃及十二指肠溃疡出血、慢性萎缩性胃炎、冠心病、心绞痛、高脂血症等。

三七一般采用晒干研粉，每次 2～3g，日服 2 次。根据周信有多年的临床经验，三七与有扶正培本作用的党参、白术、黄芪及活血化瘀之丹参、赤芍、莪术等相伍为用，具有一补一散、相互制约、相互为用、补而不滞、散而不耗、益气活血、通补兼施、相得益彰之效。清代《本草新编》提出三七能补虚。通过临床应用，又根据现代药理学研究表明，三七含有大量人参皂苷，具有类似人参样药理效应，能增加巨噬细胞的吞噬能力，增强人体的新陈代谢和免疫功能。其作用主要表现在补血、益气两个方面。可见对三七的功能认识，在传统的基础上，应另有新义和补充。下面仅列数方以说明周信有使用三七的临床体会：

（1）治疗消化性溃疡

处方：党参 15g，炒白术 9g，黄芪 20g，当归 9g，炒白芍 20g，丹参 15g，延胡索 15g，三七粉 4g（早、晚分服），海螵蛸 30g，白及 15g，黄连 6g，吴茱萸 6g，鸡内金 15g，砂仁 9g，香附 9g，甘草 9g。水煎服。

（2）治疗消化性溃疡日久不愈、大便潜血

处方：白及粉 3g，三七粉 3g，乌贼骨 3g，黄芪粉 3g，混匀调成糊状，装入胶囊，吞服，日服 3 次，每次服 2g。

（3）治疗萎缩性胃炎伴有肠化增生者

处方：党参 20g，炒白术 9g，黄芪 20g，陈皮 9g，姜半夏 9g，香附 9g，砂仁 9g，鸡内金 15g，炒白芍 20g，莪术 20g，三七粉 5g（早、晚分服），蒲公英 15g，乌梅 9g，甘草 6g。水煎服。

（4）冠心病病势缠绵，时轻时重而表现为本虚标实者

处方：瓜蒌 9g，川芎 15g，赤芍 15g，丹参 20g，郁金 15g，延胡索 20g，生山楂 20g，广地龙 20g，桂枝 9g，细辛 4g，荜茇 9g，黄芪 20g，淫羊藿 20g，三七粉 5g（早、晚分服）。水煎服。

（5）治疗心肌梗死，呈现持续性心绞痛，出现胸闷、憋气、心律失常、舌质紫黯等症状

处方：黄芪 20g，党参 20g，淫羊藿 20g，桂枝 9g，降香 6g，赤芍 15g，丹参 20g，广地龙 20g，当归 15g，延胡索 20g，制附片 9g，三七粉 5g（早、晚分服）。水煎服。

（6）治疗冠心病、高血压病、脑动脉硬化伴有血脂及胆固醇增高者

处方：何首乌 20g，黄精 20g，生山楂 20g，决明子 20g，桑寄生 20g，三七粉 5g（早、晚分服）。水煎服。

（7）治疗肺源性心脏病，证属瘀血阻络者（弥散性血管内凝血）

患者出现颜面、口唇青紫，喘促，心悸，脉来结代，伴肢冷，皮肤色青，肢端尤甚，或胁下瘀积，或血瘀水停而面肿，或血瘀络损而咯血，舌紫黯，脉涩。

处方：党参 20g，黄芪 20g，茯苓 15g，淫羊藿 20g，桂枝 9g，当归 9g，丹参 20g，赤芍 15g，广地龙 20g，红花 9g，莪术 9g，虎杖 20g，半夏 9g，杏仁 9g，三七粉 5g（早、晚分服），炙甘草 9g。水煎服。

（8）治疗肝硬化腹水，证属虚瘀癥积者

处方：党参 20g，炒白术 20g，黄芪 20g，淫羊藿 20g，仙鹤草 20g，女贞子 20g，鳖甲 30g，赤芍 20g，丹参 20g，三棱 15g，莪术 15g，鹿角胶 9g（烊化），大腹皮 20g，猪苓、茯苓各 20g，泽泻 20g，白茅根 20g，车前子 20g（包煎），益母草 20g，三七粉 5g（早、晚分服），水煎服。

六、读书之法

（一）读启蒙书

《药性赋》《濒湖脉学》《汤头歌诀》《医学三字经》属于中医学的"四小经典"，书中内容通俗易懂，便于诵读记忆，适合于中医初学者。像《药性赋》对中药药性、功效的概括，精辟实用，言简意赅，朗朗上口。《濒湖脉学》论述了脉位、脉象及其临床意义等，全书篇幅不长，语言精练，形象生动。再如《汤头歌诀》，以七言歌诀的形式对常用方剂的药物组成和功能、主治进行归纳整理，内容简明扼要，音韵工

整。还有大家熟悉的《医学三字经》，以《黄帝内经》、仲景之书为根本，通俗而不离经旨，属于诊家必备，时时研习，常有心得。

（二）读经典著作

在阅读了启蒙书籍的基础上，周信有开始研读《医宗金鉴》和《温病条辨》两部著作。其中，他对《医宗金鉴》最为偏爱，认为该书裨益学者，易考求，便诵习，实用价值极大，对他后来临证思路的形成产生了深远的影响，实乃学习者必修之重要书籍。

在积累了一定的中医学基础知识后，周信有把学习重点放在了攻读《黄帝内经》一书上。接触《黄帝内经》后，他发现本书医理幽微，文辞深奥，遂被其博大精深的学术思想所震撼，喜爱有加，曾数遍阅览、钻研。他致力于对《黄帝内经》的研习，潜心治学，医研并进，从教学研究到临床应用，深谙其旨意。在读书过程中，他注意勤查、常写和善思。他深入阐释了《黄帝内经》"病机十九条"，对《黄帝内经》阴阳学说、藏象学说有独到见解。在讲授《黄帝内经》课程时，他注重时时处处突出中医的整体性、哲理性和实践性特点。

周信有认为《黄帝内经》是其学术思想形成的渊源，攻读《黄帝内经》是每个有志于中医事业者的必由之路，也是青年中医取得事业成功的必修课。要想培养具有中医理论素养和过硬的中医临床本领的接班人，只有对《黄帝内经》一书刻意精研，识契真要，探赜索隐，钩深致远，方能知本达末，广裨后学。

周信有一生精研《黄帝内经》，注重阐发经义，推陈出新，将自己一辈子研究《黄帝内经》的学术成果及治学经验汇总成《内经讲义》《内经类要》和《内经精义》等著作，以期对杏林后学学习、领悟《黄帝内经》要旨有所帮助。

（三）读专著

《脾胃论》《血证论》《傅青主女科》《疡科心得集》《医林改错》等专著是中医学习中必不可少的古代典籍。这些专著确有所长，如《脾胃论》独辟了脾胃学说，提出了"内伤脾胃，百病由生"，"补脾胃，重胃气"，"脾胃为元气之根本"等学术观点，治疗上重视甘温补益、升阳益气，创立了多种治疗方法，例如"甘温除热"法等。补中益气汤乃甘温除热的代表方，临床疗效颇佳。

《血证论》丰富并提高了中医血证理论和临床诊治水平，确立了"止血、消瘀、宁血、补血"四法，提出了以益气摄血为止血之纲，以滋养阴液为补血之本，以消瘀活血为宁血之要。

《傅青主女科》血崩篇中，将血崩分为血崩昏暗、年老血崩、少妇血崩、交感血崩、郁结血崩、闪跌血崩、血海太热血崩七类，属于临床实用价值很高的妇科典籍，为后世医家治疗血崩等女科病提供了宝贵的经验。

还有《医林改错》，记载了王清任对脏腑解剖和人体生理功能的基本认识，所创制的活血化瘀方剂至今广泛应用于临床，是一部临床参考价值较高的医学专著。

（四）读医论、医案

《临证指南医案》一书搜罗宏富，征引广博，按语精当，实用性强，不仅比较全面地体现了叶天士在温热时证、各科杂病方面的诊疗经验，而且充分反映了他融汇古今、独创新说的学术特点。该书言简意赅，切中肯綮，学术多有所体悟，启迪后学甚多。

《医学衷中参西录》是 20 世纪初一部重要的临床综合性名著，张锡纯致力于沟通中西医学，主张以中医为主体，取西医之长，补中医之短。

除了上述著作，还可以研习《醉花窗医案》《经方实验录》《寓意草》等可读之书。若读书广为涉猎，都会有收获的。

（五）读相关的书

文学创作上有"功夫在诗外"一说，借用此说，则可说"功夫在医外"。要做一个有作为的医生，的确要"上知天文，下知地理"，就要博览群书。与中医相关的学科首推文学和哲学，这两者都能提高医生的辩证思维能力。《孙子兵法·虚实篇》提出了军事学中一系列的矛盾概念，指出"五行无常胜，四时无常立，日有短长，月有死生。"毛泽东在《实践论》《矛盾论》《论持久战》《论十大关系》《关于正确处理人民内部矛盾的问题》等著作中，运用辩证思维，分析中国的革命形势和社会主义建设所面临的形势与任务，确定战略方针，分析问题和解决问题。这些经典论述，都值得我们反复阅读，接受其智慧的滋养。另外，在《易经》《论语》《中庸》《韩非子》《墨经》以及朱熹、王夫之等人的经典著作中，都蕴含着丰富的辩证法思想，都需要我们从中汲取辩证思维的智慧。

七、大医之情

（一）思想境界

春蚕到死丝方尽，蜡炬成灰泪始干。周信有曾说："中医药是一个伟大的宝库，我们当代中医药工作者的任务或者说是历史使命，是继承并发展中医药，使中医药更好地为世界人民的健康服务。"他十分重视中医人才的培养。他一生教过的学生无数。把自己几十年积累的经验，毫无保留地传授给更多的学生，是他一生的心愿。他的学生不仅仅学到了他的学术思想和治病救人的本领，更是受到了其大家风范和治学行医风格的熏陶和感染。

周信有不但医术精湛，而且医德高尚。"以光明存心，以正大立身，交友以诚信，待人以谦和。守此四则，循而勿失，乃为人之道也。""对患者要有大慈恻隐之心，无欲无求，视同至亲，努力探求，研理务精，处方严谨，一心赴救，乃不失为医之道也。"这便是周信有的人生信条。他通过自己的为人处世和一生的治学行医，对这两句话做了最好的诠释。

（二）文化修养

周信有是一位誉满杏林、闻名遐迩的中医专家。他不仅在中医专业领域取得了非凡成就，而且还是一位曾经的武林高手，也是一位力透纸背、入木三分的书法家，更是一位余音绕梁、誉满金城的京剧界著名票友。

周信有出生在武术世家，自幼随父习武。他聪明好学，练功刻苦，极具武学天赋。在父亲的严格督导下，他完整地继承了父亲所传秘宗拳（也叫"迷踪拳"）的全部内容。2002年，中国武术协会为他颁发了"中国武术协会武术段位证书"，其所获段位为最高级别的八段，这是对周信有在武术领域所取得成绩的最高肯定。

周信有自幼酷爱书画，其书法自颜楷入门，广泛涉览历代名家碑帖，尤擅行书。他一生中虽然医务、教学工作繁忙，但从未间断临池。他的书法用笔严谨规范，书风遒劲浑厚，不乏秀俊和洒脱。在2006年由中国书法家协会等单位举办的"纪念红军长征胜利70周年书法作品展览"上，他的书法作品——手书毛泽东词《采桑子·重阳》，在两万余件参赛作品中脱颖而出，获得铜奖。

周信有博学多才，兴趣广泛，还喜欢唱京戏，且颇有功底，在兰州京戏票友界名声显赫。他的唱功以须生见长。他的京剧表演技艺精湛，板眼准确，韵味醇厚。他所演唱的《打渔杀家》《武家坡》《空城计》等剧目，听后余音绕梁，回味无穷，令人叹为观止。2004年被兰州市民政局等单位授予"才艺长寿星"。

八、养生之智

周信有曾荣获"全国健康老人""才艺长寿星""中国百年百名中医临床家"等称号。他在耄耋之年，依然精神矍铄。这与他独特的养生方法密不可分。他将养生归纳为运动气血、涵养精神、性格乐观、老有所为四个方面。

（一）运动气血，强身健体

周信有之所以健康无病，是因为他懂得珍惜生命，懂得中医学的养生之道。他认为，运动可以促进人体气血的流通，促进人体的新陈代谢。如果人体的气血流通无阻，新陈代谢就旺盛，可起到增强体质和防老抗衰的作用。因此，他主张，每个人在一生中一定要养成运动的习惯，特别是到了晚年，更应该养成运动的好习惯。周信有之所以身体还如此硬朗，主要原因之一就是他长期坚持运动。

周信有认为，传统的武术是体育运动的最好形式。中国的武术，不论练习哪一派，都必须做到意志坚定，勇敢坚韧。要学会"用气""发劲"，要以意统气，气发丹田，意到气到，气到劲到，由内达外，气运全身。这就是所谓的"内练一口气，外练筋骨皮"。中国武术经过千百年的发展，形成了鲜明的民族特色。它既有舞蹈的审美价值，又有体操的健美功效，同时，又有锤炼意志、健全体魄、防病健身、防身御侮等舞蹈和体操不能替代的作用。不论年轻人还是老年人，都能够根据自身条件选择一种适合自己的武术套路。老年人可选择太极拳，长期练下去，对强身健体、防老抗衰是大有好处的。

1. 整体运动，形神共养

周信有认为，老年人每天坚持步行、慢跑或骑自行车等，也是很好的运动形式。其运动标准是脉搏的跳动要达到90次以上，不超过100次。时间长短要根据自身所能承受的运动强度而定，但不能少于半小时，这样才能起到运动气血和促进新陈代谢的作用。更须注意的是：运动的形式要讲究整体运动，不要拘于一招一式。相对静止不动的形式，以武术运动最好。无论少林，还是太极，运动起来，都是全身皆动。一动而无不动，四肢百骸动，胸腹肌肉动，其动是"上下相随""左右相应"。这样的运动，才能牵动脏腑经络、营卫气血以及全身的神经系统、淋巴系统皆随之而动，从而"神气合一""形神并养"，真气充沛，达到精神健旺、身强体健、益寿延年的目的。另外，老年人在整体运动的基础上，最好采取温和运动的形式，不多用爆发力，不采取对抗、顶撞的用劲方式，以太极拳的运动形式最好。

2. 螺旋运动，健身延年

周信有根据运动要讲究整体运动的要求，融入温和运动的形式，综合少林、武当武术之风格和特长，并采纳气功培养真气之要诀，创立了"螺旋运动健身法"。立身中正，左右旋转，胸腰肩臂，四肢关节，一动全动，旋转灵活，左右相随，起伏自如，外实内虚，刚柔相济，环转圆润，如盘走珠，如大江流水，波浪起伏，滔滔不绝，一气呵成。这是一个由慢到快，由快到慢，快慢相间的运动形式。同时意念要下沉，精神要内收，神不外驰，气不内耗，做到肢体与意志、动静结合，增强体质，培养体内元真之气。螺旋运动，在一动全动的前提下，上肢则是旋腕转膀，下肢则旋踝转腿，身躯则是旋腰转脊，三者结合起来，形成一条"根在脚，主宰于腰，而形于手臂"的空间旋转曲线。在用劲上，螺旋环转的运动形式，不会出现手臂直伸直缩、"顶抗"比力的缺点。本功易学而难练，欲达到一动全动，旋转灵活，身法自然，动姿准确，则须狠下功夫，方能做到。

（二）静坐养生，涵养精神

周信有坚持通过修身养性（即静坐）的方法来调摄精神，培养体内的元真之气，达到防病健身、延年益寿的目的。静坐时，要求平身端坐，莫起一念，以意领气，引气下行，息息归根，意守丹田，默念安静，达到意念静止、恬淡虚无的境界。这样可使因工作繁忙而紧张的心情得到松弛和平静。

李忠东先生在《静坐能养生》一文中，认为静坐为坐禅，禅有心体寂静而审虑之意。禅定之人通过坐禅可以获得禅味，一心清静，万物俱寂，有效地调节习练者的心理，使之达到一种良好的平衡状态。静坐可以澄心，与中医学心定则气顺，气顺则血通畅、精气内充、正气强盛的观念一致。

（三）性格乐观，老有所乐

周信有性格乐观，豁达开朗，爱好比较广泛。尤其在晚年的时候，他不断扩大爱好范围，寻找生活乐趣，培养乐观情绪。

（四）起居有常，老有所为

周信有认为，老年人要注意起居有常，生活规律。这就是《黄帝内经》所谓的"饮食有节，起居有常，不妄作劳"。日常生活、起居作息、餐饮睡眠都要有规律，有节奏可循。"不妄作劳"，即提醒人的劳作不要违背常规，应考虑季节、时间、年龄、体力及有无疾病等诸方面因素，不可长时间从事某一种固定形式的劳作，以防止"久视伤血，久卧伤气，久坐伤肉，久立伤骨，久行伤筋"。要做到劳逸结合，使日常活动有益于身心。

老年人退休后，终日无所事事，消闲游荡、散漫无序的生活方式与心理状态，对身体健康是非常有害的。因此，老年人要做到春夏养阳，秋冬养阴；睡子午觉，阴阳相合；坚持晨练，通畅经脉。

正如周信有所言："生命的里程，将我推到了耄耋高龄，来日无多，时不我与。今日夕阳西下，不待扬鞭自奋蹄。"他以"千里之志"济世救人，普度众生。

九、传道之术

周信有作为甘肃中医药大学终身教授，75 年来先后培养了学生 3 万余人。他们绝大多数扎根陇原，服务基层，其中不乏杰出人才，如王道坤、李金田、刘俊宏、何建成等，已成为甘肃乃至全国医疗、教学、科研岗位的骨干力量，成为学术带头人。周信有指导中医学科培养了博士后、博士、硕士 347 名。作为全国第一、二批和甘肃省第一、三批老中医药专家学术经验继承工作指导老师，他承担师带徒和硕士研究生临床带教工作，培养出 140 余名国家级、省级学术继承人，举办学术传承班 12 期。2015 年，他被甘肃中医药大学授予"特殊贡献奖"。在师承带教的过程中，周信有提出，要进一步提高中医类专业经典课程的比重，强调要把经典课程的教学融入基础临床的课程中，贯穿于中医人才培养的全过程。

周信有十分重视中医人才的培养，他将自己几十年积累的临床经验，毫无保留地传授给学生，帮助学生打好中医经典基本功，训练临床辨治思维，指导处方用药技巧，传授学术经验，让学生更好地传承中医学术思想，造福广大患者。

经过多年的悉心培养，周信有培养的弟子、学术经验继承人大多数已经成为发展中医药事业的骨干力量，其中 1 人当选"全国名中医、甘肃省名中医"，1 人当选"国家级重点学科、国家中医药管理局重点学科研究学术骨干"，1 人入选"中医临床基础学科带头人"，1 人入选"国家中医药管理局重点学科——中医诊断学术带头人"，1 人入选"国家中医药管理局首批创新骨干人才"。

此外，在深入研究中医学术流派发展壮大、传承消亡、构成要素与传承规律的基础上，刘俊宏主任医师带领团队申报并获批成立了国医大师周信有传承工作室。工作室自建设以来，开展了大量卓有成效的工作，成果显著：系统整理了周信有学术思想的形成与发展脉络；参与主持了相关课题研究 20 项；收集整理相关文献 38 篇；系统梳理了周信有学术观点，总结了他对经方、时方以及经验方的运用规律，对优势病种的治疗特色及辨治规律；深入发掘整理了周信有临床经验及学术思想，整理成相关论著及宝贵的影像资料，在资源网络平台共享，将他的学术思想发扬光大；建立并完善了师承管理、学习交流、汇报检查等制度，规范了工作室运行模式。目前，国医大师周信有传承工作室已经建设成为集学术传承、人才培养、学术交流和文化展示为一体的四大平台，发挥了很好的宣传作用。

周信有学术传承谱

第一代	王自立	贾 斌	王道坤	张士卿
	朱肇和 张 立	郭 志	陈守中	王必舜
第二代 （以姓氏笔画为序）	马玉林	王永锡	王君杰	王悦琳
	邓 沂	车星辰	申永寿	申秀云
	成映霞	刘俊宏	刘光炜	安耀荣
	闫小涛	李永勤	李金田	李 琼
	李兰珍	吴全学	何建成	宋 敏
	陈光顺	周 燕	周语平	赵鲲鹏
	赵泾屹	殷世鹏	温丽芬	薛盟举
国医大师周信有传承工作室				
负责人	刘俊宏			
秘 书	李 琼　刘倍吟			
成 员	李永勤 吉文举 李雪嫣 郑 敏 李 明	汪龙德 苏海燕 马晓春 魏便霞 李亚静	付兆媛 毛兰芳 陈怀霞 符博雅 宋亚萍	张 晶 刘晓燕 王淼蕾 赖学倩

（刘俊宏、李琼整理）

（孔令青编辑）

段亚亭

段亚亭（1928—2024），安徽界首人，中共党员。重庆市中医院主任中医师，原重庆市中医院院长，曾任《实用中医药》杂志副主编，《中医临床与保健》《四川中医》《安徽中医》编委等职。重庆市首席医学专家，全国老中医药专家学术经验继承工作指导老师，全国中医药杰出贡献奖获得者。2017年被授予第三届"国医大师"称号。

段亚亭从医70余载，学验俱丰。精于治疗中医妇科病和脾胃病。辨证主张以脏腑为中心，以证为重点，治疗采用以攻主证为主，兼顾其受累脏腑的治疗原则，特别擅用多脏腑辨证方法辨治疾病。他妙用虫类药物，解决了不少重症和疑难病症。主编《新编中医学三字经》等著作近10部，主持或指导团队科研课题10余项，创制、研发除湿汤、更年汤、双补汤等新方及院内制剂近10种，发表论文160余篇，多次获省、市优秀论文奖。他耕耘临床70余载，以崇高的医德、精湛的医术，救治了数以万计的患者，被誉为"平民医生"。

一、学医之路

1928 年 3 月，段亚亭出生于安徽界首，他是家里的长子。这个家庭不是中医世家，段亚亭年幼时因为家境贫困还当过童工。1946 年，段亚亭的爷爷得了尿路结石，无医，第二年就去世了。段亚亭的婶婶、伯母，得病失治，突然就去世了。目睹家乡缺医少药，家人和同乡遭受病痛的折磨，段亚亭暗暗发誓，有朝一日能解决大家的痛苦。在这种情况下，他产生了学医的想法。

1948 年，20 岁的段亚亭在亲叔叔的帮助下念了初中，又被推荐参加豫皖苏军区专科学校的考试，并顺利考中，从此开始了自己学医从军的生涯，负责当时部队的卫生工作。尽管学习环境非常恶劣，甚至连固定教室都没有，但他坚持了下来。毕业后的段亚亭随军队前往全国多地，参加淮海战役、渡江战役等，尝试收集方剂，为战士和百姓治病疗伤。

1953 年，段亚亭转业到四川省自贡市自流井区担任卫生科科长，他联合当地的民间中医，成立了当地第一家联合中医诊所——三圣桥诊所。那段时间，流行性乙型脑炎病毒大肆蔓延，尤其小孩子，感染后死亡率极高。针对这样的情况，三圣桥诊所的中医们加班加点找中药，对抗这场"瘟病"。诊所里的几个老中医对这个病很有研究，送来的小孩虽然病情严重，但喝了他们开的几服中药，就得到了控制。这件事再次深深击中了年轻的段亚亭的心，让他看到中医的强大。段亚亭学医的愿望也变得更加强烈。1956 年，我国最早的四所中医药高等院校之一的成都中医药大学建校，段亚亭被四川省卫生局推荐入学，成了全国首届中医专业的学生。当时班上的授课老师不乏中医大家，如中医妇科专家卓雨农，他因医术精湛载誉蓉城而得"卓半城"的雅号，他的教导对段亚亭影响颇深，段亚亭成为他的入室弟子。

毕业之后，段亚亭先后担任重庆市卫生局中医科科长、重庆市中医院院长。步入临床后，他逐渐在妇科、男科和脾胃病方面积累了很多临床经验，擅长妇科、脾胃方面的病证。

二、成才之道

段老常说，做一个医生难，要成为一名好医生更难，我们一定要做到修身养性，自我约束、自我提炼。

（一）夯实理论，验于临证

段老一生对中医情有独钟，认真仔细研读中医经典、古籍，他说："要学好中医，首先打好基础，多看、多读、多听、多记，多总结，学习无止境，遇到不懂的就要查资料搞清楚，四大经典反复读、反复听、熟记于心，临证时才有据可查。"中医学虽有完善的理论体系与悠久的历史，但是仍然有着经验医学的特质。如古人云："万番琢磨方成器，十载耕耘自见功。"段老说："理论扎实，最终要验于临床，能用所学解决患者的问题才是我们要达到的目的，理论和实践不能结合，那就是死读书"。所以，段老从医70余年来，始终将临床工作放第一位，做到知行合一，将理论与实践密切结合。虽然已过耄耋之年，却依然坚持行医救人，治病扶伤，虽然听力下降，但却戴着助听器为患者看病。这就是大医精神。

（二）博极医源，精勤不倦，济世活人

段老常说医生不同其他职业，医者父母心，要敬畏生命，守护生命，这个职业不挣钱，挣钱就不要当医生。更要修身养性，不急不躁。医生就是"心无旁骛、治病救人，仁心仁术"。他说毛主席提出学习"白求恩"，就是要求医务工作者全心全意为患者服务。

如《大医精诚》要求医者做到：精通医术，"博极医源，精勤不倦"；诚心救人，"凡大医治病，必当安神定志，无欲无求，先发大慈恻隐之心，誓愿救含灵之苦"；医德医风，"不得恃己所长，专心经略财物"。

熟读《黄帝内经》《伤寒论》《金匮要略》《温病条辨》等经典，深入研究《妇人规》《傅青主女科》《千金方》《妇人良方大全》《景岳全书》《医学衷中参西录》等古籍。在学术思想上，推崇仲景、张景岳、张锡纯（三张），下通青主，兼融他家，共铸一炉。

岁月中洗尽铅华，从1948年入学参军到现在，段亚亭从事中医临床工作70余年。他始终认为，医者既要胸怀"济世"之心，更要具备"活人"之能，否则就会好心办坏事，碌碌无为与庸医无别。而他的"活人"办法之一，就是将数十年行医经验融于传统古方，融入他独制的一个个"药汤"上。他创制的"清胰汤"治疗"急性胰腺炎"等危急重症，至今仍被临床所沿用；他根据西南地理气候饮食、体质因素，提出了湿阻类疾病，据湿邪重浊黏滞，侵犯脾胃等特点，创制出用于脾胃虚弱、湿阻中焦引起脾胃功能失调的"除湿汤""佩兰汤"，他还通过大量临床观察发现更年期综合征的症结，创制出滋阴涵阳的"更年汤"。针对慢性虚损性疾病自拟双补汤，补肾健脾，气血双补。

（三）守正创新，开拓发展

段老从思想上，上崇仲景，下通傅青主，是卓雨农先生的入室弟子，在全面继承卓雨农先生妇科学术思想的同时，深入研究《金匮要略》《妇人规》《傅青主女科》等古籍。其在致力于中医内妇外儿研究的同时，重点挖掘妇科及脾胃病的治疗，充分运用中医辨证施治理论，形成了理、法、方、药诊治体系。针对慢性疾患、脾肾俱虚、气血不足创制"双补汤"，方歌：

段氏双补参芪胶，女贞菟枸与当归。

黄精山芋香附子，健脾补肾精气好。

针对气候环境、饮食习惯、体质特征、湿邪为病的特点部位不同，创制"佩兰汤""除湿汤""通淋汤"，并提出治湿三法。除湿汤方歌：

人参二术半夏陈，藿香佩兰薏苡仁。

泽泻车前草茯苓，健脾除湿效更甚。

段老不拘泥古方，依据《傅青主女科》制定了更年汤，调节女性更年期综合征，而且段老还在疾病于前的时候巍然自如，辨证精准处以清胰汤治疗急性胰腺炎，这都是段老对临床做出的贡献。

在新冠病毒的中医治疗过程中也提出了自己独特的见解，指出湿毒为患，提出这样一个观点：扶正清热祛湿理气。用中医理论分析这次疫情，一方面是"寒湿疫毒"，另一方面也和"自身正气不足"（肺脾气虚）密不可分。湿邪起源于脾，发病于肺，此次病毒致病病机为外感时邪疫毒，气滞湿阻，热毒上犯所致，可见病毒侵袭人体使人致病与湿邪致病有共性，而中医祛湿可起抗病毒之功效。

纵观历史，我们不难发现，无论什么传染病，中医药都能预防和治疗。因此，针对此次新型冠状病毒疫情，段老认为总的原则是：扶正、补气（尤其是补肺脾之气）、健脾、祛湿，以此增强免疫功能，从而提高自身抵抗力。最后需要强调的是，利用中医药防治一定要坚持整体观以及辨证施治，即不同人群、不同体质、不同地域以及病情的不同阶段，其治疗方式都有所不同。

（四）与时俱进，西为中用

段老临证在传统用药的基础上，结合现代中药的药物研究，灵活变通，比如说蒲公英、苦参、土茯苓、山慈菇、紫杉、半枝莲、白花蛇舌草等一类药物具有清热解毒、软坚散结的作用，但是从现在的药理研究又有抗炎、抗衰老、抗肿瘤、增加免疫等作用；黄芪、灵芝、人参等有增强免疫、抗病毒等作用，山楂、三七、丹参等有降脂、降压、扩血管等作用；很多花类药物有美颜祛斑、延缓衰老作用；补肝肾的药物能增加子宫内膜容受性；等等。那么段老把中西、古今结合起来，这是他开辟的用药特点。

段老用药几乎都不用精贵、有毒有害、性味峻烈的药材，比如妇科常用的紫河车、阿胶、鹿茸一类的血肉有情之品，他能不用就不用，开完药他还经常开玩笑地说，可以酌情应用，不一定重用，能够用他药替代的就可以替代，这样既可以为患者减轻经济负担，同时又能达到和贵重药材同样的治疗效果。毒副作用大的药物要少用、慎用，用不好会适得其反。不超剂量用药，段老说用药就是排兵布阵，君臣佐使主次分明。

段老临床用药轻清灵活，他认为组方用药不在多而在精，量不在大而在中病，贵在轻灵，恰中病机。在湿病的治疗中，轻扬剂的运用更是随处可见。如佩兰汤、除湿汤。

三、学术之精

段亚亭从医 70 余载，学验具丰，有坚实的中医理论基础和丰富的临床经验，辨证主张以脏腑为中心，以证为重点，治疗采用以攻主证为主，兼顾其受累脏腑的治疗原则，特别擅用多脏腑辨证方法辨治疾病。他博采众家所长，敢于创新，重视实效，妙用虫类药物，解决了不少重症和疑难病症。他善于思考，勤于总结，行医数十载总结出许多宝贵的临床经验。段老精于治疗中医妇科和脾胃病，在治病中强调治病求本，力求明确诊断，主张辨证与辨病相结合，证、病、方药为一体的综合疗法。

（一）强调整体观念，辨证施治，重抓"两本"

段老学术上有创见，敢立新；不仅尊古融今，博采众长，还能不断探索总结个人的经验，自成一体。在学术思想上强调整体观念，辨证施治。辨证主张以脏腑为中心，以证为重点，治疗采用以攻主证为主，兼顾其受累脏腑的治疗原则，特别擅用多脏腑辨证方法辨治疾病。他认为人体是一个以脏腑为中心，通过经络联系，气血运行等构成的有机体。在辨证时，如用单脏腑辨证，不能概括全部病证的内容。人体是一个有机整体，脏腑之间以及脏腑与各组织、器官之间是相互联系的，故在辨证时一定要从整体观念出发，不仅考虑一脏一腑的病理变化，还要注意到脏腑之间的内在联系和影响，采用两脏或多脏腑辨证法，才能全面、正确地作出诊断，为治疗提供依据和方向。

段老在临床时，非常重视调理脾胃和培补肾的气化功能。他指出：脾胃为后天之本，肾为先天之本。李中梓在《医宗必读》中就说过："善为医者，必贵其本，而本有先天后天之辨，先天之本在肾，肾应北方主水，水为天一之源。后天之本在脾，脾为中宫之土，土为万物之母。"由于脾胃和肾在人体的生命活动中占有十分重要的地位，且两者相互为用，相互依存，关系至为密切。在临床上，无论脾胃自身之病或其他脏腑之病影响脾胃之证都是比较常见的，而久病又多归于肾。所以，抓"两本"具有十分重要的临床意义。

（二）西学中用，用药主张辨证与辨病相结合

治疗疾病是根据疾病的性质和特点，确立相应的治疗原则，立法遣药，消除病因，解决疾病的主要矛盾，达到治愈疾病的目的。段老在治疗中，主张辨证用药与辨病用药相结合的方法，如对盆腔炎，除以中医辨证论治外，他还根据现代医学对本病病因、病理改变的认识，常在方药中加具有抗菌消炎作用的蒲公英、紫花地丁、红藤、黄柏、银花等药物；对因过敏所致的皮疹患者，在方药中常添加具有抗过敏作用的乌梅、虎耳草等；对慢性结肠炎患者，除健脾止泻外，还加入适量的黄连厚肠理气，以消炎抗菌，这样能提高疗效，缩短病程。

（三）理论升华，创制新方，疗效卓著

段老对老年性疾病及慢性病也有深入的研究。他认为，老年人和慢性病患者机体处于衰弱状态，脏腑功能下降，特别是脾肾亏虚、气血不足为其发病机制。临床若出现头昏、耳鸣、腰酸、腿软、齿落发脱、阳痿早泄、夜尿频多、面肢浮肿，妇女月经不调等症时，则主张从脾肾论治。如他自拟的"双补汤"除具补脾肾、益气血功效外，还有保健、预防延缓衰老的作用，该方临证疗效卓著。

段老重视对湿气为病的辨治。他认为，湿邪为病，多因湿困中焦脾土，湿浊阻滞、病在三焦。段老根据《金匮要略》湿病的理论，结合后世医家经验，提出湿病四证，运用发汗解表除湿、和中健脾燥湿、清热利湿等方法临床收效颇佳。同时根据重庆地理环境、气候条件、饮食习惯，结合古人经验和个人体会，依照古训"因人、因时、因地"总结并自拟"除湿汤"。

（四）精青主，妇科难症随手除

段老是卓雨农先生的入室弟子，在全面继承卓雨农先生妇科学术思想的同时，深入研究《金匮要略》《妇人规》《傅青主女科》等古籍，学术上上崇仲景，下通青主，兼融他家，共铸一炉。段老常讲"妇人病呀松不松，肾气得充经脉通"，尤其重视"肾气充、经脉通"，临证时以补肾健脾、燥湿化痰、行瘀解郁为法，常用五子衍

宗汤、二仙汤、养精种育汤、开郁种育汤等化裁。段老尊古方之旨，考今人之体质，用"双补汤"治疗妇科诸多疾病，如：多囊卵巢综合征、卵巢早衰、不孕症、崩漏等，收效颇佳。

四、专病之治

段老在妇科、男科和脾胃病方面积累了很多临床经验，尤擅长妇科、脾胃方面疾病，疗效确切。

（一）不孕症

不孕症是妇科常见疾病，我国不孕症患者逐渐上升，随着人们生活观念的改变，很多妇女推迟婚龄、育龄，导致生育功能逐渐降低，使得人们对不孕症的治疗有着比较紧迫的需求。

不孕症的病因较多且复杂，一般有输卵管因素、排卵功能障碍、子宫内膜因素、免疫因素等，其中输卵管因素、卵巢排卵功能障碍所致的不孕症较为多见。

而中医历代医家认为不孕症病因主要与肾虚、肝郁、痰湿、血瘀有关。段老认为不孕多为肝脾肾三脏功能失调，气血痰瘀互结所致。

从摄生角度，段老提倡适龄而婚与节育。保护妇女健康有助于不孕症的治疗。房劳过度、房事不节也是导致男女不孕不育的原因。正如南齐褚澄著《褚氏遗书》中说道："合男女必当其年，男虽十六而精通，必三十而娶；女虽十四而天癸至，必二十而嫁，皆欲阴阳气完实而交合，则交而孕，孕则育，育而为子，坚壮强寿。"同时指出："合男子多则沥枯虚人，产乳众则血枯杀人。"

1. 辨证分型

（1）肾虚（肾阳虚、肾阴虚、肾气虚），胞脉失养，冲任失司：《灵枢·经脉》说："人始生，先成精。"人的胚胎，来自父母的生殖之精结合而形成，生殖之精即肾精。《圣济总录》曰："妇人所以无子，由于冲任不足，肾气虚寒故也。"肾精是构成人体的基本物质，是人体各种功能活动的物质基础，是生殖发育之源。傅青主在论治不孕症中提出"妇人受妊，本于肾气之旺也"，"肾旺是以摄精"，"精满则子宫易于摄精，血充则子宫易于容物，皆有子之道也"，"摄胎受孕，在于肾脏先天之真气"。受孕的机理，在于肾与冲、任、督、带四脉，受孕的关键在于肾气的旺盛和精血的充沛。盖肾为先天之本，内寓元阴元阳，主藏精而司生殖。倘先天禀赋不足，体质虚弱，或后天失养，房劳伤肾，抑或多次流产刮宫损伤肾精，以致精亏血少，冲任受损，胞脉失养则不能成孕。可见，肾为经之本源，调经必先补肾。

段老认为妇女经、带、胎、产等特殊生理均系于肾，肾气充足则生理活动正常，肾精气的盛衰决定了人的生殖功能，肾气旺盛，则阴阳合，说明生殖功能良好；如果因为先天原因或者手术损伤导致肾气虚弱、肾阳亏损，致使经乱无期不能生育。

（2）肝郁气滞，冲任失调：肝藏血，主疏泄，月经的成分是血，来源于血海，并定期疏泄，故月经的正常与否，与肝的关系较为密切。《景岳全书》曰："女子以血为主，血旺则经调而子嗣，身体之盛衰无不肇端于此。"《竹林寺女科二种·竹林女科证治·卷四》曰："产育由于气血，气血由于情怀，情怀不畅则冲任不充，冲任不充则胎孕不受。"盖妇女以血用事，肝为血脏，冲任相连，肝又为风木之脏，将军之官，喜条达，恶抑郁，情志不随则肝失条达，肝经气血不能畅达则气血不和，冲任不得相滋，久婚不得孕育。《傅青主女科》曰："妇人有怀抱素恶不能生子者，人以为天心厌之也，谁知是肝气郁结乎。"近代医家秦天一曾说："女子以肝为先天，阴性凝结，易于怫郁，郁则气滞血亦滞。"肝主疏泄，调节生殖功能，肝郁不达，则生殖功能失调而无子，可见肝与妇科病的关系至为密切，以上医家的论述均指出了疏肝对调经的重要作用。其症可见：婚久不孕伴经期头痛、经期先后不定、经来腹痛、经前乳房胀痛，还可伴有心烦失眠，嗳气叹息，口苦咽干。舌质红，苔薄白，脉弦。治疗以疏肝解郁、调经种子为主。方用丹栀逍遥散加减。"见肝之病，当先实脾"，故疏肝方中宜佐以健脾之品，如党参、生黄芪、山药等。

（3）痰湿互结，冲任不通：明代医家李中梓认为"脾为生痰之源，肺为贮痰之器"。脾主运化，具有吸收、输布水液，防止水液在体内停滞的作用。若脾失健运，痰湿内阻，气机不畅，水液代谢失常，脂膜壅塞于胞宫而不能摄精成孕。其症可见：婚久不孕，形体肥胖，经行延后，甚或闭经，带下量多，质稀无臭，头晕心悸，胸闷泛恶，舌淡胖，苔白腻，脉滑。治疗以化痰除湿，调经种子。方用苍附导痰汤、启宫丸加减。

（4）气血瘀阻，胞脉失养：瘀血是血液运行不畅而阻滞于脉中，或溢于脉外，凝聚于某一局部而形成的病理产物。瘀血内停，冲任受阻，胞脉闭塞，遂令无子。其症可见：婚久不孕，月经过少，色黑有块。常有痛经，检查时双侧输卵管欠通畅，或有子宫内膜异位症，舌质暗边有瘀点，苔薄白，脉弦细。治疗以活血行瘀、调经种子。方用少腹逐瘀汤或温经汤加减。

根据段亚亭教授的经验，掌握邪正理论、寒热理论、气血理论、升降学说、元气学说有助于辨病论治。任何疾病，首先面临的抉择就是补和攻的问题或者邪和正的问题，明确疾病是正虚还是邪实。无论疾病是属于外感病，还是内伤病，均需要判断病性寒热属性。气血具有病位深浅的含义，又与病程远近密切相关，明白在气在血对指导用药具有重要意义。升降出入或升降浮沉是生命活动共同的运动形式和规律，人病则升降失调。临床辨病论治，必调其升降，令当升者升，当降者降，则治无不效矣。元气是人生命的动力。《内经》所谓"真气者所受于天，与谷气并而充身者也""阳气者，若天与日，失其所则折寿而不彰"都含有这层意思。李东垣云："气乃神之祖，精乃气之子。气者，精、神之根蒂也。"可见，人之精、神皆本于气。清代徐大椿指出："疾病之人，若元气不伤，虽病甚不死。元气或伤，虽病轻亦死。……故诊病决死生者，不视病之轻重，而视元气之存亡，则百不失一矣。"因此，不可忽略元气的作用。

2. 治疗法则

（1）补肾滋肾，调经培本：肾为先天之本，内寓元阴元阳，主藏精而司生殖。肾为经之本源，调经必先补肾。段老主张调经首在培本补肾，补肾滋肾方能调经种子，临床调理肾气可以利用补肾益气、补肾壮阳、滋养肾阴、补肾活血、补肾健脾、补肾养肝、滋肾健脾、调经种子等方法。

（2）疏肝解郁，调经种子：肝为血脏，冲任相连，《傅青主女科》曰："妇人有怀抱素恶不能生子者，人以为天心厌之也，谁知是肝气郁结乎。"近代医家秦天一曾说："女子以肝为先天，阴性凝结，易于怫郁，郁则气滞血亦滞。"肝主疏泄，调节生殖功能，肝郁不达，则生殖功能失调而无子，可见肝与妇科病的关系至为密切。段老治疗以疏肝解郁、疏肝理脾、调肝补肾、养血柔肝、调经种子为主。

（3）化痰除湿，调经种子：脾主运化，具有吸收、输布水液，防止水液在体内停滞的作用。若脾失健运，痰湿内阻，气机不畅，水液代谢失常，脂膜壅塞于胞宫而不能摄精成孕。段老治疗以芳香化浊祛湿、健脾豁痰除湿、温中散寒祛湿等化痰除湿、调经种子方。

（4）活血行瘀，调经种子：寒凝、热结、气滞、气虚均可导致瘀血内停，冲任失畅、受阻，胞脉闭塞，遂令无子。段老治以温经行滞、温经养血、活血行瘀、调经种子之法。

3. 用药特点与核心方药

段老认为，志于医者，必勤读古书，留意钻研，寻思妙理，善集各家之长，学习妇科应与学习古典医著相结合，如学习《傅青主女科》《内经》《校注妇人良方》等关于妇女月经、天癸、肾、生殖的论述，历代医家对妇科疾病的认识及治疗经验，从而认识到：妇女经贵如期，经候如常，则百病不起，反之，诸病由生。强调调经促孕，经调孕子来。在诊断上以舌、症、脉、征结合，辨明寒热虚实之证候；在治疗上，以"调、促"着手，重在调气，气调血自调；疼痛者，从"通"字着眼，寒者温而通之，热者清而通之，虚者补而通之，实者攻而通之。

段老一贯效法傅氏对肾的论述，他认为妇科疾病多与肾有关，如肾的阴阳失调可引起气血双虚，冲任失调，根据补脾肾，补气血的原则，拟定了"双补汤"（晒参、黄芪、当归、熟地黄、菟丝子、山茱萸、黄精、阿胶、女贞子、枸杞子、香附）加减化裁，运用于临床，疗效甚验。

4. 典型医案

刘某，女，36 岁。2017 年 12 月 17 日初诊。

患者婚后未避孕不孕 4 年余，平时月经规律，经期腰酸、畏寒肢冷，无明显痛经，月经量正常偏少、色暗、质稠、夹血块，带下正常、眠纳可、二便调。2016 年 3 月就诊于当地医院，妇科常规检查未见异常，输卵管检查双侧通畅，男方检查正常。刻下症：月经周期第 12 天，带下稀薄、透明状，手脚冰冷，腰酸、二便正常。舌淡暗、苔薄白微腻，脉细沉。月经 12 岁初潮，经期 4～5 天，周期 28～33 天，末次月经 2017 年 11 月 19 日，孕 0 产 0，无过敏史，无特殊病史。

西医诊断：原发不孕。

中医诊断：不孕。

辨证：肾虚夹瘀证。

治疗：补肾活血，调冲助孕，方用双补汤加减。

处方用药：晒参 10g，黄芪 15g，当归 12g，阿胶 9g（烊化），熟地黄 20g，枸杞子 15g，山茱萸 15g，女贞子 15g，丹参 15g，制香附 10g，益母草 30g。7 剂，每日一剂，水煎取汁约 400mL，分三次温服。

二诊：服药后腰酸、肢冷缓解，末次月经 2017 年 12 月 22 日，月经色正常、血块减少。舌淡暗、苔薄白微腻，脉细沉。处方用药：晒参 10g，黄芪 15g，当归 12g，阿胶 9g 烊化，熟地黄 20g，枸杞子 15g，山茱萸 15g，女贞子 15g，丹参 15g，淫羊藿 15g，菟丝子 15g，巴戟天 15g，制香附 10g，益母草 30g。7 剂，每日一剂，水煎取汁约 400mL，分三次温服。医嘱：检测排卵，不避孕。

三诊：患者规范检测排卵，有优势卵泡并排出，继续用药调理。舌质红、苔薄，脉细。处方：晒参 10g，黄芪 15g，当归 12g，阿胶 9g（烊化），熟地黄 20g，枸杞子 15g，山茱萸 15g，女贞子 15g，续断 15g，菟丝子 15g，杜仲 15g，制香附 10g，桑寄生 12g，柴胡 10g。

四诊：患者月经推后，乳胀明显，舌质红、苔薄，脉细滑。查尿 HCG+，血 HCG 1002.5mIU/mL，确诊妊娠。

段老指出："不孕"主要病机为肾虚，肾为先天之本，主生殖藏精，肾虚多先天不足、房劳多产、饮食不节、外邪入侵等引起。《傅青主女科》云："妇人有下身冰冷，非火不暖，交感之际，阴中绝无温热之气，人以为天分之薄也，谁知是胞胎寒之极矣，夫寒冰之地不生草木，重阳之渊不长鱼龙，今胞胎既寒何能受孕。"该患者不孕伴肢冷、腰酸、经血夹血块，属肾虚，阳气不足不能温煦冲任，舌质暗红、苔薄、脉细沉均系肾虚之象。

临证体会：患者为已婚育龄期女性，形体适中，情绪尚可、精神欠佳，工作繁忙劳累，缺少锻炼，畏寒肢冷，月经正常，夫妻生活正常，婚后不孕，反复就诊检查没有发现明显原因，精神压力大，且因多次就诊无果经济压力大，从而多有郁思。段老认为妇女经带胎产都与肾有关，肾气充则生理功能正常，肾精充足则生殖功能正常，肾气弱、肾阳亏虚则生育功能下降。段老主张治疗不孕首先培补滋肾，补肾滋肾、调经种子。补肾常有：补肾壮阳、滋肾养阴、补肾活血、补肾健脾。段老指出，当代社会发展快，嗜酒肥甘、房劳多产，缺少锻炼，故当代症型较前代亦多变化。另外治疗不孕症，应男女同调同治，男精壮、女经调方能受孕，心理疏导、家人关爱对治疗该病也有一定帮助。结合西医检查手段、排除病因、明确病例，用药效果更佳。

（二）崩漏

段老认为其因本在肝肾，虽然临床证型繁多，但多从肝肾入手。肝主疏泄，肾主封藏，疏泄失职，封藏失司并见，则崩中则漏下。《东垣十书·兰室秘藏》云："妇人血崩，是肾水阴虚不能镇守胞络相火，故血走而崩也。"冲任隶属肝肾，肾藏精，肝藏血，肝肾同源；肝肾之阴，息息相通，相互制约，协调平衡。段老辨证为气血不足、脾肾虚、冲任不固、血热（肝郁血热、阴虚血热）、血瘀等。

1. 冲任的本源在于肾

肾作为先天之本，内寄真阴真阳，与冲、任二脉紧密关联。《素问·上古天真论》曰："女子七岁，肾气盛，齿更发长；二七而天癸至，任脉通，太冲脉盛，月事以时下，故有子。"王冰注《素问》中云："肾气全盛，冲任流通，经血渐盈，应时而下。"所以女子在肾气充足，冲任通盛，子宫藏泄有常时，月经才可如期而至，具有周期性、规律性。《傅青主女科》中曾写道"经水出诸肾"，且"冲任之本在肾"。肾藏精，若肾虚，冲任气血不固，不能制约经血则易发崩漏。可见肾虚是崩漏发生的重要发病机理，是治崩之本。

2. 肝为血脏，冲脉属肝，女子以肝为先天

肝气喜条达而恶抑郁，主疏泄之事，情志调，气血畅，则月事如期而下。叶天士云："妇人善多郁，肝经一病，则月事不调。"严用和云："肝为血库，喜怒老一，一或伤之，肝不藏血于宫，宫不能传血于海，故崩中漏下。"女子常常易于忧郁，肝气郁结难解，七情郁结致脏腑气血失调，冲任损伤，此即崩漏的重要原因之一。

3. 疏肝补肾，固冲止血

《丹溪心法附余》中提出治崩三法为"初用止血以塞其流，中用清热凉血以澄其源，末用补血以还其旧"。段老从事临床工作六十余年，经验丰富，对崩漏的治疗以"急则治其标，缓则治其本"为原则，灵活运用"塞流、澄源、复旧"的治崩三法，提出以疏肝补肾、固冲止血为治疗大法。见出血者不盲目止血，先明确患者崩漏的具体病因，注重活血药及止血药的运用，控制出血即治其标，更重要的在于血止后调理气血冲任，以治肝肾从而治崩漏，恢复脏腑生理功能，调整月经周期，才能达到根本治愈的目的。

出血期应以止血为要，是重中之重。叶桂言："留得一分自家之血，即减一分上升之火。"在诊治过程中，段老认为应先分清虚实，辨证论治，在临床根据病情灵活应用各种止血方法，使用时应注意其使用剂量，不可动辄长期使用大剂量炭类药物。

4. 血止后，要建立正常的月经周期，促使崩漏痊愈

段老用药，多加疏肝解郁之物，治肝佐以滋肾，治肾亦需疏肝，采用疏肝养肝，补肾止血。综上，崩漏的治疗应注重调肝补肾，肝气调达则肝脏疏泄有度，肾中精气旺盛则任通冲盛，月事才以时下，则崩漏易愈。

段老常用清经散、两地汤、人参养荣汤、双补汤、八珍汤、逍遥散等。

在诊治的过程中，段老认为应先分清虚实，辨证论治，要根据患者病情灵活运用各种止血的方法，在临床根据病情灵活应用各种止血方法，如血热者以凉血止血，常用地榆炭、侧柏叶炭、黄芩炭；气不摄血者以益气止血，常用黄芪、芥穗炭、白术；虚寒者以温经止血，应采用艾叶、血余炭；血瘀致血不归经者以化瘀止血，常用蒲黄炭、花蕊石；出血日久而血虚者以养血止血，常用阿胶、当归炭等，还特别强调活血止血法。段老认为，无论何种病因，均有可能兼夹血瘀，或因虚无力鼓动气血致瘀，或因热灼致瘀，或因肝郁气滞而致瘀，瘀血不去则新血不生。如若兼夹血瘀，可在治疗时用活血止血之法。使用止血药时要慎重，多数止血药物性寒凉，使用时应注意其使用剂量，不可动辄长期使用大剂量炭类药物。

段老用药，多加疏肝解郁之物，治肝佐以滋肾，治肾亦需舒肝，采用疏肝养肝，补肾止血。综上，崩漏的治疗应注重调肝补肾，肝气调达则肝脏疏泄有度，肾中精气旺盛则任通冲盛，月事才以时下，则崩漏易愈。

5. 典型医案

范某，女，23岁。2020年3月26日初诊。

主诉：阴道异常出血1个月余。

现病史：末次月经2020年2月18日，2月18日至2月28日出血量相当于正常月经量，2月28日起出血量减少，淋漓至今未净、色淡质稀、无异味、无腹痛。初

潮 12 岁，初潮始月经周期规律，月经 3～5 天，量正常。现阴道少量血性分泌物、稍疲倦乏力，纳眠可，大便稀溏，小便正常。未婚，无性生活史。

既往史：有功能失调性子宫出血病史。舌质红，苔薄黄，脉细。

辅助检查：2019 年 12 月 11 日超声：内膜 0.5cm，子宫及双侧附件未见明显异常。血常规正常。

中医诊断：崩漏。

证候诊断：脾肾虚，冲任不固证。

西医诊断：功能失调性子宫出血。

治法：健脾补肾、益气养血、固冲止血。

处方：双补汤加减。党参 20g，炒白术 10g，炙黄芪 20g，升麻 6g，女贞子 15g，墨旱莲 20g，山药 20g，熟地黄 20g，山茱萸 15g，陈皮 15g，阿胶 9g（烊化），仙鹤草 15g，菟丝子 15g，炙甘草 10g，大枣 10g。共 7 剂，日 1 剂，水煎服，每日 3 次。

嘱：忌辛辣生冷，禁房事，注意休息。

二诊：2020 年 4 月 2 日。服药后无特殊不适，阴道常出血基本干净。纳眠可，二便调。上方去白术、升麻、仙鹤草、墨旱莲；加当归、桑椹、茯苓、制何首乌、覆盆子、建曲、远志。处方：党参 20g，炙黄芪 15g，女贞子 15g，桑椹 15g，茯苓 15g，菟丝子 15g，阿胶 9g（烊化），当归 10g，制何首乌 15g，覆盆子 15g，建曲 10g，远志 10g，陈皮 10g，大枣 10g，甘草 10g。共 14 剂，日 1 剂，水煎服，每日 3 次。

三诊：2020 年 6 月 12 日。服药无特殊不适，末次月经 2020 年 5 月 24 日，5 天干净，量色质正常，舌质红、苔薄白，脉细微沉。继续药物巩固治疗。处方：党参 15g，炙黄芪 15g，炒白术 15g，鸡血藤 15g，菟丝子 15g，当归 10，桑椹 15g，茯苓 10g，制何首乌 15g，山楂 10g，覆盆子 15g，建曲 10g，远志 10g，陈皮 10g，杜仲 10g，续断 10g。共 7 剂，日 1 剂，水煎服，每日 3 次。

临证体会：崩始见于《素问·阴阳别论》"阴虚阳博谓之崩"，漏始见于《金匮要略方论》。崩与漏的出血情况不同，发病机制相同，往往交替出现，因果相干，缠绵难愈，属妇科疑难杂症。

《景岳全书·妇人规·崩淋经漏不止》云："崩漏不止，经乱之甚者也。"崩漏之经乱表现在月经周期、经期、经量均出现异常，无规律。肾为先天之本，脾主统血，为后天之本，脾肾不足，统摄无力，冲任失固，故而经血日久不止，脾阳不升，故神疲乏力，肾阳不足，故肢冷腰酸，方用双补汤加减，以补脾肾、滋补肾精、益气血为主。方中晒参、炙黄芪补元气，气能生血；菟丝子、山茱萸、黄精、女贞子、枸杞子等补肝肾、滋肾精；熟地黄、当归养血。二诊时患者出血已净，疲倦较前缓解，当以健脾补肾为主，去止血类药物，加制何首乌、覆盆子、桑椹益肾固精，建曲、茯苓、陈皮健脾消食，当归养血活血，远志养心安神。三诊时患者症状明显缓解，继续以补益为主，患者感腰酸，原方基础上加杜仲、续断补肾强腰。患者崩漏日久不止，气血更虚，出血期急则知其标，以升阳举气、止血调经为主，出血干净后则固本，以健脾补肾为主，恢复至正常状态。

（三）痞满

脾胃为"后天之本，气血生化之源"。脾主升，胃主降，脾喜燥，胃喜润，互相依存，互相制约，保持平衡，共同完成食物的消化、水谷精微吸收、水液代谢输布功能，脾胃多同病，治疗时互相兼顾。久处湿热之地，易感湿热之邪，湿性重浊、黏滞，易阻中焦气机，出现胸脘痞满、恶心呕吐等不适。

1. 未病先防，健脾和胃

脾喜燥恶润，胃喜润恶燥，脾胃运化水谷功能失调至水湿内停，湿邪是脾胃病的主要致病因素。段老认为保护好脾胃是预防疾病发生的重要环节。保护脾胃功能，是防治疾病的关键，湿病多因脾胃素弱，或多食膏粱厚味，喜服冷饮、生冷瓜果等产生。用健脾和胃法，以滋其化源，则病自愈。

2. 芳香化浊，调和脾胃

湿在脾和湿在胃也有不同，湿在脾与脾的运化有关，湿在胃则与水湿停积有关。湿邪在脾胃可表现为腹泻，也可以为便秘。止泻不可过早，如果急于止泻会把湿热滞留在肠道中，不利于水湿代谢。《本草纲目》言藿香"治脾胃呕逆，为重要之药"。可用藿香正气之类。如果湿邪在脾的表现为便秘，大便黏滞不爽，欲便不尽，排便时间长，使得脾胃受损，湿浊附体。所谓"千寒易除，一湿难去"。

3. 健脾燥湿，调畅中焦气机

段老认为痞满的生成是由于脾胃失健，水湿不化，酿生痰浊，痰气交阻，中焦气机不利，升降失司所致，并见上腹胀满、不思饮食之胃痞，且以得食胀甚、嗳气则舒为特点。《景岳全书·痞满》云："痞者，痞塞不开之谓；满者，胀满不行之谓。盖满则近胀，而痞则不必胀也。"《兰室秘藏·中满腹胀》曰："脾湿有余，腹满食不化。"段老根据重庆的地理环境、气候条件、饮食习惯，自拟除湿汤加减，治疗重庆湿浊内阻、湿热内蕴的痞满患者，着实有效。

4. 淡渗利湿，通调水道

段老认为，湿邪致病有六大症状：口干、口苦、口臭、痞满、便溏、腹胀。在上轻清宣扬，在中健脾燥湿化湿运湿，在下淡渗利湿。三焦同治，使湿邪分消，水道通调，可用苓术类。

5. 典型医案

张某，男，31 岁。2018 年 5 月 21 日初诊。

素体虚弱，有胃病史。近几天，因朋友聚会，饮酒过多，食用一些瓜果、甜食、肥腻的食品，还吃了两次火锅，出现胸闷、腹胀、纳差、全身酸软乏力、头昏重、大便偏稀、口干等。患者到某医院门诊就医，诊断为"消化不良"，服用西药，疗效不佳。现到中医院就诊，诸症同上。视舌苔白，厚腻，脉濡。

辨证：脾胃虚弱，湿阻中焦。

治法：健脾除湿。方用除湿汤加减。

药用：藿香 15g，佩兰 15g，菖蒲 l0g，苍术 15g，厚朴 15g，薏苡仁 30g，茯苓 15g，猪苓 20g，党参 15g，木香 15g，黄连 3g，甘草 5g。5 剂，每日 1 剂，水煎分 3 次服。

嘱：忌甜腻生冷之品。

二诊：服 5 剂后，诸症缓解，仅大便偏稀。守上方，苍术改用炒白术，去菖蒲、黄连，加山药 20g，再服 5 剂。三个月后随访，病未发，身体健康。

嘱：忌甜腻生冷之品。

三诊：服 5 剂后，诸症缓解，大便成形。舌质红、苔薄微腻，脉细微滑，守上方，去猪苓再服 5 剂，给予巩固性治疗。

嘱：忌甜腻生冷之品。

一个月后随访，病未发，身体健康。

临证体会：本案因饮食不节，伤及脾胃，湿滞脾胃，中焦气机不畅则生痞满。脾胃功能失调、气机失常，故出现胸闷腹胀、纳差、大便稀等。湿邪郁阻卫表、清阳被阻，故出现头昏重痛。《内经》说"因于湿，首如裹"。湿邪侵入肢体肌肉、关节经络之间，气机阻滞，故出现全身酸软、重着乏力，湿邪郁久化热津液受伤，出现口干、口渴等。脉濡、苔厚腻，为湿邪盛之象征。治疗健脾除湿，用除湿汤，方中藿香、佩兰、菖蒲芳香化湿，解表和中；苍术、厚朴健脾燥湿，党参、甘草益气和中，理气化湿；薏苡仁、茯苓、猪苓淡渗利湿，湿从小便排出。诸药合用，共奏调和脾胃、畅通气机的作用。

研究表明，藿香、佩兰、菖蒲均含有挥发油，对胃肠道有蠕动兴奋、促进胃液分泌的作用，使消化功能增强。苍术、厚朴含有挥发油和 B 桉叶酸、厚朴醇、苍术酮等，有杀菌作用，对胃肠有兴奋作用，促进消化。茯苓含有茯苓聚糖、茯苓酸等，有缓慢而持久的利尿作用，能调整胃液分泌。猪苓含有聚蛋白、聚糖等，有较强的利尿作用，还有降血糖的作用。人参含有多种人参皂苷，有多种"适应原"，有增强免疫能力和增强抗病能力。甘草含有甘草酸、甘草次酸等，有较好的抗炎、抗溃疡、镇静、镇痛、镇咳、抗肿瘤等作用。

五、方药之长

（一）核心方剂

1. 双补汤——健脾补肾，益气养血

组成：晒参 10g，黄芪 30g，当归 15g，熟地黄 12g，菟丝子 15g，山茱萸 15g，黄精 12g，阿胶 9g，女贞子 10g，枸杞子 12g，香附 12g。

适应证：脾肾不足、精血失养之妇科月经不调、不孕、卵巢早衰、复发性流产、带下病等症；脾肾阳虚之男性不育症，性功能障碍等；内科慢性消耗性疾患，脾肾两虚者。

注意事项：注意辨别虚实寒热温凉，随症加减；口干、口苦、口臭、腹胀腹痛、大便干、小便黄慎用；感冒流涕、鼻塞、发热患者忌用。

段老治疗多种慢性病时从脾肾论治，慢性疾病对正气的耗损，使脏腑功能下降，首先表现出脾胃运化功能的下降，肾脏的虚衰。肾为先天之本，水火之脏，内藏元阴元阳，是人体活动的源泉。肾虚主要表现为肾气虚、肾阳虚、肾阴虚。脾为脏器之源，脾气虚，运化失司，气血生化不足。本方以补脾肾、滋补肾精、益气血为主。方中晒参、黄芪补元气，气能生血；菟丝子、山茱萸、黄精、女贞子、枸杞子补肝肾、滋肾精，阳中求阴；熟地黄、当归养血滋阴补肾，精血同源；香附行气解郁，用其解六郁之功。对于有虚热表现者，以生地黄为宜；对于血虚肾亏较甚者，以熟地黄为宜。对于兼月经不调、气滞血瘀之患者，加丹参、三七等活血；对于月经提前、心烦易怒者，以柴胡、白芍、郁金等疏肝柔肝。临证辨证加减药物。

方论解析：右归丸源自明代《景岳全书》，由金匮肾气丸化裁而来，其功效为补肾益精，用于肾虚腰痛、腰膝酸冷、精神不振、尿后余沥、遗精早泄、阳痿不育，原为男科要药。段老化裁加减，用于治疗女性不孕、月经失调、带下病等及老年慢性虚衰性疾病。方中晒参、黄芪、当归、熟地黄、黄精益气养血，以滋肾精；女贞子、山药、枸杞子、山茱萸、菟丝子益肝补肾，滋肾益精，乌须黑发，五味俱备，入五脏大补五脏之气，因其入肾，故补肾之力更强；香附行气解郁，使补血而不燥，滋阴而不滞。全方十味药物配合得当，性味平和，补而不腻，增加机体功能，有延缓衰老、增加免疫之效。

临床发挥：张景岳在《新方八阵》里"善补阳者，必于阴中求阳，则阳得阴助而生化无穷；善补阴者，必于阳中求阴，则阴得阳升而泉源不竭"。景岳所说之"善治精者，能使精中生气；善治气者，能使气中生精"，如此润养滋补阴精后所生化之气，是濡润之精气，而非虚火之燥气，患者表现为精神体力日渐转佳、烦躁情绪趋

于平和。此即《内经》所云"阴阳者，万物之始也，阴在内，阳之守也，阳在外、阴之使也"，阴精得以补养，则虚火不致妄浮。

不论妇科不孕、月经病、带下病、绝经前后诸症、男科不育、性功能障碍等，均需阴阳平衡协调互用。正如《周易》中说"一阴一阳之谓道"。《道德经》中说"万物负阴而抱阳"，世间万物皆遵循阴阳之道，才绵延不绝，生生不息。加以补气养血之剂，气血和调，阴阳相济，生化无穷。

2. 除湿汤——健脾燥湿，淡渗利湿

组成：泡参15g，白术15g，苍术15g，茯苓12g，法半夏12g，薏苡仁20g，藿香10g，佩兰10g，车前子10g，泽泻12g，甘草10g。

适应证：脾虚湿甚，湿阻之脾胃病，妇科不孕症、多囊卵巢综合征、月经病、带下病等；脾肾阴不足之不育症；脾肾不足，湿邪所致之内科疾患。

注意事项：注意辨别虚实寒热；孕妇及哺乳期慎用。

本方针对脾虚湿阻，根据"脾强湿自除"的原则。湿邪为病，多因湿困中焦脾土，湿浊阻滞、病在三焦。段老根据《金匮要略》湿病的理论，结合后世医家经验，提出湿病四证，运用发汗解表除湿、和中健脾燥湿、清热利湿等临床收效颇佳。

"除湿汤"由参苓白术散和二陈汤加减而成，二陈汤是中医除湿的基本方，具有燥湿化痰、利水渗湿、理气健脾之效。方中苍术、白术益气健脾、燥湿化痰；半夏燥湿化痰，辛温而燥，降逆止呕，使气顺痰消；车前子、泽泻、茯苓利水渗湿、益脾和胃、宁心安神。泡参清火生津、润燥化痰；藿香、佩兰芳香化浊，理气祛湿；薏苡仁健脾除湿，润肠通便。

方论解析："参苓白术散""二陈汤"均源自宋代《太平惠民和剂局方》"治脾胃虚弱，饮食不进，多困乏力，中满痞噎，心中气喘，呕吐泄泻。此药中和不热，久服养气育神，醒脾悦色，顺正辟邪"。方中人参入脾肺经，善补脾肺之气；白术甘温而性燥，既可益气补虚，又可健脾燥湿；茯苓甘淡，为利水渗湿，健脾助运之要药，三药合用为君。山药、莲子、扁豆、薏苡仁为臣，甘淡微寒，健脾利湿；砂仁芳香辛温，化湿醒脾，行气和胃，桔梗辛苦而平，宣肺化痰止咳为佐药；炙甘草益气和中为使，诸药配伍补脾胃、益肺气之功。二陈汤燥湿化痰、利水渗湿、理气健脾之效著。二方化裁随证加减，治疗湿邪为病之虚证疗效颇佳。

临床发挥：《金匮要略》里提出了"中湿者，必先有内湿而后感外湿。故其人平日土德不及而湿动于中，由是气化不速，而湿侵于外，外内合邪"。

湿阻中焦，多见脘腹胀满，饮食不化，嗳气，四肢沉重，疲倦，大便稀溏，小便少，舌质淡胖、苔薄白，有齿印，脉细沉。

段老根据《金匮要略》湿病的理论，结合后世医家治疗湿病的经验和个人体会，提出湿病四证，运用发汗除湿、解表和中除湿、健脾燥湿、清热利湿等法，相互配合，随证加减，治疗中取得较好疗效。由于湿邪主要侵犯脾胃，病程较长，复发性较大，给治疗带来一定困难，因此应未病先防，重点保护脾胃功能，这是防治湿病的关键。

段老总结两种脾胃虚弱情况：一是青年居多，因饮食不节，饮酒过度，形体肥胖，喜食甜腻等损伤脾胃，脾失健运，湿邪内生产生湿病。二是老年居多，肾气虚衰，气血俱虚，不能维持机体正常运转，机体正常运转全靠水谷滋养，补脾胃以资化源更为重要。

（二）妙用虫类药

段亚亭从医 70 余载，学验具丰，他博采众家所长，敢于创新，重视实效，妙用虫类药物，解决了不少重症和疑难病症。在补益肝肾、扶正益气、理气消癥之余，配以虫类药物，取"飞者升，走者降，灵动迅速，追拔沉混气血之邪"特性，拔除顽疾，兼有"补正不敛邪，祛邪不伤正"之效。

1. 虫类药物在治疗肾虚中的应用

肾为后天之本，段老在治疗肾虚病证时，适时加以虫类药物，如男性性功能障碍用蜈蚣 3～6g，疏肝解瘀行血，解毒散结、温肾壮阳、通络起痿。蜂房 3～6g 不仅攻毒疗疮、散肿止痛，还能温阳益肾，缩尿摄精，治疗男子阳痿滑泄、遗精，女子带下清稀以及遗溺、尿频等症。蛤蚧 3～6g 有温肾固精，助阳之效，有补肺肾，定喘咳之说，具抗应激、延缓衰老等功能。

2. 虫类药物在消癥散积中运用

在癥瘕积聚疾病中，段老常用活血化瘀、理气消结、软坚散结法。适量加以虫类药，疗效更加，如土鳖、水蛭、虻虫等。

认为水蛭（6～9g）、虻虫（6～9g）、土鳖（10～15g）、蜈蚣（1～2 条）为活血化瘀、通络止痛、消癥散结之妇科良药，其中水蛭"味咸平，主逐恶血、瘀血、月闭、破血癥积"，"善破冲任之瘀血"（《衷中医学参西录》），尤以破血逐瘀通络见长。土鳖咸寒，归肝经，其性平和，破血不峻，能行能和，凡妇人血瘀经闭，癥瘕积聚，虚人均可用之。并配以黄芪、党参、枣皮等益气扶正，推动血液运行，助破血消癥，使攻伐而不伤正，扶正又不碍邪。

3. 虫类药在痛症中的应用

在治疗顽固性痛症时，适量加以地龙（5～10g）、僵蚕（6～9g）、乌梢蛇（3～6g）等效果俱佳，达到搜风通络、活血定痛的作用。地龙长于通经络，用于多种原因引起的经络阻滞、血脉不畅、肢节不利。僵蚕具有祛风止痛、化痰散结的作用。乌梢蛇通络利关节，常用于顽固性头疼、关节炎、风湿痹症等。

4. 灵活慎用虫类药

段老一再强调指出，对于虫类药的应用，必须熟谙其药性，掌握其用法，药根据患者性别、年龄、体质差异和病情轻重，权衡利弊，灵活、大胆使用，同时又要谨慎使用之。虫类药多具有活血化瘀、搜风剔毒、通络解痉、消痰散结之力，但又多有一定毒性，故不主张单独使用，多在配伍中应用，一则加强虫药治病之力，二则又可减缓、消除虫药之毒性。蜈蚣主张用全药，不必去头足，去之则效减；全虫、蜂房可入汤剂，但烘干研冲效果更佳，又如水蛭，许多临床医师畏其峻猛，用之甚慎，段老认为水蛭在药典上虽谓其有毒，然破瘀之力甚猛而不伤阴血，散结之力甚强而不耗正气，通便利水之力甚宏而无伤津之虑，实为血肉有情之品，故可大胆用之，若入汤剂，每日 10～15g，但因其腥味太重，患者难接受，故可装入胶囊内服用，每天 2～4g，在救治危急重症时，主张早用、重用，尤显殊功。另外，段老还指出，虫类药久用可伤正，体虚者慎用少用，有出血倾向，妇女经期、妊娠忌用。

六、读书之法

（一）经典研读

1956 年，成都中医药大学建校，段亚亭成了全国首届中医专业的学生。但他没有系统地念过高中，数学和化学都很差。基础差，他就要比别人多付出。每天清晨起来，深夜睡去，成为他在大学的日常。5 年时间从基础学科到经典著作，段老翻遍熟读，如《黄帝内经》《温病条辨》《伤寒论》《金匮要略》《傅青主女科》《千金方》《妇人规》等。

1.《黄帝内经》

《黄帝内经》是中医学的奠基之作，是第一部养生之作，《黄帝内经》中讲到了怎样治病，但更重要的是怎样不得病，怎样使在不吃药的情况下就能够健康、长寿，提出"治未病"思想，更是第一部关于生命的百科全书。以生命为中心，里面讲了医学、天文学、地理学、心理学、社会学，还有哲学、历史等。《黄帝内经》构建的医学模式与现代医学模式是一致的，"以人为本"的天地人观、整体医学理论、个体诊疗模式均源于《内经》。体现了《素问·玉真要大论》"有者求之，无者求之"的发展思想。

医者，在读《内经》的基础上，以熟读《内经》原著中的《上古天真论》《至真要大论》《阴阳应象大论》等大论为主，重点的内容要做到"颂、解、别、明、彰"。

2.《温病条辨》

《温病条辨》是一部理、法、方、药自成体系的温病学专著。迄今已经 200 多年，对温病的辨证论治在理论和实践上都有重大的指导意义。在中医学的学术上，自金、元、明代直至清初，经过刘完素、王履、吴又可、叶天士等医学家的不断深入研究和倡导，温病学说在理论上和实践上已经逐步脱离《伤寒论》的束缚而自成体系。特别是叶天士的《温热论》和《临证指南医案》的问世，对《温病条辨》的成书有着重大的指导意义。

《温病条辨》一书的主要内容在三焦篇。在三焦篇中，吴鞠通把各种温病按病变性质分为温热病和湿热病两大类别，分别论述它们的辨证论治。

纵观三焦篇有关温热病的全部内容，虽然上、中、下三焦的证候类型繁多，治疗方药有异，但自始至终以温热邪气损伤阴津为主要特点。可以说，温热伤阴与泄热存阴，是吴鞠通对温热病辨证论治学术思想的核心。

在三焦篇中，吴鞠通把暑温、伏暑中属于暑湿病的证候与湿温病一同归入湿热病范畴。三焦篇中湿热的内容，始终突出湿邪弥漫，阻滞气机这一特点，治疗上则强调祛除湿浊，宣畅气机，湿去则热不独存。

总而言之，《温病条辨》三焦篇中所讲述的湿热病，在沿三焦传变发展的过程中，始终体现着湿邪弥漫，阻滞气机这一特点。在治疗上，上焦用轻宣肺气，化湿泄浊法；中焦用辛开苦降，宣畅气机，健脾开胃法；下焦用淡渗利湿法。三焦湿热病的治疗，都以祛除湿浊，宣畅气机为原则。吴氏对上、中、下三焦湿热病的治法，可以用开上、畅中、渗下六个字来概括。

温病部分如《外感温热论》《湿热论》《温病条辨》，在临床上很实用，理论和方药上发展和补充了《伤寒论》。故有伤寒是温病的基础，温病是伤寒的继续之说，二者不可偏废。

3.《金匮要略》

《金匮要略》是方书之祖，治杂病之典范，全书四十六种病，二百零五首方剂（四首有方无药）。《金匮要略》分篇原则：将病机相同，证候相近，病位相近分为一篇，如：痉、湿病；性质相似分为一篇，如：百合、狐惑、阴阳毒；病机相似合为一篇，如：中风、历节；病位相同为一篇：肺痿、肺痈、咳嗽上气。还有一病一篇，如疟疾、奔豚气、痰饮、水气、黄疸。

《金匮要略》以阴阳五行为指导，以整体观念为主导，以脏腑经络学说为基本论点，以辨证、辨病结合为特点。熟读、牢记、挖掘、发挥是段老对自己及学子们的要求。

（二）专著研究

段老说对医学专著的研究，是一个学医者需要和必须做到的，正如《大医精诚》所说"精勤不倦，博极医源"。例如，《脾胃论》《妇人规》《傅青主女科》《妇人良方大全》《医学衷中参西录》《医林改错》等。《傅青主女科》上下两卷，上部论带下、血崩、调经、种子等38症，41方；下卷论妊娠、小产、难产、产后等40症，42方。其方症对于后世妇科病的治疗奠定了基础，是一部中医妇科全书。在学习的基础上，要抓住重点为临床服务。譬如王清任《医林改错》的逐瘀诸方，是要花精力去研究，去实践的，因为其临床疗效是确切的。所以读专著要在"专"字上做文章。张锡纯的《医学衷中参西录》很接近现代临床，是一部实用的临床参考书，需要认真研读，反复琢磨，方能领会。《景岳全书·妇人规》对女性生理、病理、病机、病因有着较为全面的论述，为临床诊断提供了有力证据，值得研读。

（三）学习医案

对前辈及同行们的验方、医案进行研读，从中学习借鉴，在临床达到事半功倍的效果。

如《胡希恕伤寒论讲座》《胡希恕经方故事》，内容翔实，通俗易懂。《夏桂成妇科临证经验》一案一议，对临床很有指导意义。《国医大师熊继柏从经典到临床》内容丰富，上溯远古，下及近贤；古为今用，醍醐灌顶。医案部分资料甚多，历代都有，近代的以《临证指南医案》为主，内容详细，文字易懂，而且分门别类，易于掌握。诸如《路志正妇产科学术经验》《刘渡舟临证验案精选》都值得一读和借鉴。

（四）涉略古今名著

要做一个有作为的医生，的确要"上知天文，下知地理"，即要博览群书。当然与中医相关的学科应首推文学和哲学，这两者都能提高中医辨证思维能力。四大经典《西游记》《红楼梦》《三国演义》《水浒传》中都有涉及中医药文化，对提高文学修养、提高写作能力也大有裨益。段老觉得医学就是《矛盾论》与《实践论》，故这两部哲学著作必读。《孙子兵法》也是段老推荐的书籍，他说，中医"用药如用兵，君臣佐使，犹如排兵布阵"，主次分明，攻主症和次症，相互配合，提高疗效。另外，了解历史，翻阅历史古籍对学医也有帮助。

"读书"的话题很大，涉及面也很广。医生是一个活到老学到老的职业，学无止境，要上知天文，下知地理，博览群书，方能做一个好中医。

七、大医之情

（一）正三观，修身养性

段老常常教导弟子们"要做好一个好医生，重要的是先学会做人""一个医生要甘于寂寞，但不能甘于平庸"。他常说："尽我们所学，为广大病患解决疾苦，全心全意服务于社会。"要求学生治病不但要有"仁心、静心、细心、耐心，还要有决心"，不能操之过急。中医尤其要熟读中医经典、掌握精髓，同时也要掌握西医诊疗技术、检查检验结果分析，做到中西医病证结合，古为今用，西为中用。同时应提高自身文化素养及生活能力，理论实践相结合，学会治未病及养生。

段老说："人这一辈子有苦有甜，我觉得我是幸运和幸福的，党解救了我指引了我，中医使我有了活人之能，感受到老师诲人不倦的品德，得到了同学们互助互爱的深厚情谊……"

作为一个共产党员，段老经历过战争、遭遇过灾荒，见证了祖国的苦难与辉煌，政治觉悟高，教学中重视引导学生的品行，希望学生爱党、爱国，做对祖国有用之人，要有民族大义、家国情怀。

（二）精医术，济世活人

中医大师之所以能成为大师，自有他不一般的努力和努力之后取得的成就。当他分到重庆市中医院时，医院没有妇科，他就到其他医院去进修了一年，回来后建设医院的妇科。为深挖古方的精妙，段亚亭把《金匮要略》《傅青主女科》《景岳全书》等中医古籍，都翻了个遍。中医一度被认为是"慢"的代表，对于急症、凶症特别"弱"，但经过段亚亭的研究，中医也克服了众多急症。比如他创制的"清胰汤"，对急性胰腺炎突发上腹部疼痛、恶心呕吐、便秘、发热等症状，药到病除，现已成为重庆市中医院名方。作为一名老党员，段老总是时不时手写心得体会交给党组织，在市中医院的档案室里，还保存着段老对患者情况做详细分析的手稿。从1948年入学参军到现在，段亚亭从事中医临床工作近70年。博采众家所长，敢于创新，重视实效，妙用虫类药物，解决了不少重症和疑难病症。在临床治疗中"博而精"，他不仅擅长于治疗皮肤病、泄泻、痢疾、湿阻病、头痛、胃痛、面神经痉挛、口臭等疾病，而且精于对中医内科、妇科、男科的研究，更擅长治疗中医妇科和脾胃病。他在坚持临床工作的同时，兼顾中医药管理工作。在工作中一贯坚持中医特色，认为中医特色是中医立足和发展之本。为展示中医特色，发展中医事业，撰写了《坚持发展中医特色，发展中医事业》《怎样保持中医特色》《突出中医特色，办好中医院》《突出中医特色，办好中医专科》等二十多篇文章，并汇集成册（《中医管理工作初探》），对发展中医事业，加强中医管理，办好中医院等起到积极的指导作用。

在学术思想上，他既继承发扬诸家之长，融会贯通，又能不断探索总结个人的经验，自成一体。对《傅青主女科》进行系统研究和整理，结合临床实践，撰写《崩漏》《带下症》和《生化汤的临床应用》等文章。他还撰写了《略谈多脏腑辨证的应用》《五脏用药的规律》《补肾法的临床应用》等文章，对指导临床有很好的实用价值。段老与沈舫钦合著《新中医学三字经》，用三字口诀的形式，将中医的基础学科用歌诀形式综合一体，进行论述，该书通俗易懂，深入浅出，成为中医初学者的入门读物，深受初学者好评。而段老为人的谦卑，也影响着身边人，"我活着一天，就要为中医事业奋斗一天。生命不息，中医事业长存"，这是段老给患者的承诺，也是他给弟子们的承诺，更是给中医事业的承诺。

药是一种古老的文化，具有中国特色，早在几千年前古人就以中医药文化为载体和内容教育人民，传播知识，医治百病。中国最古老的文化就是从中医药开始。中医药文化内容丰富，它包括了人文，地理，各种自然科学，如天人合一，治未病等就是遵循自然科学规律提出的中医理论；中医包含了丰富的哲学思想，如中医的整体观，辨证施治，不是头痛医头，脚痛医脚，中医药还体现了哲学上的矛盾论观点，抓主要矛盾，临床上抓主要病证，且急者先治，还根据矛盾转化的观点提出预防为主的方针及中医养生的理论；中医更重视道德观，几千年前就提出悬壶济世，治病救人，人命关天，提出仁心，仁术。

段老是医生，还是一位参加过淮海战役、渡江战役、解放大西南的老兵。他不信佛不信教，但他骨子里有儒家的济世情怀，又具佛家的慈悲之心，兼备道家的淡泊宁静。他认为，医者既要胸怀"济世"之心，更要具备"活人"之能，否则就会好心办坏事，与庸医无二。他一生淡泊名利、躬身自审、用心看病，怀大医之心，研大医之术，悠悠七十载。

（三）博古今，修己安人

段老闲暇之时，常翻阅古典名著，如唐诗宋词、中国通史、诸子百家、上下五千年等，喜读历史，喜欢书法。段老说："历史很重要，中国上下五千年的历史，源远流长，我们应该了解。作为中医大夫，了解一点历史，对我们也是有帮助的。因为中医的发展与中国文化的发展是分不开的。"

就这样，段亚亭与医结缘70年。在70年的行医生涯中，他任劳任怨，始终超然物外，怡然自得，用一颗平常心来诠释其平静的人生。

"我的一生，对中医情有独钟"这是段老的座右铭。

> 富贵于我如浮云，中医才是我人生；
> 安得八八仍奋蹄，治病救人乃使命；
> 中医业界已留名，振奋精神再献身。

——段亚亭（2020年6月）

八、养生之智

养生，就是人们通过各种正确方法对人的身体和生命进行有效的养护。健康则是一个人的身体和心理都处于一个相对稳定、正常的状态。对于疾病，我们恨不得躲得远远的，可是你知道自己为什么会生病吗？

古代养生家曾提出过养生的两个要点：一是要"养正性"，二是要"顺自然"。所谓"养正性"，就是要人们实行正常的、有规律的思维活动和生活方式，也就是说要保养正气。"顺自然"，就是要求人们在养生的过程中不仅要顺从一年四季的气候变化，而且还要随时适应周围的环境，要有自我控制、调适情绪的能力。

中医理论认为：思不宜久，虑不宜过。不为身外之物扰动心神。所谓情志坦荡，随遇而安，这就是顺应自然的精华所在。

《黄帝内经》提出：和于术数、法于阴阳。段老认为良好的心态最为重要，只有心境宽广，恬淡虚无，才能真气从之，精审内守，病安从来。而清淡饮食，对于防止现代多发的代谢疾病更为紧要。适当运动，脑力劳动与体育锻炼交替进行也是身体强健的必备一步。因此，他每天早上坚持"八段锦、太极"、走路上班。良好的生活节奏，早睡早起，饮食清淡、不贪嘴，都有助于内脏功能与外在形体的调节。季节更替时可服用少量调理之药，预防疾病，段老认为：培养兴趣爱好，陶冶情操，可以减少疾病，如养花草、学习书法、听音乐等。

重庆地处三峡上游、四川盆地东南，三面环山，两江环绕，号称"雾都"，湿气较重，居民好食辛辣油腻、酒醴甜浆、膏粱厚味，地理环境加上生活模式，使重庆地区湿邪成为致病的主要因素。段老提出了"湿邪—湿病—湿阻"概念。并总结出湿病六组证候"口干、口苦、口臭，疲倦乏力、头昏、大便稀溏"。

段老认为保护脾胃是治疗湿病的关键，并以此创制出预防三字歌诀：湿阻病、重预防、三分治、七分养、管好嘴、保脾胃、少吃荤素、吃清淡、节生食、少喝酒、酒伤胃、甜生湿、湿阻胃、肥生脂、脂伤肝、脾生湿、易阻滞、身乏力、湿阻滞、苔厚腻、胃有湿、口干苦、胃热重、口发臭、湿热盛、常运动、身健康、心态好、才平静、睡眠好、精神望、少得病、才长寿！

716

九、传道之术

段老对中医传承和发展有自己的看法。段老曾言：中医是一种体系，需要传承才能发展。在很长时期，中医药的存在与发展途径，几乎都是靠师带徒，没有校园，在实践中学习、传承、总结和发展。师带徒是中医存在与发展的重要途径。

2018 年 6 月，段老在中医药传承大会上是这样说的："我是一个医务工作者，是一名老中医，为人民健康服务是我的天职。作为一名老共产党员，更应该坚决贯彻落实国家的健康政策和各项工作，为人民的幸福，安康，尽我微薄之力。去年底被聘为全国第六批中医药传承指导老师，任务既光荣又艰巨。"

对于学生，段老认为他们都是中医行业的佼佼者，热爱中医、要求上进、工作也很出色，传承的期望值也高。同时也是抱着学习并共同进步的态度，相互学习，相互尊重。在门诊中一面诊病，一面讲解，师生共同分析和研究病因，病理，辨证，用药处方。段老毫无保留地将毕生从事中医实践的经验传授于学生。

段老认为中医是中国的传统医学，中国人自己的医学，有几千年的中医文明史。中医药为中华民族的生存和繁衍，民族的繁荣，昌盛，人民的健康和智慧，社会的发展与进步都做出了卓越的贡献。

中医的传承主要有两个途径，一种是举办以课堂教学为主的传承方式。从 1956 年开始政府创办了中医学院，为中医药事业的继承和发展做出了很大的贡献。在历史的长河中，很长时期，中医药的存在与发展途径，几乎都是靠师带徒，一个老师带一两个徒弟，在实践中学习，在实践中传承，在实践中总结，在实践中发展。师带徒这种传承是中医存在与发展的重要途径。

段老是首批全国老中医药专家学术经验继承工作指导老师又是第六批全国老中医药专家学术经验继承工作指导老师，带过多名非国家正式批准的学生，通过跟师学习，加入了中医药工作者行列。通过师带徒都有不同程的提高，都在为中医事业努力工作。

他的学生每每说起老师，都充满了敬佩："段老对我们言传身教。我不仅学到了他的医术，更有济世良医、仁心仁术的医德。""言传身教"，是学生们说起段亚亭最多的用词。

"跟师学医学德，医德并重"。这是段老遴选弟子的严苛标准。他非常注重继承人的品德修养，要求继承人首先要有良好的品德修养，其次才要有精湛的医术和求学上进的决心。他悉心培养了 16 名继承人，最大的徒弟 67 岁，最小的才 20 多岁。在他的指导和熏陶下，三位继承人也成长为重庆名中医。其中全国第一批师承继承人 2 人，第六批师承继承人 2 人，第四批全国优才 5 人，名中医工作室传承人 12 人，院外成立工作室 2 处，继承人 5 人，另外，民间慕名跟段老学习的中医爱好者数十人。

段亚亭学术传承谱

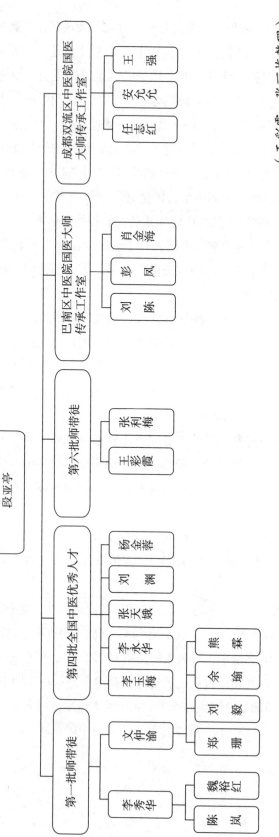

段亚亭

第一批师带徒

文仲渝
郑珊
刘毅
余瑜
熊霖

李秀华
魏裕红
陈岚

第四批全国中医优秀人才

李玉梅
李永华
张天娥
刘渊
杨金蓉

第六批师带徒

王彩霞
张利梅

巴南区中医院国医大师传承工作室

刘陈
彭凤
肖金海

成都双流区中医院国医大师传承工作室

任志红
安允允
王强

（王彩霞、张丽梅整理）

（彭立嫦编辑）

柴嵩岩

柴嵩岩（1929—　　），女，辽宁省辽阳市人。首都医科大学附属北京中医医院主任医师，北京中医药大学第四批中医师承教育中医妇科学专业博士生导师，中国中医科学院学部委员。曾获首都国医名师称号、中国福利会宋庆龄樟树奖、全国中医药杰出贡献奖。为全国老中医药专家学术经验继承工作指导老师，享受国务院政府特殊津贴。2017年被授予第三届"国医大师"称号。

柴嵩岩创建"柴嵩岩中医妇科学术思想及技术经验知识体系"，烙有燕京医学流派师承家传派（陈慎吾）、宫廷医学派（刘奉五）之烙印。注重冲脉、阴血、肾气、脏腑功能诸要素与月经之本质关系；基于"肾气"在女性不同生命时期之动态改变规律，以辩证唯物主义物质观、发展观，提出"柴嵩岩月经生理理论""肾之四最""二阳致病""妇人三论"等学术思想；以"顺应周期""顾护阴血""用药轻柔""调整气化""补肺启肾"为辨证思辨特点；临证重舌诊、脉诊，提出妇科病"舌象/脉象－病机－治法－用药"规律。主持研发温肾调经颗粒、菊蝶洁坤泡腾片、葆宫止血颗粒、益坤安宫颗粒等妇科用药，获多项发明专利。著有《柴嵩岩中医妇科临床经验丛书》（十部）、《柴嵩岩妇科经验思辨录》《柴嵩岩治闭经》等著作。

一、学医之路

柴嵩岩出生于辽宁省辽阳市一个普通人家，无医学家传。1948 年 12 月，近代伤寒大师陈慎吾创立私立北平中医研究所，柴嵩岩拜师陈慎吾，踏上岐黄之路。1952年，《人民日报》刊登了卫生部关于举办全国首届中医药专门研究人员班的招生简章，7 月，柴嵩岩考入北京医学院医学系丙班，师从现代医学家吴阶平、王光超、李家忠、严仁英等名师，学习现代西医学理论与技能。1957 年 10 月，柴嵩岩进入北京中医医院工作，与众京城名医刘奉五、王志敏、赵松泉、王碧云、李鼎铭、郗霈龄等共事，受燕京医学流派影响。

年轻时"拜师""院校教育""多方悟道"的教育、成长经历，使柴嵩岩成为新中国成立后第一批"中学西"中医药人才，对其形成"用中医理论、中医思维、中医方法，解决临床问题"的行医理念，有深远影响。

20 世纪 80 年代初起，柴嵩岩开始形成自己的医学想法、观点，铢积寸累，汇成系统，撰写心得，陆续发表于国内期刊，是之后"柴嵩岩中医妇科学术思想及技术经验知识体系"之雏形。1982 年 3 月，受国家派遣，柴嵩岩与著名中医学者吉良晨、王玉章等人赴日本讲学。此次讲学之观点，经以后不断发展、完善，形成"柴嵩岩月经生理理论""肾之四最""二阳致病""补肺启肾""妇人三论"等学术思想，最终形成"柴嵩岩中医妇科学术思想及技术经验知识体系"。

二、成才之道

谈到成才之路，柴嵩岩有这样的感受：

（一）融入社会，个人的发展与时代脉搏相连

柴嵩岩常嘱后辈：要感恩所处之繁荣盛世。柴嵩岩说：我们这辈人多从旧时代走来，亲历过父辈、师长的成长之路。那个时代的中医人，行医在某种意义上说更多是一种谋生手段，成长环境艰苦，历经坎坷，事业发展举步维艰。即便这样，前辈们依然孜孜以求，以一己之力推动中医药事业前行，真所谓"路漫漫其修远兮，吾将上下而求索"。

刚刚跨入中医药事业大门不久的柴嵩岩，对中医药事业尚处懵懂之际，便迎来了新时代的到来——中华人民共和国成立了，中医药事业的发展迎来了新的际遇。回想

随陈慎吾大师苦读中医经典、伺诊的一幕幕；回想新中国成立后不久，在国家大力发展中医药事业背景下，柴嵩岩考入北京医学院首届中医药专门研究人员班学习西医知识，师从名师的场景；回想初踏职场，蒙众名医庇护、提携的桩桩件件……70余年过去，往事在目。时代变迁，柴嵩岩在事业中的成长与国家发展的脉搏相连。

柴嵩岩常感慨：我的职业生涯，幸与中医药事业发展的最好机遇相邂逅。一切之根源，因缘于我们所处的这个时代，正是中华民族有史以来最繁荣之盛世；因缘于新中国成立后特别是近40余年以来，党、国家各级人民政府，对中医药事业强而有力、持续不断地的支持与投入。我感恩于我所处的这个时代。我深知，离开了这样的社会背景，我们中医人，如沧海一粟，难能作为。

（二）水滴石穿，成功源自对目标的坚持

人生的目标是慢慢建立的。年轻时的柴嵩岩，在不经意迈进中医学这扇大门时，并未曾去设想，在50年、60年、70年之后，事业要达到什么高度，能取得怎样的成就。

柴嵩岩看来，所谓"成功"，说难亦简、说简亦难。寻找老一辈中医人身上所具备的一些性格、行为特点，发现这样一些关键词，比如"目标"，"学习""思考""总结"，"顽强""坚持"，"容忍""包容"，"不忘初心""与时俱进"……把这些行为动词放在"时间轴"上，便是"持之以恒"的坚持。有了这点，假以时日，或许大多数人在不同岗位上，都可以取得不俗的成就，但难也就难在"持之以恒"。"我不曾刻意，但也不会随意"，柴嵩岩如是说。柴嵩岩的杏林生涯，经历过苦苦求学、实践历练、精意覃思、质疑辨惑……各个阶段，苦中有乐，乐此不疲，一干就是50年、60年、70年……"直到有一天我突然发现，我找到了方向，我慢慢地在学术上也开始有了自己的心得，我正在向'仰之弥高，钻之弥坚'的医学境界追求"，柴嵩岩如是说。

（三）别有天地，要有境界、胸怀、视野

柴嵩岩常说，行医是对人的观察与研究。医者一定要有技术，并且在相当长的一段时间里学的就是技术，但能学"出来"成为"家"，终究不是单纯靠医学技术。学医就像"修行""修炼"，需要经过时间流逝，通过一系列思维、心理、行为、社会活动的砥砺，或才能达到与现阶段相比，境界更高、胸怀更广、视野更宽的修养水平。如此说来，大师通常是"杂家"，知天下事，知晓如经济学、政治学、法学、伦理学、历史学、社会学、心理学、教育学、管理学、人类学、民俗学、新闻学、传播学方方面面，"工夫在诗外"。

（四）跬步千里，勤学善思求真笃行

"中医学是一门临床应用学科，要想提高，只有经过理论与实践的循环反复，没有捷径"，柴嵩岩这样对学生说。

要"勤学"，珍惜时间，刻苦勤奋；要"善思"，善于思考，敢于质疑，探索解决问题；要"求真"，明辨是非，明白事理，抓住本质规律，区分真善美与假恶丑；要"笃行"，踏实实践。

柴嵩岩喜欢明代徐渭的一副对联："读不如行，使废读，将何以行；蹶方长智，然屡蹶，讵云能智"。空读书不如去实践；一点书不读而单纯实践，多不能有太大成效；经受挫折，须学得"聪明起来"；屡受挫折而不思考挫折如何而来，便谈不上"增长知识"。这副对联，用在学医，阐述了医学理论与临床实践的辩证关系。实践出真知，理论指导行动，还要"吃一堑，长一智"。"读"而"行"，"行"遇"蹶"愈"读"，"读"而再"行"，周而复始，毅力用尽。

三、学术之精

柴嵩岩倡导临床实用。"柴嵩岩中医妇科学术思想及技术经验知识体系"，承"经本阴血何脏无之"理论为基本观点，以冲脉、阴血、肾气、脏腑功能之相互关系为逻辑链条，以"肾之四最"——"肾生最先""肾足最迟""肾衰最早""肾最需护"学术观点为基本支撑，创建"柴嵩岩女性月经生理理论"及"肾之四最"学术思想，是柴嵩岩辨证治疗妇科疾病之重要理论依据；针对与女性月经与生殖生理密切相关之三大要素——血海、胞宫、胎元，创建"水库论""土地论""种子论"之"妇人三论"学术思想，是柴嵩岩临证治疗女性生殖相关疾病的指导思想；创建"二阳致病"学术思想，强调阳明经腑证对月经病诊治的特殊意义。

（一）月经生理及"肾之四最"学术思想

1. 理论阐述

对"经本阴血何脏无之"（明·张景岳·《景岳全书》）之观点，柴嵩岩做如此阐述：阴血与脏腑，是局部本源与整体环境之关系。"经本阴血"，指出月经之本源即由阴血所生；"何脏无之"，不是说无论何脏腑皆可有月经产生，而是说阴血在每一脏腑都有。阴血濡养五脏，阴血充盛、五脏调和，女性月经正常。基于如此局部与整体关系，柴嵩岩提出，凡女人之症（与女性生理相关之病），皆不能离开阴血之问题。效"五脏六腑皆令人咳"（《素问悬解·咳论》）之说，柴嵩岩提出"五脏六腑皆

可令女人致月经病。"

柴嵩岩阐述：禀受于父母之精，生命始即形成。胚胎在母体发育及人出生之后孩提（女孩）之时，心、肝、脾、肺、肾五脏及腑都已在发挥各自生理功能，而独无月经现象出现。"女子七岁……齿更发长"（《素问·上古天真论》），"孩提能悲能喜，能怒能思，而绝无欲念"（《沈氏女科辑要》），这样的现象启示，女性性征之发育，是隐在的、随年龄增长而渐进形成的，即所谓月经的产生需要条件。

（1）冲脉充盛为月经之本，冲脉无所继则无所溢：冲脉起于胞中，为十二经脉之血海。"冲为血海"之说，表明冲脉之浩大。五脏六腑有余之血灌注于冲脉，脏腑功能调和，精血旺盛，则冲脉充盛。月经之血来于冲脉，冲脉不充，月事不能来；经后空虚之冲脉不能再得五脏六腑有余之血补充，血海无继，则继发闭经。

柴嵩岩创立"杯中之水"之喻，用以形象描述、理解"月事以时下"之生理过程。

一只空水杯，水被逐渐注入杯中，杯中水位增高，杯满，水溢出，水杯空；水再继续被注入杯中，杯中水位再增高，水杯再满，水再溢出，周而复始。杯中之水由空、渐满、满而溢出之过程，便犹如女性月经由空渐满、由满而溢、溢而泻下之过程。柴嵩岩以水杯喻冲脉（血海）；以被注入杯中之水，喻五脏六腑有余之血（阴血）；以杯中水位之高低喻阴血之充实程度。

正常之"月事以时下"，一定不是简单的一次或数次月经按期来潮，需要保持有规律、持续不断之阴血充入血海。就如同要有源源不断之水，按一定时间规律地被补充、注入空水杯，再满而溢出。对这样一个过程，血海充盈、阴血充盛，便是维持女性月经生理正常与否之关键条件。就如同若杯中无水，便无所谓满溢；杯中虽有水但不能达到一定水位，则杯中之水亦难有至满而溢之现象。故血海有继，是维持女性月经生理正常的关键条件之二。亦如杯中之水，如果不能有外来之水被持续注入杯中，杯中之水则不能一而再、再而三至满，溢出。

（2）肾气盛，地道通：仍以"杯中之水"为喻。杯中之水位，并不会自动增高。水位逐渐增高至杯满，需要"动力"。相对女性月经生理而言，冲脉为阴，处于相对静止状态，有余之血注于冲脉泻下，需要动力之"鼓动"。此泻下之动力，便是肾气。肾气属阳，阳气有动，肾气盛，再伺"天癸至，任脉通，太冲脉盛"之条件成熟，月事则以时下。

而月经生理之"动力"——主管性征之肾气，柴嵩岩认为，从生理规律上看，在女子之不同年龄段是有区别的，表现出"肾生最先""肾足最迟""肾衰最早"之特点，相对于其他脏腑功能，"肾最需护"。

肾为先天之本，禀受于父母之精。在胚胎形成之时，肾之脏器即已存在，待人之出生后继得后天水谷之精充养方逐渐成熟，此乃"肾生最先"；肾气禀受父母之精而来，但在出生之后一段时间内并无表现，相对于肾之脏器及心、肝、脾、肺诸脏已在发挥生理功能，实在是"迟到"矣。至"二七"天癸至，下部脉道通畅，肾气鼓动充实之太冲脉，方有"月事以时下"生理现象出现，此乃"肾足最迟"；女子一生经过经、孕、产、乳诸阶段或屡患疾病致体虚，肾气耗损，待"六七"左右肾气逐渐减弱，面部、头发、肌肤均已明显看出肾气不足之征，待"七七"左右肾气衰退，生殖能力丧失，而此时人之五脏依然发挥着各自功能，此为"肾衰最早"；进而，由"肾生最先""肾足最迟""肾衰最早"之现象及规律，看女性月经、生殖生理之完整进程，则肾气之盛衰规律，呈现因时、因地、因生活状态之动态改变规律。凡治女人之症（与月经生理相关之病），皆需了解并掌握女性肾气盛衰之规律，时时注重顾护肾气，补益肾气，维持气血阴阳平衡，方能维持正常月经生理与生殖机能。由此，对女性月经、生殖生理而言，相对于心、肝、脾、肺等其他脏腑功能，"肾（气）最需护"。

（3）五脏六腑功能正常、关系协调，乃阴血充盛所需之大环境：再以"杯中之水"为喻。一只空水杯，杯中之水从何处而来？水一定来自水杯外部，即有水之源头。月经之血，乃脏腑功能活动所需之"有余之血"。与月经生理密切相关之机体环境——心、肝、脾、肺、肾诸脏及其他各腑，便构成"有余之血"产生之外部环境，为阴血之本源。脏腑功能正常，阴血充盛，则杯中之水成为有源之水，月经方有物质基础。

心属火，为阳中之阳脏，心病则一身之血脉功能受累。肾属水，为阴中之阴脏。心肾相交，水火互济，月经生理维持正常。肺主气，心主血，气血相互为用，循环运行不息。肺朝百脉，与肾"金水相生"；肾为先天之本，主藏五脏之精气。脾乃后天之源，输水谷之精微以养五脏。生命活动之维持，赖先后二天之合作；脾又统血，脾之功能失调，化生、统摄阴血功能失调。肝藏血，肝之疏泄功能对血之布散发挥作用，又与脾统血功能相制相承；肝为刚脏，属木，体阴而用阳，肝木需肾水涵养。肾水不足，水不涵木，"肝无所索则急"，肝之藏血之功能受累。故五脏功能正常，精血充盛，方能有"有余之血"，"有余之血"注入血海（冲脉），冲脉有济，"月事以时下"。五脏六腑功能失常，精血不充，无余之血下注血海，"冲脉无所济则无所溢"。

2.临床意义

基于"柴嵩岩女性月经生理理论"及"肾之四最"学术思想，以肾气为"刚"，柴嵩岩提出女人之症（与月经生理相关之病）的总体治疗原则：不同年龄阶段的女性，肾气盛衰规律不同。辨证须充分考虑肾气对病理之影响；施治疗诸法，均需时时顾护肾气。

（1）"一七"为女子生长发育初期：肾气尚未充实，易受其他因素干扰，此阶段宜保护肾气，养益冲任，最忌兴阳。禽类、虾皮、海米、羊肉等食品，性温热，有兴阳之弊，少年女童宜慎用。柴胡味微苦，性平，禀少阳生发之气，"其气于时为春，于五行为木"，因有升阳之性，可启动肾阳，致相火妄动不安，此年龄阶段须慎用。小儿属稚阴稚阳之体，肾阴尚未充盛，肾气过早充盈，气旺化火，肾阴又相对不足，无力制约，相火偏亢。过早启动肾阳，违背正常之生理状态，或致小儿性发育过早，影响其骨骼、身心诸方面正常发育。

（2）"二七"至"五七"逐渐为生理、生育旺盛期：这一时期过度劳役、大汗出、久视、熬夜或房劳过度等生活习惯，耗伤肾阴。在此阶段，应从肾的角度考虑病机，注意保养阴血，顾护肾气，补益肾阴，调理冲任。常药用桑寄生、续断、杜仲、菟丝子、女贞子、枸杞子、熟地黄、何首乌、当归、阿胶珠等滋肾养血；或北沙参、百合、麦冬等补肺金、启肾水，"补肺启肾"，养阴增液；或太子参、茯苓、山药、白术等健脾益气，化生气血。

（3）"七七"之后已至中老年时期：此阶段女子"肾气衰，天癸竭……形坏而无子也"。此时肾阴匮乏，在注意肾阴不足的同时，或因水亏不能上制心火而出现心肾不交之病理改变，见五心烦热、失眠多梦等症。此时论治应在补肾养血基础上，考虑交通心肾，清泻虚火，常药用女贞子、墨旱莲、莲子心、浮小麦、远志、百合、合欢皮、地骨皮、莲须等。此阶段避免损伤肾气、阴血，不可妄用破血、通利及辛散之品。

（二）"妇人三论"学术思想

1. "水库论"

（1）理论基础：十二经有余之阴血下注冲任血海，进而下聚胞宫，为月经之生化、胚胎之孕育提供物质基础，如张景岳言："经本阴血，何脏无之！惟脏腑之血，皆归冲脉，而冲为五脏六腑之血海，故经言太冲脉盛，则月事以时下。"脏腑之阴血不足，血海空虚，阴血不得下聚胞宫，可致月经量少甚或闭经、不孕，或虽孕然因胎失所养致胎萎不育。柴嵩岩将阴血、血海之于女性生殖功能作用，形象喻之为"水库"与库中之"水""鱼"之关系。喻中以"水库"喻冲任血海，以库中之"水"喻阴血，以库中之"鱼"喻胎元。"水库""水""鱼"之关系被描述为：水库为蓄水之用，水满当泻。藏蓄、满盈、溢泻是一个积累的、量变之过程。库中水少或无水，应蓄库水，方可期待库中有鱼；若库中无水强行放水，必致水库干涸而无鱼。相对治疗而言，阴血调养、血海填充之过程，就如"水库"蓄"水"之过程。"水库"有"水"，血海按期充盈，继而阴极转阳，满极而溢，方才会有规律的排卵性月经；阴血盈盛，孕育成熟优质之卵子如"水中有鱼"，方有受精之可能，方有孕育、滋养胎元之基础。正像库中之"鱼"无水不可活，"水"浅或"水"少，"鱼"亦或可渐大，但"鱼"之长养必受限。

（2）临床意义

① 阴血"暗耗"观点：现代女性闭经、不孕症，与阴血"暗耗"密切相关。所谓"耗"，即通常意义上的阴血耗伤；"暗"，则指不易察觉的失血、伤阴过程，在现代社会，多指如性生活过早、过频，多次人工流产，过度脑力劳动而承受超负荷工作压力，无节制减肥，不恰当服用补品，熬夜等不良工作、生活习惯因素。此"耗"之过程，无一不在耗伤阴血，并或在经年累月、不自觉之中发生，故谓"暗耗"。女子"阳常有余，阴常不足"，阴血暗耗，阴愈不足，阴血亏虚，冲任血海不足，则致月经量少、稀发，甚或闭经。凡此类病因，若不察"水库"之"水"情，见"闭"就通，滥用活血、破血、通利之品，恰似"水库"已近无"水"而放"水"，疾病未愈，阴血再伤。应据辨证，顺其自然、循序渐进，似收"水到渠成"之效。柴嵩岩创立"脉象－阴血充盛程度判据"经验：脉见沉细无滑象，提示血海受损严重，常以阿胶珠、制首乌、当归、熟地黄、女贞子、墨旱莲、石斛、天冬、枸杞子等，滋阴养血；经过治疗，脉象由沉细逐渐见滑象，提示血海渐复，此时可酌情加大活血药之比例，常药用桃仁、益母草、丹参、苏木、茜草、川芎等，因势利导，致"水满则溢"之效。血海恢复过程时间相对较长，医者切不可急功近利。

② 既往不良孕史者的治疗原则：阴血为胎元养育之本。素体阴血不足或"暗耗"致阴血亏虚，胎元失养，临床可见胚胎停止发育、胎萎不长等病证。凡既往有胎停育史患者，嘱其切勿急于计划下次妊娠，治疗时结合基础体温监测，先予冲任气血之调理，蓄"水"待其满，"水"足再养"鱼"，此时治法、用药可与闭经病相参。对既往有胎萎不长史的患者，以早期治疗为佳，治法以健脾补肾、养血育胎为主，补益气血，挽救涸塘中之"鱼"苗。

2. "土地论"

（1）理论基础：中医学之"胞宫"概念，包括了西医解剖学所指子宫、输卵管及卵巢诸器官，是女性内生殖器官之概称，其功能法象大地，生养万物。柴嵩岩"土地论"，将胞宫及其内部、外部环境之于女性生殖功能作用，形象喻之以"土地"，及"土壤质地"、土地上"乱石杂草"，与土地上期待收获"庄稼"之关系。喻中以"土地"喻胞宫，以"土壤质地"喻胞宫条件之优良，以土地上"乱石杂草"喻子宫、内膜、输卵管或卵巢存在之病灶，以土地上生长出的"庄稼"喻宫中之胎儿。如此，"土地论"之含义，即在肥沃的土地上才能生长出茂盛的庄稼；在贫瘠或乱石杂草丛生之土地上种庄稼，定难以收获。临证不孕不育之症，治法如耕耘"土地"，改良"土壤质地"、去除"乱石杂草"后，方可期待收获"庄稼"。治疗不可急于求成，首先调理脏腑气血之阴阳，气血调畅，阴平阳秘，病灶改善、子宫内膜受容性良好，方谈及备孕之可能。

（2）临床意义：如同育苗之时，拔苗助长，苗或不可活，或苗虽勉强生长，终不能强壮；施肥助长，苗暂时受益，却或使土壤进一步碱化、贫瘠而成不毛之地（盐碱地）。如此作为，土地上终难以收获庄稼。由此启示，柴嵩岩提出女性不孕不育症治则，即对子宫内膜受容性差，子宫、内膜或输卵管、卵巢存病灶之患者，治疗之首要乃调理气血以改善卵巢功能，恢复宫内环境，增加子宫内膜的受容性，给胎儿准备好的生长环境。如同对贫瘠"盐碱地""乱石杂草"之地，需先去除土地上乱石杂草，耩地使土地松软，再适量施加肥料，方能改良土壤质地、环境，以利种子汲取营养，生根发芽，苗壮成长。临床中，对迫切要求怀孕者，并非一概施以补肾之法，常依辨证之不同，或以车前子、茵陈、扁豆、薏仁米诸药清热利湿；或以桔梗、浙贝母、桂枝数味调理气机；或以夏枯草、合欢皮、川楝子、郁金、白梅花一众疏肝理气；或以金银花、生甘草、连翘、黄芩之品清解血热。诸治法皆似"施肥""耩地"之举，以期达到改善胞宫内环境之目的。

3. "种子论"

（1）理论基础：柴嵩岩之"种子论"，阐述卵子、胎元与之胎儿之关系，如同植物之"种子"与"花"之关系。此喻以"花"喻腹中之胎儿，以花之"种子"喻卵子及胎元。"种子"质量不好，"花"终难盛开。胎停育或复发性流产患者之病理，或与此同理。父母之精气不足，两精相搏虽结合，禀赋薄弱，卵子或精子质量不佳，受精卵先天缺陷，终不能成实。治疗需先调养气血，以改善卵子之质量为要。

（2）临床意义：优质的卵子同样需要精血之供养，如同种子之培育需要养分。柴嵩岩临证治疗女性不孕症，注重基础体温监测以参考激素水平，评估患者卵巢功能。卵巢储备功能下降，卵子质量则差，即使借助辅助生殖技术，获得卵子之数量、成胚及囊胚发育质量亦或不理想，妊娠成功概率低。若见基础体温双向不够典型，血清促卵泡生成激素（FSH）大于10IU/L，不建议急于备孕甚或人工促排。基于辨证，首先积极调养肝肾、顾护冲任，致胞宫气血调畅，期待卵巢功能恢复，从而增加可获取优质卵子的概率，收获成功之妊娠。强调顾护肾精，调养肝肾阴血，常药用熟地黄、菟丝子、续断、杜仲、女贞子、墨旱莲、制首乌、枸杞子、山萸肉、桑葚子、白芍等。

727

（三）"二阳致病"学术思想

1. 理论阐述

"阳明"，即十二经脉中手阳明大肠经和足阳明胃经。早在春秋战国时期，古人即发现"阳明病变"与女性月经生理之关系，"二阳之病发心脾，有不得隐曲，女子不月"（《素问·阴阳别论》）。此后，关于阳明病变对月经病的影响，中医古籍文献多有记载。

《女科经纶·卷一·月经门》（清·萧埙）载马玄台注"二阳之病发心脾"之经文："二阳，足阳明胃脉也。为仓廪之官，主纳水谷，乃不能纳受者何也？此由心脾所发耳。正以女子有不得隐曲之事，郁之于心，故心不能生血，血不能养脾，始焉胃有所受，脾不能运化，而继则渐不能受纳，故胃病发于心脾也。是由水谷衰少，无以化精微之气，则血脉遂枯，月事不能时下矣。"《万氏妇人科》（明·万全）亦认为："夫二阳者，手足阳明胃大肠也。惟忧愁思虑则伤心，心气受伤，脾气失养，郁结不通，腐化不行，胃虽能受，而所谓长养灌溉流行者，皆失其令矣。故脾胃虚弱，饮食减少，气日渐耗，血日渐少，斯有血枯、血闭及血少、色淡、过期始行、数月一行之病。"

《女科正宗》（清·何松庵、浦天球）则曰："盖二阳指阳明胃经与大肠经也，此二经，乃水谷传化之地，而心与脾全赖之。盖胃之下口，通于小肠上口，胃不病而小肠传化，则心气流通而邪不归心；大肠不病而传化，则饮食运行而脾不劳力。今二阳既病，则传化不行，心脾安能不病？故曰病发心脾，则气血不充。"

柴嵩岩讲：马玄台、万全等人观点认为，女子情志抑郁，心气不舒，累及脾胃，脾胃功能失常，气血后天化源不足致闭经；何松庵、浦天球等人观点，胃肠功能异常，影响心脾而气血不足致闭经。由此看出，古代医家对阳明病变与月经病变之因果关系存在不同理解。

为此，在20世纪80年代中期，柴嵩岩开展科学研究，就200例月经病患者进行调查。研究发现，65.38%患者存在饮食、大便之异常改变。其中纳呆者21.25%，消谷善饥者15.64%，大便秘结者45.23%，大便溏者8.39%。综古人观点，柴嵩岩提出阳明病变影响女性月经生理及生殖功能之"阳明腑实浊热积聚""阳明经腑气血虚"病机学术思想，即"二阳致病"学术思想。

足阳明胃经为水谷之海，与任脉交会于承浆，与冲脉交会于气冲，乃多气多血之经，并通过冲、任二脉与胞宫相联系。胃主受纳，腐熟水谷，为气血生化之源，所化生之气血为胞宫经、孕、乳所必需。胃中水谷之气盛，则冲脉、任脉气血充盛，为胞宫之功能提供物质基础。

暴饮暴食者，胃受纳过盛，腐熟水谷功能失常，蕴积而成浊热。阳明腑实浊热积聚，久而溢入血分（冲为血海，隶属阳明故也），血海伏热灼伤津液、暗耗气血，致月经量少、闭经、不孕不育；阳明腑实浊热积聚，迫血妄行，致月经先期、月经量多，甚至崩漏不止；阳明腑实浊热积聚，壅遏气血，气血不畅而致经行腹痛或经前头痛、身痛。

节食减肥者，胃受纳不足，气血生化之源匮乏。冲脉隶于阳明，阳明经腑之气血虚，无余以下注血海，血海不足，致月经量少、月经后期，甚至闭经、不孕；手阳明大肠经与肺经相表里，为传导之官化物出焉，又通调腹部气机。传导不畅，腹气不通，浊热积聚而便秘；阳明腑实，大便秘结，腹气不通，亦致胃不受纳。二阳积热进一步加深成恶性循环，最终影响气血之化生，致冲任失养，发为月经失调。

2. 临床意义

"二阳致病"学术思想，明确了阳明病变与月经病理的关系，强调阳明经腑证对月经病诊治的特殊意义。

临床诊治月经病，柴嵩岩注重通过问诊了解患者饮食、大便情况及乳房症状，参考舌象、脉象，判断阳明胃肠之虚实。出血性月经病（月经先期、月经量多、崩漏），症见纳呆、口臭、食后腹胀、大便干或黏滞不爽诸症，舌苔黄厚或苔白不洁，脉沉滑有力或滑数者，多为阳明腑实，浊热积聚，热入血室，破血妄行。治宜固冲止血同时，施清利浊热之法，药用瓜蒌、枳壳、茵陈、荷叶、黄连、地榆炭、槐花等，荡涤阳明腑实。月经量少、月经后期、闭经等病，症见纳呆、口干苦、食后腹胀、便秘诸症，舌苔黄厚，脉沉滑无力者，多为阳明经腑气血虚。本已受纳受限，气血化源不足，加之阳明腑实，浊热耗伤阴血，致冲任血海不足。治宜调理冲任、填充血海。不用过于滋腻之品，避滋腻碍胃加重阳明胃肠传导阻滞之弊，药用鸡内金、生麦芽、莱菔子等消导化浊；当归养血活血、润肠通便。月经量少、月经后期、闭经等病，症见消谷善饥、唇红干裂、大便数日不解诸症，舌白而干或中心无苔，脉细数者，多为胃热灼伤阴液，阴血亏虚。治宜养阴清胃、润肠通腑，药用瓜蒌、石斛、知母、玉竹、芦根、枳壳等。闭经溢乳或乳房胀痛者，亦常伴便秘，乃因乳房属胃，土壅木郁使然。多在通导阳明之时，加用疏肝解郁或柔肝养血之品，如瓜蒌、枳壳、柴胡、郁金、合欢皮、当归、芍药、何首乌、夏枯草、丝瓜络等。

四、专病之治

柴嵩岩善治卵巢功能减退性疾病、多囊卵巢综合征等妇科疑难病，疗效确切，医名远播，兹介绍如下。

（一）卵巢功能减退性疾病

卵巢功能减退性疾病，包括卵巢储备功能下降、早发性卵巢功能不全及卵巢早衰数个医学概念。卵巢储备功能下降指双侧卵巢窦卵泡计数（AFC）<6个，抗苗勒

管激素（AMH）水平低于0.5ng/mL；早发性卵巢功能不全指女性在40岁以前卵巢功能减退，主要表现为月经异常（闭经、月经稀发或频发）、促性腺激素水平升高（FSH>25U/L）、雌激素水平波动性下降，常伴有围绝经期综合征相关症状；卵巢早衰是早发性卵巢功能不全的终末阶段（FSH>40U/L）。中医学无卵巢功能减退性疾病相关病名，与中医学"月经先期""月经后期""月经先后无定期""月经过少""闭经"等疾病临床表现相类似。

1. 病机

基于"柴嵩岩月经生理理论"，柴嵩岩提出卵巢功能减退性疾病中医学病机有四类。

（1）阴血亏虚：属"物质"匮乏，虚证。素体血虚，或久病伤血，阴血亏虚，或产育过多，耗伤阴血，或饮食、劳倦、思虑伤脾，脾虚化源不足，冲任血海不充，血海不能按时满溢，致月经周期延后、月经量少致闭经。

（2）肾气不足：属"动力"匮乏，虚证。先天肾气不足或后天肾气损伤，致精不化气，肾气亏损，冲任虚衰，月经闭止，经水早绝。

（3）脏腑功能紊乱：属"机体环境"障碍，虚证。肝肾同源，肝血不足则肾精亏虚，致肾气亏损，冲任虚衰；心火偏亢，灼伤肾阴，肾气无以化生；脾虚化源不足，后天乏源无以填充肾水，致肾气化生不足；心肾相交，水火互济。

（4）胞宫、胞脉不畅：属"局部环境"障碍，实证。脉络瘀滞，冲任脉受阻，气血不畅，血海无以满盈。

2. 分型论治

柴嵩岩将卵巢功能减退性疾病归纳为肝肾阴虚证、脾肾阳虚证两种主要证型，及肝郁、湿浊、血热、血瘀诸兼夹之证。

（1）肝肾阴虚证：多有多次人工流产、房事过度、异常子宫出血等病史、生活史。肝主藏血，肾主藏精，房劳损伤、人工流产等致肝肾阴血不足，冲脉血海匮乏，卵巢失养致卵巢功能减退甚或早衰。多表现为闭经、月经量少、不孕；潮热汗出、腰膝酸软、头晕目涩、脱发、失眠、五心烦热、阴道干涩、带下无；舌暗红，少苔，脉细滑诸症。治法滋补肝肾，清热养血。基本方北沙参、石斛、天冬、熟地黄、何首乌、女贞子、墨旱莲、桑椹、枸杞子、山萸肉、菟丝子、枳壳、鸡内金、丹参、金银花、川芎。潮热汗出症状明显者，加浮小麦、莲子心养心清心；大便干者，加瓜蒌、当归润肠通便。

（2）脾肾阳虚证：多有减肥、饮食劳倦、忧思不解病史、生活史。脾为后天之本，脾虚运化不利，气血乏源，冲任血虚，血海不能按时满溢。肾藏精，主生殖，肾气不足，则任脉不通，冲脉不盛，血海亏乏。多表现为闭经、月经量少、不孕；畏寒、腰膝酸软、倦怠乏力、四肢不温、面色不泽、精神萎靡、记忆力减退、性欲减退、大便溏；舌肥淡嫩，脉沉细诸症。治法健脾补肾，养血活血。基本方菟丝子、杜仲、川续断、太子参、炒白术、蛇床子、茯苓、益智仁、桃仁、当归、川芎、女贞子、月季花、百合、远志。

（3）兼夹证

① 肝郁证：常兼夹肝郁之证。肝主疏泄而藏血，喜条达而恶抑郁。肝气不舒，疏泄失司，冲任失调，血海蓄泻失常，月经不能按期而至；肝郁日久化热，热伤阴血，肝血不足，血海亏虚，经水早绝；肝木克脾土，肝郁日久伤及脾气，脾虚运化不利，气血乏源，血海无继，亦致经水早绝。临床应用疏肝解郁之法，常药用辛散之柴胡、郁金、夏枯草、香附、合欢皮。柴胡归肝胆经，芳香疏泄，可升可散，疏肝气而解郁结；但具升发之性，或致相火启动，故卵巢功能减退性月经失调经治，已见带下量增多，脉见滑象，提示冲任血海渐充之时，方可适当配伍柴胡。郁金芳香辛散，可升可降，行气活血，用治卵巢早衰病情日久，肝气不舒，血脉瘀滞，症见闭经、烦躁易怒、抑郁诸症。郁金具散性，卵巢功能减退性月经失调多为阴血不足，恐郁金耗伤阴血，用时量不宜过大。郁金活血之力较强，亦常与桃仁、益母草、川芎、苏木、红花配伍，活血化瘀。合欢皮入心、肝经，微香主散，疏肝解郁而除烦，怡悦心智而安神。香附重于理气，气理则郁解，气行则血行，用其疏肝解郁，除三焦气滞。夏枯草清泻肝火之力较强，更适于肝郁日久化热者。绿萼梅、玫瑰花偏入气分，疏肝解郁作用明显。月季花入肝经血分，通行血脉，活血之力较强，兼有疏肝之用。

② 湿浊证：常兼夹湿浊内蕴之证。湿浊之邪阻滞胞宫胞脉，致任脉不通。遇此兼证，治宜先祛湿浊，湿浊去，再行滋补肝肾之法；或虽未见湿浊之证，长期应用滋补药，亦需考虑用药或致湿浊内生而适时施祛湿化浊之法，防滋阴养血之品滋腻生湿。常用茯苓、白术、冬瓜皮、荷叶、砂仁等健脾利湿；车前子、草薢、猪苓、茵陈、泽泻等清热利湿；桔梗、川贝母、桑白皮、百部等补肺气散湿浊。并辅以枳壳、大腹皮理气化浊，砂仁、生麦芽、鸡内金消食导滞。

③ 血热证：卵巢功能减退性疾病肝肾阴虚证，常并见热象。

虚热内生。阴液亏虚，水不制火，虚阳浮越而生内热。症见潮热汗出、五心烦热、口燥咽干、舌红少苔、脉细数诸症。滋补肝肾同时要注意养阴需清热，滋阴需降火。常用知母、黄柏、地骨皮清热泻火。

心肾不交。肾阴亏损，阴精不能上承，心火偏亢；肾阴不能上济心火，则见心肾不交。心属火，肾属水，心火须下降于肾，使肾水不寒；肾水须上济于心，使心火不亢，即所谓"水火相济"。水火不济，症见心烦失寐、心悸不安、失眠、多梦、眩晕、耳鸣、健忘，舌红，脉细数诸症。治宜清心安神、交通心肾，常配伍莲子心、炒栀子、远志等。

药物之毒热。对既往有放、化疗史及久服雷公藤、环磷酰胺等药物治疗史者，药物之卵巢生殖毒性残留体内，或成卵巢功能减退性疾病发病因素。柴嵩岩视这类药物之余毒为"毒热"之邪。毒热侵袭冲任、胞宫，任脉不通，冲脉虚损，经水早绝。治宜清解血分余毒，常用药金银花、生甘草、青蒿。

阳明热结。一则暴饮暴食者，胃受纳过盛，腐熟水谷功能失常，蕴积而成浊热。阳明腑实则浊热积聚、久而溢入血分，血海伏热灼伤津液、暗耗气血，致月经量少、闭经、不孕不育；节食减肥者，胃受纳不足，气血生化之源匮乏，冲脉隶于阳明，阳明经腑之气血虚则无余血下注血海，血海不足，致月经量少、月经后期，甚则闭经、不孕。二则手阳明大肠经与肺经相表里，为传导之官，化物出焉，同时通调腹部气机。若传导不畅，腹气不通，浊热积聚而便秘，阳明腑实，大便秘结，腹气不通，亦致胃不受纳，致冲任失养，发为月经失调。三则卵巢功能减退性疾病多治以滋补肝肾，久服滋腻药有碍肠胃或致阳明热结，大便不通，燥热伤阴之患。故临证卵巢功能减退性疾病，对兼夹阳明热结之证或久服补益药者，须注意观察患者舌象及大便情况，"治"与"调"结合。若见舌红、苔黄腻，大便秘结，需适时调整治法，调整补益药之选择，并佐槐花等药清泄阳明之热，此乃"治"；久服补益药者即便未见阳明热结之象，长期补益，亦应适当佐槐花、瓜蒌、白头翁等清肠胃之热，此为"调"，乃"治未病"理念之体现。

④ 血瘀证：脉络瘀滞是卵巢功能减退性疾病持续存在的病理状态。瘀血阻滞，冲任脉受阻，肾气衰微，血海无以满盈而致闭经。施补肾治法同时，当适时、适当辅活血化瘀之法，以期改变脉络瘀滞之静止状态，促进卵巢及胞宫脉络通畅，冲任气血通畅则局部之营养改善，原有病理状态或得以改变。柴嵩岩提出，施活血化瘀之"化"法，需在补肾养阴之"补"法已见成效后方有意义。阴血不足或过亏，活血破血，或致肾气虚损，血海空虚，天癸枯竭，无血以下。一味活血化瘀或只收"竭泽而渔"之效。初时常在补肾养阴方药基础上佐用少量活血之品，如丹参、桃仁、益母草、泽兰、红花、苏木、月季花众药中之 1～2 味；经治待已见带下量增多，潮热汗出诸阴虚症状缓解，脉见滑象等冲任血海充盈之象出现时，方适时重用活血通络之法。

（二）多囊卵巢综合征

多囊卵巢综合征是青春期及育龄期女性最常见的妇科内分泌疾病，以持续无排卵、雄激素过多和卵巢多囊样改变为主要特征，伴胰岛素抵抗和肥胖。中医学无此病名，可归属"不孕""月经过少""月经后期""闭经""癥瘕"等范畴。

1. 病机阐释

柴嵩岩认为，多囊卵巢综合征为本虚标实之证。"本虚"包括肾虚、脾虚。肾虚多为先天禀赋不足。肾主生殖，肾阳不足，肾失温煦，任脉瘀滞，表现为卵子不能发育成熟排出而见月经稀发、闭经、不孕诸症；脾虚多为先天不足或后天饮食不节、劳倦思虑所伤。脾主运化，脾虚运化不利，湿浊内停，致胞脉瘀阻的"标实"之证，可见肥胖、痤疮、多毛诸症；脾阳不足，运化失司，精微不布，卵泡发育停滞，则见月经稀发、闭经、不孕诸症。本病以本虚为主，脾肾不足、痰湿内阻者常见。

2. 分型论治

依据有无异常子宫出血，柴嵩岩将多囊卵巢综合征归纳为脾肾两虚、痰湿内阻及气阴两虚、瘀热互结两证。

（1）脾肾两虚、痰湿内阻证：症见月经稀发、闭经诸症。脾虚失运，水湿内蓄，肾阳温化无力，阴邪至深。湿浊滞，痰阻脉之气，瘀秽黏厚阻脉之血。治宜温肾健脾，通达气血，化瘀调经。基础方杜仲、白术、桂枝、郁金、当归、茜草、川芎、车前子、续断、菟丝子。全方温补脾肾，化瘀调经。面部痤疮者，方去车前子，加蒲公英、莲子心；肥胖者，加浙贝母、桑枝、冬瓜皮助气化除湿之力；多毛者，方中桂枝用至10g，再加生甘草、桑枝。

（2）气阴两虚、瘀热互结证：多囊卵巢综合征症见崩漏者多属本证。治宜益气敛阴，清热化瘀。基础方生牡蛎、大蓟、小蓟、炒白芍、生黄芪、侧柏炭、茅根、金银花、益母草。君以生牡蛎、大小蓟，收敛固涩、凉血止血。臣以白芍、黄芪，养阴柔肝、补气固冲。佐侧柏炭、茅根、金银花清热凉血，调经止血；佐益母草活血清热调经。全方益气养阴、凉血活血、调经止血，涩而不滞。出血多不得止者，加寒水石，咸寒入肾经，清心肾积热而止血；血净后原方加覆盆子，取其固性及温补肾气之效以复旧。

五、方药之长

柴嵩岩临证以顺应周期、顾护阴血、用药轻柔、调整气化、补肺启肾为特点，重舌诊、脉诊。善用自拟方，尤重中药性、味、归经走向，及中药七情配伍之相须、相使规律。

（一）常用方剂

1. 滋肾育阴汤（自拟方）——治早发性卵巢功能不全肝肾阴虚证

【组成】北沙参 15g，石斛 10g，天冬 10g，熟地黄 10g，炙何首乌 10g，女贞子 15g，墨旱莲 15g，桑椹 10g，枸杞子 12g，山萸肉 10g，菟丝子 15g，枳壳 10g，鸡内金 6g，丹参 10g，金银花 12g，川芎 6g。

【功效】滋补肝肾，清热养血。

【主治】早发性卵巢功能不全症见闭经、月经量少、不孕；潮热汗出、腰膝酸软、头晕目涩、脱发、失眠、五心烦热、阴道干涩、带下无；舌暗红，少苔，脉细滑诸症。

【方解】以北沙参、石斛、天冬、熟地黄、何首乌、女贞子、墨旱莲、桑椹、枸杞子、山萸肉众药重养阴血；常于初诊时仅以一味丹参活血凉血；配金银花清阴虚所生内热，川芎使所养之阴血行而动之；以菟丝子平补阴阳，补肾阳、益肾精，阳中求阴；防熟地黄、何首乌、山萸肉等滋阴养血之品过于滋腻、敛涩或致脉络壅滞，佐枳壳、鸡内金理气消导。全方静中有动，补而不滞，求补血养阴之效。

【加减】潮热汗出症状明显者，加浮小麦、莲子心养心清心；大便干者，加瓜蒌、当归润肠通便。

2. 温肾培育汤（自拟方）——治早发性卵巢功能不全脾肾阳虚证

【组成】菟丝子 15g，杜仲 10g，川续断 15g，太子参 15g，炒白术 10g，蛇床子 3g，茯苓 10g，益智仁 10g，桃仁 10g，当归 10g，川芎 6g，女贞子 15g，月季花 6g，百合 12g，远志 5g。

【功效】健脾补肾，养血活血。

【主治】早发性卵巢功能不全症见闭经、月经量少、不孕；畏寒、腰膝酸软、倦怠乏力、四肢不温、精神萎靡、面色不泽、记忆力减退、性欲减退、大便溏薄；舌肥淡嫩，脉沉细诸症。

【方解】以菟丝子、杜仲、川续断、蛇床子温补肝肾；太子参、茯苓、炒白术、益智仁健脾益气；女贞子滋补肝肾；当归、川芎、桃仁、月季花养血调经、活血理气；百合缓急迫，远志交通心肾。全方动中有静，达温肾健脾之效。

3. 温肾养血除湿汤（自拟方）——治多囊卵巢综合征脾肾两虚、痰湿内阻证

【组成】杜仲 10g，白术 10g，桂枝 3g，郁金 5g，当归 10g，茜草 10g，川芎 5g，车前子（包煎）10g，续断 12g，菟丝子 15g。

【功效】温肾健脾，通达气血，化瘀调经。

【主治】多囊卵巢综合征见月经稀发、闭经诸症者。

【方解】湿邪浸淫血海，脾肾无力除湿化浊。方以杜仲、白术为君。杜仲味甘温性沉而降，取其走下之性补肝肾；白术除湿补脾，于温中补阳。二药相须，温肾健脾，则阴湿得化，先后天之气得补，维护血海气机之平衡。以当归、茜草、郁金、川芎为臣。当归和血行经，以其性温之性，更以其辛香善行之势，除客血内塞，破恶血，养新血，治血海内阻湿浊凝滞；茜草行血活血，以其活血化瘀除湿浊结聚，无阻遏之弊；郁金为血分之气药，利气行血，用治冷气结聚之症；以川芎活血行气，并以其走下之性引诸药共达血海，除瘀调经。以续断、菟丝子、车前子为佐。续断、菟丝子补肝肾；车前子利水通淋、补肾活血，去体内之湿邪，亦引药力下行。以桂枝为使，温经通脉。全方温补脾肾，化瘀调经。

4. 温肾养血除湿汤（自拟方）——治多囊卵巢综合征气阴两虚、瘀热互结证

【组成】生牡蛎15g，大蓟15g，小蓟15g，炒白芍10g，生黄芪10g，侧柏炭12g，茅根12g，金银花10g，益母草10g。

【功效】益气敛阴，清热化瘀。

【主治】多囊卵巢综合征症见崩漏者。

【方解】以生牡蛎、大小蓟为君，收敛固涩、凉血止血。以白芍、黄芪为臣，养阴柔肝，补气固冲。以侧柏炭、茅根、金银花、益母草为佐，清热凉血，调经止血；益母草活血清热调经。全方益气养阴、凉血活血、调经止血，涩而不滞。

5. 菊兰清热益肾汤（自拟方）——治高泌乳素血症热毒侵淫、冲任失调证

【组成】菊花15g，金银花15g，桑寄生15g，牛膝10g，杜仲12g，香附10g，川贝母6g，钩藤10g，葛根3g，泽兰6g，川芎5g。

【功效】清热解毒，益肾调经。

【主治】高泌乳素血症症见闭经、溢乳、月经稀发、不孕症、垂体微腺瘤诸症。

【方解】在"上"（脑），重用金银花、菊花为君，轻清上行，清热解毒、清肝泻火。在"中"（脏腑），药用葛根、钩藤、川贝母、香附为佐，调整气机。葛根清透邪热，又升发清阳，与金银花配伍解毒透邪；钩藤清热平肝，与菊花配伍共治本病常见头疼之症；川贝母清热散结；香附通行、疏泄、缓急。在"下"（胞宫），药用杜仲、牛膝、桑寄生平补走下之品为臣，益肾调经。杜仲补肝肾调冲任；牛膝走下行活血通经；桑寄生益肝肾调经血。在血分，药用泽兰、川芎为佐使。泽兰为佐入血分，活血调经；川芎为使，引诸药直达病所。

【加减】溢乳兼夹肝热者，药用夏枯草、绿萼梅清肝热；兼夹肝胃热者，药用玉竹、石斛、知母、瓜蒌泄胃热。合并垂体微腺瘤者，药用合欢皮、郁金、绿萼梅等兼以疏解肝郁，桔梗、川贝母、夏枯草等兼以消肿散结。

6. 健脾益肾养血安胎方（自拟方）——治胎漏、胎动不安气虚证

【组成】覆盆子 15g，山药 15g，椿根皮 5g，莲须 5g，柴胡 3g，菟丝子 15g，黄芩炭 10g，大蓟炭 10g，小蓟炭 10g，苎麻根 6～10g。

【功效】健脾益肾，养血安胎。

【主治】胎漏、胎动不安（先兆流产）气虚证。

【方解】以覆盆子、菟丝子为君。覆盆子甘温补益，酸以收敛，滋补肝肾，固涩收敛；菟丝子助阳益精，平补肝肾，不燥不腻。二药合用，健脾益肾，养血安胎。以山药、椿根皮、莲须、黄芩炭、大蓟炭、小蓟炭、苎麻根为臣。山药补气、养阴；椿根皮收涩，凉血止血；莲须清心固肾，涩精止血；黄芩炭清肺、大肠、小肠、脾、胆诸经湿热；苎麻根清热安胎；大蓟、小蓟清热凉血止血。众臣药养阴清热，凉血安胎。以柴胡为佐，清热、疏肝、解郁，升举清阳。

【加减】气虚甚者，加太子参；出血多者，酌加侧柏炭、藕节。

7. 补肾清热凉血安胎方（自拟方）——治胎漏、胎动不安血热证

【组成】柴胡 3g，黄芩炭 10g，侧柏炭 20g，莲须 5g，地骨皮 10g，椿根皮 5g，荷叶 10g，菟丝子 15g，苎麻根 6～10g，北沙参 12g。

【功效】补肾清热，凉血安胎。

【主治】胎漏、胎动不安（先兆流产）血热证。

【方解】以菟丝子、黄芩为君。菟丝子补肝肾；黄芩炭清诸经湿热。二药合用，补肾清热安胎。以侧柏炭、莲须、地骨皮、椿根皮、荷叶为臣。侧柏炭凉血止血；地骨皮清热凉血，祛肝肾虚热；荷叶升阳止血；椿根皮收涩、凉血止血；莲须清心固肾、涩精止血。众臣药清热凉血，止血安胎。北沙参亦为臣，补肺"金"以生肾"水"。柴胡为佐，清热、疏肝、解郁，升举清阳。

【加减】便秘者，加瓜蒌 10～12g；伴恶心者，加竹茹 6～10g；热象明显者，加墨旱莲 12g。

8. 清热利水安胎方（自拟方）——治羊水过多

【组成】金银花 15g，玉竹 10g，川贝母 5g，北沙参 30g，茯苓皮 30g，莲子心 3g，连翘 15g，地骨皮 10g，茵陈 10g，泽泻 10g，竹叶 15g，百合 15g，佩兰 3g，山药 12g，白术 10g。

【功效】清心火，补肾阴，去胎水。

【主治】妊娠羊水过多症。

【方解】以茯苓皮、北沙参为君。茯苓皮淡渗利湿，宁心安神；北沙参补肺启肾。以玉竹、地骨皮、金银花、连翘、莲子心、竹叶、百合、佩兰、山药、白术众

药为臣，清热滋阴，健脾利湿。玉竹、地骨皮补肾阴、清虚热；金银花、连翘清泻心火，解毒散热；连翘清心火，散上焦之热；莲子心、竹叶、百合清心除烦，通利小便；山药、白术健脾益气，补肾安胎。泽泻、川贝母为佐，调气机、利水道。

9. 妊娠感冒经验方（自拟方）——治妊娠感冒风热犯肺证

【组成】芦根 30g，浙贝母 6g，百合 12g，金银花 12g，木蝴蝶 3g，胖大海 10g，黄芩 10g，荷叶 10g，莲须 5g，女贞子 15g，苎麻根 6g。

【功效】清热，解表，安胎。

【主治】妊娠感冒风热犯肺证。

【方解】以芦根、苎麻根、黄芩为君。芦根、苎麻根清热、解表、安胎；黄芩清热、安胎，尤长于清肺与大肠之火。以金银花、木蝴蝶、胖大海、百合、浙贝母为臣。金银花散肺经邪热，又清心胃之毒热；木蝴蝶清咽利肺，疏肝和胃；胖大海开宣肺气，清泻郁火；百合润肺止咳，清心安神；浙贝母解毒利痰，开宣肺气。以荷叶、莲须、女贞子为佐。荷叶、莲须清心固肾，固冲止血；女贞子补肝肾之阴，补而不腻并清虚热。

【加减】咳嗽痰多者，酌加桑白皮 10g，桔梗 5g；咽痛鼻塞者，金银花用至 15g；暑热感冒者，酌加藿香 3g；发热无汗者，酌加藿香 3～4g。

10. 妊娠腹泻经验方（自拟方）——治妊娠腹泻脾气虚弱、湿热内蕴证

【组成】柴胡 3g，炒白术 10g，白头翁 10g，黄连 3g，茯苓 10g，马齿苋 10g，木香 3g，莲须 5g，荷叶 10g，佩兰 3g，覆盆子 15g，泽泻 6g。

【功效】健脾化湿，理气止痛，安胎固下。

【主治】妊娠腹泻脾气虚弱、湿热内蕴证。

【方解】以白头翁、马齿苋为君。白头翁苦寒降泄，除肠胃热毒蕴结；马齿苋凉血解毒、清肠止痢。二药共用，清热化湿，解毒止泻。以茯苓、黄连、莲须、荷叶、泽泻、覆盆子为臣。茯苓、覆盆子健脾补肾安胎；莲须、荷固下安胎；黄连大苦大寒，燥湿清热；泽泻寒可清热，淡能渗湿，泻肾经之虚火，除膀胱之湿热。众臣药健脾化湿，固肾安胎。以炒白术、木香、佩兰、为佐。木香通理三焦，行脾胃之气滞、止痛，兼以健脾消食；炒白术补脾益气，燥湿利水，兼以安胎；佩兰醒脾，宣湿化浊。众佐药理气化湿，缓急止痛。以柴胡为使，疏肝理脾，升阳举陷。

【加减】感染性腹泻者，去覆盆子。

（二）活用药物

1. 用药心得

（1）滋阴养血药：常作君药、臣药之用。① 养阴、养血药相须为用：达血海充

737

盈之效。滋阴常用白芍、女贞子、墨旱莲、枸杞子、石斛、北沙参、百合、桑葚子、玉竹、天冬；养血常用熟地黄、当归、阿胶珠、何首乌。② 滋阴养血类药与理气类药相使：滋阴养血之品多质重滋腻，长期服用或碍脾胃致脾虚湿重，常配伍理气类药，如砂仁、陈皮、枳壳、大腹皮，理气化浊。③ 滋阴养血类药与健脾益气药相使：一则脾为气血生化之源，健脾益气可增强气血之化生；二则便尚无脾虚、气虚之证，滋阴养血同时亦常适当配伍健脾益气之品，如太子参、白术、茯苓、山药、黄芪、黄精，所谓"有形之血不能自生，生于无形之气"。

（2）温肾助阳药：常作君药、臣药之用。① 常用温肾助阳药：以平补之品为主，常用菟丝子、杜仲、续断、巴戟天、蛇床子、益智仁、覆盆子等。慎用过于燥热之品，如淫羊藿、仙茅、附子。② 滋阴养血药与温肾助阳药相使："善补阳者，必于阴中求阳，则阳得阴助而生化无穷；善补阴者，必于阳中求阴，则阴得阳生而泉源不竭"（《景岳全书·新方八阵·补略》）。卵巢功能减退性疾病多以肾阴不足、精亏血少为主要病机，治法以滋阴养血为法，以"阴"之恢复为重。然阴阳互生互根，滋阴同时亦需适时、适当配伍温肾助阳类药施助阳之法，有助阴血之化生、卵子之长养。此时助阳药用量不宜过大，以免燥热伤阴而愈加重阴血亏虚。③ 温肾助阳药与滋阴养血药相使：当滋阴养血治法初见疗效，冲任血海充盈至一定程度，脉象由沉细转见滑象时，治法可转以温肾助阳为主，滋阴养血为辅，以促动卵子排出。

（3）健脾益气药：常作为臣药配伍，滋阴养血类药与健脾益气药相使为用时，甚或亦用作君药。常用太子参、黄芪、茯苓、白术、山药、黄精健脾益气，化生气血。

（4）活血化瘀药：常作臣药之用。施补肾治法同时，需辅以活血化瘀之法，以期改变脉络瘀滞之静止状态。常配伍丹参、桃仁、茜草、泽兰、红花、苏木、月季花中之 2～3 味药，活血化瘀。不提倡轻易、长期选用三棱、莪术等破血之品，因破泄之力较强，过用或久服，或愈致阴血耗伤，加重冲任血海之不足。

（5）理气药：常作佐药之用。以滋阴养血之法填充血海同时，佐理气药，一则防滋阴养血药滋腻碍脾胃；二则气为血之帅，气行则血畅。理气药可使补养之阴血调畅而有生机。常用药枳壳、木香、陈皮、乌药。理气药性多辛温香燥，易耗气伤阴，用量不宜过大。

（6）疏肝解郁药：常作佐药之用。卵巢功能减退性疾病除贯以滋阴养血、健脾补肾等治法，治疗过程不可忽视疏肝解郁之法。常用药物柴胡、郁金、夏枯草、玫瑰花、绿萼梅等。

（7）清热药：常作君药、臣药、佐药之用。① 虚热内生者，症见潮热汗出、五心烦热、口燥咽干，舌红少苔，脉细数诸症者，治以滋补肝肾同时，注意养阴需清热，滋阴需降火。常用清热泻火药知母、黄柏、地骨皮。② 心肾不交者，症见心烦失寐、心悸不安、失眠、多梦、眩晕、耳鸣、健忘、舌红，脉细数诸症者，治宜清心安神、交通心肾，常配伍莲子心、炒栀子、远志。③ 药物生殖毒性致毒热内生者，常用金银花、生甘草、青蒿清血分毒热。④ 阳明热结者，症见大便秘结，舌红、苔黄腻诸症者，佐槐花、瓜蒌、白头翁清肠胃之热。

（8）祛湿化浊药：常作臣药、佐药之用。① 开提肺气：常用桔梗、浙贝母、桑白皮、百部，开提肺气，宣肺祛痰，泻肺行水，润肺下气。② 健脾利湿：常用茯苓、白术、冬瓜皮、荷叶、砂仁。③ 清热利湿：常用车前子、萆薢、猪苓、茵陈、泽泻。

（9）其他药：① 桂枝：温通血脉，温化水湿，佐制养阴药之滋腻壅滞。② 细辛：以辛温走动之性助卵子排出。③ 浮小麦：入心经，养心除烦、固表止汗，解潮热之症。④ 合欢皮、远志：养心安神。⑤ 钩藤：以清热平肝之性治兼见头痛之症，并常与葛根、川芎配伍。⑥ 甘草：调和诸药之性。⑦ 山茱萸：补益肝肾、滋养精血以助元阳之不足，又以其收敛之性秘藏精气，固摄下元。对已闭经者，恐山萸肉收涩之性过重有碍经血条达，入方时常佐浙贝调理气机，泄热开郁散结。

2. 常用对药

（1）熟地黄与女贞子、熟地黄与天冬：两两相须为用，加强补肾养阴之力。熟地黄滋阴之力强于女贞子，但质滋腻；女贞子性平和，补阴而不腻滞；天冬补阴之力更逊，无滋腻之弊。

（2）熟地黄与何首乌、阿胶与何首乌：两两相须为用，共养阴血。熟地黄补肝肾、益精血之效强于何首乌，但滋腻较甚；何首乌无滋腻之弊；阿胶滋阴补血止血，亦滋腻。

（3）熟地黄与丹参：二药相佐。以熟地黄滋阴养血同时，借丹参活血之动性，佐制熟地黄黏腻之性，养血而活血，补而不滞；又借丹参偏寒凉之性，制阴虚生之内热。

（4）熟地黄与川芎：熟地黄滋阴养血，守而不走；川芎活血化瘀，走而不守。两药相佐，一静一动，静中有动。

（5）熟地黄与当归：熟地黄滋补下焦之阴，当归长于补血，两药相须，养血益阴，动中有静，静中有动。

（6）熟地黄与肉桂：二药既相使，熟地黄补血生精，滋阴养血；少量肉桂以其热性、动性，鼓动血海，达阴中有阳、阳中有阴、阴阳互补之势；亦相佐，熟地黄滋阴养血，肉桂防熟地黄燥热伤阴，又除熟地黄滋阴养血之凝滞，补而不滞。

（7）女贞子与墨旱莲：二药相须，同补肝肾之阴。女贞子补益肝肾之力强于墨旱莲，补而不腻；墨旱莲清热凉血之力强于女贞子。

（8）女贞子与枸杞子：二药相须，同补肝肾之阴。

（9）枸杞子与何首乌：二药相须，养阴血兼能顾护肾气。枸杞子长于滋补肝肾之阴，兼益肾中之阳；何首乌补肝肾益精血，兼收敛精气，不寒、不燥、不腻。

（10）杜仲与当归：二药相使。杜仲补肝肾，补而不滞；当归补血活血，性动而主走。杜仲温肾走下，当归补血活血。

（11）北沙参与石斛：二药相须，皆入肺、胃经，具养阴清热之共性，用治卵巢功能减退性疾病阴虚火旺之证。

（12）石斛与玉竹：二药相须，增养阴之力。石斛养胃阴、生津液之力较强，并益肾阴，清虚热；玉竹甘平柔润，养肺胃之阴而除燥热，作用缓慢。

（13）北沙参与女贞子、熟地黄与北沙参、熟地黄与玉竹、当归与阿胶、当归与枸杞子、当归与何首乌、玉竹与女贞子：均为滋阴养血对药，两两相须或相使为用。阴血同源而互生，滋养阴血达血海充盈之效。

（14）北沙参与百合、北沙参与玉竹：两两相须为用。三味皆入肺经，具补肺阴之共性。柴嵩岩补肾亦从肺而治，补肺之阴启肾之阴，即所谓柴嵩岩"补肺启肾"治法。常以北沙参单用，或以北沙参配伍百合、玉竹，甚或三药共用组成对药相须为用。

（15）菟丝子与杜仲、菟丝子与续断、杜仲与续断：三味均具甘、温之性，两两相须为用，温补肝肾。

（16）菟丝子与枸杞子：二药相使。菟丝子平补肝肾，不温不燥。枸杞子平补肝肾之阴。二药共用，平补肾中阴阳，用治卵巢功能减退性闭经精血不足之证。

（17）菟丝子与蛇床子：二药相使。一则，施滋阴治法同时，亦需适时、适当施助阳之法，少佐菟丝子、蛇床子，阳中求阴，助阴血之化生；二则，当滋阴养血治法已见成效，冲任血海充盈至一定程度，脉象由沉细见滑象时，治法转以温肾助阳为主，加大菟丝子、蛇床子药量，而少佐滋阴养血之品以续血海，阴中求阳。

（18）太子参与当归、白术与阿胶、白术与当归、茯苓与当归：两两相使为用。脾为后天之本，气血生化之源，健脾益气则后天气血得充，所谓"有形之血不能自生，生于无形之气"。

（19）太子参与菟丝子、白术与菟丝子、茯苓与杜仲、茯苓与菟丝子：两两相使为用。肾为先天之本，脾为后天之本。脾主运化水谷精微，须借肾阳之温煦；肾之精气有赖水谷精微不断补充与化生。脾与肾，后天与先天相互资生、相互影响。肾阳虚衰不能温养脾阳，或脾阳久虚不能充养肾阳，均可致脾肾阳气俱伤。

（20）茯苓与薏苡仁：二药相须。二药均为淡渗利湿之品。兼夹脾虚湿蕴之证，症见倦怠乏力、大便溏薄、腹胀、自汗，舌肥嫩、苔厚腻诸症者，常以茯苓配伍薏苡仁，补益脾气，清利湿热。茯苓、薏苡仁均有健脾之效，薏苡仁偏凉可清热，茯苓可宁心安神。

（21）桑枝与川芎：二药相使，用治卵巢功能减退性疾病胞脉瘀阻之证。桑枝祛风湿而善达四肢经络，通利关节；川芎活血祛瘀。

（22）茵陈与泽兰：二药相使。兼夹湿热者，以茵陈配伍泽兰，清利湿热，泽兰又引药至经脉并具活血化瘀之性。

（23）柴胡与川芎：二药相使。柴胡疏肝解郁，川芎活血化瘀。二药调理气血，一上一下，相辅相成。

（24）丹参与桃仁：二药相须。丹参凉血活血，桃仁破血行瘀，增强活血之力。

（25）当归与桃仁、何首乌与桃仁：两两相使为用，养血活血并增强润肠通便之力。

（26）合欢皮与远志：二药相须。解郁安神，交通心肾，用治兼见失眠、健忘之症。

（27）金银花与生甘草：二药相使。柴嵩岩常用之清热解毒对药，尤用治药源性卵巢功能减退性疾病者清热解毒。

（28）柴胡与郁金：二药相使。用治卵巢功能减退性疾病肝气郁结所致气血瘀滞之证。行气活血，长于疏泄。

（29）桃仁与红花：二药相须，濡润行散、活血化瘀，用治卵巢功能减退性疾病兼见血瘀证者。

（30）泽兰与益母草：二药相使，活血祛瘀、利水消肿，行而不峻，久服不伤正。用治卵巢功能减退性疾病兼见血瘀夹湿证。

（31）川芎与当归、川芎与何首乌：两两相使为用，养血而活血。一则，长期服用养血药恐滋腻生湿，湿阻脉络致任脉不通；二则，所养之血亦需流动方有生机。故施养血之法同时需佐活血之法，所谓"流水不腐，户枢不蠹"，静动结合，养中求畅。

（32）金银花与百合、金银花与北沙参、金银花与熟地黄、金银花与玉竹：两两相使为用，养阴清热。卵巢功能减退性疾病肝肾阴虚证常兼见热象。阴液亏虚，水不制火，虚阳浮越而生内热，故滋补肝肾同时需清热、降火。

741

六、读书之法

在柴嵩岩看来："开卷有益，然中医古籍浩如烟海，穷尽一生未必读尽。故读书要有选择，要有方法。"柴嵩岩传授经典品读之"五要"经验。

（一）要从易入手，由浅入深

中医学博大精深，"四大经典"（《黄帝内经》《伤寒论》《金匮要略》《温病条辨》）构建了中医学"理、法、方、药"整体系统。然对刚入门仅具初级水平者，因知识尚薄、医理欠缺，还未掌握辨证论治之精髓，"四大名著"似阳春白雪，或非人人能识。柴嵩岩讲述自己初读经典时之窘境：初读《内经》，先感"词简而义深，去古渐远，衍文错简"，然后便觉"茫若望洋，淡如嚼蜡"；再读《伤寒论》，文义古奥，加之历代传抄讹误，顿觉方向迷失。

柴嵩岩道：欲想学得有成，必从启蒙开始。先从读"四小经典"（《医学三字经》《珍珠囊补遗药性赋》《濒湖脉学》《汤头歌诀》）入手。《医学三字经》（清·陈修园）乃中医学入门启蒙佳作，胪列中医来龙去脉及理法方药，简明扼要，所谓"临证处方，活法圆通"；再读《珍珠囊补遗药性赋》（元·李东垣），乃中药之入门启蒙，知药之功效、加减，窥本草之貌，晓"药能治病，医乃传方"；读《汤头歌诀》（清·汪昂），方剂入门之作，知"药有君臣、方有奇偶、剂有大小"，所谓"熟悉中药，巧计汤头"；读《濒湖脉学》（明·李时珍），脉诊入门之作，识27种脉象特点、辨别方法及主治病证，体会"脉学传神，中医精粹"，掌握此书后再读《脉诀汇辨》（清·李延昰）、《脉经》（西晋·王叔和）。继之上续读"四大经典"，则或方能洞察中医之神奇妙绝。

（二）要立足临床，学以致用

中医学是扎根临床的经验科学，检验真理最直接的方法就是看理论能否有效指导临床实践。

《黄帝内经》（秦汉）确立了中医学独特的理论体系，乃中医学理论后世学说发扬之溯源；《伤寒论》（汉·张仲景）之"六经辨证体系"及理法方药、《金匮要略》（汉·张仲景）之"以病为纲、病症结合、辨证施治"理念，建立起中医学之诊疗体系，乃辨证论治鼻祖与纲要；《温病条辨》（清·吴瑭）则发展了《伤寒论》，补充了六经辨证之不足。四部经典，理论与临床紧密相连，学能致用。

对于专科经典，柴嵩岩推荐读以下中医妇科学书目。《妇人大全良方》（汉·陈自明），乃中医妇产科学之著，汇集《伤寒论》《诸病源候论》等40余种医籍中妇产科医学理论与临证经验；《邯郸遗稿》（明·赵献可），乃妇科常见病及杂病专著。重脾肾、倡命门学说，提出妇科病与气血失调、中气虚弱、肝脾肾三脏功能失调有关，以命门水火之盛衰为主；《景岳全书·妇人规》（明·张介宾），博采众说，提出女性特有之"阳非有余，阴常不足"阴阳状态观点，强调阴阳相互为用，相互转化，"阴以阳为主，阳以阴为根""阴不可以无阳，阳不可以无阴"，治疗妇科疾病侧重滋补精血调经；《叶氏女科证治》（清·叶桂），全面论述女科病证，方药俱备，切于实用；《女科要旨》（清·陈修园），乃陈氏集前人精华之心得，虽篇幅不长，常切中关键，调经重脾胃；胎前重养血健脾、清热舒气；产后、杂病则多效法《金匮要略》；《傅青主女科》（明末清初·傅山），学术立论着眼肝、脾、肾三脏；治疗侧重培补气血、调理脾胃。理法严谨，配伍精当。所载方剂既取前人已效之良方，亦列大量自拟之经验方，不少方剂已成近代妇科名方。

（三）要理解经典，活用经典

读经典贵在理解，仅掌握原文未明其义，如同囹学。《素问·著至教论》说："黄帝坐明堂召雷公而问之曰：子知医之道乎？雷公对曰：诵而未能解，解而未能别，别而未能明，明而未能彰，足以治群僚，不足至侯王。"意即，读医书不能完全理解，或有粗浅理解但不能辨别，或能辨别但不了解精奥，或了解其精奥但不能阐发及应用，终难获好的临床疗效。理解经文原意，要与相关篇章所述结合，互为认证。如《素问·痹论》曰："岐伯曰：痛者寒气多也，有寒故痛也。"阐述了寒可致痛之现象，却未述"疼痛"之病机；再读《素问·举痛论》，载："岐伯对曰：经脉流行不止，环周不休，寒气入经而稽迟。泣而不行，客于脉外，则血少，客于脉中则气不通，故卒然而痛。""寒气客于脉外，则脉寒，脉寒则缩蜷，缩蜷则脉细急，则外引小络，故卒然而痛。"两段原文结合分析，便明了"有寒故痛也"之机理，寒为阴邪，其性收引，寒邪客于脉中，血液凝滞，"不通则痛"；寒邪客于脉外，细小脉络挛缩，"不荣则痛"……举一反三。

读经典更要会用经典。领会经典理论之内涵，临证有针对性地引用经典，引用诸医家论理、论治，对辨析疾病、把握治则，颇具临床指导意义。如朱丹溪之"气有余便是火"；张景岳之"有形之血难以速生，无形之气所当急固"；薛生白之"治湿不利小便非其治也"；李中梓云之"至虚有盛候反泻含忧，大实有羸状误补益疾"等。

（四）要以经典为本，海纳百家

中医学派九流一家。经常提到的七大学术流派——伤寒学派、河间学派、易水学派、丹溪学派、攻邪学派、温补学派、温热学派，从各自角度认识医理、提出临床辨析之法，丰富和发展了中医学理论和治法。不同流派间述医理、阐医道，非相互对立，而有相互包容之性。认识不同流派之观点及相互关系，须以经典为纲、为立说之本，而视后世各家学说为补充、延续、发展。需理清流派之形成、发展、演变，了解医家观点之原意及独特临床经验，读书便须广泛吸收，开拓视野，兼学并蓄，择善而从。

（五）要专于医道，博于文道

中医学与中国传统文化思想一脉相承。学好中医，需广泛涉猎中国文学、历史，多读古代文学名著、《古文观止》《孙子兵法》等，亦应注重现代期刊、报纸、文学作品的学习。传统意识的丰富，文化阅历的积累，起到启迪辩证思维之用。

七、大医之情

（一）一生仁心行医

1929年出生的柴嵩岩，幼年时遇家庭变故，少年时遭遇东北三省沦陷，青年时又遇时局动乱终止学业、孤身前往北京谋生活。略显苦涩的青少年，历练了柴嵩岩一生自强的品格。

1949年的10月1日，柴嵩岩参加了开国大典，亲眼见证了新中国的成立时刻。在庆祝方阵里，她随众人一路欢呼。走到天安门城楼前抬头望去，老一代党和国家领导人就在眼前。那一刻，激动、喜悦、自豪之感涌上心头。"那种感觉，我永远忘不了"柴嵩岩回忆时说，"我感受到了新时代的召唤"。

70余年的杏林生涯，柴嵩岩视中医妇科事业为爱的事业，奉献基层一线，从未停止过临床工作，至今惠及患者逾百万人次。日复一日，年复一年，柴嵩岩成全了无数夫妻对孩子的期盼，缔造了一个又一个生命奇迹，被誉为"送子观音""子孙奶奶""杏林凤凰"。

看到柴嵩岩临证时笃定、沉稳的状态，人们或许不曾想到，初出茅庐之时，柴嵩岩也有过"不淡定"的时候。

"刚开始我也怕啊，尤其是在拿不准的时候"，柴嵩岩回忆道。1958年，柴嵩岩被派到京郊房山区琉璃河公社卫生所为农民诊病。一天，一行八人，小心翼翼，抬来一个筐箩。筐箩中妇人面色㿠白、神疲懒言、四肢无力、动则气促。来人说患者2个月前于自家土炕自行接生，产后第3天起持续高热38℃以上，子宫逐渐增大，小腹疼痛拒按。曾在家附近医院看过医生，认为产后体弱，以补血养血治法治疗数日，症状未减反而加重。柴嵩岩坦言："哪见过这情况。我建议送她去大医院看病，患者不愿，说你是城里大夫，你就给看看吧。"柴嵩岩思忖良久，审因辨证。患者之前以补血养血法治疗未果，是仅考虑了产后"多虚多瘀"的一面，忽视了感染毒邪的病理机制，随后认真而忐忑地给患者开了两服药。半夜间听有人在敲门，来人说患者服药后效果极好，来接大夫再去瞧瞧。谈起这件事，柴嵩岩总是笑说："那个方子我现在还记着，觉得当时黄芪用少了，如果再加 2 钱效果会更好。"

20 世纪 60 年代，柴嵩岩接诊过一位妊娠羊水过多患者。患者当时已是第 5 次怀孕，前 4 胎均因羊水过多致胎儿夭折，这次怀孕后亦四处求诊，医生均建议终止妊娠。看着患者期盼的眼神，柴嵩岩暗下决心，只要有一线希望，就要尽所能帮助她。柴嵩岩翻阅古籍、向前辈请教，发现本病多责于脾失运化、水湿内停，古人以利水除湿之法为治。柴嵩岩总结前人利水经验，师古人五皮饮（《中藏经》），巧用茯苓皮治愈羊水过多症。看到患者平安生下的健康女婴，柴嵩岩心里充满了喜悦，建立起对中医疗效的自信。

这样的故事，在柴嵩岩的年轻时代还有不少。"这些经历，一方面锻炼了我临证时凝神静气、沉稳干练的作风，另一方面也逼着我去提升自己，增强实力""那段时间我就盯在门诊，一天看七、八十位患者。病例积累多了，无形中，敢面对的也就多了"，她说。

多少年以来，柴嵩岩诊桌上总摆着一盒抽纸，"这是为患者准备的"，柴嵩岩说。诊病中的柴嵩岩，亲切和蔼、循循善诱，尤注意疏导患者情绪，置腹的话语常让患者积压的情绪一下释放出来。常有患者说："找柴老看病，就是一场疗愈。"柴嵩岩说："现代女性不容易，赶上得病，心里有多苦。""我理解她们身体上的苦，更愿意帮助她们解开身心的苦，这也是我越来越热爱我的专业的原因。"

柴嵩岩习惯用左手诊脉。一方面她感觉左手触觉敏感，能更精准地把握脉象；另一方面右手可以同时写字，提高看诊效率。却鲜有人知，因长期左手诊脉，柴嵩岩肩背部慢慢变形，出诊时常忍受着肩背疼痛。谈起这个细节，柴嵩岩淡然说："我的人生就是这样，多为他人做点事儿才会更快乐。"

一位经柴嵩岩治后怀孕的不孕症患者道："就在我四处求医感到艰难和绝望时，我遇见了柴老。她改变了我的生活。我们给孩子起名叫松泽——柴老恩泽之意。"

745

（二）攻坚勇攀高峰

柴嵩岩是新中国第一批国家培养的中医学习西医本科生。4 年拜师陈慎吾及 5 年"中学西"的教育背景，让她领略到了中、西医两个医学体系的特点。她发现治疗女性内分泌疾病，中医妇科具有优势，初入职场选科时，断然选定中医妇科作为一生的职业方向。

柴嵩岩兼收众家之长，"尊古学古，参今用今"，学术自成一家，创建"柴嵩岩中医妇科学术思想及技术经验知识体系"，从临床实用出发，完整而自成逻辑，分别在女性月经生理理论、中医病因病机理论、中医辨证思辨方法、舌诊脉诊认证技巧诸方面，充实、完善了现代中医妇科学理论。四诊中柴嵩岩尤重舌诊，近40年积累舌诊资料近3000份，强调辨舌诊病、辨舌立法、辨舌用药。

面对顽疾，柴嵩岩直面卵巢早衰、多囊卵巢综合征、子宫内膜异位症、小儿性早熟等世界性疑难病症，执着研究，不懈探索，攻坚克难。主持研发温肾调经颗粒、菊蝶洁坤泡腾片、内异痛经颗粒、葆宫止血颗粒等妇科用药，获得多项发明专利，为医药产业发展做出贡献。耄耋之年，柴嵩岩依旧不让自己"掉队"，深耕学术，带领团队探索中药成果转化，投身到将心血凝聚而成的治疗子宫内膜异位症经验方，转化成中药新药益坤安宫颗粒试验研究中。

（三）薪火一脉相承

20世纪90年代以后，柴嵩岩开始带徒。有人问："您带徒弟，是否有所保留？"柴嵩岩坚定回答："我不保留。我用5年时间悟出的道理，花5分钟告诉学生，他们就多赢得了5年。""我们在做爱的事业、善的事业，我期望让更多的人再去救更多的人。"21世纪初，柴嵩岩构思撰写一部全面总结自己70余年岐黄之路对中医妇科学感悟的系列丛书。一番亲力亲为的准备后，柴嵩岩拔擢后学，让自己的每一位继承人都参与到这部丛书的创作中来。柴嵩岩拟定丛书各分册主题，多次和学生们交换创作思想。"我用心良苦。我希望学生跟了我，能'知行合一''道术兼修'，不仅提高医术，还要有学术成就，为自己留下东西。""写书需要学习、思考，是一个'以术得道'的拔高过程。"柴嵩岩这样对学生说。丛书撰写过程中，学生们经历着斟酌思量、推敲思索、迟疑彷徨、踟蹰踌躇的心路历程。因为是在业余时间写作，请教老师多是利用晚上、节假日休息时间。每当问师，柴嵩岩不顾年事已高，不顾疲劳，不避寒暑，答疑解惑，不胜其烦，春风化雨，润物无声，诲人不倦。柴嵩岩亲自执笔撰写了丛书中《柴嵩岩多囊卵巢综合征治验》一册。柴嵩岩坦言："年纪大了，真是累啊。我之所为，不仅仅是在写一部书，也是在表达我对社会和专业学术的一份责任。"

（四）桑榆无限美好

面对荣誉，柴嵩岩说："医生这个职业就是为人治病。我不过是看病的年头比别人长一些，'悟出'的东西多一点。""贡献是有的，盛名之下，其实难副。我感恩国家的政策好，没有盛世，不可能有我今天的作为。""感恩前辈和同道，中医学每一个学术体系的形成，是历代先贤经验的接力，是无数同仁知识的积累。我志忘于荣誉，荣誉其实就是动力。我接受了这个动力，有看病的长处，就要把应该做的事情都做个明白。""医学的进取没有止境，永远会有治不完的新病出现。吾辈虽老矣，仍当尽心尽力，为社会、为后人交上一份合格的答卷。"

面对挫折与坎坷，柴嵩岩有这样的人生哲学："我的一生满足于我的职业，别无所求，不与他人攀比。""与自己和解，与他人和解；过去已成历史，不再去追究。""遭遇不如意，自我调解，自我解脱，而进取、追求的勇气更大。""我的处事之道，怀仁义之心，心地坦荡，不攻击他人弱点。"

柴嵩岩喜欢听相声，有一段时间，枕边总放着录音机和一摞相声磁带，入睡前听上一小段。"相声给我带来欢乐。"伴随着笑声，柴嵩岩渐入梦乡，迎接新的明天。

柴嵩岩喜欢阅读武侠小说。金庸、梁羽生书中的侠光剑影、弃恶扬善，令她忘返。"武侠故事看了大快人心，让我把现实中的不快忘得干净。"又几何时，柴嵩岩迷上纪晓岚，一本《阅微草堂笔记》，几年中读了不下二十几遍。柴嵩岩心境随书中故事跌宕，"在书里，虚幻与现实的界限被打破，人生的道理就在神鬼仙怪的妄谈中演绎而出。"

八、养生之智

生活中的柴嵩岩，有着乐观平和的心态，有着积极进取的生活目标，有着与常人一样的内心情怀。

耄耋之龄的柴嵩岩，身体依旧健康矍铄，思维依旧清晰、敏捷，容貌里充满希望。常有人忍不住讨其"养生智慧"。柴嵩岩笑说："我掌握的两把健康长寿'金钥匙'，便是'乐观'与'目标'。"

柴嵩岩说：我理解的"乐观"，是人贵要有"心理平衡"能力。"乐观"就像健康的"保护伞"，"心理平衡"的作用可能超过了一切保健措施和保健品作用的总和。"心理平衡"不能理解为"自我催眠"，而是一种生活态度。"心理平衡"的人知道"舍"与"得"，会处理好压力。

仅仅有"乐观"的心态是不够的。人，特别是淡出社会、生活舞台主角的老年人，还要掌握另一把健康长寿的"钥匙"，那就是生活中一定要有"目标"，俗话说"要有事做"。有目标和计划的老人，衰老进程与程度会大大低于他人。目标不必"远大"，读一本书、开始一次旅行，或唱一支歌、跳一支舞、弹奏一首曲子，哪怕做一道菜，一定是切实可行的。目标激发了"活力"，让人以积极的心态去寻找实现目标的途径，便勤于动脑、用脑，用腿、动手。

"我没有'洋方'，尽是'土方'"，谈到饮食保健，柴嵩岩如是说。晚年，柴嵩岩三餐食肉较少，亦不食辛辣之物。"肉虽多，不使胜食气"（《论语·乡党篇》），油甘厚味滋腻，多食脾不运化，水湿内停；阴血不足是女性大忌，辛辣之品伤阴。"我也不用保健品。调理阴阳、阴平阳秘，药食同源、寓医于食，审因施食、辨证用膳。这些老祖宗留下的教条，是我的健康观、食疗观、膳食观。"

有人过中年者常叹："气不足，事情做多了力不从心。"柴嵩岩爽答："睡觉啊。"顺四时节律，起居有常，"阳气尽则卧，阴气尽则寐"（《黄帝内经》），依然是在祖先那里找到了答案。

秉持这样的健康理念，暮年中的柴嵩岩，恬淡、豁达、祥和，遇喜、怒、悲、恐、惊，处之安然。

九、传道之术

（一）人才培养方法

柴嵩岩看重对继承人"三性"能力的培养——学习的有效性、实践性、探索性。

柴嵩岩道："有效性"强调培养有效学习的自觉性。所谓"师傅领进门，修行在个人"。老师是领路人，是学习的资源与条件；学有所成，终靠学生个人自觉自愿、卓有成效的自我修炼；"实践性"着意培养学生的临床实践能力。中医来源于实践，任何点滴进步无不源出于实践；临床疗效亦离不开实践，精湛医术之功非一蹴而就。不要只会做空头理论家，要勤于临证，在实践中观察、思考、总结而加以提高。"探索性"则意为，中医药理论中的部分内容具有前瞻性、科学性，蕴含着未来医学的发展方向，但仍有待于不断地探索、研究、提高；中医学对生命的研究没有也不应该有禁区，要立志勇于质疑、探索。

（二）人才培养成果

30余年来，柴嵩岩心底无私，胸怀宽广，传道授业，教学术，育品德，将积累一生的学术思想及临床经验，毫无保留地传授给弟子。作为第二、三、四批全国老中医药专家学术经验继承工作指导老师，北京中医药大学第四批中医师承教育中医妇科学专业博士生导师，柴嵩岩先后培养学术继承人 10 人；作为杏林之家长者，师承家传继承人 2 人；作为业内大家，培养社会继承人 40 余人；经柴嵩岩短期面授、随其伺诊、聆听其经验传播者，数以千计。

她带出了一支广受社会及业界赞誉的中医妇科团队，也带出了一个中医特色突出、优势明显的国家级重点专科。在以柴嵩岩为核心的传承团队中，现有首都国医名师 1 人、全国老中医药专家学术经验继承工作指导老师 1 人、北京市级中医药专家学术经验继承工作指导老师 2 人、北京中医药传承"双百工程"指导老师 2 人、北京市中医妇幼名医传承工作室指导老师 1 人；有全国中医临床优秀人才 1 人、北京市 125 人才 2 类人才 1 人；培养博士研究生导师 1 人、硕士研究生导师 5 人。

首都医科大学附属北京中医医院现建有柴嵩岩国医大师传承工作室（国家中医药管理局）、柴嵩岩名医传承工作站（北京市中医管理局）、柴嵩岩国医大师传承工作室（首都医科大学附属北京中医医院），并在乌鲁木齐市中医医院建有柴嵩岩国医大师传承工作室分站。

自 20 世纪 90 年代至今，柴嵩岩学术传承工作已持续开展 30 余年，获累累硕果：建设有柴嵩岩国医大师示教诊室、示教观摩室及资料室；整理柴嵩岩原始医案超过 1000 份；摄制记录柴嵩岩诊疗、教学、生活影像资料超过 200 小时、拍摄照片超过 500 幅；发表柴嵩岩学术继承研究论文超过 70 篇、出版著作 20 余部；形成国医大师柴嵩岩中医妇科疑难病诊疗方案 4 个、开设柴嵩岩团队专病门诊 5 个；"柴嵩岩中医妇科学术思想及技术经验知识体系"研究成果转化 1 项、获国家发明专利 1 项。

柴嵩岩学术传承谱

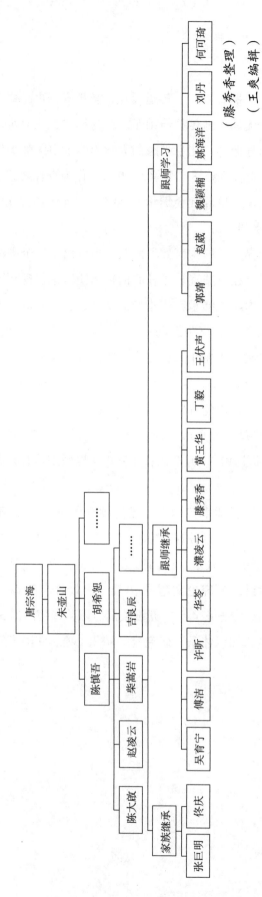

梅国强

梅国强（1939—　），男，湖北武汉人，中共党员。湖北中医药大学二级教授、主任医师、博士研究生导师。中国中医科学院学部委员。曾任广州中医药大学兼职博士生导师，张仲景国医大学名誉教授，中华中医药学会常务理事、中华中医药学会仲景专业委员会顾问，湖北省中医药学会副理事长，《中医杂志》编委，湖北省科协常委，湖北省《伤寒论》重点学科学科带头人。全国老中医药专家学术经验继承工作指导老师，全国中医临床/基础优秀人才研修项目指导老师。荣获"全国优秀科技工作者"称号，"全国中医药杰出贡献奖""首届中医药传承特别贡献奖"。享受国务院政府特殊津贴。2017年被授予第三届"国医大师"称号。

梅国强从事《伤寒论》的教学、临床与科研工作60载。精研伤寒学术，深入阐发六经要旨；拓展经方思维，全面扩大临床运用；主张寒温合一，有效驾驭疑难病症；论证手足少阳同病，救治危重取法伤寒、温病。以第一作者发表论文30余篇，主编、参编规划教材及专著多部，其中主编的《伤寒论讲义》（人民卫生出版社出版，2003年）于2005年获全国医药教材一等奖、2009年获全国中医药教材优秀奖。其科研项目获湖北省人民政府科技进步三等奖1项。

一、学医之路

（一）幼承家学

梅国强出生于中医世家，祖上为清代名医，名重乡里，曾因救治病患有功，立旗杆以表彰之，故其村庄又被称为"旗杆湾"。自幼受家庭环境熏陶，协助抓药、炮制，而感性地认识中医学。自踏入中医学院之门后，每逢寒暑假，便侍诊于其父之侧，以熟悉药味药性，学习临床知识，培养临证思维。时至今日，家乡来诊者中，有知其祖、父辈为"老、幼六先生"者，因而继称梅国强为"六先生"，以示亲切与尊重。

（二）院校教育

完成小学、中学学业后，1956年考取武昌医学专科学校，因成绩优异，1958年被保送入湖北中医学院（今湖北中医药大学），遂得入中医之门。在大学期间系统学习中医学知识，1964年毕业后留校任教，从事《伤寒论》的教学、临床与科研工作至今。在附属医院（湖北省中医院）中医病房工作期间，将理论与实践结合的同时，在洪子云等老一辈临床大家的指导下，积累了丰富的临床经验，为其后之学术成就奠定了良好基础。

（三）师承教育

梅国强在学术上的指路人是老前辈洪子云先生。本科在读期间，1962年7月经组织选拔，拜入湖北名医洪子云先生门下，长期跟师学习，时至今日，仍然秉承恩师遗训："学医两看，白天看病，晚上看书。"毕业后留校任教，其间在洪子云的指导下，潜心研究《伤寒论》，系统梳理各家伤寒著作，对注家的独到见解及伤寒学术流派的学术特点有系统研究。工作期间一直主讲《伤寒论》本科与研究生课程，对仲景学术及其传承、应用的研究十分深入，其理论造诣颇高。在其恩师指导下，对温病学亦有系统学习，初习以《温热经纬》《温病条辨》为主，看似书仅二本，实则温病大家之论尽在其中。梅国强融汇"寒""温"，相互补充，以指导外感、内伤病证的辨治。梅国强理论知识的积累和诊疗经验的提高，更要归功于其勤于总结写作，既可将临证经验加以提炼，也可为临床应用追溯理论基础，进而指导拓展运用，以便传播经验，交流学习。

在教学与教材编写方面，受到李培生、刘渡舟、袁家玑等老先生的诸多教诲，受其影响颇深。早年跟随以上三老编写《伤寒论》教材，其后主编、副主编、参编《伤寒论讲义》等规划教材、教学参考丛书及专著多部，其主编的全国高等医药教材建设研究会规划教材《伤寒论讲义》（人民卫生出版社出版，2003年）先后两次获奖。

二、成才之道

（一）立志悬壶，明医授业

梅国强在家庭环境的熏陶下，亲见其父疗疾愈病之效，察病患之疾苦，感同身受，从小立下悬壶之志，为其走上医学之路打下了基础。在接受系统医学教育的过程中，又得拜入其恩师门下之机缘，自1962年到1986年，长期跟师学习，在附属医院中医病房工作期间，仍在其恩师指导下，出色完成了各种诊疗工作，其中不乏诸多典型病例，在反复的探索总结中，其中医临床诊疗水平得到了很大提高。既扎实了理论功底，又丰富了临床经验，为其后的教学与临床之成就奠定了良好基础。

（二）扎根经典，拓展临证

梅国强依恩师教导，除主攻《伤寒论》外，还认真研读《内》《难》诸经。复因其恩师主张寒温汇通，故又仔细研读了明清两代温病大家诸多著作，如吴又可《温疫论》、叶天士《外感温热篇》《临证指南医案》、薛生白《湿热病篇》、吴鞠通《温病条辨》、王孟英《温热经纬》等，旁及各家学说。梅国强坚信多治病必须多读书，多读书必能多愈病。如关于《伤寒论》"存津液"问题，学者认识各有不同，发表《略论"存津液"在〈伤寒论〉中之运用规律》一文，全面揭示其真谛，即"存津液"可寓"滋阴"诸法，而仅论"滋阴"，则大失《伤寒论》本旨。在《论叶天士"益胃阴"之运用规律》中指出，泄邪热之有余，即益胃阴之不足；泄湿浊之郁伏，而寓益胃阴之意等。又如《拓展〈伤寒论〉方临床运用之途径》一文中，系统阐明"依据主证，参以病机""谨守病机，不拘证候""但师其法，不泥其方"等，共八条途径。其论明白晓畅，临床可征可信，颇受行家赞誉。梅国强提倡以六经辨证为纲，而将卫气营血、三焦、脏腑辨证等穿插其间，虽难产生高出其上之统一辨证方法，然必有互补之妙，绝无龃龉之情。自拟柴胡蒿芩汤，以治疗少阳枢机不利、湿热弥漫三焦者，但合其法度，用之多验，令人耳目一新。自拟加减白头翁汤洗剂，对妇科带下、皮肤湿疹等，有明显疗效，上二方被《名医名方录（第四辑）》（中医古籍出版社出版，1994年）收载。

（三）守正创新，勇于实践

梅国强早期有跟随其恩师用中医药治疗"流脑"、急性"菌痢"，肠伤寒、流行性出血热等急重症之坚实基础，故其善治某些急重症与疑难病症。"文革"期间，带学生开门办学，深入黄麻起义之老苏区腹地。适逢一患者妊娠八个月，突发高热下痢赤白无度二日，腹痛里急后重明显。此处距县城百余里，若以人力长途送医，后果不堪设想。梅国强忖度，若接诊，则思想压力沉重；若推辞则恐失两命。面对两难选择，他毅然接诊，拟白头翁汤加行气理血、缓急止痛之品。其中白头翁、生白芍均用至一两（30g），是此前未曾用过之量。处方后唯恐生变，而彻夜难眠。讵料效果甚佳，母子平安，事后仍心存余悸。梅国强在病房工作期间曾治一急性皮肌炎患者，高热不退（39～40℃），周身红疹密布，奇痒微痛，而患者拒绝激素治疗。初因囿于清热解毒法，经治月余，而病情依旧，梅国强心急如焚，每夜必查阅中医文献，忽一日查得《医宗金鉴·外科心法要诀》有"赤白游风"与此病相似，从其病机论述"表虚腠理不密，风邪袭入化热益甚而成"中，悟出桂枝汤法治疗，竟获痊愈。因而惊叹其恩师教诲："当医生无非两看，即白天看病，夜间看书。"此语不啻金针度人。近数年又治愈两例慢性皮肌炎，其证均表现为湿热成毒征象，均以自拟"四土汤"（土茯苓、土贝母、土牛膝、土大黄）加二妙散及活血解毒祛风之品，均获痊愈。可见同一疾病，有急、慢之别，西医治法略同，而中医治法各异，辨证论治，微妙如此。又如以小陷胸汤加味，治疗冠心病、肥厚性心肌病、扩张性心肌病等，均有较好效果。以真武汤加味、小陷胸汤加味，分别治疗不同证候之"慢性充血性心力衰竭"，常获佳效。自20世纪80年代迄今，梅国强保存了原始门诊病案两万余例，正在加紧整理，以全著《经方临证思辨录》之心愿。

（四）笔耕不辍，勤求博采

从20世纪70年代开始，梅国强随从李培生、刘渡舟、袁家玑教授，协助编写《伤寒论》教材、教学参考丛书数部，既是工作，亦为深造之机缘。其后主编、参编、副主编21世纪教材《伤寒论讲义》、全国函授教材《伤寒论讲义》《乙型肝炎的中医治疗》等多部。其中，21世纪教材《伤寒论讲义》曾两次获奖。发表《仲景胸腹切诊辨》《加减柴胡桂枝汤临证思辨录》等论文约30篇。其中，《仲景胸腹切诊辨》于1982年在南阳首届中日仲景学术大会宣读，受到广泛关注，后被日本东洋学术出版社收入《仲景学说的继承和发扬》一书中。《拓展〈伤寒论〉方临床运用途径》一文，1988年获湖北省科协优秀论文一等奖。

学术探讨永无止境，梅国强主要从两个方面进行。其一，临床探索，是其主要方面，从"守正创新，勇于实践"中可见一斑，不予赘述。其二，开展实验研究，如《伤寒论》血虚寒凝证的实验研究"，用动物局部冷冻法，以贴近人体血虚寒凝证，用现代理化指标，揭示其病理生理本质，经鉴定达国内领先水平，获1992年湖北省政府科技进步三等奖。"太阴阳虚与少阴阳虚证及其关系的实验研究"在1993年首届亚洲仲景学术会议上获得好评，刘渡舟教授赞其为第一个真正的中医经典著作病证模型。"心下痞辨证及其客观化研究"项目于1993年获湖北省卫生厅科技进步三等奖。多年来共完成科研课题多项，均取得很好的成果。

三、学术之精

（一）精研伤寒学术，深入阐发六经要旨

梅国强得其恩师洪子云先生之真传，更以数十年之心力，精勤研究仲景学术，对《伤寒论》等中医经典理论研究颇深，在学术上多有建树，并在临床运用方面经验丰富。梅国强认为，《伤寒论》根据脏腑经络、气血阴阳、精神津液等生理功能及其运动变化情况，以及六淫致病后的各种病态关联，时刻关注邪正盛衰，动态观察病情变化，以明疾病之所在，证候之进退，预后之吉凶，从而拟定正确的治疗措施。其辨证，必辨阴阳、表里、寒热、虚实、气血、标本主次、经络脏腑及其相互转化，处处体现了统一法则和整体恒动观。其论治，必因证立法，因法设方，因方用药，法度严谨。论中载药不过92味，而组成113方（缺一方），实际运用了汗、吐、下、和、温、清、消、补等法，施之于临床，则广义外感热病的辨治有规律可循。

1. 阐发六经实质

梅国强认为，《伤寒论》的六经，既是辨证的纲领，又是论治的法则。北宋朱肱《类证活人书》正式将三阴三阳称为六经："古人治伤寒有法，非杂病之比，五种不同，六经各异。"庞安时《伤寒总病论》明确以六经分证立论。关于六经实质，有经络说、脏腑说、气化说等多种学说，因为脏腑是人体功能活动的核心，经络是内属于脏腑，外络于肢节，网络周身，运行气血阴阳的重要组成部分，气化则是对人体功能活动的概括，故六经的研究，不能离开脏腑、经络、气血阴阳及其功能活动，否则就是无本之木，难以从整体上进行把握，并完整体现其精神实质。故《伤寒论》所论"六经"，并非只包含六条经脉，而是联系脏腑、经脉等人身整体的概称，是一个变化的功能整体，也概括了疾病发展的几个阶段。

2. 详析六经辨证

梅国强遵从《伤寒论》的六经辨证，认为《伤寒论》的六经理论是在深刻汲取

《黄帝内经》阴阳理论的基础上，加以反复临床运用，并总结与发挥而形成的。《素问·阴阳应象大论》曰："阴阳者，天地之道也，万物之纲纪，变化之父母，生杀之本始，神明之府也。"阴阳学说重点体现事物的对立统一属性，阴阳对立制约，互为消长，产生变化。此理若用于医道，则阴阳为二，阴阳又各分为三，合为六经，统领百病。如柯韵伯所言："岂知仲景约法能合百病，兼赅六经，而不能逃六经之外，只在六经上求根本，不在诸病名目上寻枝叶。"又谓："六经之为病，不是六经之伤寒，乃是六经分司诸病之提纲，非专为伤寒一病立法也。"也明确表述以三阴三阳为纲，实为统领百病之大法。

若将《伤寒论》联系《素问·热论》与《灵枢·经脉》，则三阴三阳的整体思维、生理关系、病机实质昭然若揭，可见六经辨证是以六经所系的脏腑经络、气血阴阳、精神津液的生理功能和病理变化为基础，结合人体正气强弱、病因属性、病势进退等，动态地体现疾病变化的过程与本质，为辨证论治提供依据。

3. 强调表里先后缓急

梅国强认为，从临床思维来看，表里先后与标本缓急是治疗外感热病的基本法则。在疾病发生发展过程中，表里证候每每混同出现，须根据表里证候之轻重缓急，决定治法。临证之际，依据主要矛盾与次要矛盾的关系，遵循先主后次、先急后缓的原则。在适当的情况下，也可以主次兼顾，缓急同治。先表后里，是常法，多用于表里同病，以表证为主，如葛根汤治疗太阳表实兼下利；桃核承气汤证"其外不解者，尚未可攻，当先解其外，外解已，但少腹急结者，乃可攻之"。先里后表，是变法，用于表里同病，以里证为重为急的病情。此时里证的发展，决定病势的发展，故须急先治里，里证解除之后，再视表证轻重，相机治表，如少阴病，下利清谷，兼表证时，先予四逆汤救里，后予桂枝汤解表。表里同治，是表里证同时治疗。若表里证相对均衡，单治其表，则里证不除；只治其里，则表证难解，故表里同治以兼顾表里，又依病情偏重之不同，有偏于治表与偏于治里之差异。

4. 重视扶阳气、存津液

梅国强对《伤寒论》"扶阳气""存津液"之微旨，有着深刻的认识。认为仲景以伤寒立论，寒为阴邪，易伤阳气，则扶阳毋庸置疑，《伤寒论后条辨·辨伤寒论三》曰："仲景一部《伤寒论》，亦只有两字，曰扶阳而已。"此语并不全面，纵观《伤寒论》，除详述"扶阳气"外，还重点论述"存津液"。陈修园《长沙方歌括·劝读十则》曰：《伤寒论》一百一十三方，以存津液三字为主。"后世医家对此语的评论不一，近代又有冉雪峰曰："一部《伤寒论》，纯为救津液。"仲景论中"扶阳气"诸法，历历在目，在伤寒的传变过程中，寒邪每易化火伤阴，而"存津液"之微旨，则隐含于字里行间，此语虽然有偏颇，实有补偏救弊之功。

梅国强总结《伤寒论》"存津液"之法，有以下几种：其一，祛邪谨防伤津，寓存于防。汗、吐、下及利小便，是《伤寒论》常用祛邪之法，运用得当，中病即止，邪去正安，否则损伤津液，易生变证，如服用桂枝汤，"以遍身漐漐，微似有汗者益佳"；其二，祛邪兼顾益阴，邪去津存。在伤寒发展过程中，病有伤阴之势，在祛邪的基础上，仍须兼以益阴，以制阳邪，如桂枝汤解肌祛风的同时，有白芍、炙甘草、大枣，益阴和营，以资汗源；其三，祛邪得当，旨在存阴。及时祛邪，即有效存阴，如阳明三急下，在阴液枯涸之前，釜底抽薪，可有效存阴；其四，养阴兼顾祛邪，阴复阳平。伤寒后期，邪入三阴，以少阴为多见，若邪从火化，则易灼伤真阴，多以血肉有情之品，如阿胶等，以滋补真阴，或育阴的同时，辅以泻火、利水等法；其五，寄存阴于扶阳，阳回阴生。阴在内，阳之守也；阳在外，阴之使也，寒为阴邪，易伤阳气，伤寒后期多见亡阳之证，则阴液也易亡失，因此，扶阳气也是存津液的一种方式。

（二）发挥经方思维，拓展经方临床运用

《伤寒论》言辞古朴，义理幽微，论述详尽。梅国强指出，纵观古今中医名家运用经方，灵活巧妙，其立法处方虽宗仲景之旨，然具体运用中则常常超越了原书所记载的治法及方药范围，学习者务必从正面、反面和侧面研读其原文含义，理解条文间的关系，解读文外之文。经多年努力，探幽索微，并验之以临床实践，梅国强总结出拓展《伤寒论》方临床运用之八大途径，建立了一套较完善的经方运用理论，兹将其内容简要叙述如下。

1. 突出主证，参以病机

所谓主证，一为某方所治证候，就其典型而言，须脉证病机相结合方可投剂，然就临床所见，典型者少，而非典型者多，故有主证虽同，而病机难以丝丝入扣者，但求病机大体相合，无寒热虚实之径庭，便可据证用方；二为某证候中之主要症状，唯其主症出现，便可据以选方。盖凡主症，常为某一证候之重心，病机之主脑，据此遣方用药，每多效验。

2. 谨守病机，不拘证候

梅国强指出，证候为病情之表象，病机乃其实质。其有实质同而表象异者，有表象同而实质异者，故谨守病机，不拘证候而用《伤寒论》方者，尤为多见，此为拓展《伤寒论》方运用范围之重要途径。盖以症状为表象，病机为实质故也，有表象迥异而实质相同者，故可异病同治。又有某些疑难病症，西医学固有明确之诊断，而疗效未能尽如人意，中医学之治法虽较丰富，而不能准确称其病名，为临床计，可不论其病名，唯以病机是求，暂以病机称其证候，亦可借用论中之成法。

3. 根据部位，参以病机

梅国强指出，《伤寒论》所言部位，指体表部位而言，如胸胁、心下、腹、少腹、头颈、项背等，一定部位之症状，每与相应脏腑功能失调相关。然须别其寒热虚实，故需参考病机。其中部位有泛称者，有确指某部位者。梅国强曾用治下焦湿热之加减白头翁汤，治疗滴虫性、霉菌性或细菌性阴道炎（属于湿热阴痒者），盖因女阴与直肠、肛门毗邻，同属泛称之下焦，且病机相同也。

4. 循其经脉，参以病机

经脉内属脏腑，外络肢节，故经脉循行部位之多种病证，皆可借鉴脏腑治法。如柴胡桂枝汤治太阳少阳经脉病变而异于原方证候者，每获良效。又有病证原属多种，而于同一经脉之不同部位出现证候，不论其部位之高下，皆可依相应脏腑病证所主之方，权衡而施。如厥阴经绕阴器、过少腹、循胸胁，凡此等部位之疼痛、硬结等，均可疏肝理气，以四逆散为主随证加减。

5. 酌古斟今，灵活变通

《伤寒论》成书以来，凡1800余年，其间学术发展，不无沧桑之变。有古今病名不一者，有方药主证不同者，或有方无证，有证无方种种不一，则运用经方，每多疑难，故须酌古斟今，灵活变通，其方法可考诸典籍而验之临床。梅国强更重视后者，如用桂枝汤加味治疗"皮肌炎"久热不退，用四逆散合五苓散治"乙状结肠冗长症"等，是其例也。

6. 厘定证候，重新认识

《伤寒论》文辞古朴，辞约义精，且迭经兵燹，错漏难免，是以对某些条文方证，诚有厘定之必要。如厘定第72条五苓散证为消渴证而设，并用此治愈消渴（渴饮不止，小便频多，而非糖尿病等）；厘定第152条十枣汤证所兼之表证，实属悬饮性质而非为外感表证，并创"和解枢机，化饮散结，兼从阴分透邪"之有效治法等，例证颇多。

7. 复用经方，便是新法

经方配伍，往往药味较少，故功效较为单纯，若病情相宜，运用得当，每能效如桴鼓。然则经方用至今日，时移世易、生态环境、气候条件、社会因素、物质生活、文化教育，无不有所变更，故人群之疾病，古今难以完全相同。梅国强擅用经方，然不主张死守之，并指出复用经方，便是新法。大凡复用经方之原则为：①上下病情歧异。②脏腑病变不同。③兼夹证候明显。④表里寒热不一。根据原则而求变化，则新法层出不穷。

8. 但师其法，不泥其方

此法之渊源，仍不离仲景六经理论。其运用之精髓，必宗"观其脉证，知犯何逆，随证治之"之辨治思想。但师仲景法，而不泥其方，其临床运用更为广泛。论中治太阴病曰"当温之，宜服四逆辈"（第277条），治寒湿发黄则"于寒湿中求之"（第259条）等，均只提治法，而不泥其方药，便是明证。梅国强以六味地黄丸为主治疗膀胱癌术后化疗3年之毛细血管扩张性紫癜，宗肾热移于膀胱之说，参叶天士之论斑，证以《灵枢》之经络循行，而拟"滋肾养液，活络化斑，兼以和胃"之法，是继承古法，而另拟其方的具体运用。

（三）主张寒温汇通，有效驾驭疑难病症

洪子云教授曾说："只读伤寒而不通温病者，只能做半个医生。"梅国强受其影响，推崇寒温汇通之说，认为寒温之学均是外感热病，本承一脉，具有源流关系，其学术发展的先后是缘于时代、地域、气候、体质等因素，并非两个孤立的学术体系。《伤寒论》已肇温病学之端，其方药如大青龙汤、麻杏石甘汤、抵当汤、白虎汤、三承气汤等的应用，为后世温病方的形成奠定了基础。梅国强认为，《伤寒论》第1、2、3条后，转而论述太阳温病脉证，其深意有二：其一，明温病之大体属性。即其病因为热，病证亦为热。其二，首论寒邪致病之后，复言温病，表明《伤寒论》是为外感热病立法，其病因已尽寓六淫之邪，非独寒邪使然。

1. 寒温整体辨证多维思辨

《伤寒论》之六经辨证，《金匮要略》之脏腑辨证，温病学之卫气营血辨证及三焦辨证原理互通。《温热论》云："肺主气属卫，心主血属营，辨营卫气血虽与伤寒同，若论治法则与伤寒大异也。"言辨营卫气血与伤寒六经辨证有相通之处，正是其内在生理相同且相互联系，但由于致病性质完全不同，故治法则大异也。《叶氏医案存真》指出："此属邪郁，不但分三焦，更须明在气在血。"梅国强认为，六经辨证与脏腑经络辨证存在着十分密切的关系，但脏腑辨证也不完全等同六经辨证，因为有些证候难以用脏腑辨证做出完整而准确的归纳。六经辨证与卫气营血辨证、三焦辨证是辨证的有机整体，亦是整体思辨之依据，不仅可用于外感病证，略加变通，更能指导内伤杂证的辨治。

2. 融合多种辨证的思辨体系

辨证之整体思辨模式，具体而言就是探幽索隐地综合各种病证，穷于理致地综合辨证分析，归纳其病变主次部位及相互影响、病证性质、证候特点、邪正盛衰消长、病势缓急、传变趋向以及邪之新、宿、松、锢，结合病者体质及时令特点等进行相应融贯思辨，于六经病证归属之中，复有卫气营血之次第、三焦病位之高下等复杂情形。梅国强指出，六经、卫气营血、三焦辨证均以六经辨证为统领，以临证为依据。六经实质的经络说、脏腑说、气化说、部位说、阶段说、症候群说等，虽

然见仁见智，各有其长，但若固守一说，则必然存在片面性，必须相互融合，彼此补充，方得其全。六经、脏腑、三焦、卫气营血辨证各有所长，要以六经为纲，将多种辨证方法从临证四诊思辨中有机地整合起来，正确地理解并灵活地辨证分析，才能客观准确地反映辨证整体观之实质。

3. 融贯伤寒、温病理法指导临床

伤寒与温病均为外感所致，而病因则有寒温之异，在其发展和传变过程中，伤寒有寒化和热化之分，其热化者，与温病同理；温病以热化为多，亦有伤阳、厥脱之变，可借鉴伤寒治法。故必须融会贯通寒温之各种理法方药，以治疗复杂多变的外感病与内伤杂病。

辨正邪消长：外感热病具有起病较急，来势凶猛，传变较快，变化较多的特点。外感病邪导致的脏腑经络、气血津液功能失调和实质性损害，进而又衍生内在的致病因素。梅国强指出，在疾病的各阶段均要明辨正邪消长，方能把握扶正祛邪之良机。就一般而言，若以邪实为主者，则祛邪即扶正，然须谨防克伐太过；若以正虚为主者，则以扶正为主，须明扶正即所以祛邪之理。此攻补之原理如斯，而灵活施于临床，则可变化百出。

调整气机以求"和"与"通"：梅国强指出外感病与杂病均需注重调整气机以求"和"与"通"，或以祛邪而求和求通，或以扶正而求和求通，因势利导，各得其所。气机失调，盖分虚实二类：若正气虚损，则气血阴阳等功能不足，因而壅滞不行；若邪气实，则阻滞气血阴阳，因而气血阴阳逆乱，三焦不行之类，难以尽述。若能正确辨治，则补可通之，攻可通之。

贯通寒温理法：梅国强指出，《伤寒杂病论》集汉代以前医学成就，将疾病传变规律总结成六经辨治体系，温病学继承并发展了伤寒学派之精华，汇集历代医家之学术创新，而总结出卫气营血辨证、三焦辨证体系，二者绝无对立之势，而有互补之妙。欲求寒温互补，必先深入理解，融会贯通，施之临床，反复求证，必有一己之心得，或有所创新。是执规矩，自为方圆，工巧随之。如《伤寒论》厥阴病篇，原以寒证、寒热错杂证为主，虽有热证，如白虎汤证、小承气汤证等，然则终非厥阴本证。若参合温病学说，则热盛动风、热盛阴伤肝风内动、热闭心包等，何尝不是厥阴热证。由此反思，则阳明热盛（包括阳明腑实），达到热闭心包、热盛动风程度，则白虎汤、承气汤，仍是首选方药，唯须据证加减而已。又如在抗击新冠感染的过程中，梅国强与我校附属医院共同研制之"肺炎1号"（柴胡、黄芩、法半夏、党参、全瓜蒌、槟榔、厚朴、草果仁、知母、生甘草、陈皮、虎杖等），治疗500余例新冠感染患者；又远程会诊新冠感染重症患者，梅国强给出一方二法之治疗方案：①柴胡陷胸解毒汤（柴胡、黄芩、法半夏、黄连、全瓜蒌、浙贝母、桔梗、百部、

前胡、紫菀、款冬花、蒲公英、紫花地丁、半枝莲、白花蛇舌草等），针对新冠感染重症，发热难退者。②麻杏陷胸解毒汤（上方去柴胡、黄芩，加麻黄、杏仁），针对咳喘严重者。必要时加安宫牛黄丸。经治七例，均获痊愈。由是观之，与其争辩寒温，莫如兼收并蓄，提高疗效。

重视舌诊，以助辨证：梅国强常以舌诊之法，运用于临床，以助辨证选方。《伤寒论》虽有舌诊记载，然未进行重点论述，而后世温病学家将其作为发扬的重点之一，叶天士《温热论》仅四千余字，但对于舌诊之论述，几乎过半，足以体现温病学家对于舌诊的重视。梅国强将其运用于外感、内伤杂病的辨治，常取得较好疗效。如用舌诊指导"胸痹姊妹方"的运用：小陷胸汤和瓜蒌薤白半夏汤所治胸痹之症状，如出一辙。其辨别要点，尽在舌象之差别，若苔白（略）厚，舌质淡或正常，当用瓜蒌薤白半夏汤；若苔白或黄（略）厚，舌质鲜红或绛，当用小陷胸汤。

（四）论证手足少阳同病，救治重症取法少阳

梅国强从早期跟随其恩师参与治疗"流脑""肠伤寒"，应用蒿芩清胆汤开始，就重视手足少阳同病，并形成了手足少阳同病说，临床以小柴胡汤合蒿芩清胆汤为基本方化裁，对于多种湿热弥漫为主要病机的急危重症疗效显著，有较强的临床运用价值。辨治少阳病证之思维，实以经腑分证为纲，而重视手足经脉与脏腑同调。

1. 胆腑热结病属少阳腑证

梅国强认为，少阳病位在三阳之列，胆为六腑之一，故其病亦应有经腑之分。所谓腑证，其病变部位必然在腑，其证候除通过经脉而有全身反应外，并有在腑之局部反应。认为少阳腑证与《伤寒论》所述之大柴胡汤证相合。首先，从证候表现而言，以胆腑所居及经络分布，《灵枢·经脉》载少阳经"是动则病，口苦，善太息，心胁痛，不能转侧"，而《伤寒论》中有"心下急"甚或"心中痞硬"，而非腹满硬痛或绕脐痛。况阳明病见"呕多"或"心下硬满"者，皆属下法禁忌。论中所述之"热结在里"，非结于阳明胃肠，实结于少阳胆腑也。其次，从方药分析，大柴胡汤中用大黄、枳实之目的，在于泄热，并非攻下燥屎。大黄、枳实而配柴胡、黄芩、芍药等，实有清热和解、利胆排毒、缓急止痛之功。况本方只用枳实，不用厚朴，因枳实主心下，厚朴主大腹，二者作用部位不同，亦从侧面证实大柴胡汤证乃胆腑热结，而非兼阳明腑实。

2. 小柴胡汤外和内疏

《伤寒论》小柴胡汤乃和解第一方，有着畅达三焦的作用，服后"上焦得通，津液得下，胃气因和"，三焦通畅，阴阳自和。小柴胡汤乃少阳主方，临床运用甚广，其所主之证非独少阳半表半里证，换言之，少阳证以小柴胡汤为主方。若谓小柴胡

761

汤证则范围较广，除治疗前述者外，还可治疗其他病证，如妇人热入血室、黄疸等。对于小柴胡汤的功效，梅国强认为，本方寒温并用、攻补兼施、升降协调。外证得之，重在和解少阳，疏散邪热；内证得之，还有疏利三焦、调达上下、宣通内外、运转枢机之效。正因于此，梅国强在临床上广泛运用此方，治疗内、妇、儿、皮肤科疾病，化裁用之，匠心独运而疗效显著。

梅国强擅长运用柴胡类方，除《伤寒论》所载小柴胡汤、大柴胡汤、柴胡桂枝干姜汤、柴胡加龙骨牡蛎汤等经方外，而将本方与其他经方、时方合用，如柴胡陷胸汤、柴胡四物汤、柴胡温胆汤，小柴胡汤合蒿芩清胆汤而成柴胡蒿芩汤，小柴胡汤合四土汤为柴胡四土汤，小柴胡汤合平胃散为柴平汤，是寒温应时代转变，符合当前湿热证候多发的时代特征。

3. 手足少阳同病，治宜疏化

观《伤寒论》少阳证，多为足少阳之病，而温病之少阳病，又多为手少阳见证。前者乃外邪夹胆火为病，无湿邪可言，后者为三焦湿热为患，而非胆火独发。至于手足少阳同病，明代万密斋曾言"足经传手"，但后世诸家均鲜有阐论，而临床每多见之。梅国强于此证阐发详尽，认为本证大类有二：其一，《伤寒论》之柴胡桂枝干姜汤证，既有胆经郁火，又见三焦饮阻，其手少阳见证乃水饮为患，而非湿热，治宜和解兼温化，为《伤寒论》所载，义理明晰。其二，有手足少阳同病，湿热之邪犯少阳而手足分传者，种种不一，难以详尽。视病情之轻重缓急，标本主次，而有偏于和解（足少阳见证为主）及偏于分消（手少阳见证为主）之不同，主方小柴胡汤、蒿芩清胆汤合并化裁。至于先和解后分消或先分消后和解，又视病情之变化，灵活变通。

（五）注重整体恒动，把握脏腑经脉相关

梅国强认为，整体恒动观，即在整体观念的基础上融入了变化的观念。《周易·系辞上》曰："变化者，进退之象也。"认为万事万物无时无刻不在运动、发展、变化。要从整体上把握变化，知晓变化，才能运筹帷幄，于不变中应万变。《伤寒论》本身及辨证论治的过程，均体现了整体恒动观。

1. 六经辨证，拓展运用

梅国强指出，《伤寒论》行文之中，只言"某经之为病"，不讲"某经之伤寒"，括百病于六经，而不离其范围，在六经上求根本，突出了六经辨证的特点。六经病之本质不离正邪斗争、进退的动态变化，然而因正气强弱，感邪轻重，治疗及时得当与否，则有传经与不传的区别。传变与否，不以《黄帝内经》之计日传经为依据，以脉症为凭，如其云："伤寒一日，太阳受之，脉若静者，为不传；颇欲吐，若躁烦，

脉数急者,为传也。伤寒二三日,阳明、少阳证不见者,为不传也。"其传经形式,可分为循经传、表里传、越经传等。若素体虚弱,感受外邪,无三阳病证,而直犯三阴者,为直中。皆表明六经病证会时刻发生变化,有其普遍规律,为常;也有因正邪关系或误治而有不循一般规律之诸多变化,为常中之变。

梅国强认为,仲景以六经立论,《伤寒论》中治脏腑病证之方,与治疗经络病证之法,常可相互借鉴、互为参考。以调治脏腑经络为手段,使气血阴阳恢复平和。抑或治在气血阴阳,而其效则归于脏腑经络,故拓展《伤寒论》方之临床运用,可于整体恒动中加以揣摩。医者须穷其理、达其变,触类旁通,举一反三。

2. 脏腑经脉,整体把握

梅国强认为,若病机相符,则治外感热病之方,可用以治疗内伤杂病,治疗脏腑病之方,可借用治疗经脉病证。以葛根芩连汤为例,此方出自《伤寒论·辨太阳病脉证并治中》第34条,是外感邪热内迫大肠(阳明),而成热利之主方。《灵枢·海论》云:"夫十二经脉者,内属于脏腑,外络于肢节。"则手足阳明经脉,胃肠之腑,必作整体来看,方得其全貌。故头面部疾患,部位与阳明经脉所过处相关,病机属热属实者,如齿痛、面痛、头痛、目赤、鼻干等,可酌情选用本方,此即"循其经脉,参以病机"。若出现少阳阳明经脉同病之候,可合小柴胡汤治疗,此即"复用经方,便是新法"之旨。梅国强用葛根芩连汤治疗阳明经脉兼少阳经脉所过之处,为热邪所伤诸证,如齿龈肿痛、头痛、痤疮、三叉神经痛、鼻咽癌放化疗后诸症、下颌关节炎等,疗效颇佳。

梅国强根据临床所见,认为脏腑同病者较多,以及脏腑相关,经脉相连的生理病理联系,提出心系相关脏腑的同病理论,分为胆心同病、胃心同病、颈心同病、肺心同病。脏腑同病理论是以中医脏腑经络等理论为基点,以六经辨证为纲领的辨治方法,用于治疗两种或多种疾病的辨治,用于治疗复杂之病,或集多病于一身者,有执简驭繁之效。

3. 病证兼夹,随证治之

梅国强指出,《伤寒论》所述疾病在发展过程中,因体质与治疗及时、得当与否,往往会表现出证候主次、兼夹差异,或出现不同传变及方证演变。以太阳中风证为例,其病起于风寒之邪外袭,因体质差异而有证候偏重或产生不同变化,如桂枝加葛根汤证、桂枝加厚朴杏子汤证、桂枝加附子汤证、桂枝新加汤证、桂枝去芍药汤证、桂枝去芍药加附子汤证,此为定法,皆显而易见。还有桂枝汤之活法,如桂枝汤与针刺同用,平冲降逆的桂枝加桂汤,温通心阳兼镇潜的桂甘龙牡汤,祛风散寒除湿的桂枝附子汤,建立中气的小建中汤,温补心阴阳气血的炙甘草汤等,皆为定法中的活法。

（六）活用唯物辩证，审机立法遣方用药

中医学的形成过程离不开古代哲学的影响，其中最具有代表性的是古代朴素的唯物辩证法。《墨辩·小取》曰："夫辩者，将以明是非之分，审治乱之纪，明同异之处，察名实之理，处利害，决嫌疑。"以之指导中医辨证思维的运用，可明六经病变之是非，别病证表象之同异，察脉证并治之名实，审病证安危之纪，处六经八纲辨证之关联，决脏腑经络病证之嫌疑。梅国强认为，《伤寒论》本身就体现了唯物辩证法之对立统一规律、质量互变规律、否定之否定规律。

1. 对立统一，全面把握

梅国强指出，《伤寒论》六经辨证隐含了阴阳、表里、寒热、虚实等辨证要素，涵盖了邪正、标本、常变、急缓、主次等，无一不是对立统一的，都是辩证法的体现。表里、虚实、寒热之证也可相互转化，表证失治误治可入里，伤寒日久可化热，如《经方实验录》所言："麻黄汤证化热入里，为麻杏甘石汤证。桂枝汤证化热入里，为白虎汤证。葛根汤证化热入里，为葛根芩连汤证。"足以体现其化热、入里的传变规律。虚实证候之间也有相互转化、兼夹、真假的不同。标本、急缓之治法也不是一成不变的，急则治标，缓则治本，在实际方药运用中，寒温并用，攻补兼施，滋燥兼行，升降同调，宣肃并用，内外异治，无一不是对立统一的体现。权衡其利弊轻重，把握尺度，方可并行不悖。

2. 识证唯物，辨证准确

梅国强指出，中医学建立在循证医学的基础之上，所得出的证候与拟定的方药并非主观臆断，而是有明确的四诊所得资料支撑的，《素问·征四失论》云："诊病不问其始，忧患饮食之失节，起居之过度，或伤于毒，不先言此，卒持寸口，何病能中？"《难经·六十一难》记载望闻问切，以知其病之所处、所出、所起所在、在何脏腑。辨证论治过程是客观、唯物的。正如仲景所言："观其脉证，知犯何逆，随证治之。"根据脉证而得出病机，从而拟定治法，根据治法选取方药，其脉络十分清晰，有理有据。

梅国强指出，通过四诊全面采集的信息，既最基础，亦最可靠，根据这些信息所推断出的病机，才是最准确的。如干咳少痰患者，若无其他信息，不可断言其为阴虚，也有可能是燥咳、肺热等，再根据其他症状、舌脉等，综合判断，才可下结论。又如便溏，其病机也可以是虚寒、湿热、肠热等，要结合大便特点、舌脉等综合辨证，叶天士曰："伤寒大便溏为邪已尽，湿温病大便溏为邪未尽。"亦足以言明其病机的多样性。对于耳鸣，虽有"肾开窍于耳及二阴"，但不可凭此，在无肾虚表现的情况下便断言与肾相关。肾固然开窍于耳，然亦有心"开窍于耳"，况手足少阳经

脉都"从耳后，入耳中，出走耳前"，均与耳的关系密切，须全面考虑。

3. 立足本质，临证思辨

梅国强强调，要学会抓住病证本质，即病机，同时要举一反三，临证思辨，如对于温阳与通阳之辨，其理论明晰，运用中并无鉴别难点，其难在于识证。"通阳"之理法尽在《伤寒论》中，如"厥"，第337条曰："凡厥者，阴阳气不相顺接，便为厥。厥者，手足逆冷者是也。"旨在说明手足厥冷，包括恶寒等一类征象，其病机之症结，在阴阳气不相顺接。阴阳气何以不相顺接？并非只有阳虚寒盛一途，亦有实邪阻滞而成者。梅国强将此论发挥，用于内伤杂病中，阳气不通之因湿邪阻滞，或湿热胶结，或瘀血阻滞、痰瘀互结等，阻碍阴阳气机运行，其症类似阳虚者，当用祛邪以通其阳气，此即叶天士所言"通阳不在温，而在利小便"。梅国强说，利小便仅示其端，若祛其邪，使邪无阻滞，则正阳自通，如此则温病杂病，其理一也。

梅国强教诲，临证之时，治因证设，方随治立，而以辨病机之所在，贯穿其始终。"效不更方""不效更方"之理，医所共知，然则仍显不足，更有"效亦更方""不效守方"等思路，简述如下。

（1）效不更方："效不更方"，意为投方收效之后，病证虽轻，而病机依旧，遂守前方，或依症略事加减续投，至诸症悉除收功。如《伤寒论》第24条云："初服桂枝汤，反烦不解者，先刺风池风府，却与桂枝汤则愈。"《伤寒论》第152条十枣汤证下有"若下少，病不除者，明日更服"等。故临证之时，投药虽有收效，而病证未愈，病机不变，则坚守原方，略事加减，至病瘥而止。

（2）效亦更方：此言"效亦更方"，似与前者相互龃龉，然仔细斟酌，服药收效之后，不可盲目守方，若病机变化，治法当改，投方自异，如是推之，便有理可循。梅国强常道，投药之后，虽得效，亦须更方者有二。其一，投方收效，诸症悉减，仍应观其脉证。若其病减轻，且病机有变者，亦应更方。否则得效之方，反为无效，或生他变。其二，病者服药虽有一定收效，但其功甚微，医者并不满意者，亦须更方。此时，当详询其病史，细察其脉证，若察觉疏漏之处，证候方药未能尽合者，需改弦易辙。观此，效亦更方之理，不解自明。

（3）不效守方：吴鞠通《温病条辨》曰："治内伤如相，坐镇从容，神机默运，无功可言，无德可见。"说明在内伤杂病中，辨证用方，虽已详审，并确定无疑者，短期虽难奏效，然久必收功。此多为病久入深，根蒂固结之病。治此类病如琢如磨，功到则成。若治疗急性病，不效不可守方，与此文无关，另当别论。

（4）不效更方："不效更方"虽在情理之中，然更方之时，亦应详察证候、起病及诊疗过程，而知其疏漏之处，于原方之中，略加调整，似乎方药基本同前，实则变化暗藏其中，如桂枝加厚朴杏子汤之类，乃属于此。再者，病家曾辗转多方求治，而收效甚微，接诊之时，详审前医之方药，以病历为师，结合脉证，回避旧途，另辟新法，多能疗效满意。观此，是投方不效时，详察病情，仔细思考，发现端倪，在方药的细微改动之下，于不变中求变。

以上几点更方思路，不过寥寥十六字，但践行不易。梅国强常教诲学生，变化贯穿于疾病始终，辨证之时，当把握变化，方可主导疾病向愈；治疗之中，常法不效，必思其变法。用药如用兵，战场瞬息万变，病情亦诡秘难测，然有"三易"之理可遵：一者，变易——无论治与不治，正治与误治，病情始终是在变化的，不可一味泥旧而不晓变化。二者，简易——病证纷乱，病情复杂，若以病机为要，方可执简驭繁。三者，不易——观其脉证，知犯何逆，随证治之，此为辨证论治之不二法门。

四、专病之治

（一）胸痹

胸痹一病，病在心胸，乃饮食失调、情志失节、年老体迈、劳倦内伤，导致心脉痹阻，不通则痛；心失所养，不荣则痛。

1. 临床表现

轻者胸背痛，胸闷，心悸，气短；重则心痛彻背，背痛彻心；甚则手足青至节，朝发夕死，夕发旦死。胸痛可表现为胀痛、闷痛、刺痛、绞痛等，多呈阵发性，短时自止，休息则止，或服药方可缓解，部位固定或不固定，有牵及背部、左肩臂者；更有隐微者，痛见心下，当查其疼痛性质、规律、持续时间及伴随症状而详辨之。舌质或淡，或鲜红，或绛，或紫暗，或有瘀斑，舌苔白或黄，或薄或厚，或腻，或少苔，脉象见缓、滑、数、沉、弦等。

本病虽临床表现众多，然临证所见，痰浊内阻、痰热互结、气滞血瘀与气阴两虚证较为常见，故本方案以此四证为主，兹对梅国强诊疗胸痹的思辨方式做出概要阐述。

2. 常见证型

（1）痰浊内阻证：胸闷、胸痛、心悸、气短，或咳嗽痰多，易疲劳，甚则胸背痛、喘息、爪甲青紫、唇绀，伴倦怠乏力，纳呆便溏，时吐痰涎等，舌质淡或正常，舌体胖大有齿痕，舌苔白厚或厚腻，脉迟，或滑、弦、缓、沉等。

（2）痰热互结证：胸闷、胸痛、心悸、气短，或有咳嗽、咳痰，困倦乏力，精神不振，甚则胸背痛、喘息、爪甲唇青紫，舌质鲜红或绛，舌体胖大，舌苔黄厚或黄厚腻，脉弦，或滑、缓、数、沉等。

（3）气滞血瘀证：胸痛，多以刺痛或胀痛为主，疼痛部位固定，劳累后加重，胸闷、心悸、气短，甚则胸背痛、喘息、爪甲青紫、唇绀，舌质紫暗或有瘀斑，舌苔白薄，脉弦，或缓、涩等。

（4）气阴两虚证：胸痛隐隐，心悸、胸闷、气短，少气乏力，动则加重，面白少华，活动后汗多，舌质淡，舌苔白薄或少苔，或有剥脱，脉弦细，或缓弱。

3. 治则治法

胸痹者，多表现为胸痛、胸闷、心悸、气短，然轻重不一，病机有别。虚者，阴虚不濡，血虚难充，气虚鼓动乏力，治当察其虚而补之；实者，气滞、血瘀、痰阻，脉道痹阻，则视其实而攻之。此外，亦有虚实夹杂者，正虚兼邪阻，视其虚实，或以扶正为主，或以祛邪为要。如痰热互结证，以清热化痰、宣痹止痛为主；痰浊内阻证，以通阳泄浊、宣痹止痛为主；气滞血瘀证，以疏调气机、宣痹止痛为主；气阴两虚证，以益气养阴、宣痹止痛为主。对于兼夹证型者，当合而治之。

4. 方药组成

组方依据：梅国强临证治疗胸痹之时，随证变法选方而治之，以主要病机而定主方，若有兼夹者，多辅而兼顾之，思路清晰。因心主血脉之生理，故多兼血瘀之机窍，临证处方之时，多辅以活血化瘀、通络止痛之品，以增疗效。又心主神明，心神被扰，心窍被蒙，则神明失其所主，故辅以安神开窍之品，则心神得安，心窍得开，神司其用。

常用方剂：梅国强治疗胸痹常用的方剂有瓜蒌薤白半夏汤、小陷胸汤、血府逐瘀汤、黄芪生脉饮等。临证运用之时，多有化裁，兹将主要药物条列于下。

（1）痰浊内阻证，常以瓜蒌薤白半夏汤为主：法半夏10g，全瓜蒌10g，薤白10g，枳实20g等。

（2）痰热结胸证，常以小陷胸汤为主：法半夏10g，全瓜蒌10g，黄连10g，枳实20g等。

（3）气滞血瘀证，常以血府逐瘀汤为主：生地黄10g，当归10g，川芎10g，白芍10g，柴胡10g，郁金10g，枳实20g，土鳖虫10g，红花10g等。

（4）气阴两虚证，常以黄芪生脉饮为主：黄芪30g，生晒参6g，麦冬10g，五味子10g等。

（二）胃痞

胃痞之病位在膈下之胃脘，与肝、脾关系密切。中焦气机不利，脾胃升降失职，为病机之关键。病理性质不外虚实两端，实即实邪内阻，虚为脾胃虚弱，虚实夹杂则两者兼而有之。

1. 临床表现

上腹痛、上腹灼热感、餐后饱胀和早饱之一种或多种，可同时存在上腹胀、嗳气、食欲不振、恶心、呕吐等。舌质或淡，或鲜红，或绛，或紫暗，舌苔白或黄，或薄或厚，或腻；脉象见缓、滑、数、沉、弦等。本病虽临床表现众多，然临证以肝胃不和、脾胃气虚、痰热中阻、寒热错杂证等较为常见，故本方案以此四证为主，兹对梅国强诊疗胃痞的思辨方式做出概要阐述。

2. 常见证型

（1）肝胃不和证：胃脘痞满，闷胀不舒，胀及两胁，情志不遂易诱发或加重，嗳气、呃逆，反酸，心烦急躁，两胁气窜走痛，口干口苦，小便淡黄，舌质暗红，苔薄白或白厚，脉弦或弦细。

（2）脾胃气虚证：脘腹痞满隐痛，劳累后加重或饥饿时疼痛，纳差易饱，大便溏软，舌质淡，体胖有齿痕，泛吐清水，嗳气不爽，口淡不渴，头晕乏力，脉细弱，苔薄白或白腻。

（3）痰热中阻证：胃脘痞满，闷胀不舒，恶心欲吐或呕吐，纳呆食少，嗳气不爽，头身困重，肢软乏力，口苦吐酸，大便不爽而滞，小便黄赤，脉濡数或细数，舌质红，苔黄腻。

（4）寒热错杂证：胃脘痞满或疼痛，胃脘嘈杂不适，心烦，口干，口苦，腹满肠鸣，遇冷加重，腹冷便溏，嗳气纳呆，小便时黄，舌质淡，苔黄，脉弦细或弦滑。

3. 治则治法

胃痞治疗总以调理脾胃升降、行气除痞消满为基本法则。根据其虚、实分治，实者泻之，虚者补之，虚实夹杂者攻补并用。扶正重在健脾益胃，补中益气，或养阴益胃。祛邪则视具体证候，分别施以消食导滞、除湿化痰、理气解郁、清热除湿等法。如肝胃不和证，以疏肝解郁、和胃降逆为主；脾胃气虚证，以健脾益气、和胃降逆为主；痰热中阻证，以清热化湿、理气和胃为主；寒热错杂证，以辛开苦降、和胃消痞为主。对于兼夹证型者，当合而治之。

4. 方药组成

组方依据：梅国强临证治疗胃痞，以主要病机而定主方，若有兼夹者，多辅而兼顾之，思路清晰。脾主运化水湿，脾胃病变，水湿不得运化，生为痰饮，蕴久化热，故临床以湿热滞胃、痰热互结证为多见，处方多加芳香之品化湿醒脾，而脾胃病病程多长，病久入络，故多佐以药性平和的养血活血之品。

常用方剂：梅国强治疗胃痞常用的方剂有疏肝和胃汤、香砂六君子汤、小陷胸汤、半夏泻心汤等。临证运用之时，多有化裁，兹将主要药物条列于下。

（1）肝胃不和证，常以疏肝和胃汤为主：柴胡10g，枳实20g，白芍10g，郁金

10g，广木香 10g，砂仁 10g，焦白术 10g，黄连 6g，吴茱萸 6g，炙甘草 6g 等。

（2）脾胃气虚证，常以香砂六君子汤为主：太子参 10g，焦白术 10g，茯苓 30g，炙甘草 10g，法半夏 10g，陈皮 10g，广木香 10g，砂仁 10g 等。

（3）痰热中阻证，常以小陷胸汤为主：法半夏 10g，全瓜蒌 10g，黄连 10g，枳实 20g，吴茱萸 6g，海螵蛸 15g 等。

（4）寒热错杂证，常以半夏泻心汤为主：法半夏 10g，干姜 10g，黄连 10g，黄芩 10g，枳实 20g，吴茱萸 6g，海螵蛸 15g 等。

五、方药之长

（一）常用方剂

1. 柴胡类方

柴胡类方是以《伤寒论》小柴胡汤为主，经过加减化裁而形成的一个方剂系列。小柴胡汤为柴胡类方之主方，具有和解少阳、运转枢机、宣通内外、运行气血之功，为"少阳枢机之剂，和解表里之总方"（《伤寒来苏集》），故其所治病证涉及外感、内伤，以及气血、津液等方面。此外，少阳病证还涉及肝胆、脾胃、血室、三焦等脏腑。除《伤寒论》中柴胡类方外，后世医家对本方应用曲尽变化，如柴平汤、柴苓汤、柴胡四物汤、柴胡温胆汤、柴胡陷胸汤等，均是传世名方，为临床运用柴胡类方广开思路。

（1）小柴胡汤：小柴胡汤在《伤寒论》中是治疗少阳病之主方，若外感病用之，重在和解少阳，疏散邪热，内证得之，重在疏利三焦，条达上下，宣通内外，运转枢机，故本方广泛应用于临床各科，涉及外感内伤诸多病证。临证之时，"有柴胡证，但见一证便是，不必悉具"，可用原方，也提倡灵活加减，临床运用，圆机活法，使小柴胡汤的临床应用范围极大拓展，为经方治疗多种疾病提供了思路。

（2）柴胡桂枝汤：本方出自《伤寒论》第 146 条，用治太少同病。有"发热微恶寒，支节烦疼""微呕，心下支结"等症，前者示太阳表证未解，后者知少阳半表半里之证仍存，但都较轻浅，故分别取小柴胡汤和桂枝汤原方分量之半，合为复方。治外感属太阳少阳同病者，《伤寒论》已有明训，不再赘述。治内伤杂病，不拘发热与否，根据主证"支节烦疼""心下支结"等，舌脉符合者，均可用之。

（3）柴胡桂枝干姜汤：本方出自《伤寒论》第 147 条，用治少阳枢机不利兼水饮内结之证。梅国强认为本方证实属手足少阳同病，"胸胁满微结"为饮阻上焦，不同于小柴胡汤证之"胸胁苦满"；"小便不利"为饮阻下焦，气化失常之象；饮阻三焦，但未涉及胃腑，故"渴而不呕"，三焦实为水火气机之通道，邪犯少阳，既可见胆气内郁化火，又可见三焦水饮内阻，故用柴胡桂枝干姜汤和解兼温化。梅国强曾用本方加减化裁治疗悬饮病证、顽固性头痛属少阳火郁水停者，效果明显。

（4）柴胡加龙骨牡蛎汤：本方出自《伤寒论》第107条，专为少阳胆火上炎，三焦枢机不利，痰浊内生，痰热扰神之烦惊谵语而设。方中龙骨、牡蛎为临床重镇安神之常用药对，而柴胡、牡蛎的配伍亦为梅国强所喜用，认为二药一升一降，一疏一敛，可疏肝软坚，调畅气血，若另加泽泻，则有化痰散结之功。根据论中"胸满烦惊""谵语"，常用本方治疗心悸、失眠、癫狂等，证属西医学之神经衰弱、精神分裂症、抑郁症等，因方中铅丹有毒，梅国强常以磁石代之。

（5）柴胡复方：经方配伍简单，而力专效宏，因而有谓用经方需按经方之法，不得随意变更者。然梅国强认为经方以至今日，时移世易，虽酷爱经方，但不死守之，提出"复用经方，便是新法"，用于治疗复杂病证，以提高疗效。其复用原则基本如下：①上下病情歧异。②脏腑病变不同。③兼证明显。④表里寒热不一。

小柴胡汤与经方合方：梅国强常用的柴胡复方甚多，其中柴胡桂枝汤即为小柴胡汤与桂枝汤各取其半而成，此乃仲景示范在先，后世名方尚有柴陷汤（小柴胡汤合小陷胸汤）等。《伤寒论》中已有小柴胡汤和小陷胸汤，后世医家（陶节庵、俞根初、徐荣斋等）历经推敲，将二方之合方定名为"柴陷汤"（药用柴胡、姜半夏、川黄连、桔梗、黄芩、瓜蒌仁、枳实、生姜汁），多用治外感病证。梅国强运用本方常以小柴胡汤中去人参、大枣、炙甘草、生姜，小陷胸汤中除原方药物法半夏、全瓜蒌、黄连外，多加用枳实，组成柴胡陷胸汤，多用治少阳枢机不利，兼中上二焦痰热为患之病。小柴胡汤与葛根芩连汤合方，治疗少阳、阳明相关之湿热病证疗效显著。

小柴胡汤与时方合方：梅国强重视经方，但也不轻视时方，将经方与时方合用，也能发挥意想不到的疗效，常用方如小柴胡汤合温胆汤、小柴胡汤合蒿芩清胆汤、小柴胡汤合四物汤、小柴胡汤合二妙散等。

其中，小柴胡汤合温胆汤，名柴胡温胆汤，本方药物组成如下：柴胡、黄芩、法半夏、陈皮、茯苓、竹茹、枳实。若呕恶者加生姜，因其少阳枢机不利，胆火内郁，更兼湿热阻滞，故去人参、大枣、炙甘草之甘壅。本方既能疏解气郁，又能清热化痰，对于气郁痰火所致的目眩、耳鸣、忧郁、失眠、心悸、癫痫、妇科湿热带下等均有较好疗效。小柴胡汤合蒿芩清胆汤，名柴胡蒿芩汤，在温病范畴中，有湿热之邪留连三焦气分，其轻者可用温胆汤，而重者宜用蒿芩清胆汤，故但凡胆胃不和、痰热内扰之重证，往往将小柴胡汤与蒿芩清胆汤合用，成柴胡蒿芩汤，被收录于《名医名方录（第四辑）》（中医古籍出版社出版，1994年），基本方药物组成：柴胡、青蒿、黄芩、法半夏、陈皮、茯苓、竹茹、枳实、碧玉散等。小柴胡汤合四物汤，名柴胡四物汤，一方面疏肝解郁，以顺木气之条达，补血柔肝以滋其体，且养肝体以助其用，每获良效，临床用于治疗经期感冒、月经不调属于肝郁血虚者效佳。另一方面，女子以血为用，而肝主藏血，肝郁血虚不能上荣，易出现皮肤肤质改变，梅国强常用本方治疗黄褐斑、妊娠斑、痤疮、皮肌炎等，疗效显著。

另有小柴胡汤合二妙散（《丹溪心法》）、三妙丸（《医学正传》）、四妙丸（《成方便读》）、四土汤（自拟方）等，治疗临床多科疾病，均获良好效果。

2. 小陷胸汤

小陷胸汤出自《伤寒论·辨太阳病脉证并治下》第 138 条："小结胸病，正在心下，按之则痛，脉浮滑者，小陷胸汤主之。"心下胃脘，按之则痛，表明痰热结聚。从原文出发，此证多为表病误治失治，病邪入里，痰热壅盛，结于心下而成。而在内科杂病中，但凡痰热结于中上二焦者，均可酌情使用本方。小陷胸汤由"黄连一两，半夏半升（洗），瓜蒌实大者一枚"组成。方中黄连苦寒，能燥湿除热；瓜蒌实甘寒滑利，清热涤痰开结；半夏辛温，化痰开结；三药配伍，辛开苦降，共奏清热化痰开结之功。

梅国强在《拓展〈伤寒论〉方临床运用之途径》一文中提出："突出主证，参以病机""谨守病机，不拘证候""根据部位，参以病机""循其经脉，参以病机""复用经方，便是新法"等运用思路，对拓展经方临证运用范围具有良好的指导意义。小陷胸汤为梅国强临床运用最多的方剂之一，用以治疗心系、肺系、脾胃疾病属痰热阻滞中上二焦者。以下仅就本方所治病证，应用小陷胸汤的常法，合方及配伍药对、药组进行简要说明。

本方治疗脾胃疾患，是依据《伤寒论》第 138 条"正在心下，按之则痛"之训。然而其病有轻重，若属重者，不按亦痛。其病机为痰热中阻，不通则痛。证见胃脘胀痛、嗳气、反酸，或胃脘灼热感，纳少，便溏或便秘，治宜清热化痰开结，理气止痛，或加活血之品，用本方加味。若治食管炎或胃痛兼食管炎者，多有胸骨后灼热、灼痛、咽喉不适等，宜在所用方中加柴胡、黄芩，成柴胡陷胸汤。以食管在胸，为少阳所主故也。

本方治疗肺系、心系疾患，《伤寒论》第 138 条并未明言，梅国强在《仲景方治疗肺系疾病临证撮要》中指出："胃脘与胸，仅以横膈而相邻，其病机常可相互影响。"若"此方证确与胸膈无关，则何以'结胸'名证，'陷胸'名方"，故本方治疗肺系疾患之理，"尽在'结胸''陷胸'之中"。由是言之，本方所治肺系疾患，当属痰热壅肺，证见咳嗽，白稠痰或黄绿痰，胸闷或胸痛，或气喘等，治宜本方加味，以清热化痰，宣肺开结。

本方治疗心系疾患，如冠心病之类，当属上焦痰热壅盛，心脉痹阻，宜用本方加活血化瘀通络之品。此与瓜蒌薤白半夏汤证之类，同中有异，彼为痰湿（浊）痹阻心脉，此为痰热痹阻心脉，可视为姊妹方，然则治有宜忌，不可不分。

以上三类疾病，其脉可数、可弦、可缓、可涩，在冠心病者，其脉亦可结代或促。其舌苔可白厚、黄厚、灰厚，舌质可绛，可鲜红，可紫暗，若薄白苔而舌绛，或薄白苔而舌质鲜红者，仍属痰热之象。叶天士《外感温热篇》有"白苔（未言厚薄）绛底者，湿遏热伏也"之论，梅国强更申言白薄苔，舌质鲜红者，仍属此类。

（二）用药经验

1. 活血化瘀药

梅国强辨治血瘀病证，常用药有土鳖虫、红花、苏木、丹参、生蒲黄、五灵脂、延胡索、片姜黄、郁金等。

如土鳖虫、红花药对，但凡瘀血久痛、癥瘕肿块、痛经闭经等病证，皆广泛运用。其中红花辛温，活血通经，祛瘀止痛；土鳖虫咸寒，有破血之效，且虫类药善通经络；两药合用，逐瘀通经，活血止痛之力强。可用于妇科病证、胸痹心痛等心系病证、头痛、腰痛、胃痛日久，久病入络，易致瘀血阻滞，亦可用此祛瘀通络。对于素有胃病而有胃痛、反酸、嘈杂者，恐土鳖虫、红花之活血力太强，多改用土鳖虫与苏木、丹参等配伍，或只用土鳖虫等，防其弊端。苏木味咸入血，性主走散而偏于沉降，能散瘀血，通经脉，《本草征要》曰："苏木理血，与红花同功，少用和血，多用即破血也。故能治跌仆损伤、壅塞作痛。其治风者，所谓治风先治血，血行风自灭也。"亦常配伍行气之品，以增疗效。生蒲黄与五灵脂，生蒲黄味甘性平，能活血通经，消瘀止痛，凡跌打损伤、痛经、产后身痛、心腹疼痛等瘀血作痛者均可运用。五灵脂苦泄温通，专入肝经血分，善于活血化瘀止痛，为治瘀滞疼痛要药。二药均能活血止痛，常相须为用，即为失笑散（《太平惠民和剂局方》），则活血止痛作用更佳。

2. 化痰止咳药

梅国强常用化痰止咳药有浙贝母、桔梗、百部、前胡、紫菀、款冬花、白前等。

如浙贝母、桔梗药对，作为止咳化痰的常用药对，多用于咳嗽、咯痰等肺系疾病早期或症状不重时。浙贝母，味苦，性寒，功能清热化痰，散结消肿；桔梗，味苦、辛，性平，具有宣肺、利咽、祛痰、排脓之功，能开提肺气，祛痰止咳，为肺经气分药；二药配伍，化痰止咳，宣降肺气，开泄宣散之力较强，常用于他病而兼咳嗽、咳痰者，常可明显改善症状。如患者咳嗽症状改善不理想，考虑加强化痰止咳效果，则在浙贝母、桔梗药对的基础上，加用百部、前胡、白前、紫菀、款冬花等；若有肺热征象，则加入白英、败酱草等，以清肺热、增疗效。

3. 通络止痛药

梅国强常用之通络止痛药，如全蝎、蜈蚣、乌梢蛇、刘寄奴、徐长卿、老鹳草、威灵仙等。

如全蝎与蜈蚣，均为虫类药，虽属有毒之品，但炮制之后，又入煎剂，则毒性甚微，而走窜之力甚速。内走脏腑，外达经络，凡气血凝滞之处无所不达，故长于搜风通络止痛。故顽固性偏正头痛、风湿痹痛等尤为适宜。蜈蚣止痛力量强于全蝎，二者相须为用，为止痉散，常用于多种顽固性疼痛。根据病情，选用乌梢蛇、刘寄奴、徐长卿、老鹳草、威灵仙等通络止痛之品。

4. 清热解毒药

梅国强常用的清热解毒药有白英、败酱草、金银花、蒲公英、紫花地丁、忍冬藤、半枝莲、白花蛇舌草、龙葵、石上柏等。

如白英、败酱草药对，多用于清热解毒。其一，如治疗肺系疾病之肺热证候或肺寒伏热之证，症见痰少，痰液黏稠，不易咯出或稀，虽有痰而咯出困难，常在清宣肺热方中加入白英、败酱草等，以增疗效。或常以白英、败酱草等代替石膏等性寒质重之品，因其轻清，符合"治上焦如羽，非轻不举"之意。或于温化寒痰之剂中少佐清热解毒之白英、败酱草，有助除肺中伏热，则有向愈之机。其二，对于痰湿（热）病证，变化多端，日久有化热成毒之虞，如痰湿（热）证候之癌毒疾病，或慢性肾脏疾病等，多胶结难解，缠绵难愈，或缓解后反复发作，故对于此类病证，常辅用白英、败酱草等清热解毒之品，多可获意外之效。其他如半枝莲、白花蛇舌草、蒲公英、野菊花、龙葵、石上柏、忍冬藤等，视病情而定，均在选用之列。

5. 散结消癥药

梅国强常用之散结消癥药，如制三棱、制莪术、制香附、制鳖甲、夏枯草等。

梅国强临床运用制三棱、制莪术，多用于癥瘕积聚，或结节、包块、纤维化等，而此类结节、包块，多是西医学的检测手段所提示的，如 CT、MRI、B 超等，梅国强称其为"望诊之延伸"。此类疾病，如癌症肿块、妇科包块、乳腺结节、甲状腺结节、肝硬化、肺纤维化、扩张型心肌病、肥厚性心肌病等，多为日久病深，有气滞、痰阻、血瘀等病理因素，或交相为患，导致器质之改变或有形包块之产生。制三棱、制莪术均可破血行气，消积止痛，三棱长于破血、莪术长于破气，合用活血化瘀，攻坚消积效果良好。对于结节、包块之消除有良好作用，同时可使功能部分恢复，能够较好地改善症状。运用之时，多根据病情，与半枝莲、白花蛇舌草、制鳖甲、制香附等，以及清热解毒之品配合使用。

六、读书之法

（一）法《内》《难》，夯实理论基础

梅国强指出，其中医理论基础主要来自《黄帝内经》与《难经》等。仲景"勤求古训，博采众方，撰用《素问》《九卷》《八十一难》《阴阳大论》《胎胪药录》，并平脉辨证"，著成《伤寒杂病论》，形成以整体观念为主导思想，以精气、阴阳、五行等学说为哲学基础和思维方法，以脏腑经络、气血津液为生理病理学基础，以辨证论治为诊疗特点的医学理论体系，是集理、法、方、药于一体的综合性医学典籍。

1. 发扬整体观念

梅国强指出，《黄帝内经》《难经》对整体观念的论述颇为详尽，如"形神合一""人与天地相参，与日月相应"等。重视对于整体观念的阐述，人体以五脏为中心，通过经络"内属于脏腑，外络于肢节"的作用，把脏腑形体官窍、四肢百骸联系起来，并通过精、气、血、津液的作用，完成其统一的功能活动。脏腑分工协作，如《素问·灵兰秘典论》曰："主明则下安……主不明则十二官危。""凡此十二官者，不得相失也。"病理上，脏腑间有表里、五行关系，又有经脉联系，可相互影响，如《难经·七十七难》曰："见肝之病，则知肝当传之于脾。"诊治方面，《灵枢·本脏》曰："视其外应，以知其内脏，则知所病矣。"是基于整体的相互联系，司外揣内的方法。《素问·疏五过论》曰："圣人之治病也，必知天地阴阳，四时经纪，五脏六腑，雌雄表里……审于分部，知病本始，八正九候，诊必副矣。"意在表明，凡诊治之法，必晓天地阴阳、四时经纪、脏腑关系、患者差异等，才可全面把握。从患者与疾病来讲，其病变经脉、脏腑，证候病机之间的相互关系，可能发生的变化等，可从整体观念来建立；从医者诊治的角度来说，要立足于整体，从宏观上进行全面把握，才能够准确辨证施治，获得疗效。

2. 强调治病求本

梅国强强调治病求本，就是抓病机，纷繁之病证如颗颗细珠，而病机则是串珠之线，有提纲挈领之功、执简驭繁之效。《素问·阴阳应象大论》曰："治病必求于本。"要在错综复杂的临床表现中，探求疾病的病机。《素问·至真要大论》曰："谨守病机，各司其属，有者求之，无者求之，盛者责之，虚者责之。"即论述病机的重要性，但"本"有明显易见者，有隐幽难明者，故而探求其病机，就显得尤为重要。

如梅国强论述苓桂术甘汤之用法，认为此方为温阳健脾、利水化饮之名方，仲景用以治疗脾阳虚弱、水饮内停之痰饮及微饮等证。又本怪病多痰之说，而可用于

治疗多种疑难病证，涵盖上、中、下三焦，究其原理，一是脾虚与痰饮互为因果。如脾阳受损，则运化失职，水饮（痰）内停，停饮作为新的病因，更伤脾阳，循环往复，为患无穷，故紧扣病机，方能驾驭病证。二是痰饮水气，随气机之升降，无所不至。三是痰饮之流注经隧者，隐匿难察。如有病证明显，而痰饮难征者，不仔细推求，难得"怪病多痰"之真谛。四是温阳健脾、利水化饮法，仲景概括言之曰"病痰饮者，当以温药和之"，教人理解其精髓，则灵思妙用，变化无穷。

3. 重视调整阴阳

梅国强指出，万物皆分阴阳，是对立统一的整体。六经病证的病理变化，大体说来，责之于阴阳的偏盛偏衰，阴阳二气失去平衡。《素问·生气通天论》曰："阴平阳秘，精神乃治，阴阳离决，精气乃绝。"强调阴阳平衡的重要性。《易经系传别讲》曰："一阴一阳之谓道。"偏盛偏衰之谓疾，实言阴阳失衡为疾病发生的根本。对于治疗法则，《素问·至真要大论》曰："谨察阴阳所在而调之，以平为期。"根据机体阴阳失衡的具体情况，采用相应的治疗，使之恢复相应的协调平衡。其一，损其偏盛，《素问·阴阳应象大论》曰："阳胜则阴病，阴胜则阳病。"治疗时，便要损其有余，从而恢复阴阳平衡。其二，补其偏衰，对于阴阳一方偏衰，则另一方必然相对亢盛，则采用"益火之源，以消阴翳"和"壮水之主，以制阳光"的治法。其三，损益兼用，阴阳是一个动态变化的、相对的概念，在阴阳偏盛偏衰的病变过程中，往往会引起另一方的变化，在治疗的时候，就要兼顾其变化，损其有余，补其不足，以平为期。

（二）遵仲景，参考注家著作

梅国强对各学术流派的学术成就及贡献有独到见解，并去粗存精，传承发扬。梅国强研究并传承各伤寒学术流派的学术观点，认为各流派学术之间有同有异，其根本是辨证论治，要求同存异，学会扬弃；也要在继承的基础上，结合临床实践，结合时代特征，发扬创新。

1. 学术特点不同，辨证乃其根本

《伤寒论》成书并刊行之后，经成无己注释，采用"以经释论"的方法，遵循中医基础理论，阐释伤寒学术。随着医界对《伤寒论》的重视，研究者增多，又研究方法与学术观点不一，或以经释论而注伤寒，或错简重订以立三纲，或维护旧论重气化，或辨证论治勤临床，或寒温汇通，或衷中参西，其辨证论治流派又从方、法、经、症等方面体现类证思维，呈现百家争鸣的盛况，极大地发展了伤寒学术。到明清时期，温（湿）热病渐成体系，在伤寒学术的基础上，温病学得到了极大发展，寒温汇通的研究得到发扬；随着西医学的传入与壮大，中西医学的碰撞已然不可避免，部分医家开始了解西医，并借以阐释中医，进入了衷中参西的初级阶段。梅国强认为，纵然流派众多，其学术思想的精神实质始终不离辨证论治，只是切入点与侧重点不一样，否则就脱离了仲景学术思想，所以，就整体而言，所有学术流派都以辨证论治为根本。

2. 诸家观点各异，扬弃方为良法

梅国强指出，伤寒学术流派的形成有其必然性与相对性，对于各学术流派的传承要有辨识性与选择性。

《伤寒论》在1800多年的曲折传承发展中，历经朝代更迭，战乱饥荒，转抄秘传，私相授受，散佚后经王叔和整理，林亿等校正，赵开美复刻，始大行于世。研究者对于前人所整理的《伤寒论》，有不同态度，故形成众多的伤寒学术流派，有其必然性。学术流派的划分是以该流派各医家的最主要学术观点为依据，其观点可能有相似之处，并无绝对界线，具有相对性。

前人的观点并不一定完全正确，或者并不适应当下的实际情况，后世学者要学会去粗存精，有所取舍，也要有所变通，师古而不泥于古，对前人学术的传承也要有辨识性与选择性，学会扬弃。如错简重订流派的"三纲鼎立"说，以风伤卫、寒伤营、风寒两伤营卫为纲，倡导麻、桂、青龙三方证治，过于武断，有失仲景本意。从另一个角度来看，其中包含了不同邪气，致病特点不一，治法各异，邪气亦可兼夹，要灵活看待。

3. 学术不断发展，创新当属正道

梅国强指出，任何学术体系如果"各承家技，终始顺旧"，便会停滞不前。在继承中发扬，在发扬中创新，才是正道。纵观中医发展史，自岐黄论道、神农尝百草以来，历经沧桑，才有了后来的盛世局面。若以当下的中医学谈创新，需要注意以下几点：其一，西医学认识疾病的观念与中医学大相径庭，但可以互补，借鉴西医从微观认识疾病的方式，从某种程度上可以补充中医学的不足，但不可被其误导，此说受到衷中参西流派的影响，但又超出其局限性，有所创新。其二，对于寒温汇通，其理法不离辨证论治的框架，若相互借鉴，用于时下内伤杂病的辨治，尤其是内生湿（痰）热病的辨治，十分受用，此说受寒温汇通派的启示，但又超出其局限于外感寒邪与外感温热之邪的争论，有创新性与实用性。其三，由于时代变迁，文化差异，对于古籍所载内容，难以准确理解，则要在众多古籍中反复考证，既可以厘定证候，又可以解答临床过程中遇到的一些疑惑。其四，根据时代的发展，社会环境的变化，灵活用方，辨证施治，应视为一种创新。

梅国强的学术思维以伤寒学构架为主，其伤寒学术在传承仲景学说之余，对各学术流派的学术特点多有继承，并在反复琢磨与实践中形成了诸多与时俱进的观点。

（三）参诸家，融会寒温辨证

梅国强在钻研伤寒的同时，也系统学习温病学各家著作，如叶天士的《温热论》《临证指南医案》，吴鞠通的《温病条辨》，王孟英的《温热经纬》，薛生白的《湿热论》，吴又可的《温疫论》等，对于温病学术有着深刻认识，并提倡寒温汇通的学术观点，认为结合伤寒与温病的方与法，治疗时下湿热渐多的内伤杂病，外感病证中内外合病的湿热兼表等，较单纯用伤寒方为宜。通过分析温病学术的理、法、方等，也明晰了由寒到温的演变，说明时代、环境对于疾病的种类、发生发展、变化等具有决定作用，因此，临证辨治疾病，应师古不泥，以辨证为主，以疗效是求为前提，可以完善辨治外感及内伤病证的知识结构。

另外，梅国强提出以前人为师，以前医为鉴。以前人为师，可汲取不同观点，丰富见解，拓展思维；以前医为鉴，可以避开误区，避免重蹈覆辙。尚有其他著作，如王清任《医林改错》、吴谦《医宗金鉴》、陈达夫《中医眼科六经法要》、邹澍《本经疏证》等，均有可取之处，若详究众多学说，并知晓其辨证要点，则可完善对于疾病辨治的思维构架。

七、大医之情

（一）临证不辍，普救含灵

梅国强从事临床一线工作五十余载，除受邀出诊外，现仍坚持每周门诊3次，因年事已高，限号以控制工作量，然则碰到远道求医等情形，常延长坐诊时间，使之快然而归。梅国强待患者态度和善，诊治细致，凡病家之合理诉求，无不应允，尤得患者尊重。

（二）术精德诚，誉满杏林

梅国强医术精湛，对待患者态度和蔼，常以真实案例展示简便廉验之中医特色，多虑患者之苦，常思患者之疾，诊疗细心，辨治准确，精于心系、脾胃疾病、妇儿疾病，以及皮肤疾病等多种疑难病症的辨治，常获佳效。因其医德高尚，医术高明，就诊患者遍及荆楚，广及海内外，受到患者广泛赞誉、社会高度认同和同行普遍称道。

（三）尊师重道，启迪后学

梅国强尊师重道，常怀敬畏之心，当其恩师洪子云教授诞辰百年之际，公开发表诗词各一首，以抒胸臆，以励后学。抄录如下：

沁园春·橘井流长

三国遗都，鄂市新城，俊彩永芳。有洪公聪颖，医林巨匠，恭承家学，仁德弘扬。不尚虚玄，活人务实，融会寒温多妙方。刚强质，惜大师无冕，倍觉铿锵。

桃红李醉门墙，喜贤达庭前亨惠光。又孙贤绍业，众多新秀，同仁携手，续谱华章。学子行思，心存敬畏，衣钵恩情未敢忘。天行健，念忠魂堪慰，橘井流长。

七律·奋蹄鞭

忝列门樯五十年，童颜早改染霜颠。

常思昔日恩师训，恒作今朝奋蹄鞭。

治病琴心同剑胆，为人名利化云烟。

韶华易逝霞光短，但愿余晖启后贤。

（载于《湖北中医药大学学报》，2016 年第 1 期）

（四）抗击疫情，支援一线

在抗击新冠感染疫情的阻击战中，梅国强心系抗疫一线，参与制订湖北省新冠感染中医药诊疗方案，指导湖北中医药大学附属医院（湖北省中医院）巴元明教授等拟定湖北省中医院新冠感染中医药治疗协定方——清肺达原颗粒（肺炎 1 号），参与网络会诊，远程指导湖北省中医院、武汉市金银潭医院、应城市人民医院；与湖北省中医药管理局一道巡诊另三家医院的重症新冠感染患者，取得良好疗效。梅国强坚守"传承精华，守正创新"，用实际行动推动中医药的传承与发展。

八、传道之术

梅国强在其求学、从医、从教的过程中，得到诸多大医、名医教诲，并深受其益，作为早期院校与师承教育的受益者，意识到中医学术传承之重要性、传承形式之特殊性，在其任教期间，兢兢业业，为各层次学生传道授业解惑；成为高年资教师、医生后，更致力于高层次中医药人才的培养，为中医药事业的发展储备人才。先后被确定为第三、四、七批全国老中医药专家学术经验继承工作指导老师，因贡献突出，于 2006 年被中华中医药学会授予"首届中医药传承特别贡献奖"。

（一）传道授业，提携后学

梅国强长期从事《伤寒论》教学，在中医教育战线上工作五十余年，曾为本科生、留学生、硕士生、博士生、全国《伤寒论》师资班等各类班级授课，还多次应邀到北京、广州、河南、山东等地为研究生班、经方班讲学或授课，因教学效果好，而受到交口称赞。

在带教本科生临床方面，从讲解医疗制度，到病历书写、辨证立法处方，无不精勤周密，除医疗技术的传授，他还注重教育学生治学做人，严谨治学。

在培养研究生（硕士生、博士生 30 余名）的过程中，除及时答疑解惑外，注重培养其临证思辨和对复杂或疑难病症的分析处理能力，务使受益。他教会学生读《伤寒论》的方法，"既要读正面，也要读反面，还要读侧面"，以求其全貌。梅国强为学生修改论文，逐字圈点，逐句修改，不漏掉任何一个标点。他曾引用唐代刘禹锡的名句"芳林新叶催陈叶，流水前波让后波"，鼓励学生超过他，亦是本"弟子不必不如师，师不必贤于弟子"之古训。事实证明，其学生很多已经成为各单位的知名专家和业务骨干，有的已贤于师或将贤于师。每谈及此，梅国强欣慰之情，溢于言表。

梅国强师从名老中医洪子云教授，受益于师承教育与院校教育相结合的中医药人才培养模式，同时也践行该中医特色教育方法。他在指导研究生和中医教改班本科生的过程中，一直在推动和实践着这一具有中医特色的人才培养方法，效果显著。根据相关文件，被遴选为第三、四、七批全国老中医药专家学术经验继承工作指导老师，因贡献突出，于 2006 年被中华中医药学会授予"首届中医药传承特别贡献奖"，所培养学术继承人皆学有所成，其中刘松林教授获"首届中医药传承高徒奖"。经当地卫生主管部门批准，湖北中医药大学附属医院（湖北省中医院）、武汉市中医医院、广东省江门市五邑中医院、深圳市宝安区中医院等聘请梅国强开展学术传承工作，设有名医传承工作室或专家门诊，并指导中医药高层次人才，效果显著。

全国名老中医药专家梅国强传承工作室自投入建设以来，有效运转，其后又开展国医大师梅国强传承工作室项目建设，在梅国强的指导和工作室负责人刘松林教授的带领下，工作室开展传承研究，各项工作高效运转，如坚持每周一次的交流讨论学习，开展文献研究、《伤寒论》条文讲解、病案讨论、论文修改、课题讨论等学术传承工作，并加强学术交流与传播，成效明显。

（二）孜孜不倦，心系中医

梅国强心系中医，在中医药事业、中医教育事业的战线上奋斗了五十余载，为了中医药事业的发展孜孜不倦，积极献计献策，亲身践行，为中医学术的传承、中医人才的成长、中医教育的探索做出了重要贡献。

推动经典学科进病房，鼓励青年教师勤临床。20 世纪 80 年代，学校在附属医院开辟病区，成为伤寒等经典教研室的教师临床基地，将教学与临床紧密结合，促进理论指导临床，临床验证并丰富理论，为众多青年教师的专业成长提供了平台，其后改为专家门诊，并坚持至今，成为在校生、青年教师、青年医生、基层医生等跟师学习、进修提高的重要培养基地，该模式开创了中医药院校经典与临床紧密结合之先河，后被其他兄弟中医药院校效仿，取得了良好效果。

倡导院校教育与师承教育相结合的中医教育模式。梅国强在本科期间师承洪子云教授，长期追随左右，跟师学习，是湖北省第一批院校与师承教育相结合的受益者。他认为这是符合中医规律、凸显中医特色的教育模式，因而大力倡导。学校采用这一模式，自2004级中医学专业开办中医教改实验班，并大力加强中医经典教学，收效良好，梅国强先后培养教改班学生多人，均表现突出，多数攻读硕士、博士研究生，早期学生已成为临床骨干。

坚持中医教育突出中医经典学科的主体地位。梅国强多次提出中医教育应重视中医经典，学校采纳并落实了这一建议，将中医专业经典课程学时安排、师资配备及教学改革优先落实，我校经典学时至今仍居全国中医药高校前列。同时，他心系中医临床基础学科的发展，《伤寒论》《金匮要略》《温病学》等经典学科被临证实践者奉为圭臬，历代名医多熟谙经典著作，擅长运用经典方药。而眼下伤寒、金匮、温病等中医经典学科界定为"中医临床基础"，该学科研究生被划入"学术学位型"，限制了经典学科的发展。梅国强对此忧心忡忡，多次多场合呼吁相关部门重视中医经典学科，使其发挥专业优势，更大限度地为解除民众疾苦，为中医药事业的发展发光发热。

（三）人才培养成果

1. 研究生培养

长江学者、中国工程院院士田金洲教授，北京中医药大学主任医师、全国重点肾病专科学术带头人肖相如教授，广州中医药大学伤寒教研室、第一附属医院内分泌科万晓刚教授、陕西省肿瘤医院廖子君主任医师、湖北省中医院喻秀兰主任医师、江汉大学叶勇教授、湖北中医药大学张智华教授等，均为梅国强指导的研究生，皆已成为各地相关领域的知名专家。

2. 全国老中医药专家学术经验继承人

吕文亮，男，教授，博士生导师，长江学者。刘松林，男，教授，医学博士，博士生导师，为国医大师梅国强传承工作室负责人；入选教育部"新世纪优秀人才支持计划"，入选湖北省新世纪第二层次人才，获中华中医药学会全国首届中医药传承高徒奖，并获"全国中医院校优秀青年"称号。曾祥法教授、程方平教授、梅琼副主任医师、陈雨教授等，均为中医学骨干教师、临床医师，成果丰硕。

3. 师承与进修

经当地卫生主管部门批准，湖北中医药大学附属医院（湖北省中医院）、武汉市中医院、广东省江门市五邑中医院、深圳市宝安区中医院等聘请梅国强开展学术传承工作，设有名医传承工作室或门诊，如湖北中医药大学附属医院（湖北省中医院）巴元明教授、江门市五邑中医院脑病科学术带头人余尚贞主任、深圳宝安区中医院名中医馆主任王海燕主任等。指导中医教改班多人，同时，接纳外单位人员进修，如来自全国各地"全国中医临床优秀人才研修项目"之中医临床优秀人才等。

4. 国医大师梅国强传承工作室团队

传承工作室在负责人刘松林教授的带领下，落实传承工作，收集整理梅国强原始病案两万余份，团队进行了梅国强学术思想和临床经验的研究工作；基于其临床经验方成功申报了包括国家自然科学基金课题在内的多项研究课题；工作室成员、师带徒学生、研究生等发表、整理梅国强的学术思想和临床经验论文近百篇，所编写《国医大师梅国强医学丛书》多本著作陆续付梓。

在梅国强的指导下，传承团队致力于梅国强原始病案、影像资料的收集整理，致力于其学术思想和临床经验的研究与继承，致力于其学术的传播与发扬。传承团队不断发扬壮大，团队中的中青年教师、研究生等，均迅速成长，传承成效明显。

梅国强学术传承谱

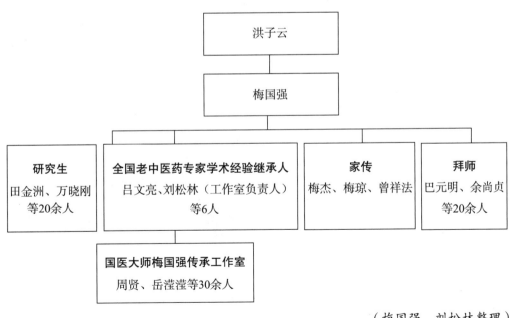

（梅国强、刘松林整理）

（张双强编辑）

葛琳仪

葛琳仪（1933—　），女，江苏吴县人，中共党员。主任中医师，曾先后任浙江省中医院院长、浙江中医学院（现浙江中医药大学）院长、浙江省名中医研究院院长等职。全国中医药杰出贡献奖获得者，全国老中医药专家学术经验继承工作指导老师，浙江省首批国医名师，浙江省首届"医师终身荣誉"获得者。享受国务院政府特殊津贴。2017年被授予第三届"国医大师"称号。

葛琳仪教授学有渊源、博采众长，临证60余年，形成了葛氏"三位合一，多元思辨""以补为守，善用清和"等独特的学术思想和临证特色；临床上擅治肺系疾病、脾胃系疾病、内分泌系疾病，以及疑难病、老年病；临诊倡导"三位合一"思辨模式，融辨证、辨病、辨体（质）为一体，以正本清源、攻补兼施为治则立法，遣方用药精练得当，体现了中医"治病必求于本"和"知常达变"的学术思想。葛教授在肺系疾病诊治中拓展"清"法内涵，以清法贯穿于肺系疾病治疗全程；诊治脾胃系疾病中，认为中焦气机斡旋失序是其病机特点，从气论治脾胃系疾病，强调宜柔忌刚，顾护胃气为要；中医治未病提出顺应天时、辨体养生，宜适龄以养为原则，立小儿清养、少壮清和、老年补疏之法。

一、学医之路

1933 年，葛琳仪出生于江苏吴县。年少时，在幼弟身上初次见证了中医药的神奇，便心向往之。1956 年，她考取上海中医学院，成为新中国第一批中医科班大学生，6 年求学期间，学习中西医学知识，并受良师程门雪、黄文东、乔仰先等先生之器重，得其真传。1962 年，葛琳仪以优异的成绩完成了上海中医学院六年制的学业，成为中医"黄埔一期"的毕业生。同年 8 月因自己强烈要求献身临床，被分配至浙江省中医院中医内科工作。悬壶杏林之际，葛琳仪幸运地遇到了行医生涯中的第一位导师、第一批全国老中医药专家学术经验继承工作指导老师、浙江省名中医吴士元先生，先生临证 60 余年，医德高尚，医文并茂，医技高超，为临床医学大家。当时作为医院中医病房主任的吴士元每天带着葛琳仪查房，查房由中西医师共同参与。三年的病房锻炼，为她今后的工作打下了良好的基础。其后葛琳仪师从现代著名中医临床大家杨继荪。在葛琳仪的行医生涯中，从学术思想、学术风格的形成，直至成为现代中医大家，杨继荪先生起到了至关重要的引领作用。杨继荪先生学验俱丰，医理并茂，善于创新，其"熔伤寒、温病于一炉"的治学理念、"审症求因，治病求本"的辨证思想、"集各家之长而活用"的论治特点、"师古不泥古，创新不离宗"的创新精神及"厚德仁术"的医门诚训，都深深地影响了葛琳仪大医风格的形成；作为杨氏内科流派传承人，葛琳仪继承发扬了"谨严求实、术精德高"的流派特色。

二、成才之道

葛琳仪教授认为，中医学是实践性很强的一门学科，要多实践，多临床，才能正确掌握中医临床思维。中医临床思维离不开中医知识，中医知识的积累包括理论学习与临床实践，二者缺一不可。理论学习，在学校局限于教材的学习，走上工作岗位必须重视中医经典原著和医案的学习。要成为一位合格的中医师，要做到以下几点。

（一）多读经典

葛琳仪教授认为，中医学是一个相对完整的医学体系，中医经典理论是这个体系的基础，要真正研习中医，并学有所获、学有所得，学懂弄通中医理论，读中医经典是必不可少的。中医经典著作对于中医人来说就是根，只有将根巩固好，才能熟练运用，正所谓"欲致其高，必丰其基；欲茂其末，必深其功"。中医经典著作的学习包括但不限于《黄帝内经》《难经》《伤寒论》《金匮要略》《神农本草经》等，包含中医病因病机、诊断治疗、预防保健养生等理论，还包含中医辨证论治体系、理法方药原则，要读懂读通、熟练掌握，才能在临床运用时得心应手。

（二）多跟名师

历来师承就是中医学的一个传统，众多流派都是以这样薪火相传的方式形成的。葛琳仪教授认为"兼听则明，偏听则暗"这句话也可以用到中医师的学习中来，对于某个理论、脉案、脉象，每个老师都有自己的观点，且沉耽典籍，学识渊博，长期临床，医术精湛，能得其指点迷津，拨云见日，可迅速提高自己的理论水平和临床技艺，多跟名师、习其所长，才能融会贯通。葛琳仪教授推崇浙江省名中医研究院独具浙江特色的"群师带群徒"的名中医工作室运行模式。研究同一专业的名中医众多，各个工作室也不限制传承弟子的专业，各工作室指导老师有计划地一起给各个工作室的成员讲课，不同专业的指导老师也可分别对不同工作室的成员予以指导，如此就可以获得不同的观点，在学术经验、中医理论等方面可博采众长，取得"1+1＞2"的效果。

（三）多做临床

葛琳仪教授认为，中医学是实践医学，重在经验的积累。她回忆自己从学校毕业刚到临床看病的时候，虽通过了一年的毕业实习，但独立看病还是感到困难，幸好病房有吴士元主任指导。第一年很陌生，到第二年就不一样了，第三年就得心应手、心中有数了，经验就是这样积累起来的。临床上患者生病不可能照着书上来，不可能和经典名方症状一样，"纸上得来终觉浅""熟读王叔和，不如临证多"，只有多临床，在临床中检验所学，意识到不足与缺点，学习才更有方向和目的。边学边干，边干边学，勤于思考，在临床中多感悟，才能积累自己的临床经验。

（四）多读医案

中医医案最能体现中医学辨证论治、理法方药的整体性，是中医学术流派传承和发展的最好载体，是真实存在的成功的案例或经验教训，是医案名家经验的结晶，是历代先贤同疾病做斗争的经验总结，潜心研究最能汲取众家所长。"中医之成绩，医案最著，欲求前人之经验心得，医案最有线索可寻，循此专研，事半功倍。"葛琳仪教授认为，研读医案有两种方法：一是临床遇到疑难疾病去选读，带着问题学习，针对性强，带着问题搜索答案；二是泛读，系统研究一本医案，掌握医家学术全貌，学习名家的临床治法和医疗经验，若能做到熟练运用，随证化裁，也能丰富自己的临床经验。至今在临床碰见罕见、疑难病例，葛琳仪教授仍常翻阅查找其他名家的医案典籍来阅读学习。

三、学术之精

葛琳仪教授临证60余年，形成"三位合一"的临证多元思辨模式、"谨守病机，正本清源"的诊治理念，具有"以补为守，善用清和"的诊疗特色、"衷中参西、用药简练"力求法捷速效的用药特点，以擅治肺系疫病、脾胃系疫病、老年病、疑难病及养生调摄而著称；在肺系疾病诊治中，扩展"清法"内涵，以清法贯穿于肺系疾病治疗全程，创"肺系五清法"；对中医喘证有独特诊疗心得，提出"治喘证四法"。诊治脾胃系疾病中，葛琳仪教授认为中焦气机斡旋失序是其病机特点，从气论治脾胃系疾病，立法理气缓中，善用花类药以轻拨气机，强调宜柔忌刚，顾护胃气为要；中医治未病提出顺应天时、辨体养生，宜适龄以养为原则，立小儿清养、少壮清和、老年补疏之法。

（一）"三位合一"的临证多元思辨模式

临证中，葛琳仪教授倡导辨病、辨证、辨体"三位合一"的多元思辨模式，先明确疾病中西医诊断，掌握疾病演变全过程的特征及规律，再实施中医传统辨证，把握患者该阶段病机变化的本质所在，辨明患者体质类型，探明个体与疾病联系，以未病先防或既病防变。面对现代疾病谱的变更、病症的古今迥异，葛琳仪教授常借《素问·至真要大论》所言"谨守病机，各司其属"强调谨守病机的重要性。今日求治于中医者，往往为西医疗效不佳的慢性病、老年病及疑难杂症，多属中医复杂多变的内伤病范畴，以本虚标实、虚实错杂的病理状态为多见，须以"正本清源"为要。葛教授临诊治咳喘顽疾、善以清法，治脾胃病证、巧用柔法，治癌病顽疾、致以中和，形成"以补为守，善用清和"的诊疗特色。葛教授临证中以用药简练、轻重有度、衷中参西为特点，力求法捷效速，其遣方选药主要体现在辨证用药、辨病用药、经验用药和巧用药对四个方面。葛琳仪教授常以汉代名医郭玉的"医者意也"之言，强调临证时需具儒家参悟之性、灵活化裁之技。

（二）肺系五清法

1. 清法内涵

基于肺系病证"正虚标实，虚实夹杂"的中医病机特点，葛琳仪教授立"正本清源、补虚泻实"治疗原则，补虚即补肺肾之虚，泻实即泻肺之痰、瘀、热诸实。因肺为娇脏，其性恶邪，最畏风、火阳邪，故临床以"清法"为治。传统"清法"有泻肺中热邪之意，条达肺气，使肺行宣降之令。葛琳仪教授拓展"清"法内涵，除取其传统寒凉清热之法外，尚包括开郁导滞（祛痰、化瘀、解毒等）诸法，使肺"清平"而宣降有序，故以清法贯穿于肺系病治疗全程，创清宣、清降、清润、清化、清补五法。

（1）清宣法：清宣法是针对诸邪袭肺，致肺气壅滞，失于宣降之病机而制订的治疗大法，适用于肺系病兼有表证、气机郁闭不宣者。因肺为清虚之脏，不容纤芥，肺主宣发，宣散卫气，顾护人体之表，为机体抗御外邪之首，且排出体内浊气，使秽浊之气排出体外，保持脏腑清灵，故肺易气机不利而为阻。葛琳仪教授立此法意在顺肺气宣发之性，鼓舞卫气，祛除肺中郁闭之邪，以复肺气宣降之令。

（2）清降法：清降法是针对肺失清肃、肺气上逆的病机而制订的治疗大法，适用于肺系病中哮病、喘证等咳嗽、气急明显者。《素问·六微旨大论》有"升降出入，无器不有"及"升降息则气立孤危"之论。肺主清肃之令，则呼吸有序，水精四布；肺失清肃，则肺气郁滞，甚则气逆于上。《素问·至真要大论》中"高者抑之"，即"降"之意，是指病气逆者当用降逆之法。故葛琳仪教授设清降法以顺肺之清肃之性。

（3）清润法：清润法是针对火燥犯肺、气阴受损之病机而制订的治疗大法，适用于肺系病属火、燥之邪犯肺或久病气阴两虚者。润者，濡也。燥者，当濡之、润之。肺为清虚之体，性喜清润，与秋季气候清肃、空气明润相通应。肺阴濡养肺道，肺道通畅，方能宣降有司，条达气津，濡养五脏六腑、四肢百骸。

（4）清化法：清化法是针对痰湿、痰热壅肺之病机而制订的治疗大法，适用于肺系病痰热壅盛证或脾虚痰湿内盛作祟者。化者，《说文解字》中说："化，教行也。"《素问·六微旨大论》说："夫物之生从于化，物之极由乎变。"此处的"化"，意指气化。人体水津通过肺之通调水道、脾之运化水湿及三焦气化功能，得以流转有序，五脏安和。若肺失宣降，脾失健运，气化失司，则津液停聚为痰、为湿、为饮，可形成咳嗽、痰饮、水肿诸症，故有"脾为生痰之源，肺为贮痰之器"之说。

（5）清补法：清补法是针对肺肾亏虚（肾虚为最）病机而制订的治疗大法，适用于肺系病迁延不愈，久病及肾者。《素问·至真要大论》说："虚者补之，损者益之。"补者，补其不足也，气血阴阳，辨其所不足，增益之。肺司呼吸，肾主纳气，肾气充沛，吸入之气才能经过肺之肃降，而下纳于肾。二者相互配合，则呼吸有常。

（三）治喘证四法

喘证是以呼吸急促为其主要表现的一种病症，可出现在许多急、慢性疾病过程中，葛琳仪教授对中医喘证有独特诊疗心得，提出"治喘证四法"，即截断疗法治疗新喘、健脾化痰治疗痰喘、补肾固本治疗久喘、理气活血适时运用。

四、专病之治

（一）肺胀

中医肺胀相当于西医学的慢性阻塞性肺疾病（简称"慢阻肺"），近年来患病率和病死率逐年提高。慢性阻塞性肺疾病是一种常见的以持续性呼吸道症状和气流受限为特征的可以预防和治疗的疾病，呼吸症状和气流受限是由于气道和（或）肺泡异常导致的，气道和（或）肺泡异常的原因通常是明显的有毒颗粒和气体暴露。慢阻肺主要累及肺脏，但也可引起全身（或肺外）的不良效应。其主要临床表现为咳嗽、咳痰、呼吸困难，在病程中常出现急性加重，分为急性期和缓解期。

1. 病因病机

肺居胸中，司呼吸，合皮毛而卫外，若素体正虚，卫外不固，外邪易反复侵袭，诱使本病发作。如迁延失治，邪郁化热，炼津为痰，且肺失宣肃，气机阻滞，痰瘀稽留，损伤正气，可累及先天、后天之本，肺、脾、肾俱损，其病理变化多为本虚标实。慢阻肺按病程可分为急性期和缓解期。急性期患者因久病肺虚，痰浊潴留，或年老体虚，复感外邪，致肺气不利，肺失宣降，发为咳、痰、喘、胀等。正如《诸病源候论·咳逆短气候》所言："肺本虚，气为不足，复为邪所乘，壅痞不能宣畅，故咳逆短气也。"慢阻肺缓解期病机以本虚为主，肺脾肾虚，水液代谢失司，致痰饮停滞，咳、痰、喘、胀迁延不愈。

2. 衷中参西，分期辨证

慢阻肺按病程可分为急性期和缓解期，因其病机特点各不相同，葛琳仪教授强调衷中参西、分期辨证。

（1）急则辨寒热，尤重热证：葛琳仪教授强调，寒热辨证是外感疾病、急性病辨别病性最基本的辨证原则。慢阻肺急性期亦当首辨寒热。六淫邪气，有风、寒、暑、湿、燥、火之分。人体外感六淫之邪，夹杂病体原有体质或内邪，可分为寒、热两证。属寒者，咳痰畅，痰色白，质清稀，咳嗽遇冷或遇风加重，治疗当以化痰降浊、温肺散寒为原则，方可用三子养亲汤合苏子降气汤、射干麻黄汤、小青龙汤等。葛琳仪教授认为，本病临床上以热证居多，外感风热，或痰浊郁久化热，或病体阴虚，外感邪气或内伏痰浊从热而化，咳痰不爽，痰色黄或黄白相间，质黏稠，舌质偏红，苔偏黄，可兼见发热、汗出、口渴、大便干结、小便黄赤等，治疗当以清热化痰为法，方用麻杏石甘汤、桑白皮汤、定喘汤、越婢加半夏汤等。

（2）缓则辨脏腑，注重兼证：慢阻肺缓解期病机以本虚为病机特点，尤其以肺、脾、肾三脏亏虚为主，常兼痰、湿、瘀。葛琳仪教授在慢阻肺缓解期辨证时以辨脏腑为先。肺亏虚主要分为肺气亏虚和肺气阴两虚，选方分别用玉屏风散或生脉散等。兼有脾亏虚者，合用六君子汤、补中益气汤等；兼见湿邪困脾，脾虚湿滞者，加用厚朴、苏梗、苍术等化湿之药。肾亏虚主要分为肾气虚、肾阴虚、肾阳虚，葛琳仪教授常用金水六君煎、金匮肾气丸、六味地黄丸、二仙汤等补肾固本。临床中常见肺脾或肺肾两虚，或肺、脾、肾三脏俱虚者，葛琳仪教授在遣方用药时常用上方合而治之。慢阻肺稳定期常兼痰瘀，痰壅肺系气机，损及于肺，肺朝百脉，可致气滞血瘀，气虚帅血无力也可致瘀。瘀血内阻而使津液运行不畅，促使痰饮内生，终成痰瘀互阻。血瘀既是慢阻肺的主要病机环节，也是常见兼证，"瘀既为因，亦是果"，常兼于其他证候中。

3. 辨证施治

（1）急性期：研究证据表明，在西医常规治疗基础上应用中药治疗慢阻肺急性加重期，可以显著提高疗效，明显缩短病程，减少并发症，改善肺通气功能，降低致残率等。

①风寒袭肺：咳嗽，喘息，恶寒，痰白清稀，或发热，无汗，鼻塞、流清涕，肢体酸痛，舌苔薄白，脉紧。治以清宣为法，方选三拗汤合止嗽散加减，以宣肺散寒、止咳平喘。炙麻黄9g，杏仁9g，荆芥9g，紫苏叶9g，白前9g，百部12g，桔梗9g，枳壳9g，陈皮9g，炙甘草6g。随症加减：痰多白黏，舌苔白腻者，加制半夏9g，厚朴9g，茯苓12g；咽痒咽痛者，加藏青果9g，射干9g；肢体酸痛甚者，加羌活9g，独活9g；头痛者，加白芷9g，藁本6g；喘息明显者，紫苏叶改为紫苏子9g，加葶苈子9g（包煎），厚朴9g。

②痰热阻肺：咳嗽咳痰，气短喘息，动则尤甚。治以清降为法，方选麻杏石甘汤合三子养亲汤加减，以清肺降气、平喘化浊。麻黄9g，苦杏仁9g，生石膏15g，炒苏子9g，白芥子9g，莱菔子9g，葶苈子15g，金银花15g，连翘15g，黄芩9g，蒲公英15g，野荞麦根30g。随证加减：兼夹热证，如见痰多色黄，或咯痰不爽，加鱼腥草30g，浙贝母9g，前胡9g，桔梗9g，加重清热化痰之力；如见或热甚烦躁，

口渴喜冷饮，大便干结，可重用生石膏30g，加知母12g，牛蒡子9g，炒苏子加至12g，可降肺气、润肠通便，有"提壶揭盖"之妙。兼夹湿证，如见胸闷不爽，加瓜蒌皮9g，瓜蒌仁9g，薤白9g，宽胸理气；如见胃脘痞满，纳呆食少，加炒谷芽30g，生白芍15g，佛手9g，理气健脾开胃；如见大便溏，减生石膏、炒苏子用量，可加炒扁豆15g，焦六曲15g，炒白术12g，健脾理气；如见舌苔黄腻，加厚朴15g，炒苍术15g，苏梗15g。

③痰蒙神窍：喘息气促，喉中痰鸣，神志恍惚、嗜睡，甚或昏迷、谵妄，肢体瘛疭或抽搐，舌质暗红或绛或紫，舌苔白腻或黄腻，脉滑数。治以清化法，方选涤痰汤加减，以豁痰开窍。制半夏9g，天南星6g，天竺黄6g，茯苓15g，陈皮9g，枳实9g，丹参15g，石菖蒲6g，细辛3g，生姜6g。随证加减：舌苔白腻有寒象者，加用苏合香丸3g，姜汤或温开水送服，每次1丸，每日1次或2次；痰热内盛，身热，谵语，舌红绛、苔黄者，加水牛角30g（先煎），玄参12g，连翘12g，黄连6g，焦栀子9g，或加用安宫牛黄丸或至宝丹；腑气不通者，加生大黄6g（后下），芒硝9g（冲服）；抽搐明显者，加钩藤9g，全蝎6g，地龙12g，羚羊角粉0.6g（冲服）；痰蒙神窍偏于痰热证，病机以痰、热、瘀为主，治以清热豁痰，活血开窍，可采用涤痰汤合《千金》苇茎汤加减（苇茎、杏仁、石菖蒲、胆南星、薏苡仁、桃仁、虎杖、鱼腥草、竹茹等）联合清开灵注射液、香丹注射液。

（2）缓解期：采用中医药或中西医结合治疗慢阻肺稳定期具有明显的疗效，表现在改善症状、减少急性发作、提高活动能力和生活质量等方面，其疗效明显优于单纯西医治疗，以清补、清润法为主。

①肺气虚：咳嗽，乏力，易感冒，神疲，自汗，恶风，舌质淡，舌苔白，脉沉细弱。以清补为法，方选生脉饮合玉屏风散加减，补肺益气固表。北沙参15g，麦冬9g，人参叶15g，羊乳参15g，百合15g，炙黄芪15g，炒白术12g，防风9g。随症加减：咳嗽痰多、舌苔白腻者，减黄芪、川贝母、百部，加制半夏9g，茯苓15g，炒米仁30g；自汗甚者，加浮小麦15g，碧桃干15g；寒热起伏、营卫不和者，加桂枝6g，白芍9g。

②肺脾气虚：咳嗽，喘息，气短，纳呆，乏力，易感冒，或神疲，食少，脘腹胀满，便溏，自汗，恶风，舌体淡胖有齿痕，舌苔白，脉沉细弱。以清补为法，方选六君子汤合黄芪补中汤加减，补肺健脾，降气化痰。党参15g，黄芪15g，白术12g，茯苓12g，炒米仁30g，杏仁9g，川贝母9g，厚朴9g，紫菀9g，紫苏子9g，淫羊藿6g，陈皮9g，炙甘草6g。随症加减：咳嗽痰多、舌苔白腻者，减黄芪，加制半夏12g，豆蔻9g；咳痰稀薄，畏风寒者，加干姜9g，细辛2g；纳差食少明显者，加炒谷芽30g，豆蔻6g；脘腹胀闷者，减黄芪，加木香9g，枳壳15g，乌药15g；大

便溏者，减紫菀、苦杏仁，加炒扁豆 15g，焦六曲 15g；自汗甚者，加浮小麦 15g，碧桃干 15g。

③肺肾气虚：喘息，气短，动则加重，神疲，乏力，腰膝酸软，易感冒，或恶风，自汗，面目浮肿，胸闷，耳鸣，夜尿多，咳而遗溺，舌质淡胖边有齿痕，舌苔白，脉沉细弱。方选人参补肺饮，补肾益肺，纳气定喘，人参 9g，黄芪 15g，枸杞子 12g，山茱萸 9g，五味子 9g，淫羊藿 9g，补骨脂 12g，浙贝母 9g，紫苏子 9g，赤芍 12g，地龙 12g，陈皮 9g，炙甘草 6g。随症加减：面目虚浮、畏风寒者，加肉桂 5g，泽泻 9g，茯苓 12g；腰膝酸软者，加炒川断 12g，杜仲 12g，制狗脊 12g；小便频数明显者，加益智仁 9g，金樱子 12g，芡实 12g；畏寒，肢体欠温者，加桂枝 9g，干姜 6g。

④肺肾气阴两虚：咳嗽，喘息，气短，动则加重，乏力，自汗，盗汗，腰膝酸软，易感冒，舌质红，脉缓弱；或口干，咽干，干咳，痰少，咯痰不爽，手足心热，耳鸣，头昏，头晕，舌质淡，舌苔少、花剥，脉沉细数。方选生脉饮合六味地黄丸加减，以补肺滋肾、纳气定喘。北沙参 15g，麦冬 9g，五味子 6g，人参叶 15g，百合 15g，羊乳参 15g，熟地黄 15g，怀山药 15g，山茱萸 9g，茯苓 12g，泽泻 12g，牡丹皮 9 个，枸杞子 12g，制玉竹 12g。随症加减：手足心热甚者，加知母 9g，黄柏 9g，鳖甲 15g；烘热者，加青蒿 15g，地骨皮 15g；盗汗者，加煅牡蛎 30g，瘪桃干 15g；痰黏难咯明显者，加玉竹 12g，南沙参 12g。

⑤兼证

兼血瘀证：口唇青紫，胸闷痛，面色紫暗，舌质暗红、紫暗、瘀斑、瘀点，舌下静脉色紫迂曲，脉沉涩。病机以瘀为主，以清化为法，方选血府逐瘀汤加减，以活血化瘀。川芎 9g，赤芍 12g，桃仁 9g，红花 9g，当归 12g，丹参 15g，莪术 9g。

兼痰湿证：症见咳嗽，喘息，痰多呈泡沫，色白易咳出，口中黏腻，或胃脘痞满，纳呆，食少，舌质淡胖，舌苔白腻，脉弦或滑。病机以痰、湿为主，以清化为法，方选半夏厚朴汤加减，以温化痰湿。制半夏 12g，厚朴 9g，陈皮 9g，茯苓 15g，枳壳 9g，白芥子 9g，紫苏子 9g，莱菔子 9g，桂枝 9g，生姜 6g。

4. 缓解期调养

葛琳仪教授注重慢阻肺缓解期患者的养生调摄，常告知患者日常保健，进行耐寒锻炼，注意天气变化，避免外感。平素亦可用中成药如黄芪生脉饮、玉屏风散调补肺气、益气固表；也可用西洋参、铁皮石斛、三七各等分，加蛤蚧 1 对，焙干碾粉，每日 1 次，每次 1~3g，适用于病久肺虚易感，在缓解期无症状时长期调补。

冬病夏治：夏季是一年中机体生长更新的旺盛时期，因而选择"三伏"时节治疗慢阻肺缓解期时，在辨证施治的基础上投以温肾纳气的补骨脂、仙茅、淫羊藿、枸杞子、玉竹等品，以"冬病夏治"，往往能收到事半功倍之效。

冬令膏方：冬主藏精，结合人们冬季习惯进补的风俗，对慢阻肺缓解期的患者，在"三九"时节，症状缓解期，投以大剂量的熟地黄、黄精、玉竹、首乌、枸杞子、补骨脂、淫羊藿等养阴温肾之品，佐以平喘之味，制成膏滋药，每日早晚空腹适量服用，可使肾固肺强脾健，来年春天慢阻肺的急性发作大为减少，甚至不发。

（二）喘证

喘证一门，诸家著书立说，各明一义，互有短长。葛琳仪教授对喘证有独特诊疗心得，提出"治喘证四法"，即用截断疗法治新喘、健脾化痰治痰喘、补肾固本治久喘、理气活血适时用。

1. 截断疗法治新喘

喘证当明辨新久虚实。张景岳言："气喘之病……欲辨之者，亦惟二证而已。所谓二证者，一曰实喘，一曰虚喘也，此二证相反，不可混也。……实喘者有邪，邪气实也；虚喘者无邪，元气虚也。实喘者，气长而有余；虚喘者，气短而不续……"而在辨证明确为新喘、实喘时，应采取果断措施，快速控制病情发展，不致演变成久喘、虚喘，即所谓"截断疗法"。"截断疗法"重在使用清热化痰、宣肺平喘法治疗急性肺部感染或慢性支气管炎急性发作所致的喘证，将疾病控制在萌芽状态，不再进一步发展迁延。常用药为金银花、连翘、黄芩、蒲公英、野荞麦根、七叶一枝花、清炙麻黄、杏仁、生石膏、炒苏子、葶苈子、牛蒡子、姜半夏、陈皮等。

2. 健脾化痰治痰喘

《病机汇论》曰："夫肺气清虚，不容一物，若痰饮水气上乘于肺，则气道壅塞而为喘。"《杂病广要》引《简易方》说："喘之为病，由痰实而气不散，上激咽喉，哮吼作声，咯不出，咽不下，憧憧而急，喝喝而散，张口抬肩，摇身辊肚。"由是观之，痰阻气道，肺失宣肃是产生喘证的关键所在，即所谓"喘因痰作"，故"欲降肺气，莫如治痰"。"脾为生痰之源，肺为贮痰之器。"痰浊的形成，离不开脾失健运，水谷不化津液，聚湿成痰。因此治痰浊所致的喘证，健脾化痰是根本。脾土不及，气虚不运，食少化迟而生痰者，多用六君子汤，理中汤加半夏、茯苓、枳实等。治疗痰饮宿疾，外邪引发，痰多气喘的患者，在清肺化痰的基础上，常加入茯苓、薏苡仁健脾助运利湿，使痰无生成之源。

3. 补肾固本治久喘

虚喘久喘者，慌张气怯，声低息短，惶惶然若气欲断，提之若不能升，吞之若不能降，劳动则甚，但得引一息为快。盖"肺为气之主，肾为气之根，肺主出气，肾主纳气，阴阳相交，呼吸乃和"。"实喘治肺，虚喘治肾。"虚喘、久喘大抵以补肾中元阴元阳为要，于消散中酌加温补，或于温补中宜加消散，元气渐充，阴阳自和，病可渐愈。虚喘者，若攻之太过，未有不至日甚而危者。至于消散中酌加温补之法，可在治疗痰热渐化而仍喘促气急时，加入补骨脂、枸杞子平补肾之阴阳，而无助热生痰之虞。"痰之本，水也，原于肾。"肾虚不能制水，则水不归源，上泛滥为痰，是无火也，宜用金匮肾气丸，内含"三补三泻"，此即温补中宜加消散之法。《易·乾》有言："先天而天弗违，后天而奉天时。"久喘之治，不惟消补结合，也应把握天时。

《素问·四气调神大论》曰："夏三月，此为蕃秀，天地气交，万物华实……冬三月，此谓闭藏，水冰地坼……所以圣人春夏养阳，秋冬养阴，以从其根，故与万物沉浮于生长之门。"故治疗久喘、虚喘，急性期辨证施治投以不同的药物，冬、夏两季是其治疗的最佳时机。夏季乃阳中之阳，一年中机体生长更新的旺盛时期，因而多在"三伏"时节治疗喘证缓解期的患者时，投以温肾纳气之品，补肾助阳，阴中求阳，以"冬病夏治"，往往能收到事半功倍之效。冬主藏精，加之人们有冬季进补的风俗习惯，素有喘证的患者，在"三九"时节，症状缓解期，可用大剂量养阴温肾之品，佐以平喘之味，制成膏滋药，或以人参、蛤蚧、冬虫夏草、七叶一枝花等焙干研粉，每日早晚适量服用，可固肾健体，减少第二年春季喘证的发作。蛤蚧者，补肺益肾，助阳益精，纳气定喘，为疗肾虚久喘之要药。《本草纲目》引《普济方》说："喘嗽面浮，并四肢浮者，蛤蚧一雌一雄头尾全者，法酒和蜜涂之炙熟，紫团人参似人形者半两为末，化蜡四两，和作六饼，每煮糯米薄粥一盏，投入一饼搅化，细细热呷之。"

4. 理气活血适时用

"诸气者，皆属于肺。"肺朝百脉，全身的血液都通过经脉而聚于肺，再经肺气的升降而运行至全身，因而肺具有调节全身气机，推动血液正常运行的功能。故本病与瘀血有密切的关系。《医学入门》谓："肺胀满，即痰与瘀血碍气，所以动则喘急。"《医学从众录》引张景岳制方之意："以气为阳，血为阴……血虚则气无附丽，孤阳无主，时见喘促。"喘证患者，一则肺失宣肃，气机郁滞，二则病发久者，气无不虚，故易使血行失畅，结聚成瘀。尤其是久喘、虚喘患者，往往可见到唇甲青紫，甚则胁下癥积、呕血便血等瘀血所致重症。此类患者在辨证施治时，适时加入理气活血之品，如青陈皮、瓜蒌壳、郁金、川芎、赤芍、当归、莪术、丹参、桃仁等，可使瘀血去新血生，虚劳得补，郁气得通，逆气有附，咳喘自平。现代药理研究发现，川芎、当归、丹参等不仅可扩张血管，抑制血小板聚集，而且能对抗组胺引起的气管收缩作用。因此喘证患者适时选用此类药物一举两得。

葛琳仪教授认为，医者意也，临证处方，贵在圆机，咳喘之治，非止惟此四法，当各随其所宜。

五、方药之长

（一）核心方剂

1. 六味地黄丸

六味地黄丸出自《小儿药证直诀》，由熟地黄、山茱萸、牡丹皮、山药、茯苓、泽泻组成；功用为滋阴补肾；主治肾阴亏损，头晕耳鸣，腰膝酸软，骨蒸潮热，盗汗遗精，消渴。方中重用熟地黄，滋阴补肾，填精益髓，为君药。山茱萸补养肝肾，并能涩精；山药补益脾阴，亦能固精，共为臣药。三药相配，滋养肝脾肾，称为"三补"。配伍泽泻利湿泄浊，并防熟地黄之滋腻恋邪；牡丹皮清泻相火，并制山茱萸之温涩；茯苓淡渗脾湿，并助山药之健运。此三药为"三泻"，渗湿浊，清虚热，平其偏盛以治标，均为佐药。六味合用，三补三泻，其中补药用量重于"泻药"，以补为主；肝脾肾三阴并补，以补肾阴为主。

六味地黄丸用于治疗小儿肾怯失音、囟开不合、神不足、五迟五缓等，现代也用来治疗成人的肾阴虚证。该方为补命门真水之专剂，为补阴之基础方，被后世誉为"补阴方药之祖"。六味地黄丸具有滋阴补肾之功，对肝肾阴虚不足所致的诸般虚证均有良好的效果，主治肝肾阴虚导致的腰膝酸软、头目眩晕、耳鸣耳聋、盗汗遗精、小儿囟开不合之症，或虚火上炎而致的骨蒸潮热、手足心热、消渴、虚火牙痛、口燥咽干、舌红少苔、脉细数等。

葛琳仪教授推崇朱丹溪《格致余论》"阳有余阴不足论"，认为人体之阴精本难成，又因"人之情欲无涯"，相火妄动，更易损耗阴精，"阳有余"主要指肝肾之中的相火易于妄动。肾精的难成易亏，相火的易于妄动，是人身容易发生疾病的关键。因此，滋补肾阴、阴阳调和，是保持身体健康的关键。临证中，葛琳仪教授常用养阴之法，首选六味地黄丸，常合用玉屏风散治疗气阴两虚之汗证、肾阴亏虚之老年性功能性便秘、女性更年期综合征、喘证缓解期等。

葛琳仪教授指出六味地黄丸为治咳喘顽疾缓解期的常用方，是中医传统补肾纳气的经典方，除感冒、食积外，可常年服用。若老年咳喘顽疾属肾阳不足者，改服金匮肾气丸，以温阳补肾。久病入络，痰瘀同源，遣方选药时当兼以活血化瘀，加味丹参、红花、赤芍、当归、川芎、地龙、王不留行之类，使血行气顺痰自消。

2. 补中益气汤

补中益气汤出自李东垣的《脾胃论》，有补中益气、升阳举陷之功效，主治脾气虚证、气虚下陷及气虚发热之证。患者多见饮食减少，体倦肢软，少气懒言，面色胱白，大便稀薄，脉浮软。方中重用黄芪为君，其性味甘温，入脾、肺经，而补中气、固表气，且升阳举陷。臣以人参，大补元气；炙甘草补脾和中。佐以白术、当归补气健脾，补养营血，助脾运化，以资气血生化之源。陈皮理气和胃，使诸药补而不滞。更加升麻、柴胡为佐使，升阳举陷，与人参、黄芪配伍，可升提下陷之中气。《本草纲目》云："升麻引阳明清气上行，柴胡引少阳清气上行，此乃禀赋素弱，元气虚馁，及劳役饥饱，生冷内伤，脾胃引经最要药也。"诸药合用，共奏补益中焦脾胃之气的功效。

补中益气汤是针对脾胃气虚，甚者中气下陷之病机首选的方剂，适用于久泻、久痢、胃痞、呕吐、呃逆等脾胃病证，以及脱肛、内脏下垂、崩漏等中气下陷证。明代吴昆在《医方考》中曰："夫面色萎白，则望之而知其气虚矣，言语轻微，则闻之而知其气虚矣……如是宜补气。"葛琳仪教授强调，脾胃为后天之本、气血生化之源，脾气升清、举陷，与胃气降浊、受纳相反相成，脾胃腐熟运化之功，全赖中气之激发与推动。若脾虚气陷，则升降失调，清浊不分。故立补中益气法，健脾益气以固其本，升阳举陷以使脾气上升为用。葛琳仪教授临证时强调，所治之脾胃气虚证，当与四君子汤证同类，只是补中益气汤证系脾气大虚之机，甚者清阳不升、中气下陷，故常见脱肛、子宫脱垂及久泻、久痢等。于补益中气之中寓升阳举陷，是治本之法。

《素问·阴阳应象大论》言："清气在下，则生飧泄。"葛琳仪教授指出，脾胃气虚证表现为面色少华，神疲懒言，胃脘隐痛绵绵，得食则舒，纳差食少，大便溏薄，甚者脱肛、内脏下垂，舌质胖，色淡，苔薄，脉细无力。故治宜补中益气，方用补中益气汤，药选炙黄芪、潞党参、怀山药、炒白术、茯苓、炒米仁、炒扁豆、陈皮、木香、橘皮、升麻、柴胡等，使补气而不壅中，理气而不耗气。

3. 清肺止咳方

《外感温热论》曰："温邪上受，首先犯肺。"葛琳仪教授认为肺系病初期（或宿疾为外邪触发），其矛盾的主要方面是因外邪袭肺，肺卫被遏，郁而化热，肺之宣发功能失常，病在肺卫，临床常可见发热、咽痛、鼻塞、咳嗽等症，治宜清宣之法。与此同时，葛琳仪教授强调无论外邪或内伤，凡是咳逆、喘满者，皆可从肺气郁闭论治，药常选轻清疏散之品，组成经验方清肺止咳方，旨在使邪热从表而解，使郁闭肺气宣发畅达，肺复其性而病瘥。

方药组成：荆芥 9g，防风 9g，金银花 9g，连翘 12g，黄芩 9g，蒲公英 15g，野荞麦根 30g，七叶一枝花 9g，前胡 9g，桔梗 9g，苦杏仁 9g，浙贝母 9g，炒苏子 9g，藏青果 9g，射干 9g，薄荷 6g，陈皮 6g。这是葛琳仪教授清宣法经验方，功能清热宣肺、化痰止咳，适用于慢性咳嗽、过敏性咳嗽，症见咳嗽不解，痰少不畅，咽干且痛，二便尚调，舌边尖红，苔薄，脉细。

葛琳仪教授认为，根据咳嗽的病变特点和临床表现来看，其多由肺气不清，失于宣肃，肺气上逆迫于气道所致，治疗当从清热宣肺、化痰止咳入手。荆芥、防风、金银花、连翘清宣透表，黄芩、蒲公英、野荞麦根、七叶一枝花清化肺热，体现清宣之意，炒苏子降气化痰，有"提壶揭盖"之妙，薄荷清透，前胡、桔梗一宣一降，恢复肺气宣降之常，苦杏仁、浙贝母化痰止咳，藏青果、射干清热利咽，姜半夏、陈皮化痰又理气。诸药合用，体现治痰先理气，气顺则痰消之意。随症加减：大便偏烂者，炒苏子减少至6g；咽喉如有物阻者，可加苏梗、玄参理气利咽；伴鼻塞流涕者，可加辛夷、苍耳子、白芷通窍；痰多且黄，表证不显者，可去荆防、薄荷，加鱼腥草，加强清热化痰之功。

验案举隅：患者朱某，男性，48岁，2018年3月20日初诊。患者咳嗽咯痰5天，受凉后流涕头晕，当地医院诊为感冒，用抗生素治疗后有所好转。求诊时见咳嗽咯痰，色黄质黏，咳出不畅，咳声重浊，鼻塞咽痛，无发热恶寒，无头晕流涕，无恶心呕吐，无咯血胸痛，大便艰行，纳可寐可。舌质尖红，舌苔薄腻，脉细。诊为风热犯肺咳嗽（咳嗽）。治拟宣肺止咳、清热化痰，方拟葛琳仪教授经验方加减：金银花、连翘各15g，防风、前胡、桔梗、苍耳子、辛夷、大力子、炒苏子、杏仁、浙贝母、板蓝根各9g，薄荷6g（后下.）。7剂，日1剂，水煎服。复诊：药后症稍减，概因素体阴虚，缠绵难愈，舌红便干亦为阴虚之征。辨为外感风热，肺胃阴虚。外感余邪仍留滞未除，阴虚为本，故继前宣肺止咳、清热化痰，兼以养阴。前方加北沙参15g，鲜石斛30g，续进7剂。三诊咳嗽已愈。

按语：肺如"华盖"，居于他脏之上，但肺叶娇嫩，不耐寒热，且肺上通咽喉，外合皮毛，开窍于鼻，故易受外邪侵袭。同时肺主气、司呼吸，《素问·至真要大论》曰："诸气膹郁，皆属于肺。"若外邪袭肺，肺气被遏，郁而化热，或痰湿壅肺，日久化热等，均可出现一系列肺热症状。本例咳嗽，为风热犯肺，外邪已十去七八，表证不显，以肺系不利，气机不畅为主，故拟清宣法宣肺止咳。葛琳仪教授认为，治疗咳嗽不可一味止咳化痰，盖肺体属金，畏火也，过热则咳。止嗽散性偏温，此例风热犯肺，当加金银花、连翘、野荞麦根等清热，且金银花、连翘可清解余邪，薄荷利喉窍，苍耳、辛夷利鼻窍。但咳嗽必问大便如何，以肺与大肠相表里，通腑则肺气得利，用大力子、炒苏子通便下气。外感余邪仍留滞未除，阴虚为本，缠绵难愈，当清热化痰，兼以养阴，以北沙参、鲜石斛清养。

4. 降逆平喘方

《素问·脏气法时论》指出："肺苦气上逆，急食苦以泻之。"葛琳仪教授认为，因邪热壅肺，肺失清肃之令，致肺气上逆，故肺系病证中常可见咳嗽气急，动则尤甚，夜间不能平卧，如肺胀、喘病、哮病。其病在肺，治宜清降法为先，代表方剂以麻杏石甘汤、三子养亲汤加减组成降逆平喘方。方药组成：麻黄9g，苦杏仁9g，生石膏15g，炒苏子9g，葶苈子15g，白芥子12g，莱菔子12g，黄芩9g，蒲公英15g，鱼腥草30g，徐长卿15g，乌梅6g，僵蚕9g，前胡9g，桔梗9g，浙贝母9g，川朴15g，苍术15g。此为葛琳仪教授治疗肺系疾病清降常用方，功能清热平喘、化痰止咳，适用于咳喘证属痰热壅肺、肺气上逆者，症见咳嗽咳痰，动则气急，二便尚调，苔薄脉缓。西医学中的慢阻肺、肺气肿、慢性支气管炎发作期可用本方治疗。

葛琳仪教授认为，慢性支气管炎咳喘见痰热壅肺者，以清化平喘为主，宣肺利气，清热化痰并进，痰不化则热难清，气不利则喘难平。麻杏石甘汤、三子养亲汤为清降主方，黄芩、蒲公英、野荞麦根、鱼腥草由"清热三板斧"演化而来，清肺化痰热力甚，鱼腥草清化腥臭浓痰力优，徐长卿、乌梅、僵蚕是葛琳仪教授抗过敏经验药对，三者合用，祛风解痉、敛肺止咳，前胡、桔梗、苦杏仁、浙贝母清肺化痰止咳，厚朴、苍术化湿，湿不去痰难化。

验案举隅：郭某，男，61岁。2019年10月15日初诊。患者自诉有慢性支气管炎病史40余年，平日易感而咳，10余天前感冒后经当地医院予西药抗感染治疗后好转而未愈。求诊时咳嗽气急，动则明显，咳痰色黄质厚，无发热恶寒，无咯血胸痛，夜寐二便尚可。查体可见杵状指、桶状胸，舌质略紫暗，舌苔白腻，脉滑数。诊为痰热壅肺咳喘、慢性支气管炎发作期。治拟清降法，予麻杏石甘汤合三子养清汤加减。清炙麻黄9g，杏仁9g，生石膏15g，炒苏子9g，葶苈子15g，白芥子12g，莱菔子12g，淡芩9g，蒲公英15g，鱼腥草30g，野荞麦根30g，前胡9g，浙贝母9g，川朴15g，苍术15g。14剂，日1剂，水煎服。二诊：药后咳嗽气急减轻，痰量减少，色黄质黏，痰中稍许带血，大便稍软，苔已化，脉缓。患者曾发热，经西药治疗后热已退。余邪未尽，复感外邪，化热伤络，故而痰中带血，色黄质黏。继前清热化痰止咳，加疏风宣肺、宁络安血，加荆芥、防风各9g，紫珠草25g，侧柏叶9g，白茅根30g，仙鹤草15g，去生石膏、白芥子、莱菔子、野荞麦根、苍术。14剂，日1剂，水煎服。三诊随访：药后咳喘已止，余尚可，续进调养补肺方。

按语："诸气膹郁，皆属于肺。"凡见有气机膹郁，胸满壅滞者，皆从肺论治，宣肺、降肺、肃肺、开宣以畅通气机，顺气之升降而为之。葛琳仪教授认为：此患者久病体虚，卫外不固，外邪袭肺，引动伏饮，气道不利，故而咳喘；肺卫素虚，正不胜邪，温热之邪由表入里，内合于肺，肺气壅塞，不能输布津液而聚成痰热；肺朝百脉，主治节，久病入络，气血运行不畅，可见舌质紫暗。气虚运化不足，水湿停滞于内，郁久化热，故而苔白腻、痰黄质厚。素有痰饮，郁而化热，外感引发，痰热壅肺，肺失宣肃，出现咳嗽、痰多、苔腻等痰热胶着之症，此时当以清热化痰并进，痰不化则热难清。首诊因表证已不明显，故拟清降、清热平喘、化痰止咳为主。复感外邪，余邪未清，见发热等症，故加疏风透表之荆芥、防风、金银花、连翘；又因化热伤络，以紫珠草、侧柏叶、白茅根、仙鹤草诸药清热凉血止血。

5. 理气和胃方

葛琳仪教授在脾胃病论治中颇有造诣，强调脾胃学说在中医藏象学中的重要地位，指出脾升胃降、中焦气机斡旋有序，才能行使"中焦如沤"的生理特性，消化、腐熟水谷，并输布水谷精微于全身以荣养，使正气得充，故脾（胃）有"后天之本"之说。葛琳仪教授认为脾胃病的发生多与饮食失节、起居失宜、劳倦过度、湿邪内蕴、七情失调等因素密切相关，常常诸因相兼而致病，导致脾气不升、胃失和降、中焦气机不利，而发为胃痞、胃痛、泄泻、泛酸及嘈杂等病证。

对于"胃痞""胃痛"病证的论治，葛琳仪教授指出其病位虽在胃，但与脾、肝二脏关系密切，因脾主升清，胃主通降，肝主疏泄，三者生理上相辅相成，病理上互相影响；其病机特点是脾气失运不升，胃气失降不和，肝气失于条达疏泄之令，使中焦气机升降逆乱而致气滞中满而发为"胃痞"，气滞不通则痛而发为"胃痛"。临证中，葛琳仪教授强调应首辨"实""虚"之证。其"实证"者，多因情志郁结，肝郁犯胃，或邪犯脾胃，湿聚热蕴，或饮食不节，积滞内停，致气机阻滞，脾胃升降失常；"虚证"者，多系脾胃素虚，脾阳不振，或久病脾胃呆钝，脾失健运，或久病不愈伤正，导致脾胃气虚，升降失司。

方药组成：生白芍15g，佛手9g，娑罗子12g，玫瑰花6g，黄芩9g，蒲公英15g，乌药15g，豆蔻6g，木香6g，枳壳15g，厚朴15g，苍术15g，海螵蛸9g，浙贝母9g，姜半夏9g，陈皮9g。此为葛琳仪教授理气和胃之常用方，功能健脾和胃、理气止痛，用于胃痛、胃痞之脾胃不和证，症见胃脘胀痛，伴嗳气反酸，大便尚调，苔薄脉弦细。葛琳仪教授认为，脾胃病虽有诸多病因，但中焦气机升降失司是其基本病机特点，可见胸脘腹胀满不舒，首当调畅气机，健脾和胃，使升降复常。方中生白芍、佛手、娑罗子、玫瑰花疏肝行气、理气止痛，脾胃失和，肝气克伐，虽尚未来犯，先行用药疏肝，属未病先防；木香、枳壳行气宽中，能消胸腹胀满；乌药、豆蔻能温中行气，消胀除满，以中下腹为主；黄芩、蒲公英清中焦之热邪；海螵蛸、浙贝母制酸止痛；厚朴、苍术理气燥湿；姜半夏、陈皮和胃。

随症加减：若兼嗳气泛酸者，加瓦楞子以抑酸；嗳气、呕恶甚者，加旋覆花、代赭石以降逆和中；湿热内盛者，可加苏梗、藿香、佩兰等以清热化湿；胃脘痛者，可加延胡索、槟榔以缓急止痛；若伴纳谷不馨、便溏者，加炒谷芽、炒扁豆、焦六曲等健脾开胃；口苦下利之上热下寒者，加黄连、吴茱萸等；脘腹胀滞较甚且夹实者，先理气通滞，后再加黄芪、党参、炒白术补益中气。此外，对于脾胃病中常见血证，若属气滞血瘀，热灼胃络，迫血妄行者，以清热止血、祛瘀生新，方选檵木合剂，药取檵木、蒲公英、紫珠草等；若属脾不统血、气不摄血者，以益气健脾摄血，药选干地黄、炒白术、炙黄芪等。

验案举隅：龙某，女，39岁。2019年2月26日因"胃脘胀满不适反复2年，加重3天"就诊。患者近两年来反复胃脘胀满，食后尤甚，嗳气频频，伴泛酸，无呕吐，近来遇情绪不畅，胃脘胀满较前更甚，胃纳减少，大便数日一行，夜寐梦扰，舌质淡红，苔薄，脉细弦。诊为痞满，证属肝气犯胃。治拟疏肝理气和胃，予葛琳仪教授经验方加减：柴胡9g，香附9g，生白芍15g，佛手9g，娑罗子9g，玫瑰花6g，黄芩9g，蒲公英15g，木香6g，炒枳壳10g，海螵蛸9g，浙贝母9g，炒谷芽15g，决明子15g，柏子仁15g，炒枣仁15g，夜交藤15g，川朴15g，苍术15g，姜半夏9g，陈皮9g。7剂，日1剂，水煎服。二诊：服药后胃脘胀满有所缓解，胃纳好转，夜寐仍梦扰，大便一二天一行，舌质淡，苔薄白，脉仍弦细。药后症减，守原法续进，加重镇安神药：柴胡9g，香附9g，生白芍15g，佛手9g，娑罗子9g，玫瑰花6g，黄芩9g，蒲公英15g，木香6g，炒枳壳10g，柏子仁15g，炒枣仁15g，夜交藤15g，珍珠母30g，紫贝齿30g，川朴15g，茯苓15g，姜半夏9g，陈皮9g。7剂，日1剂，水煎服。三诊：服前方半个月，胃脘胀满十去七八，原方加减调理。

按语：患者平素脾胃功能较弱，遇情绪不佳，肝气郁结，木失条达，气机不畅，横逆脾胃，脾胃失和，胃气阻滞，发为胃脘胀满，嗳气频频、得食更甚，诊为痞满肝脾不和证。正如叶天士《临证指南医案》所言："厥阴顺乘阳明，胃土久伤，肝木愈横。"治以抑木扶土法，疏肝理气和胃。方中柴胡、香附、生白芍、佛手、娑罗子、玫瑰花疏肝理气以制木旺，亦有和胃之效；木香、炒枳壳调畅气机；肝气犯胃，易郁而化热，嗳腐吞酸，佐黄芩、蒲公英清热；海螵蛸、浙贝母制酸止痛；川朴、苍术和胃化湿；姜半夏、陈皮理气和胃消痞；炒谷芽开胃消食，决明子入肝经，既可疏肝，又可润肠通便；柏子仁、炒枣仁、夜交藤养心安神助眠，兼有养血通便之功。诸药合用，使肝气条达，胃气和畅，7剂后诸症好转，眠仍欠佳，夜寐梦扰，减理气药，加珍珠母、紫贝齿重镇安神，加减续服，胃胀满渐去。

（二）经典用药

葛琳仪教授临证遣方选药主要体现在辨证用药、辨病用药、经验用药和巧用药对四个方面，以下将葛琳仪教授临床常用药对做一介绍。

1. 麻黄与杏仁

麻黄、杏仁同见于《伤寒论》之麻杏石甘汤。麻黄辛苦宣泄，性温通达，体质轻扬，主升主浮，善入肺经以宣肺散邪。李时珍谓其"乃肺经专药，及治肺病多用陈之"。杏仁味苦质润，温而不燥，辛能散邪，苦可下气，主入肺经，既降肺气止咳平喘，又能宣肺化痰，《本草纲目》言其"能散能降"。

葛琳仪教授认为，麻黄升中有降，以宣为主；杏仁降中有升，以降为用。二者配合，宣降并举，直入肺经气分，调畅肺气，共奏宣肺平喘、降气祛痰之功，用治咳喘，凡属肺气郁闭者，每获良效。麻黄者，平喘要药也，《神农本草经》中载其可"发表出汗""止咳逆上气"。然后世云：有汗用桂枝，无汗用麻黄。一般认为凡汗出者均忌用麻黄，南方夏月尤不用。葛琳仪教授认为，临床上有时患者气喘明显，亦可伴汗出，且喘愈剧则汗愈多，此时当以平喘为先，不可拘于旧说，即使夏天喘作时亦不必忌麻黄。

2. 紫菀、款冬花与百合

《本草正义》引《本草发明》指出："款冬……主肺病，能开泄郁结，定逆止喘，专主咳嗽，性质功用，皆与紫菀绝似。……然气味虽温……润而不燥，则温热之邪，郁于肺经而不得疏泄者，亦能治之。又如紫菀开肺，寒热皆宜之例。"紫菀，味辛、甘、苦，性温，归肺经，有润肺化痰止咳之功；款冬花，味辛、微苦，性温，归肺经，亦有润肺下气、止咳化痰之功。故两者同属辛温入肺经的止咳平喘化痰中药。百合性寒，清热解毒，利湿平喘，与紫菀、款冬花寒热互用、互制，达到祛痰止咳、润肺下气之效，葛琳仪教授临床常用于治疗各种慢性咳嗽、喘病等。

3. 山海螺与人参叶

山海螺，又名羊乳参，味甘、辛，性平，归脾、肺经，功能益气养阴、解毒消肿、排脓、通乳；主治神疲乏力，头晕头痛，肺痈，乳痈，肠痈，疮疖肿毒，喉蛾，瘰疬，产后乳少，白带，毒蛇咬伤。人参叶，味苦、微甘，性寒，归肺、胃经，《药性考》曰其"清肺，生津，止渴"；主治暑热口渴，热病伤津，胃阴不足，消渴，肺燥干咳，虚火牙痛。

羊乳参味甘可滋补，性凉能清解，长于补气，兼可养阴，葛琳仪教授临床多用之，认为其不仅具有清热解毒之功，而且还有补气生津之效，其补气作用稍逊党参，但补而不燥，气阴兼顾；人参叶功善养阴润肺、益胃生津。二者合用，益气养阴，润胃补肺，临证常用于胃阴、肺阴不足诸证，是葛琳仪教授"清润"之法常用药对，脾胃虚寒者慎服。

4. 辛夷与白芷

辛夷，味辛，性温，归肺、胃经，具发散风寒、通鼻窍功效，《本草纲目》说："肺开窍于鼻，而阳明胃脉环鼻而上行，脑为元神之府，鼻为命门之窍。人之中气不足，清阳不升，则头为之倾，九窍为之不利。辛夷之辛温走气而入肺……能助胃中清阳上行通于天，所以能温中，治头面目鼻九窍之病。"白芷，味辛，性温，归肺、脾、胃经，具祛风、燥湿、消肿、止痛功效；主治头痛，眉棱骨痛，齿痛，鼻渊，寒湿腹痛，肠风痔漏，赤白带下，痈疽疮疡，皮肤燥痒，疥癣。两药结合，葛琳仪教授常应用于治疗鼻塞、流涕、喷嚏等鼻窍不同的症状，为通鼻窍要药。

5. 黄芩、蒲公英与野荞麦根

黄芩，味苦，性寒，归肺、胆、脾、胃、大肠、小肠经，有清热燥湿、泻火解毒、止血、安胎之功；主治湿温，暑湿，胸闷呕恶，湿热痞满，黄疸泻痢，肺热咳嗽，高热烦渴，血热吐衄，痈肿疮毒，胎动不安。《神农本草经》谓其"主诸热黄疸，肠澼泄痢，逐水，下血闭，恶疮疽蚀火疡"。蒲公英，味苦、甘，性寒，归肺、胃经，能清热解毒、消肿散结、利湿通淋、清肝明目；主治痈肿疔毒，乳痈内痈，热淋涩痛，湿热黄疸，目赤肿痛。《新修本草》谓其"主夫人乳痈肿"。野荞麦根味酸、微苦，性寒，归肺、肝经，有清热解毒、祛风利湿之功；主治咽喉肿痛，痈疮，瘰疬，肝炎，肺痈，筋骨酸痛等。《本草拾遗》谓其"主痈疽恶疮毒肿，赤白游疹，虫、蚕、蛇、犬咬，并醋摩敷疮上，亦捣茎叶敷之；恐毒入腹，煮汁饮"。

黄芩、蒲公英同用，是葛琳仪教授清热常用药对。现代药理研究表明，黄芩具有抗炎、抗过敏反应、抗微生物作用，蒲公英也有较强的抗菌作用，二者同入肺、胃二经，清肺胃热力优，常用于肺热、胃热证，与野荞麦根同用，清热之力更强，称为"清热三板斧"。近年来，葛琳仪教授常将黄芩、蒲公英合用于肺部结节、胃肠道息肉的治疗。

6. 蝉蜕与木蝴蝶

蝉蜕，又名蝉蜕，味甘，性寒，归肺、肝经，有疏散风热、利咽开音、透疹、明目退翳、息风止痉之效；主治风热感冒，温病初起，咽痛喑哑，麻疹不透，风疹瘙痒，目赤翳障，急慢惊风，破伤风证，还可用于小儿夜啼不安。《本草拾遗》载蝉蜕"主哑病"。木蝴蝶，味苦、甘，性凉，归肺、肝、胃经，有清肺利咽、疏肝和胃之功，用于喉痹喑哑，肺热咳嗽，肝胃气痛。《本草纲目拾遗》谓其"治肝气痛……又项秋子云：凡痈毒不收口，以此贴之，即敛。……治下部湿热"。

蝉蜕疏散风热、利咽开音，木蝴蝶清肺利咽，二者同入肺经，同用于失音、喑哑、音痹。葛琳仪教授除将二者用于治疗咽喉炎外，还常在治疗过敏性咳嗽、哮喘时配合运用。

7. 徐长卿、乌梅与僵蚕

徐长卿，味辛，性温，无毒，归肝、胃经，具有止痛、止咳、解毒、利水消肿、活血的功效；主治风湿痹痛、心胸疼痛、腰痛、牙痛、跌打瘀肿疼痛各种痛证，以及湿疹、风疹、皮肤瘙痒、顽癣等皮肤病。僵蚕，味咸、辛，性平，归肝、肺、胃经，有息风止痉、祛风止痛、化痰散结之功；主治肝风夹痰，惊痫抽搐，小儿急惊、破伤风，中风口眼㖞斜，风热头痛，目赤咽痛，风疹瘙痒，瘰疬痰核，发颐疔腮。乌梅，味酸、涩，性平，归肝、脾、肺、大肠经，有敛肺、涩肠、生津、安蛔之功；主治肺虚久咳，久泻久痢，虚热消渴，蛔厥呕吐腹痛，炒炭可用于崩漏不止、便血。

徐长卿辛温，能祛风止痒；乌梅酸平，能敛肺止咳，主久咳；僵蚕味辛，性平，气薄而升，能宣散肺经风热。三者合用，有祛风解痉、敛肺止咳的功效。现代药理研究显示，三者皆有良好的抗过敏疗效，葛琳仪教授常将其用于治疗久咳不已或喉痹等肺系过敏性疾病。

8. 海螵蛸、浙贝母与煅瓦楞子

海螵蛸，味咸、涩，性微温，归肝、肾经，具有收敛止血、制酸止痛、收湿敛疮等功效；《本草纲目》记载海螵蛸"诸血病皆治之"，其主要成分碳酸钙是中和胃酸的主要物质。浙贝母，味大苦，性寒，归脾、肝、胆、胃、肺经，有清热化痰、散结解毒之功。《本经逢原》中论贝母"浙产者治疝瘕、喉痹、乳难、金疮、风痉，一切痈疡"。现代药理研究显示，浙贝母母主要活性成分为浙贝母甲素和浙贝母乙素，具有抗溃疡和镇痛抗炎作用。瓦楞子，性咸、平，归肺、胃、肝经，功效消痰软坚、化瘀散结、制酸止痛；主治瘰疬、瘿瘤、癥瘕痞块，煅用制酸止痛，常用于肝胃不合，胃痛吐酸者。现代药理研究显示，煅瓦楞子主含碳酸钙，能中和胃酸，减轻胃溃疡之疼痛。

葛琳仪教授认为，海螵蛸配合浙贝母，在溃疡病治疗中，一方面敛疮生肌，促进溃疡愈合，另一方面又可增强制酸止痛之效。故在临证中，对症见泛酸或胃镜检查提示胃、十二指肠溃疡病患者，常施海贝散以收敛止血、制酸止痛、敛疮生肌，吐酸较甚时，常加用煅瓦楞子，共奏制酸之效。

9. 扁豆花与厚朴花

葛琳仪教授在脾胃病中善用花类药调治，指出花类药气味芳香，具有疏通气机、宣化湿浊、消胀除痞等功效，如扁豆花合厚朴花。《本草便读》曰："赤者入血分而宣瘀，白者入气分而行气。凡花皆散，故可清暑散邪，以治夏月泄痢等证。"《四川中药志》言其"和胃健脾，清热除湿"。故对于湿邪困脾，脾胃升降不利导致之吐泻，扁豆花具有健脾化湿和胃之功，且无温燥助热伤津之弊。厚朴花，味苦，性温，善于理气宽中、芳香化湿，功似厚朴而力缓，治疗脾胃湿阻气滞、气机升降不利导致的胸腹胀满疼痛疗效显著。二者合用，芳香化湿，理气和胃，轻拨气机使其调畅，而无过辛、过燥损伤脾胃之虞。

10. 厚朴与苏梗

厚朴，味辛、苦，性温，归脾、胃、肝经，能燥湿消痰、下气除满；主治湿滞伤中，脘痞吐泻，食积气滞，腹胀便秘，痰饮喘咳。苏梗，味辛、甘，性微温，归肺、脾、胃经，有宽胸理气、顺气安胎之功；常用于治疗中焦气机郁滞之胸脘胀满、恶心呕吐、胎动不安。《本草纲目》曰其"行气宽中，消痰利咽，和血，温中，止痛，定喘，安胎"。现代药理研究表明，苏梗具有兴奋胃肠平滑肌、收缩肠系膜血管等作用。

厚朴苦降下气消积除胀满，既可除无形之湿满，又可消有形之实满，为消胀除满之要药；苏梗微辛、微温不燥，芳香醒脾，长于行气以宽中除胀，善主脾胃中焦之疾。葛琳仪教授常将厚朴、苏梗同用于中焦气机阻滞，脾胃升降斡旋失调之脘胀满闷；若湿邪内滞，舌苔腻者，常与草果仁、苍术同用，加强行气除湿之功，消中焦湿滞，复脾胃升降之功。

11. 苏梗、佩兰

苏梗，为紫苏之茎，味辛、甘，性微温，归肺、脾、胃经，具宽胸理气、顺气安胎之功效。《本草纲目》曰其"行气宽中，消痰利咽，和血，温中，止痛，定喘，安胎"。药理研究表明，苏梗具有兴奋胃肠平滑肌、收缩肠系膜血管等作用。佩兰，味辛，性平，归肺、脾、胃经，具化湿、解暑之效。《本草经疏》曰其"开胃除恶，清肺消痰，散郁结"。药理研究表明，佩兰具有明显祛痰的功效，可能与其芳香化湿浊作用有关。

脾胃为病易致气机升降失常，胃气不和，一旦湿浊为困则更不利于气机升降，气机阻滞因湿浊中阻而更甚，两者常相互助长，葛琳仪教授治疗脾胃病时常化湿与理气并重、和胃与利脾共行。苏梗入脾、胃经，善行气宽中，和胃止呕，理气安胎，常用于治疗中焦气机郁滞之胸脘胀满、恶心呕吐。佩兰化湿祛腐，故可用于脾经湿热之多涎、口臭等。苏梗辛温芳香，疏利脾胃气滞；佩兰性平芳香，化水湿陈腐。两药相伍，调理脾胃湿浊气滞，则使脾胃运化有权，水化而行，常用于治疗脾胃气滞，湿浊中阻之脘腹胀满疼痛、大便黏腻等。

12. 半夏与陈皮

半夏，味辛，性温，有毒，归肺、脾、胃经，具燥湿化痰、降逆止呕、消痞散结之功效。《医学启源》曰其"治寒痰及形寒冷伤肺而咳，大和胃气，除胃寒，进饮食。治太阴痰厥头痛，非此不能除。《主治秘要》云："……燥胃湿……化痰……益脾胃之气……消肿散结……除胸中痰涎……"药理研究表明，半夏具有显著抑制胃液分泌作用，其水煎醇沉液对多原因所致的胃溃疡有显著预防和治疗作用。陈皮，味辛、苦，性温，归脾、肺经，具理气健脾、燥湿化痰之功效。《神农本草经》曰其"主胸中瘕热，逆气，利水谷，久服去臭，下气"。《本草纲目》曰其"疗呕哕反胃嘈杂，时吐清水，痰痞痎疟，大便闷塞，妇人乳痈"，并说："其治百病，总取其理气燥湿之功。同补药则补，同泻药则泻……同降药则降。"研究显示，陈皮提取物能够提高小鼠胃排空率和促进小肠的推进作用。

外感湿邪困脾致脾失健运，运化无权而生内湿。痰与湿，同源异流。脾为生痰之源，脾运失常，水湿不化而凝痰，痰凝则气机不畅，气机阻滞痰湿而生，故葛琳仪教授在燥湿化痰的同时兼顾行气。半夏为脾胃两经之要药，多用于治疗痰浊阻滞之脾胃病，症见胃脘痞闷不舒、纳呆恶呕等。陈皮因其辛行温通，长于梳理气机，调中焦气机，有理气止痛、健脾和中之效，又苦温而燥，治疗因寒湿所致气滞、呕哕最宜。葛琳仪教授认为，半夏辛温燥烈，功主燥湿化痰，降逆止呕；陈皮辛苦温，善于理气健脾、燥湿化痰。两药相合，化痰与理气同行：陈皮助半夏理气消痰，倍增化痰湿之力；半夏辅陈皮化痰下气，尤善和脾胃之功。两药共奏燥湿化痰、健脾和胃、理气止呕之效，常用于脾胃不和、痰浊内蕴之胃脘胀满、恶心呕吐等。

13. 佛手与玫瑰花

佛手，味辛、苦，性温，归肺、脾、胃、肝经，具疏肝解郁、理气和中、燥湿化痰之功效。《本草便读》曰："佛手，理气快膈，惟肝脾气滞者宜之。"《本草再新》曰："治气舒肝，和胃化痰，破积，治噎膈反胃，消癥瘕瘰疬。"药理研究显示，佛手能明显促进胃肠功能，缓解胃肠平滑肌痉挛。玫瑰花，味甘，性微温，归肝、脾经，具疏肝解郁、活血止痛之功效。《本草正义》曰："玫瑰花，香气最浓，清而不浊，和而不猛，柔肝醒胃，流气活血，宣通窒滞而绝无辛温刚燥之弊。"药理研究表明，玫瑰油对大鼠有促进胆汁分泌作用。

胃多气多血，以气血调和为贵，而肝主血液气机的疏泄，情志不遂，肝失疏泄，肝气横逆犯胃，胃失和降。佛手善疏肝解郁、行气止痛，故脘腹痞满常用。又因其芳香理气、益脾和中、导滞，长于解脾胃气滞之胃脘胀闷痞痛、恶心纳差等。玫瑰花芳香行气，味苦疏泄，可治肝郁犯胃之胸胁脘腹胀痛、呕恶食少等症。佛手与玫瑰花，均为疏肝解郁之良药。佛手行气燥湿，玫瑰花解郁活血止痛。两药合用，使疏肝解郁之效大增，兼顾理气燥湿。故葛琳仪教授在诊治肝胃不和之脘腹胀痛、恶心纳差、痰痞，常用此药对疏肝解郁、理气和胃。

14. 山楂与神曲

山楂，味酸、甘，性微温，归脾、胃、肝经，具消食化积、行气散瘀之效。《日用本草》曰其"化食积，行积气，健脾宽膈，消血痞气块"。研究表明，山楂可促进胃消化酶的分泌，增强肉食的消化，且对胃肠功能有一定调整作用。神曲，味辛、甘，性温，归脾、胃经，具消食和胃之效。《药性论》曰其"化水谷宿食，癥结积滞，健脾暖胃"。药理研究显示，神曲含有酵母菌、淀粉酶、蛋白酶等成分，对消化系统疾病有一定作用。

山楂，味酸、甘，性微温、不热，功善消食化积，消化油腻肉食积滞尤佳。凡肉食积滞之脘腹胀满、嗳气吞酸、腹痛便溏均可用。山楂入肝经血分，能行气散结、活血止痛。胸胁腹痛、痛经等是为其症。神曲辛以行散消食，甘温健脾开胃，和中止泻，为治食滞脘腹胀满、食少纳呆、肠鸣腹泻之佳品。山楂与神曲同入脾、胃两经。山楂酸甘化积，行气散瘀，破泄之力较强；神曲甘温辛散不烈，甘而不壅，温而不燥，助脾之运化，导滞之功较胜。两药相合，相须为用，可增消食除积、行滞除满之力。随着人们生活水平的提高，大鱼大肉、肥甘厚味日日出现在餐桌上，一旦饮食不慎，食滞肠胃，气失和降，阻滞不通，腐熟不及，则致食滞胃肠，出现脘腹痞胀疼痛等症。葛琳仪教授临床常消食与行气共用，增除积消满之功，碰到消化不良而致腹痛、厌食、嗳腐吞酸、泄泻等，常用此药对。

15. 茺蔚子与生槐米

茺蔚子，又名三角胡麻、小胡麻，味辛、甘，性微寒，归心包、肝经，有活血调经、清肝明目之功，用于月经不调、痛经、闭经、头晕、目赤肿痛、肝热头痛等。生槐米，味甘，性寒，归肝、大肠经，功能凉血止血、清肝泻火，用于便血、痔血、血痢、崩漏、吐血、衄血、肝热目赤、头痛眩晕。茺蔚子配生槐米具有清肝明目、凉血止血之效，现代药理研究证明，两药合用具有降压利尿作用，葛琳仪教授常用于肝阳上亢之高血压病，头痛者效更佳，脾胃虚寒者慎用。

16. 藏青果、射干与玄参

藏青果，又名西青果，味苦、酸，性微寒，功效清咽利喉、解毒涩肠、清热生津，用于咽喉肿痛、声音嘶哑。射干，味苦，性寒，归肺经，有清热解毒、消痰利咽之功，用于热毒痰火郁结之咽喉肿痛、痰涎壅盛之咳嗽气喘。玄参，味甘、苦、咸，性微寒，归肺、胃、肾经，有凉血滋阴、泻火解毒之效，用于热病热入营血、津伤便秘、咽喉肿痛、瘰疬痰核、痈疽疮毒。藏青果、射干配玄参，藏青果、射干清利咽喉，玄参滋阴、凉血、散结。葛琳仪教授常将三药相配，共奏清热利咽之效，适用于咽痒、喉痹诸症。

六、读书之法

在葛琳仪教授六十余载学习、工作、育人的经历中，有一部书是她反复翻阅学习的——《黄帝内经》。葛琳仪教授认为，虽然这部书是中医师必读的基础书籍，但是值得反复阅读，每一次翻阅，都会有不同的感悟。

《黄帝内经》是中国最早的医学典籍，是中医学四大经典著作之一，包含了秦汉以前的医学大成，内容丰富，可以说是中医的奠基石。初读《黄帝内经》，或许会有不解，有困惑，但细细品读，又有大智慧在其中。《素问·阴阳应象大论》指出："阴阳者，天地之道也……治病必求于本。"葛琳仪教授对这一观点尤为推崇，她认为其中的"本"有两层意思，一是指疾病发生、发展的根本原因为阴阳失调，故当求阴阳之本而进行治疗；更深层次的意思是医师在诊疗过程中需要追求治病求本的"求本之道"，要透过现象看本质，探求疾病的本质进行治疗。

那么在临证中，如何提高辨析疾病本质的能力，以达到精准的中医疗效呢？在反复阅读推敲《黄帝内经》、不断进行临床经验总结之后，葛琳仪教授提出了自己的独特观点，主张采用辨病、辨证、辨体质于一体的"三位合一"的多元思辨模式。临床中葛琳仪教授强调辨病辨证相结合，先予辨病，根据患者病证、病症特点，结合现代医学检测手段，明确疾病的中西医诊断，掌握该病演变全过程的中西医特征和规律。根据不同疾病的各自特征，作出相应的疾病诊断，采取对应的治疗。疾病的发生、发展、转归等都有一定的规律性，辨病的过程可以帮助掌握疾病的这种规律性，把握疾病基本病机，还可以根据疾病的一般演变规律而提示常见的证型。

辨证是在《黄帝内经》的整体观指导下，运用"四诊"对患者进行仔细的观察，收集临床症状和体征，结合地理环境、时令、气候以及患者的具体情况进行分析，从而找出疾病的本质，得到辨证的结论，确定为何种性质的证候，最后制定治疗法则，借以遣方用药。在审病的基础上实施中医传统辨证，把握患者该阶段病理变化的本质，揭示患者处于疾病过程中某一阶段的个体特殊性，是对患者个体反应性的动态分析和判断的过程。

采用病证相关的辨证思维方式，固然是中医学分析疾病、提高临床疗效的关键，但还是要参以辨体论治的思维方式。体质是证候形成的内在基础，辨明患者的病理体质类型，有助于更好地辨病辨证。葛教授认为，在《黄帝内经》中，提到了个体在生命过程中可显示出阴阳、刚柔、强弱等差异，不同体质，对致病因子存在着差异性。同样是感受外邪，有的人可能就不发病，有的人会很严重甚至死亡，所以辨明患者的体质很重要。中医学认为体质是"证"形成的内在因素，辨识患者的体质类型，有助于把握个体对致病因子的易感性、对疾病的易罹性、发病的倾向性，尤其在辨治伏病、继发、复发等病型，以及养生保健中，具有十分重要的优势。《素问·至真要大论》中就已强调，"谨守病机，各司其属，有者求之，无者求之，盛者责之，虚者责之"，指出临证中无论有无与病机相应之症，都必须去探求、辨别，判断邪正之气的盛衰，以准确把握病机的归属。特别是随着时代的变迁、疾病谱的变更，一些亚健康状态、慢性病的缓解期、新发传染病等，常常无"症"可辨，但按中医体质学观点，其病理性体质已经形成，在这种情况下，辨体结合辨病就很重要。

这一理论体系的建立，也反映在临床上。如在治疗慢性阻塞性肺疾病时，当疾病属中医肺胀之慢阻肺急性加重期时，多为咳喘宿疾为外邪触发致肺气被遏，失于宣降，药以使肺气宣降如常，根据不同症状、体征，常立清宣或清降法；在慢阻肺急性期后期，余邪未清，气阴受损，常立清润法；在慢阻肺稳定期，此时虽有宿疾，但刻下症、证不显，这时宜从辨体结合辨病进行思辨，临证中这类患者多属阴虚或气阴两虚之病理体质，常常用益气养阴法来调治体质、扶正固本，以防止复发或可以轻发。

由此可见，《黄帝内经》中记载的众多理论与原则，是能真正指导临床而行之有效，这一经典著作对葛琳仪教授的影响是潜移默化的，也是广泛而深远的。整体统一与平衡观是《黄帝内经》理论的核心，阴阳学说是中医学的纲领，阴阳是一切事物的归纳与变化的纲领，阴阳保持平衡是相对的，在绝对的消长变化中必须保持其相对的平衡，所谓不平则病，平则不病。临床治疗中葛琳仪教授善用"和"法，她认为，"和"法有狭义和广义之分。狭义"和"法是指和解少阳，专治邪在半表半里少阳证的治法；广义"和"法，则为"和其不和"之法，包括和解与调和，和解是指和解少阳，调和是指通过调和阴阳、表里、寒热、虚实、升降等对立、相持的病机矛盾关系，纠正人体之偏，通调人体表里、上下，平其寒热、燥湿，调其升降、开阖，使人体阴阳、脏腑气血津液等自然而然归于和谐。面对临床各种内伤杂病，葛琳仪教授常常以"和"法论治，以"和"作为根本出发点和最终目标，治疗时充分重视人体自和的能力，也清晰地认识到当人体偏离稳态轴，不能自行恢复时，则必须及时通过治疗，使之恢复稳态，回到阴阳协调的平衡状态。

葛琳仪教授在运用"和"法治疗肺系病时，针对属中医范畴的"咳嗽""喘证""肺胀"等慢性肺系疾病，在其慢性迁延期，多属本虚标实的虚实夹杂之证，本虚多以肺、脾、肾气虚为主，邪实则以痰热、痰浊、痰瘀等为患，故补气扶正、豁痰祛瘀以"和"其正虚。方选参苓白术散、补肺汤合苍术二陈汤加减，在黄芩、野荞麦根、浙贝母、半夏、陈皮等清热化痰的基础上，加入党参、白术、黄芪等健脾益气、淡渗利湿，同时重视补肾纳气以平喘，加补骨脂、枸杞子平补肾之阴阳。清热化痰与健脾、补肾，看似矛盾，但只需适时合理配伍，实乃"治病求本"的根本所在，此"和"法之妙也。

葛琳仪教授认为，辨证论治是认识疾病和解决疾病的过程，辨证是论治的前提，论治是辨证的目的，方药则是治病的利器。通过对《黄帝内经》的不断学习，她形成"三位合一"的多元思辨模式，探明病体与疾病、阶段病证的辨证关系，发挥中医多元思辨及其互补优势，辨证用药时审证求因，重视疾病的动态变化和三因制宜，为治则治法的确立、遣方选药的精准奠定了基础。

七、大医之情

（一）以人为本

葛琳仪教授认为，"以人为本"，要懂得尊重生命，为医者，须谨记"医当医人，不只医病也"。从医六十余载，不论患者高贵贫贱，葛琳仪教授都一视同仁，精心诊治，同时偏爱开小方，追求疗效好、价格低、药味少，尽可能减轻患者的经济负担。曾有一位肾癌术后进行化疗的老年患者，一服用化疗药物便开始浮肿，半年的化疗期使他身形已完全走样。他找到了葛琳仪教授来进行治疗，"当时葛医师第一次给我开药，7剂药还没几块钱，我吓了一跳"，让患者更加惊喜的是，"这么便宜的药效果却特别好"。诊疗中除开药外，葛琳仪教授还常常传授患者如何养生保健、运动锻炼、修身养性，全方位为患者着想。经常有患者从外地赶来专门找葛琳仪教授看病，因此加号延诊都是常事，葛琳仪教授时常还会为患者垫付药钱，甚或为行动不便或重症患者出诊。葛琳仪教授看病认真仔细，十分关注患者的心理诉求。曾有一个顽固性失眠的患者在服了葛琳仪教授开的药（癫狂梦醒汤加减）后效果显著，但最为让她感动、安慰的是葛琳仪教授对她的心理疏导，使她还未吃药，病就好了一半。葛琳仪教授强调，诊疗过程中要讲究以人为本，要尽可能帮助患者拂去心灵的尘埃。

（二）举止严谨

严谨是一名医生最需要的素质，工厂里的产品做坏了可以重来，但对待生命来不得半点马虎，如果患者的诊断治疗错误，这种失误是无法弥补的。正如孙思邈所云："胆欲大而心欲小，智欲圆而行欲方。《诗》曰：如临深渊，如履薄冰，谓小心也。"所以做医生一定要严谨，临床思维、医疗行为都要十分严谨，而葛琳仪教授自己也一直恪守这个行为准则。在病房工作时，葛琳仪教授每天要查房数次，对患者的情况都了如指掌，甚至会详细记录每次分泌物的状态。如消化道出血患者的呕吐物和大便的性状、颜色、数量，支气管扩张患者和肺脓疡患者每日的咯痰量与性质等，她都亲自查看并记录在案；咳喘患者的肺部听诊一天需数次甚至十数次，以便及时调整治疗方案。事了拂衣去，深藏身与名，只愿余生从医行。作为曾经主导改革的风云人物，葛琳仪教授退居二线后最大的心愿就是回归临床。她对中医事业忠心耿耿，辛勤耕耘，探幽索微，虽已耄耋之年，却仍为中医事业尽心尽力。目前她仍坚持每周 4 个半天门诊，每周接待患者 120 余人次。葛琳仪教授坦言："把患者治好了我心里开心。"

（三）以和为贵

《论语·学而》言："礼之用，和为贵。""和"自古以来便是中华民族人文精神的核心。《春秋繁露·循天之道》曰："德莫大于和。"在古代先哲看来，和是至德，是大德。和不是同，和是人的道德品质的高境界。正如孔子强调："君子和而不同，小人同而不和。"君子之道在于肯定差异性，尊重差异性，尊重彼此的见解，但拒绝苟同，却又能相处融洽，故能和才是君子；而小人之道在于苟同，只求与别人完全一致，却不是真正的和谐贯通。

《素问·汤液醪醴论》强调："病为本，工为标，标本不得，邪气不服。"指出在患者与医生的关系上，患者为本，医生为标。患者须信赖医生，医生要精心为患者治病，医患和谐，才能战胜疾病。葛琳仪教授认为，为医者，须加强修身，以促进医患和谐。正如《礼记·大学》所言："自天子以至于庶人，壹是皆以修身为本。"孔子曰："弟子，入则孝，出则悌，谨而信，泛爱众，而亲仁。行有余力，则以学文。"医学自古便是"仁"学，以"善"为核心；医学同时又是"人"学，医学中的人文精神不仅应该永存，而且医学越发展，越应该得到充分体现，医者应将"仁心仁术"四字作为自己的立身之则。

八、养生之智

葛琳仪教授已寿登耄耋，仍耳聪目明，健步如飞，因其养生有道，非常重视中医治未病的养生理论阐发和应用，其养生理念包括心胸宽广、杂食为养、动静相宜、顺应天时、冬令调补。良好的心态最为重要，葛琳仪教授认为要善于调节七情，保持愉悦的心态、豁达的胸襟，使机体气机调畅、气血平和。此外，修身养德和养生密不可分，道德修养是心理健康的基础，要光明磊落、心胸豁达。葛琳仪教授提倡"杂食为养、饮食有节"，因谷肉果菜气味不同，而各有偏性，主张饮食品类宜杂、五味宜合而不偏嗜。葛琳仪教授每天坚持运动，曾坚持骑自行车上下班25年，现仍将运动融入日常生活中，或缓步行走，或适当牵引拉伸，她认为运动要适时、适度、持恒，劳逸结合。老年之人，抵抗力低，天气变换，极易外感，她一年四季坚持晨起用冷水洗脸，进行耐寒锻炼，增强机体对应天气变换的抵抗能力。另外，顺应天时，适时进补，天人相应，人与自然息息相通，人体生理功能随着四时的阴阳消长会发生相应的规律性变化，应遵循四时物候特征养生，主张"春夏养阳、秋冬养阴"。葛琳仪教授倡冬令进补，每年冬至时分服用1～2支别直参调养。进入高龄后，她经常服用三七粉活血化瘀，以促进血液循环。

九、传道之术

（一）群师带群徒

2007年2月经浙江省政府批准，在全国率先成立"浙江省名中医研究院"，葛琳仪教授出任首任院长，"浙江省名中医研究院"汇集省内包括国医大师、全国名中医、浙江省国医名师、全国老中医药专家学术经验继承工作指导老师、省级名中医等100多位专家。葛琳仪教授认为，传承与创新发展的关键是人才，每位名老中医都有自己独特的学术思想与诊疗特色，兼听则明，偏听则暗，这句话也可以用到中医的学习中来。对于某一个理论、病案、脉象，每个老师都有自己的观点，对于中医的经典，各自也有不同的理解，为了更好地培养年轻中医，就必须打破门户之见，让他们听到多个名师的观点、理论。为了传承名老中医的学术经验，浙江名中医传承由最初的一对一"师徒结对"逐渐发展成"名老中医工作室"带徒模式，形成了独具浙江特色的"群师带群徒"运行模式。

（二）工作室传术

2010年，国家中医药管理局启动全国名老中医工作室项目，同年，葛琳仪名老中医药专家传承工作室项目启动，工作室成员不限专业，有消化、呼吸、内分泌、老年病等。对于一些临床上比较典型或者疑难案例，葛琳仪教授会做专门的病案分析；举行专题讲课，组织工作室成员进行学术讨论；开展教学查房，结合住院患者的详细资料进行系统的整理，引经据典、深入浅出地进行分析。此外，工作室每年还举办国家级或省级继续教育项目，葛琳仪教授必亲自作专题报告，毫不吝惜地将医术传授给全省的中医人士。以工作室为载体，接纳国家中医临床研修人才、省级基层名中医和"西学中"人员等各层次中医人才，并开展全科医师培训等外单位学习和进修活动，葛琳仪教授将自己的学术经验毫无保留地分享给前来学习的每一个中医人，建成了多个学术方向传承梯队。建立工作站，为带动基层医疗机构中医药服务能力的提升，名中医研究院发挥自身资源优势，选派名中医到基层开展内容广泛、形式多样的医疗合作和学术交流，名中医工作室落地基层，建立基层工作站，形成研究院与地市联动模式，巩固合作网络体。

经过多年悉心培养，葛琳仪教授学术继承人已成为各个学科的中流砥柱、学科带头人，已有1人获批第七批全国老中医药专家学术经验继承工作指导老师，2人获浙江省第七批名中医称号、1人获浙江省151人才第二层次称号、1人获浙江省卫生创新人才称号、1人获浙江省"万人计划"科技创新领军人才，培养全国老中医药专家学术经验继承人4人，培养带教全国优秀中医人才8人、基层名中医1人，接收培养外单位进修人员共100余人，已在浙江省内建立6个国医大师传承工作室基层医院工作站，分别是温州市中医院、宁波市中医院、杭州市红十字会医院、东阳市妇幼保健院、新昌县中医医院、绍兴柯桥区中医医院，工作室成员定期指导、开展学术活动、教学诊疗查房活动，推广国医大师临床经验和学术思想，为当地培养带不走的中医人才队伍，辐射带动当地中医药事业的发展。

葛琳仪学术传承谱

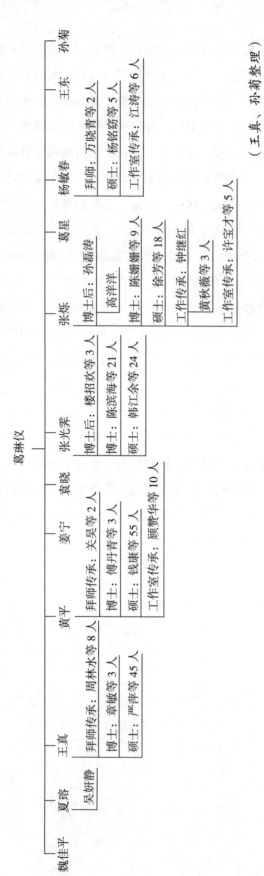

葛琳仪

魏佳平　夏珞　王真　黄平　姜宁　袁晓　张光霁　张烁　葛星　杨敏春　王东　孙菊

吴妍静

王真
拜师传承：周林水等 8 人
博士：章敏等 3 人
硕士：严萍等 45 人

黄平
拜师传承：关昊等 2 人
博士：傅丹青等 3 人
硕士：钱康等 55 人
工作室传承：顾赞华等 10 人

张光霁
博士后：楼招欢等 3 人
博士：陈浈海等 21 人
硕士：韩江余等 24 人

张烁
博士后：孙磊涛
高洋洋
博士：陈姗姗等 9 人
硕士：徐芳等 18 人
工作传承：钟继红
黄秋薇等 3 人
工作室传承：许宝才等 5 人

杨敏春
拜师：万晓青等 2 人
硕士：杨铭窈等 5 人
工作室传承：江涛等 6 人

（王真、孙菊整理）

（张燕编辑）

雷忠义

雷忠义（1934—   ），男，陕西合阳人。陕西省中医医院心病科主任医师，中国中医科学院首届学部委员、博士生导师，全国老中医药专家学术经验继承工作指导老师。是我国中西医结合心血管领域著名专家，长安医学雷氏心病痰瘀流派创始人。荣获"全国首届中医药杰出贡献奖""全国优秀医务工作者""中国好医生"等称号。曾任中国中西医结合学会心血管病专业委员会委员，现任《国医年鉴》顾问、陕西省中医药学会心血管病专业委员会名誉主任委员、陕西省中西医结合学会理事会顾问、长安医学传承发展专家委员会副主任委员、世界中医药学会联合会秦药分会名誉主席等职。2017年被授予第三届"国医大师"称号。

雷忠义从医70年，勤临床，重实践，不断守正创新。他是国内最早提出冠心病胸痹心痛痰瘀互结理论者之一，研制出新药丹蒌片，获陕西省科学技术奖二等奖，入选临床指南、专家共识及国家药典。提出胸痹心痛痰瘀毒互结理论，创制院内制剂丹曲胶囊。提出心悸病痰瘀毒风理论，认为痰瘀毒互结日久可致生风，导致心律失常发生，使用中药祛风药，可提高疗效。提出"从肾治心"理论，创制院内制剂养心活血颗粒，治疗心衰阴阳两虚，痰瘀水停证；创制新药"舒心宁片"，获陕西省卫生科技成果奖二等奖。

一、学医之路

雷忠义 1934 年出生于陕西合阳，其父亲曾跟随华山道医学习中医，常常给邻人针灸、开药方，治疗了许多患者。雷忠义自幼在父亲的严格教导下抄写药方、背诵汤头，这算是他中医的启蒙阶段。

1952 年考进陕西省第一卫生学校，1954 年毕业后留校在陕西省电针（灸）研究室工作，做针灸研究，开启了其中医之路。1962 年参加陕西中医学院西学中班，系统地学习中医基础理论，曾在甘肃省中医医院实习，跟随张翰祥先生学习中医临床。1964 年他毕业后被分配至陕西省中医研究所（现陕西省中医药研究院）工作至今，曾跟随名老中医米伯让学习钻研中医经典理论。他多年追随米老，跟随米老出诊查房，协助制订诊疗方案，总结临床经验，并多次与米老一起上山下乡，到基层农村为农民兄弟治疗疾病。在米老指导下学习工作，历时近 10 年，使他受益匪浅。

1972 年他先后在中国中医科学院西苑医院、北京中医医院、中国医学科学院阜外医院、北医人民医院等医院进修学习中西医结合诊治心血管疾病 2 年。当时交通极其不便，他便从西安把自家的自行车托运到北京，无论严寒或酷暑，都阻挡不了他学医的热情和决心，为了听讲座，跟名师，他每天骑车数十里往返于这几家医院学习。他先后跟随全国知名专家王文鼎、赵锡武、郭士魁、岳美中、方药中等出诊，会诊疑难病症，聆听他们的讲课与辅导，收集整理了包括北京中医医院关幼波、广安门医院蒲辅周等诸多名家的临证医案；跟着陈可冀、翁维良等多位专家学临床、做科研、读名著，学习了冠心 II 号临床研究的科研思路与方法。在近两年的学习过程中，他渐渐步入了中医殿堂之门，这也为他此后的临床、科研之路打下了坚实的基础。学习期间深受赵锡武、郭士魁两位名老中医的影响，赵锡武主张冠心病从痰论治，郭士魁主张从瘀论治，这对他后来冠心病胸痹心痛痰瘀互结理论的提出、形成，产生了深远的影响。在这个启发下，他构思胸痹心痛痰瘀互结证，他和他的研究组收集了大量胸痹心痛病痰瘀互结证病例，用自创的加味瓜蒌薤白汤治疗有效；1974 年于《陕西新医药》发表了痰瘀互结论最早的论文"加味瓜蒌薤白汤治疗冠心病心绞痛 44 例小结"，开启了痰瘀互结论的先河。

时任卫生部主管中医工作的郭子化副部长在外出考察工作后，返京途经三峡时，感慨万千，赋诗一首："既知方向正，逆水也坚行，三峡漩流急，神思更坦平。"雷忠义常以此诗激励自己，坚信勤能补拙。近半个世纪以来，他总是以"人一之，我十之，人十之，我百之"的信念，每天挤出 2 ～ 3 小时的时间学习，常年订阅 5 种以上医学杂志。白天忙，晚上补，雷打不动。时至今日，已达耄耋之年的他仍坚持每日阅读的习惯，经常阅读心血管领域的最新指南和研究进展，不断更新知识储备，并常和年轻医生们在一起学习探讨。以中医为中心，旁及西医及相关文化哲理，兼收并蓄，坚持数十年如一日，不断完善提高自己。这些经历为他事业上的成功奠定了坚实的基础。

二、成才之道

（一）初学：从西学中，赴京进修

1952 年，正是中华人民共和国初建，百废待兴之际，雷忠义被陕西省第一卫生学校录取。1954 年他以优异成绩毕业留校，被分配到新成立的电针研究室（陕西省中医药研究院前身）工作，在我国电针发明人朱龙玉先生指导下从事临床研究，开启了其中医之路。他学习勤奋，善于观察总结，认真收集、统计临床病例，为编辑出版《电针疗法》一书做了大量准备工作。他对于针灸学乃至于中医学产生了浓厚的兴趣，便自学起中医理论。在学习过程中，他被中医学的博大精深所折服，从而坚定了学习研究发扬中医药的信心和决心。从此他走上了毕生为之奉献的中医学道路。

1962 年他被推荐进入"陕西省高级西医学习中医班"学习 3 年，从此正式踏入了中医的高等学府，系统地学习了中医理论知识。学习班开班授课时，首先讲的课是中医基础，因课程内容较为古老、枯燥，第一学期的课还未结束，近一半的同学都要求退学，而他坚持了下来，怀着对中西医结合的美好憧憬与执着，在艰苦的学习中度过了三年自然灾害时期。这期间整日饥肠辘辘，但仍专心致志，全身心投入到中医理论与典籍的海洋，将中医经典古籍进行了系统地背诵与精读，勤求古训，博采众方。郭谦亨老先生曾以精炼的方药治愈了他多年的泄泻病，这使他越发感受到中医的博大精深与神奇，进一步增强了学习中医的信心。

他曾在甘肃省中医医院毕业实习，跟随时任院长张翰祥先生学习中医临床。1963年冬天的一个晨会上，当时还是实习值班医生的他忙碌了一夜参加抢救重危患者，原以为会得到领导的表扬，没想到却受到张老的严厉批评："值班医生抢救重危患者，只用西药不用中药，不请上级中医会诊指导是轻视中医，在中医单位是犯忌的医疗行为！"此事对他影响至深，让他至今都坚持走中西医结合之路。

毕业后，雷忠义被分配到陕西省中医药研究所，分别跟随米伯让、薛成和李紫莹等老中医专家临床学习。这些老专家对于诊治疑难杂症，都有深厚造诣。那段时间，他发现薛成、李紫莹等老中医善用普通汤药，治愈了许多患者的疑难杂症，让他感受到了中医的神奇，于是深深地迷上了中医。

20世纪70年代，雷忠义在临床接诊大量高血压、冠心病患者，强烈的责任感驱使他把心脑血管病作为了主攻方向。此后，他被派到北京学习中西医结合治疗心血管病。这2年的时间里，雷忠义跟随全国知名专家王文鼎、赵锡武、郭士魁等学习中医，跟随陈可冀、翁维良等学习科研思路与方法。之后又在北京阜外医院、北医人民医院学习培训，这为他此后的科研之路打下了坚实基础。

（二）研学：主持课题，研制新药

20世纪70年代初，他在临床接诊中，他发现单纯胸痛（属瘀）者有之，单纯胸闷（属痰）者亦有之，但更多的是痛与闷并见。传统医学单用活血化瘀的方法不能完全解除症状，单用祛湿化痰法也不理想。他发现痰瘀互结证是冠心病（胸痹心痛）的新的独立证型，遂提出胸痹心痛痰瘀互结理论，采用痰瘀并治的思路，自拟"加味瓜蒌薤白汤"，并广泛应用于临床，疗效确切。他和他的课题组首先提出了以加味瓜蒌薤白汤治疗胸痹心痛病（冠心病）的临床初试方案。这个方案被西安地区冠心病协作组审定并采纳，决定在全市六家市级以上医院进行观察研究。1973年，他把对44例冠心病心绞痛患者的临床观察结果写成论文，发表在《陕西新医药》杂志1974年第1期上。1978年，他继续总结97例的观察报告，并在太原召开的中华心血管学会成立会议上交流。1982年，在上海召开的全国首届活血化瘀会议上，他又宣读了《加味瓜蒌薤白汤治疗冠心病心绞痛104例》一文，受到与会代表的高度好评，并在之后被多位专家在讲学和著述中引用，这篇文章也在《陕西中医》1983年第4卷第4期上刊登。这些理论成果当属国内最早应用痰瘀互结理论指导胸痹心痛病治疗的临床研究报道。

1987年，雷忠义将加味瓜蒌薤白汤进一步改进为"丹蒌片"，申请并主持了陕西省科技厅课题"胸痹痰瘀互结证和丹蒌片的临床和基础研究"，在陕西省六家三甲医院进行临床研究，共观察冠心病心绞痛胸痹心痛病痰瘀互结型病例400例，并从传统中医理论以及药理学、毒理学、药化学、病理学、生理学、生化学、血流动力学、血液流变学等不同角度，论证了痰瘀互结证型冠心病在临床上的大量存在，同时也证实了丹蒌片疗效的客观性、显著有效性。丹蒌片，这个治疗胸痹痰瘀互结证型的国家中药新药历经十数年，终于2000年研制成功，2003年该项目获陕西省科技成果奖二等奖。为冠心病痰瘀互结患者的治疗带来了新希望和新选择。

另外，他在下乡支援黄龙县期间治疗克山病过程中，发现当地的民间草药羊红膻对克山病、高血压有效，在陕西省中医药研究所领导的支持下，雷忠义和他所在的心血管病课题研究组，以及陕西省中医药研究所基础研究组，先把羊红膻制成复方制剂舒心宁片，经过观察证明有效，后又制成单方制剂，后来，复方羊红膛片（即舒心宁片）经过临床和基础研究后，开发生产成地标产品，于1978年荣获陕西省卫生科技二等奖。随后几年对于羊红膛的基础研究，开启了从传统医学筛选防治心血管病药物的新思路，也印证了雷忠义"从肾治心"的学术思想，于1983年发表了"羊红膛治疗冠心病和高血压病466例分析"一文。羊红膛的研究后期由中药基础研究组和日本科研机构合作研究，有效地提取了其有效降压成分，发现其有效的降压成分中具有α、β双受体阻断作用，认为其对心脑血管疾病具有显著疗效。

近20年来，胸痹心痛痰瘀互结已受到同行的高度重视与密切关注。2003年中国中医科学院广安门医院王阶教授牵头的国家重点研究发展计划863项目子课题，重新对丹蒌片在稳定动脉硬化粥样斑块、抑制炎性反应、降低心血管事件中的作用进行了临床及基础研究，研究结果显示丹蒌片联合西药治疗组明显优于西药对照组，再一次证实了胸痹心痛痰瘀互结理论的正确性，丹蒌片疗效可靠。该项目取得了国家科技进步二等奖。我国著名中西医结合心血管专家，海军军医大学附属长征医院原心内科主任吴宗贵教授也多次讲道：陕西省中医医院对胸痹痰瘀互结证及丹蒌片的研究具有"里程碑"意义！他的基础研究证实，丹蒌片可以有效地防治动物的动脉粥样硬化，该项目获得了中西医结合学会一等奖。丹蒌片的基础与临床研究先后列入十余项国家级重大科研项目，取得了一大批研究成果。雷忠义国医大师提出的冠心病胸痹心痛痰瘀互结理论和丹蒌片已得到广大同行、专家学者们的高度认同，成为冠心病防治体系中的关键病机和核心用药。目前，痰瘀互结理论和丹蒌片已被纳入国家中医药管理局首部官方临床路径及高脂血症、胸痹心痛、卒心痛等临床路径。丹蒌片作为胸痹心痛痰瘀互结证的唯一推荐用药，2014年、2016年均被列入《中西医结合Ⅰ期心脏康复专家共识》；2015年丹蒌片被列入《国家药典》；2016年被列入《急性心肌梗死中西医临床诊疗专家共识》《诊疗指南》；2017年相继被列入《动脉粥样硬化中西医结合诊疗专家共识》《血脂异常中西医结合诊疗专家共识》；2018年相继入选《经皮冠状动脉介入治疗围手术期心肌损伤中医诊疗专家共识》《冠心病临床用药指南》《冠心病稳定型心绞痛中医诊疗专家共识》；2019年被列入《冠心病稳定型心绞痛中医诊疗指南》。

21世纪初，在痰瘀互结理论基础上，雷忠义发现痰瘀互结日久，可以入里化热，形成痰瘀毒互结证，常导致冠心病的不稳定及急性心血管事件的发生。由此提出胸痹心痛病痰瘀毒互结理论，采用祛痰化瘀、清热解毒法，研制成功院内制剂丹曲胶囊；2012年以后，雷忠义提出心悸病痰瘀毒风互结理论，认为痰瘀毒互结日久，可致生风，心律失常，符合中医风性善行而数变的病机。创立用祛风剂论治心律失常心悸病的新方法。使痰瘀互结理论得到了进一步的发展。

三、学术之精

（一）胸痹心痛病痰瘀互结理论

1. 胸痹心痛病痰瘀互结理论的形成

由秦汉至明清，历代医家对"胸痹心痛"的认识形成了一套理论和经验，但均未明确提出痰瘀互结是其最基本的临床证型，一般均是痰浊和瘀血并论，两个证型分治。《金匮要略·胸痹心痛短气病脉证治》提出"阳微阴弦"即"胸痹而痛"，并创建了瓜蒌薤白半夏汤等化痰宣痹的效方，实创痰论之先河，而后世多有发扬。瘀血论可追溯至《内经》，成熟于王清任，《医林改错》曰"突然胸痛前方皆不应，用血府逐瘀汤一付痛立止"，从而使瘀血论占据了主要地位，特别是当代各家对活血化瘀方法进行了深入研究，用其治疗胸痹心痛。

雷忠义在 70 年的临床实践中治疗胸痹心痛患者数以千计，他用从痰、瘀论治两种方法都有效，但都不够理想，因此他独辟蹊径，大胆提出痰瘀新论，把痰浊郁遏心阳与瘀血痹阻心脉两种学说结合起来，广泛用治于患者，取得了较好的效果，认为痰瘀性病理产物阻塞心脉是胸痹的病理关键，治疗以通为补，化痰宣痹，活血化瘀，具有独到的见解，与国际学术界动脉硬化可能是一种炎症的学说接轨，居国内先进水平，丰富了中医学宝库，提高了中医对胸痹心痛证规律的认识，增加了治疗该病的手段和经验。

2. 对冠心病心绞痛胸痹心痛病病机的认识

雷忠义秉承名家，精勤不倦，博读医著，重视痰瘀理论，多年来一直潜心研究胸痹心痛的理论和临床，提出了痰瘀互结新论，取得了显著的疗效。他认为从痰瘀立论是治疗胸痹的基础。首先气血津液学说是其理论基础，气血津液的正常化生和运行有赖于脏腑的功能正常。心主血脉，心血的正常运行，有赖心气的推动而运行全身，发挥濡养功能。血液之正常运行与心主血脉，肝主疏泄与藏血的关系密切，脾主受纳运化水谷，为气血生化之源。水液的正常运行、气血之盈亏与脾胃关系密切，有赖于脾之运化，肺之肃降，肾之气化。生理上依赖，必然反映在病理上就互相影响。气虚、气滞、血寒均能导致血行不畅而成瘀血，脾失健运，水湿内停，则聚湿生痰。

其次历代医家对胸痹心痛的认识和经验是孕育痰瘀论的温床。《备急千金要方》中的前胡汤治疗"胸中逆气心痛彻背少气不得食"。《太平圣惠方》中"胸痹疼痛痰逆于胸心膈不利"的描述，均为痰论的发展。瘀血论可追溯至《内经》创立的活血化瘀治法，"血实者宜决之"，"心痹者，脉不通"，晋代《肘后备急方》首次用活血化瘀药治疗卒心痛。唐宋多广泛采用此法。唐容川《血证论》曰"心病血急宜去瘀为要"，应用归芎失笑散等，从而使瘀血论占据主要地位。特别是当代对活血化瘀法的深入研究，"气滞血瘀""气虚血瘀"应运而生，成为治疗胸痹心痛的主要治法。早在清代《继志堂医案》中认为：此病不唯痰浊，且有瘀血交阻膈间，方用全瓜蒌、薤白、旋覆花、桃仁、红花、瓦楞子、延胡索末合二陈汤，实为痰瘀论的雏形。再者，西医学认为，动脉粥样硬化是冠心病最主要的病理变化，而动脉粥样硬化的基本病理形态酷似中医的痰浊和瘀血，其形成与脂质代谢紊乱有关，认为痰浊内蕴（高脂血症）是导致经脉瘀滞、气血不畅（粥样硬化、血黏度增高）的直接原因。痰浊闭阻、经脉瘀滞是产生胸痹的前提条件。雷忠义临床研究发现胸痹心痛患者中，多数主诉发作性胸闷痛，即闷痛并见，患者常伴憋气、脘痞纳呆、肢沉、体胖、苔厚腻、质瘀暗、脉滑或涩等痰瘀互结的证候群，临床用加味瓜蒌薤白汤治疗104例冠心病心绞痛，总有效率达92%，故立痰瘀新论。

3.胸痹心痛病痰瘀互结新论证治要点

雷忠义认为痰瘀性病理产物阻塞心脉是胸痹的病理关键，脏腑功能失调、血液与津液代谢紊乱，特别是心脾肾脏气虚弱，运行无力，以及肝失条达，气血逆乱，出现痰浊湿邪阻碍血行而致瘀或产生瘀血湿邪生痰，血瘀与痰浊胶结，形成痰瘀复合性病理产物，阻塞心脉而致胸痹心痛，为本虚标实之证。痰瘀互结型，病情较重，病程较长，缠绵难愈。

雷忠义治疗胸痹心痛病痰瘀互结证经验如下：

辨证要点：胸闷胸痛并见，憋气，脘痞纳呆，肢沉，苔腻，舌质紫暗，脉弦滑或涩。

治法：以通为补，化痰宣痹，活血化瘀。

基本方药：雷忠义创制方舒心片方（即雷氏丹蒌方）。

组成：瓜蒌皮、丹参、黄芪、葛根各30g，薤白、泽泻、川芎、郁金、骨碎补、赤芍各15g。

加减应用：该型患者多因气虚阳虚，血运乏力所致，临床用药不忘扶助阳气，阳气运行，有助于祛痰消瘀。气虚阳虚可加吉林人参10g，党参20g；胸痛明显，瘀血重者，加水蛭6g，三七粉3g，莪术10g；脾气虚加四君子汤；痰重瘀轻可加二陈汤；口苦黏腻，心烦急躁，舌红，苔黄腻者加黄连；偏寒口淡黏腻，形寒喜暖，遇寒易发，加肉桂6g，细辛3g，荜茇10g；合并高血压者加天麻10g，钩藤15g，莱菔子30g；合并室性早搏加茵陈、珍珠母、苦参、莲子心。

（二）胸痹心痛病痰瘀毒互结理论

1.胸痹心痛病痰瘀毒互结理论的形成

雷忠义一直非常重视痰瘀理论，多年来一直潜心钻研胸痹心痛理论并用于临床实践，他提出了痰瘀互结新论，在此基础上，雷忠义对该理论反复推敲实践，近十余年，又提出了更新一层的观点。

随着临床实践的不断深入，雷忠义发现部分患者临床表现为：胸闷痛伴有灼烧感，心烦，易怒，头晕，少寐，大便干结，舌红苔黄厚腻，脉滑等，不是单纯的痰瘀互结证，可见较明显热象，给予化痰宣痹、活血化瘀之剂，虽然有效但多不尽如人意。这些患者多为久病不愈或急性加重者，这明显的热象是从何而来？此热非外感，必是内伤。

2.胸痹心痛病痰瘀毒互结的病机

雷忠义认为，胸痹心痛多发生于老年人，与年老体衰，气血阴阳亏损、脏腑功能失调关系密切。心脾肾脏气虚弱，运行无力而因虚出现瘀血内生，阳气亏损乏于温煦因寒而凝，肝失条达气滞不行而瘀血内生，脾失统摄血行失于常道而瘀。痰浊之生为津液、水液代谢障碍，与肺脾肾三焦最为密切。血瘀、痰浊互相影响，互相胶结形成痰瘀复合性病理产物，阻塞心脉而致胸痹心痛。由于其慢性累积的长病程，未有不郁久化热化毒的道理。痰瘀久久不去，瘀久化热生毒，痰湿日久也可化热，痰瘀胶结更易化热毒，痰瘀毒反过来耗伤机体气血津液，进一步加重痰瘀毒的病理机转。其热其毒是本病迁延不愈、突发变故、临床证候恶化、预后险恶、变证丛生的关键因素。郁热毒邪内伏可导致营卫失和，气血亏损，脏腑败伤，而痰瘀互结日久，可生热化毒，形成痰瘀互结与热毒互为因果的恶性循环，促进了动脉粥样硬化斑块的生长，斑块不稳定、破裂、出血、血栓形成，促进了冠心病的恶化及急性心脑血管事件的发生和发展。

近年来的研究表明，慢性潜在的感染（病毒、细菌等）或免疫性因子以及血管活性物质如儿茶酚胺、5-羟色胺等可引起冠状动脉内皮损伤，介导炎性反应，从而有利于脂质的沉积和血小板的黏附和聚集，形成冠状动脉粥样硬化。这种感染、炎症的病理变化就是中医热毒内蕴的佐证。基于此观点的建立，在临床辨证施治中若能及时据此认识、及时准确调治，在原有治疗法则的基础上，依据辨证需要适当加入清热凉血解毒之品，如黄连、忍冬藤、野菊花、牡丹皮、赤芍、大黄、虎杖、参芪类等，即涤痰化浊，活血化瘀，清热解毒之法，常能得心应手，挽救濒危，收效显著。这一观点与西医学中认为本病病理病机为炎症免疫之说颇有异曲同工之妙。

据此雷忠义又提出了冠心病胸痹心痛病痰瘀毒互结的新理论，并拟定了治疗该证的雷氏丹曲方。

3.胸痹心痛病痰瘀毒互结证辨证论治要点

（1）辨证要点：胸闷痛，反复发作加重，有灼烧感，心烦，易怒，头晕，少寐，五心烦热，大便干结，小便黄或黄浊，舌暗红，苔黄厚腻，脉弦滑或涩。

（2）治法：涤痰化浊，活血化瘀，清热解毒。

（3）基本方药：雷忠义创制方雷氏丹曲方。组成：丹参、红曲、赤芍、牡丹皮、炙黄芪、法半夏、瓜蒌皮、水蛭、葛根、银杏叶、三七、黄连、薤白。

该方选丹参、红曲活血化瘀、化浊散结为君；瓜蒌皮、薤白、半夏宽胸理气、宣痹化痰散结，水蛭、银杏叶、三七活血化瘀，赤芍凉血活血，黄连清热解毒、清心火，诸药合用共为臣药；牡丹皮凉血活血解毒为佐药，防止活血药性太过而诱发出血，加黄芪补气以治其本，葛根升阳亦为佐药；黄连、牡丹皮引诸药入心经亦兼使也。诸药合用，可达到宣痹化痰、益气通络、清热凉血、活血解毒之作用，则痰瘀自消，热毒自散。标本兼治，攻补兼施，防治结合，起到预期的效果。

现代药理研究表明：赤芍能抑制血小板聚集。丹参能扩张冠脉、抑制凝血、促纤溶、抗血小板聚集、改善微循环、促进组织修复和再生、降血脂。黄芪能保护缺糖缺氧性心肌细胞，稳定细胞膜，改善心肌细胞功能。瓜蒌提取物具有升高冠脉流量，增强心肌收缩力及降低血脂的作用。水蛭煎剂能改善血液流变学，能降血脂，抗动脉粥样硬化，对抗垂体后叶素引起的心律失常或明显的 ST 段、T 波的变化。葛根有扩张冠状动脉和脑血管，减慢心率，降低心肌耗氧量的作用。银杏叶提取物对心肌缺血再灌注损伤有保护作用。黄连所含小檗碱小剂量时能兴奋心脏，增强其收缩力，增加冠状动脉血流量。加减用药：热毒易伤阴化燥，临床可加用生地黄、麦冬等养阴之品；胸闷痛明显者，加红花、三七粉、延胡索、川芎，川芎为血中气药，可助心行血；痰浊重者合用二陈汤或温胆汤；热毒偏重加栀子、黄芩、虎杖、玄参等。

目前雷忠义以痰瘀毒为理论依据，所创制的雷氏丹曲方已在临床应用多年，以该方制成的"丹曲胶囊"，已成功申报院内制剂。作为在研中药新药，目前该药已进入新药研发程序，前期进行了临床前研究，并进行了丹曲片 I 期临床试验，共观察病例 60 例。本观察结果表明：丹曲片治疗冠心病稳定型心绞痛 4 周后，心绞痛疗效总有效率为 87.5%，心电图改善有效率 59.38%，硝酸甘油停减率 81.25%，中医证候改善总有效率为 90.63%，能改善胸痛、胸闷、心悸等症状，且能明显改善心烦、急躁、大便干结等症状。丹曲片能降低 TG、TC 水平（$P<0.01$），同时能显著降低 hs-CRP、HCY（$P<0.01$）。治疗前后两组患者的肝功能、肾功能和血、尿常规均

无明显差异（*P*>0.05）。结果提示，丹曲片治疗痰瘀毒互结型冠心病心绞痛安全有效，具有抗血小板聚集、调脂、抗炎、稳定斑块等作用，而且能改善症状，防止心绞痛恶化。

综上所述，从痰瘀毒论治冠心病，能改善微循环、改善血流变、调节血脂、抗炎等，为冠心病的病因病机及临床辨治提供了新的思路，但大规模的临床试验尚无，需要从临床和实验研究进一步探讨其本质，以便更好地指导临床诊治。

（三）胸痹心痛病痰瘀毒风理论

1. 冠心病心绞痛胸痹心痛病痰瘀毒风理论形成

雷忠义从临床实践出发，在 20 世纪 70 年代就通过认真地观察记录发现在冠心病的临床症状中，胸闷胸痛的症状经常伴随而生，患者经常表现为舌暗，有瘀点瘀斑的瘀血征象，兼有舌苔腻，舌体有齿痕的痰湿征象，而落实到治疗上，依靠单纯的活血化瘀或单纯祛湿化痰之法疗效皆不甚满意。结合西医学的病理学研究，脂质代谢紊乱、动脉粥样硬化、斑块的形成、血黏度增高、冠状动脉狭窄阻塞等一系列改变均符合痰瘀互结的中医病机。通过大量的临床验证和对照观察，发展出了以痰瘀互结为核心病机治疗冠心病，即中医胸痹心痛病的治疗新策略，取得了可喜的临床疗效和新药开发的成果。在后续的观察中又发现痰瘀夹热的问题，痰瘀夹风的问题，遂最终呈现出"痰瘀毒风致病理论"的基本雏形。通过对这个研究过程的回顾可以看出，雷忠义该理论的形成始终是以临床实践为基础，在实践中产生的理论，又反过来接受临床实践的检验、修正、丰富和发展，是非常符合辩证唯物主义的认识发展规律的。

2. 对冠心病心绞痛胸痹心痛病痰瘀毒风病机的认识

痰瘀毒风并现：雷忠义指出风亦有内外之分，风为百病之长，常与寒邪相伴而侵犯肌腠。内生之风有不同的来源：①脉络瘀阻，其后必有血虚失养，则血虚生风；②痰瘀热毒互结，热极则生风；③心为火脏，其象为离，阳中寓阴，病久脏阴亏涸，心脏本体受损，阴不制阳，则虚阳偏亢生风。导致严重心律失常、传导阻滞、高血压危象、交感风暴、心力衰竭等重危急症。多种因素相互影响，终成阴阳俱衰之心衰危局。痰瘀毒风既是致病因素，又是病理产物，再加之患者体质各异，耗气伤血，损阴伐阳的发展方向各异，但若不能有效逆转遏制疾病的发展，各种心系疾病的终末阶段常会形成由实致虚，因虚致实，本虚标实，虚实错杂，气血阴阳俱衰的心衰危局。

从病理学角度谈风：不同类型的心血管疾病都可能并发心律失常，而无论何种类型的心律失常都具有发作突然、变化不定的特点，符合中医关于"风性善行而数

"变"的描述。再分而言之，窦房结周围神经和心房肌的病变，窦房结动脉供血减少是病态窦房结综合征的病因之一，可以理解为属于中医的血虚生风证；冠心病，特别是曾有心肌梗死的患者容易发生室性心动过速，可以理解为因瘀致虚，属血虚生风证；心肌病、心脏肿瘤、Lev 病（心脏纤维支架的钙化与硬化）、Lenegre 病（传导系统本身的原发性硬化变性疾病）可以导致房室传导阻滞，可以理解为属痰瘀互结，血虚生风证；在心力衰竭的发病过程中，心肌损害和心室重塑是其重要的发生机制。心肌细胞减少使心肌整体收缩力下降，纤维化的增加又使心室的顺应性下降，重塑更趋明显，心肌收缩力不能发挥其应有的射血效应，如此形成恶性循环，终至不可逆转的终末阶段。心脏本体的损害属于心阴的范畴，所以与此相关的心律失常可以理解为属阴虚生风证；另外冠心病常并发的高血压、脑出血、脑梗死等疾病的临床症状中经常会表现出头痛、眩晕、耳鸣、不寐、意识障碍、肢体偏瘫等肝风上扰的见症；病毒性心肌炎约有半数在发病前 1～3 周有病毒感染前驱症状，如发热、倦怠等"感冒"样症状，继而出现心悸、胸痛、呼吸困难，体检可发现各种心律失常，可以理解为属外感风热毒邪，热极生风证。

雷忠义用痰瘀毒风理论指导，取祛风解毒、活血化痰等治法，治愈了多例交感风暴、室速、室颤等患者。结合临床观察，联想中医"风性主动、风性善行而数变"的理论，冠心病、风心病、心力衰竭、心电传导疾病、窦房结功能异常、心肌病、电解质紊乱、离子通道异常、内分泌疾病、神经体液因素、交感副交感失衡等疾病都会引起不同程度的心律失常。心律失常之快速心律失常和"风性善行而数变"很相近。雷忠义总结经验认为，中医临床上治疗这类疾病时，在原有辨证论治基础上可加用息风止痉的药物，疗效显著。

3.胸痹心痛病痰瘀毒风理论辨证论治要点

本证辨证要点：是胸痛、胸闷、气短、心悸、怔忡，或见晕厥，或见恶风，自汗，发热，困倦，纳呆，乏力，口干、口渴，舌暗红，苔厚腻或有裂纹，脉弦细或细数结代。治以补益气阴、祛风宣痹或化痰行瘀、息风定悸。常用治疗胸痹方中加僵蚕、钩藤、甘松、徐长卿、水蛭、蛇床子、黄连、苦参、石菖蒲、远志、丹皮、赤芍等祛风之品。雷忠义根据长期临床经验总结，自拟养心活血汤治疗气阴两虚、痰瘀互结证，屡见奇效。依此理论雷忠义曾治疗冠心病急性心梗后恶性心律失常交感风暴 1 例，取得了很好的疗效。

总之，由雷忠义提出的"胸痹痰瘀毒风"理论体系，经过长期的实践摸索和临床验证，已经证实该理论在胸痹心痛病的辨证论治中是确切有效的，也得到医学界同行和专家认可，是一项理法方药齐全，临床疗效确切，并有多项科研课题立项支持的科学命题，未来这一理论体系将通过不断的临床实践和实验得到充实和完善。

四、专病之治

（一）冠心病心绞痛

1. 重视中医理论，善用辨证论治

辨证论治是中医学认识疾病和处理疾病的基本原则，是中医学的核心。"观其脉证，知犯何逆，随证治之。"雷忠义指出，临床辨证治疗要注意以下几点：①注意病、证、舌、脉、方药的差异性；②注意调整和谐平衡的机体状态，"谨察阴阳所在而调之，以平为期"；③选方用药与辨证要注意定性、定位、定量；④注意同病异治和异病同治，辨病与辨证相结合。雷忠义原为急性心肌梗死而设的养心活血汤，临床加减变化广泛用于冠心病心绞痛、心律失常、心力衰竭、高血压病、心肌炎等多种心血管疾病的治疗，体现了异病同治的思想。雷忠义平时教导学生们要注重中医理论的系统学习，主张发展与完善中医理论，继承与创新并举。

2. 遵循整体观念，注重五脏相关

雷忠义根据"天人相应""天人合一"的观点，临证非常重视整体观念。他说，强调辨证论治，但绝不能片面地、机械地运用，应结合自然环境、气候变化、个人体质（阴虚、阳虚、痰湿体质）而因人、因时、因地制宜。雷忠义认为，心与肺气血相依，心与脾母子相生，心与肝气血调节和情志相依，心与肾阴阳相交，水火既济，生理上相关，病理上必然相互影响。临床辨证治疗时应注意补肺、健脾、温肾、调理气血、平衡阴阳、标本兼治。雷忠义在临证辨治胸痹心痛时，常见因精神情志因素而诱发加重者，即肝疏泄功能失常影响心血运行而见胸闷胸痛，影响心神而致心烦、失眠、抑郁，临床可用柴胡疏肝散、四逆散、逍遥散加减化裁，每获良效。另有脾胃功能失调而诱发者，脾失健运而生痰湿，胃失和降而气逆于上，影响气血运行，而致痰瘀互结。脾胃湿热者用黄连温胆汤加佛手、郁金、枳壳、香附，脾胃虚寒者可用四君子汤加荜茇、细辛、高良姜。冠心病心绞痛患者多为中老年人，肾精不足，肾阳亏虚，雷忠义早年对羊红膻的研究在一定程度上验证了《内经》关于心本于肾的理论，打开了从肾治心的新思路，肾阳虚者加用淫羊藿、巴戟天、附子、肉桂、鹿角霜、鹿茸等，肾阴虚加用生地黄、龟甲、山萸肉、黄柏、知母等。因此雷忠义认为，调理其他脏腑功能对胸痹心痛临床辨治有重要意义。

3. 衷中参西，辨病与辨证相结合

雷忠义是中西医结合心血管病专家，有深厚的中西医理论基础和扎实的临床诊治水平。冠心病急性冠脉综合征发病多急、危、重，故临床主张中西医结合，辨病

与辨证相结合。根据病情轻重，选择中医、中西医结合治疗方案，临床用药既根据中医辨证，也不排斥西医现代检查手段及临床药理研究结果，如合并高黏血症者，可加用赤芍、水蛭、地龙等活血化瘀通络之药；合并糖尿病者可加用鬼箭羽、地骨皮、黄连、葛根、天花粉等药；合并高血脂者可加用蒲黄、山楂、决明子、绞股蓝等；肥胖患者可加用泽泻、黄连、陈皮、苍术祛除痰湿；合并心律失常者可加用黄芩、茵陈、黄连、甘松等药。根据动脉粥样硬化是炎症免疫说，提出痰瘀毒互结新论，在原有痰瘀互结辨证基础上加用清热凉血解毒之药，如牡丹皮、黄连、金银花、大黄、虎杖等，以及人参、黄芪等调节免疫之品，临床常获得更加理想的疗效。

4. 详审病因病机，临床灵活施治

（1）病因病机：冠心病心绞痛属中医胸痹心痛范畴，雷忠义根据历代医家论述及临床经验认为：冠心病患者多为中老年人，脏气亏虚，气血阴阳不足，气虚运血无力，血行瘀阻；气机失调，气滞血瘀；寒邪侵袭，寒凝血瘀；痰浊内生，痰瘀互阻，热毒内聚，热壅血瘀。本病属本虚标实，虚实夹杂。本虚有气虚、气阴两虚、阴阳两虚，标实有血瘀、寒凝、痰浊、气滞、热毒。雷忠义早在20世纪70年代就致力于活血化瘀研究，运用活血化瘀法治疗冠心病心绞痛效果显著。依据临床所见，提出把胸痹心痛的痰浊说与瘀血说融为一体的痰瘀互结说，认为从痰瘀立论是治疗胸痹的基础。痰浊和瘀血常相兼为病，两者既是病理产物，又是致病因素，相互交结，在冠心病发生发展中起着非常重要的作用。

近年来，随着中医理论的发展与临床实践，雷忠义发现部分患者临床表现有：胸闷痛、有灼烧感、心烦、易怒、头晕、少寐、五心烦热、大便干结、舌红苔腻等，多为久病不愈者，雷忠义认为此为痰瘀互结日久，生热化毒，郁热毒邪内伏致营卫不和，气血亏虚，脏腑衰败，形成痰瘀互结与热毒互为因果的恶性循环，促进了冠心病的恶化，因而提出了痰瘀毒互结理论，与西医学认为冠状动脉粥样硬化与炎症相关的观点相吻合。

痰瘀热毒并治冠心病心绞痛的理论基础：气血津液代谢紊乱、脏腑功能失调是产生痰瘀热毒的根源，心主血脉，心气推动血液在脉中运行，发挥营养和滋润作用。"心为五脏六腑之大主"，心气充沛，则血脉通畅，心气不足，则血脉壅塞不通，形成瘀血；肺主气，促进心血的运行，脾主统血，使血行正常，不逸于脉外；肝主疏泄，调畅全身气机，促进血液与津液的运行输布；肾主水，调节肺脾肝对水液代谢的输布和排泄。肺脾肝肾功能失常，肺气不足、脾不统血、气机郁滞、津液代谢失调而致瘀血痰饮内生，心血运行不畅。津血同源，痰瘀相关。瘀血、痰饮既是病理产物，又是致病因素，长期蕴积体内，日久蕴热生毒，进一步加重了气血津液代谢紊乱，使脏腑功能阴阳失调；长期以来对胸痹心痛的认识和经验是痰瘀热毒理论形成的基础,《素问·脉要精微论》云:"脉者,血之府也……涩则心痛。"《诸病源候论·心痛多唾候》云:"心痛而多唾者,停饮乘心之络故也。"以上指出瘀血、痰饮是胸痹心痛形成的原因。《诸病源候论·心悬急懊痛候》云:"邪迫肺气,不得宣畅,壅瘀生热,故心如悬而急,烦懊痛也。"提出了瘀久生热病机。在治疗上,清代医家王清任创立名方血府逐瘀汤,开创了活血化瘀治疗胸痹之先河。近年来许多医家从不同角度论述了冠心病心绞痛痰瘀互结证。

(2)辨证分型治疗

气虚血瘀证:治以益气活血通脉法,方用养心活血汤(自拟方):太子参、麦冬、五味子、丹参等。胸闷痛明显者,加瓜蒌皮、葛根、赤芍加强活血通络;心悸明显者,加龙骨、牡蛎、珍珠母、百合养心定悸。

心血瘀阻证:治以活血通络法,方用血府逐瘀汤加减。肝郁气滞者,加佛手、白芍、香附疏肝理气;感寒诱发者,加薤白、桂枝、细辛、荜茇、高良姜。

痰瘀互结证:治以化痰宣痹、活血化瘀法,方用加味瓜蒌薤白汤(自拟方):瓜蒌皮、黄芪、葛根、薤白、泽泻、川芎、郁金等。兼阳气不足者加人参、附子、肉桂、鹿角胶、淫羊藿。

痰瘀毒互结证:治以活血化痰、清热解毒法,方用雷氏丹曲方(自拟方):丹参、黄芪、红曲、水蛭、葛根、银杏叶等。

雷忠义指出,临床辨治切记顾阳护阴,不忘本虚。另外,雷忠义根据"久病入络"理论,临床常合用虫类药物如水蛭、地龙、蜈蚣、全蝎等药,取得了很好的疗效。

(二)充血性心力衰竭

心力衰竭是多种心血管疾病发展至后期阶段的共同结果,据其临床表现应属中医学水气病、心水、水肿等证范畴。心力衰竭,通常兼有不同程度的水邪为患的表现,归纳起来主要有五个方面的表现:水气凌心而致心悸、气短;水邪射肺而致咳喘;水泛肌肤而致浮肿;水停下焦而为小便不利;水蓄胸腹而致胸水、腹水。

1.病因病机

雷忠义通过多年的临床实践,对心衰的病机认识颇深。他认为心阳气亏虚是心衰的基本病理变化,也是心衰发病的关键,心阳不足,不能温化水饮,致水邪为患,水气上凌,而引起身肿、阴肿、心烦、心悸、少气、不能平卧等心衰的典型症状。而水邪既是一种病理性产物,可由心阳气虚而生,同时又是一种致病因素,能加重心脏负担,使心阳气受到进一步损伤。心阳气亏虚贯穿于心衰的整个病理过程,随着病情的发展,病变脏腑由心而涉及脾、肾。因此,在心阳气亏虚的基础上,可兼见脾阳、肾阳受损的情况。然而，不论病情发展到哪个阶段，都存在阳虚不能温化水饮的病理机制。脾主运化水湿，有赖于心肾之阳气温煦。若阳气亏损日久，必累及脾阳，使水湿不运，停蓄为患，心肾不能相交，水火弗能既济。若心阳气虚损日久，肾阳无资，主水无权，水邪泛滥为患。

同时雷忠义还认为血瘀也是心衰的一个重要病理基础。血液在脉管内环流不休、不瘀不溢地正常运行，有赖于心阳气的推动，当心阳气亏虚而不足以推动血液运行时则血必有瘀。依据"血病及水"的理论，血瘀的生成又可导致水液代谢障碍。由于血瘀部位不同，水邪为患的形式也各异，可引发心血瘀、肺血瘀、肝血瘀等或见肌肤肿胀、气短、气喘、肝脾肿大，腹水、胸水等临床表现。总之心脾肺肾四脏以及气、血、水三者在心、血、脉系统中相互影响，不断变化而形成心衰的病理基础。心衰为本虚标实之证，气虚阳虚为本，血瘀、水停为标。

2. 治则治法

（1）益气温阳：雷忠义临床常用人参大补元气，复脉固脱，合黄芪升阳行水。脾虚食少者常加入党参建中补气，且党参补气可以消瘀。温阳首选附子，能助心阳，温脾阳，补肾阳。合桂枝温阳化气利水。阳虚明显者，常加淫羊藿、巴戟天、鹿角胶温肾阳而助心阳。气为血之帅，气充则血行有力，阳旺则水饮得以温化。因此雷忠义认为，对于慢性心衰，应加强治本。

（2）活血利水：雷忠义常强调"血不利则为水"，常用丹参、川芎、赤芍活血化瘀，泽兰、益母草活血利水，血行则水化。泽泻、茯苓、猪苓、冬瓜皮淡渗利水而不伤阴，且无影响电解质紊乱之弊。对于水肿严重、痰涎壅盛、胸满喘息者则用葶苈子、椒目泻肺平喘、利水消肿。另外雷忠义常稍加五加皮 3g 强心利水。血瘀、水饮既是病理产物，又是病情加重恶化的重要原因，因此雷忠义认为，临床当标实突出时，则以祛邪为要。

（3）调理他脏：雷忠义认为，心衰虽为心之气阳不足，但与肺、肝、脾、肾密切相关，生理上相辅相成，病理上必然相互影响。肺不行水，脾不能运化水液，肾阳虚衰，水液代谢障碍，肝失疏泄，影响血液与津液的运行输布，导致水饮瘀血内停、郁遏心阳，形成恶性循环。因此临床治疗应根据不同病机予以补肺、健脾、温肾、疏肝之治。补脾肺以助心气，补肺益心可用冬虫夏草、胡桃肉、山萸肉、五味子；健脾养心常用党参、茯苓、白术；肾为先天之本，寓元阴元阳，心气心阳源于肾，赖肾气肾阳温煦，温肾阳以助心阳，常用附子、肉桂、淫羊藿；疏肝气以助血行，予川芎、香附、郁金等理气活血。阳旺则湿化，气行则血行，因而瘀水自消。

（4）平衡阴阳：雷忠义认为，心力衰竭虽以气阳不足为本，由于阴阳互根，"善补阳者，必于阴中求阳，则阳得阴助而生化无穷"。病至后期，阳损及阴，导致阴阳两虚，加之温阳利水药亦有伤阴之弊，临床治疗中常加玉竹、麦冬、五味子、生地黄等养阴而敛心气。"谨察阴阳所在而调之，以平为期。"根据中医阴阳学说，指出了从调整阴阳角度防治心力衰竭，能发挥多途径综合作用。

雷忠义指出，本病治疗重在温补心肾之阳以扶正培本，活血利水以治标，同时应调理脾肺之气，益阴助阳，使阴平阳秘而达到标本兼治。雷忠义临床常用益气温阳、活血利水心衰方。组成：红参、制附片、桂枝、白术、麦冬、五味子、黄芪、茯苓、丹参、泽泻、葶苈子、小叶草薢、北五加皮。方中制附片、桂枝温通心肾之阳，红参、黄芪益气温阳，白术、茯苓、小叶草薢、泽泻健脾利水消肿，丹参活血通络，葶苈子、北五加皮泻肺平喘，五味子养阴、敛肺气，合麦冬寓阴中求阳之意。全方共奏益气温阳、活血利水之效。具有与西医学强心、利尿、扩血管、调节心肌能量代谢等治疗相类似的作用。雷忠义认为，慢性心衰病机复杂，变化多端，不可拘泥于一方一药，临床应当从整体上认识慢性心衰时患者的疾病状态，去除病因、诱因，综合治疗，才能取得好的疗效。

五、方药之长

（一）核心方剂

1. 痰瘀互结证——雷氏丹蒌方

【辨证要点】胸闷、胸痛并见，脘痞，纳呆，肢体沉重，舌紫暗，苔白腻，脉弦滑或涩。

【主治】胸痹心痛病痰瘀互结证。

【功效】化痰宣痹，活血化瘀。

【组成】瓜蒌皮20g，薤白15g，丹参30g，葛根30g，郁金10g，赤芍15g，川芎10g，泽泻15g，黄芪30g，骨碎补10g。

【用法】上十味，以水七升，煮取三升，去滓，温服一升，日一剂，早晚分服。

【方解】该方选瓜蒌皮、薤白宽胸理气，通阳泄浊、化痰散结为君；丹参养血活血；郁金行气活血，赤芍凉血散瘀，川芎行血中之气，共助君药理气活血化瘀为臣。加黄芪补气以治其本，气助血行而瘀消；葛根升清阳，既助黄芪补气之功，又引温肾之品交于心亦为臣药；骨碎补补肾活血，泽泻泻湿降浊，与葛根一升一降，邪有去处，三药皆为佐药。郁金上行心及心包络为气中血药，川芎上行头目，下行血海，为血中气药；丹参先入心肝二经有行经报使之功能。全方合用，共奏痰消瘀化、血脉和畅、痹宣痛止、标本兼治之功。

【加减应用】该型患者多因气虚阳虚，血运乏力所致，临床用药不忘扶助阳气，阳气运行，有助于祛痰消瘀。气虚阳虚者，可加吉林人参（另煎）、党参；胸痛明显，瘀血重者，加水蛭、三七粉（冲服）、莪术；脾气虚者，加四君子汤；痰重瘀轻者，可加二陈汤；偏热口苦黏腻，心烦急躁，舌红，苔黄腻者，加黄连；偏寒口淡黏腻，形寒喜暖，遇寒易发者，加肉桂、细辛、荜茇；合并高血压者，加天麻、钩藤（后下）、莱菔子；合并室性早搏者，加茵陈、珍珠母、苦参、莲子心。

2. 痰瘀毒互结证——雷氏丹曲方

【辨证要点】胸闷痛反复发作加重，有灼热感，心烦易怒、五心烦热、头晕少寐、大便干结，小便黄，舌暗红，苔黄腻，脉弦滑或涩。

【主治】胸痹心痛病痰瘀毒互结证。

【功效】涤痰化浊，活血化瘀，清热解毒。

【组成】丹参30g，红曲6g，瓜蒌皮20g，法半夏9g，薤白15g，三七粉3g（冲服），赤芍15g，银杏叶10g，水蛭6g，葛根30g，黄芪30g，黄连10g，牡丹皮10g。

【用法】上十三味，以水七升，煮取三升，去滓，温服一升，日一剂，早晚分服。

【方解】该方选丹参、红曲活血化瘀、化浊散结为君。瓜蒌皮、薤白、半夏宽胸理气、宣痹化痰散结，水蛭、银杏叶、三七活血化瘀，赤芍凉血活血，黄连清热解毒、清心火，诸药合用共为臣药。丹皮凉血活血解毒为佐药，防止活血药性太过而诱发出血，加黄芪补心气以治其本，葛根升阳共为佐药，气至则血行，血行则痰瘀自消，热毒自散。黄连、牡丹皮引诸药入心经亦兼使也。诸药合用，可达到宣痹化痰、益气通络、清热凉血、活血解毒之作用，痰瘀自消，热毒自散。标本兼治，攻补兼施，防治结合，起到了预期的效果。

【配方特色】

标本兼治：方中黄芪补脾气以助先天，且能补气生血而起到顾护正气治本虚作用。丹参、三七虽以活血化瘀祛邪为主，但两者皆能祛瘀生新而养血。研究表明，黄芪能增强和调节机体免疫功能，有抗病毒、扩张冠状动脉、抗血栓等作用。三七具有补虚强壮、抗衰老作用，丹参能修复缺血损伤心肌，两者均有抗炎作用。红曲原为消食之药，方中为君，化痰浊，合丹参化瘀血而祛标实。

寒温并用：薤白味辛通心阳，味苦能降寒滞，性温则散胸中寒滞。黄连清心火，牡丹皮、赤芍凉血活血，寒温并用，相制相成。

调气和血：瓜蒌皮理气宽胸，开郁散结，导痰浊下行，治痰气互结。牡丹皮为血中气药，能透热转气。葛根能升发清阳之气。气行则血行、赤芍、银杏叶活血化瘀，气机调畅，升降有序，则心脉、心血通畅。

通补兼施："通则不痛"，应用水蛭、银杏叶、赤芍、半夏、瓜蒌皮、红曲活血通络、化痰散结、宽胸理气；"虚则补之"，应用黄芪扶助正气以行血，以补为通，寓通于补。

方中诸药主入心经，兼入肺、脾、肝、胃、大肠经，配伍严谨，君臣佐使，共奏宣痹散结、通络解毒、益气通脉之功。标本兼治，气血同调，通补相兼，防治结合，经临床反复验证，是治疗胸痹的有效方药。

【加减应用】热毒易伤阴化燥，临床可加用生地黄、麦冬等养阴之品。胸闷痛明显者，加红花、三七粉、延胡索、川芎、佛手，川芎为血中气药，可助心行血；痰浊重者，合用二陈汤或温胆汤；热毒偏重者，加栀子、黄芩、虎杖、玄参等。

3. 益气养阴、化痰活血——雷氏养心活血汤

【辨证要点】胸闷、胸痛、气短、心悸、乏力，自汗、盗汗，舌暗红，苔少，有裂纹，脉弦细或沉涩。

【主治】胸痹心痛病、心悸病、心衰病证属气阴两虚、痰瘀互结者。

【功效】益气养阴，活血化痰。

【组成】人参10g（另煎），麦冬20g，五味子10g，陈皮10g，丹参30g，三七粉3g（冲服）。

【用法】上四味，以水七升，煮取三升，去滓，人参另煎，三七粉冲服，温服一升，日一剂，早晚分服。

【方解】方中人参大补元气；麦冬甘寒，补水源而养阴生津，人参、麦冬合用，补益气阴，合为君药；丹参苦、寒，归心、心包、肝经，活血祛瘀，养心安神，陈皮性温、辛、苦，温能养脾，辛能醒脾，苦能健脾，行气化痰祛湿，行脾胃之气帮助运化，可以祛湿、健脾、化痰，脾胃又居中焦枢纽，陈皮行脾胃之气，使三焦之气机通畅。陈皮、丹参合而为臣；三七粉，甘、苦、温，归肝、胃经，可以化瘀生新，活血定痛，佐助丹参活血祛瘀、宣痹止痛之功为佐药。五味子酸温，敛肺生津，收耗散之气为使药，以制陈皮行散之力，一散一敛达到平衡。方中人参、麦冬、五味子实为生脉散。本方之妙在于，所治之证虚中有实，实中有虚，虚实夹杂。祛实不忘扶正，扶正不留余邪。既可补益气阴，也可祛痰化瘀。虚实同治，气阴双补，痰瘀同治。

【加减应用】①痰多、胸闷、苔腻等痰浊症状明显者，可加入瓜蒌皮、薤白、法半夏、茯苓、竹茹、杏仁、前胡、桔梗、天竺黄、胆南星、远志、菖蒲等，以加强化痰宽胸之力。②心前区或胸胁刺痛明显，痛有定处，舌质暗，有瘀点瘀斑等瘀血征象显著者，可加入桃仁、红花、川芎、赤芍、莪术、降香、姜黄、延胡索、郁金、蒲黄、五灵脂、乳香、没药、水蛭、土鳖虫等品。③倦怠乏力，声低气怯，自汗，

纳呆，舌淡胖，脉细弱，偏于气虚者，可加入黄芪、白术、山药、红景天等。④若出现面色㿠白，畏寒肢冷，脉象沉迟，阳虚明显者，可加入制附片、肉桂、淫羊藿、仙茅、巴戟天、补骨脂、肉苁蓉、益智仁、鹿茸、菟丝子、沙苑子等。⑤若表现为面色少华，口唇爪甲苍白，头晕肢麻，心悸，舌质淡，脉沉细等血虚征象明显者，可加入黄芪、黄精、当归、熟地黄、白芍、何首乌、阿胶、龙眼肉等品。⑥若有五心烦热，盗汗，少寐多梦，口咽干燥，舌红少苔，脉细数等阴虚见症者，可加入百合、生地、知母、麦冬、沙参、石斛、黄精、二至丸、枸杞、龟甲胶等。⑦患者伴有心律失常而兼气滞者，可加入佛手、甘松、荜澄茄疏肝理气；兼有心烦懊恼，心火偏亢者，可加入黄连、莲子、百合、朱茯神；胆怯易惊、心悸怔忡而心神不宁者，可加龙齿、琥珀、珍珠粉、紫石英等以镇心安神；若有湿热见症，亦可加入黄连、苦参、茵陈、虎杖、蛇床子等清热解毒燥湿。也可配入豨莶草、徐长卿等风药祛风通络，达到纠正心律失常的目的。⑧或者合用天麻、钩藤、石决明、菊花、夏枯草平肝潜阳，清泻肝火，以治疗肝阳上亢、肝火上炎的兼证。另外本方中的人参，也经常根据临床具体的情况分别选用太子参、西洋参、党参来替代之。人参或西洋参、太子参都可补气，人参大补元气，气阴两虚选用西洋参补益气阴，虚不受补、年老体弱可选用太子参平补，脾气虚可用党参。由此可见，雷忠义对于养心活血汤的应用是非常灵活而广泛的，该方已成为他治疗心血管疾病的基本方，随症灵活加减应用，是治疗多种心系疾病的效方。

4. 调和气血，平衡阴阳——雷氏百合知母地黄汤

【辨证要点】心跳、心悸、心烦不安，胸闷、胸痛，惊恐感，伴有烘热汗出、忽冷忽热、头晕、头痛、失眠、焦虑等症。

【主治】心脏神经官能症、更年期综合征、焦虑抑郁症属阴阳气血失调证。

【功效】调和气血，平衡阴阳。

【组成】百合30g，知母10g，生地20g，煅牡蛎30g（先煎），丹参30g，香附15g，郁金10g，黄连10g，莲子15g，瓜蒌皮20g，泽兰10g，石楠藤30g，淫羊藿15g，珍珠粉0.6g（冲服）。

【用法】上十四味，以水二升，煅牡蛎先煎，再加入水六升，共煮取三升，去滓，温服一升，日一剂，早晚分服，珍珠粉随药冲服。

【方解】方中百合入心经，能清心除烦，宁心安神；知母苦寒，清热泻火，养阴润燥，共为君药；生地苦寒，清热生津凉血为臣药；三药合用，可滋心阴，清心火，宁心安神。丹参凉血活血，祛瘀止痛，除烦安神；香附疏肝解郁，理气调中，郁金行气解郁，凉血清心，祛瘀止痛，两者均入肝经，为血中气药；三药合用，共为臣药，调肝气、解瘀滞、通血脉、除心烦。牡蛎咸寒，重镇安神，平肝潜阳；黄连清热泻火；瓜蒌皮清热化痰、宽胸理气；三药合用共为佐药，清心火，除痰热，镇心安神。泽兰走血分，能活血调经，利水消肿；石楠叶补肾气，通经络，除烦热；淫羊藿辛甘性温，补肾壮阳；三药合用共为佐药，滋肾气、壮肾阳、通血脉。莲子心清心安神，交通心肾，珍珠粉清肝明目，镇心安神，共为使药。诸药合用，清心除烦，化痰泄热，理气解郁，活血通络，共奏调和气血、平衡阴阳之功。

【加减应用】心烦，失眠，多梦，五心烦热，口咽干燥，舌红少苔，脉细数等阴虚见症者，可加入沙参、麦冬、石斛、玉竹、天花粉、黄精、酸枣仁、夜交藤、茯神、远志等。兼胸闷气短者，可加香橼、佛手、木香、香附、郁金、合欢皮、甘松、荜澄茄等疏肝理气；兼有心烦懊恼，心火偏亢者，可加入黄连、阿胶、莲子或莲子心、牡丹皮、栀子、朱茯神；胆怯易惊、心悸怔忡而心神不宁者，可加珍珠母、珍珠粉、琥珀、龙齿、紫石英、龙骨、牡蛎以镇心安神。

（二）经典用药

1. 以痰瘀毒风致病理论治疗心系疾病的用药经验

（1）痰：痰浊痹阻常用的方剂如瓜蒌薤白半夏汤、二陈汤、温胆汤等，常用药物如：瓜蒌皮、薤白、半夏、陈皮、茯苓、枳壳、竹茹、制南星、天竺黄、远志、菖蒲、杏仁、前胡、葶苈子、桔梗等药以化痰宣痹，止咳平喘。

（2）瘀血：瘀阻脉络常用的方剂有桃红四物汤、血府逐瘀汤、丹参饮、失笑散、活络效灵丹、抵当汤等，常用药物有桃仁、红花、当归、川芎、牡丹皮、赤芍、川牛膝、丹参、檀香、降香、乳香、没药、姜黄、郁金、酒军、水蛭、地龙、僵蚕、土鳖虫、炮山甲等药以活血化瘀通络。

（3）毒：毒邪可概括性地分为寒热两端。寒毒凝结方选麻黄附子细辛汤、乌头赤石脂汤、四逆汤，当归四逆汤等。常用药物有麻黄、制附片、肉桂、桂枝、细辛、干姜、荜茇、川椒、赤石脂、淫羊藿、巴戟天、鹿茸、红参等药以温阳助热；热毒炽盛的方剂可选泻心汤、黄连解毒汤、栀子豉汤、四妙勇安汤、五味消毒饮等。常用药物有黄芩、黄连、大黄、栀子、牡丹皮、玄参、紫草、金银花、连翘、蒲公英、野菊花、天葵子、忍冬藤等药以清热解毒。

（4）风

①外感风邪重在解表，偏于风寒者可用荆防败毒散之流，药选荆芥、防风、苏叶、羌活、独活、柴胡、细辛、白芷等品以疏风散寒解表；偏于风热的可用桑菊饮、银翘散之剂，常用药物有桑叶、菊花、金银花、连翘、牛蒡子、薄荷、淡豆豉、芦根、板蓝根、大青叶等味以疏风清热解表。

②因瘀致虚，血虚生风，当追本溯源，活血化瘀，养血祛风，可以四物汤为基

本方，酌情加入风药治之，也可以考虑三甲复脉汤或以神应养真丹加减，药如当归、生地黄、熟地黄、川芎、赤芍、白芍、丹皮、麻子仁、麦冬、五味子、阿胶、天麻、羌活、白蒺藜、稽豆衣、决明子、龟甲、鳖甲、生牡蛎等品。

③对于阴虚阳亢，虚阳无制化风者，可据情况选用天麻钩藤饮、镇肝熄风汤等治疗，常用药物有天麻、钩藤、石决明、珍珠母、磁石、生龙齿、生牡蛎、桑叶、菊花、夏枯草、白蒺藜、生地黄、玄参、杭芍、天冬、麦冬、怀牛膝、山萸肉等。

④周围血管病中也常会出现肢体疼痛（间歇性跛行、静息痛、局部脉络红肿热痛）等中医痹证的表现，则可以选择祛风除湿通络之品，常用方剂有黄芪桂枝五物汤、乌头汤、四妙勇安汤等，药物有黄芪、桂枝、桑枝、当归、赤芍、豨莶草、络石藤、徐长卿、忍冬藤、秦艽、威灵仙、肿节风、地龙、蜈蚣、水蛭等。

⑤对于痰瘀毒互结，热极生风者，可酌情选用泻心汤、当归龙荟丸、黄连温胆汤、羚角钩藤汤等方剂，常用药物如黄芩、黄连、黄柏、大黄、栀子、牡丹皮、龙胆草、芦荟、郁金、菖蒲、半夏、竹茹、陈皮、茯苓、山羊角、钩藤等药，用以豁痰化瘀，清热解毒，凉血息风。

2. 单味药、对药、角药的应用

（1）单味药

①羊红膻：性味归经：味甘、辛，性温。归心、肾、肺、脾经。

功效：温中散寒，温肾助阳，活血化瘀，健脾益气，养心安神，止咳祛痰。具有治疗阳痿不举，精少精冷，胸痹心痛，心悸失眠，胸闷气短，外感风寒，寒饮咳嗽等病症之功效。

各家论述：《陕西中草药》曰："祛寒宣肺，祛风解毒，活血散瘀，消肿止痛。"《陕西医学杂志》曰："治心悸、克山病、老慢支、阳痿、早衰等。"药理研究表明，羊红膻根及全草有抗凝血作用。全草尚能扩张冠状动脉、降低冠脉阻力，有降压作用，能降低心肌氧耗量。黄酮苷能增强心肌及脑组织呼吸酶的活性；其水煎醇制剂有明显的降压作用，并具有一定强壮作用。

中医学认为，胸痹病位在心，其发病与肾有密切关系，所谓"阳统于阴，心本于肾"。心阴是心脏活动的物质基础，心阳是促进血液循环的动力。心阴心阳互根互用，维持相对的平衡，是心脏正常运行的必需条件。而心阴心阳又与肾阴肾阳密切相关。如心肾不交，水火不能既济，心阴心阳不能相互制约，五脏生克制化失调，继而引起脾运化失调，肝疏泄异常，肺不能输布津液，导致机体气血水液代谢紊乱，气滞、痰阻、血瘀、水停，而发为胸痹心痛。羊红膻味辛性温能补肾，因而提出了"从肾治心"的思路，即从补肾药物中筛选治疗心血管疾病的中药。

雷忠义应用经验：治疗阳痿不举，精少精冷，本品温肾壮阳，起痿生精，常与淫羊藿、巴戟天、锁阳、鹿茸等配伍，用治肾阳不足，命门火衰，阳痿精冷，精少不育，以增强药效；治疗气滞血瘀，胸痹心痛，本品辛散温通，气膻入血，能活血化瘀，通脉止痛，常与丹参、川芎、桃仁、红花、赤芍等活血化瘀之品同用，用治心阳不振，心脉痹阻之胸痹心痛症；治疗心悸失眠，胸闷气短，本品通心脉，养气血，养心安神，常与远志、茯神、炙甘草、琥珀、桂枝、酸枣仁等相伍，用治心气不足、心悸怔忡、气短乏力、胸闷痞塞之症；治疗外感风寒，寒饮咳嗽，本品辛温发散，甘温壮阳，有温肺化痰散寒之功，常与荆芥、防风等同用，治疗外感风寒，或与细辛、干姜、五味子等同用，治疗寒饮咳嗽。

②虎杖：性味归经：味微苦，性寒。归肝、胆、肺经。

功效：利湿退黄，清热解毒，散瘀止痛，化痰止咳。用于治关节痹痛，湿热黄疸，经闭，产后瘀血不下，癥瘕，咳嗽痰多，水火烫伤，跌打损伤，痈肿疮毒。

各家论述：《日华子本草》曰："治产后恶血不下，心腹胀满。排脓，主疮疖痈毒，妇人血晕，仆损瘀血，破风毒结气。"《药性论》曰："治大热烦躁，止渴，利小便，压一切热毒。"现代研究：虎杖具有增强心肌收缩力、降压、抗血小板聚集、抑制脂质过氧化、降低血脂、保肝、止血、镇痛、祛痰止咳、抗菌、抗病毒等作用。

雷忠义应用经验：治疗痰瘀热毒互结之胸痹心痛（冠心病心绞痛），常与瓜蒌皮、薤白、丹参、黄连等配伍，以清热解毒，活血化瘀，化痰散结；治疗痰瘀热毒互结之眩晕头痛（高血压病），常与天麻、钩藤、葛根、山楂、夏枯草、野菊花等配伍，以平肝潜阳，活血解毒，清热化痰；治疗风湿热痹，常与防己、桑枝、络石藤、鸡血藤、独活等配伍，以祛风清热除湿，舒筋活络；治疗肺热咳喘，常与黄芩、鱼腥草、蒲公英、百部等合用，以清热解毒，化痰止咳。

应用注意：本品苦寒，不宜大量长期服用。

③苦参：性味归经：味苦，性寒。归心、肝、胃、大肠、膀胱经。

功效：清热燥湿，杀虫，利尿。主治湿热泻痢，肠风便血，黄疸，小便不利，带下，疥癣，皮肤瘙痒，湿毒疮疡。

各家论述：《神农本草经》曰："主心腹气结，癥瘕积聚，黄疸，若有余沥，逐水，除痈肿。"《本草正义》曰："苦参，大苦大寒，退热泄降，荡涤湿火，其功效与芩、连、龙胆皆相近，而苦参之苦愈甚，其燥尤烈，故能杀湿热所生之虫，较之芩、连力量益烈。"现代研究：苦参、苦参碱、苦参黄酮等均有抗心律失常作用。苦参有增加冠脉流量，保护心肌缺血及降血脂作用，总碱还有防止白细胞降低及抗辐射作用。醇提取物对阴道滴虫、阿米巴原虫有杀死作用。煎剂对结核杆菌、痢疾杆菌、金黄色葡萄球菌、大肠杆菌均有抑制作用，对多种皮肤真菌也有抑制作用。并有利尿、抗炎、抗过敏、镇痛及平喘、祛痰、抗肿瘤作用。

雷忠义应用经验：治疗过早搏动（室早、房早），配伍甘松、徐长卿、炙甘草、丹参、龙齿等；治疗尿路感染，配伍败酱草、椿白皮、鱼腥草、白茅根等；治疗皮肤湿疹，配伍黄柏、薏苡仁、土茯苓、防风、蝉蜕、蛇床子等。应用注意：《医学入门》：胃弱者慎用。《本草经疏》：久服能损肾气，肝、肾虚而无大热者勿服。

④红曲：性味归经：味甘，性温。归肝、脾、胃、大肠经。

功效：活血化瘀，健脾消食。主治饮食积滞，脘腹胀满，赤白下痢，产后恶露不尽，跌打损伤。

各家论述：《本草衍义补遗》曰："活血消食，健脾暖胃，治赤白痢下水谷。"《本草备要》曰："入营而破血，燥胃消食，活血和血。治赤白下痢，跌打损伤。"现代研究：调节血脂，降低胆固醇、甘油三酯、低密度脂蛋白，升高高密度脂蛋白，保护血管内皮，预防各类心脑血管疾病，如脑卒中、冠心病、高血压；有效清除自由基，抑制动脉粥样硬化斑块的形成，稳定和消融动脉粥样硬化斑块，预防心肌梗死、脑梗死和猝死的发生；改善睡眠，提高免疫力，抗疲劳，通便润肠，排出体内毒素，有一定的减肥、美容作用；预防骨质疏松和抗肿瘤作用。

雷忠义应用经验：治疗冠心病心绞痛痰瘀毒互结证，配伍丹参、瓜蒌皮、牡丹皮、黄连、虎杖、银杏叶等；治疗动脉硬化性脑血管病，配伍川芎、葛根、赤芍、菖蒲、郁金、僵蚕、地龙、当归等。

（2）对药

①泽兰配益母草：泽兰疏肝气以行血，兼利水消肿，可除身面四肢水肿；益母草性寒而味辛、苦，行血而不伤新血，养血而不滞瘀血。两药相配，相须为用，活血利水，瘀水同治。临床常用于血瘀水停之证。

②黄芪配葶苈子：黄芪功擅补气升阳，且可大补元气，使营卫畅达，水湿自消；葶苈子质轻味淡，上行入肺，既能泻肺气，又能宣肺布津以利水消肿。两药相配，升降相依，攻补兼施，标本兼治。常用于"心水""水肿"之证。

③香附配郁金：香附辛散苦降，芳香性平而无寒热偏性，善走能守，畅行三焦，通达全身，既疏肝理气，又入血分，属血中气药。主入肝经，功擅理气解郁，疏肝止痛，为"气病之主司，女科之主帅"。郁金辛开苦降，入肝胆条达气机，活血止痛，疏肝解郁。两者相伍，相须而用，为气血同治之药。临床常用于辨证为气滞血瘀之证。

④瓜蒌皮配丹参：瓜蒌皮开郁散结，清热化痰，宽胸理气；丹参通行血脉，活血化瘀，清热凉血。两药相配，化瘀祛痰，行心气，清心热，治疗胸痹心痛痰瘀互结证。

（3）角药

①丹参、三七、陈皮：《本草便读》曰："丹参，功同四物，能祛瘀以生新……"三七既能活血化瘀，又能祛瘀生新而不伤正。两者相须为用，治疗心血瘀阻之胸痹。陈皮味辛温通，有理气健脾化痰之功。在自拟养心活血汤中将三药伍用，有以通为补、活血化瘀、宣痹化痰作用。主治胸痹痰瘀互结证。

②百合、知母、生地黄：百合性甘，微寒，具有清心安神作用。《日华子本草》曰："安心，定胆，益志，养五脏。"知母性寒质润，能泻肾火。生地黄清热凉血，养阴生津，治阴虚内热，骨蒸潮热。临床自拟百合知母地黄汤治疗心脏神经官能症、更年期综合征患者，疗效显著。但这三药均偏寒，脾胃虚寒者注意调整方药偏性。因此在治疗中常加用淫羊藿温阳抑阴，以求阴阳平衡。

③珍珠母、紫石英、琥珀：珍珠母味咸、寒，有镇惊安神之功。紫石英味甘、温，甘温能补，质重能镇。两者相伍，寒温并用，主治心悸怔忡，心神不宁。《名医别录》曰琥珀"主安五脏，定魂魄……"三者皆质重，主入心经。临床上治疗心律失常、失眠常伍用三药。

④葶苈子、小叶草薢、北五加皮：葶苈子泻肺中水饮而通调水道，利水消肿。《神农本草经》云："主癥瘕积聚结气，饮食寒热，破坚逐邪，通利水道。"小叶草薢祛风除湿，利水通淋。北五加皮利水消肿，强筋骨，祛风湿，具有强心利尿作用。三药合用，具有增强心肌收缩力，减轻心脏负荷作用。临床辨治"心水""喘证"时常伍用此类药。北五加皮有小毒，临床用量常控制在 3 ～ 5g 之间。

六、读书之法

（一）阅读经典，痰瘀互结论溯源

雷忠义国医大师广泛阅读中医经典，历代医家对胸痹心痛的认识和经验是他提出痰瘀互结理论的基础。《黄帝内经》对"痰""瘀"相关的认识就是该理论的雏形。《灵枢·百病始生》中说："汁沫与血相抟。"《素问·痹论》曰："心痹者，脉不通。""血实者宜决之。"《伤寒杂病论》首先提出了"瘀血""痰饮"病名。《金匮要略·胸痹心痛短气病脉证治》提出"阳微阴弦"，即"胸痹而痛"，并创建了瓜蒌薤白汤等化痰宣痹通阳的效方。唐代《备急千金要方》中用前胡汤治疗"胸中逆气心痛彻背少气不得食"，宋代《太平圣惠方》"胸痹疼痛、痰逆于胸、心膈不利"的描述，均为"痰"论的发展。元代朱丹溪明确提出了"痰夹瘀血，遂成窠囊"，标志着痰瘀互结的初步认识。清代王清任《医林改错》曰："突然胸痛，前方皆不应，用血府逐瘀汤一付痛立止。"唐容川《血证论》曰:"心病血急宜去瘀为要",应用归芎失笑散等。清代《继志堂医案》中曰:"此病不惟痰浊,且有瘀血交阻膈间,方用全瓜蒌、薤白、旋覆花、桃仁、红花、瓦楞子、玄胡末、合二陈汤。"秦伯未先生《临证医案》,用其中的胸痛方加减治疗了心梗后重度心绞痛、憋闷难忍频发的患者。此实为痰瘀互结论的初步治疗方。

(二)从《临证指南医案》中看叶天士治胸痹方法

叶天士是清代著名的医家,他一生忙于诊务,鲜有著述。其中《临证指南医案》是由其门人华岫云经数年随见随录采集而成,其中对胸痹的治疗主要体现在重阳气、治痰涎、活血通络三个方面。

1. 重阳气

(1)温通心阳:素体心气不足或心阳不振,阴寒之邪乘虚侵袭,致寒凝心中,气机阻滞,胸阳不展,心脉痹阻。正如《医门法律》中所说:"胸痹心痛,然总因阳虚,故阴得乘之。"叶天士谓此为"中阳困顿,浊阴凝凛"。临证可见胸痛彻背,背痛彻心,不思饮食,甚则呼吸不通,捶胸稍缓。在治疗上,叶天士指出"温通阳气在所必绝"。宗仲景法,以积实薤白桂枝汤、瓜蒌薤白白酒汤、瓜蒌薤白半夏汤等,辛滑微通其阳,并加干姜温中助阳,茯苓、甘草补中化痰,生姜散寒饮化痰浊。本法在临床上已广泛应用,若见寒凝滞重者,宜配合苏合香丸、冠心苏合丸等芳香温通之品。

(2)温阳化饮:脾胃素虚之体或饮食不当,损伤脾胃,致中阳不运,水饮内停,上凌心胸,胸中气机不利,升降失常,清阳不升,症见咳嗽、呕吐饮食、便溏或大便不爽,胸闷如窒。叶天士以苓桂术甘汤加姜汁通阳化气,健脾祛湿。对于饮阻气机不利,升降失常者,叶天士则用薤白、杏仁、厚朴等调畅气机,用茯苓、半夏、姜汁等化痰除饮。临床上见有中焦虚寒之象者,宜配理中丸祛寒健脾益气,使中焦气旺、升降复常、胸痹可愈。

2. 治痰涎

(1)涌吐痰涎:胸痹患者素有胸中阳气不畅,因寒饮痰浊阻于胸中,使胸中阳气受阻,气机逆乱,症见"脉沉如伏,痞胀格拒,在脘膈上部,病患述气壅,自左觉热"。叶天士遵"邪在上者宜吐之"的法则,用张仲景三物白散,涌吐寒饮痰浊。由于该方涌吐的作用较猛,易伤胃气,应中病即止。若服药后呕吐不止,叶天士的经验是服凉水即止。

(2)清热化痰:平素嗜酒太过,恣食辛辣厚味,蕴湿蒸痰化热,致使痰热结于胸中,阻遏胸中阳气。治疗不离苦辛开郁之法,可用千金苇茎汤合小陷胸汤。

(3)理气化痰:肺主宣发肃降,若肺之宣降,失常则易生痰,痰气交阻于胸中,胸脘气机不畅，易致胸痹。即叶天士所谓"气阻胸痹"，治疗以理气化痰为主，药用枇杷叶、半夏、杏仁、桔梗、橘红、姜汁。临床上常用二陈汤、五磨饮子。

3. 活血通络

叶天士认为久病入络。胸痹迁延，气滞痰阻日久，入血入络，使血行不畅，脉络不利而致气血壅滞，或痰瘀胶阻，中阳不运，气血瘀阻，脉络不通。对痛久入血络，胸痹疼痛之血络痹痛者，叶天士治以活血通络法，药用炒桃仁、延胡索、川楝子、木防己、川桂枝、青葱管，使瘀去络通，血行流畅，病可痊愈。

从《临证指南医案》看，叶天士已认识到胸痹的发病与阳虚痰饮、气滞血瘀有关，尤其注重温阳宣痹。提出"中阳困顿，浊阴凝凛""温通阳气在所必绝"，宗仲景法用枳实薤白桂枝汤、瓜蒌薤白白酒汤、瓜蒌薤白半夏汤等温中助阳。在气滞方面，叶天士注重调理气机，升清健脾祛湿。在治痰涎方面，叶天士遵循"邪在上者宜吐之"的法则，用张仲景三物白散，涌吐寒饮痰浊。也提出清热化痰，用苦辛开郁之法，用千金苇茎汤合小陷胸汤，理气化痰开郁。这和我们今天认识到的痰瘀互结，痰瘀毒互结理论相吻合。活血通络之法，也是我们长期以来认识胸痹心痛病的根本法则。不通则痛，痹阻不通。活血通络化瘀，痹阻清除，络脉通则胸痹自除。

（三）基于《黄帝内经》"心本于肾"的观点，提出胸痹心痛病从肾治心的理论

心肾相交，坎离交媾理论早在古医籍《黄帝内经》中就有论述，雷忠义在熟读经典，活用于今日的实践过程中创新性提出胸痹心痛病从肾治心的理论。

古人在心肾相交，水火既济方面论述颇多。早在《内经》中就有阐述。《素问·六微旨大论》曰："相火之下，水气承之。""君火之下，阴精承之"。《素问·宣明五气》亦云："咸走血，血病无多食咸；苦走肾，骨病无多食苦。"皆含有心肾相交之意。

后世医家对心肾相交的生理、病理机制多有论述。如唐代孙思邈在《备急千金要方》中指出："心者，火也，肾者，水也，水火相济"。李中梓在《医宗必读·水火阴阳论》中云："火性炎上，故宜使之下，水性就下，故宜使之上。水上火下名之曰交，交则为既济，不交则为未济。"周之干《慎斋遗书》中第一次提出"心肾相交"之名，并提出"心肾相交，全凭升降。而心气之降，由于肾气之升；肾气之升，由于心气之降"，这都是对其生理机制的论述。

在病理方面，张景岳认为"阳并于上，阴并于下，阴阳不交"，指出心肾阴阳的不相交通是产生心肾不交的根本。《伤寒论》中"少阴病，得之二三日以上，心中烦，不得卧，黄连阿胶汤主之"，开心肾同治之先河，黄连阿胶汤堪称交通心肾之良

方，至今仍广泛应用。韩飞霞在《医通》中指出"黄连、肉桂，能交心肾于顷刻"，用交泰丸治疗心肾不交。可见，心肾相交理论在中医古籍文献中有着丰富的论述，逐渐形成了一套完整的理论体系，并在临床上有广泛的应用。

心的功能有赖于先天之本肾之滋养。所以在论治胸痹心痛病时，从肾治心理论不无道理。在《景岳全书》中云：心本乎肾，所以上不宁者，未由不固乎下，心气虚者，未由不固乎精。所以精气充足是运行气血的根本。因本病多发于 40 岁以后，肾气渐衰，致肾之元阴元阳不足，肾气不足，先天乏源，影响后天气血生化之源，肾失温煦，蒸腾，脾失健运，痰瘀油然而生。肾主水，主潜藏，主二阴，为水之脏。心主神明，主血脉，心主火，心火下降以助肾阳之温煦。肾水上蒸以助心火之旺盛。肾气充足，心阳得以温养，心气足而血脉调，心神宁而痹阻通。肾阴足，心血得以补充，精血同源，心阴足，心神宁而分泌汗液。痰瘀日久，必耗阴液阴血，心阴不足，心神不宁，故在治疗胸痹心痛病时，时刻不忘其本虚标实，虚实夹杂的病机，在活血化瘀、祛痰利湿的同时，不忘顾护正气，补益元阴元阳，灭相火，安心神。

羊红膻是民间草药，延安市用以补肾、壮阳治阳痿，防止家畜发育迟缓及衰老征象，亦用于治疗克山病、哮喘、慢性支气管炎等。20 世纪 70 年代初，雷忠义率领的心血管科研组，用羊红膻制成了单味和复方片剂，用于治疗冠心病心绞痛、高血压病、高脂血症，并开展了大量研究，证实该药对于心脑血管系统疾病有显著疗效。充分验证了《内经》有关"心本于肾"的理论，打开了"从肾治心"的思路，即从补肾药物中筛选防治心血管病新药的途径。

雷忠义在治疗胸痹心痛病时，时刻考虑到固护肾气，善于从阴阳互根互用，精血相生，阴阳互化入手。从肾治心，即心病从肾治疗，心血不足，心阴不足，出现心火上炎，症见心烦意乱、心悸、失眠，舌尖红少苔或少津，脉细数等，治以滋补肾阴，达到水能制火的目的；心阳不足也可通过温补肾阳来治疗，肾阳充足，心阳得以温运，血行痰消湿除，痹证自愈，同时也起到"壮水之主以制阳光，益火之源以消阴翳"的作用。从肾治心给我们治疗胸痹心痛病，开拓了新思路，也强调了培元固本以除痹积之力。

七、大医之情

雷忠义生长生活在三秦大地，这里有岐伯、扁鹊、孙思邈、王焘等中医先贤，他一直以这些古代先贤为榜样，常常以药王孙思邈的医德境界要求自己。在幼年时，他的父亲就要求他背诵药王的养生铭，至今他都记忆犹新。

（一）精诚兼备，方为大医

雷忠义常常以药王孙思邈的"精诚兼备，方为大医"的医德品质，即大医必须做到医德与医术的完美结合来要求自己。他一生秉持"人命至重，有贵千金，一方济之，德逾于此"的理念，认为济世活人是医生最崇高的责任和使命，学医者必须博极医源，精勤不倦地寻求医道，医术精湛，医德高尚者方为大医。否则，对于医学知识一知半解，不但不会救人，还会害人。他始终坚持药王孙思邈的这一理念，至今，在临床上他对患者都是至诚至善，要求既要治病精准，又要注重医德医风。原第四军医大学校长鞠名达先生曾为雷忠义题字"精诚大医，当代名师"，高度地概括了他一生的为人准则。

（二）救死扶伤，责无旁贷

他常常强调，对待危重患者，要不顾个人安危和风险，全力抢救。如孙思邈所说，遇有"其有患疮痍下痢，臭秽不可瞻视，人所恶见者，但发惭愧凄怜忧恤之意，不得起一念芥蒂之心"。也就是说，面对臭秽不堪或凶险的传染病，医生要以高度的责任心和同情心去救治，不得有一丝一毫的患得患失，不能临阵退缩。

1957年，陕南略阳县发生流感疫情，当时的雷忠义还是一位年轻医师，每天不仅要背着保健箱和针灸包下乡去防病治病，白天还要和老乡们一起抬土造田，挖塘修渠，参加劳动，晚上还常常步行数十里去救治危重患者。

20世纪60年代，他曾多次在陕南的城固、勉县等县参加钩端螺旋体病、乙脑、痢疾等急性传染病的防治，开设家庭病床，按时巡回医疗。即使在自己也感染钩端螺旋体病的情况下，仍带病坚持出诊。他曾经冒着严寒和风雪，背着数十斤重的老式心电图机，步行数十里山路去为科研观察的患者做心电图复查。他曾经在暴雨中奔波在泥泞的山路上，为患者送医送药。

退休以后，雷忠义仍然坚持临床一线的工作，每周的门诊、查房、疑难病会诊以及危重患者抢救，他总是及时到场，全身心地投入工作。他认为，为患者服务，尽自己最大努力挽救患者的生命，解除病痛，是自己作为医者的职责所在，更是他"医者仁心"的体现。

他一心为民，在非典型肺炎流行及新冠肺炎疫情肆虐期间，他第一时间积极查阅经典及相关资料，总结当年在基层防治传染病的经验，献方献策，为陕西省中医医院、陕西省人民医院制定抗疫防治的中药方，为抗疫做出了应有的贡献。

（三）对待患者，皆如亲人

凡人患病痛时，都有需要医护关怀的心理。他崇尚孙思邈的话："凡大医治病，必当安神定志，无欲无求，先发大慈恻隐之心，誓愿普救含灵之苦。若有疾厄来求救者，不得问其贵贱贫富，长幼妍蚩，怨亲善友，华夷愚智，普同一等，皆如至亲之想。"他常常告诫学生，医生治病，务必抛弃一切私心杂念，无论患者贫富贵贱，长幼亲疏，对所有患者都要一视同仁，如同对待自己的亲人一样，去解救他们的疾苦。这与当今社会所提倡的"全心全意为人民服务""以人为本"的理念一脉相承。

他以身作则，身体力行。很多次，遇到贫困患者，他为患者花钱买药，遇到行走困难的患者，赶紧让座关心，遇到抱小孩的患者，关怀小孩冷暖。为了照顾远路来的患者，他常常推迟下班时间，一定要等到最后一位患者就诊离去，他才带着疲惫和欣慰回家。有些患者不能来院，他便牺牲休息时间骑着自行车送医送药上门。对于危重患者，他认真研究病情，亲自制订诊疗方案，耐心开导，频频鼓励，给患者树立战胜疾病的信心，带来生的希望。

雷忠义常说，"医生的天职就是通过治病救人贡献社会，要爱护患者，必须精研医术"。在他60多年的行医生涯中，经他之手而重获生机的患者，已难以计数。这样的事例，常被同行和学生们传为佳话，但雷忠义却只说了句，"这算不上什么，都是我应该做的"。

（四）不贪钱财，不谋私利

他将救死扶伤、治病救人作为医生的最高宗旨、最高境界，而所有个人收益，都只能服从于这一最高宗旨。这种高尚的品德，对于我们每位医生，都是深深的教益。他主张不开大处方，不开贵重药，要让每一个患者都能吃得起药，看得起病。一位台湾返乡的老兵突发心脏病被雷忠义成功救治，执意要送给他一枚金戒指，而被雷忠义婉拒，令老兵感慨良多。外地一基层同志陪母亲看病，要送他千元红包，雷忠义随手交到住院处作为病家的住院费。穷苦患者带给他的土特产，他换个方式又送回去，送来的锦旗和感谢信也被压在箱底。

他重视患者，患者也记住了他。在农村，农民称他为活菩萨；在城市，患者同样对他赞誉有加。《陕西日报》1996年6月16日头版头条以"爱，在为病人服务中升华"为标题报道了雷忠义的事迹，陕西电视台和《西安晚报》等多家媒体也曾就他的事迹进行了相关报道，这些报道在社会上引起强烈反响。其个人事迹曾被《中国中西医结合医学家传》收录，而当人们提起这些的时候，雷忠义只是淡然一笑。

（五）嫉贤妒能，最应鄙弃

雷忠义常用孙思邈的典故教育后学者。孙思邈学识渊博，虚怀若谷，吸收和运用仲景、华佗等几十位名医的医方，还能收集来自民间、少数民族、宗教界、文化名人以及其他流派传人的许多医方，从中汲取精华，他和当时许多著名人物如佛教律宗创始人释道宣大师，著名医家甄权、甄立言、谢季卿、司马得逸等长相往来。雷忠义认为，有些医生为了抬高自己的声望，故意在患者及家属面前诽谤或贬低同行，诋毁其他医生，正是雷忠义所不齿的那类人。所以，他尊重每一位医生同行，也包括自己的学生和进修、实习医生，与他们一起探讨学术问题，对于下级医生提出的合理意见，也能积极采纳。

他很好地践行了孙思邈"大医精诚"的思想。他常常教导大家，在当前形势下，更应联系实际，弘扬这种精神，以树立良好的社会风尚，更好地为患者服务。

（六）精研国学，提升修养

雷忠义业余兴趣爱好广泛，尤其对中国传统文化有着浓厚的喜好，研究颇深。从青年时代起就熟读《论语》等儒家经典。他认为医者不仅需要有高超的诊疗技术，更需要广博的文化修养。闲暇时，他总是手不释卷，阅读内容广泛，上到春秋战国时期的诸子百家学说，下到明清时期的四大名著，其中的内容他都烂熟于心，与人交流时常常引经据典，使人不得不钦佩他知识的渊博。雷忠义对中国古典诗词非常喜爱，虽然已是耄耋之年，但仍能清晰地背诵出百余篇唐诗宋词。雷忠义尤其对古典文化中的养生之道研究颇深，他倡导《黄帝内经》中提出的恬淡虚无的精神养生，也常常练习孙思邈的养生十三法，每日清晨，他都要练习太极拳、八段锦。对于书法，他更是爱好，初学颜柳、二王，中年以后，对苏黄米蔡的作品都有临帖研究，他的笔法苍劲古朴，浑然天成，形成了自己独特的风格。这些文化方面的修养，对他人生观与道德观的形成起到了决定性的作用。

八、养生之智

雷忠义国医大师年已 90 岁，他恬淡虚无，有以下养生保健方法。

（一）适宜为常，老有所为

雷忠义从医 70 年，从未停止过学习的步伐。到了耄耋之年，依然坚持出门诊、带教、做科研。他说，工作可以让人变得年轻。至今雷忠义还保持着每天读书、看报学习的习惯，读经典、学指南，他还经常参加各种学术会议、讲座，了解心血管疾病诊治的最新国际动态，认真听讲，做笔记。虽然已经 90 岁，但在工作中仍然思维灵敏，宛若年轻人。他说，对待生命，不应纠结于寿命的长短，而要在有生之年有所作为，做有益的事，以拓展生命的宽度。因有所为，内心才不至于空虚，才会有富足与快乐的感觉。

（二）气定神闲，防病之关键

人与自然的关系是十分密切的，人体内部就像是一个完整而统一的"小世界"。自然界的一切变化，都会影响到各器官的生理功能及病理过程。潜心于心血管疾病研究的雷忠义，常常幽默地告诫患者，心脏病、高血压就像"气象台"，要认真对待，积极调适。而精气神作为"人身三宝"，必须协调统一，不能只重视身体的"精""气"，还要养神，气定神闲才是预防疾病的关键。提到重视精气神的协调统一时，雷忠义强调要做到"三寡"。

寡欲以养精。《类经》指出："欲不可纵，纵则精竭。精不可竭，竭则真散。"纵欲会导致精竭，竭则真气散。这里的"欲"不仅指情欲，对于事物的过分执着都称作"欲"。寡欲可养精，而精能生气，气能生神。所以善养生者，"必宝其精，精盈则气盛，气盛则神全，神全则身健，身健则病少。"

寡言以养气。气，是构成人体最基本的物质，维持和推动着人体的生命活动。养气的基本要求就是谨言少语，特别是体弱或大病恢复期的人，若经常喋喋不休地大声叫喊，必然消耗肺气，影响呼吸器官的正常功能，致使体内元气不足，外邪乘虚而入，百病丛生。

寡思以养神。"寡思"就是让人少思虑，不要胡思乱想。《黄帝内经》有"思伤脾""思则气结""多思则神殆"的论述，都说明了多思会损伤脾胃和气机，最终伤及"神"。经常多思多虑的人，常常消化功能不太好，或者肝气郁结，神不得其养，注意力难以集中，甚至精神涣散。

雷忠义的"三寡"都意在让人内收精神，少私而寡欲，心安而不惧，以恬淡虚无的心态生活。不良情绪如紧张就是一颗定时炸弹，常会诱发或加重冠心病等诸多疾病。所以，"寿夭休言命，修真本在人"。

（三）清淡全面，饮食之大道

雷忠义讲究清淡饮食，特别注意饮食结构。他认为，唯饮食上摄取所需营养又不致营养过剩，方可延年益寿。所以强调遵循营养结构的金字塔，又要结合自己的饮食习惯。雷忠义平素以面、米为主食，不特意摄取脂肪类食物，不吃动物内脏及肥肉。雷忠义认为，"现代人脂肪的摄入量是父母一代当年食谱中摄入量的数十倍，控制一下好"。从中医的角度来说，肥甘厚味会影响脾胃功能，容易生湿生痰，导致疾病的发生。

可经常食用海藻、海带。这类食物可以化痰软坚，且含有丰富的碘等矿物质元素。研究发现，海带具有降血脂、降血糖、调节免疫、抗凝血、抗氧化等多种生物功能，服用日久可以预防心血管疾病。

每日吃些黑木耳、芹菜，可预防血栓性、动脉粥样硬化性疾病。多摄入优质的膳食纤维，如青菜、芦笋，菌菇类如金针菇、平菇、香菇等，也可以预防心血管疾病的发生。每日吃些葱、蒜、洋葱，还可以预防高脂血症的发生。

严格控制钠盐。雷忠义认为，咸入肾。盐过量则伤肾，并且容易引发高血压病。所以他喜欢淡味的食品，偏爱食材的本味。坚决戒除吃糖，要少吃含糖量高的食物。食用甘味过量容易化湿生痰，损伤脾胃，令人脘腹胀满。此外，还要避免食用墨鱼、鱼子酱等高胆固醇类食物。

关于"酒"：雷忠义认为，酒是少饮有益，多饮有害，关键在一个"量"字。他聚会时会小酌几杯，但从不喝醉。

关于"茶"：雷忠义喜欢饮茶。他说，茶叶中富含300多种成分，特别是茶色素中所含的茶多酚对防治心血管疾病有确切的效果。他最喜欢的是陕西紫阳富硒茶，产于秦巴山北麓，茶形美观，茶色清澈，回味悠长，含硒量高。他建议，如果胃凉，应改饮红茶或者姜茶；夏季或上火时，则可加菊花同饮。

（四）成方、食疗，胸痹之验方

从医70载，雷忠义致力于冠心病、高血压病、心律失常等心血管病的研究，并创制了胸痹心痛的有效经验方——雷氏丹蒌方（组成：瓜蒌皮、薤白、丹参、赤芍、川芎、骨碎补、黄芪、泽泻、郁金、葛根），目前已经制成了新药"丹蒌片"。雷忠义30年前因工作劳累，曾被确诊为早期冠心病，他一直坚持服用自己研制的丹蒌片，认为冠心病患者早期长期服用此药能起到预防保健作用。

雷忠义还专门为心血管病患者创制了一款药膳——"雷氏养心粥"。

材料：干山楂片15g，薏米15g，大麦仁30g，薤白15g。

制作方法：将上述材料一起放入锅中，加水熬粥，煮熟为止。

功效：长期食用可以活血化瘀，化痰宣痹，还能降血脂，降低胆固醇，预防动脉粥样硬化和冠心病的发生。但应注意，阴虚者如出现潮热盗汗、口燥咽干等，则不适宜食用此粥。

现代研究发现，大麦仁含有对心血管有益的成分，可以促进血管新生。薤白，也就是民间常吃的小蒜头，为药食同源中的一味，能减慢心率，扩张血管，稳定斑块，改善心脏供血。

除此之外，雷忠义还十分注重运动。生命在于运动，脑筋在于开动，心脏才能一直跳动。他认为，没有运动就没有健康，心血管疾病多是缺乏运动造成的。雷忠义常引用《吕氏春秋·尽数》中"流水不腐，户枢不蠹"来说明运动的重要性。雷忠义认为，太极拳形意皆动，运动量适中，心、脑、身都能得到锻炼，他坚持长年晨练太极拳。

九、传道之术

（一）人才培养方法

1. 端正医德，反对虚假

雷忠义要求继承人必须忠于中医事业，坚持中西医并重的方针，突出中医特色，遇事要首先想到"我是一名中医人，我要为中医事业的继承与发展做贡献"。坚决反对"吃中医饭，砸中医锅"的歪风邪气，摒弃重西轻中的思想。中医的发展是科学的发展，要做好中医的接班人。

每接受一位学生，雷忠义都一再叮嘱：继承发扬中医学要科学传承，实践创新；同时，他总是强调中医学博大精深，内涵丰富，要多涉猎、多实践，主张教学相长，实践出真知，力戒学风浮躁，杜绝学术造假。

2. 不断学习，及时整理

他要求学生不断学习，不断自我完善。向古人、向今人、向老师、向同事、向患者虚心请教。经常翻看典籍与学术杂志，在探究中医精髓的基础上，掌握学术动向，探索、更新学术观念。在实践中求进步、求发展，与时共进。

他要求学生要及时整理跟师及临床的经验和感悟。跟一天师，就要有一天的收获。及时整理典型病案，聚少成多，月、季、年都应分类总结写出心得体会。发掘老中医理论与经验的闪光点，在全面继承老中医理论与临床经验的基础上，要善于知常达变，推陈出新，探索新的思路与方法。

3. 严格要求，鼓励进取

他要求学生在跟师临床实践中，必须加强基本功训练，用中医中药解决临床问题；查典籍、找文献、博览群书，精读与博览相结合。用严肃、严格、严密的"三严"精神进行临床与科研工作，反对浮躁、造假等不良行为，克服"我是老大""老王卖瓜"等故步自封的陋习。

对于每一位学生，他都谆谆教诲：继承发扬中医学要科学传承，实践创新。雷忠义不但传承对患者的仁德、仁心、仁术，同时传授多年临床独特心得体会、医疗技术，鼓励我们运用跟师学习所得经验用于临床治病救人，积极进取。

4. 扶持后进，甘当人梯

他特别关怀和尊重我们每一位学生。他怀着满腔热忱，倾尽囊中 70 年积累的学术经验，教授学生。鞭策学生在传承创新中脚踏实地，有所作为，敢为人先。在门诊病房查房带教时、在日常生活的各个方面，雷忠义都十分爱护学生，积极扶持年轻人上进。

他老骥伏枥，志在千里，诚心诚意，全力传承。以能与中医的继承人共事传承为荣；尽献所能，绝不保留；甘为人梯，无怨无悔。为中医的传承与发扬光大竭尽烛炬之光！

（二）人才培养成果

作为全国老中医药专家学术经验继承工作指导老师，90岁的雷忠义现在更多的精力用在悉心传教上，他倾尽毕生积累的学术经验，毫无保留地传授给学生们，期盼杏林枝繁叶茂，希冀杏花怒放争艳。作为国医大师，中国中医科学院博士生导师，全国第四、六、七批及陕西省第一、二、四、五、六批名老中医药专家学术经验继承工作指导老师，他历经20余年亲自培养学术传承人13人，其中博士5人，硕士研究生7人，他们均已成为各自临床科室的骨干及研究领域的学科带头人。他的学生中有"西部之光"访问学者2人、陕西省有突出贡献专家1人，陕西省名中医4人、国家优秀中医临床人才7人，全国西医学习中医优秀人才1人，陕西省优秀中医临床人才2人，"三秦人才津贴"1人；国家和省级重点科室主任6人、主任医师22人，全国老中医药专家学术经验继承工作指导老师1人，省级师承制导师1人，硕士研究生导师16人，"CCTV1最美乡村医生"1人，陕西省西学中人才1人。

长安雷氏心病痰瘀流派成立于2019年1月，由陕西省中医药管理局批准，长安医学中医药流派传承委员会领导，以陕西省中医医院雷忠义国医大师研究所为基地，是以雷忠义国医大师为流派创始人，秉承其提出的心病痰瘀毒风互结理论体系的中医学术流派。流派以刘超峰、雷鹏、范虹为流派代表性传承人，第二代传承人76人，其中雷忠义国医大师师带徒传承弟子13人、国家级优秀中医临床人才7人、国家西学中人才1人、传承工作站传承弟子32人，基层和社会传承弟子30人；第三代传承人105人；第四代传承人10人，共199人组成。目前已在全国建立13个基层传承工作站，待建立传承工作站2个。学术流派弟子分布于西安、安康、商洛、汉中、渭南、合阳、咸阳、青岛、博鳌、南阳、濮阳、新乡、贵州、北京、吉林、重庆、广州等多个地区。流派以研究传承雷忠义国医大师学术思想、临床经验为核心任务，以雷忠义国医大师五十余年研究主题"心病痰瘀毒风理论"为主体，旨在接力传承、创新发展，为推动中医药事业蓬勃发展、为增进人民健康福祉做出新贡献！

雷忠义学术传承谱

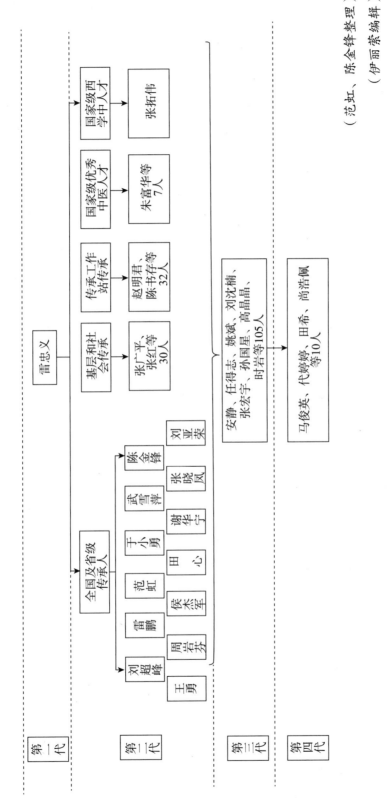

（范虹、陈金锋整理）

（伊丽蓉编辑）

雷忠义

847

廖品正

　　廖品正（1938— ），女，四川成都人，中共党员。成都中医药大学终身教授，博士生导师。国务院学位委员会第五届中医中药学科评议组成员，首届中国中医科学院学部委员，全国首届中医药传承博士后合作指导老师，全国老中医药专家学术经验继承工作指导老师，全国第二批优秀中医临床人才指导老师。荣获"全国教育系统劳动模范""人民教师"奖章。享受国务院政府特殊津贴。2017年被授予第三届"国医大师"称号。

　　廖品正生于中医世家，师从陈达夫教授。她提出内障眼病多虚多瘀，法宜虚瘀并治，遵攻不伤正，补不滞涩，止不留瘀，寒不凝敛，热不伤阴动血之则，调脏腑、理气血、通络窍，以达阴阳和抟。创制我国首个治疗糖尿病视网膜病变上市中成药芪明颗粒，承担了从国家"九五"攻关计划开始的中医药防治糖尿病视网膜病变的系列基础和临床研究，先后获四川省科技进步奖一等奖、特等奖及"九五"国家重点科技攻关计划先进个人奖。主编全国中医院校统编教材及参考书7部，担任《中华医学百科全书·中医眼科学》《中华大典·医学分典》等国家大型工具书主编、副主编。主编的第五版《中医眼科学》教材，确立了现代中医眼科学教材理论构架及编写体例，沿用至今。

一、学医之路

廖品正的祖父廖志鸿是成都名医，她自幼深受祖父的影响和熏陶。家里大厅是祖父日常给患者切脉开方的地方，所有族人的大小病痛都由祖父医治，甚至挽救了身患天花的堂妹。她从祖父身上感受到了中医的神奇与魅力，学医的种子悄悄埋下。高中时眼见祖父病重仍坚持在病榻上为患者诊治，祖父离世后患者的悲恸欲绝，深深触动了廖品正，坚定了她学习中医的决心。

1956年，为了培养中医药高等专业人才，国家创建了四所中医药高等院校，成都中医学院（现成都中医药大学）便是其中之一。1958年高考前夕，成绩优异的廖品正获得了保送清华、北大的机会，但她却不顾家人、师长、同学的反对和劝诫，坚持内心，毅然将刚刚成立两年的"成都中医学院"填进了所有的志愿栏，实现了自己的梦想。大学期间，廖品正积极参加山区医疗工作，白天为村民们看病，晚上则点着煤油灯继续学习、查阅资料，想方设法为村民解决病痛。这些经历让她更深层次地认识到中医的简、便、验、廉，也让她更加热爱中医。

1964年，廖品正大学毕业，留校师从陈达夫教授，自此投身于中医眼科事业。

二、成才之道

"修业以精，施术以仁，闻道于心，守德于行"是廖品正教授的座右铭，是她一生遵守的"道"，正是这样的"道"成就了如今的她。

（一）修业以精

廖品正教授强调，"修业以精"是所有学习者都应具备的基本素养，对于学医者更有着非同寻常的意义。医生面对的是"人"，患者以性命相托，医者自当心怀敬畏、全力以赴，故修业必求精，无论学习还是工作都应求精而至臻。廖品正教授认为，勤奋好学、坚韧不拔是"修业以精"的关键，否则"志不坚，智不达"。她常常夜以继日地学习及工作，有时通宵达旦；她一丝不苟地跟随陈老门诊，谨记老师"谙熟内科，再循序以究眼科，则势如破竹，若对内科尚未认识，而专习眼科，则见理狭隘，处方呆板"的教诲，重视内科基础，坚持"内外兼修"；她从无到有建立教研室、编写教材、制作教学挂图，建立全国中医系统首个中医眼科教学实验室；她潜心研读医学经典，心无旁骛参与编撰我国首部综合性中医辞典《中医大辞典》，对经典书籍的经典论述烂熟于心，进而达到引经据典信手拈来的境地。

（二）施术以仁

廖品正教授强调医者仁心，为医者当以济世活人为要旨，应常怀慈悲恻隐之心，认为医者只有以仁德之心感受患者疾苦，才能获得最佳疗效。廖品正教授面对患者，除了诊察病情，还充分体谅患者因眼疾导致的困难和痛苦，不吝时间予以宽慰和解惑，为患者制订最适合、经济的治疗方案。同时，她认识到"医治一人乃小用，医治众人方为大用"，通过科研研发新药新仪器等才能使受益者众。为了造福更广大的患者，她带领团队潜心精研，坚持十数年，在国内最早以前瞻性临床研究的方法明确了糖尿病视网膜病变（DR）的中医证候特点及演变规律，并以规范的多中心临床随机对照试验（RCT）明确中药复方治疗 DR 的作用，研发出首个治疗糖尿病视网膜病变的上市中成药芪明颗粒，并进入国家基本药品目录。

（三）闻道于心，守德于行

廖品正教授强调"为医首重于德"，应"闻道于心"，而"守德于行"，应怀揣淡泊名利、一心求真的医德，以高度负责的精神对待患者。她常说"做人要不彰人丑，不扬己美；施人勿念，受施勿忘；誉不足喜，毁不足悲；名副其实，守愚藏拙……持之以恒，自然芬芳"。

三、学术之精

廖品正教授躬耕岐黄，探秘银海，博采诸家之长，并举中西之要，强调辨证论治，强调局部与整体关系；重视中医理法与现代技术的结合；强调内外合治；力主"矫枉不可过正"；遣方用药尤注重药物的多效性，以确保药精效达。创新性提出内障眼病多虚多瘀，以虚瘀并治立论，遵攻不伤正，补不滞涩，止不留瘀，寒不凝敛，热不伤阴动血之则，认为调脏腑、理气血、通络窍，以达阴阳和抟，是治疗内障眼病的重要法则。

（一）治内障眼病三法则

内障眼病包含了现代眼科若干眼后段疾病。其中多种眼病，如青光眼、糖尿病视网膜病变、视网膜色素变性、葡萄膜炎、视网膜脉络膜病变等，由于病因病机复杂，西医治疗手段有限，而中医通过异病同治、同病异治等辨证论治凸显优势。廖品正教授在多年临证中积累了丰富的内障眼病治疗经验，临床疗效甚佳。

廖品正教授认为内障眼病尽管其病变部位、表现各不相同，但其病因病机却万变不离其宗，往往都存在肝肾、气血失调，脉络不利等病机，因病因、病程及个体差异而有所侧重。病变在内常由脏腑失调所致，外则多因感受邪气而起。其证有虚有实。虚证主要由脏腑内损，气血不足，真元耗伤，精气不能上荣于目所致；实证多因风热攻目，痰湿内聚，气郁血瘀，目窍不利而起。至于临床常见之由阴虚火旺，肝阳化风，脾虚湿停，气虚血滞等引起的眼病，又属虚实夹杂证。此外，黑睛病变，邪气深入，以及头眼部外伤，以致气血失和等，也常引起瞳神疾病。

治疗方面，内治虚证一般多从补肝肾、养阴血、益精气方面着手；实证常用清热泻火、利湿祛痰、疏理肝气、凉血止血、活血化瘀等法；虚实夹杂之证则需补虚泻实，以滋阴降火、柔肝息风、健脾利湿、益气活血等法运用较多。此外，不少瞳神疾病，尚需根据病情，配合局部用药、针灸、手术等法综合治疗。

总之，廖品正教授认为中医治疗内障眼病应以辨证论治为本，立足阴阳和抟，从调脏腑、理气血、通络开窍三大方面着手，自始至终注重视功能保护，合理把握，适度调整，则其效可彰。

1. 立足"阴阳和抟"

阴阳学说是中医的核心理论之一。《素问·生气通天论》谓："阴平阳秘，精神乃治。"指出人体阴气平和，阳气固密，两者相互调节而维持平衡，是进行正常生命活动的基本条件。对眼而言，《灵枢·大惑论》谓："阴阳和抟而精明。"张隐庵注："火之精为神，水之精为精，精上传于神，共凑于目而为精明。"说明阴阳和抟，交互作用才能形成视觉。一旦体内、外某些因素导致机体阴阳失衡，脏腑经络功能失调，精气血津液运行失常，视觉即可失常。譬如《医学纲目》在"耳目受阳气以聪明"中说："人之耳目，犹月之质，必受日光所加始能明……是故耳目之阴血虚，则阳气之加无以受之，而视听之聪明失。耳目之阳气虚，则阴血不能自施而聪明亦失。"

廖品正教授认为形成视觉所需要的基本条件有四：一为眼珠结构完善；二为目络中精、气、血、津液充足流畅；三为外借光照；四为内赖神识主导。前二者为体，有形有质，其性属阴，以水为主；后二者为用，光照神识，其性属阳，以火为主。阴阳水火四者体用结合，相互维系，共成视觉，缺一不可。根据《灵枢·大惑论》"阴阳和抟而精明"的理论，廖品正教授认为内眼组织结构精细脆弱，其阴阳较之外障眼病更易失衡，发病每每易虚易实，虚实夹杂，或虚多实少，或实多虚少，治疗上若稍有偏颇，则阴阳失衡，失之"和抟"。因而治疗内障眼病主张既不宜过用滋补，又不能一味攻伐，应或以攻邪为主，兼以扶正，或以扶正为主，兼以攻邪，治标攻邪中病即止，并当留意顾护正气，不能一味攻邪而伤自身正气，固本扶正亦不可太过，还应避免闭邪遗患，遣方用药力求恰到好处，即遵攻不伤正，补不滞涩，止不留瘀，寒不凝敛，热不伤阴动血之则，另外，用药剂量、疗程均要考虑到，才能达到"阴阳和抟而精明"的目的。

2. 调脏腑，理气血

廖品正教授认为，眼之能够明视万物，辨别颜色，是赖五脏六腑精气的濡养。正如《灵枢·大惑论》所说"五脏六腑之精气，皆上注于目而为之精"。廖品正教授认为其中"精"是指眼的视觉功能。《审视瑶函·内外二障论》亦云："眼乃五脏六腑之精华上注于目而为明。"

五轮学说中瞳神为水轮，内应于肾。因为肝肾同源，故发病常责之于肝肾。但廖品正教授认为，瞳神疾病的病因病机十分复杂，除与肝肾密切相关外，和其他脏腑以及气血津液的关系也很密切，内障眼病的致病因素多因五脏功能失调所致。

《证治准绳·杂病·七窍门》说："瞳神乃照物者……乃先天之气所生，后天之气所成，阴阳之妙用，水火之精华，血养水，水养膏，膏护瞳神，气为运用，神则维持。"说明瞳神之视觉功能，不仅与脏腑经络关系密切，而且与之所产生和输送的精、气、血、津液及神更是息息相关。对于人体，"气之所用，无所不至；一有不调，则无所不病"（《景岳全书·杂证谟》）。廖老认为气之于眼，亦同此理。

廖品正教授将气与眼的关系归纳为三个方面：①温养作用。眼受五脏六腑上输之精气温煦和濡养，才能维持眼内外各种组织的正常功能。其中瞳神"乃先天之气所生，后天之气所成"（《证治准绳·杂病·七窍门》），所受精气尤其充足，故独能视物辨色。②推动作用。由于气的升降出入运动不息，才能推动精、气、血、津液等源源不断地运行上头，入目养窍。《证治准绳·杂病·七窍门》谓"目之经络中往来生用之气"为真气。真气冲和流畅，则目视精明；若有亏滞，则能引起眼病。不过，目中真气的运动又与肾气的盛衰、脾气的升降、心气的推动、肝气的疏泄、肺气的敷布密切相关，不可孤立看待。③固摄作用。真气充足，固摄有力，则血行目中经络，不得外溢；目内所含津液，亦不致干枯。此外，气的固摄作用还关系到瞳神的聚散。古人认为瞳神为水火之精华，由肾精胆汁升腾于中，元阳真气聚敛于外而成，故倪维德《原机启微》说："神水（指瞳神）亦气聚也。"顾锡《银海指南》中也指出，"气不裹精"则"瞳神散大"。

廖品正教授认为就以血对眼的重要性而论，由于血能载气，津液亦是流动于脉管内的重要成分，气、血、津液同行于脉中，周流全身，不仅保证了眼部供血充足，而且能使眼部得到气和津液的营养。至于流注于眼中之血液，古代医家称之为"真血"。《审视瑶函》谓："真血者，即肝中升运于目，轻清之血，乃滋目经络之血也。"而且还指出：血化为真水，升运于目则为膏汁。由于血养水，水养膏，膏护瞳神，才能维持眼的视觉功能。所以说眼与血的关系十分密切，其中最重要的当属血与瞳神的关系。正如《审视瑶函》所谓："夫目之有血，为养目之源，充和则有发生长养之功，而目不病；少有亏滞，目病生矣。"

故廖品正教授治疗内障眼病，注重调脏腑、理气血。其"调"意在临证当分虚实，虚证一般多从补肝脾肾、养阴血、益精气方面着手；实证则多从清热泻火、利湿祛痰、疏理肝气着手。其"理"意在临证当正确使用益气、行气、降气，补血、活血、止血、凉血。廖品正教授认为眼为苗窍，瞳神脉络尤为精细，切不可一味行气活血，或活血化瘀，或凉血止血，当以气血条达为目的，行气与固摄、活血与止血等兼顾，切勿偏倚。

3. 重视通络开窍

廖品正教授认为，视觉活动的形成，除需阴阳水火体用结合，相互维系外，还与上通于目的脉道孔窍是否畅通密切相关。《审视瑶函》指出："眼乃五脏六腑之精华，上注于目而为明。如屋之有天窗也，皆从肝胆发源，内有脉道孔窍，上通于目而为光明。如地中泉脉流通，一有瘀塞，则水不通矣。……至目日昏，药之无效，良由通光脉道之瘀塞耳。"脉道，即经络；孔窍，当指目中玄府。刘河间在《素问玄机原病式》中提出："玄府者，谓玄微府也。然玄府者，无物不有，人之脏腑、皮毛、肌肉、筋膜、骨髓、爪牙，至于世之万物，尽皆有之，乃气出入升降之道路门户也。人之眼耳鼻舌身意神识能为用者，皆由升降出入之通利也。有所闭塞者，不能为用也。"由上可知，目中玄府与经络共同构成之通道，在视觉活动中具有十分重要的作用。若经络畅达，玄府通利，则水火精华上注而目视精明；经络滞涩，玄府闭密，则营卫精神郁遏而目暗不明。因此，临证重视通络开窍。

（二）立足整体，把握局部

廖品正教授认为，整体观是中医基础理论的核心之一，眼之生理病理均不能脱离整体，眼与脏腑、眼与经络、眼与气血精津液、眼与玄府等的关系是眼之所以能视的基础，因此，眼科治疗当立足整体，把握局部。廖品正教授认为眼病诊疗是在四诊资料基础上，分析病因病机，明确标本虚实，辨证论治仍是灵魂。

五轮学说是中医眼科的特殊理论，在中医眼科发展史上起到极其重要的作用。随着时代发展，其在内眼疾病诊治中的局限性逐渐凸显，廖品正教授继承陈达夫老先生"内眼组织与脏腑经络相属学说"（即六经辨治眼病法），治疗上常以六经辨证结合脏腑辨证、气血津液辨证等，坚持立足整体，把握局部。

同时，廖品正教授认为部分眼病可引发全身反应，同时，部分眼部症状可能是某些全身疾病的前期症状或者兼症，临证过程中需要重视，善于鉴别，及时诊治。如急性闭角型青光眼（绿风内障）经常引起恶心、呕吐等消化道反应；眶蜂窝织炎

（突起睛高）引起头痛、高热等全身感染症状；视网膜血管阻塞患者可能有颅脑血管梗死；虹膜睫状体炎（瞳神紧小、瞳神干缺）、巩膜炎等患者可能有风湿病；高血压动脉硬化、糖尿病引起视网膜病变（消渴目病）等。

（三）善用现代技术，延伸中医望诊

廖品正教授认为古代眼科受限于时代和技术制约，医生无法直接诊察内眼的组织结构及病变，仅根据能诊察到的眼外观细微形态改变及患者的主观描述，结合舌脉进行诊疗，疗效往往不够稳定。随着现代技术的发展，各种眼科检查设备如裂隙灯、检眼镜、光学相干断层扫描技术（OCT）等，内眼诊察成为可能并日臻精微。廖品正教授认为中医重视整体观，同样强调望诊，强调对局部的精细诊察，故应积极引进现代技术，提高诊察水平。但切不可舍中求西，取而代之，而应将其作为中医望诊的延伸，加以善用并努力创新中医理论，推进眼科诊疗技术从"黑箱理论"到"眼见为实"的转变。

（四）矫枉不可过正论

廖品正教授根据《灵枢·大惑论》"阴阳和抟而精明"理论，提出治内障眼病"矫枉不可过正论"。她认为眼为苗窍，内眼组织结构精细脆弱，其阴阳较之外障眼病更易失衡，发病每每易虚易实，虚实夹杂，或虚多实少，或实多虚少，治疗上若稍有偏颇，则阴阳失衡，失之"和抟"。

因此，治疗上既不宜过用滋补，又不任一味攻伐。或以攻邪为主，兼以扶正；或以扶正为主，兼以攻邪；治标攻邪，中病即止。全程须时时留意、顾护正气，不能一味攻邪而伤自身正气。此外，须斟酌病势、病位、邪正盛衰的不同程度，固本扶正亦不可太过，避免闭邪遗患。

总体而言，用药力求恰到好处，使攻不伤正，补不滞涩，寒不凝敛，热不伤阴动血耗血，行不耗气伤气，止不留瘀阻络。

（五）水血同治论

廖品正教授认为，血与津液同源于水谷精微，均有滋润和濡养眼目清窍的作用。二者在生理上相互依存、相互补充，病理上相互影响。当机体受病邪侵扰、遭受外伤或手术创伤时，均可导致血行瘀阻。血行瘀阻则津液不行，水液滞留，渗溢脉外或流浸组织、腠理、孔窍，引起视网膜水肿、渗出等相关病变，据此提出"水血同治"，临证时常使用活血利水法，对于脾虚或阳虚患者，亦可兼以健脾利水、温阳行水之法。本法主要适用于因血瘀络阻引起的眼部水液停滞或水液停滞导致血瘀络阻

的眼部病症。如眼睑和结膜的炎性或非炎性水肿、角膜炎和角膜水肿、前房积血、继发性青光眼、原发性青光眼、玻璃体积血、视盘血管炎、视神经炎、视网膜静脉阻塞，以及眼部外伤和眼部手术引起眼内外组织瘀血肿痛、水肿、渗出等。处方常由活血化瘀方加减，用药选取兼具活血化瘀和祛湿利水功能的药材，如泽兰、益母草、牛膝等。

四、专病之治

廖品正教授临床善于治疗视神经萎缩、糖尿病视网膜病变等疑难性眼病，疗效确切，医名远播。兹介绍如下。

（一）糖尿病视网膜病变

糖尿病视网膜病变（DR）是糖尿病最常见的微血管并发症之一，是慢性进行性糖尿病导致的视网膜微血管渗漏和阻塞从而引起一系列的眼底病变，如微血管瘤、硬性渗出、棉絮斑、新生血管、玻璃体增殖、黄斑水肿甚至视网膜脱离。DR以是否有从视网膜发出的异常新生血管作为判断标准，可分为增殖性糖尿病视网膜病变和非增殖性糖尿病视网膜病变。中医称本病为"消渴目病"，虽然古代医家对本病没有具体记述，但已经认识到消渴可致目盲。

1. 病机

廖品正教授认为糖尿病视网膜病变是以糖尿病为本，视网膜病变为标的眼部并发症。糖尿病发展演变的病机基础为：阴虚燥热 – 气阴两虚 – 阴损及阳 – 阴阳两虚。肝开窍于目，瞳神水轮属肾，故糖尿病日久累及肝肾时，多并发眼部病变，尤其是视网膜病变。临床可见视网膜发生微血管瘤、渗出、水肿、出血等，甚则视网膜玻璃体增殖性病变，终致失明。因此糖尿病视网膜病变既与糖尿病相关，又有其专科特征，主要以眼络瘀阻为基本病机。消渴日久，肝肾阴亏，目失濡养，加之阴虚内热，气阴耗伤，气虚帅血乏力，阴虚血行滞涩，均可导致眼络瘀阻。瘀血阻络，可引起眼底发生微血管瘤、渗出、水肿、出血等；若血瘀络外，则可溢入神膏，渗灌瞳神；若眼内瘀滞日久不消，瘀郁生热或消渴燥热，炼液成痰，抑或脾肾阳虚，痰浊内生，致痰瘀互结，则可形成视网膜玻璃体增殖性病变，终致失明。

以廖品正、段俊国教授为首的攻关小组，在国家"九五""十五"科技攻关项目研究中，通过临床试验多中心收集 603 例糖尿病及糖尿病视网膜病变患者病证信息，运用临床流行病学、生物统计学、计算机信息学等多学科的研究手段，开展了大样本、多中心、前瞻性中医证候特征及其规律的探索性临床研究。发现：①"虚实夹杂、本虚标实"是糖尿病视网膜病变基本证候特点；②"气阴两虚"始终贯穿于病变发展的全过程，是糖尿病视网膜病变的基本病机，为致病之本；③"气阴两虚，阴虚渐重，燥热亢盛，气虚愈甚，阳气渐衰，阴损及阳，阴阳两虚"是糖尿病视网膜病变的主要证候演变规律；④阳虚是影响糖尿病视网膜病变病情进展的关键证候因素；⑤因虚致瘀、因虚致郁，血瘀肝郁是糖尿病视网膜病变重要兼证；⑥糖尿病视网膜病变为多因素致病，阳虚证与糖尿病病程、糖尿病控制、高血压、尿蛋白排泄率、生存质量是糖尿病微血管病变的重要风险因子；⑦中医症状与糖尿病视网膜病变生存质量明显相关，中医症状越重，生存质量越差。

2. 辨证论治

廖品正教授认为糖尿病视网膜病变的治疗应重视整体和局部辨证相结合。①应局部结合整体，权衡标本缓急：如眼底病变轻缓（多属轻、中度非增殖期）时，宜以全身病情为主，结合眼局部病变论治，眼底病变急重（多属重度非增殖期糖尿病视网膜病变或增殖期糖尿病视网膜病变）时，宜以眼局部病变为主，结合全身病情论治；在糖尿病视网膜病变的重度非增殖期和增殖期，单用中药治疗，对改善症状虽有某些效果，但不够理想，现代西医对糖尿病视网膜病变常用的激光光凝、玻璃体切割术等眼局部治疗手段，尽管有一定的局限性和副作用，但在控制眼底病变恶化方面也有明显疗效，所以必要时宜中西医结合治疗，以挽救视力。②眼局部主要病变证治原则：把握攻邪与扶正之间的平衡。糖尿病视网膜病变眼局部病变多种多样，其主要病变为视网膜微循环障碍、微血管瘤、出血、水肿、渗出、新生血管和机化物等，从中医的病理来看，属"瘀血"和"痰湿"的范畴，故治法不离活血化瘀、祛痰散结。但是眼证系糖尿病中、晚期，气阴两虚，肝肾亏损，甚或阴阳两虚，目失濡养。因而在论治时，祛病攻邪当时时注意顾护正气，扶正祛邪，方不致使眼症出现大的反复。

在糖尿病视网膜病变的多种病变中，当视网膜及玻璃体出血量大或急重时，能迅速导致视力发生严重障碍，本着"急则治标"的原则，此时宜以眼内出血为主辨治。根据出血各阶段的特点，大体可分为出血期、出血静止期、瘀血滞积期。首先，当明确出血各期的治疗原则，如出血期治疗当以止血为主，酌情加用化瘀止血药，止血不留瘀，有利于视力恢复；出血静止期，瘀血尚未吸收，治疗在于活血化瘀，消散离经瘀血，促进视力恢复；瘀血滞积期，瘀血紫暗浓厚，日久不消，渐至瘀痰互结，产生白色机化物等，治疗侧重活血逐瘀，软坚散结，以专病论治，避免进一步引起视网膜脱离等坏病，同时适当结合全身病情，标本兼顾，辨证处方。

3. 专病专方

气阴两虚，肝肾亏损，目失滋养，是糖尿病视网膜病变发生的基本病因；血瘀痰凝，目络阻滞，是糖尿病视网膜病变形成的重要病机；本虚标实、虚实夹杂是糖尿病视网膜病变的证候特点；治疗应局部结合整体，权衡标本缓急，辨证论治。基于对以上糖尿病视网膜病变的认识，廖品正创立了补益肝肾、祛瘀通络为主的专病专治方。

组成：黄芪，葛根，地黄，枸杞子，女贞子，墨旱莲，决明子，茺蔚子，生蒲黄，益母草，地龙，昆布。生三七粉（冲服）。

方解：黄芪、葛根为君，黄芪补中益气，葛根清热生津、除烦止渴，主治烦热消渴等症，又能升举阳气，推动津液润养目窍，二者相伍，益气生津养阴，契合糖尿病气阴两虚病机，故用以为君。枸杞子、地黄、二至丸为臣，滋阴补血、养肝明目，主治肝肾阴亏，目昏多泪，消渴等症，增强全方滋养肝肾功效；地黄滋阴养血，枸杞子、地黄与黄芪、葛根配伍，可显著增强其益气养阴之功，故用以为臣；生蒲黄、地龙、水蛭为佐，凉血止血、活血化瘀；决明子、茺蔚子活血通络、凉肝明目，活血化瘀。生三七粉甘、微苦、温，归肝、胃经，化瘀止血、活血定痛，对目内出血，尤其是内眼出血，具有良好的止血化瘀效果。由于蒲黄、生三七能化瘀止血，故无论在眼络瘀阻或出血之时都可随证适用。昆布咸、寒，消痰散结、利水消肿。全方共奏益气补肾、化瘀通络、消痰散结之功。

随证加减：视网膜病变多为非增殖期或由非增殖期向增殖期发展。眼底病变属糖尿病视网膜病变非增殖期时，治宜益气养阴、滋补肝肾、化瘀通络。服上方，酌情选用地龙、茺蔚子、丹参、生蒲黄、三七、墨旱莲等；眼底病变属糖尿病视网膜病变增殖期时，眼底出血量多，甚至玻璃体出血，出血期常予滋阴凉血，化瘀止血，可用生蒲黄汤（出自《眼科六经法要》），去郁金、丹参、川芎，加黄芪、太子参、三七、玄参、地骨皮、茜草、花蕊石等，可增强益气凉血止血之功；出血静止期治宜活血化瘀为主，常用桃红四物汤加减，可酌加黄芪、太子参、枸杞子、墨旱莲，益气滋肾；选用茯苓、白术、猪苓、泽泻，增强实脾利水消肿功效。至疾病后期，阴损及阳，血瘀痰凝，全身症见神疲乏力，心慌气短，腰膝酸软，头晕目眩，记忆力减退或痰多，畏寒肢冷，下肢浮肿，腹泻与便秘交替出现，唇舌紫暗，脉沉细，眼症见视力模糊或视物障碍，视网膜病变多为增殖期，除具有气阴两虚、脉络瘀阻型眼底表现外，可见视网膜玻璃体纤维增生，甚至纤维膜或条带收缩牵引视网膜脱离，此型眼底渗出物或机化组织属中医之痰浊。新痰常由脾肾阳虚，水湿痰浊上流于目，或眼底血络瘀阻，水液外渗，凝聚成痰，痰浊日久不化，阻塞气机，常与瘀血互结，使眼底病变进一步恶化，治当化瘀散结、补肾益脾，标本兼治。常用补阳还五汤合肾气丸方加减。酌情选加瓦楞子、浙贝母、海藻、昆布等化痰散结；选加三七、生蒲黄、血余炭等化瘀止血，以减少眼底反复出血；选加枸杞子、淫羊藿、白术、薏苡仁等增强补脾益肾之效。

若出现阴阳两虚、痰瘀互结，可见面色苍黄晦暗，气短乏力，腰膝酸软，畏寒肢冷，颜面或下肢浮肿，食欲减退，腹泻与便秘交替，夜尿频数，浑浊如膏，舌淡苔白，脉沉细无力，眼症见视力严重障碍，甚则盲无所见。治宜阴阳双补，兼以逐瘀化痰、软坚散结，常以右归饮方为基础，选加太子参、茯苓、菟丝子、淫羊藿、三七、生蒲黄、当归、益母草、瓦楞子、海藻、昆布等。但临床上单一病机为患较为少见，常常杂和致病，不拘泥于以上几种证型，应灵活加减。

（二）视神经萎缩

视神经萎缩是指由于各种疾病引起的视网膜神经节细胞及其轴突发生病变，致使视神经出现萎缩变性和消失，从而引起传导功能障碍的疾病。以视功能损害和视神经乳头苍白为主要特征，是一种严重影响视力的慢性眼底病，属于中医"青盲"范畴。

1. 病机

廖品正教授认为视神经萎缩的病机属虚实夹杂，其本多为气血不足，其标多为玄府不通。气血不足则精亏血少，不得荣目，遂至目窍萎闭；玄府不通则气血郁遏不畅，神光不得发越，致目视不明而成青盲。人体气血的生化制用主要在肝、脾、肾三脏，视神经萎缩起病复杂，病程缠绵，久则耗气伤血，临床上除可见目视不明的症状外，常伴有他脏不足的表现。此外，病久痰瘀丛生，阻塞目窍，反过来加重气血运行不畅，五脏六腑精微物质无以上承润养，致目窍枯萎，神光不得发越，终至失明。

2. 辨证论治

视神经萎缩往往是多种眼病发展的后期，病程长而患者肝肾不足、气血亏虚较为严重，廖品正教授强调标本兼治。治本多补肝肾、益气血；治标多活血通络开窍。尤其强调时时注意把握治本与治标、"补虚"与"通络开窍"之间的平衡。活血通络开窍属泻法，常伤正气，尤其麝香、红花等活血开窍之品耗气力大，适合根据患者情况间断使用。同时廖品正教授常常将中药复方与胞磷胆碱钠、甲钴胺、银杏叶片等神经保护剂合用，以求最大限度保存视神经功能。

3. 专病专方

据本病的病机特点，廖品正教授创立了补益肝肾、软坚散结法。方药以驻景丸为主，合二陈汤、四物汤等随证加减。

组成：枸杞子，车前子，菟丝子，女贞子，丹参，地龙，当归，红花，陈皮，厚朴，菊花（后下），葛根。

方解：驻景丸方常用于目外无形证而视物不明的内障眼病。据《银海精微》所载，由川椒、楮实子、五味子、枸杞子、乳香、人参、菟丝子、肉苁蓉、熟地黄九味组成。而《太平惠民和剂局方》及《秘传眼科龙木论》所载药味相同，有熟地黄、菟丝子、车前子三味药组成。后世《审视瑶函》《原机启微》等所载之驻景丸，方去《银海精微》中的乳香、人参、肉苁蓉，加用车前子、当归、熟地黄三药组成。历代驻景丸方虽然滋补肝肾气血，但其差宣通之意。廖品正教授撷取其中之精华，以楮实子、菟丝子、女贞子等滋补肝肾，其虽有滋补之用，但是气味不过于厚重，不至于加重气血之阻塞，又以车前子清肝明目，以此泻肾中浊气，而使补药更为得力。在此基础上，加丹参、当归、红花以活血通络，再加陈皮、姜厚朴化痰散结，以期标本兼治。再予葛根、菊花疏肝明目，葛根又有升举清阳，使之上达目窍之用。以上药味结构严谨，攻补兼施，滋水涵目，活血散结，通络开玄以明目。

随证加减：视神经萎缩的患者视力渐降，到了后期几近失明，有久治而视力难以改善者，为玄府郁闭深久，目之通光脉道瘀塞。廖品正教授在原方的基础上加麝香研散另服。《雷公炮制药性解》记载："麝香为诸香之最，其气透入骨髓，故于经络无所不入。"取麝香辛散之气，开通玄府，发越神光，在提高患者的视力方面往往能取得良好的疗效。视神经萎缩患者邪气深入，难以祛除，而其产生的病理物质则有所偏重。若血瘀重者加鸡血藤、莪术等加强活血通络之力；若痰结偏重者，加牡蛎、夏枯草等化痰散结；若水湿偏重者，加泽兰、佩兰、藿香等芳化水湿；如见神倦、面色黯、眠差等症，则加灵芝，用以益气安神，加茯苓、苍白术、薏苡仁等健脾益气升清，濡养目窍。此时若又有纳呆、腹胀、二便不调等因虚致实的症状，则须适当加入厚朴、神曲等行气消积药。若有肝肾阴虚的症状，则加入墨旱莲、女贞子、白芍、生甘草。墨旱莲凉血止血，配伍女贞子能滋补肝肾之阴，又以白芍和生甘草，酸甘化阴，柔肝生津，达到"补而不滞，疏而不损"的功效。

五、方药之长

廖品正教授临证首重辨证，既四诊合参又擅于使用现代眼科诊疗设备，提高诊断的准确性，经方、时方、单验方等俱不偏颇，随症加减。廖品正教授所拟试效方颇多，在临床上颇受好评。尤其是1、2号经验方，为国家"九五"攻关项目"优糖明治疗糖尿病视网膜病变的研究"课题协定处方。历经十多年几代人的研究，其成果已于2009年获新药证书，成功投产为颗粒制剂（药品名：芪明颗粒），现已纳入国家医保。兹介绍如下。

（一）常用方剂

1. 优糖明 1 号方（廖品正经验方）

【组成】黄芪，葛根，干地黄，枸杞子，决明子，茺蔚子，蒲黄，水蛭。

【用法】水煎服或加工成胶囊、丸、片剂，每日 1 剂，分 3 次服用。

【功效】益气养阴，补益肝肾，通络明目。

【主治】糖尿病性视网膜病变非增殖期之气阴两虚、肝肾不足、目络瘀滞证。症见视物昏花，目睛干涩，神疲乏力，头晕耳鸣，五心烦热，口干咽燥，自汗盗汗，大便秘结，舌红少津或暗红有瘀点，脉细数无力或弦细等。

【方解】方中黄芪、葛根为君，黄芪味甘，性微温，入肺脾经，功能补中益气，古今许多治消渴名方都以此为要药，如《千金方》黄芪汤、近代的玉泉丸等。葛根性味甘平，入脾胃经，功能解肌退热、生津止渴，主治烦热消渴等症，还可升举阳气，推动津液上达眼目，非常适用于治疗糖尿病及糖尿病性眼病。黄芪、葛根相伍，益气生津养阴，紧扣糖尿病气阴两虚的病机，故用以为君。方中以枸杞子、干地黄为臣。枸杞子，性味甘平，入肝肾经，补肾益精、养肝明目，主治肝肾阴亏、目昏多泪、消渴等症。本方主治的证候不仅是肺胃气阴两虚的消渴病变，因其病情迁延，已伤及肝肾之阴，故用之辅助葛根养阴生津，并增滋养肝肾之功。干地黄性味甘凉，入心、肝、肾经，功能清热养阴、凉血、润燥，为历代治疗阴虚血热及出血、消渴等的要药。可见，枸杞子、干地黄与黄芪、葛根配伍，可显著增强其益气养阴之功，故用以为臣。决明子、茺蔚子、生蒲黄、水蛭为佐。决明子，性味苦、微寒，入肝、肾经，功能清肝明目、润肠通便。主治风热赤眼，青盲、雀目等症，《本草经疏》谓："决明子，其味咸平……足厥阴肝家正药也，亦入胆肾。肝开窍于目，瞳子神光属肾，故主青盲目淫，肤赤白膜，眼赤痛泪出……《本经》谓其久服益精光者，益阴泄热，大补肝肾之气所致也。"据此可知，该药可辅佐葛根益阴泄热，兼能滋养肝肾，发挥主治因燥热伤津、肝肾阴虚所致青盲、雀目等诸多眼病的作用。茺蔚子，性味甘凉，入肝、脾经，功能活血通络、凉肝明目，主治目赤肿痛、视物不明等症。《本经》"主明目、益精"，《日用本草》"生食补中益气，通血脉，填精髓、止渴、润肺"。本药在方中除通络明目外，还佐葛根润肺生津止渴，辅助黄芪补中益气。蒲黄性味甘辛平，入肝、心经，功能化瘀止血、利尿通淋。因其具有活血止血的双向调节作用，故临床广泛用于各种瘀血和出血之症。糖尿病久病入络，导致气虚血滞、瘀阻眼络。瘀阻眼络则血不归经而出血，而出血又可加重瘀阻。由于蒲黄能化瘀止血，故无论在眼络瘀阻或出血之时都是相宜可用的。水蛭性味咸、苦、平，入肝经。功能破血祛瘀，主治诸瘀血之症。自张仲景立抵当汤、大黄蟅虫丸取水蛭祛瘀通络以来，历代都在广泛应用，未发现其明显副作用。近代医家张锡纯认为，"凡能破血之药，多伤气分，惟水蛭味咸，专入血分，于气分丝毫无损，而瘀血默消于无形，真良药也"。故选用蒲黄、水蛭佐君药化瘀止血、疏通眼络、祛瘀生新、增视明目。综上所述，本方主治气阴两虚、肝肾不足、血行瘀滞的糖尿病性视网膜病变。组方结构精当，为治疗糖尿病性视网膜病变的有效方剂。

【临床心得】"优糖明1号方"用于糖尿病视网膜病变，症见视物模糊、眼底微血管瘤、出血、渗出者，可起到提高视力，减少出血渗出及微血管瘤的效果。临床上常用于糖尿病视网膜病变非增殖期证属气阴两虚、肝肾不足、目络瘀滞者。若改为汤剂，廖品正教授建议可将水蛭换为地龙12g。

2. 优糖明2号方（廖品正经验方）

【组成】黄芪，枸杞，山茱萸，淫羊藿，女贞子，墨旱莲，生蒲黄，生三七粉（冲服），益母草，地龙，昆布。

【用法】水煎服或加工成胶囊、丸、片剂，每日1剂，分3次服用。

【功效】益气补肾，化瘀通络，消痰散结。

【主治】糖尿病视网膜病变重度非增殖期或增殖期之气虚肾亏、阴损阳衰、血瘀痰凝证。症见视物昏蒙，或眼前黑花飞舞，目睛干涩，夜卧口干，失眠健忘，神疲乏力，腰酸肢冷，下肢浮肿，大便溏秘交替等。

【方解】黄芪性味甘，微温，入肺脾经，功能补中益气，古今许多治消渴名方都以此为要药，如《千金方》黄芪汤，近代的玉泉丸等。枸杞子，性味甘平，入肝肾经，补肾益精、养肝明目。山茱萸甘酸微温，归肝肾经，补益肝肾、固精明目。淫羊藿甘辛温，归肝肾经，补肾阳益精气。女贞子甘微苦，微凉，归肝肾经，滋养肝肾。墨旱莲甘酸平，归肝肾经，滋补肝肾、凉血止血，前五药益气补肾治其本。地龙咸寒，归肝肺膀胱经，清热息风、通络利尿。益母草辛苦微寒，归肝心膀胱经，活血祛瘀、利水消肿。蒲黄性味甘辛平，入肝、心经，功能化瘀止血、利尿通淋，因其具有活血止血的双向调节作用，故临床广泛用于各种瘀血和出血之症。生三七粉甘、微苦，温，归肝、胃经，化瘀止血、活血定痛，适用于人体内外各种出血，对目内出血，尤内眼出血，有止血消瘀之效。由于蒲黄、生三七能化瘀止血，故无论在眼络瘀阻或出血之时都是相宜可用的。昆布咸、寒，归肝、胃、肾经，消痰散结、利水消肿。后五味化瘀通络，消痰散结治其标。全方共奏益气补肾、化瘀通络、消痰散结之功，用以治疗糖尿病视网膜病变重度非增殖期或增殖期气虚肾亏、阴损阳衰、血瘀痰凝证。

【临床心得】①昆布可换为瓦楞子；可用山药、茯苓或太子参代替黄芪；益母草可用茜草替代；便溏者，去女贞子；无腰酸肢冷，可去淫羊藿。②失眠者，可加首乌藤、龙骨、锻牡蛎（一可安神助眠，二可消痰散结）；③若在出血期应本着"急则治其标"的原则，首以凉血止血为主，出血静止后，方可根据病情"缓则治其本"。

3. 养阴明目方（廖品正经验方）

【组成】干地黄，石斛，麦冬，五味子，枸杞，丹皮，桑叶，菊花，蝉蜕，薄荷，白芍，甘草。

【用法】水煎服或加工成胶囊、丸、片剂，每日1剂，分3次服用。

【功效】滋养肺肾，清热明目。

【主治】慢性结膜炎、干眼症之肺肾阴虚，目失润养证。症见目干涩不适，或微痒涩痛，微赤畏光，频频眨目，不耐久视，视物模糊，或眼前黑花飞舞，咽干少津，或夜卧口干等，苔薄少津，脉细无力。

【方解】干地黄性味甘凉，归心肝肾经，清热凉血、养阴生津；石斛甘淡，微寒，归肺、胃、肾经，养阴清热、生津明目；麦冬甘苦微寒，归心、肺、胃经，清心润肺、养胃生津；五味子酸甘温，归肺、心、肾经，敛肺生津、滋肾明目、止泪；枸杞子，性味甘平，入肝、肾经，补肾益精、养肝明目；前五者滋养肺肾为主。丹皮苦、辛、微寒，归心、肝、肾经，清热凉血、活血散瘀；桑叶甘苦凉，归肺、肝经，疏风清热、清肝明目；菊花甘苦、平，归肝、肾、肺经，疏风清热、平肝明目；蝉蜕甘、咸、凉，归肺、肝经，散风热、止痒、退目翳；薄荷辛凉，归肺、肝经，疏风散热、清利头目、疏肝解郁；后五味以清热明目为要。白芍苦、酸、微寒，归肝、脾经，养血敛阴；甘草甘平，归心、肺、脾、胃经，调和诸药，且与白芍共用酸甘化阴、柔肝缓急。全方共奏滋养肺肾、清热明目之功。主治肺肾阴虚，目失润养证之慢性结膜炎、干眼症。

【临床心得】①临床上，可直接使用养阴清肺汤加减治疗干眼症。②若肠胃胀气、便秘，可加山楂、生麦芽、木香、陈皮、槟榔片等健脾消食导滞。③若便溏，可去生地、麦冬、丹皮等以免滋阴凉血伤脾胃，另加健脾胃之品如太子参、茯苓、山楂、麦芽等。④若兼角膜上皮脱失，可加决明子、木贼、密蒙花等退翳明目。⑤眠差，可加首乌藤等安神助眠。

4. 化瘀消肿方（廖品正经验方）

【组成】益母草，川芎，生蒲黄，三七，丹皮，桑白皮，地龙，昆布，黄芪，白术。

【用法】水煎服或加工成胶囊、丸、片剂，每日1剂，分3次服用。

【功效】活血化瘀，利水消肿。

【主治】眼外伤及眼内外手术后之血瘀水停证。外眼症见组织红赤、青紫、肿胀、疼痛；内眼可见前房、玻璃体积血，眼底视网膜出血、水肿、渗出等。

【方解】益母草辛苦微寒，归肝、心、膀胱经，既能活血祛瘀，又能利水消肿；川芎辛温，归心、肝经，既活血祛瘀以通脉，又行气化瘀以止痛，二者对血瘀水停之瘀血水肿疼痛尤为适宜而共为君药。蒲黄性味甘辛平，入肝、心经，功能化瘀止血、利尿通淋，因其具有活血止血的双向调节作用，故临床广泛用于各种瘀血和出血之症；三七甘、微苦、温，归肝、胃经，止血散瘀、消肿定痛，适用于人体内外各种出血，对目内出血尤其内眼出血，止血而能消瘀；丹皮苦、辛、微寒，归心、肝、肾经，清热凉血、活血散瘀；桑白皮甘寒，归肺、脾经，能泻肺利水消肿，而有助白睛（球结膜）、神膏（玻璃体）红赤肿胀消退；地龙咸寒，归肝、肺、膀胱经，通络利尿；昆布咸寒，归肝、胃、肾经，消痰散结、利水消肿；黄芪性味甘、微温，入肺、脾经，益气生肌有助伤口愈合，尚能利水消肿帮助消除水肿；白术甘苦温，归脾、胃经，既补气健脾使气血生化有源，又燥湿利水而消组织肿胀。黄芪、白术两者扶助正气，体现廖品正教授攻邪不伤正的学术思想。全方共奏活血化瘀、利水消肿之功，可用于眼内外手术后瘀血水肿疼痛.

【临床心得】①若术后无明显出血、瘀滞，如白内障术后角膜水肿（黑睛混浊）、虹睫炎（黑睛后壁附着物、神水混浊），则可将益母草改为泽兰，但活血利水力量稍缓；可把川芎、三七、地龙、丹皮、昆布等活血止血、软坚散结之品换为茺蔚子则既能活血化瘀，又能凉肝明目，并加退翳明目之荆芥、蝉蜕等。②可选加泽兰、牛膝、白茅根等。③失眠者可酌加首乌藤、生龙骨、生牡蛎等。

5. 菟苓丹（廖品正经验方）

【组成】菊花，菟丝子，枸杞，茯苓，白术，丹参，莪术，山楂，昆布，三七。

【用法】水煎服或加工成胶囊、丸、片剂，每日1剂，分3次服用。

【功效】滋肾益脾，化瘀消滞。

【主治】干性年龄相关性黄斑变性之脾肾两虚，血瘀痰凝证。症见视物模糊或变形，眼底见黄斑部色素紊乱，中心凹光反射消失，后极部较多玻璃膜疣，萎缩期黄斑区可见密集融合的玻璃膜疣及萎缩病灶。

【方解】菊花，甘苦平，归肺、肝经，本品功擅疏风清热、清肝泻火，兼能益阴明目，常与补益肝肾之品同用，使补而不燥；菟丝子甘平，归肝、肾、脾经，补益肝肾、明目；枸杞子，性味甘平，入肝、肾经，补肾益精、养肝明目；茯苓甘淡平，归心、肺、脾、肾经，利水渗湿、健脾和胃；白术甘苦温，归脾、胃经，补气健脾、燥湿利水；前五味滋肾益脾治其本。丹参苦微寒，归心、肝经，《本草正义》谓："丹参，专入血分，其功在于活血行血，内之达脏腑而化瘀滞……外之利关节而通脉络。"莪术辛苦温，归肝、脾经，破血行气消积；山楂酸甘微温，归脾、胃、肝经，消食化积散瘀；昆布咸寒，归肝、胃、肾经，消痰散结、利水消肿；三七甘、微苦、温，归肝、胃经，止血散瘀；后五者化瘀消滞治其标。全方共奏滋肾益脾、化瘀消滞之功，主治脾肾两虚，血瘀痰凝之干性年龄相关性黄斑变性。

【临床心得】①若兼出血，去丹参、莪术、昆布，加墨旱莲既能凉血止血，又能补肾养阴。②若脾虚食滞甚而腹胀甚，加太子参、枳壳、鸡内金、大腹皮增加健脾消食导滞力量。

（二）活用药物

1. 麝香——开玄府，活血通窍

麝香是治疗神昏内闭，中风、惊厥、昏厥的常用药物。而廖品正教授基于对内障眼病病机的认识，常用其开目中之玄府，活血通窍，越灵明之神光，并有杀毒消肿止痛之功。

（1）开玄府：目为身之通光孔窍，和其他诸多窍道一样，以通为用。而麝香作为芳香辛散类药，往往能在通窍明目上发挥良好的效果。《神农本草经疏》云："麝香走窜飞扬，内透骨窍脏腑，外彻皮肉及筋。其性能射，故善穿透开散。"廖品正教授取麝香走窜之性，使其通诸窍之闭塞，开经络之壅滞。有风、血、气、癥瘕等壅滞，孔窍闭塞的，用之可有良效。廖品正教授往往用麝香治疗视神经萎缩、青光眼、视网膜静脉阻塞等内障眼病之后期，玄府瘀滞而视物不明者。其用一般的疗法往往见效不佳，视力难以恢复，以少许麝香研散内服，通关开窍，可提高患者恢复视力的概率。

（2）通经络：《雷公炮制药性解》云："麝香为诸香之最，其气透入骨髓，故于经络无所不入。"麝香能行血分之滞，有活血散结通络之效。廖品正教授常用其治疗各种目系疾病的中后期气滞血瘀之证，瘀血是各种疾病的病理因素和最终结局，其表现形式及停留部位多变。轻者云雾移睛，重者暴盲皆因瘀血所致，如内眼的炎症性、渗出性、变性性、萎缩性的改变。气滞血瘀则气血津液无法上达润养目窍，而使目萎不明。以活血散结之法可引导目窍经络之通达，廖品正教授常以麝香，配合红花、丹参、川芎等药，增强活血散结之力。

（3）杀毒消肿止痛：《千金翼方》云其"味辛，温，无毒。主辟恶气，杀鬼精物，温疟，蛊毒，痫痓，去三虫。疗诸凶邪鬼气，中恶，心腹暴痛胀急，痞满风毒，妇人产难，堕胎，去面目中肤翳"，也有《雷公炮制药性解》言其"主恶气鬼邪，蛇虺蛊毒，惊悸痛疽，中恶心腹暴痛胀满，目中翳膜，泪眵风毒"。古人常用麝香，协同冰片等药，外用点眼以除目中翳障。麝香为鹿科动物中成熟雄麝香囊中的分泌物，现代药理学研究表明，麝香对非特异性炎症具有显著抗炎作用。在临床上，廖品正教授常用麝香协同冰片、牛黄等药物，以凡士林调制，治疗眼睑水肿、眼睑疖肿、丹毒、眼睑脓疱病、睑板腺囊肿、皮样囊肿、眼睑蜂窝组织炎等眼表疾病，常有良好的效果。

2. 女贞子——补益肝肾，养阴明目

女贞子在临床上常用于肝肾阴虚之头昏目眩、腰膝酸软、须发早白。廖老常将女贞子用于肝肾阴虚所致的视力减退、目暗不明，或阴虚津亏所致的干眼症等。

（1）补益肝肾：《灵枢·大惑论》说："五脏六腑之精气，皆上注于目而为之精。"其中肝主藏血，肝受血则目能视，《审视瑶函·目为至宝论》谓："真血者，即肝中升运于目，轻清之血，乃滋目经络之血也。"肾藏精，肾精足则目有所养，《素问·脉要精微论》有云："夫精明者，所以视万物、别白黑、审短长；以长为短、以白为黑，如是则精衰矣。"而肝肾同源，故目病的发生与肝肾有密切关系。因此，若是肝肾阴虚，精血不能上达于目，则目珠失养，视物昏花。廖品正教授常以女贞子补养肝肾，《玉楸药解》云："味苦，气平，入足少阴肾、足厥阴肝经。强筋健骨，秘精壮阳，补益精血，长养精神。"目为窍道，以通为用，故而在补益时用药不宜过于滋腻，而女贞子为清补之品，补而不腻，在补肝养肾的同时，不会有堵塞目中通光孔窍之虞。廖品正教授常以女贞子协同墨旱莲治疗老年性黄斑变性、视网膜色素变性、糖尿病视网膜病变等肝肾阴虚而致视物不明者。或有肝肾精亏较为严重者，常和菟丝子、楮实子、杜仲等药物一起补益肝肾明目。

（2）养阴明目：《本草经解》云："五脏者藏阴者也，女贞气平益肺，肺为津液之化源，所以补中而脏安也。心者神之居，肺者水之母；入心肺而益阴，阴足气充，气充神旺精生，所以主养精神也。"女贞子入手太阴肺经，有养阴生津之效。廖品正教授常用于干眼症之气阴不足者，临床上可见眼目干涩、口干、舌红瘦等。阴不足，则火有余，若是气阴不足的基础上还有肝火上乘者，可配合以菊花、夏枯草等清热之品。除此之外，女贞子性味偏凉，临床上常有中年女性阴虚而致干眼、视物模糊者，廖品正教授常酌加旱莲草、丹皮、丹参等凉血养阴之药提高疗效。

六、读书之法

（一）读经典著作

医经之宗，非《黄帝内经》莫属。《灵枢》《素问》为其主要内容，阐述了中医学的基本理论和方法。《神农本草经》《伤寒杂病论》《温病条辨》等书则分别开创了药物学、温病学和方剂学等分支学科。这些医学经典，如同儒家的四书五经，地位

崇高，影响至今。中医眼科工作者，应放在案边时时翻阅，常言"好书不赖百回读，熟读深思子自知"，她常说，对经典体会越深，临床上越能得心应手。

（二）读眼科专著

廖品正教授认为《审视瑶函》《秘传眼科龙木论》《银海精微》《原机启微》等眼科专著，同样需要花心思去读。这些书中的一些经典，如"《原机》证治十八条""识病辨证金玉赋"等，常读常新，是打开中医眼科古籍的一把金钥匙。

（三）读其他书籍

廖品正教授始终秉承"为医首重于德"的家风。从小她的父亲就教她念诵东汉崔瑗的《座右铭》，至今仍背诵如流："无道人之短，无说己之长。施人慎勿念，受施慎勿忘。世誉不足慕，唯仁为己纲。隐心而后动，谤议府何伤……无使名过实，守愚圣所臧……行之苟有恒，久久自芬芳。"

她以此告诫自己的学生和弟子："做人要不彰人丑，不扬己美；施人勿念，受施勿忘；誉不足喜，毁不足悲；名副其实，守愚藏拙……待之以恒，自然芬芳。"她常跟弟子和学生们提起周敦颐的《爱莲说》："……莲之出淤泥而不染，濯清涟而不妖，中通外直，不蔓不枝，香远益清，亭亭净植……"希望他们成为德艺双馨的医学工作者，为祖国的中医药事业贡献自己的力量。她还常用刘禹锡的《陋室铭》"山不在高，有仙则名；水不在深，有龙则灵。斯是陋室，惟吾德馨"劝勉弟子和学生，要有一个中正平和的心态，深耕自己的事业，掌声和荣誉自然水到渠成。她始终认为医者，既要有仁心仁术，又要树立严谨的治学态度和不懈求精的愿望，才能成为学验俱丰的名医大家。而她自己的奋斗经历，就是最好的典范。

廖品正教授常用保尔·柯察金《钢铁是怎样炼成的》中的一句话勉励自己："人的一生应当这样度过：当他回首往事时，不因虚度年华而悔恨，也不因碌碌无为而羞愧。"这是她的人生信条，也是她一生都在践行的格言。

七、大医之情

（一）精勤不倦，守正创新

廖品正教授勤求古训，博采众方，精读古今众多医书，集各家之所长，潜心传承中医眼科六经学说和眼病辨证并发扬、创新。因为心里装着患者的疾苦，早在20

世纪 90 年代，廖品正教授就意识到糖尿病视网膜病变将成为未来几十年最严重的致盲眼病之一，从该领域的第一个省级课题到第一个国家"九五"攻关项目，她持续致力于糖尿病视网膜病变的中医药治疗和研究，带领和指导团队历时近 20 年，研发出治疗糖尿病视网膜病变的中药新药"芪明颗粒"，造福更广大糖尿病视网膜病变患者。

（二）仁心仁术，悬壶济世

廖品正教授始终把"医乃仁术"作为自己的准则，以仁心对待每一位患者，不论贫富贵贱，都尽心尽力救治。面对罹患视网膜色素变性几近失明、独自抚养女儿的贫苦母亲，她长期为患者减免药费，这位母亲最终如愿目送女儿踏入大学殿堂；面对写信全国求医的外地患者，她不计较回报，鸿雁传方，竭尽所能；面对颅脑术后几近失明的孩童，她不言放弃，力挽狂澜，奇迹般挽救了患儿视力，令其得以重返校园。一生行医，一世仁心，廖品正教授始终践行"持仁者之心，以妙手回春之术，燃广大患者希望之光"。

（三）杏林春满，倾囊相授

廖品正教授也是一位优秀的教师、学科建设者。工作之初，她面对"一贫如洗"的教学条件，毫不畏难，不仅自主编写、印刷教材，还自费制作、购买教具，开创实验课程、改善学习环境。她构建的现代中医眼科学教材理论构架及编写体例，编写的多版《中医眼科学》《中医五官科学》教材、专著，影响着一代又一代的中医眼科人。她淡泊名利，力求传道授业名副其实，绝不允许滥竽充数，几近严苛；但实则在她眼中，凡好学者皆可教矣，无论学生和同行，只要真心认真求学，她必倾囊相授。工作之余，她关心学生生活、工作，注重学生全面发展，即使毕业多年的学生，只要需要，她都竭尽所能鼎力相助。身为学术带头人，她甘为人梯，呕心沥血，培养了一批又一批优秀的年轻学科带头人，建成了全国重点学科。时至今日，耄耋之年的廖品正教授仍坚持一线临床教学，倾注全力支持中医眼科学的传承与发展。

八、养生之智

廖品正教授提出养生阴阳要平衡，万事要有度。就像保护眼睛一样，长时间看近处，就一定要适时看看远处，让眼睛肌肉得到放松，做到张弛有度。她认为，正确的养生观念在于追求健康，而非一味地追求美貌。饮食方面，她主张饮食清淡、不偏不馋；运动锻炼方面，她强调合理规划，适当锻炼。

（一）生活节制，调理阴阳

廖品正教授建议，饮食摄入要"收支平衡"，适度节制即可。建议根据自身的体力消耗、生长发育，把需要的东西补充够了就行了，不要总是追求营养。如果什么东西都是高营养，多多益善，把普通的生活过得跟坐月子一样，那肯定要出问题。另外，廖品正教授认为日常养生要掌握生命活动的规律，保持情绪平和，不要过度忧思，以免伤身。过于激烈的情绪会影响健康，比如忧思过度可能会导致视物模糊。因此，建议养生必须要随时调整身体与外界环境的关系，保持协调平衡的状态。

自己就患有家族遗传性糖尿病的廖品正教授可谓"极度自律"，并常以身作则鼓励患者："我们五姊妹就有四个有糖尿病，他们现在都打胰岛素，还要加口服药。但我一直到现在都没打过胰岛素，只在包里备着口服药，如果在外面就餐，我觉得吃得过量了，就吃一颗药，但一般不吃，尤其是在家里吃饭，我都控制得很好。"她通过长期严格、科学的饮食控制，即使病史长达四十年，但至今仍无明显的糖尿病并发症。

她还建议大家吃饭只吃七八分饱，并引用了"常带三分饥与寒"的话。她说："我们中医有句话说得好，要想身体安，常带三分饥与寒。"这样既能节制食欲，又能增强体质。

（二）饮食清淡，不可偏食

在饮食上，廖品正教授建议主食选择方面不要精益求精，不要全部吃精白米、精白面，要掺杂吃一些杂粮。杂粮粗纤维低能量、低蛋白，富含维生素、微量元素。另外，不要常吃刺激性食物，多吃点蔬菜和水果，如枸杞、胡萝卜、菠菜、蓝莓等；也要适当摄入一些动物性食物，如鱼肉和牛肉等。做到不偏食，少吃甜食。

（三）加强锻炼，保重身体

廖品正教授建议在身体条件允许的情况下，尽可能加强体育锻炼，尤其是乒乓球和羽毛球这类能让眼球看远看近的运动。她说："这两种球类运动可以锻炼眼部肌肉和视神经的协调性和灵活性。"她还提醒大家近距离用眼要控制时间，不宜过久，近距离用眼之后要注意休息，多做眼保健操，缓解眼部疲劳。她说："眼睛是心灵的窗户，一定要好好保护它们。"她还建议出门要戴太阳镜保护眼睛免受紫外线伤害。她说："阳光中的紫外线会对眼睛造成损伤，尤其是对老年人和白内障患者。"

她认为匀称的身材是最健康的，这个状态下的眼睛也最健康。她说："过胖或过瘦都会影响身体的平衡和协调，也会影响眼睛的正常功能。"她建议大家通过合理的饮食和运动来保持身材匀称。

（四）追求健康美

廖品正教授认为，追求健康美是正确的养生观念的体现。她说："人生在世要承担家庭和社会的种种责任，都需要一个健康的身体。如果一味追求空虚的美，因体重太瘦而导致身体出现问题，是得不偿失的。"她认为，健康美不仅仅是外表上的美，更是内在上的美。她说："要想拥有健康美，就要从内到外进行调理和修养。"

她介绍了几个方面来说明什么是健康美，以及如何达到健康美。首先是营养平衡。她说："营养平衡是指摄入适量、适宜、均衡的食物，既不过多也不过少，既不偏食也不挑食，既不暴饮暴食也不节食。"她说："营养平衡可以保证身体各个器官和系统得到足够的营养素，从而维持正常的生理功能和代谢水平。"其次是身心协调。她说："身心协调是指保持良好的心态和情绪，避免过度的压力和负面的情绪。"她说："身心协调可以促进血液循环和内分泌平衡，从而改善皮肤状况和神经系统功能。"再次是精力充沛。她说："精力充沛是指保持适当的睡眠和休息，避免过度劳累。"她说："精力充沛可以提高免疫力和抗氧化能力，从而延缓衰老和防止疾病。"最后是皮肤红润。她说："皮肤红润是指保持皮肤清洁和滋润，避免皮肤干燥和过敏。"她说："皮肤红润可以反映出身体内部的气血运行情况，也可以增加自信和魅力。"

总之，廖品正教授认为，营养平衡、身心协调、精力充沛、皮肤红润、由内而外流露的健康美才是最好的。她鼓励大家按照适合自己的方法来实践养生之道，享受健康之美。

九、传道之术

廖品正教授作为四川省学术和技术带头人，四川省中医学会眼科专业委员会名誉主任委员，"中医眼科学科建设与学术发展终身成就奖"获得者，潜心建设学术梯队，在全国率先开办中医五官专业；探索现代中医眼科学教材理论构架及编写体例，先后担任全国高等中医药教材编审委员会委员暨中医眼科学编审组组长，主编全国高等医药院校中医眼科、中医五官科教材和专著10余部；作为中华中医药学会科学技术奖评审专家，积极吸收现代科技成果，以深厚的中医眼科造诣为基石，充分结合现代眼科学的研究进展，从无到有建立了眼科教研室，先后建立起了视觉电生理等 3 个实验室，在全国率先开办了中医眼科实验课。此外，她还担任了中华中医药学会眼科专业委员会委员，中华中医药学会糖尿病专业委员会常务委员、特聘顾问。

廖品正教授主攻糖尿病性眼病，先后主持和承担国家、省部级科研项目近 10 项。作为全国第二批优秀中医临床人才指导老师、1993 年全国教育系统劳动模范及"人民教师"、全国首届中医药传承博士后合作指导老师。她重视院校培养与师徒传承相结合的培养方式，悉心教诲，严格要求，强调建立局部辨证与全身辨证相结合、现代辨病与传统辨证相结合、中西医结合的临床思路，为广大患者的眼健康做出贡献。

廖品正教授长期坚守在教学第一线，带领中医眼科学学科先后成为四川省重点学科、国家中医药管理局重点学科，最终建成国家重点学科，在本专业学科领域居于全国领先地位。她积极参与中医眼科高层次人才深化培养与学术思想传承创新，积极配合"廖品正临床经验、学术思想研究"项目的开展，举办学术思想研修班，创建国医大师工作室，采用师徒传承的传统模式，将多名具有临床经验的医学人才，发展为高级学术型医学人才。

廖品正教授结合院校教育与师徒传承，探索与健全科研、临床、教育一体的培养模式，呕心沥血培养中医眼科高层次人才。先后培养出大批中医专业和中医五官专业本科生及硕士研究生；博士和博士后近 30 人；名老中医学术传承人 20 余名。多年来其培养出的弟子、学术继承人不少已成为硕士、博士生导师、享受国务院政府特殊津贴专家、全国优秀中医临床人才、四川省名中医、四川省学术和技术带头人、四川省有突出贡献优秀专家等。

廖品正教授自 1964 年参加工作以来，几十年如一日在自己的岗位上兢兢业业，为我国中医眼科学事业的发展贡献了自己的大好年华，为学科的发展奠定了良好的基础。如今，成都中医药大学中医眼科学在学科建设、人才培养、科研、临床等方面都不断取得新的突破，不仅成立了眼科学院、附属眼科医院等，还积极推动"中西医结合治疗和防控青少年近视""复明工程"；她培养的弟子和学生们，已经逐渐成长为中医眼科学的中坚力量，他们以自己的专业技术，承担"大医精诚，银海启明"的社会责任，积极推动全民眼健康事业发展，为我国医疗卫生事业砥砺前行、薪火相传。

廖品正学术传承谱

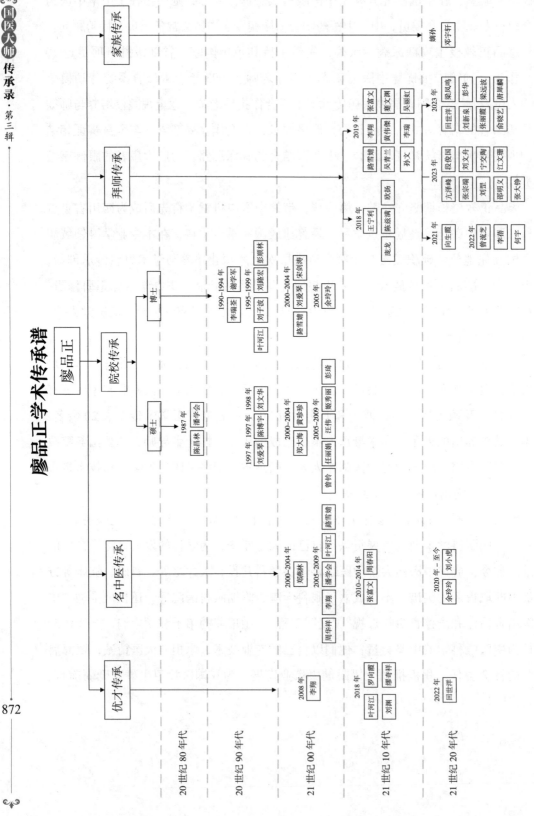

（路雪婧、吴艳霞 整理）
（徐珊 编辑）

熊继柏

熊继柏（1942—　），湖南省石门县人，中共党员。湖南中医药大学教授，主任医师，博士生导师。中国中医科学院首届学部委员。湖南省第一届名中医，湖南中医药大学第一附属医院特聘学术顾问、终身教授，湖南省保健委员会医疗保健核心专家。全国老中医药专家学术经验继承工作指导老师，中华中医药学会内经学分会顾问。香港浸会大学荣誉教授，上海中医药大学名誉教授，《黄帝内经》国际研究院顾问。2017年被授予第三届"国医大师"称号。

从事中医临床60余年从未间断，诊治患者逾百万人次，是一位真正的中医临床家。2020年抗击新冠肺炎疫情期间贡献卓著，荣获湖南省立大功人员称号。其首创"中医临床现场教学"模式，纳入中华中医药学会"国医名师学术经验传承讲习班"，于2022年获湖南省高等教育教学成果一等奖。发表独立撰写的学术论文100余篇，撰写出版《内经理论精要》等中医专著22部，其中独立著作12部。任副主编的《黄帝内经研究大成》一书，先后获国家新闻出版署科技图书奖一等奖，国家中医药管理局中医药基础研究奖二等奖。

一、学医之路

熊继柏的学医历程极其坎坷又富有传奇色彩。他出生在艰难困苦的1942年，成长于百废待兴的新中国，其祖父熊玉田公早在新中国成立前已是名噪当地的骨伤科医生，在一定程度上影响了熊继柏从医的志向。他自幼耽嗜读书而聪慧过人，但特殊时期极端困苦的家庭致使他完小毕业即辍学。因家人鼎力支持其学医，遂由祖父引导诵记《脉诀》。然熊继柏敏学好问，祖父作为民间中医富有经验却疏于理论，难以满足其求知欲，只得带他拜师。1956年，熊继柏通过考试而拜在常德地区名老中医、晚清秀才胡岱峰先生门下。就读期间，熊继柏生活条件极其艰苦，但在如此恶劣的情况下，他过人的学习天赋依然展露无遗。在胡老先生的带教下，当时学生以中医基础著作开蒙，如《雷公炮制药性赋》《医学三字经》《汤头歌诀》《药性歌括四百味》《时方妙用》《时方歌括》等，要求学一本、背一本。而熊继柏凭借惊人记忆力能数月间便完成记诵，故其一年内便已将中医基础著作悉数熟练背诵，因此得到胡老先生倍加赏识而在学习上为其加码。于是，当其他学生仍在诵读基础书之际，熊继柏又完成了《伤寒论》及《金匮要略》的记诵学习；后来，好学的他又把《医宗金鉴》中的《四诊心法要诀》《伤寒心法要诀》《杂病心法要诀》《妇科心法要诀》《幼科心法要诀》，以及《医学心悟》《医门法律》《医林改错》《傅青主女科》等后世诸家名著和当时的中医院校各科2版教材进行了系统学习。由此，熊继柏具有了坚实的中医童子功。

除了学习医学，熊继柏对中国古典小说《西游记》《三国演义》《水浒传》《说岳全传》《说唐传》《封神榜》《列国志》《聊斋志异》，以及中国古典文学作品如《论语》《古文观止》等书进行了广泛阅读，打下坚实的古文功底。更令人称奇的是，在古典文学的熏陶下，熊继柏的口才、文笔得到提升，竟能吟诗作对，足见其颖悟异常。此外，学医期间，他还承担起中医院药房的抓药及制药工作，学会了炒、煅、切、洗及炮制丸、散等本领，且在老师要求下，切制一味药就尝一味药，由此深谙药品性味。

1958年，当时农村基层缺医少药，16岁的熊继柏早早出师，响应国家号召而到农村基层诊治患者。但面对复杂的临床情境，熊继柏深感学习不够，于是在20岁复又拜师常德地区名老中医陈文和先生（曾留学于日本东京大学，新中国成立前曾为中共地下党员）。熊继柏入学考试再拔头筹，陈老先生格外青睐这位基本功扎实而颖悟好学的青年，但也一针见血地指出其学习短板——尚未涉猎《黄帝内经》及温病学诸家著作。由此，熊继柏在陈老先生的带教下又开始研习《内经知要》《内经讲义》《外感温热论》《温病条辨》等著作，其间还获赠陈老先生手书的 2000 余首方剂而尽皆记诵。由此，熊继柏不仅具有扎实的中医童子功，且在两位老师的督促提携下初步实现了对于中医四大经典全面的掌握。数年行医经验加名师引路，熊继柏的临床水平取得长足进步，临床疗效大大提升。

此后，熊继柏返回工作岗位，不久即凭借温病学的理论知识救治多位危重"流脑""乙脑"患者而名声大噪，由此，他从 22 岁便开启每日门诊量过百的工作模式。之后，熊继柏陆续参与了当地农村乙脑、流脑、百日咳、肺结核、麻疹、白喉、血吸虫病、狂犬病等各类流行病、传染病等危重病症救治工作，后来又承担了乡村"赤脚医生"培训及疾病防治等工作，并诊治了大量的危急重症，积累了宝贵的临床经验。1978 年，中央下发 56 号文件，要在全国举行中医选拔考试，遴选优秀中医人才到国家单位，以促进国家中医教育、科研、医疗事业的发展。熊继柏凭其扎实的理论功底和丰富的临床经验，经过两轮选拔考试，成绩优异，在湖南省名列前茅。因其考卷引经据典颇多，阅卷老师不得不在评阅时查找文献，足见其深厚的中医功底。也正因如此，熊继柏由一名乡卫生院的医生被调入省中医最高学府——湖南中医学院（现湖南中医药大学）任教。

甫一任教，校领导便把中医群经之首《黄帝内经》的教学任务交给他。为真正做好教学，熊继柏依然发挥吃苦耐劳精神，一方面听遍大学中、西医各科老师的课程以迅速熟悉教学模式；另一方面又专程到湖南师范大学聆听师范老教授的古文课，深入学习教学的规矩与技巧；1980 年又到国家卫生部（现国家卫生健康委员会）在陕西中医学院（现陕西中医药大学）举办的《黄帝内经》师资班进修一年，全面提升了学术与教研水平。通过在教学中理论与实践的有机结合，最终营造出最佳教学效果——大学讲课第一学期，给被誉为"最苛刻"的西学中研究生班讲授《内经》，同时给七七级毕业班全年级讲《内经》总复习课，两个班学生投票，熊继柏以高票当选优秀教师；此后又先后八次获评优秀教师、教学效果好的老师和学生最喜爱的老师；只要熊继柏讲课，大量学生辐辏其门，教室满座、门窗拥站，甚至过道走廊都挤满旁听学生。

长年的教育教学促使熊继柏的学术研究日益精进，而其临床技艺也更加炉火纯青。进入大学后，熊继柏并未搁置临床，专职虽是教师，可他兼职的临床工作量却不亚于专职医生，夜半被叫起急诊时有发生。2003 年从教学岗位正式退休后，熊继柏在坚持讲学之余，又恢复了超负荷全职医生身份。多年以来，每周 4 次门诊，每次限号 100 个，一般看诊 100 号以上，据不完全统计，熊继柏 65 年医生生涯，诊治全国各地、社会各阶层患者远超百万人次。

这位没有富裕家庭，更没有大学学历的熊继柏，凭着勤奋读书与刻苦实践走出一条国医大师的成才之路。艰苦奋斗、自强不息正是其学医历程的真实写照。得益于国家发展、社会进步的大时代背景，熊继柏不负韶华，用不屈的精神将个人的奋斗谱写进中华民族奋斗的华章之中。

二、成才之道

熊老常说"勤奋读书、刻苦实践是中医成才的必由之路"，而观其成才之路，他本人真正践行了这句话；熊老也常笑谈中医成才秘诀是"不蠢、不懒、老师不糊涂"，既要求学生勤奋、聪慧，也指出"明师引路"的重要性。综而观之，熊老之所以成才，细究其因有四点经验。

（一）尊师重教，勤学好问

熊老强调，要想真正成为中医临床人才，必须要有明白的老师来引路指点、发蒙解惑，如此可少走弯路，达到事半功倍的学习效果。所以，熊老成才得益于两位"明师"，但反思其中，熊老师父有诸多弟子，何以熊老成为其中翘楚，关键在于熊老能尊师重教、勤学好问。

熊老尊师重教体现在两个方面。一方面，高质量贯彻老师所教——老师要求的学习任务，熊老不掺假、不偷闲地高效完成；老师指定的学习目标，熊老不服输、不气馁地全力实现；老师指出的学习短板，熊老不执拗、不埋怨地吸收采纳，可以说，深刻领受老师教诲、坚决执行老师教导是熊老重要的跟师经验。另一方面，熊老并没有呆板地"一心只读圣贤书"，而是在生活和工作中全心全意成为老师的好帮手，由此充分锻炼其生活、工作能力，更使他与老师有了更多接触机会。聪颖好学加上勤快肯干，使熊老总能很快得到老师青睐而悉心栽培。此外，熊老不论学习上还是临床中遇到难题，总会在充分思考的基础上积极请教老师，而本就喜爱熊老的老师也自然倾囊相授。可见，熊老在成为名师之前，首先是一位品学兼优的好学生。

（二）勤奋读书，善于融贯

吴鞠通在《医医病书》中有言："今人不读古书，安于小就，得少便足，囿于见闻；爱简便，畏繁重；喜浅近，惧深奥，大病也。"指出读书对于研习中医的重要性，熊老深以为然。熊老自幼酷爱学习而成绩优异，拜师后，虽生活艰辛，仍手不释卷，或在简陋的教室中，或在昏黄的油灯下，他熟读中医基础书籍、通研中医经典、博采各家学说、研读古典文学，夙兴夜寐、孜孜不倦，铸就了他理论知识的深度与广度。时至今日，熊老虽已年过八十，但仍坚持每日阅读一小时、写作数小时，观熊老读书，可谓"青衿之岁，高尚兹典；白首之年，未尝释卷"。

总结熊老的读书特点，除了异常勤奋外，更注重思路与方法：一是内容掌握全面，熊老读书从不囿于一家之言，而是博采众长、从善如流；二是诠解深入透彻，熊老对于所读医著从不囫囵吞枣、敷衍了事，而是锱铢必较地探究文辞、探析医理；三是善于结合实践，熊老读书，习惯在实践中验证所学，以达到对书本知识的真正掌握。正是这样的几个特点，促使熊老在中医理论上实现了真正的融贯。

（三）刻苦实践，理验合参

熊老强调，中医理论看似抽象，但绝不空洞浮泛。中医理论是古代先贤在实践中逐步认识、总结升华后所形成的，因此学习中医必须通过临床实践进而加深对中医理论的认识。理论来源于实践，并且有指导临床实践的现实意义。熊老反复强调中医的生命力在于临床，中医的真正硬功夫是临床。因此，熊老已在农村行医22年，在城市行医43年，所治病种囊括内、外、妇、儿各科，其学术理论、临床技艺正是在数量庞大、病种多样、病情复杂的超负荷临床工作中得到反复锤炼而实现真正的理验合参。

在熊老看来，中医学是中华民族在长期临床实践中认识生命、维护健康、战胜疾病的宝贵经验总结，是基于长期医疗实践所积累的经验而形成的系统完善的理论体系。因此，熊老把临床作为中医事业的核心支柱、学术理论的实证基础以及教育教学的素材源泉。

（四）教学相长，慎思笃行

长期从事教育教学工作，在一定程度上进一步提升了熊老的学术研究水平。通过悉心研究教学，熊老逐步摸索出讲好中医经典课的门径，并在实践中不断完善，形成了他三十多年来授课时特别突出的四个特点：一是注重知识性、逻辑性、趣味性；二是注重深入浅出、化繁为简；三是注重理论与实践紧密结合；四是注重讲透重点、讲清难点、剖析疑点。熊老讲课，手中从不拿讲稿，但备课却十分精细，单是《黄帝内经》的讲稿，就写有100多本，不仅记诵经文，并对历代注家诸多注释也能记诵，从而能广泛引经据典来剖析书中重点、难点、疑点。

在大学担任教学工作30余年，熊老主讲五门经典主干课，包括《黄帝内经》《难经》《金匮要略》《温病条辨》《中医内科学》，为本科生、研究生授课超8000学时，为中医医师复训班及进修生班授课达2000学时。正所谓"泰山不拒细壤故能成其大，江海不择细流故能就其深"，为了教学，熊老像海绵一样在汗牛充栋的中医古籍中汲取获猎知识，如愚公一般在文辞古奥的中医经典中钻研开凿义理，真正通过教学相长而充分有力地拔高了个人中医理论水平，也为熊老在弘扬中医学术方面奠定了坚实基础。

清代名医程钟龄有曰："思贵专一，不容浅尝者问津；学贵沉潜，不容浮躁者涉猎。"熊老的成才之路，正是以极其专一的态度、特别沉潜的劲头投入到跟师、读书、临床与教学之中，从而实现了个人非凡的成就。

三、学术之精

从中医学徒到国医大师，熊老的成才之路不同寻常，极具传奇，从而使其学术特色兼备"学徒派"和"学院派"特点。

（一）全科医生，锤炼真正临床家

正因为熊老是从实践中成长的名医，长期坚持读书与实践相结合，并长期在农村基层医疗中实践，锻炼成为一个名副其实的全科医生，并成为一位真正的临床家。

他在学术上不囿门派之见而融百家之长，他在临床上不执专科专技而施全科全治，他在研习上不拘一著一说而博览诸家著述，不仅熟读中医经典，而且熟读后世诸家各科的临床著作。他青年时期在农村基层行医20余年，练就了全科医生的真本领，在65年的临床生涯中，大量地诊治内科杂病及妇科、儿科、五官科的各种病症，并涉及部分外科病症，经验丰富，疗效卓著。

如治一堕胎后重症血崩患者：伍某，女，40岁，农民，1964年就诊。患者家境贫困，已育子女4人，因彼时农村未开展计划生育工作，其未避孕而又怀上第5胎，家庭无力养育。当时农村医院尚无人流手术，故自行找草药医生以土法堕胎，堕胎后血崩不止，并昏倒一次，家人遂请熊老前去诊治。熊老来到病家，但见血迹遍布，患者倒卧床上，奄奄一息，昏昏沉睡，四肢瘫软，不能动弹，自汗肢冷，面色淡黄，精神极度疲乏，舌淡脉细。此是堕胎后的重症崩漏，西医应诊断为失血性休克，病情危险。但山区交通条件落后，难以送患者去医院抢救，只能以中药救治。遂处方以大剂量固本止崩汤，一昼夜服药两剂，其阴道出血止住，精神随之好转，可自行坐起，并开始进食。再处方改用加参胶艾汤收功，患者获救。

再如治一小儿抽动症患者：覃某，男，12岁，长沙某医院职工家属，2007年就诊。患儿抽动6年，曾到全国各地就诊，不效。其头、面、肢体频发抽搐约数分钟一次，眼睑、鼻腔、口角掣动，手足抽动，头部摆动，均为阵发性。发时伴有高声尖叫，因其频发抽动伴呼叫，已无法正常上课，故辍学4年。患儿平时躁扰不宁，夜寐则安，入睡后抽动停止。舌苔薄白，脉细。询问其症状，似乎并无明显寒热之象，唯见多汗，故熊老辨证为肝风内动证。处方用镇肝熄风汤合天麻四虫饮加减，以平肝息风、搜风止痉。守方服药 3 个月即抽动停止，又服药 1 个月以巩固，后已完全正常而复学。

又如治一剥脱性皮炎重症患者：管某，女，50 岁，2008 年 9 月就诊。诉 2 个月前因发热、身痒，在当地医院使用西药治疗。数日后遍身红疹，起疱、流脓，痛痒不止。旬日间，发展到全身散发疱疹，并开始脱皮。遂至省级某医院就诊，诊断为剥脱性皮炎重症，并通知病危。就诊时患者卧于担架不能活动，四肢、胸腹、颈背部皮肤大面积剥脱，剥脱处肉红如血，其状体无完肤、血肉模糊，实在是惨不忍睹，令人唏嘘。患者自觉一身灼热疼痛，呻吟不已。伴发热口渴，咳血齿衄，大便干结。舌红赤无苔，舌面干燥无津，脉数。依据患者症状特点，熊老判断其病机为热毒伤血，阴液被灼，故处以犀角地黄汤（方中犀角以水牛角代）合增液汤。1 个月后复诊，患者竟自行步入诊室，再看其症，全身均已生肌长皮，原患处已结成黑皮黑痂。后期仍然以清热、凉血、解毒之法一以贯之，最终治愈病患。

"中医的生命力在于临床"是熊老数十年来所倡导与贯彻的理念，认为实践是检验真理的唯一标准，而临床即为检验中医水平的唯一标准。正是基于这样的认识与见解，熊老将之贯彻于个人中医事业的方方面面，首先他在工作中首重临床而坚持不懈地开展 60 多年医疗服务，同时其治学研究与理论著述均善于有机结合临床实践，他的所有著作均以突出的实践指导价值而在学界广泛传播。

（二）活用经典，指导临证决疑难

熊老由于自身独特的成才之路，打下了非常扎实的中医经典"童子功"，又长期在大学执教，因此融贯中医经典而烂熟于胸，能脱口大段成诵，并能随文剖析医理。解答疑难，随问随答，引经据典，准确无误，被同行们誉为中医学的活辞典。故临证时，能够融会贯通、灵活运用。理论与临证丝丝入扣地密切结合，正是他非常鲜明的学术特色。熊老善治疑难病症，已广为人知。究其奥妙，除了敏锐的诊察技巧、丰富的临证经验和敏捷的辨析思维外，更突出的是活用经典理论指导辨证施治。如以五苓散加丹参治疗"忍小便则手掌胀痛"一案，治疗该案，熊老首先辨析病位，由《灵枢·经脉》所载："心手少阴之脉……是主心所生病者……掌中热痛。"锁定病位在于心经，而进一步分析小便为肾与膀胱所主，由肾主水联想到水气上泛可凌侮心火致"水气凌心经"，再进一步选方，以五苓散化气利小便，加丹参通心脉止疼痛，很快将患者治愈。该疑难病例的治愈，充分体现了熊老运用经典理论指导临床的真正水平。

又如诊治"黑汗"案，患者刘某，出黑汗两个月，先求治于本地及北京某医院，均诊断为"内分泌失调"，但反复用药仍黑汗不止；后经西医院教授推荐而来熊老处诊治。一见患者"黑汗"之症，熊老便依据《素问·阴阳应象大论》所述"其在天为寒，在地为水……在脏为肾，在色为黑"和《素问·风论》所述"肾风之状，多汗恶风……其色炲"，以及《素问·痿论》所述"肾热者，色黑而齿槁"等论述，初步推断其病位在肾；又据患者舌红苔薄少、脉细数而考虑其病为阴虚之证，遂针对性地问其是否口干及手足心热，患者答曰"口干夜甚而手足心微热"，据此熊老将其辨证为肾阴虚而选方知柏地黄汤，另加龙骨、牡蛎以强化止汗，半个月后患者来告诸症悉愈。然患者在西医院经其同事们分析，认为熊老处方主要是龙骨、牡蛎奏效。一个月后，患者黑汗复发，其同事投以黄芪、龙骨、牡蛎医治，反而使病情加重；患者只好复来求治于熊老，并阐述医院同事们的讨论经过，熊老诊断仍为肾阴虚而有热的黑汗证，复处前方，患者服药不久，其病痊愈。该案不仅再次印证了中医理论对于临床实践的指导价值，更体现了熊老娴熟的中医理论功底及敏捷的临床思维，这正是他擅治疑难病的奥妙所在。

再如熊老曾治一小便癃闭持续导尿半年的15岁女患者周某，患者大便秘结，小便不通，已持续导尿4个月之久。诊见小便疼痛、大便20余日未解，经多次灌肠及使用开塞露而稍稍缓解便秘，但小便只能通过持续导尿，否则点滴不通。医院未有明确诊断，患者因住院医治无效而抑郁烦躁，同时可见其精神萎靡、面色淡黄、形体消瘦，舌苔薄黄而脉细数。熊老根据《素问·灵兰秘典论》"膀胱者，州都之官，津液藏焉，气化则能出矣"和《素问·口问》"中气不足，溲便为之变"等论述，锁定患者病位在膀胱，而病性为气虚夹有湿热。先以李东垣之滋肾通关丸合刘河间之倒换散加减作为主方，来清利湿热；后以李东垣之补中益气汤为主方加黄柏、车前子，来补中气、升清气、降浊气，患者服药后，竟自己拔掉导尿管而小便自通，其病痊愈。

张景岳曾言："医不贵于能愈病，而贵于能愈难病。"细思熊老在临床中运用中医经典理论，不仅能独树一帜地用中医经典理论直接指导临床，同时还能博采各家学说纵横参证，从而形成系统完备的辨证思维体系，故在诊治疑难病、危急病中能够左右逢源、得心应手。

（三）辨证论治，理、法、方、药必连贯

熊老强调，准确辨证是精准施治的重要前提。熊老很重视中医诊断基本功，他提倡的"中医看病三要素"，第一条就是要"四诊合参察隐微"，认为高明的医生辨证候要细察隐微，通过望、闻、问、切四诊的综合运用，能迅捷地抓主症、参兼症

而辨清病机。辨证时，熊老善于根据不同病情，综合运用八纲辨证、脏腑辨证、经络辨证、卫气营血辨证、三焦辨证、六经辨证等不同的辨证方法。在诸多辨证方法中，熊老特别强调不论是外感病还是内伤病，辨证关键在于两点：一辨病性，二辨病位。熊老治病，特别注重因证选方，他在临证中不论治什么病症，都一定是因证选方，从不开无主方的处方。他一再强调，选方的关键，一是针对病机，二是针对主症；选方的标准，必须方证相符、方证合拍。

如熊老曾治一"奔豚案"，患者盛某，女，46岁，农民。初起头晕目眩，心悸怔忡，肢体困倦，渐至卧床不起；因畏光惧明，遂门窗紧闭、躺于暗室长达4年之久，四处求医无效。诊时见患者声音洪亮、神志清楚、耳听灵敏，熊老为诊断明确而坚决开门请出患者。然患者兀一出门突然大呼而昏厥。待熊老急救后，患者诉：目睛欲崩、心脏欲炸。察其舌质淡红，舌苔灰白，脉弦而数。熊老瞬息联想到《金匮要略》所讲奔豚病："奔豚病，从少腹起，上冲咽喉，发作欲死，复还止，皆从惊恐得之。"而后据证排除桂枝加桂汤所治之阳虚奔豚及苓桂甘枣汤所治之水饮脐下悸的欲作奔豚；紧扣目胀畏光及脉象弦数而确诊为肝气上逆之奔豚汤证，再结合患者苔灰白而加茯苓化饮，遂处方奔豚汤加茯苓，8剂药后患者告愈。由该案可见，熊老不仅在辨证诊察中善抓关键，而且对理、法、方、药非常熟练。

（四）诊治肿瘤，提出四辨

近年来，熊老门诊所遇癌症患者日益增多，甚至在每次临床中占有多数，而经过多年对于癌症患者的诊治，熊老积累了大量的临床经验，并由此提出"肿瘤四辨"的基本纲领。

第一辨部位：中医辨证应明确病变部位，必须讲究脏腑部位和经络表里的定位。癌症病位不同，就有不同的表现特点。如脑癌，头痛头晕、视力模糊、呕吐，重者见一侧肢体不利、神志蒙昧等症；肺癌，有咳嗽、喘促、胸闷胸痛、咳血、声嘶等症；肝癌，有腹胀腹水、肝区肿大疼痛、皮肤发黑、衄血等症；胆囊癌，以皮肤发黄、呕吐、腹胀、大便秘结为主症；子宫癌，以小腹疼痛、带下秽浊或漏血为主症。部位不同，症状不同，治疗方药就不同，因此，要辨清病位所在。

第二辨痰瘀：癌症以肿块的形式表现出来，肿块的形成不外乎两个因素，一种是痰，另一种是瘀。在癌症的临床表现上，有以痰为主，有以瘀为主。以痰为主则口中多痰，舌苔腻，多见于肺癌、喉癌、脑癌等病；以瘀为主则舌紫、爪甲发紫、面色发黯，多见于肝癌、胆囊癌、胰腺癌、宫颈癌等病。在临床上辨明以痰为主，或是以瘀为主，则可针对性选方用药。

第三辨寒热：肿瘤是由寒或热与瘀血、痰饮搏结凝聚形成。实际上，临床中很多癌症属热证者较多，原因有三：一是因疾病日久郁而化热；二是因患者本身体质偏热；三是部分癌症因发病部位易于热化。如临床所见鼻咽癌，往往可见鼻衄、鼻干、咽痛，此属火气上攻；肺癌，常见舌苔黄腻、脉象滑数之痰热证；胆囊癌常见呕吐、口苦便秘、舌苔黄腻之胆热证；子宫癌，则常见带下颜色异常兼见下血，亦属热证。而一旦病性属热，则病情进展迅速，因此治疗癌症要特别注意防其热化，而在辨病过程中，必须辨清寒热。

第四辨虚实：癌症肿块往往以实性病变为主，但年纪较大、素体虚弱的患者，又以虚证居多；且放疗、化疗后，90% 以上的患者以虚证为主。因此，临证必须辨明患者属气虚、血虚，或阴虚、阳虚。据临床所见，放疗、化疗过后的患者主要是以气血亏虚、阴虚为主；癌症初期往往实证偏多；晚期、后期则往往虚实夹杂，以虚证居多。

熊老认为，近年来各种癌症多发，而治疗癌症则主张中西医结合。对体质较强、癌症来势迅猛的情况，建议尽快配合西医学手术、放化疗等方式，迅速去除病灶。而在无法手术或放疗、化疗后等情况下，则当然可以用中医诊疗手段控制癌症发展，并可以治疗后遗症，且防止癌症的复发。

（五）治暴病有胆有识，治久病有守有方

熊老指出，目前人们对中医的认识存在一些误区，其中之一便是"中医只是慢郎中""中医只治慢性病"。熊老认为，自古以来，一个真正的中医，只要真正掌握了辨证论治法则，能在临床上准确、熟练地辨证施治，就能治各种疾病，包括危急病症。在治疗危急暴病时，要"胆欲大而心欲小"，即需"有胆有识"。所谓"有胆有识"，指在治疗危急暴病时，一要有见识，能识病、会用方，既要通过谨慎辨证认准病机，更要储备广博的方药知识而供临证选用；二要有胆量，弄清病情后果断用药，大病用重剂、急症用峻药、猛疴用专方，否则杯水车薪，无济于事。胆与识，二者缺一不可，方能起死回生、创造奇迹。熊老在 60 多年的临床经历中，治验过很多急症、拯救过很多危难，用临床疗效诠释了中医在治疗急症时的特色和优势。

如治流脑高热痉厥案，患者周某，男，16 岁，1966 年仲春急诊。症见高热烦渴、神昏谵语、手足抽搐、颈项强直、角弓反张，面颊、前胸及臀部等处皆出现紫黑色斑块；其齿黑舌焦、声音嘶哑、舌上起芒刺，脉数而大。西医诊断为流行性脑脊髓膜炎，病已 8 日，曾服清热泻火息风之剂而其效不显，医院通知"病危"，且束手无策。熊老诊为春温发痉，考虑为邪热猖盛，营血被灼，阴液将竭，已呈一派凶险危急之候。病情危重，此时若以轻缓平淡之剂，不能拯此急暴垂危之势。乃以余师愚清瘟败毒饮大剂加减（生石膏 250g，生地黄 60g，玄参 60g，栀子 30g，连翘 30g，

黄连 15g，黄芩 50g，知母 30g，赤芍 20g，牡丹皮 20g，淡竹叶 15g，钩藤 30g，羚羊角片 15g，水牛角片 50g，大青叶 30g，甘草 10g），嘱取农村常用的铁锅浓煎其药，昼夜频服，药进 2 剂，患儿高热退，抽搐止，继而苏醒，其病竟转危为安。当时正值流脑流行期，这一病例，在当地引起很大轰动。

又如治一"子宫癌切除术后 20 余日大便不通"的患者，杨某，女性，40 多岁，在南华大学第一附属医院行"子宫癌切除术"，术后连续 27 天竟未解大便，诊断为术后肠粘连并发肠梗阻，西医用药无效，又因患者虚弱而难以再行手术，遂请熊老会诊。诊见患者腹胀如山而尚有弹性，身体极度虚弱、精神疲乏而语声低微、呼吸气短，同时可见发热 38℃、汗出、口渴、呕逆，小便需行导尿，舌苔黄厚，脉沉滑而有力。据此，熊老诊为阳明腑实证，遂投以重剂大承气汤加竹茹：芒硝 30g，大黄 30g，枳实 20g，厚朴 15g，竹茹 30g。仅处 1 剂药，嘱患者每小时服药 1 次，少量多餐。当晚 10 点服药，到次日凌晨 5 时，患者自述腹痛，家人扶其站立，予热毛巾外敷腹部，10 余分钟即腹中肠鸣、欲解大便，少顷突解大便至半脸盆之多，整个病房臭秽不堪。抢救成功，患者转危为安，患者家属及病房医护人员都非常惊喜。由上述两案可知，"治暴病有胆有识"是熊老拯救危急病症的独到经验。

熊老临证治愈了很多的慢性疑难病。他认为，治疗慢病久病、疑难病症，在精准辨证的前提下，对治疗应有方略，并需坚守。首先分清标本缓急、脏腑关联、虚实错杂，进而确立系统方略，制订准确方案，步步为营、稳扎稳打，方能从容不迫，获得最终疗效。

如治癫痫案，患儿唐某，女，12 岁，1970 年冬天就诊。罹患癫痫已历 7 载，患儿癫痫发作频繁，少则三五日一发，多则一日一发，甚则一日数发。发则昏倒，喉中痰声漉漉，啼喘吼鸣且兼手足瘛疭，同时兼见食少、体倦、便溏，舌淡及舌边见齿痕。熊老认为，乃由脾虚失运，致湿痰内阻所致。治疗上一方面需健脾益气，另一方面需豁痰息风。予以六君子汤为汤剂，再以定痫丸为丸剂，汤、丸并进，坚持治疗达 3 个多月，服汤药 80 余剂，丸药 2 料，患儿顽固痫病获得痊愈。

又如诊治一"手指足趾发黑疼痛 4 年不愈"案，患者孙某，男，38 岁，2019 年 3 月就诊。患者 4 年前手指足趾发紫进而变黑，且疼痛不止。曾先后在武汉、北京、上海等地医院求治无效，被诊断为"红细胞增多症"。诊见患者手指、足趾全部发黑，疼痛而不肿胀，四肢厥冷，而身发低热，询其素有湿疹病史，且下肢仍有疮疹，其舌上有明显烧灼感，舌紫、苔黄、脉细数。熊老诊其为"四肢末梢血脉凝涩兼湿热阻滞之证"，处方补阳还五汤合活络效灵丹加苦参、黄柏治之，历经六诊，共服药 120 剂而最终治愈了这一疑难病患。通过上述两案可见，"治久病有守有方"确系熊老攻克慢性疑难病的真实体会。

四、专病之治

熊老治疗专病，既有对历代医家理论与经验的继承，又能结合自己的长期实践而形成独到经验与创新，仅简要介绍其辨治痹证、眩晕二病诊治经验。

（一）痹证

熊老诊治痹证有着丰富而独到的经验，现总结为以下四点。

（1）首辨风寒与湿热：熊老认为，临床治痹证，必须先辨明风寒湿痹与湿热痹两大类，再于风寒湿痹中察其偏风、偏寒、偏湿之别；于湿热痹中审其热胜、湿胜之差。风寒湿痹者，关节疼痛部位伴有明显的寒冷感，触之局部不热不肿，遇冷及阴雨天气症状加重，遇热则症状减轻。代表方有蠲痹汤、羌活胜湿汤等，常配合虫藤饮加减。湿热痹者，以下肢为甚，关节局部红、肿、灼热、痛，舌红苔黄腻，脉滑数。常用方有加味二妙散、四妙散、宣痹汤、上中下通用痛风丸等。

（2）细察部位遣方药：根据痹证局部疼痛麻木的部位不同，临床遣方用药各有差异。

颈项部痹痛：颈项为足太阳经所循之位，风寒湿为阴邪，侵犯太阳经，导致太阳经输不利，营卫失和，出现恶风、畏寒、颈项强痛，主以葛根姜黄散疏风散邪、解肌止痛。

肩臂、上肢痹痛："手之三阳从手走头""伤于风者，上先受之"，上肢酸胀疼痛，活动不便者，多以风邪为主，主以蠲痹汤祛瘀通络、蠲痹止痛。

颈项引脊背痹痛：由颈项至脊背是足太阳经循行之所，督脉主一身之阳，亦行于脊中，风寒之邪客于此，以致阳气不舒，经气痹阻，出现颈背胀痛，腰背屈伸不利，转侧不能，主以羌活胜湿汤或桂枝加葛根汤等。

下肢痹痛："伤于湿者，下先受之"，湿多下行，流注下肢，阻滞经隧，出现下肢痹痛，行步不正，活动受限。若湿邪流连，郁久化热，易形成湿热痹阻，主以薏苡仁胜湿汤除湿祛风寒或加味二妙散清利湿热。

膝部肿痛："膝者筋之府"，膝部筋骨交错，风湿或湿热易于结聚不散。以风湿下注为主，则用独活寄生汤祛风散寒，胜湿止痹；以湿热交结为主，则用加味二妙散清热利湿；以肝肾不足，筋骨失养为主，则用四斤丸补肝肾、壮筋骨、祛风湿。

足跟疼痛：足跟为足少阴肾经循行环绕之处，受风寒湿邪侵袭多致肾虚夹湿，出现足跟酸楚疼痛，行走不便，则用四斤丸合二妙散补肾强筋，祛湿散邪。

腰部疼痛：腰为肾之府，腰膝为肝脾肾三经相合之处，邪气外袭，或致此处经络气滞，而见有转侧不利，则以复元通气散主之；或湿热停滞，则四妙散主之；或肝肾亏虚，气血不足之人，复感风寒湿邪，则用独活寄生汤祛风散寒、胜湿止痹。

（3）详审虚实夹杂证：痹证初起，多属实证。肢体疼痛发作剧烈或红肿热痛较甚者，亦多属实证。治痹初起或其急性发作时，务在祛邪，不可骤用人参、黄芪、当归、熟地黄等，以免滞留邪气。若痹证日久，反复发作，多属虚实夹杂，应当虚实兼顾，攻补兼施，尤需注意强壮筋骨，补益气血，不可过用或纯用发散辛燥及攻伐之剂，以免更伤正气。常用代表方有独活寄生汤、三痹汤、鹿茸四斤丸等。

（4）注重疏通治顽痹："久痛入络""久病必瘀"，凡顽痹之证，邪气深入经隧、骨骼，气血瘀滞，单以祛风、散寒、燥湿难以奏效，唯以钻透剔邪之类，才能搜风通络、化瘀止痛，熊老自创黄芪虫藤饮，专攻这类痹痛。黄芪虫藤饮由黄芪、全蝎、地龙、僵蚕、蜈蚣（去头足）、海风藤、鸡血藤、络石藤、甘草等组成，主治经络瘀阻痹证。本方以黄芪为主药，取其益气之功用，以达"气行则血行"之效；全蝎、地龙、僵蚕、蜈蚣四味虫类药，善走窜通达，搜风剔络，深入经隧祛邪外出，搜风通络止痛；用海风藤、鸡血藤、络石藤，因藤类药轻灵，易通利关节而达四肢，亦起搜风通络止痛之功用；再加甘草调和诸药且解毒。诸药配伍，融攻补于一方，共成补气、活血、搜风、通络之剂。熊老指出：在诊疗之中，当抓住痹痛固定，日久不消，关节肿大变形，屈伸不利，四肢麻木，舌有瘀斑，脉涩或弦紧等瘀象的辨证要点。只要辨证准确，用药无不良反应，则守方施治，不可反复无常，频换主方，即"治久病须有守有方"。

（二）眩晕

熊老诊治眩晕病的独到经验主要有以下三点。

（1）辨治眩晕，当先审证候虚实：眩晕之证，病机比较复杂，临证必先审证候虚实。一般而言，新病多实，久病多虚；体壮者多实，体弱者多虚；兼呕恶、面赤、头胀痛者多实；兼体倦乏力、耳鸣目矇者多虚；发作期多实，缓解期多虚，病久常虚中夹实，实中夹虚。

（2）虚证眩晕，需详察脏腑病位：虚证眩晕，总因虚损而致清窍失养所致，然临证却需详察脏腑病位。肝阴不足，肝郁化火，可致肝阳上亢，其眩晕兼见头胀痛、面潮红等症状。脾虚气血生化乏源，眩晕兼有纳呆、乏力、面色淡白等；脾失健运，痰湿中阻，眩晕兼见纳呆、呕恶、头重、耳鸣等。肾精不足之眩晕，多兼腰酸腿软、步摇发脱、耳鸣目蒙。

（3）眩晕频作，警惕中风发生：眩晕频作，若兼头胀而痛，心烦易怒，肢麻震颤者，应警惕发生中风。如清代李用粹《证治汇补·卷一·中风》所说："平人手指麻木，不时眩晕，乃中风先兆，须预防之。"熊老指出："必先息风化痰，速治眩晕，以杜绝其中风，此即中医治未病之法则。"

五、方药之长

熊老诊治疾病，强调治疗每个患者的病证必须"有理有据，有方有名"，即临床用药必须有主方、有"汤头"（前人用过的行之有效的经典名方），其临证用方非常广泛，不仅对经方能熟练运用，并且对后世诸家之名方验方亦能熟练运用，他不赞成随意"拼凑"组方。现仅略举几则代表性方药介绍如下。

（一）常用方剂

1. 加减止嗽散

【组成】炙紫菀 10g，百部 10g，白前 10g，桔梗 10g，杏仁 10g，荆芥 10g，陈皮 10g，法半夏 10g，甘草 6g，矮地茶 10g，薄荷 6g，生姜 3 片。

【用法】水煎服。

【功效】宣肺疏风，止咳化痰。

【主治】外感咳嗽，症见咳而咽痒，咯痰不爽，或微有恶风发热，舌苔薄白，脉浮。

【方解】止嗽散本是临床上止咳的一首常用方，出自清代程钟龄的《医学心悟》，书云"治诸般咳嗽"。原方由紫菀、百部、桔梗、白前、陈皮、甘草、荆芥、生姜等8 味药组成，熊老在原方基础上依据临证经验进行化裁，加了杏仁、薄荷、矮地茶、法半夏，共 12 味药构成加减止嗽散基础方。方中紫菀、矮地茶、百部清肺经、化痰理肺为君药；臣以桔梗、白前、杏仁宣肺降气、化痰止咳；佐以陈皮、法半夏理气化痰；荆芥、薄荷疏风解表；甘草调和诸药为使。诸药合用，配伍得当，温润和平，"既无攻击过当之虞，大有启门驱贼之势"，使邪散肺宣、气顺痰消，可用于治疗外感咳嗽诸症。

【临床心得】熊老指出，咳嗽一症既可见于外感，亦可见于内伤，然不论内伤外感，但见咳嗽一症即可知其肺气宣降失司之病机，因此以加减止嗽散为主方来宣降肺气、止咳、化痰。然对诸多病症，决不可执一方以待百病，故熊老对加减止嗽散有多种灵活化裁。如针对痰浊较重、咳嗽而喉中痰多者，加浙贝母协同半夏以化痰降逆，称之为"贝夏止嗽散"；肺热壅盛、喘促发热者，加入麻黄、生石膏来宣肺泄热，称之为"麻石止嗽散"；咽喉肿痛，肺胃热盛，则加玄参、浙贝母清热利咽，称之为"玄贝止嗽散"；鼻塞流涕者，加入苍耳子、辛夷、白芷等以通利鼻窍，称之为

"苍耳止嗽散"；痰热蕴肺，咳喘胸闷者，加黄连、瓜蒌协同法半夏清化痰热，称之为"陷胸止嗽散"。

2. 黄芪虫藤饮

【组成】黄芪 30～60g，僵蚕 15～20g，地龙 10g，全蝎 5g（或蜈蚣 1 条，择其一味入方），鸡血藤 15g，钩藤 15g，海风藤 15g（络石藤、忍冬藤各 15g，择其一味入方），甘草 6g。

【用法】水煎服。

【功效】益气活血，祛瘀通络，止痛、止麻、止痉。

【主治】痹证、痉病等肢体经络病症患病日久，属气血瘀滞、经络不通之证者。病久不愈而症见肢体、关节、肌肉疼痛、麻木、活动不利，痹证还可见关节肿大变形，痉病可见筋脉拘挛僵直等，其舌质暗红，脉细或弦。

【方解】因"久病必虚""气为血之帅"，故方中重用黄芪为君药，取"气行则血行"之义。虫类药搜风剔络，善深入经隧祛邪外出，方中全蝎、地龙、僵蚕、蜈蚣等虫类药物，善走窜通达，均可搜风通络止痛。其中地龙通络、清热，适于痹证肢节不利之兼热者；全蝎尤善通络，治顽痹疼痛颇佳；蜈蚣力猛，善走窜通痹，其止痛之力较好；僵蚕味辛行散，能祛风化痰，可兼治痰瘀交阻于络。藤类药则轻灵，易通利关节而达四肢。鸡血藤行血养血，舒筋活络，"去瘀血，生新血，流利经脉"。海风藤"行经络，和血脉"，有祛风除湿通络功效；络石藤苦寒燥湿，祛风通络，"专于舒筋活络"。再加甘草调和诸药且解毒。各药配伍，共成益气、活血、通络之剂。

【临床心得】黄芪虫藤饮是熊老在长期实践中摸索总结出来的验方，组成此方前提基础如下：第一，受王清任"补阳还五汤"影响。补阳还五汤在重用黄芪的前提下，应用大量活血药物，再加一味通络之地龙，方意是补气行血活络。第二，无论痹证、痉病等，均有"久病入络""病久必瘀"的特点，故多用通络药。通络药何者最佳？第一是虫类药，能搜剔风邪以通络，第二是藤类药，通络走窜。中医用药从《神农本草经》到《本草纲目》都体现一个基本规律，即皮走表，籽入里，花走上，叶主浮，藤通络，虫搜剔。根据这样的原理，选用了通络的藤类药和搜剔的虫类药，形成虫、藤两类药。而两类药要搜剔、通络必然有个前提，因中医认为人之机能活动靠的是功能，而功能则被中医称为气，"气行则血行，气滞则血停，气虚则血少"，总是以"气为血帅"。根据王清任补阳还五汤的组方特点，本方重用黄芪以补气，于是，熊老用黄芪为君药，黄芪虫藤饮之虫与藤可随意加减。黄芪虫藤饮主要用以解决风阻经络、筋脉不通，故凡经络不通引起的四肢麻木、僵硬、疼痛均可用之。长期实践证明，治疗四肢麻木、僵硬、拘挛，此方明显有效。

3. 加减温胆汤

【组成】陈皮 10g，法半夏 10g，枳实 10g，竹茹 10g，茯苓 15g，甘草 6g。

【用法】水煎服。

【功效】理气化痰，清胆和胃。

【主治】胆怯易惊，头眩心悸，心烦不眠，夜寐多梦；或呕恶呃逆，眩晕，舌苔白腻，脉弦滑之胆胃不和，痰热内扰证。

【方解】方中半夏为君，燥湿化痰、和胃止呕；臣以竹茹，清热化痰、除烦止呕；二者相伍，一温一凉，化痰止呕之功备。陈皮辛苦温，理气行滞、燥湿化痰；枳实辛苦微寒，降气导滞、消痰除痞；陈皮与枳实相合，一温一凉，而理气化痰之力增。佐以茯苓，健脾渗湿，以绝生痰之源；煎加甘草调和脾胃。

【临床心得】熊老指出，温胆汤分别出自《外台秘要》和《世医得效方》，但《外台秘要》之温胆汤中有生姜，而《世医得效方》之温胆汤中有人参。熊老对温胆汤的运用范围极为广泛，涉及内、妇、儿等各科疾病。而综观涉及本方的医案，熊老临证运用温胆汤的关键证候有：①胆腑痰热：口苦、胸闷、舌苔黄腻或黄滑；②胆气不足：惊悸、易恐；③心神被扰：心烦、不寐；④痰浊内扰，气机痞塞：眩悸、呕恶、苔腻、脉滑。而诸症"不必悉具"，核心病机为胆郁痰扰，气机痞塞。

常用加减：

黄连温胆汤：熊老用以主治痰热扰心而热势较重，症见心烦不安而失眠者，伴见口苦、口舌生疮、胸闷呕逆等症。在温胆汤中加黄连，清心胃之火热也。

大黄温胆汤：用以主治痰热内扰而热结肠胃，症见心烦不安，恶心呕吐，或大便秘结者。在温胆汤中加大黄，通腑泄热也。

柴芩温胆汤：用以主治少阳气郁化火，症见胸胁苦满或疼痛、寒热往来、恶心呕逆、口苦、心烦等症。方中柴胡苦平，透解邪热；黄芩苦寒，清泄邪热；二者相伍能布达少阳气郁，发越少阳火郁，疏利少阳枢机。

枣仁温胆汤：用以主治痰热内扰而心神不宁，症见心烦不安而失眠者，伴见惊悸、抑郁、焦虑等症。方中酸枣仁甘平，宁心安神、养肝敛汗，主治虚烦不眠，惊悸怔忡。酸枣仁与温胆汤合用，共奏化痰安神宁胆之功效。

天麻温胆汤：用以主治风痰眩晕，头痛呕吐者。熊老临床常用此方治疗耳源性眩晕、高血压病、神经性眩晕等病症。天麻息风，为治眩晕、头痛之要药。天麻与温胆汤合用，共奏息风化痰之功效。

十味温胆汤：此方出自《世医得效方》，熊老在原方基础上，去滋腻之熟地黄，去酸涩之五味子，加活血通心脉之丹参，增强了该方补气活血、化痰宁神之功效，用以主治胸闷胸痛、心悸、怔忡等病症，疗效显著。

（二）活用药物

得益于早年的学徒经历，熊老深谙药性，结合多年实践，熊老既能精准把握药物的特殊用法，又能在不同方药中巧妙地发挥药物特殊功效，因此他在古方基础上的特殊药物加味往往成为点睛之笔。

1. 大黄的妙用

大黄性味苦寒，归胃、大肠、肝、脾经，具有清热、泻下攻积、泻火解毒、逐瘀通经等功效。熊老在不同方剂中运用大黄，常能使整方实现过关斩将、通腑泄热的捷效。

（1）通利下窍治癃闭：熊老治疗癃闭属膀胱湿热之证，常以李东垣滋肾通关丸为主方，却又另合刘完素之倒换散以强化主方效果。倒换散药有2味，大黄、荆芥。熊老指出，表面上看大黄泻下通便，而荆芥辛温解表，二药与膀胱关系不大，而刘河间却以之治疗癃闭，实际却有声东击西之妙效。一者癃闭患者常因湿热蕴结下焦而在小便不通之后，多见大便不通，腑气闭郁而诸症加重。二者陈修园《医学三字经》有云："上窍通，下窍泄，外窍开，水源凿。"可知治疗癃闭一症，关键在于"开窍"，外窍一开而水道通调，故以荆芥发表开外窍，大黄通里开内窍、通下窍，上下一通，则气机通而水道畅。

（2）活血祛瘀治昏迷：熊老曾治一外伤后完全昏迷而成植物人的患者邓某，昏迷1年零3个月，毫无知觉、全身僵直、痰涎壅盛、大便秘结。熊老处方用涤痰汤合通窍活血汤加大黄，同时去涤痰汤原方之人参而改为丹参。其中加用大黄，一者在于患者本身大便秘结，用大黄通腑实；二者用大黄加大活血化瘀之功效。医院用鼻饲给患者喂药长达一年，该患者竟然苏醒并逐步恢复行动能力。

（3）泻火止血治呕血：熊老临床救治急性呕血患者的危急重症颇多，如曾治一急暴呕血的60岁妇人，突发心中不适、大量呕血而不能行动，动则呕血更甚，遂处方泻心汤合犀角地黄汤，以犀角地黄汤凉血止血，同时重用泻心汤，而以大黄携领黄芩、黄连直折内热、泻火止血。该案仅用一剂即止其呕血，服二剂则病愈，且患者未复发。

（4）通腑止痛治蛔厥：熊老治一位因急性胆道蛔虫导致急腹痛伴四肢厥冷、呕吐清涎的50岁妇女，症见患者阵发性腹痛，痛如刀绞，痛时呼叫不绝，数分钟后痛止，复如常人。如此反复发作，伴口苦、恶心呕吐、口中多痰涎，四肢厥冷，大便两天未行，舌苔黄腻，脉沉。熊老认为患者新病，形气未衰而属实证，且患者本有大便秘结而病势危急，须尽快取效以止痛，遂处方乌梅丸，而去党参加大黄。患者一剂而疼痛大减，二剂而完全止痛，三剂则泻下蛔虫而病愈。

（5）泻火解毒治乳蛾：熊老指出，西医所称化脓性扁桃体炎，中医称乳娥，属儿科常见病、多发病。主要症状是扁桃体肿大，发热而热势不断攀升，最高体温可达41℃。初起邪在卫表者，常兼见感冒症状如鼻塞、头痛、畏风、鼻涕，甚则呕吐。熊老认为，造成此类病症常因外邪侵袭，肺气郁闭，而内有燥热，热滞胃肠。必须表里双解方能取得捷效，故临床对于邪在卫表者常以银翘散加大黄而退热甚速。

2. 葛根的活用

葛根味甘、辛，性平，无毒。能解表退热、生津、透疹、升阳、止泻。熊老运用葛根在不同方剂中的独特作用，经验如下。

（1）透邪止泻治腹泻：熊老在临床中治疗过各类腹泻，有以四苓散加葛根治外感夹湿之腹泻；有以七味白术散重用葛根治疗脾虚夹湿之腹泻；有以藿香正气散加葛根治寒湿伤肠胃之腹泻；也有以保和丸加葛根、砂仁，治食滞肠胃之腹泻。而暑热腹泻，则用葛根芩连汤并重用葛根，一取葛根能解表透邪以退热，另取葛根升津止泻之功效。

（2）退热生津治痉病：熊老曾治一抽搐伴腹胀、发热的急性惊厥患儿。该患儿因饮食甜酒导致突发剧烈抽搐、角弓反张、颈项强直、双目上吊、口噤不语、口角流涎、频频呕逆，且身热如火而四肢厥冷，其肚腹膨胀如鼓，叩之有声，舌苔黄厚、指纹紫滞、脉滑而数。遂处方大承气汤通腑泄热，同时加钩藤以平肝止痉，白芍以柔筋止痉，葛根生津止痉，患儿病情很快得到控制而治愈。

（3）解表散邪治麻疹：熊老在农村行医时期曾参与过麻疹大面积流行的救治工作，对麻疹治疗有深刻体会，认为麻疹治疗分为3期，其初期称作"初热期"，症状类似于感冒，可见发热、畏风、目赤、流泪、流涕，始发少量疹子。熊老指出，该期疹点尚未全透，发热热势不退，且在透疹前瞬间，热势攀升极高，而疹点外透彻底，则热势下降迅速，故治疗麻疹的关键就在于透疹，而决不能早用石膏、知母之类寒凉镇邪，会导致闭门留寇而病邪深入。故在初热期以宣透为主，主方为宣毒发表汤，可视之为银翘散加升麻、葛根。其中葛根便发挥了解表以透疹的作用。

（4）升阳通经治颈胀：熊老常引《伤寒论》所云："太阳病，项背强几几，无汗，恶风者，葛根汤主之。"说明葛根通行太阳经脉入项背，因此对太阳经输不利而颈椎胀痛、僵硬、麻木，甚则连及肩背、上肢的典型颈椎病，均需重用葛根。在熊老医案中，我们可见治疗气虚疲乏兼见颈胀、耳鸣者，熊老用益气聪明汤，取葛根通经、升阳之作用；治疗颈椎病见颈胀、肩痛、臂麻者，熊老则有验方葛根姜黄散，以葛根为主药，并用片姜黄、威灵仙来通经络止胀痛；另外还可见治消渴上消口干、头眩、颈胀患者，熊老则以二冬汤合葛根姜黄散，取葛根既能治颈胀又能升津液的作用。

（5）通行阳明治额痛：葛根既能通行太阳经脉，亦能通行阳明经脉，因此熊老治疗前额疼痛、眉棱骨胀痛等症，常用验方葛根选奇汤，即选奇汤加葛根。熊老指出，因阳明经循行前额，故前额疼痛常与外邪侵袭阳明经脉致筋脉不利有关，故用葛根选奇汤，将葛根作为君药，既能通行阳明，亦能祛除外邪。

因受篇幅所限，其专病论治及方药心得仅略举数例，余不赘述。

六、读书之法

众所周知，中医著述浩若烟海、汗牛充栋。读什么书，怎么读书？是中医学习的难题。熊老对于这个问题，有如下体会。

（一）读书类目

熊老在教学中反复倡导三类读书课目：一是中医基础古籍与临床指导著作，如：①基础类：《药性赋》《药性歌括四百味》《汤头歌诀》《脉诀》《频湖脉学》《医学三字经》《时方妙用》《时方歌括》《医学心悟》；②临床指导类：《医宗金鉴》《医门法律》《傅青主女科》《医林改错》《景岳全书》《温热经纬》《审视瑶函》《名医类案》《续名医类案》《张伯臾医案》《岳美中医案》《蒲辅周医案》等。二是中医经典著作：《黄帝内经》《伤寒论》《金匮要略》《难经》《温病条辨》《叶天士外感温热论》。三是中医高等院校教材：《中药学》《中医诊断学讲义》《中医方剂学讲义》《医古文讲义》《中医内科学讲义》《中医妇科学讲义》《中医儿科学讲义》《温病学讲义》《伤寒论讲义》《金匮要略讲义》《内经讲义》等。事实上，熊老所读书类远不止于此，但他所研读的此三类书目，既是奠定其临床基础的著作，也是为我们步入中医之门指明读书方向。

熊老所读医书主要集中于古籍，因此他明确指出：读书要以读古书为主，"今人不读古书为医之大病"。

（二）读书方法

熊老读书，不只要求记诵，更强调方法与层次。他常引杨上善《太素》所述"习道有五：一诵，二解，三别，四明，五彰"，指出这是古人给我们提出的读书方法和要求。

"一诵"，谓读书要细读、熟读。熊老指出，我们读中医经典时，既要多读，又要细读，更要熟读。所谓熟读则要求背诵，背诵集中在那些讲述理论原则的重要经文，如《素问·阴阳应象大论》"阴阳者，天地之道也，万物之纲纪，变化之父母，生杀之本始"，这是阴阳的总纲。"在天为风，在地为木，在体为筋，在脏为肝，在色为苍，在味为酸"，这是五行对人体和事物的归类的描述。比如治法、诊法，"善诊者，察色按脉，先别阴阳""因其轻而扬之，因其重而减之，因其衰而彰之"等，像这些重要的经文必须背诵，因为它们直接阐述中医的重大理论原则，而且可以直接指导临床实践。

"二解"，指的是不仅要熟读，而且要读懂、要理解。比如《素问·阴阳应象大论》里面讲五气致病的特点，"风胜则动，热胜则肿，燥胜则干，寒胜则浮，湿盛则濡泻，甚则水闭胕肿"。其中"热胜则肿"，这个肿不是水肿，而是痈肿、火热红肿，比如《灵枢·痈疽》讲"热盛则肉腐，肉腐则为脓"，那就是指的痈肿和脓肿。而"寒胜则浮"，这个"浮"就是指的浮肿，如《素问·六元正纪大论》讲"其运寒肃……其病寒浮肿"，这个"浮"就是指寒气伤阳造成的水肿。

"三别"，别者，辨别也，要分析辨别。熊老强调对《内经》的理论，要加以辨别。《素问·示从容论》曾经讲过，要别异比类，一要辨别它的异同点，二要按照分类来进行比较，这样在理解的时候就不至于产生误解。比如《黄帝内经》里面讲脏腑的功能总是用相同的形容词来描述，《灵枢·本输》讲："三焦者……是孤之府也。"《素问·玉机真脏论》讲："脾为孤脏。"《素问·逆调论》讲："肾，孤脏也。"此三个"孤"字作何理解？孤者，独也。"三焦者，孤之府也"，是讲脏腑表里相配的关系。五脏和六腑是有表里关系的，而三焦呢？它没有与哪个五脏相配。所以《灵枢·本输》讲"三焦者，孤之府也，属膀胱"。脾为孤脏又作何解释？《素问·太阴阳明论》讲："脾者土也，治中央，常以四时长四脏。"这是讲五脏与四时相合，春夏秋冬是肝、心、肺、肾四脏相合，而脾脏呢？它没有一个单独的主时，因此称为孤脏。肾为何又称孤脏呢？这是从五脏的水火关系来讲，是在论述一个病名叫"骨痹"的病症时提出的，形容骨痹冷的程度，谓"汤火不能热，厚衣不能温"，可是它并不冻栗，为什么不冻栗呢？因五脏之中，心为火脏，肝寄相火，而肾水只有一个，一水不能胜二火，所以说肾是孤脏。这三个孤字，意义不同，需要辨别。熊老指出，我们在读《黄帝内经》的时候，其中有很多相同的描述词语，一定要加以分析辨别，才能弄清它的基本概念。《黄帝内经》非一人之作，也非同时代著作，故在阅读理解的时候，一定要善于分析辨别。

"四明"，"明"就是要明确掌握。如《素问·痿论》讲："论言治痿者，独取阳明何也？"这句话对后世影响很大，很多人认为"治痿独取阳明"，就是单独治取阳明，其实那是片面理解。"论言"是什么？论言者，指《灵枢·根结》所言也。《灵枢·根结》原文是讲："太阳为开，阳明为阖，少阳为枢""开折则暴疾起""故治暴疾者，取之太阳"；"阖折则痿疾起""故治痿疾者，取之阳明"；"枢折，则骨繇而不安于地"，"故治骨繇者，取之少阳"。这几条原文告诉我们，太阳经受病是暴疾，所以治疗时就只取太阳，不取阳明、少阳。阳明经受病出现痿疾，因此治疗时则取阳明经，不取太阳、少阳。少阳经受病出现骨繇而不安于地，那么治疗时则取少阳，而不取太阳、阳明。由此，独字意义明晰了。同时，《素问·痿论》讲痿证的病机是"肺热叶焦，发为痿躄""心气热，发为脉痿""肝气热，发为筋痿""脾气热，发为肉痿""肾气热，发为骨痿"。五脏气热皆可致痿。除此以外，《素问·生气通天论》讲："湿热不攘，大筋软短，小筋弛长，软短为拘，弛长为痿。"说明湿热可以致痿。《灵枢·本神》讲："恐惧而不解则伤精，精伤则骨酸痿厥。"肾精亏损同样可以出现痿证。痿证病机既然如此复杂，难道只单独治取阳明吗？其实《素问·痿论》对于痿证治疗作了论述："各补其荥而通其俞，调其虚实，和其逆顺，筋脉骨肉，各以其时受月，则病已矣。"治疗痿证要分别补荥穴而通俞穴，还要辨别虚实，调和经脉逆顺，对筋、脉、骨、肉不同的痿疾，还要分别按月针刺，按时针刺，方能治愈。张景岳对此做了概括："治痿者当取阳明，又必察其所受之经而兼治之也。"这样对"治痿独取阳明"才能真正明确掌握。

"五彰"，"彰"就是彰显、应用。《素问·气交变大论》讲："善言天者，必应于人；善言古者，必验于今；善言气者，必彰于物。"理论与实践要紧密结合。中医学是一门实践性极强的学科。中医学的理论从实践中来，必然要落实到临床实践中去。学习中医经典理论，能够融会贯通，进而用以指导实践，这才是真正的掌握。

七、大医之情

（一）精神品质

熊老之所以能从艰难困苦的环境中潜心求学而登堂入室，不仅凭借的是过人的智慧，更重要的是其卓绝的精神意志，因此，与其羡慕他才思颖悟，更应学习他的思想品质。在其传奇人生的历程中，这些熠熠生辉的品行特质，值得我们继承传扬。从乡村医生成长为国医大师，熊老身上的 5 种精神品质焕发出独特的光彩。

1. 坚韧不拔的意志

熊老在国家发展的特殊时期曾遭受过艰深的磨难，但他硬是凭着坚韧不拔的意志力挺过了关隘，吃苦耐劳、积极向上是他一贯的人生态度。熊老常在谈笑间回忆当时的经历，但不论经历如何坎坷，他总能化作前进的动力。如当年曾被当成所谓"技术权威"而遭到批斗，他却认为其间所写检查反而锻炼了文笔；如其因深受迫害而病痛交加，他却在用药自救的过程中体悟医道。熊老特别注重艰苦奋斗、自强不息，正是坚韧不拔的精神让熊老从严寒酷暑坚持到了花团锦簇。

2. 刚强正直的性情

熊老多年来服务过无数患者，但面对任何人任何身份，熊老始终不卑不亢、只做专业，从不阿谀奉承，索要名利，而是全心全意、一视同仁地服务大众。一如他于2006年救治阿尔及利亚总统一事，医疗结束即闭口不谈，直到国内有反中医的声音响起，他才在省委领导的动员下将此事公之于众以强化学界的中医信念。此正是《大医精诚》"普同一等"的思想境界。

3. 宅心仁厚的心地

熊老对老百姓、对学生常心怀慈爱，他常挂口头的一句话就是"老百姓太艰苦、太不容易了"，所以他关心民间疾苦，持续数十年服务民众，普救苍生。多年以来，熊老因门诊量极大，以致患者极难挂号，因此他要求照顾5类患者：一是担架、轮椅送来的危急重症者，二是残障患者，三是年逾80的老人或3岁以下的幼儿，四是外省患者，五是边远山区的农村患者。同时，他还多年来坚持组织为残障人士义诊及下乡义诊的活动，用实际行动帮扶弱势群体。此外，他对学生有求必应、有问必答，多年来诲人不倦、育人无数。如熊老常在撰写专著的同时，以新著为课题对学徒开展教学，这完全是撰著以外没必要的环节，他却多此一举增加工作量，熊老说："著作同时开展讲学虽非必要，但熊某是想趁此机会，传承医道。"近年来，他还专门在大学设立"熊继柏中医药奖励基金"来奖励成绩优异的学子和教学突出的教师。为百姓呕心沥血服务、为学生殚精竭虑传道，熊老无愧医者仁心。

4. 一丝不苟的学风

熊老对老朋友、老百姓、学生们很随和，但说起中医、说起学问可以说是锱铢必较、严格认真。他要求，只要是想干中医，就必须读书，读书必须熟背重点内容，并且要理解，理解之后还要加以运用，环环相扣缺一不可，哪怕学生引用经典错一个字，熊老都会纠正。这样严谨审慎的态度，不仅是对先贤学问的尊敬，更促使熊老在学术上实现了完善的传承；也恰恰是这样的治学精神，致使他能在临床中以高度负责的态度攻坚克难而屡起沉疴。

5. 克勤克俭的作风

熊老生活简朴、作风勤勉，平素不嗜烟酒，更无不良嗜好，唯以读书、书法、音乐作为消遣。朴素的生活作风使熊老精神清净而能宁静致远，更为学生、患者展现了真正的大医风范，堪称"大医精诚"。

综观熊老，就是一位精神坚韧、思想专注、治学严谨、行事规矩的医者与师者。

（二）文化修养

熊老自幼便浸润在中医古籍与古典文学的传统文化之中，因其天资颖悟、勤奋好学，故而不只在医学上取得突出成就，且具备了深厚的古文功底，由此铸就了三个方面的文化特点。

1. 文章练达

熊老撰文，其语言简练、辞章工整、内容求实，从不主张辞藻的华丽，推崇实事求是的行文作风，因此其不论是学术论文、科普文章还是理验著作，均以理论阐发明晰、理验参证融贯、案例引证求实为特点，在学界影响广泛、传播深远。他独立著作十二部，不仅学术水平高，且因实践指导价值高而一版再版。

2. 口才出众

熊老教学技艺高超，始一任教便取得学生广泛好评，多年讲学更在全国广受欢迎。究其原因，一者熊老知识储备渊博，讲课旁征博引，引经据典能信手拈来、大段成诵；答疑解惑能不假思索、随问随答，曾被冠以"问不倒"之号，足见其惊人的知识量；二者他思路敏捷、逻辑清晰，每每讲课总能抽丝剥茧、层层推进地阐发医理、诠解医案，教学效果极佳；三者他幽默风趣，善引实例、善合时事，化繁为简、深入浅出地说明问题，言语生动有趣、引导循循善诱，令听者沉浸其中。

3. 诗书俱佳

熊老在中国古典文学的熏陶下，自学自悟学会吟诗作对，其诗作对仗工整、韵脚贴切而词义深远。此外，熊老书法清秀、字迹俊美，曾被中国书法协会理事周用金评为具"专业大家"水平。熊老在行医教学之外，已出版多部书法作品。多年来每逢不同际遇，熊老总能触景作诗，其诗不仅获得文化界认可，且多次在校内书法比赛中取得优胜奖项。

此外，鲜为人知的是，熊老幼时音乐天赋惊人，不仅耳力敏锐，且能凭乐记谱。其乡亲们回忆，当年，一次在山区的家乡公映《五朵金花》，电影中五首主题曲播放期间，熊老随听随记，谱出其中四首音乐，交与当地中学音乐老师，经弹奏竟分毫不差。因此，熊老常笑称曾梦想成为音乐教授，只是境遇使然，熊老最终矢志医学。

人无文其行不远，熊老致力医学而能以文传道，是一位颇具古风的传统中医人。也可以说，熊老既是中医药学的传承者，又是中国传统文化的发扬者。

八、传道之术

熊老从教及讲学已有 40 余年，教学生涯培养硕士、博士 100 余名。此外，熊老迄今在国内举办大型学术讲座 300 余场，得到业内高度好评；尤其是在 2014 年开创"中医临床现场教学"模式，不仅是全国首创，更是中医学术传承史、教育史上重大的创新性突破，成为学界中医人才提升临床能力的标杆教育模式，充分展现其教学技艺的高水平和教育思想的实践性。熊老特别重视中医经典教学，他还在2019年组织开展了"中医经典原著系列讲座班"，领衔主讲《黄帝内经》《伤寒论》《金匮要略》《温病条辨》等四大经典，学员来自全国各地的中医院校教师和医生，收效明显、反响很好。他在教育教学中始终展现出强化信念、开拓思维、融贯经典、突出临证等特色思想与方法，这些认识有益于中医教育教学与人才培养研究，是国医大师宝贵的学术资源之一。

（一）人才培养方法

熊老的人才培养思想与方法主要有如下五个方面。

1. 强化信念，坚定专业思想

熊老在教育教学中，一贯传达与展现的便是对于专业理论、技术乃至文化的坚定信念，并且，其信念的呈现并不是停留于口号与呼吁，而是在实际教学中体现的三个特点。

一是扎实的理论功底。众所周知，熊老在讲课中善于引经据典、旁征博引地辨析医理和答疑解惑，从中医四大经典到历代各家学说，他引用起来如数家珍、纤毫不失，解读起来鞭辟入里、丝丝入扣，由此让教学引人入胜，令听者沉浸其中而深受启发。无疑，熊老以其扎实的理论功底展现了强大的理论自信。

二是丰富的临床经验。"中医的生命力在于临床"是熊老一直以来秉持的核心思想，熊老不论是学术研究还是教育教学，始终突出临床实践的重要性。他对理论的阐发均以临床实例作为依据，其治学研究均以临床实际作为依托，其教育教学均以临床实践作为参证。他把60余年临证生涯之中屡起沉疴的真实疑难案例编撰出版了系列临证实录；在教学中开创"中医临床现场教学"，以现场诊病的模式进行讲学，用一个个鲜活的验案实证说明中医如何在临床中攻克疑难、拯危救厄，展现出强大的技术自信。

三是高超的教学水平。不论是理论知识还是临床技术，其传授都需要凭借教学，如果不能在教学活动中实现准确与流畅的传授，也就制约了中医学术传承。熊老在教学中一贯强调知识性、逻辑性和趣味性相结合，不仅能条理清晰、逻辑严谨地传授知识，同时善用比喻、善引案例、善合时事使得教学趣味横生而效果突出，让晦涩难懂的理论知识与不易掌握的临床技术均能得到很好的传授，通过独特的教学魅力展现了中医学特有的文化自信。

凡是听过熊老讲课、跟过熊老临诊的学习者都自然而然成为"铁杆中医"，他广博的学识、精准的诊断和显著的治疗效果，激发着中医学习者坚定的中医信仰，使人自信、让人坚定。不论是带教学生、跟师学徒还是听课学员，均能在熊老的感染下坚定专业思想。

2. 开拓思维，激发专业悟性

熊老在教育教学中的两个方式特别有助于开拓中医思维。

一是善于解析医理。熊老教学善于引经据典，采用这种方式教学不仅彰显学识渊博，更重要的是为明辨学术、解析医理而以理服人地说明问题。如熊老解析《素问·至真要大论》病机十九条中"诸湿肿满，皆属于脾"原文，他说：湿有外湿、内湿之别，《素问·阴阳应象大论》云"在天为湿，在地为土，在脏为脾"，《素问·六元正纪大论》云"湿胜则濡泄，甚则水闭胕肿"，湿甚多病水闭胕肿，说明通过临床观察发现因湿而致水肿、胀满病症连属于脾，故谓"诸湿肿满，皆属于脾"。临床所见，脾湿肿满为常见病，如脾阳虚衰，不能运化水湿导致肿胀而兼食少便溏、面色萎黄、舌淡脉沉缓等症，治以实脾饮温脾阳、行水湿为治。后世医家又用胃苓汤之类以除湿利水治疗水湿浸渍发为肿胀之病，亦是治湿不离脾的贯彻。由此可见，熊老从湿气通于脾、脾湿致病、温脾治法方药层层递进论述医理，引导学生从"知其然"到"知其所以然"，示范了理论与实践相结合的思维。

二是善于活学活用。熊老在教学中常引验案以示范活学活用，如以血府逐瘀汤加减治疗"右胁腹部筋痛硬肿"一案，患者与人争吵后患病，症见右侧胁腹部自乳头下方直至少腹部腹股沟处皮下一条索状肿物突出，粗如筷状，疼痛难忍致彻夜不能入睡，触之硬而拒按，如铁丝埋于皮下，舌质略紫，苔薄白，脉弦。熊老首先辨析病位，由《灵枢·经脉》云："肝足厥阴之脉……循股阴，入毛中，环阴器，抵小腹，挟胃……上贯膈，布胁肋……"锁定病位在于肝经。进一步分析，患者并无脉数、苔黄、口苦等热象而排除肝火为患；患处肤色不变而排除瘀血重症；结合患者病前争吵，患处拒按、剧烈疼痛、肿起、坚硬、弦脉等，而诊断其病机为气滞为主引发的瘀阻实证，故处方以血府逐瘀汤合金铃子散，患者服药10余剂便很快治愈。这样能借由古人理论与方证而举一反三、活学活用的实例在他教学中不胜枚举，使学生大受启发。

3. 融贯经典，奠定专业基础

熊老常说：不读经典、不用经典，就成不了上等中医。但如何读、读到什么程度，熊老在教学中提示了明晰的路径。从20世纪80年代开始，在大学主讲中医经典的熊老便提出了一系列经典研究与教学的观点，如提出读书要逐步达到"读懂、读熟、融会贯通"三个层次；学习研究有"辨释文理，明确医理""审察异同，综合分析""把握理论，联系实际""参阅注本，融贯领会"四个步骤；教学上要做到"把握关键，突出重点""推敲文理，澄清疑点""分析原文，突破难点""联系临床，加深理解"四个方面；而对于研读经典与临床实践的关系，他又提出"必须以临床为依据'理解经文'和'阐发经义'"，并认为，注重理论与实践的相互结合，是钻研中医古典著作，学习中医基本理论的重要方法之一。由此观之，熊老对于经典的要求主要强调两个要点：一是必须融会贯通，二是必须联系实践。

如熊老对于《素问·至真要大论》病机十九条中"诸痉项强，皆属于湿"的诠解可视为体现这两个要点的典型示范，熊老指出，经文中"诸痉项强，皆属于湿"一条，后世医家多有异议，刘河间《素问玄机原病式》提出："亢则害，承乃制。故湿过极，则反兼风化制之"，这种湿兼风化的理论，得到了吴昆、马莳、张景岳等注家的赞同。纵观仲景《伤寒杂病论》所述之刚痉、柔痉，阳明热甚成痉，产后失血伤津中风成痉，以及汗、下太过成痉。此外，还有温病中的春温、风温发痉等，多属津伤于内，风袭于外所致，皆不可以湿而论。后世吴鞠通《温病条辨·湿痉或问》提出"似湿之一字，不能包括诸痉……似风之一字，可以包得诸痉"。因此，人们每疑原文之"湿"字有误。其实，湿邪致痉，《内经》早有提示，《素问·生气通天论》云："因于湿，首如裹，湿热不攘，大筋软短，小筋弛长，软短为拘，弛长为痿。"湿邪伤筋，使筋脉拘急，即可形成痉病。温病学家薛生白从临床上进行了证实，他在《湿热病篇》中说道："湿热证，发痉。""湿热证，三四日即口噤，四肢牵引拘急，甚则角弓反张，此湿热侵入经络脉隧中，宜鲜地龙、秦艽、威灵仙、滑石、苍耳子、丝瓜络、海风藤、酒炒黄连等味。"由此可见，痉病可因于湿，但"湿"字并不统括诸痉。

可见，熊老对经典理论的解读，既能从一篇之中审察异同、贯穿理解，又能在一著之中不同篇章纵横对举、融贯领会，最终还能结合临床实践，以历代医家治验方证结合个人实践体会而真正实现理论对于临床的指导，可谓"传承精华，守正创新"。

4. 改革创新，临床现场教学

熊老特别强调，中医药事业发展振兴的关键在于人才培养，而中医人才培养质量的重点又在于临床水平。为进一步有效地提升中医人才的理论与临床水平，熊老进行教学改革创新，在全国首创"中医临床现场教学"这一融合中医师承教育与院校教育的教学新模式，将中医传统临床诊治过程搬上讲台，以讲学形式进行授课。

2014年至2023年9年来，该课堂已面向本科生、研究生、大学教师及社会一线临床医生开展84期教学培训。教学中，由听课学员中的临床医生选送久治不愈或病症复杂的疑难病患者10余例，请熊老现场诊治；通过放慢诊病速度，把医患沟通、四诊合参、辨析医理、辨证选方、药物加减等诊治过程进行了完整呈现；并借用现代教育的讲台形式、多媒体手段（大屏幕放大诊断信息）、线下＋线上渠道（增强与优化教学效果），二者结合实施教学，通过现代教育的形式、手段与渠道实现了带教人数规模的最大化和教学效果最优化。在这一教学模式的实施中，为展现中医真本领，熊老始终坚持几个原则：一是病例典型，选取病例必须源于学员选送的复杂疑难病患，由此能以学员为中心针对性教学而具有教学说服力；二是案例真实，绝大多数患者"上台即首诊"，禁止弄虚作假的病案演绎，通过即时性体现真实性，强化教学效果；三是辨析医理，始终贯彻用经典理论与方证来指导临床实践的教学原则，诠解病理与答疑解惑体现理验互参、方证合拍，引导学员真正弄懂、悟透医理与病案；四是疗效为证，为进一步强化教学说服力，对来诊患者坚持随访与复诊，由此让学员看到很多疑难病在诊治过程中逐步康复。如临床现场教学第15期之"神经纤维瘤案"患者杨某，经前后四诊而肿块减小、诸症平复；第25期之"肺癌案"患者龙某，经前后三诊即将其咳嗽咯血治愈，使胸腔积液减少；第36期之"小儿五迟案"患者何某，历经六诊而语言复常、四肢有力、动作流利、发长齿生等。总之，理论与实践结合是院校教育与师承教育结合的核心要旨，临床现场教学正是这两种教学模式精髓的完美呈现，是理论如何指导临床最好的展示。

为了让更广泛的中医工作者参与学习和提高，在熊老亲自指导下，已将84期的课堂录音整理成书——《国医大师熊继柏临床现场教学录》，在人民卫生出版社分两部出版。

5. 注重医德，树立执业规矩

熊老一贯强调要"树立规矩，教有教规，医有医规"。做事讲规矩、行事有章法的作风已渗透在熊老为人处世、临证实践、教育教学、治学研究的方方面面，而在人才培养中树立规矩，熊老是身体力行，言传身教。

如在临床中，诊断患者有规矩，沟通要直入主题而不要东拉西扯，言语要亲切有趣而不可冷言恶语，问诊直切要害而不能烦琐驳杂，交待病情注意跟患者隐晦特殊重病而要与家属说明，对于危重患者，悲观情绪严重的患者，要恰当给予安慰、开导等。处方也讲究规矩，开方必依汤头，每证必有主方，合方针对兼症，每味药的加减都要合理有据；创新方更要有来源有依据，坚决反对任意组方、随意加减；开处方之药物亦有规矩，君、臣、佐、使要井然有序。在教学中，要求教学必须做到四点：一是内容娴熟、概念清楚，二是重点突出、难点明确，三是注重深度和广度，四是注重理论联系实际。在治学中，熊老要求对于中医经典的研习，既要读通文理，又要参透医理，既要在文辞上一字不错、熟记内容，更要在运用中反复锤炼而知行合一。凡此种种，不胜枚举，小到言行举止如上课板书时拿捏粉笔的姿势、教师讲台和临床诊室的卫生等，大到道德思想如治学态度、教学思想、临床作风等。熊老做事十分严肃认真，上班、上课从不迟到、早退，学生们和他身边的工作人员都知道他的特点——"行动军事化"。无处不体现出行事规矩的执业作风。

也正是在这样规矩的熏陶下，熊老培养的绝大部分学生都能很快在教学与临床中脱颖而出成为各大院校、各个地域的业务骨干、学术带头人，"成才率高"已成为熊老弟子团队的重要标志。有弟子曾感慨："老师所立规矩，始学之倍感艰难，而贯彻之却使医路大开，其规矩实乃思维模式，一以贯之则事半功倍，不守章法则半途而废。受教于熊老，往往身教大于言传，熊老正是以身作则而示范规矩。"所谓"大匠不斫，道无端范"，熊老以规矩与章法立德修身、执业授教，使其弟子和学生深受影响而正医德、守正道。

除上述之外，熊老在教育教学之中还有很多中医教育观点具有启示意义，如他倡导学医不应囿于门派之见，必须博采众长才能执全纠偏；如他指出中医在临床中不能仅凭检验结果而随意处方，但主张借鉴西医诊断作为参考，同时尊重西医治疗手段；并且他倡导学医虽以历代医家典籍为基础，但同样要注重现代中医教材的学习而与时俱进等，这些观点同样给予我们正确的认识和积极地影响。

（二）人才培养成果

熊老是第四、五、六、七批全国老中医药专家学术经验继承工作指导老师，全国优秀中医临床人才项目的授课与带教老师，先后培养国家级学术继承人8人，带教全国优秀中医临床人才100多名，接收各级各类进修拜师入室弟子150余名，中医临床现场教学听课学员数十万人次（含线上、线下）。在上海中医药大学、山东潍坊中医院、广东江门市五邑中医院、广东珠海中西医结合医院、湖南岳阳市中医院、湖南常德市中医院、广东省佛山市中医院、浙江省立同德医院设立国医大师熊继柏传承工作室，立项培养学术传承人50余人。近10年来，熊老为弘扬中医学术，不辞辛劳，在全国各地举办学术报告150多场，包括担任岐黄论坛主讲嘉宾、全港中医师大会主讲教授等。从2017年开始，熊老先后3次担任全国《黄帝内经》知识大赛和全国中医药知识大赛总决赛评审委员会主任委员，为推动全国中医学习热潮做出了重大贡献。

在熊老的教育和影响下，全国一大批中青年中医人才坚守中医正道，重视中医经典学习与临床实践相结合，临床医疗水平显著提升，很多人已迅速成长为当地的"名"中医，岐黄之术得以薪火相传，生生不息。熊老一再提出的中医的生命力在于临床，临床的核心在于疗效，精确辨证、准确选方是疗效的保证，让我们感受到了什么是"活态传承"。他通过以效为准、以证为规、以方为法、方证对应、条理规范的教学特色与方式，不仅实现了中医实践本领的传授，亦为我们展示了中医教学与实践之正道。

熊继柏学术传承谱

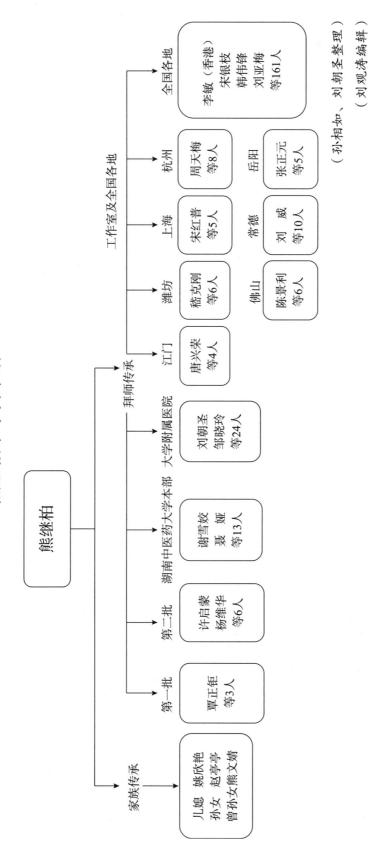

熊继柏

家族传承
儿媳 姚欣艳
孙女 赵亭亭
曾孙女熊文婧

第一批
覃正钜
等3人

第二批
许启蒙
杨继华
等6人

湖南中医药大学本部
谢雪姣
聂娅
等13人

大学附属医院
刘朝圣
邹晓玲
等24人

拜师传承

江门
唐兴荣
等4人

潍坊
嵇克刚
等6人

佛山
陈景利
等6人

上海
宋红普
等5人

常德
刘威
等10人

工作室及全国各地

杭州
周天梅
等8人

岳阳
张正元
等5人

全国各地
李敏（香港）
宋银枝
韩伟锋
刘亚梅
等161人

（孙相如、刘朝圣 整理）
（刘观涛 编辑）

熊继柏

薛伯寿

薛伯寿（1936—　　），江苏泰兴人。中国中医科学院广安门医院主任医师。首届中国中医科学院学部委员。曾任中国中医科学院专家委员会及高评委员会委员，中华中医药老年学会副主任兼秘书长等职。全国老中医药专家学术经验继承工作指导老师，首批全国著名中医药传承博士后合作导师，全国医德标兵，国家级有突出贡献中医专家，荣获首届中国中医药学术传承特别贡献奖、中华中医药学会终身成就奖、"敬佑生命·荣耀医者"生命之尊奖等。享受国务院政府特殊津贴。2017年被授予第三届"国医大师"称号。

薛伯寿求学于上海中医学院时曾得程门雪、黄文东、裘沛然、张镜人等大家指导。后拜蒲辅周为师13载，深得真传。大学毕业后，行医60载，以仁者之心，恪守医德，处方轻灵，价廉效佳。融通寒温，擅治外感热病，在诊治艾滋病、"非典"、"新冠"、流感中发挥显著作用。精于内妇儿科多种疑难病症，讲治人治病、辨病辨证、宏观微观结合，三因制宜。参加整理编写《蒲辅周医案》、负责编写《蒲辅周医疗经验》，两书获全国科技大会奖。结合自身实践心得，主编《蒲辅周学术医疗经验——继承心悟》《"非典"辨治八法及方药》《蒲辅周医学真传——外感热病传承心悟》《蒲辅周医学经验集》。发表论文百余篇。

一、学医之路

薛伯寿出生在江苏泰兴一个贫苦农民家庭，那时还是抗日战争时期，国无宁日，民生凋敝。幼年时的薛伯寿目睹了普通百姓生活窘困，因缺医少药，罹病患疾，往往死于非命。后来在启蒙老师的引导和启发下，童年时他即萌发淳朴慈善之念：学医救人！中学时期，包括薛伯寿在内的 30 多名同学感染了血吸虫病，最后所有学生经中西医治疗后全部康复，从亲身患疾至病愈返校的经历中，青年时的薛伯寿更坚定了学医救人的信念，开始阅读中医书籍，如愿考取了上海中医学院（现上海中医药大学）。

在上海中医学院六年的学习中，他系统地学习了中医理论知识，而且得到上海众多名家在理论及临床方面手把手的指导。求学期间，薛伯寿不幸染上了浸润性肺结核，当时带教的刘鹤年老师亲自为其诊治处方，薛伯寿自己练习太极拳，以增强体质，没想到本来至少要半年才能控制的浸润性肺结核，一个月就吸收钙化了，使他再次体会到中药确切的疗效和运动的益处。

1963 年，薛伯寿分配到中国中医研究院工作，周恩来总理曾称颂蒲辅周先生为"高明医生，又懂辩证法"，当年落实周总理指示："要给蒲辅周这样的名中医配 2～3 名徒弟"，薛伯寿有幸被选拔拜蒲老为师。在长达 13 年的跟师学习中，薛伯寿一方面跟师临床，揣摩蒲老的临床思路，总结学术医疗经验；另一方面更加系统深入地进行理论学习，反复研读了大量的医学典籍。蒲老不仅要求学生读经典旁及名家，勤思领悟化用，在医理指导下多临证，多思考，追求疗效善总结，更重视医德教育，强调说："医德即是人品素质，为医先要学会做人，医者乃性命攸关之事，切不可贪求私利、骄傲自矜、不思进取。"薛伯寿学习《道德经》"圣人无常心，以百姓心为心"，领悟到医者应无私心，以患者心为心，所以关心体贴患者，全心全意为患者服务，对此蒲老十分欣慰。在老师的心目中，薛伯寿是勤奋钻研、善于思考、善于化用、努力上进的得意弟子。

薛伯寿立志岐黄，当一名好医生，为百姓看病。为了贯彻把医疗卫生工作的重点放到农村去，曾五下农村医疗队。中国中医研究院组织专家赴顺义农村医疗队，由著名针灸专家叶心清任队长，薛伯寿任秘书，他得此机会向叶老虚心求教，颇得其真传，除擅于针灸，尚擅用乌梅丸、酸枣仁汤、小柴胡汤等。顺义农村医疗队结束后，薛伯寿又赴山东临沂农村科研医疗队任秘书，当时著名中医专家方药中教授任顾问，薛伯寿对方老非常关心，照顾细致并真诚求教，学习方老用经验小方为贫苦百姓诊治了众多疑难病证。

薛伯寿深知农村患者求医之难、少药之苦，学以致用，求学时每年寒暑假都义务为家乡父老看病。后来到北京工作，得蒲老培育，每年一次探亲假，都日均为乡亲们义诊 60 余人，甚至上百人，他以为父老乡亲服务为乐，父母也以之为荣而十分开心。

薛伯寿从医 60 个春秋，是在谦虚谨慎、多临证、善思考、勤读书、善化用中度过，他一直遵循先师教诲"俗事日繁，亦必抽空读书，心中时刻存一'虚'字，开卷有益，亦不为书所拘泥"。薛伯寿崇敬先师蒲老，学习他为人、为医、为师之道，像老师一样对中医事业充满自信，自强不息追求提高临床疗效。

二、成才之道

"将升岱岳，非径奚为？欲诣扶桑，无舟莫适"，欲成大医有一定之路径。孙真人曾言："凡欲为大医，必须谙《素问》《甲乙》《黄帝针经》、明堂流注、十二经脉……又须妙解阴阳禄命，诸家相法，及灼龟五兆，《周易》六壬，并须精熟，如此乃得为大医"。这是尊道而行极高的标准。成才之道，尤其大医之道，影响因素较多。薛伯寿追随蒲老学习，蒙先师精心培养，一直勤奋继承发扬，走大医精诚，德艺双馨之路，勤于临证研究、教学，精研中医经典，旁及诸子百家，博采众长，对蒲老学术经验及中医成才之路渐有启悟。总结其要，冀希启迪后学，培养更多蒲老式的中医人才。

世界卫生组织认为，西方对抗医疗方法在人整个生命过程中，只起 8% 的作用，而人的精神情绪、生活方式等却占 60% 的巨大作用，遗传基因、先天禀赋起 15% 作用，尚有生活环境起 17% 作用，历来高明中医必对这几方面全面精准干预。

（一）中医欲成大医，须真正领悟治病容易治人难

中医始终关心患者的精神情志，《素问·灵兰秘典论》言："心者，君主之官也，神明出焉。肺者，相傅之官，治节出焉。肝者，将军之官，谋虑出焉。胆者，中正之官，决断出焉。膻中者，臣使之官，喜乐出焉。脾胃者，仓廪之官，五味出焉。大肠者，传道之官，变化出焉。小肠者，受盛之官，化物出焉。肾者，作强之官，伎巧出焉。三焦者，决渎之官，水道出焉。膀胱者，州都之官，津液藏焉，气化则能出矣。凡此十二官者，不得相失也。故主明则下安，以此养生则寿，殁世不殆，以为天下则大昌。"认为心神活动与脏腑功能之间有密切联系，与人体生理病理密切相关，防七情太过与不及致病。蒲老曾教导，医生治病务必先治其心，某些情况下

七情伤人，膏粱厚味致病，更甚于六淫，而精神治疗的作用在许多内伤疾病中都远甚于药物。即使是六淫、疫疠所伤，患者的精神状态正常与否，对于药物的治疗作用也大有影响。

中医一直研究医患关系，医者以亲情和极度责任心感化患者。《灵枢·师传》云"告之以其败，语之以其善，导之以及所便，开之以其所苦"之旨，即系治神的方法。治病过程中，必须配合情志的调整，针对性的语言疏导，设法解除患者心中的忧郁、焦虑、烦急、恐惧等思想，或温语安抚，或正色责斥，或顺或逆，与病相宜方可。蒲老非常重视养生修炼，认为养性安神，敛气存神非常重要。正如《内经》所言"恬淡虚无，真气从之，精神内守，病安从来。是以志闲而少欲，心安而不惧"，故不可轻视精神情志对健康的影响，治病不可忘记精神调节的作用。中医倡导慈善仁爱，挽救私欲妄为、背道而行的邪恶之人，中医历来为悬壶济世，而非单纯治病，尚有济世之行，故有"上工治未病""上医治国，中医治人，下医治病"之论。

（二）中医欲成大医，须倡导养生保健、防病为先

为中医者重视倡导健康生活方式，《素问·上古天真论》言："上古之人，其知道者，法于阴阳，和于术数，食饮有节，起居有常，不妄作劳，故能形与神俱，而尽终其天年，度百岁乃去。今时之人不然也，以酒为浆，以妄为常，醉以入房，以欲竭其精，以耗散其真，不知持满，不时御神，务快其心，逆于生乐，起居无节，故半百而衰也。"医者应向大众讲明"药补不如食补，食补不如精补"，孙真人治病，首先用食疗，合理饮食对健康极为重要，而精神状态更为首要。营养不良影响体质，导致疾病，人人皆知；应讲明"膏粱之变，足生大丁"，营养过丰，贪膏粱美味，必导致很多严重疾病，为中医者知"流水不腐，户枢不蠹"，生命在于劳动与运动，方可提高体质之理。

中医药在生命过程中所起的作用非常巨大，中医一直倡导防病为先，"虚邪贼风，避之有时，恬淡虚无，真气从之，精神内守，病安从来"。治人与治病并举，治病以治心为要。不少疾病，单单依赖药物作用有限，常常需要患者正心调身才能有理想疗效。薛伯寿创"修养四心饮"，处方：心正无私、心慈奉献、心善和谐、心仁博爱，上善若水，水为引，九转修炼，防病增寿。另自创益智强身太极运动，防治百病。

（三）中医欲成大医，须先正己，方能度患者

中国式教育首当传"道"，其次解惑，而授业。老子《道德经》为中国古代杰出

文化的结晶，为淳朴天地清静无为自然唯物辩证法，五千言为中国古代百科全书，鲁迅指出：不读《道德经》就不懂中华文化！正己首当研读《道德经》，其次研读孔子仁义之学，同时吸纳佛学真善，学会做人，培养人才，尊道而贵德为先，成"大医精诚"，"仁心仁术"。医者须有崇高思想境界，医术精湛方能指导患者如何修真养性，使患者真正知"健康靠自己"。当然，中医药通过滋补精血，调补脾胃生化之源，修炼养生，对先天不足亦有疗效。

（四）中医欲成大医，须海纳百川，容纳知新

中医欲成大医，海纳百川，必须容纳知新，尤其容纳西医之长，然中医不可西医化，而应与时俱进，有时代气息，这是欲成大医者必具的远见卓识，也是应有的宽广胸襟。中医学植根于杰出中华文化，是直接在众多人体防治疾病中积累的宝贵经验，有高深的理论体系，精湛的防治方法，历代名医辈出，中医是与时俱进的医学。以上是反复研读经典知其要领、拜名师虚心领悟善于化用、博采众长而善于融会贯通、勤于临床继承发扬的启悟，供同道及后学参考。

三、学术之精

（一）擅治热病，尤其传染病

外感发热性疾病发病率高，涵盖病种甚多，包括多种传染病。医圣张仲景曾云："余宗族素多，向余二百，建安纪年以来，犹未十稔，其死亡者，三分有二。"死于外感热病者十居其七（其中必有疫病）。张仲景"感往昔之沦丧，伤横夭之莫救"，立志于医药，"乃勤求古训，博采众方"，著《伤寒杂病论》，认为此书"虽未能尽愈诸病，庶可以见病之源"。"伤寒"为伤于六淫、疫疠之邪，当时为外感热病总称，即"今夫热病皆伤寒之类"，故《伤寒论》实为伤邪论。在阴阳、五行、藏象、脏腑经络学说指导下，仲景结合大量有效病案，总结先贤医疗经验，开创六经病脉证并治，使《伤寒论》成为第一部辨病辨证论治外感热病的经典专著，《金匮要略》成为内伤杂病的经典。可以说伤寒热病研究开拓创新铸就了医圣张仲景；叶天士善于领悟经典，广求名师，博采众长，临床发挥，创卫气营血辨证，提高了温热病的诊疗水平，为中医的发展创新做出了贡献，温热病的开拓创新铸就了中医大师叶天士。

蒲辅周先生参百家之学，熔伤寒温病温疫于一炉，擅治外感热病及疑难重症，融会贯通，推陈出新，故成一代宗师，名扬海内外。1956年8月，"乙脑"在北京暴发流行，用前一年石家庄"乙脑"治验无效，有的反加重。蒲老审时度势，知常达

变，提出了独特的见解：用温病治疗原则治"乙脑"正确无误，石家庄治疗"乙脑"的经验是很宝贵的。关键在于要具体问题具体分析，辨证施治。石家庄与北京的"乙脑"虽同处暑季，但前者正值酷暑，久晴无雨，天暑地热，证偏热，属暑温，用白虎汤清热润燥，切中病机，故见奏捷；而后者正值立秋前后雨水较多，天气湿热，证偏湿，属湿温。如果不加辨别，沿用白虎汤，就会湿遏热伏，不仅高热不退，反会加重病情。蒲老指导采用通阳利湿、芳香化浊之法，则湿去热退，颓势顿即扭转，一场可怕的温疫得以迅速遏止。蒲老总结出"乙脑"治疗八法，选定66方，弥足珍贵。蒲老曾与西医紧密协作，会诊治疗大量的麻疹、肺炎、腺病毒肺炎患者，总结出一套行之有效的正治诸法、救逆数法。在与瘟神一次次的较量之中，蒲老出类拔萃，独树一帜，每能见解独特，另辟蹊径，辨证论治准确精巧，配伍用药胆识过人，为同行和后学做出了表率，增强了医疗界运用中医药治疗急性传染病和危重症的信心，指明突出中医特色，发扬辨证论治的重要性。

继承蒲老的学术医疗经验，薛伯寿在防治艾滋病、流感、"非典"等方面有所发挥。1987年应尼雷尔总统邀请，作为首批赴坦桑尼亚运用中医药治疗艾滋病成员之一，薛伯寿总结认为艾滋病既似虚劳，又属温疫；发病上，重感于邪，正虚为本；治疗上，强调分期立法，内伤与外感互参，透邪解毒与扶正并举。《中医杂志》英文版发表"中医药试治艾滋病经验"一文，得到广大中医同仁认可，也为后继研究奠定了基础。

春天有寒疫，冬天有风温，1998年冬季，有非时之暖，当时北京"流感"暴发，薛伯寿在门诊看到一家四代人相继发高烧，冬应寒反大温，临床表现为高烧，咽痛，咳嗽厉害，一两天即有黄痰，这是温邪上受，首先犯肺；他发现已到冬至，正因天暖，易脱衣着凉，这批患者又都有形寒，四肢酸痛，汗出不畅之证，即有寒包火的特征。薛伯寿估计会有流感大流行，广安门医院姜在旸副院长邀请薛伯寿拟方，他据病情分析为温邪上受外有寒束，取银翘散、三拗汤、升降散加减，拟名"速解流感饮"，被医院作为流感普济方制成汤剂，大锅熬，患者排队取药，夜晚加班，当时此方广施而供不应求，没多久，卫生部召开流感会议上称赞此方价格便宜，效果非常了不起，广安门医院因此受到表扬。

2003年4月，"非典"刚蔓延到北京，形势严峻，时间紧迫，薛伯寿便夜以继日从蒲老学术经验中加以发展创新，总结出"非典"辨治八法及方药，提出辛凉宣透、表里双解、宣化痰浊、逐秽通里、清热解毒、清营转气、生津益胃、育阴补肾八法。根据疾病发生发展过程中，不同阶段所表现的寒热虚实变化，辨证指导选用不同的方剂。这些经验由人民卫生出版社印成小册子，及时赠给一线医务工作者起救治指导作用。可见中医治疗外感热病，尤其传染病有丰富珍贵的经验，到现在依然有广阔的用武之地。

外感热病一般起病急暴，尤其疫病危害更烈，救死扶伤，外感热病居先，不可延误，治疗适当立竿见影，是为医者之使命，也最易检验医者之诊疗水平。中医为患者谋幸福，为中医药谋复兴，继承发扬外感热病为先。中医学对外感热病，尤其传染病积累了极其丰富珍贵的学术医疗经验，薛伯寿认为继承发扬中医学遗产，必须高度重视外感热病的继承发扬及开拓创新。薛伯寿认为提高中医临床水平的关键在于研究继承发扬外感热病诊治，若无外感热病学术治疗经验，则很难提高内伤杂病的诊疗水平，更难提高疑难病证的疗效。

（二）融会贯通"伤寒""温病""温疫"学说

蒲老曾说："六经、三焦、卫气营血等辨证皆说明生理之体用，病理之变化，辨证之规律，治疗之法则，当相互为用，融会贯通。"薛伯寿认为伤寒学说开温病学说之先河，明清温病、温疫学说的发展是对伤寒的补充发挥，应当摒弃门户对立的偏见，扬长避短，融会贯通"伤寒""温病""温疫"学说，可以互为充实，真正解决临床实际问题。

《伤寒论》总结汉以前治疗外感病的经验，广义伤寒包含温病和温疫，至金元开始提出温病不同于伤寒，明清时期又提出温疫有别于伤寒及一般温病，叶天士、吴鞠通创立卫气营血和三焦辨证，于是伤寒与温病分两派对峙。薛伯寿认为伤寒和温病所论皆为外感热病，皆含温疫内容，虽有寒温之异，但从学术渊源上伤寒为温病之基础，温病为伤寒之发展创新补充，吴鞠通著《温病条辨》是"羽翼伤寒"并非取代之。伤寒、温病所论之病重点不同，病性有异，侧重不同，叶氏云："辨营卫气血虽与伤寒同，若论治法则大异！"故外感热病的治疗则宜择善而用，融会贯通。

温病学说，温热在卫用辛凉透邪，有银翘散、桑菊饮，尚有新加香薷饮、桑杏汤等；湿温留恋气分，立芳香化浊、通阳利湿法，有三仁汤、藿朴夏苓汤、甘露消毒丹等；温疫初起，即宜宣郁解毒逐秽为先，有双解散、凉膈散、升降散等，为热病初起祛邪增添治疗新法；热入营血，开创透热转气、凉血散血、平肝息风、开窍宣闭、滋阴息风、育阴复脉等法，为抢救热病气营双燔、血热妄行、昏迷痉厥、真阴欲绝等重证开辟了新的治疗途径，实补《伤寒论》之不足。然辛温解表、温阳救逆等伤寒之法亦不可废。《伤寒论》已有麻杏石甘的辛凉法，是否不需桑菊、银翘？或温病创立桑菊、银翘再不需要麻杏石甘汤呢？认为各有所长，必须并存，酌情选用。如：蒲老曾治急重乙脑患者，呼吸障碍而用呼吸机，蒲老细察病情，认为邪尚在卫气之间，急用辛凉轻剂桑菊饮而挽回危局；一重症腺病毒肺炎幼儿，脾阳大伤，气弱息微，喘嗽不已，体温尚高而汗冷肢凉，大便清稀，脉细微，舌淡红苔白。救逆用甘草干姜汤，试管频频滴服，恢复生机。

"伤寒宗仲景，热病从河间"，仲景河间之书，皆有温疫之治。"内伤宗东垣"，然治大头瘟的名方"普济消毒饮"却为李氏经验方。明代吴又可《温疫论》对温疫的病因、发病、流行等皆有惊人的创见，所创达原饮治秽湿之疫有效。余师愚《疫疹一得》创清瘟败毒饮治疗火毒之疫有效。蒲老曾说："治疗急性病，尤其急性传染病，要研究杨栗山的《伤寒瘟疫条辨》。温疫要灵活运用杨氏温疫十五方，而升降散为其总方。"治温疫之升降散，犹如四时温病之银翘散。烂喉痧用加味凉膈散；大头瘟用增损普济消毒饮；春温火毒甚者，选用增损双解散，加味六一承气、解毒承气等方皆有较好疗效；"四时温病之中亦偶有兼秽浊杂感者，须细心掌握，治疗须与温疫相参，才能提高疗效"。

融会贯通地运用伤寒、温病、温疫诸法诊疾疗病，不但用来治外感时疾，还可用于治疗内伤杂病。病无分内外，外感热病可以影响内在脏腑气血，内伤杂病亦可导致肌表营卫失和。内外相因，治疗要有整体观念，治外勿忘安内，治内勿忘调外。内外之病，皆可用和解分消兼容之法随证治之。

（三）精研疑难病症，提高疗效

平日门诊就有很多从全国各地甚至海外来求诊的疑难病患者，疑难病症大都具有病程长，病情时轻时重，迁延难愈的特点。薛伯寿认为此类病多为外感内伤交融在一起，表里寒热气血虚实错综复杂，治病求本，必须考虑到伏邪、蕴毒、痰饮、瘀血、积滞等因素，历来文献既有怪病从痰治，亦有顽疾从瘀解，然而正气虚损，首当调脾胃，使生化有源；滋养精血、固护肾气，以荣五脏，既要善用经方，又要重视时方，创新选用，治疗精选复方为要。而且应知寻常药物亦常常治愈疑难病症，平淡之中见神奇。如王某二十多年顽固腹泻，辨证用椒梅理中汤一周获愈。某干部，低热治疗月余不退，厌食、疲劳，四肢酸痛，体重下降，按时令据脉证为暑湿郁闭，用香薷饮合藿朴夏苓汤，一周即显效，调理而愈。亚洲佛教协会会长巴古拉病重垂危，肺感染而心衰，用麻杏石甘汤合真武汤，药后转危为安。

《内经》有"疏其血气，令其条达而致和平"，薛伯寿认为内伤正虚，易感外邪；外邪滞留，导致内虚，正虚之人，易致七情内伤。气血冲和，万病不生，一有怫郁，诸病生焉，故人生病，多生于郁。有因病而郁，有因郁而病。治外感病，尤其内伤杂病、疑难病症，甚至防治衰老皆必重视调畅气血。补药的堆积，既不能防病亦不能治病。疑难病症，亦有不少患者从调畅气血而获愈。

蒲老启发应用升降散之门径，薛伯寿推崇并发表文章著书、大力实践，才使升降散得到广泛的应用，使古方得以重放光辉、名重后世。他最早于《中医杂志》1981年第4期首页发表"杨栗山温疫证治钩玄——蒲辅周老师对《伤寒瘟疫条辨》推崇"一文，倡导灵活运用升降散可提高治疗外感热病及内伤杂病临床疗效，引起全国中医同道对《伤寒瘟疫条辨》的关注。蒲老倡用升降散，薛伯寿毕生执着一直精研升降散，求索其奥妙，以达疗百病。他继承发挥运用升降散以治疗外感发热为主，主治传染性、感染性、肺系疾病，亦用于内、妇、儿及皮肤、五官、肿瘤等科多种疑难内伤杂病的治疗。薛伯寿认为内伤杂病多虚，虚则补之，补虚必须辨证选方择药，必须达到补而不滞。然五脏虚损，极易引起邪伏及诸郁，故治虚证，有时必须宣透、疏郁、解毒、祛痰、化瘀。而运用升降散可轻宣降浊，宣泄祛邪，调畅气机，化痰解毒。如疑难内伤病属痰瘀互结，辨证选用十味温胆汤、桂枝茯苓丸、血府逐瘀汤、丹参饮等，有时合用升降散，可提高疗效。

另外，薛伯寿强调重剂绝非疗效唯一决定因素。必要时运用重剂是病情的需要。他认为中医的临床疗效，首先决定于中医理论指导下的辨证、立法、选方、用药各种因素；其次煎服法适当与否；尚与诸药真伪优劣、自然生产及人工栽培不同有关；还与医者服务态度优劣相关。薛伯寿阐明中医临床疗效高低，绝非与用药剂量成正比，提高临床疗效有诸多方面。单纯提高剂量，难以达到振兴中医事业，只是必要时，掌握运用而已。

四、专病之治

（一）外感热病

外感热病，是指由外邪侵入人体，以发热为主要症状的一类疾病。外感热病有伤寒、温病及温疫学说。薛伯寿指出治疗外感热病需要重视祛邪外出为第一要务，顾护正气当贯穿始终，三因制宜是取效关键。

1.祛邪外出为第一要务

外邪侵入人体，由皮毛而侵，或从口鼻而入，其治疗关键是引邪外出、给邪以出路。薛伯寿常根据邪气性质、病变深浅、脏腑虚实，寒温并用、补泻兼施，祛邪外出，使病向愈。他强调祛邪外出为第一要务，其治疗方法可概括如下。

（1）解表透邪法：根据感邪性质和病症特点，或辛温解表，或辛凉透邪。若恶

薛伯寿

911

寒重而发热、无汗而喘者，则麻黄汤加减；有汗恶风者，则桂枝汤变通。若邪客卫表，肺气失宣，出现发热咳嗽、汗出不畅，常用银翘散化裁；若咳嗽微热，则酌用桑菊饮。若热邪弥漫心膈，出现咽痛咳嗽、高热口糜，病情急而症状杂者，常清心凉膈散加减治疗。另外，咳嗽、喘咳为主的风寒证，取三拗汤化裁，据其外寒肺热，可用麻杏石甘汤；若喘咳带哮者，则射干麻黄汤变通；若以咳嗽、咽痛为主，寒热不明显者，则以桑杏石甘汤或桑杏汤加减。

（2）斡旋枢机法：外邪侵犯人体，若未能及时从表而解，可由表入里，客居少阳，呈现半表半里之证。对此，薛伯寿往往用柴胡剂发散表邪，和解少阳，通利三焦。常以大、小柴胡汤加减治疗，斡旋表里气机，发挥少阳枢机作用，使邪表里双解。邪气入里，薛伯寿擅用升降散加减变通。升降散中僵蚕、蝉蜕升清阳，宣表达邪；姜黄、大黄降浊解毒；全方升清降浊，通利三焦，邪热分消。若便秘不甚，而咽痛、心烦明显，则以连翘或栀子易大黄，以清热利咽、清心除烦。另外，邪气入内，常使阳气郁闭于里，出现肢厥腹痛、咳嗽、大便不畅等症。此时薛伯寿多用四逆散合止嗽散化裁治疗。薛伯寿认为，四逆散是少阴方，能调畅气血，宣通郁闭。柴胡疏散升气，枳实破滞降气；芍药养营和血，甘草缓中补脾。柴胡、甘草行阳，枳实、芍药走阴。四药相配，可和解枢机，发布阳气，条畅气血，达邪外出。

上述四方，大、小柴胡汤可谓斡旋表里气机之要剂；升降散偏重于升清降浊；四逆散贵在通达阴阳，调畅气血。四方能斡旋表里上下之气机、调畅阴阳气血之运动，临证之时，薛伯寿既择优而用，又融会使用，表里双解，上下分消，随病机不同组合选方，常得出神入化之效。

（3）透营转气法：此法是治疗温邪由气入营，损伤营血的常用之法，出自叶天士《温热论》，其云："卫之后方言气，营之后方言血，在卫汗之可也，到气才可清气，入营犹可透热转气"。若病邪深入营阴，出现发热、斑疹等症，临床上常用清营汤透营转气、引邪外出；而除此之外，薛伯寿还融会创新，巧用擅用四妙勇安汤加味治疗邪在营阴。

薛伯寿认为，四妙勇安汤虽为外科要剂，但对于邪热入里、营阴受累、血脉瘀阻，甚至影响神志者，常有奇效。方中金银花辛凉透热，玄参养营退热，当归尾养血活血通络，生甘草调和诸药解毒。四药合用，贯通气血营阴，共达透热转气、养营润燥、活血通脉之效。薛伯寿常据病邪所在、病机特点，将斡旋枢机法与透营转气法巧妙联合组方用药，即使是危难重症、沉疴痼疾，往往也能效若桴鼓。如薛伯寿就以清营汤、四妙勇安汤、升降散复方加减治疗某急性脑干脑炎患者而取效。

2. 顾护正气当贯穿始终

中医正气，包括元气、真气、卫气、营气、宗气等。中医正气体现为腑脏经络气化功能正常，营卫气血升降出入循环往复运行，四肢百骸、五官九窍生理功能显现，精气神能和谐统一。《黄帝内经》曰："正气存内，邪不可干""邪之所凑，其气必虚。"薛伯寿认为，从发病学而论，邪气侵入与正虚相关。邪气初入，起病多实；然祛邪必须避免损伤正气。顾护正气要从以下 3 个方面入手。

（1）胃气为本：薛伯寿秉承蒲辅周经验，认为："胃为卫之本，卫气来源于中焦，胃气强者卫气始固""治疗外感热病，必须时时顾护脾胃，不可损伤中气。"因此，在处方用药时常注意三点。一是慎用苦寒，苦寒之药易损伤脾胃阳气，也可使热蛰伏于里。二是提前防止药物损伤脾胃，如白虎汤退热，用石膏则加粳米或甘草。三是沿用经方传统，若脾胃已伤，影响饮食，常加党参、大枣、甘草等恢复脾胃之气。对于小儿，若便秘，则可加蜂蜜，补中润肠；若腹泻，药中可加冰糖，缓中止泻。薛伯寿临证，充分体现了胃气为本的原则。

（2）顾护阳气：阳气具有护卫生命、温煦脏腑、抵御外邪、推动升提、气化等作用。薛伯寿认为，顾护阳气，应体现在养生、治疗的各个方面，尤其在治疗外感热病时更应注意。治疗外感热病引起伤阳的原因主要有三。一是对于热病，许多医生从"热者寒之"的角度入手，认为药用寒凉以清热是正治，但清热而不透热会导致寒凉伤阳。二是因为过汗、或误吐误下而致伤阳。三是因邪未宣透，闭门留寇，致使邪气内郁而伤阳。因此，治疗外感热病顾护阳气要从此三者入手，以宣透为正治，酌情清热；中病即止，不可过汗；虚人外感，也应分清标本缓急，不能见虚就补，以防邪未透尽而变生他患。

（3）保存津液：津液是指各腑脏组织器官的内在体液及正常分泌物，津液与气血相辅是机体一切正常水液的总称。津液具有濡养、滋润等作用，为正常生理活动离不开的物质。薛伯寿认为，与卫气一样，津液在抗击外感热病的过程中，也发挥着重要作用。因外感热病多用汗法，若津亏之人出现汗之不出，说明津液太少，需补足后用汗法才会取效。叶天士曾云："可冀其战汗透邪，法当益胃，令邪与汗并，热达腠开，邪从汗出。"薛伯寿就有诸多用益胃养阴法退气分高热的验案。另外，温病发热多损伤阴津，叶天士所言："热邪不燥胃津，必耗肾液""留得一分津液，便有一分生机。"指出了治疗温病时保存津液的重要性。薛伯寿将保存津液体现在临床治疗的许多方面，如其善用蒲老所创的三鲜饮（鲜竹叶、鲜芦根、鲜白茅根）及叶氏益胃汤生津生津益胃。

3. 三因制宜是取效关键

外感热病有很强的季节性、地域性，发病后的表现也因患者的年龄、性别、体质的差异而不同。可以说，治疗外感热病，三因制宜、辨证论治是临床取得疗效的关键。薛伯寿重视三因制宜，强调"必先岁气，毋伐天和"，重视五运六气的因素；

关注地域、城乡差异；更强调人的体质因素对疾病的影响。现分别简述之。

（1）因时制宜，重视节候：薛伯寿对外感热病与节候关系的认识是多层次的。首先，不同季节气候的外感热病有不同的特点，如暑天发热，多与贪凉饮冷有关，使卫气被寒湿郁闭，常用香薷饮加味治疗；新感于寒又有暑热内蕴则用新加香薷饮化裁。若有腹痛呕恶、腹泻、苔白腻等症，常用霍香正气散、金不换正气散、达原饮等治疗。再如秋季发热，多伴咳嗽等肺气失宣的表现，与秋燥伤肺有关，当辨温凉，治疗或桑杏汤、或杏苏散加味。其次，薛伯寿强调六淫之邪既有季节性，然四季皆有风、寒、湿等，并非冬季才有寒邪，暑天亦有避暑而感寒之证。再者，非时之气会导致疫病的发生。薛伯寿在治疗疫病时，特别推崇杨栗山《伤寒瘟疫条辨》，书中的升降散、双解散、凉膈散等方，不仅被用来治疗疫病，也用于治疗其他外感热病。如治疗淋巴结肿大发热常用升降散，治疗咽痛牙痛口疮之发热用清心凉膈散等。

（2）因地制宜，关注环境：薛伯寿将《素问·异法方宜论》的因地制宜思想贯穿在临床思维、处方用药的各个方面。第一，不同地域的饮食习惯不同，使人易患的疾病亦有差异。如，内蒙古畜牧业发达，饮食多肉而少菜，外感发热，有时要考虑到积滞之兼夹。薛伯寿擅用连翘消导透热，认为连翘迎春气开花最早，生发力强，清解之中有透发能力，又为清湿中之热的要药，如保和丸中有连翘，银翘散、清营汤中也有连翘。第二，不同地域的气候不同，使人禀赋有异。如，南方人较之北方人，腠理相对稀疏，同样外感发热用麻黄，南方人的用量普遍较小，或选用苏叶、荆芥、防风等。第三，不同地域的水土不同，易患的地方病不同。薛伯寿曾带医疗队下乡，深刻领会到地域因素对人和疾病的影响。所以，薛伯寿常问患者来自何处，饮食习惯如何，这些都会体现在处方用药中。另外，工作性质对疾病也有影响。薛伯寿常言，体劳者易冒寒触暑，感受外邪；心劳者易七情郁结，不耐寒温而受邪。体劳者因过劳而易损胃，心劳者易思虑过度而伤脾。同样外感，或益胃扶正以祛邪，或健脾疏肝以和解，皆应领会于心，辨证施治。

（3）因人制宜，强调体质：对人群的划分方法不同，其关注的体质内涵就不同。从年龄上看，薛伯寿认为，小儿"稚阳未充，则肌肤疏薄，卫外之力弱，而易于感邪，易寒易热，易夹食滞；稚阴未长，则脏腑柔嫩，易于传变、伤阴，易损中气，易虚易实"。故其用药，多轻灵而精，中病即止。如，秋感燥寒、易过敏者，常秉蒲老经验，认为麻黄非燥药，以三拗汤加蝉蜕、防风、乌梅等化裁；体虚易受风者，则用桂枝汤加味。老年人常多脏虚损，且会夹痰夹瘀，其外感热病，需察标本缓急虚实，或先祛邪后扶正，或攻补兼施，也可扶正以逐邪，以达正安邪去之效。

女性与男性有体质差异，女性因有月经期、胎孕期及哺乳期、更年期等不同生理周期，当发生外感热病时，与男性相比，症状就更复杂而富有变化，故其辨证处方用药也复杂得多。薛伯寿认为，月经期及产后女性外感风寒，最易表现为太阳中风，并很快邪传少阳，根据其脉症表现，往往用桂枝汤或桂枝加葛根汤、小柴胡汤或柴胡桂枝汤等加减治疗。

另外，不同体型的体质特点往往也反映在辨证论治过程中，如形态肥胖者多夹湿夹痰，治疗时要兼顾健脾化湿化痰；形体偏瘦者易夹热化火，用药则需轻润宣透，防止津伤。当然，还有许多体质分类方法，如素体的偏阴偏阳、强壮或羸弱、新病还是久病等，均是需要注意的问题。

以上所述，只是对薛伯寿治疗外感热病的基本原则与方法的初步探讨，远不能反映他学术理论与经验的深邃与丰富。薛伯寿在临床上面对的无论是何种疾病，在辨证分析、处方用药时都特别强调"至道在微"，提出要运用智慧使思维达到一定的深度与精度。而要做到这些，需要医生对老子《道德经》有充分的学习和理解，在其临证时，能够于清净自然状态下发挥智慧与思维的力量，直达事物与疾病的本质。同时，薛伯寿强调，原则与方法要掌握，但圆机活法更重要，这也是我们应该重视与借鉴的。

（二）功能性低热

发热是体温调节系统异常导致体温升高超过正常范围。包括致热原直接作用于体温调节中枢、体温中枢功能紊乱或其他各种原因引起的产热过多、散热减少等。功能性低热又称反复性低热、神经性低热或无明原因低热，主要为各种应激因素引起植物神经功能紊乱导致体温中枢调节障碍引起，常伴有焦虑。多见于青年女性，体温一般高于正常体温1℃，24小时体温波动约0.5℃，一般早晨或上午正常，午后及傍晚温度较高，可随着情绪波动体温升高，休息或情绪平复体温恢复正常。薛伯寿指出治疗功能性低热首先要主抓外感内伤两端，其中外感多为余邪未净致少阳枢机不利，内伤多属肝脾不和，此外还需要注意外感内伤兼夹的情况。

1. 外感余邪致少阳枢机不利

《素问·阴阳离合论》谓："太阳为开，阳明为合，少阳为枢……"《说文解字》曰："枢，户枢也。"张景岳认为，"少阳为枢，谓阳气在表里之间，可出可入，如枢机也"，机也为枢纽之意。枢机是指气机出入交转之意，枢机正常，则气机升降正常，阴阳开合有度。少阳之气，介于表里阴阳之间，出为阳，入为阴，枢转气机，使其归于条畅通达；再者手少阳三焦经与手厥阴心包经相表里，上接手厥阴心包经于无名指，下接足少阳胆经于目外眦；足厥阴肝经和足少阳胆经表里相合，在内属络肝胆，联系脏腑、组织、器官。通过生成运行气血、调节气机升降，来调控整个机体的正常运行。虽然三焦之体历来就有争议，但三焦的功能是肯定的，《难经·三十一难》说："三焦者，水谷之道路，气之终始也。"薛伯寿经常说："少阳枢机可枢转三阳，一则使三阳之气通达，卫气布散于表而抗御外邪，二者枢转邪气于外，使阳明在里之邪透达于表，故此斡旋枢机对外感热病的治疗有重要意义。"实际上，斡旋气机对内伤低热同样也有重要的指导作用。因此常用柴胡剂为主来调畅枢机。

2. 内伤多属肝脾不和

除外感因素，临床观察到单纯内伤导致的低热患者多为年轻女性，平素体质虚弱或有慢性疾病史，同时工作或学习紧张，精神压力大或情绪不佳，临证见到心情不好，睡眠不好则发热即有反复。肝为罢极之本，易寒易热，肝又主条达疏泄，情志调达不畅，肝郁又常致脾阳脾气虚;《素问·生气通天论》云："阳气者，烦劳则张……"肝脾不和，则气血不畅，阴阳不和，则出现低热，患者工作劳累，学习紧张甚至睡眠不好的次日就会有低热出现。治疗中在调肝的基础上要兼顾健脾。

3. 外感内伤夹杂亦多见

临床中观察到，很多低热患者发热之前常有上呼吸道感染史，在低热治疗过程中，由于外感六淫邪气而出现低热反复或低热突然变成高热的情况，"邪之所凑，其气必虚"，此乃由于肝郁脾虚，卫表不和，或由于中药干预，正气逐渐恢复，而出现正邪交争剧烈，从而发热较剧，邪实症状明显。薛伯寿认为这恰恰是疾病的一个转机，采用因势利导治法，辨证宜与外感热病互参，治疗宜寒温并用，泄热疏导，于和解枢机之中，加入疏风、散寒、清解之品，往往效如桴鼓。

4. 遣方用药经验

薛伯寿在治疗低热的患者，方剂常用黄芪赤风汤，药物经常使用苏叶、香附两味。

黄芪赤风汤，来源于《医林改错》，原治瘫腿、诸疮、诸病，或因病虚弱者。王清任云："此方治诸病皆效者，能使周身之气通而不滞，血活而不瘀，气通血活，何患疾病不除。"薛伯寿认为该方味少、量轻、效专，调气、和血、散风、除滞，低热患者无论是病程中或善后均可应用。

苏叶辛温，归多经。《滇南本草》认为"入脾、肺二经"，《本草经疏》认为"入手少阴，太阴，足阳明经"，《本草经解》认为"入足厥阴肝经，手太阴肺经"，具有发表、散寒、理气、和营之功。《本草纲目》认为："其味辛，入气分，其色紫，入血分。"《药品化义》指出：紫苏叶，"叶属阳，为发生之物，辛温能散，气薄能通，味薄发泄，专解肌发表，疗伤风伤寒，及疟疾初起，外感霍乱，湿热脚气，凡属表症，放邪气出路之要药也。"《本草汇言》认为："紫苏，散寒气，清肺气，宽中气，安胎气，下结气，化痰气，乃治气之神药也"。薛伯寿认为其一药二用，兼有疏泄邪气及调理气机的作用，为治疗低热的要药。香附辛微苦甘平，《本草纲目》认为："入手厥阴，手少阳，兼行十二经、八脉气分""散时气寒疫，利三焦，解六郁，消饮食积聚，痰饮痞满，胕肿，腹胀，脚气，止心腹、肢体、头目齿耳诸痛，痈疽疮疡，吐血下血尿血，妇人崩漏带下，月候不调，胎前产后百病。"《雷公炮制药性解》认为其"入肺、肝、脾、胃四经"，理气解郁，止痛调经。

薛伯寿认为百病皆生于气，无论是否有外感因素，低热患者必有气机不利、气血不和，以苏叶配香附，通利三焦、宣畅肺脾、理气疏肝，既解表又散郁，与病机丝丝入扣。

五、方药之长

（一）自拟效方

1. 热甚速解饮

【组成】僵蚕 6～8g，蝉蜕 4～6g，姜黄 5～8g，酒大黄 3～8g，栀子 6～10g，豆豉 8～12g，金银花 8～12g，荆芥穗 5～8g，葱白 2～3 寸，蜂蜜 1～2 匙。

【用法】水煎 2 次，取汁 200～400mL，分 3 次温服。

【功效】升清降浊，上下分消，透邪清泄、表里双解。

【主治】四时温邪上受，发热而烦，始微恶风寒，或有短暂寒战，随则但热不寒，头痛，口渴，咳嗽咽痛，扁桃体红肿，甚则化脓，舌质红、苔薄白黄、脉浮数或滑数。

【方解】僵蚕，辛咸平，祛风解痉，化痰散结，升阳中之清阳，散逆浊结滞之痰，辟一切怫郁之气；蝉蜕，甘辛凉，散风定痉，宣肺透疹，祛风而胜湿，涤热而解毒；姜黄，辛苦凉，行气消散，活血通经，除风热，消肿痛，辟疫；大黄，清热泻火，凉血解毒，化瘀破积，推陈致新而安五脏，有斩关夺隘之力，号为将军；栀子，泻火除烦，凉血解毒，清利郁火，利湿除黄，既可清解，复可导热下行利尿；豆豉，主寒热除烦，瘴气恶毒，邪在卫气，与葱白、栀子同用，邪入营血，尤可与生地同施，透邪而不伤正气；金银花，解温疫、秽恶浊邪，散热解毒，轻宣疏散，而少凉遏伤胃之弊；荆芥穗，散风热，利咽喉。金银花辛凉，荆芥芳香，散热解毒，相须相协。诸药配伍，有上下分消，表里双解之功。温病热变速，卫气同病者多；温疫亦多里热甚，表气郁热不得越，故皆可用本方速解之。

【临床心得】创方根据蒲辅周先生治外感热病经验论述："温病最怕表气郁闭，热不得越；更怕里气郁结，秽浊阻塞；尤怕热闭小肠，小便不通，热遏胸中，以致升降不灵，诸窍闭滞。治法总以透表宣肺，升清降浊，而清小肠，不使邪热内陷，或郁闭为要。"取升降散合栀子豉汤等加减而成。临床遇有上呼吸道感染、流感、急性扁桃体炎、急性咽炎等属温邪上受而有表里郁闭，且属里热较重者皆可选用。若风痰甚加胆南星；口渴重加天花粉；咳嗽加桔梗、杏仁、黄芩等。

2. 乙肝双解汤

【组成】柴胡8～12g，黄芩6～9g，法半夏6～9g，党参6～10g，郁金6～10g，茵陈6～10g，栀子6～10g，蝉蜕3～6g，僵蚕6～8g，土茯苓8～12g，蒲公英8～12g，生甘草6～10g。

【煎服法】水煎2次，取汁200～400mL，分3次温服。

【功效】疏利透邪解毒，升清降浊利湿。

【主治】用于乙肝转氨酶高、乙肝表面抗原（＋），甚则大三阳。症见胸胁胀痛，小便不利，大便欠畅，胃脘不适，纳呆恶心，心烦、口苦、咽干，头晕而胀，或有往来寒热者。

【方解】本方取仲景《伤寒论》小柴胡汤、茵陈蒿汤，合杨栗山《伤寒瘟疫条辨》升降散加减而成。柯韵伯喻小柴胡汤为"少阳枢机之剂，和解表里"之总方。小柴胡汤是和解少阳、益气扶正的名方。方中既有柴胡、黄芩之凉，又有半夏、生姜之温，既有参、枣、草调脾，又有半夏、生姜之降逆和胃。此经验方取少阳肝胆病正剂小柴胡汤，去大枣滞邪、除生姜辛热；茵陈蒿汤配伍特点为清泄湿热；合升降散升清降浊；加蒲公英、土茯苓清解疫毒。对乙肝湿热毒火盛者，复方而施，联合逐邪，邪毒祛而正自安。

【临床心得】临床应用中，连翘长于清解湿中之热，故多取用，湿热甚、小便不利可加滑石、猪苓。用药量据年龄长幼、体质强弱、病邪轻重而异，体虚之人，突出小柴胡汤；湿热毒重者当以升降散、茵陈蒿为要，大便秘结或胶黏不爽，宜用大黄。注意便溏之人，栀子、大黄当少用慎用或用其炭。

3. 三拗苇茎方

【组成】炙麻黄6～8g，杏仁6～9g，连翘8～10g，生薏苡仁8～15g，冬瓜仁8～12g，桃仁6～10g，桔梗6～10g，生甘草6～8g，芦根10～15g。

【煎服法】水煎2次，取汁200～400mL，分3次温服。

【功效】宣肺开闭，清热化痰。

【主治】发热不退，咳嗽痰多色黄，甚则咳吐腥臭脓血，或流黄脓涕，鼻塞声重，无汗或汗出不畅，声音嘶哑，伴胸闷胸痛，头痛身痛，舌红苔黄腻，脉浮滑数。

【方解】麻黄发汗散寒，宣肺平咳喘；杏仁宣降肺气，止咳化痰；连翘宣肺解毒；冬瓜仁能清上彻下，肃降肺气，与芦根相配清肺宣壅，涤痰排脓；薏苡仁甘淡微寒，上清肺热而排脓，下利肠胃而渗湿；桃仁活血逐瘀，可助消痈；甘草不炙，乃取其清热解毒。

【临床心得】三拗汤由《伤寒论》麻黄汤去桂枝而成，主治鼻塞声重、咳嗽痰多、头痛目眩等外感风寒咳嗽证，长于开宣肺气、治咳平喘，后被《太平惠民和剂局方》卷二收录；苇茎汤，出自《备急千金要方》，清肺化痰，逐瘀排脓，为治疗肺痈之良方。薛伯寿临床常用三拗汤加连翘合千金苇茎汤加减治疗急慢性支气管炎、肺炎、支气管扩张合并感染、鼻窦炎等属于寒郁肺闭，痰热壅肺者。若恶寒发热、鼻塞流涕表证明显者，可酌加桔梗、防风等；痰黏咯吐不爽者，加浙贝母；胸闷不舒者，加瓜蒌；咽痒痛者，加蝉蜕、僵蚕；热重痰黄稠者，加黄芩、金荞麦、鱼腥草；痰湿重者，加二陈汤等。注意清淡饮食，以蔬菜五谷杂粮为主，忌辛辣。

（二）活用麻黄

麻黄，《本经》谓其"发表出汗，去邪热气，止咳逆上气，除寒热……"《本草正义》谓"麻黄清轻上浮，专疏肺郁，宣泄气机。虽曰解表，实为开肺，虽曰散寒，实为泄邪。"医圣张仲景擅用麻黄，创立了麻黄的一系列名方，如麻黄汤、麻杏石甘汤、麻杏苡甘汤、射干麻黄汤、厚朴麻黄汤、大青龙汤、小青龙汤、麻黄附子细辛汤、麻黄附子甘草汤、麻黄升麻汤等，后世医家更是继承发挥其有关方剂的临床经验，并创立了诸如葳蕤汤、双解散、三黄石膏汤、定喘汤、消水圣愈汤、阳和汤、五积散等新方，使得麻黄的应用更为广泛。

薛伯寿认为临床运用麻黄，只要配伍得当，就可达表达里、治上治下，发汗解表，透邪平喘，开鬼门洁净府，祛痰化饮、退高热、除表里之湿。薛伯寿临床擅用麻黄积累了丰富经验，如麻黄开腠理，利气机，通调水道；麻黄配桂枝等发汗解表；麻黄配杏仁宣肺止咳；麻黄配石膏辛凉宣泄；麻黄配薏苡仁凉散表湿；麻黄配白术除表里湿；麻黄配射干，主咳逆上气；麻黄配石膏、半夏，祛除热饮；麻黄配附子少阴感寒或发散沉寒；麻黄配清热解毒药，清宣解毒；麻黄配化饮药，解表化饮；麻黄配补益药，扶正达邪等。

1. 麻黄宣肺通利三焦，为利水圣药

临床上，麻黄开腠理、利小便，是一味利水的圣药。《别录》云："麻黄通腠理，解肌。"《本草纲目》云治"水肿"。现代用于治疗风水，急性肾炎的越婢加术汤、麻黄连翘赤小豆汤等，就是麻黄开腠理，通调水道的具体表现；而用治慢性肾炎的桂枝去芍药加麻黄附子细辛汤、陈修园的消水圣愈汤等，乃是"大气一转，其气乃散"的具体治法，而方内的麻黄乃是举足轻重之药。数方皆为常用有效方。水能病血，

血能病水，更年期水肿甚多，用当归芍药散加益母草、车前子有效，有时加麻黄可明显提高疗效，亦可用于慢性肾病之水肿病。

2. 麻黄配桂枝，发汗解表

麻黄味辛微苦，性温，有发汗解表、发泄郁热的作用。桂枝，《珍珠囊》谓其"去伤风头痛，开腠理，解表发汗，去皮肤风湿"。麻黄与桂枝配伍，发汗力峻猛。然亦要知桂枝、炙甘草同用辛甘化阳，有强心扶阳，故掌握好脉浮紧，无汗而喘，放心运用！《伤寒论》曰："太阳病，头痛，发热，身痛，腰痛，骨节疼痛，恶风，无汗而喘者，麻黄汤主之。"麻黄汤对于表寒郁闭重症，效果极好，一般宜在寒气盛之冬季用之。

3. 麻黄配杏仁，宣肺降逆止咳喘

杏仁苦温，降逆平喘，与麻黄合用，则止咳平喘之功效相得益彰。《伤寒贯珠集》云："麻黄轻以去实，辛以散寒，温以行阳。杏仁佐麻黄达肺气，泄皮毛止喘急。"麻黄与杏仁，一宣一降，麻黄得杏仁，宣肺气之中有降，不致肺气宣发太过；杏仁得麻黄，降肺气之中有升，不致肺气肃降太过。三拗汤是治疗寒咳的代表方剂，药虽三味，但配伍严禁，麻黄汤去桂枝，发汗力则缓，与麻黄汤相比，药性平和，肺部感染用抗生素后，往往发烧退而咳嗽，更有咳嗽加剧者，常可选用三拗汤加桔梗、前胡、蝉蜕、枇杷叶。临床治疗风寒咳嗽，常用止嗽散，效果良好。若咳而兼喘者，往往合用三拗汤，疗效更显著。

4. 麻黄配石膏，辛凉宣泄

石膏，《别录》谓主"暴气喘急"。《本草求真》谓："肺受火制，故必用此石膏辛寒以清肺气。"麻黄辛苦温，宣肺泄邪以平逆；石膏辛甘寒，清泄肺热以降逆。麻黄配石膏，如麻杏石甘汤，去性存用（去温热之性，存宣肺透邪止咳平喘之用），变辛温为辛凉透邪。本方是治疗肺炎属"寒包火"者之常用效方，邪毒未炽，慎不可加苦寒芩连大青叶之类，治上不犯中，麻杏石甘汤为辛凉透邪平喘之剂，苦寒解毒之品反影响宣透达邪外出。为能宣透可选桔梗、前胡、蝉蜕、薄荷、桑叶、芦根、葱白、豆豉。

5. 麻黄配薏苡仁，透散表湿

麻黄配桂枝偏于温散，配薏苡仁则透散风湿。薏苡仁，《本经》谓："主筋急拘挛，不可屈伸，风湿痹，下气。"麻黄和薏苡仁配伍的代表方剂麻杏薏甘汤，乃治疗风湿在表的身疼表实证。《金匮要略》曰："病者一身尽疼，发热，日晡所剧者，名风湿。此病伤于汗出当风，或久伤取冷所致也，可与麻黄杏仁薏苡甘草汤。"

6. 麻黄配白术，除表里湿

白术，《本经》谓："主风寒湿痹。"《别录》谓："消痰水，除皮间风水结肿。"麻黄与白术合用，麻黄得术，虽发汗而不致过汗，术得麻黄，能行表里之湿。《金匮要

略》曰："湿家身烦痛，可与麻黄加术汤发其汗为宜，慎不可以火攻之。"农村体质壮实之农民，患风寒湿痹的关节炎，全身走窜疼痛者甚多，用此方选加一两味如防风、虎杖、全蝎、细辛、羌活疗效极好且价廉。

7. 麻黄配射干，主咳逆上气

射干麻黄汤中麻黄配射干，能开肺化痰下气平逆。《本草经疏》曰："射干，苦能下泄，故善降；兼辛，故善散，故主咳逆上气。"《金匮要略》曰："咳逆上气，喉中水鸡声，射干麻黄汤主之。"本方不用桂枝，而用生姜助麻黄发散水气，为喘息性支气管炎，喉中有水鸡声良方，屡用有效。

8. 麻黄配石膏、半夏，祛除热饮

人们易知有寒饮，而不知有热饮，《金匮要略》越婢加半夏汤是治疗热饮咳喘的良方，姜辛味治寒饮，麻黄石膏半夏则治热饮。薛伯寿回忆早年治一小儿肺炎，自拟麻杏石甘汤加味未效，蒲老后诊为热饮喘咳，用越婢加半夏汤化裁速效。蒲老告诫曰："医者寒饮易晓，治饮宜温，主以苓桂术甘汤；外寒内饮则用小青龙汤；热饮难知，患者寒包火又兼夹热饮，喘目如脱状，宜用越婢加半夏汤；若寒饮重表郁化热，见烦躁，则应选用小青龙加石膏汤。"

9. 麻黄配附子，温经解表

附子，《本草备要》云："补肾命火，逐风寒湿。"《医学衷中参西录》云："其力能升能降，能内达能外散。"麻黄与附子合用，能走内达外，温经散寒。《伤寒论》："少阴病始得之，反发热，脉沉者，麻黄附子细辛汤主之。"指出少阴本经受邪，是少阴表证。钱潢分析本方云："麻黄发太阳之汗以解其在表之寒邪。附子温少阴之里，以补其命门之真阳，又以细辛之气温味辛走少阴者，以助辛温发散。三者合用，补散兼施，虽发微汗，无损于阳气矣，故为温经散寒之神剂。"此解虽有益于临床应用，然少阴表证亦可用麻黄，当与附子相配，另一条，少阴病二三日无里证，与麻黄附子甘草汤，皆无合病之意。据施奠邦院长访藏医云："麻黄为补阳药。"少阴病邪在经未入里，急用此二方可防变！

10. 麻黄配清热解毒药，苦辛寒清宣解毒

麻黄配清热解毒药则清宣解毒，成方如三黄石膏汤，就是用麻黄与芩、连相伍的范例。本方治温热病表里俱热，三焦大热而有表郁之证：烦躁不安，口中大渴，面赤鼻干，两目红赤，汗出不畅或无汗，喘咳气促，身体拘急，脉洪数，甚则谵语躁狂，衄血，发斑。临床有用本方治疗重症肺炎，若见有咽痛，大便秘结，可合用升降散。但应严格掌握适应证，防止药过病所，而致冰伏其邪。本方应与麻杏石甘汤辨证选用，麻杏石甘汤证，若应对"炎症细菌病毒"之说，妄加苦寒，则有失辛凉透邪方针；然表气郁三焦大热，咳喘剧，表闭火毒炽者，又必须宣透与解毒并举，

清热解毒反有利于透达，因邪毒内热为主，表郁为次，故知标本缓急方可万全。

11. 麻黄配化饮药，解表化饮

此类代表方剂如小青龙汤、射干麻黄汤、厚朴麻黄汤等。小青龙汤中用麻桂发表，但因配有芍药，其发汗解表的作用胜于桂枝汤而逊于麻黄汤，方内化饮药半夏、干姜辛散温脾阳，杜绝痰饮之源；细辛走肺心经，配五味子则宣中有敛，临床运用必须掌握外寒内饮之病机。

12. 麻黄配补益药，扶正达邪

麻黄亦可与补益药配伍，如孙思邈《千金要方》葳蕤汤，就是用麻黄与玉竹配伍的。麻黄与石膏、麻黄与石膏、芩、连相配的麻杏石甘汤与三黄石膏汤都是温热病的要方，温病易伤津耗液，据孙氏配伍的经验，必要时加玉竹甚好，薛伯寿认为此药清补而不滞。另有最具代表性的是著名的外科方阳和汤，方中用大剂量的熟地以及鹿角胶温补营血，填精补髓，妙在配以小剂量的麻黄振兴阳气，宣透伏邪，促进扶正祛邪之力。传统用治阴疽属阳虚寒凝者，如贴骨疽、脱疽、流注、痰核、鹤膝风，包括西医学的寒性脓肿，慢性骨髓炎，血栓闭塞性脉管炎等。秦伯未先生引申用于治疗慢性气管炎获显效，临床报道亦有用治支气管哮喘，肺气肿等。只要符合"阳虚寒凝"之病机，即可使用，这就是中医所说的"异病同治"。

六、读书之法

薛伯寿十分重视中国优秀传统文化，对古代哲学思想反复探究，尤其推崇《易经》《道德经》。他认为老子倡导尊道而贵德，倡导无私奉献。认为中医就如同一棵大树，《内经》等经典只能算是这棵大树的根系，而中华优秀传统文化才是滋养她的沃土。研读中医经典，脱离河图洛书、《易经》《道德经》等的研究，许多问题很难真正搞明白。他对老子的"无为"思想尤有深刻的认识。认为，只有做到无为，才能做到有所为。"处无为之事""为之于未有"就是防患于未然，倡导治未乱，医者，就是上工治未病。另外，无私才能无畏，医为仁术，必须追求无私奉献，才可做到心无旁骛，一心一意寻求古训、融会新知，精益求精地救治患者，只有急患者之所急，才能真正有所为，成为能治病救人的大医。医者必须达到"淡泊明志，宁静致远"的境界。

（一）精研《易经》

《易经》为群经之首，广大悉备，有天道，有人道，有地道。"广大配天地，变通配四时，阴阳之义配日月，易简之善配至德""《易》与天地准，故能弥纶天地之道"。(《易经·系辞》)《易经》是解开宇宙人生奥秘的宝典。

相传伏羲观象于天，观法于地，近取诸身，远取诸物，根据河图、洛书、丹书九九归一图而作八卦。八卦为《易经》的象征，是象数理的核心，八卦"通神明之德""类万物之情"，内含阴阳、五行的自然哲理是研究天地万物本源规律准则的大学问，"八卦定吉凶，吉凶成大业"，为上知天文、下知地理、中通人事，天地三阴三阳立体象思维，为中华民族智慧之学。

道生一，无极生太极，太极生二仪，一阴一阳为之道，老子云："万物负阴而抱阳，冲气以为和。"八卦为"—"阳，"--"阴演示数理、象理变化的规律，揭示自然宇宙运动变化的规律性、可知性、可变性，揭开了宇宙运动的奥秘。先天八卦主一日十二时辰阴阳变化；后天八卦更侧重一年十二月四季五运六气变化。天人合一，宇宙大人身，人身小宇宙，人与日月相应，与天地相参，宇宙自然之道，通生命阴阳之理。

"无极"，无为 0，虚无中混元之有为 1，此虚无 0 为阳；虚无中之有 1 为阴；无极生太极，太极未分之 1 为阳，已分为 2 属阴，故 1 既为阴又为阳，老子认为道生 1，1 为天地之父母，从无到有，一分为二，有了天地，二仪生四象，四象为自然四季、东西南北中、五运六气、时空运转，自然产生了万物，万物、阴阳四时者，万物之根本。四象生八卦，讲天时、地利、人和，顺从掌握自然规律，故从八卦学说"夫道者，上知天文，下知地理，中知人事，可以长久"为淳朴自然唯物辩证法。

阴阳、五行、八卦、乾坤三阴三阳是中医象数思维的源头和基石，被用于认识人体生理与病理，指导辨证论治，由此在与中医临床结合中形成了藏象、脏腑经络学说以及精气神学说。从中悟出：任督手足三阴三阳之十二经，实导源于八卦学说的乾坤三阴三阳，天人合一，天地相参，任督为乾坤，十二经就是宇宙自然运动的十二律。仲景《伤寒论》其阴阳六经病脉证并治，就是阴阳、五行、八卦学说，藏象、脏腑经络、五运六气学说在生命医疗科学中的运用。中医药有独特的理论体系，蒲老称赞中医药学是东方文化的结晶。故掌握八卦学说，研究《易经》可通晓古人对宇宙生命本源的认识，把握顺从自然变化的规律。自然科学发展促进了医学发展，而预防、治疗疾病的掌握，折射出蕴含自然哲理的中华文化的光辉。

中医学历来认为人与自然为统一整体，人本身又为统一整体，治病必讲究因时、因地、因人制宜。恽铁樵先生曾言："《易》理不明，《内经》总不了了。"除了阴阳五行、取象比类、天人相应等思想易医相通外，《内经》的五脏经络系统、三阴三阳、运气理论等都与《易经》密切相关。如《河图》内层之生数，均需与中央五相加，才能得到四方之成数，《内经》脾土不主时，治中央，以四时长四脏，土者生万物而法天地，与之一脉相承。孙思邈云："不知《易》，不足以言大医。"他所写"大医精诚"论，历来为医者之座右铭。孙真人为著名得道者，他认为成大医，必须具备深厚的中华文化修养，他指出："不读五经，不知有仁义之道；不读三史，不知有古今之变；不读诸史，睹事则不能默而识之，不读内典，则不知有慈悲喜舍之德，不读老庄，则不能任真体运，则吉凶拘忌，触途而生。"

（二）精研《道德经》

《道德经》为老子研究中华古文化的结晶，总结开创宇宙生成论，无极生太极，混元一气（道生一），"万物生于有，有生于无"，一元之气为天地之父母，天地为万物父母。"有无之相生，难易之相成"，无极生太极，无极虚无中存在恍惚之有，太极未分之有（一元之气），分而成两仪（阴阳、天地），而万物归根化无，道不仅是宇宙万物的本源，同时还是自然万物运行的法则。其要为：道生一，一生二，二生三，三生万物；人法地，地法天，天法道，道法自然，从八卦学说论证"道法自然"之理。

老子《道德经》将阴阳、五行、八卦学说总结开创为淳朴自然唯物辩证法，去认识顺从把握自然规律与准则，道是中国古代一切科学技术思想的基础，使中国成为科学人道主义最早发源地之一。老子云："常无，欲以观其妙；常有，欲观其徼。"宏观整体事物之有，可见之见，"观其徼"；思维微观之无，不见之见，"观其妙"。微观与宏观，为科学的"众妙之门"。《内经·灵兰秘典》谓"至道在微，变化无穷，孰知其原，窘乎哉！"老子倡"为之于未有""处无为之事"，防患于未然。与《内经》上工"不治已病治未病，不治已乱治未乱"为相承同义。

尊道而贵德，能达到"挫其锐，解其纷；和其光，同其尘"的巨大作用，是谓玄同。知和曰常，不知常，妄作凶。"天之道，不争而善胜，不言而善应，不召而自来，繟然而善谋。天网恢恢，疏而不失！""天之道，其犹张弓乎？""高者抑之，下者举之，有余者损之，不足者补之。"

天地清静无为，天清地静对万物无为而无所不为，生育滋长万物而不图报，"生而不有，为而不恃，长而不宰，是谓玄德"，推天道以明人事。《道德经》倡导"见素抱朴，少私寡欲"、慈、俭、谦下、上善若水、利万物而不争。认为：罪莫大于可欲，祸莫大于不知足，咎莫大于欲得。《道德经》第八十一章结语："既以为人己愈有，既以与人己愈多"，这就是忘我奉献，就是全心全意为人民服务之崇高思想境界。

良相治国，当行天地之道——清静无为，自强不息，厚德载物，蕴含着丰富的和谐理念。无为而治，为道法自然，顺从自然规律准则办事，倡无私奉献，"我无欲而民自朴""我无为而民自化""不为良相，便为良医"，谓良医须具备良相的胸怀，智慧才能，仁心仁术，对患者应具有高度责任心，从而使患者对医生产生坚强的信心，医者无私心，以患者心为心。为中医者，悬壶济世，给予了患者身心安康，也成全了自己德术的精进。

老子认为"高以下为基""贵以贱为本"，自然万物皆本于一元之气，倡导自由平等，反对剥削与歧视，倡导"容乃公，公乃全"，主张包容海纳百川，圣人无私心，以百姓心为心。为医者，当如药王孙思邈所言"不得问其贵贱贫富，长幼妍媸，怨亲善友，华夷愚智，普同一等"。清静无为，治病安神定志，无欲无求，养成一颗平常心、奉献心。宋朝大文学家苏洵曾说："天下之学者，孰不欲一蹴而造圣人之域"。然欲臻大医境界，绝非一朝一夕之功。须遵《道德经》所言"图难于其易，为大于其细，天下难事必作于易，天下大事必作于细"。因为"合抱之木，生于毫末；九层之台，起于累土；千里之行，始于足下"。为医者，不好高骛远。欲成大医，这也是一个漫长的过程，有志于成良医大医者，尤当谨记老子之告诫"常于几成而败之，慎终如始，则无败事"。

紫气东来，老子留下的《道德经》是中华古哲学神奇经典，是中国永放光芒的古代百科全书。数年前，《纽约时报》曾把老子列为世界古今十大作家之首。德国哲学家黑格尔说："明白道的本原，就掌握全部的普遍科学，普遍的良药以及道德。"中国社科院胡孚琛教授云："道学文化是拯救世界的文化，是改变地球航向的文化，是生生不息的文化，是海纳百川的文化，是弃旧创新的文化，是开拓前进的文化，是积极进取的文化，是无往而不胜的文化，是走向未来大同世界的文化。"鲁迅先生云："不读《道德经》就不懂中国文化。"（《百家论道》）中华民族的伟大复兴，离不开对优秀文化传统的自信与继承发扬。习近平总书记指出："中医药学是中国古代科学的瑰宝，也是打开中华文明宝库的钥匙。"

倡导学习《道德经》，其一，可培育民族自豪感与责任感，为杰出悠久的中华文化而自豪；其二，锻炼形象思维，掌握淳朴自然唯物辩证法，提高悟性创新力；其三，学会如何做人，促进人与自然，人与社会，人与人之间的和谐。中医药学，三皇肇始，五帝开基，千年传承，护佑苍生，世代坚守，继承发扬，大医精诚，悬壶济世，上医治国，中医治人，下医治病，医者行三者和谐统一，方可称大医。中医讲医道同源互济，中医药文化的继承和发扬离不开《道德经》。

七、大医之情

（一）德高为医，仁心仁术

薛伯寿生活简朴，不务名利，通晓淡泊明志，宁静致远之理。精益求精、追求疗效，把治愈患者作为人生最大的乐事。他认为，医者人生最幸福的时刻，便是为久治不愈的患者解除疾苦之时。患者病愈后向他致谢，他常说："医生治好病是应该的，就像农民种好地，工人做好工一样，没什么好谢的，这是医生的职责所在。"提前上班，延迟下班，他已习以为常，只为诊治更多患者。亦有行动不便患者，他便亲自前往家中诊治。他看病认真，理解同情患者，看病病种广泛，从外感病、内伤杂病到内、妇、儿科疑难病症。他博学应变，辨治百病，临床疗效显著，慕名求诊者络绎不绝，最多时日诊患者百余号。他对每个患者都能做到四诊全面合参，认真辨证论治，追求临床疗效。他组方讲究配伍，用药轻灵，总是不厌其烦地向患者讲述生病原因、注意事项和养生方法，积极调动患者的主观能动性，力求治病溯源，真正践行上工治未病。他历来追求"花钱少，看好病"，尤其对农村患者，他尽可能不用贵重药材，有的甚至免费诊治并资助药费。数十年，他每年回故乡探亲要义诊多日，每天达近百人次，对乡亲贫困者常有资助。

（二）济世救人，不忘初心

在社会活动方面，薛伯寿积极主动参加各类赈灾捐款，额度均为全院领先。此外，他还为院内职工及亲属免费诊治，资助困难学生完成学业等。他认为，资助救难是理所应为之事。人作为"社会中的人"，活着不是为了自己，应当讲究无私奉献，乐于助人，努力做到老子所说的："上善若水。水善利万物而不争。"薛伯寿不仅无私捐赠，还身体力行为重大疾病的救治做出了自己的贡献。1987年应尼雷尔总统邀请，他首批应邀赴非洲运用中医中药试治艾滋病一年余，取得良好治疗效果，为后继研究艾滋病奠定基础。1998年冬，北京"流感"肆虐，薛伯寿拟定"速解流感饮"，在门诊广泛运用，价廉而效佳，并被医院作为流感普济方制成汤剂，广施患者，因疗效好而供不应求。2003年4月，"非典"刚蔓延到北京。在举国上下，同心同德防治"非典"的形势下，薛伯寿心急如焚。他根据了解到的病情症状，积极思考中医中药的治病对策。他在女儿的协助下，夜以继日、废寝忘食地工作，从恩师蒲辅周先生学术医疗经验中得到启发，到4月中旬就总结出了"非典"辨治八法及方药。5月1日，《中国中医药报》以《"非典"辨证论治思路》一文发表。为国内首次发表中医中药治疗"非典"的文章。之后，名医论治"非典"的文章如雨后春笋，不断涌现。5月7日，人民卫生出版社将"非典"辨治八法及方药印成小册子，赠予抗击"非典"一线的工作人员，被他们称为"及时雨"，并发放到全国各地（含港、澳、台地区）。该文被评为国家中医药管理局优秀论文，薛伯寿也因此荣获"抗'非典'英雄"之称。他认为积极救治"非典"是医生的神圣职责，也是对恩师蒲辅周先生最好怀念。可以说，薛伯寿做到了"先天下之忧而忧，后天下之乐而乐"。

他时刻不忘党和国家的培育之恩，热爱祖国，忠于人民。不少国际友人知其为蒲辅周先生的传人，是医术高明的临床家，想高薪聘请他到国外工作，并给予安置全家的优惠待遇，他不为所动。他说："我是蒲辅周先生的弟子，立足于祖国，才无损于恩师的声望；只有自强不息，为中医事业多做贡献，才不辜负党和国家的培养。"

（三）尊道而贵德，以和为贵

薛伯寿遵从《道德经》清静无为、忘我奉献的处世准则；临床实践过程中，其论治、处方、与病患交流更是处处以慈善谦下和合、淳朴自然唯物辩证法思想为指导。倡导和合思想，强调"大道和谐，祈盼和顺，崇尚和美，追求和合"，提出"道尊中和，和而不同，合其不和，以致和合"四个方面。

中医学思想的哲学基础是道尊中和。和合思想源于中国古典哲学思想，内涵广泛而深远。和合思想以"道尊中和"强调"万物负阴而抱阳，冲气以为和"，既表明了该思想核心的出处根源，更表达了对薛伯寿一直强调并亲身奉行的中正之道的传承决心。薛伯寿临证半个多世纪，中正和合思想的虔诚之心从未变过。他常言中和中正之道，为追求奉献完美成功之道；老子"处无为之事""为之于未有"为光辉伟大的战略思想，即倡导"防患于未然""上工治未病""治之于未乱"，此为自然、社会、人文科学的指导方针，为无为而治的真谛。

中医学基本生理特点是和而不同。先天八卦水火相济、乾坤和合，天地三阴三阳皆对立统一、皆矛盾中和而达自然美满，八卦学说以通万物之情、以通神明之德，为杰出中华文化的智慧之学。"和而不同"的提出正是基于阴阳理论中阴阳对立统一的关系。统一即和合，即阴阳合而生育万物；对立即矛盾不同，阴阳运而出变化。和与不同均是自然生理状态，要尊重，要保留，要维护。"和而不同"的基本特点决定了"和合失守"是疾病的根本病理因素，所谓和合失守即和与不同失去平衡。

中医学治疗的基本原则是合其不和。和合思想认为，和合失守是人体生病的根本病机。气血、表里、寒热、虚实八纲，为中医辨证核心、病机要领。《素问·至真要大论》言"谨察阴阳所在而调之，以平为期"，故而"合其不和"正是应对和合失守状态的最佳手段。"合其不和"的概念是在"和而不同"的生理特点上提出的，是有其针对性的。合是聚集融合之力、是和而不同之力，是包含了狭义和法的和合大法，是"以他平他"智慧的表达。薛伯寿作为中医大家，临证法于阴阳，强调天人合一，与日月相应，与天地相参，重视天地的阴阳动态变化，亦强调人必须顺从阴阳四时之变化才可达生理之和谐。治病处方常是表里、气血、寒热、虚实、升降、形神等双向调治，擅长用表里双解、气血同治、寒热平调、升降相因、升清降浊等法。

中医学治疗疾病的终极目标是以致和合。和合是一种高超的生命哲学，薛伯寿在岁月的足迹中感悟着中华和合哲学思想的博大精深与雄壮巍峨，在中医文化中更是对和合思想有着深切体会。薛伯寿常言"生也有涯，无涯惟智""器分有限，智用无涯"，为人处世，当需彻悟中华和合哲学文化，对处理人与自然、人与人、人与社会的关系将会大有裨益，在临证实践中更是如此。薛伯寿认为天地生育万物而无欲，无私情，老子清静无为，是天地自然之道，尊道贵德，就得无私忘我，追求奉献，就得无私妄我而奉献，"上工治未病""不治已乱治未乱"，应防患于未然，处无为之事，故能达到无为而无所不为的理想境界。薛伯寿认为，当你心怀尊道贵德，顺从中正中和之道，宁静致远之境则是自然之事。薛伯寿经常提到的一个词语就是"静则生慧"，一个人的聪明才智也只有在以百姓心为心，恬淡虚无精神内守之时，才能充分发挥智慧的潜能，追求崇尚社会奉献方能梦想成真。

薛伯寿身体力行，尊道贵德，从思想到言行，从临证到学术，从待人接物等各个方面，事无巨细，皆遵循中正和合之理，以期和合美满之境。其六十载临证实践告诉我们，和合是从自然宇宙、天地、社会、心身诸方面达到掌握阴阳之妙道，和合同时强调宏观与微观紧密结合，既重视宏观，又追求"至道在微"。和合是中医临床疗效的保证，但和合绝非"借平和以藏拙"的做法，而是强调遵从淳朴自然唯物辩证"道尊中和"的象思维原则，以达和谐太和之美满之境，顺应自然人体"和而不同"的特点，运用"合其不和"的手段，于平和之中见神奇，最终"以致和合"。

八、养生之智

薛伯寿教授虽已88岁高龄，每周依然门诊4次，同时还承担着首长保健和疑难病会诊工作，此外还有各种会议及讲学，如此紧张的工作节奏，很多年轻人都疲于应对，但他依然精力充沛、思维敏捷，这些都得益于他的养生智慧。

（一）清静无为，养性度人

当今社会压力大，过大的压力会使人长期处于高应激状态，而被焦虑、烦恼、忧愁等不良情绪困扰，长此以往便会影响脏腑协调，气血运行失常，导致很多心身内伤疾病。中医自古就重视心身和谐，讲究性命双修。那么，如何做到"形与神俱"呢？

薛伯寿指出要认真学习老子《道德经》。《道德经》凡五千言，是道家哲学思想的重要源头，辞简义奥、包罗广博，其论述的天地自然规律准则之"道"与为人处世之"德"，对于处理好与社会、人文、自我的关系具有深远的启发与影响。其中"见素抱朴，少私寡欲""虚其心实其腹""圣人无常心，以百姓心为心""上善若水，水善利万物而不争""既以为人己愈有，既以与人己愈多"等思想尤为精彩。总结出名言："我无为，而民自化；我好静，而民自正；我无事，而民自富；我无欲，而民自朴！"

对于道家常说的"清静无为"，薛伯寿指出天地阴阳四时周而复始，生育、滋养万物而不居功亦不求回报，天地无为而无所不为，这就是"清静无为"的内涵。做人也应向天地学习无私奉献的精神，在生活中和为人处事等方面应当摒弃个人杂念，存公道、秉公心，有良心以人民和集体的利益为先，助人为乐，自知者明，自胜则强，知足知止常乐。

养性的核心在于"静"，静可健脑，减少私欲，调节生理七情活动，使之无太过不及。薛伯寿在临床诊疗中，十分注重调整患者的心理状态，劝导患者保持平和心态，淡泊名利，以追求无私奉献为乐。自知者明，自胜则强，薛伯寿常说，良医给患者看病不应仅处方开药，应正己而度人要提高患者思想境界，纠正不正常行为，引导良好生活方式，还要引导他们将消极心态转为积极乐观，并传授给他们未病先防基本知识，既病防变的观念，有了这些"思想基础"打底，再配合针药治疗，身体自然容易康复，谓之医患相得，百病乃治！

（二）饮食有节，适宜为度

社会经济发展较快，人们的生活水平不断提高，物质丰富了，不少人贪求膏粱厚味、海鲜野味、嗜好烟酒。对此，薛伯寿说，饮食养生首重饮食有节，"节"既指三餐有节制、规律，亦指膳食结构合理。

《黄帝内经》载："高粱之变，足生大丁。"薛伯寿指出，这句话的深层理解当是：贪求膏粱厚味美酒、海鲜野味等，足以引起高血压病、冠心病、糖尿病、高脂血症、高尿酸血症等，络脉极易浊样硬化，极易堵塞，极易导致心脑、心肾之病，这些疾病会带给患者很大的痛苦，甚至危及生命，"大丁"实指严重的疾病。

薛伯寿反复强调"饮食自倍，肠胃乃伤"的严重性。他说，不少人误以为只要是营养价值高的食物吃进去就一定有益于健康，但是很多疾病恰恰是"吃出来"的。

因此，高营养食品的摄入要因人而异。首先应看此人的消化功能如何，食物能不能被消化吸收；脾胃虚弱或老年人，脏器功能衰退，高营养的食物吃进去不能化生精血，反倒会滋生痰浊，不利于健康故脾胃功能虚弱衰退者，厚腻、炙煿、辛辣、生冷等食物都应该慎食或少食；老年人气血衰弱，需要滋补，但不能峻补；有病需要祛邪，但不宜猛药峻攻。

对于小儿的饮食，薛伯寿反复倡导"若要小儿安，常带三分饥和寒""味不众珍，衣不惮热"的生活习惯。薛伯寿说，当前小儿病食积较多，一则由于营养过丰；二则过食生冷，导致脾胃损伤而出现食积，小儿外感兼食滞亦多，治外感往往要兼顾。

薛伯寿还指出饮食养生也要"因人而异"，如火热体质者或热病之人应当忌食辛辣油炸之品，阳虚形寒者当忌食生冷瓜果，脾胃湿热重者则应当少吃肥甘油腻的食物。平常饮食以清淡素食为主，适当辅以营养，精神愉快潇洒，助人为乐者健康长寿。养生保健，是一个综合而长期的过程，绝非某一种食品，某一个药方可以一蹴而就的。怀着一颗恬淡愉快的心，遵从大自然的规律，饮食有节、起居有常、劳逸结合自然健康少病。"气以通为补，血以和为补。"薛伯寿倡导调畅气血，对许多无证可辨的亚健康患者，常用黄芪赤风汤，他认为此方药味虽少，但配伍奇特，有益气助阳、活血行滞、祛风通络之功效，能使周身之气通而不滞，血活而不瘀。薛伯寿曾主张用越鞠保和丸合黄芪赤风汤作为保健处方之一。

（三）起居有常，动静相宜

薛伯寿年轻时曾因劳累患上浸润性肺结核，在治疗的同时，他每天都坚持太极运动，使疾病在短时间内就恢复。由此，他感悟到运动能恢复人体正气以促进疾病的好转。时至今日，薛伯寿每日早晚坚持太极运动，自创"清静无为养生太极功"。

薛伯寿说，太极运动和健身锻炼的形式有多种，但都要注意全身放松，身动而心静，肢体动静结合，刚柔相济，注意开阖升降协调。现代社会尤其学生、知识分子、白领阶层等，多缺乏运动，而又心力操劳不宁，太极拳、太极剑、八段锦、易筋经等都可以根据自己的情况选择练习。散步是较为简便的运动，有节律地散步还可以安神健脑，消除紧张情绪，促进消化吸收等。散步、爬山等有氧运动有益于身心健康，时间允许应当常为之。薛伯寿在85岁时登顶泰山，其体力不亚于年轻弟子们。

读书、著书也是薛伯寿人生一大乐事，亦是工作和使命，他提倡读书为乐。他认为，适当的脑力劳动可增强思维能力，提高领悟水平，常读书、常用脑，不仅使脑筋灵光还可增长智慧。

九、传道之术

薛伯寿一直努力贯彻执行周恩来总理关于"继承发扬推广蒲老医学经验，造福于人民"的指示精神，勤奋奉献在教学临床之中。他先与戴希文，后和冉先德（著名中医学家冉雪峰之子）共同主办了卫生部、中国中医研究院西医离职学习中医班，薛伯寿担任了十多届的班主任、多门课的主讲教师。欲使学员听明白，必须对所讲内容胸有成竹，他讲每节课皆极其认真备课，在讲述思考中亦能产生智慧，教学相长。为了提高讲课水平，他同戴希文一起前往著名老中医岳美中、赵锡武家问询、聆听讲《伤寒论》《金匮要略》的心得体会。每届西学中班毕业前均请北京众多名医大家学术讲座，如董建华、赵绍琴、刘渡舟、祝谌予、路志正、刘志明等，尚有上海吴翰香、庞泮池教授等，并将他们的讲稿汇集成册。

薛伯寿对学生的要求比较严格，能因材施教。在教学中，从基础课程到经典著作，从《伤寒论》《温病学》到《中医内科学》，薛伯寿理论联系临床实践，并结合蒲老的经验讲述自己的体悟，使精深的中医理论、奥妙的中医治病经验变得通俗易懂，易于历届学员吸收领悟。另外，中国中医研究院每年主办数期高级中医提高班，皆请薛伯寿介绍蒲辅周学术医疗经验。借此他培养了大批中医、中西医结合的骨干，当年西学中班的不少学生成了如今国内学术带头人，亦有取得国际大奖者。

赴邯郸野河医疗队期间，薛伯寿任广安门医院赤脚医生大学班班主任，兼中医主讲老师，他聘请广安门医院各科主任前往讲课，亦聘请兄弟院能讲西医基础的老师。作为班主任，首先引导学员自觉刻苦学习的积极性，只有学得好，领悟深，将来为民服务，方可为赤脚医生争光。他时常对学员做考察，督促学习，更关心他们思想境界的提高，故学风非常正。毕业时，为了让同学继续深入学习，薛伯寿将节省下来的教学经费，给每一位学员都购买了当时北京新华书店里能购得的所有中医书籍。数十年来，薛伯寿每年必去邯郸数次指导学生，并为百姓义诊。在邯郸"赤脚医生"大学班毕业40年薪火传承研讨会上，时任邯郸卫生健康委员会主任周海平感慨道："薛伯寿培养的60余位学员，现已成为我市中医界中坚力量，大多数晋升为中医高级职称，其中高社光、刘建设考入首届全国优秀临床人才，高社光终期毕业总分第一，后又被评为全国最美中医，他们现已成为有影响力的知名专家、二级教授。"

另外，1989年至1991年赴荷兰神州医药中心，薛伯寿创办了欧洲高级中医提高班。在荷兰期间边讲学，边临床指导看病。2年间，培养了20名针药并用的高级中医人才。

薛伯寿学术传承谱

名医传承
叶心清、方药中等

拜师传承
蒲辅周

薛伯寿

院校传承
程门雪、黄文东、裘沛然等

研究生
张云安　赵志宏　危成筠　肖战说　张海宇　单士喆　邵文博

全国师承
薛燕星　华　华　赵　冰　胡东鹏　肖月星　栾相佳　谢　铮　赵宇平
齐文升　蒲永文　刘文军　宋庆桥　刘欲颖　李　军　吴华芹

传承博士后
姚魁武　李　军　孙良明

2016年收徒
石瑞舫　马桂琴　周霞继　钱　晶　李　游　刘　强　范道长　杨　光　邸海霞　刘士梅　郭　姜　王耀光　邢筱华
张龙生　李艳红　刘元石　冯春鹏　张丽娜　宋观礼　张　晨　洪子夫　陆宇平　田宇丹　王振强　朱翠玲

2019年收徒
马晓北　李冬华　周海平　武　智　罗亚萍　陈小华　白海燕　潘利敏　刘新敏　郏桂玲　牛广斌　白正学

多途径著名徒弟
高社光　申新华
刘建设　马秀文
黄小波　陈钟辉
李　达　赵　玲
樊永平　李继英
张华东　张瑞君
温立新　贾海忠
于大兴　刘　青
郭燕青　李福海
陈劲松　翟兴红
车保平　季训松
王文记　周　洁
毛宇湘　赵文景
李亦武　赵瑞华
等

（薛燕星、单士喆 整理）
（刘聪敏 编辑）